KB235808

매튜헨리주석 역대상~에스더

저자 **매튜 헨리** Matthew Henry 1662-1714

성경 주석가. 영국국교회의 복음주의 목사의 아들인 그는 통일령으로 아버지가 성직에서 쫓겨난 직후에 태어났다. 학문을 좋아하는 소년이었으며 1672년에 회심하였다. 옥스퍼드와 케임브리지의 학문성이 차츰 떨어지므로 1680년 런던 이슬링턴 대학에서 신학 교육을 받았다. 그 대학은 신앙을 저버린 시대에 높은 학문을 유지해왔다. 그 대학의 학장은 케임브리지에서 온 토머스 두리틀이었고, 부학장은 옥스퍼드에서 온 토머스 빈센트였다. 그 후에는 그레이 법학원에서 법률을 공부하였다. 그는 국교회 목사가 되려고 생각하였지만, 비국교도가 되기로 결심하였고, 개인적으로 장로교 목사 안수를 받았다. 첫 목회지는 체스터(1687-1712)였으며 그 뒤에 런던의 해크니(1712-1714)로 옮겼다. 청교도들에게서 크게 영향을 받은 그는 성경 해설을 목회의 중심으로 삼았다. 날마다 4시 또는 5시에 일을 시작하였던 그는 시간을 최대한 사용하는 것을 목적으로 삼았다. 1704년에 「성경 주석」을 집필하기 시작하였는데, 그는 사도행전까지 탈고하였으며, 그의 사후 목회 동역자들이 그의 노트와 저서들을 참고하여 신약성경 주석을 완성하였다. 그 주석은 성경에 대한 자세하고 종종 대단히 영적인 해설 양식을 취하였는데, 그 양식은 그 이후의 복음주의적 목회의 형태를 결정하였다. 스펄전은 자신이 매튜 헨리에게 큰 도움을 받았다는 사실을 인정하였다.

역자 **정충하**

역자는 성균관대학교 경영학과와 합동신학원을 졸업했으며, 기독지혜사에서 편집부장을 역임했다. 지금은 경기도 가평에 소재한 새소망교회에서 목회하면서, 전문번역가로 활동하고 있다. 주요 역서로는 「신약신학」(요아킴 예레미아스), 「선지자연구」(에드워드 J. 영), 「신약의 초석」(랄프 P. 마틴), 「모세오경」(존 H. 세일해머), 「요한계시록의 신학」(도날드 거스리), 「복음서의 난해구절 해석」(로버트 H. 스타인) 등이 있다.

매튜
헨리
주석
전집
07

매튜 헨리주석 정충하 옮김
역대상 ~ 에스더

Matthew Henry

크리스챤
다이제스트

역대상

서론

일반적인 경우 똑같은 이야기를 다시 반복하는 것은 통상 불필요하며 쓸데 없는 일로 생각된다. 그러나 거룩한 일에 있어서는 교훈에 교훈이 더해져야 한다(사 28:10, 대저 교훈에 교훈을 더하며 교훈에 교훈을 더하되 여기서도 조금, 저기서도 조금 하는구나). 사도 바울 역시도 다음과 같이 말한다: 너희에게 같은 말을 쓰는 것이 내게는 수고로움이 없고 너희에게는 안전하니라(빌 3:1). 역대기의 많은 부분은 사무엘과 열왕기에 기록된 이야기가 다시 반복된 것이다. 그것은 공관복음서에서 동일한 사건이 서로 중복되어 언급되는 것과 비슷하다. 그럼에도 불구하고 우리는 공관복음서의 어느 한 부분도 결코 소홀히 여기지 않는다. 왜냐하면 그것들 안에서 우리는 다른 데서는 결코 찾을 수 없는 특별한 것들을 매우 많이 발견할 수 있기 때문이다. 이러한 사실은 역대기에서도 마찬가지이다. 역대기를 다루는 가운데 앞에서 이미 살펴본 이야기를 다시 만나게 되는 경우가 종종 있을 것인데, 아마도 그것은 다음과 같은 이유들 때문일 것이다.

1. 그것이 역대기가 기록될 당시 사람들에게 매우 중요한 의미를 가지기 때문에. 우리는 당시에 아직 구약성경이 완성된 형태로 존재하지 않았다는 사실을 기억할 필요가 있다. 그러므로 비록 다른 책에서 언급된 것이라 할지라도 또다시 역대기에 포함시켜 당시 백성들을 일깨울 필요가 있었다. 앞에서 이미 언급된 것이라고 해서 쓸모없는 것이라고는 결코 말할 수 없는 법이다.

2. 반복하여 가르침으로써 백성들로 하여금 그것을 확실히 기억하도록 하기 위해. 하나의 증언보다 두 개의 증언이 더욱 강력한 힘을 갖는다. 두 증인의 입으로나 또는 세 증인의 입으로 그 사건을 확정할 것이며(신 19:15).

역대기를 기록한 사람은 율법에 익숙한 학자였던 에스라로 추측된다(스 7:6). 외경 저자인 에스드라는 모든 율법이 불탔을 때 에스라가 신적으로 영감되어 그것을 다시 기록하였다고 말하는데(에스드라후서 14:21 이하), 이것은 아무 근거 없는 이야기이다. 역대기는 히브리어로 날들의 이야기(words of days, 즉 日誌 혹은 年代記)로 불리는데, 그것은 이것이 신적 섭리에 의해 기존의 어떤 권위 있는 기록들로부터 모아진 것이기 때문이다. 그러한 모음은 포로기 후에 이루어졌지만, 그러나 때때로 본래의 기록이 그대로 역대기 속에 들어온 경우도 있다. 예컨대 역대하 5장 9절에 "그 궤가 오늘까지 그 곳에 있으며"란 언급이 있는데, 이것은 성전이 파괴되기 전에 기록된 것일 수밖에 없다. 한편 70인역은 역대기를 파랄레이포메노(Paraleipomeno) 즉 (앞의 역사가들로부터) '남겨진 것들' 혹은 '간과된 것들'이라 부른다. 실제로 우리는 역대기에서 이전의 역사가들 즉 사무엘과 열왕기의 저자들이 남겨 놓은 혹은 간과한 몇몇 이야기들을 보게 된다. 역대상의 내용은 다음과 같다.

I. 아담으로부터 다윗까지의 거룩한 계보 모음(1-9장). 이것은 사도 바울이 착념하지 말라고 경고했던 끝없는 족보(딤전1:4)와는 다른 것으로서, 그리스도에게까지 이어지는 매우 소중한 족보이다. 우리는 여기에서 앞에서 언급되지 않았던 몇몇 짤막한 이야기들을 보게 된다. II. 사울로부터 다윗에게로 왕권이 옮겨짐, 그리고 다윗 왕권의 찬란한 승리(10-21장). III. 다윗이 성전의 직무체계를 확립하고 성전 건축을 준비함(22-29장). 이것은 날들의 이야기(words of days)이다. 옛적의 날들의 이야기이며, 최고의 날들의 이야기이며, 구약 교회의 이야기이다. 평범한 사람들의 생애뿐만 아니라 왕들의 통치와 왕국의 연대 등도 모두 날들(days)로 산정(算定)된다. 때로 거대한 전환이 짧은 시간에 이루어지기도 한다. 그럼에도 불구하고 모든 시간조차 영원에 비하면 아무것도 아니다.

제
— 1 —
장

개요

　　본 장을 포함한 역대기의 앞부분은 거룩한 역사에서 우리가 지금까지 만났던 모든 족보들을 모은 것이다. 어떤 사람은 차라리 이것이 기록되지 않았더라면 더 좋았을 것이라고 생각하는 유혹에 빠질 수 있을 것이다. 왜냐하면 이것을 다른 병행구절들과 비교할 때, 거기에는 충분히 설명되지 않는 어떤 차이들이 분명히 존재하기 때문이다. 그럼에도 불구하고 우리는 이런 것으로 인해 실족해서는 안 된다. 도리어 구원에 필요한 진리는 충분히 명백하다는 사실로 인해 하나님을 송축해야 한다. 지혜로우신 하나님은 이것이 기록되어 남겨지는 것이 합당하다고 여기셨다. 그러므로 우리는 이것을 외면하면서 그냥 지나쳐서는 결코 안 된다. 비록 성경의 모든 부분이 똑같이 유용한 것은 아니라 할지라도, 그러나 모든 성경이 유용하며 어느 한 부분 유용하지 않은 것이 없다. 다른 부분보다 상대적으로 덜 유용해 보이는 구절들로부터도 우리는 때로 많은 것들을 배울 수 있다.

　　1. 본문의 족보는 이것을 보게 될 당시의 유대인들 즉 바벨론에서 돌아온 유대인들에게 매우 큰 유용성을 가지고 있었다. 왜냐하면 포로생활은 마치 홍수가 모든 것을 삼켜버리듯이 모든 것을 뒤죽박죽으로 만들어 놓았기 때문이었다. 그들은 포로로 인한 분산(分散)과 절망 가운데 자신들이 어느 지파에 속해 있으며, 또 어느 가문 출신인지 잊어버릴 위험 속에 놓여 있었다. 따라서 이것은 앗수르에 포로로 끌려갔던 지파들까지 포함하여 모든 지파들의 옛 지계표를 되살려 줄 것이었다. 아마도 이것은 당시 유대인들로 하여금 자신들의 조상들의 이름을 찾고 가문을 되살리기 위해 오랫동안 잊혀져 있었던 거룩한 문서들을 연구하는 계기를 만들어 주었을 것이다.

　　2. 본문의 족보는 특별히 메시야의 혈통을 분명히 하는데 상당한 유용성을 가지고 있다. 이로 인해 우리의 복된 구주가 선지자들의 예언대로 다윗의 자손이요 유다의 자손이며 아브라함의 자손이요 아담의 자손이라는 사실이 분명히 드러난다. 현재의 유대인들은 자신들의 모든 족보를 잃어버렸다. 심지어 가장 거룩한 족보인 제사장의 족보까지 잃어버림으로써 그들은 어떤 사람이 아론의 자손인지 입증할 수 없게 되었다. 건물이 완성되면 거푸집은 제거되는 법이다. 약속된 자손이 오셨을 때 그에게까지 이어진 혈통은 이

제 끊어졌다.

　본 장에서 우리는 야곱에 이르기까지의 창세기의 모든 족보들이 압축되어 있는 것을 보게 된다. I. 아담으로부터 노아와 그의 아들들까지의 족보(창세기 5장까지, 1-4절). II. 노아의 아들들의 자손들(창세기 10장까지, 5-23절). III. 셈으로부터 아브라함까지의 족보(창세기 11장까지, 24-28절). IV. 이스마엘의 자손들과 그두라를 통해 낳은 아브라함의 아들들(창세기 25장까지, 29-35절). V. 에서의 자손들(창세기 36장까지, 36-54절).

[1]아담, 셋, 에노스, [2]게난, 마할랄렐, 야렛, [3]에녹, 므두셀라, 라멕, [4]노아, 셈, 함과 야벳은 조상들이라 [5]야벳의 자손은 고멜과 마곡과 마대와 야완과 두발과 메섹과 디라스요 [6]고멜의 자손은 아스그나스와 디밧과 도갈마요 [7]야완의 자손은 엘리사와 다시스와 깃딤과 도다님이더라 [8]함의 자손은 구스와 미스라임과 붓과 가나안이요 [9]구스의 자손은 스바와 하윌라와 삽다와 라아마와 삽드가요 라아마의 자손은 스바와 드단이요 [10]구스가 또 니므롯을 낳았으니 세상에서 첫 영걸이며 [11]미스라임은 루딤과 아나밈과 르하빔과 납두힘과 [12]바드루심과 가슬루힘과 갑도림을 낳았으니 블레셋 종족은 가슬루힘에게서 나왔으며 [13]가나안은 맏아들 시돈과 헷을 낳고 [14]또 여부스 종족과 아모리 종족과 기르가스 종족과 [15]히위 종족과 알가 종족과 신 종족과 [16]아르왓 종족과 스말 종족과 하맛 종족을 낳았더라 [17]셈의 자손은 엘람과 앗수르와 아르박삿과 룻과 아람과 우스와 훌과 게델과 메섹이라 [18]아르박삿은 셀라를 낳고 셀라는 에벨을 낳고 [19]에벨은 두 아들을 낳아 하나의 이름을 벨렉이라 하였으니 이는 그 때에 땅이 나뉘었음이요 그의 아우의 이름은 욕단이며 [20]욕단이 알모닷과 셀렙과 하살마웻과 예라와 [21]하도람과 우살과 디글라와 [22]에발과 아비마엘과 스바와 [23]오빌과 하윌라와 요밥을 낳았으니 욕단의 자손은 이상과 같으니라 [24]셈, 아르박삿, 셀라, [25]에벨, 벨렉, 르우, [26]스룩, 나홀, 데라, [27]아브람 곧 아브라함은 조상들이요

　본 단락의 첫 단어는 아담이며 마지막 단어는 아브라함이다. 아담의 창조와 아브라함의 탄생 사이에는 2,000년이 끼여 있는데, 아담은 이러한 기간 중 거의 절반을 살았다. 아담은 모든 육체의 공통적인 조상이며, 아브라함은 모든 신자들의 공통적인 조상이다. 아담이 순전의 언약(the covenant of innocency)을 깨뜨리므로 우리 모두는 비참한 상태에 떨어져 버리고 말았다.

반면 아브라함과 맺은 은혜의 언약(he covenant of grace)으로 인해 우리 모두는 축복받은 존재가 되었다. 우리 모두는 본질상 아담의 자손으로서 돌 감람나무의 가지였다. 그러나 우리는 믿음으로 아브라함의 자손이 되었으며(롬 4:11, 12), 참 감람나무에 접붙여짐으로써 그 뿌리로부터 올라오는 진액에 참여하게 되었다.

I. 셈에 의해 서로 연결되는(4, 24절) **본 단락의 처음 네 구절**(1-4절)**과 마지막 네 구절**(24-27절)**은 아담으로부터 아브라함에 이르는 그리스도의 거룩한 혈통을 포함하고 있는데, 그것은 누가복음의 족보에 그대로 삽입되었다**(눅 3:34-38, 다만 여기에서는 위에서 아래로 내려오는 반면 누가복음에서는 아래에서 위로 올라간다). 이러한 족보는 이 사람은 어디서 왔는지 우리가 알지 못하노라(요 9:29)라는 불평이 거짓임을 입증한다. 패트릭 주교(Bishop Patrick)는 이러한 족보가 유대 나라의 독특한 영광을 나타내고 있는 사실을 잘 관찰한다. 즉 그들만이 자기 민족의 기원을 하나님이 창조하신 첫 번째 사람으로부터 끌어낼 수 있었기 때문이다. 반면 다른 민족들은 스스로의 기원을 허탄하게 꾸며진 신화로부터 끌어냄으로써 스스로를 욕되게 했다. 아카디아 사람들(Arcadians)은 자신들이 달이 있기 전부터 있었다고 상상했으며, 테살리아 사람들(the people of Thessaly)은 자신들이 돌에서부터 나왔다고 믿었으며, 아테네 사람들(Athenians)은 자신들이 흙으로부터 자랐다고 생각했다. 이러한 생각들은 어떤 철학자들이 우주의 기원에 대해 품었던 헛된 상상들과 매우 유사하다. 이러한 헛된 전승들이 그들 스스로의 어리석음을 드러내는 것과는 달리 세상의 창조와 민족들을 세우는 것과 관련한 성경의 설명은 그 자체 안에 그것이 진리임을 보여주는 분명한 증거들을 담고 있다.

II. 그 사이에 있는 구절들(즉 5절부터 23절까지)**은 홍수 이후 노아의 아들들에 의해 땅이 다시 사람들로 번성했음을 보여준다.**

1. 역사가(역대기 저자)는 교회의 외인(外人)들인 야벳의 자손들로부터 시작한다. 이들은 이방인의 섬들 즉 세계의 서쪽 부분인 유럽 지역에 뿌리를 내렸다. 이들에 대해 역사가는 짤막하게만 언급하고 있을 뿐인데(5-7절), 그것은 유대인들이 그들과 더불어 거의 혹은 전혀 관계를 맺지 않았기 때문이었다.

2. 이어서 역사가는 많은 경우 교회를 대적했던 함의 자손들로 나아간다. 이들은 남쪽으로 이동하여 아프리카 지역과 남부 아시아 지역에 뿌리를 내렸

다. 이들 가운데 구스의 아들 니므롯이 일어나 (아마도 당시의 하나님의 백성들을 압제하는) 영걸(투사)이 되었다. 그러나 유대 역사에서 가장 큰 주목의 대상이 되는 이름은 애굽 사람들의 조상이 되는 미스라임과, 가나안 사람들의 조상이 되는 가나안이다. 왜냐하면 하나님의 이스라엘은 애굽 땅에서 나올 때와 가나안 땅으로 들어갈 때 그들의 후손들과 치열한 싸움을 벌여야만 했기 때문이다. 그런 연고로 여기에서 미스라임의 자손들과(11-12절) 가나안의 자손들이(13-16절) 상세하게 기록된다. 애굽을 그들의 속량물로 주셨을 때(사 43:3), 그리고 이 모든 민족들을 그들 앞에서 쫓아내셨을 때(시 80:8), 하나님은 이스라엘을 얼마나 귀하게 여기셨는가?

3. 이어서 역사가는 교회의 동류(同類)요 조상인 셈의 자손들을 설명한다(17-23절). 이들은 동쪽으로 퍼져 가나면서 아시아 지역에 뿌리를 내렸다. 앗수르 인, 수리아 인, 갈대아 인, 바사 인, 아라비아 인들이 이들로부터 나왔다. 처음에는 이러한 각 민족들의 기원이 분명했다. 그러나 오늘날 각 민족들은 교역의 확대와 통치영역의 변동과 식민(植民)과 포로로 끌려가는 것과 기타 여러 가지 상황에 의해 서로 혼합되어 어느 민족을 막론하고 분명한 기원을 말하기가 어렵게 되었다. 그러나 이것 한 가지만은 분명하다. 즉 하나님이 모든 민족을 한 혈통으로 지으셨다는 사실이다. 모든 민족은 한 사람 아담과 한 사람 노아로부터 내려온다. 우리는 한 아버지를 가지지 아니하였느냐 한 하나님께서 지으신 바가 아니냐(말 2:10). 여기의 족보는 노아의 자손들 가운데 다른 가문들은 모두 돌연히 끊어지고 오직 아르박삿을 통해 아브라함의 혈통으로 급히 이어진다(왜냐하면 바로 이 혈통을 통해 그리스도께서 오셨기 때문이다). 메시야의 위대한 약속은 아담에서 셋으로, 셋에서 셈으로, 셈에서 에벨로, 그리고 히브리 민족으로 이어졌다. 그리고 바로 이 히브리 민족에게 그 약속이 이루어져 메시야가 오실 때까지, 그래서 그 나라가 더 이상 유일한 백성이 아니게 될 때까지 거룩한 보화가 맡겨졌다.

²⁸아브라함의 자손은 이삭과 이스마엘이라 ²⁹이스마엘의 족보는 이러하니 그의 맏아들은 느바욧이요 다음은 게달과 앗브엘과 밉삼과 ³⁰미스마와 두마와 맛사와 하닷과 데마와 ³¹여둘과 나비스와 게드마라 이들은 이스마엘의 자손들이라 ³²아브라함의 소실 그두라가 낳은 자손은 시므란과 욕산과 므단과 미디안과 이스박과 수아요

욕산의 자손은 스바와 드단이요 ³³미디안의 자손은 에바와 에벨과 하녹과 아비다와 엘다아니 이들은 모두 그두라의 자손들이라 ³⁴아브라함이 이삭을 낳았으니 이삭의 아들은 에서와 이스라엘이더라 ³⁵에서의 아들은 엘리바스와 르우엘과 여우스와 얄람과 고라요 ³⁶엘리바스의 아들은 데만과 오말과 스비와 가담과 그나스와 딤나와 아말렉이요 ³⁷르우엘의 아들은 나핫과 세라와 삼마와 밋사요 ³⁸세일의 아들은 로단과 소발과 시브온과 아나와 디손과 에셀과 디산이요 ³⁹로단의 아들은 호리와 호맘이요 로단의 누이는 딤나요 ⁴⁰소발의 아들은 알랸과 마나핫과 에발과 스비와 오남이요 시브온의 아들은 아야와 아나요 ⁴¹아나의 아들은 디손이요 디손의 아들은 하므란과 에스반과 이드란과 그란이요 ⁴²에셀의 아들은 빌한과 사아완과 야아간이요 디산의 아들은 우스와 아란이더라 ⁴³이스라엘 자손을 다스리는 왕이 있기 전에 에돔 땅을 다스린 왕은 이러 하니라 브올의 아들 벨라니 그의 도성 이름은 딘하바이며 ⁴⁴벨라가 죽으매 보스라 세라의 아들 요밥이 대신하여 왕이 되고 ⁴⁵요밥이 죽으매 데만 종족의 땅의 사람 후삼이 대신하여 왕이 되고 ⁴⁶후삼이 죽으매 브닷의 아들 하닷이 대신하여 왕이 되었으니 하닷은 모압 들에서 미디안을 친 자요 그 도성 이름은 아윗이며 ⁴⁷하닷이 죽으매 마스레가의 사믈라가 대신하여 왕이 되고 ⁴⁸사믈라가 죽으매 강 가의 르호봇 사울이 대신하여 왕이 되고 ⁴⁹사울이 죽으매 악볼의 아들 바알하난이 대신하여 왕이 되고 ⁵⁰바알하난이 죽으매 하닷이 대신하여 왕이 되었으니 그의 도성 이름은 바이요 그의 아내의 이름은 므헤다벨이라 메사합의 손녀요 마드렛의 딸이더라 ⁵¹하닷이 죽으니라 그리고 에돔의 족장은 이러하니 딤나 족장과 알랴 족장과 여뎃 족장과 ⁵²오홀리바마 족장과 엘라 족장과 비논 족장과 ⁵³그나스 족장과 데만 족장과 밉살 족장과 ⁵⁴막디엘 족장과 이람 족장이라 에돔의 족장이 이러하였더라

아브라함의 자손을 제외한 모든 민족들은 이미 이 족보로부터 배제되었다. 그들은 여기에서 아무 분깃도 갖지 못한다. 여호와의 분깃은 자기 백성이라. 하나님은 자신의 백성을 주의하시며 이름으로 그들을 아신다. 그러나 외인들에 대하여는 멀찍이 떨어져 계신다. 그렇지만 우리는 "그러므로 아브라함의 자손이 아닌 이방인은 어느 누구도 하나님의 호의를 입을 수 없다"고 결론내려서는 안 된다. 베드로가 깨닫기 전에도 각 나라 중 하나님을 경외하며 의를 행하는 사람은 모두 받아들여졌던 것은 분명한 사실이었다(행 10:35). 각 나라와 족

속으로부터 큰 무리가 하늘로 올려지게 될 것이다(계 7:9). 또한 우리는 하나님의 언약의 울타리 밖에 있음에도 불구하고 그 이름이 생명책에 기록되어 있는 수많은 선한 사람들이 있음을 기대할 수 있다. 여호와는 자신의 백성들을 아신다. 그러나 이스라엘은 모범으로 뽑힌 선택된 민족이었다. 어느 민족도 유대 민족만큼 큰 존귀와 특권을 받지 못했다. 이스라엘은 거룩한 역사의 주인공인 거룩한 나라이다. 그러므로 다음으로 우리는 야곱의 자손을 제외한 다른 모든 아브라함의 후손들을 배제시켜야만 한다. 야곱의 자손들은 모두 하나의 민족으로 결합되어 하나님과 연합된 반면 다른 아브라함의 자손들은 하나님과도 나누어졌을 뿐만 아니라 자기들끼리도 나누어졌다.

I. 이스마엘의 자손에 대하여는 특별히 언급할 것이 별로 없다. 그들은 여종의 후손들로서 쫓겨난 자들이며 약속의 자녀와 함께 유업을 나눌 수 없는 자들이었다. 또한 그들은 버림을 당한 믿지 않는 유대인들을 상징했으며(갈 4:22 이하), 따라서 여기에서 별다른 주목의 대상이 되지 않는다. 여기에 이스마엘의 열두 아들의 이름이 열거되고 있는데(29-31절), 이를 통해 우리는 하나님이 아브라함에게 주신 약속이 성취된 것을 보게 된다. 하나님은 아브라함의 기도에 대한 응답으로 이스마엘이 열두 두령을 낳고 큰 나라가 될 것이라고 약속하셨다(창 17:20).

II. 미디안의 자손에 대해서도 특별히 언급할 것이 별로 없다. 이들은 아브라함이 그두라를 통해 낳은 자녀들로부터 나온 자들이었다. 이들은 동방의 자녀들로서(아마도 욥은 이들 가운데 한 사람이었을 것이다) 약속의 상속자인 이삭으로부터 분리되었으며(창 25:6), 따라서 여기에서 단지 이름만 열거될 뿐이다(32절). 우리는 여기에서 욕산의 아들들과 미디안의 아들들의 이름이 열거되는 것을 보게 되는데(32, 33절), 특별히 미디안은 마치 이스라엘 가운데 유다가 그랬던 것처럼 그들 형제들 가운데 가장 뛰어난 위치를 차지했다.

III. 에돔 자손에 대해서는 어느 정도 언급할 것이 있다. 이들은 하나님의 이스라엘에 대해 뿌리 깊은 적대감을 가지고 있었다. 그렇지만 그들이 이삭의 아들 에서로부터 나온 자들이었기 때문에 우리는 여기에서 그들의 가문들에 대한 설명과 몇몇 유명한 인물들의 이름을 보게 된다(35-54절). 여기에 열거된 이름과 창세기 36장에 나타나는 이름 사이에 약간의 차이가 존재한다. 창세기에서 '와우'로 표기된 몇몇 사람의 이름이 여기에서는 '요드'로 표기되는데,

이와 같은 발음변조는 서로 다른 언어들에서 통상적으로 발생하는 현상이다. 이러한 현상은 오늘날에도 마찬가지이다. 동일한 단어가 200년 전과 오늘날 상이하게 표기되는 경우는 결코 드문 일이 아니다. 이러한 족보들을 통해

1. 이 세상을 통과해 지나간 많은 사람들을 생각해 보자. 그들은 각자 자신들의 몫을 살았으며 그 몫을 마쳤다. 욥은 모든 사람이 자기 뒤에 줄지었을 뿐만 아니라 많은 사람들이 자신보다 앞서 갔다는 사실을 알고 있었다(욥 21:33). 여기에 등장하는 많은 사람들이 각자 자신의 날을 살았다. 그들 가운데 많은 사람들은 세상에서 큰소리를 내며 화려한 위용을 자랑했다. 그러나 그들의 날은 종말에 이르렀고, 그들의 처소는 더 이상 그들을 알지 못했다. 죽음의 길은 모든 사람이 걸어가는 길이며 아무도 되돌이킬 수 없는 길이다.

2. 인간들의 세대를 보존하시는 하나님의 섭리를 생각해 보자. 하나님은 비록 범죄하며 타락한 종족이라 할지라도 땅 위에서 살아가도록 보존하신다. 홍수나 대화재 같은 것이 없이도 하나님은 얼마나 쉽게 그들을 진멸할 수 있는가! 만일 하나님이 모든 인생들을 무자(無子)하게 하신다면, 수년 내에 땅은 오래도록 신음하던 무거운 짐을 내려놓게 될 것이다. 그러나 하나님의 오래참으심은 땅을 괴롭게 하는 수목들까지도 자랄 뿐만 아니라 번성하게 하신다. 한 세대가 가면 다른 세대가 온다(전 1:4; 민 32:14). 악한 세대도 그러하며, 이것은 땅이 계속되는 한 항상 그러할 것이다. 그것을 상하지 말라 거기 복이 있느니라(사 65:8).

제
— 2 —
장

개요

이제 우리는 비로소 이스라엘 자손의 족보에 이르렀다. 이들은 구별된 백성으로서 "홀로 거하며 열방 가운데 하나로 간주되어서는 안 되는" 자들이었다. 본 장의 내용은 다음과 같다. I. 이스라엘의 열 두 아들의 이름(1, 2절). II. 형제들 가운데 우위권을 가지고 있었던 유다 지파에 관한 설명. 그들이 우위권을 가지고 있었던 것은 다윗으로 인한 것이었다기보다는 우리의 구주로서 유다에서 나신 다윗의 자손 때문이었다(히 7:14). 1. 유다로부터 이새까지(3-12절). 2. 이새의 자녀들(13-17절). 3. 헤스론의 자손. (1) 갈렙을 통한 헤스론의 자손(18-20절). (2) 스굽을 통한 헤스론의 자손(21-24절). (3) 여라므엘을 통한 헤스론의 자손(25-41절). (4) 갈렙의 다른 자손들(42-49절). (5) 훌의 아들 갈렙의 가문(50-55절).

[1]이스라엘의 아들은 이러하니 르우벤과 시므온과 레위와 유다와 잇사갈과 스불론과 [2]단과 요셉과 베냐민과 납달리와 갓과 아셀이더라 [3]유다의 아들은 에르와 오난과 셀라니 이 세 사람은 가나안 사람 수아의 딸이 유다에게 낳아 준 자요 유다의 맏아들 에르는 여호와 보시기에 악하였으므로 여호와께서 죽이셨고 [4]유다의 며느리 다말이 유다에게 베레스와 세라를 낳아 주었으니 유다의 아들이 모두 다섯이더라 [5]베레스의 아들은 헤스론과 하물이요 [6]세라의 아들은 시므리와 에단과 헤만과 갈골과 다라니 모두 다섯 사람이요 [7]갈미의 아들은 아갈이니 그는 진멸시킬 물건을 범하여 이스라엘을 괴롭힌 자이며 [8]에단의 아들은 아사랴더라 [9]헤스론이 낳은 아들은 여라므엘과 람과 글루배라 [10]람은 암미나답을 낳고 암미나답은 나손을 낳았으니 나손은 유다 자손의 방백이며 [11]나손은 살마를 낳고 살마는 보아스를 낳고 [12]보아스는 오벳을 낳고 오벳은 이새를 낳고 [13]이새는 맏아들 엘리압과 둘째로 아비나답과 셋째로 시므아와 [14]넷째로 느다넬과 다섯째로 랏대와 [15]여섯째로 오셈과 일곱째로 다윗을 낳았으며 [16]그들의 자매는 스루야와 아비가일이라 스루야의 아들은 아비새와 요압과 아사헬 삼형제요 [17]아비가일은 아마사를 낳았으니 아마사의 아버지는 이

스마엘 사람 예델이었더라

I. 야곱의 가족. 여기에 야곱의 열두 아들의 이름이 열거되는데, 열둘이란 숫자는 성경의 첫 책으로부터 마지막 책에 이르기까지 전체에 걸쳐 등장하는 특별한 숫자이다. 성경 곳곳에서 우리는 이러한 열두 족장으로부터 말미암은 열두 지파와 만나게 된다. 이들의 개인적인 성품이 모두 선한 것은 아니었다 (특별히 처음 네 아들은 흠이 많았다). 그럼에도 불구하고 그들에게 주어진 언약이 그들의 자손에게 계승되었는데, 그것은 그것이 값없이 베푸시는 은혜의 언약이었기 때문이었다. 내가 야곱을 사랑하였노라 — 행위로 인함이 아니니 이는 아무도 자랑치 못하게 하려 함이니라.

Ⅱ. 유다의 가족. 유다 지파는 모든 지파들 가운데 가장 많은 칭송을 받고, 가장 번성했으며, 가장 큰 존귀를 입은 지파였다. 따라서 유다 지파의 족보가 가장 처음에 오고, 또 가장 많은 분량을 차지한 것은 조금도 이상한 일이 아니다. 이러한 뛰어난 나무의 최초의 가지들에 대한 본문의 이야기 속에서,

1. 우리는 이들 가운데 일부는 매우 악했음을 발견하게 된다. 여기에 유다의 장자 에르가 나오는데, 그는 여호와 보시기에 악한 자였다. 그리하여 그는 신적 보응의 치심에 의해 일찍 죽임을 당했다: 여호와께서 죽이셨고(3절). 그의 다음 형제인 오난도 나을 것이 없었고 에르와 똑같은 운명에 처해졌다. 그리고 4절에는 시아버지 유다와 근친상간을 행한 다말이 나온다. 또한 여기에 아갈(고통케 하는 자)이라 일컬어진 아간이 나오는데, 그는 진멸시킬 물건을 취함으로써 이스라엘에게 고통을 가져다주었다(7절). 가장 명예롭고 존귀한 가문 속에도 이와 같이 많은 결함으로 얼룩진 자들이 있다는 사실을 주목하라.

2. 우리는 헤만과 에단과 갈골과 다라 등과 같은 매우 선하고 지혜로운 자들도 있었음을 발견하게 된다. 아마도 이들은 세라의 직계 아들들이 아니라 자손들이었을 것이다. 여기에 그들의 이름이 열거된 것은 그들이 그들 아비의 집의 영광이었기 때문이었다. 성령께서 솔로몬의 지혜를 칭송하실 때, 그가 이들 네 사람보다 더 지혜로웠다고 말씀하셨다(왕상 4:31, 여기에서 그들은 세라로부터 말미암은 예스라 사람 마홀의 아들들로 일컬어진다). 네 형제가 모두 지혜와 은총에 있어 뛰어났다는 것은 매우 드문 일이다.

3. 우리는 나손 같은 매우 위대한 인물도 있었음을 발견하게 된다. 광야에

서 이스라엘이 진영이 갖출 때 그는 유다 지파의 방백이 되어 영광스러운 행군의 선봉에 섰다(10, 11절). 또 그들 가운데 살만 혹은 살몬이 있었는데, 그는 이스라엘이 가나안에 들어갈 때 선봉에 선 자였다.

Ⅲ. 이새의 가족. 여기에서 이새의 가족이 상세하게 언급되는 것은 다윗과 이새의 줄기에서 난 가지인 다윗의 자손 때문이다(사 11:1). 여기에서 다윗이 일곱째 아들이었다는 사실이 나타난다. 다윗 휘하의 세 명의 대장군인 요압과 아비새와 아사헬은 그의 누이 중 하나의 아들들이었으며, 아마사는 다른 누이의 아들이었다. 모두 큰 용사들이었음에도 불구하고 그들 가운데 세 사람은 죽임을 당해 구덩이에 던져졌다.

18헤스론의 아들 갈렙이 그의 아내 아수바와 여리옷에게서 아들을 낳았으니 그가 낳은 아들들은 예셀과 소밥과 아르돈이며 19아수바가 죽은 후에 갈렙이 또 에브랏에게 장가 들었더니 에브랏이 그에게 훌을 낳아 주었고 20훌은 우리를 낳고 우리는 브살렐을 낳았더라 21그 후에 헤스론이 육십 세에 길르앗의 아버지 마길의 딸에게 장가 들어 동침하였더니 그가 스굽을 헤스론에게 낳아 주었으며 22스굽은 야일을 낳았고 야일은 길르앗 땅에서 스물세 성읍을 가졌더니 23그술과 아람이 야일의 성읍들과 그낫과 그에 딸린 성읍들 모두 육십을 그들에게서 빼앗았으며 이들은 다 길르앗의 아버지 마길의 자손이었더라 24헤스론이 갈렙 에브라다에서 죽은 후에 그의 아내 아비야가 그로 말미암아 아스훌을 낳았으니 아스훌은 드고아의 아버지더라 25헤스론의 맏아들 여라므엘의 아들은 맏아들 람과 그 다음 브나와 오렌과 오셈과 아히야이며 26여라므엘이 다른 아내가 있었으니 이름은 아다라라 그는 오남의 어머니더라 27여라므엘의 맏아들 람의 아들은 마아스와 야민과 에겔이요 28오남의 아들들은 삼매와 야다요 삼매의 아들은 나답과 아비술이며 29아비술의 아내의 이름은 아비하일이라 아비하일이 아반과 몰릿을 그에게 낳아 주었으며 30나답의 아들들은 셀렛과 압바임이라 셀렛은 아들이 없이 죽었고 31압바임의 아들은 이시요 이시의 아들은 세산이요 세산의 아들은 알래요 32삼매의 아우 야다의 아들들은 예델과 요나단이라 예델은 아들이 없이 죽었고 33요나단의 아들들은 벨렛과 사사라 여라므엘의 자손은 이러하며 34세산은 아들이 없고 딸뿐이라 그에게 야르하라 하는 애굽 종이 있으므로 35세산이 딸을 그 종 야르하에게 주어 아내를 삼게 하였더니 그가 그로 말미암아 앗대를 낳고 36앗대는 나단을 낳고 나단은 사밧을 낳고 37사밧은 에블

랄을 낳고 에블랄은 오벳을 낳고 ³⁸오벳은 예후를 낳고 예후는 아사랴를 낳고 ³⁹아사랴는 헬레스를 낳고 헬레스는 엘르아사를 낳고 ⁴⁰엘르아사는 시스매를 낳고 시스매는 살룸을 낳고 ⁴¹살룸은 여가먀를 낳고 여가먀는 엘리사마를 낳았더라 ⁴²여라므엘의 아우 갈렙의 아들 곧 맏아들은 메사이니 십의 아버지요 그 아들은 마레사니 헤브론의 아버지이며 ⁴³헤브론의 아들들은 고라와 답부아와 레겜과 세마라 ⁴⁴세마는 라함을 낳았으니 라함은 요르그암의 아버지이며 레겜은 삼매를 낳았고 ⁴⁵삼매의 아들은 마온이라 마온은 벧술의 아버지이며 ⁴⁶갈렙의 소실 에바는 하란과 모사와 가세스를 낳고 하란은 가세스를 낳았으며 ⁴⁷야대의 아들은 레겜과 요단과 게산과 벨렛과 에바와 사압이며 ⁴⁸갈렙의 소실 마아가는 세벨과 디르하나를 낳았고 ⁴⁹또 맛만나의 아버지 사압을 낳았고 또 막베나와 기브아의 아버지 스와를 낳았으며 갈렙의 딸은 악사더라 ⁵⁰갈렙의 자손 곧 에브라다의 맏아들 훌의 아들은 이러하니 기럇여아림의 아버지 소발과 ⁵¹베들레헴의 아버지 살마와 벧가델의 아버지 하렙이라 ⁵²기럇여아림의 아버지 소발의 자손은 하로에와 므누홋 사람의 절반이니 ⁵³기럇여아림 족속들은 이델 종족과 붓 종족과 수맛 종족과 미스라 종족이라 이로 말미암아 소라와 에스다올 두 종족이 나왔으며 ⁵⁴살마의 자손들은 베들레헴과 느도바 종족과 아다롯벳요압과 마나핫 종족의 절반과 소라 종족과 ⁵⁵야베스에 살던 서기관 종족 곧 디랏 종족과 시므앗 종족과 수갓 종족이니 이는 다 레갑 가문의 조상 함맛에게서 나온 겐 종족이더라

앞 단락에서 언급된 사람들은 대부분 우리가 성경의 다른 곳에서도 종종 만날 수 있는 사람들이었다. 그러나 본 단락에 나오는 사람들은 대부분 다른 곳에서는 거의 언급되지 않는 사람들이다. 유다의 족보는 다른 지파들의 족보와 비교할 때 훨씬 더 상세하고 정확하게 기록되어 있는데, 우리는 여기에서 그리스도의 혈통을 분명히 하고자 하시는 하나님의 특별한 섭리를 발견할 수 있다.

1. 20절에서 우리는 브살렐이라는 이름을 만나는데, 그는 성막을 건축한 기술자였다(출 31:2).

2. 여기에 나오는 사람들은 헤스론의 자손들인데, 그는 베레스의 아들이었다(5절). 헤스론의 아들인 갈렙(글루배)과 여라므엘은 생산력이 풍부한 사람들이었으며, 이것은 헤스론 자신도 마찬가지였다. 그는 늙었을 때에도 생산력이

풍부했으며, 심지어 그가 죽을 때 그의 아내는 임신한 상태였을 정도였다(24절). 이 헤스론은 야곱과 함께 애굽에 내려간 70명 가운데 한 사람이었다(창 46:12). 거기에서 그의 가족은 다른 가족들과 마찬가지로 크게 번성했다. 우리는 그가 이스라엘이 애굽에서 노예상태로 있는 동안 죽었을 것이라고 밖에는 달리 추측할 수 없다. 그런데 여기에서는 그가 가나안 땅에 속한 **갈렙 에브라다**(즉 베들레헴)에서 죽었다고 되어 있다(24절). 우리는 이에 대해 어떻게 이해해야 할 것인가? 대부분의 백성들이 애굽에 예속되어 있던 동안에도 몇몇 활동적인 사람들은 때때로 가나안을 왕래하며 가나안에서 어느 정도 터전을 갖고 있었을 것이라고 우리는 추측할 수 있다(특별히 초기에는 비교적 멍에가 덜 무거웠으므로 충분히 이럴 수 있었을 것이다). 또 여기에 야일이 이룬 업적이 언급되고 있는데(22, 23절), 이것은 가나안 정복 후의 일로 추측된다. 유대인들은 헤스론이 60세 때에 세 번째 아내와 결혼했고(21절), 그 후에 또 새로운 아내와 결혼했다고 말한다(24절). 그가 그렇게 했던 것은 베레스 가문의 자손을 얻고자 하는 열망이 너무나 컸기 때문이었다(메시야는 바로 이 가문으로부터 올 것이었다).

3. 여기에 자녀 없이 죽은 자들이 두 명 언급되고(30, 32절), 아들은 없이 딸만 낳은 자가 한 명 언급된다(34절). 이런 일로 고민하는 자들은 자신의 경우가 특별하고 유일한 경우가 아니라는 사실을 기억해야 한다. 이와 같은 일에 있어 하나님은 당신의 신적 주권에 따라 당신이 기뻐하시는 대로 행하신다. 우리를 기쁘게 하기 위해 하나님이 존재하는 것이 아니라 하나님을 기쁘시게 하기 위해 우리가 존재한다. 하나님을 사랑하는 자들에게 하나님은 열 명의 아들보다 더 나을 것이며, 그들은 하나님 한 분만으로도 충분히 기뻐하며 감사할 수 있을 것이다. 그러므로 자녀가 없는 자는 자녀가 많은 가정을 부러워할 필요가 없다. 하나님이 좋게 보시는 것에 대해 우리가 나쁘게 보면 되겠는가?

4. 또 여기에 무남독녀를 자신의 애굽인 종과 결혼시킨 자가 언급된다(34, 35절). 만일 이 일이 그의 찬동(贊同) 하에 이루어진 일이라면, 이 애굽인은 분명 유대종교로 개종한 사람이며 또한 지혜와 덕이 뛰어난 사람이었을 것이다. 그렇지 않았다면, 참 이스라엘 사람으로서 자신의 외동딸을 이방인에게 주지는 않았을 것이다. 비록 이방인 종이라 할지라도 유대 종교로 개종하고 또 종으로서 훌륭하게 행동한다면, 그의 혈통이나 종의 신분이 이와 같이 주인의 딸

과 결혼하는데 장애가 되지는 않을 것이었다. 이 애굽인 종은 어느 이스라엘 백성 못지않게 자신의 아내를 행복하게 해 주었을 것이다.

5. 이들 가운데 몇몇 사람에게는 특정한 지역과 관련한 이름이 붙여진다. 즉 소발은 기럇여아림의 아버지로 일컬어졌으며(50절), 살마는 베들레헴의 아버지로 일컬어졌다(51절). 이것은 이러한 지역이 땅을 분배하는 가운데 그들의 기업으로 할당되었기 때문이었다.

6. 또 여기에 서기관 종족(혹은 서기관 가문, families of scribes)으로 불리는 사람들이 언급된다(55절). 이들은 백성들에게 성경과 하나님에 관한 선한 지식을 가르치는 자들이었다. 여기에 등장하는 수많은 가문들 가운데 서기관 가문(종족)이 있는 것은 얼마나 기쁜 일인가! 여호와께서 그의 모든 **백성**으로 다 선지자가 되게 하시기를 원하노라(민 11:29). 이스라엘의 모든 가문이 다 서기관의 가문이 되기를 원하노라.

제
— 3 —
장

개요

이스라엘의 모든 가문들 가운데 가장 뛰어난 가문은 바로 다윗의 가문이었다. 다윗에 관하여는 앞 장에서 살짝 언급되었지만(2:15), 이제 본 장에서 본격적으로 언급되게 된다. I. 다윗의 아들들(1-9절). II. 그의 왕위계승자들(10-16절). III. 그의 가문 가운데 사로잡혀 간 이후 남은 자들(17-24절). 이 가문으로부터 "육체를 따라 그리스도께서 오셨다."

[1]다윗이 헤브론에서 낳은 아들들은 이러하니 맏아들은 암논이라 이스르엘 여인 아히노암의 소생이요 둘째는 다니엘이라 갈멜 여인 아비가일의 소생이요 [2]셋째는 압살롬이라 그술 왕 달매의 딸 마아가의 아들이요 넷째는 아도니야라 학깃의 아들이요 [3]다섯째는 스바댜라 아비달의 소생이요 여섯째는 이드르암이라 다윗의 아내 에글라의 소생이니 [4]이 여섯은 헤브론에서 낳았더라 다윗이 거기서 칠 년 육 개월 다스렸고 또 예루살렘에서 삼십삼 년 다스렸으며 [5]예루살렘에서 그가 낳은 아들들은 이러하니 시므아와 소밥과 나단과 솔로몬 네 사람은 다 암미엘의 딸 밧수아의 소생이요 [6]또 입할과 엘리사마와 엘리벨렛과 [7]노가와 네벡과 야비아와 [8]엘리사마와 엘랴다와 엘리벨렛 아홉 사람은 [9]다 다윗의 아들이요 그들의 누이는 다말이며 이 외에 또 소실의 아들이 있었더라

우리는 앞에서 다윗의 아들들에 대한 이야기를 살펴보았다(삼하 3:2 이하; 5:14 이하).

1. 그에게는 많은 아들이 있었다. 그리고 그와 관련하여 그는 시편에서 이렇게 적었다: 젊은 자의 자식은 장사의 수중의 화살 같으니 이것이 그의 화살통에 가득한 자는 복되도다(시 127:4, 5).

2. 그들 가운데 암논과 압살롬과 아도니야 같은 아들은 그에게 큰 슬픔을 안겨 주었다. 우리는 솔로몬을 제외한 다른 아들들이 그의 신앙과 경건을 본받

았다는 이야기를 듣지 못한다. 그리고 솔로몬조차도 그의 경건에는 크게 미치지 못했다.

3. 밧세바가 낳은 아들들 가운데 하나에게 그는 나단이라는 이름을 붙여 주었다. 그렇게 한 것은 아마도 자신의 죄를 책망함으로써 회개하도록 이끌어 준 나단 선지자를 존귀케 하기 위함이었을 것이다. 다윗은 살아 있는 동안 이 일로 인해 나단 선지자를 더욱 사랑하게 된 것으로 보인다. 우리에게 진실하게 행한 선한 친구들을 존귀히 여기는 것은 참으로 지혜로운 일이다. 누가복음 3장 31절에 나타나는 바와 같이 우리 주 예수께서는 다윗의 바로 이 아들로부터 나셨다(그 위는 나단이요 그 위는 다윗이요).

4. 여기에 두 명의 엘리사마와 두 명의 엘리벨렛이 나타난다(6, 8절). 아마도 6절에 나오는 엘리사마와 엘리벨렛은 일찍 죽은 것으로 보인다. 그리하여 다윗은 새로 태어난 두 아들에게 그들의 이름을 붙여 주었을 것이다. 어떤 사람들이 상상하는 것처럼 이렇게 할 때 어떤 불길한 결과가 따를 것으로 여겨졌다면, 다윗은 그렇게 하지 않았을 것이다.

5. 다윗은 여러 명의 첩들을 거느렸다. 여기에서 그들로부터 낳은 아들들의 이름은 거명되지 않는데(9절), 아마도 그것은 그들이 압살롬 사건 때에 수치스러운 일을 당했기 때문이었을 것이다.

6. 다윗의 모든 아들들 가운데 솔로몬이 후계자로 선택되었다. 아마도 그것은 그의 개인적인 어떤 훌륭한 점 때문이 아니라(그의 지혜는 하나님의 선물이었다) 하나님이 그렇게 하시기를 기뻐하셨기 때문이었을 것이다.

[10]솔로몬의 아들은 르호보암이요 그의 아들은 아비야요 그의 아들은 아사요 그의 아들은 여호사밧이요 [11]그의 아들은 요람이요 그의 아들은 아하시야요 그의 아들은 요아스요 [12]그의 아들은 아마샤요 그의 아들은 아사랴요 그의 아들은 요담이요 [13]그의 아들은 아하스요 그의 아들은 히스기야요 그의 아들은 므낫세요 [14]그의 아들은 아몬이요 그의 아들은 요시야이며 [15]요시야의 아들들은 맏아들 요하난과 둘째 여호야김과 셋째 시드기야와 넷째 살룸이요 [16]여호야김의 아들들은 그의 아들 여고냐, 그의 아들 시드기야요 [17]사로잡혀 간 여고냐의 아들들은 그의 아들 스알디엘과 [18]말기람과 브다야와 세낫살과 여가먀와 호사마와 느다뱌요 [19]브다야의 아들들은 스룹바벨과 시므이요 스룹바벨의 아들은 므술람과 하나냐와 그의 매제 슬로밋과 [20]또

하수바와 오헬과 베레갸와 하사댜와 유삽헤셋 다섯 사람이요 [21]하나냐의 아들은 블라댜와 여사야요 또 르바야의 아들 아르난의 아들들, 오바댜의 아들들, 스가냐의 아들들이니 [22]스가냐의 아들은 스마야요 스마야의 아들들은 핫두스와 이갈과 바리야와 느아랴와 사밧 여섯 사람이요 [23]느아랴의 아들은 에료에내와 히스기야와 아스리감 세 사람이요 [24]에료에내의 아들들은 호다위야와 엘리아십과 블라야와 악굽과 요하난과 들라야와 아나니 일곱 사람이더라

다윗에게는 열아홉 명의 아들이 있었다. 우리는 그들이 이스라엘에서 귀족 가문을 이루었을 것이라고 추측할 수 있지만, 그러나 성경은 그들에 대해 상세하게 언급하지 않는다. 반면 솔로몬의 자손에 대해서는 여기에서, 그리고 나단의 자손에 대해서는 누가복음 3장에서 상세하게 언급한다. 그의 모든 후손들이 다윗의 자손의 영광에 참예하지만, 그러나 메시야와 관련한 영광에 참예하는 자들은 오직 이들뿐이다. 나단의 자손은 보통 사람으로서 메시야의 조상이 되었으며, 솔로몬의 자손은 왕으로서 메시야의 조상이 되었다.

1. 포로 때까지의 왕들. 이러한 이름들은 유다의 열왕의 이름으로서 우리에게 익숙한 잘 알려진 이름들이다. 이들의 역사에 대하여 우리는 열왕기에서 상세히 살펴보았으며, 또 역대하에서 다시 만나게 될 것이다. 여기에 나타난 것처럼 17대에 이르는 동안 아버지에서 아들로 이어지는 왕위계승이 곁길로 간 적은 매우 드물었는데, 이것은 다윗의 경건에 대한 하나님의 상급이었다. 그러나 유다의 멸망이 가까워오면서 이러한 정통적인 왕위계승이 어그러지는 가운데 형에서 동생으로 혹은 조카에서 삼촌으로 왕위가 계승되기도 했는데, 이것은 다윗의 집의 영광이 어두워지는 전조(前兆)였다.

2. 포로 이후의 다윗의 자손들. 이러한 이름들은 대부분 우리가 잘 알지 못하는 모호한 이름들이다. 이 가운데 유일하게 잘 알려진 이름은 포로 귀환시의 인물은 스룹바벨이었다. 다른 곳에서는 스알디엘의 아들로 불렸지만, 그러나 여기에서는 그의 손자로 나타난다(17-19절). 이와 같이 손자나 이후의 자손들까지 통칭하여 아들로 부르는 것은 성경에서 흔한 일이다. 벨사살도 느부갓네살의 아들로 불리지만, 그러나 실제로는 손자였다. 스알디엘은 여고냐의 아들로 불리는데(17절), 그것은 그의 양자로 입양되었기 때문이었다(어떤 이들은 에윌므로닥이 회복시켜준 여고냐의 위엄을 스알디엘이 계승했을 것이라고 생각

한다). 실제로 여고냐는 자녀가 없었다. 그는 하나님이 자신의 오른손에서 빼어 버린 인장반지였다(렘 22:24). 그리고 하나님은 그의 자리에 스룹바벨을 세우시고 그에게 이렇게 말씀하셨다(학 2:23): 내가 너를 세우고 너를 인장으로 삼으리니. 여기에 언급되는 스룹바벨의 자손들은 마태복음 1장이나 누가복음 3장의 족보에 나오는 이름들과 다르다. 그러나 의심의 여지 없이 여기의 이름들은 제사장이 모든 유대 가문들에 대해, 특별히 다윗의 가문에 대해 관리했던 공적 명부로부터 취해진 것이었을 것이다. 본 장에 마지막으로 등장하는 이름은 아나니인데, 탈굼(Targum)은 그와 관련하여 "그는 나타날 왕 메시야이다"라고 덧붙인다(이를 지적한 사람은 해박한 학자인 패트릭 주교이다). 일부 유대인 작가들도 인자가 하늘 구름을 타고(gnim gnanani) 왔다는 다니엘의 말을 근거로 그와 같이 생각하는데(단 7:13), 그러나 그러한 생각은 정말로 너무나 어색하고 부자연스럽다. 그렇지만 패트릭 주교는, 이를 통해 그들이 늘 메시야에 대한 생각으로 가득 차 있었으며, 또 그가 오실 때가 그리 멀지 않았다고 생각했음을 알 수 있다고 생각한다.

제
— 4 —
장

개요

본 장의 내용은 다음과 같다. I. 모든 지파 가운데 가장 숫자도 많고 뛰어났던 유다 지파의 족보. 1. 훌의 아들 소발의 자손(1-4절). 2. 헤스론의 유복자(2:24) 아스훌의 자손(5-10절). 3. 글룹과 다른 사람들의 자손(11-20절). 4. 셀라의 자손(21-23절). II. 시므온의 자손과 그들이 거주하는 성읍들, 그리고 그들이 게돈을 정복하고 또 세일 산에서 아말렉 사람들을 정복함(24-43절).

¹유다의 아들들은 베레스와 헤스론과 갈미와 훌과 소발이라 ²소발의 아들 르아야는 야핫을 낳고 야핫은 아후매와 라핫을 낳았으니 이는 소라 사람의 종족이며 ³에담 조상의 자손들은 이스르엘과 이스마와 잇바스와 그들의 매제 하술렐보니와 ⁴그들의 아버지 브누엘과 후사의 아버지 에셀이니 이는 다 베들레헴의 아버지 에브라다의 맏아들 훌의 소생이며 ⁵드고아의 아버지 아스훌의 두 아내는 헬라와 나아라라 ⁶나아라는 그에게 아훗삼과 헤벨과 데므니와 하아하스다리를 낳아 주었으니 이는 나아라의 소생이요 ⁷헬라의 아들들은 세렛과 이소할과 에드난이며 ⁸고스는 아눕과 소베바와 하룸의 아들 아하헬 종족들을 낳았으며 ⁹야베스는 그의 형제보다 귀중한 자라 그의 어머니가 이름하여 이르되 야베스라 하였으니 이는 내가 수고로이 낳았다 함이었더라 ¹⁰야베스가 이스라엘 하나님께 아뢰어 이르되 주께서 내게 복을 주시려거든 나의 지역을 넓히시고 주의 손으로 나를 도우사 나로 환난을 벗어나 내게 근심이 없게 하옵소서 하였더니 하나님이 그가 구하는 것을 허락하셨더라

에스라가 유다 지파의 족보에 가장 큰 관심을 기울였던 이유는 그것이 가나안에서 다른 지파들보다 더 오랫동안 남아 있었을 뿐만 아니라 시간이 지남에 따라 대부분의 다른 지파들은 앗수르 왕국에서 잃어진 반면 그 지파는 포로에서 돌아왔기 때문이었다(유다 지파는 시므온 지파와 베냐민 지파와 레위 지파와 더불어 유다 왕국을 이루고 있었다). 본 단락에서 가장 두드러지는

인물은 야베스이다. 여기에 그는 누구의 아들이며 몇 살까지 살았는지 등은 언급되지 않는다. 다만 8절로 미루어 그는 아하헬 가문 가운데 한 가문의 조상이 된 것으로 보인다(8절).

I. 그에게 야베스란 이름이 붙여진 이유. 그의 어머니는 그에게 야베스란 이름을 붙여준 것은 다음과 같은 이유 때문이었다: 이는 내가 그를 수고로이 낳았음이라(9절). 모든 아이가 수고로이 태어나지만(왜냐하면 여자에게는 수고하고 자식을 낳을 것이라는 형벌이 주어졌기 때문에), 그러나 다른 아이들보다 훨씬 더 수고롭게 태어나는 아이들이 있다. 통상 출산의 수고는 아이를 낳은 기쁨 때문에 후에는 잊혀지는 법이다. 그러나 야베스의 경우에는 영원히 잊혀질 수 없을 정도로 그 수고가 너무나 특별했다. 어쩌면 그의 어머니는, 마치 라헬이 죽어가면서 자기 아들을 베노니라고 불렀던 것처럼, 수고 가운데 죽어가면서 그를 야베스라고 불렀는지 모른다. 그렇지 않고 다시 회복되었다 할지라도, 아들에게 그와 같은 이름을 붙여 줌으로써

1. 그녀는 그러한 고통을 영원히 기억하면서 그러한 가운데 지켜 주신 하나님께 감사를 드리고자 하였다. 종종 과거의 고통을 회상하는 것은 얼마나 지혜로운 일인가! 그럼으로써 우리는 과거 고통의 때에 가졌던 생각을 항상 지닐 수 있게 될 것이며, 그런 가운데 고통 속에서도 즐거워할 수 있는 지혜를 갖게 될 것이다.

2. 그녀는 아들로 하여금 이 세상은 눈물 골짜기이며 고통 없는 날은 거의 없다는 사실을 일깨워 주고자 하였다. 그의 이름 속에 담겨 있는 의미가 그로 하여금 인생을 진지하게 받아들이도록 만들어 줄 수 있을 것이었다. 또 그로 하여금 그토록 큰 수고로 자신을 낳아준 어머니에 대해 사랑과 존경으로 대하며 더욱 좋은 아들이 되기를 힘쓰도록 만들어 줄 것이었다. 자녀에게 있어 이와 같이 부모에게 보답하기를 힘쓰는 것은 참으로 아름다운 일이다(딤전 5:4, 만일 어떤 과부에게 자녀나 손자들이 있거든 그들로 먼저 자기 집에서 효를 행하여 부모에게 보답하기를 배우게 하라 이것이 하나님 앞에 받으실 만한 것이니라).

II. 야베스의 뛰어난 인품. 야베스는 그의 형제보다 귀중한 자라(9절). 신적 은혜로 말미암아 그는 형제들보다 더 훌륭한 사람이 되었으며, 또 신적 섭리로 말미암아 그는 형제들보다 더 위엄 있는 사람이 되었다. 그의 형제들도 모두 덕 있는 사람들이었지만, 그러나 그가 훨씬 더 뛰어났다. 이제 그의 어머니가

그를 낳을 때 겪은 모든 수고는 충분히 보상되었다. 낳을 때 가장 큰 대가를 치러야만 했던 아들이 후에 그녀에게 가장 큰 기쁨이 되었으며, 수고와 고통이 컸던 만큼 기쁨도 그에 비례하여 커졌다(시 90:15). 그가 어떤 점에서 형제보다 귀중했는지에 대해 우리는 아무 이야기도 듣지 못한다. 그가 형제들보다 더 큰 기업(基業)을 일으켰는지, 혹은 더 높은 지위에 올랐는지, 혹은 전쟁에서 더 큰 공로를 세웠는지 여부에 대해 우리는 알지 못한다. 다만 이것이 그의 학식과 경건에 관한 것이라고 보는 것이 가장 합당할 것으로 여겨진다. 왜냐하면 다른 것들보다 바로 이런 것들이 사람을 더 존귀케 만들어 주기 때문이다. 아마도 야베스는 다음과 같은 면에서 매우 뛰어났을 것이다.

1. 학식에서. 우리는 서기관 가문(종족)이 야베스에 살았던 사실을 살펴보았는데(2:55), 아마도 그러한 이름은 여기의 야베스로부터 취한 것으로 보인다. 유대인들은 그가 유명한 율법학자로서 많은 후학(後學)들을 남겼다고 말한다. 여기에서 이와 같이 갑작스럽게 언급된 것으로 미루어 에스라가 이것을 기록할 당시 그의 이름은 매우 잘 알려져 있었던 것으로 보인다.

2. 경건에서. 여기에서 그는 기도하는 사람으로 나타난다. 경건한 사람으로서 그는 참으로 존귀한 이름을 얻었으며, 또한 기도의 사람으로서 그는 하나님으로부터 그러한 존귀를 더하는 축복을 받았다. 진정으로 위대해지는 길은 진정으로 선을 행하며 많이 기도하는 것이다.

Ⅲ. 야베스의 기도　아마도 그는 솔로몬처럼 지혜를 구했을 것이다. 그는 자신의 모든 길에 하나님을 인정하고 스스로를 신적 축복과 보호 아래 놓음으로써 형통의 길로 나아갔다. 아마도 이런 것들이 그의 매일의 기도 제목이었을 것이다. 이를 위해 그는 혼자서도 기도하고, 또 가족들과 함께도 기도했다. 어떤 이들은 그의 이와 같은 기도는 원수들에 의해 큰 고난과 위협을 당했던 어떤 특별한 상황 속에서 드려진 것이었을 것으로 생각한다. 다음을 관찰하라.

1. 그는 누구에게 기도했나? 야베스는 이방인들이 섬기는 다른 신들에게 기도하지 않고 오직 이스라엘의 하나님을 불렀다. 그는 살아 계시며 참되신 하나님이며, 홀로 기도를 들으시고 응답하시는 하나님이시다. 그는 이스라엘의 하나님이시며, 자기 백성과 언약을 맺으신 하나님이시며, 당신과 씨름하여 이긴 야곱을 이스라엘이라 부르신 하나님이시다.

2. 그의 기도는 어떤 성격을 가진 것이었나?

(1) 흠정역(KJV)의 난외주(欄外註)가 읽는 바대로, 그것은 거룩한 서원이었다 — 주께서 정말로 나를 축복하신다면. 이것만으로는 문장이 불완전하지만, 그러나 우리는 야곱의 서원으로부터 어렵지 않게 뒷부분을 채울 수 있다 — 그러면 주께서 나의 하나님이 되실 것이요. 그는 자신의 약속을 직접적으로 언급하는 대신 암묵적으로 남겨두었다(그러나 뒷부분은 누구라도 충분히 알 수 있었다). 그렇게 한 것은 그가 자신의 힘으로 약속하기를 두려워했기 때문이거나, 아니면 그가 스스로를 하나님께 전적으로 헌신하고자 결심했기 때문이었을 것이다. 이를테면 그는 하나님께서 원하시는 대로 적어 넣으실 수 있도록 백지수표를 드린 것이었다. "여호와여 만일 주께서 나를 축복하시고 지켜 주신다면 내게 하시고자 하시는 대로 행하시옵소서. 나는 영원히 주의 처분에 맡겨져 있을 것이나이다."

(2) 본문(text)이 읽는 바대로, 그것은 가장 뜨거운 열망을 나타내는 표현이었다 — 주께서 내게 복을 주시려거든.

3. 그의 기도의 내용은 무엇이었나? 그는 네 가지를 위해 기도했다.

(1) 하나님이 정말로 자신을 축복해 주시기를. "내게 복에 복을 더하소서. 내게 여러 가지 풍성한 복으로 크게 축복하소서." 어쩌면 그는 하나님이 아브라함에게 주신 약속을 바라보았는지 모른다(창 22:17): 내가 네게 큰 복을 주고. "그러한 아브라함의 축복을 내게도 주소서." 영적인 축복이 최고의 축복이며, 그러한 영적 축복을 받은 자가 참으로 축복 받은 자이다. 하나님의 축복은 실제적이며, 또 실제적인 결과를 가져온다. 우리는 다만 축복을 바랄 수 있을 뿐이며 그것을 명하시는 이는 하나님이시다. 하나님이 축복하시는 자들이야말로 정말로 축복 받은 자들이다.

(2) 하나님이 자신의 지역을 넓혀 주시기를. 야베스는 일을 통해서나 전쟁을 통해 자신의 기업이 된 지역이 계속해서 넓어지기를 간구했다. 우리는 하나님이 우리의 마음을 넓히심으로써 하나님 안에서 그리고 하늘의 가나안에서 우리의 기업이 넓어지기를 계속해서 열망하며 기도해야 한다.

(3) 하나님의 손이 자신과 함께 계시기를. 유다 지파를 위한 모세의 기도는 유다 자신의 손이 스스로를 위해 충족하도록 구하는 것이었다(신 33:7). 그러나 야베스는 하나님의 손과 그의 능력의 임재가 함께 하지 않는다면 그런 것은 아무 의미도 없다고 생각한다. 우리를 인도하시고 보호하시고 강하게 하시며

우리 안에서 그리고 우리를 위해 행하시는 하나님의 손이야말로 실로 완전히 충분한 손이다.

(4) 하나님이 자신을 악으로부터 지켜 주시기를. 그는 죄의 악과 환난의 악과 원수들의 모든 악한 계교로부터 보호해 주심으로써 그런 것들이 자신을 해치지도 못하고 슬프게도 못하도록 간구했다. 그럼으로써 그는 정말로 야베스 즉 수고의 사람(혹은 슬픔의 사람, man of sorrow)이 되지 않게 될 것이었다. 원문(原文)으로 볼 때 그의 이름에는 다음과 같은 암시가 있다. 하늘에 계신 아버지여 나를 악에서 구하옵소서.

4. 그의 기도의 결과는 무엇이었나? 하나님이 그가 구하는 것을 허락하셨더라. 하나님은 그에게 놀랄 만한 형통을 주셨으며, 학문을 비롯한 그의 모든 일에 성공을 주셨으며, 가나안 사람들과의 싸움에서도 승리케 하셨다. 그럼으로써 그는 그의 형제들보다 더 귀중한 자가 되었다. 하나님은 항상 기도를 들으실 준비가 되어 있으시며, 그의 귀는 결코 어둡지 않으시다.

[11]수하의 형 글룹이 므힐을 낳았으니 므힐은 에스돈의 아버지요 [12]에스돈은 베드라바와 바세아와 이르나하스의 아버지 드힌나를 낳았으니 이는 다 레가 사람이며 [13]그나스의 아들들은 옷니엘과 스라야요 옷니엘의 아들은 하닷이며 [14]므오노대는 오브라를 낳고 스라야는 요압을 낳았으니 요압은 게하라심의 조상이라 그들은 공장이었더라 [15]여분네의 아들 갈렙의 자손은 이루와 엘라와 나암과 엘라의 자손과 그나스요 [16]여할렐렐의 아들은 십과 시바와 디리아와 아사렐이요 [17]에스라의 아들들은 예델과 메렛과 에벨과 얄론이며 메렛은 미리암과 삼매와 에스드모아의 조상 이스바를 낳았으니 [18]이는 메렛이 아내로 맞은 바로의 딸 비디아의 아들들이며 또 그의 아내 여후디야는 그돌의 조상 예렛과 소고의 조상 헤벨과 사노아의 조상 여구디엘을 낳았으며 [19]나함의 누이인 호디야의 아내의 아들들은 가미 사람 그일라의 아버지와 마아가 사람 에스드모아며 [20]시몬의 아들들은 암논과 린나와 벤하난과 딜론이요 이시의 아들들은 소헷과 벤소헷이더라 [21]유다의 아들 셀라의 자손은 레가의 아버지 에르와 마레사의 아버지 라아다와 세마포 짜는 자의 집 곧 아스베야의 집 종족과 [22]또 요김과 고세바 사람들과 요아스와 모압을 다스리던 사람과 야수비네헴이니 이는 다 옛 기록에 의존한 것이라 [23]이 모든 사람은 토기장이가 되어 수풀과 산울 가운데에 거주하는 자로서 거기서 왕과 함께 거주하면서 왕의 일을 하였더라

1. 여기에 모든 장인(匠人) 가문이 나와 있다. 그들은 여러 종류의 물건을 만드는 일에 종사하는 수공장인(手工匠人)들이었다(14절). 이스라엘에는 장인들이 거주하던 지역이 있었는데, 사람들은 그 곳을 장인들의 골짜기라고 불렀다(느 11:35). 우리는 그러한 장인들을 비천한 자들로 간주해서는 결코 안 된다. 그들은 때로 의견이 불일치하는 가운데에서도 함께 거주하는 것을 선택했는데, 그것은 서로 비교함으로써 각자의 기술을 향상시킬 수 있었기 때문이었다.

2. 그들 가운데 한 사람이 바로의 딸과 결혼했다(18절). 바로는 애굽의 왕을 통칭하는 이름이었다. 애굽에서 요셉의 공적이 아직 생생하게 기억되고 있던 동안에는 이스라엘이 아직 노예상태에 있지 않았다. 그 때 한 이스라엘 남자가 바로의 사위가 되었다고 해서 그것이 크게 이상한 일은 아니다. 바로의 사위가 되는 것을 거절할 수 있는 사람이 모세 외에 얼마나 있겠는가?

3. 어떤 사람은 세마포 짜는 가문의 조상이 되었다(21절). 그들은 나라에서 세마포를 가장 잘 짜는 자들이었으며, 이것이 그들의 존귀로서 그들 족보에 기록되었다. 그들은 대대로 자녀들을 동일한 일을 하는 장인으로 길렀다. 홍수 전에 유발이 음악 하는 자들의 조상이 되고 야발이 목축하는 자들의 조상이 되었던 것처럼, 여기의 라아다는 세마포 짜는 자들의 조상이 되었다. 그의 후손들은 마레사 성읍에 거주했는데, 그 곳의 특산품은 왕과 제사장이 입는 세마포 옷이었다.

4. 또 모압을 다스리다가 지금은 바벨론에서 노예생활을 하는 가문도 있었다(22, 23절).

(1) 이스라엘이 모압을 다스리게 된 것은 오래 전의 일이었다. 아마도 다윗이 모압을 정복했을 때부터였을 것이다. 그 때 많은 이스라엘 백성들이 모압으로 이주하여 그 곳에서 지배적인 위치를 차지했으며, 그러한 지배적 위치는 여러 세대를 걸쳐 계속되었다. 그러나 그것은 이미 오래 전의 일이 되었다.

(2) 그들의 자손은 지금 바벨론에서 토기장이와 동산지기가 되었다. 그들은 거기서 왕과 함께 거주하면서 왕의 일을 하였는데, 아마도 그들이 가진 기술로 비교적 풍족한 생계를 꾸릴 수 있었을 것이다. 따라서 포로 기간이 끝났을 때 그들은 동료들과 함께 고국으로 돌아가는 일에 별로 관심을 기울이지 않았을 것이다. 지금 지배적인 위치에 있는 자들은 자신의 자손들이 비천한 자리로 떨어질 수 있다는 사실을 알지 못한다. 그러나 고통을 감수하면서 가나안으로 돌

아가는 것보다 수풀과 산울 가운데 거주하는 것을 더 좋아하는 자들은 이스라엘인이라는 이름에 합당치 못한 자들이다.

[24]시므온의 아들들은 느무엘과 야민과 야립과 세라와 사울이요 [25]사울의 아들은 살룸이요 그의 아들은 밉삼이요 그의 아들은 미스마요 [26]미스마의 아들은 함무엘이요 그의 아들은 삭굴이요 그의 아들은 시므이라 [27]시므이에게는 아들 열여섯과 딸 여섯이 있으나 그의 형제에게는 자녀가 몇이 못되니 그들의 온 종족이 유다 자손처럼 번성하지 못하였더라 [28]시므온 자손이 거주한 곳은 브엘세바와 몰라다와 하살수알과 [29]빌하와 에셈과 돌랏과 [30]브두엘과 호르마와 시글락과 [31]벧말가봇과 하살수심과 벧비리와 사아라임이니 다윗 왕 때까지 이 모든 성읍이 그들에게 속하였으며 [32]그들이 사는 곳은 에담과 아인과 림몬과 도겐과 아산 다섯 성읍이요 [33]또 모든 성읍 주위에 살던 주민들의 경계가 바알까지 다다랐으니 시므온 자손의 거주지가 이러하고 각기 계보가 있더라 [34]또 메소밥과 야믈렉과 아마시야의 아들 요사와 [35]요엘과 아시엘의 증손 스라야의 손자 요시비야의 아들 예후와 [36]또 엘료에내와 야아고바와 여소하야와 아사야와 아디엘과 여시미엘과 브나야와 [37]또 스마야의 오대 손 시므리의 현손 여다야의 증손 알론의 손자 시비의 아들은 시사이니 [38]여기 기록된 것들은 그들의 종족과 그들의 가문의 지도자들의 이름이라 그들이 매우 번성한지라 [39]그들이 그들의 양 떼를 위하여 목장을 구하고자 하여 골짜기 동쪽 그돌 지경에 이르러 [40]기름지고 아름다운 목장을 발견하였는데 그 땅이 넓고 안정 되고 평안하니 이는 옛적부터 거기에 거주해 온 사람은 함의 자손인 까닭이라 [41]이 명단에 기록된 사람들이 유다 왕 히스기야 때에 가서 그들의 장막을 쳐서 무찌르고 거기에 있는 모우님 사람을 쳐서 진멸하고 대신하여 오늘까지 거기에 살고 있으니 이는 그들의 양 떼를 먹일 목장이 거기에 있음이며 [42]또 시므온 자손 중에 오백 명이 이시의 아들 블라댜와 느아랴와 르바야와 웃시엘을 두목으로 삼고 세일 산으로 가서 [43]피신하여 살아남은 아말렉 사람을 치고 오늘까지 거기에 거주하고 있더라

우리는 여기에서 시므온 지파의 여러 계보들과 특별히 그 지파의 지도자들의 이름들을 보게 된다(38절). 시므온 지파와 관련하여 그들이 크게 번성하기는 했지만 그러나 유다 자손만큼 번성하지는 못했다고 언급된다(27절). 하나님께서 번성케 하신 자들은 마땅히 하나님께 감사해야 한다(설령 자기들보

다 더 번성한 자들이 있다 할지라도). 여기에서 다음을 관찰하라.

1. 시므온 자손에게 할당된 성읍들(28절). 이에 대해 여호수아 19장 1절 이하를 보라. 31절에 다윗 왕 때까지 이 모든 성읍이 그들에게 속하였다고 언급되어 있는데, 이러한 언급은 열 지파가 다윗의 집을 배반하고 떠날 때 많은 시므온 사람들도 이러한 성읍들을 버리고 떠났음을 암시한다(왜냐하면 이러한 성읍들은 유다 안에 위치해 있었기 때문이었다).

2. 그들이 다른 곳에서 얻은 땅. 다윗의 집을 배반하고 떠났던 시므온 사람들은 다른 사람들과 함께 앗수르에 포로로 끌려간 반면, 유다에 남아 있던 시므온 사람들은 힘써 자신들의 지경을 넓혔다. 시므온 사람들이 그와 같은 놀라운 업적을 이룩한 것은 히스기야 때였다.

(1) 그들 가운데 일부는 그돌의 입구(the entrance of Gedor)라고 불렸던 아라비아의 한 지역을 공격하고, 저주받은 함의 자손들 곁에 거주하면서(40절) 그들의 주인이 되었다. 이로 인해 히스기야의 경건한 통치의 영광은 더욱 빛을 발하게 되었다. 그리고 그의 왕국 전체가 전반적으로 번성했던 것처럼 각각의 가문들도 그와 같이 번성했다. 또 그들이 발견한 땅은 기름진 목장이었음에도 불구하고 매우 평온했다고 언급된다(40절). 심지어 앗수르의 왕들이 모든 땅을 요동케 하고 있었던 동안에도 유독 그 땅만은 그와 같은 격동과 혼란에서 피해 있었다. 시므온 사람들이 와서 쫓아낼 때까지 목자인 그 땅의 거주민들은 평온하게 살고 있었다. 풍요로우며 넓고 조용하며 평온한 지역에 거주하는 자들은 거주의 경계를 정하시는 하나님께 빚지고 있음을 기꺼이 인정해야 한다.

(2) 그들 가운데 500명은 42절에 열거된 네 명의 지휘 아래 세일 산을 습격하여 저주받은 아말렉 자손들을 치고 그들의 땅을 빼앗았다(42, 43절). 함과 아말렉에 대한 저주는 얼마 동안 정지된 것처럼 보였지만 이제 온전히 성취되었다. 그러나 이렇게 하여 시므온에 대한 저주 곧 그가 나누이고 흩어질 것이란 예언 역시도 이루어지게 되었다(창 49:7). 그러나 이것은 시므온에게 도리어 축복으로 바뀌었다. 왜냐하면 이와 같이 먼 지역으로 이주한 시므온 사람들은 오늘날까지 거기에 거주하고 있다고 언급되고 있기 때문이다(43절). 그럼으로써 그들은 포로의 재앙을 피할 수 있었던 것으로 보인다. 때때로 신적 섭리는 보존하고자 하는 자들을 미리 다른 곳으로 옮김으로써 다가올 재앙을 피하도록 인도한다.

제
— 5 —
장

개요

본 장은 우리에게 요단 건너편에 위치해 있었던 두 지파와 반 지파에 대해 알려준다. I. 르우벤 지파에 대해(1-10절). II. 갓 지파에 대해(11-17절). III. 므낫세 반 지파에 대해 (23, 24절). IV. 세 지파 모두와 관련하여 우리는 다음과 같은 이야기를 듣는다. 1. 그들이 어떻게 하갈 사람들을 정복했는지에 대해(18-22절). 2. 그들이 하나님을 버림으로써 마침내 어떻게 앗수르 왕에 의해 정복되고 포로로 끌려가게 되었는지에 대해(25, 26절).

[1]이스라엘의 장자 르우벤의 아들들은 이러하니라 (르우벤은 장자라도 그의 아버지의 침상을 더럽혔으므로 장자의 명분이 이스라엘의 아들 요셉의 자손에게로 돌아가서 족보에 장자의 명분대로 기록되지 못하였느니라 [2]유다는 형제보다 뛰어나고 주권자가 유다에게서 났으나 장자의 명분은 요셉에게 있으니라) [3]이스라엘의 장자 르우벤의 아들들은 하녹과 발루와 헤스론과 갈미요 [4]요엘의 아들은 스마야요 그의 아들은 곡이요 그의 아들은 시므이요 [5]그의 아들은 미가요 그의 아들은 르아야요 그의 아들은 바알이요 [6]그의 아들은 브에라이니 그는 르우벤 자손의 지도자로서 앗수르 왕 디글랏빌레셀에게 사로잡힌 자라 [7]그의 형제가 종족과 계보대로 우두머리 된 자는 여이엘과 스가랴와 [8]벨라니 벨라는 아사스의 아들이요 세마의 손자요 요엘의 증손이라 그가 아로엘에 살면서 느보와 바알므온까지 다다랐고 [9]또 동으로 가서 거주하면서 유브라데 강에서부터 광야 지경까지 다다랐으니 이는 길르앗 땅에서 그 가축이 번식함이라 [10]사울 왕 때에 그들이 하갈 사람과 더불어 싸워 손으로 쳐죽이고 길르앗 동쪽 온 땅에서 장막에 거주하였더라 [11]갓 자손은 르우벤 사람을 마주 대하여 바산 땅에 거주하면서 살르가까지 다다랐으니 [12]우두머리는 요엘이요 다음은 사밤이요 또 야내와 바산에 산 사밧이요 [13]그 조상의 가문의 형제들은 미가엘과 므술람과 세바와 요래와 야간과 시아와 에벨 일곱 명이니 [14]이는 다 아비하일의 아들들이라 아비하일은 후리의 아들이요 야로아의 손자요 길르앗의 증손이요 미가엘의 현손이요 여시새의 오대 손이요 야도의 육대 손이요 부스의 칠대 손이며 [15]또

구니의 손자 압디엘의 아들 아히가 우두머리가 되었고 ¹⁶그들이 바산 길르앗과 그 마을과 사론의 모든 들에 거주하여 그 사방 변두리에 다다랐더라 ¹⁷이상은 유다 왕 요담 때와 이스라엘 왕 여로보암 때에 족보에 기록되었더라

I. 르우벤 지파의 족보. 여기에서 우리는 다음과 같은 이야기들을 들을 수 있다.

1. 르우벤이 장자권을 상실한 이유. 르우벤은 이스라엘의 장자였다. 그러나 그는 아버지의 첩을 더럽힘으로써 장자권을 상실하고 말았으며, 그로 인해 탁월하지 못할 것이라는 선고를 받았다(창 49:4). 죄는 사람들을 작아지게 하고, 탁월성을 잃어버리게 만든다. 특별히 일곱째 계명을 어긴 죄는 그들과 그들의 가문에 많은 시간이 지나도 지워지지 않는 얼룩을 남긴다. 르우벤의 자손은 마지막까지 르우벤의 죄의 불명예를 짊어지게 될 것이었다. 그러나 그들은, 비록 장자의 우선권은 상실했다 할지라도, 버림을 당하거나 기업을 상속받지 못할 것은 아니었다. 이스라엘 백성으로서의 영광이 더럽혀지기는 했지만 그러나 이스라엘 백성으로서의 축복까지 잃어버린 것은 아니었다. 르우벤이 상실한 장자권은 그러나 다음 순위인 시므온에게 넘겨지지 않았다. 왜냐하면 그것은 하나의 상징으로서, 자연적인 순서가 아니라 은혜의 선택에 따라 주어지는 것이어야 하기 때문이었다. 장자권의 혜택은 통치권과 갑절의 분깃이었다. 르우벤이 장자권을 상실했을 때, 신적 섭리는 그와 같은 두 가지 혜택이 모두 한 사람에게 넘겨지는 것을 적절치 못한 것으로 판단했다. 따라서 그것은 다음과 같이 나누어졌다.

(1) 요셉에게 갑절의 분깃이 주어졌다. 그리하여 요셉에게서 므낫세와 에브라임 두 지파가 나왔으며, 둘 모두 자녀의 몫을 받았다(히 11:21; 창 48:15, 22). 므낫세와 에브라임은 다른 지파들 못지않게 이스라엘 가운데 당당한 위치를 차지했다.

(2) 그러나 통치권은 유다에게 주어졌다. 야곱은 임종의 자리에서 통치자의 지팡이를 유다에게 상속했다(창 49:10). 그리하여 유다로부터 먼저 다윗이 나오고 때가 차매 메시야가 나왔다(미 5:2). 비록 장자의 명분이 요셉에게 주어졌다 할지라도 이러한 영광은 유다에게 주어졌다. 따라서 유다는 요셉이 받은 갑절의 분깃을 부러워할 필요가 없었다.

2. 르우벤 지파의 지도자들의 이름들. 특별히 우리는 여기에서 브에라란 이름을 만나게 되는데, 그는 앗수르 왕에게 포로로 끌려갈 당시 르우벤 지파의 지도자였다(4-6절). 이와 같이 그가 당시 르우벤 지파의 지도자였다고 구체적으로 언급된 것은 어쩌면 그가 포로로 끌려가는 것을 막기 위해 아무 일도 하지 않았기 때문이었는지 모른다.

3. 르우벤 지파의 경계의 확장. 그들의 수는 크게 번성하였으며 가축들도 크게 늘었다. 그러는 가운데 그들은 하갈 사람들을 쫓아내고 유브라데 강에 인접한 광야까지 자신들의 경계를 확장했다(9, 10절). 이와 같이 하나님은 그들에게 약속하신 대로 자기 백성을 위해 행하셨다. 하나님은 그들 앞에서 조금씩 원수들을 쫓아내시고 적당한 때에 그들의 땅을 차지하게 하셨다(출 23:30, 네가 번성하여 그 땅을 기업으로 얻을 때까지 내가 그들을 네 앞에서 조금씩 쫓아내리라).

Ⅱ. 갓 지파의 족보. 우리는 여기에서 아비하일의 일곱 아들로부터 나온 일곱 가문을 보게 되는데(12절), 그의 족보는 특이하게도 아들로부터 아버지로 올라가는 상향식으로 기술되었다. 이러한 족보들은 유다 왕 요담 때에 완성되었지만, 그러나 시작된 것은 몇 년 전인 이스라엘 왕 여로보암 2세 때였다(17절). 여기에서 무슨 특별한 이유로 이러한 사실이 언급되었는지는 나타나지 않는다. 그러나 그 때는 그들이 앗수르 사람들에 의해 포로로 끌려가기 직전이었다(왕하 15:29-31). 타락과 배교로 인한 하나님의 심판이 그들을 향하고 있었을 때, 그들은 언약의 자손으로서 자신들의 혈통과 족보를 자랑하고 있었다. 마치 우리 구주께서 오셨을 때 즉 그들의 멸망이 무르익었을 때, 유대인들이 우리는 아브라함의 자손이라고 자랑했던 것과 비슷했다. 그렇지 않으면 그 안에 어떤 특별한 섭리, 다시 말해서 지금은 쫓겨나지만 그러나 영원히 쫓겨나는 것은 아니라는 은혜로운 암시가 담겨 있는 것인지도 모른다. 만일 우리가 어떤 사람들을 나중에 다시 부를 계획을 가지고 있다면, 우리는 그들의 명부(족보)를 버리지 않고 보존할 것이다.

[18]르우벤 자손과 갓 사람과 므낫세 반 지파에서 나가 싸울 만한 용사 곧 능히 방패와 칼을 들며 활을 당겨 싸움에 익숙한 자는 사만 사천칠백육십 명이라 [19]그들이 하갈 사람과 여두르와 나비스와 노답과 싸우는 중에 [20]도우심을 입었으므로 하갈 사

람과 그들과 함께 있는 자들이 다 그들의 손에 패하였으니 이는 그들이 싸울 때에 하나님께 의뢰하고 부르짖으므로 하나님이 그들에게 응답하셨음이라 [21]그들이 대적의 짐승 곧 낙타 오만 마리와 양 이십오만 마리와 나귀 이천 마리를 빼앗으며 사람 십만 명을 사로잡았고 [22]죽임을 당한 자가 많았으니 이 싸움이 하나님께로 말미암았음이라 그들이 그들의 땅에 거주하여 사로잡힐 때까지 이르렀더라 [23]므낫세 반 지파 자손들이 그 땅에 거주하면서 그들이 번성하여 바산에서부터 바알헤르몬과 스닐과 헤르몬 산까지 다다랐으며 [24]그들의 족장은 에벨과 이시와 엘리엘과 아스리엘과 예레미야와 호다위야와 야디엘이며 다 용감하고 유명한 족장이었더라 [25]그들이 그들의 조상들의 하나님께 범죄하여 하나님이 그들 앞에서 멸하신 그 땅 백성의 신들을 간음하듯 섬긴지라 [26]그러므로 이스라엘 하나님이 앗수르 왕 불의 마음을 일으키시며 앗수르 왕 디글랏빌레셀의 마음을 일으키시매 곧 르우벤과 갓과 므낫세 반 지파를 사로잡아 할라와 하볼과 하라와 고산 강 가에 옮긴지라 그들이 오늘까지 거기에 있으니라

우리는 여기에서 요단 건너편에 자리잡았던 므낫세 반 지파의 족장들의 이름을 보게 된다(23, 24절). 처음에 그들의 기업은 바산뿐이었다. 그러나 나중에는 크게 번성하여 계속해서 북쪽으로 퍼져 나가다가 결국 헤르몬까지 이르게 되었다. 요단 건너편에 있었던 지파들과 관련하여 여기에서 단지 두 가지 이야기만 기록되어 있는데, 그것은 그들 모두와 관계된 일이었다.

I. 하갈 사람들에 대한 영광스러운 승리. 이스마엘 족속이 여기에서 하갈 사람이라고 일컬어진 것은 그들로 하여금 그들이 여종의 아들이라는 사실을 일깨워 주기 위한 것이었다. 이러한 승리가 언제 이루어진 일인지에 대해 우리는 아무것도 듣지 못한다. 이것이 앞에서 언급한 르우벤 지파의 승리 즉 사울 왕 때라고 언급되는 10절의 승리와 동일한 것인지, 아니면 그러한 르우벤 지파의 승리가 다른 두 지파를 고무하여 새로운 싸움을 벌이게 하고 그로부터 새로운 승리를 얻은 것인지 여부는 확실치 않다. 사울 왕 때에 범지파적인 연합은 아직 초보적인 단계에 머물러 있었던 것처럼 보이지만, 그러나 그런 가운데에서도 몇몇 지파들은 서로 효과적으로 연합하여 행동했다.

1. 하갈 사람들에 대항하여 전장에 나간 이러한 변방 지파들의 군대는 44,760명이었다(18절). 그들은 모두 강하고 용맹한 용사들이었으며, 전쟁에 능

하고 무기를 잘 다룰 줄 알았던 사람들이었다. 만일 모든 지파가 연합했다면 이스라엘은 얼마나 더 강력했겠는가?

2. 그들은 하나님을 자신의 편이 되도록 했다. 그들이 싸울 때에 하나님께 의뢰하고 부르짖으므로(20절). 여기에서 그들은 정말로 이스라엘 백성답게 행동했다.

(1) 믿음의 사람 아브라함의 자손답게 그들은 하나님을 의뢰했다. 설령 강력한 군대를 가지고 있었다 할지라도 그들은 그것을 의뢰하지 않고 하나님의 권능을 의뢰했다. 그들은 지경을 넓히기 위해 멀리 떨어진 민족들과도 전쟁을 벌이라는 하나님의 명령을 의뢰했다. 신명기 20장 15절을 보라(네가 네게서 멀리 떠난 성읍들 곧 이 민족들에게 속하지 아니한 성읍들에게는 이같이 행하려니와). 그들은 승리를 주시는 하나님의 섭리를 의뢰했다.

(2) 기도의 사람 야곱의 자손답게 그들은 하나님께 부르짖었다. 특별히 싸울 때에 그렇게 했는데, 아마도 처음에는 패배를 당할 위기에 처해 있었던 것으로 보인다. 우리는 이와 비슷한 행동을 역대하 13장 14절에서 볼 수 있다. 하나님은 우리가 고난 중에 당신께 부르짖기를 바라신다. 영적 싸움의 현장에서 우리는 힘을 얻기 위해 하늘을 바라봐야 한다. 믿음의 기도는 효력을 나타내는 법이다.

3. 그들은 하갈 사람들에 대해 큰 승리를 거두었다. 하나님이 그들에게 응답하셨음이라. 비록 절박한 필요에 의해서였다 할지라도 그들은 하나님께 부르짖으며 도우심을 구했으며, 하나님은 그들의 기도에 기꺼이 응답하셨다. 이와 같이 하나님은 기도를 들으시고 응답하실 준비가 되어 있으시다. 결국 하나님은 그들을 도우시고, 그들로 하여금 적을 물리치게 하셨다. 하나님은 당신을 의뢰하는 자들로 하여금 결코 넘어지도록 내버려 두시지 않는다. 그리하여 그들은 적의 군대를 격퇴시킬 수 있었다. 적의 숫자가 훨씬 많았음에도 불구하고 그들은 많은 사람을 죽였다. 뿐만 아니라 100,000명의 포로를 붙잡았으며, 풍성한 전리품을 얻었으며, 그들의 땅에 정착하였다(21, 22절). 그리고 이 모든 것은 이 싸움이 하나님께로 말미암았기 때문이었다(그들이 하나님을 의뢰하며 하나님의 능력을 힘입음으로). 만일 그것이 여호와의 싸움이라면, 우리는 승리를 거둘 것을 충분히 예상할 수 있다. 하나님을 우리 편으로 삼을 때 우리는 어떤 일에서든 형통할 것을 기대할 수 있으며, 우리가 그렇게 기대할 수 있는 것은 오

직 그 때뿐이다.

   II. 마침내 포로로 끌려감.   만일 그들이 계속해서 하나님을 가까이하며 자신들의 의무를 잘 이행했다면, 그들은 자신들의 옛 기업과 새로 얻은 정복지를 계속해서 항유했을 것이다. 그러나 그들은 그들의 조상들의 하나님께 범죄했다 (25절). 그들은 변방지역에 거주하면서 주변 열방들과 접촉하는 가운데 그들의 우상 숭배를 배우고 그것을 다른 지파들로 전염시켰다. 이로 인해 하나님은 그들과 다투셨다. 하나님은 그들에게 남편이었다. 따라서 그들이 다른 신들을 따라 음란하게 행함으로 하나님의 질투가 불처럼 타오른 것은 조금도 놀랄 일이 아니었다. 그리하여 행음한 여자에게 정당하게 이혼증서가 주어졌다. 하나님은 앗수르 왕들의 마음을 일으키셔서 그들을 대적하게 하셨다. 하나님은 그러한 야심찬 군주들을 통해 당신의 계획을 이루고자 하셨다. 그리고 먼저는 자신을 배반한 백성들을 징벌하기 위해, 그리고 그러고도 스스로를 겸비케 하지 않는다면 다음으로 그들을 완전히 뿌리 뽑기 위해 그러한 군주들을 사용하셨다 (26절). 이들 지파들은 가장 먼저 자리를 잡았고, 또 가장 먼저 그 자리에서 뽑혔다. 그들은 요단 건너편 땅을 차지하면서 그것이 가장 좋은 땅이라고 생각했지만, 그러나 그 땅이 위험에 가장 크게 노출된 땅이라는 사실은 고려하지 않았다. 신앙과 이성으로 선택하기보다 감각으로(즉 보기에 좋은 대로) 선택하는 자는 그에 따른 대가를 치를 준비를 해야 할 것이다.

제
— 6 —
장

개요

르우벤이 상실한 장자권의 혜택을 요셉과 유다가 나누어 가졌다 할지라도, 그들보다 더 큰 영광과 존귀를 입은 지파는 레위였다. 왜냐하면 레위에게 주어진 제사장직은 유다의 우선권(precedency)과 요셉의 갑절의 분깃보다 더 영광스러운 것이었기 때문이다. 하나님은 당신을 위해 레위 지파를 따로 떼어 놓으셨다. 그리고 그것은 모세가 속한 지파였으며, 어쩌면 레위 지파가 그와 같은 은총을 입은 것은 모세 때문이었는지도 모른다. 레위 지파에 대해 우리는 본 장에서 다음과 같은 이야기를 듣게 된다. I. 그들의 족보. 1. 그들의 첫 조상들(1-3절). 2. 아론으로부터 포로까지의 제사장들의 계보(4-15절). 3. 그들의 가문들(16-30절). II. 그들의 직무. 1. 레위인의 직무(31-48절). 2. 제사장의 직무(49-53절). III. 가나안 땅에서 그들에게 할당된 성읍들(54-81절).

[1]레위의 아들들은 게르손과 그핫과 므라리요 [2]그핫의 아들들은 아므람과 이스할과 헤브론과 웃시엘이요 [3]아므람의 자녀는 아론과 모세와 미리암이요 아론의 자녀는 나답과 아비후와 엘르아살과 이다말이며 [4]엘르아살은 비느하스를 낳고 비느하스는 아비수아를 낳고 [5]아비수아는 북기를 낳고 북기는 웃시를 낳고 [6]웃시는 스라히야를 낳고 스라히야는 므라욧을 낳고 [7]므라욧은 아마랴를 낳고 아마랴는 아히둡을 낳고 [8]아히둡은 사독을 낳고 사독은 아히마아스를 낳고 [9]아히마아스는 아사랴를 낳고 아사랴는 요하난을 낳고 [10]요하난은 아사랴를 낳았으니 이 아사랴는 솔로몬이 예루살렘에 세운 성전에서 제사장의 직분을 행한 자이며 [11]아사랴는 아마랴를 낳고 아마랴는 아히둡을 낳고 [12]아히둡은 사독을 낳고 사독은 살룸을 낳고 [13]살룸은 힐기야를 낳고 힐기야는 아사랴를 낳고 [14]아사랴는 스라야를 낳고 스라야는 여호사닥을 낳았으며 [15]여호와께서 느부갓네살의 손으로 유다와 예루살렘 백성을 옮기실 때에 여호사닥도 가니라 [16]레위의 아들들은 게르손과 그핫과 므라리이며 [17]게르손의 아들들의 이름은 이러하니 립니와 시므이요 [18]그핫의 아들들은 아므람과 이스할과 헤브론과 웃시엘이요 [19]므라리의 아들들은 말리와 무시라 그 조상에 따라 레위의 종

족은 이러하니 [20]게르손에게서 난 자는 곧 그의 아들 립니요 그의 아들은 야핫이요 그의 아들은 심마요 [21]그의 아들은 요아요 그의 아들은 잇도요 그의 아들은 세라요 그의 아들은 여아드래이며 [22]그핫에게서 난 자는 곧 그 아들은 암미나답이요 그의 아들은 고라요 그의 아들은 앗실이요 [23]그의 아들은 엘가나요 그의 아들은 에비아삽이요 그의 아들은 앗실이요 [24]그의 아들은 다핫이요 그의 아들은 우리엘이요 그의 아들은 웃시야요 그의 아들은 사울이라 [25]엘가나의 아들들은 아마새와 아히못이라 [26]엘가나로 말하면 그의 자손은 이러하니 그의 아들은 소배요 그의 아들은 나핫이요 [27]그의 아들은 엘리압이요 그의 아들은 여로함이요 그의 아들은 엘가나라 [28]사무엘의 아들들은 맏아들 요엘이요 다음은 아비야라 [29]므라리에게서 난 자는 말리요 그의 아들은 립니요 그의 아들은 시므이요 그의 아들은 웃사요 [30]그의 아들은 시므아요 그의 아들은 학기야요 그의 아들은 아사야더라

제사장과 레위인들은 자신들의 족보를 분명하게 보존하는데 다른 지파들보다 훨씬 더 큰 관심을 기울였다. 왜냐하면 그들의 직분의 모든 존귀와 특권이 그들의 혈통에 달려 있었기 때문이었다. 실제로 제사장의 자녀였음에도 불구하고 족보나 혹은 어떤 권위 있는 기록에 의해 자신들의 혈통을 입증하지 못함으로 부정하게 여김을 받아 제사장의 직분에서 배제되고 성물을 먹는 것이 금지된 사람들도 있었다(스 2:62, 63). 레위 지파의 족보와 관련하여 여기에 기록된 것은 극히 일부에 지나지 않는다.

1. 레위 지파의 첫 조상들의 이름. 그들의 이름이 여기에서 두 번 언급되는데(1, 16절), 그들은 게르손과 그핫과 므라리였다. 민수기에서 레위의 각 족속들에게 직무가 할당될 때 우리는 그러한 이름들을 익숙하게 대했었다. 또 우리는 여기에서 아론과 모세와 미리암의 이름을 보게 되는데(3절), 그들은 하나님이 이스라엘을 구원하는 일에 도구로 쓰신 자들이었다. 특별히 모세와 아론은 장차 오실 자의 모형이었는데, 모세는 선지자로서 그리고 아론은 제사장으로서 그러했다. 또 우리는 3절에서 나답과 아비후의 이름을 발견한다. 자녀가 없음으로 레위 지파의 족보에 들어올 까닭이 없음에도 불구하고 이와 같이 언급된 것은 우리로 하여금 신적 공의의 두려움을 깨닫게 하기 위함이었다. 그들은 다른 불을 드리다가 멸망을 당했는데, 이는 우리로 하여금 항상 그 앞에 경외하게 하기 위함이다.

2. 아론의 후계자 엘르아살의 계보. 우리는 여기에서 포로 때까지 이어지는 엘르아살의 계보를 보게 되는데(4-15절), 그것은 애굽의 속박의 집에서 나온 엘르아살에서 시작하여 바벨론의 속박의 집으로 들어간 여호사닥에서 끝난다. 이와 같이 그들이 죄로 말미암아 포로로 끌려가는 것으로 끝나는 사실은 레위의 제사장 직분이 완전한 것이 아니라 더 나은 소망을 가져오는 것에 의해 대체될 것이라는 사실을 암시한다. 여기에 열거된 모든 사람들이 다 대제사장이었던 것은 아니었다. 왜냐하면 사사시대에 대제사장직의 위엄은 때로 이다말 가문으로 옮겨지기도 했기 때문이다(엘리 역시도 이다말 가문에 속한 사람이었다). 그러다가 사독의 때에 대제사장직은 올바른 계보로 다시 돌아왔다. 아사랴와 관련하여 여기에서 다음과 같이 언급된다(10절): 그는 솔로몬이 예루살렘에 세운 성전에서 제사장의 직분을 행한 자이며. 웃시야 왕이 제사장직을 침범할 때 그에 대해 앞장서서 반박했던 자가 바로 이 아사랴였던 것으로 추측된다(대하 26:17, 18). 그것은 정말로 제사장다운 행동이었으며 또한 하나님을 위해 질투하는 자로서 행한 행동이었다. 이와 같이 그는 담대하게 제사장직을 수호하며 그것이 모독을 당하지 않도록 장벽을 침으로써 '제사장 직분을 행한 자' 라고 일컬어졌으며, 특별히 여기에 그와 같이 언급되는 영광을 얻었다. 반면 엘르아살의 후계자 가운데 한 사람인 우리야는 아하스 왕에게 굴종하여 우상의 제단을 세우는 일에 협력함으로써 여기의 족보에 들어가지 못하는 불명예를 받았다. 그러나 어떤 이들은 여기의 아사랴에 대한 그와 같은 언급은 동일한 이름을 가졌던 그의 할아버지, 즉 솔로몬 성전에서 처음으로 시무(視務)했던 아히마아스의 아들 아사랴에게 돌려져야 한다고 생각하기도 한다(9절).

3. 레위 지파의 다른 가문들. 게르손 가문 가운데 하나인 립니 가문이 여기에서 사무엘에 이르기까지 열거되고 있는데(20절 이하), 특별히 사무엘은 레위 지파에 속한 사람이면서 동시에 선지자의 영광을 얻은 자였다. 또 여기에 므라리 가문 가운데 하나인 말리 가문이 몇 대에 걸쳐 기술된다(29, 30절).

[31]언약궤가 평안을 얻었을 때에 다윗이 여호와의 성전에서 찬송하는 직분을 맡긴 자들은 아래와 같았더라 [32]솔로몬이 예루살렘에서 여호와의 성전을 세울 때까지 그들이 회막 앞에서 찬송하는 일을 행하되 그 계열대로 직무를 행하였더라 [33]직무를 행하는 자와 그의 아들들은 이러하니 그핫의 자손 중에 헤만은 찬송하는 자라 그

는 요엘의 아들이요 요엘은 사무엘의 아들이요 [34]사무엘은 엘가나의 아들이요 엘가나는 여로함의 아들이요 여로함은 엘리엘의 아들이요 엘리엘은 도아의 아들이요 [35]도아는 숩의 아들이요 숩은 엘가나의 아들이요 엘가나는 마핫의 아들이요 마핫은 아마새의 아들이요 [36]아마새는 엘가나의 아들이요 엘가나는 요엘의 아들이요 요엘은 아사랴의 아들이요 아사랴는 스바냐의 아들이요 [37]스바냐는 다핫의 아들이요 다핫은 앗실의 아들이요 앗실은 에비아삽의 아들이요 에비아삽은 고라의 아들이요 [38]고라는 이스할의 아들이요 이스할은 그핫의 아들이요 그핫은 레위의 아들이요 레위는 이스라엘의 아들이라 [39]헤만의 형제 아삽은 헤만의 오른쪽에서 직무를 행하였으니 그는 베레갸의 아들이요 베레갸는 시므아의 아들이요 [40]시므아는 미가엘의 아들이요 미가엘은 바아세야의 아들이요 바아세야는 말기야의 아들이요 [41]말기야는 에드니의 아들이요 에드니는 세라의 아들이요 세라는 아다야의 아들이요 [42]아다야는 에단의 아들이요 에단은 심마의 아들이요 심마는 시므이의 아들이요 [43]시므이는 야핫의 아들이요 야핫은 게르손의 아들이요 게르손은 레위의 아들이며 [44]그들의 형제 므라리의 자손 중 그의 왼쪽에서 직무를 행하는 자는 에단이라 에단은 기시의 아들이요 기시는 압디의 아들이요 압디는 말룩의 아들이요 [45]말룩은 하사뱌의 아들이요 하사뱌는 아마시야의 아들이요 아마시야는 힐기야의 아들이요 [46]힐기야는 암시의 아들이요 암시는 바니의 아들이요 바니는 세멜의 아들이요 [47]세멜은 말리의 아들이요 말리는 무시의 아들이요 무시는 므라리의 아들이요 므라리는 레위의 아들이며 [48]그들의 형제 레위 사람들은 하나님의 집 장막의 모든 일을 맡았더라 [49]아론과 그의 자손들은 번제단과 향단 위에 분향하며 제사를 드리며 지성소의 모든 일을 하여 하나님의 종 모세의 모든 명령대로 이스라엘을 위하여 속죄하니 [50]아론의 자손들은 이러하니라 그의 아들은 엘르아살이요 그의 아들은 비느하스요 그의 아들은 아비수아요 [51]그의 아들은 북기요 그의 아들은 웃시요 그의 아들은 스라히야요 [52]그의 아들은 므라욧이요 그의 아들은 아마랴요 그의 아들은 아히둡이요 [53]그의 아들은 사독이요 그의 아들은 아히마아스이더라

　　레위인들이 광야에서 처음 직무를 위임 받을 때, 그들에게 부여된 임무는 광야를 여행하는 동안 성막과 각종 기구들을 운반하며 돌보는 일이었다. 그러나 다윗의 때에 그들의 숫자가 크게 증가되었다. 백성들에게 여호와에 관한 선한 지식을 가르치기 위해 방방곡곡에 분산되어 있었음에도 불구하고, 여

전히 많은 레위인들이 하나님의 집에서 수종들고 있었으며, 따라서 그들 모두가 상시적(常時的)으로 수행할 일이 별달리 없었다. 그리하여 다윗은 하나님의 특별한 명령과 지시에 따라 레위인들을 새롭게 조직했으며(우리는 이에 대해 본서 뒷부분에서 보게 될 것이다), 그들에게는 다음과 같은 직무가 부여되었다.

I. **찬송하는 일**(31절). 다윗은 이스라엘의 노래 잘 하는 자로 높이 세워졌다(삼하 23:1). 그는 시편들을 지었을 뿐만 아니라 그것들이 하나님의 집에서 불려지도록 했다. 이 일을 그는 언약궤가 평안(안식, rest)을 얻은 후에 했다. 언약궤를 빼앗겼을 때, 수금은 버드나무에 걸렸으며 노래하는 것은 어울리지 않는 일로 여겨졌다(신랑을 빼앗겼을 때는 노래할 때가 아니라 금식할 때이다). 그러나 언약궤가 돌아왔을 때 수금은 다시 울리고 노래들은 되살아났다. 우리의 영적 특권이 회복되고 또 유지될 때 우리는 마땅히 기뻐해야 한다. 언약궤가 평안(안식)을 얻게 되자 이제 레위인들에게는 다른 임무가 주어져야만 했다(왜냐하면 레위인들이 무위도식해서는 안 되기 때문이었다). 그리하여 이제 그들에게 노래하는 일이 맡겨지게 되었다. 이와 같이 하나님의 백성들이 안식에 들어가게 될 때, 그들은 모든 짐을 내려놓고 영원히 노래(찬송)하는 일을 하게 될 것이다. 이러한 노래하는 자들은 성전이 건축되고 거기에서 직무를 수행하게 될 때까지는 성막에서 그 일을 수행했다(32절). 웅장한 성전이 완성되었을 때에도 그들은 성막에서 행하던 대로 자신들의 계열에 따라 직무를 수행했다. 환경이 달라졌다고 해서 자신에게 부여된 임무를 소홀히 해서는 안 된다. 우리는 여기에서 노래하는 일로 봉사했던 세 명의 거장(巨匠)과 그들의 아들들을 보게 된다: 직무를 행하는 자와 그의 아들들은 이러하니(33절). 그들은 헤만과 아삽과 에단이었는데, 이들은 레위의 세 가문으로부터 각각 한 명씩 뽑힌 자들이었다. 이와 같이 일과 직무를 분배함에 있어서도 공평하게 이루어졌으며, 합창으로 봉사하는 일에도 놀라운 질서가 있었다.

1. 그핫 가문에서는 헤만과 그의 아들들이었다(33절). 만일 여기의 헤만이 시편 88편을 지은 헤만과 동일한 인물이라면, 그는 비통한 심령을 가진 사람이었다. 그는 사무엘의 손자며 요엘의 아들이었다(요엘은 아버지의 길을 따라 행하지 않았다고 언급된 사무엘의 장자였다, 삼상 8:2-3). 비록 아들은 아버지의 길을 따라 행하지 않았다 할지라도, 그러나 손자는 할아버지의 길을 따라 행한

것으로 보인다. 이와 같이 때로 경건의 축복이 한 세대를 건너뛰어 다음 세대로 이어지는 경우도 있다. 강력한 지도자의 손자였음에도 불구하고 헤만은 하나님의 집에서 찬송하는 것을 추호도 격에 맞지 않는 일로 생각하지 않았다. 다윗 자신도 기꺼이 하나님의 집의 문지기가 되고자 했다. 도리어 우리는 그가 할아버지의 권세를 겸손하게 사양한 것에 대한 보상으로 이와 같이 교회에서 아름다운 일로 봉사하는 영광을 누리게 되었다고 생각할 수 있다. 하나님은 여러 가지 방법으로 스스로를 낮춘 자에게 보상을 베푸시고 높이신다. 다윗이 헤만에게 이러한 직무를 부여한 것은 어쩌면 옛 친구였던 사무엘을 생각해서 그렇게 한 것이었는지도 모른다.

2. 게르손 가문에서는 아삽이었다(39절). 그는 헤만의 형제로 일컬어졌는데, 그것은 같은 지파에 속한 자로서 같은 직무를 수행했기 때문이었다(비록 가문은 달랐다 할지라도). 그리고 그는 합창단에서 헤만의 오른쪽에 위치했다. 몇몇 시편들이 그의 이름을 담고 있는데, 아마도 그것은 그가 그러한 시편들을 지었기 때문이거나, 아니면 그의 지휘 아래 그러한 시편들이 연주되고 노래되었기 때문일 것이다. 그가 몇몇 시편들을 지은 것은 명백한 사실이다. 왜냐하면 우리는 그의 말로 여호와를 찬송하는 몇몇 시편들을 읽을 수 있기 때문이다. 그는 노래하는 자(singer)였을 뿐만 아니라 또한 선견자(seer)이기도 했다(대하 29:30). 우리는 여기에서 그의 족보가 우리가 전혀 알지 못하는 이름들을 통해 레위까지 올라가는 것을 보게 된다(39-43절).

3. 므라리 가문에서는 에단이었다(44절). 그는 헤만의 왼쪽에 위치했다. 그의 족보 역시도 레위까지 올라간다(47절). 만일 여기의 헤만과 에단이 시편 88편과 89편을 지은 헤만과 에단이라면, 그러한 시편에서 왜 그들이 에스라 사람이라고 불렸는지에 대한 이유를 우리는 여기에서 발견하지 못한다(시편 88편과 89편의 표제를 보라). 한편 역대상 2장 6절에서 우리는 세라의 아들 에단과 헤만을 발견하게 되는데, 어쩌면 이들이 그러한 시편들을 지은 자들이었는지도 모른다.

Ⅱ. 하나님의 집의 장막의 모든 섬기는 일(48절).   물과 땔감을 준비하는 일, 청소하며 재를 치우는 일. 제물을 죽이고 가죽을 벗겨낸 후 그것을 삶는 일 등이 모두 레위인에게 부과되었다. 좋은 목소리나 청각을 갖지 못함으로 노래하는 일에 적합지 않은 레위인들에게 이와 같은 직무가 부여되었을 것이다. 각각

은사를 받은 대로 서로 봉사하라(벧전 4:10). 노래를 잘 부르지 못한다고 해서 다른 일까지 못하는 것은 아니다. 비록 노래로 섬기는 일에는 적합지 않다 할지라도, 그들이 잘 할 수 있는 다른 일들이 있을 것이다.

III. 제사 드리는 일. 이 일은 오직 제사장에 의해 행해져야만 했다(49절). 오직 제사장만이 피를 뿌리고 향을 사르는 일을 할 수 있었다. 그리고 지성소와 관련한 일은 오직 대제사장에 의해서만 행해져야 했다. 각자 자신의 직무가 있었으며, 그들은 피차 도우며 서로를 필요로 했다. 제사장의 직무와 관련하여 우리는 여기에서 다음과 같은 이야기를 듣게 된다.

1. 그들의 직무의 목적. 그들은 이스라엘을 위해 속죄하는 일을 할 것이었다. 그들은 하나님과 하나님의 백성들을 중보하는 자들이었다. 그들의 직무는 스스로를 존귀케 하며 부요케 하기 위한 것이 아니라 백성을 섬기는 것이었다. 그들은 사람들을 위해 임명되었다.

2. 그들이 항상 따라야 할 법칙. 그들은 하나님의 집을 주관하는 자들이었다. 그러나 그들은 항상 명령받은 대로, 다시 말해서 하나님이 명하신 모든 것을 따라 행해야 한다. 가장 높은 자라 할지라도 하나님의 법에 순복해야 한다.

[54]그들의 거주한 곳은 사방 지계 안에 있으니 그들의 마을은 아래와 같으니라 아론 자손 곧 그핫 종족이 먼저 제비 뽑았으므로 [55]그들에게 유다 땅의 헤브론과 그 사방 초원을 주었고 [56]그러나 그 성의 밭과 마을은 여분네의 아들 갈렙에게 주었으며 [57]아론 자손에게 도피성을 주었으니 헤브론과 립나와 그 초원과 얏딜과 에스드모아와 그 초원과 [58]힐렌과 그 초원과 드빌과 그 초원과 [59]아산과 그 초원과 벧세메스와 그 초원이며 [60]또 베냐민 지파 중에서는 게바와 그 초원과 알레멧과 그 초원과 아나돗과 그 초원을 주었으니 그들의 종족이 얻은 성이 모두 열셋이었더라 [61]그핫 자손의 남은 자에게는 절반 지파 즉 므낫세 반 지파 종족 중에서 제비 뽑아 열 성읍을 주었고 [62]게르손 자손에게는 그들의 종족대로 잇사갈 지파와 아셀 지파와 납달리 지파와 바산에 있는 므낫세 지파 중에서 열세 성읍을 주었고 [63]므라리 자손에게는 그 종족대로 르우벤 지파와 갓 지파와 스불론 지파 중에서 제비 뽑아 열두 성읍을 주었더라 [64]이스라엘 자손이 이 모든 성읍과 그 목초지를 레위 자손에게 주되 [65]유다 자손의 지파와 시므온 자손의 지파와 베냐민 자손의 지파 중에서 이 위에 기록한 여러 성읍을 제비 뽑아 주었더라 [66]그핫 자손의 몇 종족은 에브라임 지파 중에서

성읍을 얻어 영토를 삼았으며 [67]또 그들에게 도피성을 주었으니 에브라임 산중 세겜과 그 초원과 게셀과 그 초원과 [68]욕므암과 그 초원과 벧호론과 그 초원과 [69]아얄론과 그 초원과 가드림몬과 그 초원이며 [70]또 그핫 자손의 남은 종족에게는 므낫세 반 지파 중에서 아넬과 그 초원과 빌르암과 그 초원을 주었더라 [71]게르손 자손에게는 므낫세 반 지파 종족 중에서 바산의 골란과 그 초원과 아스다롯과 그 초원을 주고 [72]또 잇사갈 지파 중에서 게데스와 그 초원과 다브랏과 그 초원과 [73]라못과 그 초원과 아넴과 그 초원을 주고 [74]아셀 지파 중에서 마살과 그 초원과 압돈과 그 초원과 [75]후곡과 그 초원과 르홉과 그 초원을 주고 [76]납달리 지파 중에서 갈릴리의 게데스와 그 초원과 함몬과 그 초원과 기랴다임과 그 초원을 주니라 [77]므라리 자손의 남은 자에게는 스불론 지파 중에서 림모노와 그 초원과 다볼과 그 초원을 주었고 [78]또 요단 건너 동쪽 곧 여리고 맞은편 르우벤 지파 중에서 광야의 베셀과 그 초원과 야사와 그 초원과 [79]그데못과 그 초원과 메바앗과 그 초원을 주었고 [80]또 갓 지파 중에서 길르앗의 라못과 그 초원과 마하나임과 그 초원과 [81]헤스본과 그 초원과 야셀과 그 초원을 주었더라

우리는 여기에서 레위인의 성읍에 대한 이야기를 보게 된다. 여기에서 그들의 성읍이 성(城, castle)으로 일컬어지고 있는데(54절, 한글개역개정판에는 '사방지계'라고 되어 있음), 그것은 그러한 성읍들이 성벽으로 둘러싸여 요새화되어 있었기 때문일 뿐만 아니라(어느 나라를 막론하고 사역자들을 잘 보호하는 것은 매우 중요한 일이다) 또한 그들과 그들의 기업이 특별한 의미에서 신적 섭리의 돌봄 아래 있었기 때문이었다. 하나님은 그들의 기업이면서 동시에 그들의 보호자였다. 전능자의 그늘 아래 거하는 자들에게는 오두막집도 성(城)이 될 것이다.

본문의 이야기는 여호수아 21장과 매우 유사한데, 우리는 양자(兩者)를 비판적으로 비교할 필요가 없다(그것이 우리에게 무슨 유익이 되겠는가?). 본문에 기록된 성읍들의 철자가 여호수아 21장과 다소 다르다고 하여 그것이 성경의 신뢰성에 무슨 영향을 끼친단 말인가? 하나의 성읍에 몇 개의 이름이 있는 것은 결코 드문 일이 아니다. 세이럼과 솔즈베리나 세일럽과 슈루즈베리보다는 힐렌(58절)과 홀론(수 21:15)이나 아산(59절)과 아인(수 21:16)이나 알레멧(60절)과 알몬(수 21:18)이 훨씬 더 비슷하다(세이럼과 솔즈베리 그리고 세일럽과

슈루즈베리는 영국의 동일한 지명이다). 시간이 지명을 바꾸는 법이다. 하나님이 그들에게 이와 같이 여러 성읍들을 지정해 주신 것은

1. 레위와 관련한 야곱의 예언이 이루어지도록 하기 위함이었다. 내가 그들을 야곱 중에서 나누며 이스라엘 중에서 흩으리로다(창 49:7)

2. 이스라엘 모든 지역에 하나님과 하나님의 율법에 대한 지식을 퍼뜨리기 위함이었다. 모든 지파들의 기업 안에는 레위인의 성읍이 있었다. 그럼으로써 하나님은 모든 백성들로 하여금 자신들의 의무에 무지(無知)하지 않도록 이스라엘 집의 모든 방에 촛불이 켜 있도록 하셨다. 만일 어떤 백성이 자신의 의무를 알지 못한다면, 그것은 그 자신의 잘못이거나 아니면 레위인의 잘못이 될 것이었다.

3. 거룩한 일에 종사하는 자들의 생계를 유지하도록 하기 위함이었다. 십일조와 헌물 외에 그들에게 거주할 성읍과 전지(田地)가 주어졌다. 이스라엘에서 가장 중요한 성읍들 가운데 일부는 레위의 기업으로 할당되었다. 모든 지파들이 레위인의 은택을 입고 있었으므로 마땅히 그들의 생계를 지켜 주어야만 하였다. 가르침을 받는 자는 말씀을 가르치는 자와 모든 좋은 것을 함께 하라(갈 6:6).

제
— 7 —
장

개요

　　본 장의 내용은 다음과 같다. I. 잇사갈의 족보(1-5절). II. 베냐민의 족보(6-12절). III. 납달리의 족보(13절). IV. 므낫세의 족보(14-19절). V. 에브라임의 족보(20-29절). VI. 아셀의 족보(30-40절). 여기에 스불론과 단의 족보는 나오지 않는다. 왜 이들 족보만 빠졌는지에 대해 우리는 그 이유를 알지 못한다. 다만 단 지파에게 있어 그들이 정착했던 라이스에서(라이스는 단 지파 사람들이 정착함으로 후에 단으로 불리게 되었다) 우상 숭배가 시작되었고, 또 후에 그 곳에 여로보암에 의해 금송아지의 제단이 세워진 것은 참으로 수치스러운 일이었다. 요한계시록 7장에서도 단은 빠져 있다.

[1]잇사갈의 아들들은 돌라와 부아와 야숩과 시므론 네 사람이며 [2]돌라의 아들들은 웃시와 르바야와 여리엘과 야매와 입삼과 스므엘이니 다 그의 아버지 돌라의 집 우두머리라 대대로 용사이더니 다윗 때에 이르러는 그 수효가 이만 이천육백 명이었더라 [3]웃시의 아들은 이스라히야요 이스라히야의 아들들은 미가엘과 오바댜와 요엘과 잇시야 다섯 사람이 모두 우두머리며 [4]그들과 함께 있는 자는 그 계보와 종족대로 능히 출전할 만한 군대가 삼만 육천 명이니 이는 그 처자가 많기 때문이며 [5]그의 형제 잇사갈의 모든 종족은 다 용감한 장사라 그 전체를 계수하면 팔만 칠천 명이었더라 [6]베냐민의 아들들은 벨라와 베겔과 여디아엘 세 사람이며 [7]벨라의 아들들은 에스본과 우시와 웃시엘과 여리못과 이리 다섯 사람이니 다 그 집의 우두머리요 큰 용사라 그 계보대로 계수하면 이만 이천삼십사 명이며 [8]베겔의 아들들은 스미라와 요아스와 엘리에셀과 엘료에내와 오므리와 여레못과 아비야와 아나돗과 알레멧이니 베겔의 아들들은 모두 이러하며 [9]그들은 다 그 집의 우두머리요 용감한 장사라 그 자손을 계보에 의해 계수하면 이만 이백 명이며 [10]여디아엘의 아들은 빌한이요 빌한의 아들들은 여우스와 베냐민과 에훗과 그나아나와 세단과 다시스와 아히사할이니 [11]이 여디아엘의 아들들은 모두 그 집의 우두머리요 큰 용사라 그들의 자손 중에 능히 출전할 만한 자가 만 칠천이백 명이며 [12]일의 아들은 숩빔과 빔

이요 아헬의 아들은 후심이더라 ¹³납달리의 아들들은 야시엘과 구니와 예셀과 살룸이니 이는 빌하의 손자더라 ¹⁴므낫세의 아들들은 그의 아내가 낳아 준 아스리엘과 그의 소실 아람 여인이 낳아 준 길르앗의 아버지 마길이니 ¹⁵마길은 빔과 숩빔의 누이 마아가라 하는 이에게 장가 들었더라 므낫세의 둘째 아들의 이름은 슬로브핫이니 슬로브핫은 딸들만 낳았으며 ¹⁶마길의 아내 마아가는 아들을 낳아 그의 이름을 베레스라 하였으며 그의 아우의 이름은 세레스이며 세레스의 아들들은 울람과 라겜이요 ¹⁷울람의 아들들은 브단이니 이는 다 길르앗의 자손이라 길르앗은 마길의 아들이요 므낫세의 손자이며 ¹⁸그의 누이 함몰레겟은 이스홋과 아비에셀과 말라를 낳았고 ¹⁹스미다의 아들들은 아히안과 세겜과 릭히와 아니암이더라

우리는 여기에서 다음과 같은 네 지파에 대한 이야기를 보게 된다.

I. 잇사갈 지파(1-5절).   야곱이 '양의 우리 사이에 꿇어앉은 건장한 나귀'로 비유한(창 49:14) 잇사갈 지파는 자신에게 주어진 일을 부지런하게 행하며 장막에 있기를 좋아하는(신 22:18) 사람들이었다. 잇사갈 지파와 관련하여 우리는 여기에서 다음과 같은 사실들을 알 수 있다.

1. 그들의 수효가 많았다는 사실. 그리고 그들은 여러 아내들을 거느렸다. 그들의 지역은 너무도 비옥하여 목초지가 부족할 염려가 없었으며, 백성들은 다방면으로 재주가 많아 모두가 자신의 일을 할 수 있었다. 모두가 자신의 일을 할 수 있을 때 백성의 수효가 많다는 것은 얼마나 좋은 일인가!

2. 그들이 용맹한 지파였다는 사실. 그들은 용사(2, 5절)며 우두머리(3절)였다. 그들은 일하며 노동하는데 익숙한 자들이었으며, 유사시에는 나라를 위해 기꺼이 싸울 준비가 되어 있는 자들이었다. 여기에 각 종족들의 수효가 나타나 있는데(이것은 다윗 시대에 계수된 것이다), 전체를 합하면 전쟁에 나갈 만한 자들의 수효가 145,000명이 넘었다. 어떤 이들은 이 숫자가 다윗의 명령에 의해 요압이 계수한 숫자였을 것이라고 생각한다(삼하 24장). 그러나 나는 여기의 숫자는 그 때 계수한 것이 아닐 것이라고 생각한다. 왜냐하면 그 때 계수한 것은 하나님이 기뻐하지 않으심으로 다윗 왕의 역대기에 삽입되지 않았다고 언급되기 때문이다(대상 27:24, 요압이 조사하기를 시작하고 끝내지도 못해서 그 일로 말미암아 진노가 이스라엘에게 임한지라 그 수효를 다윗 왕의 역대지략에 기록하지 아니하였더라).

Ⅱ. **베냐민 지파**(6-12절).   베냐민 지파에 대하여는 여기에서도 약간 언급되기는 했지만, 그러나 다음 장에서 더 충분히 언급될 것이다. 이들 군대는 모두 합해야 채 6만 명에도 이르지 못했지만, 그러나 그들은 모두 큰 용사며 용감한 장사라고 언급된다(7, 9, 11절). 베냐민은 물어뜯는 이리였다(창 49:27). 베냐민 지파는 영광스럽게도 이스라엘의 첫 번째 왕인 사울을 배출했다. 그러나 그들을 더욱 영광스럽게 만든 것은 다른 지파들이 모두 합법적인 왕가인 다윗의 집을 배반할 때 그것을 끝까지 따른 것이었다. 한편 베냐민 지파의 목록에서 우리는 아헬의 아들 후심을 보게 된다(12절). 단의 아들들 역시도 후심으로 일컬어졌는데(창 46:23), 이를 통해 어떤 이들은 후심을 보통명사로서 다른 사람의 아들들 혹은 이방인의 아들들을 의미하는 것으로 생각한다. 이스라엘 백성이라면 결코 이러한 이름을 가져서는 안 되겠지만, 그러나 단 사람들은 미가의 새긴 신상과 부어 만든 신상을 세움으로써 그러한 이름을 가질 만했다.

Ⅲ. **납달리 지파**(13절).   납달리 지파에 대하여는 여기에서 단지 첫 조상들의 이름만 열거될 뿐이다. 여기에 열거된 이름들은 창세기 46장 24절에 열거된 이름들과 똑같다(다만 창세기에서 실렘으로 기록된 자가 여기에서 살룸으로 기록된 것만 제외하고). 그리고 그들의 후손들의 이름은 하나도 나오지 않는데, 아마도 그것은 그들이 자신들의 족보를 잃어버렸기 때문이었을 것이다.

Ⅳ. **요단 안쪽에 위치한 므낫세 지파**(14-19절).   요단 건너편에 위치한 자들에 대해서는 이미 5장 23절 이하에서 살펴보았다. 이들과 관련하여 다음을 관찰하라.

1. 그들 가운데 한 사람이 아람 여자와 결혼했다(14절). 이것은 그들이 애굽의 멍에 가운데 있을 때였다. 이와 같이 그들은 일찍부터 열방과 혼합되기 시작했다.

2. 아버지가 아람 여자와 결혼했음에도 불구하고 그의 아들 마길은 베냐민의 딸을 아내로 맞이했다(15절). 어쩌면 그것은 그로 인해 아버지의 집에 분란이 끊이지 않는 것을 보았기 때문이었는지 모른다. 자녀들에게 있어 아버지의 잘못을 통해 교훈을 받고 동일한 잘못을 저지르지 않는 것은 참으로 좋은 일이다.

3. 또 여기에 브단(Bedan)이란 이름이 나오는데(17절), 아마도 그는 사무엘상 12장 11절에서 이스라엘을 구원한 자들 가운데 한 사람으로 거명된 브단

(Bedan, 삼상에서는 베단으로 되어 있음)과 동일한 인물일 것이다. 어쩌면 그는 므낫세 지파 출신인 야일과 동일한 인물인지 모른다(삿 10:3).

[20]에브라임의 아들은 수델라요 그의 아들은 베렛이요 그의 아들은 다핫이요 그의 아들은 엘르아다요 그의 아들은 다핫이요 [21]그의 아들은 사밧이요 그의 아들은 수델라며 그가 또 에셀과 엘르앗을 낳았으나 그들이 가드 원주민에게 죽임을 당하였으니 이는 그들이 내려가서 가드 사람의 짐승을 빼앗고자 하였음이라 [22]그의 아버지 에브라임이 여러 날 슬퍼하므로 그의 형제가 가서 위로하였더라 [23]그리고 에브라임이 그의 아내와 동침하매 임신하여 아들을 낳으니 그 집이 재앙을 받았으므로 그의 이름을 브리아라 하였더라 [24]에브라임의 딸은 세에라이니 그가 아래 윗 성 벧호론과 우센세에라를 건설하였더라 [25]브리아의 아들들은 레바와 레셉이요 레셉의 아들은 델라요 그의 아들은 다한이요 [26]그의 아들은 라단이요 그의 아들은 암미훗이요 그의 아들은 엘리사마요 [27]그의 아들은 눈이요 그의 아들은 여호수아더라 [28]에브라임 자손의 토지와 거주지는 벧엘과 그 주변 마을이요 동쪽으로는 나아란이요 서쪽에는 게셀과 그 주변 마을이며 또 세겜과 그 주변 마을이니 아사와 그 주변 마을까지이며 [29]또 므낫세 자손의 지계에 가까운 벧스안과 그 주변 마을과 다아낙과 그 주변 마을과 므깃도와 그 주변 마을과 돌과 그 주변 마을이라 이스라엘의 아들 요셉의 자손이 이 여러 곳에 거하였더라 [30]아셀의 아들들은 임나와 이스와와 이스위와 브리아요 그들의 매제는 세라이며 [31]브리아의 아들들은 헤벨과 말기엘이니 말기엘은 비르사잇의 아버지이며 [32]헤벨은 야블렛과 소멜과 호담과 그들의 매제 수아를 낳았으며 [33]야블렛의 아들들은 바삭과 빔할과 아스왓이니 야블렛의 아들은 이러하며 [34]소멜의 아들들은 아히와 로가와 호바와 아람이요 [35]그의 아우 헬렘의 아들들은 소바와 임나와 셀레스와 아말이요 [36]소바의 아들들은 수아와 하르네벨과 수알과 베리와 이므라와 [37]베셀과 홋과 사마와 실사와 이드란과 브에라요 [38]예델의 아들들은 여분네와 비스바와 아라요 [39]울라의 아들들은 아라와 한니엘과 리시아이니 [40]이는 다 아셀의 자손으로 우두머리요 정선된 용감한 장사요 방백의 우두머리라 출전할 만한 자를 그들의 계보대로 계수하면 이만 육천 명이었더라

우리는 여기에서 다음과 같은 두 지파에 대한 이야기를 보게 된다.
I. 에브라임 지파(20-29절).　우리는 앞에서 에브라임 지파가 장성했을 때

있었던 큰일들에 대해 읽었다. 반면 여기에 언급된 재앙은 그 지파가 유년기일 때 있었던 일이었다. 아마도 그 일이 일어난 것은 이스라엘이 애굽에 있을 때였던 것으로 보인다. 왜냐하면 에브라임 자신이 살아 있는 동안 그 일이 벌어졌기 때문이다. 여기에서 7대가 한꺼번에 죽임을 당한 것처럼 나타나는데(20, 21절), 이것은 생각하기 어려운 일이 다. 따라서 나는 여기에 나오는 에브라임이 야곱의 열두 아들 가운데 하나가 아닌 다른 에브라임이든지 아니면 죽임을 당한 자들이 에브라임의 자손이 아닌 직계 아들과 손자들이었을 것으로 생각하고 싶다. 이 사건은 오직 여기에서만 언급되고 있는데, 이를 통해 우리는 다음의 사실들을 알 수 있다.

　1. 에브라임 족속에 큰 재앙이 일어났다. 가드 사람들 즉 블레셋의 거인들이 에브라임 족속의 많은 아들들을 죽였는데, 그것은 그들이 내려와 가드 사람들의 짐승을 빼앗으려고 했기 때문이었다(21절). 여기에서 누가 먼저 공격했는지는 확실치 않다. 어떤 이들은 가드 사람들이 먼저 공격했을 것이라고 생각한다. 즉 그들이 고센 땅으로 내려와서 에브라임 사람들의 가축을 탈취하며 저항하는 주인들을 죽였을 것이라는 것이다. 재물로 인해 위험에 노출되고 생명까지 빼앗기는 것은 흔히 있는 일이다. 반면 다른 이들은 에브라임 사람들이 이제 가나안으로 돌아갈 때가 되었다고 생각하면서 가드 사람들을 약탈하기 위해 공격했으며 그러다가 값비싼 대가를 치른 것이라고 생각한다. 하나님의 때를 기다릴 줄 모르는 자는 하나님의 축복을 기대해서는 안 될 것이다. 이 문제에 대해 나는 가드 사람들이 내려와 에브라임 사람들을 공격한 것이라고 생각한다. 왜냐하면 애굽에 있던 이스라엘 백성은 전사(戰士)가 아니라 목자였으며, 그들에게는 많은 가축들이 있었을 것이므로 이웃 종족의 가축을 빼앗기 위해 목숨을 거는 행동은 하지 않았을 것으로 여겨지기 때문이다. 그렇게 본다면 우리는 21절을 다음과 같이 읽을 수 있다: 가드 사람들이 그들을 죽였으니 이는 그들이 그들의 가축을 빼앗기 위해 내려왔음이라. 라이트푸트 박사가 생각한 것처럼, 이 때 에브라임의 아들 사밧과 수델라와 손자 에셀과 엘르앗이 죽임을 당했다. 야곱은 에브라임 자손이 여러 민족을 이룰 것이라고 예언했지만(창 48:19), 그러나 이처럼 채 자라기도 전에 큰 손상을 입고 말았다. 때로 신적 섭리는 하나님의 약속과 상충되는 것처럼 보이기도 한다. 그러나 결국 하나님의 약속은 이루어지게 될 것이며, 그로 인해 하나님의 약속의 영광은 더욱 빛나게

될 것이다. 에브라임 사람들은 요셉의 자손이었지만, 그러나 그의 권력조차도 그들을 보호해 줄 수 없었다(어떤 이들은 이 때 요셉이 살아 있었을 것이라고 생각한다). 칼은 이 사람 저 사람 가리지 않고 삼키는 법이다.

2. 이로 인해 에브라임이 큰 슬픔에 빠졌다: 그의 아버지 에브라임이 여러 날 슬퍼하므로(22절). 노인에게 있어 자기 몸에서 난 자녀가 자기보다 먼저 무덤에 들어가는 것보다 더 슬픈 일은 없다(특별히 피 흘리며 죽는 경우에는 더욱 그러하다). 노년의 위로가 될 것이라 여겼던 자녀가 자기보다 앞서 가는 것을 보는 것은 얼마나 큰 고통인가! 이에 그의 형제들이 와서 그를 위로하였는데, 이토록 큰 슬픔 가운데 빠져 있는 자를 위로하며 보살피는 것은 너무도 아름다운 형제간의 우애이다. 아마도 그들은 에브라임에게, 야곱이 그의 머리 위에 오른손을 얹고 축복하면서 그의 자손이 크게 번성할 것이라고 한 약속을 상기시켜 주었을 것이다. 설령 그의 집이 그가 바라는 대로 되지 않고 애곡의 집이 되었다 할지라도, 그에게 주어진 약속은 너무나 확실한 것이었다(삼하 23:5).

3. 하나님은 그의 노년에 다른 아들을 주심으로써 그러한 재앙을 어느 정도 회복시켜 주셨다(23절). 마치 아담에게 가인이 죽인 아벨 대신에 다른 씨를 주신 것과 비슷했다(창 4:25). 이와 같이 하나님이 애곡하는 자를 위로하시며 **괴롭게 하신 날수대로 기쁘게 하실 때**(시 90:15), 우리는 신적 섭리의 호의와 은총을 잊지 말아야 한다. 그러나 아들을 얻은 기쁨이 그의 슬픔을 잊게 만들 수는 없었다. 그리하여 그는 새로 태어난 아들에게 브리아(고통 속에서, in trouble)라는 우울한 이름을 지어주었는데, 그것은 그가 온 가족이 재앙 가운데 애곡할 때 태어났기 때문이었다. 고초와 재난 곧 쑥과 담즙을 기억하는 것은 좋은 일이다 (애 3:19, 20). 그럼으로써 우리 영혼은 더욱 겸비해질 수 있기 때문이다. 여자로부터 태어나는 자에게 있어 브리아보다 더 적절한 이름이 어디에 있겠는가? 결국 모든 인생은 고통스러운 세상 속에서 살아가야 하지 않는가? 이어서 우리는 에브라임 족속을 빛나게 만든 두 사람을 보게 된다.

(1) 에브라임 지파의 딸 세에라. 그녀는 이스라엘이 가나안에 정착할 때 몇 곳의 성읍을 건설했는데, 그 중 한 곳에는 자신의 이름을 따서 우센세에라라는 이름을 붙였다(24절). 현숙한 여인은 용맹한 장수 못지않게 자기 가문에 큰 영광과 축복이 될 수 있다.

(2) 에브라임 지파의 아들 여호수아. 이가 바로 가나안 정복을 이끌었던 눈

의 아들 여호수아였다(27절). 에브라임이 입은 손상은 여호수아 안에서 충분히 회복되고 벌충되었다. 어쩌면 여호수아가 그토록 용맹하게 싸웠던 것은 전에 가나안 사람들이 가한 위해(危害)에 대한 분개 때문이었는지도 모른다.

II. 아셀지파(30-40절).　　여기에 아셀 지파 가운데 특별히 주목할 만한 사람들의 이름이 열거된다(30절 이하). 그들의 군대는 26,000명에 불과하여 다른 지파들과 비교할 때 숫자가 매우 적은 편이었다. 그러나 그들의 방백들은 정선된 용감한 장사들이었으며 또한 방백들의 우두머리였다(40절). 그들이 많은 군대를 양성하기를 탐하지 않고 전쟁에 능한 소수의 군대만을 유지한 것은 지혜로운 일이었다.

제

— 8 —

장

개요

앞 장에서 어느 정도 언급되었음에도 불구하고, 우리는 본 장에서 베냐민 지파의 족보가 좀 더 상세하게 언급되는 것을 보게 된다. 그 이유는 다음과 같다. 1. 베냐민 지파로부터 이스라엘의 첫 번째 왕 사울이 나왔기 때문에(지금 역대기 기자는 사울에 대한 이야기로 급히 향하고 있는 중이다, 10:1). 2. 베냐민 지파가 유다 지파를 따랐기 때문에. 베냐민 지파 가운데 많은 사람들이 예루살렘에 거주했었으며, 포로로 끌려갔다가 돌아온 두 지파 가운데 한 지파가 바로 베냐민 지파였다(또한 역대기 기자는 지금 바벨론에 포로로 끌려갔던 일을 바라보고 있다, 9:1). 본 장의 내용은 다음과 같다. I. 베냐민 지파의 우두머리들의 이름(1-32절). II. 사울의 가문에 대한 상세한 설명(33-40절).

[1]베냐민이 낳은 자는 맏아들 벨라와 둘째 아스벨과 셋째 아하라와 [2]넷째 노하와 다섯째 라바이며 [3]벨라에게 아들들이 있으니 곧 앗달과 게라와 아비훗과 [4]아비수아와 나아만과 아호아와 [5]게라와 스부반과 후람이라 [6]에훗의 아들들은 이러하니라 그들은 게바 주민의 우두머리로서, 사로잡혀 마나핫으로 갔으니 [7]곧 나아만과 아히야와 게라이며 게라는 또 웃사와 아히훗을 낳았으며 [8]사하라임은 두 아내 후심과 바아라를 내 보낸 후에 모압 땅에서 자녀를 낳았으니 [9]그의 아내 호데스에게서 낳은 자는 요밥과 시비야와 메사와 말감과 [10]여우스와 사갸와 미르마이니 이 아들들은 우두머리이며 [11]또 그의 아내 후심에게서 아비둡과 엘바알을 낳았으며 [12]엘바알의 아들들은 에벨과 미삼과 세멧이니 그는 오노와 롯과 그 주변 마을들을 세웠고 [13]또 브리아와 세마이니 그들은 아얄론 주민의 우두머리가 되어 그들이 가드 주민을 쫓아냈더라 [14]아히요와 사삭과 여레못과 [15]스바댜와 아랏과 에델과 [16]미가엘과 이스바와 요하는 다 브리아의 아들들이요 [17]스바댜와 므술람과 히스기와 헤벨과 [18]이스므래와 이슬리아와 요밥은 다 엘바알의 아들들이요 [19]야김과 시그리와 삽디와 [20]엘리에내와 실르대와 엘리엘과 [21]아다야와 브라야와 시므랏은 다 시므이의 아들들이요 [22]이스반과 에벨과 엘리엘과 [23]압돈과 시그리와 하난과 [24]하나냐와 엘람과 안도디야

와 [25]이브드야와 브누엘은 다 사삭의 아들들이요 [26]삼스래와 스하랴와 아달랴와 [27]야아레시야와 엘리야와 시그리는 다 여로함의 아들들이니 [28]그들은 다 가문의 우두머리이며 그들의 족보의 우두머리로서 예루살렘에 거주하였더라 [29]기브온의 조상 여이엘은 기브온에 거주하였으니 그 아내의 이름은 마아가며 [30]장자는 압돈이요 다음은 술과 기스와 바알과 나답과 [31]그돌과 아히오와 세겔이며 [32]미글롯은 시므아를 낳았으며 그들은 친족들과 더불어 마주하고 예루살렘에 거주하였더라

여기에 역사적인 사건은 하나도 나오지 않으므로 특별히 주목할 만한 것은 별로 없다.

1. 본 장의 족보와 앞 장의 족보 사이에 존재하는 몇 가지 난제들로 인해 우리가 혼돈에 빠질 필요는 없다. 나는 역대기를 기록한 에스라가 그러한 족보들을 이스라엘과 유다의 왕조실록에 기록된 대로 취했을 것이라고 추측한다(9:1). 그래서 어떤 족보는 아래에서 위로 올라가는 반면 또 어떤 족보는 위에서 아래로 내려온다. 또 어떤 족보에는 숫자가 덧붙여지는가 하면 다른 족보에는 지명이 덧붙여진다. 어떤 곳에는 역사적인 설명이 들어가는가 하면 다른 곳에는 들어가지 않는다. 어떤 것은 더 짧고 어떤 것은 더 길다. 어떤 것은 다른 기록과 일치하는가 하면 어떤 것은 다르다. 어떤 것은 찢겨지고 지워지고 지저분해진 반면 어떤 것은 깨끗하여 읽기 쉽다. 그런가 하면 단의 족보와 르우벤의 족보는 완전히 잃어졌다. 에스라는 성령께서 움직이시는 대로 기록했다. 그러나 영감으로 이러한 족보의 부족한 부분을 보충하거나 잘못된 것을 바로잡을 필요는 없었다. 단지 그러한 족보들이 자신의 손에 들어온 그대로 옮겨 적는 것으로 충분했다. 이러한 족보들은 포로에서 돌아온 백성들로 하여금 가능한 자신이 속한 가문의 기업에 다시 정착하도록 이끌기 위한 것이었다. 이러한 족보들은 지금의 우리에게는 매우 복잡하고 혼돈스럽게 보인다. 그러나 당시 백성들에게는 분명하고 명료하여 그것이 기록된 목적에 넉넉히 부응했을 것이라고 우리는 추측할 수 있다.

2. 세상의 많은 나라와 인걸(人傑)들의 이름은 영원한 망각 속에 묻힌 반면 이스라엘 백성들의 이름은 여기에 기록되어 영원히 잊혀지지 않도록 했다. 그들은 야셀이며 여수룬이었다 — 의인들이며, 의인을 기억하는 하는 것은 복되다. 여기에 기록된 모든 사람이 다 영원한 영광에 이르지는 못할 것이다(왜냐하면

유다의 악한 왕들까지도 족보에 들어와 있기 때문이다). 그럼에도 불구하고 그들의 이름이 여기에 기록되어 영원히 기억되는 것은 하나님의 모든 영적 이스라엘의 이름이 어린 양의 생명책에 영원히 기록되는 것을 보여주는 상징이며 예표이다.

3. 이 베냐민 지파는 사사시대에 기브아의 죄로 인해 거의 소멸될 지경까지 갔다. 그 때 단지 600명의 장정만이 공의의 칼을 피해 살아 남았을 뿐이었다. 그러나 이러한 족보들에서 그들은 다른 지파들과 거의 비슷한 숫자로 나타난다. 그것은 가장 약한 자들을 도우시며 땅에 떨어진 자들을 다시 일으켜 세우시는 하나님으로 말미암음이다.

4. 5절에 게라라는 이름과 6절에 에훗이란 이름이 나타나며, 또한 8절에 그의 후손으로서 모압 땅에서 자녀를 낳은 자가 나온다. 이를 통해 나는 여기의 에훗이 이스라엘의 두 번째 사사 에훗이 틀림없다고 생각한다. 왜냐하면 그는 베냐민 사람 게라의 아들이라고 분명하게 언급되기 때문이다(삿 3:15), 뿐만 아니라 그는 모압 왕을 죽임으로써 이스라엘을 모압의 압제로부터 구원했다. 이러한 사실로 인해 그는 모압에서 상당한 권세를 갖게 되고 그의 후손들이 그 곳에 정착하는 계기가 되었을 것이다.

5. 또 여기에 가드 주민을 쫓아낸 베냐민 사람들이 언급된다(13절). 아마도 이것은 전에 에브라임 사람들을 죽인 것에 대한 복수였을 것이다(7:21). 그들 가운데 브리아란 이름이 나타나는데, 그것은 가드 사람들로 인해 겪은 재앙을 잊지 않기 위해 지어진 이름이었다.

6. 또 여기에 예루살렘에 거주한 자들이 두 번 언급된다(28, 32절). 그것은 포로로부터 돌아왔을 때 예루살렘에 거주했던 자들의 자손들로 하여금 다시 그 곳에 정착하도록 이끌기 위함이었을 것이다. 예루살렘은 너무도 위험하여 거기 거주하려는 자들이 거의 없었던 것으로 보인다. 이와 관련하여 우리는 느헤미야 11장 2절에서 예루살렘에 거주하기를 자원하는 모든 자를 위하여 백성들이 복을 빌었다는 언급을 발견한다(대부분의 백성들이 예루살렘이 아닌 다른 성읍에 거주하기를 원하는 가운데). 설령 값비싼 대가를 치른다 할지라도 우리는 예루살렘의 주민으로서 항상 새 예루살렘을 바라보며 살아가야 한다.

[33]넬은 기스를 낳았고 기스는 사울을 낳았고 사울은 요나단과 말기수아와 아비나답

과 에스바알을 낳았으며 ³⁴요나단의 아들은 므립바알이라 므립바알이 미가를 낳았고 ³⁵미가의 아들들은 비돈과 멜렉과 다레아와 아하스며 ³⁶아하스는 여호앗다를 낳았고 여호앗다는 알레멧과 아스마웻과 시므리를 낳았고 시므리는 모사를 낳았고 ³⁷모사는 비느아를 낳았으며 비느아의 아들은 라바요 그 아들은 엘르아사요 그 아들은 아셀이며 ³⁸아셀에게 여섯 아들이 있어 그 이름이 이러하니 아스리감과 보그루와 이스마엘과 스아랴와 오바댜와 하난이라 아셀의 모든 아들이 이러하며 ³⁹그 아우 에섹의 아들은 이러하니 그 장자는 울람이요 둘째는 여우스요 세째는 엘리벨렛이며 ⁴⁰울람의 아들은 다 큰 용사요 활을 잘 쏘는 자라 아들과 손자가 많아 모두 일백 오십인이었더라 베냐민의 자손들은 이러하였더라

다윗의 집으로부터 떨어져 나온 이후의 모든 이스라엘 왕들에게 있어 그들의 족보가 어디에도 언급되지 않은 사실은 참으로 주목할 만하다. 여로보암의 집이나 바아사의 집이나 오므리의 집이나 예후의 집에 대해 단 한 마디도 언급되지 않는데, 그것은 그들이 우상 숭배자들이었기 때문이었다. 그러나 다윗의 집 이전의 왕가였던 사울의 가문은 여기에서 상세하게 언급된다.

1. 사울 이전에는 그의 아버지 기스와 할아버지 넬만 언급된다(33절). 사무엘상 9장 1절에 그의 가문이 좀 더 위까지 올라가는데, 여기에서는 기스가 넬의 아들로 언급되지만 거기에서는 아비엘의 아들로 언급된다. 사무엘상 14장 51절에 나타나는 것처럼, 기스는 실제로 넬의 아들이며 아비엘의 손자였다. 사울의 아버지는 기스요 아브넬의 아버지는 넬이니 아비엘의 아들이었더라. 여기에 보면 넬은 아비엘의 아들로서 언급된다. 한편 아브넬은 넬의 아들로서 사울의 삼촌(즉 아버지의 형제)이었으므로, 사울의 아버지 기스 역시도 넬의 아들이었다. 대부분의 언어에서, 특별히 어휘가 풍서하지 못했던 히브리어에서 손자와 그 이후의 자손들까지 통칭하여 아들로 부르는 것은 흔한 일이었다.

2. 사울 이후에는 그의 여러 아들들이 열거된다. 그러나 후손까지 언급되는 것은 오직 요나단뿐이다(34절). 그는 많은 자손을 얻는 축복을 받았을 뿐만 아니라 다윗의 호의로 거룩한 족보에 자리를 차지하는 영광까지 얻었다. 요나단의 계보는 여기에서 대략 십 대 정도까지 언급된다. 아마도 다윗은 요나단과 맺은 언약으로 인해 그의 혈통이 보존되도록 특별한 주의를 기울였을 것이다 (삼상 20:15, 23, 42). 여기의 족보는 울람에서 끝나는데, 그의 가문은 베냐민

지파 가운데 많은 용사들로 유명했다. 그의 아들과 손자가 모두 합해 150명이 있었는데, 그들은 모두 용감한 장사요 활을 잘 쏘는 자들이었다(40절). 여기에서 사람의 재물이나 화려한 위용보다 나라를 위해 봉사할 수 있도록 준비된 것이 더 크게 칭송되고 있는 것을 주목하라.

제
— 9 —
장

개요

　본 장은 이 모든 족보들을 기록하는 한 가지 목적이 포로에서 돌아온 유대인들로 하여금 어디에 거주해야 할 것인지를 가르치기 위함이었음을 암시한다. 왜냐하면 우리는 여기에서 바벨론에서 돌아온 이후 처음 예루살렘에 들어가 거주하게 된 자들의 이야기와 그들이 옛 기초 위에서 그 성읍을 재건하기 시작하는 이야기를 듣게 되기 때문이다. I. 이스라엘 백성들(2-9절). II. 제사장들(10-13절). III. 레위인과 다른 느디님 사람들(14-26절). IV. 일부 제사장과 레위인들에게 맡겨진 책임(27-34절). V. 사울 왕의 족보가 반복됨(35-44절)

¹온 이스라엘이 그 계보대로 계수되어 그들은 이스라엘 왕조실록에 기록되니라 유다가 범죄함으로 말미암아 바벨론으로 사로잡혀 갔더니 ²그들의 땅 안에 있는 성읍에 처음으로 거주한 이스라엘 사람들은 제사장들과 레위 사람들과 느디님 사람들이라 ³유다 자손과 베냐민 자손과 에브라임과 므낫세 자손 중에서 예루살렘에 거주한 자는 ⁴유다의 아들 베레스 자손 중에 우대이니 그는 암미훗의 아들이요 오므리의 손자요 이므리의 증손이요 바니의 현손이며 ⁵실로 사람 중에서는 맏아들 아사야와 그의 아들들이요 ⁶세라 자손 중에서는 여우엘과 그 형제 육백구십 명이요 ⁷베냐민 자손 중에서는 핫스누아의 증손 호다위아의 손자 므술람의 아들 살루요 ⁸여로함의 아들 이브느야와 미그리의 손자 웃시의 아들 엘라요 이브니야의 증손 르우엘의 손자 스바댜의 아들 무술람이요 ⁹또 그의 형제들이라 그들의 계보대로 계수하면 구백오십육 명이니 다 종족의 가문의 우두머리들이더라 ¹⁰제사장 중에서는 여다야와 여호야립과 야긴과 ¹¹하나님의 성전을 맡은 자 아사랴이니 그는 힐기야의 아들이요 므술람의 손자요 사독의 증손이요 므라욧의 현손이요 아히둡의 오대손이며 ¹²또 아다야이니 그는 여로함의 아들이요 바스훌의 손자요 말기야의 증손이며 또 마아새니 그는 아디엘의 아들이요 야세라의 손자요 므술람의 증손이요 므실레밋의 현손이요 임멜의 오대손이며 ¹³또 그의 형제들이니 종족의 가문의 우두머리라 하나님의

성전의 임무를 수행할 힘있는 자는 모두 천칠백육십 명이더라

1절은 앞 장의 족보들을 되돌아보면서 그것들이 이스라엘과 유다의 왕조실록으로부터 모은 것이라고 말한다. 그 책은 정경에는 포함되지 않았지만, 그러나 오늘날의 왕실문서와 같은 매우 신빙성 있는 공적 기록이었다. 이스라엘과 유다를 언급하는 가운데 역사가(즉 역대기 기자)는 그들이 범죄함으로 말미암아 바벨론에 사로잡혀 갔던 사실을 특기(特記)한다. 그러한 심판은 결코 잊혀져서는 안 되며 영원히 기억되어야 한다. 그럼으로써 후손들로 하여금 또다시 그러한 죄에 빠지지 않도록 경계를 삼아야 한다. 우리에게 임한 어떤 재앙에 대해 말할 때 "그것은 나의 범죄로 말미암은 것"이라고 덧붙임으로써 하나님을 정당화하는 것은 참으로 선한 일이다. 이어서 우리는 포로에서 돌아온 후 자신들의 성읍에, 특별히 예루살렘에 정착한 첫 주민들에 대한 이야기를 듣게 된다.

1. 이스라엘 사람들. 이와 같이 이스라엘이라는 총칭적인 이름을 사용한 것은 (2절) 그 곳에 유다와 베냐민뿐 아니라 에브라임과 므낫세 등의 열 지파 사람들도 많이 있었기 때문이었다(3절). 그들은 열 지파가 포로로 끌려갈 때 유다로 피신했든지 혹은 앗수르에서 폭동이 일어났을 때 유다로 왔다가 그들과 함께 바벨론으로 끌려갔다가 돌아온 자들이었을 것이다. 유다 자손과 이스라엘 자손이 함께 모여 그 땅에서부터 올라와(호 1:11) 다시 한 나라가 될 것이라는(겔 37:22) 사실이 이미 예언되었었다. 고난으로 인해 불화 가운데 있던 자들이 다시 하나가 되었다. 그것은 마치 분리된 쇳조각들이 풀무 안에서 녹아 하나가 된 것과 비슷했다. 유다와 이스라엘의 많은 사람들은 포로 가운데 그대로 머물러 있었지만, 그러나 일부는 하나님의 충동으로 시온으로 다시 돌아갈 방법을 찾았다. 가문의 우두머리들이 956명이었다고 언급되는 가운데 그들 중 몇몇 사람의 이름이 열거되고 있는데(9절), 이들은 참 이스라엘 사람으로서 마땅히 기억될 만한 자들이었다.

2. 제사장들(10절). 제사장들이 예루살렘으로 돌아가는 일에 앞장선 것은 참으로 칭찬받을 만한 일이었다. 선한 일에 있어 여호와의 종인 제사장이 앞장서지 않는다면 누가 앞장서겠는가? 또 백성들이 제사장들과 함께 돌아간 것 역시 칭찬받을 만한 일이었다(그들은 제사장이 없이는 결코 돌아가려고 하지 않았

다). 제사장 외에 누가 하나님에 관한 선한 지식을 가지고 있단 말인가? 여호와의 이름으로 그들을 축복해 줄 자가 제사장 외에 누구란 말인가?

(1) 그들 가운데 여호와의 성전을 맡은 자가 있었다(11절). 그는 가장 높은 직위의 제사장이 아니었다. 왜냐하면 그 때 대제사장은 여호수아였기 때문이었다. 그는 사간(sagan) 즉 그 다음의 위치에서 그를 대리하는 제사장으로서 아마도 여호수아 자신보다도 더 바쁘게 직무를 수행했던 것으로 보인다. 하나님의 성전을 맡은 자가 꼭 필요했던 것은 새로운 율법을 만들기 위해서가 아니라 하나님의 율법이 백성들과 제사장들 사이에서 올바로 지켜지고 있는지 감독하기 위해서였다.

(2) 또 그들 가운데 하나님의 성전의 임무를 수행할 수 있는 자들이 여럿 있었다(13절). 하나님의 성전에는 상시적(常時的)으로 행해져야 할 일들이 있는 법이다. 마찬가지로 교회의 영적 사역에 있어서도 그 일에 적합한 새 언약의 일꾼들에 의해 그 일이 수행되는 것은 참으로 바람직한 일이다(고후 3:6). 성전의 임무는 어느 때든지 큰 용기와 열정과 힘이 요구되는 일이었지만, 그러나 바벨론으로부터 막 돌아온 이와 같이 중요한 때에는 더욱 그러했다. 따라서 그들은 강한 용사로 칭송된다.

[14]레위 사람 중에서는 므라리 자손 스마야이니 그는 핫숩의 아들이요 아스리감의 손자요 하사뱌의 증손이며 [15]또 박박갈과 헤레스와 갈랄과 맛다냐이니 그는 미가의 아들이요 시그리의 손자요 아삽의 증손이며 [16]또 오바댜이니 그는 스마야의 아들이요 갈랄의 손자요 여두둔의 증손이며 또 베레갸이니 그는 아사의 아들이요 엘가나의 손자라 느도바 사람의 마을에 거주하였더라 [17]문지기는 살룸과 악굽과 달몬과 아히만과 그의 형제들이니 살룸은 그 우두머리라 [18]이 사람들은 전에 왕의 문 동쪽 곧 레위 자손의 진영의 문지기이며 [19]고라의 증손 에비아삽의 손자 고레의 아들 살룸과 그의 종족 형제 곧 고라의 자손이 수종 드는 일을 맡아 성막 문들을 지켰으니 그들의 조상들도 여호와의 진영을 맡고 출입문을 지켰으며 [20]여호와께서 함께 하신 엘르아살의 아들 비느하스가 옛적에 그의 무리를 거느렸고 [21]므셀레먀의 아들 스가랴는 회막 문지기가 되었더라 [22]택함을 입어 문지기 된 자가 모두 이백열두 명이니 이는 그들의 마을에서 그들의 계보대로 계수된 자요 다윗과 선견자 사무엘이 전에 세워서 이 직분을 맡긴 자라 [23]그들과 그들의 자손이 그 순차를 좇아 여호와의 성전

곧 성막 문을 지켰는데 [24]이 문지기가 동, 서, 남, 북 사방에 섰고 [25]그들의 마을에 있는 형제들은 이레마다 와서 그들과 함께 있으니 [26]이는 문지기의 우두머리 된 레위 사람 넷이 중요한 직분을 맡아 하나님의 성전 모든 방과 곳간을 지켰음이라 [27]그들은 하나님의 성전을 맡은 직분이 있으므로 성전 주위에서 밤을 지내며 아침마다 문을 여는 책임이 그들에게 있었더라 [28]그 중에 어떤 자는 섬기는 데 쓰는 기구를 맡아서 그 수효대로 들여가고 수효대로 내오며 [29]또 어떤 자는 성소의 기구와 모든 그릇과 고운 가루와 포도주와 기름과 유향과 향품을 맡았으며 [30]또 제사장의 아들 중의 어떤 자는 향품으로 향기름을 만들었으며 [31]고라 자손 살룸의 맏아들 맛디댜라 하는 레위 사람은 전병을 굽는 일을 맡았으며 [32]또 그의 형제 그핫 자손 중에 어떤 자는 진설하는 떡을 맡아 안식일마다 준비하였더라 [33]또 찬송하는 자가 있으니 곧 레위 우두머리라 그들은 골방에 거주하면서 주야로 자기 직분에 전념하므로 다른 일은 하지 아니하였더라 [34]그들은 다 레위 가문의 우두머리이며 그들의 족보의 우두머리로서 예루살렘에 거주하였더라

우리는 여기에서 바벨론에서 돌아온 백성들이 즉시 종교적인 일에 착념하는 아름다운 모습을 보게 된다. 그들은 하나님의 규례들을 지키지 않다가 쓰라린 아픔을 겪었으며, 그로 인해 예배의 삶을 새롭게 정립하는 일에 큰 열심을 품게 되었다. 이렇게 하여 그들은 하나님 섬기는 일을 최우선의 자리에 놓기 시작했다. 그에 대한 실례(實例)로서 우리는 여기에서 다음과 같은 것들을 보게 된다.

I. 여호와의 전이 건축되기 전에 그들은 수수한 이동식 장막인 성막을 사용했다. 아직 성전을 갖지 못한 자들은 성막이라도 가져야만 한다. 그리고 그것으로 감사하며 그것을 최대한 선용(善用)해야 한다. 하나님의 일에 대하여 그것을 행할 장소가 없다고 하여 하지 않은 채 내버려 두어서는 안 된다.

II. 제사장과 레위인들에게 임무를 할당함에 있어 그들은 다윗과 선견자 사무엘의 모범을 따랐다(22절). 그와 같은 임무 할당의 모범은 먼저 사무엘에 의해 기초가 놓이고 그 후에 다윗에 의해 완성되었든지, 아니면 다윗이 기름 부음을 받자마자 그 일을 마음에 두고 사무엘과 의논하여 함께 확립했을 것으로 보인다(어쨌든 두 사람은 모두 하나님의 직접적인 지시에 의해 그렇게 했다). 이러한 모범은 오랫동안 방치되다가 이제 다시 되살아났다. 임무를 할당

함에 있어 그들은 이러한 옛 지계표를 따랐다.

Ⅲ. 그들 대부분은 예루살렘에 거주했지만(34절), **그러나 일부는 촌락에 거주했다**(16, 22절).   그렇게 했던 것은 아마도 아직 예루살렘에 그들을 위한 자리가 없었기 때문이었을 것이다. 그러나 그들도 성막 봉사에 수종들었다(25절): 그들은 이레마다 와서 그들과 함께 있으니. 그들은 순서대로 일주일씩 봉사했다.

Ⅳ. 많은 레위인들이 하나님의 전의 문지기로 봉사했다.   그들의 숫자는 212명이었으며(22절), 그들 가운데 네 명의 우두머리가 있었다(26절). 그들은 성막 문을 감시하면서(23절), 19절의 난외(欄外, KJV)에 나와 있는 것처럼 성막 문턱과 입구를 지켰다. 이것이 비천한 직분처럼 보이는가? 결코 그렇지 않다. 다윗조차도 악인의 장막에 거하는 것보다 하나님의 전의 문지기가 되는 것을 더 좋아했다(시 84:10). 그들의 임무는

1. 매일 아침 하나님의 전의 문을 열고 밤이 되면 닫는 일이었다(27절).

2. 율법에 의해 금지된 자들로 하여금 그 곳에 들어오지 못하도록 함으로써 하나님의 전이 부정하게 되지 않도록 지키는 일이었다.

3. 그 곳에 예배하러 오는 자들을 인도하는 일이었다. 그들은 예배자들로 하여금 어디로 가며, 또 무엇을 해야 하는지 안내해야 했다. 그렇게 함으로써 예배자들은 하나님의 율법과 규례에 따라 올바로 예배할 수 있을 것이었다. 이런 일에는 관심과 돌봄과 부지런함이 필요한데, 오늘날 목회자들에게 맡겨진 일이 바로 이와 같은 종류의 일들이다.

Ⅴ. 여기에 엘르아살의 아들 비느하스가 나오는데, 그는 옛적에 그의 무리를 거느렸다고 언급된다(20절).   그는 대제사장이 아니라 탁월한 레위인으로서 '여호와께서 함께 하신 자' 혹은 (갈대아 역본이 읽는 것처럼) '여호와의 말씀이 돕는' 자였다.

Ⅵ. 또 성전 주위에서 밤을 지내는 자들이 있었다(7절).   사역자들에게 있어 자신에게 부여된 일 주변에 유함으로써 그 일에 전념할 수 있게 되는 것은 참으로 좋은 일이다. 레위인들은 광야를 여행하는 동안 성막 주위에 유했다. 그 때 그들은 성소의 짐을 나르는 문지기였으며, 지금은 성전 문에서 수종드는 문지기였는데, 두 경우 모두 성소를 돌보는 일을 수행했다.

Ⅶ. 모든 사람들은 각자 자신에게 부여된 임무를 알고 있었다.   어떤 이들

은 섬기는 데 쓰는 기구를 맡아서 그 수효대로 들여가고 내오는 일을 수행했다(28절). 또 어떤 이들은 고운 가루와 포도주와 기름 등을 준비하는 일을 맡았다. 그런가 하면 전병 굽는 일을 맡은 사람도 있었고(31절), 진설하는 떡을 준비하는 일을 맡은 사람도 있었다(32절). 큰 집에서와 같이 하나님의 집에서도 모든 사람이 각자 자신에게 맡겨진 일을 알고 열심히 감당할 때 모든 일이 순조롭게 이루어지는 법이다. 하나님은 질서의 하나님이시다. 모두에게 맡겨진 일은 아무에게도 맡겨지지 않은 일이 될 것이다.

Ⅷ. 또 주야로 찬송하는 일에 전념한 자들이 있었다(33절).　그들은 돈을 벌기 위해 노래하는 천박한 가수가 아니라, 찬송하는 일을 맡은 레위 가문의 우두머리들이었다. 그들은 다른 일은 하지 않고 오로지 성전 골방에 거주하면서 찬송하는 일만 수행했다. 그들은 주야로 계속해서 — 최소한 지정된 시간 동안 — 찬송했던 것으로 보인다. 계속해서 선을 행하시는 하나님께 이와 같이 계속해서 찬송을 올리는 것은 너무나 합당한 일이다. 이렇게 하여 예배하러 하나님의 전에 온 자들은 어느 때든지 그들의 도움을 얻을 수 있었다. 이와 같이 지상의 성전은 밤낮 쉬지 않고 찬송이 울려 퍼지는 하늘의 성전의 모형이다(계 4:8). 주의 전에 거하는 자가 복이 있음이여 저들이 항상 주를 찬미하리이다.

[35]기브온의 조상 여이엘은 기브온에 거주하였으니 그의 아내의 이름은 마아가라 [36]그의 맏아들은 압돈이요 다음은 술과 기스와 바알과 넬과 나답과 [37]그돌과 아히오와 스가랴와 미글롯이며 [38]미글롯은 시므암을 낳았으니 그들은 그들의 친족들과 더불어 마주하고 예루살렘에 거주하였더라 [39]넬은 기스를 낳고 기스는 사울을 낳고 사울은 요나단과 말기수아와 아비나답과 에스바알을 낳았으며 [40]요나단의 아들은 므립바알이라 므립바알은 미가를 낳았고 [41]미가의 아들들은 비돈과 멜렉과 다레아와 아하스이며 [42]아하스는 야라를 낳고 야라는 알레멧과 아스마웻과 시므리를 낳고 시므리는 모사를 낳고 [43]모사는 비느아를 낳았으며 비느아의 아들은 르바야요 그의 아들은 엘르아사요 그의 아들은 아셀이며 [44]아셀이 여섯 아들이 있으니 그들의 이름은 아스리감과 보그루와 이스마엘과 스아랴와 오바댜와 하난이라 아셀의 아들들이 이러하였더라

　　　본 단락은 사울의 조상과 요나단의 자손에 대해 설명하는 것으로서,

앞장 29-38절과 거의 똑같다. 다만 8장에서는 그것이 베냐민의 족보의 끝이지만, 여기에서는 그것이 사울의 이야기의 시작이다. 어쨌든 본문은 앞 장의 구절이 그대로 반복된 것이다. 만일 우리가 여기에 필사자의 어떤 잘못이 있음을 받아들인다면, 나는 이러한 반복이 실수로 말미암아 일어난 것이라고 생각하는 시험에 빠지게 된다. 즉 어떤 필사자가 이러한 족보들을 필사하는 가운데 9장 34절에 이르러 "그들이 예루살렘에 거주하였더라"라는 구절을 쓰다가 8장 28절의 똑같은 구절(그들이 예루살렘에 거주하였더라)로 눈이 옮겨졌으며, 그러다가 그만 8장의 이어지는 구절들을 다시 반복해서 기록하는 실수를 저지르게 되었고, 얼마 후 자신의 실수를 깨달았지만 그러나 책이 더러워지는 것을 꺼려 그대로 내버려 두었다는 것이다. 우리에게는 다음과 같은 경구가 있다: 반복은 아무런 해도 끼치지 않는다.

제
— 10 —
장

개요

에스라가 역대기를 기록한 목적은 다윗의 집의 기록들을 보존하기 위한 것이었다. 보통 사람들의 눈으로 볼 때 다윗의 집은 포로로 인해 크게 기울고 약화되었지만, 그러나 다윗의 자손이 곧 올 것이라는 믿음을 가지고 살았던 자들의 눈에는 그것이 점점 더 찬란하게 빛나고 있었다. 그리하여 그는 사울의 통치역사가 아니라 그의 죽음을 반복하여 기록하고 있는데, 그것은 그로 인해 다윗이 왕이 되는 길이 열렸기 때문이었다. 본 장의 내용은 다음과 같다. I. 사울의 군대가 블레셋 사람들에게 치명적인 참패를 당하고 사울이 스스로 목숨을 끊음(1-7절). II. 블레셋 사람들의 큰 승리(8-10절). III. 길르앗야베스 사람들이 왕과 왕자들의 시신을 영예롭게 장사함(11-12절). IV. 사울이 버림을 당한 이유 (13-14절).

[1] 블레셋 사람들과 이스라엘이 싸우더니 이스라엘 사람들이 블레셋 사람들 앞에서 도망하다가 길보아 산에서 죽임을 당하여 엎드러지니라 [2] 블레셋 사람들이 사울과 그 아들들을 추격하여 블레셋 사람들이 사울의 아들 요나단과 아비나답과 말기수아를 죽이고 [3] 사울을 맹렬히 치며 활 쏘는 자가 사울에게 따라 미치매 사울이 그 쏘는 자로 말미암아 심히 다급하여 [4] 사울이 자기의 무기를 가진 자에게 이르되 너는 칼을 빼어 그것으로 나를 찌르라 할례 받지 못한 자들이 와서 나를 욕되게 할까 두려워하노라 그러나 그의 무기를 가진 자가 심히 두려워하여 행하기를 원하지 아니하매 사울이 자기 칼을 뽑아서 그 위에 엎드러지니 [5] 무기 가진 자가 사울이 죽는 것을 보고 자기도 칼에 엎드러져 죽으니라 [6] 이와 같이 사울과 그의 세 아들과 그 온 집안이 함께 죽으니라 [7] 골짜기에 있는 모든 이스라엘 사람이 그들의 도망한 것과 사울과 그의 아들들이 다 죽은 것을 보고 그 성읍들을 버리고 도망하매 블레셋 사람들이 와서 거기에 거주하니라

사울의 죽음과 관련한 본 단락의 이야기는 사무엘상 31장 1절 이하에

서 살펴본 것과 동일하다. 그러므로 본문을 다시 설명할 필요는 없고 다만 다음과 같은 몇 가지만 관찰하자.

1. 통치자의 죄와 그로 인한 백성들의 고통. 그 때는 이스라엘에게 참으로 참담한 때였다. 그들은 블레셋 사람들 앞에서 도망하다가 길보아 산에서 죽임을 당하여 엎드러졌으며(1절), 그들이 성읍들을 버리고 도망하자 블레셋 사람들이 와서 거기에 거주했다(7절). 우리는 그 때 그들이 예전의 사사시대처럼 그리고 이후의 열왕시대처럼 우상 숭배의 죄를 범했음을 보지 못한다. 사무엘이 그들을 갱신시켰으며 그들은 새롭게 갱신되었다. 그럼에도 불구하고 그들은 이와 같이 탈취를 당하며 약탈자들에게 넘겨졌다. 의심의 여지 없이 그들에게 이러한 심판이 임한 이유가 있었을 것이다. 그것은 사울의 죄 때문이었다. 그 때 신적 공의의 눈은 주로 사울의 죄를 향하고 있었다. 통치자나 지도자들은 하나님의 진노를 불러일으키지 않도록 특별히 주의해야 한다. 왜냐하면 그들이 진노의 불을 일으킬 때 얼마나 많은 사람들이 그들로 인해 그 불에 살라지게 될지 알 수 없기 때문이다.

2. 부모의 죄와 그로 인한 자녀들의 고통. 사울의 죄의 분량이 채워지고 그의 날의 끝이 이르렀을 때, 그 자신만 망하고 만 것이 아니라 그와 함께 그의 아들들, 특별히 누구보다도 인자하며 관대했던 요나단까지 망하고 말았다(이스보셋을 제외한 모든 아들이 죽음을 당했다). 모든 사람에게 임하는 그 모든 것이 일반이라(전 9:2). 이와 같이 아비의 죄가 자녀에게까지 미치며, 자녀들도 정죄 받은 아비의 일부로서 함께 멸망을 당한다. 자손이 잘 되기를 바라는 자들은 죄를 멀리해야 한다. 그렇게 하지 않는다면 그들만 멸망을 당하고 마는 것이 아니라 자손까지 멸망을 당하게 만들든지, 아니면 자손들에게 저주를 상속해 줄 것이기 때문이다.

3. 마침내 자신의 죄로 인해 스스로 고통을 당함. 오랫동안 연기되었다 할지라도 결국에는 죄로 인한 형벌이 자신의 머리 위에 떨어지는 법이다. 비록 속히 실행되지 않는다 할지라도 그러나 반드시 실행될 것이기 때문이다. 사울에게도 역시 그러했다.

(1) 그는 다윗에게 수차례 창을 던져 죽이려고 했는데, 이제 활 쏘는 자에 의해 큰 부상을 입게 되었다.

(2) 그는 도엑에게 여호와의 제사장들을 죽이라고 명령했는데, 이제 절망

속에서 자기의 무기 가진 자에게 칼을 빼어 찌르라고 명령한다.

(3) 그는 아말렉 사람들을 진멸하지 않음으로써 하나님의 명령에 불순종했는데, 이제 그의 무기 가진 자는 그를 찌르지 않음으로써 그의 명령에 불순종한다.

(4) 제사장들을 죽인 살인자인 그는 이제 스스로를 죽인 또 다른 살인자가 되고 말았다. 그는 제사장들의 성읍을 끊어 진멸시켰는데, 이제는 그의 가문이 끊어지게 되었다. 이 모든 것을 보고 다음과 같이 말하라: 여호와는 의로우시도다.

8이튿날에 블레셋 사람들이 와서 죽임을 당한 자의 옷을 벗기다가 사울과 그의 아들들이 길보아 산에 엎드러졌음을 보고 9곧 사울의 옷을 벗기고 그의 머리와 갑옷을 가져다가 사람을 블레셋 땅 사방에 보내 모든 이방 신전과 그 백성에게 소식을 전하고 10사울의 갑옷을 그들의 신전에 두고 그의 머리를 다곤의 신전에 단지라 11길르앗야베스 모든 사람이 블레셋 사람들이 사울에게 행한 모든 일을 듣고 12용사들이 다 일어나서 사울의 시체와 그의 아들들의 시체를 거두어 야베스로 가져다가 그 곳 상수리나무 아래에 그 해골을 장사하고 칠 일간 금식하였더라 13사울이 죽은 것은 여호와께 범죄하였기 때문이라 그가 여호와의 말씀을 지키지 아니하고 또 신접한 자에게 가르치기를 청하고 14여호와께 묻지 아니하였으므로 여호와께서 그를 죽이시고 그 나라를 이새의 아들 다윗에게 넘겨 주셨더라

I. 블레셋 사람들이 사울의 시체를 능욕한 것으로부터 우리는 다음과 같은 사실들을 배울 수 있다.

1. 가장 큰 권세자는 가장 큰 수치를 당할 위험을 가지고 있다는 사실. 사울의 시신은 다른 병사들보다 더 큰 능욕을 당했는데, 그것은 그가 왕이었기 때문이었다. 높은 권세가 사람으로 하여금 적의(敵意)의 표적이 되게 만든다.

2. 만일 우리가 승리의 영광을 하나님께 돌리지 않는다면 블레셋 사람들이 일어나 우리를 대적하며 정죄할 것이라는 사실. 왜냐하면 그들이 사울을 이기고 승리를 얻었을 때 그들은 그 소식을 그들의 우상들에게 전했기 때문이다. 그 우상들은 소식을 가져올 때까지 불과 몇 리밖에 떨어지지 않은 곳에서 벌어진 일조차 알지 못했으니 얼마나 가련한 신들인가! 또한 그들은 사울의 갑옷을 그

들의 신전에 두었다(10절). 우리가 승리했을 때 하나님은 잊혀진 반면 그들이 승리했을 때 다곤은 영광을 받는단 말인가?

Ⅱ. 길르앗야베스 사람들이 사울과 그의 아들들의 시체를 거둔 것으로부터 우리는 죽임을 당한 자의(특별히 죽임을 당한 통치자의) 유체(遺體)를 영예롭게 수습해야 한다는 사실을 배울 수 있다. 우리는 그들의 영원한 상태에 대해서는 묻지 않을 것이다. 그것은 하나님의 몫이기 때문이다. 그러나 장차 육체와 영혼이 결합될 것을 바라보는 자로서 우리는 그들의 남은 시신을 영예롭게 거두어야만 한다.

Ⅲ. 사울의 멸망 가운데 나타난 신적 공의로부터 우리는 다음과 같은 사실들을 배울 수 있다.

1. 죄를 범한 자의 머리 위에 조만간 죄의 형벌이 떨어질 것이라는 사실: 사울이 죽은 것은 여호와께 범죄하였기 때문이라(13절).

2. 아무리 큰 권세를 가진 자라 할지라도 하나님의 심판으로로부터 면제되지는 않는다는 사실.

3. 불순종은 죽이는 것이라는 사실. 그는 아말렉 사람들을 진멸하라는 여호와의 말씀을 지키지 않으므로 죽었다.

4. 신접한 자에게 물은 것은 다른 어느 죄보다도 더 빨리 죄의 분량을 채우는 죄라는 사실. 그가 신접한 자에게 가르치기를 청하고 여호와께 묻지 아니하였으므로 여호와께서 그를 죽이셨다(13, 14절). 사울은 스스로 칼에 엎드러져 죽었다. 그럼에도 불구하고 하나님이 그를 죽이셨다고 언급된다. 악한 손에 의해 행해진 것은 하나님의 예지(豫知)와 분명한 계획에 의해 행해진 것이다. 스스로를 마귀에게 내버린 자들은 하나님께 내버려짐을 당하게 될 것이다. 우리는 사무엘상 28장 6절에서 사울이 여호와께 물었으나 여호와께서 대답하지 않으셨다는 말씀을 듣는다. 그런데 여기에서는 그가 여호와께 묻지 않았다고 언급된다. 그것은 끝까지 묻지 않았기 때문이었다.

제
— 11 —
장

개요

본 장에서 다음과 같은 이야기들이 다시 반복된다. I. 사울이 죽은 직후 모든 백성의 동의에 의해 다윗이 왕위에 오름(1-3절). II. 여부스 사람들로부터 시온성을 빼앗음(4-9절). III. 다윗 왕국의 용사들과 지도자들의 목록(10-47절).

¹온 이스라엘이 헤브론에 모여 다윗을 보고 이르되 우리는 왕의 가까운 혈족이니이다 ²전에 곧 사울이 왕이 되었을 때에도 이스라엘을 거느리고 출입하게 한 자가 왕이시었고 왕의 하나님 여호와께서도 왕에게 말씀하시기를 네가 내 백성 이스라엘의 목자가 되며 내 백성 이스라엘의 주권자가 되리라 하셨나이다 하니라 ³이에 이스라엘의 모든 장로가 헤브론에 있는 왕에게로 나아가니 헤브론에서 다윗이 그들과 여호와 앞에 언약을 맺으매 그들이 다윗에게 기름을 부어 이스라엘의 왕으로 삼으니 여호와께서 사무엘을 통하여 전하신 말씀대로 되었더라 ⁴다윗이 온 이스라엘과 더불어 예루살렘 곧 여부스에 이르니 여부스 땅의 주민들이 거기에 거주하였더라 ⁵여부스 원주민이 다윗에게 이르기를 네가 이리로 들어오지 못하리라 하나 다윗이 시온 산 성을 빼앗았으니 이는 다윗 성이더라 ⁶다윗이 이르되 먼저 여부스 사람을 치는 자는 우두머리와 지휘관으로 삼으리라 하였더니 스루야의 아들 요압이 먼저 올라갔으므로 우두머리가 되었고 ⁷다윗이 그 산성에 살았으므로 무리가 다윗 성이라 불렀으며 ⁸다윗이 밀로에서부터 두루 성을 쌓았고 그 성의 나머지는 요압이 중수하였더라 ⁹만군의 여호와께서 함께 계시니 다윗이 점점 강성하여 가니라

우리는 여기에서 다윗이 다음과 같은 것을 얻는 것을 보게 된다.

I. 이스라엘의 보좌. 헤브론에서 7년 동안 유다를 다스린 후 비로소 다윗은 이스라엘의 보좌에 오르게 된다. 백성들은 그와의 관계와(1절) 그가 예전에 행했던 위대한 일들과 특별히 하나님이 그를 이스라엘의 주권자로 세우셨음을 (2절) 감안하여 그를 자신들의 왕으로 기름 부었다. 그는 그들을 보호할 것을

언약하였고, 그들은 그를 신뢰하며 충성을 바칠 것을 언약했다(3절). 여기에서 다음을 관찰하라.

1. 하나님의 계획은 어떤 난관이 있더라도 마침내 이루어지게 될 것이다. 만일 하나님이 '다윗이 주권자가 될 것'이라고 말씀하셨다면, 그것을 대적하는 것은 쓸데없는 일이다.

2. 오랫동안 하나님의 뜻을 깨닫지 못한 채 헛된 생각에 빠져 있던 자들은 결국 무엇이 참된 길인지를 깨닫고 올바른 자리로 돌아오게 될 것이다.

3. 통치자와 백성 사이에는 피차 엄격히 준수해야 할 기본적인 언약이 있다. 만일 어떤 통치자가 절대적인 통치 권력을 요구할 수 있다면, 다윗이야말로 그럴 수 있는 사람이었다. 그러나 그는 백성들과 언약을 맺고 율법에 따라 통치하겠다고 약속했다.

Ⅱ. 시온의 요새. 다윗의 때까지 시온의 요새는 여부스 사람들이 장악하고 있었다. 다윗에게 그 곳이 왕도(王都)로서 적합한 지역임을 간파할 수 있는 특별한 안목이 있었기 때문이었든지, 아니면 하나님으로부터 어떤 특별한 약속을 받았기 때문이었든지 간에, 어쨌든 시온의 요새를 점령한 것은 그의 초기 공적들 가운데 하나로 나타난다. 그리고 시온의 요새를 점령했을 때 그는 그것을 다윗 성이라고 불렀다(7절). 이와 관련하여 시편에 다음과 같이 언급된다: 내가 나의 왕을 내 거룩한 산 시온에 세웠도다(2:6). 여기에서 무엇이 그로 하여금 그와 같은 일을 행할 결심을 갖게 했는지 보라.

1. 저항. 여부스 사람들이 다윗에게 반항하며 "네가 이리로 올라오지 못하리라"고 말했을 때, 그는 어떤 대가를 치르더라도 그 곳을 점령하고자 결심했다.

2. 승진(昇進)의 약속. 다윗이 시온 산성을 먼저 공격하는 자를 우두머리로 삼겠다고 약속하자 요압은 그러한 약속에 고무되어 먼저 올라가 우두머리가 되었다(6절). 병사로부터 존귀케 될 기회를 빼앗는 것은 그의 뒤꿈치로부터 박차를 빼앗는 것과 같다.

[10]다윗에게 있는 용사의 우두머리는 이러하니라 이 사람들이 온 이스라엘과 더불어 다윗을 힘껏 도와 나라를 얻게 하고 그를 세워 왕으로 삼았으니 이는 여호와께서 이스라엘에 대하여 이르신 말씀대로 함이었더라 [11]다윗에게 있는 용사의 수효가 이러하니라 학몬 사람의 아들 야소브암은 삼십 명의 우두머리라 그가 창을 들어 한

꺼번에 삼백 명을 죽였고 [12]그 다음은 아호아 사람 도도의 아들 엘르아살이니 세 용사 중 하나이라 [13]그가 바스담밈에서 다윗과 함께 있었더니 블레셋 사람들이 그 곳에 모여와서 치니 거기에 보리가 많이 난 밭이 있더라 백성들이 블레셋 사람들 앞에서 도망하되 [14]그가 그 밭 가운데에 서서 그 밭을 보호하여 블레셋 사람들을 죽였으니 여호와께서 큰 구원으로 구원하심이었더라 [15]삼십 우두머리 중 세 사람이 바위로 내려가서 아둘람 굴 다윗에게 이를 때에 블레셋 군대가 르바임 골짜기에 진 쳤더라 [16]그 때에 다윗은 산성에 있고 블레셋 사람들의 진영은 베들레헴에 있는지라 [17]다윗이 갈망하여 이르되 베들레헴 성문 곁 우물 물을 누가 내게 마시게 할고 하매 [18]이 세 사람이 블레셋 사람들의 군대를 돌파하고 지나가서 베들레헴 성문 곁 우물 물을 길어가지고 다윗에게로 왔으나 다윗이 마시기를 기뻐하지 아니하고 그 물을 여호와께 부어드리고 [19]이르되 내 하나님이여 내가 결단코 이런 일을 하지 아니하리이다 생명을 돌아보지 아니하고 갔던 이 사람들의 피를 어찌 마시리이까 하고 그들이 자기 생명도 돌보지 아니하고 이것을 가져왔으므로 그것을 마시기를 원하지 아니하니라 세 용사가 이런 일을 행하였더라 [20]요압의 아우 아비새는 그 세 명 중 우두머리라 그가 창을 휘둘러 삼백 명을 죽이고 그 세 명 가운데에 이름을 얻었으니 [21]그는 둘째 세 명 가운데에 가장 뛰어나 그들의 우두머리가 되었으나 첫째 세 명에게는 미치지 못하니라 [22]갑스엘 용사의 손자 여호야다의 아들 브나야는 용감한 사람이라 그가 모압 아리엘의 아들 둘을 죽였고 또 눈 올 때에 함정에 내려가서 사자 한 마리를 죽였으며 [23]또 키가 큰 애굽 사람을 죽였는데 그 사람의 키가 다섯 규빗이요 그 손에 든 창이 베틀채 같으나 그가 막대기를 가지고 내려가서 그 애굽 사람의 손에서 창을 빼앗아 그 창으로 죽였더라 [24]여호야다의 아들 브나야가 이런 일을 행하였으므로 세 용사 중에 이름을 얻고 [25]삼십 명 중에서는 뛰어나나 첫째 세 사람에게는 미치지 못하니라 다윗이 그를 세워 시위대장을 삼았더라 [26]또 군사 중의 큰 용사는 요압의 아우 아사헬과 베들레헴 사람 도도의 아들 엘하난과 [27]하롤 사람 삼훗과 블론 사람 헬레스와 [28]드고아 사람 익게스의 아들 이라와 아나돗 사람 아비에셀과 [29]후사 사람 십브개와 아호아 사람 일래와 [30]느도바 사람 마하래와 느도바 사람 바아나의 아들 헬렛과 [31]베냐민 자손에 속한 기브아 사람 리배의 아들 이대와 비라돈 사람 브나야와 [32]가아스 시냇가에 사는 후래와 아르바 사람 아비엘과 [33]바하룸 사람 아스마웻과 사알본 사람 엘리아바와 [34]기손 사람 하셈의 아들들과 하랄 사람 사게의 아들 요나단과 [35]하랄 사람 사갈의 아들 아히암과 울의 아들 엘리발과 [36]

므게랏 사람 헤벨과 블론 사람 아히야와 ³⁷갈멜 사람 헤스로와 에스배의 아들 나아래와 ³⁸나단의 아우 요엘과 하그리의 아들 밉할과 ³⁹암몬 사람 셀렉과 스루야의 아들 요압의 무기 잡은 자 베롯 사람 나하래와 ⁴⁰이델 사람 이라와 이델 사람 가렙과 ⁴¹헷 사람 우리아와 알래의 아들 사밧과 ⁴²르우벤 자손 시사의 아들 곧 르우벤 자손의 우두머리 아디나와 그 추종자 삼십 명과 ⁴³마아가의 아들 하난과 미덴 사람 요사밧과 ⁴⁴아스드랏 사람 웃시야와 아로엘 사람 호담의 아들 사마와 여이엘과 ⁴⁵시므리의 아들 여디아엘과 그의 아우 디스 사람 요하와 ⁴⁶마하위 사람 엘리엘과 엘라암의 아들 여리배와 요사위야와 모압 사람 이드마와 ⁴⁷엘리엘과 오벳과 므소바 사람 야아시엘이더라

우리는 여기에서 다윗의 용사들 즉 그에 의해 발탁되어 그를 섬겼던 큰 용사들의 이야기를 보게 된다. 우리는 이미 앞에서 이들의 목록을 살펴본 바 있다(삼하 23:8 이하). 여기의 목록은 그 때의 목록과 거의 동일하지만, 그러나 41절 이하는 새롭게 더하여진 것이다. 다음을 관찰하라.

I. 여기의 목록은 다윗에 대한 9절의 언급과 직접적으로 연결된다.

1. 다윗이 점점 강성하여 가니, 다윗에게 있는 용사들은 이러하니라. 위대한 인물들의 힘과 존귀는 대부분 그들의 종들로부터 오는 것이며, 또한 그 종들에 의존한다. 그러므로 지혜자의 눈으로 볼 때 그들의 위용과 권력은 어느 정도 축소될 수밖에 없다. 다윗이 큰 힘과 위용을 나타냈던 것은 그 옆에 큰 용사들이 있었기 때문이었다.

2. 만군의 여호와께서 함께 계시니, 다윗에게 있는 용사들은 이러하니라. 하나님이 그와 함께 하셨고 그를 위해 행하셨다. 그러나 그것은 사람이나 여러 가지 방편 등 2차적인 원인들을 통해 그렇게 하신 것이었다. 하나님이 사람들의 마음을 그에게로 기울도록 하셨다는 바로 이 사실에 의해 하나님이 그와 함께 하셨음이 나타났다. 하나님이 우리 편이 되실 때 아무도 우리를 대적할 수 없는 것처럼, 하나님이 우리 편이 되시면 그 때 그 때마다 모든 사람이 우리 편이 될 것이다. 다윗은 자신의 승리와 형통을 자신의 군대가 아니라 만군의 여호와께 돌렸으며, 자기와 함께 한 용사들(mighty men)이 아니라 모든 일에 우리와 함께 하시는 능하신 하나님(mighty God)께 돌렸다.

II. 이러한 목록의 제목. 이들은 다윗을 힘껏 도운 자들이라(10절). 그들은

다윗을 강화시킴으로써 스스로를 강화시켰으며, 또 그것이 스스로에게 유익이 되었다. 왜냐하면 그가 잘되는 것이 곧 그들이 잘되는 것이었기 때문이었다. 우리가 각자의 위치에서 다윗의 자손(예수)의 나라를 위해 일할 때, 그것은 곧 우리 자신의 유익이 될 것이다. 우리는 그의 나라를 강화시킴으로써 우리 스스로를 강화시킨다. 앞에서 언급한 10절은 다음과 같이 읽을 수 있다: 이들은 온 이스라엘과 더불어 그를 굳게 붙잡은 자들이라. 하나님이 어떤 일을 행하고자 하실 때, 그 일에 합당한 도구가 결핍하는 일은 결코 없을 것이다. 만일 그 일이 용사들을 필요로 하는 일이라면, 많은 용사들이 여호와의 말씀을 따라 나타나거나 혹은 모여들 것이다.

III. 그들은 왕과 나라를 위한 위대한 섬김으로 영예로운 자들이 되었다. 그들은 다윗을 왕으로 세우는 일에 협력했는데(10절), 그것은 참으로 선한 일이었다. 그들은 블레셋을 위시한 공적(公的)인 적들과 싸움으로써 이스라엘을 구원하는 도구가 되었다. 위대해지는 방법은 선을 행하는 것임을 주목하라. 생명의 위협과 수고가 없었다면 그들은 결코 그와 같은 영예를 얻지 못했을 것이다. 그리스도의 나라에 들어가는 영예는 그리스도와 선한 양심을 위해 믿음의 선한 싸움을 싸우며 기꺼이 수고와 고통과 생명의 위험까지도 감당하는 자들에게 주어진다. 영광과 존귀와 영원한 생명을 추구하는 자들은 계속해서 선한 일을 행하도록 노력해야 한다. 다윗의 자손에게 충성하는 자들은 여기에 기록된 다윗의 용사들보다 훨씬 더 존귀하고 영예로운 이름으로 기록될 것이다.

IV. 우리는 여기에서 다윗의 용사들이 다윗을 위해 행한 큰 섬김을 일을 보게 된다. 그것은 그를 위해 적진을 돌파하여 우물물을 떠오는 것이었다. 그러나 다윗은 그토록 갈망했던 물을 마시기를 기뻐하지 않고 여호와께 부어드렸는데(18절), 이를 통해 우리는 그의 다음과 같은 모습들을 보게 된다.

1. 자신의 경솔함을 깨닫고 즉시 돌이킴. 무심코 어떤 말을 하거나 어떤 일을 행한 것을 깨달았을 때 즉시 회개하며 잘못을 돌이키는 것은 참으로 영예로운 일이다. 잘못된 말이나 행동을 하고서도 돌이키지 않는다면, 그것은 얼마나 부끄러운 일인가?

2. 자신의 육체적 욕구를 부인함. 그는 베들레헴 우물물을 몹시 갈망했다. 그러나 그 물을 얻었을 때 그는 그것을 마시려고 하지 않았다. 왜냐하면 그렇게 함으로써 스스로를 즐겁게 하며 자신의 어리석은 욕구를 만족시키려고 하

지 않았기 때문이었다. 이와 같이 자기를 다스리는 자는 용사보다 나은 법이다. 사람에게 있어 자기를 다스릴 줄 아는 것은 영예로운 일이다. 그러나 자신을 다스리고자 하는 자는 때로 스스로를 십자가에 못 박아야 한다.

3. 하나님께 대한 헌신. 그가 생각하기에 그 물은 너무도 값지고 귀한 것이어서 자기가 마실 수 없었다. 그리하여 그는 그 물을 여호와께 부어드렸다(18절). 만일 우리에게 더 나은 어떤 것이 생긴다면, 최고의 존재로서 최고의 것을 가지시기에 합당하신 하나님께 그것을 드림으로 그분을 영화롭게 하자.

4. 자기 종들에 대한 온정. 세 용사가 목숨을 걸고 자신을 위해 그 물을 떠왔을 때, 그는 크게 당황하지 않을 수 없었다. 그는 그 물을 그들의 피라고 생각했다. 부하들의 피를 아끼며 함부로 명령을 내리지 않는 지도자야말로 진정 영예로운 지도자이다.

V. 이러한 영웅들의 놀라운 업적 속에서 우리는 하나님의 권능을 인정하지 않을 수 없다. 만일 그들에게 하나님의 특별한 임재가 없었다면, 어떻게 한 사람이 300명을 죽이며(11, 20절), 또 어떤 사람이 두 명의 사자(獅子) 같은 사람을 죽이며(22절), 또 어떤 사람이 애굽의 거인을 죽일(23절) 수 있었겠는가? 이와 같이 하나님은 여호수아 23장 10절의 약속대로 그들과 함께 하셨다(너희 중 한 사람이 천 명을 쫓으리니 이는 여호와가 너희를 위하여 싸우심이라).

VI. 이들 용사들 가운데 우리는 한 사람의 암몬 사람과 또 한 사람의 모압 사람을 보게 된다(39, 46절). 그렇지만 암몬 사람과 모압 사람은 여호와의 총회에 들어오지 못할 것이라는 것이 하나님의 율법이었다(신 23:3). 그들이 이와 같이 다윗의 용사들 가운데 들어온 것은 어쩌면 그들이 이스라엘을 너무도 사랑하여 그들의 경우에는 그러한 율법을 적용시키지 않는 것이 합당하다고 생각되었기 때문이었는지 모른다. 그러나 그것보다도 훨씬 더 중요한 이유가 있다. 그렇게 된 것은 그것이 이방으로부터 많은 용사들이 다윗의 자손에게 나아올 것을 암시하는 것이었기 때문이다. 그리스도 안에서는 헬라인과 유대인이 하나이다.

제
— 12 —
장

개요

다윗을 왕으로 삼는 일에 용사들이 어떤 일을 행했는지에 대해 우리는 앞 장에서 읽었다. 이어 우리는 본 장에서 그 일을 위해 또 다른 많은 사람들이 무슨 일을 행했는지 듣게 된다. 다윗이 왕위에 오른 것은 한순간에 이루어진 일이 아니라 점진적으로 이루어진 일이었다. 그의 나라는 오래도록 지속될 것이었다. 따라서 그것은 마치 오래 지속될 열매처럼 서서히 익어가야만 했다. 왕위가 공석이 될 때까지 오랫동안 기다린 후에, 그 일은 7년의 간격을 두고 두 단계에 걸쳐 이루어졌다. 이제 우리는 본 장에서 다음과 같은 이야기를 듣게 된다. I. 그를 유다의 왕으로 삼기 위해 시글락에 있는 그에게 도움의 손길들이 베풀어짐(1-22절). II. 7년 후 그를 이스라엘의 왕으로 삼기 위해 헤브론에 있는 그에게 도움의 손길들이 베풀어짐(23-40절).

¹다윗이 기스의 아들 사울로 말미암아 시글락에 숨어 있을 때에 그에게 와서 싸움을 도운 용사 중에 든 자가 있었으니 ²그들은 활을 가지며 좌우 손을 놀려 물매도 던지며 화살도 쏘는 자요 베냐민 지파 사울의 동족인데 그 이름은 이러하니라 ³그 우두머리는 아히에셀이요 다음은 요아스이니 기브아 사람 스마아의 두 아들이요 또 아스마웻의 아들 여시엘과 벨렛과 또 브라가와 아나돗 사람 예후와 ⁴기브온 사람 곧 삼십 명 중에 용사요 삼십 명의 우두머리가 된 이스마야이며 또 예레미야와 야하시엘과 요하난과 그데라 사람 요사밧과 ⁵엘루새와 여리못과 브아랴와 스마랴와 하룹 사람 스바댜와 ⁶고라 사람들 엘가나와 잇시야와 아사렐과 요에셀과 야소브암이며 ⁷그돌 사람 여로함의 아들 요엘라와 스바댜더라 ⁸갓 사람 중에서 광야에 있는 요새에 이르러 다윗에게 돌아온 자가 있었으니 다 용사요 싸움에 익숙하여 방패와 창을 능히 쓰는 자라 그의 얼굴은 사자 같고 빠르기는 산의 사슴 같으니 ⁹그 우두머리는 에셀이요 둘째는 오바댜요 셋째는 엘리압이요 ¹⁰넷째는 미스만나요 다섯째는 예레미야요 ¹¹여섯째는 앗대요 일곱째는 엘리엘이요 ¹²여덟째는 요하난이요 아홉째는 엘사밧이요 ¹³열째는 예레미야요 열한째는 막반내라 ¹⁴이 갓 자손이 군대

지휘관이 되어 그 작은 자는 백부장이요, 그 큰 자는 천부장이더니 [15]정월에 요단 강 물이 모든 언덕에 넘칠 때에 이 무리가 강물을 건너서 골짜기에 있는 모든 자에게 동서로 도망하게 하였더라 [16]베냐민과 유다 자손 중에서 요새에 이르러 다윗에게 나오매 [17]다윗이 나가서 맞아 그들에게 말하여 이르되 만일 너희가 평화로이 내게 와서 나를 돕고자 하면 내 마음이 너희 마음과 하나가 되려니와 만일 너희가 나를 속여 내 대적에게 넘기고자 하면 내 손에 불의함이 없으니 우리 조상들의 하나님이 감찰하시고 책망하시기를 원하노라 하매 [18]그 때에 성령이 삼십 명의 우두머리 아마새를 감싸시니 이르되 다윗이여 우리가 당신에게 속하겠고 이새의 아들이여 우리가 당신과 함께 있으리니 원하건대 평안하소서 당신도 평안하고 당신을 돕는 자에게도 평안이 있을지니 이는 당신의 하나님이 당신을 도우심이니이다 한지라 다윗이 그들을 받아들여 군대 지휘관을 삼았더라 [19]다윗이 전에 블레셋 사람들과 함께 가서 사울을 치려 할 때에 므낫세 지파에서 두어 사람이 다윗에게 돌아왔으나 다윗 등이 블레셋 사람들을 돕지 못하였음은 블레셋 사람들의 방백이 서로 의논하고 보내며 이르기를 그가 그의 왕 사울에게로 돌아가리니 우리 머리가 위태할까 하노라 함이라 [20]다윗이 시글락으로 갈 때에 므낫세 지파에서 그에게로 돌아온 자는 아드나와 요사밧과 여디아엘과 미가엘과 요사밧과 엘리후와 실르대이니 다 므낫세의 천부장이라 [21]이 무리가 다윗을 도와 도둑 떼를 쳤으니 그들은 다 큰 용사요 군대 지휘관이 됨이었더라 [22]그 때에 사람이 날마다 다윗에게로 돌아와서 돕고자 하매 큰 군대를 이루어 하나님의 군대와 같았더라

우리는 여기에서 사울이 죽은 후 다윗의 편이 된 자들에 관한 이야기를 보게 된다. 그가 사울로부터 핍박을 당하고 있는 동안 그를 따랐던 군대는 고작 600명에 불과했다. 그러나 더 적극적으로 움직여야 할 때가 이르자, 신적 섭리는 더 많은 사람들을 이끌어 그를 돕도록 했다. 심지어 사울로 말미암아 숨어 있을 때조차도(1절), 하나님은 몇몇 사람들의 마음을 움직여 그에게 가서 그를 돕도록 했다. 하나님이 적절한 때에, 그리고 적절한 방법으로 자신들을 위해 일하심을 믿는 자들은 그분의 섭리가 자신들의 모든 계획과 예상을 능가하는 것을 발견하게 될 것이다. 그 싸움은 하나님의 싸움이었으므로, 그에게 많은 돕는 자들이 찾아왔다. 그들은 하나님이 왕으로 삼고자 계획하신 자를 위해 기꺼이 봉사했는데, 바로 그것이 그들의 영예였다.

I. 베냐민 지파 사울의 동족 가운데 몇몇 사람이 다윗에게 왔다(2절). 무엇이 그들을 움직여 다윗에게 가게 했는지에 대해 우리는 아무 말도 듣지 못한다. 어쩌면 다윗에 대한 사울의 야비한 처사에 분개하여 그렇게 했을는지 모른다. 이들 베냐민 사람들은 양손으로 활을 쏘며 물매를 던지는데 매우 능숙한 자들이었다. 이들 가운데 몇몇 사람은 다윗을 위해 매우 큰일을 수행했다. 우리는 여기에서 그들을 이끌었던 우두머리들의 이름을 볼 수 있다. 이들과 관련하여 사사기 20장 16절을 보라(이 모든 백성 중에서 택한 칠백 명은 다 왼손잡이라 물매로 돌을 던지면 조금도 틀림이 없는 자들이더라).

II. 요단 건너편에 위치했던 갓 지파 가운데 몇몇 사람들도 다윗이 왕이 될 것을 확신했다. 또한 그들은 다윗이야말로 왕이 되기에 가장 합당한 자라는 사실도 굳게 믿었다. 그리하여 그들은 형제들로부터 나뉘어 광야의 요새에 머물고 있었던 다윗에게 왔다(8절). 아마도 그 요새는 엔게디 광야에 있는 요새들 가운데 일부였을 것이다. 여기에 열거된 이름은 불과 11명에 불과한 극히 소수였지만, 그러나 그들은 다윗에게 큰 힘이 되어 주었다. 그를 돕고자 이 곳으로 온 자들은 대부분 환난당한 자와 빚진 자와 원통한 자와 용병(傭兵)들이었는데(삼하 22:2), 그에게 온 것은 그를 위해 싸우기 위해서라기보다 차라리 그로부터 보호를 받고자 함이었다. 그러나 이들 갓 사람들은 다 용사요 싸움에 익숙하여 방패와 창을 능히 쓰는 자들이었다(8절).

1. 그들은 믿을 수 없을 만큼 빠른 몸을 가지고 있었다. 그들은 적을 기습하거나 흩어진 군대를 추격하는데 매우 유용했다. 그들은 빠르기가 산의 사슴 같아서 아무도 그들로부터 피해 도망칠 수 없었다. 또한 그들은 사자 같은 얼굴을 갖고 있어서 아무도 그들을 이길 수 없었다.

2. 그들은 전쟁을 잘 수행할 수 있도록 잘 훈련된 자들이었다. 그들은 창과 방패 등 공격용 무기와 수비용 무기를 잘 다루며 사용할 수 있었다.

3. 그들은 그들 지파 군대의 지휘관들이었다(14절). 비록 병사들까지 데려오지는 못했다 할지라도, 그들은 백부장 천부장 등의 직책을 가지고 있었다.

4. 그들은 어떤 난관도 능히 돌파할 수 있는 담대한 자들이었다. 한번은 강물이 모든 언덕에 넘칠 때 요단을 헤엄쳐 건넜다(15절, 어쩌면 지금 다윗에게 올 때였는지 모른다). 이와 같이 하나님의 보호하심에 의지하여 모험을 할 수 있는 자들은 하나님의 일에 쓰임받기에 합당한 자들이다.

5. 그들은 자신의 임무를 끝까지 수행하는 자들이었다. 그들이 요단을 건넌 후 골짜기에서 만난 적이 누구였는지는 언급되지 않는다. 그러나 그들은 사자 같은 얼굴로 적과 부딪치고 사슴 같은 발로 추격함으로써 모든 적을 동서로 도망치게 만들었다. 적이 어느 쪽으로 도망치든 그들은 끝까지 쫓아가 타격을 가했다. 그들은 자신들에게 주어진 임무를 절반만 수행하는 법이 없었다.

Ⅲ. 유다와 베냐민 가운데 몇몇 사람들도 그에게 왔다(16절).　그들의 우두머리는 아마새였는데, 나중에 압살롬 편에 선 아마사와 동일 인물인지 여부는 분명치 않다(삼하 17:25).

1. 다윗이 그들을 신중하게 맞이함(17절). 다윗은 그들을 보고 매우 놀라면서 그들이 온 목적에 대해 의심을 품지 않을 수 없었다. 왜냐하면 십 사람들과 그일라 사람들의 배신으로 인해 여러 번 큰 위험에 빠진 경험이 있었기 때문이었다(그들도 역시 유다 사람들이었다). 오랜 기간 죽음의 위협 속에 있던 그가 그와 같은 경계심을 품는 것은 지극히 당연한 일이었다. 유다 사람들로부터 그토록 자주 속임을 당했던 그가 어떻게 아무런 경계심도 없이 또 다른 유다 사람들을 맞이할 수 있겠는가?

(1) 그는 모든 문제를 그들 자신에게 맡긴다. 그들이 어떻게 받아들여지느냐에 대해 모든 것은 그들이 어떻게 하느냐 여부에 달려 있을 것이었다(이것은 다윗의 자손에 대하여도 마찬가지일 것이다).

[1] 만일 그들이 정직과 신의로 행한다면, 그는 그들에게 상을 베푸는 자가 될 것이다: "만일 너희가 평화로이 내게 와서 나를 돕고자 하면, 비록 너희가 오랫동안 나를 따르지 않았다 할지라도 또 나에게 큰 힘을 더해주지 못한다 할지라도, 나는 너희의 선의(善意)를 기쁘게 받을 것이요 내 마음이 너희 마음과 하나가 될 것이라. 나는 너희를 사랑하고 존귀히 여길 것이며 내가 할 수 있는 모든 은총을 너희에게 베풀리라." 진실한 사랑과 존경과 봉사의 마음을 가지고 있는 자들은 선하신 하나님에게 뿐만 아니라 선한 사람들에게도 은총을 얻게 될 것이다.

[2] 그러나 만일 그들이 선의를 가장하는 가운데 그를 사울의 손에 넘길 목적으로 왔다면, 그는 그들을 모든 거짓과 배신을 징벌하시는 하나님의 보응의 손에 넘길 것이다. 비하(卑下)와 승귀(昇貴)의 양끝을 오감에 있어 (다윗의 자손을 제외하고) 다윗보다 더 심한 자는 없었다. 그러나 그는 자신의 손에 악한

것이 없다는 양심의 증거를 가지고 있었다. 그는 어느 누구에게도 해를 끼칠 마음을 갖지 않았다. 이것이 그로 하여금 재앙의 날에도 기뻐할 수 있게 만들어 주었으며 또 배신당하는 것을 염려하지 않을 수 없을 때에도 그 모든 것을 의로 심판하시는 하나님께 맡길 수 있게 만들어 주었다. 그는 지혜로운 자였을지라도 스스로 재판장이 되지 않을 것이었으며, 용맹한 자였을지라도 스스로 복수하지 않을 것이었다. 다만 복수하는 것이 내게 있다고 말씀하신 의로우신 하나님께 맡길 것이었다. 우리 조상들의 하나님이 감찰하시고 책망하시기를 원하노라.

(2) 이와 같은 말 속에서 우리는 다음과 같은 사실들을 관찰할 수 있다.

[1] 그는 하나님을 우리 조상들의 하나님 즉 그와 그들의 조상들의 하나님으로 부른다. 이 같이 하여 그는 그들에게 하나님을 일깨워 주었다. 왜냐하면 그와 그들은 모두 같은 족장들로부터 나온 자손들이며 같은 하나님을 의뢰하는 자들이었기 때문이었다. 이와 같이 그는 설령 배신을 당한다 할지라도 하나님이 자신을 바로잡아 주실 것을 믿음으로써 스스로를 격려했다. 왜냐하면 하나님은 그의 조상들의 하나님으로서 모든 축복이 그로 말미암기 때문이며, 또한 하나님은 모든 이스라엘의 하나님으로서 온 땅의 재판장이실 뿐만 아니라 특별히 이스라엘 백성들의 다툼을 판결하시는 분이시기 때문이다.

[2] 설령 그들이 자신을 배신한다 할지라도 그는 그들에게 두려운 심판이 내리도록 빌지 않는다. 그렇게 하는 대신 매우 겸손하게 그 모든 것을 신적 지혜와 공의에 맡긴다: 하나님이 감찰하시고 책망하시기를 원하노라. 하나님께 호소하는 자는 겸손하고 공손하게 해야 한다. 왜냐하면 사람의 성내는 것이 하나님의 의를 이루지 못하기 때문이다(약 1:20).

2. 그들이 진심으로 다윗과 연합함(18절). 그들을 대표하여 아마새가 말했다. 그 때 여호와의 영이 그에게 임했는데, 그것은 예언의 영이 아니라 지혜와 결단의 영이었다. 여호와의 영은 시의적절하게 그의 입에 말씀을 넣어 주었으며, 그럼으로써 다윗도 만족시키고 그를 따르는 자들에게도 용기를 불어넣어 주었다. 어떤 말도 이보다 더 훌륭하고 생생하며 적절할 수 없었다.

(1) 아마새는 진실한 마음으로 다윗을 따를 것이며, 그를 대적하는 자를 대적할 것이며, 어떤 위험 속에서도 그와 함께 할 것을 고백했다. 다윗이여 우리가 당신에게 속하겠고 이새의 아들이여 우리가 당신과 함께 있으리니(18절). 다윗을

이새의 아들이라고 부름으로써 그들은 그가 유다 지파의 족장이었던 나손과 살몬의 직계 자손임을 스스로에게 일깨웠다. 사울은 경멸하는 투로 다윗을 그와 같이 불렀지만(삼상 20:27; 22:7), 그러나 그들은 이것을 그의 영광으로 보았다. 그들은 하나님이 그의 편이라는 사실을 확신했다. 그러므로 다윗이여 우리가 당신에게 속하겠고 당신의 편이 될 것이나이다. 만일 우리가 어떤 사람의 편이 되어야 한다면, 마땅히 하나님이 함께하는 자들의 편이 되어야 한다.

(2) 아마새는 다윗과 다윗을 따르는 자들에게 형통과 평안을 기원했다: "원하건대 평안하소서 당신도 평안하고 당신을 돕는 자에게도 평안이 있을지니이다."

(3) 아마새는 다윗에게 하늘로부터의 도우심을 확증했다: "이는 당신의 하나님이 당신을 도우심이니이다. 그러므로 우리는 평안을 기원하며 당신과 당신을 돕는 자들에게 평안이 있을 것을 믿어 의심치 않나이다. 하나님은 당신의 하나님이시며, 그분을 자기 하나님으로 삼는 자들은 필경 필요할 때 그의 도우심을 받게 될 것이나이다." 우리는 아마새의 이러한 말로부터 주 예수께 대한 우리의 사랑과 충성을 고백하는 방법을 배울 수 있다. 우리는 어떤 조건이나 단서도 달지 말고 그의 편이 되어야 한다. 우리는 기꺼이 그의 편에 서서 그를 위해 행동해야 하며 또 마음으로 그의 유익을 바라는 자가 되어야 한다: "호산나! 그의 복음과 그의 나라가 번성할 것이라." 대적하는 모든 정사와 권세와 세상 주관자들을 멸하실 때까지 그의 하나님이 그를 도우실 것이다.

3. 다윗이 그들을 기쁘게 받아들임. 그는 그들의 말에 크게 만족하여 자신의 모든 의구심을 내려놓았다: 다윗이 그들을 받아들여 군대 지휘관을 삼았더라.

IV. 몇몇 므낫세 사람들도 다윗과 연합했다(19절). 다윗의 군대가 므낫세 지역을 통과하며 행군할 때 신적 섭리는 그들로 하여금 다윗과 연합할 수 있는 좋은 기회를 제공했다. 사울과 싸우기 위해 출전할 때 아기스는 다윗을 데리고 갔지만 그러나 블레셋의 방백들은 이 일에 이의를 제기하면서 다윗을 돌아가도록 했다(삼하 29:4 이하). 그리하여 다윗이 회군(回軍)하는 동안 므낫세의 몇몇 용사들이 그와 연합했다. 그들은 시의적절하게 다윗을 도와 시글락을 약탈한 아말렉 사람들을 대적하여 싸웠다. 그들의 수는 많지 않았지만 그러나 모두 용사들로서 다윗에게 큰 도움이 되었다(삼상 30장). 하나님이 그 때 그 때 어떻게 섭리하시는지 주목하라. 이상하게도 다윗 진영의 세력은 그 때 그 때마다 필요한 것들로 채워졌다(22절). 매일같이 사람들이 모여들었으며, 마침내 큰 군대를 이루었다. 일단 약속이 주어졌다면, 그것을 이루기 위한 힘은 하나님께 맡기자.

[23]싸움을 준비한 군대 지휘관들이 헤브론에 이르러 다윗에게로 나아와서 여호와의 말씀대로 사울의 나라를 그에게 돌리고자 하였으니 그 수효가 이러하였더라 [24]유다 자손 중에서 방패와 창을 들고 싸움을 준비한 자가 육천팔백 명이요 [25]시므온 자손 중에서 싸움하는 큰 용사가 칠천백 명이요 [26]레위 자손 중에서 사천육백 명이요 [27]아론의 집 우두머리 여호야다와 그와 함께 있는 자가 삼천칠백 명이요 [28]또 젊은 용사 사독과 그의 가문의 지휘관이 이십이 명이요 [29]베냐민 자손 곧 사울의 동족은 아직도 태반이나 사울의 집을 따르나 그 중에서 나온 자가 삼천 명이요 [30]에브라임 자손 중에서 가족으로서 유명한 큰 용사가 이만팔백 명이요 [31]므낫세 반 지파 중에 이름이 기록된 자로서 와서 다윗을 세워 왕으로 삼으려 하는 자가 만 팔천 명이요 [32]잇사갈 자손 중에서 시세를 알고 이스라엘이 마땅히 행할 것을 아는 우두머리가 이백 명이니 그들은 그 모든 형제를 통솔하는 자이며 [33]스불론 중에서 모든 무기를 가지고 전열을 갖추고 두 마음을 품지 아니하고 능히 진영에 나아가서 싸움을 잘하는 자가 오만 명이요 [34]납달리 중에서 지휘관 천 명과 방패와 창을 가지고 따르는 자가 삼만 칠천 명이요 [35]단 자손 중에서 싸움을 잘하는 자가 이만 팔천육백 명이요 [36]아셀 중에서 능히 진영에 나가서 싸움을 잘하는 자가 사만 명이요 [37]요단 저편 르우벤 자손과 갓 자손과 므낫세 반 지파 중에서 모든 무기를 가지고 능히 싸우는 자가 십이만 명이었더라 [38]이 모든 군사가 전열을 갖추고 다 성심으로 헤브론에 이르러 다윗을 온 이스라엘 왕으로 삼고자 하고 또 이스라엘의 남은 자도 다 한 마음으로 다윗을 왕으로 삼고자 하여 [39]무리가 거기서 다윗과 함께 사흘을 지내며 먹고 마셨으니 이는 그들의 형제가 이미 식물을 준비하였음이며 [40]또 그들의 근처에 있는 자로부터 잇사갈과 스불론과 납달리까지도 나귀와 낙타와 노새와 소에다 음식을 많이 실어왔으니 곧 밀가루 과자와 무화과 과자와 건포도와 포도주와 기름이요 소와 양도 많이 가져왔으니 이는 이스라엘 가운데에 기쁨이 있음이었더라

우리는 여기에서 이스보셋이 죽은 후 다윗을 왕으로 삼는 일에 적극적으로 앞장 선 자들에 관한 이야기를 읽게 된다. 우리는 앞에서 이스라엘의 모든 지파가 다윗을 왕으로 삼고자 헤브론에 온 것을 살펴보았다(11:1: 삼하 5:1).

이제 우리는 여기에서 만에 하나 어떤 반대가 있을 때 그에 대항하여 싸우기 위해 각 지파가 데려온 군대에 관한 이야기를 읽게 된다(23절).

I. 가장 가까이 위치한 지파들이 가장 적은 군대를 데려왔다. 유다는 6,800 명의 군대를 데려왔으며(24절), 시므온은 7,100명의 군대를 데려왔다(25절). 반면 멀리 떨어져 있었던 스불론과 아셀은 각각 5만 명과 4만 명의 군대를 데려왔으며, 요단 건너편에 위치했던 두 지파와 반 지파는 12만 명의 군대를 데려왔다. 그것은 가까이 위치한 지파들이 다윗을 왕으로 삼는 일에 냉담했기 때문이 아니었다. 도리어 그것은 지혜로운 처사였다. 왜냐하면 그들은 헤브론에서 가까운 지역에 위치해 있었으므로 언제든지 호출하면 즉시 달려올 수 있었기 때문이었다. 또한 그들은 먼 곳에서 온 사람들을 접대하기 위해 해야 할 일이 아주 많았다.

II. 레위 사람들과 제사장들도 이 일에 매우 열심이었다. 그들은 다윗을 위해 기도할 뿐만 아니라 필요하면 언제라도 싸울 준비가 되어 있었는데, 그것은 하나님이 그를 왕으로 세우셨음을 알고 있었기 때문이었다(26-28절).

III. 사울의 동족 가운데 일부도 다윗에게 나아왔다(29절). 그들의 숫자는 그리 많지 않았는데, 그것은 자기 지파가 왕의 지파라고 하는 어리석은 생각으로 인해 많은 사람들이 무너진 사울의 집에 집착했기 때문이었다. 혈연관계로 인해 양심이 억압을 당해서는 안 된다. 이런 상황에서 하나님 외에 누구를 아버지라 부른단 말인가?

IV. 이들 대부분이 큰 용사요(25, 28, 30절), **싸움을 잘 하는 자들이며**(35, 36절), **전열을 갖출 줄 아는**(38절) **자들이었다.** 그들은 혈기왕성한 용사들이었지만, 그러나 명령과 규칙에 순복할 줄 아는 자들이었다. 그들은 뜨거운 심장을 가진 자들이었지만 동시에 냉철한 머리도 가지고 있었던 자들이었다.

V. 이들은 대부분 무기를 가져올 정도로 주도면밀한 자들이었다(24, 33, 37절). 다윗이 자신들에게 무기를 제공해 줄 것이라고 어떻게 그들이 생각할 수 있었겠는가?

VI. 잇사갈 사람들은 가장 적은 숫자로서 단지 200명에 불과했다(32절). 이와 같이 적은 숫자였음에도 불구하고 다른 어느 지파 못지않게 그들은 다윗에게 큰 힘이 되었다. 이들은 사실상 지파 전체나 마찬가지였다. 왜냐하면,

1. 이들은 시세(時勢)를 알며 이스라엘이 마땅히 행할 것을 아는 유능한 자들이

었기 때문이었다. 여기에서 시세를 안다는 것이 무엇을 의미하는 것일까? 어쩌면 그것은 자연의 때를 의미하는 것일는지 모른다. 그렇다면 그들은 자연의 때와 천기를 분별할 줄 알았던 자들로서, 사람들에게 언제 쟁기질하며 언제 씨를 뿌리며 언제 추수할 것인지 등을 조언해 줄 수 있었을 것이다. 혹은, 종교적인 때를 의미하는 것인지도 모른다. 그렇다면 그들은 사람들에게 의식(儀式)의 때 즉 거룩한 절기로서 지정된 때를 가르쳐줄 수 있었을 것이다. 그들은 (제사를 드리기 위해) 백성들을 불러 산에 이르게 하는 자들이었다(신 33:19). 이러한 사람들이 필요했던 이유는 당시에는 지금처럼 달력이 일반적이지 않았기 때문이었다. 그러나 그렇게 보기보다 정치적인 때를 의미하는 것으로 보는 것이 좀 더 개연성이 높아 보인다. 그들은 국가적인 일이나 정세의 흐름 따위를 이해할 줄 아는 자들이었을 것이다. 시세를 아는 자란 말은 정치인을 에둘러 표현하는 말이다(에 1:13). 잇사갈로부터 온 사람들은 국가적인 일에 관심이 많고, 국제적인 정세에도 밝은 자들이었다. 그들은 이스라엘이 마땅히 행할 것을 알고 있었다. 그들은 관찰과 경험을 통해 자신들이 무엇을 해야 하며 또 어떻게 하는 것이 자신들에게 이득이 되는지를 알고 있었다. 그들은 이 중요한 시기에 이스라엘이 다윗을 왕으로 세워야 한다는 사실을 분명하게 알고 있었다. 이것은 이득이 되는 일일 뿐만 아니라 꼭 해야만 하는 일이었다. 지금의 정세가 그것을 요구했다. 잇사갈 사람들은 주로 자기 지파 내부의 일에 집중하면서 국가적인 문제에는 별로 관여하지 않았는데, 그럼으로써 다른 지파들의 움직임을 관찰할 수 있는 기회를 가질 수 있었다. 경기하는 자보다 구경하는 자가 때로 더 많은 것을 보는 법이다.

2. 이들은 매우 중요한 인물들이었기 때문이었다. 그들은 그 모든 형제를 통솔하는 자들이었다. 그들은 어깨를 내려 짐을 메는(창 49:15) 잇사갈 지파의 보통 사람들을 통솔했다. 또한 우리는 사사기 5장 15절에서 드보라와 함께 했던 잇사갈의 방백들을 보게 되는데, 그들은 통솔하는 방법을 알고 있었으며 다른 사람들은 순종하는 방법을 알고 있었다. 통솔하는 자는 지혜롭고 현명하며 따르는 자는 겸손하며 잘 순종할 때, 그 나라(혹은 지파)는 얼마나 복된가!

Ⅶ. **그들은 모두 성심**(혹은 온전한 마음, perfect heart)**으로 그 일을 추진했으며**(38절), **특별히 스불론 사람들은 두 마음을 품지 않았다**(33절). 이 일에 있어 그들은 그 안에 거짓이 없는 참 이스라엘 사람이었다. 그들은 모두 한 마음

이었는데, 이것이 바로 그들의 온전함이었다(38절). 전체가 잘됨이 없이 어떻게 그 안에 속한 개체들이 잘될 수 있겠는가?

VIII. 유다를 비롯하여 인근에 위치한 지파들은 헤브론에 모인 각 지파들의 진영에 양식을 제공했다(39, 40절).   먼 지역에 위치한 지파들은 이러한 국가적 모임에 오기 위해 많은 비용을 치르지 않을 수 없었다. 그러나 인근에 위치한 지파들은 큰 비용을 치를 필요가 없었으므로, 그들은 다른 지파들을 위한 양식을 준비하는 책임이 자신들에게 있다고 생각했다. 그렇게 함으로써 모두가 공평케 될 것이었다. 이렇게 하여 온 이스라엘에 기쁨이 가득한 희락의 잔치가 베풀어졌다(40절). 의인이 통치하면 성읍이 즐거워하느니라. 이와 같이 어떤 영혼에 그리스도의 보좌가 세워질 때, 그 영혼 속에 큰 기쁨이 있게 된다. 그리고 영혼의 잔치를 위해 양식이 준비되는데, 여기처럼 사흘 동안만 그런 것이 아니라 우리의 전 생애를 통해 아니 영원히 그렇게 될 것이다.

제
— 13 —
장

개요

앞 장에서 우리는 다윗이 왕으로 추대되는 것을 살펴보았다. 이제 본 장에서는 그가 종교적인 일에 큰 관심을 기울이는 것을 보게 된다. I. 다윗이 백성의 대표들과 언약궤를 옮겨 오는 문제에 대해 의논함(1-4절). II. 큰 기쁨과 장엄함으로 언약궤가 기럇여아림으로부터 옮겨짐(5-8절). III. 웃사가 언약궤를 붙들다가 침을 받아 죽음(9-14절).

¹다윗이 천부장과 백부장 곧 모든 지휘관과 더불어 의논하고 ²다윗이 이스라엘의 온 회중에게 이르되 만일 너희가 좋게 여기고 또 우리의 하나님 여호와께로 말미암았으면 우리가 이스라엘 온 땅에 남아 있는 우리 형제와 또 초원이 딸린 성읍에 사는 제사장과 레위 사람에게 전령을 보내 그들을 우리에게로 모이게 하고 ³우리가 우리 하나님의 궤를 우리에게로 옮겨오자 사울 때에는 우리가 궤 앞에서 묻지 아니하였느니라 하매 ⁴못 백성의 눈이 이 일을 좋게 여기므로 온 회중이 그대로 행하겠다 한지라 ⁵이에 다윗이 애굽의 시홀 시내에서부터 하맛 어귀까지 온 이스라엘을 불러모으고 기럇여아림에서부터 하나님의 궤를 메어오고자 할새 ⁶다윗이 온 이스라엘을 거느리고 바알라 곧 유다에 속한 기럇여아림에 올라가서 여호와 하나님의 궤를 메어오려 하니 이는 여호와께서 두 그룹 사이에 계시므로 그러한 이름으로 일컬음을 받았더라 ⁷하나님의 궤를 새 수레에 싣고 아비나답의 집에서 나오는데 웃사와 아히오는 수레를 몰며 ⁸다윗과 이스라엘 온 무리는 하나님 앞에서 힘을 다하여 뛰놀며 노래하며 수금과 비파와 소고와 제금과 나팔로 연주하니라

I. 다윗이 하나님의 궤를 예루살렘으로 옮겨올 것을 제안함(1-3절). 그럼으로써 왕도(王都) 예루살렘은 거룩한 도성이 될 것이었다. 이 부분의 이야기는 사무엘서에 나오지 않는데, 우리는 이와 같은 다윗의 제안에서 다음과 같은 것들을 발견할 수 있다.

　1. 다윗은 왕위에 오르자마자 하나님의 궤에 대해 생각했다: 우리가 우리 하

나님의 궤를 우리에게로 옮겨오자(3절). 이를 통해 그가 의도한 것은 다음과 같은 두 가지였다.

(1) 하나님의 임재의 상징인 언약궤를 존귀케 함으로써 하나님 자신을 존귀케 하고자 함. 다윗은 권력을 손에 넣자마자 그 권력을 신앙을 증진하며 고취하는데 사용했다. 하나님의 은혜로 존귀케 된 자들에게 무엇보다 우선되어야 하는 것은 그러한 존귀로써 더욱 하나님을 존귀케 해야 하며 또한 자신들의 힘과 재물로써 하나님과 그의 나라를 위해 더욱 힘써 봉사해야 한다는 사실이다. 다윗은 "내가 이제 어떤 위대한 일을 행할 것인가?"라거나 혹은 "내가 이제 어떻게 즐길 것인가?"라고 말하지 않고, "내가 이제 어떤 경건한 일을 행할 것인가?"라고 말했다.

(2) 거룩한 신탁처(神託處, sacred oracle)인 언약궤를 충분히 활용하며 유익을 얻고자 함. "하나님의 궤를 우리에게로 옮겨오자. 그러면 우리가 그것에게 물을 수 있을 것이요 그것이 우리에게 축복이 될 것이라." 우리가 하나님을 존귀케 할 때 그것이 우리 자신에게 유익이 된다는 사실을 기억하자. 세상에서 하나님의 궤를 자신의 신탁처와 율법으로 삼는 자는 얼마나 지혜로운 자인가! 이와 같이 하나님을 경외하는 가운데 출발하는 자에게 왜 하나님이 은총을 베푸시지 않겠는가?

2. 다윗은 이 일에 대해 백성들의 지도자들과 의논했다(1절). 그것이 너무도 선한 일이며 또 왕으로서 즉시 시행하도록 명령을 내릴 수 있었음에도 불구하고, 그는 여러 사람들과 의논하여 시행할 것을 선택했다.

(1) 이렇게 함으로써 그는 나라의 지도자들을 존귀케 하면서 동시에 자신이 그들을 존귀하게 여기고 있다는 사실을 나타냈다. 설령 그들이 자신을 왕으로 세웠다 할지라도, 그러나 그는 전횡적인 태도로 통치하지 않을 것이었다. 그는 "나는 왕으로서 내가 뜻하는 것을 명령하며, 너희는 백성으로서 그대로 순종할 것이니라"라고 말하지 않고, "만일 너희가 좋게 여기면 그리고 이 일이 우리 하나님 여호와께로 말미암은 것으로 여겨지면, 우리가 함께 이 일을 행하자"라고 말했다. 지혜로운 통치자는 독재적인 권력을 탐하지 않는다. 백성들을 대표하는 자들의 동의를 얻을 때 백성들의 충성은 더욱 확고해진다. 이러한 사실이 비추어 볼 때 우리나라는 얼마나 복된 나라인가!

(2) 이렇게 함으로써 그는 그 일을 실행하는 방법에 있어 그들의 조언을 들

을 수 있었다. 다윗은 매우 총명한 사람이었지만, 그러나 종종 휘하 지휘관들에게 묻곤 했다. 조언자가 많으면 백성이 평안을 누리느니라. 다른 사람들의 지혜를 활용할 줄 아는 자가 진짜 지혜로운 자이다.

(3) 이와 같이 그들을 동참시킴으로써 국가적인 일을 좀 더 잘 수행할 수 있었다. 그리고 그것은 곧 국가적인 축복이 될 것이었다.

3. 다윗은 모든 백성들을 불러 이 일에 동참하도록 했다(2절). 그것은 하나님의 궤를 존귀케 하는 것이면서 동시에 백성들의 만족과 영적 유익을 위한 것이었다. 여기에서 다음을 관찰하라.

(1) 그는 일반 백성들을 형제라고 부른다. 이것은 그의 겸손과 겸비를 나타내는 것이면서 동시에 백성들에 대한 그의 따뜻한 관심을 보여주는 것이었다. 이와 같이 우리 주 예수께서도 자기 백성들을 형제라 부르시기를 부끄러워하지 않으셨다(히 2:11).

(2) 그는 백성들을 남은 자라고 부른다: 이스라엘 온 땅에 남아 있는 우리 형제들. 그들은 지금까지 흩어질 수밖에 없는 상황 속에 있었다. 블레셋과의 전쟁과 사울의 집과의 싸움으로 인해 나라는 황폐해졌으며 많은 사람들이 죽었다. 이제 우리는 이러한 고통이 끝나는 것을 보기를 소망한다. 이와 같이 남은 자들로 하여금 속히 하나님의 은총을 얻게 하라.

(3) 그는 언약궤를 옮겨오는 일에 특별히 레위인과 제사장들을 동참시킨다. 왜냐하면 이 일은 특별한 의미로 그들의 영역이었기 때문이었다. 이와 같이 그리스도인 통치자는 사역자들이 임무를 게을리할 때 그들을 경성시켜 맡은 임무를 충실히 수행하도록 만들어야 한다.

4. 이 모든 일은 '그것이 우리 하나님 여호와께로 말미암았으면'이라는 전제 위에 세워졌다. "설령 이 일이 나와 너희에게 선한 것으로 여겨진다 할지라도 만일 그것이 우리 하나님 여호와께로 말미암은 것이 아니라면, 우리는 그 일을 하지 않을 것이라." 무슨 일을 시작하든지 우리는 먼저 다음과 같이 물어야만 한다. "이 일은 여호와께로 말미암은 것인가? 이 일은 하나님의 마음에 합한 일인가? 우리는 이 일에 하나님이 우리를 인정해 주실 것을 기대할 수 있는가?"

5. 이와 같이 지난 통치기간 동안 잘못된 것을 바로잡는 일은 꼭 해야만 하는 일이었다. "사울 때에는 우리가 궤 앞에서 묻지 아니하였느니라. 이로 인해 그

때 모든 일이 어그러졌느니라. 이제 근본적인 잘못을 바로잡으면 우리의 모든 일은 훨씬 더 잘 진행될 것이니라." 여기에서 다윗이 사울을 비난조로 말하고 있지 않는 사실을 주목하라. 그는 "사울이 하나님의 궤를 전혀 돌보지 않았도다"라고 말하지 않고, 일반적인 어조로 "우리가 궤 앞에서 묻지 아니하였느니라"라고 말했다. 이렇게 함으로써 그는 하나님의 궤를 방치한 잘못을 다른 사람들과 더불어 자신에게도 돌렸다. 우리에게 있어 다른 사람을 비판하는 것보다 우리 자신을 비판하는 것이 훨씬 더 유익하다. 국가적인 죄에 있어 겸손한 자들은 자신도 부분적으로나마 함께 한 것으로 인해 애곡하며 스스로에게 수치를 돌린다(단 9:5 이하).

II. 백성들이 이러한 제안을 기꺼이 받아들임(4절). 뭇 백성의 눈이 이 일을 좋게 여기므로. 그 일은 너무도 선하며 시의적절한 일이었으므로 아무도 반대하지 않았다. 그리하여 그들은 그 일을 행하기로 만장일치로 결정했다. 겸손한 마음으로 선한 일을 제안하고 또 수행하는 자들은 자신들이 예상한 것보다 더 큰 협력과 동의를 얻게 될 것이다. 높은 위치에 있는 자들은 자신들의 영향력으로 많은 선을 행할 수 있음을 기억해야 한다.

III. 하나님의 궤를 옮겨오는 장엄한 의식(5절 이하). 이에 대해서는 이미 앞에서 살펴보았으므로(삼하 6:1 이하), 여기에서는 단지 다음과 같은 것들만 간단히 관찰하고자 한다.

1. 하나님의 궤를 수종들기 위해 멀리까지 여행하는 것은 결코 무가치한 일이 아니다. 그들은 하나님의 궤를 옮기는 의식에 동참하기 위해 남쪽 끝에 있는 애굽의 시홀 시내에서부터 북쪽 끝에 있는 하맛 어귀까지 전역(全域)에서 나아왔다(3-5절).

2. 오랫동안 방치되었던 규례들이 회복되고 하나님의 임재의 표징이 돌아오는 것은 백성들에게 너무도 큰 기쁨이었다. 신앙의 빛이 구석까지 비춰며 자유롭게 신앙을 고백할 수 있을 때 그리고 신앙이 통치자들과 지도자들에 의해 옹호되고 장려될 때, 그것은 모든 백성들이 큰 기쁨으로 환영할 만한 복된 징조이다.

3. 오랫동안 행해지지 않던 규례들이 회복될 때 지혜롭고 선한 사람들이라 할지라도 어느 정도 실수를 범하는 것은 매우 흔한 일이다. 다윗이 하나님의 궤를 수레에 싣는 실수를 범하리라고 누가 생각할 수 있었겠는가?(7절). 블레

셋 사람들이 하나님의 궤를 수레에 실었을 때 신적 섭리는 그 수레를 이끌어 이스라엘로 돌아오게 했었는데(삼상 6:12), 어쩌면 다윗은 그러한 예전의 전례(前例)를 회상하며 지금도 그와 같이 할 수 있을 것이라고 생각했는지 모른다. 그러나 우리는 전례(example)가 아니라 규칙(rule)을 따라야만 한다. 설령 그 전례가 특별한 상황에서 신적 섭리에 의해 용인(容認)된 것이라 할지라도 마찬가지이다.

⁹기돈의 타작 마당에 이르러서는 소들이 뛰므로 웃사가 손을 펴서 궤를 붙들었더니 ¹⁰웃사가 손을 펴서 궤를 붙듦으로 말미암아 여호와께서 진노하사 치시매 그가 거기 하나님 앞에서 죽으니라 ¹¹여호와께서 웃사의 몸을 찢으셨으므로 다윗이 노하여 그 곳을 베레스 웃사라 부르니 그 이름이 오늘까지 이르니라 ¹²그 날에 다윗이 하나님을 두려워하여 이르되 내가 어떻게 하나님의 궤를 내 곳으로 오게 하리요 하고 ¹³다윗이 궤를 옮겨 자기가 있는 다윗 성으로 메어들이지 못하고 그 대신 가드 사람 오벧에돔의 집으로 메어가니라 ¹⁴하나님의 궤가 오벧에돔의 집에서 그의 가족과 함께 석 달을 있으니라 여호와께서 오벧에돔의 집과 그의 모든 소유에 복을 내리셨더라

우리는 여기에서 모든 기쁨을 한순간에 그치게 만든 웃사 사건을 보게 된다(삼하 6:6 이하).

1. 웃사의 죄는 우리 모두로 하여금 성물(聖物)을 다룸에 있어 성급함과 방자함과 불경(不敬)으로 대하는 것을 조심하도록 경고한다(9절). 뿐만 아니라 그것은 선한 의도가 악한 행동을 정당화하지 않는다는 사실도 우리에게 가르쳐 준다. 하나님과 교제함에 있어 우리는 친밀함으로 인해 그분을 대수롭지 않게 대한다든지 혹은 어떤 면에서 하나님이 우리에게 어떤 은덕을 입고 있다고 생각하지 않도록 항상 우리 자신의 마음을 살펴야 한다.

2. 웃사에게 임한 징벌은 우리로 하여금 우리가 관계하고 있는 하나님은 질투하는 하나님이라는 사실을 일깨워 준다. 그의 죽음은, 마치 나답과 아비후의 죽음이 그랬던 것처럼, 하나님은 당신을 가까이 하는 자 중에서 거룩함을 나타내실 것이라는 사실을 분명하게 증거한다(레 10:3). 그러므로 하나님과 가까운 자리에 있는 자가 어떤 망령된 일을 행할 때, 하나님의 진노는 더 클 것이다.

따라서 우리는 하나님 앞에 나아갈 때 감히 그분을 소홀히 여기는 잘못을 범하지 않도록 조심해야 한다. 그렇지만 그리스도를 통해 은혜의 보좌 앞에 담대히 나아가자. 왜냐하면 우리는 멍에와 두려움이 아니라 자유와 은혜 아래 있기 때문이다.

3. 이 일을 통해 우리는 항상 두려움 가운데 기뻐해야 하며 또 경외함으로 하나님을 섬겨야 한다는 사실을 배워야만 한다.

4. 이 일로 인한 다윗의 불쾌함은 우리로 하여금 우리가 신적 꾸짖음 아래 있을 때 하나님께 순복하는 대신 그분과 다투려는 마음을 갖지 않도록 주의할 것을 일깨워 준다. 하나님이 우리에게 노를 발하신다 하여, 감히 우리가 하나님께 분노할 것인가?

5. 이와 같이 의식이 돌연 중단된 것은 우리로 하여금 죄로부터 돌이키도록 하려는 것이지 우리의 의무를 기피하도록 하려는 것이 아니었다. 다윗은 웃사의 죽음에도 불구하고 그 일을 계속 진행시켰어야 했다. 그렇게 했다면 그와 같은 불행은 보상되었을 것이다.

6. 하나님의 궤로 인해 오벧에돔의 집에 축복이 임한 것은 우리로 하여금 하나님의 규례들을 우리 집에 즐거운 마음으로 모셔 들이도록 격려한다. 하나님의 궤는 모두를 복되게 하는 것이다. 어떤 이들에게 거치는 돌과 부딪치는 반석이 되었다고 해서 그것이 무가치한 것으로 혹은 덜 가치 있는 것으로 여겨져서는 결코 안 된다. 설령 복음이 어떤 이들에게 사망에 이르는 사망의 냄새가 된다 할지라도, 우리는 마땅히 그것을 사랑으로 받아들여야만 한다. 그럴 때 그것은 우리에게 생명에 이르는 생명의 냄새가 될 것이다.

제
— 14 —
장

개요

본 장의 내용은 다음과 같다. I. 다윗의 왕권이 확립됨(1, 2절). II. 다윗의 집이 세워짐(3-7절). III. 블레셋이 두 번의 원정에서 패배를 당함(8-17절). 여기의 이야기는 사무엘하 5장 11절 이하의 이야기가 다시 반복된 것이다.

¹두로 왕 히람이 다윗에게 사신들과 백향목과 석수와 목수를 보내 그의 궁전을 건축하게 하였더라 ²다윗이 여호와께서 자기를 이스라엘의 왕으로 삼으신 줄을 깨달았으니 이는 그의 백성 이스라엘을 위하여 그의 나라가 높이 들림을 받았음을 앎이었더라 ³다윗이 예루살렘에서 또 아내들을 맞아 다윗이 다시 아들들과 딸들을 낳았으니 ⁴예루살렘에서 낳은 아들들의 이름은 삼무아와 소밥과 나단과 솔로몬과 ⁵입할과 엘리수아와 엘벨렛과 ⁶노가와 네벡과 야비아와 ⁷엘리사마와 브엘랴다와 엘리벨렛이었더라

우리는 여기에서 다음과 같은 사실들을 관찰할 수 있다.

1. 이웃과 그들의 도움이 필요 없을 정도로 스스로 충족한 자는 아무도 없다. 다윗은 큰 나라를 가지고 있었던 반면 히람의 나라는 작고 보잘것없었다. 그럼에도 불구하고 만일 히람이 일꾼과 자재들을 보내주지 않았다면 다윗은 스스로 궁전을 건축할 생각을 하지 못했을 것이다(1절). 바로 이것이 우리가 아무도 경멸하지 말아야 할 이유이다. 언제 누구에게 은혜를 입게 될지 아무도 모르기 때문이다.

2. 하나님의 특별한 섭리로 자신의 왕권이 안정되는 것을 보았을 때, 다윗은 크게 기뻐했다. 백성들은 다윗을 왕으로 삼았다. 그러나 여호와께서 자기를 이스라엘의 왕으로 굳게 세우신 것을 깨닫기 전까지는 그는 결코 평안할 수도, 만족할 수도 없었다(2절). "하나님이 나를 견고히 심으셨다면 누가 뽑겠는가?"

3. 우리가 어떤 높은 위치에 세워질 때, 우리는 그것이 유용하게 쓰여지기

위한 것임을 기억해야 한다. 다윗의 나라가 높이 들려진 것은 그 자신을 위한 것이 아니라 그의 백성 이스라엘을 위한 것이었다. 즉 하나님이 그를 높이 들어 그로 하여금 이스라엘 백성들을 인도하고 보호하게 하신 것이다. 우리가 복을 받는 것은 다른 사람들에게 복이 되게 하기 위함이다. 창세기 12장 2절을 보라(내가 너로 큰 민족을 이루고 네게 복을 주어 네 이름을 창대하게 하리니 너는 복이 될지라). 우리는 우리 스스로를 위해 태어난 것도 아니며 또한 우리 스스로를 위해 사는 것도 아니다.

　　4. 사람이 형통하면 자칫 안일과 육체의 일락에 빠지기 쉽다. 나라가 안정되었을 때 그가 또 다른 아내들을 취한 것은 좋지 않은 일이었다(3절). 그럼에도 불구하고 그로 인해 그는 많은 자손을 얻었다. 자식은 여호와의 기업이라. 우리는 사무엘서에서 뿐만 아니라 역대기 앞에서도(대상 3:1) 다윗의 자녀들에 대한 이야기를 들었는데, 여기에서 또 다시 듣게 된다. 왜냐하면 다윗 같은 아비를 가진 것은 그들에게 있어 큰 영광이었기 때문이었다.

8다윗이 기름 부음을 받아 온 이스라엘의 왕이 되었다 함을 블레셋 사람들이 듣고 모든 블레셋 사람들이 다윗을 찾으러 올라오매 다윗이 듣고 대항하러 나갔으나 9블레셋 사람들이 이미 이르러 르바임 골짜기로 쳐들어온지라 10다윗이 하나님께 물어 이르되 내가 블레셋 사람들을 치러 올라가리이까 주께서 그들을 내 손에 넘기시겠나이까 하니 여호와께서 그에게 이르시되 올라가라 내가 그들을 네 손에 넘기리라 하신지라 11이에 무리가 바알브라심으로 올라갔더니 다윗이 거기서 그들을 치고 다윗이 이르되 하나님이 물을 쪼갬 같이 내 손으로 내 대적을 흩으셨다 하므로 그 곳 이름을 바알브라심이라 부르니라 12블레셋 사람이 그들의 우상을 그 곳에 버렸으므로 다윗이 명령하여 불에 사르니라 13블레셋 사람들이 다시 골짜기를 침범한지라 14다윗이 또 하나님께 묻자온대 하나님이 이르시되 마주 올라가지 말고 그들 뒤로 돌아 뽕나무 수풀 맞은편에서 그들을 기습하되 15뽕나무 꼭대기에서 걸음 걷는 소리가 들리거든 곧 나가서 싸우라 너보다 하나님이 앞서 나아가서 블레셋 사람들의 군대를 치리라 하신지라 16이에 다윗이 하나님의 명령대로 행하여 블레셋 사람들의 군대를 쳐서 기브온에서부터 게셀까지 이르렀더니 17다윗의 명성이 온 세상에 퍼졌고 여호와께서 모든 이방 민족으로 그를 두려워하게 하셨더라 다윗이 블레셋에 대해 승리를 거둔 본문의 이야기는 사무엘하 5장 17절 이하의 이야기와 거의 똑같다.

1. 블레셋 사람들이 다윗을 공격한 것은 우리의 위치가 안정되었다 할지라도 결코 방심해서는 안 된다는 사실을 일깨워준다. 우리는 형통한 가운데서도 반드시 훼방하는 일이 있다는 사실을 기억해야 한다. 우리가 가장 안심하고 있을 때, 우리를 두렵게 하거나 훼방하는 일이 발생할 수 있다. 이와 같이 그리스도의 나라도, 특별히 힘차게 뻗어나갈 때, 뱀의 후손들에 의해 모독과 멸시를 당할 것이다.

2. 블레셋 사람들이 공격해 왔을 때 다윗이 두 번에 걸쳐 하나님께 물은 것은 우리로 하여금 모든 길에 하나님을 인정해야 한다는 사실을 일깨워 준다. 괴로움을 당하며 어찌할 바를 알지 못할 때, 우리는 하나님께 달려가 호소하면서 그분께 물어야 한다. 그리고 스스로를 하나님의 인도하심 아래 놓으면서 올바른 길을 보여 달라고 간구해야 한다.

3. 다윗의 승리는 우리로 하여금 하나님의 지시를 따라 그리고 하나님의 능력을 의지하여 영적 원수들을 대적할 것을 일깨워준다. 마귀를 대적하라. 그러면 마귀는 블레셋 사람들처럼 우리 앞에서 도망칠 것이다.

4. 뽕나무 꼭대기에서 나는 걸음 걷는 소리는 우리로 하여금 신적 섭리에 있어서든 혹은 성령의 감동에 있어서든 하나님의 움직임을 따를 것을 일깨워준다(15절). 하나님이 우리 앞에 가고 계시는 것을 인식할 때, 허리띠를 띠고 갑옷을 입고 그분을 따르자.

5. 다윗이 블레셋의 우상들을 불태운 것은 우상 숭배와 그것의 잔재들에 대한 거룩한 분노를 일깨워 준다(12절).

6. 다윗이 자신의 승리 속에 하나님의 손이 계셨음을 인정한 것은 우리로 하여금 하나님의 제단에 찬미의 제사를 드릴 것을 일깨워 준다(11절). 여호와여 우리에게 마옵시고 주의 이름에 영광이 돌려지게 하옵소서.

7. 다윗의 명성이 온 세상에 퍼진 것은 다윗의 자손이 존귀케 될 것을 보여주는 상징이며 모형이다(17절): 다윗의 명성이 온 세상에 퍼졌고. 모든 백성이 그에 대해 칭찬했으며, 여호와께서 모든 이방 민족으로 그를 두려워하게 하셨다. 모든 이방 나라들이 그를 크게 두려워하면서 그와 연합하기를 원했다. 하나님은 우리 구주를 지극히 높이시고 그에게 모든 이름 위에 뛰어난 이름을 주셨다.

제 15 장

개요

하나님의 궤를 다윗 성으로 옮기는 것은 너무도 선한 일이었다. 전에 그 일이 결정되고 시도되었지만(13:4), 그러나 끝맺지는 못했었다. 하나님의 궤는 노중(路中)에 오벧에돔의 집에 놓여졌다. 이제 본 장에서 우리는 그 일이 완성되는 것을 보게 된다. I. 하나님의 궤를 옮기는 일이 합법적으로 이루어짐. 1. 그것을 둘 처소를 준비함(1절). 2. 그 일이 제사장들에게 맡겨짐(2-15절). 3. 언약궤를 수종함에 있어 레위인들에게 임무가 할당됨(16-24절). II. 하나님의 궤를 옮기는 일이 성공적으로 이루어짐(25절). 1. 레위 사람들이 아무런 잘못도 범하지 않음(26절). 2. 다윗과 모든 백성들이 크게 기뻐하며 즐거워함(27, 28절). 3. 미갈이 다윗을 업신여김(29절).

¹다윗이 다윗 성에서 자기를 위하여 궁전을 세우고 또 하나님의 궤를 둘 곳을 마련하고 그것을 위하여 장막을 치고 ²다윗이 이르되 레위 사람 외에는 하나님의 궤를 멜 수 없나니 이는 여호와께서 그들을 택하사 여호와의 궤를 메고 영원히 그를 섬기게 하셨음이라 하고 ³다윗이 이스라엘 온 무리를 예루살렘으로 모으고 여호와의 궤를 그 마련한 곳으로 메어 올리고자 하여 ⁴다윗이 아론 자손과 레위 사람을 모으니 ⁵그핫 자손 중에 지도자 우리엘과 그의 형제가 백이십 명이요 ⁶므라리 자손 중에 지도자 아사야와 그의 형제가 이백이십 명이요 ⁷게르솜 자손 중에 지도자 요엘과 그의 형제가 백삼십 명이요 ⁸엘리사반 자손 중에 지도자 스마야와 그의 형제가 이백 명이요 ⁹헤브론 자손 중에 지도자 엘리엘과 그의 형제가 팔십 명이요 ¹⁰웃시엘 자손 중에 지도자 암미나답과 그의 형제가 백십이 명이라 ¹¹다윗이 제사장 사독과 아비아달을 부르고 또 레위 사람 우리엘과 아사야와 요엘과 스마야와 엘리엘과 암미나답을 불러 ¹²그들에게 이르되 너희는 레위 사람의 지도자이니 너희와 너희 형제는 몸을 성결하게 하고 내가 마련한 곳으로 이스라엘의 하나님 여호와의 궤를 메어 올리라 ¹³전에는 너희가 메지 아니하였으므로 우리 하나님 여호와께서 우리를 찢으셨으니 이는 우리가 규례대로 그에게 구하지 아니하였음이라 하니 ¹⁴이에 제사

장들과 레위 사람들이 이스라엘 하나님 여호와의 궤를 메고 올라가려 하여 몸을 성결하게 하고 [15]모세가 여호와의 말씀을 따라 명령한 대로 레위 자손이 채에 하나님의 궤를 꿰어 어깨에 메니라 [16]다윗이 레위 사람의 어른들에게 명령하여 그의 형제들을 노래하는 자들로 세우고 비파와 수금과 제금 등의 악기를 울려서 즐거운 소리를 크게 내라 하매 [17]레위 사람이 요엘의 아들 헤만과 그의 형제 중 베레야의 아들 아삽과 그의 형제 므라리 자손 중에 구사야의 아들 에단을 세우고 [18]그 다음으로 그들의 형제 스가랴와 벤과 야아시엘과 스미라못과 여히엘과 운니와 엘리압과 브나야와 마아세야와 맛디디야와 엘리블레후와 믹네야와 문지기 오벧에돔과 여이엘을 세우니 [19]노래하는 자 헤만과 아삽과 에단은 놋제금을 크게 치는 자요 [20]스가랴와 아시엘과 스미라못과 여히엘과 운니와 엘리압과 마아세야와 브나야는 비파를 타서 알라못에 맞추는 자요 [21]맛디디야와 엘리블레후와 믹네야와 오벧에돔과 여이엘과 아사시야는 수금을 타서 여덟째 음에 맞추어 인도하는 자요 [22]레위 사람의 지도자 그나냐는 노래에 익숙하므로 노래를 인도하는 자요 [23]베레갸와 엘가나는 궤 앞에서 문을 지키는 자요 [24]제사장 스바냐와 요사밧과 느다넬과 아미새와 스가랴와 브나야와 엘리에셀은 하나님의 궤 앞에서 나팔을 부는 자요 오벧에돔과 여히야는 궤 앞에서 문을 지키는 자이더라

우리는 여기에서 하나님의 궤를 오벧에돔의 집으로부터 다윗 성으로 옮기고자 준비하는 것을 보게 된다. 매우 선한 일이며 또 하나님을 찾는 가운데 이루어진 일이었다 할지라도, 이전의 시도는 규례대로 하나님께 구하지 않은 것이었다(13절). "우리는 그 일을 합당한 방법대로 진행시키지 않는 가운데 지나치게 서두르다 일을 그르쳤나이다." 여기에서 선한 일을 행하는 것만으로는 충분하지 않다는 사실을 주목하라. 우리는 그 일을 올바른 규례대로 행해야만 한다. 또한 올바로 행하지 않음으로 인해 어떤 문제가 생길 때, 우리는 그것을 올바른 규례를 배우는 좋은 기회로 삼아야만 한다. 그렇게 할 때 우리는 징계의 목적에 부응하게 될 것이다.

1. 다윗은 하나님의 궤를 옮겨오기에 앞서 먼저 그것을 둘 처소를 준비한다. 이와 같이 그는 올바른 순서대로 일을 진행시키고자 했다. 지금 전을 건축할 시간이 없었으므로 그는 하나님의 궤를 위해 장막을 쳤다(1절). 아마도 다윗은 하나님이 산에서 모세에게 보여주신 식양대로 혹은 그것에 최대한 가깝게 장막

을 쳤을 것이다. 다윗 성에 자신을 위한 궁전을 건축할 때 그가 하나님의 궤를 위한 처소를 예비한 사실을 주목하라. 어디에다가 집을 짓든지 간에, 우리는 그 안에다가 하나님의 궤를 둘 자리를 예비해야만 한다.

2. 하나님의 궤를 옮김에 있어 다윗은 레위인과 제사장들로 하여금 그것을 어깨에 메고 옮길 것을 지시한다. 이제 그는 예전의 경험을 통해 레위 사람 외에는 하나님의 궤를 멜 수 없다는 사실을 분명히 깨닫게 되었다(2절). 광야를 여행할 때에는 하나님의 궤를 옮기는 일이 고핫 자손들에게 부과되었었다. 따라서 그들에게는 수레가 할당되지 않았는데, 그것은 그들의 직임이 어깨로 메는 일이었기 때문이었다(민 7:9). 그러나 특별한 경우 예컨대 요단을 건널 때나 여리고 성을 돌 때는 제사장들이 그것을 어깨에 메었다. 이것은 너무도 분명한 규칙이었다. 그럼에도 불구하고 다윗은 그러한 규칙을 잊어버리고 하나님의 궤를 수레에 싣는 실수를 저지르고 말았다. 하나님의 말씀을 가장 잘 아는 자라 할지라도 정작 중요한 순간에 이와 같은 실수를 저지르는 것은 결코 드문 일이 아니다. 지혜롭고 선한 자라 할지라도 때로 실수와 잘못을 저지를 수 있다. 그러나 그러한 잘못을 알게 될 때 그들은 즉시로 그것을 바로잡아야만 한다. 다윗은 자신의 잘못을 정당화하려고도 하지 않았으며 또한 그것을 다른 사람 탓으로 돌리려고도 하지 않았다. 다만 올바른 규례대로 행하지 않은 자신과 다른 사람들의 잘못을 기꺼이 인정했다. 그리고 이제 그는 그 일을 위해 아론의 자손 제사장들과 레위인들을 불러 모았다(4절). 그리고 그들에게 다음과 같은 엄숙한 명령을 내렸다(12절): 너희는 레위 사람의 지도자이니 그러므로 여호와의 궤를 메어 올리라. 다른 사람들보다 높은 위치에 있는 자들은 의무를 행함에 있어서도 앞장서야 한다. "너희는 지도자들이다. 그러므로 봉사의 일을 통해서든 영향력으로든 다른 사람들보다 더 많은 일을 행할 것으로 기대되는 것이 마땅하니라. 너희는 이 일을 처음 행하는 것이 아니니라. 너희는 너희의 의무를 올바로 행하지 않았을 뿐만 아니라 우리에게 알려 주려고 하지도 않았느니라. 그로 인해 우리에게 큰 고통이 임하였었느니라: 우리 하나님 여호와께서 우리를 찢으셨으니. 이와 같이 우리 모두에게 임한 고통은 너희가 메지 아니한 연고로다(말 1:9을 보라). 그러므로 이제 너희의 몸을 성결하게 하고 너희의 직무를 올바로 수행하라." 이와 같이 어떤 잘못을 통해 고통을 겪은 자는 그것을 더 나은 것을 배우는 기회로 활용해야 한다. 그렇게 할 때 잘못된 것은 즉시 바로잡혀

지게 될 것이며, 합력하여 선을 이루게 될 것이다.

3. 이에 레위인과 제사장들은 스스로를 정결하게 하고 율법대로 하나님의 궤를 어깨에 멜 준비를 한다(14, 15절). 자신의 의무에 대해 부주의했던 자들은 이와 같이 그에 대한 정당한 견책을 들을 때 마땅히 자신의 잘못을 받아들이고 기꺼이 그것을 바로잡아야 한다. 웃사의 죽음으로 인해 제사장들은 스스로를 정결하게 하는 일에 — 다시 말해서 모든 의식(儀式) 상의 더러운 것을 씻음으로써 스스로를 하나님의 거룩한 의식을 집행하기에 합당하도록 만드는 일에 — 더욱 세심한 주의를 기울였을 것이다. 이와 같이 어떤 사람이 일벌백계의 모범이 될 때, 많은 사람들이 그것을 통해 교훈을 받고 더욱 주의를 기울이게 될 것이다.

4. 다윗은 레위인의 어른들에게 노래하는 자들을 세워 즐거운 소리를 크게 내라고 명령한다(16절). 다윗은 노래하는 자들을 세우는 일을 레위인의 어른들에게 맡겼는데, 그것은 그 일에 적합한 자들을 그들이 가장 잘 알고 있었기 때문이었다. 이렇게 하여 그 일에 임명된 사람은 헤만과 아삽과 에단이었다(17절). 이들은 놋제금을 치는 일을 맡았으며(19절), 어떤 사람들은 비파를 연주하는 일을(20절), 그리고 또 어떤 사람들은 수금을 연주하는 일을 맡았다(21절). 특히 수금을 연주하는 자들은 스미닛 혹은 **여덟째** 음에 맞추어 연주했는데, 그것은 협주(協奏)의 규칙에 따라 다른 악기보다 여덟 음을 높게 혹은 낮게 연주하는 것이었다. 제사장 가운데 어떤 이들은 나팔을 불었는데(24절), 나팔을 부는 것은 언약궤가 출발할 때나(민 10:8) 혹은 거룩한 절기 때에(시 81:3) 통상적으로 하던 일이었다. 어떤 사람은 노래를 인도하는 일을 맡았는데(22절), 그것은 그가 노래하는 일에 익숙하므로 그 자신이 노래를 잘 할 수 있을 뿐만 아니라 다른 사람들을 잘 지도할 수 있었기 때문이었다. 이와 같이 모든 사람은 각각 은사를 받은 대로 서로 봉사해야 한다(벧전 4:10). 어떤 재능에 있어 특별히 뛰어난 자들은 공적인 유익을 위해 스스로 그것을 사용할 뿐만 아니라 다른 사람들에게도 가르쳐 주어야 한다. 그들은 다른 사람들도 자신들처럼 그러한 일에 뛰어나게 되는 것을 꺼려해서는 안 된다. 여러 악기들을 사용하여 하나님을 찬미하는 이러한 방식은 지금까지는 거의 사용되지 않았다. 그러나 다윗은 선지자로서 신적 지시에 의해 이와 같은 방식을 창안함으로써 당시의 육체의 예법들에다가 이러한 규례를 더했다(히 9:10). 신약에서도 시편을 노래하는 것은 계

속되지만, 그러나 어떤 특정한 형태의 교회음악을 지정하지는 않았다. 또 어떤 사람들은 문지기로(18절) 다른 사람들은 언약궤 앞에서 문을 지키는 자로 임명되었다(23, 24절). 우리는 이들 가운데 오벧에돔을 발견하게 되는데(18절), 그는 틀림없이 문지기의 직임을 너무도 존귀한 것으로 여기면서 그것을 언약궤를 자신의 집에 둔 것에 대한 보상으로 받아들였을 것이다. 그는 자기 집에서 석 달 동안 언약궤를 돌보았다. 그러나 더 이상 그렇게 할 수 없게 되었을 때, 그는 기꺼이 문지기의 직임을 맡으면서 크게 즐거워했을 것이다.

[25]이에 다윗과 이스라엘 장로들과 천부장들이 가서 여호와의 언약궤를 즐거이 메고 오벧에돔의 집에서 올라왔는데 [26]하나님이 여호와의 언약궤를 멘 레위 사람을 도우셨으므로 무리가 수송아지 일곱 마리와 숫양 일곱 마리로 제사를 드렸더라 [27]다윗과 및 궤를 멘 레위 사람과 노래하는 자와 그의 우두머리 그나냐와 모든 노래하는 자도 다 세마포 겉옷을 입었으며 다윗은 또 베 에봇을 입었고 [28]이스라엘 무리는 크게 부르며 뿔나팔과 나팔을 불며 제금을 치며 비파와 수금을 힘있게 타며 여호와의 언약궤를 메어 올렸더라 [29]여호와의 언약궤가 다윗 성으로 들어올 때에 사울의 딸 미갈이 창으로 내다보다가 다윗 왕이 춤추며 뛰노는 것을 보고 그 마음에 업신여겼더라

하나님의 궤를 다윗 성으로 옮길 모든 준비가 다 끝났다. 그와 함께 이제 우리는 여기에서 그것이 오벧에돔의 집으로부터 다윗 성으로 옮겨지는 의식(儀式)을 보게 된다.

I. 하나님은 언약궤를 멘 제사장들을 도우셨다. 하나님의 궤는 그것을 짊어진 자가 어떤 특별한 도움을 필요로 할 만큼 엄청나게 무거운 물건은 아니었다. 그러나,

1. 우리의 자연적인 힘으로 행할 수 있는 일 가운데에서도 우리가 하나님의 섭리의 도우심을 인식하는 것은 선한 일이다. 만일 하나님이 우리를 돕지 않으셨다면, 우리는 한 발자국도 움직이지 못했을 것이다.

2. 모든 종교적인 행사에 있어 우리는 특별히 하늘로부터의 도움을 필요로 한다. 사도행전 26장 22절을 보라. 거룩한 의무를 행함에 있어서 우리의 모든 능력은 하나님으로부터 말미암는 것이다.

3. 레위인들이 하나님의 궤를 어깨에 메었을 때, 아마도 그들은 웃사의 사건을 기억하면서 두려워했을 것이다. 그러나 하나님은 그들을 도우셨다. 다시 말해서 그들을 격려하시고 그들의 두려움을 가라앉혀 주셨으며 그들의 믿음을 강화시켜 주셨다.

4. 하나님은 그들을 도우셔서 그들로 하여금 아무 잘못도 저지르지 않고 합당한 규례대로 그 일을 수행할 수 있게 하셨다. 만일 우리가 어떤 종교적인 의무를 어떤 실수나 잘못 없이 잘 수행한다면, 우리는 이 모든 일에 하나님이 도우셨다는 사실을 인정해야만 한다. 왜냐하면 만일 하나님이 우리에게만 내맡겨 두셨다면, 우리는 필경 어떤 심각한 실수를 저질렀을 것이기 때문이다. 하나님의 일을 맡은 사역자들은 모든 사역에 있어 특별한 하나님의 도우심을 필요로 한다. 그럼으로써 그들 안에서 하나님이 영광을 받으시고 그분의 교회가 유익을 얻게 될 것이다. 만일 하나님이 레위인들을 도우신다면, 그로 인해 백성들이 유익을 얻게 될 것이다.

Ⅱ. 하나님의 함께 하심의 표증을 경험했을 때, 그들은 그분께 찬미의 제물을 드렸다(26절). 그들은 수송아지와 숫양을 드렸는데, 아마도 그것은 예전의 잘못을 속죄하고, 또 지금 베풀어 주신 도우심에 감사를 표하기 위한 것이었을 것이다.

Ⅲ. 그들은 큰 기쁨을 나타냈다. 거룩한 음악이 연주되고, 다윗은 춤을 추었으며, 노래하는 자들은 노래를 불렀으며, 일반 백성들은 큰 소리를 질렀다(27, 28절). 우리는 이에 대해 앞에서 살펴본 바 있으므로(삼하 6:14, 15), 여기에서는 다만 다음과 같은 몇 가지 사실들만 주목하고자 한다.

1. 우리가 좋은 주인을 섬기고 있다는 사실. 우리의 주인은 자신의 종들이 즐거워하며 노래하는 것을 기뻐하신다.

2. 공적인 개혁의 때는 모두가 기뻐하는(그리고 마땅히 기뻐해야 할) 때라는 사실. 언약궤를 기뻐하지 않는 자는 언약궤에 합당치 못한 자이다.

3. 최고의 지위에 있는 자라 할지라도 이와 같이 하나님을 찬미하는 일에 열심을 내는 것은 결코 수치스러운 일이 아니라는 사실. 미갈은 다윗을 업신여겼다(29절). 그러나 그녀가 업신여겼다고 해서 그가 업신여김을 당할 만한 존재가 된 것은 결코 아니다. 그 자신도 그렇게 생각하지 않았을 뿐만 아니라 지혜롭고 선한 자들 가운데 어느 누구도 그렇게 생각하지 않았다.

제 16 장

개요

　본 장에서 우리는 언약궤가 왕도 예루살렘에 놓여짐과 함께 다윗이 다스리는 동안 하나님께 대한 공적 예배가 확립되는 것을 보게 된다. 본 장의 내용은 다음과 같다. I. 하나님의 궤가 장막 가운데 놓여지는 의식(1-6절). 이로 인해 다윗이 부른 찬미의 노래(7-36절). III. 이후 하나님께 대한 공적 예배가 확립됨(37-43절).

　¹하나님의 궤를 메고 들어가서 다윗이 그것을 위하여 친 장막 가운데에 두고 번제와 화목제를 하나님께 드리니라 ²다윗이 번제와 화목제 드리기를 마치고 여호와의 이름으로 백성에게 축복하고 ³이스라엘 무리 중 남녀를 막론하고 각 사람에게 떡 한 덩이와 야자열매로 만든 과자와 건포도로 만든 과자 하나씩을 나누어 주었더라 ⁴또 레위 사람을 세워 여호와의 궤 앞에서 섬기며 이스라엘 하나님 여호와를 칭송하고 감사하며 찬양하게 하였으니 ⁵아삽은 우두머리요 그 다음은 스가랴와 여이엘과 스미라못과 여히엘과 맛디디아와 엘리압과 브나야와 오벧에돔과 여이엘이라 비파와 수금을 타고 아삽은 제금을 힘있게 치고 ⁶제사장 브나야와 야하시엘은 항상 하나님의 언약궤 앞에서 나팔을 부니라

　하나님의 궤가 다윗이 세운 장막에 무사히 안착된 날은 참으로 영광스러운 날이었다. 다윗은 이 일에 크게 착념하고 있었으므로 이 일이 완료되기까지는 결코 편안히 쉴 수 없었다(시 132:4, 5).

I. 하나님의 궤가 놓여진 장소의 상황과 관련하여 우리는 다음과 같은 사실들을 관찰할 수 있다.

　1. 지금의 장소는 예전의 장소와 비교할 때 훨씬 더 나은 곳이었다. 하나님의 궤는 지금까지 사람의 눈에 띄지 않는 외진 장소에 있었는데, 이제는 모든 사람이 쉽게 왕래할 수 있는 공적인 장소인 왕도(王都)로 옮겨졌다. 지금까지는 마치 깨진 그릇처럼 소홀히 여김을 받았지만, 그러나 이제는 누구든지 경외

심을 가지고 참례할 수 있게 되었으며, 또 그것을 통해 하나님께 물을 수 있게 되었다. 또 전에는 한 개인의 집을 빌려 머물러 있었지만, 이제는 온전히 그것 자체를 위한 처소를 갖게 되었다. 그리고 그 처소의 한쪽 구석에 방치되지 않고 가장 중앙에 놓여졌다. 하나님의 말씀과 규례들은, 비록 잠시는 가려지고 어두워질 수 있다 할지라도, 마침내 찬란하게 빛나게 될 것이다.

2. 그러나 지금의 장소는 훗날 건축될 성전과 비교하면 훨씬 못 미치는 곳이었다. 지금의 장소는 초라하고 보잘것없는 처소인 장막에 불과했다. 그러나 그 장막(tent)은 다윗이 시편에서 종종 그토록 사랑스럽게 여긴 성전(temple)이며 성막(tabernacle)이었다. 다윗은 하나님의 궤를 위해 장막을 세웠지만, 그러나 일평생 그것을 버리고 떠나지 않았다. 그렇게 볼 때 하나님의 궤를 위해 성전을 건축했지만 나중에 그것으로부터 등을 돌린 솔로몬보다 그가 얼마나 더 나은가? 교회에 있어 가장 초라했던(poorest) 시대가 가장 순수한(purest) 시대였던 경우는 결코 드문 일이 아니다.

II. 하나님의 궤가 자기 옆에 정착하게 되었으므로 이제 다윗은 편안한 마음을 가질 수 있게 되었다.

1. 그가 어떻게 하나님께 영광을 돌리고자 했는지 주목하라.

(1) 제물로써(1절). 다윗은 하나님의 온전하심을 앙모하며 번제를 드렸고 또 그분의 은총에 감사하여 화목제를 드렸다.

(2) 찬양으로써. 다윗은 레위인들에게 지시하여 이 이야기를 노래로 기록하고, 이스라엘 하나님께 감사와 찬양을 올리도록 했다(4절). 우리의 모든 기쁨은 우리에게 모든 위로를 주신 하나님께 드리는 감사와 찬양으로 표현되어야 한다.

2. 그가 어떻게 백성들로 하여금 기뻐하게 했는지 주목하라. 다윗은 이 날 백성들에게 풍성하게 베풀었다. 그는 이 날을 기념하여 백성들에게 먹을 것을 주었을 뿐만 아니라(3절), 그들을 여호와의 이름으로 축복했다(2절). 그가 백성들에게 은혜를 베푼 것은 먼저 하나님으로부터 풍성한 은혜를 받았기 때문이며(거룩한 기쁨으로 가득 찬 마음은 이웃에게 넉넉히 베풂으로써 그러한 마음을 나타내야 한다), 또한 그가 백성들을 여호와의 이름으로 축복한 것은 아비로서 그리고 선지자로서 그렇게 한 것이었다. 그는 백성들을 위해 하나님께 기도하면서 그들을 그분께 맡겼다. 한편 탈굼은 그가 여호와의 말씀(즉 우리에게

모든 복을 가져다주시는 여호와 그 자신이신 궁극적인 영원한 말씀)의 이름으로 축복했다고 읽는다.

⁷그 날에 다윗이 아삽과 그의 형제를 세워 먼저 여호와께 감사하게 하여 이르기를 ⁸너희는 여호와께 감사하며 그의 이름을 불러 아뢰며 그가 행하신 일을 만민 중에 알릴지어다 ⁹그에게 노래하며 그를 찬양하고 그의 모든 기사를 전할지어다 ¹⁰그의 성호를 자랑하라 여호와를 구하는 자마다 마음이 즐거울지로다 ¹¹여호와와 그의 능력을 구할지어다 항상 그의 얼굴을 찾을지어다 ¹²⁻¹³그의 종 이스라엘의 후손 곧 택하신 야곱의 자손 너희는 그의 행하신 기사와 그의 이적과 그의 입의 법도를 기억할지어다 ¹⁴그는 여호와 우리 하나님이시라 그의 법도가 온 땅에 있도다 ¹⁵너희는 그의 언약 곧 천 대에 명령하신 말씀을 영원히 기억할지어다 ¹⁶이것은 아브라함에게 하신 언약이며 이삭에게 하신 맹세이며 ¹⁷이는 야곱에게 세우신 율례 곧 이스라엘에게 하신 영원한 언약이라 ¹⁸이르시기를 내가 가나안 땅을 네게 주어 너희 기업의 지경이 되게 하리라 하셨도다 ¹⁹그 때에 너희 사람 수가 적어서 보잘것없으며 그 땅에 객이 되어 ²⁰이 민족에게서 저 민족에게로, 이 나라에서 다른 백성에게로 유랑하였도다 ²¹여호와께서는 사람이 그들을 해하기를 용납하지 아니하시고 그들 때문에 왕들을 꾸짖어 ²²이르시기를 나의 기름 부은 자에게 손을 대지 말며 나의 선지자를 해하지 말라 하셨도다 ²³온 땅이여 여호와께 노래하며 그의 구원을 날마다 선포할지어다 ²⁴그의 영광을 모든 민족 중에, 그의 기이한 행적을 만민 중에 선포할지어다 ²⁵여호와는 위대하시니 극진히 찬양할 것이요 모든 신보다 경외할 것임이여 ²⁶만국의 모든 신은 헛것이나 여호와께서는 하늘을 지으셨도다 ²⁷존귀와 위엄이 그의 앞에 있으며 능력과 즐거움이 그의 처소에 있도다 ²⁸여러 나라의 종족들아 영광과 권능을 여호와께 돌릴지어다 여호와께 돌릴지어다 ²⁹여호와의 이름에 합당한 영광을 그에게 돌릴지어다 제물을 들고 그 앞에 들어갈지어다 아름답고 거룩한 것으로 여호와께 경배할지어다 ³⁰온 땅이여 그 앞에서 떨지어다 세계가 굳게 서고 흔들리지 아니하는도다 ³¹하늘은 기뻐하고 땅은 즐거워하며 모든 나라 중에서는 이르기를 여호와께서 통치하신다 할지로다 ³²바다와 거기 충만한 것이 외치며 밭과 그 가운데 모든 것은 즐거워할지로다 ³³그리 할 때에 숲 속의 나무들이 여호와 앞에서 즐거이 노래하리니 주께서 땅을 심판하러 오실 것임이로다 ³⁴여호와께 감사하라 그는 선하시며 그의 인자하심이 영원함이로다 ³⁵너희는 이르기를 우리 구원의 하나님이

여 우리를 구원하여 만국 가운데에서 건져내시고 모으사 우리로 주의 거룩한 이름을 감사하며 주의 영광을 드높이게 하소서 할지어다 [36]여호와 이스라엘의 하나님을 영원부터 영원까지 송축할지로다 하매 모든 백성이 아멘 하고 여호와를 찬양하였더라

우리는 여기에서 다윗이 성령의 감동으로 지은 감사의 시를 보게 된다. 그는 이것을 악장(樂長)에게 주면서 하나님의 궤가 공식적으로 장막에 들어갈 때 부르도록 했다. 어떤 이들은 다윗이 이 찬송시를 성전에서 예배를 드릴 때마다 항상 사용하도록, 다시 말해서 어떤 찬송을 부르더라도 항상 이것만은 빠뜨리지 말도록 지시했다고 생각한다. 다윗은 전에도 (특별히 사울로 인해 고통을 겪을 때) 많은 시편들을 지었다. 여기의 찬송시는 예전에 지어진 것이었는데, 다윗은 지금 그것을 아삽에게 주어 성전에서 사용하도록 했다. 그리고 그것은 여러 개의 시편들로부터 모아진 것이었다(처음부터 22절까지는 시 105:1 이하로부터 취한 것이며, 23절부터 33절까지는 시편 96편 전체와 거의 비슷하며, 34절은 시 136:1과 다른 여러 구절들로부터, 그리고 마지막 두 구절은 시 106편 말미로부터 취한 것이다). 이로부터 어떤 이들은 서로 다른 시편들로부터 몇몇 구절들을 취합하여 교회예배를 위한 찬송가를 만들 수 있는 근거를 발견한다. 그러한 시편 구절들은 여기에서 여호와께 감사할 목적으로 모아지고 취합되었는데(7절), 하나님께 감사하는 것이야말로 우리의 가장 큰 의무이다.

1. 하나님으로 하여금 우리의 찬미로써 영광을 받으시게 하라. 하나님의 영광이 우리가 부르는 모든 찬미의 중심이 되게 하라. 감사와(여호와께 감사하라), 기도와(그의 이름을 부르라, 8절), 노래와(그에게 찬미의 노래를 불러라), 이야기로(그의 모든 기사를 전할지어다, 9절) 그분께 영광을 돌리자. 극진히 찬양받으실 위대하신 하나님으로(25절), 모든 신들 위에 가장 높으신 하나님으로, 그리고 유일하신 하나님으로(왜냐하면 만국의 모든 신은 헛것이기 때문에, 26절) 그분께 영광을 돌리자. 자신 안에 가장 큰 빛과 축복을 가지고 계신 자로서(존귀와 위엄이 그의 앞에 있으며, 27절), 창조주로서(여호와께서는 하늘을 지으셨도다), 모든 창조세계의 통치자로서(그의 법도가 온 땅에 있도다, 14절), 그리고 우리의 하나님으로서(그는 여호와 우리 하나님이시라) 그분께 영광을 돌리자. 이와 같이

우리는 그분의 이름에 합당한 영광을 그분께 돌려야 한다(28, 29절).

2. 모든 사람들로 하여금 교훈을 받고 믿음을 더하게 하라. 너희는 그가 행하신 일을 만민 중에 알릴 것이며(8절), 그의 영광을 모든 민족 중에 선포할지어다(24절). 그럼으로써 하나님을 알지 못하는 자들로 하여금 하나님을 알고 그분께 돌아오며 그분 앞에 경배를 드리게 하라. 이와 같이 우리는 하나님의 나라를 위해 봉사함으로써 온 땅으로 하여금 그 앞에서 두려워 떨도록 만들어야 한다(30절).

3. 우리 자신은 스스로 분발하여 하나님께 대한 믿음을 새롭게 하자. 하나님의 이름을 영화롭게 하는 자들은 그의 성호를 자랑하며(10절), 스스로를 그분과의 관계 위에서 평가하며, 그의 약속에 의지하여 모험하도록 격려 받는다. 여호와를 구하며 그분을 발견한 자들로 하여금 즐거워하게 하라. 그와 그의 능력과 그의 얼굴을 찾으라(11절). 즉 그가 스스로를 나타내시는 그의 능력의 궤를 통해 그를 찾으라.

4. 영원한 언약으로 하여금 우리의 기쁨과 찬미의 가장 큰 이유가 되게 하라(15절): 너희는 그의 언약을 영원히 기억할지어다. 이것의 대응 구절은 시편 105편 8절이다(그는 그의 언약 곧 천 대에 걸쳐 명령하신 말씀을 영원히 기억하셨으니). 하나님이 언약을 잊지 않으시는 것을 생각할 때, 우리 역시도 마땅히 그러해야 한다. 여기에서 언약이 '명령하신 말씀'으로 언급되는 것을 주목하라. 그것은 하나님이 우리로 하여금 언약의 조건들에 순종하도록 요구하셨기 때문이다. 하나님은 약속을 하실 권세를 갖고 계실 뿐만 아니라 또한 그러한 약속을 이루실 능력도 갖고 계신다. 이 언약은 오래 전에 맺어진 것이었지만, 그러나 결코 잊혀지지 않았다. 그 언약은 오래 전에 죽은 아브라함과 이삭과 야곱과 맺은 것이었지만(16-18절), 그러나 지금까지도 영적 자손들에게 계속해서 이어져 왔다.

5. 우리 조상들과 믿음의 선조들에게 베푸신 하나님의 은총으로 하여금 감사함으로 기억되게 하라. 하나님이 기업을 얻지 못한 채 유리방황하는 우리 조상들을 어떻게 보호하셨는지 우리는 결코 잊어서는 안 된다. 그들이 나그네로서 가나안에 와서 우거할 때, 그들의 수가 적어 쉽게 삼켜질 수 있었을 때, 그들이 계속해서 이동하는 가운데 수많은 위험에 노출되어 있었을 때, 그들에게 악의를 품고 위해를 끼치려고 노리는 자들이 많았을 때, 가나안 백성이든 블레

셋 백성이든 애굽 백성이든 어느 누구도 그들을 해칠 수 없었다. 도리어 여러 왕들이 그들 때문에 책망을 받고 재앙을 당했다. 바로가 그랬으며 또한 아비멜렉이 그랬다. 그들은 여호와의 기름 부은 자들이었으며(22절), 그의 은혜와 영광으로 거룩하게 되었으며, 성령의 기름 부음을 받은 자들이었다. 또한 그들은 하나님 자신께서 행하신 일들로 가르침을 받고 또 다른 사람들을 가르치도록 위임받은 그의 선지자들이었다(선지자들은 기름 부음 받은 자로 일컬어진다, 왕상 19:16; 사 61:1). 그러므로 그들을 건드리는 것은 곧 하나님의 눈동자를 건드리는 것이었다. 누구든지 그들을 해하려 하면 도리어 자신들이 위험에 빠지게 된다(19-22절).

6. 여호와의 위대한 구원으로 하여금 우리의 특별한 찬미의 제목이 되게 하라(23절): 그의 구원을 날마다 선포할지어다. 패트릭 주교가 말한 바와 같이, 그 구원은 하나님이 그리스도로 말미암아 약속하신 구원이었다. 우리는 날마다 그 구원을 축하할 충분한 이유를 가지고 있는데, 그것은 매일같이 우리가 그 구원의 은택을 입고 있기 때문이다. 따라서 우리의 구원은 영원히 쇠하지 않는 찬미의 제목이 된다.

7. 하나님으로 하여금 그가 정하신 합당한 규례대로 찬미를 받으시게 하라. 제물을 들고(그 때는 땅의 열매로, 그리고 지금은 입술의 열매와 마음의 열매로) 그 앞에 들어가며, 아름답고 거룩한 것으로 여호와께 경배할지어다(29절). 거룩함은 여호와의 아름다움이며, 또한 거룩함을 입은 모든 영혼들과 신앙적인 모든 선행들의 아름다움이다.

8. 하나님의 우주적인 왕권으로 하여금 모든 백성의 두려움과 기쁨이 되게 하라. 우리는 마땅히 하나님의 우주적인 왕권 앞에 경의를 표해야만 한다: 온 땅이여 그 앞에서 떨지어다(30절). 또 우리는 그것을 기뻐해야만 한다: 여호와께서 통치하시니 하늘은 기뻐하고 땅은 즐거워하라(31절). 그의 섭리로 세계가 세워졌으므로 세계는 비록 움직일지라도 옮겨지지는 않을 것이며, 무한하신 지혜자께서 통치하시니 세계가 굳게 서서 흔들리지 않을 것이다.

9. 우리는 다가올 심판을 바라보며 두려움 가운데 기뻐하자. 땅과 바다와 밭과 숲으로 하여금 (비록 여호와의 큰 날에 그것들이 모두 살라질 것이라 할지라도) 주께서 땅을 심판하러 오실 것을 즐거워하게 하라(32, 33절).

10. 찬미 중에라도 우리는 고통 가운데 빠져 있는 하나님의 종들과 성도들

을 구원하며 돕는 일을 잊어서는 안 된다(35절): 우리 가운데 흩어지고 압제당하는 자들을 만국으로부터 건지시고 모으시고 구원하소서. 하나님의 은총 가운데 기뻐하며 즐거워할 때에라도 우리는 고통 받는 형제들을 기억하고 그들도 우리처럼 구원 받도록 기도해야 한다. 우리는 서로 지체라는 사실을 기억하면서 "여호와여 그들을 구원하소서"라는 의미까지 포함하여 "여호와여 우리를 구원하소서"라고 기도한다면, 그러한 기도는 참으로 적절한 기도가 될 것이다.

11. 마지막으로 하나님으로 하여금 우리의 찬미의 알파와 오메가가 되게 하라. 다윗은 "여호와께 감사하라"(8절)로 시작하여 "여호와를 송축할지로다"(36절)로 끝맺는다. 이러한 영광송은 시편 106편 48절로부터 취한 것인데, 거기에는 "모든 백성들아 아멘 할지어다 할렐루야"란 구절이 더해져 있다. 그리고 우리는 여기에서 그들이 시편 106편 48절의 영광송에 따라 다음과 같이 화답한 것을 보게 된다: 모든 백성이 아멘 하고 여호와를 찬양하였더라. 레위인들이 이러한 성시찬미(聖詩讚美)를 끝마치고 난 후에 참례한 백성들은 '아멘' 함으로써 자신들의 동의와 일치를 나타냈다. 이와 같이 그들은 새로운 예배형식으로 여호와를 찬미하면서 의심의 여지 없이 큰 감동을 받았을 것이다. 그리고 이와 같은 예배형식은 지금까지는 오직 선지자 학교에서만 사용되어 왔던 것이었다(삼상 10:5). 만일 이와 같은 방식의 찬양이 뿔과 굽이 있는 황소를 드리는 것보다 더 여호와를 기쁘시게 한다면, 겸손한 자들은 그것을 보고 기뻐할 것이다(시 69:31, 32).

[37]다윗이 아삽과 그의 형제를 여호와의 언약궤 앞에 있게 하며 항상 그 궤 앞에서 섬기게 하되 날마다 그 일대로 하게 하였고 [38]오벧에돔과 그의 형제 육십팔 명과 여두둔의 아들 오벧에돔과 호사를 문지기로 삼았고 [39]제사장 사독과 그의 형제 제사장들에게 기브온 산당에서 여호와의 성막 앞에 모시게 하여 [40]항상 아침 저녁으로 번제단 위에 여호와께 번제를 드리되 여호와의 율법에 기록하여 이스라엘에게 명령하신 대로 다 준행하게 하였고 [41]또 여호와의 인자하심이 영원하시므로 그들과 함께 헤만과 여두둔과 그리고 택함을 받아 지명된 나머지 사람을 세워 감사하게 하였고 [42]또 그들과 함께 헤만과 여두둔을 세워 나팔과 제금들과 하나님을 찬송하는 악기로 소리를 크게 내게 하였고 또 여두둔의 아들에게 문을 지키게 하였더라 [43]이에 뭇 백성은 각각 그 집으로 돌아가고 다윗도 자기 집을 위하여 축복하려고 돌

아갔더라

하나님께 예배하는 것은 어떤 특별한 날뿐만 아니라 매일 같이 드리는 일상적인 것이 되어야만 한다. 따라서 다윗은 여기에서 하나님의 궤를 장막에 안착(安着)시키면서, 이 곳에 머물면서 언약궤를 수종드는 일을 수행할 자들을 임명하고 각각에게 임무를 부여했다. 모세의 성막에서 (그리고 나중에 솔로몬의 성전에서) 하나님의 궤와 제단은 함께 있었다. 그러나 엘리 시대 이후로 그것들은 서로 떨어져 있게 되었으며, 솔로몬 시대에 성전이 건축될 때까지 그와 같은 상태는 계속되었다. 율법을 잘 알았을 뿐만 아니라 율법에 대해 매우 열심이었던 다윗이 성막과 제단이 있는 기브온으로 하나님의 궤를 가져가거나 아니면 그것들을 하나님의 궤가 있는 시온산으로 가져오지 않은 이유를 나는 알지 못한다. 어쩌면 모세의 성막의 각종 휘장과 천들이 세월의 풍상에 너무 낡아 옮기기에 적절치 않았기 때문이든지, 아니면 그 곳이 언약궤를 두기에 적절치 않았기 때문이었는지 모른다. 어쨌든 다윗은 모든 것을 새로 만들려고 하지 않고 다만 하나님의 궤를 둘 장막만 만들었다. 그렇게 한 것은 성전을 건축해야 할 때가 임박했기 때문이었다. 그 이유가 무엇이었든지 간에 다윗 시대 전반을 통해 성막과 언약궤는 따로 떨어져 있었다. 그러나 그는 그것들 가운데 어느 하나도 소홀히 다루어지지 않도록 특별한 관심을 기울였다.

1. 하나님의 궤가 있는 예루살렘에서, 다윗은 아삽과 그의 형제들에게 매일 같이 여호와의 언약궤 앞에 있으면서 그 앞에서 섬기는 일을 맡겼다(37절). 이 곳에서는 어떤 제물도 드려지지 않았고 또 분향하는 일도 없었는데, 그것은 이 곳에 제단이 없었기 때문이었다. 그러나 다윗의 기도가 주의 앞에 분향이 되었으며 그가 손을 드는 것이 저녁 제사가 되었다(시 141:2). 이와 같이 벌써 그 시대에 영적 예배가 의식(儀式)을 대신했다.

2. 그러나 의식적인 예배 역시 하나님이 정하신 것이므로 결코 빠뜨려져서는 안 되었다. 따라서 제단이 있었던 기브온에서, 제사장들이 여호와의 율법대로 아침 저녁으로 항상 분향하며 제물을 드렸다(39, 40절). 이와 같이 분향하며 제물을 드리는 일은 결코 중단되어서는 안 되었다. 왜냐하면 비록 본질상 그것들이 기도와 찬미의 도덕적 예배보다 열등하다 할지라도 그러나 그리스도의 중보의 모형으로서 그것들은 여전히 매우 중요한 의미를 갖고 있었기 때문이었

다. 여기에서 제단을 섬기는 일을 주관한 사람은 사독이었다. 이와 같이 아비아달이 예루살렘에 머물며 하나님의 궤를 섬겼던 것처럼(우리는 그렇게 추정할 수 있다), 사독은 기브온에 머물며 제단을 섬겼다. 아비아달이 예루살렘에 머물며 하나님의 궤를 섬겼을 것이라고 추정할 수 있는 것은 그가 판결의 흉패를 가지고 있었기 때문이었다(제사장은 언약궤 앞에서 판결의 흉패로 물어야만 했다). 바로 이것이 다윗 시대에 사독과 아비아달 등 두 명의 제사장이 있었던 이유일 것이다(삼하 8:17; 20:25). 한 사람은 하나님의 궤가 있는 예루살렘에서 섬겨야 했고, 또 한 사람은 제단이 있는 기브온에서 섬겨야 했기 때문이었다. 제단이 있었던 기브온에서, 다윗은 또한 여호와께 감사하게 하기 위해 노래하는 자들을 임명했다(41절). 그리고 그들이 부르는 모든 노래의 후렴구는 "여호와의 인자하심이 영원하시도다"여야 했다. 그들은 하나님을 찬송하는 악기들로 감사와 찬미를 드렸는데, 그러한 악기들은 다른 일에는 사용되지 않고 오로지 이 일에만 사용되도록 지정된 것들이었다. 통속적인 즐거움과 거룩한 기쁨 사이에는 큰 차이가 있으므로 둘 사이의 한계는 명확히 구분되어야 한다. 이와 같이 예배와 관련한 모든 일이 명확히 확립됨으로,

(1) 백성들은 크게 만족하면서 기뻐하며 집으로 돌아갔다.

(2) 다윗 역시도 가족 예배를 소홀히 여기지 않고자 결심하면서 자기 집을 축복하기 위해 돌아갔다. 공적 예배가 가족 예배를 대체할 수는 없는 법이다.

제 17 장

개요

본 장은 사무엘하 7장과 똑같다. 그러므로 본 장과 관련해서는 그 곳을 참조하면 될 것이다. 본 장은 크게 다음과 같이 두 부분으로 나누어진다. I. 하나님이 당신의 전을 건축하고자 하는 다윗의 마음을 받으시고 그에게 특별한 약속을 주심(1-15절). II. 다윗이 자신의 왕조를 세우겠다는 하나님의 약속을 받고 하나님께 감사의 기도를 드림(16-27절).

¹다윗이 그의 궁전에 거주할 때에 다윗이 선지자 나단에게 이르되 나는 백향목 궁에 거주하거늘 여호와의 언약궤는 휘장 아래에 있도다 ²나단이 다윗에게 아뢰되 하나님이 왕과 함께 계시니 마음에 있는 바를 모두 행하소서 ³그 밤에 하나님의 말씀이 나단에게 임하여 이르시되 ⁴가서 내 종 다윗에게 말하기를 여호와의 말씀이 너는 내가 거할 집을 건축하지 말라 ⁵내가 이스라엘을 애굽에서 올라오게 한 날부터 오늘까지 집에 있지 아니하고 오직 이 장막과 저 장막에 있으며 이 성막과 저 성막에 있었나니 ⁶이스라엘 무리와 더불어 가는 모든 곳에서 내가 내 백성을 먹이라고 명령한 이스라엘 어느 사사에게 내가 말하기를 너희가 어찌하여 내 백향목 집을 건축하지 아니하였느냐고 말하였느냐 하고 ⁷또한 내 종 다윗에게 이처럼 말하라 만군의 여호와께서 이처럼 말씀하시기를 내가 너를 목장 곧 양 떼를 따라다니던 데에서 데려다가 내 백성 이스라엘의 주권자로 삼고 ⁸네가 어디로 가든지 내가 너와 함께 있어 네 모든 대적을 네 앞에서 멸하였은즉 세상에서 존귀한 자들의 이름 같은 이름을 네게 만들어 주리라 ⁹내가 또 내 백성 이스라엘을 위하여 한 곳을 정하여 그들을 심고 그들이 그 곳에 거주하면서 다시는 옮겨가지 아니하게 하며 악한 사람들에게 전과 같이 그들을 해치지 못하게 하여 ¹⁰전에 내가 사사에게 명령하여 내 백성 이스라엘을 다스리던 때와 같지 아니하게 하고 또 네 모든 대적으로 네게 복종하게 하리라 또 네게 이르노니 여호와가 너를 위하여 한 왕조를 세울지라 ¹¹네 생명의 연한이 차서 네가 조상들에게로 돌아가면 내가 네 뒤에 네 씨 곧 네 아들 중

하나를 세우고 그 나라를 견고하게 하리니 ¹²그는 나를 위하여 집을 건축할 것이요 나는 그의 왕위를 영원히 견고하게 하리라 ¹³나는 그의 아버지가 되고 그는 나의 아들이 되리니 나의 인자를 그에게서 빼앗지 아니하기를 내가 네 전에 있던 자에게서 빼앗음과 같이 하지 아니할 것이며 ¹⁴내가 영원히 그를 내 집과 내 나라에 세우리니 그의 왕위가 영원히 견고하리라 하셨다 하라 ¹⁵나단이 이 모든 말씀과 이 모든 계시대로 다윗에게 전하니라

여기에서 다음을 관찰하라.

I. 선한 사람들은 세상에서 하나님 나라의 유익을 위해 최선을 다해 봉사하고자 하는 마음을 갖는다. 하나님의 궤가 휘장 안에 있는 동안 다윗은 백향목 궁전에서 결코 편안할 수 없었다(1절). 우리는 항상 공적인 일에 마음을 두어야만 한다. 설령 개인적으로는 형통하다 할지라도 만일 예루살렘이 잘 되는 것을 보지 못한다면 우리에게 무슨 즐거움이 있겠는가? 다윗에게 권력과 재물이 주어졌을 때, 그의 관심과 계획은 무엇이었는가? 그는 '내가 어떻게 해서 자녀들에게 유산을 많이 남겨 줄 것인가?' 라거나 혹은 '내가 어떻게 통치권을 강화하고 나의 금고를 채울 것인가?' 라는 생각을 하지 않았다. 도리어 그는 '내가 어떻게 하여 하나님을 섬기며 그분을 존귀케 할 것인가?' 를 생각했다.

II. 하나님의 선지자들은 선한 계획에 대해 격려를 아끼지 않는다. 다윗에게 선한 계획이 있는 것을 알았을 때, 나단 선지자는 그에게 마음에 있는 바를 모두 행하라고 말했다(2절). 왜냐하면 그 일에 하나님이 그와 함께 하셨을 것이라고 믿어 의심치 않았기 때문이었다. 사역자들은 사람들 안에 있는 각양 은사와 은혜를 일깨워 주어야 한다.

III. 하나님은 당신을 섬기는 일에 있어 외적인 화려함에는 별로 주의하지 않으신다. 지금까지 언약궤는 성막에 있었지만(5절), 하나님은 한 번도 그것을 위한 전을 건축하라는 말씀을 하지 않으셨다. 심지어 자기 백성들로 하여금 그들이 건축하지 않은 크고 아름다운 성읍에 정착하도록 하셨을 때조차도 하나님은 언약궤를 위한 전을 건축하라고 말씀하지 않으셨다(신 6:10). 하나님은 사사들에게 내 백성을 먹이라고 명령하셨지만, 그러나 그들에게 내 집을 지으라고 명령하시지는 않으셨다(6절). 우리는 세상에 잠시 머무르면서 초라한 처소 가운데에서도 얼마든지 만족할 수 있다. 하나님의 궤 역시도 그러했다.

IV. 하나님은 자기 백성들이 하고자 하는 어떤 일을 막으시는 가운데에도 그들의 선한 뜻은 기꺼이 받으신다. 다윗은 하나님의 집을 건축하지 말아야 했다(4절). 그의 역할은 하나님의 집을 건축하는 것이 아니라 그것을 위해 준비하는 것이었다. 그것은 모세가 이스라엘 백성들을 가나안 입구까지 데리고 왔다 할지라도 그들을 그 땅으로 인도하는 일은 여호수아에게 맡겨져야 했던 것과 마찬가지였다. 그리스도는 구원의 일을 이룸에 있어 알파와 오메가가 되셨는데, 그것은 그리스도의 특권이었다. 그러나 성전을 건축하는 것이 허락되지 않은 것으로 인해 다윗은

1. 자신이 왕이 된 것이 헛된 일이라고 생각해서는 안 된다. 결코 그렇지 않다. "내가 너를 목장에서 데려다가, 비록 성전을 건축하는 일은 맡기지 않았다 할지라도, 내 백성 이스라엘의 주권자로 삼았느니라. 내 은혜가 네게 족하도다. 다른 일은 네 뒤에 올 자에게 남겨두라"(7절). 왜 한 사람이 모든 일을 독점하면서 혼자 다 하려고 생각한단 말인가? 어떤 일은 뒷사람을 위해 남겨두라. 하나님은 그에게 승리를 주시고 그의 이름을 크게 만들어 주셨다(8절). 그리고 더 나아가 그를 통해 자기 백성 이스라엘을 굳게 세우시고 모든 원수들로부터 안전하게 지키고자 계획하셨다(9절). 바로 이것이 전쟁의 사람으로서 그의 일이 되어야 한다. 그리고 성전을 건축하는 일은 전쟁을 수행해 본 적이 없는 자에게 남겨져야 한다.

2. 자신의 선한 뜻이 헛되이 되었으며 이와 관련하여 아무 상급도 받을 것이 없게 되었다고 생각해서도 안 된다. 결코 그렇지 않다. 그 일을 막은 것은 하나님이셨다. 따라서 그는 그 일을 행한 것과 마찬가지로 충분한 상급을 받게 될 것이었다. "여호와가 너를 위하여 한 왕조를 세울 것이며, 이스라엘의 면류관을 줄 것이니라"(10절). 하고자 하는 마음이 있다면, 하나님이 그 마음을 받으실 뿐만 아니라 이와 같이 넘치는 상을 주실 것이다.

3. 그것이 결코 해서는 안 되는 일이며 하려고 생각하는 것은 쓸데없는 일이라고 생각해서도 안 된다. 결코 그렇지 않다. 내가 네 뒤에 네 씨를 세울 것이요 그가 나를 위하여 집을 건축할 것이라(11, 12절). 설령 우리가 하나님의 성전을 건축하는 영광이나 그것이 건축된 것을 보는 즐거움은 누리지 못한다 할지라도, 그럼에도 불구하고 하나님의 성전은 때가 되면 건축될 것이다.

4. 자신의 생각을 자기 집의 일시적인 형통에 한정시켜서는 안 된다. 그는

자신의 허리에서 나올, 그리고 그 왕위가 영원할 메시야의 나라를 바라보아야만 한다(14절). 솔로몬 자신도 하나님의 전에 끝까지 착념하지 않았으며, 그의 후손들의 왕권도 그렇게 견고하지는 못했다. "그러나 네게서 날 자가 있을 것이요, 내가 그를 나의 집과 나의 나라에 굳게 세울 것이라." 이것은 그가 하나님의 집을 맡은 대제사장이면서 동시에 하나님의 나라를 다스리며 하늘과 땅의 모든 권세를 가진 왕이 될 것을 암시한다. 그는 자기 보좌에 앉은 제사장이 될 것이요, 둘 사이에 평화의 의논이 있을 것이며, 그가 여호와의 전을 건축하리라(슥 6:12, 13).

[16]다윗 왕이 여호와 앞에 들어가 앉아서 이르되 여호와 하나님이여 나는 누구이오며 내 집은 무엇이기에 나에게 이에 이르게 하셨나이까 [17]하나님이여 주께서 이것을 오히려 작게 여기시고 또 종의 집에 대하여 먼 장래까지 말씀하셨사오니 여호와 하나님이여 나를 존귀한 자들 같이 여기셨나이다 [18]주께서 주의 종에게 베푸신 영예에 대하여 이 다윗이 다시 주께 무슨 말을 하오리이까 주께서는 주의 종을 아시나이다 [19]여호와여 주께서 주의 종을 위하여 주의 뜻대로 이 모든 큰 일을 행하사 이 모든 큰 일을 알게 하셨나이다 [20]여호와여 우리 귀로 들은 대로는 주와 같은 이가 없고 주 외에는 하나님이 없나이다 [21]땅의 어느 한 나라가 주의 백성 이스라엘과 같으리이까 하나님이 자기 백성을 구속하시려고 나가사 크고 두려운 일로 말미암아 이름을 얻으시고 애굽에서 구속하신 자기 백성 앞에서 모든 민족을 쫓아내셨사오며 [22]주께서 주의 백성 이스라엘을 영원히 주의 백성으로 삼으셨사오니 여호와여 주께서 그들의 하나님이 되셨나이다 [23]여호와여 이제 주의 종과 그의 집에 대하여 말씀하신 것을 영원히 견고하게 하시며 말씀하신 대로 행하사 [24]견고하게 하시고 사람에게 영원히 주의 이름을 높여 이르기를 만군의 여호와는 이스라엘의 하나님 곧 이스라엘에게 하나님이시라 하게 하시며 주의 종 다윗의 왕조가 주 앞에서 견고히 서게 하옵소서 [25]나의 하나님이여 주께서 종을 위하여 왕조를 세우실 것을 이미 듣게 하셨으므로 주의 종이 주 앞에서 이 기도로 간구할 마음이 생겼나이다 [26]여호와여 오직 주는 하나님이시라 주께서 이 좋은 것으로 주의 종에게 허락하시고 [27]이제 주께서 종의 왕조에 복을 주사 주 앞에 영원히 두시기를 기뻐하시나이다 여호와여 주께서 복을 주셨사오니 이 복을 영원히 누리리이다 하니라

우리는 여기에서 하나님의 은혜로운 메시지에 응답하여 다윗이 드린 장엄한 기도를 보게 된다. 족장들처럼 그는 믿음으로 약속을 받고 그것을 멀리서 보며 환영했다(히 11:13). 여기에서 그는 스스로를 겸비케 하면서, 자신은 그러한 은총을 받을 만한 자격이 없는 존재임을 인정한다. 또 그는 하나님의 이름을 극진히 높이며 그분의 은총과 호의를 찬미한다. 그는 경건한 감정으로 이스라엘의 하나님을 찬양하면서, 하나님의 이스라엘을 높인다. 그는 큰 확신과 생생한 믿음으로 하나님의 약속을 굳게 붙잡는다. 여기에 나오는 다윗의 기도는 겸손과 믿음과 열렬함으로 드리는 기도에 대한 좋은 본보기이다. 하나님은 우리 모두에게도 이와 같이 하나님을 찾을 수 있도록 하셨다. 우리는 이 기도에 관해 이미 사무엘하 7장에서 살펴보았으므로, 여기에서는 단지 거기에서와 차이 나는 몇 가지 표현들만 주목하기로 한다.

I. 사무엘하에서 **"주 여호와여 이것이 사람의 법이니이까"라고 의문문으로 표현된 것이**(7:19) **여기에서는 다음과 같이 감사를 고백하는 표현으로 되어 있다**(17절). "여호와 하나님이여 나를 존귀한 자들 같이 여기셨나이다. 주께서 나를 위대한 자로 만드시고 그렇게 대우하셨나이다." 하나님은 자기 백성들과 맺은 언약관계에 근거하여 비록 비천하고 하찮은 자들이라 할지라도 그들을 존귀한 자로 여기신다. 또 하나님은 스스로 그들을 구별하시고는 후에 그들을 구별된 자들로서 대우하신다. 어떤 이들은 이 구절을 다음과 같이 다르게 읽는다: "여호와 하나님이여 주께서 가장 높은 곳에 계신 자의 형상 안에서 나를 보셨나이다. 혹은 주께서 나로 하여금 여호와 하나님의 위엄을 사람의 형상대로 보게 하셨나이다." 이것은 메시야를 가리킨다. 그것은 다윗 역시도 아브라함처럼 그의 날을 보고 기뻐하였기 때문이다. 그는 믿음으로 그의 날을 보았으며, 그것을 사람의 모양(육신이 되신 말씀)으로 보았다. 다시 말해서 그는 아버지의 독생자의 영광을 보았다. 바로 이것이 하나님이 그의 집과 관련하여 먼 장래에 있을 일에 대해 말씀하신 것이었으며, 바로 이것이 다른 그 어떤 것보다도 그의 마음을 가장 크게 사로잡았다. 다윗이 그리스도의 양성(兩性, 곧 神性과 人性)을 분명하게 말하면서(그는 장차 올 메시야가 자신의 자손이라는 사실을 알면서도 성령으로 그를 주라 불렀다), 그와 관련하여 잠깐 동안 천사보다 못하게 되었지만 그러나 곧 영광과 존귀로 관을 쓴 것을 내다본 것은 조금도 이상한 일이 아니다(히 2:6, 7).

Ⅱ. 사무엘하에서와는 달리 여기에서는 "다윗이 다시 주께 무슨 말을 하오리이까"라는 구절 앞에 "주의 종에게 베푸신 영예에 대하여"란 구절이 덧붙여진다(18절).   하나님이 자기 종들을 자신과의 언약과 교제 속으로 받아들임으로써 베푸신 영예는 이 세상의 그 어떤 영예와도 비교될 수 없는 가장 큰 영예라는 사실을 주목하라. 만일 그것이 값없이 받은 것이라면, 달리 무슨 말을 더 할 것이 있겠는가?

Ⅲ. 사무엘하에서 "주의 말씀으로 말미암아"(7:21, for thy word's sake)로 언급된 것이 여기에서 "주의 종으로 말미암아"(for thy servant's sake)로 언급된 것은 매우 주목할 만하다(19절).   예수 그리스도는 하나님의 말씀(계 19:13)이면서 동시에 하나님의 종(사 42:1)이다. 하나님의 약속이 모든 믿는 자들에게 주어지고 또 유효하게 된 것은 그로 말미암은, 즉 그의 중보의 공로에 근거한 것이었다. 그들이 예와 아멘이 된 것은 그 안에서이다. 그로 말미암아 모든 은총이 이루어졌고, 그로 말미암아 그 은총이 알려진다. 이 모든 위대한 일들이 그로 말미암은 것이며, 우리는 그로부터 이 모든 위대한 일들을 기대해야 한다. 바로 그것이 그리스도의 한량없는 부요함이다. 만일 우리가 믿음으로 그리고 주 예수 안에서 그것을 본다면, 우리는 그것을 너무도 위대한 것으로서 그리고 유일하고 참되게 위대한 것으로서 찬미하지 않을 수 없게 될 것이다.

Ⅳ. 사무엘하에서 만군의 여호와는 이스라엘의 하나님으로 언급되지만(7:27), 여기에서는 이스라엘의 하나님 곧 이스라엘에게 하나님으로 언급된다(24절).   그가 이스라엘의 하나님이라는 것은 그가 그들의 하나님이라는 이름을 갖고 계시며 스스로를 그와 같이 부르심을 나타낸다. 또 그가 이스라엘에게 하나님이 되시는 것은 그가 그러한 이름에 응답하시며 그의 백성들이 그로부터 기대하는 것을 행하심을 나타낸다. 앗수르와 애굽의 신들, 하맛과 아르밧의 신들 등 각 나라마다 자기들의 신이라 일컬어지는 존재들이 있었다. 그러나 그것들은 그들의 신이 아니었다. 왜냐하면 그것들은 그들에게 아무 도움도 되지 못했기 때문이다. 그것들은 단순히 하나의 기호요 이름에 불과했다. 그러나 이스라엘의 하나님은 이스라엘에게 하나님이시다. 그의 모든 속성과 온전한 것들이 그들의 참된 유익과 은택이 되기 때문이다. 그러므로 여호와가 자기 하나님인 백성은 세 갑절의 복이 있다. 왜냐하면 그가 그들에게 완전히 충족한(all-sufficient) 하나님이 되실 것이기 때문이다.

Ⅴ. **사무엘하의 기도는 "주의 종의 집이 영원히 복을 받게 하옵소서"라는 어구로 끝나는데**(7:29), **이것은 거룩한 열망을 나타내는 언어이다.** 그러나 여기의 기도는 가장 거룩한 믿음의 언어인 "여호와여 주께서 복을 주셨사오니 그 복이 영원히 이루어지리이다"라는 어구로 끝난다(27절, 한글개역개정판에는 이 복을 영원히 누리리이다로 되어 있음).

1. 그가 담대히 복을 구한 것은 하나님이 그와 그의 집에 복을 주실 것을 약속하셨기 때문이었다. "여호와여 주께서 복을 주셨사오니 그러므로 모든 육체가 복을 위해 주께 나올 것이나이다. 나는 내게 약속된 복을 위해 주께 나오나이다." 약속을 받은 자는 마땅히 기도하게 될 것이다. 하나님이 "내가 너에게 복을 주리라"고 말씀하셨는가? 그러면 우리 마음으로 하여금 "여호와여 내게 복을 주소서"라고 응답하게 하라.

2. 그가 진지하게 복을 구한 것은 하나님이 축복하신 자들은 필경 그리고 영원히 복을 받을 것을 믿었기 때문이었다. 주께서 복을 주셨사오니 그 복이 영원히 이루어지리이다. 사람은 단지 복을 구할 수 있을 뿐이다. 복을 명하시는 분은 하나님이시다. 하나님은 당신이 계획하신 것을 이루시며 또 약속하신 것을 실행하신다. 하나님께는 말하는 것과 행하는 것이 둘이 아니다. 그 복이 이루어지리이다. 하나님의 복은 결코 취소되지 않으며, 어느 누구도 그것을 가로막을 수 없다. 그리고 그러한 복으로 말미암은 은택은 영원할 것이다. 다윗의 기도는 하나님의 약속처럼(14절) '영원히'(for ever)라는 단어로 끝난다(27절). 하나님의 말씀은 영원한 것들을 바라보므로, 우리의 바라는 것과 소망 역시도 그러해야 한다.

제 18 장

개요

우리는 앞장에서 다윗의 경건과 기도에 대한 이야기를 살펴보았다. 바로 이어 여기에서 우리는 그의 형통에 대한 이야기를 듣게 되는데, 이것은 누구라도 쉽게 예상할 수 있는 것이다. 왜냐하면 먼저 하나님의 나라와 그의 의를 구하는 자에게는 다른 것들도 더하여지는 법이기 때문이다. 본 장의 내용은 다음과 같다. I. 다윗의 대외적인 형통. 1. 그가 블레셋을 정복함(1절). 2. 모압을 정복함(2절). 3. 소바 왕을 정복함(3, 4절). 아람을 정복함(5-8절). 하맛 왕이 공물을 바침(9-11절). 4. 에돔을 정복함(12, 13절). II. 다윗의 대내적인 형통. 그의 나라가 굳게 섬(14-17절). 우리는 이 모든 것에 대해 사무엘하 8장에서 살펴보았다.

¹그 후에 다윗이 블레셋 사람들을 쳐서 항복을 받고 블레셋 사람들의 손에서 가드와 그 동네를 빼앗고 ²또 모압을 치매 모압 사람이 다윗의 종이 되어 조공을 바치니라 ³소바 왕 하닷에셀이 유브라데 강 가에서 자기 세력을 펴고자 하매 다윗이 그를 쳐서 하맛까지 이르고 ⁴다윗이 그에게서 병거 천 대와 기병 칠천 명과 보병 이만 명을 빼앗고 다윗이 그 병거 백 대의 말들만 남기고 그 외의 병거의 말은 다 발의 힘줄을 끊었더니 ⁵다메섹 아람 사람이 소바 왕 하닷에셀을 도우러 온지라 다윗이 아람 사람 이만 이천 명을 죽이고 ⁶다윗이 다메섹 아람에 수비대를 두매 아람 사람이 다윗의 종이 되어 조공을 바치니라 다윗이 어디로 가든지 여호와께서 이기게 하시니라 ⁷다윗이 하닷에셀의 신하들이 가진 금 방패를 빼앗아 예루살렘으로 가져오고 ⁸또 하닷에셀의 성읍 디브핫과 군에서 심히 많은 놋을 빼앗았더니 솔로몬이 그것으로 놋대야와 기둥과 놋그릇들을 만들었더라

우리는 1절에서 그 후에 다윗이 이러이러한 업적을 이루었노라는 언급을 발견한다. 앞 장에 언급된 것처럼 하나님과 더불어 말씀과 기도의 달콤한 교제를 나눈 후에, 그는 놀라운 용맹으로 정복하고 또 정복했다. 이와 같이 야곱

도 이상(異像, vision)을 본 후 발걸음을 옮겼다(창 29:1). 이러한 승리들에 대해 사무엘하 8장에서 상세하게 살펴보았으므로, 여기에서는 다음과 같은 몇 가지만 주목하고자 한다.

1. 오랫동안 이스라엘의 원수였던 자들이 마침내 징벌을 받았다. 다윗은 여러 세대 동안 이스라엘을 괴롭혔던 블레셋 사람들을 쳐서 항복을 받았다(1절). 이와 같이 대적하는 모든 정사와 권세와 어둠의 주관자들은 마지막 날 다윗의 자손에게 굴복하게 될 것이며, 가장 간악한 원수들은 그 앞에 멸망을 당하게 될 것이다.

2. 결코 잃어버릴 것이라고 생각지 않았던 재물과 권세를 갑자기 잃어버리게 되는 것이 이 세상의 불확실성이다. 하닷에셀은 자기 세력을 펴려고 하다가 침을 당했다(3절).

3. 다윗은 "구원하는 데에 군마는 헛되다"고 말했는데(시 33:17), 그는 자신이 한 말을 그대로 믿은 것으로 나타난다. 왜냐하면 그가 병거의 말들의 발의 힘줄을 끊었기 때문이다(4절). 그는 말이나 병거를 의지하지 않겠노라고 굳게 마음을 먹었으므로(시 20:7, 어떤 사람은 병거, 어떤 사람은 말을 의지하나 우리는 여호와 우리 하나님의 이름을 자랑하리로다) 기꺼이 그것들을 사용하지 않으려고 했다.

4. 하나님의 교회의 원수들은 종종 피차 협력함으로써 스스로 멸망에 이르고 만다(5절). 다메섹의 아람 사람들은 하닷에셀을 도우러 왔다가 침을 당했다. 이와 같이 서로 손을 잡음으로써 그들은 마치 타작을 위해 타작마당에 곡식단을 모으는 것처럼 함께 모아졌다(미 4:11, 12).

5. 죄인들이 쌓은 재물은 종종 의인들을 위해 사용된다. 아람 사람들이 다윗에게 조공을 바쳤으며(6절), 그들의 금 방패와 놋이 예루살렘에 보내졌다(7, 8절). 성막이 애굽의 탈취물로 지어진 것처럼 성전 역시도 이방 나라들의 탈취물로 건축되었는데, 이것은 이방인들이 복음교회(gospel church)의 일원이 될 것을 보여주는 복된 전조(前兆)였다.

⁹하맛 왕 도우가 다윗이 소바 왕 하닷에셀의 온 군대를 쳐서 무찔렀다 함을 듣고 ¹⁰ 그의 아들 하도람을 보내서 다윗 왕에게 문안하고 축복하게 하니 이는 하닷에셀이 벌써 도우와 맞서 여러 번 전쟁이 있던 터에 다윗이 하닷에셀을 쳐서 무찔렀음이

라 하도람이 금과 은과 놋의 여러 가지 그릇을 가져온지라 ¹¹다윗 왕이 그것도 여호와께 드리되 에돔과 모압과 암몬 자손과 블레셋 사람들과 아말렉 등 모든 이방 민족에게서 빼앗아 온 은금과 함께 하여 드리니라 ¹²스루야의 아들 아비새가 소금 골짜기에서 에돔 사람 만 팔천 명을 쳐죽인지라 ¹³다윗이 에돔에 수비대를 두매 에돔 사람이 다 다윗의 종이 되니라 다윗이 어디로 가든지 여호와께서 이기게 하셨더라 ¹⁴다윗이 온 이스라엘을 다스려 모든 백성에게 정의와 공의를 행할새 ¹⁵스루야의 아들 요압은 군대사령관이 되고 아힐룻의 아들 여호사밧은 행정장관이 되고 ¹⁶아히둡의 아들 사독과 아비아달의 아들 아비멜렉은 제사장이 되고 사워사는 서기관이 되고 ¹⁷여호야다의 아들 브나야는 그렛 사람과 블렛 사람을 다스리고 다윗의 아들들은 왕을 모시는 사람들의 우두머리가 되니라

여기에서 다음과 같은 사실들을 배우자.

1. 하나님이 함께 하는 자를 친구로 삼는 것은 매우 유익한 것이라는 사실. 다윗이 승리를 거둔 것을 들었을 때 하맛 왕은 예물을 보내 그의 승리를 축하하면서 동시에 그로부터 환심을 사고자 했다(9, 10절). 다윗의 자손과 다투는 것은 헛된 일이다. 그의 아들에게 입맞추라 그렇지 아니하면 그가 진노하실 것이라(시 2:12). 이와 같이 땅의 모든 왕들과 사사들과 백성들로 하여금 지혜를 얻고 교훈을 받게 하라. 우리가 그에게 가져가야 할 예물은 여기에서처럼 금 그릇과 은 그릇이 아니라 우리의 마음과 참된 사랑이다. 우리는 그에게 우리 자신을 산 제사로 드려야만 한다.

2. 하나님이 우리에게 축복하신 것으로 우리가 그분을 존귀케 해야 한다는 사실. 적으로부터 취한 탈취물뿐만 아니라 친구로부터 받은 예물까지도 그는 여호와께 드렸다(11절). 다시 말해서, 그는 하나님의 성전을 건축하고 꾸미기 위해 그것들을 모아놓았다. 하나님께 성별하여 드린 것, 다시 말해서 그분의 영광을 위해 사용하도록 드린 것이야말로 가장 참된 의미에서 우리의 것이다. 그 무역한 것과 이익을 거룩히 여호와께 돌릴 것이니(사 23:18).

3. 하나님이 함께 하는 자는 어디로 가든지 형통할 것이라는 사실. 우리는 여기에서 "다윗이 어디로 가든지 여호와께서 이기게 하시니라"는 구절이 두 번 반복되는 것을 발견한다(6, 13절). 그 눈이 항상 하나님을 향하는 자는 항상 하나님의 눈 아래 있게 된다.

4. 하나님이 사람에게 권력을 주는 것은 그것으로 스스로를 위대하게 만들도록 하기 위함이 아니라 선한 일을 행하도록 하기 위함이라는 사실. 다윗은 온 이스라엘을 통치하는 동안 모든 백성에게 정의와 공의를 행했다(14절). 이것이야말로 그를 왕으로 세운 목적에 부응하는 것이었다. 그는 대외적인 정복사업에 지나치게 몰두하는 나머지 나라를 공의로 다스리는 일을 소홀히 하는 잘못을 저지르지 않았다. 그는 보좌에 앉으사 의로 심판하시는 하나님의 나라의 정신에 부합하게 다스렸으며, 이런 면에서 그는 그 손에 공평한 홀을 붙잡고 있는 메시야의 탁월한 모형이었다(시45:6).

제
— 19 —
장

개요

　본 장은 다윗이 암몬과 아람 연합군과 더불어 벌인 전쟁과 관련한 이야기인데, 우리는 사무엘하 10장에서 이에 관해 살펴본 바 있다. 본 장의 내용은 다음과 같다. I. 다윗이 암몬 왕에게 그의 아버지의 죽음을 조문하기 위한 사절을 보냄(1, 2절). II. 암몬 왕이 조문사절을 모독함으로 다윗에게 큰 무례를 행함(3, 4절). III. 이에 다윗이 분개하고 전쟁이 벌어짐. 1. 암몬이 아람 사람들의 도움을 청함(6, 7절). 2. 요압의 훌륭한 전략(8-13절). 3. 이스라엘이 두 번에 걸쳐 승리함(14-19절).

¹그 후에 암몬 자손의 왕 나하스가 죽고 그의 아들이 대신하여 왕이 되니 ²다윗이 이르되 하눈의 아버지 나하스가 전에 내게 호의를 베풀었으니 이제 내가 그의 아들 하눈에게 호의를 베풀리라 하고 사절들을 보내서 그의 아버지 죽음을 문상하게 하니라 다윗의 신하들이 암몬 자손의 땅에 이르러 하눈에게 나아가 문상하매 ³암몬 자손의 방백들이 하눈에게 말하되 왕은 다윗이 조문사절을 보낸 것이 왕의 부친을 존경함인 줄로 여기시나이까 그의 신하들이 왕에게 나아온 것이 이 땅을 엿보고 정탐하여 전복시키고자 함이 아니니이까 하는지라 ⁴하눈이 이에 다윗의 신하들을 잡아 그들의 수염을 깎고 그 의복을 볼기 중간까지 자르고 돌려보내매 ⁵어떤 사람이 다윗에게 가서 그 사람들이 당한 일을 말하니라 그 사람들이 심히 부끄러워하므로 다윗이 그들을 맞으러 보내 왕이 이르기를 너희는 수염이 자라기까지 여리고에 머물다가 돌아오라 하니라

　여기에서 다음을 관찰하라.

　1. 이웃에게 친절과 감사를 표하는 것은 참으로 선한 일이다. 다윗은 하눈에게 경의를 표하려고 했는데, 그것은 그가 이웃이었기 때문이었다. 성경은 우리로 하여금 모든 사람에게 정중하고 예의바르게 대하고 존경하며 친절을 베풀어야 한다고 가르친다. 설령 종교가 다르다고 할지라도 그것이 장애물이 되

어서는 결코 안 된다. 그렇지만 그것 외에도 다윗은 그의 아버지가 자신에게 베푼 은총을 기억하고 있었다. 은총을 입은 자는 기회가 될 때 반드시 그러한 은총에 보답해야 한다. 또 어떤 이들로부터 은총을 입었을 때 우리는 그러한 은총을 훗날 그들의 자녀들에게 돌려 주어야 한다.

2. 옛 속담에 악은 악인으로부터 난다는 말이 있다(삼상 24:13). 악인은 악한 말을 할 것이며, 비열한 자는 비열한 궤계와 거짓말로 가련한 자를 멸할 것이다(사 32:6, 7). 비열하며 악의를 품은 자들은 아무 근거 없이 다른 사람들을 의심하며 곡해하는 경향이 있다. 하눈의 종들은 다윗의 사신들이 정탐꾼으로 왔을 것이라고 주장했다. 그들은 다윗처럼 위대한 용사가 그토록 비겁한 행동을 할 필요가 있다는 듯이 그리고 그처럼 높은 덕과 명예를 가진 자가 그토록 야비한 행동을 할 것이라는 듯이 그렇게 주장했다(만일 다윗에게 암몬을 공격할 마음이 있었다면, 그는 그와 같은 위계를 사용하지 않고도 얼마든지 그들을 물리칠 수 있었다). 그러나 하눈은 그러한 목소리에 귀를 기울이고는 다윗의 사신들을 극도로 모독했다.

3. 주인은 종들을 보호해야만 하며, 만일 임무를 수행하는 중에 어떤 위해를 당했다면 따뜻한 마음으로 어루만져 주어야 한다. 다윗은 자신의 사신들에게 그렇게 했다(5절). 그리스도께서도 자신의 사역자들에게 그렇게 하실 것이다. 이와 같이 모든 주인은 종들에게 의와 공평을 베풀어야 한다(골 4:1).

[6]암몬 자손이 자기가 다윗에게 밉게 한 줄 안지라 하눈과 암몬 자손은 더불어 은 천 달란트를 아람 나하라임과 아람마아가와 소바에 보내 병거와 마병을 삯 내되 [7]곧 병거 삼만 이천 대와 마아가 왕과 그의 군대를 고용하였더니 그들이 와서 메드바 앞에 진 치매 암몬 자손이 그 모든 성읍으로부터 모여 와서 싸우려 한지라 [8]다윗이 듣고 요압과 용사의 온 무리를 보냈더니 [9]암몬 자손은 나가서 성문 앞에 진을 치고 도우러 온 여러 왕은 따로 들에 있더라 [10]요압이 앞 뒤에 친 적진을 보고 이스라엘에서 뽑은 자 중에서 또 뽑아 아람 사람을 대하여 진을 치고 [11]그 남은 무리는 그의 아우 아비새의 수하에 맡겨 암몬 자손을 대하여 진을 치게 하고 [12]이르되 만일 아람 사람이 나보다 강하면 네가 나를 돕고 만일 암몬 자손이 너보다 강하면 내가 너를 도우리라 [13]너는 힘을 내라 우리가 우리 백성과 우리 하나님의 성읍들을 위하여 힘을 내자 여호와께서 선히 여기시는 대로 행하시기를 원하노라 하고 [14]요압과 그 추

종자가 싸우려고 아람 사람 앞에 나아가니 그들이 그 앞에서 도망하고 [15]암몬 자손은 아람 사람이 도망함을 보고 그들도 요압의 아우 아비새 앞에서 도망하여 성읍으로 들어간지라 이에 요압이 예루살렘으로 돌아오니라 [16]아람 사람이 자기가 이스라엘 앞에서 패하였음을 보고 사신을 보내 강 건너편에 있는 아람 사람을 불러내니 하닷에셀의 군대사령관 소박이 그들을 거느린지라 [17]어떤 사람이 다윗에게 전하매 다윗이 온 이스라엘을 모으고 요단을 건너 아람 사람에게 이르러 그들을 향하여 진을 치니라 다윗이 아람 사람을 향하여 진을 치매 그들이 다윗과 맞서 싸우더니 [18]아람 사람이 이스라엘 앞에서 도망한지라 다윗이 아람 병거 칠천 대의 군사와 보병 사만 명을 죽이고 또 군대 지휘관 소박을 죽이매 [19]하닷에셀의 부하들이 자기가 이스라엘 앞에서 패하였음을 보고 다윗과 더불어 화친하여 섬기고 그 후로는 아람 사람이 암몬 자손 돕기를 원하지 아니하였더라

우리는 여기에서 다음과 같은 사실들을 볼 수 있다.

1. 죄인들의 심령은 스스로의 멸망으로 굳어져 마침내 파멸에 이르고 만다는 사실. 암몬 자손은 자신들이 다윗에게 미운 존재가 된 것을 알았다(6절). 만일 그들이 지혜로운 자들이었다면, 자신들이 가한 위해에 대해 배상하고 스스로를 겸비케 하면서 화친을 도모하고자 했을 것이다. 왜냐하면 그들은 다윗에게 미운 존재가 되었을 뿐만 아니라 또한 하나님의 공의에 대해서도 가증한 존재가 되었기 때문이다(그들은 사신들을 야비하게 모독함으로써 '국가 간의 법'을 위반했다). 하나님은 열방의 왕(king of nations)으로서 '국가 간의 법'(laws of nations)을 위반한 것에 대해 반드시 책임을 물을 것이다. 그러나 그렇게 하는 대신 그들은 전쟁을 준비하면서 스스로 파멸의 길을 향해 달려갔다. 다윗은 그들을 공격할 생각을 전혀 갖고 있지 않았었지만, 그들은 스스로를 다윗의 손에 떨어뜨렸다.

2. 용사들은 난관의 때에 도리어 용기를 내며 사기가 충천해진다는 사실. 앞뒤에 친 적진을 보았을 때 요압은 퇴각할 생각을 하는 대신 전의(戰意)를 더욱 불태웠다(10절). 그는 앞뒤의 적들을 동시에 대적할 수 없었으므로 자신의 군대를 둘로 나누었다. 그는 적에게 둘러싸였을 때 당황하지 않고 침착하게 대응했다. 그는 아우 아비새와 더불어 피차 도울 것을 약속하면서(12절), 휘하 지휘관들에게 자신들의 영달을 위해서가 아니라 하나님의 영광과 이스라엘의 유익

을 위해 각자의 자리에서 용맹하게 싸울 것을 격려하면서 모든 결과는 하나님께 맡겼다: 여호와께서 선히 여기시는 대로 행하시기를 원하노라(13절).

3. 아무리 큰 계교와 힘이라 할지라도 공의와 공평에 어긋나는 것은 쓸모없는 것이라는 사실. 암몬 사람들은 자신들의 강점을 최대한 이용했다. 그들은 가능한 모든 병력을 전장(戰場)에 투입했으며, 병력을 최대한 유리하게 배치했다. 그러나 그들이 전쟁을 벌이는 근거는 정당하지 못한 것이었다. 그것은 고작해야 자신들의 악을 옹호하기 위한 것일 따름이었다. 따라서 그들은 자신들의 뜻을 이룰 수 없었으며, 마침내 최악의 상태에 빠지고 말았다. 결국 불의는 패하고 의가 승리를 거두는 법이다.

4. 하나님이 함께 하지 않는다면 아무리 서로 연합하고 동맹을 맺는다 할지라도 쓸모없는 일이라는 사실. 아람 사람들은 이 일에 직접 연관되지 않고 단지 암몬 사람들에게 돈으로 고용된 용병이었다. 그럼에도 불구하고 요압과의 싸움에서 패퇴를 당하자 그들은 실추된 명예를 만회하기 위해 유브라데 건너편에 있던 다른 아람 사람들의 지원을 요청했다. 그랬어도 결국 아무 소용 없었다. 그들은 또다시 패하여 이스라엘 앞에서 도망치고 말았다(18절). 그들은 '700 병거의 용사'(the men of 700 chariots)라 불렸던 7,000명의 병사들을 잃었다(삼하 10:18). 오늘날 해안경비를 위한 대포 하나에 병사 열 명을 배치하는 것처럼, 당시 아람 사람들은 육지전투를 위한 병거 하나에 병사 열 명을 배치했다.

5. 남들의 다툼에 쓸데없이 끼어드는 자들은 마침내 자신들의 어리석음을 깨닫고 더 이상 그러한 다툼에 끼어들지 않게 된다는 사실. 이스라엘이 승리했음을 깨달은 아람 사람들은 암몬과의 동맹을 파기하고 더 이상 돕지 않으려고 했을 뿐만 아니라, 한 걸음 더 나아가 다윗과 더불어 화친하고 그의 종이 되었다(19절). 이와 같이 쓸데없이 하나님을 대적하던 자들이 저들이 아직 길에 있는 동안 속히 사화한 것은 그나마 지혜로운 일이었다. 그들로 하여금 하나님을 섬기는 종이 되게 하라. 왜냐하면 하나님을 대적하는 동안 그들이 볼 것은 스스로의 파멸밖에 아무것도 없기 때문이다.

제
— 20 —
장

개요

본 장에서 우리는 다윗이 벌인 전쟁 이야기를 보게 된다. I. 암몬과 전쟁을 벌이고 랍바를 함락시킴(1-3절). II. 블레셋의 거인들과 벌인 싸움(4-8절).

[1]해가 바뀌어 왕들이 출전할 때가 되매 요압이 그 군대를 거느리고 나가서 암몬 자손의 땅을 격파하고 들어가 랍바를 에워싸고 다윗은 예루살렘에 그대로 있더니 요압이 랍바를 쳐서 함락시키매 [2]다윗이 그 왕의 머리에서 보석 있는 왕관을 빼앗아 중량을 달아보니 금 한 달란트라 그들의 왕관을 자기 머리에 쓰니라 다윗이 또 그 성에서 노략한 물건을 무수히 내오고 [3]그 가운데 백성을 끌어내어 톱과 쇠도끼와 돌써래로 일하게 하니라 다윗이 암몬 자손의 모든 성읍을 이같이 하고 다윗이 모든 백성과 함께 예루살렘으로 돌아오니라

우리는 앞 장에서 암몬과 아람의 동맹군이 전장에서 어떻게 패퇴를 당했는지에 대해 살펴보았다. 이제 우리는 여기에서 암몬의 수도 랍바가 함락되면서(1절), 그들의 왕관이 다윗의 머리에 씌여지고(2절) 백성들이 큰 고통에 빠지는(3절) 것을 보게 된다. 이에 대해 우리는 사무엘하 11장과 12장에서 상세히 살펴보았다. 한편 우리는 요압이 랍바를 포위하고 있는 동안 다윗이 우리아와 관련하여 큰 죄에 떨어진 사건을 기억하지 않을 수 없다. 그렇지만 다른 이야기들은 모두 반복되고 있는 반면 유독 그 이야기만은 반복되지 않은 사실은 참으로 주목할 만하다. 다만 여기에서 "다윗은 예루살렘에 그대로 있더니"라는 짤막한 구절만으로 그것을 암시하고 있을 뿐이다(1절). 그가 만일 군사들과 함께 전쟁터에 나갔다면 아마도 그러한 시험에 넘어지지 않았을 것이다. 그러나 안일에 탐닉하는 가운데 그는 부정(不淨)에 떨어지고 말았다. 역대기 기자에게 있어 지금 다윗의 죄를 다시 한 번 반복하여 언급하는 것이 공평하고 또 자신들의 본분에 충실한 일일 것이다. 그러나 그것이 반복되지 않는 것을 통해

우리는 다른 사람의 허물과 잘못을 반복적으로 이야기하기를 즐겨해서는 안 된다는 교훈을 배울 수 있다. 그러한 이야기는 항상 유쾌하지 않은 주제로 간주되어야만 한다. 선하지 않은 이야기는 가능한 한 적게 말하는 것이 가장 유익한 법이다.

[4]이 후에 블레셋 사람들과 게셀에서 전쟁할 때에 후사 사람 십브개가 키가 큰 자의 아들 중에 십배를 쳐죽이매 그들이 항복하였더라 [5]다시 블레셋 사람들과 전쟁할 때에 야일의 아들 엘하난이 가드 사람 골리앗의 아우 라흐미를 죽였는데 이 사람의 창자루는 베틀채 같았더라 [6]또 가드에서 전쟁할 때에 그 곳에 키 큰 자 하나는 손과 발에 가락이 여섯씩 모두 스물넷이 있는데 그도 키가 큰 자의 소생이라 [7]그가 이스라엘을 능욕하므로 다윗의 형 시므아의 아들 요나단이 그를 죽이니라 [8]가드의 키 큰 자의 소생이라도 다윗의 손과 그 신하의 손에 다 죽었더라

블레셋 사람들은 이미 다윗의 손에 거의 정복을 당한 상태였다(18:1). 그러나 여호수아가 가나안을 정복할 때 아낙 자손이 마지막으로 정복된 것처럼(수 11:21), 여기에서 블레셋을 정복할 때 마지막까지 저항한 것은 가드의 거인들이었다. 은총과 타락 사이의 싸움에는 여기의 거인들처럼 오랜 투쟁과 난관이 없이는 결코 물러서지 않으려고 하는 어떤 죄들이 있다. 그러나 마침내 은총이 승리하게 될 것이다. 다음을 관찰하라.

1. 블레셋에는 거인들이 있었지만, 그러나 우리는 이스라엘 가운데 거인들이 있었다는 이야기는 듣지 못한다. 가드의 거인들은 나타나지만 그러나 예루살렘의 거인들은 나타나지 않는다. 하나님의 백성들의 성장은 그 유용성에 있어서의 성장이지 몸집의 크기의 성장이 아니다. 그 키를 한 자나 더하기를 탐하는 자들은 도리어 그것이 자신들을 덜 민첩하게 만든다는 사실을 생각지 못한다. 성소(聖所)의 저울로 달면 다윗이 골리앗보다 훨씬 더 무겁다.

2. 다윗의 종들은 보통 체구의 사람들이었음에도 불구하고 가드의 거인들이 감당하기에는 너무도 강한 자들이었다. 그것은 하나님이 그들 편에 계셨기 때문이었다. 옛 세상 때 홍수로 멸하실 때에도 그랬던 것처럼, 하나님은 장대한 외모와 힘을 자랑하는 세상의 거인들을 부끄럽게 만들기를 기뻐하신다. 그러므로 교회의 친구들은 교회의 원수들의 힘과 오만에 기가 꺾일 필요가 없다.

크신 하나님이 우리와 함께 하시는데 왜 우리가 우리를 대적하는 거인들을 두려워해야 한단 말인가? 손에 손가락이 하나 더 있은들 그리고 발에 발가락이 하나 더 있은들 그것이 전능자와 다툴 때 무슨 힘이 되겠는가?

　3. 블레셋의 거인들은 이스라엘을 능욕하다가 값비싼 대가를 치렀다(7절). 하나님과 하나님의 이스라엘을 능욕하는 것보다 파멸에 이르는 더 확실한 길은 없다. 하나님은 원수들이 스스로 자긍하며 행하는 것을 결코 그대로 내버려 두시지 않는다(신 32:27). 다윗의 자손의 승리는 다윗의 승리와 마찬가지로 점진적이다. 우리는 아직 만물이 그 앞에 굴복하는 것을 보지 못하지만, 그러나 머지 않아 보게 될 것이다. 그리고 마지막 원수인 사망도 여기의 거인들처럼 마침내 정복될 것이다.

제
— 21 —
장

개요

본 장은 우리아와 관련한 다윗의 범죄에 대해서나 혹은 그로 인해 발생한 그 가정에서의 분란에 대해서는 언급하지 않는다. 압살롬의 반란이나 세바의 반란에 대해서도 역시 마찬가지이다. 그러나 백성을 계수한 죄는 여기에서 상세하게 언급되는데, 그것은 그 죄를 위한 속죄 가운데 장차 성전이 세워질 위치에 대한 암시가 주어지기 때문이다. I. 요압에게 백성들을 계수하라고 강요한 다윗의 죄(1-6절). II. 자신이 행한 것이 죄라는 사실을 깨닫자마자 다윗이 슬퍼함(7, 8절). III. 다윗이 죄에 대한 징벌로서 세 가지 중 하나를 선택해야 하는 궁지에 빠짐(9-13절). IV. 전염병으로 인한 끔찍한 재앙, 예루살렘은 그러한 재앙을 가까스로 피함(14-17절). V. 다윗이 회개하며 제물을 드림으로써 재앙이 그침(18-30절). 우리는 이러한 슬픈 이야기를 사무엘하 24장에서 살펴보았다.

[1]사탄이 일어나 이스라엘을 대적하고 다윗을 충동하여 이스라엘을 계수하게 하니라 [2]다윗이 요압과 백성의 지도자들에게 이르되 너희는 가서 브엘세바에서부터 단까지 이스라엘을 계수하고 돌아와 내게 보고하여 그 수효를 알게 하라 하니 [3]요압이 아뢰되 여호와께서 그 백성을 지금보다 백 배나 더하시기를 원하나이다 내 주 왕이여 이 백성이 다 내 주의 종이 아니니이까 내 주께서 어찌하여 이 일을 명령하시나이까 어찌하여 이스라엘이 범죄하게 하시나이까 하나 [4]왕의 명령이 요압을 재촉한지라 드디어 요압이 떠나 이스라엘 땅에 두루 다닌 후에 예루살렘으로 돌아와 [5]요압이 백성의 수효를 다윗에게 보고하니 이스라엘 중에 칼을 뺄 만한 자가 백십만 명이요 유다 중에 칼을 뺄 만한 자가 사십칠만 명이라 [6]요압이 왕의 명령을 마땅치 않게 여겨 레위와 베냐민 사람은 계수하지 아니하였더라

누구라도 백성을 계수하는 것이 악한 일이라고는 결코 생각하지 않을 것이다. 어째서 목자가 자기 양 떼의 숫자를 몰라야 한단 말인가? 그러나 하나님은 사람이 보는 것과는 다르게 보신다. 분명히 그 일에 어떤 잘못된 것이 있

었고, 그것이 하나님의 분노를 크게 격발시켰다. 그것은 다름 아닌 마음의 교만이었다. 다윗은 교만으로 그 일을 행한 것이었다. 교만보다 하나님을 더 분노케 하는 죄는 없다. 죄는 다윗에게 있었으며, 모든 책임은 그에게 돌려져야 했다. 그러나 우리는 여기에서 다음과 같은 이야기를 듣게 된다.

I. 이 일에 유혹자(the tempter, **혹은 시험하는 자)가 매우 적극적으로 충동함**. 사탄이 일어나 이스라엘을 대적하고 다윗을 충동하여(1절). 한편 사무엘하 24장 1절은 "여호와께서 이스라엘을 향하여 진노하사 그들을 치시려고 다윗을 격동시키셨다"고 언급한다. 우리는 인간의 죄와 불의 가운데에도 하나님의 의로운 심판이 있음을 주목한다. 우리는 하나님이 죄의 창시자가 아니며, 하나님은 아무도 유혹하지(tempt, 혹은 시험하지) 않는다는 사실을 분명히 안다. 그러므로 하나님이 다윗을 격동하여 그 일을 행하도록 하셨다는 것은 여기에 언급된 것처럼 하나님이 당신의 지혜로우시고 거룩하신 목적을 위해 마귀로 하여금 그렇게 하도록 허용하셨음을 의미하는 것으로 이해되어야만 한다. 여기에서 우리는 이 일의 근원이 무엇인지에 대해 읽게 된다. 하나님과 모든 성도들의 원수인 사탄이 이스라엘을 대적한 것은 조금도 놀랄 일이 아니다. 그의 목표는 이스라엘을 약하게 하고, 그 수를 감소시키며, 하나님의 이스라엘의 영광을 가리는 것이었다. 이스라엘에게 그는 사탄 곧 대적자였다. 그러나 그가 하나님의 마음에 합한 자인 다윗을 충동하여 백성을 계수하도록 한 것은 어느 정도 놀랄 만한 일로 여겨질 수 있다. 어떤 이들은 다윗 같은 사람은 악한 자가 결코 건드릴 수 없는 사람일 것이라고 생각할는지 모른다. 그러나 그렇지 않다. 가장 위대한 성자라 할지라도 하늘나라에 갈 때까지는 스스로 사탄의 유혹으로부터 안전하다고 생각해서는 결코 안 된다. 이제 사탄이 이스라엘을 대적함에 있어 어떤 방법을 취했는지 살펴보자. 욥의 경우와는 달리(욥 2:3) 그는 하나님을 충동하여 이스라엘 백성들을 치도록 하지 않았다. 그렇게 하는 대신 백성들의 가장 좋은 친구인 다윗을 충동하여 하나님을 거스르게 함으로써 하나님과 이스라엘 백성을 반목시키고자 하였다. 여기에서 다음을 관찰하라.

1. 마귀는 하나님 앞에 우리를 참소하는 것보다 우리를 유혹하여 하나님께 범죄하게 함으로써 우리에게 훨씬 더 많은 해악을 끼친다. 그는 아무도 멸망시키지 않고 다만 사람으로 하여금 스스로의 손으로 멸망에 떨어지도록 만든다.

2. 마귀가 하나님의 교회에 대해 행할 수 있는 가장 큰 적대행위는 교회의

지도자들을 유혹하여 교만에 빠지도록 만드는 것이다. 왜냐하면 교만의 죄야말로 모든 사람에게 특별히 교회의 지도자들에게 가장 치명적인 결과를 가져다주기 때문이다. 너희는 그렇게 하지 말지니(눅 22:26).

Ⅱ. 반면 다윗의 명을 받은 요압은 매우 꺼리는 태도를 취함. 다윗은 그 일을 요압에게 맡겼는데, 그는 공적인 일에 매우 적극적인 사람이었지만 그러나 그 일에 대해서만큼은 내키지 않는 마음으로 마지못해 수행했다.

1. 요압은 그 일에 대해 이의를 제기했다. 왕의 영광과 나라의 유익을 위해서라면 그는 누구보다도 적극적으로 나설 사람이었다. 그러나 이 일에 있어서는 극도로 꺼렸는데, 그것은

(1) 그 일이 불필요한 일이었기 때문이었다. 지금 그 일을 해야 할 아무런 이유도 없었다. 하나님은 백성들을 번성케 할 것이라고 약속하셨으며, 왕은 그 약속이 이루어질 것을 의심할 필요가 없었다. 백성들은 모두 그의 종이었으며, 그는 자신에 대한 백성들의 충성심과 사랑을 의심할 필요가 없었다. 그리고 백성들의 숫자 역시 그가 바랄 수 있는 만큼 충분히 많았다.

(2) 그 일이 위험한 일이었기 때문이었다. 그 일을 행함으로써 왕은 이스라엘로 큰 고통을 겪게 할 수 있었다. 이것을 요압은 깨달았으나 다윗 자신은 아직 깨닫지 못했다. 하나님의 율법을 가장 잘 알고 있는 자라 해서 항상 그러한 율법을 적용하는데 가장 빠른 것은 아니다.

2. 요압은 마지못해 그 일을 했다: 요압이 왕의 명령을 마땅치 않게 여겨(6절). 전에는 다윗이 무슨 일을 하든지 백성들은 기뻐했었다(삼하 3:36). 그러나 지금은 그렇지 않았으며, 요압은 그의 명령을 못마땅하게 여겼다. 그리하여 그는 그 일을 완전하게 마무리 지을 마음을 갖지 않은 채 레위와 베냐민 두 지파의 숫자를 계수하지 않았다. 아마도 다른 지파들도 정확하게 계수하지 않았을 것으로 여겨지는데, 그것은 그 일이 너무도 내키지 않는 일이었기 때문이었다. 어쩌면 이것이 여기의 숫자와 사무엘하 24장 9절의 숫자가 다른 것에 대한 한 가지 이유일는지 모른다.

⁷하나님이 이 일을 악하게 여기사 이스라엘을 치시매 ⁸다윗이 하나님께 아뢰되 내가 이 일을 행함으로 큰 죄를 범하였나이다 이제 간구하옵나니 종의 죄를 용서하여 주옵소서 내가 심히 미련하게 행하였나이다 하니라 ⁹여호와께서 다윗의 선견자

갓에게 말씀하여 이르시되 [10]가서 다윗에게 말하여 이르기를 여호와의 말씀이 내가 네게 세 가지를 내어 놓으리니 그 중에서 하나를 네가 택하라 내가 그것을 네게 행하리라 하셨다 하라 하신지라 [11]갓이 다윗에게 나아가 그에게 말하되 여호와의 말씀이 너는 마음대로 택하라 [12]혹 삼년 기근이든지 혹 네가 석 달을 적군에게 패하여 적군의 칼에 쫓길 일이든지 혹 여호와의 칼 곧 전염병이 사흘 동안 이 땅에 유행하며 여호와의 천사가 이스라엘 온 지경을 멸할 일이든지라고 하셨나니 내가 무슨 말로 나를 보내신 이에게 대답할지를 결정하소서 하니 [13]다윗이 갓에게 이르되 내가 곤경에 빠졌도다 여호와께서는 긍휼이 심히 크시니 내가 그의 손에 빠지고 사람의 손에 빠지지 아니하기를 원하나이다 하는지라 [14]이에 여호와께서 이스라엘 백성에게 전염병을 내리시매 이스라엘 백성 중에서 죽은 자가 칠만 명이었더라 [15]하나님이 예루살렘을 멸하러 천사를 보내셨더니 천사가 멸하려 할 때에 여호와께서 보시고 이 재앙 내림을 뉘우치사 멸하는 천사에게 이르시되 족하다 이제는 네 손을 거두라 하시니 그 때에 여호와의 천사가 여부스 사람 오르난의 타작 마당 곁에 선지라 [16]다윗이 눈을 들어 보매 여호와의 천사가 천지 사이에 섰고 칼을 빼어 손에 들고 예루살렘 하늘을 향하여 편지라 다윗이 장로들과 더불어 굵은 베를 입고 얼굴을 땅에 대고 엎드려 [17]하나님께 아뢰되 명령하여 백성을 계수하게 한 자가 내가 아니니이까 범죄하고 악을 행한 자는 곧 나이니이다 이 양 떼는 무엇을 행하였나이까 청하건대 나의 하나님 여호와여 주의 손으로 나와 내 아버지의 집을 치시고 주의 백성에게 재앙을 내리지 마옵소서 하니라

여기에서 다윗은 백성을 계수한 것으로 인해 하나님으로부터 징계를 당하는데, 그러한 징계는 그의 마음속에 자리 잡고 있는 어리석음, 즉 교만의 어리석음을 바로잡기 위한 것이었다. 여기에서 다음을 관찰하라.

I. 다윗은 어떤 징계를 받았나. 만일 하나님이 가장 사랑하는 자녀가 어떤 잘못을 행한다면, 그들은 그로 인한 징계를 예상해야만 한다.

1. 그는 하나님이 불쾌하게 여기심을 알게 되었으며, 그것은 다윗처럼 선한 사람에게는 너무나 괴로운 일이었다(7절). 자기 백성이 죄를 범하는 것을 볼 때 하나님은 불쾌하게 여기시며 진노하신다. 마음의 교만보다 하나님을 더 불쾌하게 만드는 죄는 없으며, 믿음의 백성에게 있어 하나님의 불쾌하심 아래 있는 것보다 더 슬프고 괴로운 것은 없다.

2. 그는 전쟁과 기근과 전염병 가운데 하나를 선택해야 했다. 왜냐하면 그러한 세 가지 가운데 하나로써 징계를 받아야만 했기 때문이었다. 그는 이와 같이 너무나 큰 곤경에 처하게 되었는데, 이로 인해 그는 더욱 겸비할 수밖에 없었다. 무엇을 선택할 것인지 생각하는 동안 틀림없이 그는 큰 혼란과 두려움에 사로잡혔을 것이다.

3. 그는 삽시간에 7만 명의 백성이 전염병으로 죽었다는 소식을 들었다(14절). 그는 자기 백성이 크게 번성한 것을 자랑했지만, 그러나 신적 공의는 그들의 숫자를 크게 감소시켰다. 우리가 교만하며 자랑하던 것을 빼앗기는 것은 공의로운 일이다. 다윗은 기어코 백성들을 계수하고자 했다. 너희는 가서 이스라엘을 계수하고 나로 하여금 그 수효를 알게 하라(2절). 그러나 지금 하나님은 다른 방법으로 즉 그들을 칼에 붙여 계수하신다(사 65:12). 지금 다윗에게 또 다른 숫자 즉 죽임을 당한 자의 숫자가 보고되는데, 그것은 그에게 만족이 아니라 괴로움을 가져다주었다. 그리고 앞에서 요압이 보고한 백성들의 숫자는 지금 보고받은 숫자 즉 전염병에 의해 죽임을 당한 숫자만큼 공제되어야만 했다.

4. 그는 여호와의 천사가 칼을 빼들고 예루살렘을 향하여 선 것을 보았다(16절). 그것은 하늘의 진노를 나타내는 가시적인 증표였으며 또한 그토록 사랑스런 도성 예루살렘을 완전히 진멸할 것을 위협하는 것이었다. 따라서 다윗은 극도의 두려움에 사로잡히지 않을 수 없었다. 만일 전염병이 예루살렘처럼 많은 사람이 거주하는 도성에 임한다면, 그 참상은 얼마나 끔찍할 것인가? 설령 평안의 일로 왔다 할지라도, 천사를 보면 용사(勇士)라도 두려워 떨게 마련이다. 하물며 마치 생명나무의 길을 지키는 그룹처럼 불타는 화염검을 빼들고 선 천사를 보는 것은 얼마나 두려운 일이었겠는가? 우리가 하나님의 진노 아래 있는 동안에는 — 설령 우리가 다윗처럼 생생하게 보지는 못한다 할지라도 — 거룩한 천사들이 칼을 빼들고 우리를 대적한다.

II. 다윗은 이러한 형벌을 어떻게 짊어졌나.

1. 그는 자신의 죄를 깊이 뉘우치며 자백하면서 전심으로 용서를 빌었다(8절). 그는 지금 자신이 큰 죄를 범했으며 너무나 어리석은 일을 행했음을 인정한다. 그러면서 설령 자신이 형벌을 받을지라도 부디 그 죄를 제거해 달라고 탄원한다.

2. 그는 자신의 죄에 대한 형벌을 받아들인다. "주의 손으로 나와 내 아버지의

집을 치소서(17절). 나는 주의 회초리에 순복하나이다. 그러나 그러한 형벌의 고통은 내게만 돌려지게 하옵소서. 천사의 칼이 향하여져야 할 곳은 바로 종의 머리나이다."

3. 그는 스스로를 하나님의 긍휼 위에 던진다. 그는 하나님이 자신에 대해 진노하고 계시는 것을 알았지만 그러나 하나님을 가혹한 분으로 여기지 않았다. 여호와께서는 긍휼이 심히 크시니 내가 그의 손에 빠지기를 원하나이다(13절). 참된 믿음의 백성들은 하나님이 자신들에게 얼굴을 찌푸리실 때조차도 그분을 나쁘게 생각하지 않는다. 그가 나를 죽이실지라도 나는 그를 의뢰할 것이라.

4. 그는 백성들을 위한 간절한 마음을 나타냈다. 그는 자신의 범죄로 인해 고통을 당하는 백성들을 위해 탄원한다(17절): 이 양 떼는 무엇을 행하였나이까?

[18]여호와의 천사가 갓에게 명령하여 다윗에게 이르시기를 다윗은 올라가서 여부스 사람 오르난의 타작 마당에서 여호와를 위하여 제단을 쌓으라 하신지라 [19]이에 갓이 여호와의 이름으로 이른 말씀대로 다윗이 올라가니라 [20]그 때에 오르난이 밀을 타작하다가 돌이켜 천사를 보고 오르난이 네 명의 아들과 함께 숨었더니 [21]다윗이 오르난에게 나아가매 오르난이 내다보다가 다윗을 보고 타작 마당에서 나와 얼굴을 땅에 대고 다윗에게 절하매 [22]다윗이 오르난에게 이르되 이 타작하는 곳을 내게 넘기라 너는 상당한 값으로 내게 넘기라 내가 여호와를 위하여 여기 한 제단을 쌓으리니 그리하면 전염병이 백성 중에서 그치리라 하니 [23]오르난이 다윗에게 말하되 왕은 취하소서 내 주 왕께서 좋게 여기시는 대로 행하소서 보소서 내가 이것들을 드리나이다 소들은 번제물로, 곡식 떠는 기계는 화목으로, 밀은 소제물로 삼으시기 위하여 다 드리나이다 하는지라 [24]다윗 왕이 오르난에게 이르되 그렇지 아니하다 내가 반드시 상당한 값으로 사리라 내가 여호와께 드리려고 네 물건을 빼앗지 아니하겠고 값 없이는 번제를 드리지도 아니하리라 하니라 [25]그리하여 다윗은 그 터 값으로 금 육백 세겔을 달아 오르난에게 주고 [26]다윗이 거기서 여호와를 위하여 제단을 쌓고 번제와 화목제를 드려 여호와께 아뢰었더니 여호와께서 하늘에서부터 번제단 위에 불을 내려 응답하시고 [27]여호와께서 천사를 명령하시매 그가 칼을 칼집에 꽂았더라 [28]이 때에 다윗이 여호와께서 여부스 사람 오르난의 타작 마당에서 응답하심을 보고 거기서 제사를 드렸으니 [29]옛적에 모세가 광야에서 지은 여호와의 성막과 번제단이 그 때에 기브온 산당에 있었으나 [30]다윗이 여호와의 천사의

칼을 두려워하여 감히 그 앞에 가서 하나님께 묻지 못하더라

우리는 여기에서 다윗이 회개함으로 그와 하나님 사이의 반목이 끝나고 화평이 이루어지는 것을 보게 된다. 주께서 전에는 내게 노하셨사오나 이제는 주의 진노가 돌아섰나이다(사 12:1).

1. 마침내 재앙이 멈추었다(15절). 다윗이 회개하자 하나님은 재앙 내림을 뉘우치시고 멸하는 천사로 하여금 손을 멈추고 칼을 칼집에 꽂으라고 명령하셨다(27절).

2. 다윗에게 오르난의 타작마당에 제단을 쌓으라는 지시가 내려졌다(18절). 천사는 선지자 갓에게 이러한 지시를 다윗에게 전달하라고 명령했다. 하나님의 이름으로 심판을 행한 바로 그 천사가 여기에서 화평의 맹약(the treaty of peace)을 제시한다. 그것은 천사들은 재앙의 날을 바라지 않기 때문이다. 천사는 자신이 직접 다윗에게 명령할 수도 있었지만 그러나 선지자를 통해 그렇게 하기를 선택했는데, 그것은 선지자 직분을 존귀케 하기 위함이었다. 이와 같이 예수 그리스도의 계시 역시 천사를 통해 요한에게 전달되고, 또 그를 통해 교회들에 전달되었다. 제단을 쌓으라는 명령은 화해의 복된 증표였다. 왜냐하면 만일 하나님이 그를 죽이기를 기뻐하셨다면 그와 같은 명령을 내리지 않으셨을 것이기 때문이다. 죽이기로 작정한 자에게 도대체 무엇 때문에 희생제물을 드리라고 명령한단 말인가?

3. 다윗은 즉시 오르난의 타작마당을 값을 치르고 취하고자 한다. 왜냐하면 그는 백성들의 부담으로 하나님을 섬기고자 하지 않았기 때문이었다. 오르난은 자신의 타작마당을 값을 받지 않고 거저 드리고자 했는데, 그것은 왕에게 경의를 표하기 위한 것이었을 뿐만 아니라 그 자신도 천사를 보았기 때문이었다(20절). 그것은 너무도 두려운 광경이었으므로 그는 네 아들과 함께 숨지 않을 수 없었다. 그들은 천사의 영광의 찬란함을 감당할 수 없었을 뿐만 아니라 또한 천사가 빼어든 칼을 두려워하지 않을 수 없었다. 이러한 두려움으로 말미암아 그는 속죄를 위해 기꺼이 무엇인가를 하고자 했다. 이와 같이 하나님의 두려움을 제대로 깨달은 자들은 믿음을 증진하기 위해 자신의 자리에서 할 수 있는 모든 일을 할 것이며, 또한 하나님의 진노를 돌이키기 위한 모든 방법을 강구할 것이다.

4. 하나님은 다윗이 이 제단 위에 드린 제물들을 열납하셨음을 분명하게 보여주셨다(26절): 여호와께서 하늘에서부터 번제단 위에 불을 내려 응답하시고, 하나님의 진노가 그쳤음을 나타내기 위해 죄인들 위에 떨어졌어야 할 불이 제물 위에 떨어져 제물을 살랐다. 그리고 이에 근거하여 멸하는 천사가 뽑아든 칼은 다시 칼집에 꽂혔다. 이와 같이 그리스도는 우리를 위해 죄와 저주가 되셨으며, 하나님은 그의 상함을 통해 우리에게 사르는 불이 아니라 화해의 아버지가 되기를 기뻐하셨다.

5. 다윗은 이 제단 위에서 계속해서 제물을 드렸다. 모세가 만든 놋 제단이 지금 기브온에 있었으며(29절), 이스라엘의 모든 제물들이 거기에서 드려졌다. 그러나 다윗은 천사의 칼을 보고 너무나 두려워하여 그 곳에 갈 수 없었다(30절). 전염병이 시작되었으므로 그 일은 화급을 요했다. 아론도 속죄를 위해 급히 달려가야만 했다(민 16:46, 47). 지금 다윗의 상황은 아론보다도 더 급한 상황이었다. 그는 기브온에 갈 시간도 없었을 뿐만 아니라 예루살렘을 향해 칼을 뽑아든 천사를 그대로 두고 갈 수도 없었다. 자신이 돌아오기 전에 예루살렘에 치명적인 재앙이 떨어지면 어떻게 한단 말인가? 그리하여 하나님은 그에게 자비를 베푸사 오직 한 제단에서 제물을 드려야 한다는 자신의 율법을 잠시 제쳐두고 그 곳에다가 제단을 쌓도록 명령하셨다. 하나님은 새 제단에 드려진 제물을 기꺼이 받으실 것이었다. 그 제단은 기브온의 제단과 맞서는 제단이 아니라 서로 일치하는 제단이 될 것이었다. 통일(unity)의 상징보다도 통일 그 자체가 더 중요한 법이다. 지금의 특별한 상황에서 뿐만 아니라 다윗은 살아 있는 동안 계속해서 이 곳에서 제물을 드린 것으로 나타난다(여전히 기브온의 제단이 있었음에도 불구하고). 왜냐하면 그가 여기에서 드린 제물들이 열납되었다는 사실을 하나님이 분명하게 보여주셨기 때문이었다(28절). 우리가 어떤 일을 통해 하나님의 임재를 경험하고 그분이 우리와 함께 하심을 발견했을 때, 그 일을 계속하는 것은 분명 유익한 일이다. "여기에서 하나님이 은혜롭게 나와 만나주셨으므로 나는 계속해서 여기에서 그와 만나기를 기대할 것이라."

제
— 22 —
장

개요

먹는 자에게서 먹는 것이 나온다. 하나님이 새 제단이 세워질 것과 그 제단이 세워질 위치에 대한 암시를 주신 것은 다윗의 죄로 인해 이스라엘에 두려운 심판이 임했을 때였다. 그 일로 인해 다윗은 성전 건축의 대역사를 위한 준비에 본격적으로 착수하기 시작한다. 비록 그가 오랫동안 이 일을 마음에 두었다 할지라도 그러나 점점 더 무관심해져 가다가 그와 같은 심판으로 새롭게 각성하게 된 것으로 보인다. 그는 하나님의 진노의 증표를 받고 나서 그 후에 은총의 증표를 받았다. I. 다윗이 그 장소 곧 오르난의 타작마당을 주목함(1절). II. 다윗이 성전건축을 위한 준비를 재촉함. 1. 그 자신이 건축을 준비함(2-5절). 2. 솔로몬에게 이 일을 당부함(6-16절). 3. 방백들에게 이 일에 솔로몬을 도울 것을 명령함(17-19절). 앞 장 서두에 나타나는 다윗의 심령 상태와 본 장 서두에 나타나는 그의 심령 상태 사이에는 매우 큰 차이가 있다. 거기에서 그는 교만한 마음으로 백성을 계수하고 있었지만, 여기에서는 겸손 가운데 하나님의 성전을 건축하기 위한 준비를 하고 있다. 거기에서 그의 심령은 심하게 더러워져 있었지만, 여기에서는 은혜가 그것을 온전히 회복시켰다. 우리의 영혼 속에 있는 생수의 샘은 비록 잠시 흐려질 수는 있지만 그러나 스스로 다시 깨끗해질 것이다.

¹다윗이 이르되 이는 여호와 하나님의 성전이요 이는 이스라엘의 번제단이라 하였더라 ²다윗이 명령하여 이스라엘 땅에 거류하는 이방 사람을 모으고 석수를 시켜 하나님의 성전을 건축할 돌을 다듬게 하고 ³다윗이 또 문짝 못과 거멀 못에 쓸 철을 많이 준비하고 또 무게를 달 수 없을 만큼 심히 많은 놋을 준비하고 ⁴또 백향목을 무수히 준비하였으니 이는 시돈 사람과 두로 사람이 백향목을 다윗에게로 많이 수운하여 왔음이라 ⁵다윗이 이르되 내 아들 솔로몬은 어리고 미숙하고 여호와를 위하여 건축할 성전은 극히 웅장하여 만국에 명성과 영광이 있게 하여야 할지라 그러므로 내가 이제 그것을 위하여 준비하리라 하고 다윗이 죽기 전에 많이 준비하였더라

I. 성전을 건축할 장소가 정해짐. (하나님의 감동으로) 다윗이 이르되 이는 여호와 하나님의 성전이요 이는 이스라엘의 번제단이라(1절). 하나님을 위해 성전이 건축되어야 한다면, 그 장소를 선택하는 것은 하나님께 맡겨지는 것이 마땅할 것이다. 왜냐하면 모든 땅이 그의 것이기 때문이다. 바로 이 곳 즉 여부스 사람에게 속한 땅이 하나님이 선택한 장소였는데, 이것은 이방인들 가운데 복음의 성전이 세워질 것에 대한 복된 전조(前兆)였다. 사도행전 15장 16절과 17절을 보라(이 후에 내가 돌아와서 다윗의 무너진 장막을 다시 지으며 또 그 허물어진 것을 다시 지어 일으키리니 이는 그 남은 사람들과 내 이름으로 일컬음을 받는 모든 이방인들로 주를 찾게 하려 함이라 하셨으니). 그 곳은 타작마당이었다. 그것은 살아 계신 하나님의 교회는 그의 마당이며, 타작하는 곳이며, 그의 알곡들이기 때문이다(사 21:10). 그리스도는 자신의 타작마당을 깨끗하게 하기 위해 손에 키를 들고 계신다. 이 곳에 성전이 세워지게 되는 것은 이 곳이 제단이기 때문이다. 성전은 제단을 위해 세워진 집이었다. 성전이 있기 전에도 오랫동안 제단이 있었다.

II. 성전 건축을 위한 준비. 다윗은 성전을 건축할 수 없었다. 그러나 그는 그 일을 위해 자신이 할 수 있는 모든 일을 하고자 했다. 다윗이 죽기 전에 많이 준비하였더라(5절). 이것은 그가 말년에 성전 건축을 위한 준비에 크게 착념했음을 암시한다. 하나님을 위해 그리고 우리의 영혼과 우리 세대를 위해 할 수 있는 일이 있다면, 죽기 전에 힘을 다해 그 일을 하자. 죽은 다음에는 더 이상 아무 일도 할 수 없기 때문이다. 이제 우리는 여기에서 다음과 같은 이야기를 듣는다.

1. 무슨 이유로 다윗은 성전 건축을 위해 그렇게 많은 것을 준비해야만 했나? 그는 다음과 같은 두 가지를 고려했다.

(1) 솔로몬이 어리고 미숙하여 처음에 이 일을 힘있게 추진하지 못할 것을 우려했기 때문에. 따라서 만일 일이 미리 시작되지 않는다면 어쩌면 오랜 시간 늦춰질 우려가 있었다. 더욱이 그는 아직 어리므로 그 일을 연기하고자 하는 유혹을 받을 수 있었다. 반면에 건축을 위한 대부분의 자재가 미리 준비되고 그 일의 가장 어려운 부분이 끝마쳐진다면, 계속해서 일을 진행시키는 것은 한층 쉬워질 것이었다. 이와 같이 오랜 경험과 연륜을 가진 자들은 어리고 미숙한 자들을 배려하여 그들로 하여금 하나님의 일을 가능한 쉽게 할 수 있도록

도와야 한다.

(2) 그 전이 극히 웅장하게 지어져야 했기 때문에. 그것은 가장 튼튼하고 아름답게 지어져야 했으며, 거기에 들어갈 모든 자재는 최고의 것으로 충당되어야 했다. 왜냐하면 그 전은 온 땅의 주님이신 하나님의 영광을 위한 것이었으며 또한 그 안에 모든 충만이 거하며 또 그 안에 모든 보화가 감추어져 있는 그리스도의 모형이 될 것이었기 때문이었다. 그 때 사람들은 보이는 것으로 배워야 했다. 성전의 장엄함은 거기에서 예배하는 자들로 하여금 하나님께 대한 거룩한 경외심을 불러일으키도록 도울 것이었으며, 또한 이 곳에 와서 구경하는 이방인들로 하여금 참된 하나님을 만나도록 이끌어 줄 것이었다. 그러므로 성전은 만국에 명성과 영광이 있도록 건축되어야 했다. 다윗은 성전의 장엄함이 가져다 줄 결과를 다음과 같이 예언했다. 예루살렘에 있는 주의 전을 위하여 왕들이 주께 예물을 드리리이다(시 68:29).

2. 다윗은 어떤 준비를 하였나? 그는 전반적으로 모든 것을 풍성하게 준비했다. 여기에서 돌과 철과 놋과 백향목이 열거된다(2-4절). 백향목은 두로와 시돈으로부터 수운하여 가져왔다(4절). 두로의 딸은 예물을 드리고(시 45:12). 또한 다윗은 이스라엘 땅에 거류하는 이방인 일꾼들을 모았다(2절). 어떤 이들은 다윗이 그들을 고용한 것은 그들이 이스라엘 사람들보다 전반적으로 더 훌륭한 기술자들이었고 또 수작업에 능했기 때문이었을 것이라고 생각한다. 그것보다도 다윗이 자유자로 태어난 이스라엘 사람들에게 비천하고 보잘것없어 보이는 일들을 시키지 않으려고 했기 때문이었던 것으로 보인다. 그들은 애굽에서 벽돌을 만드는 일로부터 건짐을 받았으므로 다시금 돌을 다듬는 일로 돌아가서는 안 되었다. 여기의 이방인 일꾼들은 유대 종교로 개종한 사람들이었지만, 그러나 비록 노예는 아니었다 할지라도 이스라엘 사람과 동일한 위엄을 갖지는 못했다.

⁶다윗이 그의 아들 솔로몬을 불러 이스라엘 하나님 여호와를 위하여 성전 건축하기를 부탁하여 ⁷다윗이 솔로몬에게 이르되 내 아들아 나는 내 하나님 여호와의 이름을 위하여 성전을 건축할 마음이 있었으나 ⁸여호와의 말씀이 내게 임하여 이르시되 너는 피를 심히 많이 흘렸고 크게 전쟁하였느니라 네가 내 앞에서 땅에 피를 많이 흘렸은즉 내 이름을 위하여 성전을 건축하지 못하리라 ⁹보라 한 아들이 네게서 나

리니 그는 온순한 사람이라 내가 그로 주변 모든 대적에게서 평온을 얻게 하리라 그의 이름을 솔로몬이라 하리니 이는 내가 그의 생전에 평안과 안일함을 이스라엘에게 줄 것임이니라 ¹⁰그가 내 이름을 위하여 성전을 건축할지라 그는 내 아들이 되고 나는 그의 아버지가 되어 그 나라 왕위를 이스라엘 위에 굳게 세워 영원까지 이르게 하리라 하셨나니 ¹¹이제 내 아들아 여호와께서 너와 함께 계시기를 원하며 네가 형통하여 여호와께서 네게 대하여 말씀하신 대로 네 하나님 여호와의 성전을 건축하며 ¹²여호와께서 네게 지혜와 총명을 주사 네게 이스라엘을 다스리게 하시고 네 하나님 여호와의 율법을 지키게 하시기를 더욱 원하노라 ¹³그 때에 네가 만일 여호와께서 모세를 통하여 이스라엘에게 명령하신 모든 규례와 법도를 삼가 행하면 형통하리니 강하고 담대하여 두려워하지 말고 놀라지 말지어다 ¹⁴내가 환난 중에 여호와의 성전을 위하여 금 십만 달란트와 은 백만 달란트와 놋과 철을 그 무게를 달 수 없을 만큼 심히 많이 준비하였고 또 재목과 돌을 준비하였으나 너는 더할 것이며 ¹⁵또 장인이 네게 많이 있나니 곧 석수와 목수와 온갖 일에 익숙한 모든 사람이니라 ¹⁶금과 은과 놋과 철이 무수하니 너는 일어나 일하라 여호와께서 너와 함께 계실지로다 하니라

솔로몬은 비록 어리고 미숙했다 할지라도 자기 아버지가 성전 건축과 관련하여 당부한 지시를 받아들일 수 있을 만큼의 충분한 지적 능력은 가지고 있었다. 다윗이 처음 왕이 되었을 때 그는 해야 할 일이 너무나 많았다. 왜냐하면 나라의 기초가 거의 잡혀 있지 않았기 때문이었다. 그러나 솔로몬에게는 오직 한 가지 일만이 주어졌는데, 그것은 이스라엘의 하나님 여호와를 위해 성전을 건축하는 일이었다(6절).

I. 다윗은 솔로몬에게 자신이 왜 그 일을 하지 않았는지에 대해 말한다. 하나님의 전을 건축하고자 하는 마음은 간절했지만 그러나 하나님이 허락하지 않으셨다. 그것은 그가 너무 많은 피를 흘렸기 때문이었다(8절). 어떤 이들은 이것이 우리아의 피를 가리키는 것이라고 생각한다. 그는 우리아의 무죄한 피를 흘림으로써 성전을 건축하는 영광을 받기에 합당치 못한 자가 되었다는 것이다. 그러나 성전을 건축하는 것은 그가 우리아의 피를 흘리기 전에 이미 그에게 불허(不許)되었다. 따라서 그것은 여기에 설명되고 있는 것처럼 그가 전쟁을 통해 흘린 피를 의미하는 것으로 이해되어야만 한다(그는 소싯적부터 戰士

였기 때문이었다). 비록 그것이 하나님과 이스라엘을 위해 정당하고 명예롭게 흘린 것이었다 할지라도, 그것은 그로 하여금 성전을 건축하기에 부적합한 자가 되게 만들었다. 아니 그것보다는 그로 인해 그는 피 흘리는 일에 부름 받은 적이 없는 다른 사람보다 성전을 건축하는데 덜 적합한 자가 된 것이었다. 하나님은 이와 같이 다윗에게 성전을 건축하는 것을 불허하심으로써 인간의 생명이 자신에게 얼마나 귀중한 것인가 하는 것을 보여주시면서 동시에 복음의 성전을 건축할 자는 인간의 생명을 멸하는 자가 아니라 구원하는 자가 될 것임을 암시하셨다.

II. 다윗은 솔로몬에게 자신이 왜 그 일을 그에게 맡기는지에 대해 말한다.

1. 그것은 하나님이 그 일을 위해 그를 지명하셨기 때문이었다: 보라 한 아들이 네게서 나리니 그의 이름을 솔로몬이라 하라 그가 내 이름을 위하여 성전을 건축할지라(9-10절). 어떤 일을 수행함에 있어 우리가 그 일을 위해 하나님으로부터 지명되었다는 사실보다 더 강력하게 동기를 부여하는 것은 아무것도 없다.

2. 그것은 그가 평온함으로 그 일을 할 여건이 마련될 것이기 때문이었다. 그는 평온의 사람이 될 것이었으므로 그의 시간과 생각과 재물을 다른 쪽으로 돌릴 필요가 없을 것이었다. 그는 나라 밖의 적들로부터도 평온을 누릴 것이며 (어느 누구도 그를 위협하며 공격하지 못할 것이었다), 또 국내적으로도 평온과 안정을 누릴 것이었다. 그러므로 그 일은 마땅히 그에게 맡겨져야 했다.

3. 그것은 하나님이 그의 나라를 세워 주시겠다고 약속하셨기 때문이었다. 하나님이 그를 위해 영광을 예비하셨으므로, 그도 마땅히 하나님을 영화롭게 하는 일을 감당해야만 하였다. 그로 하여금 하나님의 집을 짓게 하라. 그러면 하나님도 그의 나라를 세우실 것이다. 하나님의 은혜의 약속이 우리의 종교적 임무를 더욱 촉진하며 북돋우는 것을 주목하라.

III. 다윗은 솔로몬에게 자신이 성전건축을 위해 준비한 것들을 알려준다(14절). 그것은 자랑이나 헛된 영광을 위해서가 아니라(그는 그것을 보잘것없는 것으로 말한다 — 내가 궁핍한 가운데 준비하였노라: 난외주), 탄탄한 기초가 마련되었으므로 그로 하여금 그 일을 즐거이 감당하도록 격려하기 위함이었다. 여기에서 다윗은 금 십만 달란트와 은 백만 달란트를 준비했노라고 말한다. 그런데 이것은 믿을 수 없을 정도로 엄청난 분량이어서 대부분의 해석가들은 여기에 필사(筆寫) 상의 오류가 있든지 아니면 여기의 달란트를 단지 한 조각을 의미하는 것으로 이해한다. 나는 여기의 숫자가 글자 그대로의 정확한 분량을 의미하는 것이 아니라 단지 엄청나게 많은 분량을 의미하는 것으로 이해하고 싶다. 왜냐하면 16절에 놋과 철뿐 아니라 금과 은까지도 무수했다고 언급되고 있을 뿐만 아니라 또한 여기에 다윗이 여호와의 전을 위해 봉헌한 모든 물건까지 포함되는 것으로 언급하고 있기 때문이다. 다시 말해서 성전을 건축하는 것뿐만 아니라 성전 곳간에 비축하는 것까지 다 포함하고 있는 것이다. 이 모든 것들을 다 합하면 여기에 언급된 숫자와 비슷하게 될 것이다. 또한 십만 혹은 백만 등의 숫자는 종종 정확한 분량은 알지 못하지만 그러나 매우 많은 분량을 표현할 때 흔히 사용하는 숫자이다.

IV. 다윗은 솔로몬에게 하나님의 계명을 지키면서 범사에 스스로의 의무에 착념할 것을 당부한다(13절).   그는 성전을 건축하는 것이 순종의 의무를 면제시켜 주는 것으로 생각해서는 안 된다. 결코 그럴 수 없다. 반대로 만일 그가 여호와께서 모세를 통하여 이스라엘에게 명령하신 모든 규례와 법도를 삼가 행하지 않으면(13절), 그가 성전을 건축한 행위는 하나님께 열납되지도 않을 뿐만 아니라 귀하게 여겨지지도 않을 것이었다. 설령 그가 이스라엘의 왕이 될 것이었다 할지라도, 항상 그는 이스라엘의 하나님의 종이라는 사실을 기억해야만 했다.

V. 다윗은 솔로몬에게 그 일을 계속해서 진행시킬 것을 격려한다(13절). "강하고 담대하라. 비록 그 일이 엄청난 대 역사라 할지라도, 너는 시작했으나 완성하지 못하는 어리석은 건축자라는 비난을 들을 것을 염려할 필요가 없느니라. 그것은 하나님의 일이므로 반드시 완성에 이르게 될 것이니라. 두려워하지 말고 놀라지 말지어다." 영적인 싸움에서와 마찬가지로 영적인 일에 있어서도 우리에게 굳센 용기와 결심이 필요하다.

VI. 다윗은 솔로몬에게 자신이 준비한 것에 머무르지 말고 거기에 더하라고 당부한다(14절).   다른 사람이 하던 일을 이어받은 자는 계속해서 그 일을 진전시켜 나가야만 한다.

VII. 다윗은 솔로몬을 위해 기도한다.   여호와께서 네게 지혜와 총명을 주사 네게 이스라엘을 다스리게 하시고 네 하나님 여호와의 율법을 지키게 하시기를 더욱 원하노라(12절). 우리에게 어떤 책무가 주어졌을 때 만일 하나님이 우리를 불러 그러한 책무를 부여하셨음을 안다면, 우리는 하나님이 우리에게 그러한 책무를 감당할 수 있는 지혜까지도 주실 것을 바랄 수 있다. 어쩌면 솔로몬은 이러한 아버지의 기도 속에서 그가 일천번제 후 드린 다음과 같은 위대한 기도를 생각해냈는지도 모른다: 여호와여 내게 지혜롭고 총명한 마음을 주소서. 다윗은 다음과 같이 말을 맺는다(16절): 너는 일어나 일하라 여호와께서 너와 함께 계실지로다. 하나님의 함께 계심에 대한 소망이 우리의 노력을 약화시켜서는 안 된다. 설령 하나님이 우리와 함께 계실지라도, 우리는 일어나 일해야만 한다. 만일 우리가 그렇게 한다면, 우리는 하나님이 우리와 함께 계시며 또 함께 계실 것을 믿을 만한 충분한 이유를 갖게 된다. 너희의 구원을 이루라. 그러면 하나님이 너희 안에서 일하실 것이다.

[17]다윗이 또 이스라엘 모든 방백에게 명령하여 그의 아들 솔로몬을 도우라 하여 이르되 [18]너희 하나님 여호와께서 너희와 함께 계시지 아니하시느냐 사면으로 너희에게 평온함을 주지 아니하셨느냐 이 땅 주민을 내 손에 넘기사 이 땅으로 여호와와 그의 백성 앞에 복종하게 하셨나니 [19]이제 너희는 마음과 뜻을 바쳐서 너희 하나님 여호와를 구하라 그리고 일어나서 여호와 하나님의 성전을 건축하고 여호와의 언약궤와 하나님 성전의 기물을 가져다가 여호와의 이름을 위하여 건축한 성전에 들이게 하라 하였더라

다윗은 여기에서 이스라엘의 방백들에게 솔로몬을 도와 성전 건축의 대역사를 이룰 것을 당부한다. 왕위에 앉은 자는 주위에 있는 신하들이 협력하지 않는 한 아무 일도 할 수 없는 법이다. 따라서 다윗은 방백들을 비롯한 모든 사람들에게 솔로몬을 돕도록 지시함으로써 그 일이 수월하게 이루어지도록 했다.

1. 다윗은 방백들에게 그 일에 열심을 내야 할 이유를 설명한다. 그것은 하나님이 그들을 위해 큰일을 행하셨기 때문이었다. 따라서 그들은 마땅히 하나님께 대한 감사로써 그 일을 행해야만 했다. 하나님은 그들에게 승리와 평온을 주셨으며 또한 기업으로서 좋은 땅을 주셨다(18절). 하나님이 우리를 위해 더 많은 일을 행하실수록 우리도 또한 하나님을 위해 더 많은 일을 행하도록 힘써야 한다.

2. 다윗은 방백들에게 그 일에 더욱 열심을 낼 것을 재촉한다(19절). "너희는 마음과 뜻을 바쳐서 너희 하나님 여호와를 구하라. 그분의 영광에서 눈을 떼지

말며 항상 그의 은총을 구하라. 그분을 너희의 최고의 선과 최고의 목적으로 삼으라. 그리고 이 일을 너희의 마음과 뜻을 다해 행하라. 믿음의 일을 너희의 최우선으로 삼으라. 그러면 너희는 하나님의 성소를 건축하는데 드는 수고와 비용을 결코 아끼지 않게 될 것이라." 먼저 마음으로 하여금 전심으로 하나님을 향하게 하라. 그러면 머리와 손과 재물과 모든 것이 즐거이 그분을 향하게 될 것이다.

제

— 23 —

장

개요

우리는 앞 장에서 다윗이 성전 건축을 준비하며 당부한 이야기를 살펴보았다. 이제 본 장과 다음 장에서 우리는 그가 성전 예배를 체계적으로 조직하는 것을 보게 된다. 다윗이 통치하던 동안 우리는 레위지파의 직무와 각종 규례들이 시행되기는 했지만 그러나 반차를 따라 체계적으로 이루어지지는 못했을 것이라고 추측할 수 있다. 이제 다윗은 왕이면서 동시에 선지자로서 신적인 권능을 가지고 레위지파의 직무를 체계화한다. 본 장의 내용은 다음과 같다. I. 다윗이 솔로몬을 자신의 후계자로 선언함(1절). II. 다윗이 레위인들을 계수하고 각각 직무를 부여함(2-5절). III. 다윗이 레위인들을 각 가문대로 계수함(6-23절). IV. 다윗이 레위인들 가운데 20세 이상 된 자들을 새롭게 계수하고 각각에게 직무를 부여함(24-32절). 성전 건축을 위해 금과 은을 준비할 때와 마찬가지로 이 일에도 다윗은 심혈을 기울여 준비했다. 성전을 건축하는 것도 중요하지만, 그 곳에서 행하여질 일 또한 그에 못지않게 중요하기 때문이었다.

¹다윗이 나이가 많아 늙으매 아들 솔로몬을 이스라엘 왕으로 삼고 ²이스라엘 모든 방백과 제사장과 레위 사람을 모았더라 ³레위 사람은 삼십 세 이상으로 계수하니 모든 남자의 수가 삼만 팔천 명인데 ⁴그 중의 이만 사천 명은 여호와의 성전의 일을 보살피는 자요 육천 명은 관원과 재판관이요 ⁵사천 명은 문지기요 사천 명은 그가 여호와께 찬송을 드리기 위하여 만든 악기로 찬송하는 자들이라 ⁶다윗이 레위의 아들들을 게르손과 그핫과 므라리에 따라 각 반으로 나누었더라 ⁷게르손 자손은 라단과 시므이라 ⁸라단의 아들들은 우두머리 여히엘과 또 세담과 요엘 세 사람이요 ⁹시므이의 아들들은 슬로밋과 하시엘과 하란 세 사람이니 이는 라단의 우두머리들이며 ¹⁰또 시므이의 아들들은 야핫과 시나와 여우스와 브리아이니 이 네 사람도 시므이의 아들이라 ¹¹그 우두머리는 야핫이요 그 다음은 시사며 여우스와 브리아는 아들이 많지 아니하므로 그들과 한 조상의 가문으로 계수되었더라 ¹²그핫의 아들들은 아므람과 이스할과 헤브론과 웃시엘 네 사람이라 ¹³아므람의 아들들은 아론과 모세

이니 아론은 그 자손들과 함께 구별되어 몸을 성결하게 하여 영원토록 심히 거룩한 자가 되어 여호와 앞에 분향하고 섬기며 영원토록 그 이름으로 축복하게 되었느니라 ¹⁴하나님의 사람 모세의 아들들은 레위 지파 중에 기록되었으니 ¹⁵모세의 아들은 게르솜과 엘리에셀이라 ¹⁶게르솜의 아들중에 스브엘이 우두머리가 되었고 ¹⁷엘리에셀의 아들들은 우두머리 르하뱌라 엘리에셀에게 이 외에는 다른 아들이 없고 르하뱌의 아들들은 심히 많았으며 ¹⁸이스할의 아들들은 우두머리 슬로밋이요 ¹⁹헤브론의 아들들은 우두머리 여리야와 둘째 아마랴와 셋째 야하시엘과 넷째 여가므암이며 ²⁰웃시엘의 아들들은 우두머리 미가와 그 다음 잇시야더라 ²¹므라리의 아들들은 마흘리와 무시요 마흘리의 아들들은 엘르아살과 기스라 ²²엘르아살이 아들이 없이 죽고 딸만 있더니 그의 형제 기스의 아들이 그에게 장가 들었으며 ²³무시의 아들들은 마흘리와 에델과 여레못 세 사람이더라

I. 하나님의 뜻에 따라 왕위가 솔로몬에게 이어짐(1절). 다윗은 솔로몬을 왕으로 삼았는데, 그것은 자신과 함께 다스리거나 혹은 자신 아래서 다스리도록 하기 위한 것이 아니라 단지 자기 후에 다스리도록 하기 위한 것이었다.

1. 이 일을 그는 늙어 수한이 찼을 때 행했다. 그는 70세에 죽었으며, 이 세상에서의 삶을 만족히 여겼다. 죽을 날이 가까웠음을 깨달았을 때, 그는 자신이 죽고 난 후에도 나라가 계속해서 번영해 가기를 위해 준비하면서 정치와 교회가 함께 굳건히 안정될 것을 바라보며 기뻐했다.

2. 이 일을 그는 이스라엘의 모든 방백과 지도자들이 모인 자리에서 행했다. 그 모임은 솔로몬을 제쳐놓고 아도니야를 왕으로 세우려고 했던 바로 그 모임이었다. 솔로몬의 왕위 계승은 이미 결정된 일이었다. 그럼에도 불구하고 그를 제쳐놓고 아도니야를 왕으로 세우려고 한 시도는 참으로 뻔뻔스럽고 불경하며 엉뚱한 것이었다. 성전을 위해 왕위를 확고히 하는 것은 백성들에게도 큰 축복일 뿐만 아니라 또한 세상을 떠나는 자들에게도 크게 만족스러운 일이다.

II. 모세 때의 규칙에 따라 30세부터 50세까지의 레위인들이 계수됨(민 4:2, 3). 모세 때 그들의 숫자는 8,580명이었지만(민 4:47, 48) 지금은 38,000명으로서 네 배 이상 증가되었다(모세 때처럼 50세 이상은 계수하지 않은 것으로 가정할 때). 이러한 증가율은 다른 지파의 증가율보다 훨씬 더 큰 것이었다. 요압은 레위인들을 계수하지 않았었다(21:6). 그러나 다윗은 지금 그들을 계수했

는데, 그것은 교만이나 자랑을 위해서가 아니라 선한 목적을 위해서였으므로 그로 인해 하나님의 진노를 두려워할 필요가 없었다.

III. 레위인들에게 각각 직무가 부여됨(4, 5절).   이렇게 함으로써 모든 레위인이 각자의 직무를 수행함으로써 모든 사역이 차질 없이 이행될 수 있었다. 이렇게 하여 많은 수의 종들이 하나님의 영광을 위해 그분의 전에서 섬기게 되었다. 사람의 위용은 그를 따르는 수행원의 숫자에 달려 있는 법이다. 하나님이 이스라엘 가운데 거하실 때, 이스라엘이 얼마나 잘 양육 받으며 가르침 받으며 번성하는지 보라. 그러나 하늘 보좌의 수행원들 즉 헤아릴 수 없을 정도로 많은 무리의 천군천사들과 비교할 때 이들은 아무것도 아니다. 백성들 가운데 신앙을 지키며 증진시키는 직무를 맡은 큰 무리의 사람들이 있었다는 사실은 이스라엘에게 있어 큰 복이었다. 만일 이스라엘에서 하나님께 대한 예배가 부패한다면, 그것은 그 일을 맡은 자들이 부족했기 때문이 아니라 그 일을 맡은 자들이 부주의하며 올바로 행하지 않았기 때문일 것이다. 레위인들에게 다음과 같은 네 가지 직무가 부여되었다.

1. 가장 많은 수의 레위인들에게 여호와의 성전의 일을 보살피는 직무가 부여되었다(4절). 전체의 3분의 2에 가까운 24,000명의 레위인이 이러한 직무에 임명되었다. 그들에게 맡겨진 직무는 제사장을 수종드는 가운데 제물을 죽이고, 가죽을 벗기며, 고기를 씻고, 자르며, 불사르며, 소제물과 관제물을 준비하며, 쓰레기를 치우며, 성전의 모든 그릇과 비품들을 청결하게 유지하며, 모든 물건을 제자리에 위치시키는 등의 일이었다. 그들은 이 모든 직무를 신속하고 정확하게 수행해야 했다. 그들은 24반차로 나뉘어 매주 1,000명씩 돌아가면서 섬겼다. 아마도 성전이 건축되고 있는 동안에도 그들 가운데 일부는 그 일을 감독하면서 성전의 예법과 올바른 순서에 따라 일하도록 지시하는 일을 했을 것이다.

2. 어떤 레위인들에게는 관원과 재판관의 직무가 부여되었다. 그들은 성전에서 일어나는 분쟁에 대해서는 관여하지 않고, 다만 각 지역에서 일어나는 분쟁만을 주관했다(성전과 관련한 분쟁은 아마도 제사장이 주관했을 것으로 추측된다). 그들은 지역의 지도자들로서 백성들에게 하나님의 율법을 지키도록 하고, 어려운 문제를 해결해 주며, 백성들 가운데 일어나는 분쟁을 판결해 주었다. 그들은 모두 6,000명이었는데, 이스라엘의 모든 지역에서 각 지파들의 방

백과 장로들을 도와 공의를 시행하는 일을 맡았다.

3. 어떤 레위인들에게는 문지기의 직무가 부여되었다(5절). 그들은 하나님의 전으로 통하는 모든 길을 지키며, 통행하는 자들을 검열하며, 불법적으로 들어오려는 자들을 막는 일을 수행했다. 이들은 성전을 지키는 자들이었으므로 아마도 무기를 들고 그 일을 수행했을 것이다.

4. 어떤 레위인들에게는 찬송하며 악기를 연주하는 직무가 부여되었다. 그들의 직무는 예배를 돕는 것이었는데, 이것은 새로 세워진 직책이었다.

Ⅳ. 레위인들이 각 가문과 종족에 따라 배치됨. 그렇게 함으로써 그들의 직무가 좀 더 원활하게 수행될 수 있었으며, 또한 맡은 직무를 소홀히 하는 자를 좀 더 쉽게 찾아낼 수 있었다. 또 같은 가문에 속한 자들을 함께 일하도록 함으로써 서로 사랑하며 협력하도록 할 수 있었다. 그리스도께서도 제자들을 파송하실 때, 형제 된 자들을 둘씩 짝지워 보내셨다. 두 가문이 한 가문으로 합쳐진 경우도 있었는데, 그것은 그들에게 아들이 많지 않았기 때문이었다(11절). 수가 적고 미약한 자들은 서로 연합함으로써 수도 많고 강해질 수 있다. 레위의 각 가문에 대한 이러한 이야기 가운데 가장 주목할 만한 것은 모세의 자손들이 어떤 위엄이나 특권도 갖지 않은 채 보통 레위인과 동일한 반열에 서 있었던 사실이었다. 반면 아론의 자손들은 제사장의 직분을 부여 받음으로써 심히 거룩한 자로 성별되었다(13절). 또 우리는 여기에서 모세의 손자 르하뱌의 아들들이 심히 많았다는 이야기를 듣는다(17절). 하나님이 "내가 너로 큰 민족이 되게 하겠다"고 제안하셨을 때, 모세는 그러한 제안을 겸손하게 거절했었다. 이에 하나님은 모세의 그러한 거절을 기쁘시게 받으시고 그에 대한 보상으로 그의 가문을 크게 번성케 하셨으며, 그들은 레위 지파의 부족한 수를 보충했다.

1. 모세가 자신의 가문을 다른 가문과 동등하게 만든 것은 그의 자기부인의 증거이다. 만일 그가 하나님과 사람에 대한 자신의 영향력을 자신의 가문을 존귀케 하며 부요케 하는데 사용하고자 했다면, 그는 쉽게 그렇게 할 수 있었을 것이다. 그러나 자신의 아들들에게 어떤 특권도 남겨주지 않은 데서 나타나는 것처럼, 그는 결코 자신만을 구하는 사람이 아니었다. 이것은 그가 세상의 영을 가진 자가 아니라 하나님의 영을 가진 자였음을 나타내는 분명한 표적이었다.

2. 아론의 가문이 존귀를 얻은 것은 그의 자기부인에 대한 보상이었다. 모

세가 바로에게 하나님처럼 되고 자신은 단지 그의 선지자(prophet) 혹은 말하는 자(spokeman)가 되어 그가 지시하며 명령하는 대로 말하며 따라야 했을 때, 아론은 이에 대해 이의를 제기하거나 자신이 형이라는 사실을 내세우지 않았다. 도리어 그는 하나님이 자신에게 부여하신 낮은 자리를 기꺼이 취하는 가운데 모세에게 순복하면서 그를 '나의 주' 라 불렀다. 이와 같이 그가 스스로를 겸비케 하면서 하나님의 뜻에 순응하여 동생에게 순복했기 때문에, 하나님은 그의 가문을 지극히 높이셨다. 자기를 낮추는 자는 높아질 것이며, 겸손은 존귀의 앞잡이이다.

[24]이는 다 레위 자손이니 그 조상의 가문을 따라 계수된 이름이 기록되고 여호와의 성전에서 섬기는 일을 하는 이십세 이상 된 우두머리들이라 [25]다윗이 이르기를 이스라엘 하나님 여호와께서 평강을 그의 백성에게 주시고 예루살렘에 영원히 거하시나니 [26]레위 사람이 다시는 성막과 그 가운데에서 쓰는 모든 기구를 멜 필요가 없다 한지라 [27]다윗의 유언대로 레위 자손이 이십 세 이상으로 계수되었으니 [28]그 직분은 아론의 자손을 도와 여호와의 성전과 뜰과 골방에서 섬기고 또 모든 성물을 정결하게 하는 일 곧 하나님의 성전에서 섬기는 일과 [29]또 진설병과 고운 가루의 소제물 곧 무교전병이나 과자를 굽는 것이나 반죽하는 것이나 또 모든 저울과 자를 맡고 [30]아침과 저녁마다 서서 여호와께 감사하고 찬송하며 [31]또 안식일과 초하루와 절기에 모든 번제를 여호와께 드리되 그가 명령하신 규례의 정한 수효대로 항상 여호와 앞에 드리며 [32]또 회막의 직무와 성소의 직무와 그들의 형제 아론 자손의 직무를 지켜 여호와의 성전에서 수종드는 것이더라

I. 일할 수 있는 레위인들을 다시 계수함. 모세의 때에는 30세가 되기 전에는 섬김의 일을 할 수 없었으며 25세가 되어서야 비로소 견습생이 될 수 있었던 반면(민 8:24), 다윗은 하나님의 인도하심 가운데 여호와의 전에서 섬기는 일을 위해 20세 이상 된 자들을 계수하라고 명령했다(24절). 이러한 명령을 그는 유언으로 확정했으며(27절), 그렇게 함으로써 금후 계속해서 그와 같이 할 것을 분명하게 지시했다. 그러나 그렇게 한 것은 그가 아니라 하나님이셨다.

1. 25세가 되지 못함으로 아무 직책도 부여받지 못한 젊은 레위인들 가운데 많은 사람들이 아마도 게으름의 습관에 빠지거나 혹은 쾌락에 탐닉함으로써

자신들의 명성에 오점을 남기고 그럼으로써 향후 사역에 걸림돌이 되는 경우가 종종 있었던 것으로 보인다. 그리하여 그러한 폐해를 막고자 20세 이상부터 훈련을 받도록 한 것으로 보인다. 좋은 일꾼이 되고자 하는 자들은 일찍부터 스스로 삼가는 법을 배워야만 한다.

2. 레위인의 일이 성막과 기구 등의 무거운 짐을 나르는 것일 때, 하나님은 충분한 힘을 쓸 나이가 될 때까지는 그들을 그와 같은 직무로 부르지 않으셨다. 왜냐하면 하나님은 우리의 체질을 고려하시고 우리가 감당할 수 있는 이상의 짐을 지우지 않으시기 때문이다. 그러나 이제 하나님은 자기 백성들에게 안식을 주셨고, 예루살렘을 당신의 영원한 처소로 삼으심으로써 성막과 기구를 옮길 일이 더 이상 없게 되었다. 따라서 레위인의 일은 훨씬 쉬워졌으며, 20세에 사역을 시작하더라도 결코 과중한 사역이 되지 않을 것이었다.

3. 이제 이스라엘 백성은 크게 번성했으며 예루살렘은 사람들이 많이 모이는 곳이 되었다. 더욱이 그 곳에 성전이 건축되게 되면 예루살렘은 실로나 놉이나 기브온보다도 훨씬 더 사람들이 많이 왕래하는 곳이 될 것이었다. 그러므로 성전 예배에 더 많은 손이 필요하게 되었으며, 제물을 가져오는 모든 이스라엘 백성들을 도울 레위인들이 더욱 많이 있어야만 했다. 해야 할 일이 많을 때 일꾼이 부족한 것은 얼마나 안타까운 일인가? 추수할 것이 많을 때 왜 일꾼이 적어야 한단 말인가?

II. 레위인의 직무에 대한 좀 더 상세한 설명. 제사장의 일은 심히 거룩한 자가 되어 여호와 앞에 분향하고 섬기며 영원토록 그 이름으로 축복하는 것이었다(13절). 레위인들은 그러한 제사장의 일에 끼어들어서는 안 되었다. 반면 그들에게도 각자에게 부여된 선한 일들이 많이 있었다(4, 5절).

1. 여호와의 성전의 일을 보살피는 일을 부여받은 자들은 아론의 자손을 도와 뜰과 골방들을 청소하며, 각종 물건들을 제자리에 위치시키며, 필요할 때마다 사용할 수 있도록 준비하는 등 하나님의 성전의 허드렛일을 수행해야만 했다(하나님을 위한 일이 허드렛일이라고 불려질 수 있다면). 그들은 제사장들로 하여금 떡상에 놓도록 진설병을 준비하며, 소제를 위한 고운 가루와 과자를 준비해야 했다.

2. 관원과 재판관의 일을 부여받은 자들은 모든 저울과 자와 같은 눈을 가져야만 하였다. 성소에는 모든 무게와 치수를 재는 저울과 자를 두어야만 했다.

레위인들은 그것들을 잘 관리하고 있다가 필요할 때마다 그것들로 무게와 치수를 정확하게 측량해야 했다.

3. 찬양하는 자들에게 부여된 일은 아침과 저녁 제사마다 그리고 안식일과 초하루 등의 때에 서서 여호와께 감사와 찬송을 드리는 일이었다(30, 31절). 모세는 특별한 절기에 번제와 다른 제물을 드릴 때 나팔을 불라고 지시했다(민 10:10). 나팔소리는 예배자들에게 경외심과 감동을 불러일으킬 수 있지만, 그러나 여기에서 다윗이 지시한 대로 찬송을 부르는 것보다는 덜 분명하고, 모호한 것이었다. 유대교회는 이제 유아기를 벗어나 좀 더 지성적인 모양으로 자랐으며, 마침내 복음시대에 이르러는 어린아이의 일을 벗게 될 것이다(고전 13:11; 갈 4:3, 9).

4. 문지기들에게 부여된 일은 회막의 직무와 성소의 직무를 지키는 것이었다(32절). 그들은 허락된 자들 외에는 아무도 가까이 나아오지 못하게 막았으며, 그들의 허락이 없는 한 누구도 가까이 나아올 수 없었다. 또한 그들은 아론 자손의 직무를 지켰다. 그들은 아론 자손의 지시를 따르며 그들이 시키는 일을 하였지만, 그럼에도 불구하고 여기에서 형제로 일컬어졌다. 이를 통해 아론의 자손들은 비록 제사장이라는 존귀한 직분을 가지고 있다 할지라도 자신들이 일반 레위인들과 같은 반석에서 쪼개져 나온 자들이라는 사실을 기억하고 그들을 주관할 것이 아니라 범사에 형제로써 대우할 것을 되새겨야만 했다.

제 24 장

개요

　본 장에서 우리는 각 가문을 따라 직무를 수행하도록 하기 위해 제사장과 레위인들을 반차대로 분배하는 것을 보게 된다. I. 제사장들에 대해(1-19절). II. 레위인들에 대해(20-31절).

¹아론 자손의 계열들이 이러하니라 아론의 아들들은 나답과 아비후와 엘르아살과 이다말이라 ²나답과 아비후가 그들의 아버지보다 먼저 죽고 그들에게 아들이 없으므로 엘르아살과 이다말이 제사장의 직분을 행하였더라 ³다윗이 엘르아살의 자손 사독과 이다말의 자손 아히멜렉과 더불어 그들을 나누어 각각 그 섬기는 직무를 맡겼는데 ⁴엘르아살의 자손 중에 우두머리가 이다말의 자손보다 많으므로 나눈 것이 이러하니 엘르아살 자손의 우두머리가 열여섯 명이요 이다말 자손은 그 조상들의 가문을 따라 여덟 명이라 ⁵이에 제비 뽑아 피차에 차등이 없이 나누었으니 이는 성전의 일을 다스리는 자와 하나님의 일을 다스리는 자가 엘르아살의 자손 중에도 있고 이다말의 자손 중에도 있음이라 ⁶레위 사람 느다넬의 아들 서기관 스마야가 왕과 방백과 제사장 사독과 아비아달의 아들 아히멜렉과 및 제사장과 레위 사람의 우두머리 앞에서 그 이름을 기록하여 엘르아살의 자손 중에서 한 집을 뽑고 이다말의 자손 중에서 한 집을 뽑았으니 ⁷첫째로 제비 뽑힌 자는 여호야립이요 둘째는 여다야요 ⁸셋째는 하림이요 넷째는 스오림이요 ⁹다섯째는 말기야요 여섯째는 미야민이요 ¹⁰일곱째는 학고스요 여덟째는 아비야요 ¹¹아홉째는 예수아요 열째는 스가냐요 ¹²열한째는 엘리아십이요 열두째는 야김이요 ¹³열셋째는 바요 열넷째는 예세브압이요 ¹⁴열다섯째는 빌가요 열여섯째는 임멜이요 ¹⁵열일곱째는 헤실이요 열여덟째는 합비세스요 ¹⁶열아홉째는 브다히야요 스무째는 여헤스겔이요 ¹⁷스물한째는 야긴이요 스물두째는 가물이요 ¹⁸스물셋째는 들라야요 스물넷째는 마아시야라 ¹⁹이와 같은 직무에 따라 여호와의 성전에 들어가서 그의 아버지 아론을 도왔으니 이는 이스라엘의 하나님 여호와께서 명하신 규례더라

이와 같은 제사장의 직무규례에 대한 상세한 설명은 오늘날의 우리에게는 별로 소용이 없지만 그러나 에스라가 이것을 기록할 당시 이것은 포로에서 돌아온 후 예배생활을 재개함에 있어 매우 중요한 의미를 갖는 것이었다. 1절은 본 기록의 제목이다: 아론 자손의 계열들이 이러하니라. 이와 같이 계열로 나눈 것은 그들로 하여금 서로 나뉘어 반목하도록 하기 위함이 아니라 그들 사이에 직무를 질서 있게 분배하기 위한 것이었다. 그것은 하나님이 만드신 그리고 하나님을 위해 만들어진 구분이었다.

1. 이러한 분배는 제사장의 직무를 좀 더 질서 있게 시행하도록 하기 위한 것이었다. 하나님은 ― 특별히 예배의 일에 있어 ― 혼돈의 하나님이 아니라 질서의 하나님이시다. 질서 없는 무리는 단지 방해물에 불과하며 소동의 원인일 뿐이다. 그러나 모든 사람이 각자 자신의 위치를 알고 지키면, 숫자는 많으면 많을수록 좋다. 신비한 몸에 있어서도, 모든 지체는 몸 전체의 유익을 위해 각자 나름대로의 용도가 있다(롬 12:4, 5; 고전 12:12).

2. 이러한 분배는 제비뽑기에 의해 이루어짐으로써 그 처분을 하나님께 맡겼다. 그럼으로써 모든 분쟁과 다툼을 막을 수 있었으며, 어느 누구도 공평하게 행하지 않았다는 비난을 받을 필요가 없었다. 하나님은 질서의 하나님이신 것처럼 또한 화평의 하나님이시다. 솔로몬은 제비뽑기에 대하여 그것이 다툼을 그치게 하는 것이라고 말한다.

3. 제비는 왕과 방백과 제사장들 앞에서 공개적으로 그리고 엄숙하게 던져졌다. 그럼으로써 부정이 개입될 여지가 없었으며 모든 면에서 의심의 여지 없이 공평했다. 제비는 하나님께 호소하는 것이므로 그에 상응하여 경외심과 진지함을 가지고 행해져야 했다. 맛디아 역시도 기도와 함께 제비뽑기에 의해 사도로 선택되었다(행 1:24, 26). 나는 이러한 제비뽑기가 오늘날에도 비슷한 상황에서 하나의 규례로서 계속해서 사용될 수 있다고 생각한다. 우리는 여기에서 제비를 뽑고 이름을 기록하는 일을 맡았던 서기관의 이름을 보게 된다(6절): 레위 사람 느다넬의 아들 서기관 스마야.

4. 제비에 의해 뽑힌 자들의 직무는 각 반열과 순번에 따라 성소의 제반 일을 주관하는 것이었다(5절). 제비뽑기에 의해 결정된 것은 섬기는 순서였다. 다시 말해서 누가 섬길 것인가 하는 것이 아니라 누가 첫 번째로 섬기며 다음은 누구인지를 결정함으로써 모든 사람들로 하여금 자신의 순서를 알고 그에

따라 섬길 수 있게 하려는 것이었다. 24명의 우두머리 제사장 가운데 16명은 엘르아살 가문 출신이었으며, 여덟 명은 이다말 가문 출신이었다. 이다말 가문은 엘리의 집에 멸망이 선언된 이후 계속해서 위축된 것으로 추측된다(엘리는 이다말 가문 출신이었다). 제비를 뽑는 방법이 6절에 언급되고 있는데, 엘르아살의 자손 중에서 한 집을 뽑고 이다말의 자손 중에서 한 집을 뽑는 방식이었다. 엘르아살 가문 출신 16명의 이름이 한 단지에 놓여지고, 이다말 가문 출신 8명의 이름이 다른 단지에 놓여졌다. 그들은 이다말 쪽의 이름이 떨어지고 엘르아살 쪽의 이름만 남을 때까지 번갈아 제비를 뽑거나, 아니면 엘르아살 쪽에서 두 번 제비뽑고 이다말 쪽에서 한 번 제비뽑았을 것이다.

5. 24반열 가운데 여덟 번째는 아비야 혹은 아비아 반열인데(10절), 이 반열은 세례 요한의 아버지 사가랴가 속한 반열이었다(눅 1:5). 이를 통해 우리는 다윗이 제정한 이러한 반열들이 로마 사람들에 의해 둘째 성전이 파괴될 때까지 계속해서 이어졌음을 알 수 있다(물론 악한 왕들이 통치하던 동안 잠깐 잠깐 간헐적으로 중단되고 또 바벨론 포로 동안에는 오랜 기간 끊어지기도 했다 할지라도). 그리고 각 반열은 그것이 처음 세워진 자의 이름으로 불려졌는데(예컨대 여호야립 반열, 여다야 반열, 아비야 반열 등으로), 그것은 그의 위엄과 권세를 계승했기 때문이었다(이것은 대제사장이 여기에서 아론으로 불려진 것과 같은 이치였다, 19절). 대제사장이 누구든지 간에 하급 제사장들은 그를 마치 자신들의 아버지 아론처럼 존경하며 순종해야만 했다. 그리스도는 제사장이 된 모든 신자들이 복종해야 할 하나님의 집을 맡은 대제사장이시다.

[20]레위 자손 중에 남은 자는 이러하니 아므람의 아들들 중에는 수바엘이요 수바엘의 아들들 중에는 예드야며 [21]르하뱌에게 이르러는 그의 아들들 중에 우두머리 잇시야요 [22]이스할의 아들들 중에는 슬로못이요 슬로못의 아들들 중에는 야핫이요 [23]헤브론의 아들들은 장자 여리야와 둘째 아마랴와 셋째 야하시엘과 넷째 여가므암이요 [24]웃시엘의 아들들은 미가요 미가의 아들들 중에는 사밀이요 [25]미가의 아우는 잇시야라 잇시야의 아들들 중에는 스가랴이며 [26]므라리의 아들들은 마흘리와 무시요 야아시야의 아들들은 브노이니 [27]므라리의 자손 야아시야에게서 난 자는 브노와 소함과 삭굴과 이브리요 [28]마흘리의 아들 중에는 엘르아살이니 엘르아살은 아들이 없으며 [29]기스에게 이르러는 그의 아들 여라므엘이요 [30]무시의 아들들은 마흘리와

에델과 여리못이니 이는 다 그 조상의 가문에 따라 기록한 레위 자손이라 [31]이 여러 사람도 다윗 왕과 사독과 아히멜렉과 제사장과 레위 우두머리 앞에서 그들의 형제 아론 자손처럼 제비 뽑혔으니 장자의 가문과 막내 동생의 가문이 다름이 없더라

여기 열거된 대부분의 레위인들은 앞에서도 언급되었다(23:16 이하). 그들은 제사장을 도와 하나님의 전에서 섬기는 일을 하는 자들이었다. 그러나 그들은 여기에서 레위 지파 24반열의 우두머리들로서 다시 언급된다. 제사장이 24반열로 나뉘어진 것처럼 그들 역시도 24반열로 나뉘어져야 했다. 그들 역시도 그들의 형제 아론 자손처럼 제비를 뽑았다(31절). 여기에서 제사장들을 그들의 주라고 부르지 않고 형제라고 부르는 것을 주목하라. 아론의 자손 제사장들은 레위인들을 종처럼 주관해서는 안 되었다. 베드로전서 5장 3절을 보라(맡은 자들에게 주장하는 자세를 하지 말고 양 무리의 본이 되라). 제비뽑기의 모든 결과는 하나님께 맡겨졌으며, 모든 우두머리들이 제비를 뽑았다. 그리고 장자의 가문과 막내 동생의 가문이 다름이 없었다. 다시 말해서, 형의 가문에서 나온 사람들과 동생의 가문에서 나온 사람들 사이에 어떤 차별도 없었으며, 형제간의 서열에 의해서가 아니라 제비가 떨어지는 대로, 즉 하나님에 의해 순서가 정해졌다. 그리스도 안에 종과 자유자가 하나이며 형과 동생이 하나라는 사실을 주목하라. 비록 동생이라 할지라도 신실하고 참되면 형보다 더 받으심직한 자가 될 것이다.

제 25 장

개요

레위인을 24반열로 나눈 후에 계속해서 다윗은 성전에서 찬송하는 일을 맡은 자들을 체계적으로 조직한다. 본 장의 내용은 다음과 같다. I. 찬송하는 일을 맡은 자들. 아삽과 헤만과 여두둔과(1절), 그들의 아들들과(2-6절), 다른 익숙한 자들(7절). II. 그들이 섬기는 순서가 제비뽑기에 의해 결정됨(8-31절)

[1]다윗이 군대 지휘관들과 더불어 아삽과 헤만과 여두둔의 자손 중에서 구별하여 섬기게 하되 수금과 비파와 제금을 잡아 신령한 노래를 하게 하였으니 그 직무대로 일하는 자의 수효는 이러하니라 [2]아삽의 아들들은 삭굴과 요셉과 느다냐와 아사렐라니 이 아삽의 아들들이 아삽의 지휘 아래 왕의 명령을 따라 신령한 노래를 하며 [3]여두둔에게 이르러서는 그의 아들들 그달리야와 스리와 여사야와 시므이와 하사뱌와 맛디디야 여섯 사람이니 그의 아버지 여두둔의 지휘 아래 수금을 잡아 신령한 노래를 하며 여호와께 감사하며 찬양하며 [4]헤만에게 이르러는 그의 아들들 북기야와 맛다냐와 웃시엘과 스브엘과 여리못과 하나냐와 하나니와 엘리아다와 깃달디와 로맘디에셀과 요스브가사와 말로디와 호딜과 마하시옷이라 [5]이는 다 헤만의 아들들이니 나팔을 부는 자들이며 헤만은 하나님의 말씀을 가진 왕의 선견자라 하나님이 헤만에게 열네 아들과 세 딸을 주셨더라 [6]이들이 다 그들의 아버지의 지휘 아래 제금과 비파와 수금을 잡아 여호와의 전에서 노래하여 하나님의 전을 섬겼으며 아삽과 여두둔과 헤만은 왕의 지휘 아래 있었으니 [7]그들과 모든 형제 곧 여호와 찬송하기를 배워 익숙한 자의 수효가 이백팔십팔 명이라

다음을 관찰하라.

I. 하나님을 찬송하는 것이 여기에서 예언하는 것으로 불림(1-3절, 한글개역개정판에서는 '신령한 노래'로 되어 있음). 실제로 헤만은 하나님의 말씀을 가진 왕의 선견자로 불린다(5절). 그렇다고 해서 찬송하는 직무를 맡은 모든 자들

이 하나님의 이상(異像)을 보거나 장차 일어날 일들을 예언한 것은 아니었다. 다만 그렇게 불린 것은 그들이 노래하는 시편들이 선지자들에 의해 지어진 것이며 대부분 예언적인 것이었기 때문이다. 그러한 시편들의 목적은 하나님을 영화롭게 하는 것일 뿐만 아니라 성도들을 교화시키는 것이기도 했다. 사무엘의 때에도 하나님을 찬송하며 노래하는 것이 예언하는 것으로 일컬어졌다(삼상 10:5; 19:20). 사도 바울이 예언에 대해 말할 때 어쩌면 이런 의미로 말하는 경우도 있었을는지 모른다(고전 11:4; 14:24).

II. 하나님을 찬송하는 것이 여기에서 직무로, 그리고 그 일을 맡은 자들이 일꾼(일하는 자, workmen)**으로 불림**(1절). 하나님을 찬송하는 일을 맡는 것보다 더 복되고 즐거운 일이 어디에 있겠는가? 그것이 천국이 아니라면 무엇이 천국이겠는가? 그러나 그것이 여기에서 직무로 불리는 사실은 그것이 우리가 분발하여 감당해야 할 우리의 의무임을 암시한다. 타락과 약함 가운데 있는 우리에게 있어 애쓰고 노력하지 않는다면 하나님을 찬송하는 일도 온전히 이루어지지 못할 것이다. 우리의 마음을 하나님을 찬송하는 일에 집중하기 위해서는 마땅히 우리는 수고와 고통의 값을 치러야만 한다.

III. 여기에 수금, 비파, 제금 등 매우 다양한 악기들이 사용됨(1, 6절). 또 나팔을 부는 자 즉 관악기를 사용하는 자들도 있었다(5절). 하나님을 찬송하는 일에 여러 악기들을 협주로 사용하는 것은 오늘날 별로 시행되지 않는다. 그러나 자신의 여흥을 위해 그러한 협주를 사용하는 자들은 음악이 거룩하게 여겨졌던 때를 생각하면서 그것이 부도덕하고 타락한 것이 되지 않도록 항상 조심해야 한다. 또 우리는 음악을 세속적인 목적으로 사용하다가 정죄를 당한 자들도 있었음을 기억해야 한다. 아모스 6장 5절을 보라(비파 소리에 맞추어 노래를 지절거리며 다윗처럼 자기를 위하여 악기를 제조하며).

IV. 이 모든 성전음악의 목적은 하나님을 영화롭게 하며 존귀케 하는 것이었음. 목소리로 노래하는 것이든 악기로 연주하는 것이든 마찬가지였다. 노래하는 자들에게 부여된 직무는 여호와께 감사하며 찬양하는 것이었다(3절). 그들이 배운 것은 여호와를 찬송하는 것(7절) 즉 여호와의 전에서 노래하는 것이었다(6절). 이것은 복음교회에서 찬송이 영속화되어야 하는 것과 마찬가지이다(엡 5:19).

V. 이들은 모두 왕의 명령과 지휘 아래 있었음(2, 6절). 이 모든 일에 있어

다윗은 한 사람의 선지자로서 행동했다. 그러나 그가 이와 같이 하나님의 규례를 지키는데 크게 착념한 사실은 모든 권세자들로 하여금 그들의 권세를 신앙을 증진하며 그리스도의 율법을 강화하는데 사용해야 한다는 사실을 일깨워 주는 좋은 본보기가 된다. 이와 같이 권세자들은 선을 위한 하나님의 일꾼이 되어야 한다.

VI. 아삽과 헤만과 여두둔 등 아버지들이 직무를 주관하고(1절) **아들들이 그들의 지휘를 받음**(2, 3, 6절). 이것은 하나님의 일을 수행함에 있어 그리고 특별히 하나님을 찬양하는 일에 있어 위에서 아래로 계승되는, 다시 말해서 부모로부터 자녀에게로 혹은 선배로부터 후배에게로 이어지는 것보다 더 중요하고 효과적인 것은 없다는 사실을 일깨워 준다. 또한 이것은 젊은이들로 하여금 윗사람에게 순복하고 가능한 그들의 수하에서 행할 것을 가르쳐 준다. 헤만과 아삽과 여두둔이 사무엘이 세우고 주관한 선지자 학교에서 교육받았을 것이라는 추측은 충분히 가능하다. 그 때 그들은 생도들이었지만 이제는 스승이 되었다. 무슨 일에든지 탁월한 자가 되려는 자들은 일찍 시작하여 스스로를 준비할 시간을 충분히 가져야만 한다. 예배 가운데 하나님을 찬미하는 일은 사무엘로부터 시작되었지만, 그러나 그는 그것이 완성되는 것은 보지 못했다. 다윗이 시작한 것을 솔로몬이 완성시켰듯이, 사무엘이 시작한 것은 다윗이 완성시켰다. 설령 완성시키지는 못한다 할지라도 모든 사람들은 하나님과 교회를 위해 자신들이 할 수 있는 일을 살아 있는 동안 최선을 다해 행해야 한다. 그러면 그들이 죽을 때, 하나님은 다른 사람을 세워 그로 하여금 그들이 시작한 일을 완성케 하실 것이다.

VII. 세 거장(巨匠)**의 아들들 외에도 형제라 불린 다른 사람들이 있었다**(7절). 그들은 여호와 찬송하기를 배워 그 일에 익숙해진 자들이었다. 그들은 모두 레위인들로서 총 288명이었다.

1. 이러한 숫자는 하나님의 전에서 음악으로 하나님을 섬기는 일을 하기에 충분한 숫자였다. 왜냐하면 그들은 모두 그 일에 매우 익숙하고 숙련된 자들이었기 때문이다. 왕인 다윗이 거룩한 시와 음악에 탐닉하자, 그 일에 재능이 있는 많은 사람들이 그러한 분야를 더욱 연구하고 발전시켰다. 이와 같이 예배를 아름답고 장엄하게 꾸미는 것은 신앙을 크게 진척시키는 것이다.

2. 그러나 이들은 다윗이 여호와를 찬송하는 일에 세운 4,000명과 비교할 때

매우 적은 숫자였다(23:5). 여기의 288명이 각 반열 당 12명씩 여호와의 전에서 찬송하는 일을 맡았다면, 그러면 나머지 모든 사람들은 어디로 갔단 말인가? 어쩌면 나머지 사람들도 반열대로 나뉘어 여기의 사람들이 이끄는 대로 뒤에서 받쳐주는 일을 했는지도 모른다. 그렇지 않으면 어쩌면 여기의 288명은 여호와의 전에서(6절) 찬송한 반면 나머지 사람들은 전국 각지에 흩어져 회중 가운데 찬송하는 일을 주관했는지도 모른다. 왜냐하면 제사를 드리는 것은 오직 한 장소에 국한되었던 반면, 시편을 노래하는 것은 모든 장소에서 불려질 수 있었기 때문이다(딤전 2:8).

8이 무리의 큰 자나 작은 자나 스승이나 제자를 막론하고 다같이 제비 뽑아 직임을 얻었으니 9첫째로 제비 뽑힌 자는 아삽의 아들 중 요셉이요 둘째는 그달리야이니 그와 그의 형제들과 아들들 십이 명이요 10셋째는 삭굴이니 그의 아들들과 형제들과 십이 명이요 11넷째는 이스리이니 그의 아들들과 형제들과 십이 명이요 12다섯째는 느다냐니 그의 아들들과 형제들과 십이 명이요 13여섯째는 북기야니 그의 아들들과 형제들과 십이 명이요 14일곱째는 여사렐라니 그의 아들들과 형제들과 십이 명이요 15여덟째는 여사야니 그의 아들들과 형제들과 십이 명이요 16아홉째는 맛다냐니 그의 아들들과 형제들과 십이 명이요 17열째는 시므이니 그의 아들들과 형제들과 십이 명이요 18열한째는 아사렐이니 그의 아들들과 형제들과 십이 명이요 19열두째는 하사뱌니 그의 아들들과 형제들과 십이 명이요 20열셋째는 수바엘이니 그의 아들들과 형제들과 십이 명이요 21열넷째는 맛디디야니 그의 아들들과 형제들과 십이 명이요 22열다섯째는 여레못이니 그의 아들들과 형제들과 십이 명이요 23열여섯째는 하나냐니 그의 아들들과 형제들과 십이 명이요 24열일곱째는 요스브가사니 그의 아들들과 형제들과 십이 명이요 25열여덟째는 하나니니 그의 아들들과 형제들과 십이 명이요 26열아홉째는 말로디니 그의 아들들과 형제들과 십이 명이요 27스무째는 엘리아다니 그의 아들들과 형제들과 십이 명이요 28스물한째는 호딜이니 그의 아들들과 형제들과 십이 명이요 29스물두째는 깃달디니 그의 아들들과 형제들과 십이 명이요 30스물셋째는 마하시옷이니 그의 아들들과 형제들과 십이 명이요 31스물넷째는 로맘디에셀이니 그의 아들들과 형제들과 십이 명이었더라

본 장 앞부분에 아삽과 헤만과 여두둔 등 세 명의 거장(巨匠)들로부터

태어난 24명의 아들들의 이름이 거명된다. 에단이 세 번째 거장이었지만(대상 6:44), 그러나 아마도 이러한 제도가 완성되기 전에 죽음으로써 여두둔이 그의 자리를 대신한 것으로 보인다. [그렇지 않으면 어쩌면 에단과 여두둔이 동일인 이었을는지도 모른다.] 신적 섭리는 이들 세 명으로부터 24명의 아들들이 태어 나도록 이끌었는데, 아삽이 4명의 아들을 낳고(2절) 여두둔이 6명(3절) 그리고 헤만이 14명의 아들을 낳았다(4절). 이들은 모두 음악에 큰 재능을 가지고 있 었으며 그러한 일로 부름을 받았다. 그런데 문제는 어떤 순서로 섬겨야 하는가 하는 것이었다. 그리하여 서로 먼저 하겠다는 다툼을 막기 위해 제비뽑기로 결 정하게 되었다. 서로 앞자리를 차지하려는 것은 우리 모두가 쉽게 빠질 수 있 는 죄이다.

I. 제비뽑기는 공평하게 행해졌다. 그들은 각 반열마다 12명씩 총 24반열 로 나뉘었다. 그리고 전체가 두 열로 구분되어, 각 열마다 12반열씩 나뉘었다. 그리고 나서 큰 자나 작은 자나 스승이나 제자를 막론하고 다 같이 제비를 뽑았다(8 절). 그들은 나이나 경력이나 음악학교에서 받은 성적에 따라 나오지 않고 모 든 것을 오로지 하나님께 맡겼다. 큰 자나 작은 자나 스승이나 제자나 하나님 앞에는 똑같이 서는 법이다. 하나님은 사람이 만든 구분이나 우열관계를 따르 시지 않는다. 마태복음 20장 23절을 보라(내 좌우편에 앉는 것은 내가 주는 것이 아니라 내 아버지께서 누구를 위하여 예비하셨든지 그들이 얻을 것이니라).

II. 하나님은 당신이 기뻐하시는 대로 결정하셨다. 아마도 하나님은 각 개 인의 재능을 고려하신 것으로 보이는데, 그것이 출생의 선후(先後)보다 훨씬 더 중요한 것이었다. 이제 여기에 등장하는 목록을 앞의 이름들과 비교해 보 자.

1. 아삽의 둘째 아들 요셉 2. 여두둔의 맏아들 그달리야 3. 아삽의 맏아들 삭굴 4. 여두둔의 둘째 아들 이스리 5. 아삽의 셋째 아들 느다냐 6. 헤만의 맏 아들 북기야 7. 아삽의 막내 아들 여사렐라 8. 여두둔의 셋째 아들 여사야 9. 헤만의 둘째 아들 맛다냐 10. 여두둔의 막내 아들 시므이 11. 헤만의 셋째 아 들 아사렐 12. 여두둔의 넷째 아들 하사뱌 13. 헤만의 넷째 아들 수바엘 14. 여 두둔의 다섯째 아들 맏디디야 15. 헤만의 다섯째 아들 여레못 16. 헤만의 여섯 째 아들 하나냐 17. 헤만의 열한째 아들 요스브가사 18. 헤만의 일곱째 아들 하나니 19. 헤만의 열두째 아들 말로디 20. 헤만의 여덟째 아들 엘리아다 21.

헤만의 열세째 아들 호딜 22. 헤만의 아홉째 아들 깃달디 23. 헤만의 열네째 아들 마하시옷 24. 헤만의 열째 아들 로맘디에셀.

하나님은 당신이 기뻐하시는 대로 어떤 사람에게 번성의 은혜를 주시며, 또 작은 자를 큰 자보다 앞서게 하기도 하시는 사실을 주목하라.

Ⅲ. 이들 각자에게 그들의 아들들과 형제들이라고 불린 열두 명의 합창대원이 있었다(31절).   휘하의 합창대원을그와 같이 부른 것은 그들을 아들처럼 보살피며 또 그들과 더불어 형제처럼 협력하였기 때문이었다. 아마도 열둘 가운데 어떤 자들은 노래를 부르고, 어떤 자들은 악기를 연주함으로써 합주를 이루었을 것이다. 한 마음과 한 입술로 하나님께 영광돌리기를 배우자. 그러면 그것이 최고의 합주가 될 것이다.

제
— 26 —
장

개요

우리는 여기에서 레위인의 직무에 관한 이야기를 보게 된다. 레위 지파는 사사시대 전반을 통해 매우 보잘것없는 모양으로 위축되었는데, 엘리와 사무엘이 등장할 때까지 그러했다. 그러나 다윗이 이스라엘의 종교를 부흥시키자 그들은 다시금 존귀한 이름이 되었다. 이스라엘에 지각 있는 레위인들이 있었던 것은 큰 복이었다. 우리는 여기에서 다음과 같은 이야기를 듣게 된다. I. 문지기로 임명된 레위인들에 대한 이야기(1-19절). II. 하나님의 전의 각종 성물을 관리하는 레위인들과 곳간을 맡은 레위인들에 대한 이야기(20-28절). III. 지방에서 공적인 일을 위임받아 관원과 재판관의 일을 맡은 자들에 대한 이야기(29-32절).

1고라 사람들의 문지기 반들은 이러하니라 아삽의 가문 중 고레의 아들 므셀레먀라 2므셀레먀의 아들들인 맏아들 스가랴와 둘째 여디야엘과 셋째 스바댜와 넷째 야드니엘과 3다섯째 엘람과 여섯째 여호하난과 일곱째 엘여호에내이며 4오벧에돔의 아들들은 맏아들 스마야와 둘째 여호사밧과 셋째 요아와 넷째 사갈과 다섯째 느다넬과 5여섯째 암미엘과 일곱째 잇사갈과 여덟째 브울래대이니 이는 하나님이 오벧에돔에게 복을 주셨음이라 6그의 아들 스마야도 두어 아들을 낳았으니 그들의 조상의 가문을 다스리는 자요 큰 용사라 7스마야의 아들들은 오드니와 르바엘과 오벳과 엘사밧이며 엘사밧의 형제 엘리후와 스마갸는 능력이 있는 자이니 8이는 다 오벧에돔의 자손이라 그들과 그의 아들들과 그의 형제들은 다 능력이 있어 그 직무를 잘하는 자이니 오벧에돔에게서 난 자가 육십이 명이며 9또 므셀레먀의 아들과 형제 열여덟 명은 능력이 있는 자라 10므라리 자손 중 호사에게도 아들들이 있으니 그의 장자는 시므리라 시므리는 본래 맏아들이 아니나 그의 아버지가 장자로 삼았고 11둘째는 힐기야요 셋째는 드발리야요 넷째는 스가랴이니 호사의 아들들과 형제들이 열세 명이더라 12이상은 다 문지기의 반장으로서 그 형제처럼 직임을 얻어 여호와의 성전에서 섬기는 자들이라 13각 문을 지키기 위하여 그의 조상의 가문을 따라 대소를 막론하고 다 제비 뽑혔으니 ¹⁴셀레먀는 동쪽을 뽑았고 그의 아들 스가랴는 명철한 모사라 모사를 위하여 제비 뽑으니 북쪽을 뽑았고 ¹⁵오벧에돔은 남쪽을 뽑았고 그의 아들들은 곳간에 뽑혔으며 ¹⁶숩빔과 호사는 서쪽을 뽑아 큰 길로 통한 살래겟 문 곁에 있어 서로 대하여 파수하였으니 ¹⁷동쪽 문에 레위 사람이 여섯이요 북쪽 문에 매일 네 사람이요 남쪽 문에 매일 네 사람이요 곳간에는 둘씩이며 ¹⁸서쪽 뜰에 있는 큰 길에 네 사람 그리고 뜰에 두 사람이라 ¹⁹고라와 므라리 자손의 문지기의 직책은 이러하였더라

I. 성전을 보호하는 직무를 위해 문지기들이 임명되었다.   그들은 성전으로 통하는 모든 길을 지키며, 성전의 모든 바깥문을 열고 닫는 일을 수행하며, 예배하기 위해 성소에 온 자들을 올바른 예법으로 가르치며, 어쩔 줄 모르며 있는 자들을 격려하고 인도하며, 이방인과 부정한 자들을 돌려보내며, 하나님의 전을 어지럽히는 도둑이나 불량배들을 막는 일을 했다. 이러한 직무를 빗대어 사역자들에게 천국열쇠가 맡겨졌다고 언급된다(마 16:19). 그들은 그리스도의 법에 따라 사람들을 받아들이기도 하고 내쫓기도 할 수 있다.

II. 이러한 직무로 부름 받은 자들 가운데 큰 용사와(6절) **능력 있는 자와**(7절) **직무를 잘하는 자들이**(8절) **있었다.**   그리고 그들 가운데 한 사람은 명철한 모사였는데(14절), 어쩌면 그는 자신의 직분을 잘 감당함으로써 아름다운 지위를 얻고 문지기에서 공회원으로 승귀(陞貴)되었을는지 모른다(딤전 3:13). 강한 힘과 용기와 확고한 정신을 가진 자들로서 그들은 자신들에게 부여된 직무에 합당한 자들이었다. 어떤 일을 맡기실 때, 하나님은 그 일에 합당한 자들을 부르시든지 아니면 그들을 그 일에 합당하게 만드실 것이다.

III. 오벧에돔의 62명의 자손이 문지기의 직무를 부여받았다.   그는 하나님의 궤를 기쁘게 맞이했던 자였다. 그로 인해 그가 어떤 상급을 받았는지 살펴보자.

1. 하나님이 그에게 복을 주심으로 그가 여덟 명의 아들을 낳음(5절). 가문이 번성하고 든든하게 서는 것은 하나님의 축복 덕이다. 한 가문에서 이렇게 많은 자손이 하나님의 일에 능력 있게 쓰임 받는 것은 얼마나 큰 축복인가!

2. 그의 아들들이 성소에서 직책을 얻음. 그들은 자신들의 집에서 하나님의 궤를 신실하게 보살피다가 이제 그것을 하나님의 전에서 보살피도록 부름을

받았다. 작은 일에 충성된 자에게 큰 일이 맡겨질 것이다. 자신의 장막에서 하나님의 규례를 지키는 자는 하나님의 성막에서 더 크고 아름다운 일을 맡게 될 것이다(딤전 3:4, 5). 다윗은 말한다: 내가 주의 법을 지켰나이다 내 소유는 이것이니 곧 주의 법도들을 지킨 것이니이다(시 119:55, 56).

IV. 이들 가운데 본래 맏아들이 아니었으나 그의 아버지가 장자로 삼은 자가 있었다(10절). 아마도 그것은 그가 매우 뛰어난 자였기 때문이든지 아니면 그의 형이 매우 약했기 때문이었을 것이다. 그는 이와 같이 으뜸이 되었는데, 아버지의 기업을 상속받는데 있어 그런 것이 아니라(왜냐하면 이것은 율법이 금하는 것이었기 때문에, 신 21:16, 17) 직무를 수행하는데 있어 그랬다(왜냐하면 그 직무는 개인적인 자질과 능력을 요구하는 것이었기 때문에).

V. 문지기들도 노래하는 자들처럼 제비뽑기로 직무를 할당받았다(13절). 여러 개의 문들이 있었으며 각 문마다 여러 명의 문지기가 필요했다. 따라서 모든 문지기들은 각자 자신의 위치를 알고 자신의 직무를 올바로 수행해야만 했다. 여기에 그들이 앞에서처럼 24반열로 제비를 뽑았다는 언급은 나타나지 않는다. 그러나 여기에 열거된 이름이 대략 24명이며(1-11절), 할당된 직무 또한 24개이다(17, 18절). 따라서 우리는 그들 역시도 24반열의 무리로 나뉘었을 것이라고 충분히 생각할 수 있다. 하나님의 전에 거하는 자는 복이 있다. 왜냐하면 잘 먹고 잘 가르침 받고 선한 일에 수종들 뿐만 아니라 또한 잘 보호받기 때문이다. 사람들은 성전의 문에서 수종들지만 그러나 천사들은 새 예루살렘의 문에서 수종든다(계 21:12, 크고 높은 성곽이 있고 열두 문이 있는데 문에 열두 천사가 있고).

²⁰레위 사람 중에 아히야는 하나님의 전 곳간과 성물 곳간을 맡았으며 ²¹라단의 자손은 곧 라단에게 속한 게르손 사람의 자손이니 게르손 사람 라단에게 속한 가문의 우두머리는 여히엘리라 ²²여히엘리의 아들들은 스담과 그의 아우 요엘이니 여호와의 성전 곳간을 맡았고 ²³아므람 자손과 이스할 자손과 헤브론 자손과 웃시엘 자손 중에 ²⁴모세의 아들 게르솜의 자손 스브엘은 곳간을 맡았고 ²⁵그의 형제 곧 엘리에셀에게서 난 자는 그의 아들 르하뱌와 그의 아들 여사야와 그의 아들 요람과 그의 아들 시그리와 그의 아들 슬로못이라 ²⁶이 슬로못과 그의 형제는 성물의 모든 곳간을 맡았으니 곧 다윗 왕과 가문의 우두머리와 천부장과 백부장과 군대의 모든

지휘관이 구별하여 드린 성물이라 [27]그들이 싸울 때에 노략하여 얻은 물건 중에서 구별하여 드려 여호와의 성전을 개수한 일과 [28]선견자 사무엘과 기스의 아들 사울과 넬의 아들 아브넬과 스루야의 아들 요압이 무엇이든지 구별하여 드린 성물은 다 슬로못과 그의 형제의 지휘를 받았더라

다음의 사실들을 관찰하라.

1. 하나님의 전의 비축품들이 있었던 사실. 큰 집은 각종 비품들이 비축되어 있지 않고는 제대로 유지될 수 없다. 하나님의 전의 제단 위에서는 매일 많은 것들이 소비되었다 — 고운 가루, 포도주, 기름, 소금, 땔감 등. 따라서 거룩한 예복과 각종 기구들 외에도 이러한 것들이 사전에 다량 준비되어 있어야 했다. 이러한 것들이 하나님의 전의 비축품(treasures, 혹은 보화)들이었다(한글개역개정판에는 '하나님의 전의 곳간'이라고 되어 있음, 20절). 그들은 백성들이 바친 돈으로 필요한 비품들을 구입해 넉넉하게 비축해 두었으며, 특별히 위급한 때를 대비해 풍성하게 쌓아 두었을 것이다. 이러한 비축품들은 하늘 아버지의 집의 풍성함을 상징했다. 참된 성전이신 그리스도 안에 지혜와 지식의 모든 보화(treasures)가 감취어져 있다(골 2:3).

2. 또 성물 곳간이 있었던 사실. 이것들은 대부분 하나님의 보호하심에 대한 감사의 표시로서 싸울 때에 노략하여 얻은 물건 중에서 구별하여 드린 것들이었다(27절). 아브라함은 멜기세덱에게 노략물 중 십분의 일을 주었다(히 7:4). 모세의 때에도 승리하고 돌아온 군대의 지휘관들이 여호와께 드리는 헌금으로 자신들의 노략물을 드렸다(민 31:50). 또 사무엘과 다윗과 사울과 아브넬과 요압 등도 하나님의 전을 존귀케 하며 또 풍성케 하기 위해 자신들의 노략물을 바쳤다(28절). 하나님이 우리에게 많은 것을 주실 때 우리 역시도 경건의 일을 위해 많은 것을 하나님께 드려야 한다는 사실을 주목하라. 큰 성공은 그에 걸맞는 되돌림(return)을 요구하는 법이다. 우리는 우리의 재물을 바라보면서 다음과 같이 물어야 한다. "여기에 선하고 아름다운 것들이 풍성하게 있도다. 그러나 바쳐진 성물은 어디에 있는가?" 군사들은 자신들의 노략물로 하나님을 존귀케 해야 한다.

3. 이러한 비축품과 성물을 관리하는 자들이 있었던 사실(20, 26절). 그들의 임무는 좀이나 동록이 갉아먹지 못하도록 그리고 도적이 뚫고 들어와 훔쳐가지 못

하도록 그것을 지키는 것이었다. 또 그들은 그것들이 못쓰게 되거나 없어지지 않았는지, 혹은 본래의 용도로 제대로 사용되고 있는지 항상 주의하며 살펴야 했다. 아마도 그들은 그것들의 입출내역을 상세히 기록하며 관리했을 것이다.

²⁹이스할 자손 중에 그나냐와 그의 아들들은 성전 밖에서 이스라엘의 일을 다스리는 관원과 재판관이 되었고 ³⁰헤브론 자손 중에 하사뱌와 그의 동족 용사 천 칠백 명은 요단 서쪽에서 이스라엘을 주관하여 여호와의 모든 일과 왕을 섬기는 직임을 맡았으며 ³¹헤브론 자손 중에서는 여리야가 그의 족보와 종족대로 헤브론 자손의 우두머리가 되었더라 다윗이 왕 위에 있은 지 사십 년에 길르앗 야셀에서 그들 중에 구하여 큰 용사를 얻었으니 ³²그의 형제 중 이천칠백 명이 다 용사요 가문의 우두머리라 다윗 왕이 그들로 르우벤과 갓과 므낫세 반 지파를 주관하여 하나님의 모든 일과 왕의 일을 다스리게 하였더라

우리는 앞에서 레위인들에게 하나님의 전의 각종 직무들이 부여되는 것을 살펴보았다. 이제 우리는 여기에서 관원과 재판관의 직무를 부여 받은 자들에 관한 이야기를 살펴보게 된다. 이것은 외적인 일이지만, 그러나 성전을 위한 것이 아니라는 이유로 소홀히 여겨져서는 결코 안 되는 일이다. 통치의 직무 역시 목회의 일과 마찬가지로 교회의 유익을 위해 하나님이 제정하신 것이다. 여기에서 우리는 다음과 같은 이야기를 듣게 된다.

1. 레위인들이 각 지파의 방백 및 장로들과 협력하여 공의를 시행하는 일을 맡음. 왜냐하면 방백과 장로들은 레위인만큼 율법을 잘 알고 있지 못했을 것이기 때문이다. 그리고 찬양하는 자나 문지기 등과 같이 성소의 직무를 맡은 레위인은 이러한 외적인 일에 관여하지 않았다. 어느 누구를 막론하고 한 가지 일로 충분하며, 두 가지 일을 다 맡으려고 하는 것은 지나친 욕심이다.

2. 그들의 직임은 여호와의 모든 일과 왕을 섬기는 일이었음(30, 32절). 그들은 하나님의 십일조와 왕의 세금을 관장하며, 하나님과 정부와 국가의 평안에 위해를 끼치는 자들을 즉각 징벌하며, 우상 숭배와 불의를 막으며, 그러한 일이 발생했을 때 율법을 시행하는 등 교회와 일반 행정 양면에서 공적인 일을 수행했다. 아마도 그들 가운데 어떤 이들은 종교적인 일을 맡고 다른 이들은 세속적인 일을 맡았을 것이다. 그리고 그렇게 함으로써 하나님과 왕이 모두 온

전히 섬김을 받게 되었다. 이와 같이 종교적인 분야와 세속적인 분야가 함께 연합하여 잘 보살핌을 받는 나라는 참으로 복된 나라이다.

3. 요단 건너편의 두 지파와 반 지파의 재판관이 나머지 지파들의 재판관보다 더 많았음. 요단 서쪽의 재판관이 1,700명이었던 반면 요단 건너편의 재판관은 2,700명이었다(30, 32절). 아마도 그것은 다른 지파들에 비해 멀리 떨어져 있는 지파들은 스스로의 재판관이 많이 제공되지 못했기 때문이든지, 아니면 그들이 예루살렘으로부터 멀리 떨어져 있고 또 이웃 나라들과 인접해 있음으로 우상 숭배에 감염될 위험이 더 많고 따라서 그것을 예방하기 위해 레위인들의 도움이 더 많이 필요했기 때문이었을 것이다. 변경지역에 거하는 자들은 좀 더 잘 보호되어야 한다.

4. 이 일이 이루어진 것은 다윗이 왕이 된지 40년째 되던 해, 즉 그의 마지막 해였음(31절). 우리는 그 날이 가까워 옴을 볼수록 선을 행하는데 더욱 힘써야 한다. 비록 그러한 수고의 열매가 우리에게 오지 않는다 할지라도, 우리는 그러한 열매를 다음 세대에 넘겨 주는 것을 아까워하지 말아야 한다.

제
— 27 —
장

개요

　본 장에서 우리는 군무(軍務)와 공무(公務)를 담당한 자들의 목록을 보게 된다. I. 각 각의 달(月)을 담당했던 12명의 반장들(1-15절). II. 각 지파의 방백들(16-24절). III. 왕궁의 관료들(25-34절).

[1]이스라엘 자손의 모든 가문의 우두머리와 천부장과 백부장과 왕을 섬기는 관원들이 그들의 숫자대로 반이 나누이니 각 반열이 이만 사천 명씩이라 일 년 동안 달마다 들어가며 나왔으니 [2]첫째 달 반의 반장은 삽디엘의 아들 야소브암이요 그의 반에 이만 사천 명이라 [3]그는 베레스의 자손으로서 첫째 달 반의 모든 지휘관의 우두머리가 되었고 [4]둘째 달 반의 반장은 아호아 사람 도대요 또 미글롯이 그의 반의 주장이 되었으니 그의 반에 이만 사천 명이요 [5]셋째 달 군대의 셋째 지휘관은 대제사장 여호야다의 아들 브나야요 그의 반에 이만 사천 명이라 [6]이 브나야는 삼십 명 중에 용사요 삼십 명 위에 있으며 그의 반 중에 그의 아들 암미사밧이 있으며 [7]넷째 달 넷째 지휘관은 요압의 아우 아사헬이요 그 다음은 그의 아들 스바댜이니 그의 반에 이만 사천 명이요 [8]다섯째 달 다섯째 지휘관은 이스라 사람 삼훗이니 그의 반에 이만 사천 명이요 [9]여섯째 달 여섯째 지휘관은 드고아 사람 익게스의 아들 이라이니 그의 반에 이만 사천 명이요 [10]일곱째 달 일곱째 지휘관은 에브라임 자손에 속한 발론 사람 헬레스이니 그의 반에 이만 사천 명이요 [11]여덟째 달 여덟째 지휘관은 세라 족속 후사 사람 십브개이니 그의 반에 이만 사천 명이요 [12]아홉째 달 아홉째 지휘관은 베냐민 자손 아나돗 사람 아비에셀이니 그의 반에 이만 사천 명이요 [13]열째 달 열째 지휘관은 세라 족속 느도바 사람 마하래이니 그의 반에 이만 사천 명이요 [14]열한째 달 열한째 지휘관은 에브라임 자손에 속한 비라돈 사람 브나야이니 그의 반에 이만 사천 명이요 [15]열두째 달 열두째 지휘관은 옷니엘 자손에 속한 느도바 사람 헬대니 그 반에 이만 사천 명이었더라

우리는 여기에서 이스라엘의 군사 체계에 대한 이야기를 보게 된다. 다윗 자신이 전사(戰士)였다. 그는 큰 군대를 통솔했으며, 칼로써 위대한 일들을 이루었다. 이제 우리는 여기에서 하나님이 그에게 모든 원수들로부터 안식을 주셨을 때 그가 어떻게 군대를 정리했는지에 대해 읽게 된다. 그는 모든 군대를 다 상비군(常備軍)으로 유지시키지는 않았다. 왜냐하면 그렇게 하는 것은 그들에게나 국가에게나 힘든 일이었기 때문이었다. 그렇다고 해서 그들 모두를 해산시키고 집으로 돌아가도록 하지도 않았다. 왜냐하면 만일 그렇게 하면 그의 나라는 무방비상태가 되고 병사들은 전쟁의 모든 기술을 잊어버리게 될 것이기 때문이었다. 따라서 그는 상비군은 아니라 할지라도 계속해서 병력을 유지할 수 있는 방법을 고안했는데, 그것은 매우 지혜로운 방법이었다.

1. 그는 상시적으로 24,000명의 병력을 유지했다. 우리는 그들이 잘 훈련된 군대로서 복무하는 동안의 모든 비용은 스스로 부담했을 것으로 추측할 수 있다. 이 정도의 병력은 국가의 안전과 평안을 유지하는데 충분한 병력이었다. 이스라엘 백성 된 자들은 항상 전쟁하는 것을 배워야만 한다. 왜냐하면 우리에게는 대적하는 원수들이 있기 때문이다. 우리는 상시적으로 그들을 경계하는데 조금도 주의를 게을리해서는 안 된다.

2. 그는 그들을 달마다 교대시켰다. 그럼으로써 군대의 총수(總數)는 288,000명에 달하게 되었으며, 이러한 숫자는 이스라엘에서 싸울 만한 자들 가운데 오분의 일 정도 되는 숫자였다. 이와 같이 열두 반열로 나뉘어 교대로 복무함으로써 그들은 모두 병사로서의 소양을 잃어버리지 않을 수 있었다. 그들은 일 년에 오직 한 달만 복무하면 되었다. 특별한 상황이 발생하지 않는 한 아무도 그 이상의 복무를 강요받지 않았다. 만일 어떤 특별한 상황이 발생하면 전 군대가 즉시 집결했다. 국가의 안전을 보호함에 있어 가능한 백성들의 부담을 최소화시키는 방법을 고안하는 것은 통치자의 지혜이다.

3. 각 반열에는 지휘관이 있었다. 천부장 백부장 오십부장 등 하급 지휘관 외에도 각 반열 혹은 군단을 통솔하는 한 명의 사령관이 있었다. 이들 열두 명의 지휘관들은 사무엘하 23장과 역대상 11장에서 다윗의 용사들 가운데 언급된다. 그들은 먼저 전장(戰場)에서 혁혁한 공로를 세웠다가 나중에 이와 같은 높은 직위로 발탁되었다. 이와 같이 공로에 따라 존귀가 주어질 때, 나라는 더욱 굳건하게 설 것이다. 브나야는 여기에서 대제사장(chief priest)으로 불린다(5

절). 그러나 코헨은 제사장과 방백을 모두 의미하는 단어이므로, 그것을 치리자 혹은 (欄外처럼) 지휘관으로 번역하는 것이 더 나을 것이다. 또 우리는 4절에서 둘째 반열의 지휘관 도대 외에 미글롯이란 이름을 보게 되는데, 아마도 그는 도대가 없을 때 대리하는 자였거나 아니면 그가 죽은 후에 그 뒤를 이을 후계자였을 것이다. 브나야는 자기 아들을 휘하에 두었으며(6절), 아사헬은 자기 아들을 자기 다음에 두었다(7절). 이로 볼 때 이와 같은 군사 체계는 이미 다윗의 통치 초기에 시행되고 있었던 것으로 보인다. 왜냐하면 아사헬은 다윗이 헤브론에서 다스리는 동안 아브넬에게 죽음을 당했기 때문이다. 그러다가 모든 전쟁이 끝났을 때 다윗은 자기 아들 솔로몬의 평화로운 통치를 위해 이러한 군사 체계를 되살려 군대 조직을 다시금 그와 같이 구축했다. 우리가 육신의 몸을 입고 이 세상에 있는 동안에는, 가장 안전하다고 여겨지는 때에조차도 우리는 항상 영적 싸움을 위해 준비되어 있어야 한다. 갑옷을 입는 자는 벗는 자처럼 자랑하지 말지니라.

[16]이스라엘 지파를 관할하는 자는 이러하니라 르우벤 사람의 지도자는 시그리의 아들 엘리에셀이요 시므온 사람의 지도자는 마아가의 아들 스바댜요 [17]레위 사람의 지도자는 그무엘의 아들 하사뱌요 아론 자손의 지도자는 사독이요 [18]유다의 지도자는 다윗의 형 엘리후요 잇사갈의 지도자는 미가엘의 아들 오므리요 [19]스불론의 지도자는 오바댜의 아들 이스마야요 납달리의 지도자는 아스리엘의 아들 여레못이요 [20]에브라임 자손의 지도자는 아사시야의 아들 호세아요 므낫세 반 지파의 지도자는 브다야의 아들 요엘이요 [21]길르앗에 있는 므낫세 반 지파의 지도자는 스가랴의 아들 잇도요 베냐민의 지도자는 아브넬의 아들 야아시엘이요 [22]단은 여로함의 아들 아사렐이니 이들은 이스라엘 지파의 지휘관이었더라 [23]이스라엘 사람의 이십 세 이하의 수효는 다윗이 조사하지 아니하였으니 이는 여호와께서 전에 말씀하시기를 이스라엘 사람을 하늘의 별 같이 많게 하리라 하셨음이라 [24]스루야의 아들 요압이 조사하기를 시작하고 끝내지도 못해서 그 일로 말미암아 진노가 이스라엘에게 임한지라 그 수효를 다윗 왕의 역대지략에 기록하지 아니하였더라 [25]아디엘의 아들 아스마웻은 왕의 곳간을 맡았고 웃시야의 아들 요나단은 밭과 성읍과 마을과 망대의 곳간을 맡았고 [26]글룹의 아들 에스리는 밭 가는 농민을 거느렸고 [27]라마 사람 시므이는 포도원을 맡았고 스밤 사람 삽디는 포도원의 소산 포도주 곳간을 맡

았고 [28]게델 사람 바알하난은 평야의 감람나무와 뽕나무를 맡았고 요아스는 기름 곳간을 맡았고 [29]사론 사람 시드래는 사론에서 먹이는 소 떼를 맡았고 아들래의 아들 사밧은 골짜기에 있는 소 떼를 맡았고 [30]이스마엘 사람 오빌은 낙타를 맡았고 메로놋 사람 예드야는 나귀를 맡았고 하갈 사람 야시스는 양 떼를 맡았으니 [31]다윗 왕의 재산을 맡은 자들이 이러하였더라 [32]다윗의 숙부 요나단은 지혜가 있어서 모사가 되며 서기관도 되었고 학모니의 아들 여히엘은 왕자들의 수종자가 되었고 [33]아히도벨은 왕의 모사가 되었고 아렉 사람 후새는 왕의 벗이 되었고 [34]브나야의 아들 여호야다와 아비아달은 아히도벨의 뒤를 이었고 요압은 왕의 군대 지휘관이 되었더라

여기에서 우리는 다음과 같은 이야기를 듣게 된다.

I. 각 지파의 지도자들에 대하여. 광야에서 모세가 세운 옛 조직체계 가운데 일부는 아직도 계속해서 존속되고 있었으며, 모든 지파에는 방백 혹은 지도자가 있었다. 아마도 그들은 투표를 통해서나 혹은 같은 가문에서의 상속을 통해 그러한 제도를 계속 유지시켰을 것이다. 이제 우리는 여기에서 지도자 혹은 방백의 직책을 가지고 있었던 자들의 목록을 보게 된다. 유다의 지도자인 엘리후 혹은 엘리압은 이새의 맏아들로서, 모세 시대 유다 지파의 방백이었던 나손과 살몬의 후손이었다. 이러한 지도자들이 군사적인 제반 업무를 관할하는 일종의 총독과 같은 성격을 가지고 있었는지, 아니면 재판정을 주관한 재판장의 성격을 가지고 있었는지 하는 것은 나타나지 않는다. 모든 지파들이 한 사람의 왕 아래 통합되어 있는 지금의 그들의 권력은 과거 각 지파들이 개별적으로 행동하던 때보다 훨씬 약화되어 있었을 것이라고 우리는 쉽게 추측할 수 있다. 우리의 신앙은 우리로 하여금 위에 있는 왕에게 뿐만 아니라 그 아래에서 공의를 시행하는 총독들(혹은 방백들)에게도 순종할 것을 명령한다(벧전 2:13, 14). 또 베냐민 지파의 지도자는 아브넬의 아들 야아시엘이었다(21절). 비록 아브넬이 자신의 적으로서 자신이 왕이 되는 것을 반대하였음에도 불구하고, 다윗은 그의 아들이 지도자가 되는 것을 막지 않았다. 도리어 다윗이 앞장서서 그에게 그러한 존귀한 자리를 부여해 준 것으로 보이는데, 이것은 우리에게 악을 선으로 갚으라는 교훈을 일깨워 준다.

II. 백성을 계수하는 것에 대하여(23, 24절).

1. 다윗은 백성을 계수하라고 명령하면서 그러나 20세 이하는 계수하지 말도록 했다. 그렇게 함으로써 그는 그들의 수를 하늘의 별처럼 많게 하리라는 하나님의 약속을 결코 소홀히 여기지 않음을 나타내려고 하였다. 그러나 그것은 초라한 변명에 불과했다. 왜냐하면 20세 이하를 계수하지 않는 것은 통상적인 관례였으며, 또한 그들의 수를 많게 하리라는 약속은 일차적으로 싸움에 나갈 만한 자들을 지칭하는 것이었기 때문이다.

2. 다윗이 백성을 계수한 것은 교만한 마음으로 행한 것이었으며 따라서 선한 결과를 가져올 수 없었다. 그 일은 완료되지도 못했을 뿐만 아니라, 정확하게 이루어지지도 못했으며, 또한 권위 있는 문서에 기록되지도 못했다. 요압은 그 일을 혐오스럽게 여겼으며, 따라서 절반밖에는 행하지 않았다. 또 그 일로 인해 이스라엘에 하나님의 진노가 떨어졌기 때문에 다윗은 그 일을 부끄럽게 여기면서 그 일이 속히 잊혀지도록 하고자 했다. 하나님이 기뻐하지 않으시는 일은 선한 사람도 기뻐하지 않는 법이다. 선한 자가 어떻게 죄로 얻은 것으로 낙을 삼을 수 있겠는가?

Ⅲ. 궁중의 관리들에 대하여.

1. 왕의 재산을 맡은 자들(31절). 이들은 왕의 경작지와 포도원과 감람원과 소 떼와 낙타와 나귀와 양 떼 등을 맡아 감독했다. 여기에 국가의 일반 행정이나 스포츠를 담당하는 자는 나오지 않으며, 또 의복이나 의전(儀典)이나 말이나 사냥개를 담당하는 자도 나오지 않는다. 여기에 나오는 직책들은 그 시대의 단순하고 소박한 일들뿐이었다. 다윗은 위대한 군인이요 위대한 학자임과 동시에 위대한 통치자였다. 뿐만 아니라 그는 큰 영지(領地)를 관리하는 위대한 농부였다. 그는 쾌락을 위해서가 아니라 소산을 위해 자신의 영지를 경작했는데, 그것은 왕도 밭의 소산을 받아야만 했기 때문이었다(전 5:9). 백성들로 하여금 근면하게 일하도록 만들고자 하는 통치자는 자신이 먼저 근면의 본을 보여야만 한다. 우리는 나중에 그 땅의 비천한 자들이 포도원을 다스리는 자와 농부가 되었다는 이야기를 듣게 된다(왕하 25:12). 그러나 지금 다윗은 자신의 뛰어난 관리들로 하여금 그러한 직무을 주관하도록 했다.

2. 왕 개인의 수종자들. 이들은 뛰어난 지혜를 가지고 왕에게 조언하는 직무를 맡은 자들이었다. 그의 숙부 요나단은 지혜가 많은 서기관으로서 책략에 능했을 뿐만 아니라 성경에도 밝아 그의 모사가 되었다(32절). 또 어떤 이는

뛰어난 학식과 분별력을 가지고 왕자들을 가르치는 개인교사가 되었다. 아히도벨은 매우 교활한 사람으로서 왕의 모사가 되었지만, 정직한 사람 후새는 왕의 친근한 벗이 되었다. 다윗에게 많은 모사들이 있었는지 여부는 나타나지 않는다. 어쨌든 그 옆에 있었던 자들은 모두 능력이 뛰어난 자들이었으며, 방백들은 지혜가 많은 자들이었다. 그러나 다윗은, 이와 같이 주위에 뛰어난 지혜를 가지고 자신을 돕는 자들이 많이 있었음에도 불구하고, 그 모든 것보다도 성경을 가장 사랑했다. 시편 119편 24절을 보라. 주의 증거들은 나의 즐거움이요 나의 충고자(모사, counsellor)니이다(시 119:24).

제
— 28 —
장

개요

　　본 장과 다음 장에 나타난 다윗의 작별 이야기는 열왕기상 앞 부분에 나타난 작별 이야기보다 훨씬 더 찬란하게 빛난다. 여기에서 우리는 자신의 아들과 신하들에게 행한 다윗의 장엄한 작별인사를 보게 되는데, 이를 통해 우리는 그가 자신의 삶을 잘 마무리했음을 인정하지 않을 수 없다. 본 장의 내용은 다음과 같다. I. 다윗이 이스라엘의 모든 고관들을 소집함(1절). II. 다윗이 자신의 왕위와 성전 건축의 영광을 솔로몬에게 엄숙하게 이양함(2-7절). III. 백성들과 솔로몬에게 하나님 섬기는 일에 최선을 다할 것을 당부함(8-10절). IV. 다윗이 솔로몬에게 성전 건축을 위한 설계도와 재료를 줌(11-19절). V. 다윗이 솔로몬에게 힘써 성전 건축을 행할 것을 격려함(20, 21절).

[1]다윗이 이스라엘 모든 고관들 곧 각 지파의 어른과 왕을 섬기는 반장들과 천부장들과 백부장들과 및 왕과 왕자의 모든 소유와 가축의 감독과 내시와 장사와 모든 용사를 예루살렘으로 소집하고 [2]이에 다윗 왕이 일어서서 이르되 나의 형제들, 나의 백성들아 내 말을 들으라 나는 여호와의 언약궤 곧 우리 하나님의 발판을 봉안할 성전을 건축할 마음이 있어서 건축할 재료를 준비하였으나 [3]하나님이 내게 이르시되 너는 전쟁을 많이 한 사람이라 피를 많이 흘렸으니 내 이름을 위하여 성전을 건축하지 못하리라 하셨느니라 [4]그러나 이스라엘 하나님 여호와께서 전에 나를 내 부친의 온 집에서 택하여 영원히 이스라엘 왕이 되게 하셨나니 곧 하나님이 유다 지파를 택하사 머리를 삼으시고 유다의 가문에서 내 부친의 집을 택하시고 내 부친의 아들들 중에서 나를 기뻐하사 온 이스라엘의 왕을 삼으셨느니라 [5]여호와께서 내게 여러 아들을 주시고 그 모든 아들 중에서 내 아들 솔로몬을 택하사 여호와의 나라 왕 위에 앉혀 이스라엘을 다스리게 하려 하실새 [6]내게 이르시기를 네 아들 솔로몬 그가 내 성전을 건축하고 내 여러 뜰을 만들리니 이는 내가 그를 택하여 내 아들로 삼고 나는 그의 아버지가 될 것임이라 [7]그가 만일 나의 계명과 법도를 힘써 준행하기를 오늘과 같이 하면 내가 그의 나라를 영원히 견고하게 하리라 하셨느니

라 ⁸이제 너희는 온 이스라엘 곧 여호와의 회중이 보는 데에서와 우리 하나님이 들으시는 데에서 너희 하나님 여호와의 모든 계명을 구하여 지키기로 하라 그리하면 너희가 이 아름다운 땅을 누리고 너희 후손에게 끼쳐 영원한 기업이 되게 하리라 ⁹내 아들 솔로몬아 너는 네 아버지의 하나님을 알고 온전한 마음과 기쁜 뜻으로 섬길지어다 여호와께서는 모든 마음을 감찰하사 모든 의도를 아시나니 네가 만일 그를 찾으면 만날 것이요 만일 네가 그를 버리면 그가 너를 영원히 버리시리라 ¹⁰그런즉 이제 너는 삼갈지어다 여호와께서 너를 택하여 성전의 건물을 건축하게 하셨으니 힘써 행할지니라 하니라

다윗은 하나님의 뜻을 따라 섬기는 가운데 많은 일을 행했다(행 13:36). 그러나 이제 날이 저물어 죽을 날이 다가왔다. 그는 다윗의 자손의 모형으로서 자신의 마지막 날이 가까워 올수록 더욱 바쁘게 그리고 힘을 다하여 자신의 일을 행했다. 지금 그는 열왕기상 1장 1절에 언급된 이불을 덮어도 따뜻하지 않은 상태에서 조금 회복되어 있었다. 그러나 세월이 흘러 늙는 것을 사람이 어찌하겠는가? 따라서 자신의 건강이 조금 회복되자 그는 그 때를 활용하여 사람들에게 하나님과 나라를 위해 더 열심히 봉사하도록 당부하는 기회로 삼았다.

I. 다윗은 이스라엘의 모든 고관들을 소집하고 그들에게 작별인사를 했다(1절). 모세도 이와 같이 했고(신 31:28), 여호수아도 그랬다(수 23:2; 24:1). 그리고 그 자리에서, 즉 이스라엘의 모든 대표자 앞에서 그는 자신의 왕위 이양을 분명하게 선언했다.

II. 다윗은 큰 경의와 따뜻함으로 그들에게 말했다. 그는 그들을 만나기 위해 침상에서 몸을 일으켰을 뿐만 아니라 의자에서 일어섰다(2절). 그렇게 한 것은 하나님께 경의를 표함과 더불어 이스라엘의 거룩한 총회에도 경의를 표하기 위함이었다. 그는 어느 누구보다도 높은 위치에 있었지만 그러나 공동체 전체보다는 낮은 위치였다. 왕으로서의 위엄뿐만 아니라 많은 나이와 병약함으로 인해 그냥 의자에 앉아 있었을지라도 모든 사람들에 의해 충분히 받아들여질 수 있었다. 그럼에도 불구하고 그는 의자에서 일어남으로써 스스로를 겸비케 했는데, 어쩌면 그는 지금 얼마 전 교만한 마음으로 백성을 계수한 잘못을 생각하고 있었는지도 모른다. 예전에는 백성들이 자신의 종으로 일컬어지는 것을 기뻐했지만(대상 21:3), 그러나 지금 그는 그들을 형제라 부른다. 즉

그들을 마음대로 부릴 수 있는 종으로 부르지 않고 사랑하며 돌봐야 할 형제로 부르고 있는 것이다. 나의 형제들, 나의 백성들아 내 말을 들으라. 이와 같이 상전은 하인에게 사랑과 겸손으로 말해야 한다. 그렇게 한다고 해서 그의 존귀가 손상되는 것이 아니라 도리어 더 높아지며 사랑을 받게 된다. 이렇게 하여 다윗은 그들로 하여금 이제부터 자신이 하려고 하는 말에 주의를 집중시켰다.

III. 다윗은 하나님을 위해 성전을 건축하고자 하는 마음이 있었으나 하나님이 허락하지 않으셨음을 이야기한다(2, 3절). 이것을 그는 앞에서 솔로몬에게 말했었다(22:7, 8). 하나님의 궤를 위한 안식의 집이 여기에서는 우리 하나님의 발판을 봉안할 성전이라고 언급된다. 그것은 하늘은 하나님의 영광의 보좌이지만, 땅과 그 위에 세워진 성전은 그의 발판에 불과하기 때문이다. 신적 영광의 나타남에 있어 윗 세상과 아랫 세상의 차이는 이와 같이 현저하다. 천사들은 하늘에서 하나님의 보좌를 둘러싸고 있지만(사 6:1), 벌레 같은 우리들은 단지 그의 발판에서 경배할 뿐이다(시 99:5; 시 132:7). 자신의 성전 건축 계획이 진실한 것이었음을 증거하기 위해, 다윗은 자신이 그 일을 위해 준비했으나 하나님이 허락하지 않으셨음을 이야기한다. 하나님이 허락하지 않으신 것은 하나님이 그에게는 다른 일, 즉 이스라엘의 전쟁을 수행하는 일을 맡기셨기 때문이었다(그에게는 그 한 가지 일로 충분했다). 그는 나라를 위해 칼로 봉사하도록 부름을 받았지만, 그의 뒤를 이을 자는 줄과 추로 봉사하도록 부름 받을 것이었다(행 9:31).

IV. 다윗은 자신에게 왕권이 부여된 경위를 설명하고 난후 그 왕권이 솔로몬에게 계승될 것을 선언한다(4, 5절). 그의 왕권과 솔로몬의 왕권 모두 하나님으로부터 말미암은 것이었다. 왕권에 대한 그들의 권리는 이 세상의 어느 군주도 감히 주장할 수 없는 특별한 권리였다. 그들은 이스라엘의 하나님 여호와께서 직접 택하신 자들이었으며, 그들의 왕권은 섭리에 따른 것이 아니라 예언에 따른 것이었다. 그들에게 장자계승권은 적용되지 않았다. 그들은 공히 장자였기 때문이 아니라 자격이 있었기 때문에 왕이 되었다.

1. 유다는 야곱의 장자가 아니었다. 그러나 하나님은 유다 지파를 왕의 지파로 선택하셨으며, 야곱은 유다에게 통치자의 지팡이를 주었다(창 49:10).

2. 이새의 가문은 유다 지파 가운데 장자 가문이 아니었다. 유다로부터 볼 때 그의 가문이 유다 지파의 장자 가문이 아니었던 것은 분명하게 나타난다.

왜냐하면 이새는 베레스의 자손인데, 베레스 앞에 세라가 있었기 때문이었다. 그리고 나손과 살몬으로부터 볼 때에도 역시 마찬가지인데, 왜냐하면 나손의 아버지 람에게 형이 있었기 때문이었다(2:9). 어쩌면 보아스나 오벳이나 이새에게도 형이 있었을는지 모른다. 그럼에도 불구하고 하나님은 유다의 가문에서 내 부친의 집을 택하셨느니라.

3. 다윗은 이새의 막내아들이었다. 그럼에도 불구하고 하나님은 그를 사랑하사 그로 왕을 삼으셨는데, 그것은 하나님이 그렇게 하시기를 기뻐하셨기 때문이었다. 하나님은 당신이 사랑하는 자를 택하시며, 그로 하여금 당신이 기뻐하는 자리에 세우신다.

4. 솔로몬 역시도 다윗의 장자가 아니었다. 그는 다윗이 나중에 낳은 아들들 가운데 하나였다. 그러나 하나님은 그를 택하시고 보좌에 앉게 하셨는데, 그것은 그가 가장 지혜롭고 선함으로 하나님의 성전을 건축하기에 가장 적합했기 때문이었다.

V. 다윗은 그들에게 솔로몬과 관련한 하나님의 은혜로운 계획을 알려준다
(6, 7절). 내가 그를 택하여 내 아들로 삼고. 이와 같이 다윗은 하나님이 그리스도의 모형으로서 솔로몬에게 너는 내 아들이요(시 2:7) 나의 사랑하는 아들이라고 말씀하셨음을 선포했다. 그는 여디디야로 불렸는데, 그것은 여호와께서 그를 사랑하셨기 때문이었다. 그리고 그리스도도 하나님의 사랑하는 아들이시다. 오실 자의 표상으로서 솔로몬에 대하여 하나님은 다음과 같이 말씀하셨다.

1. 그가 나의 전을 건축할 것이다. 그리스도는 복음 성전의 기초이면서 동시에 그것을 세울 자이다.

2. 내가 그의 나라를 영원히 견고하게 할 것이다. 이것은 오직 메시야 왕국에서 성취될 수밖에 없는 말씀이다. 그의 나라는 메시아의 손에서 영속될 것이며(사 9:7; 눅 1:33), 그 후에 하나님께 돌려질 것이다(그리고 아마도 그것은 다시 구속자에게 영원히 되돌려질 것이다). 솔로몬과 관련하여 그의 나라를 영원히 견고하게 하겠다는 약속은 "그가 만일 나의 계명과 법도를 힘써 준행하기를 오늘과 같이 하면"이라는 조건 위에 주어진다. 솔로몬은 지금 매우 바람직한 상태에 있었다. "그가 계속해서 이와 같으면 그의 나라는 계속될 것이지만, 그러나 그렇지 않으면 그리 되지 못할 것이라." 계속해서 우리의 의무에 충실할 때, 우리는 하나님의 은총이 계속될 것을 기대할 수 있다. 선한 가르침을 받고 믿음의

길로 들어선 자들은 이와 같은 사실을 꼭 기억해야 한다 — 그가 만일 나의 계명과 법도를 힘써 준행하기를 오늘과 같이 하면 내가 그의 나라를 영원히 견고하게 하리라.

Ⅵ. 다윗은 그들에게 하나님을 온전히 따를 것을 명령한다(8절). 여기에서 다음을 관찰하라.

1. 이러한 명령의 내용: 너희는 너희 하나님 여호와의 모든 계명을 구하여 지키기로 하라. 여호와가 그들의 하나님이시므로 그의 계명들이 그들의 규칙이 되어야 했다. 그들은 모든 계명을 귀히 여기며, 구하며, 마음을 다해 지켜야만 한다. 다시 말해서 그들은 자신들의 의무가 무엇인지 스스로 묻는 가운데 성경을 찾아 훈계를 받으며, 그와 같은 의무를 따라 행하는 자들의 입술에서 율법을 구하며, 하나님의 가르치심과 인도하심을 간구해야 한다. 하나님의 계명에 대해 무관심한 자들은 결코 그것을 지키지 못할 것이다.

2. 이러한 명령을 내리는 다윗의 태도. 그는 매우 엄숙하고 장엄한 태도로 명령을 내렸다. 즉 모든 이스라엘이 보는 데에서 그리고 그들의 하나님이 들으시는 데에서 그들에게 명령했다. "하나님과 모든 회중이 증인이거니와 너희는 선한 훈계와 분명한 경고를 받았느니라. 만일 너희가 이것을 받아들이지 않는다면, 그것은 너희의 잘못이요 하나님과 사람이 너희를 대적하는 증인이 될 것이라." 디모데전서 5장 21절과 디모데후서 4장 1절을 보라. 신앙을 고백하는 자들은 하나님의 은총과 사람들 사이에서의 평판을 대수롭지 않게 여겨서는 안 되므로 자신들의 신앙고백에 충실하게 행해야 한다.

3. 이러한 명령을 지킨 결과. 그것은 축복의 길이 될 것이었다. 만일 그들이 다윗이 명령한 바를 따라 행하면, 그들은 이 아름다운 땅을 평안히 누리고 그것을 자녀들에게 물려줄 수 있을 것이었다.

Ⅶ. 다윗은 솔로몬에게 명령하는 것으로 자신의 말을 끝맺는다(9, 10절). 다윗은 솔로몬이 신앙적인 사람이 되기를 간절히 바랐다. 그는 큰 자가 될 것이지만, 그러나 신앙을 대수롭지 않게 여기는 자가 되어서는 안 된다. 신앙이 곧 그의 지혜가 되어야 했다. 여기에서 다음을 관찰하라.

1. 다윗이 솔로몬에게 내린 명령. 그는 자기 아버지의 하나님을 바라보아야만 한다. 그의 아버지는 일평생 하나님을 따르며 아들을 신앙으로 가르쳤다. 그는 하나님의 전에서 태어났으므로 마땅히 하나님의 의무를 지켜야만 하며,

하나님의 전에서 자랐으므로 마땅히 감사의 마음을 잊어서는 안 된다. 네 친구와 네 아비의 친구를 버리지 말라(잠 27:10). 그는 하나님을 알고 섬겨야만 한다. 만일 우리가 하나님을 알지 못한다면, 우리는 하나님을 올바로 섬길 수 없다. 그리고 만일 우리가 하나님을 섬기지 않는다면, 우리는 그를 헛되이 아는 것이다. 그러므로 우리는 마음과 뜻을 다해 그분을 섬겨야 한다. 만일 우리가 신앙에 대해 마음을 기울여 행하지 않는다면, 우리는 그것을 아무것도 아닌 것으로 만드는 것이다. 그러므로 온전한 마음으로 즉 정직한 마음으로 그를 섬겨라. 그리고 기쁜 뜻으로 즉 사랑의 원리 가운데 기쁘고 즐겁게 그를 섬겨라.

2. 이러한 명령을 내리는 근거.

(1) 일반적인 근거.

[1] 우리 영혼의 은밀한 것들이 다 하나님 앞에 드러나기 때문에. 하나님은 모든 사람의 마음을 살피신다. 심지어 사람은 헤아릴 수 없는 왕들의 마음까지도 하나님을 살피신다(잠 25:3). 그러므로 우리는 진실해야 한다. 설령 우리가 거짓으로 행할지라도, 하나님은 그것을 아시며 결코 속임을 당하지 않으신다. 그러므로 우리는 우리의 생각까지도 하나님을 섬기는 일에 예속시켜야 한다. 왜냐하면 하나님은 선함과 악함을 막론하고 사람의 모든 생각을 완전하게 아시기 때문이다.

[2] 이 땅의 복과 영원한 복이 하나님을 섬기는데 달려 있기 때문에. 만일 우리가 부지런히 하나님을 찾으면 만날 것이요, 하나님은 우리에게 상을 주실 것이다(히 11:6). 만일 우리가 하나님을 버리고 그분을 따르는 데서 돌이키면, 그는 영원히 우리를 버리실 것이요 우리는 가장 비참한 자가 될 것이다. 우리가 먼저 하나님을 버리지 않는 한 하나님은 결코 우리를 버리지 않는다는 사실을 주목하라.

(2) 솔로몬에게 특유한 근거(10절). "여호와께서 너를 택하여 성전의 건물을 건축하게 하셨으니, 그러므로 너는 하나님을 구하고 섬김으로써 그 일이 선한 원리 가운데 그리고 올바른 방식으로 행해지고 열납되도록 할지니라."

3. 명령을 지키는 방법.

(1) 삼갈지어다. 악한 것들과 악으로 인도하는 모든 것들을 조심하라.

(2) 힘써 행할지니라. 우리가 마음을 굳게 하지 않는다면 그리고 하나님의 은총으로부터 강력한 힘을 끌어오지 않는다면, 우리는 우리의 의무를 행할 수 없

을 것이다.

[11]다윗이 성전의 복도와 그 집들과 그 곳간과 다락과 골방과 속죄소의 설계도를 그의 아들 솔로몬에게 주고 [12]또 그가 영감으로 받은 모든 것 곧 여호와의 성전의 뜰과 사면의 모든 방과 하나님의 성전 곳간과 성물 곳간의 설계도를 주고 [13]또 제사장과 레위 사람의 반열과 여호와의 성전에서 섬기는 모든 일과 여호와의 성전을 섬기는 데에 쓰는 모든 그릇의 양식을 설명하고 [14]또 모든 섬기는 데에 쓰는 금 기구를 만들 금의 무게와 모든 섬기는 데에 쓰는 은 기구를 만들 은의 무게를 정하고 [15]또 금 등잔대들과 그 등잔 곧 각 등잔대와 그 등잔을 만들 금의 무게와 은 등잔대와 그 등잔을 만들 은의 무게를 각기 그 기구에 알맞게 하고 [16]또 진설병의 각 상을 만들 금의 무게를 정하고 은상을 만들 은도 그렇게 하고 [17]갈고리와 대접과 종지를 만들 순금과 금 잔 곧 각 잔을 만들 금의 무게와 또 은 잔 곧 각 잔을 만들 은의 무게를 정하고 [18]또 향단에 쓸 순금과 또 수레 곧 금 그룹들의 설계도대로 만들 금의 무게를 정해 주니 이 그룹들은 날개를 펴서 여호와의 언약궤를 덮는 것이더라 [19]다윗이 이르되 여호와의 손이 내게 임하여 이 모든 일의 설계를 그려 나에게 알려 주셨느니라 [20]또 그의 아들 솔로몬에게 이르되 너는 강하고 담대하게 이 일을 행하라 두려워하지 말며 놀라지 말라 네가 여호와의 성전 공사의 모든 일을 마치기까지 여호와 하나님 나의 하나님이 너와 함께 계시사 네게서 떠나지 아니하시고 너를 버리지 아니하시리라 [21]제사장과 레위 사람의 반이 있으니 하나님의 성전의 모든 공사를 도울 것이요 또 모든 공사에 유능한 기술자가 기쁜 마음으로 너와 함께 할 것이요 또 모든 지휘관과 백성이 온전히 네 명령 아래에 있으리라

자기 아들에게 하나님을 찾고 섬기라고 명령할 때, 다윗은 그에게 율법책을 주는 것으로 충분했다. 왜냐하면 그 안에 그가 행할 모든 것이 다 들어 있었기 때문이었다. 그러나 성전을 건축하는 데 있어서는 다음과 같은 세 가지를 주어야만 했다.

1. 건물에 대한 설계도. 솔로몬에게 설계도가 필요했던 것은 그것이 그와 모든 건축가들이 한 번도 본 적이 없는 건물이었기 때문이었다. 모세가 산에서 성막의 모형을 보았던 것처럼(히 8:5), 다윗도 하나님의 손으로 말미암아 성전의 모형 혹은 설계도를 보았다(19절). 그것은 아마도 천사의 손으로 그려져 주

어진 것이었든지, 아니면 그의 마음속에 그림처럼 뚜렷하게 새겨진 것이었을 것이다. 어쨌든 그 설계도는 영감으로 받은 것이었다(12절). 이러한 종류의 일에 있어서는 다윗의 믿음이나 혹은 솔로몬의 지혜로부터 말미암은 생각이 개입되어서는 결코 안 되었다. 성전은 거룩한 하나님의 집이면서 동시에 그리스도의 모형이 되어야만 했다. 따라서 거기에는 편리함과 아름다움뿐만 아니라 상징성이 들어가야만 했다. 그것은 일종의 성례(聖禮, sacrament)이므로 인간의 생각이나 창작의 결과물이 아니라 신적 규례에 의해 설계되어야 했다. 참 성전이신 그리스도와 복음의 성전인 교회와 영원한 성전인 하늘나라는 모두 하나님의 지혜와 계획에 따라 설계되고 준비된 것이다. 다윗은 이러한 설계도를 솔로몬에게 줌으로써 그로 하여금 무엇을 준비하며 또 어떤 방식으로 건축할 것인지를 알 수 있도록 했다. 그리스도께서 제자들에게 자신의 복음 교회를 세울 것을 명령하셨을 때, 그는 제자들에게 자신이 명한 것을 지키도록 당부하면서 그것에 대한 정확한 설계도를 주셨다. 여기에 성전의 복도와 그 집들(즉 성소 및 지성소)과 곳간과 다락과 골방과 특별히 속죄소 등 구체적인 설계도들이 언급되고 있다(11절). 또 성전의 뜰과 봉헌한 물건들을 보관하는 주변의 모든 방들에 대한 설계도도 언급된다(12절). 패트릭 주교는 모세가 세운 성막과 이제 더 이상 쓸데없게 된 여타 기구들이 그 곳에 보관되었을 것이라고 추측한다(그것은 때가 차매 모세시대의 모든 의식과 예법이 더 나은 것으로 대체되는 것을 상징하는 것이었다). 또한 다윗은 솔로몬에게 제사장들의 반열을 기록한 목록과 섬기는데 쓰는 모든 그릇들의 설계도와 그룹들의 설계도를 주었다(13, 18절). 속죄소 위에 있는 두 그룹 외에도 그것보다 훨씬 더 큰 그룹이 둘이 더 있었는데(왕상 6:23 이하에 따르면 양쪽 날개가 각각 양쪽 벽에 닿을 만큼 큰 그룹이었다), 다윗은 그러한 그룹들의 설계도를 솔로몬에게 주었다. 이러한 그룹들은 여기에서 수레(혹은 병거, chariot)라 일컬어지는데, 그것은 천사들이 하나님의 수레이기 때문이다(시 68:17, 하나님의 병거는 천천이요 만만이라 주께서 그 중에 계심이 시내 산 성소에 계심 같도다).

2. 성전의 기구들을 만들기 위한 각종 재료들. 각종 기구들이 설계도보다 못한 것이 되지 않도록 하기 위해 다윗은 각 기구들에 소요될 금과 은의 정확한 양을 측정했다(14절). 성막에는 오직 한 개의 금 등잔대만이 있었을 뿐이었다. 반면 성전에는 열 개의 금 등잔대와(왕상 7:49) 한 개의 은 등잔대가 있었

다(15절). 또 성막에는 오직 한 개의 상만이 있었을 뿐이지만, 성전에는 진설병이 놓이는 상 외에도 다른 용도에 쓸 열 개의 상들과(대하 4:8) 그 외에도 은상(銀床)들이 더 있었다(16절). 이와 같이 성전에 더 많은 기구들이 필요했던 것은 성전이 성막보다 훨씬 더 크므로 그에 상응하여 많은 기구들이 있지 않으면 매우 허전한 느낌이 들 것이었기 때문이었다. 향단은 특별히 순금으로 만들 것이 언급되어 있는데(18절), 그것은 그리스도의 중보를 상징하는 것이었기 때문이었다.

3. 이 일에 어디에서 도움을 찾을 수 있을지에 대한 지시. "혹시 누가 방해할까 염려하지 말라. 사람들의 비난이나 혹은 어떤 어려운 일이 생기지 않을까 걱정하지 말라. 웃사처럼 일을 잘못될까 두려워하지 말라. 시작했다가 끝마치지 못하는 어리석은 건축자로 비난을 받을까 염려하지 말라. 두려워하지 말며 낙담하지 말라.

(1) 하나님이 너를 도울 것이라. 너는 첫 번째로 하나님을 바라봐야 할 것이라(20절): "여호와 하나님 나의 하나님이 너와 함께 계시사 네게서 떠나지 아니하시고 너를 버리지 아니하시리라. 그는 내가 택하여 섬긴 나의 하나님이요, 오랫동안 나와 함께 하시고 나를 형통케 하신 하나님이며, 나는 그의 능력과 선하심을 오랜 세월 경험했느니라. 그가 너와 함께 하실 것이요, 너를 인도하시고 강하게 하시며 형통케 하실 것이라. 그가 너를 실패케 하지 아니 하시리라." 우리는 우리 조상들을 인도하신 하나님이 또한 이 시대에 우리를 인도하실 것을 확신할 수 있다. 여기에서 솔로몬이 받은 격려는 과거에 여호수아가 받은 격려와 같은 것이었으며(수 1:5), 그것은 또한 모든 신자들에게 주어지는 격려와 같은 것이다(히 13:5). 내가 결코 너희를 버리지 아니하고 너희를 떠나지 아니하리라. 사람이 먼저 하나님을 버리지 않는 한 하나님은 아무도 버리지 않는다는 사실을 주목하라.

(2) 선한 자들이 너를 도울 것이라(21절). "제사장과 레위인들이 너에게 자문해 줄 것이요 너는 그들에게 물을 수 있을 것이라. 또 네게는 훌륭한 일꾼들이 많이 있을 것이니 그들은 매우 숙련된 자들이요 기쁜 마음으로 너를 도울 것이라." 숙련된 기술과 기쁜 마음, 이 두 가지는 일꾼에게 있어, 특별히 성전의 일을 맡은 자들에게 있어 매우 아름다운 자질이다. 그리고 "모든 지휘관과 백성들이 그 일에 반대하거나 훼방하지 않을 것이요, 그들은 온전히 네 명령 아

래 있을 것이라. 모든 사람들이 각자 자기 자리에서 기꺼이 그 일에 협력할 것이니라." 이와 같이 관련된 모든 사람들이 마음을 같이하며 협력하면서 아무도 은밀히 훼방하지 않을 때, 그 일은 얼마나 잘 이루어지겠는가?

제 — 29 — 장

개요

다윗은 솔로몬에게 마지막으로 당부할 말을 다 했다. 그리고 이제 떠나기에 앞서 회중들에게 마지막 말을 남긴다. I. 다윗이 백성들에게 성전 건축을 위해 능력에 따라 드릴 것을 호소함(1-5절). II. 이에 따라 백성들이 풍성하게 드림(6-9절). III. 이 일로 다윗이 하나님께 장엄한 기도와 찬미와 함께(10-20절) 제물을 드림(21, 22절). IV. 솔로몬이 왕위에 오름(23-25절). V. 다윗의 죽음(26-30절). 여기에서 지는 해와 뜨는 해 가운데 어느 것이 더 밝게 빛나는지 말하기는 결코 쉽지 않다.

[1]다윗 왕이 온 회중에게 이르되 내 아들 솔로몬이 유일하게 하나님께서 택하신 바 되었으나 아직 어리고 미숙하며 이 공사는 크도다 이 성전은 사람을 위한 것이 아니요 여호와 하나님을 위한 것이라 [2]내가 이미 내 하나님의 성전을 위하여 힘을 다하여 준비하였나니 곧 기구를 만들 금과 은과 놋과 철과 나무와 또 마노와 가공할 검은 보석과 채석과 다른 모든 보석과 옥돌이 매우 많으며 [3]성전을 위하여 준비한 이 모든 것 외에도 내 마음이 내 하나님의 성전을 사모하므로 내가 사유한 금, 은으로 내 하나님의 성전을 위하여 드렸노니 [4]곧 오빌의 금 삼천 달란트와 순은 칠천 달란트라 모든 성전 벽에 입히며 [5]금, 은 그릇을 만들며 장인의 손으로 하는 모든 일에 쓰게 하였노니 오늘 누가 즐거이 손에 채워 여호와께 드리겠느냐 하는지라 [6]이에 모든 가문의 지도자들과 이스라엘 모든 지파의 지도자들과 천부장과 백부장과 왕의 사무관이 다 즐거이 드리되 [7]하나님의 성전 공사를 위하여 금 오천 달란트와 금 만 다릭 은 만 달란트와 놋 만 팔천 달란트와 철 십만 달란트를 드리고 [8]보석을 가진 모든 사람은 게르손 사람 여히엘의 손에 맡겨 여호와의 성전 곳간에 드렸더라 [9]백성들은 자원하여 드렸으므로 기뻐하였으니 곧 그들이 성심으로 여호와께 자원하여 드렸으므로 다윗 왕도 심히 기뻐하니라

우리는 여기에서 다음과 같은 것들을 관찰할 수 있다.

I. 다윗이 이스라엘의 고관들에게 성전건축을 위해 헌물을 드릴 것을 권고함. 우리는 선을 행하는 일에 피차 권면함으로써, 우리 자신만 선을 행할 것이 아니라 다른 사람들도 함께 동참하도록 이끌어야 한다. 이스라엘에는 부유한 자들이 많이 있었다. 그들은 모두 성전의 은택을 누리게 될 것이었다. 또한 성전을 건축하는 평화로운 시대에 태어난 것도 그들에게 큰 축복이었다. 따라서 설령 다윗이 그들에게 세금으로 강제 부과하지 않는다 할지라도 그들은 마땅히 성전 건축을 위한 헌물을 드려야만 했다. 그리하여 다윗은 그들에게 자원하여 헌물을 드리도록 권고했는데, 그것은 사랑과 믿음의 행위가 강요에 의한 것이 아니라 자발적으로 행해지도록 하기 위한 것이었다. 왜냐하면 하나님은 즐거이 드리는 자를 사랑하시기 때문이다.

1. 다윗은 그들에게 솔로몬이 아직 어리고 미숙하며 따라서 그들의 도움이 필요하다는 사실을 상기시킨다. 그는 하나님이 이 일을 수행하도록 택하신 자였다. 따라서 그는 그들의 도움을 받을 자격이 있었으며, 그들은 그를 도울 의무가 있었다. 하나님의 일을 수행하는 자가 아직 어리고 미숙할 때 그러한 자를 격려하며 협력하는 것은 얼마나 선한 일인가?

2. 성전을 건축하는 것은 너무도 큰 일이므로 모두가 그 일에 협력해야 했다. 성전은 사람을 위한 것이 아니라 여호와 하나님을 위한 것이었다. 그러므로 더 많은 헌물을 드릴수록 더 웅장한 성전이 될 것이었으며 그것의 목적에 더 잘 부응할 것이었다.

3. 다윗은 그들에게 자신이 이 일을 위해 얼마나 많은 것들을 준비했는지를 말한다(2절). 그는 그들에게 모든 부담을 지우려고도 하지 않았으며, 성전이 전적으로 그들의 헌물로써 세워져야 한다고 생각하지도 않았다. 그렇지만 그들은 이미 준비된 것에 자신들의 헌물을 더함으로써 스스로의 선한 뜻을 보여야만 했다. 내가 이미 내 하나님의 성전을 위하여 힘을 다하여 준비하였나니. 다시 말해서 다윗은 그 일을 자신이 감당해야 할 일로 삼았다는 뜻이다. 하나님을 위한 일은 힘을 다해 감당해야 한다. 그렇지 않으면 그 일을 이룰 수 없을 것이다.

4. 다윗은 먼저 스스로 본보기가 되었다. 전쟁에서 얻은 노략물과 이웃 나라에서 보낸 예물 외에도(22:14), 그는 성전을 아름답게 꾸미기 위해 자신의 몫으로부터 3천 달란트의 금과 7천 달란트의 은 등 많은 헌물을 드렸다(4, 5절).

이렇게 한 것은 그가 자기 하나님의 전을 사모했기 때문이었다. 그가 이 모든 것을 드린 것은 가톨릭교도들이 속죄의 대가로 교회를 건축하는 것과 같지 않았으며, 또한 바리새인들이 사람에게 보이기 위해 구제하는 것과도 같지 않았다. 오직 스스로 고백한 것처럼 하나님의 전에 거하기를 너무도 사모했기 때문이었다(시 26:8). 하나님의 일을 위해 뜨거운 열정을 품은 자들은 그 일을 위해 헌물을 드리는 것을 결코 고통스럽게 여기지 않을 것이다. 하나님은 이와 같이 사랑으로부터 봉헌된 예물을 크게 기뻐하신다. 또 위에 있는 것에 마음을 두는 자들은 우리에게 하늘나라로 가는 길을 보여주는 하나님의 전을 사모할 것이다. 이와 같이 다윗은 자신이 하나님의 전을 위해 드린 것을 말함으로써 그들도 동일하게 하나님을 위해 봉헌하도록 이끌었다. 다른 사람들을 선한 일로 이끌고자 하는 자는 먼저 스스로 본을 보여야 한다는 사실을 주목하라. 특별히 지위나 위엄에 있어 다른 사람들보다 뛰어난 자들은 더더욱 그래야 한다. 왜냐하면 어느 누구보다도 그들 자신의 본보기가 가장 강력하고 광범위한 영향을 끼치기 때문이다.

5. 다윗은 그들도 자신이 행한 것처럼 행하도록 격려한다(5절): 오늘 누가 즐거이 손에 채워 여호와께 드리겠느냐?

(1) 우리는 각자 자신의 자리에서 하나님을 섬기며, 하나님께 대한 우리의 예배를 성별해야 한다. 그리고 그러한 예배를 모든 이교적인 것으로부터 구별시키면서 하나님을 영화롭게 하는 쪽으로 향하게 해야 한다.

(2) 우리는 하나님을 예배하는 것을 우리의 일로 삼아야 하며, 히브리 원문처럼 우리의 손을 여호와께 채워야 한다. 하나님을 예배하는 일에 착념하는 자들은 그 손이 채워질 것이다. 우리의 손을 하나님께 대한 예배로 채우는 것은 우리가 오직 그만을 섬기며 그분으로부터 말미암는 은혜의 힘 안에서 그를 섬겨야 함을 의미한다.

(3) 우리는 그것을 즐거이(기꺼이) 그리고 오늘(내일로 미루지 말고) 행해야 한다. 오늘 누가 즐거이 여호와께 드리겠느냐?

Ⅱ. 그러한 권고에 그들 모두가 풍성한 헌물을 드림. 다윗의 권고를 받고 드렸음에도 불구하고, 그들이 다 즐거이 드렸다고 언급된다(6절). 그들의 마음을 아시는 분께서 그렇게 말씀하셨다. 뿐만 아니라 그들은 선한 마음으로 그리고 하나님의 영광을 위해 성심으로 드렸다(9절). 그들이 봉헌한 헌물의 총계를 볼

때(7, 8절), 그들은 얼마나 넘치게 드렸는가? 그들은 자신들의 신분과 형편에 걸맞게 성심으로 드렸으며, 그리하여 그 일은 큰 기쁨과 즐거움이 되었다.

1. 백성들이 기뻐했다. 어쩌면 이들은 헌물을 바친 자들을 의미하는 것일는지 모른다. 그들은 이와 같이 자신들의 물질로 하나님을 영화롭게 할 기회를 얻은 것으로 기뻐했으며 또한 그 일이 완성되는 것을 바라보며 기뻐했다. 어쩌면 이들은 백성 전체를 의미하는 것일 수도 있다. 백성들은 자신들의 지도자들이 선한 일에 앞장서는 가운데 넘치는 헌물을 드리는 것을 보면서 크게 기뻐했다. 성전을 건축하는 일이 이렇게 힘차게 추진되는 것을 보면서 기뻐하지 않을 이스라엘 백성이 어디 있었겠는가?

2. 다윗도 심히 기뻐했다. 그는 자신의 기도와 찬미가 백성들에게 좋은 영향을 끼친 것을 보면서 기뻐했으며, 솔로몬이 하나님의 전을 사모하는 신하들로 둘러싸여 있는 것을 보면서 기뻐했으며, 성전을 건축하는 일이 아무 어려움 없이 이루어질 것을 바라보며 기뻐했다. 선한 자들에게 있어 세상을 떠날 때 뒤에 남아 있는 자들이 신앙을 잘 지키며 증진시킬 것을 바라보는 것은 얼마나 큰 기쁨이겠는가! 주재여 이제는 말씀하신 대로 종을 평안히 놓아 주시는도다(눅 2:29)

[10]다윗이 온 회중 앞에서 여호와를 송축하여 이르되 우리 조상 이스라엘의 하나님 여호와여 주는 영원부터 영원까지 송축을 받으시옵소서 [11]여호와여 위대하심과 권능과 영광과 승리와 위엄이 다 주께 속하였사오니 천지에 있는 것이 다 주의 것이로소이다 여호와여 주권도 주께 속하였사오니 주는 높으사 만물의 머리이심이니이다 [12]부와 귀가 주께로 말미암고 또 주는 만물의 주재가 되사 손에 권세와 능력이 있사오니 모든 사람을 크게 하심과 강하게 하심이 주의 손에 있나이다 [13]우리 하나님이여 이제 우리가 주께 감사하오며 주의 영화로운 이름을 찬양하나이다 [14]나와 내 백성이 무엇이기에 이처럼 즐거운 마음으로 드릴 힘이 있었나이까 모든 것이 주께로 말미암았사오니 우리가 주의 손에서 받은 것으로 주께 드렸을 뿐이니이다 [15]우리는 우리 조상들과 같이 주님 앞에서 이방 나그네와 거류민들이라 세상에 있는 날이 그림자 같아서 희망이 없나이다 [16]우리 하나님 여호와여 우리가 주의 거룩한 이름을 위하여 성전을 건축하려고 미리 저축한 이 모든 물건이 다 주의 손에서 왔사오니 다 주의 것이니이다 [17]나의 하나님이여 주께서 마음을 감찰하시고 정직을

기뻐하시는 줄을 내가 아나이다 내가 정직한 마음으로 이 모든 것을 즐거이 드렸 사오며 이제 내가 또 여기 있는 주의 백성이 주께 자원하여 드리는 것을 보오니 심 히 기쁘도소이다 [18]우리 조상들 아브라함과 이삭과 이스라엘의 하나님 여호와여 주 께서 이것을 주의 백성의 심중에 영원히 두어 생각하게 하시고 그 마음을 준비하 여 주께로 돌아오게 하시오며 [19]또 내 아들 솔로몬에게 정성된 마음을 주사 주의 계 명과 권면과 율례를 지켜 이 모든 일을 행하게 하시고 내가 위하여 준비한 것으로 성전을 건축하게 하옵소서 하였더라 [20]다윗이 온 회중에게 이르되 너희는 너희 하 나님 여호와를 송축하라 하매 회중이 그의 조상들의 하나님 여호와를 송축하고 머 리를 숙여 여호와와 왕에게 절하고 [21]이튿날 여호와께 제사를 드리고 또 여호와께 번제를 드리니 수송아지가 천 마리요 숫양이 천 마리요 어린 양이 천 마리요 또 그 전제라 온 이스라엘을 위하여 풍성한 제물을 드리고 [22]이 날에 무리가 크게 기뻐하 여 여호와 앞에서 먹으며 마셨더라 무리가 다윗의 아들 솔로몬을 다시 왕으로 삼 아 기름을 부어 여호와께 돌려 주권자가 되게 하고 사독에게도 기름을 부어 제사 장이 되게 하니라

I. 다윗이 하나님을 송축하며 기도함.   이스라엘의 고관들이 성전건축을 위 해 풍성하게 드렸을 때, 다윗은 하나님께 송축하며 기도를 올렸다(10절): 다윗 이 온 회중 앞에서 여호와를 송축하여 이르되. 9절에서 우리는 다윗이 심히 기뻐했 다는 이야기를 들었는데, 그로부터 우리는 이것을 충분히 예상할 수 있었다. 왜냐하면 경건한 사람에게 기뻐할 일이 생길 때, 그는 즉시로 감사로써 그러한 기쁨을 나타낼 것이기 때문이다. 사람들로부터 큰 위로와 기쁨을 얻은 자는 하 늘을 바라보며 찬미를 올릴 것이다. 지금 다윗은 자신의 마지막 날을 바라보고 있었다. 이와 같이 늙어 죽음이 임박한 성도들에게 있어 그 심령이 찬미와 감 사로 가득 채워지는 것은 얼마나 축복된 일인가! 그럴 때 그들은 육체의 연약 함까지도 기꺼이 받아들이며, 죽음조차도 덜 우울한 마음으로 바라보게 될 것 이다. 시편 뒷부분에 나타난 다윗의 시들은 대부분 찬미의 시이다. 우리가 영 원한 세계에 가까워 갈수록 우리는 더욱더 찬미의 언어를 사용하며 하나님의 일을 행해야만 한다. 이러한 기도에서

　1. 다윗은 하나님을 찬미하며, 이스라엘의 하나님으로서 영원부터 영원까지 송축을 받으실 것을 기원한다(10절). 주기도문 역시도 이와 비슷한 영광송으로

끝난다: 나라와 권세와 영광이 아버지께 영원히 있사옵나이다. 여기에 나타난 다윗의 송축은 하나님께 대한 거룩한 두려움과 존경과 사랑이 담겨 있는 적절한 찬미이다.

(1) 여기에서 다윗은 하나님의 무한하신 완전함을 고백한다. 하나님은 위대하시며 권능이 충만하시며 영광이 가득하시다. 그러나 그것이 전부가 아니다. 위대함과 권능과 영광 자체가 그분의 것이다. 즉 하나님은 그것들을 자신 안에(in himself), 그리고 스스로(of himself) 가지고 계신다(11절). 하나님은 모든 찬란하며 축복된 것들의 근원이며 중심이시다. 우리가 하나님을 찬미하는 가운데 그분께 돌릴 수 있는 모든 것은 실제로 그분의 것이다. 위대하심이 그의 것이다. 그의 위대하심은 무한하며 측량할 수 없다. 그와 비교할 때 다른 것들에게 돌려지는 위대함은 지극히 작고 보잘것없는 것이다. 또 권능이 그의 것이다. 그의 권능은 전능하며 불가항력적이다. 권능이 그에게 속하며, 다른 피조물들의 권능은 그로부터 말미암으며 그에게 의존한다. 또한 영광이 그의 것인데, 그것은 그의 영광이 그 자신의 목적이며 모든 창조의 목적이기 때문이다. 우리의 마음과 입술과 삶으로 드릴 수 있는 모든 영광은 실제로 그분께 합당한 영광에 무한히 미치지 못한다. 또 승리가 그의 것이다. 그는 모든 것을 초월하시며 능가하시므로, 만물을 자신에게 굴복케 하며 복종케 할 수 있으시다. 그리고 그의 승리는 논란의 여지가 없으며 누구도 통제할 수 없는 승리이다. 또한 위엄이 그의 것이다. 그의 위엄은 실제적이며 인격적이다. 그리고 그에게 두려우며 형언할 수 없으며 상상할 수 없는 위엄이 있다.

(2) 여기에서 다윗은 만물의 주인으로서의 하나님의 주권을 고백한다(11절). "천지에 있는 것이 다 주의 것이로소이다. 그리고 천지에 있는 모든 것이 만물의 최고통치자이시며 명령자이신 주의 뜻에 달려 있나이다. 여호와여 주권도 주께 속하였나니 모든 왕들이 주의 신하로소이다. 이는 주께서 만물의 머리로서 높임 받으시며 경배 받으실 것이기 때문이나이다."

(3) 여기에서 다윗은 하나님의 보편적인 영향력을 고백한다. 사람의 자녀들 가운데 부하게 되고 존귀하게 되는 모든 것이 하나님으로부터 말미암는다. 다윗은 방백들까지도 이러한 고백에 동참하도록 함으로써 그들로 하여금 자신들이 풍성하게 드린 것으로 하나님께 어떤 특별한 공로가 있다고 생각하지 못하게 하고자 했다. 왜냐하면 그들은 자신들의 모든 부와 존귀를 하나님으로부터

받았으며 또한 하나님께 드린 것은 받은 것 가운데 작은 부분에 불과했기 때문이었다. 만일 어떤 사람이 사람들 가운데 큰 자가 된다면, 그를 그렇게 만든 분은 하나님이시다. 또 우리가 어떤 힘을 가지고 있다면, 우리에게 그 힘을 주신 분은 우리의 조상 이스라엘의 하나님이시다(10절; 시 68:35).

2. 다윗은 그들로 하여금 성전건축을 위해 즐거이 드릴 수 있도록 이끌어 주신 하나님의 은혜를 감사하며 고백한다(13, 14절): 우리 하나님이여 이제 우리가 주께 감사하오며. 우리가 하나님을 위해 더 많은 일을 행할수록 우리는 더 많은 영광의 빚과 더 많은 은혜의 빚을 지게 된다(왜냐하면 하나님이 우리에게 그러한 일에 동참하는 영광을 주시고 또한 우리를 능하게 하사 당신의 일을 하도록 은혜를 베푸셨기 때문이다). 명한 대로 하였다고 종에게 감사하겠느냐?(눅 17:9). 그렇지 않다. 감사할 자는 주인이 아니라 종이다. 다윗은 하나님이 그들에게 즐거운 마음으로 드릴 힘을 주신 것에 대해 감사를 드린다. 여기에서 다음을 관찰하라.

(1) 우리가 즐거이 하나님의 일을 할 수 있게 되는 것은 우리 안에 계신 하나님의 능력으로 말미암는 것이다. 하나님은 자원하는 마음도 주시고 행할 수 있는 능력도 주신다. 하나님의 백성이 즐거이 헌신하게 되는 때는 다름 아닌 하나님의 권능의 날이다(시 110:3).

(2) 우리는 언제든지 우리 자신에 의해서나 혹은 다른 사람들에 의해 행해진 모든 선한 일의 영광을 하나님께 돌려야 한다. 우리가 선한 일을 했다고 교만해져서도 안 되며, 다른 사람들이 선한 일을 했다고 시기해서도 안 된다. 두 경우 모두 우리는 하나님께 찬미를 드려야 한다. 왜냐하면 세상에서 신실하게 하나님을 섬기는 것이야말로 최고의 영광이며 기쁨이기 때문이다.

3. 다윗은 자신과 자신의 백성 그리고 드린 예물에 대해 매우 겸비하게 말한다.

(1) 다윗은 하나님이 자신과 자신의 백성들에게 베푸시고 행하신 모든 것에 대해 놀란다(14절): 나와 내 백성이 무엇이기에. 그 때 다윗은 세상에서 가장 존귀한 자였고 이스라엘은 가장 존귀한 백성이었다. 그럼에도 불구하고 그는 자신과 자신의 백성을 하나님의 특별한 은총을 받을 자격이 없는 자들로 말한다. 지금 다윗은 고관 회의를 주관하면서 후계자를 지명하고 있는데, 그것은 참으로 위대한 모습이 아닐 수 없었다. 그러나 그는 스스로를 작고 비천한 존재로

보고 있었다: 내가 무엇이나이까. 우리는 주님 앞에서 이방 나그네와 거류민에 불과하며, 가련하고 보잘것없는 존재나이다(15절). 하늘에 있는 천사들은 그 곳에서 집에 거하지만, 그러나 땅 위에 있는 성도들은 여기에서 나그네에 불과하다. 세상에 있는 날이 그림자와 같나이다. 다윗은 결코 헛되고 허무한 생을 살지 않았다. 그는 위대한 자요, 선하고 유능한 자였으며, 일평생 선한 목적을 가지고 산 자였다. 그럼에도 불구하고 그는 자신의 날이 그림자 같다고 고백하지 않을 수 없었다. 이것은 우리의 인생이 헛되고 모호하고 덧없는 인생이며, 그 마지막이 완전한 빛 아니면 완전한 어둠이 될 인생이라는 사실을 암시한다. 이어지는 어구(語句)가 그것을 설명해 준다: 희망이 없나이다(히브리 원어로는, 기대할 것이 없나이다). 우리는 우리의 인생으로부터 어떤 큰 일을 기대할 수 없으며, 그것이 오래도록 지속될 것도 기대할 수 없다. 이것은 우리로 하여금 하나님을 위해 행한 일조차도 자랑하지 말 것을 암시한다. 그것은 짧은 시간에 한정되어 있을 뿐만 아니라 허물어지기 쉬우며 보잘것없는 인생이 행한 일에 불과하기 때문이다. 그럴진대 그것으로 우리가 무슨 공로를 내세울 수 있단 말인가?

(2) 또 다윗은 자신들이 드린 헌물에 대하여 다음과 같이 말한다. 우리가 주의 손에서 받은 것으로 주께 드렸을 뿐이니이다(14절). 이 모든 물건이 다 주의 손에서 왔사오니 다 주의 것이니이다(16절). "그 모든 것은 우리가 주께로부터 거저 받은 것이나이다. 그러므로 우리는 그것을 주를 위해 써야 하나이다. 우리가 주께 드리는 것은 단지 주께로부터 빌린 것을 돌려 드리는 것일 뿐이나이다." 이와 관련하여 패트릭 주교는 이렇게 말한다. "이와 마찬가지로 우리도 모든 영적인 것들에서 하나님을 인정해야 한다. 그리고 모든 선한 생각과 선한 목적과 선한 일은 그분의 은혜로 돌려야 한다." 그러므로 자랑하는 자는 주 안에서 자랑하라.

4. 다윗은 자신이 정직한 마음으로 드렸음을 호소한다(17절). 하나님이 마음을 달아보시며 정직을 기뻐하신다는 사실을 기억하는 것은 선한 자에게 있어 큰 위로가 될 것이다. 비록 사람들은 오해하고 경멸할지라도, 하나님은 의의 길을 아시며 그것을 밝히 나타내신다. 하나님이 자신의 중심을 아신다는 사실은 다윗에게 큰 위로와 기쁨이었다. 그는 자신이 드린 것으로 교만하지 않았을 뿐만 아니라 백성들이 드린 것에 대해서도 시기하지 않았는데, 바로 이것이 그의 중

심이며 정직한 마음이었다.

5. 다윗은 백성과 솔로몬을 위해 하나님께 간구한다. 즉 그들이 시작한 것을 굳게 붙잡을 것을 위해 기도했다. 이러한 기도 가운데 그는 하나님을 아브라함과 이삭과 야곱의 하나님으로 부른다. 즉 그들과 언약을 맺으신 하나님, 그리고 그들로 인해 자신들과도 언약을 맺으신 하나님으로 부르고 있는 것이다. 주여 우리로 하여금 언약의 은택을 잃어버리지 않도록 은혜를 베푸소서. 혹은 그의 기도는 다음과 같은 것이었다. 그들은 그들의 길을 굳게 하시는 하나님의 은혜로 순전함을 지켰나이다. 그들을 충족케 했던 동일한 은혜가 우리에게도 임하게 하옵소서.

(1) 백성들을 위해 다윗은 다음과 같이 간구한다(18절). 하나님이 그들의 마음속에 넣으신 선한 것들이 항상 그들 안에 있게 하시며 그들의 나중 형편이 지금보다 더 낫게 하시며, 그들이 지금 가지고 있는 확신을 결코 잃어버리지 않게 하시며 하나님의 전을 향해 갖고 있는 마음이 결코 식어지지 않게 하시고, 다만 지금 갖고 있는 생각이 영원히 변치 않게 하소서. 우리가 계획하고 생각하는 것의 결과는 대부분 우리 마음의 가장 높고 깊은 것에 의해 결정된다. 만일 어떤 선한 것이 우리나 혹은 우리 친구들의 마음속에 자리잡고 있다면, 우리는 하나님의 은혜 가운데 그러한 것이 계속해서 우리 안에 있게 해 달라고 그분께 간구해야 한다. "주여 계속해서 그것이 우리 안에 있게 하옵소서. 영원히 우리 안에 있게 하옵소서. 종과 백성들이 성전을 위해 많은 헌물을 드렸사오나, 그것은 주께서 먼저 우리의 마음에 그러한 생각을 넣어 주셨기 때문이나이다. 그들의 결심이 흐려지지 않게 하소서. 그들이 지금 선한 마음을 갖고 있사오니, 내가 떠날지라도 그들과 그들의 마음을 영원히 지키소서."

(2) 솔로몬을 위해 다윗은 그에게 정성된 마음을 주실 것을 간구한다(19절). 앞에서 그는 솔로몬에게 온전한 마음으로 하나님을 섬길 것을 지시했는데, 여기에서는 그에게 그러한 마음을 주실 것을 하나님께 간구한다. 그는 "주여 솔로몬으로 하여금 부유하고 위대하며 학식 많은 사람이 되게 하여 주소서"라고 기도하지 않고 "주여 그로 하여금 정직한 자가 되게 하여 주소서"라고 기도했다. 왜냐하면 정직한 마음이야말로 그 모든 것보다 더 나은 것이었기 때문이다. "주여 그에게 온전한 마음을 주사 주의 모든 계명들을 지키게 하시며 특별히 주의 전을 건축하게 하소서." 설령 그가 하나님의 전을 건축한다 할지라도 만일

하나님의 계명들을 지키는데 마음을 두지 않는다면 그의 온전한 마음은 결코 입증되지 않을 것이다. 만일 우리가 하나님의 율법에 불순종하며 살아간다면, 교회를 건축하는 것조차도 우리에게 별 도움이 되지 않을 것이다.

Ⅱ. 온 회중이 큰 기쁨으로 화답함.

1. 그들은 다윗과 합하여 하나님께 찬미를 올렸다. 다윗이 기도를 마치고 회중에게 "너희는 너희 하나님 여호와를 송축하라"고 했을 때, 그들은 머리를 숙임으로써 그의 부름에 화답했다(20절).

2. 그들은 왕에게 경의를 표했다. 그들은 다윗을 하나님이 자신들에게 선을 베풀어 주시기 위해 택하신 도구로 여겼다. 그리하여 그를 존귀케 함으로써 하나님을 존귀케 했다.

3. 다음날 그들은 하나님께 풍성한 제물을 드렸다(21절). 그들은 번제물을 하나님께 온전히 불에 태워 드렸으며, 또 화목제물을 드리고 그것을 나누어 먹었다. 이와 같이 그들은 지금 나라가 온전한 평안 가운데 있는 것으로 하나님께 큰 감사를 돌렸다.

4. 그들은 하나님 앞에서 잔치를 벌이며 크게 기뻐했다(22절). 하나님과 교제하며 그분 안에서 즐거워함을 나타내기 위해 그들은 여호와 앞에 화목제물을 드리며 잔치를 벌였다. 그들은 하나님께 드린 것으로 먹고 마시며 즐거워하였는데, 그것은 성전 건축을 위해 풍성한 헌물을 드린 것으로 그들이 결코 가난해지지 않을 것을 암시해 주는 것이었다. 그들 자신들이 성전의 은택(恩澤)을 입으며 즐거워하게 될 것이었다.

5. 그들은 다시금 솔로몬에게 기름을 부었다. 아도니야가 반란을 일으켰을 때 그는 급하게 기름부음을 받았었다. 그렇지만 지금 모든 백성의 기쁨을 위해 다시 한 번 기름 붓는 의식을 행하는 것이 적절한 것으로 여겨졌다. 무리가 솔로몬을 다시 왕으로 삼아 기름을 부어. 통치자들은 스스로를 하나님의 사역자로서 하나님을 위해 구별된 존재로 여기며 하나님을 경외하는 가운데 통치해야 한다. 또 아비아달을 대신하여 사독이 제사장으로 기름 부음을 받았다(아비아달은 얼마 전에 자신의 존귀를 박탈당했다). 솔로몬 같은 통치자와 사독 같은 제사장을 가진 이스라엘은 얼마나 복된가!

[23]솔로몬이 여호와께서 주신 왕위에 앉아 아버지 다윗을 이어 왕이 되어 형통하니

온 이스라엘이 그의 명령에 순종하며 ^{24}모든 방백과 용사와 다윗 왕의 여러 아들들이 솔로몬 왕에게 복종하니 ^{25}여호와께서 솔로몬을 모든 이스라엘의 목전에서 심히 크게 하시고 또 왕의 위엄을 그에게 주사 그전 이스라엘 모든 왕보다 뛰어나게 하셨더라 ^{26}이새의 아들 다윗이 온 이스라엘의 왕이 되어 ^{27}이스라엘을 다스린 기간은 사십 년이라 헤브론에서 칠 년간 다스렸고 예루살렘에서 삼십삼 년을 다스렸더라 ^{28}그가 나이 많아 늙도록 부하고 존귀를 누리다가 죽으매 그의 아들 솔로몬이 대신하여 왕이 되니라 ^{29}다윗 왕의 행적은 처음부터 끝까지 선견자 사무엘의 글과 선지자 나단의 글과 선견자 갓의 글에 다 기록되고 ^{30}또 그의 왕 된 일과 그의 권세와 그와 이스라엘과 온 세상 모든 나라의 지난 날의 역사가 다 기록되어 있느니라

여기에서 우리는 솔로몬이 왕위에 오르는 것과 다윗이 죽는 이야기를 듣게 된다. 이와 같이 떠오르는 세대는 이전 세대를 밀쳐내며 "우리를 위해 비켜 달라"고 말하는 법이다. 모든 사람은 각자 자신의 날을 가지고 있다.

I. 떠오르는 솔로몬(23절). 솔로몬이 여호와께서 주신 왕위(혹은 여호와의 왕위, throne of the Lord)에 앉아. 여기에서 이스라엘의 왕위가 여호와의 왕위로 불리고 있는데, 그것은 하나님이 만국의 왕이시며 모든 왕들이 하나님 아래에서 통치하기 때문일 뿐만 아니라 또한 하나님이 특별한 의미에서 이스라엘의 왕이시기 때문이다(삼상 12:12). 하나님은 당신의 직접적인 지시로 이스라엘의 왕위를 세우시고 또 채우셨다. 그리고 이스라엘을 통치하는 율법은 하나님이 직접 주신 것이었으며, 우림과 선지자들은 통치자들의 은밀한 조언자들이었다. 따라서 이스라엘의 왕위는 여호와의 왕위로 불린다. 또한 솔로몬의 왕국은 메시야의 왕국을 상징하였으므로, 그의 왕위는 실로 여호와의 왕위이다. 또 하나님은 아무도 심판하지 아니하시고 모든 심판을 그에게 맡기셨으므로 그를 '나의 왕'이라고 부르신다(시 2:6). 하나님이 그를 불러 여호와의 왕위에 앉히심으로 그는 형통했다. 하나님의 인도하심을 따르는 자들은 신적 축복에 의해 성공을 기대할 수 있다. 솔로몬이 형통한 것은

1. 모든 백성이 그를 존귀한 자로 여기며 그에게 큰 경의를 표했기 때문이었다. 온 이스라엘이 그의 명령에 순종하며(23절). 다시 말해서 모든 방백과 용사들과 심지어 다윗의 아들들까지도 기꺼이 충성을 맹세할 준비가 되어 있었다(23절). 그보다 앞서 태어난 왕자들은 왕위 계승 서열에 있어 자신들이 앞선다고

생각하면서 그의 왕위 계승을 잘못된 것으로 받아들일 수 있었음에도 불구하고 그렇게 하지 않았다. 하나님이 그를 왕으로 세우는 것을 합당하게 여기사 그로 하여금 그러한 자리에 적합하도록 만드심으로 그들은 모두 그에게 복종했다. 하나님이 그들의 마음을 그와 같이 이끄시므로 그의 통치는 처음부터 평화로울 수 있었다. 그의 아버지는 그보다 더 훌륭한 자였지만, 오랜 세월 많은 어려움을 통과하고 난 후 그리고 여러 단계를 걸치며 왕위에 올랐다. 다윗은 더 큰 믿음을 가지고 있음으로 더 많은 시련과 시험을 겪었다. 그리고 그들은 스스로 순복했다(히브리 원어로는, 그들은 솔로몬 밑에 손을 놓았다). 다시 말해서 그들은 그에게 진실할 것을 맹세했다(넓적다리 밑에 손을 넣는 것은 고대에 맹세할 때 하는 의식이었다). 혹은 그들은 그를 섬기기 위해 자신들의 손을 그의 발 밑에 놓을 정도로 온전히 순복했다.

2. 하나님이 그를 존귀케 하셨기 때문이었다. 하나님은 당신을 존귀케 하는 자를 존귀케 하신다. 여호와께서 솔로몬을 모든 이스라엘의 목전에서 심히 크게 하시고(25절). 하나님이 함께 하시는 것을 알았을 때, 백성들은 그를 위대하고 두렵게 여기지 않을 수 없었을 것이다. 그리고 그의 말과 행동은 백성들의 존경심을 불러일으켰을 것이다. 이스라엘의 사사나 왕들 가운데 어느 누구도 그만한 위엄을 갖지 못했으며 그처럼 화려한 삶을 살지 못했다.

Ⅱ. 지는 다윗.   여기에 한 위대한 인물이 무대에서 퇴장하고 있다. 역사가(역대기 저자)는 이제 그의 날을 마무리하면서 그의 막을 내린다.

1. 그는 다윗의 통치기간을 요약한다(26, 27절). 다윗은 40년 동안 통치했다. 그러한 통치기간은 그보다 앞서 모세, 옷니엘, 드보라, 기드온, 엘리, 사무엘, 사울 그리고 그보다 뒤에 솔로몬이 통치한 기간과 같은 기간이었다.

2. 그는 다윗의 죽음을 짤막하게 언급한다(28절). 그가 나이 많아 늙도록 부하고 존귀를 누리다가 죽으매.

(1) 그에게 장수와 부와 존귀가 주어졌다. 그는 오래도록 살고, 매우 부유했으며, 하나님과 사람으로부터 큰 존귀를 얻었다. 그는 젊은 시절부터 전쟁의 사람이었지만 계속해서 생명을 보존했다. 그는 한창 때에 죽지 않고 수많은 위험 속에서도 살아남아 자신의 침상에서(그것도 왕의 존귀한 침상에서) 평안히 죽었다.

(2) 그는 장수와 부와 존귀를 한량없이 누렸다. 다시 말해서 그는 이 세상의

부와 존귀를 풍성히 가졌으며, 자신이 그러한 것들을 충분히 누렸음을 잘 알고 있었다. 왜냐하면 그는 하나님이 나를 영접하실 것이며(시 49:15) 또 나와 함께 하신다고(시 23:4) 말하면서 아무 미련 없이 기꺼이 세상을 떠날 준비가 되어 있었기 때문이었다. 선한 자는 설령 장수와 부와 존귀를 얻는다 할지라도 그것만으로는 결코 만족하지 못할 것이다. 하나님의 사랑과 은총이 없이는 결코 만족도 없기 때문이다.

3. 그는 다윗의 생애와 통치에 대해 더 상세하게 적은 당시의 역사 혹은 기록들을 언급한다. 그러한 기록들은 그가 살아 있는 동안은 사무엘에 의해 씌어지고, 죽은 후에는 나단과 갓에 의해 씌어진 것들이다(29절). 거기에 그가 다스리는 동안 국내외적으로 일어났던 주목할 만한 사건들이 기록되었다(29, 30절). 이러한 기록들은 당시에는 존재했었지만 그러나 지금은 잃어졌다. 비록 그러한 것들이 신적으로 영감된 거룩한 기록이 아니라 할지라도 그러나 신빙성 있는 것으로서 선용(善用)될 수 있다는 사실을 주목하라.

역대하

서론

　본서는 솔로몬의 통치와 성전 건축으로부터 시작하여, 유다 열왕의 역사를 따라 바벨론 포로까지 계속되다가, 유다 왕조의 멸망과 성전 파괴로 끝난다. 다윗 왕국은 느부갓네살이 꿈에서 본 네 개의 제국과 비교하여 시기적으로도 앞설 뿐만 아니라 그 가치와 위엄에 있어서도 훨씬 뛰어났다. 바벨론 제국은 느부갓네살 자신으로부터 시작되는 것으로 볼 수 있는데(당신이 그 금 머리라), 그러나 그 제국이 지속된 기간은 고작 70년에 불과했다. 한편 바사(페르시아) 제국은 130년간 지속되었으며, 헬라 제국은 300년, 그리고 이어 로마제국이 300년 이상 지속되었다. 나는 이러한 제국들을 세운 어떤 영웅들보다도 다윗을 더 큰 영웅으로 간주할 뿐만 아니라 또한 그러한 제국들의 전성시대를 이끌었던 어떤 통치자들보다도 솔로몬을 더 뛰어난 통치자로 간주한다. 다윗 왕조는 400년 내지 500년 동안 계속해서 왕위계승이 이루어졌으며, 한동안 어둠 가운데 빠져 있다가 메시야 왕국에서 다시금 찬란하게 빛났다. 그 정사와 평강의 더함이 무궁하며(사 9:7).

　이러한 유다 왕국의 역사는 다른 어떤 제국의 역사보다도 더 믿을 만하며 재미있을 뿐만 아니라 또한 교훈적이다. 열왕기에서는 다윗 왕가(유다)와 관련한 이야기가 이스라엘의 왕들의 이야기와 함께 뒤섞여 언급되었다(사실 열왕기에서는 유다 왕가의 이야기보다 이스라엘의 왕들의 이야기가 더 많은 분량을 차지했다). 그러나 역대기에서는 오직 유다 왕조 즉 다윗 왕가의 이야기만 다루어진다. 많은 부분에서 앞에 언급된 이야기들이 다시 반복되고 있지만, 그러나 앞에서 다루어지지 않은 이야기들도 종종 언급된다. 특별히 신앙적인 문제와 관련하여 그러한데, 그것은 이 책이 교회의 역사이기 때문이다. 본서는 우리의 교훈을 위해 기록된 것으로서, 모든 사람들로 하여금 형통하며 번성하게 되는 것은 오직 하나님께 대한 의무에 충실할 때뿐임을 깨닫게 하기 위한 것이었다. 그것은 선한 왕들이 통치할 때에는 나라가 형통했지만, 악한 왕들이 통치할 때는 나라가 고통에 빠졌기 때문이다. 역대하의 내용은 다음과 같다.

　I. 솔로몬의 평화로운 통치(1-9장). II. 르호보암의 흠 많은 통치(10-12장). III.

아비야의 짧은 통치(13장). IV. 아사의 길고 복된 통치(14-16장). V. 여호사밧의 경건하고 형통한 통치(17-20장). VI. 여호람과 아하시야의 악하고 불경한 통치 (21-22장). VII. 요아스와 아마샤의 견고하지 못한 통치(24-25장). VIII. 웃시야의 길고 형통한 통치(26장). IX. 요담의 통상적인 통치(27장). X. 아하스의 악하고 신성모독적인 통치(28장). XI. 히스기야의 찬란하며 영광스러운 통치(29-32장). XII. 므낫세와 아몬의 악한 통치(33장). XIII. 요시야의 개혁적인 통치(34-35장). XIV. 그의 아들들의 파멸적인 통치(36장).

이 모든 왕들의 이야기를 통해 우리는 다음과 같은 하나님의 말씀이 진리임을 깨닫게 된다: 나를 존중히 여기는 자를 내가 존중히 여기고 나를 멸시하는 자를 내가 경멸하리라(삼상 2:30). 뛰어난 연대기 학자인 휘스턴(Whiston)은 포로 이후에 기록된 역사서들(즉 역대기, 에스라, 느헤미야 등)은 필사자들의 부주의로 인해 이름이나 숫자 등에 있어 구약의 다른 책들보다 더 많은 오류를 가지고 있다고 주장한다. 설령 그러한 주장을 그대로 받아들인다 하더라도, 그러나 그러한 것들은 너무도 사소하고 미미한 것이어서 우리로 하여금 하나님의 터의 견고함을 확신케 하는데 아무런 걸림돌도 되지 않는다(딤후 2:19).

제
— 1 —
장

개요

앞 책(역대상) 끝 부분에서 우리는 하나님이 어떻게 솔로몬을 높이셨으며 또 모든 이스라엘로 그에게 순종케 하셨는지에 대해 읽었다. 하나님과 이스라엘이 함께 그를 존귀케 했다. 이제 본 장에서 우리는 다음과 같은 이야기를 읽게 된다. I. 솔로몬이 제물과 (1-6절) 기도로(7-12절) 하나님을 존귀케 함. II. 솔로몬이 나라의 힘과 부와 교역을 증진시킴으로써 이스라엘을 존귀케 함(13-17절).

¹다윗의 아들 솔로몬의 왕위가 견고하여 가며 그의 하나님 여호와께서 그와 함께 하사 심히 창대하게 하시니라 ²솔로몬이 온 이스라엘의 천부장들과 백부장들과 재판관들과 온 이스라엘의 방백들과 족장들에게 명령하여 ³솔로몬이 온 회중과 함께 기브온 산당으로 갔으니 하나님의 회막 곧 여호와의 종 모세가 광야에서 지은 것이 거기에 있음이라 ⁴다윗이 전에 예루살렘에서 하나님의 궤를 위하여 장막을 쳐 두었으므로 그 궤는 다윗이 이미 기럇여아림에서부터 그것을 위하여 준비한 곳으로 메어 올렸고 ⁵옛적에 훌의 손자 우리의 아들 브살렐이 지은 놋제단은 여호와의 장막 앞에 있더라 솔로몬이 회중과 더불어 나아가서 ⁶여호와 앞 곧 회막 앞에 있는 놋 제단에 솔로몬이 이르러 그 위에 천 마리 희생으로 번제를 드렸더라 ⁷그 날 밤에 하나님이 솔로몬에게 나타나 그에게 이르시되 내가 네게 무엇을 주랴 너는 구하라 하시니 ⁸솔로몬이 하나님께 말하되 주께서 전에 큰 은혜를 내 아버지 다윗에게 베푸시고 내가 그를 대신하여 왕이 되게 하셨사오니 ⁹여호와 하나님이여 원하건대 주는 내 아버지 다윗에게 허락하신 것을 이제 굳게 하옵소서 주께서 나를 땅의 티끌 같이 많은 백성의 왕으로 삼으셨사오니 ¹⁰주는 이제 내게 지혜와 지식을 주사 이 백성 앞에서 출입하게 하옵소서 이렇게 많은 주의 백성을 누가 능히 재판하리이까 하니 ¹¹하나님이 솔로몬에게 이르시되 이런 마음이 네게 있어서 부나 재물이나 영광이나 원수의 생명 멸하기를 구하지 아니하며 장수도 구하지 아니하고 오직 내가 네게 다스리게 한 내 백성을 재판하기 위하여 지혜와 지식을 구하였으니 ¹²그러므

로 내가 네게 지혜와 지식을 주고 부와 재물과 영광도 주리니 네 전의 왕들도 이런 일이 없었거니와 네 후에도 이런 일이 없으리라 하시니라

I. 솔로몬의 큰 형통(1절). 비록 왕위 계승에 있어 적지 않은 다툼이 있었다 할지라도, 솔로몬의 왕위는 하나님이 함께 하심으로 점점 견고해져 갔다. 그의 심령과 손이 견고해졌을 뿐만 아니라 또한 백성들 사이에서의 그의 권세와 영향력이 견고해졌다. 하나님의 함께 하실 때, 우리는 모든 면에서 견고해질 것이다.

II. 솔로몬의 큰 경건과 헌신. 그의 아버지 다윗은 선지자요 시인으로서 특별히 언약궤를 가까이했다. 반면 솔로몬은 모세가 세운 성막과 거기에 있는 제단에 큰 경의를 표했다. 두 사람은 모두 선한 일을 행했으며, 아무도 비난 받아서는 안 된다. 한 사람이 신앙의 이쪽 면에 치중했다면, 다른 사람은 다른 쪽 면에 치중한 것이다. 이런 경우 서로 비판하며 상대를 경멸하는 것은 합당치 못한 일이다.

1. 솔로몬 휘하의 모든 고관(高官)들도 선하고 경건했다. 그들은 모두 왕과 더불어 하나님을 예배하는데 동참했다. 솔로몬은 모든 지휘관들과 재판관들과 방백들과 족장들에게 자신과 함께 기브온에 갈 것을 명했다(2, 3절). 이와 같이 통치자가 자신에게 주어진 권세와 힘을 하나님의 영광과 신앙을 증진하는 일에 사용하는 것은 참으로 훌륭한 일이다. 휘하의 사람들로 하여금 우리가 행하는 종교적인 의식에 함께 참여하도록 이끄는 것은 우리의 마땅한 의무이다. 그리고 많은 사람들을 그러한 의식에 동참하도록 하는 것은 참으로 바람직한 일이다. 많으면 많을수록 좋으며, 많을수록 하늘의 예배와 더 비슷해질 것이다. 이와 같이 솔로몬은 하나님의 제단에 공식적으로 참례함과 함께 자신의 통치를 시작했는데, 그것은 너무도 좋은 징조였다. 이와 같이 통치자가 하나님을 자신의 편으로 삼음과 함께 정권을 출범시킨다면, 그것은 자신을 위해서나 백성들을 위해서나 너무도 좋은 일이다.

2. 솔로몬은 기브온에서 하나님께 풍성한 제물을 드렸다(6절): 그 위에 천 마리 희생으로 번제를 드렸더라. 뿐만 아니라 아마도 많은 수의 화목제물도 드리고, 그와 무리들이 여호와 앞에서 잔치를 벌였을 것이다. 하나님은 자신이 풍성하게 뿌린 곳에서 그에 상응하게 거둘 것을 기대하신다. 그의 아버지 다윗은

그에게 엄청난 무리의 소 떼와 양 떼를 남겨 주었으며(대상 27:29, 31), 이와 같이 그는 그것들 가운데 마땅한 몫을 하나님께 드렸다. 하나님의 궤는 지금 예루살렘에 있었다(4절). 그러나 제단은 기브온에 있었으며, 그는 자신의 제물들을 그 곳으로 가져갔다. 왜냐하면 모든 희생제물은 제단에 드려져야 했기 때문이었다.

3. 솔로몬은 하나님께 훌륭한 기도를 드렸다. 이에 대해 우리는 열왕기상 3장 5절 이하에서 살펴보았다.

(1) 하나님이 그에게 원하는 것을 구하라고 말씀하심. 이렇게 함으로써 하나님은 그에게 은총을 얻는 올바른 방법을 가르쳐 주셨을 뿐만 아니라(구하라 그러면 받을 것이요 너희 기쁨이 충만하리라), 그를 시험하사 그의 마음속에 무엇이 있는지 살피고자 하셨다. 어떤 사람이 무엇을 열망하며 무엇을 선택하는지를 관찰함으로써 우리는 그가 어떤 사람인지 알 수 있다. "너는 어떤 일을 행하고자 하느냐?"라는 질문 못지않게 "너는 무엇을 갖고자 하느냐?"라는 질문을 통해 우리는 그 사람을 시험해 볼 수 있다. 이와 같이 하나님은 솔로몬이 이 세대의 자녀 가운데 한 사람인지 아니면 빛의 자녀 가운데 한 사람인지를 시험하셨다. 우리가 무엇을 선택하든지, 우리는 바로 그것을 갖게 될 것이다. 그리고 그것이 이 세대의 재물과 쾌락이든지 아니면 영적인 부요와 희락이든지, 우리가 더 좋아하는 바로 그것이 우리의 분깃이 될 것이다.

(2) 다윗의 참 아들답게 솔로몬이 세상적인 복이 아니라 영적인 복을 선택함. 그가 탄원한 것은 이것이었다: 나에게 지혜와 지식을 주소서. 그는 그것들이 참으로 바랄 만한 은사라는 것과 그것들을 주시는 분이 바로 하나님이라는 사실을 인정한다(잠 2:6, 대저 여호와는 지혜를 주시며 지식과 명철을 그 입에서 내심이며). 하나님은 우리에게 이해하는 능력을 주시며, 우리는 그것을 하나님께 간청해야 한다. 우리는 여기에 나타난 솔로몬의 탄원 가운데 열왕기에서는 언급되지 않는 것 두 가지를 보게 된다.

[1] 주께서 나로 하여금 나의 아버지를 대신하여 왕이 되게 하셨나이다(8절). "여호와여 주께서 나를 그 자리에 세우셨사오니 그러므로 내가 그 일을 감당할 수 있는 은혜를 믿음으로 구할 수 있나이다." 만일 하나님이 우리에게 어떤 일을 맡기셨다면, 우리는 하나님이 그 일에 합당한 권능을 베풀어 주실 것을 바랄 수 있다. 그러나 그것이 전부가 아니었다. "여호와여 주께서 지혜와 선함으로

가득했던 다윗을 대신하여 나를 그 자리에 세우셨사오니 그러므로 내게 지혜를 주사 왕이 바뀐 것으로 인해 백성들이 손해를 당하지 않게 하소서. 내가 나의 아버지를 대신하여 통치해야 하나이까? 여호와여 나에게 내 아버지의 영을 주소서." 우리 앞서 살았던 자들의 탁월함과 그들이 따랐던 선한 길을 우리도 계속해서 따라가야 함을 생각할 때, 우리는 더욱 힘써 하나님께 지혜와 은혜를 간구해야 한다. 그렇게 할 때 그들이 그들 시대에 하나님의 일을 효과적으로 감당했던 것처럼 우리도 우리 시대에 그렇게 할 수 있게 될 것이다.

[2] 주는 내 아버지 다윗에게 허락하신 것을 이제 굳게 하옵소서(9절). 솔로몬은 지금 다윗의 후계자와 관련한 하나님의 약속을 생각하고 있다. "그 약속을 이루기 위해 여호와여 나에게 지혜를 주소서." 우리는 하나님이 지혜를 약속하신 것은 보지 못하지만, 그러나 하나님이 약속하신 것이 이루어지기 위해서는 반드시 지혜가 필요했다(삼하 7:13-15). 그 약속은 이것이었다: 그는 내 이름을 위하여 집을 건축할 것이요 나는 그의 나라 왕위를 영원히 견고하게 하리라 그는 내게 아들이 되리니 나의 은총을 그에게서 빼앗지 아니하리라. "여호와여 만일 주께서 내게 지혜를 주시지 않는다면 주의 집도 건축되지 못할 뿐만 아니라 나의 왕위도 견고하게 서지 못할 것이나이다. 또한 나는 주의 아들이라는 이름에 걸맞지 않게 행동하게 될 것이며, 결국 어리석은 짓만 하다가 주의 은총을 잃어버리게 될 것이나이다. 그러므로 여호와여 내게 지혜를 주소서." 여기에서 다음의 사실들을 주목하라. 첫째로, 하나님의 약속이야말로 우리가 기도할 때 기댈 최고의 근거라는 사실. 둘째로, 자녀들은 유아세례를 받을 때 부모들이 하나님으로부터 받은 약속의 은택을 기꺼이 취할 수 있다는 사실. 셋째로, 약속의 은택과 언약의 특권을 얻는 최선의 방법은 언약의 의무를 행하기 위한 지혜와 은혜를 성심으로 구하는 것이라는 사실.

4. 솔로몬은 그와 같은 기도에 대해 은혜로운 응답을 받았다(11, 12절).

(1) 하나님은 그가 구한 지혜를 주셨는데, 그것은 그가 그것을 구했기 때문이었다. 지혜는 그것을 간절히 구하는 자에게 하나님이 값없이 그리고 후히 주시는 은혜의 선물이다. 하나님은 겸손하게 지혜를 구하는 자를 결코 꾸짖지 아니하신다(약 1:5). 자신들의 의무를 알며 행하기를 간절히 사모하는 자들에게 하나님의 은혜는 결코 부족하지 않을 것이다.

(2) 하나님은 그가 구하지 않은 재물과 존귀를 주셨는데, 그것은 그가 그것

들을 구하지 않았기 때문이었다. 세상의 것들을 간절히 찾는 자들은 결국 세상의 것들을 다 잃어버리게 되고 말 것이다. 반면 스스로를 하나님의 섭리에 맡기는 자들은 세상의 것들까지도 풍성하게 누리게 될 것이다. 이 세상을 목적으로 삼는 자들은 영원한 세상을 잃어버리게 될 뿐만 아니라 이 세상에 대해서도 또한 실망하게 될 것이다. 반면 영원한 세상을 목적으로 삼는 자들은 영원한 세상을 얻고 풍성하게 누릴 뿐만 아니라 또한 이 세상의 아름다운 것들까지도 향유하게 될 것이다.

[13]이에 솔로몬이 기브온 산당 회막 앞에서부터 예루살렘으로 돌아와서 이스라엘을 다스렸더라 [14]솔로몬이 병거와 마병을 모으매 병거가 천사백 대요 마병이 만 이천 명이라 병거성에도 두고 예루살렘 왕에게도 두었으며 [15]왕이 예루살렘에서 은금을 돌 같이 흔하게 하고 백향목을 평지의 뽕나무 같이 많게 하였더라 [16]솔로몬의 말들은 애굽과 구에에서 사들였으니 왕의 무역상들이 떼로 값을 정하여 산 것이며 [17]애굽에서 사들인 병거는 한 대에 은 육백 세겔이요 말은 백오십 세겔이라 이와 같이 헷 사람들의 모든 왕들과 아람 왕들을 위하여 그들의 손으로 되팔기도 하였더라

　　1. 솔로몬의 통치가 시작됨(13절): 이에 솔로몬이 회막 앞에서부터 예루살렘으로 돌아와서 이스라엘을 다스렸더라. 그는 하나님의 제단에 제물을 드리기 전까지는 결코 어떤 통치행위를 하려고 하지 않았으며, 또한 하나님을 존귀케 하기 전까지는 결코 스스로의 존귀를 취하려고 하지 않았다. 회막이 먼저였고 보좌는 나중이었다. 그러나 하나님으로부터 지혜를 얻었을 때 그는 자신의 달란트를 땅에 묻어두지 않고 받은 은사를 따라 열심히 사역했으며, 또한 그것으로 자신의 안일과 쾌락을 추구하는데 사용하지 않고 일하는데, 즉 이스라엘을 다스리는데 사용하였다.

　　2. 솔로몬의 궁정의 위용(14절): 솔로몬이 병거와 마병을 모으매. 우리는 이에 대해 그를 칭송해야 할 것인가? 그러나 그것은 결코 칭송받을 일이 아니었다. 왜냐하면 왕은 말을 많이 두지 말아야 했기 때문이었다(신 17:16). 나는 믿음의 사람 다윗이 병거나 혹은 말 등에 탔다는 이야기를 들은 기억이 없다. 그가 탄 것 가운데 가장 높은 것이 나귀였다. 우리가 본받고 따라야 할 사람은 호화롭게 산 사람이 아니라 선하게 산 사람이다.

3. 솔로몬 왕국의 부와 교역. 그는 은과 금을 돌처럼 값싸고 흔한 것이 되게 했다(15절). 은이나 금도 많아지면 그 가치가 떨어지는 법이다. 그러나 은혜는 많아지면 많아질수록 그 가치가 높아진다. 은혜를 더 많이 받을수록 사람은 그것을 더 귀하게 여긴다. 그러므로 지혜를 얻는 것이 금을 얻는 것보다 얼마나 더 나은가! 솔로몬은 또한 애굽과 더불어 교역을 열었는데, 거기로부터 말과 세마포 실을 수입하여 그것을 다시 아람 왕에게 되팔았다(16, 17절). 우리는 이에 대해 열왕기상 10장 28절과 29절에서 살펴보았다. 이와 같이 산업을 육성하고 교역을 증진시키는 것은 통치자의 지혜이다. 어쩌면 솔로몬이 세마포 산업 즉 세마포 실을 수입하여 그것으로 옷을 만들어 다른 나라들에 수출하는 산업을 일으킨 지혜는 그의 어머니로부터 배운 것인지도 모른다. 그의 어머니는 그것을 현숙한 여인의 특성 가운데 하나로 말했다(잠 31:24): 그는 베로 옷을 지어 팔며 띠를 만들어 상인들에게 맡기며. 모든 수고에는 이익이 있는 법이다(잠 14:23).

제 2 장

개요

우리는 앞 장 끝 부분에서 솔로몬의 교역에 관해 살펴보았다. 그가 산업과 교역을 증진시킨 것은 참으로 칭찬할 만한 일이었다. 그러나 그가 가장 큰 역점을 둔 일은 건축이었는데, 본 장은 바로 이 부분을 다룬다. 본 장의 내용은 다음과 같다. I. 솔로몬이 성전과 궁궐을 건축할 것을 결심함, 그리고 이 일을 위해 일꾼들을 임명함(1-2, 17-18절). II. 솔로몬이 두로 왕 히람에게 기술자와 자재를 공급해 줄 것을 요청함(3-10절). III. 그러한 요청에 후람이 적극적으로 화답함(11-16절).

[1]솔로몬이 여호와의 이름을 위하여 성전을 건축하고 자기 왕위를 위하여 궁궐 건축하기를 결심하니라 [2]솔로몬이 이에 짐꾼 칠만 명과 산에서 돌을 떠낼 자 팔만 명과 일을 감독할 자 삼천 육백 명을 뽑고 [3]솔로몬이 사절을 두로 왕 후람에게 보내어 이르되 당신이 전에 내 아버지 다윗에게 백향목을 보내어 그가 거주하실 궁궐을 건축하게 한 것 같이 내게도 그리 하소서 [4]이제 내가 나의 하나님 여호와의 이름을 위하여 성전을 건축하여 구별하여 드리고 주 앞에서 향 재료를 사르며 항상 떡을 차려 놓으며 안식일과 초하루와 우리 하나님 여호와의 절기에 아침 저녁으로 번제를 드리려 하오니 이는 이스라엘의 영원한 규례니이다 [5]내가 건축하고자 하는 성전은 크니 우리 하나님은 모든 신들보다 크심이라 [6]누가 능히 하나님을 위하여 성전을 건축하리요 하늘과 하늘들의 하늘이라도 주를 용납하지 못하겠거든 내가 누구이기에 어찌 능히 그를 위하여 성전을 건축하리요 그 앞에 분향하려 할 따름이니이다 [7]이제 청하건대 당신은 금, 은, 동, 철로 제조하며 자색 홍색 청색 실로 직조하며 또 아로새길 줄 아는 재주 있는 사람 하나를 내게 보내어 내 아버지 다윗이 유다와 예루살렘에서 준비한 나의 재주 있는 사람들과 함께 일하게 하고 [8]또 레바논에서 백향목과 잣나무와 백단목을 내게로 보내소서 내가 알거니와 당신의 종은 레바논에서 벌목을 잘 하나니 내 종들이 당신의 종들을 도울지라 [9]이와 같이 나를 위하여 재목을 많이 준비하게 하소서 내가 건축하려 하는 성전은 크고 화려할 것이

니이다 [10]내가 당신의 벌목하는 종들에게 찧은 밀 이만 고르와 보리 이만 고르와 포도주 이만 밧과 기름 이만 밧을 주리이다 하였더라

하나님이 솔로몬에게 지혜를 주신 것은 단지 자신을 즐겁게 하는 개인적인 사색이나 친구들을 즐겁게 하는 대화를 위해서가 아니라 행동을 위한 것이었다. 그리하여 그는 하나님으로부터 받은 지혜를 가지고 즉시 행동으로 옮겼다. 다음을 관찰하라.

I. 솔로몬이 먼저 성전을 짓고자 결심함(1절). 솔로몬이 먼저 여호와의 이름을 위하여 성전을 건축하기를 결심하니라. 그가 먼저 성전을 건축하고 나중에 궁궐을 건축하기로 결심한 것은 참으로 합당한 일이었다. 궁궐은 이웃나라들에게 그와 그의 왕권의 위용을 나타내고 왕을 알현하기 위해 나아오는 백성들을 품위 있게 응대하기 위해 필요했지만, 그러나 그는 그러한 궁궐보다도 하나님을 존귀케 하기 위한 성전을 먼저 건축하고자 했다. 그는 성전과 궁궐 두 가지 모두를 통해 공적인 선을 이루고자 했다. 이와 같이 하나님의 이름의 영광과 공동체의 유익을 위해 스스로를 낮추는 자는 가장 지혜로운 자이다. 우리는 스스로를 위해 태어난 것이 아니라 하나님과 공동체를 위해 태어났다.

II. 솔로몬이 두로 왕 후람의 도움을 얻기 위해 사절을 보냄. 여기에서 후람에게 사절을 보낸 목적은 열왕기상 5장 2절 이하에서 살펴본 것과 동일하다. 단지 차이가 있다면 열왕기보다 여기에서 좀 더 상세히 설명된다는 점이다.

1. 솔로몬이 후람에게 그러한 요청을 하는 이유가 여기에서 좀 더 상세하게 설명된다.

(1) 솔로몬은 먼저 그와 자기 아버지와의 관계를 언급한다(3절): 당신이 전에 내 아버지 다윗에게 한 것 같이 내게도 그리 하소서. 우리가 다른 사람들에게 친절을 베풀어야 하는 것처럼 또한 우리는 다른 사람들로부터 친절을 기대할 수 있다. 또 우리는 우리 아버지의 친구들과 더불어 관계를 더욱 돈독히 해야 한다.

(2) 솔로몬은 성전을 건축하고자 하는 자신의 계획을 언급한다. 그는 그 곳을 종교적인 예배의 처소로 계획하고 있었다(4절). 그리하여 하나님이 자기 이름의 영광을 위해 지시하신 모든 제물들이 그 곳에서 드려지게 될 것이었다. 성전은 하나님께 봉헌될 것이었으며 또 그분을 섬기는 일에 사용될 것이었다. 우리는 우리의 모든 일들 가운데 이 일을 첫 번째 자리에 놓아야만 하며, 그럼

으로써 우리가 가진 것과 행하는 모든 것이 하나님의 영광을 위한 것이 되어야 한다. 여기에서 솔로몬은 성전에서 시행될 여러 가지 예법들을 구체적으로 언급한다. 참된 종교의 신비들은 이방 종교의 미신들과는 달리 비밀을 추구하지 않는다.

(3) 솔로몬은 후람에게 이스라엘의 하나님을 극진히 높인다(5절): 우리 하나님은 모든 신들보다 크심이라. 우리 하나님은 열방의 모든 우상들보다 그리고 열방의 모든 왕들보다 크심이라. 우상은 아무것도 아니며 왕들은 지극히 작은 존재이다. 그리고 그들은 모두 이스라엘의 하나님의 다스림 안에 있다.

[1] "그러므로 성전은 커야만 한다. 성전의 주인이신 하나님의 크심과 비례하여 그런 것이 아니라(왜냐하면 무한한 것과 유한한 것 사이에는 어떤 비례도 성립하지 않기 때문이다), 그 하나님에 대해 우리가 품고 있는 존경심과 경의에 비례하여 그런 것이다."

[2] "그러나 아무리 크다 할지라도 그것은 결코 위대하신 하나님을 위한 처소가 될 수 없다. 후람으로 하여금 이스라엘의 하나님이 마치 열방의 신들처럼 사람의 손으로 만든 전에 거하는 것으로 생각지 말게 하라(행 17:24). 결코 그렇지 않다. 하늘의 하늘이라도 하나님을 용납하지 못하는 법이다. 그것의 목적은 단지 제사장들과 예배자들의 편의를 위한 것일 따름이며, 그들로 하여금 제물을 사를 합당한 장소를 갖도록 하기 위함이다."

[3] 솔로몬은 비록 강력한 군주였음에도 불구하고 스스로를 이 큰 일을 행하기에 합당치 못한 자로 여긴다: 내가 누구이기에 어찌 능히 그를 위하여 성전을 건축하리요. 하나님의 일을 행함에 있어 우리는 그 일에 전적으로 합당치 못하며 또 신적 완전성에 상응하는 어떤 것을 행할 능력이 없음을 인정하는 것은 참으로 겸손한 태도이다. 또 하나님을 잘 알지 못하는 사람과 어떤 관계를 맺음에 있어 하나님과 관련하여 생길 수 있는 모든 오해를 미리 예방하고자 주의를 기울이는 것은 매우 지혜로운 일이다. 솔로몬은 후람의 도움을 요청하는 자리에서 그와 같이 했다.

2. 솔로몬이 후람에게 요청한 내용이 여기에서 좀 더 상세하게 설명된다.

(1) 솔로몬은 성전을 건축함에 있어 최고의 기술자를 보내줄 것을 요청했다(7절): 당신은 재주 있는 사람 하나를 내게 보내어 주소서. 예루살렘과 유다에는 숙달된 기술을 가진 장인들이 많이 있었다(대상 22:15, 이들은 다윗이 미리 준비한

자들이었다). 그러나 이들만으로는 충분치 않았다. "이들을 지도할 사람을 보내주소서. 예루살렘에는 재능이 풍부한 자들이 많이 있나이다. 그러나 두로의 장인처럼 아로새길 줄 아는 기술자는 없나이다. 성전을 건축하는 일은 최고의 기술을 요하는 작업이므로 최고의 기술자를 보내주소서."

(2) 솔로몬은 성전을 건축함에 있어 좋은 자재들을 보내줄 것을 요청했다. 그는 백향목과 다른 목재들을 많이 보내줄 것을 요청했는데(8, 9절), 그것은 성전이 크고 화려할 것이었기 때문이다. 즉 성전은 장대하고 위엄 있는 건물이 되어야 했으므로 어떤 비용도 아끼지 말아야 했으며 최고의 기술이 총동원되어야 했다.

3. 여기에 일꾼들을 부양(扶養)하기 위해 솔로몬이 약속한 품목들이 언급된다(10절). 솔로몬은 그들에게 많은 밀과 보리와 포도주와 기름을 공급해 줄 것이었다. 그는 일꾼들을 빵과 물로, 다시 말해서 가장 초라한 양식으로 먹이지 않을 것이었다. 대신에 최고의 것으로 풍성하게 먹일 것이었다. 일꾼을 부리는 자는 합당한 보수를 지급하는 일뿐만 아니라 온전하고 합당한 양식을 공급해 주는 일에도 큰 주의를 기울여야 한다. 부유한 주인들은 자신들을 위해 일하는 가난한 일꾼들을 홀대하지 말아야 한다.

[11]두로 왕 후람이 솔로몬에게 답장하여 이르되 여호와께서 자기 백성을 사랑하시므로 당신을 세워 그들의 왕을 삼으셨도다 [12]후람이 또 이르되 천지를 지으신 이스라엘의 하나님 여호와는 송축을 받으실지로다 다윗 왕에게 지혜로운 아들을 주시고 명철과 총명을 주시사 능히 여호와를 위하여 성전을 건축하고 자기 왕위를 위하여 궁궐을 건축하게 하시도다 [13]내가 이제 재주 있고 총명한 사람을 보내오니 전에 내 아버지 후람에게 속하였던 자라 [14]이 사람은 단의 여자들 중 한 여인의 아들이요 그의 아버지는 두로 사람이라 능히 금, 은, 동, 철과 돌과 나무와 자색 청색 홍색 실과 가는 베로 일을 잘하며 또 모든 아로새기는 일에 익숙하고 모든 기묘한 양식에 능한 자이니 그에게 당신의 재주 있는 사람들과 당신의 아버지 내 주 다윗의 재주 있는 사람들과 함께 일하게 하소서 [15]내 주께서 말씀하신 밀과 보리와 기름과 포도주는 주의 종들에게 보내소서 [16]우리가 레바논에서 당신이 쓰실 만큼 벌목하여 떼를 엮어 바다에 띄워 욥바로 보내리니 당신은 재목들을 예루살렘으로 올리소서 하였더라 [17]전에 솔로몬의 아버지 다윗이 이스라엘 땅에 사는 이방 사람들을 조사하

였더니 이제 솔로몬이 다시 조사하매 모두 십오만 삼천 육백 명이라 ¹⁸그 중에서 칠만 명은 짐꾼이 되게 하였고 팔만 명은 산에서 벌목하게 하였고 삼천 육백 명은 감독으로 삼아 백성들에게 일을 시키게 하였더라

I. 후람이 솔로몬에게 답장을 보냄. 후람은 솔로몬에게 큰 경의를 표하면서 기꺼이 돕겠다는 뜻을 전달했다. 우리는 여기에서 이러한 왕들의 매우 우호적이며 친절한 태도를 배울 수 있다.

1. 후람은 솔로몬 같은 왕을 갖게 된 것에 대해 이스라엘에게 축하한다(11절): 여호와께서 자기 백성을 사랑하시므로 당신을 세워 그들의 왕을 삼으셨도다. 지혜롭고 선한 왕은 백성에게 큰 축복이며 하나님이 호의를 나타내는 특별한 증표라는 사실을 주목하라. 그는 하나님이 당신을 사랑하시므로 당신을 왕으로 삼으셨다고 말하지 않고(비록 그것이 사실이라 할지라도, 삼하 12:24), 하나님이 자기 백성을 사랑하시므로 당신을 왕으로 삼으셨다고 말했다. 통치자들은 자신들의 개인적인 만족을 위해서가 아니라 공적 선(public good)을 위해 그러한 위치에 세워졌다는 사실을 잊어서는 안 된다. 따라서 그들은 통치자로서의 직무를 수행하는 가운데 자신들이 진노로서가 아니라 사랑으로 세워졌다는 사실을 입증해야 한다.

2. 후람은 다윗에게 그와 같은 후계자를 세워주신 것에 대해 하나님을 송축한다(12절). 후람은 유다를 크게 사랑하며 유다의 번영을 기뻐했을 뿐만 아니라 유대 종교로 개종하여 여호와를 경외하는 자가 되었던 것으로 보인다. 왜냐하면 그가 지금 이스라엘의 하나님 여호와를 천지를 지으신 하나님으로 부를 뿐만 아니라 그가 왕들을 세우신다고 말함으로써 이스라엘의 하나님을 모든 권세의 근원으로 여기고 있기 때문이다. 이스라엘이 배교에 빠질 때는 이웃 나라들의 우상 숭배와 미신에 떨어지곤 했지만, 그러나 율법과 하나님 경외하는데 착념할 때는 도리어 이웃 나라들이 기꺼이 그들을 통해 참된 종교를 배우곤 했다. 이럴 때 그들의 존귀는 크게 높아졌으며, 그들은 많은 나라들에게 빌려줄지언정 빌리지 않았다(그들은 진리를 빌려주고 거짓을 빌려오지 않았다). 그러나 거꾸로 될 때 그들의 존귀는 도리어 그들의 수치와 부끄러움이 되었다.

3. 후람은 솔로몬에게 매우 뛰어난 기술자를 보냈다. 그는 모든 면에서 솔로몬의 기대에 충분히 부응할 만한 사람이었으며, 특별히 이스라엘과 이방인의

혈통을 함께 가진 자였다. 왜냐하면 그의 어머니가 이스라엘 사람이었기 때문이었다. 후람은 그녀가 단 지파 출신이라고 생각했지만(14절), 그러나 실제로는 납달리 지파 출신이었다(왕상 7:14). 반면 그의 아버지는 두로 사람이었다. 이것은 유대인과 이방인이 복음 성전(gospel temple) 안에서 서로 연합될 것을 보여주는 좋은 징조였다. 이러한 사실은 제2 성전이 건축될 때 다시 한 번 분명하게 드러났다. 제2 성전의 건축은 다리우스에 의해 크게 촉진되었는데, 그는 에스더의 아들이었을 것으로 추측된다. 그렇다면 그는 모계(母系)로는 이스라엘 백성이었던 셈이다.

4. 후람은 많은 분량의 목재를 보내줄 것을 약속했다. 그는 벌목한 목재를 욥바로 보낼 것을 약속하면서 솔로몬으로 하여금 그것을 욥바로부터 취하여 예루살렘으로 가져가라고 말했다(15, 16절). 그리고 일꾼들에게 필요한 모든 양식은 솔로몬이 담당할 것이었다. 이러한 약정에 대해 우리는 열왕기상 5장 8절과 9절에서 살펴보았다.

Ⅱ. 솔로몬이 일꾼들을 배치함. 솔로몬은 짐꾼이나 벌목하는 등의 허드렛일은 이스라엘의 자유자들에게 맡기고자 하지 않았다. 이러한 일들은 유대 종교로 개종한 이방인들에게 맡겨졌다. 그들은 이스라엘 백성들처럼 가나안에서 기업의 땅을 갖지 못했으므로 장사하는 일이나 물건을 만드는 일 등으로 생계를 유지했다. 당시 이스라엘에는 그와 같은 사람들이 많이 있었다(17절). 비록 저주 아래 떨어진 가나안 백성 출신이었다 할지라도, 이스라엘 가운데 받아들여져 허드렛일을 하며 생계를 유지하는 자들이 많이 있었을 것이다(기브온 사람들이 이스라엘의 일원이 되어 회중을 위해 나무를 패는 자가 되었는데, 이와 비슷한 경우였을 것이다). 그렇지 않으면 그들은 모세의 율법에 따라 이스라엘 백성과 동일한 대우를 받는 것에 감사하여 성전 건축을 위해 기꺼이 봉사하고자 한 자들이었을 것이다. 어쨌든 그들은 금전적으로나 그에 상응하는 보수를 충분히 받았을 것이다. 율법은 이방 사람들을 압제하지 말라고 명령한다. 우리는 여기에서 솔로몬이 15 만 명에 달하는 이방 사람들을 배치하는 것을 보게 된다(2, 18절). 가나안은 비옥한 땅이었으므로 이스라엘 백성뿐만 아니라 이방인까지도 먹일 만한 충분한 양식이 있었다. 또 성전은 거대한 건축물이었으므로 많은 일꾼이 필요했다. 만일 이와 같이 많은 일꾼들이 동원되지 않았다면, 성전을 완공하는 데는 실제로 걸린 7년보다 훨씬 더 많은 시간이 필요했을 것이다.

제
3
장

개요

성전 건축과 관련하여 여기에 언급된 것보다 열왕기에 언급된 것이 훨씬 더 상세하고 구체적이다. 본 장의 내용은 다음과 같다. I. 성전을 건축한 장소와 때(1, 2절). II. 성전의 치수와 각종 장식물들(3-9절). III. 지성소 안에 있는 두 그룹(10-13절). IV. 휘장(14절). V. 성전 앞의 두 기둥(15-17절). 이 모든 것에 대해 우리는 열왕기상 6장과 7장에서 상세하게 살펴보았다.

¹솔로몬이 예루살렘 모리아 산에 여호와의 전 건축하기를 시작하니 그 곳은 전에 여호와께서 그의 아버지 다윗에게 나타나신 곳이요 여부스 사람 오르난의 타작 마당에 다윗이 정한 곳이라 ²솔로몬이 왕위에 오른 지 넷째 해 둘째 달 둘째 날 건축을 시작하였더라 ³솔로몬이 하나님의 전을 위하여 놓은 지대는 이러하니 옛날에 쓰던 자로 길이가 육십 규빗이요 너비가 이십 규빗이며 ⁴그 성전 앞에 있는 낭실의 길이가 성전의 너비와 같이 이십 규빗이요 높이가 백이십 규빗이니 안에는 순금으로 입혔으며 ⁵그 대전 천장은 잣나무로 만들고 또 순금으로 입히고 그 위에 종려나무와 사슬 형상을 새겼고 ⁶또 보석으로 성전을 꾸며 화려하게 하였으니 그 금은 바르와임 금이며 ⁷또 금으로 성전과 그 들보와 문지방과 벽과 문짝에 입히고 벽에 그룹들을 아로새겼더라 ⁸또 지성소를 지었으니 성전 넓이대로 길이가 이십 규빗이요 너비도 이십 규빗이라 순금 육백 달란트로 입혔으니 ⁹못 무게가 금 오십 세겔이요 다락들도 금으로 입혔더라

I. 성전이 건축된 장소 솔로몬은 성전을 건축할 장소를 선택할 권리가 없었다. 뿐만 아니라 어디에 건축해야 좋을지 알지 못해 쩔쩔 맬 필요도 없었다. 그 장소는 이미 결정되어 있었다(대상 22:1).

1. 그 곳은 예루살렘이어야 한다. 왜냐하면 그 곳이 하나님이 당신의 이름을 두시기로 선택한 장소였기 때문이다. 왕도(王都, 왕의 도성)가 성도(聖都, 거룩

한 도성)가 되어야만 했다. 그 곳은 심판의 보좌 곧 다윗의 집의 보좌가 놓여진 곳이므로 또한 이스라엘의 증거궤가 놓여지는 곳이 되어야만 했다(시 122:4, 5).

2. 그 곳은 모리아 산이어야 한다. 대부분의 학자들은 그 곳이 아브라함이 이삭을 제물로 드린 바로 그 장소였다고 생각한다(창 22:2). 이와 관련하여 탈굼은 "그러나 그는 여호와의 말씀에 의해 인도되고 어린 양이 그 장소를 예비했다"고 덧붙인다. 그것은 그리스도께서 스스로를 제물로 드리는 것을 상징하는 것이었다. 따라서 그리스도의 모형인 성전이 그 곳에 세워지는 것은 지극히 합당한 일이었다.

3. 그 곳은 여호와가 다윗에게 나타나시고 불로 응답하신 곳이어야 한다(대상 21:18, 26). 그 곳에서 속죄가 이루어졌으므로, 그것을 기념하기 위해 계속해서 그 곳이 속죄가 이루어질 장소가 되어야 했다. 하나님이 자신을 나타내신 곳에서 하나님은 계속해서 스스로를 나타내실 것이다.

4. 그 곳은 다윗이 예비한 장소여야 한다. 그 곳은 다윗이 돈을 주고 구입한 곳일 뿐만 아니라 신적 지시에 그해 그가 정한 곳이어야 한다. 솔로몬이 좀 더 편리한 장소를 찾지 않고 하나님이 지정하신 장소를 그대로 받아들인 것은 참으로 지혜로운 일이었다.

5. 그 곳은 오르난의 타작마당이어야 한다. 그 곳은 여부스 족속에 속한 지역으로서 이러한 사실은 이방인들에게 큰 소망을 불러일으키는 것이었다. 또한 그 곳이 타작마당이라는 사실로부터 우리는 타작하는 일이 육체의 수고를 요구하는 것처럼 성전에서 행해지는 일이 그에 못지않은 정신적인 수고를 요구하게 될 것이라는 사실을 깨닫게 된다.

Ⅱ. 성전이 건축된 때. 성전 건축은 솔로몬이 왕위에 오른 지 넷째 해가 되었을 때 비로소 시작되었다. 그렇다고 해서 3년 동안은 아무 일도 하지 않은 채 허송세월했다든지 혹은 성전을 건축할 것인지 건축하지 않을 것인지를 숙고하기 위해 보냈다는 뜻은 결코 아니다. 도리어 그 기간은 성전 건축을 위해 필요한 것들을 준비하는 기간이었다. 그 일에 엄청난 숫자의 인력이 동원된 것을 감안할 때 3년은 준비기간으로서 결코 긴 기간이 아니었다. 어떤 이들은 그 해가 안식년이었을 것으로 추측한다. 안식년에는 농사짓는 일을 쉬었으므로 백성들은 좀 더 쉽게 성전 건축에 동원될 수 있었다. 그렇다면 성전 건축이 끝난 해 역시도 안식년(다음 안식년)이었을 것이고, 그들은 좀 더 여유 있게 성전 낙

성식에 참례할 수 있었을 것이다.

Ⅲ. 성전의 치수. 이 역시도 다른 것과 마찬가지로 솔로몬이 그의 아버지로부터 지시받은 대로 시행되었다(3절). 우리는 3절을 "이것이 솔로몬이 하나님의 전을 위해 놓은 기초였다"라고 읽을 수 있는데, 즉 그가 처음의 치수대로(after the first measure, 개역개정판에는 '옛날에 쓰던 자로'로 되어 있음) 다시 말해서 처음에 결정된 치수대로 시행했음을 의미한다. 실제로 솔로몬에게 있어 성전의 치수를 변경할 아무런 이유도 없었다. 왜냐하면 그러한 치수는 신적 지혜에 의해 주어진 것이었기 때문이었다. 하나님께서 행하시는 모든 것은 영원히 있을 것이라 그 위에 더 할 수도 없고 그것에서 덜 할 수도 없나니(전 3:14). 첫 번째 치수가 마지막 치수가 될 것이었다.

Ⅳ. 성전의 장식물들. 성전의 목재 작업(木材作業)은 매우 정교하게 이루어졌으며, 그 위에 순금을 입히고 그 위에 종려나무와 사슬형상을 새겼다(4, 5절). 그 금은 최고의 금인 바르와임 금이었다(6절). 또 들보와 문지방과 벽과 문짝에도 금을 입혔다(7절). 또 길이와 너비가 각각 9m에 이르는 지성소도 모두 순금으로 입혔는데(8절), 바닥과 벽과 지붕에 이르기까지 모두 그렇게 했다. 순금판을 벽에 고정시키기 위해 사용한 못까지 금으로 만들었는데, 각각의 무게가 50세겔에 이르렀다. 또 하나님께 봉헌되었던(대상 29:2, 8) 수많은 보석들이 여기저기 눈에 가장 잘 띄는 자리에 부착되었다. 오늘날 가장 값비싸게 지어지는 집이라 할지라도 지붕과 벽에 좋은 페인트를 칠하는 정도 이상으로는 하지 않을 것이다. 그러나 성전의 장식물들은 가장 값비싼 금으로 치장되었다. 성전이 각종 보석으로 치장된 것은 그것이 새 예루살렘의 모형이었기 때문이었다(새 예루살렘에는 성전이 없는데, 그것은 그 자체가 성전이기 때문이다). 우리는 요한계시록에서 새 예루살렘의 성벽과 문과 기초석이 모두 각종 보석과 진주로 되어졌다는 이야기를 듣는다(21:18, 19, 21).

[10]지성소 안에 두 그룹의 형상을 새겨 만들어 금으로 입혔으니 [11]두 그룹의 날개 길이가 모두 이십 규빗이라 왼쪽 그룹의 한 날개는 다섯 규빗이니 성전 벽에 닿았고 그 다른 날개도 다섯 규빗이니 오른쪽 그룹의 날개에 닿았으며 [12]오른쪽 그룹의 한 날개도 다섯 규빗이니 성전 벽에 닿았고 그 다른 날개도 다섯 규빗이니 왼쪽 그룹의 날개에 닿았으며 [13]이 두 그룹이 편 날개가 모두 이십 규빗이라 그 얼굴을 내전

으로 향하여 서 있으며 [14]청색 자색 홍색 실과 고운 베로 휘장문을 짓고 그 위에 그룹의 형상을 수놓았더라 [15]성전 앞에 기둥 둘을 만들었으니 높이가 삼십오 규빗이요 각 기둥 꼭대기의 머리가 다섯 규빗이라 [16]성소 같이 사슬을 만들어 그 기둥 머리에 두르고 석류 백 개를 만들어 사슬에 달았으며 [17]그 두 기둥을 성전 앞에 세웠으니 왼쪽에 하나요 오른쪽에 하나라 오른쪽 것은 야긴이라 부르고 왼쪽 것은 보아스라 불렀더라

1. 지성소에 세워진 두 그룹. 이미 언약궤 위에 그룹 둘의 형상이 있었는데, 그들은 자신들의 날개로 속죄소를 덮고 있었다. 이들 그룹은 크기가 작은 것이었다. 이제 지성소가 크게 확대됨에 따라 그 공간을 채우기 위해 두 개의 큰 그룹이 추가되게 되었다(그것은 분명 신적 지시에 의한 것이었을 것이다). 만일 그렇게 하지 않았다면 지성소는 마치 빈 방처럼 황량하게 보이지 않을 수 없었을 것이다. 이러한 그룹들은 여기에서 새겨 만들어진 형상으로 불리는데(10절), 그것은 신적 위엄에 수종드는 천사들을 나타낸 것이었다. 그룹의 각 날개는 5규빗이었으므로 전체 길이는 20규빗에 이르렀는데(12, 13절), 이것은 지성소의 너비와 같은 길이였다(8절). 그들은 종들로서 하나님의 궤를 향해 서 있었다(13절). 이러한 자세는 그들이 경배를 받기 위한 존재가 아니라 보이지 않는 하나님을 수종드는 존재라는 사실을 분명하게 나타냈다(만일 경배를 받기 위한 목적으로 세워졌다면 그들은 예배자들을 향한 채 보좌에 앉아 있었을 것이다). 우리는 천사들을 예배해서는 안 되며, 다만 천사들과 함께 예배해야 한다. 왜냐하면 우리는 그들과 한 무리가 되어 하나님을 예배하며(히 12:22), 또한 그들처럼 하나님의 뜻을 행해야만 하기 때문이다. 천사들은 하나님 앞에서 얼굴을 가리는데, 그러한 사실은 우리로 하여금 하나님 앞에 경건한 마음으로 나아가야 함을 일깨워 준다. 고린도전서 11장 10절과 이사야 6장 2절을 비교하라.

2. 성전과 지성소를 나누는 휘장(14절). 이것은 하나님의 경륜에 있어서의 당시의 어둠을 나타낸다. 당시에 예배자들은 함부로 지성소에 들어갈 수 없었다. 그러나 그리스도의 죽음으로 이 휘장은 찢어졌다. 우리는 그를 통해 지성소로 가까이 나아감을 얻게 되었을 뿐만 아니라 또한 담대히 들어갈 수 있게 되었다. 이 점에서 그리스도는 휘장에 수놓아진 그룹이었다. 히브리 원어에는 "그가 그룹들을 오르게 했다"라고 되어 있는데, 어쩌면 이것은 그룹들이 부조(浮

彫)로 도드라지게 수놓아졌음을 의미하는 것이든지, 아니면 날개를 펼치고 하늘로 오르는 자세를 의미하는 것일 것이다. 그리고 후자의 경우라면 이것은 예배자들로 하여금 그들의 마음을 하나님을 향해 하늘로 높이 고양(高揚)시키도록 일깨워주기 위한 것일 것이다.

　3. 성전 앞에 세워진 두 기둥. 두 기둥을 합칠 때 그 높이는 35규빗에 이르렀으며(15절), 각각의 높이는 18규빗이었다. 우리는 열왕기상 7:15 이하에서 야긴과 보아스로 불린 두 기둥에 대해 상세히 살펴볼 수 있다.

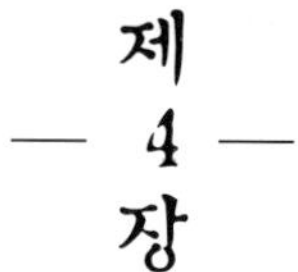

제 4 장

개요

우리는 여기에서 하나님의 집의 각종 성물들에 대한 설명을 보게 된다. I. 놋으로 만든 각종 기구들. 1. 번제를 위한 제단(1절). 2. 바다와 물두멍(2-6절). 3. 뜰의 문짝에 입힌 놋(9절). 4. 제단의 그릇들과 기타 각종 기구들(10-18절). II. 금으로 만든 각종 기구들. 1. 등잔대와 상(7, 8절). 2. 향단(19절). 3. 기타 각종 기구들(20-22절). 놋 제단을 제외한 모든 성물들은 열왕기상 7장 23절 이하에서 좀 더 상세하게 설명된다.

[1]솔로몬이 또 놋으로 제단을 만들었으니 길이가 이십 규빗이요 너비가 이십 규빗이요 높이가 십 규빗이며 [2]또 놋을 부어 바다를 만들었으니 지름이 십 규빗이요 그 모양이 둥글며 그 높이는 다섯 규빗이요 주위는 삼십 규빗 길이의 줄을 두를 만하며 [3]그 가장자리 아래에는 돌아가며 소 형상이 있는데 각 규빗에 소가 열 마리씩 있어서 바다 주위에 둘렸으니 그 소는 바다를 부어 만들 때에 두 줄로 부어 만들었으며 [4]그 바다를 놋쇠 황소 열두 마리가 받쳤으니 세 마리는 북쪽을 향하였고 세 마리는 서쪽을 향하였고 세 마리는 남쪽을 향하였고 세 마리는 동쪽을 향하였으며 바다를 그 위에 놓았고 소의 엉덩이는 다 안으로 향하였으며 [5]바다의 두께는 한 손 너비만 하고 그 둘레는 잔 둘레와 같이 백합화의 모양으로 만들었으니 그 바다에는 삼천 밧을 담겠으며 [6]또 물두멍 열 개를 만들어 다섯 개는 오른쪽에 두고 다섯 개는 왼쪽에 두어 씻게 하되 번제에 속한 물건을 거기서 씻게 하였으며 그 바다는 제사장들이 씻기 위한 것이더라 [7]또 규례대로 금으로 등잔대 열 개를 만들어 내전 안에 두었으니 왼쪽에 다섯 개요 오른쪽에 다섯 개이며 [8]또 상 열 개를 만들어 내전 안에 두었으니 왼쪽에 다섯 개요 오른쪽에 다섯 개이며 또 금으로 대접 백 개를 만들었고 [9]또 제사장의 뜰과 큰 뜰과 뜰 문을 만들고 그 문짝에 놋을 입혔고 [10]그 바다는 성전 오른쪽 동남방에 두었더라

다윗은 종종 여호와의 전과 우리 하나님의 뜰에 대해 깊은 애정을 갖고

말했다. 두 가지 모두 복음의 은혜를 상징하며 장차 올 좋은 것의 그림자로서, 그 본체는 그리스도이다.

I. 성전 뜰에 있었던 중요한 성물들.

1. 놋 제단(1절). 열왕기에서는 놋 제단을 만드는 것이 언급되지 않았다. 여기에서 모든 제물이 드려졌으며, 그것은 예물을 거룩하게 했다. 여기의 제단은 모세가 성막을 만들 때 만들었던 것보다 훨씬 더 컸다. 그 때는 길이와 너비가 각각 5규빗이었지만, 지금은 각각 20규빗이었다. 지금 이스라엘은 훨씬 더 숫자도 많아지고 부요해졌으므로 그 때보다 훨씬 더 많은 제물들이 하나님의 제단에 드려질 것이었다. 따라서 많은 제물들이 드려지기에 부족하지 않을 정도로 충분한 크기의 제단이 만들어져야만 했으며, 그럼으로써 어느 누구도 장소가 비좁아 제물을 드릴 수 없었노라고 핑계할 수 없게 될 것이었다. 하나님은 이스라엘의 경계를 크게 확장시키셨다. 따라서 그들은 하나님의 제단을 확장하는 것이 마땅했다. 우리는 받은 만큼 돌려 주어야만 한다. 제단의 높이는 10규빗이나 되었으므로 뜰에서 예배하는 모든 백성들은 제물이 태워지는 것을 보면서 죄에 대한 슬픔의 심령을 가질 수 있었다. "내가 이와 같이 불살라지지 않는 것은 하나님의 자비하심으로 말미암은 것이요 이 제물이 열납됨으로써 나의 죄책이 소멸될 것이나이다." 이와 같이 하여 그들은 때가 차매 드려질 '그 위대한 제물'을 바라보도록 이끌려졌다. 그 위대한 제물이 드려지는 것은 죄를 속하고 사망을 폐하기 위한 것으로서, 그것은 황소와 염소의 피가 능히 속할 수 없는 것이었다. 또 제물들의 연기와 함께 그들의 심령은 하나님과 그분의 은총을 향한 거룩한 열망 가운데 하늘로 올라갈 수 있었다. 모든 예배 가운데 우리는 우리의 믿음의 눈을 위대한 대속물이신 그리스도께 고정시켜야만 한다. 그들이 어떻게 이 제단으로 올라가 제물을 드렸는지에 대해 우리는 듣지 못한다. 어떤 이들은 그것이 마치 언덕처럼 되어 있었을 것이라고 생각한다. 설령 계단으로 되어 있었다 할지라도 그러한 계단들은 의심의 여지 없이 율법의 교훈과 어긋나지 않도록 고안되었을 것이다(출 20:26, 너는 층계로 내 제단에 오르지 말라 네 하체가 그 위에서 드러날까 함이니라).

2. 놋을 부어 만든 바다. 이것은 놋으로 만든 매우 큰 그릇으로서 제사장들이 씻을 물을 담아 두는 곳이었다(2, 6절). 그리고 그것은 제사장의 뜰 입구에 놓였다. 그 곳에 물을 가득 담는다면 그 양은 3천 밧이 될 것이었지만(5절), 그

러나 통상적으로 2천 밧의 물을 담아두었다(왕상 7:26). 성령께서는 이를 통해 다음의 사실들을 나타내신다

(1) 그리스도의 피가 모든 죄를 씻는다고 하는 우리 복음의 위대한 특전(요일 1:7). 우리에게는 모든 믿는 자 곧 영적 제사장들을 위한 열린 샘이 있다(계 1:5, 6). 아니, 그 샘은 예루살렘의 모든 거민들이 죄를 씻는 곳이다. 예수 그리스도 안에는 스스로의 양심을 깨끗하게 하고 살아계신 하나님을 섬기기 위해 믿음으로 나아오는 모든 자를 위한 충만한 공로가 있다(히 9:14).

(2) 육체의 모든 더러운 것과 세상의 타락으로부터 참된 회개로써 스스로를 깨끗하게 해야 하는 우리 복음의 위대한 의무. 우리의 심령은 거룩하게 되어야만 한다. 그렇지 않으면 우리는 하나님의 이름을 거룩하게 할 수 없다. 하나님께 가까이 나아가는 자들은 손을 깨끗이 하고 마음을 성결케 해야 한다(약 4:8). 내가 너를 씻어 주지 아니하면 네가 나와 상관이 없느니라(요 13:8). 그리고 이미 씻음을 받은 자는 또한 계속해서 발을 씻을 필요가 있다(요 13:10).

3. 놋으로 만든 열 개의 물두멍. 그들은 여기에서 번제를 위해 드린 것들을 씻었다(6절). 제사장들이 씻음을 받아야만 했던 것처럼 제물 역시도 씻음을 받아야만 했다. 종교적인 행위를 준비함에 있어 우리는 우리 자신을 청결케 해야 할 뿐만 아니라 또한 허탄한 생각과 부패한 마음까지도 세심하게 제거해야 한다.

4. 뜰의 문. 뜰의 문짝들에는 견고함과 아름다움을 위해 놋이 입혀졌다(9절). 그렇게 함으로써 그것들은 비바람에 노출된 상태에서도 썩거나 약하여지지 않을 수 있었다. 놋문에 대하여 우리는 시편 107편 16절에서 읽을 수 있다.

II. 여호와의 전에 있었던 중요한 성물들. 이 곳은 오직 제사장들만 섬기기 위해 들어갈 수 있었다. 이 곳은 모든 것이 금이었다. 하나님께 가까이 다가갈수록 우리는 더 정결해야 하며 또 더 정결하게 될 것이다.

1. 열 개의 금 등잔대(7절). 이것은 성막에 있는 등잔대(촛대, candlestick)를 본따 만들어졌다. 기록된 말씀은 어두운 곳을 비추는 등이요 빛이다. 모세의 때에 그들은 단지 한 개의 등잔대 즉 오경만을 가지고 있을 뿐이었다. 그러나 등잔대의 숫자가 증가한 것처럼 시간이 지남에 따라 계속해서 다른 성경들이 더해졌다. 빛은 계속해서 증가하고 있었다. 등잔대(candlestick, 촛대)는 교회이다(계 1:20, 일곱 별은 일곱 교회의 사자요 일곱 촛대는 일곱 교회니라). 모세는

오직 한 개의 촛대 즉 유대 교회만을 세웠을 뿐이지만 그러나 복음의 성전에서
는 신자들뿐만 아니라 교회들도 크게 증가되었다.

　2. 열 개의 금 상(8절). 이것은 진설병을 놓기 위한 상이었다(19절). 아마도
모든 상에는 열두 덩이의 진설병이 놓여졌을 것이다. 집이 커지면 가계(家計)
도 커지는 법이다. 내 아버지의 집에는 모든 가족을 위한 풍족한 떡이 있도다. 또
그러한 상들에는 백 개의 금 대접이 놓여졌다. 하나님의 상은 너무도 풍족하고
부족함이 없는 상이다.

　3. 금 제단(19절). 이것은 향을 사르기 위한 것이었다. 아마도 이것은 놋 제
단이 똑같은 비율로 축소된 것이었을 것이다. 죄를 위해 영단번의 속죄를 이루
신 그리스도는 영원히 살아 계시면서 우리를 위해 기도하신다.

[11]후람이 또 솥과 부삽과 대접을 만들었더라 이와 같이 후람이 솔로몬 왕을 위하여
하나님의 성전에서 할 일을 마쳤으니 [12]곧 기둥 둘과 그 기둥 꼭대기의 공 같은 머
리 둘과 또 기둥 꼭대기의 공 같은 기둥 머리를 가리는 그물 둘과 [13]또 그 그물들을
위하여 만든 각 그물에 두 줄씩으로 기둥 위의 공 같은 두 머리를 가리는 석류 사
백 개와 [14]또 받침과 받침 위의 물두멍과 [15]한 바다와 그 바다 아래에 소 열두 마리
와 [16]솥과 부삽과 고기 갈고리와 여호와의 전의 모든 그릇들이라 후람의 아버지가
솔로몬 왕을 위하여 빛나는 놋으로 만들 때에 [17]왕이 요단 평지에서 숙곳과 스레다
사이의 진흙에 그것들을 부어 내었더라 [18]이와 같이 솔로몬이 이 모든 기구를 매우
많이 만들었으므로 그 놋 무게를 능히 측량할 수 없었더라 [19]솔로몬이 또 하나님의
전의 모든 기구를 만들었으니 곧 금 제단과 진설병 상들과 [20]지성소 앞에서 규례대
로 불을 켤 순금 등잔대와 그 등잔이며 [21]또 순수한 금으로 만든 꽃과 등잔과 부젓
가락이며 [22]또 순금으로 만든 불집게와 주발과 숟가락과 불 옮기는 그릇이며 또 성
전 문 곧 지성소의 문과 내전의 문을 금으로 입혔더라

　　여기에 금과 놋으로 각종 성물을 만드는 작업이 요약되어 있는데, 우
리는 여기에서 다음과 같은 사실들을 주목할 수 있다.

　1. 후람은 매우 부지런한 일꾼이었다. 이와 같이 후람이 하나님의 성전에서 할
일을 마쳤으니(11절). 그는 모든 일을 다 마쳤으며 마치지 못하고 남겨놓은 일
은 하나도 없었다. 여기에서 그는 '후람 그의 아버지'로 불린다(16절, 개역개정

판에서는 그냥 '후람의 아버지'로 되어 있음). 아마도 이것은 일종의 별명으로서 그는 통상적으로 아버지 후람으로 알려졌던 것으로 보인다. 두로 왕도 그를 '후람 아비' 즉 '후람 나의 아버지'로 불렀다. 그는 실로 위대한 예술가요 놋쇠와 철을 다루는 기술자들의 아버지였다. 그는 부지런함과 독창성에 있어 모든 사람의 본이 될 만한 사람이었다.

2. 솔로몬은 매우 활수(滑手)한 사람이었다. 그는 모든 기구를 매우 많이 만들었다(18절). 그는 많은 인력을 동원하여 가능한 신속하게 일이 진행되도록 했으며, 나중에 못쓰게 될 것까지 대비하여 많이 만들어 비축했다. 그는 거저 받았으므로 거저 줄 것이었다. 당장 필요한 그릇들을 충분히 만들고도 많은 놋이 남았을 때, 그는 그것을 개인적인 용도로 전환할 수 없었다. 그것은 하나님께 드려진 것이었으므로 오직 하나님을 위해서만 사용될 것이었다.

제 — 5 — 장

개요

우리는 여기에서 성전이 건축된 후 그것이 여러 가지 물건들로 채워지는 것을 보게 된다. I. 하나님께 드려짐으로써 그의 소유된 것들을 성전으로 가져가 그 곳에 둠(1절), 그리고 특별히 그의 임재의 상징인 언약궤를 그 곳으로 옮김(2-10절). II. 하나님이 구름 가운데 그러한 소유를 취하심(11-14절). 만일 어떤 사람이 하나님께 마음의 문을 열면 하나님은 그 안으로 들어오실 것이다(계 3:20).

[1]솔로몬이 여호와의 전을 위하여 만드는 모든 일을 마친지라 이에 솔로몬이 그의 아버지 다윗이 드린 은과 금과 모든 기구를 가져다가 하나님의 전 곳간에 두었더라 [2]이에 솔로몬이 여호와의 언약궤를 다윗 성 곧 시온에서부터 메어 올리고자 하여 이스라엘 장로들과 모든 지파의 우두머리 곧 이스라엘 자손의 족장들을 다 예루살렘으로 소집하니 [3]일곱째 달 절기에 이스라엘 모든 사람이 다 왕에게로 모이고 [4]이스라엘 장로들이 이르매 레위 사람들이 궤를 메니라 [5]궤와 회막과 장막 안에 모든 거룩한 기구를 메고 올라가되 레위인 제사장들이 그것들을 메고 올라가매 [6]솔로몬 왕과 그 앞에 모인 모든 이스라엘 회중이 궤 앞에서 양과 소로 제사를 드렸으니 그 수가 많아 기록할 수도 없고 셀 수도 없었더라 [7]제사장들이 여호와의 언약궤를 그 처소로 메어 들였으니 곧 본전 지성소 그룹들의 날개 아래라 [8]그룹들이 궤 처소 위에서 날개를 펴서 궤와 그 채를 덮었는데 [9]그 채가 길어서 궤에서 나오므로 그 끝이 본전 앞에서 보이나 밖에서는 보이지 아니하며 그 궤가 오늘까지 그 곳에 있으며 [10]궤 안에는 두 돌판 외에 아무것도 없으니 이것은 이스라엘 자손이 애굽에서 나온 후 여호와께서 그들과 언약을 세우실 때에 모세가 호렙에서 그 안에 넣은 것이더라

여기의 이야기는 우리가 앞에서 살펴본 열왕기상 8장 2절 이하의 이야기와 일치한다.

1. 하나님께 드려진 물건들을 성전으로 가져가는 데에는 별다른 의식이 필요치 않았다(1절). 그러한 것들은 성전의 부요함을 더욱 증가시켰으며, 아마도 성전의 아름다움을 더욱 높이 드러내는 위치에 놓여졌을 것이다. 그러나 그것들이 성전의 거룩함을 증가시킬 수는 없었다. 왜냐하면 금이 성전을 거룩하게 하는 것이 아니라 성전이 금을 거룩하게 하는 것이기 때문이다(마 23:17). 솔로몬이 하나님과 자기 아버지 앞에서 얼마나 정직했는지 보라. 자기 아버지가 하나님께 드린 것에 대해 추호도 개인적으로 유용(流用)할 생각을 하지 않고 모두 성전 곳간에 두었다. 신앙적인 부모의 축복을 유산으로 받은 자녀들은 부모의 경건한 뜻을 충심으로 따르면서 혹여라도 그러한 뜻을 망치지 않도록 주의해야 한다. 성전의 그릇들을 많이 만들었음에도 불구하고 여전히 많은 자재가 남았다. 이 때 솔로몬은 그것을 다른 용도로 바꾸려고 하지 않고 필요할 때를 위해 곳간에 비축해 두었다. 드려진 물건들은 다른 용도로 전환되어서는 안 된다. 그렇게 하는 것은 거룩한 것을 더럽히는 신성모독이다.

2. 그러나 언약궤는 장엄한 의식과 함께 성전으로 옮겨졌다. 모든 그릇들은 새로 만들어졌는데, 하나님의 전이 예전의 성막에 비해 커진 비율대로 풍부하게 만들어졌다. 그러나 속죄소 및 그룹과 더불어 언약궤는 그대로였다. 이와 같이 하나님의 임재와 은혜는 큰 무리 가운데에서와 마찬가지로 작은 무리 가운데에서도 동일하다. 또 그것은 교회가 부요한 상태에 있을 때뿐만 아니라 가난한 상태에 있을 때에도 마찬가지이다. 그리스도의 이름으로 두세 사람이 모인 곳에 그가 함께 하시는 것은 그의 이름으로 이삼 천명이 모일 때 함께 하는 것과 마찬가지이다. 하나님의 궤는 이 의식을 빛내기 위해 온 수많은 장로들의 수종(隨從)을 받으며 성전으로 옮겨졌다. 의심의 여지 없이 그것은 너무도 장엄한 광경이었을 것이다(2-4절). 하나님의 궤는 제사장들에 의해 옮겨졌는데, 그들은 그것을 메고 지성소로 가서 그것을 솔로몬이 세운 큰 그룹들의 날개 아래 놓았다(7, 8절). 9절에 그 궤가 오늘까지 그 곳에 있다고 언급되어 있는데, 이것은 포로 이후 본서가 기록된 때를 의미하는 것이 아니다. 다만 본서의 이야기는 어떤 것으로부터 필사(筆寫)되었는데, 바로 그것이 기록된 때를 의미하는 것이다. 혹은 그 구절은 "그것이 그 날까지 — 즉 예루살렘이 황폐화되던 그 운명적인 날까지 — 그 곳에 있었다"라고 읽혀질 수도 있다(시 137:7). 하나님의 궤는 그리스도의 모형으로서 하나님의 임재의 증표였다. "볼지어다 세상 끝날까

지 내가 항상 너희와 함께 있으리라"는 주님의 약속은 마치 우리의 영적 모임 속으로 하나님의 궤가 옮겨지는 것과 마찬가지이다. 그리고 우리는 이것을 가장 진지하게 그리고 최고로 열망해야 한다. 주여 주의 임재가 우리와 함께 올라가지 않는다면 우리가 어디로 가리이까? 만일 그리스도께서 떠나시면 성전 그 자체는 황폐한 장소 외에 아무것도 아니다(마 23:28).

3. 궤와 함께 그들은 성막과 성막 안에 있었던 모든 거룩한 기구들을 가져갔다(5절). 그것들은 다른 용도로 전환되지 않았다. 왜냐하면 하나님께 드려진 것이었기 때문이었다. 또 설령 필요 없게 되었다 할지라도 개조되거나 다른 물건을 만들기 위해 녹여지지 않고 도리어 유서 깊은 골동품처럼 세심하게 보관되었다. 그리고 아마도 많은 그릇들은 계속해서 사용될 수 있을 만큼 양호한 상태에 있었을 것이다.

4. 그들은 이 일을 큰 기쁨으로 행했다. 그들은 절기에 맞춰 이 일을 행했으며(3절), 셀 수 없을 만큼 많은 양과 소를 제물로 드렸다(6절). 여기에서 다음의 사실들을 주목하라.

(1) 하나님의 규례에 따라 그리고 그분의 임재의 증표와 함께 그분께 대한 공적 예배를 확립하는 일은 너무나 기쁜 일이라는 사실.

(2) 우리의 마음속에 그리스도께서 임하시고 율법이 기록되며 언약궤가 들어옴으로써 우리 마음이 성령의 전이 되는 것은 너무나 기쁘고 즐거운 일이라는 사실.

(3) 우리에게 큰 기쁨의 일이 있을 때 우리는 풍성한 찬미의 제사로 하나님께 영광을 돌려야 한다는 사실. 그렇게 할 때 하나님은 그러한 찬미의 제사를 기쁘시게 받으실 것이다. 하나님이 우리에게 은혜를 베푸실 때, 우리는 최선의 예배와 섬김으로 그분을 존귀케 해야 한다.

[11]이 때에는 제사장들이 그 반열대로 하지 아니하고 스스로 정결하게 하고 성소에 있다가 나오매 [12]노래하는 레위 사람 아삽과 헤만과 여두둔과 그의 아들들과 형제들이 다 세마포를 입고 제단 동쪽에 서서 제금과 비파와 수금을 잡고 또 나팔 부는 제사장 백이십 명이 함께 서 있다가 [13]나팔 부는 자와 노래하는 자들이 일제히 소리를 내어 여호와를 찬송하며 감사하는데 나팔 불고 제금 치고 모든 악기를 울리며 소리를 높여 여호와를 찬송하여 이르되 선하시도다 그의 자비하심이 영원히 있도

다 하매 그 때에 여호와의 전에 구름이 가득한지라 [14]제사장들이 그 구름으로 말미암아 능히 서서 섬기지 못하였으니 이는 여호와의 영광이 하나님의 전에 가득함이었더라

솔로몬과 이스라엘의 장로들은 성전으로 언약궤를 옮기는 의식을 빛내기 위해 할 수 있는 모든 일을 했다. 이에 하나님은 성전을 최고로 존귀케 하심으로써 그들이 행한 일을 열납(悅納)하셨음을 나타내셨다. 하나님의 전을 덮은 영광의 구름은 모든 금과 보석들보다 그것을 더 아름답게 했다. 그럼에도 불구하고 그것은 장차 올 복음의 영광과 비교하면 아무것도 아니었다(고후 3:8-10). 여기에서 다음을 주목하라.

I. 하나님은 어떻게 성전에 임하셨나? 하나님은 성전을 구름으로 가득 채우셨다(13절).

1. 이와 같이 하나님은 이 성전을 열납하시고, 그것이 당신에게 모세의 성막과 동일한 것이 되었음을 나타내셨다. 왜냐하면 예전에 모세가 만든 성막에 공적으로 임하실 때에도 역시 구름으로 그렇게 하셨기 때문이다(출 40:34).

2. 이와 같이 하나님은 신적 영광의 찬란한 빛을 감당할 수 없었던 백성들의 연약함을 고려하셨다. 하나님의 영광의 빛은 그들을 압도할 것이었으므로, 하나님은 그것을 구름으로 가리셨다(욥 26:9). 그리스도께서도 진리를 나타내실 때 제자들이 감당할 수 있도록 비유로 가르치셨다. 그것은 신적 진리들을 구름으로 가리는 것과 비슷했다.

3. 이와 같이 하나님은 성전 뜰에서 거룩한 경외심으로 예배하는 모든 자들에게 큰 감동을 불러일으키셨다. 그리스도의 제자들도 구름 속으로 들어갈 때 두려워했다(눅 9:34).

4. 이와 같이 하나님은 신적 경륜에 있어 그 시대의 어둠을 암시하셨다. 왜냐하면 그들은 그 광경을 끝까지 볼 수 없었기 때문이었다. 그러나 지금은 그 가리는 것이 벗겨졌다(고후 3:13 이하).

II. 하나님은 언제 성전에 임하셨나?

1. 그것은 제사장들이 성소에서 나올 때였다(11절). 이것은 소유권을 양도하는 방식이었다. 합법적인 소유권자가 들어가기 위해서는 다른 사람들은 모두 나와야만 한다. 하나님이 우리 마음속에 들어오게 하기를 원하는가? 그러면 먼

저 우리 마음이 빈 방이 되도록 해야 하며, 다른 모든 것들은 나와야 한다. 우리는 이 때 어떤 특정한 반열이 아니라 모든 제사장들이 참예했음을 발견한다: 이 때에는 제사장들이 그 반열대로 하지 아니하고 스스로 정결하게 하고(11절). 그것은 첫째로 그 때 셀 수 없이 많은 제물들이 드려졌으므로 그들 모두가 수행해야 할 많은 일들이 있었기 때문이며, 둘째로 그들 모두가 이러한 장엄한 광경을 직접 목격하고 큰 감동을 받을 필요가 있었기 때문이었다.

2. 그것은 노래하는 자들과 악기를 연주하는 자들이 하나님을 찬송할 때였다. 바로 그 때 하나님의 전이 구름으로 가득 채워졌다. 이것은 매우 주목할 만한 사실이다. 하나님이 그들에게 은혜의 표징을 주신 것은 그들이 제물을 드릴 때가 아니라 하나님을 찬송할 때였다. 그것은 하나님이 황소를 드리는 것보다 찬미의 제사를 더 기뻐하시기 때문이다(시 69:31). 노래하는 세 가문 즉 아삽과 헤만과 여두둔 가문이 모두 참례하였으며 그들과 함께 나팔 부는 제사장 120명이 하나님을 찬송하는데 동참했는데, 그들은 모두 제단 동쪽에 서 있었다(12절). 이와 같이 노래와 악기로 하나님을 찬송할 때 하나님의 영광이 나타났다. 여기에서 다음을 주목하라.

(1) 그것은 그들이 마치 한 사람처럼 하나의 소리를 낼 때였다. 거룩하신 하나님은 사도들이 한 목소리로 기도할 때 강림하셨다(행 2:1-4). 하나로 연합된 곳에 하나님은 축복을 명하신다.

(2) 그것은 그들이 열정과 뜨거운 마음으로 소리를 높여 여호와를 찬송할 때였다. 우리가 성령으로 뜨겁게 하나님을 예배할 때, 하나님은 그러한 예배를 기쁘게 열납하신다.

(3) 그것은 그들이 찬송 가운데 하나님의 영원하신 선하심과 자비하심을 찬미할 때였다. 성경에서 가장 자주 반복되는 어구 가운데 하나가 그의 자비하심이 영원하심이로다라는 어구이다(특별히 이것은 시 136편에서 26회 반복된다). 하나님의 영광이 나타날 때 제사장들이 노래 부르고 있었던 것은 어떤 열광적인 고양(高揚)의 표현이 아니라 이러한 평범한 노래였다: 선하시도다 그의 자비하심이 영원하심이로다. 하나님의 선하심이 바로 그분의 영광이며, 하나님은 우리가 당신께 영광을 돌릴 때 기뻐하신다.

III. 그 결과는 무엇인가? 제사장들이 그 구름으로 말미암아 능히 서서 섬기지 못하였으니(14절). 이것은 율법이 세운 제사장은 완전한 제사장이 아니라는 사실을 보여주는 증거일 뿐만 아니라 또한 (패트릭 주교가 관찰한 바와 같이) 레위 지파의 제사장 직분은 때가 되면 그칠 것이며, 그 안에 신성의 충만함이 육체로 거하는 메시야가 오실 때 더 이상 서서 섬기지 못하게 될 것을 보여주는 명백한 암시였다. 그 안에서 하나님의 영광이 우리 가운데 거하시지만, 그러나 구름에 덮여 그러하다. 말씀이 육신이 되었다. 그러나 그가 자신의 성전에 오실 때, 그가 임하시는 날을 누가 능히 당하며 그가 나타나는 때에 누가 능히 서겠는가?(말 3:1, 2).

제
— 6 —
장

개요

빽빽한 구름으로 나타난 여호와의 영광이 성전에 가득 찼을 때, 솔로몬은 즉시로 이러한 기회를 선용(善用)한다. I. 그는 백성들에게 이 전을 건축하게 된 경위를 설명한다(1-11절). II. 그는 하나님이 이 전에서 혹은 이 전을 향해 드리는 기도를 받으시고 응답해 주실 것을 기도한다(12-42절). 본 장 전체는 왕상 8:12-53과 거의 동일하다.

[1]그 때에 솔로몬이 이르되 여호와께서 캄캄한 데 계시겠다 말씀하셨사오나 [2]내가 주를 위하여 거하실 성전을 건축하였사오니 주께서 영원히 계실 처소로소이다 하고 [3]얼굴을 돌려 이스라엘 온 회중을 위하여 축복하니 그 때에 이스라엘의 온 회중이 서 있더라 [4]왕이 이르되 이스라엘 하나님 여호와를 송축할지로다 여호와께서 그의 입으로 내 아버지 다윗에게 말씀하신 것을 이제 그의 손으로 이루셨도다 이르시기를 [5]내가 내 백성을 애굽 땅에서 인도하여 낸 날부터 내 이름을 둘 만한 집을 건축하기 위하여 이스라엘 모든 지파 가운데서 아무 성읍도 택하지 아니하였으며 내 백성 이스라엘의 주권자가 될 사람을 아무도 택하지 아니하였더니 [6]예루살렘을 택하여 내 이름을 거기 두고 또 다윗을 택하여 내 백성 이스라엘을 다스리게 하였노라 하신지라 [7]내 아버지 다윗이 이스라엘의 하나님 여호와의 이름을 위하여 성전을 건축할 마음이 있었더니 [8]여호와께서 내 아버지 다윗에게 이르시되 네가 내 이름을 위하여 성전을 건축할 마음이 있으니 이 마음이 네게 있는 것이 좋도다 [9]그러나 너는 그 성전을 건축하지 못할 것이요 네 허리에서 나올 네 아들 그가 내 이름을 위하여 성전을 건축하리라 하시더니 [10]이제 여호와께서 말씀하신 대로 이루셨도다 내가 여호와께서 말씀하신 대로 내 아버지 다윗을 대신하여 일어나 이스라엘 왕위에 앉고 이스라엘의 하나님 여호와의 이름을 위하여 성전을 건축하고 [11]내가 또 그 곳에 여호와께서 이스라엘 자손과 더불어 세우신 언약을 넣은 궤를 두었노라 하니라

우리의 모든 종교적 행위에 있어 선한 마음과 한결같은 눈을 갖는 것은 매우 중요하다. 만일 솔로몬이 성전을 건축한 후 아하수에로처럼 마음에 자랑이 가득하여 나라의 부함과 위엄의 혁혁함을 나타내고자 했다면(에 1:4), 그것은 그에게 아무런 유익도 되지 못했을 것이다. 그러나 그는 그렇게 하지 않고 다만 자신이 어떤 목적으로 성전 건축에 착수하게 되었는지를 설명한다.

1. 그는 하나님의 영광과 존귀를 위해 성전을 건축했다. 바로 이것이 그가 성전을 건축한 최고의 그리고 궁극적인 목적이었다. 그것은 이스라엘의 하나님 여호와의 이름을 위한 것이었으며(10절), 또한 하나님이 영원히 거하실 처소가 되게 하기 위한 것이었다(2절). 하나님은 실제로 자신의 장막을 캄캄하게 하셨다(1절). 그러므로 이제 이 전은 그러한 캄캄함이 거하는 처소가 될 것이었다. 왜냐하면 하나님이 어떤 눈도 감히 다가갈 수 없는 빛 가운데 거하시는 것은 오직 하늘에서이기 때문이다.

2. 그는 예루살렘을 당신의 이름을 두실 도성으로 택하신 하나님의 선택에 따라 그 곳에 성전을 건축했다(6절): 내가 예루살렘을 택하여. 예루살렘에는 왕과 왕족들을 위한 훌륭한 건물들이 많이 있었다. 만일 하나님이 예루살렘을 선택하셨다면, 마땅히 그 곳에 그분을 위해 다른 모든 건물들을 능가하는 뛰어난 건물을 지어야만 했다. 만일 사람이 그 곳에서 존귀함을 입는다면, 하나님은 얼마나 더 존귀케 되어야 마땅한가?

3. 그는 자기 아버지의 선한 뜻에 따라 성전을 건축했다: 내 아버지 다윗이 이스라엘의 하나님 여호와의 이름을 위하여 성전을 건축할 마음이 있었더니(7절). 비록 하나님이 그에게 성전을 건축하는 일을 허락하지 않으셨다 할지라도, 하나님은 그 일을 기쁘게 받아들이셨다: 네가 내 이름을 위하여 성전을 건축할 마음이 있으니 이 마음이 네게 있는 것이 좋도다. 성전의 일은 종종 이와 같이 이루어진다. 한 사람이 씨를 뿌리고 다른 사람이 거두며(요 4:37, 38), 한 세대가 시작하고 다음 세대가 완성한다. 그러므로 가장 지혜로운 자들조차도 앞 세대의 사람들이 놓은 기초 위에 건축하는 것을 부끄러운 일로 여길 필요가 없다. 모든 사람이 다 새롭게 일을 시작해야만 하는 것은 아니다.

4. 그는 하나님의 말씀을 이루는 가운데 성전을 건축했다. 하나님은 다윗에게 네 아들이 내 이름을 위하여 성전을 건축할 것이라고 말씀하셨으며, 이제 그 말씀대로 다윗의 아들 솔로몬이 그 일을 행했다(9, 10절). 하나님은 그 일을 솔로

몬에게 지시하셨으며, 이를 통해 그를 존귀케 하고자 하셨다. 그러므로 그가 성전을 건축한 것은 그 자신의 머리로부터 나온 일이 아니라 하나님의 부르심으로부터 말미암은 것이었다. 일을 작정하신 자가 일꾼을 부르는 것은 너무도 당연한 일이다. 그러므로 부르심을 입은 자들은 큰 기쁨과 즐거움으로 맡은 일을 수행해야 한다.

[12]솔로몬이 여호와의 제단 앞에서 이스라엘의 모든 회중과 마주 서서 그의 손을 펴니라 [13]솔로몬이 일찍이 놋으로 대를 만들었으니 길이가 다섯 규빗이요 너비가 다섯 규빗이요 높이가 세 규빗이라 뜰 가운데에 두었더니 그가 그 위에 서서 이스라엘의 모든 회중 앞에서 무릎을 꿇고 하늘을 향하여 손을 펴고 [14]이르되 이스라엘의 하나님 여호와여 천지에 주와 같은 신이 없나이다 주께서는 온 마음으로 주의 앞에서 행하는 주의 종들에게 언약을 지키시고 은혜를 베푸시나이다 [15]주께서 주의 종 내 아버지 다윗에게 허락하신 말씀을 지키시되 주의 입으로 말씀하신 것을 손으로 이루심이 오늘과 같으니이다 [16]이스라엘의 하나님 여호와여 주께서 주의 종 내 아버지 다윗에게 말씀하시기를 네 자손이 그들의 행위를 삼가서 네가 내 앞에서 행한 것 같이 내 율법대로 행하기만 하면 네게로부터 나서 이스라엘 왕위에 앉을 사람이 내 앞에서 끊어지지 아니하리라 하셨사오니 이제 다윗을 위하여 그 허락하신 말씀을 지키시옵소서 [17]그런즉 이스라엘 하나님 여호와여 원하건대 주는 주의 종 다윗에게 하신 말씀이 확실하게 하옵소서 [18]하나님이 참으로 사람과 함께 땅에 계시리이까 보소서 하늘과 하늘들의 하늘이라도 주를 용납하지 못하겠거든 하물며 내가 건축한 이 성전이오리이까 [19]그러나 나의 하나님 여호와여 주의 종의 기도와 간구를 돌아보시며 주의 종이 주 앞에서 부르짖는 것과 비는 기도를 들으시옵소서 [20]주께서 전에 말씀하시기를 내 이름을 거기에 두리라 하신 곳 이 성전을 향하여 주의 눈이 주야로 보시오며 종이 이 곳을 향하여 비는 기도를 들으시옵소서 [21]주의 종과 주의 백성 이스라엘이 이 곳을 향하여 기도할 때에 주는 그 간구함을 들으시되 주께서 계신 곳 하늘에서 들으시고 들으시사 사하여 주옵소서 [22]만일 어떤 사람이 그의 이웃에게 범죄하므로 맹세시킴을 받고 그가 와서 이 성전에 있는 주의 제단 앞에서 맹세하거든 [23]주는 하늘에서 들으시고 행하시되 주의 종들을 심판하사 악한 자의 죄를 정하여 그의 행위대로 그의 머리에 돌리시고 공의로운 자를 의롭다 하사 그 의로운 대로 갚으시옵소서 [24]만일 주의 백성 이스라엘이 주께 범죄

하여 적국 앞에 패하게 되므로 주의 이름을 인정하고 주께로 돌아와서 이 성전에서 주께 빌며 간구하거든 25주는 하늘에서 들으시고 주의 백성 이스라엘의 죄를 사하시고 그들과 그들의 조상들에게 주신 땅으로 돌아오게 하옵소서 26만일 그들이 주께 범죄함으로 말미암아 하늘이 닫히고 비가 내리지 않는 주의 벌을 받을 때에 이 곳을 향하여 빌며 주의 이름을 인정하고 그들의 죄에서 떠나거든 27주께서는 하늘에서 들으사 주의 종들과 주의 백성 이스라엘의 죄를 사하시고 그 마땅히 행할 선한 길을 가르쳐 주시오며 주의 백성에게 기업으로 주신 주의 땅에 비를 내리시옵소서 28만일 이 땅에 기근이나 전염병이 있거나 곡식이 시들거나 깜부기가 나거나 메뚜기나 황충이 나거나 적국이 와서 성읍들을 에워싸거나 무슨 재앙이나 무슨 질병이 있거나를 막론하고 29한 사람이나 혹 주의 온 백성 이스라엘이 다 각각 자기의 마음에 재앙과 고통을 깨닫고 이 성전을 향하여 손을 펴고 무슨 기도나 무슨 간구를 하거든 30주는 계신 곳 하늘에서 들으시며 사유하시되 각 사람의 마음을 아시오니 그의 모든 행위대로 갚으시옵소서 주만 홀로 사람의 마음을 아심이니이다 31그리하시면 그들이 주께서 우리 조상들에게 주신 땅에서 사는 동안에 항상 주를 경외하며 주의 길로 걸어가리이다 32주의 백성 이스라엘에 속하지 않은 이방인에게 대하여도 그들이 주의 큰 이름과 능한 손과 펴신 팔을 위하여 먼 지방에서 와서 이 성전을 향하여 기도하거든 33주는 계신 곳 하늘에서 들으시고 모든 이방인이 주께 부르짖는 대로 이루사 땅의 만민이 주의 이름을 알고 주의 백성 이스라엘처럼 경외하게 하시오며 또 내가 건축한 이 성전을 주의 이름으로 일컫는 줄을 알게 하옵소서 34주의 백성이 그 적국과 더불어 싸우고자 하여 주께서 보내신 길로 나갈 때에 그들이 주께서 택하신 이 성과 내가 주의 이름을 위하여 건축한 성전 있는 쪽을 향하여 주께 기도하거든 35주는 하늘에서 그들의 기도와 간구를 들으시고 그들의 일을 돌보시옵소서 36주께 범죄하지 아니하는 사람이 없사오니 그들이 주께 범죄하므로 주께서 그들에게 진노하사 그들을 적국에게 넘기시매 적국이 그들을 사로잡아 땅의 원근을 막론하고 끌고 간 후에 37그들이 사로잡혀 간 땅에서 스스로 깨닫고 그들을 사로잡은 자들의 땅에서 돌이켜 주께 간구하기를 우리가 범죄하여 패역을 행하며 악을 행하였나이다 하며 38자기들을 사로잡아 간 적국의 땅에서 온 마음과 온 뜻으로 주께 돌아와서 주께서 그들의 조상들에게 주신 땅과 주께서 택하신 성과 내가 주의 이름을 위하여 건축한 성전 있는 쪽을 향하여 기도하거든 39주는 계신 곳 하늘에서 그들의 기도와 간구를 들으시고 그들의 일을 돌보시오며 주께 범죄한 주의 백성을 용서하옵소서 [40]나의 하나님이여 이제 이 곳에서 하는 기도에 눈을 드시고 귀를 기울이소서 [41]여호와 하나님이여 일어나 들어가사 주의 능력의 궤와 함께 주의 평안한 처소에 계시옵소서 여호와 하나님이여 원하옵건대 주의 제사장들에게 구원을 입게 하시고 또 주의 성도들에게 은혜를 기뻐하게 하옵소서 [42]여호와 하나님이여 주의 기름 부음 받은 자에게서 얼굴을 돌리지 마시옵고 주의 종 다윗에게 베푸신 은총을 기억하옵소서 하였더라

앞에서 솔로몬은 이를테면 성전 봉헌에 서명하고 인을 쳤으며, 그렇게 하여 성전은 하나님을 섬기며 존귀케 하는 일에 온전히 드려지게 되었다. 이어서 그는 성별(聖別)의 기도를 드리는데, 여기에서 성전은 우리의 위대한 중보자이신 그리스도의 모형으로 나타난다(그를 통해 우리는 우리의 모든 기도를 올려 드리며 하나님의 모든 은총을 기대한다). 또 우리는 하나님과 관계되는 모든 일에 있어 우리의 눈을 그에게 향한다. 우리는 이러한 기도의 세부적인 내용에 대해서 앞에서 살펴보았다(왕상 8장). 그러므로 여기에서는 다만 이삭줍기하는 마음으로 몇몇 구절들에만 주의를 기울이고자 한다.

I. 여기에 몇 가지 교리적인 진리들이 나타난다.

1. 이스라엘의 하나님은 무엇과도 비교할 수 없는 완전함을 가진 존재이다. 우리는 그분을 묘사할 수 없다. 다만 천지에 그와 같은 자가 없다는 사실만을 알 뿐이다(14절). 모든 피조물들에게는 각기 비슷한 부류(部類)가 있지만, 그러나 창조주에게는 그와 같은 것이 없다. 그는 만물 위에 무한히 높으시며 만유를 주관하신다.

2. 하나님은 당신이 하신 모든 말씀에 참되시며 또 참되실 것이다. 그러므로 진실하게 하나님을 섬기는 모든 자들은 그분이 신실하시며 사랑이 많으시다는 사실을 발견하게 될 것이다. 또 항상 하나님을 자신 앞에 놓으며 온 마음으로 그 앞에서 행하는 자들은 그가 자신의 말씀에 진실하시다는 사실을 발견하게 될 것이다. 하나님은 그들에게 언약을 지키시고 은혜를 베푸실 것이다(14절).

3. 하나님은 무한히 광대하시다. 그러므로 하늘과 하늘들의 하늘이라도 그분을 담을 수 없으며, 우리의 어떤 표현으로도 그분을 온전히 나타낼 수 없다(18절). 그는 피조물의 경계를 무한히 초월하시며, 모든 지적인 피조물들의 찬미를 무한히 뛰어넘으신다.

4. 하나님은 (그리고 하나님만이) 모든 사람의 마음을 아신다(30절). 모든 사람의 생각과 계획과 감정은 하나님 앞에 온전히 드러난다. 우리 마음의 생각과 계획은 설령 사람들과 천사들과 마귀들에게는 숨겨질 수 있다 할지라도 그러나 하나님께는 숨겨질 수 없다. 왜냐하면 하나님은 마음속에 있는 것뿐만 아니라 마음 자체를 아시기 때문이다.

5. 이 땅에 죄 없이 완전한 사람은 아무도 없다(36절): 주께 범죄하지 아니하는 사람이 없사오니. 세상에 선을 행하며 죄를 짓지 않는 자는 아무도 없다. 그가 전도서에서 기록한 구절도 여기에서 말한 것과 정확하게 일치한다(7:20, 선을 행하고 전혀 죄를 범하지 아니하는 의인은 세상에 없기 때문이로다).

Ⅱ. 여기에 몇 가지 가정(假定) 혹은 가상적인 상황이 제시된다.

1. 그는 양측이 서로 하나님께 호소하면서 증인의 맹세까지 내세우며 다투는 어떤 곤란한 상황을 가상(假想)한다(22절). 사람들 사이에 올바른 이성과 양심의 찌꺼기라도 남아 있는 한 종교적인 맹세는 예전에 그랬던 것과 마찬가지로 앞으로도 계속해서 중요한 의미를 갖는다.

2. 그는 이스라엘이 큰 평온과 평화를 누리는 가운데에서도 때로 고통하는 때가 있을 것을 가상한다. 그는 그들의 번영의 산이 영원히 서 있을 것으로 생각하지 않고 그것이 옮겨질 수 있다고 생각한다. 아니, 실제로 그는 죄가 그 산을 옮길 것을 예상한다.

3. 그는 하나님을 찾지 않던 자들이 고통 속에서 그분을 전심으로 찾게 될 것을 가상한다. "그들이 고통 속에서 자신들의 죄를 고백하며 주의 이름을 찾으면서 주께 기도하거든." 고난은 그들을 하나님께로 몰아갈 것이다(24, 26, 28절).

4. 그는 이방인들이 먼 곳으로부터 와서 이스라엘의 하나님께 경배하게 될 것을 예상(豫想)한다. 열방의 신들이 얼마나 무가치한 존재인가를 생각할 때, 그리고 이스라엘의 하나님이 온 땅의 주님이심을 나타내는 수많은 증거들을 생각할 때, 이것은 충분히 예상할 수 있는 일이었다.

Ⅲ. 여기에 매우 적실(適實)한 몇 가지 탄원이 나온다.

1. 하나님의 눈이 주야로 당신의 이름을 두실 곳으로 약속하신 이 전을 향하소서(20절). 만일 하나님 자신이 이 전이 영원히 그의 안식처가 될 것이라고 말씀하지 않으셨다면, 솔로몬은 결코 그와 같은 특별한 은총을 구할 수 없었을

것이다. 효과적인 기도는 말씀에 의해 보증된 기도이다. 우리는 겸손한 확신을 가지고 하나님이 예수 그리스도 안에서 우리와 더불어 기뻐하실 것을 간구할 수 있는데, 그것은 하나님 자신이 그리스도 안에서 기뻐하실 것을 분명하게 말씀하셨기 때문이다 — 이는 내 사랑하는 아들이라. 그러나 오늘날 어떤 집이나 장소에 대해서 그렇게 말씀하시지 않는다 — 이는 내 사랑하는 장소라.

2. 이 전에서 혹은 이 전을 향해 드려지는 기도를 들으시고 받으시옵소서(21절). 솔로몬은 그들이 기도하든 기도하지 않든 무조건 하나님이 도와주실 것을 간구하지 않았다. 다만 그들의 기도에 응답하사 도와주실 것을 간구했다. 심지어 그리스도의 중보조차도 우리의 기도를 대체하지 않는다. 도리어 격려하며 고무한다. 또 솔로몬은 하나님이 계신 곳 하늘에서 들으실 것을 기도한다. 하나님이 계신 곳은 여전히 이 전이 아니라 하늘이다. 그러므로 도움도 그 곳으로부터 내려온다. 들으시사 사하여 주옵소서. 죄 사함은 우리의 모든 기도에 대한 응답의 문을 여는 것이라는 사실을 주목하라.

3. 하나님께 드려지는 모든 호소에 대해 공평하게 판결하시옵소서(23, 30절). 우리는 믿음으로 이것을 기도할 수 있다. 왜냐하면 우리는 하나님이 그렇게 하실 것을 확신하기 때문이다. 하나님은 보좌에 앉으사 의로 심판하신다.

4. 하나님의 백성들이 회개하고 돌이켜 하나님을 찾을 때, 그들에게 자비를 베푸사 돌이키시옵소서(25, 27, 38, 39절). 우리는 이것 역시도 믿음으로 기도할 수 있다. 왜냐하면 회개하며 돌이키는 자들을 기꺼이 받으시겠다고 하나님은 수 차례에 걸쳐 확언(確言)하셨기 때문이다.

5. 이방인들이 이 전에 오는 것을 기쁘시게 받으시고 그들의 기도에 응답하소서(33절). 본토인이나 이방인이 동일한 율법의 적용을 받는다면, 이방인들에게도 이와 같은 은택이 허락되어야 마땅하지 않겠는가?(레 24:22, 거류민에게든지 본토인에게든지 그 법을 동일하게 할 것은 나는 너희의 하나님 여호와임이니라).

6. 여러 문제와 형편 가운데 하나님의 백성 이스라엘의 일을 돌보시옵소서(35, 39절): 그들의 일을 돌보시옵소서. 만일 그들이 하나님의 백성이라면 그들의 문제는 곧 하나님의 문제이며, 따라서 하나님이 그것을 돌보실 것이다.

7. 솔로몬은 자기 아버지에게서 배운 몇 가지 표현들로 이러한 기도를 끝맺는다. 그것은 열왕기에서는 나타나지 않지만 여기에서는 나타난다(41, 42절). 하나님의 모든 말씀은 우리가 기도함에 있어 사용하는데 매우 유용하다. 하나

님에게 어떤 것을 표현함에 있어 그의 성령으로 기록된 말씀보다 더 나은 언어가 어디에 있겠는가? 그렇지만 이러한 말씀들은 솔로몬에게 있어 특별한 의미에서 매우 유용했다. 그것은 그러한 말씀들이 그가 지금 행하고 있는 일과 직접적으로 관련된 것이었기 때문이다. 그가 지금 인용하고 있는 말씀은 시 132:8-10이다(여호와여 일어나사 주의 권능의 궤와 함께 평안한 곳으로 들어가소서 주의 제사장들은 의를 옷 입고 주의 성도들은 즐거이 외칠지어다 주의 종 다윗을 위하여 주의 기름 부음 받은 자의 얼굴을 외면하지 마옵소서).

(1) 그는 41절에서 다음과 같이 기도한다.

[1] 그가 만든 안식의 처소에 하나님이 들어가시고 계속해서 계시도록: 주는 주의 능력의 궤와 함께 주의 평안한 처소에 계시옵소서. 언약궤의 주인이신 하나님이 없다면 언약궤 자체가 무슨 의미가 있겠는가?

[2] 성전의 사역자들을 공적 축복으로 삼으시도록: 주의 제사장들에게 구원을 입게 하시고. 이것은 다시 말해서 다음과 같은 기도였다. "의의 제사를 통해 그들이 구원을 받을 뿐만 아니라 그들로 하여금 다른 사람들을 구원하는 도구가 되게 하소서."

[3] 성전의 예배가 주의 모든 백성들에게 큰 기쁨과 만족이 되도록: 주의 성도들에게 은혜를 기뻐하게 하옵소서. "구스의 내시처럼 예배하기 위해 성전으로 오는 모든 자들로 하여금 큰 기쁨으로 돌아가게 하옵소서."

(2) 이어 42절에서 두 가지를 탄원한다.

[1] 하나님과 그 자신의 관계. "주의 기름 부음 받은 자에게서 얼굴을 돌리지 마옵소서. 여호와여 주께서 종을 왕으로 임명하셨사오니 부디 종을 외면하지 마옵소서."

[2] 자신의 아버지와 맺은 하나님의 언약: 주의 종 다윗에게 베푸신 은총을 기억하옵소서. 하나님을 향한 다윗의 경건과 언약궤에 대한 그의 관심과 돌봄을 기억하시고(시 132:1 이하를 보라) 또한 다윗에게 주신 하나님의 약속과 그가 고난 가운데 있을 때 베푸신 모든 위로와 도우심을 기억하소서. 우리 역시도 솔로몬이 여기에서 탄원한 것처럼 그리스도를 바라보며 그와 같이 탄원할 수 있다. "하나님이 우리를 외면하시고 우리와 우리의 기도를 배척하시는 것은 지극히 마땅한 일이나이다. 그러나 우리는 주의 기름 부음 받은 자, 주의 메시야, 주의 그리스도이신 주 예수의 이름으로 나오나이다. 주는 항상 그의 기도를 들

으시며 그에게서 얼굴을 돌리지 않으실 것이나이다. 우리에게는 아무런 의(義)도 없사오나, 여호와여 주의 종 다윗에게 베푸신 은총을 기억하옵소서." 그리스도는 하나님의 종이며(사 42:1), 다윗으로 일컬어진다(호 3:5). "여호와여 그에게 베푸신 은총을 기억하시고 그로 인해 우리를 받으소서. 그가 아버지의 영광과 인간의 구원을 위해 가졌던 뜨거운 열정을 기억하시고, 또한 그로 인해 그가 고난당했던 모든 것을 기억하소서. 또 그리스도 안에서 우리에게 값없이 은혜를 베푸시는 영원한 언약의 약속, 즉 다윗에게 주신 확실한 은혜로 일컬어지는 영원한 언약의 약속을 기억하소서"(사 55:3; 행 13:34). 이것이 우리의 모든 바람과 소망과 기도와 탄원이 되어야 한다. 왜냐하면 그것이 우리의 모든 구원이기 때문이다.

제
— 7 —
장

개요

본 장은 솔로몬의 기도에 대한 하나님의 응답이다. I. 하나님이 하늘로부터 불을 내려 제물들을 사르심으로써 공적으로 응답하시고(1절), 이로 인해 제사장들과 백성들이 크게 놀라 엎드려 경배함(2, 3절). 이러한 하나님의 열납의 증표로 인해 그들은 14일 동안 절기의 의식을 계속하고 솔로몬은 하나님의 영광을 위한 자신의 모든 계획을 계속해서 수행함(4-11절). II. 밤에 꿈 혹은 이상(異像) 가운데 하나님이 입술의 말씀으로 은밀하게 응답하심(12-22절). 우리는 여기에 나오는 대부분의 내용을 열왕기상 8장과 9장에서 이미 살펴보았다.

[1] 솔로몬이 기도를 마치매 불이 하늘에서부터 내려와서 그 번제물과 제물들을 사르고 여호와의 영광이 그 성전에 가득하니 [2] 여호와의 영광이 여호와의 전에 가득하므로 제사장들이 여호와의 전으로 능히 들어가지 못하였고 [3] 이스라엘 모든 자손은 불이 내리는 것과 여호와의 영광이 성전 위에 있는 것을 보고 돌을 깐 땅에 엎드려 경배하며 여호와께 감사하여 이르되 선하시도다 그의 인자하심이 영원하도다 하니라 [4] 이에 왕과 모든 백성이 여호와 앞에 제사를 드리니 [5] 솔로몬 왕이 드린 제물이 소가 이만 이천 마리요 양이 십이만 마리라 이와 같이 왕과 모든 백성이 하나님의 전의 낙성식을 행하니라 [6] 그 때에 제사장들은 직분대로 모셔 서고 레위 사람도 여호와의 악기를 가지고 섰으니 이 악기는 전에 다윗 왕이 레위 사람들에게 여호와께 감사하게 하려고 만들어서 여호와의 인자하심이 영원함을 찬송하게 하던 것이라 제사장들은 무리 앞에서 나팔을 불고 온 이스라엘은 서 있더라 [7] 솔로몬이 또 여호와의 전 앞뜰 가운데를 거룩하게 하고 거기서 번제물과 화목제의 기름을 드렸으니 이는 솔로몬이 지은 놋 제단이 능히 그 번제물과 소제물과 기름을 용납할 수 없음이더라 [8] 그 때에 솔로몬이 칠 일 동안 절기를 지켰는데 하맛 어귀에서부터 애굽 강까지의 온 이스라엘의 심히 큰 회중이 모여 그와 함께 하였더니 [9] 여덟째 날에 무리가 한 성회를 여느라 제단의 낙성식을 칠 일 동안 행한 후 이 절기를 칠 일 동안

지키니라 ¹⁰일곱째 달 제이십삼일에 왕이 백성을 그들의 장막으로 돌려보내매 백성이 여호와께서 다윗과 솔로몬과 그의 백성 이스라엘에게 베푸신 은혜로 말미암아 기뻐하며 마음에 즐거워하였더라 ¹¹솔로몬이 여호와의 전과 왕궁 건축을 마치고 솔로몬의 심중에 여호와의 전과 자기의 궁궐에 그가 이루고자 한 것을 다 형통하게 이루니라

I. 솔로몬의 기도에 하나님이 즉각 응답하심. 불이 하늘에서부터 내려와서 그 번제물과 제물들을 사르고(1절). 하나님은 자신에게 드려진 제물을 열납하셨음을 종종 이러한 방식으로 나타내셨는데, 모세에 대해(레 9:24), 기드온에 대해(삿 6:21), 다윗에 대해(대상 21:26), 그리고 엘리야에 대해(왕상 18:38) 그렇게 하셨다. 그리고 번제물을 열납하는 일반적인 방식은 그것을 재로 바꾸는 것이었다(시 20:3). 여기에서 불이 내려온 것은 제물을 죽일 때가 아니라 기도를 마쳤을 때였다.

1. 이 불은 하나님이

(1) 스스로 영광을 받으셨음을 나타냈다. 우리 하나님은 소멸하는 불이심이라. 하나님은 두려운 분이신데, 심지어 그의 성소에서도 그러하시다. 이 불은 시내 산에서처럼 빽빽한 어둠을 뚫고 내려옴으로써 더욱 두렵게 느껴졌을 것이다(출 24:16, 17). 시온의 죄인들은 이러한 광경을 보고 놀라며 "우리 중에 누가 삼키는 불과 함께 거하리요"라고 말할 만한 충분한 이유가 있었다(사 33:14).

(2) 이스라엘에게 은혜로우셨음을 나타냈다. 왜냐하면 이 불은 마땅히 그들을 삼킬 수 있었지만, 그러나 그들 대신 드려진 제물들에 떨어졌기 때문이었다. 이로써 하나님은 그들의 제물을 열납하시고 당신의 진노를 그들로부터 돌이키셨음을 나타내셨다.

2. 이것을

(1) 그리스도의 고난에 적용하자. 여호와께서 그로 상함을 받고 슬픔을 당하며 우리 모두의 죄를 그에게 담당시키기를 기뻐하셨을 때, 이로써 그는 인간들에 대한 당신의 선하신 뜻을 분명하게 보여주셨다. 그의 죽으심은 우리의 생명이 되었으며, 그가 죄와 저주가 되심으로 우리가 의와 축복을 기업으로 받게 되었다. 그리고 그 제물이 불살라짐으로 우리가 피할 수 있게 되었다. 내가 여기 있으니 이들은 가게 하라.

(2) 성령의 거룩하게 하심에 적용하자. 성령은 불처럼 내려와 우리의 정욕과 타락을 불사른다. 우리의 정욕과 타락은 마치 제물로 드려진 짐승들처럼 불살라져야만 하며, 우리의 영혼은 경건한 심령의 거룩한 불로 태워지고 항상 마음의 제단 위에서 계속해서 불타야만 한다. 하나님이 우리 기도를 받으셨음을 보여주는 가장 확실한 증거는 우리 위에 거룩한 불이 내려오는 것이다. 우리 속에서 마음이 뜨겁지 아니하더냐(눅 24:32). 하나님이 솔로몬의 기도를 받으셨음을 나타낸 증거는 여호와의 영광이 성전에 가득 찬 것이었다. 이와 같이 신적 영광의 거룩한 두려움과 경외심으로 가득 찬 마음은, 그리고 하나님이 당신의 선하심 가운데 자신의 위대하심을 나타내신 마음은 살아 있는 성전으로 인정된다.

II. 하나님의 이러한 은총의 표징에 대한 백성들의 반응.

1. 백성들이 경배하며 하나님을 찬미함(3절). 하나님의 불이 이와 같이 하늘로부터 내려오는 것을 보았을 때, 그들은 놀라 도망치지 않았다. 그렇게 하는 대신 성전 뜰에 서서 그것을

(1) 하나님의 영광을 찬미하는 기회로 삼았다: 그들이 땅에 엎드려 경배하며. 이와 같은 방식으로 그들은 신적 위엄에 대한 거룩한 두려움과 신적 권위에 대한 즐거운 순복과, 하나님의 임재 앞에 나아올 수 없으며 그분의 진노의 권능 앞에 설 수 없는 자신들의 무자격성을 표현했다.

(2) 하나님의 선하심을 인정하는 기회로 삼았다. 여호와의 불이 내려왔을 때, 그들은 "선하시도다 그의 인자하심이 영원하도다"라고 말하며 그를 찬미했다. 이것은 때에 맞지 않는 노래가 결코 아니며, 또한 마음과 입술이 불일치하는 노래도 결코 아니다. 왜냐하면 어떤 경우에도 하나님은 선하시기 때문이다. 하나님이 죄인들에게 소멸하는 불로 스스로를 나타내실 때에도 그의 백성들은 빛이신 그분 안에서 즐거워할 수 있다. 아니, 그들은 이러한 상황에서도 하나님은 선하시다고 말할 만한 충분한 이유를 가지고 있었다. "우리가 살라지지 않고 우리 대신 제물이 살라진 것은 주의 자비하심으로 말미암음이요, 이로 인해 우리가 주께 감사드리나이다."

2. 왕과 모든 백성들이 풍성한 제물을 드림(4, 5절). 그리고 그들은 이러한 제물들로 잔치를 베풀었다. 그들은 앞에서도 제물을 드렸지만 이제 그 양(量)을 크게 증가시켰다. 우리에게 하나님의 은총의 표징이 임할 때 우리의 마음은

크게 넓혀지며 더 풍부한 예물을 드리게 됨을 주목하라. 왕의 모범은 백성들을 크게 경성시켰다. 지도자가 앞장설 때 선한 일은 계속해서 진행되는 법이다. 너무나 많은 제물이 드려짐으로써 제단이 그것을 다 용납할 수 없었다. 그리하여 번제의 고기와 화목제의 기름은 뜰의 가운데에서 태워졌다(7절, 그렇지만 모든 제물의 피는 제단 위에 뿌려졌을 것으로 추측된다). 특별한 필요가 있을 때 뜰도 제단이 될 수 있었다.

　3. 제사장과 레위인들이 각자 자신들의 위치에 서서 찬송의 노래를 부름. 제사장들은 직분대로 모셔 서고 노래하는 자들과 악기를 연주하는 자들도 각각 자신들의 위치에 서서(6절) 다윗이 만들어 그들에게 준 찬송을 불렀다.

　4. 모든 회중이 최고의 기쁨과 만족을 나타냄. 그들은 7일 동안 즉 2일부터 9일까지 제단의 낙성식을 행했다. 그리고 10일은 속죄일이었다. 그 날은 죄로 인해 영혼에 괴로움이 있는 날이었다. 큰 기쁨의 한가운데 이와 같은 날이 있는 것은 결코 부적절한 일이 아니었다. 그리고 15일에 장막절이 시작되어 22일까지 계속되었고, 23일이 되어서야 비로소 그들은 각기 자기 집으로 돌아갔다. 우리는 하나님을 예배하며 그분과 교제하는데 보내는 시간을 아까워하거나 지루하게 생각해서는 결코 안 된다.

　5. 솔로몬이 계속해서 마음속에 계획한 것을 진행시킴. 그리하여 하나님의 전과 자신의 궁궐을 아름답게 꾸미고자 계획한 모든 일이 형통하게 이루어졌다(11절). 하나님의 일을 먼저 행한 자는 자신의 일에 있어서도 형통한 법이다. 솔로몬에게 있어 그가 시작한 일을 계속해서 진행시킨 것은 칭찬할 만한 일이었다. 그리고 그 일에 형통한 것은 하나님의 은혜로 말미암은 것이었다.

¹²밤에 여호와께서 솔로몬에게 나타나사 그에게 이르시되 내가 이미 네 기도를 듣고 이 곳을 택하여 내게 제사하는 성전을 삼았으니 ¹³혹 내가 하늘을 닫고 비를 내리지 아니하거나 혹 메뚜기들에게 토산을 먹게 하거나 혹 전염병이 내 백성 가운데에 유행하게 할 때에 ¹⁴내 이름으로 일컫는 내 백성이 그들의 악한 길에서 떠나 스스로 낮추고 기도하여 내 얼굴을 찾으면 내가 하늘에서 듣고 그들의 죄를 사하고 그들의 땅을 고칠지라 ¹⁵이제 이 곳에서 하는 기도에 내가 눈을 들고 귀를 기울이리니 ¹⁶이는 내가 이미 이 성전을 택하고 거룩하게 하여 내 이름을 여기에 영원히 있게 하였음이라 내 눈과 내 마음이 항상 여기에 있으리라 ¹⁷네가 만일 내 앞에서

행하기를 네 아버지 다윗이 행한 것과 같이 하여 내가 네게 명령한 모든 것을 행하여 내 율례와 법규를 지키면 [18]내가 네 나라 왕위를 견고하게 하되 전에 내가 네 아버지 다윗과 언약하기를 이스라엘을 다스릴 자가 네게서 끊어지지 아니하리라 한 대로 하리라 [19]그러나 너희가 만일 돌아서서 내가 너희 앞에 둔 내 율례와 명령을 버리고 가서 다른 신들을 섬겨 그들을 경배하면 [20]내가 너희에게 준 땅에서 그 뿌리를 뽑아내고 내 이름을 위하여 거룩하게 한 이 성전을 내 앞에서 버려 모든 민족 중에 속담거리와 이야깃거리가 되게 하리니 [21]이 성전이 비록 높을지라도 그리로 지나가는 자마다 놀라 이르되 여호와께서 무슨 까닭으로 이 땅과 이 성전에 이같이 행하셨는고 하면 [22]대답하기를 그들이 자기 조상들을 애굽 땅에서 인도하여 내신 자기 하나님 여호와를 버리고 다른 신들에게 붙잡혀서 그것들을 경배하여 섬기므로 여호와께서 이 모든 재앙을 그들에게 내리셨다 하리라 하셨더라

하나님이 솔로몬의 기도를 받으셨음은 하늘로부터 불이 내려오는 것으로 분명하게 증거되었다. 그렇지만 설령 기도가 받아들여졌다고 할지라도, 그것의 세부적인 내용은 응답되지 않을 수도 있다. 그리하여 하나님은 전에 그랬던 것처럼(1:7) 밤에 나타나셔서 그의 기도에 대해 구체적인 응답을 주셨다. 우리는 이에 대한 전체적인 내용에 대해 앞에서 살펴보았다(왕상 9:2-9).

I. 하나님은 이 전을 이스라엘의 제사하는 집이며 동시에 만민의 기도하는 집(사 56:7)으로 인정해 주실 것을 약속하셨다. 내 이름을 여기에 영원히 있게 하였음이라(12, 16절). 다시 말해서, "거기에서 내가 나를 나타낼 것이요 거기에서 내가 기도를 들을 것이라."

II. 하나님은 이 곳에서 기도하는 자기 백성들의 기도에 응답하실 것을 약속하셨다(13-15절).

1. 여기에 기근과 전염병과 전쟁 등의 국가적인 심판이 상정(想定)된다(13절). 메뚜기들이 토산을 먹는다는 것은 적들이 메뚜기처럼 온 나라를 황폐시키는 것을 의미한다.

2. 그럴 때 그들에게 국가적인 회개와 기도와 개혁이 요구된다(14절). 하나님의 이름으로 부름 받은 백성들이 범죄할 때, 그분의 이름은 더럽혀지게 된다. 그러면 그러한 죄에 대해 징벌이 내려짐으로써 그분의 이름은 다시 존귀케 되어야만 한다. 그들은 하나님의 손 아래에서 스스로를 겸비케 하면서 그러한

심판을 옮겨 달라고 기도해야 하며, 또한 하나님의 얼굴과 그분의 은총을 구해야만 한다. 그러나 만일 그들이 자신들의 악한 길로부터 돌이켜 하나님께 돌아오지 않는다면, 이 모든 일들은 행해지지 않을 것이다.

3. 그러면 국가적인 은총이 약속된다. 하나님은 그들의 죄를 용서하시고, 그들의 땅을 고치시며, 그들의 모든 고통을 제거하실 것이다. 죄 사함은 치유를 위한 길을 연다(시 103:3; 마 9:2).

Ⅲ. 하나님은 솔로몬의 왕권을 영속화하실 것을 약속하셨다. 그러나 그것은 그가 자신의 의무를 이행하는 것을 조건으로 하는 것이었다(17, 18절). 만일 그가 하나님이 다윗과 맺으신 언약의 은택을 바란다면, 그는 다윗의 모범을 따라야만 한다. 하나님은 그 앞에 생명과 함께 죽음을, 그리고 축복과 함께 저주를 놓으셨다.

1. 하나님은 그들이 다른 신들을 예배하는 자리로 떨어질 수 있음을 상정(想定)한다. 그들은 하나님의 영광을 위해 이 전을 건축했다. 그럼에도 불구하고 그들에게는 그와 같은 패역한 길로 떨어질 위험이 있었다. 하나님은 그들이 죄 가운데 미끄러져 들어갈 수 있음을 아셨다.

2. 하나님은 만일 그들이 그렇게 하면 교회와 나라가 함께 멸망에 떨어질 것을 경고한다.

(1) 그것은 나라의 멸망이 될 것이다(20절). "설령 그들이 이 땅에서 깊게 뿌리를 내렸다 할지라도, 내가 그들을 뽑고 나라를 허물어뜨릴 것이며 마치 사람이 자기 정원에서 잡초를 뽑듯이 내가 그들을 뽑아 버릴 것이라."

(2) 그것은 교회의 멸망이 될 것이다. 이 곳은 더 이상 그들에게 하나님의 심판으로부터 그들을 보호해 주는 성소(聖所)가 되지 않을 것이다. 너희는 이것이 여호와의 성전이라, 여호와의 성전이라, 여호와의 성전이라 하는 거짓말을 믿지 말라(렘 7:4). "이 전은 비록 높을지라도(건물의 높이에 있어서나 그 목적과 기능에 있어서나) 놀랍도록 낮아질 것이요(애 1:9), 모든 이웃나라들에게 놀람과 경악케 하는 것이 될 것이다."

제 8 장

개요

본 장의 내용은 다음과 같다. I. 솔로몬이 건축한 성읍들(1-6절). II. 솔로몬이 부린 역꾼들(7-10절). III. 솔로몬이 자기 아내를 위해 처소를 예비함(11절). IV. 솔로몬이 성전 예배를 체계화함(12-16절). V. 솔로몬이 이방 나라들과 벌인 교역(17, 18절).

¹솔로몬이 여호와의 전과 자기의 궁궐을 이십 년 동안에 건축하기를 마치고 ²후람이 솔로몬에게 되돌려 준 성읍들을 솔로몬이 건축하여 이스라엘 자손에게 거기에 거주하게 하니라 ³솔로몬이 가서 하맛소바를 쳐서 점령하고 ⁴또 광야에서 다드몰을 건축하고 하맛에서 모든 국고성들을 건축하고 ⁵또 윗 벧호론과 아랫 벧호론을 건축하되 성벽과 문과 문빗장이 있게 하여 견고한 성읍으로 만들고 ⁶또 바알랏과 자기에게 있는 모든 국고성들과 모든 병거성들과 마병의 성들을 건축하고 솔로몬이 또 예루살렘과 레바논과 그가 다스리는 온 땅에 건축하고자 하던 것을 다 건축하니라 ⁷이스라엘이 아닌 헷 족속과 아모리 족속과 브리스 족속과 히위 족속과 여부스 족속의 남아 있는 모든 자 ⁸곧 이스라엘 자손이 다 멸하지 않았으므로 그 땅에 남아 있는 그들의 자손들을 솔로몬이 역꾼으로 삼아 오늘에 이르렀으되 ⁹오직 이스라엘 자손은 솔로몬이 노예로 삼아 일을 시키지 아니하였으니 그들은 군사와 지휘관의 우두머리들과 그의 병거와 마병의 지휘관들이 됨이라 ¹⁰솔로몬 왕의 공장을 감독하는 자들이 이백오십 명이라 그들이 백성을 다스렸더라 ¹¹솔로몬이 바로의 딸을 데리고 다윗 성에서부터 그를 위하여 건축한 왕궁에 이르러 이르되 내 아내가 이스라엘 왕 다윗의 왕궁에 살지 못하리니 이는 여호와의 궤가 이른 곳은 다 거룩함이니라 하였더라

본 단락의 내용은 왕상 9:10-24과 동일하므로, 우리는 여기에서 단지 다음과 같은 내용만을 간단히 살펴보고자 한다.

I. 솔로몬은 학식과 지식이 많은 사람이었음에도 불구하고 가만히 앉아서

묵상과 연구에만 전념하지 않고 성읍들을 건축하며 성벽을 쌓는 일에 많은 시간을 보냈다.   이것은 평화의 때에 전쟁을 위해 준비하는 것이었으며 또한 여름에 부지런히 일하면서 겨울을 위한 양식을 준비하는 것이었다.

Ⅱ. **솔로몬 자신이 안일을 구하지 않고 부지런히 일했던 것처럼 그는 또한 많은 사람들을 열심히 일하도록 이끌었다.**   근면을 장려하며 증진하면서 백성들로 하여금 게으름을 멀리하도록 훈도하는 것은 국가적으로 크게 유익한 일이다. 당시 이스라엘에는 많은 이방인들이 살고 있었으며, 특별히 가나안 사람들이 아주 많았다. 그들이 이스라엘 가운데 거주하는 것은 금지되지 않았지만, 그러나 무위도식하며 사는 것은 허락되지 않았다. 별로 할 일이 없었던 라이스 사람들은 침입자들에게 손쉬운 먹잇감이었다(삿 18:7).

Ⅲ. **솔로몬이 하나님의 전을 건축하는 것으로부터 시작하여 선한 일들을 많이 행했을 때, 그는 착수하는 모든 일마다 형통하여 자신이 건축하고자 하는 것들을 다 건축했다**(6절).   건축하는데 뛰어난 재능을 가진 자들은 한 가지 사업을 마치면 또 다른 사업에 착수하게 되며 그럼으로써 점점 더 능숙한 전문가가 되어갈 것이다. 여기에서 다음을 주목하라.

1. 솔로몬은 여러 성읍들을 건축할 필요가 있었으며 그로 인해 많은 유익을 얻을 수 있었을 뿐만 아니라 이미 그 마음속에 그와 같은 열망을 가지고 있었다. 그리고 하나님은 그의 그러한 마음을 만족시키시고 많은 결실을 이루도록 허락하셨다. 아버지이신 하나님은 때로 자기 자녀의 열망에 매우 너그러우시다(그것이 죄에 대한 열망이 아니라면). 이와 같이 하나님은 다음과 같은 약속으로 야곱을 만족시켜 주셨다: 요셉이 그 손으로 네 눈을 감기리라.

2. 솔로몬은 자신의 열망에 한계를 정할 줄 알았다. 그는 결코 만족할 줄 모르는 가운데 끝없이 제국을 확장하려는 열망에 빠진 군주들 가운데 한 사람이 아니었다. 도리어 그는 언제 멈춰야 할지 알고 있었다. 그것은 자신이 열망한 것을 마치자 더 이상 열망하지 않았기 때문이었다. 그는 더 이상 정복할 땅이 없어 슬퍼했던 알렉산더와는 달리, 더 이상 건축할 성읍이 없어 슬퍼하지 않았다(합 2:5)

Ⅳ. **솔로몬이 자기 아내를 위해 왕궁을 건축하고 그녀를 그 곳으로 데려간 한 가지 이유는 그녀가 다윗의 왕궁에 거하는 것이 적절치 못하다고 생각했기 때문이었다**(11절).   그것은 다윗의 왕궁이 매우 거룩했기 때문이었다. 아마도

그녀의 왕궁은 매우 호사스러웠던 것으로 보인다. 그녀는 유대 종교로 개종했을 것이다. 그러나 그녀의 모든 시종(侍從)들까지 그랬는지는 의문이다. 어쩌면 그들은 자신들 가운데 애굽의 우상들을 가지고 있었는지 모른다. 비록 솔로몬이 그러한 부적절한 것들을 금지하고 징벌할 만큼의 큰 열정과 용기는 갖고 있지 않았다 할지라도, 그러나 적어도 자기 아버지의 왕궁의 존귀는 훼손하지 않고 지키려고 했다. 그리하여 그는 하나님의 언약궤가 머물러 있었으며 또 자기 아버지가 오랫동안 기도하며 여러 시편들을 노래했던 곳이 이와 같이 더럽혀지는 것은 결코 허용할 수 없었다. 언약궤가 머물렀던 모든 장소가 평상적인 용도로는 절대로 사용될 수 없을 정도로 너무나 거룩한 것은 아니었다. 왜냐하면 아비나답의 집이나 오벧에돔의 집은 결국 그와 같이 사용되었을 것이기 때문이다. 그러나 언약궤가 오랫동안 머물며 공적으로 참례되었던 장소가 시끌벅적한 연회의 장소가 되는 것은 너무도 부적절한 일이 아닐 수 없었다. 거룩한 것과 세속적인 것 사이의 옛 지계표는 마땅히 유지되어야만 한다. 여자들의 뜰은 성전의 바깥 뜰이었다.

[12] 솔로몬이 낭실 앞에 쌓은 여호와의 제단 위에 여호와께 번제를 드리되 [13] 모세의 명령을 따라 매일의 일과대로 안식일과 초하루와 정한 절기 곧 일년의 세 절기 무교절과 칠칠절과 초막절에 드렸더라 [14] 솔로몬이 또 그의 아버지 다윗의 규례를 따라 제사장들의 반열을 정하여 섬기게 하고 레위 사람들에게도 그 직분을 맡겨 매일의 일과대로 찬송하며 제사장들 앞에서 수종들게 하며 또 문지기들에게 그 반열을 따라 각 문을 지키게 하였으니 이는 하나님의 사람 다윗이 전에 이렇게 명령하였음이라 [15] 제사장들과 레위 사람들이 국고 일에든지 무슨 일에든지 왕이 명령한 바를 전혀 어기지 아니하였더라 [16] 솔로몬이 여호와의 전의 기초를 쌓던 날부터 준공하기까지 모든 것을 완비하였으므로 여호와의 전 공사가 결점 없이 끝나니라 [17] 그 때에 솔로몬이 에돔 땅의 바닷가 에시온게벨과 엘롯에 이르렀더니 [18] 후람이 그의 신복들에게 부탁하여 배와 바닷길을 아는 종들을 보내매 그들이 솔로몬의 종들과 함께 오빌에 이르러 거기서 금 사백오십 달란트를 얻어 솔로몬 왕에게로 가져왔더라

I. **솔로몬의 경건.** 성전을 건축한 것은 예배를 위한 것이었다. 큰 수고와

비용을 치르며 성전을 건축했다 할지라도 만일 그 곳에서 예배드리는 일을 소홀히 했다면, 그것은 그에게 있어 아무 소용 없는 일이 되었을 것이다. 다른 사람의 예배를 돕는 것이 우리 자신의 예배를 대체해 주는 것은 아니다. 솔로몬이 성전을 건축했을 때,

1. 그는 모세의 율법에 따라 그 곳에서 거룩한 제물들을 드렸다(12, 13절). 만일 제물이 지속적으로 드려지지 않았다면, 제단을 세운 것도 또 하늘로부터 불이 내려온 것도 다 헛된 일이 되었을 것이다. 그 곳에서는 매일 정한 시간에 드리는 매일의 제사와, 매주 안식일마다 드리는 안식일 제사와(이 때는 다른 날보다 갑절로 드려졌다), 매달 첫 날 드리는 초하루 제사와, 매년 세 번의 거룩한 절기 때 드리는 제사가 드려졌다. 오늘날 우리에게 요구되는 것은 영적 제사인데, 우리는 그러한 제사를 매일 그리고 매주 드려야 한다. 그리고 이와 같이 정해진 규례에 따라 예배를 드리는 것은 참으로 좋은 일이다.

2. 그는 다윗의 율법에 따라 그 곳에서 거룩한 노래들을 부르도록 했다. 여기(14절)에서 다윗은 모세처럼 하나님의 사람으로 불리는데, 그것은 그가 하나님의 지시 가운데 이러한 제도들을 확립했기 때문이다. 그리고 솔로몬은 그들이 이러한 규례를 매일의 일과로서 계속해서 준수하는지 여부를 세심하게 감독했다(14절). 솔로몬은 지혜롭고 위대한 사람이요 성전을 건축한 자였음에도 불구하고 하나님의 사람이 하나님의 이름으로 명령한 것을 바꾸거나 더하려고 하지 않고 도리어 세심하게 지키면서 그것이 올바로 지켜지도록 자신의 권세를 사용했다. 그리하여 아무도 왕이 명령한 바를 전혀 어기지 아니하였다(15절). 그가 하나님의 율법을 지키자 모든 백성이 그의 명령에 순종했다. 이와 같이 성전예배의 모든 규례가 확립되자 비로소 여호와의 전이 완성되었다고 언급된다(16절). 핵심적인 것은 장소가 아니라 예배였다. 이 모든 것이 확립될 때까지 성전은 완성된 것이 아니었다.

Ⅱ. 솔로몬의 교역. 그는 친히 엘롯과 에세온게벨의 항구도시를 방문했다(17절). 그는 교역에 많은 힘을 쏟았는데, 그것은 교역이 많은 이익을 가져다줄 것이었기 때문이었다. 가나안은 부유한 지역이었지만, 그러나 금을 위해 오빌에 사람을 보내야만 했다. 이스라엘 백성들은 지혜롭고 명철한 백성들이었지만 그러나 두로 왕의 도움을 받아야만 했다(왜냐하면 그의 종들이 바다에 대해 잘 알고 있었기 때문이었다, 18절). 그럼에도 불구하고 하나님의 특별한 땅은 여

전히 가나안이며, 하나님의 특별한 백성은 여전히 이스라엘이었다. 이것은 우리에게 금이 아니라 은혜가 최고의 보화이며, 또 기술과 지식이 아니라 하나님과 그의 율법을 아는 것이 최고의 지식이라는 사실을 가르쳐 준다.

제 9 장

개요

여기에서 솔로몬은 대내적으로 그리고 대외적으로 매우 큰 인물로 나타난다. 우리는 그의 위엄과 관련한 이러한 이야기를 열왕기상 10장에서 살펴보았다. 여기에서 더해진 것은 아무것도 없다. 다만 열왕기상 11장에 언급된 그의 말년의 타락 이야기는 여기에서는 빠져 있다. 본 장은 그의 타락에 관한 특별한 언급이 없이 그냥 무덤에 들어가는 것으로 끝난다. 역대기 가운데 열왕기의 내용과 가장 많이 합치되는 장(章)이 아마도 본 장일 것이다. 왜냐하면 본 장과 열왕기상 10장은 거의 구절 대 구절로 일치하기 때문이다. 다만 왕상 10장의 처음 두 절이 여기에서는 한 절로 되어 있고, 여기의 25절은 왕상 4:26로부터, 그리고 여기의 마지막 세 절은 왕상 11:41-43로부터 취하여진 것만이 다를 뿐이다. 본 장의 내용은 다음과 같다. I. 스바 여왕이 솔로몬을 방문하여 그의 지혜를 들음으로써 그를 존귀케 함(1-12절). II. 솔로몬의 부와 영광(13-28절). III. 솔로몬의 통치의 종결(29-31절).

[1]스바 여왕이 솔로몬의 명성을 듣고 와서 어려운 질문으로 솔로몬을 시험하고자 하여 예루살렘에 이르니 매우 많은 시종들을 거느리고 향품과 많은 금과 보석을 낙타에 실었더라 그가 솔로몬에게 나아와 자기 마음에 있는 것을 다 말하매 [2]솔로몬이 그가 묻는 말에 다 대답하였으니 솔로몬이 몰라서 대답하지 못한 것이 없었더라 [3]스바 여왕이 솔로몬의 지혜와 그가 건축한 궁과 [4]그의 상의 음식물과 그의 신하들의 좌석과 그의 신하들이 도열한 것과 그들의 공복과 술 관원들과 그들의 공복과 여호와의 전에 올라가는 층계를 보고 정신이 황홀하여 [5]왕께 말하되 내가 내 나라에서 당신의 행위와 당신의 지혜에 대하여 들은 소문이 진실하도다 [6]내가 그 말들을 믿지 아니하였더니 이제 와서 본즉 당신의 지혜가 크다 한 말이 그 절반도 못 되니 당신은 내가 들은 소문보다 더하도다 [7]복되도다 당신의 사람들이여, 복되도다 당신의 이 신하들이여, 항상 당신 앞에 서서 당신의 지혜를 들음이로다 [8]당신의 하나님 여호와를 송축할지로다 하나님이 당신을 기뻐하시고 그 자리에 올리사 당

신의 하나님 여호와를 위하여 왕이 되게 하셨도다 당신의 하나님이 이스라엘을 사랑하사 영원히 견고하게 하시려고 당신을 세워 그들의 왕으로 삼아 정의와 공의를 행하게 하셨도다 하고 9이에 그가 금 백이십 달란트와 매우 많은 향품과 보석을 왕께 드렸으니 스바 여왕이 솔로몬 왕께 드린 향품 같은 것이 전에는 없었더라 10(후람의 신하들과 솔로몬의 신하들도 오빌에서 금을 실어 올 때에 백단목과 보석을 가져온지라 11왕이 백단목으로 여호와의 전과 왕궁의 층대를 만들고 또 노래하는 자들을 위하여 수금과 비파를 만들었으니 이같은 것들은 유다 땅에서 전에는 보지 못하였더라) 12솔로몬 왕이 스바 여왕이 가져온 대로 답례하고 그 외에 또 그의 소원대로 구하는 것을 모두 주니 이에 그가 그의 신하들과 더불어 본국으로 돌아갔더라

우리는 본 단락에 대한 전반적인 이야기에 대해 열왕기에서 살펴보았다. 그렇지만 우리 구주께서 이것을 우리가 당신을 찾아야만 함을 가르치는 예화로 사용하셨기 때문에(마 12:42), 우리는 이것을 좀 더 면밀히 살펴보아야만 한다. 우리는 여기에서 다음과 같은 교훈들을 찾을 수 있다.

1. 하나님은 당신을 존귀케 하는 자들을 존귀케 하실 것이다(삼상 2:30). 솔로몬은 성전을 건축하고 아름답게 꾸며 봉헌함으로써 하나님을 크게 존귀케 했으며, 성전을 완성하는데 자신의 모든 지혜와 부를 아낌없이 사용하였다. 그러자 하나님은 그의 지혜와 부를 넘치게 하사 그의 명성이 더욱 높아지게 하셨다. 우리가 가진 모든 것으로 우리의 참된 유익과 위로가 되게 하는 방법은 그것을 하나님께 성별하여 그분을 위해 사용하는 것이다.

2. 참된 지혜의 가치를 아는 자들은 그것을 얻기 위해 지불해야 하는 모든 비용과 수고를 결코 아까워하지 않는다. 스바 여왕은 솔로몬의 지혜를 듣기 위해 매우 큰 수고와 비용을 치렀다. 그러나 그로부터 하나님을 섬기는 일과 인생의 참된 길을 배운 것은 아무리 큰 비용과 수고를 치른다 할지라도 결코 아깝지 않은 것이었다. 하늘의 지혜는 자기가 가진 모든 것을 주고도 살 만한 지극히 값진 진주이다.

3. 모든 사람은 각기 은사를 받은 대로 다른 사람을 위해 봉사해야 한다. 솔로몬은 지혜를 홀로 독점하려고 하지 않고 기꺼이 다른 사람들에게 가르치고자 했다. 그는 값없이 받았으므로 값없이 주고자 했다. 지혜에 있어서나 재물

에 있어 부요한 자들은 기꺼이 선을 행하며 나누어 주기를 배워야 한다. 구하는 자에게 주어라.

4. 가정(특별히 왕궁 같은 큰 가정)에서나 종교적인 예배에 있어서의 훌륭한 예법은 매우 탄복할 만한 일이다. 스바 여왕은 솔로몬의 신하들이 왕을 시종하며 하나님의 전에 참례하는 각종 예법들을 보면서 큰 감명을 받았다. 다윗도 하나님의 집에 올라갈 때 크게 기뻐하며 즐거워했다(시 42:4).

5. 선하고 지혜로우며 학식이 많은 사람과 지속적으로 대화할 기회를 갖고 있는 자들은 복되다. 스바 여왕은 솔로몬의 신하들이 복되다고 생각했다. 왜냐하면 항상 그의 지혜를 들을 수 있었기 때문이었다. 솔로몬의 왕궁에서 섬겼던 자들의 자손들이 자기 조상의 이름으로 일컬어지기보다 솔로몬의 신하의 자손이라고 일컬어지는 것을 더 좋아했던 것은 참으로 주목할 만하다(스 2:55; 느 7:57). 솔로몬의 신하들은 후대의 자손들이 그들의 이름으로 일컬어지는 것을 영광으로 여길 만큼 뛰어난 자들이었다.

6. 우리는 다른 사람들이 가진 은사와 은혜와 훌륭함에 대해 기뻐하며 하나님께 감사드려야 한다. 스바 여왕은 하나님이 솔로몬을 존귀케 하시고 왕으로 세우심으로 이스라엘에게 은혜를 베푸신 것으로 인해 하나님을 송축했다(8절). 다른 사람이 잘 되는 것으로 인해 하나님을 찬미함으로써 우리는 그러한 축복을 공유(共有)하게 된다. 반면 다른 사람이 잘 되는 것을 시기함으로써 우리는 우리 자신의 축복과 위로까지 잃어버리게 된다. 스바 여왕은 왕의 행복과 나라의 행복이 모두 모든 축복의 근원인 하나님의 은총으로부터 말미암는 것으로 간주한다. 그것은 하나님이 솔로몬을 기뻐하셨기 때문이며 또한 이스라엘을 사랑하셨기 때문이었다. 하나님의 인자하심과 선한 뜻으로 말미암은 은총은 갑절로 달콤하다.

7. 이럴 때 선하고 지혜로운 자들은 인색하지 않고 풍성하게 베푼다. 스바 여왕이 솔로몬에게 그러했으며, 솔로몬이 또한 그녀에게 그러했다(9, 12절). 그들은 공히 지혜의 가치를 잘 알고 있었으므로 피차 우의와 교류를 돈독히 하는 데 조금도 인색하지 않았다. 우리 주 예수께서도 우리가 구하는 것을 모두 주겠다고 약속하셨다: 구하라 그러면 너희가 받을 것이라. 그러므로 우리도 그분께 어떻게 보답할 것인가를 궁구(窮究)해야 한다. 그리고 그를 위한 것이라면 그것이 무엇이든지 결코 아까워해서는 안 된다.

[13]솔로몬의 세입금의 무게가 금 육백육십육 달란트요 [14]그 외에 또 무역상과 객상들이 가져온 것이 있고 아라비아 왕들과 그 나라 방백들도 금과 은을 솔로몬에게 가져온지라 [15]솔로몬 왕이 쳐서 늘인 금으로 큰 방패 이백 개를 만들었으니 방패 하나에 든 금이 육백 세겔이며 [16]또 쳐서 늘인 금으로 작은 방패 삼백 개를 만들었으니 방패 하나에 든 금이 삼백 세겔이라 왕이 이것들을 레바논 나무 궁에 두었더라 [17]왕이 또 상아로 큰 보좌를 만들고 순금으로 입혔으니 [18]그 보좌에는 여섯 층계와 금 발판이 있어 보좌와 이어졌고 앉는 자리 양쪽에는 팔걸이가 있고 팔걸이 곁에는 사자가 하나씩 섰으며 [19]또 열두 사자가 있어 그 여섯 층계 양쪽에 섰으니 어떤 나라에도 이같이 만든 것이 없었더라 [20]솔로몬 왕이 마시는 그릇은 다 금이요 레바논 나무 궁의 그릇들도 다 순금이라 솔로몬의 시대에 은을 귀하게 여기지 아니함은 [21]왕의 배들이 후람의 종들과 함께 다시스로 다니며 그 배들이 삼 년에 일 차씩 다시스의 금과 은과 상아와 원숭이와 공작을 실어옴이더라 [22]솔로몬 왕의 재산과 지혜가 천하의 모든 왕들보다 큰지라 [23]천하의 열왕이 하나님께서 솔로몬의 마음에 주신 지혜를 들으며 그의 얼굴을 보기 원하여 [24]각기 예물을 가지고 왔으니 곧 은 그릇과 금 그릇과 의복과 갑옷과 향품과 말과 노새라 해마다 정한 수가 있었더라 [25]솔로몬의 병거 메는 말의 외양간은 사천이요 마병은 만 이천 명이라 병거성에도 두고 예루살렘 왕에게도 두었으며 [26]솔로몬이 유브라데 강에서부터 블레셋 땅과 애굽 지경까지의 모든 왕을 다스렸으며 [27]왕이 예루살렘에서 은을 돌 같이 흔하게 하고 백향목을 평지의 뽕나무 같이 많게 하였더라 [28]솔로몬을 위하여 애굽과 각국에서 말들을 가져왔더라 [29]이 외에 솔로몬의 시종 행적은 선지자 나단의 글과 실로 사람 아히야의 예언과 선견자 잇도의 묵시 책 곧 잇도가 느밧의 아들 여로보암에 대하여 쓴 책에 기록되지 아니하였느냐 [30]솔로몬이 예루살렘에서 온 이스라엘을 다스린 지 사십 년이라 [31]솔로몬이 그의 조상들과 함께 자매 그의 아버지 다윗의 성에 장사되고 그의 아들 르호보암이 대신하여 왕이 되니라

우리는 여기에서 솔로몬의 통치 시대와 관련한 이야기와 함께 그의 죽음에 대한 이야기를 보게 된다. 그도 결국 모든 사람처럼 무덤으로 들어갔는데, 그의 왕위조차도 그를 무덤으로부터 건져주지 못했다. 죽음은 사람의 손으로부터 삽뿐만 아니라 홀까지도 배앗는다.

I. 우리는 여기에서 솔로몬이 큰 부와 권력과 평안과 풍성함 가운데 통치하

는 것을 보게 된다. 이와 같은 것은 지상의 어떤 왕도 누리지 못한 것이었다. 솔로몬이 누린 영광은 다른 어느 군주가 누린 영광과도 비교될 수 없는 것이었다. 대부분의 뛰어난 군주들은 수많은 정복전쟁으로 유명해졌지만, 그러나 솔로몬은 온전한 평화 가운데 40년을 통치했다. 설령 솔로몬과 비견될 만한 몇몇 군주들이 있었다 할지라도, 그들은 백성들이 감히 가까이 다가갈 수 없는 두려운 존재였다. 어느 누구도 감히 그들을 보아서는 안 되었으며 가까이 다가갈 수도 없었다. 그러나 솔로몬은 직접 밖으로 나가기도 하고 공적인 일에 스스로를 드러내기도 했다. 그리하여 하나님이 그에게 어떤 왕도 가져보지 못했고 앞으로도 갖지 못할 부와 재물과 존귀를 주겠다는 약속이 이루어졌다(1:12).

1. 어떤 왕도 솔로몬처럼 공적으로 큰 위용 가운데 스스로를 드러내지 못했다. 솔로몬 앞에는 금을 쳐서 만든 큰 방패 200개와 작은 방패 300개가 있었으며(15, 16절), 그의 보좌는 이 세상의 어떤 것보다도 가장 화려하며 위풍당당했다(17-19절). 어느 나라에도 이와 같은 것은 없었다. 솔로몬의 영광은 메시야 왕국의 영적 영광의 모형이었으며, 그의 보좌는 모든 보좌 위에 뛰어난 메시야의 보좌의 예표였다. 솔로몬의 화려함은 모두 인위적인 것이었다. 그러나 우리 구주께서는 그런 것보다 들의 백합화의 자연적인 아름다움을 더 좋아하셨다(마 6:29, 솔로몬의 모든 영광으로도 입은 것이 이 꽃 하나만 같지 못하였느니라).

2. 어떤 왕도 솔로몬보다 더 많은 금과 은을 갖지 못했다. 그의 나라에 금이나 은이 생산되지 않았음에도 불구하고 그러했다. 그는 다른 나라에 있는 광산들을 자기 소유로 삼아 금이나 은 등의 귀금속을 직접 채굴하기도 하는가 하면 여러 나라로부터 각종 물품을 수입하는 가운데 그러한 금속들을 가져오기도 했다(13, 21절).

3. 어떤 왕도 솔로몬처럼 이웃나라들로부터 많은 예물을 받지 못했다. 아라비아의 모든 왕들과 그 나라의 방백들이 그에게 금과 은을 가져왔다(14절). 그러나 그것은 강요에 의해 억지로 바치는 조공이 아니었다. 도리어 그의 호의를 얻기 위한 목적으로 드리는 자원하는 예물이었든지 아니면 그의 농작물이나 곡식이나 가축과 교환할 목적으로 가져온 것이었다. 인근의 모든 왕들이 그와의 우의와 친교를 돈독히 하기 위해 예물을 가져왔다(24, 28절). 이 점에서 그는 그리스도의 모형이었다. 그가 태어났을 때 동방의 현자들이 황금과 유향과 몰약을 예물로 가져왔으며(마 2:11), 그는 모든 사람이 예물을 바쳐야 마땅한

분이시다(시 76:11; 롬 12:1).

4. 어떤 왕도 솔로몬만큼 지혜로 유명하지 못했다. 모든 사람이 그의 지혜를 열망하며 그에게 나아와 물었다(23절). 땅의 모든 왕들이 동식물이나 의약(醫藥), 국가 경영, 인간 삶의 각종 도덕법칙, 종교적인 원리 등 그의 지혜를 듣기를 원했다. 이와 같이 그 때 그들이 솔로몬의 지혜를 듣기 위해 나아온 것은 오늘날 인생들이 그리스도와 그의 복음을 대수롭지 않게 여기는 것을 정죄하며 부끄럽게 만든다. 그리스도와 그의 복음 안에 모든 지혜와 지식의 보화가 감추어져 있음에도 불구하고, 이 세대의 통치자들은 그것을 미련한 것으로 여기며 알려고 하지 않는다(고전 2:8, 14).

Ⅱ. 우리는 여기에서 솔로몬이 그 모든 영광과 부와 권력을 남겨둔 채 죽는 것을 보게 된다(29-31절). 그도 결국 무덤으로 들어가고 그의 왕권은 지혜자인지 우매자인지 알지 못하는 자의 손으로 넘어가게 되었으니, 이 얼마나 헛된 일인가?(전 2:19, 그러나 그의 뒤를 이은 르호보암은 결국 우매자임이 드러났다). 여기에서 솔로몬의 말년의 타락이 전혀 언급되지 않은 것은 참으로 주목할 만하다.

1. 그것은 성령께서 우리로 하여금 다른 사람의 허물과 어리석음을 반복적으로 들추지 말 것을 가르치고자 하심이었다. 지혜와 학식으로 명성이 높았던 자가 어떤 잘못된 행동에 떨어질 때, 설령 그러한 잘못된 행동이 우리에게 경계(警戒)로써 유용하다 할지라도, 우리는 그러한 것들을 자꾸 들추기를 좋아해서는 안 된다. 한 번 언급한 것으로 충분하다. 좋지도 않은 일을 무엇 때문에 자꾸 들춘단 말인가? 우리는 어떤 사람에 대하여 이야기할 때 여기의 역사가(역대기 기자)처럼 그의 결함보다는 가능한 한 그의 칭찬할 만한 점을 주로 언급해야 한다.

2. 그것은 설령 그가 넘어졌을지라도 그러나 완전히 자빠진 것은 아니었기 때문이었다. 그의 죄가 다시 기록되지 않은 것은 그가 그러한 죄를 회개하고 용서를 받았기 때문이었다. 성경은 때로 침묵으로 말한다. 나는 솔로몬의 죄와 관련한 여기의 침묵이 그의 모든 죄가 더 이상 기억되지 않은 것을 암시하는 것이라고 믿고 싶다(겔 33:16, 그가 본래 범한 모든 죄가 기억되지 아니하리니 그가 반드시 살리라). 죄를 용서하실 때 하나님은 그것을 당신의 등 뒤로 던져버리시고 더 이상 기억하지 않으신다.

제
— 10 —
장

개요

본 장은 왕상 12:1-19과 거의 축자적으로 일치한다. 솔로몬의 타락은 역대기에서 다시 언급되지 않았지만 그러나 열 지파의 배반은 다시 언급되었다. 본 장의 내용은 다음과 같다. I. 백성들을 대함에 있어서의 르호보암의 어리석음(1, 5-14절). II. 솔로몬에게 불평하며(2-4절) 로호보암을 배반함(16-19절)에 있어서의 백성들의 악함. III. 이 모든 일에 있어서의 하나님의 의로우심과 공정하심(15절). 이렇게 하여 하나님의 계획이 이루어졌는데, 그것은 그분 안에 모든 힘과 지혜가 있기 때문이다. 속이는 자와 속는 자가 다 그에게 속한다(욥 12:16). 다시 말해서 하나님은 그들을 사용하셔서 당신의 계획을 이루신다.

¹르호보암이 세겜으로 갔으니 이는 온 이스라엘이 그를 왕으로 삼고자 하여 세겜에 이르렀음이더라 ²느밧의 아들 여로보암이 전에 솔로몬 왕의 낯을 피하여 애굽으로 도망하여 있었더니 이 일을 듣고 여로보암이 애굽에서부터 돌아오매 ³무리가 사람을 보내어 그를 불렀더라 여로보암과 온 이스라엘이 와서 르호보암에게 말하여 이르되 ⁴왕의 아버지께서 우리의 멍에를 무겁게 하였으나 왕은 이제 왕의 아버지께서 우리에게 시킨 고역과 메운 무거운 멍에를 가볍게 하소서 그리하시면 우리가 왕을 섬기겠나이다 ⁵르호보암이 그들에게 대답하되 삼 일 후에 다시 내게로 오라 하매 백성이 가니라 ⁶르호보암 왕이 그의 아버지 솔로몬의 생전에 그 앞에 모셨던 원로들과 의논하여 이르되 너희는 이 백성에게 어떻게 대답하도록 권고하겠느냐 하니 ⁷그들이 대답하여 이르되 왕이 만일 이 백성을 후대하여 기쁘게 하고 선한 말을 하시면 그들이 영원히 왕의 종이 되리이다 하나 ⁸왕은 원로들이 가르치는 것을 버리고 그 앞에 모시고 있는 자기와 함께 자라난 젊은 신하들과 의논하여 ⁹이르되 너희는 이 백성에게 어떻게 대답하도록 권고하겠느냐 백성이 내게 말하기를 왕의 아버지께서 우리에게 메운 멍에를 가볍게 하라 하였느니라 하니 ¹⁰함께 자라난 젊은 신하들이 왕께 말하여 이르되 이 백성들이 왕께 아뢰기를 왕의 아버지께서 우리의 멍에를 무겁게 하였으나 왕은 우리를 위하여 가볍게 하라 하였은즉 왕은 대답하시

기를 내 새끼 손가락이 내 아버지의 허리보다 굵으니 [11]내 아버지가 너희에게 무거운 멍에를 메게 하였으나 이제 나는 너희의 멍에를 더욱 무겁게 할지라 내 아버지는 가죽 채찍으로 너희를 치셨으나 나는 전갈 채찍으로 하리라 하소서 하더라

우리는 여기에서 다음과 같은 것들을 주목할 수 있다.

1. 가장 선하며 지혜로운 자라 할지라도 모든 사람을 만족시킬 수는 없다. 솔로몬은 자신의 나라를 부요하게 하고 크게 발전시켰다. 그리고 백성들을 행복하고 편안하게 하는데 자신이 할 수 있는 모든 일을 다 했다. 그러나 그는 백성들에게 세금과 노역을 부과하는데 신중하지 못했다. 이렇게 볼 때 완전하게 지혜로운 자는 없는 법이다. 아마도 솔로몬의 지혜가 기울기 시작한 것은 그가 하나님의 길로부터 이탈하기 시작했을 때였을 것이다. 그럴 때 하나님은 그로 하여금 신중치 못한 행동을 하도록 그냥 내버려 두셨다. 솔로몬의 재물은 많은 여자를 둔 것으로 인해 탕진되었다. 아마도 그가 백성들에게 과중한 짐을 지운 것은 그와 같이 많은 여자들을 거느리면서 그녀들의 사치와 허영심과 우상 숭배를 뒷받침해 주었기 때문이었을 것이다.

2. 불온하며 감사할 줄 모르는 자들은 작은 꼬투리만 있어도 정부의 잘못을 헐뜯으며 불평을 한다. 그들은 솔로몬의 때에 얼마나 큰 평안을 누렸는가? 그들은 어떤 침략자들로부터도 약탈을 당하지 않았으며, 전쟁의 끔찍한 참상을 겪지도 않았으며, 전쟁터에서 생명의 위협도 당하지 않았다. 그들은 너무도 풍족하지 않았던가? 양식도 풍족했으며 돈도 풍족했다. 그들이 무엇을 더 바랄 수 있었단 말인가? 자신들이 복된 상태에 있음을 아는 자들은 복이 있도다! 그럼에도 불구하고 그들은 솔로몬이 멍에를 무겁게 했다고 불평했다. 만일 어떤 사람이 이와 같이 그리스도의 멍에에 대해 불평하면서 그것을 벗어버리려고 한다면, 그것은 얼마나 터무니없는 일인가! 그의 멍에는 쉽고 그의 짐은 가벼움이라. 그는 우리에게 제물을 바치라고 요구하지도 않았고 향을 피우라고 강요하지도 않았다.

3. 많은 사람들이 아랫사람들을 짓밟고 격분시킴으로써 스스로를 파멸케 한다. 르호보암은 자신이 왕이므로 자기 아버지가 가졌던 만큼의 권세를 취할 수 있으며, 자신이 갖고자 하는 것을 가질 수 있으며, 자신이 하고자 하는 일을 할 수 있다고 생각했다. 그러나 그는 자기 아버지의 왕관은 썼지만 그러나 아버지

의 지혜는 갖지 못했다. 그는 자신이 아버지와는 전혀 다른 사람이라는 사실을 고려하면서 아버지가 취했던 정책과는 다른 정책을 취했어야 했다. 솔로몬처럼 지혜로운 사람은 자신이 하고자 하는 일을 할 수 있지만 그러나 르보호암처럼 어리석은 사람은 자신이 할 수 있는 일만을 해야 한다. 말을 잘 다룰 줄 아는 자는 명마(名馬) 위에 올라타 박차를 가할 수 있지만 그러나 말을 다룰 줄 모르는 자가 그렇게 했다가는 큰 문제가 발생한다. 르호보암은 고압적인 자세로 백성들을 위협하며 함부로 말했다가 큰 대가를 치렀다. 남종이나 여종과 쟁론할 때 그들을 경멸하지 않았던 것은 욥의 덕이며 지혜였다(욥 31:13). 아마도 그는 그들의 말을 주의 깊게 들으며 그들의 마음을 헤아리면서 부드럽게 대답했을 것이다. 가정이나 교회가 나라를 막론하고 지도자가 아랫사람들을 부드럽게 대하여 그들의 평안을 도모하는 것은 참으로 지혜로운 일이다.

4. 일반적으로 온건한 정책이 가장 지혜롭고 최선의 정책이다. 폭력이 할 수 없는 일을 부드러움이 하는 법이다. 대부분의 사람들은 온유한 말을 듣기를 좋아한다. 르호보암의 원로대신들은 다음과 같이 조언했다(7절). "왕이 만일 이 백성을 후대하여 기쁘게 하고 선한 말을 하시면 그들이 영원히 왕의 종이 되리이다." 선한 말은 돈이 들지 않는다. 다만 약간의 자기 부인이 요구될 뿐이다. 그러나 그 대가는 엄청나게 크다.

5. 하나님은 종종 사람들로 하여금 분별력을 잃어버리게 만듦으로써 그리고 그들로 하여금 스스로 어리석음에 빠지도록 내버려 두심으로써 자신의 계획을 이루신다. 그들 스스로의 교만과 혈기 가운데 그대로 내버려 두는 것만으로도 그들을 멸망시키기에 충분하다.

[12]삼 일 만에 여로보암과 모든 백성이 르호보암에게 나왔으니 이는 왕이 명령하여 이르기를 삼 일 만에 내게로 다시 오라 하였음이라 [13]왕이 포학한 말로 대답할새 르호보암이 원로들의 가르침을 버리고 [14]젊은 신하들의 가르침을 따라 그들에게 말하여 이르되 내 아버지는 너희의 멍에를 무겁게 하였으나 나는 더 무겁게 할지라 내 아버지는 가죽 채찍으로 너희를 치셨으나 나는 전갈 채찍으로 치리라 하니라 [15]왕이 이같이 백성의 말을 듣지 아니하였으니 이 일은 하나님께로 말미암아 난 것이라 여호와께서 전에 실로 사람 아히야로 하여금 느밧의 아들 여로보암에게 이르신 말씀을 응하게 하심이더라 [16]온 이스라엘은 왕이 자기들의 말을 듣지 아니함을 보

고 왕에게 대답하여 이르되 우리가 다윗과 무슨 관계가 있느냐 이새의 아들에게서 받을 유산이 없도다 이스라엘아 각각 너희의 장막으로 돌아가라 다윗이여 이제 너는 네 집이나 돌보라 하고 온 이스라엘이 그들의 장막으로 돌아가니라 [17]그러나 유다 성읍들에 사는 이스라엘 자손들에게는 르호보암이 그들의 왕이 되었더라 [18]르호보암 왕이 역군의 감독 하도람을 보냈더니 이스라엘 자손이 저를 돌로 쳐 죽인지라 르호보암 왕이 급히 수레에 올라 예루살렘으로 도망하였더라 [19]이에 이스라엘이 다윗의 집을 배반하여 오늘날까지 이르니라

우리는 여기에서 다음과 같은 것들을 배울 수 있다.

1. 공적인 일을 성급하고 즉흥적으로 처리할 때 대체로 나쁜 결과가 야기된다. 과격한 대답은 분노를 일으키며, 그것은 불에 기름을 끼얹는 것과 같다. 폭풍 속에서 항해사는 침착하게 키를 조정해야 한다. 많은 사람들이 성급하게 일을 추진하다가 뜻하지 않은 재앙에 직면하곤 한다.

2. 사람들의 생각과 방책이 어떠하든지 간에, 하나님은 그 모든 것을 통해 당신의 뜻을 행하시고 말씀하신 것을 이루신다. 하나님의 말씀은 일점일획도 땅에 떨어지지 않는다. 르호보암이 완악한 마음을 갖고 분별없이 행동한 것조차도 하나님으로 말미암은 것이었다: 여호와께서 아히야에게 하신 말씀을 응하게 하심이더라(15절). 그렇다고 해서 이것이 르호보암의 어리석음을 면제시켜 주는 것도 아니며, 그의 오만과 혈기의 죄를 감경시켜 주는 것도 아니다. 다만 하나님은 그런 것들을 통해 당신의 뜻을 이루시기를 기뻐하셨다.

3. 세상적인 재물과 존귀와 권력은 매우 불확실하다. 솔로몬은 온 이스라엘을 다스렸다. 그리고 아마도 그는 자신의 통치권이 오랜 세월 자신의 후손들에게 이어지도록 하고자 했을 것이다. 그러나 무덤에 들어간지 얼마 되지도 않아 그는 열두 지파 가운데 열 지파가 자기 아들을 배반하는 것을 보아야만 했다. 그가 이스라엘을 위해 행한 모든 선한 일들은 이제 잊혀졌다: 우리가 다윗과 무슨 관계가 있느냐 이새의 아들에게서 받을 유산이 없도다. 이와 같이 그리스도의 통치권도 많은 사람들에 의해 배척을 당한다. 그들은 말한다: 우리는 이 사람이 우리를 다스리도록 하지 않겠노라. 그러나 이러한 반역은 필경 그들 자신의 파멸이 될 것이다.

4. 하나님은 종종 그 아비의 죄를 자녀에게서 찾으신다. 솔로몬이 하나님을

버렸지만, 그러나 그가 아니라 그의 몸에서 난 그의 아들이 열 지파를 잃어버리는 징벌을 받았다. 이와 같이 하나님은 죄의 결과가 오래도록 지속되게 하심으로써 그것의 해악성과 징벌의 영속성을 나타내셨다. 하나님께 죄를 범하는 자는 자신의 영혼뿐만 아니라 자신의 자손에게도 해를 끼치는 것이다.

5. 하나님은 당신이 예고하신 징벌을 시행하는 가운데에서도 당신이 말씀하신 약속을 이루신다. 솔로몬의 죄로 인해 그의 아들이 열 지파를 잃어버리는 가운데에도 하나님은 다윗의 경건을 기억하셨다. 그리하여 그(다윗)의 손자(즉 르호보암)는 두 지파를 보존할 수 있었다. 성도들의 실패가 그들의 머리이신 그리스도의 약속을 좌절시키지는 않는다. 그들은 징벌을 받을 것이지만 그러나 언약은 깨어지지 않을 것이다(시 89:31-34).

제
— 11 —
장

개요

우리는 여기에서 르호보암의 역사를 보게 된다. I. 그가 잃어버린 열 지파를 되찾고자 시도하지만 그러나 하나님의 명령에 따라 포기함(1-4절). II. 두 지파를 보존하기 위한 그의 성공적인 노력(5-12절). III. 제사장들과 레위인들이 그에게 돌아옴(13-17절). IV. 그의 아내들과 자녀들(18-23절).

¹르호보암이 예루살렘에 이르러 유다와 베냐민 족속을 모으니 택한 용사가 십팔만 명이라 이스라엘과 싸워 나라를 회복하여 르호보암에게 돌리려 하더니 ²여호와의 말씀이 하나님의 사람 스마야에게 임하여 이르시되 ³솔로몬의 아들 유다 왕 르호보암과 유다와 베냐민에 속한 모든 이스라엘 무리에게 말하여 이르기를 ⁴여호와께서 이같이 말씀하시기를 너희는 올라가지 말라 너희 형제와 싸우지 말고 각기 집으로 돌아가라 이 일이 내게로 말미암아 난 것이라 하셨다 하라 하신지라 그들이 여호와의 말씀을 듣고 돌아가고 여로보암을 치러 가던 길에서 되돌아왔더라 ⁵르호보암이 예루살렘에 살면서 유다 땅에 방비하는 성읍들을 건축하였으니 ⁶곧 베들레헴과 에담과 드고아와 ⁷벧술과 소고와 아둘람과 ⁸가드와 마레사와 십과 ⁹아도라임과 라기스와 아세가와 ¹⁰소라와 아얄론과 헤브론이니 다 유다와 베냐민 땅에 있어 견고한 성읍들이라 ¹¹르호보암이 그 방비하는 성읍들을 더욱 견고하게 하고 지휘관들을 그 가운데에 두고 양식과 기름과 포도주를 저축하고 ¹²모든 성읍에 방패와 창을 두어 매우 강하게 하니라 유다와 베냐민이 르호보암에게 속하였더라

어떻게 열 지파가 다윗의 집을 버렸는가에 대해 우리는 앞 장에서 살펴보았다. 그들은 전에도 다윗의 집을 가까이 하지 않았지만(삼하 20:1, 2), 이제는 완전히 벗어버리고 말았다. 그들은 이렇게 하는 것이 이스라엘 공동체를 얼마나 약화시키는 일인지, 그리고 지난 통치 때에 이룩한 이스라엘의 영광을 얼마나 저해시키는 것인지를 생각하지 않았다. 이것은 다윗의 집뿐 아니라 이

스라엘 전체에 큰 재앙이었다.

1. 마침내 르호보암은 반역자들을 진압할 목적으로 군대를 일으켰다(1절). 유다와 베냐민은 계속해서 르호보암에게 충성할 뿐만 아니라 그의 왕권을 회복시키기 위해 자신들이 할 수 있는 모든 협력을 아끼지 않고자 했다. 유다는 그가 속한 지파였으며, 다른 지파들보다 몇 년 앞서 그의 왕권을 지지했다. 또한 베냐민은 예루살렘이 (혹은 예루살렘의 대부분 지역이) 위치한 지파였는데, 아마도 이것이 그들이 르호보암을 지지한 한 가지 이유였을 것이다.

2. 그러나 하나님이 이 일을 막으시자 그는 이에 순종하여 전쟁을 포기했다. 그렇게 한 것은 그가 하나님의 권위를 존중했기 때문이든지 아니면 만일 하나님을 거슬러 전쟁을 벌인다면 결코 승리할 수 없음을 알았기 때문이었을 것이다. 만일 그렇게 된다면 잃은 것을 되찾기는 고사하고 도리어 가지고 있는 것조차 잃어버리게 될 것이었다. 하나님의 뜻을 거슬러 어떤 일을 행한다는 것은 매우 위험한 시도가 아닐 수 없었다. 특별히 전쟁이야 얼마나 더 그러하겠는가? 하나님은 그를 솔로몬의 아들 르호보암이라고 부르는데(3절), 이것은 이 일이 솔로몬의 죄로 인해 작정된 것임을 암시한다. 그러므로 이미 작정된 하나님의 경륜에 대해 반항하는 것은 무익한 일이 될 것이었다. 그들은 여호와의 말씀에 순종했다. 나라가 분열되는 것은 이웃나라들에게 수치스럽고 부끄러운 일이었지만 그러나 그 일이 하나님의 경륜에 의해 이루어지는 일이었기 때문에 그들은 무기를 내려놓았다.

3. 르호보암은 자신의 나라를 견고하게 했다. 그는 더 이상 반역자들을 진압하려는 생각에 몰두하지 않았다. 그들을 돌이키는 데는 몇 마디 말로도 충분할 수 있지만, 그러나 지금은 나라의 모든 힘을 다 기울여도 그들을 돌이킬 수 없었다. 어쩌면 과격한 대답을 하도록 조언했던 젊은 신하들이 하나님의 막으심에도 불구하고 전쟁을 벌일 것을 강력히 주장했을지도 모른다. 그러나 이미 르호보암은 그들의 어리석은 조언으로 인해 값비싼 대가를 치렀으므로, 우리는 이번에는 그가 원로대신들의 조언에 귀를 기울였을 것이라고 추측할 수 있다. 아마도 그들은 르호보암으로 하여금 이 일과 관련하여 하나님의 뜻에 순복하고 이제는 나라를 굳건하게 하는데 온 힘을 쏟을 것을 조언했을 것이다. 아마도 그들의 조언으로,

(1) 그는 변경 지역과 나라의 중요한 성읍들을 견고케 했다. 솔로몬의 시대

는 매우 평화로운 시대였으므로 그러한 지역을 방비하는데 별다른 주의를 기울이지 않았을 것이다.

(2) 그는 무기와 양식을 많이 비축했다(11, 12절). 하나님이 전쟁을 막으신 것으로 인해 그는 이제 나라의 안위를 위해서는 아무것도 할 일이 없다고 말하면서 시무룩하게 앉아 있지 않았다. 그렇게 하는 대신 그는 적의 공격에 대비해 만반의 준비를 갖추었다. 정복자는 될 수 없는 자라 할지라도 건축자는 될 수 있는 법이다.

[13]온 이스라엘의 제사장들과 레위 사람들이 그들의 모든 지방에서부터 르호보암에게 돌아오되 [14]레위 사람들이 자기들의 마을들과 산업을 떠나 유다와 예루살렘에 이르렀으니 이는 여로보암과 그의 아들들이 그들을 해임하여 여호와께 제사장의 직분을 행하지 못하게 하고 [15]여로보암이 여러 산당과 숫염소 우상과 자기가 만든 송아지 우상을 위하여 친히 제사장들을 세움이라 [16]이스라엘 모든 지파 중에 마음을 굳게 하여 이스라엘의 하나님 여호와를 찾는 자들이 레위 사람들을 따라 예루살렘에 이르러 그들의 조상들의 하나님 여호와께 제사하고자 한지라 [17]그러므로 삼 년 동안 유다 나라를 도와 솔로몬의 아들 르호보암을 강성하게 하였으니 이는 무리가 삼 년 동안을 다윗과 솔로몬의 길로 행하였음이더라 [18]르호보암이 다윗의 아들 여리못의 딸 마할랏을 아내로 삼았으니 마할랏은 이새의 아들 엘리압의 딸 아비하일의 소생이라 [19]그가 아들들 곧 여우스와 스마랴와 사함을 낳았으며 [20]그 후에 압살롬의 딸 마아가에게 장가 들었더니 그가 아비야와 앗대와 시사와 슬로밋을 낳았더라 [21]르호보암은 아내 열여덟 명과 첩 예순 명을 거느려 아들 스물여덟 명과 딸 예순 명을 낳았으나 압살롬의 딸 마아가를 모든 처첩보다 더 사랑하여 [22]르호보암은 마아가의 아들 아비야를 후계자로 세웠으니 이는 그의 형제들 가운데 지도자로 삼아 왕으로 세우고자 함이었더라 [23]르호보암이 지혜롭게 행하여 그의 모든 아들을 유다와 베냐민의 온 땅 모든 견고한 성읍에 흩어 살게 하고 양식을 후히 주고 아내를 많이 구하여 주었더라

I. 제사장들과 레위인들과 모든 경건한 이스라엘 백성들이 르호보암에게 돌아옴. 이와 같이 하나님과 자신의 신앙에 진실한 자들이 그에게 돌아옴으로써 그는 더욱 강성해졌다.

1. 여로보암이 그들을 쫓아냄. 여로보암은 그들이 양심상 도저히 받아들일 수 없는 예배방식을 만들었다. 그러므로 그들은 그가 만든 제단으로부터 물러날 수밖에 없었으며, 동시에 그는 그들이 예루살렘에 올라가 그 곳에 있는 제단에서 예배하는 것을 허락하지 않았다. 그리하여 여로보암은 그들을 해임하여 제사장의 직분을 행하지 못하게 했다(14절). 여로보암이 그들을 쫓아내고자 했던 것은 그 빈 자리를 자신이 산당을 위해 제사장으로 임명한 천박한 자들로 채우고자 함이었다(15절). 이것을 열왕기상 12장 31절과 비교하라(그가 또 산당들을 짓고 레위 자손 아닌 보통 백성으로 제사장을 삼고). 하나님을 버린 자가 하나님의 사역자들을 버리는 것은 조금도 놀랄 일이 아니다. 그로부터 쫓겨난 자들은 그의 편이 되지도 않을 것이었으며, 그가 명령하는 대로 행하지도 않을 것이었다. 또 그들은 그가 만든 신들을 섬기지도 않을 것이며, 그가 세운 금송아지 우상에게 절하지도 않을 것이었다.

2. 이에 그들이 자신들의 마을과 산업을 떠남(14절). 레위인들은 각 지파의 기업으로부터 자신들이 거할 성읍을 할당받았으며, 그 곳에서 평안히 거하며 하나님의 일을 수행했다. 그러나 이제 그들은 유다와 베냐민에 속한 성읍들 이외의 모든 성읍으로부터 쫓겨났다. 지금까지 그들은 별 어려움 없이 생계를 이어왔지만, 그러나 이제 갑자기 생계를 잃어버리게 되었다. 그렇지만 그들에게는 여호와가 그들의 기업이라는 위로의 말씀이 있었다. 이제 그들은 자신들의 집과 소유를 떠났으므로 하나님을 찾아야만 하게 되었다. 그렇지만 그들은 왜 자신들의 모든 소유를 떠나야만 했는가?

(1) 그것은 왕이 금송아지를 만드는 등 우상 숭배가 다시 흥왕해지는 곳에서 자신들의 선한 사역을 감당할 수가 없었기 때문이었다.

(2) 그것은 자신들도 권력에 굴종하여 악을 행하는데 무감각해질 위험이 있었기 때문이었다. 우리는 시험에 들지 않게 해 달라고 기도함과 아울러 가능한 한 스스로를 시험의 자리로부터 멀리 떨어뜨려 놓아야만 한다.

(3) 그것은 만일 그들이 자신들의 순전함을 지키고자 한다면 어쩔 수 없이 여로보암과 그의 아들들의 핍박을 예상해야만 했기 때문이었다. 여로보암이 마귀를 위해 세운 제사장들은 여호와의 제사장들을 자신들 가운데 오래도록 그냥 내버려 두지 않을 것이었다. 세속적인 이권과 이득이 있는 곳에는 믿음과 선한 양심의 파선(破船)의 위험이 있는 법이다.

3. 그들이 유다와 예루살렘에 이르러(14절) 르호보암에게 돌아옴(13절). 하나님의 제사장들과 레위인들이 있을 곳이 하나님의 제단이 있는 곳이 아니면 어디란 말인가? 그들이 그 곳으로 온 것은 정해진 때마다 그 곳에 참례하는 것이 그들의 기본적인 직무였기 때문이었다.

(1) 그들에게 피난처가 있었던 것은, 다시 말해서 여로보암이 그들을 쫓아냈을 때 바로 옆에 반갑게 맞아주는 자들이 있으므로 굳이 이방 땅으로 내려갈 필요가 없었던 것은 참으로 큰 은총이었다.

(2) 그들이 자신들의 마을과 산업을 떠나(왜냐하면 거기에서는 하나님을 올바로 섬길 수 없었기 때문에) 하나님의 섭리와 형제들의 자비를 의지하면서 하나님의 규례대로 올바로 섬길 수 있는 곳으로 온 것은 그들이 생계보다 자신들의 직무를 더 귀하게 여겼음을 보여주는 분명한 증거였다. 우리는 죄 가운데 풍요를 누리는 것보다 차라리 올바른 길 가운데 가난하게 사는 것을 선택해야 한다. 타락한 양심으로 재물과 쾌락 속에 구르는 것보다 차라리 동냥을 하거나 감옥에서 죽는 것이 더 낫다.

(3) 르호보암과 그의 백성들에게 있어 그러한 자들을 배척하지 않고 반갑게 맞이한 것은 참으로 지혜로운 일이요 칭찬할 만한 일이었다. 어쩌면 당시 유다는 장소는 비좁고 사람은 많아 새로운 사람들을 맞이할 만한 공간이 부족했을는지 모른다. 그럼에도 불구하고 그들은 믿음으로 나아오는 자들을 기쁘게 영접했다. 선한 양심 때문에 피난하는 자들은 그들을 쫓아내는 자들에게는 저주를 남기지만 그들을 영접하는 자들에게는 축복을 가져다준다. 너희는 문들을 열고 신의를 지키는 의로운 나라가 들어오게 할지어다(사 26:1, 2).

4. 제사장들과 레위인들이 예루살렘으로 올 때 각 지파의 모든 경건한 이스라엘 백성들이 그들을 따라옴. 마음을 굳게 하여 이스라엘의 하나님 여호와를 찾는 자들 즉 하나님께 대한 의무를 잊지 않고 끝까지 그것을 따르고자 결심한 자들은 자기 조상의 기업을 버려두고 예루살렘으로 왔다(16절). 그렇게 하여 그들은 하나님의 제단에 자유롭게 나아올 수 있었으며 또한 금송아지를 섬기는 유혹에서 벗어날 수 있었다. 다음을 주목하라.

(1) 영혼에 유익한 것이 최선의 것이다. 우리는 세상적인 이득보다 신앙적인 유익을 먼저 선택해야 한다.

(2) 하나님의 종들이 신실할 때, 백성들이 그 본을 따른다. 설령 여로보암이

하나님의 사역자들을 쫓아냈다 할지라도, 참된 이스라엘 백성이라면 마땅히 그들을 인정하며 지지할 것이다. 네가 사는 동안 레위인을 버려두지 말지니라(특별히 쫓겨난 레위인을). 레위 사람들이 너희 하나님 여호와의 언약궤 메는 것을 보거든 너희가 있는 곳을 떠나 그 뒤를 따르라(수 3:3).

5. 그들이 유다 나라를 강성하게 함(17절). 그것은 그들이 유다로 옴으로써 그 수가 더해졌을 뿐만 아니라 그들의 경건과 기도로써 유다가 더 큰 축복을 받게 될 것이었기 때문이었다. 스가랴 12장 5절을 보라(유다의 우두머리들이 마음속에 이르기를 예루살렘 주민이 그들의 하나님 만군의 여호와로 말미암아 힘을 얻었다 할지라). 신앙을 옹호하며 경건한 자들을 후대하는 것은 나라에 큰 이득이 되며 또한 힘을 더하는 일이 된다. 그들은 3년 동안 르호보암과 그의 백성을 강성하게 했는데, 그것은 무리가 그와 같은 기간 동안 다윗과 솔로몬의 길로 행했기 때문이었다. 그러나 유다 백성들이 믿음의 길을 버리고 하나님의 은총을 떠났을 때, 그들에게 온 경건한 피난자들조차도 더 이상 그들의 힘을 강성하게 해 줄 수 없었다. 우리는 하나님을 가까이하며 우리의 의무에 착념하는 동안 힘을 갖게 된다. 그러나 그러한 길을 떠날 때 우리는 힘을 잃어버리게 된다.

II. 르호보암이 쾌락에 탐닉함으로써 그 힘이 약해짐.   그는 자기 아버지 솔로몬이 그랬던 것처럼 많은 아내를 열망했다(23절). 그러나

1. 이 일에 있어 그는 자기 아버지보다 지혜로웠다. 왜냐하면 그는 이방 여자들과는 결혼하지 않은 것으로 나타나기 때문이다. 여기에 언급된 아내들은 이스라엘의 딸들이었을 뿐만 아니라 다윗 가문의 여자들이었다. 한 아내는 다윗의 형 엘리압의 딸이었으며(18절), 또 한 아내는 압살롬의 딸이었으며(아마도 다윗의 아들 압살롬을 말하는 것일 것이다, 20절), 또 한 아내는 다윗의 아들 여리못의 딸이었다.

2. 이 일에 있어 그는 자기 아버지보다 행복했다. 왜냐하면 많은 아들과 딸을 두었기 때문이었다. 반면 솔로몬에게 르호보암 외에 다른 아들이 있었는지 여부는 전혀 나타나지 않는다. 솔로몬에게 더 이상의 자녀가 없었을 것이라고는 생각하기 어렵지만, 그러나 설령 다른 자녀들이 있었다 할지라도 그들은 별로 언급될 가치가 없는 자들이었다. 반면 르호보암의 몇몇 아들들의 이름이 여기에서 거명되고 있는데(19, 20절), 르호보암이 그들을 유다와 베냐민 온 땅에 흩어 살게 하는 것이 지혜로운 일이라고 생각할 정도로 그들은 매우 뛰어난 자들이

었다(23절).

(1) 그렇게 한 것은 그들로 하여금 그가 후계자로 결정한 아비야의 경쟁자가 되지 못하도록 하기 위한 것이었는지 모른다.

(2) 그렇지 않으면 (아마도 이것이 좀 더 가능성이 커 보인다) 그들이 나라의 안위와 평안을 지킬 수 있을 것으로 굳게 믿었기 때문이었을 것이다. 르호보암은 자기 아들들을 신뢰하여 그들에게 자신이 굳게 한 성읍들을 안심하고 맡길 수 있었으며, 그들은 왕을 대신하여 적의 침략으로부터 그러한 성읍들을 굳게 지킬 수 있었다. 르호보암은 열 지파를 잃는 비싼 값으로 지혜를 샀지만, 그러나 때늦은 지혜라도 없는 것보다는 얼마나 나은가?

제 12 장

개요

　　본 장은 르호보암의 통치와 관해 앞에서 살펴본 열왕기상보다 좀 더 충분한 설명을 우리에게 제시해 준다. 여기에서 우리는 매우 우울한 이야기를 듣게 되는데, 마치 사사기로 돌아온 것 같은 느낌을 받는다. 본 장의 내용은 다음과 같다. I. 르호보암과 그의 백성이 여호와 앞에 악을 행함(1절). II. 이에 하나님이 그들을 애굽 왕 시삭의 손에 붙이심(2-4절). III. 하나님이 그들에게 선지자를 보내사 그러한 징벌의 의미를 설명하면서 회개할 것을 촉구하심(5절). IV. 이에 그들이 스스로를 겸비케 함(6절). V. 그들이 회개하자 하나님이 진노를 돌이키심(7, 12절), 그러나 그들에게 진노의 증표를 남겨 두심(8-11절). VI. 르호보암과 그의 통치의 일반적인 성격(13-16절).

¹르호보암의 나라가 견고하고 세력이 강해지매 그가 여호와의 율법을 버리니 온 이스라엘이 본받은지라 ²그들이 여호와께 범죄하였으므로 르호보암 왕 제오년에 애굽 왕 시삭이 예루살렘을 치러 올라오니 ³그에게 병거가 천이백 대요 마병이 육만 명이며 애굽에서 그와 함께 온 백성 곧 리비아와 숙과 구스 사람이 헤아릴 수 없이 많더라 ⁴시삭이 유다의 견고한 성읍들을 빼앗고 예루살렘에 이르니 ⁵그 때에 유다 방백들이 시삭의 일로 예루살렘에 모였는지라 선지자 스마야가 르호보암과 방백들에게 나아와 이르되 여호와께서 이같이 말씀하시기를 너희가 나를 버렸으므로 나도 너희를 버려 시삭의 손에 넘겼노라 하셨다 한지라 ⁶이에 이스라엘 방백들과 왕이 스스로 겸비하여 이르되 여호와는 의로우시다 하매 ⁷여호와께서 그들이 스스로 겸비함을 보신지라 여호와의 말씀이 스마야에게 임하여 이르시되 그들이 스스로 겸비하였으니 내가 멸하지 아니하고 저희를 조금 구원하여 나의 노를 시삭의 손을 통하여 예루살렘에 쏟지 아니하리라 ⁸그러나 그들이 시삭의 종이 되어 나를 섬기는 것과 세상 나라들을 섬기는 것이 어떠한지 알게 되리라 하셨더라 ⁹애굽 왕 시삭이 올라와서 예루살렘을 치고 여호와의 전 보물과 왕궁의 보물을 모두 빼앗고 솔로몬이 만든 금 방패도 빼앗은지라 ¹⁰르호보암 왕이 그 대신에 놋으로 방패를 만

들어 궁문을 지키는 경호 책임자들의 손에 맡기매 [11]왕이 여호와의 전에 들어갈 때마다 경호하는 자가 그 방패를 들고 갔다가 경호실로 도로 가져갔더라 [12]르호보암이 스스로 겸비하였고 유다에 선한 일도 있으므로 여호와께서 노를 돌이키사 다 멸하지 아니하셨더라

이스라엘은 불명예스럽게도 두 개의 왕국으로 분열됨으로써 크게 약화되었다. 그러나 유다 왕국에는 성전과 왕도(王都)가 있었으며 또한 다윗의 가문와 아론의 가문이 있었다. 따라서 만일 그들이 계속해서 의의 길로 행했다면 그들은 크게 형통할 수 있었을 것이다. 그러나 우리는 여기에서 유다 왕국의 상황이 심상치 않게 돌아가는 것을 보게 된다.

I. 르호보암과 그의 백성이 하나님을 떠남. 그가 여호와의 율법을 버리니 온 이스라엘이 본받은지라(1절). 그가 다윗과 솔로몬의 길로 행했던 3년 동안은 모든 것이 형통했다(11:7). 그러나 그러한 기간이 지나자 그는 하나님을 섬기는 데 태만해졌다. 그가 어떤 상황 속에서 그렇게 했는지에 대해 우리는 아무것도 듣지 못하지만, 그러나 어쨌든 그는 넘어졌고 유다가 그를 따랐다. 여기에서 우리는 유다가 이스라엘로 일컬어지는 것을 보게 되는데, 그것은 그들이 여로보암 치하의 이스라엘이 걸어갔던 악한 길로 행했기 때문이었다. 그는 나라가 견고해지고 세력이 강해지자 이와 같이 행했다. 그는 자신의 왕위가 견고하지 못하다고 생각한 동안에는 올바른 길로 행했다. 그렇게 함으로써 그는 하나님을 자신의 편으로 삼을 수 있었다. 그러나 왕위가 견고해지자 그는 더 이상 하나님을 가까이하는 일에 열심을 낼 필요가 없다고 생각했다. 그렇게 하지 않아도 그의 왕위는 충분히 견고하고 안전할 것이었다. 이와 같이 어리석은 자의 형통은 스스로를 파멸시키는 법이다. 여수룬이 기름지매 발로 찼도다 네가 살찌고 비대하고 윤택하매 자기를 지으신 하나님을 버리고 자기를 구원하신 반석을 업신여겼도다(신 32:15). 형통하며 평안할 때 사람들이 하나님께 "족하오니 우리를 떠나소서"라고 말하는 것은 얼마나 쉬운 일인가!

II. 이에 하나님이 그들에게 징벌을 내리심. 그것은 그들의 마음이 완악해지기 전에 스스로 깨닫고 돌이켜 회개하도록 하기 위함이었다. 그들이 타락하기 시작한 것은 르호보암 4년이었으며, 애굽 왕이 큰 군대를 거느리고 와서 유다의 견고한 성읍들을 빼앗고 예루살렘까지 이른 것은 르호보암 5년이었다(2-4

절). 그들이 하나님을 멀리하자마자 이렇게 큰 재앙이 갑자기 임한 것은 그것이 여호와께로 말미암은 것임을 분명하게 보여주는 것이었다. 더욱이 그들은 애굽 왕이 쳐들어올 것이라고는 전혀 예상치 못했다. 왜냐하면 선왕(先王)이 다스리던 시대에 이스라엘은 애굽과 매우 우호적인 관계에 있었기 때문이었다. 이로 인해 유다의 견고한 성읍들 즉 르호보암이 최근에 견고하게 건축하고 크게 신뢰한 성읍들은 힘없이 적의 손에 떨어져 버리고 말았다.

Ⅲ. 이러한 회초리의 의미를 일깨워주기 위해 하나님이 말씀을 주심(5절). 유다 방백들이 이러한 위급한 상황에 나라의 안위를 지킬 방책을 의논하기 위해 예루살렘에 모두 모였을 때, 하나님은 그들에게 선지자를 보내셨다. 그는 스마야라는 이름의 선지자로서, 예전에 열 지파와 전쟁을 벌이지 말 것을 지시할 때 보냄 받았던 바로 그 선지자였다(11:2). 그는 시삭이 그들을 파죽지세로 격파해 들어온 것은 그들이 잘못된 작전을 펼쳤기 때문이 아니라 하나님을 버렸기 때문이라고 분명하게 말했다. 사람들이 먼저 하나님을 버리지 않는 한 하나님은 결코 그들을 버리지 않는다.

Ⅳ. 왕과 방백들이 하나님 앞에 스스로를 겸비케 하면서 자신들의 죄를 인정함.   그들은 회초리의 징벌과 말씀의 징벌을 기꺼이 받아들이면서 하나님의 의로우심을 인정했다: 여호와는 의로우시도다(3절). "우리는 오직 우리 자신만을 탓할 뿐이나이다. 심판하시는 하나님은 의로우시나이다." 이와 같이 신적 섭리의 견책 하에 있을 때 우리는 마땅히 우리 자신을 심판하면서 하나님의 의로우심을 인정해야 한다. 왕과 방백들도 하나님 앞에 굽혀야 한다. 우리는 겸비하든지 파멸의 길로 가든지 둘 중 하나를 선택해야 한다.

Ⅴ. 그들이 회개하는 것을 보시고 하나님이 약간의 은총을 베푸심.   그렇게 함으로써 하나님은 그들을 멸망으로부터 구원하셨지만, 그러나 또다시 배반하지 못하도록 하기 위해 어느 정도의 징벌을 남겨 놓으셨다.

1. 하나님은 자비 가운데 그들이 멸망을 당하는 것을 막아주셨다. 지금 시삭의 군대는 승승장구하며 모든 견고한 성읍들을 점령했다. 이런 상황에서 예루살렘을 포함하여 온 나라가 조만간 그들의 손에 떨어지게 될 것을 누군들 예상하지 못하겠는가? 그러나 하나님이 "요란한 파도는 멈출지어다"라고 말씀하시면, 그토록 두려운 군대조차도 이상하게 힘이 약해지고 만다. 지금 멸하는 천사가 예루살렘에 임했지만 그러나 하나님은 예루살렘을 멸하지 못하게 하셨

다. "나의 노를 지금 시삭을 통해 예루살렘에 쏟지 아니하리라"(7, 12절). 징벌을 받는 가운데에도 하나님은 의로우시다고 인정하는 자들은 그의 은혜를 입을 것이다. 하나님 앞에 스스로를 겸비케 하는 자들은 그의 은총을 입게 될 것이다. 자비의 하나님은 항상 자비를 베푸실 준비가 되어 있으시다. 만일 우리가 겸비케 하는 섭리 가운데 겸비한 마음을 갖는다면, 우리에게 임한 징벌은 그 목적을 이룬 것이며 따라서 그러한 징벌은 곧 사라질 것이다.

2. 하나님은 그들에게 구원을 허락하셨지만 그러나 완전한 구원이 아니라 부분적인 구원이었다. 하나님이 그들에게 어느 정도 은혜를 베푸시자 그들은 어느 정도 회복되었다. 어떤 이들은 "하나님이 그들에게 잠시 동안 구원을 주셨다"라고 읽는다. 그들은 부분적으로 새로워졌다가 얼마 후 다시 옛 모습으로 돌아갔다. 그리고 그들이 부분적으로 새로워졌던 것처럼 그들의 구원도 부분적이었다. 그럼에도 불구하고 우리는 12절에서 유다에 선한 것이 있었다는 언급을 발견한다(12절).

(1) 경건과 관련하여. 유다에 선한 사역자들과 선한 백성들과 선한 가문들이 있었는데, 그들은 갑자기 닥친 재앙으로 인해 더욱 선해졌다. 큰 타락과 부패의 때에조차 선함을 가진 남은 자들이 있다는 것은 우리에게 큰 위로가 아닐 수 없다. 바로 이것이 이스라엘의 소망의 근거이다.

(2) 형통과 관련하여. 유다에서 모든 견고한 성읍들이 함락당했을 때 그들의 형편은 참으로 나빴지만(4절), 그러나 그들이 회개하자 상황이 바뀌어 모든 형편이 선한 쪽으로 바뀌었다. 만사가 바라는 만큼 잘 되지는 않는다 할지라도 그러나 예상했던 것보다는 잘 풀릴 때, 그리고 전보다 나아질 때, 그리고 우리가 받아 마땅한 형편보다는 그래도 나을 때, 우리는 마땅히 감사를 드려야 한다. 설령 하나님이 우리에게 약간의 구원만 허락하신다 할지라도, 우리는 마땅히 그분의 선하심을 인정해야 한다.

3. 그러나 하나님은 그들로 하여금 시삭의 손에 고통을 당하도록 그냥 내버려 두셨다. 그렇게 하여 그들은 자유와 재물에서 쓰라린 고통을 겪었다.

(1) 자유에서(8절): 그들이 시삭의 종이 되어 나를 섬기는 것과 세상 나라들을 섬기는 것이 어떠한지 알게 되리라. 그들은 자신들의 종교의 엄격함을 불평하면서 여호와의 율법을 버렸는데(1절), 그것은 그들이 율법의 멍에가 자신들에게 너무나 무겁고 가혹하다고 생각했기 때문이었다. 이에 하나님은 말씀하신다. "좋

다, 그들로 하여금 더 나은 곳으로 가게 하라. 이웃 나라의 왕들로 하여금 잠시 동안 그들을 다스리게 하라. 그들은 내가 자신들을 다스리는 것을 기뻐하지 않았으니, 그들로 자신들이 원하는 대로 하게 내버려 두라. 그들은 기쁨과 즐거운 마음으로 하나님을 섬길 수 있었지만, 그러나 그렇게 하지 않았도다. 그러므로 이제 그들로 하여금 주림과 목마름 가운데 원수들을 섬기게 하라(신 28:47, 48). 그들이 이르기를 우리가 본 남편에게로 돌아가리니 그 때의 내 형편이 지금보다 나았음이라고 말할 때까지(호 2:7).” 어떤 이들은 에스겔 20:24-25의 의미가 바로 이것이었다고 생각한다: 그들이 나의 율례를 멸시하므로 내가 그들에게 선하지 않은 율례를 주었노라. 여기에서 다음의 사실들을 주목하라.

[1] 하나님 섬기는 것을 다른 것 섬기는 것과 비교할 때, 전자가 후자보다 훨씬 더 합리적이고 쉬운 일이라는 사실.

[2] 순종의 길에 큰 난관과 어려움이 예상된다 할지라도, 불순종의 징벌에 노출되는 것보다 그러한 난관과 어려움을 뚫고 나가는 것이 천 배 더 나은 일이라는 사실. 인내하는 것이 가혹하게 느껴지는가? 그러나 인내하지 못함으로 말미암은 결과는 훨씬 더 가혹하다. 영의 일은 우리를 자유케 하지만, 그러나 육체의 일은 우리를 종노릇하게 만든다.

(2) 재물에서. 애굽 왕은 솔로몬이 풍성하게 비축해 놓았던 성전과 국고(國庫)의 각종 보물을 약탈했다. 그는 자기 손이 닿는 것은 무엇이든지 모두 탈취했다(9절). 바로 이것이 그가 온 목적이었다. 하나님의 길로 행했던 다윗과 솔로몬은 왕궁과 성전의 곳간을 가득 채웠다(한 사람은 전쟁으로, 또 한 사람은 상업으로). 반면 하나님의 율법을 버린 르호보암은 그러한 곳간들을 비게 만들었다. 금 방패를 빼앗기고 대신에 놋 방패로 대체한(9-11절) 것에 대해 우리는 열왕기상 14:25-28에서 살펴보았다.

¹³르호보암 왕은 예루살렘에서 스스로 세력을 굳게 하여 다스리니라 르호보암이 왕위에 오를 때에 나이가 사십일 세라 예루살렘 곧 여호와께서 이스라엘의 모든 지파 중에서 택하여 그의 이름을 두신 성에서 십칠 년 동안 다스리니라 르호보암의 어머니의 이름은 나아마요 암몬 여인이더라 ¹⁴르호보암이 악을 행하였으니 이는 그가 여호와를 구하는 마음을 굳게 하지 아니함이었더라 ¹⁵르호보암의 처음부터 끝까지의 행적은 선지자 스마야와 선견자 잇도의 족보책에 기록되지 아니하였느냐 르

호보암과 여로보암 사이에 항상 전쟁이 있으니라 [16]르호보암이 그의 조상들과 함께 누우매 다윗 성에 장사되고 그의 아들 아비야가 그를 대신하여 왕이 되니라

르호보암의 통치 이야기는 대부분의 다른 왕들의 통치 이야기가 종결되는 것과 같은 방식으로 종결된다. 여기에서 다음과 같은 두 가지를 주목하라.

1. 르호보암은 마침내 자기 나라에서 스스로 세력을 굳게 했다(13절). 그가 건축한 견고한 성읍들조차도 그의 기대에 부응하지 못했으므로, 그는 이제 예루살렘에서 스스로를 굳게 했다. 그는 예루살렘을 견고케 하는데 주력하면서 하나님이 자기 이름을 두신 그 곳에서 17년을 통치했다. 이것은 그의 존귀와 특권을 암시한다. 왜냐하면 자신의 보좌를 거룩한 도성에 세웠기 때문이었다. 그러나 이것은 결국 그의 불경건을 더욱 심화시키는 것에 불과했다. 왜냐하면 그는 성전으로부터는 가까워졌지만, 그러나 하나님으로부터는 멀어졌기 때문이었다. 그의 백성과 여로보암의 백성 사이에 분쟁이 계속해서 벌어졌지만(15절, 르호보암과 여로보암 사이에 항상 전쟁이 있으니라), 그러나 그는 자신의 나라를 굳게 통치하면서 자신의 통치 4년처럼(1절) 그렇게 총체적으로 하나님의 율법을 버리지는 않았던 것으로 보인다.

2. 그러나 그는 신앙에 있어서는 스스로를 굳게 하지 않았다(14절). 그는 하나님을 완전히 버리지는 않았지만, 그러나 여호와를 구하는 마음을 굳게 하지 않았다. 여기에서 무엇이 잘못 되었는지 살펴보자.

(1) 그는 여호와를 섬기지 않았는데, 그것은 그가 여호와를 찾지 않았기 때문이었다. 그는 지혜와 은혜를 구했던 솔로몬과는 달리 하나님께 기도하지 않았다. 우리의 기도가 좀 더 나아진다면, 우리의 모든 길 역시 좀 더 나아질 것이다. 또 그는 하나님의 말씀을 찾지도 않고, 그의 신탁을 구하지도 않았다.

(2) 그는 신앙을 대수롭지 않게 여겼는데, 그것은 거기에 별다른 마음을 두지 않았기 때문이었다. 그는 신앙을 따라 사는 일에 그다지 개의치 않았으며, 그것에 대한 뜨거운 열정도 굳은 결심도 없었다. 그나마 조금 가지고 있었던 선함도 마치 아침 안개처럼 사라져 버리고 말았다. 그가 악을 행한 것은 선한 일을 위해 마음을 굳게 하지 않았기 때문이었다. 선을 행하는데 항상 흔들리며 요동하는 자, 그리고 신앙에 굳게 착념하기를 게을리하는 자는 사탄에 의해 쉽게 악에 떨어지고 만다.

제
— 13 —
장

개요

우리는 르호보암의 아들 아비야의 통치에 대해 열왕기보다 여기에서 훨씬 더 많은 이야기를 듣게 된다. 열왕기에서는 아비야가 그의 아버지 르호보암보다 별로 나을 것이 없는 인물로 묘사되었었다. "아비얌이 그의 아버지가 이미 행한 모든 죄를 행하고 그의 마음이 그의 조상 다윗의 마음과 같지 아니하여 그의 하나님 여호와 앞에 온전하지 못하였으나"(왕상 15:3). 그러나 여기에서 우리는 그가 자기 아버지보다 훨씬 더 용맹한 전사(戰士)였다는 사실을 발견하게 된다. 그의 통치기간은 고작 3년에 불과했지만, 그러나 여로보암의 군대를 격파하고 거둔 승리로 그의 이름이 크게 떨쳐졌다. 본 장의 내용은 다음과 같다. I. 아비야의 군대와 여로보암의 군대가 서로 대진함(3절). II. 싸움에 앞서 아비야가 이스라엘 무리에게 훈계함(4-12절). III. 여로보암의 복병 전략으로 유다가 크게 당황함(13, 14절). IV. 그럼에도 불구하고 유다가 하나님의 능력을 힘입어 승리를 거둠(15-20절). V. 아비야의 통치의 종결(21, 22절).

¹여로보암 왕 열여덟째 해에 아비야가 유다의 왕이 되고 ²예루살렘에서 삼 년 동안 다스리니라 그의 어머니의 이름은 미가야요 기브아 사람 우리엘의 딸이더라 아비야가 여로보암과 더불어 싸울새 ³아비야는 싸움에 용감한 군사 사십만 명을 택하여 싸움을 준비하였고 여로보암은 큰 용사 팔십만 명을 택하여 그와 대진한지라 ⁴아비야가 에브라임 산 중 스마라임 산 위에 서서 이르되 여로보암과 이스라엘 무리들아 다 들으라 ⁵이스라엘 하나님 여호와께서 소금 언약으로 이스라엘 나라를 영원히 다윗과 그의 자손에게 주신 것을 너희가 알 것 아니냐 ⁶다윗의 아들 솔로몬의 신하 느밧의 아들 여로보암이 일어나 자기의 주를 배반하고 ⁷난봉꾼과 잡배가 모여 따르므로 스스로 강하게 되어 솔로몬의 아들 르호보암을 대적하였으나 그 때에 르호보암이 어리고 마음이 연약하여 그들의 입을 능히 막지 못하였었느니라 ⁸이제 너희가 또 다윗 자손의 손으로 다스리는 여호와의 나라를 대적하려 하는도다 너희는 큰 무리요 또 여로보암이 너희를 위하여 신으로 만든 금송아지들이 너희와 함께 있도

다 [9]너희가 아론 자손인 여호와의 제사장들과 레위 사람들을 쫓아내고 이방 백성들의 풍속을 따라 제사장을 삼지 아니하였느냐 누구를 막론하고 어린 수송아지 한 마리와 숫양 일곱 마리를 끌고 와서 장립을 받고자 하는 자마다 허무한 신들의 제사장이 될 수 있도다 [10]우리에게는 여호와께서 우리 하나님이 되시니 우리가 그를 배반하지 아니하였고 여호와를 섬기는 제사장들이 있으니 아론의 자손이요 또 레위 사람들이 수종 들어 [11]매일 아침 저녁으로 여호와 앞에 번제를 드리며 분향하며 또 깨끗한 상에 진설병을 놓고 또 금 등잔대가 있어 그 등에 저녁마다 불을 켜나니 우리는 우리 하나님 여호와의 계명을 지키나 너희는 그를 배반하였느니라 [12]하나님이 우리와 함께 하사 우리의 머리가 되시고 그의 제사장들도 우리와 함께 하여 전쟁의 나팔을 불어 너희를 공격하느니라 이스라엘 자손들아 너희 조상들의 하나님 여호와와 싸우지 말라 너희가 형통하지 못하리라

우리는 앞에서 아비야의 어머니는 압살롬의 딸 마아가였다는 이야기를 들었다(11:20). 그런데 여기에서 그녀는 우리엘의 딸 미가야로 불린다(2절). 가장 가능성이 높은 것은 그녀가 압살롬의 딸인 다말의 딸 즉 압살롬의 손녀였으며 직계 아버지는 우리엘이었을 것으로 보는 것이다(삼하 14:27). 그러나 우리가 여기에서 주목해야 할 부분은 그가 이스라엘의 왕 여로보암과 전쟁을 벌이는 것이다.

I. 하나님은 아비야로 하여금 여로보암과 전쟁을 벌이는 것을 허락하셨다. 르호보암의 때에는 허락하지 않으셨지만(11:4), 이번에는 허락하셨다.

1. 아마도 지금 선제공격을 행하는 자는 여로보암이며 아비야는 불가불 방어를 하고 있었던 것으로 보인다. 여로보암과 르호보암 가운데 르호보암이 먼저 죽고 여로보암이 나중까지 살아남았다. 따라서 우리는 지금 여로보암이 유다 왕위에 대해 '잔존자 취득권'(survivorship)을 주장하고 있는 것으로 추측할 수 있다. 그래서 새로 왕위에 오른 아비야로부터 유다의 왕권을 탈취하고자 했을 것이다. 아비야에게 있어 이런 뻔뻔스러운 행동에 대해 무기를 든 것은 매우 용맹한 행동이었으며, 하나님은 그의 편이 되어 주셨다.

2. 르호보암이 열 지파를 되찾고자 했을 때에는 여로보암에게 어느 정도 선한 모양이 있었다. 그러나 이제 그는 금송아지를 만들고 제사장들을 쫓아내는 등 자신이 어떤 사람인지를 완전히 드러냈다. 이에 하나님은 아비야로 하여금

그를 징벌하도록 허락하셨다. 아비야에게는 여로보암의 공격에 대항하여 자신의 왕권을 지키고자 하는 이상의 의도는 없었던 것으로 보인다. 반면 르호보암은 열 지파의 완전한 회복을 노렸는데, 그것은 하나님의 계획과 상충되는 것이었다.

II. 여로보암의 군대는 아비야의 군대보다 수적으로 두 배에 달했다(3절, 80만 명 대 40만 명).   그렇게 된 것은 아비야에게는 단지 두 지파만 있었을 뿐이었던 반면 여로보암에게는 열 지파가 있었기 때문이었다. 그들은 모두 싸움에 용감한 자들이며 큰 용사들이었다. 그러나 결과는 아비야 진영의 승리였다. 전쟁에 있어 더 강하다고 해서 반드시 승리하는 것도 아니며, 다수라고 해서 항상 옳은 것도 아니다.

III. 아비야는 전쟁을 벌이기에 앞서 최소한 다윗의 집을 대항하여 싸우는 것은 포기하도록 훈계하며 설득한다.   그들이 설령 다윗의 집으로 다시 돌아오지는 않는다 할지라도(왜냐하면 이 일은 하나님의 섭리에 의해 이루어진 일이었기 때문에) 그들은 다윗 자손의 손으로 다스리는 여호와의 나라를 대적해서는 안 되며(8절), 다만 자신들이 지금 가진 것으로 만족해야 했다. 폭력을 사용하기에 앞서 합리적으로 설득하는 것은 좋은 일이다. 이성과 대화로써 문제를 해결하는 것이 칼의 힘으로 해결하는 것보다 얼마나 더 나은가! 모든 설득과 대화가 무위로 끝나기 전까지는 결코 폭력의 방법을 사용하지 말아야 한다. 왕들에게 있어 전쟁은 최후의 수단이 되어야만 한다. 대화와 설득은 큰 재앙을 막으면서 동시에 큰 선을 이룰 수 있다. 옳은 말은 얼마나 큰 힘이 있는가! 아비야는 자신의 군대를 이끌고 이스라엘 한가운데 이르렀다. 왜냐하면 이러한 훈계를 에브라임 산 중의 한 산에서 했기 때문이었다(4절). 이 곳에서는 여로보암과 그의 주요 지휘관들이 그의 훈계를 들을 수 있었으며, 아마도 아비야는 그들을 설득함으로써 그들과 더불어 협정을 맺기를 바랐을 것이다. 장군들에게 있어 사기를 고양시키기 위해 자기 병사들에게 연설하는 것이 통례이다. 여기에 나오는 아비야의 연설도 그런 측면이 전혀 없는 것은 아니지만 그러나 본질적으로는 여로보암과 온 이스라엘에게 향해진 것이었다. 아비야는 적들을 훈계하며 동시에 자기 병사들을 만족시키기 위해 다음과 같은 두 가지를 분명하게 설파한다.

1. 자신에게 참된 권리 즉 신적 권리가 있다. "너희는 하나님이 이스라엘 나라

를 영원히 다윗과 그 자손에게 주셨다는 사실을 알고 있을 것이며 또 마땅히 알아야만 하느니라(5절)." 그것은 통상적인 일반섭리에 따른 것이 아니라 소금 언약 즉 (패트릭 주교가 해석하는 것처럼) 항상 소금이 뿌려져 드려지는 희생제물에 의해 세워진 영원한 언약이었다. 모든 이스라엘은 다윗이야말로 하나님이 세우신 합법적인 왕이며 하나님은 이스라엘의 왕권을 그의 후손들에게 상속해 주셨다는 사실을 알고 있었다. 그러므로 여로보암이 이스라엘의 왕권을 취한 행동은 애당초 정당화될 수 없는 것이었다. 그러나 아비야는 그것을 집중적으로 거론하지 않았는데, 그것은 여로보암이 하나님으로부터 열 지파를 허락받았음을 알고 있었기 때문이었다. 대신에 아비야가 집중적으로 거론한 것은 여로보암이 평화를 깨뜨리면서 유다의 왕권을 탈취하고자 하는 시도가 결코 용납될 수 없는 일이라는 것이었다. 그것은 결코 정당화될 수 없는 시도였다. 왜냐하면 그에게 열 지파를 떼어주실 때조차도 하나님은 다윗의 집을 위해 두 지파를 남겨주셨기 때문이었다. 아비야는 다음과 같은 사실들을 설파한다.

(1) 여로보암이 처음에 왕이 되는 과정 속에 큰 부당함이 있었다. 그는 자신에게 높은 직위를 부여해준(왕상 11:28) 자기 주를 배반했다(6절). 그리고 르호보암이 연약함 가운데 있었던 중요한 순간에 그의 연약함을 교묘하게 이용했다. 그는 옛 주인에 대한 충성과 감사의 마음으로 르호보암의 편에 서서 백성들의 마음을 르호보암에게로 돌이키도록 했어야 했다. 그러나 그렇게 하는 대신 그는 르호보암을 대적하는 무리의 머리가 되었는데, 그것은 참으로 정당치 못한 일이었다. 여기에서 여로보암을 따랐던 자들이 잡배로 불리고 있는데(7절), 아마도 이것은 사사기 11장 3절로부터 빌려온 표현이었을 것이다. 그들은 확고한 원칙에 따라 행동하는 자들이 아니라 수시로 바뀌는 자들이며, 왕권의 멍에를 벗어버리기를 좋아하는 벨리알의 아들들이다.

(2) 여로보암이 유다의 왕위를 탈취하려는 지금의 시도 속에 큰 불경건이 있다. 그것은 다윗의 집을 대적하여 싸우는 것이 곧 여호와의 나라를 대적하여 싸우는 것이었기 때문이다. 의를 대적하는 자들은 보좌에 앉아 의로 심판하시는 의로우신 하나님을 대적하는 것이다. 그러한 자들이 어떻게 성공을 기대할 수 있겠는가? 의는 비록 잠시는 실패하는 것처럼 보일 수 있다 할지라도 그러나 결국에는 승리하는 법이다.

2. 하나님이 자신의 편에 서 계신다. 아비야는 이 부분을 특별히 강조하면

서, 여로보암과 그의 백성들의 종교는 거짓되며 우상 숭배적인 것인 반면 자신과 유다 백성들의 종교는 순전한 마음으로 참되시며 살아 계신 하나님을 예배하는 올바른 것임을 부각시킨다. 열왕기상 15:3에 따르면 그는 진실한 미음으로 하나님을 따르는 자는 아니었다(아비얌이 그의 아버지가 이미 행한 모든 죄를 행하고 그의 마음이 그의 조상 다윗의 마음과 같지 아니하여 그의 하나님 여호와 앞에 온전하지 못하였으나). 그럼에도 불구하고 이와 같이 말하는 것을 통해 우리는 다음과 같은 사실들을 알 수 있다.

(1) 그는 비록 진실한 믿음의 사람은 아니었다 할지라도 그러나 우상 숭배자는 결코 아니었다. 비록 산당과 각종 우상들을 묵인하기는 했지만(14:3, 5), 그러나 그는 성전 예배를 계속해서 유지시켰다.

(2) 비록 유다에도 많은 부패와 타락이 있기는 했지만 그럼에도 불구하고 유다의 종교적 형편은 이스라엘의 종교적 형편에 비해 훨씬 나았다.

(3) 경건의 능력은 부인하면서도 경건의 모양은 자랑하는 것은 흔히 있는 일이다.

(4) 그가 지금 변론하고 있는 것은 자기 나라의 대의(大義)였다. 비록 그 자신은 별로 선하지 못했지만, 그러나 그는 유다에 있는 많은 선한 자들과 선한 것들로 인해 하나님이 자기들 편에 서 계심을 소망했다. 자신은 아주 약간의 믿음밖에 가지고 있지 못하면서 다른 사람들의 믿음은 높이 평가하는 부류의 사람이 있는데, 아비야가 바로 그런 사람들 가운데 하나였다. 그가 다음과 같은 것들을 어떻게 묘사하는지 살펴보라.

[1] 이스라엘의 배교. 그는 말한다. "너희는 큰 무리요, 숫자에 있어서는 우리를 훨씬 능가하는도다. 그러나 우리는 너희를 두려워할 필요가 없으니, 그것은 너희들 가운데 너희를 멸망케 하기에 족한 것이 있음이니라." 첫째로, "너희는 금송아지들을 너희의 신으로 만들었도다(8절). 그것들은 너희를 지켜주지도 못하고 도와주지도 못할 뿐만 아니라 도리어 참되시며 살아계신 하나님으로 하여금 너희를 대적하게 만드는 확실한 이유가 될 것이니라. 그것들은 아간 곧 너희를 괴롭게 하는 자가 될 것이라." 둘째로, "너희는 잡배들로 너희의 제사장들을 삼았도다(9절). 너희는 하나님이 거룩한 일을 위해 세우신 레위 지파 아론의 자손들을 쫓아냈도다. 그러고는 우상을 숭배하는 나라들의 관습에 따라 돈만 내면 아무나 제사장으로 삼았도다." 그들은 제사장이 되기에는 너무나

부적합한 자들이었지만, 그러나 금송아지 제단의 제사장이 되기에는 가장 적합한 자들이었다. 가짜 신들을 섬기는 제단에 가짜 제사장들이 있는 것은 얼마나 적합한 일인가! 그 나물에 그 밥이 아닌가! 그들은 모두 가짜요 찬탈자들이었다.

[2] 유다의 신실함. "우리에게는 여호와께서 우리 하나님이 되시니 우리는 그를 배반하지 아니하였도다(10절). 여호와는 우리 하나님이요 우리 조상들의 하나님이요 이스라엘의 하나님이시니, 그는 우리를 보호하실 수 있는 하나님이요 우리에게 승리를 주시는 하나님이시로다. 그가 우리와 함께 하시는 것은 우리가 그와 함께 함이라." 첫째로, "우리는 유다 본토에서 그와 함께 하느니라. 우리에게는 그의 성전이 있으며, 우리는 그의 계명을 지키는도다(10, 11절). 우리는 어떤 우상도 섬기지 않으며, 오직 합법적인 제사장들만 있을 뿐이며, 하나님이 정하신 예배의식 외에는 다른 어떤 예배의식도 갖고 있지 않느니라. 성전 예배와 성전의 모든 기구들이 하나님이 지시하신 그대로니라. 우리는 하나님이 지시하신 그대로 행하고 있으며, 더함도 없고 덜함도 없느니라. 이것이 우리의 모든 위로의 근거이며, 우리는 지금 이것을 지키기 위해 여기에 서 있느니라. 그러므로 통상적으로든 종교적으로든 정당한 대의명분은 바로 우리에게 있느니라." 둘째로, "우리는 지금 이 곳 전쟁터에서 그와 함께 하느니라. 그는 우리의 머리시라. 그러므로 우리는 그가 우리와 함께 하심을 확신할 수 있으니 이는 우리가 그와 함께 함이라(12절). 그리고 그의 임재의 증표로서 지금 여기에 그의 제사장들이 있도다. 그들은 율법에 따라 나팔을 부나니, 이는 너희에게는 너희를 대적하는 증거요 우리에게는 전쟁의 날에 우리가 우리 하나님 여호와 앞에 기억되며 우리가 모든 대적들로부터 구원받을 것을 확증하는 것이니라." 나팔을 부는 것의 의미에 대하여 민수기 10장 9절을 참고하라(너희가 자기를 압박하는 대적을 치러 나갈 때에는 나팔을 크게 불지니 그리하면 너희 하나님 여호와가 너희를 기억하고 너희를 너희의 대적에게서 구원하시리라). 병사들의 사기를 고취시킴에 있어 하나님이 그들과 함께 계시며 그들을 위해 싸울 것임을 확신시켜 주는 것보다 더 효과적인 것이 무엇이겠는가! 아비야는 다음과 같은 분명한 경고로 자신의 말을 끝맺는다. "이스라엘 자손들아 너희 조상들의 하나님 여호와와 싸우지 말라. 전능하신 하나님을 대적하여 싸우는 것보다 더 어리석은 일이 어디에 있겠느냐? 너희 조상들의 하나님을 대적하여 싸우는 것은 배은망덕한 일이

요 반역이니라. 그렇게 하고서 너희가 어떻게 승리할 것을 기대할 수 있겠느냐?"

[13]여로보암이 유다의 뒤를 둘러 복병하였으므로 그 앞에는 이스라엘 사람들이 있고 그 뒤에는 복병이 있는지라 [14]유다 사람이 뒤를 돌아보고 자기 앞 뒤의 적병으로 말미암아 여호와께 부르짖고 제사장들은 나팔을 부니라 [15]유다 사람이 소리 지르매 유다 사람이 소리 지를 때에 하나님이 여로보암과 온 이스라엘을 아비야와 유다 앞에서 치시니 [16]이스라엘 자손이 유다 앞에서 도망하는지라 하나님이 그들의 손에 넘기셨으므로 [17]아비야와 그의 백성이 크게 무찌르니 이스라엘이 택한 병사들이 죽임을 당하고 엎드러진 자들이 오십만 명이었더라 [18]그 때에 이스라엘 자손이 항복하고 유다 자손이 이겼으니 이는 그들이 그들의 조상들의 하나님 여호와를 의지하였음이라 [19]아비야가 여로보암을 쫓아가서 그의 성읍들을 빼앗았으니 곧 벧엘과 그 동네들과 여사나와 그 동네들과 에브론과 그 동네들이라 [20]아비야 때에 여로보암이 다시 강성하지 못하고 여호와의 치심을 입어 죽었고 [21]아비야는 점점 강성하며 아내 열넷을 거느려 아들 스물둘과 딸 열여섯을 낳았더라 [22]아비야의 남은 사적과 그의 행위와 그의 말은 선지자 잇도의 주석 책에 기록되니라

아비야의 훈계에 대해 여로보암은 별다른 반응을 보이지 않은 것으로 나타난다. 그것이 이치에 합한 것이었음에도 불구하고, 여로보암은 그 말에 주의를 기울이지 않기로 작정했다. 그리하여 그는 오른쪽 귀로 듣고 왼쪽 귀로 흘려버렸다. 그는 지금 논쟁을 벌이기 위해 온 것이 아니라 전쟁을 벌이기 위해 왔다. 그는 문제를 해결하는 것은 정당한 명분이 아니라 더 강한 힘이라고 생각했다. 이제 우리는 전쟁의 결과가 어떻게 되었는지 살펴보아야만 한다.

I. 자신의 계략을 의지한 여로보암은 참패를 당함. 여로보암은 이치에 맞는 말 따위에는 관심이 없었다. 우리는 그가 아비야의 연설에 코웃음을 쳤을 것이라고 추측할 수 있다. 그는 다음과 같이 생각했을 것이다. '그 따위 장광설 스무 개보다 한 개의 기발한 계략이 더 낫지 않은가? 이제 그는 곧 자신의 허무맹랑한 장광설에 대한 대가를 치르게 될 것이라. 그는 곧 수많은 병사들로 압도될 것이요 사방에 죽음의 그림자로 둘러싸이게 될 것이라. 그러고도 다윗의 자손이니 왕권의 정당성이니 따위를 자랑하는지 두고 보리라.' 아마도 그

때 양측 간에 교섭이 진행되고 있었을 것이다. 그러나 여로보암은 야비하게도 그것을 교묘하게 이용하면서, 유다의 뒤를 둘러 복병을 매복시켰다. 종이 왕권을 탈취하여 왕이 되었을 때, 그에게서 어떻게 명예로운 행동을 기대할 수 있겠는가? 아비야가 화평을 원하여 말하는 동안에도 여로보암은 싸우기를 원했다(시 120:7, 나는 화평을 원할지라도 내가 말할 때에 그들은 싸우려 하는도다).

II. 하나님을 의지한 아비야는 승리를 거둠. 아비야와 유다 백성들은 병사들의 숫자와 힘의 열세에도 불구하고 승리자가 되었다.

1. 그들은 큰 곤경에 빠졌다. 왜냐하면 적이 앞에도 있고 뒤에도 있었기 때문이었다. 정당한 명분을 가진 자요 승리하도록 작정된 자라 할지라도 일시적으로 이와 같이 큰 곤경과 어려운 상황에 빠질 수 있다. 다윗의 경우에도 그랬다. 그들이 나를 에워싸고 에워쌌으니 마치 벌들처럼 나를 에워쌌도다(시 118:10-12).

2. 이러한 곤경 속에서 그들은 구원을 위해 위를 바라보았다. 어떤 적이나 계략이나 복병도 우리를 하나님과의 교통으로부터 끊을 수 없다는 사실은 우리에게 얼마나 큰 위로가 되는가? 위로 향한 길은 항상 열려 있다.

(1) 그들은 여호와께 부르짖었다(14절). 우리는 그들이 이 전쟁에 투입되기 전에도 이와 같이 부르짖었을 것이라고 추측할 수 있다. 그러나 지금 갑자기 처한 곤경으로 말미암아 그들은 절박한 마음으로 다시금 새롭게 부르짖지 않을 수 없었다. 때로 하나님은 자기 백성을 곤경 속으로 이끄시는데, 그것은 그들로 하여금 하나님께 부르짖는 것을 가르치기 위함이다. 부르짖는 기도는 절박하면서도 진실한 기도이다.

(2) 그들은 자기 조상들의 하나님을 의지했다(18절). 그들은 하나님의 권능을 의지하면서 스스로를 그분께 맡겼다. 믿음의 기도는 매우 효과적인 기도이며, 우리는 그 믿음으로 세상을 이긴다(요일 5:4, 세상을 이기는 승리는 이것이니 우리의 믿음이니라).

(3) 제사장들은 나팔을 불었다. 그것은 그들로 하여금 하나님이 그들과 함께 계심을 확신시켜 줌으로써 그들의 사기를 고양시키기 위함이었다. 그 소리는 전쟁을 알리는 소리이며 동시에 거룩한 소리였다. 그리고 그것은 그들의 믿음에 생기를 불어넣는 소리였다.

(4) 그들은 승리에 대한 확신으로 소리를 질렀다. "오늘은 우리의 승리의 날이 될 것이니 하나님이 우리와 함께 계심이로다." 그들은 기도의 외침에다가

믿음의 외침을 더했으니, 어떻게 승리자가 되지 않을 수 있었겠는가?

3. 이렇게 하여 그들은 완전한 승리를 얻었다. 유다 병사들이 하나님의 구원을 기뻐하며 함성을 질렀을 때, 하나님은 여로보암과 그의 군대를 엄청난 공포와 두려움으로 치셨다. 그리하여 그들은 황급히 도망치지 않을 수 없었다. 이에 유다 병사들은 자비를 베풀지 않고 50만 명에 이르는 이스라엘 병사들을 칼로 쳤는데(17절), 역사 이래 단일 전투에서 죽임을 당한 숫자로서 우리는 이보다 더 큰 숫자를 들어보지 못했다. 이 전쟁은 여호와의 전쟁이었다. 하나님은 이와 같이 하여 이스라엘의 우상 숭배를 징벌하셨으며 동시에 다윗의 집을 인정해 주셨다. 여기에서 왕국 분열의 슬픈 결과를 보라. 지금 이스라엘 백성들에 의해 물처럼 흘려진 피는 다름 아닌 이스라엘 백성들의 피였다. 이 때 이스라엘이라는 이름만 들어도 두려워하던 주변의 이방나라들은 "아하! 우리가 그렇게 했어야 했는데"라고 소리쳤을 것이다.

4. 이렇게 하여 이스라엘은 유다에게 항복하고 말았다(18절). 그렇지만 이로써 그들이 다시 다윗의 집으로 복속되지는 않았다. 만일 하나님의 계획이 다른 데 있지 않았다면, 그들은 이토록 큰 타격을 받은 상태에서 어쩔 수 없이 다윗의 집으로 다시 복속될 수밖에 없었을 것이다. 아비야는 다만 여로보암으로부터 여러 성읍을 빼앗고 그것을 자신의 점령 하에 두었을 뿐이었다(19절). 그렇게 빼앗은 성읍들 가운데 특별히 벧엘이 있었다. 그러면 벧엘이 유다 왕의 손으로 들어오게 되었을 때, 그 곳에 있었던 금송아지는 어떻게 되었는가? 우리는 그에 대해 아무것도 듣지 못한다. 아마도 그것은 다른 안전한 지역으로 옮겨졌다가 마침내 사마리아로 옮겨졌을 것이다(호 8:5). 우리는 예후 때에 그 금송아지가 그대로 벧엘에 있었던 사실을 보게 된다(왕하 10:29). 아마도 아비야는 그 금송아지를 자기 손으로 파괴할 수 있었음에도 불구하고 그대로 내버려둔 것으로 보인다. 그것은 그의 마음이 하나님께 온전치 못했기 때문이었다. 그는 자신이 얻은 좋은 기회를 하나님의 영광을 위해 활용하지 못했다. 그러다가 결국 그 기회를 영원히 놓쳐버리고 말았다.

Ⅲ. 오래지 않아 패자인 여로보암도 죽고 승자인 아비야도 죽음.

1. 여로보암은 이 전쟁에서 패한 후 이 삼 년간 더 살기는 했지만 그러나 다시 강성하지 못했다(20절). 여기에서 그가 여호와의 치심을 받았다고 기록되어 있는데, 어떤 육체적 질병에 걸린 것이었든지 아니면 우울증이나 마음의 괴로

움 같은 정신적인 질병에 걸린 것이었을 것이다. 그의 심령은 깨어질 대로 깨어졌으며, 이미 하얗게 된 그의 머리는 패배에 대한 괴로움으로 슬퍼하며 무덤으로 내려갔을 것이다. 그는 아비야의 칼은 피했지만 그러나 하나님이 그를 치셨다. 하나님의 칼은 피할 수 없었던 것이다.

2. 아비야는 이 전쟁에서 승리함으로써 점점 더 강성해졌다. 그가 이전에 몇 명의 아내와 자녀들을 가지고 있었는지는 언급되지 않는다. 그러나 이제 그는 14명의 아내를 거느리게 되었으며, 그들로부터 38명의 자녀를 낳았다(21절). 자신의 화살통에 많은 화살들을 가지고 있는 자는 복이 있다. 그는 나름대로의 삶의 방식을 갖고 있었고, 그가 한 말들이 전해지고 있는데, 그러한 것들은 그의 여러 행적과 함께 당시의 역사책에 기록되었다(22절). 그러나 그의 생애는 갑자기 끝나고 말았다. 그는 여로보암은 정복했지만 그러나 죽음에게는 정복을 당하고 말았다. 어쩌면 그는 자신의 승리에 대해 지나치게 의기양양해 하다가 하나님으로부터 속히 데려감을 당한 것이었는지 모른다.

제
— 14 —
장

개요

본 장과 이어지는 다음 두 장에서 우리는 아사의 통치를 보게 되는데, 그의 통치는 매우 선하며 또 길었다. 본 장의 내용은 다음과 같다. I. 아사의 경건(1-5절). II. 아사의 정책(6-8절). III. 구스의 대군으로부터 얻은 큰 승리(9-15절).

[1]아비야가 그의 조상들과 함께 누우매 다윗 성에 장사되고 그의 아들 아사가 대신하여 왕이 되니 그의 시대에 그의 땅이 십 년 동안 평안하니라 [2]아사가 그의 하나님 여호와 보시기에 선과 정의를 행하여 [3]이방 제단과 산당을 없애고 주상을 깨뜨리며 아세라 상을 찍고 [4]유다 사람에게 명하여 그 조상들의 하나님 여호와를 찾게 하며 그의 율법과 명령을 행하게 하고 [5]또 유다 모든 성읍에서 산당과 태양상을 없애매 나라가 그 앞에서 평안함을 누리니라 [6]여호와께서 아사에게 평안을 주셨으므로 그 땅이 평안하여 여러 해 싸움이 없은지라 그가 견고한 성읍들을 유다에 건축하니라 [7]아사가 일찍이 유다 사람에게 이르되 우리가 우리 하나님 여호와를 찾았으므로 이 땅이 아직 우리 앞에 있나니 우리가 이 성읍들을 건축하고 그 주위에 성곽과 망대와 문과 빗장을 만들자 우리가 주를 찾았으므로 주께서 우리 사방에 평안을 주셨느니라 하고 이에 그들이 성읍을 형통하게 건축하였더라 [8]아사의 군대는 유다 중에서 큰 방패와 창을 잡는 자가 삼십만 명이요 베냐민 중에서 작은 방패를 잡으며 활을 당기는 자가 이십팔만 명이라 그들은 다 큰 용사였더라

I. 아사의 일반적인 성격(2절).   아사가 그의 하나님 여호와 보시기에 선과 정의를 행하여.

1. 그는 항상 하나님을 기쁘시게 하는 일에 마음을 두면서 자신의 온전함을 나타내기 위해 힘썼다. 자신의 눈이나 혹은 세상의 눈이 아니라 하나님의 눈이 보시기에 옳은 것을 행하기 위해 그분의 법에 따라 행하는 자는 복이 있다.

2. 그는 하나님의 눈이 항상 자신을 내려다보고 계신다는 사실을 알았다. 그

것은 그로 하여금 선과 정의를 행하는데 큰 도움이 되었다.

3. 하나님은 그의 행동으로 인해 그를 열납하셨고, 그의 행위를 선하고 정의로운 것으로 인정해 주셨다.

Ⅱ. 아사의 축복된 개혁 작업. 그는 왕위에 오르자마자 즉시 개혁 작업에 착수했다.

1. 그는 우상 숭배를 제거하고 허물어뜨렸다. 솔로몬이 말년에 우상 숭배를 허용한 이래 그것을 억제하기 위한 조치는 전혀 시행된 적이 없었다. 따라서 우리는 유다 가운데 우상 숭배가 상당한 터전을 갖게 되었을 것이라고 추측할 수 있다. 이방 신들이 섬김을 받게 되면서 곳곳에 그들을 위한 제단과 형상과 수풀이 만들어지게 되었다. 그리고 그와 함께 성전 예배는, 비록 제사장들에 의해 지켜지기는 했다 할지라도(13:10), 많은 백성들에 의해 소홀히 여겨졌다. 아사는 모든 권력이 자신의 손에 들어오자 즉시로 모든 우상의 제단과 형상들을 파괴하는 일에 착수했다(3, 5절). 그것들은 질투하시는 하나님을 극도로 격노케 하는 것이었을 뿐만 아니라 어리석고 무분별한 백성들을 극도로 유혹하는 것이었다. 그는 우상들을 파괴함으로써 그것을 섬기는 자들을 회심시키고자 하였다. 그의 목표는 우상 숭배자들을 멸망시키는 것이 아니라 돌이키는 것이었다.

2. 그는 순전한 하나님 예배를 되살리고 재확립했다. 제사장들이 하나님의 제단에서 수종드는 일에 자신들의 역할을 다했으므로 아사는 백성들도 그들의 역할을 다하도록 이끌었다(4절): 그는 유다 사람에게 명하여 그 조상들의 하나님 여호와를 찾게 하며 그의 율법과 명령을 행하게 하고, 이로 인해 그 땅이 그 앞에서 평안함을 누리게 되었다(5절). 그들은 자신들의 우상에 집착하며 그것을 버리기를 싫어했지만, 그러나 그들의 양심은 그들로 하여금 아사의 명령이 옳음을 깨닫게 했고 그들은 그러한 양심의 소리를 거부할 수 없었다. 자신이 가진 권력으로 악하고 부패한 관습을 척결하고자 하는 자는 감당할 수 없을 정도로 큰 반대와 난관에 직면하게 되지는 않을 것이라는 사실을 주목하라. 악은 스스로 숨으며 감추어지는 것인 반면 선은 모든 사악한 자들로 하여금 그 입을 봉하도록 만들기에 충분한 힘을 가지고 있다(시 107:42).

Ⅲ. 유다의 평안. 르호보암과 아비야가 통치하던 동안에는 끊임없는 전쟁의 공포가 있었지만, 아사가 통치하는 동안에는 나라가 평안했다: 그의 시대에

그의 땅이 십 년 동안 평안하니라(1절). 이스라엘 왕국과도 전쟁이 없었는데, 그 것은 그들이 아비야 때 입은 큰 타격을 오래도록 회복하지 못했기 때문이었다. 아비야가 얻은 승리가 아사 시대의 평안의 토대가 되었는데, 이것은 아사의 경건과 개혁 작업에 대한 상급이었다. 아비야 자신은 온전한 믿음의 사람이 아니었지만 그러나 그는 온전한 믿음의 사람의 길을 예비하는 도구가 되었다. 만일 아비야의 승리가 없었다면, 아사는 유다를 개혁하는 일을 할 수 없었을 것이다. 쟁의 시끄러운 소리 한가운데서는 율법의 소리가 들리지 않는 법이다.

IV. 아사가 그러한 평안을 지혜롭게 선용함. 여호와께서 아사에게 평안을 주셨으므로 그 땅이 평안하여(6절). 만일 하나님이 평안을 주신다면 누가 분란을 일으킬 수 있겠는가(욥 34:29). 하나님이 안식을 주시는 자는 참으로 안식을 누리게 되며, 그리스도께서 평안 곧 세상이 주는 것과는 다른 평안을 주시는 자는 참으로 평안을 누리게 된다(요 14:27).

1. 아사는 지금 자신들이 누리고 있는 평안이 하나님의 선물이며 동시에 자신이 시작한 개혁 작업에 대한 상급임을 깨닫는다. 첫째로 그것은 하나님의 선물이었다. 주께서 우리 사방에 평안을 주셨느니라(7절). 몸과 마음 그리고 가정과 나라를 막론하고 지금 우리가 평안을 누리고 있다면, 우리는 마땅히 그것이 하나님의 선물임을 인정해야 한다. 둘째로 그것은 하나님의 상급이었다. 우리가 우리 하나님 여호와를 찾았으므로 그가 우리에게 평안을 주셨도다. 신적 섭리가 우리를 견책할 때, 우리는 마땅히 그것이 우리로 하여금 악할 길로 행하는 것을 막는 것으로 간주해야 한다. 마찬가지로 신적 섭리가 미소를 지을 때, 우리는 마땅히 그것이 우리로 하여금 선한 길로 행하는 것을 격려하는 것으로 간주해야 한다. 학개 2:18-19과 말라기 3:10을 보라. 우리는 경험을 통해 여호와를 찾는 것이 선한 일이라는 사실을 발견한다. 그것은 우리에게 평안을 준다. 세상을 좇는 동안에는 다만 불화케 하는 일들만을 만날 뿐이다.

2. 아사는 지금의 이러한 평안을 어떻게 선용할 것인지에 대해 백성들과 의논한다. 그리고 그는 그들과 더불어 다음과 같은 결론을 내린다.

(1) 나태하지 말고 부지런히 일하자. 전쟁의 함성이 멎은 평화의 때는 일해야 하는 때이다. 전쟁이 없는 동안 그는 "우리가 건축하자. 쉬지 말고 일하자"라고 말했다. 교회는 평안할 때 든든하게 세워졌다(행 9:31). 칼이 칼집에 꽂힐 때는 삽과 괭이를 들어야 하는 때이다.

(2) 방심하지 말고 전쟁에 대비하자. 평안할 때 우리는 고난을 예상하면서 그 때를 위해 대비해야 한다.

[1] 아사는 각 성읍들의 성곽과 망대와 문과 빗장을 만듦으로써 중요한 성읍들의 수비를 강화시켰다(7절). 그는 말한다. "이 땅이 아직 우리 앞에 있는 동안, 다시 말해서 우리에게 아직 기회가 있고 그것을 활용할 수 있으며 아무도 방해할 수 없는 동안, 우리가 이 일을 행하자." 그는 마치 고난의 날이 다가와 "그 때 우리가 성읍들의 수비를 강화시켰더라면 좋았으련만" 하며 말하는 것을 예상하기라도 하는 것처럼 말한다. 그렇게 하여 그들은 건축하였고 또 형통하였다.

[2] 아사는 전쟁에 능한 훌륭한 군대를 양성했다(8절). 그들은 상비군은 아니고, 유사시 동원되는 병사들로서 각 지역에서 훈련된 무리였다. 유다와 베냐민에서 각각 별도로 병사들이 소집되었는데, 베냐민 출신의 병력이 유다 출신의 병력과 거의 비등한 정도였다(베냐민이 '작은 베냐민'으로 일컬어진 것이 불과 얼마 전의 일이었다, 시 68:27). 베냐민과 유다의 병력은 28대 30이었으며, 베냐민 지파는 최근 놀라울 정도로 그 수가 급증했다. 하나님의 축복은 작은 무리로 천이 되게 하실 수 있다. 두 지파는 공격 무기와 수비 무기에 있어 서로 다르게 무장한 것으로 나타난다. 유다 병사들은 큰 방패를 잡았던 반면 베냐민 병사들은 작은 방패를 잡았다(16, 17절). 또 유다 병사들은 창으로 무장한 반면 베냐민 병사들은 활로 무장했는데, 전자는 적과 가까이 직면했을 때 효과적인 무기였던 반면 후자는 멀리 있는 적을 공격하기에 효과적인 무기였다. 모든 무기들은 제각각 용도와 쓰임새가 달랐다. 어떤 것도 다른 것에게 "너는 필요가 없노라"라고 말할 수 없었다. 각각의 은사와 직분은 모두 공동의 선을 위한 것이다.

[9]구스 사람 세라가 그들을 치려 하여 군사 백만 명과 병거 삼백 대를 거느리고 마레사에 이르매 [10]아사가 마주 나가서 마레사의 스바다 골짜기에 전열을 갖추고 [11]아사가 그의 하나님 여호와께 부르짖어 이르되 여호와여 힘이 강한 자와 약한 자 사이에는 주밖에 도와 줄 이가 없사오니 우리 하나님 여호와여 우리를 도우소서 우리가 주를 의지하오며 주의 이름을 의탁하옵고 이 많은 무리를 치러 왔나이다 여호와여 주는 우리 하나님이시오니 원하건대 사람이 주를 이기지 못하게 하옵소서 하였더니 [12]여호와께서 구스 사람들을 아사와 유다 사람들 앞에서 치시니 구스 사람

들이 도망하는지라 ¹³아사와 그와 함께 한 백성이 구스 사람들을 추격하여 그랄까지 이르매 이에 구스 사람들이 엎드러지고 살아 남은 자가 없었으니 이는 여호와 앞에서와 그의 군대 앞에서 패망하였음이라 노략한 물건이 매우 많았더라 ¹⁴여호와께서 그랄 사면 모든 성읍 백성을 두렵게 하시니 무리가 그의 모든 성읍을 치고 그 가운데에 있는 많은 물건을 노략하고 ¹⁵또 짐승 지키는 천막을 치고 양과 낙타를 많이 이끌고 예루살렘으로 돌아왔더라

I. 구스 대군의 침략으로 아사 왕국의 평화가 위협을 받음(9, 10절). 여전히 하나님을 찾음에도 불구하고 이런 일이 발생한 것은 하나님이 그들의 믿음을 시험하시고 그들을 위해 큰 일을 행하시기 위함이었다. 유다를 치기 위해 온 구스 군대의 숫자는 실로 엄청났다. 무려 100만 명이었다. 이와 같은 때를 대비하여 미리 군대를 준비해 둔 것은 얼마나 다행스런 일인가! 당장은 별로 필요 없어 보이는 준비가 나중에 큰 유익이 되는 일은 결코 드문 일이 아니다.

II. 이러한 위기의 때에 아사가 하나님께 기도함(11절). 평안과 형통의 날에 하나님을 찾았던 자는 이러한 고난의 때에 거룩한 담대함으로 하나님께 부르짖을 수 있었다. 그의 기도는 비록 짧았지만 그러나 그 안에 많은 내용이 담겨있었다.

1. 그는 하나님께 무한한 권능과 주권의 영광을 돌린다. "수가 많은 자들을 통해서나 적은 자들을 통해서 그리고 힘이 강한 자들을 통해서나 약한 자들을 통해서 우리를 도우시고 구원하시는 것은 주께 아무것도 아니로소이다." 사무엘하 14장 6절을 보라. 하나님은 자기 자신의 힘으로 역사하시지 어떤 도구의 힘으로 역사하시지 않는다(시 21:13). 진실로 가장 약한 자들을 도우시며 어린 아이와 젖먹이의 입으로 권능을 세우시는 것이 하나님의 영광이다(시 8:2). 우리는 "여호와여 우리와 함께 하소서 우리에게는 당신이 사용하실 훌륭한 군대가 있나이다"라고 말해서는 안 된다. 다만 "여호와여 우리와 함께 하소서 당신이 없이는 우리는 아무것도 아니나이다"라고 말해야 한다.

2. 그는 하나님과 자신들 사이의 언약관계를 붙잡는다: 우리 하나님 여호와여. "당신은 우리가 선택한 우리 하나님이요, 스스로를 우리 하나님으로 약속해 주신 분이시나이다."

3. 그는 자신들이 하나님을 바라보며 의지함을 탄원한다. 그는 전쟁을 위해

여러 가지로 준비했지만, 그러나 그러한 준비를 의지하지 않았다. 그는 이렇게 기도한다. "여호와여 우리가 주를 의지하오며 주의 이름을 의탁하옵고 이 많은 무리를 치러 왔나이다. 우리는 주의 영광을 구하며 주의 힘을 의지하나이다."

4. 그는 하나님의 영광이 가려지지 않기를 소망한다. "사람으로(문자대로는 '죽을 사람으로') 주를 이기지 못하게 하소서. 만일 어떤 자가 우리를 이긴다면 사람들은 그가 주를 이겼노라고 말할 것이나이다. 그것은 주는 우리 하나님이시요 우리는 주를 의지하고 주의 이름으로 나왔기 때문이나이다. 그는 죽을 사람이나이다. 죽을 사람이 죽지 아니하시는 하나님과 싸우는 것이 얼마나 어리석은 일인지를 모두에게 나타내소서. 여호와여 주의 영광을 높이 드러내소서. 주의 이름이 거룩히 여김을 받으소서."

Ⅲ. 하나님이 아사에게 주신 영광스러운 승리.

1. 하나님은 구스 군대를 치시고 그들을 혼란 속에 빠뜨리셨다(12절): 여호와께서 구스 사람들을 치시니 그들이 도망하는지라. 하나님은 그들을 까닭을 알 수 없는 두려움으로 치셨다. 그리하여 그들은 도망치면서도 왜 도망치는지 그리고 어디로 도망치는지도 알지 못했다.

2. 아사와 유다 병사들은 하나님이 주신 기회를 잘 활용했다.

(1) 유다 병사들은 그들을 진멸했다. 그들은 여호와와 그의 군대 앞에(보이지 않는 천사들의 군대이든 혹은 하나님의 군대로 일컬어지는 이스라엘 군대이든) 넘어졌다.

(2) 유다 병사들은 그들의 진으로부터 노략물을 취했다: 그들로부터 노략한 물건이 매우 많았더라.

(3) 유다 병사들은 그들과 동맹을 맺은 성읍들을 치고 그들로부터도 노략물을 취했다(14절). 유다 병사들이 그들을 친 것은 패주한 구스 군대가 그리로 도망쳤기 때문이었다. 그들은 아무런 저항도 할 수 없었는데, 그것은 여호와의 두려움이 그들에게 임했기 때문이었다. 하나님이 그들을 두려움으로 치심으로써 그들은 유다 병사들에게 대항할 마음을 갖지 못했다.

(4) 유다 병사들은 그들로부터 수많은 가축들을 끌고 갔다(15절). 이와 같이 죄인의 재물은 의인을 위해 쌓여 있는 것이다.

제
— 15 —
장

개요

아사와 유다 병사들은 전쟁에서 승리한 채 많은 노략물과 전리품을 갖고 돌아왔다. 이제 우리는 경건한 왕 아사가 이 큰 은혜에 대해 하나님께 어떻게 보답할 것인지 궁리했을 것으로 추측할 수 있다. 그는 자신이 시작한 개혁 작업이 아직 완료되지 않았다는 사실을 알고 있었다. 외부의 적은 진압되었지만, 그러나 더 위험한 내부의 적이 아직 정복되지 않은 채 남아 있었다(내부의 적은 다름 아닌 유다와 베냐민에 있는 각종 우상들이었다). 그는 외부의 적에 대해 승리를 거둠으로써 더욱 강성해졌으며, 그로 인해 내부의 적을 공격할 힘을 새롭게 얻을 수 있었다. 본 장의 내용은 다음과 같다. I. 하나님이 선지자를 통해 아사에게 메시지를 보내심(1-7절). II. 이러한 메시지가 그들의 개혁 작업에 생기를 불어넣음. 1. 우상들이 제거됨(8절). 2. 노략물들을 하나님께 봉헌함(9-11절). 3. 하나님과 언약을 맺음, 그리고 우상 숭배자들을 징벌하기로 결정함(12-15절). 4. 왕실에서의 개혁 작업(16절). 5. 구별한 물건들을 하나님의 전에 드림(18절). 6. 모든 개혁 작업이 순조롭게 이루어졌지만 그러나 산당들은 그대로 내버려둠(17절). 7. 이로 인해 큰 평안이 임함(19절).

¹하나님의 영이 오뎃의 아들 아사랴에게 임하시매 ²그가 나가서 아사를 맞아 이르되 아사와 및 유다와 베냐민의 무리들아 내 말을 들으라 너희가 여호와와 함께 하면 여호와께서 너희와 함께 하실지라 너희가 만일 그를 찾으면 그가 너희와 만나게 되시려니와 너희가 만일 그를 버리면 그도 너희를 버리시리라 ³이스라엘에는 참 신이 없고 가르치는 제사장도 없고 율법도 없은 지가 오래 되었으나 ⁴그들이 그 환난 때에 이스라엘 하나님 여호와께로 돌아가서 찾으매 그가 그들과 만나게 되셨나니 ⁵그 때에 온 땅의 모든 주민이 크게 요란하여 사람의 출입이 평안하지 못하며 ⁶이 나라와 저 나라가 서로 치고 이 성읍이 저 성읍과 또한 그러하여 피차 상한 바 되었나니 이는 하나님이 여러 가지 고난으로 요란하게 하셨음이라 ⁷그런즉 너희는 강하게 하라 너희의 손이 약하지 않게 하라 너희 행위에는 상급이 있음이라 하니

라

이스라엘에게 있어 그들 가운데 선지자들이 있었다는 것은 큰 축복이었다. 그러나 이런 축복된 상태에 있으면서도 그들은 이상하게도 종종 우상 숭배에 몰두하곤 했다. 반면 제2 성전 아래 예언의 영이 그치고 구약 정경이 완성되었을 때(완성된 정경은 그들의 회당에서 상시적으로 읽혀졌다), 그들은 더 이상 우상 숭배에 탐닉하지 않았다. 이렇게 볼 때 우리는 성경이야말로 가장 확실하며 가장 효과적인 예언의 말씀이라는 사실을 알 수 있다. 교회가 가짜 선지자들에 의해 미혹에 떨어진 경우는 종종 있었지만 그러나 가짜 성경에 의해 그렇게 쉽게 기만당할 수는 없기 때문이다. 여기에 구스와의 전쟁에서 승리하고 돌아온 아사와 그의 군대에게 보냄 받은 한 선지자가 등장하는데, 그가 보냄 받은 것은 그들의 승리에 대해 칭찬하며 축하하기 위해서가 아니라 그들로 하여금 마땅히 행할 일을 촉구하기 위해서였다. 이러한 일은 하나님의 사역자들의 본래적인 직무였으며, 심지어 왕이나 방백들조차도 그들의 말을 들어야만 하였다. 그 선지자에게 하나님의 영이 임했는데(1절), 그것은 그에게 무슨 말을 할 것인지를 가르치면서 동시에 그것을 담대하고 분명하게 전달할 수 있도록 하기 위함이었다.

I. 선지자는 그들이 하나님과 어떤 조건 위에 서 있는지를 분명하게 말한다. 그들은 이번 전쟁에서 얻은 승리가 그들 자신의 힘으로부터 말미암은 것이라고 생각해서는 결코 안 된다. 결코 그렇지 않다. 선지자는 모든 것이 그들의 선한 행실에 달려 있음을 분명하게 지적한다. 만일 그들이 선하게 행한다면 모든 일이 잘 될 것이지만, 그러나 그렇게 하지 않는다면 결과는 정반대일 것이다.

1. 너희가 여호와와 함께 하면 여호와께서 너희와 함께 하실지라. 첫째로 이것은 위로의 말씀이다. 하나님은 당신을 가까이하는 자들을 가까이 하시고 그들에게 당신의 임재를 나타내실 것이다. 동시에 이것은 경고의 말씀이기도 하다. "너희가 여호와와 함께 하는 동안 여호와께서 너희와 함께 하실 것이지만, 그러나 더 이상은 아닐 것이다. 너희가 지금은 여호와께서 너희와 함께 하시는 은혜의 증표를 갖고 있지만, 그러나 그것이 계속될지 여부는 전적으로 너희가 마땅히 행할 길로 계속해서 행하는지 여부에 달려 있다."

2. 너희가 만일 그를 찾으면 그가 너희와 만나게 되시려니와. "참된 마음으로 하

나님의 은총을 열망하며 구하라. 그러면 너희가 얻을 것이니라. 구하라 그러면 너희에게 주실 것이라. 하나님은 결코 '너희가 나를 헛되이 찾았도다' 라고 말씀하지 않으실 것이라." 히브리서 11장 6절을 보라(하나님께 나아가는 자는 반드시 그가 계신 것과 또한 그가 자기를 찾는 자들에게 상 주시는 이심을 믿어야 할지니라).

3. 너희가 만일 그를 버리면 그도 너희를 버리시리라. "너희가 만일 하나님과 그분의 규례를 버리면 하나님은 결코 너희에게 묶여 있지 않고 필경 너희를 버리실 것이라. 그러면 너희는 예전처럼 돌아가게 될 것이요, 지금의 승리가 결코 미래의 안전을 보장해 주지 못할 것이라. 하나님이 떠나시는 자들에게 화가 있도다."

II. 선지자는 하나님과 그분의 규례를 버리는 것이 얼마나 위험한 결과를 초래하는지를 그들에게 제시한다. 괴로움을 제거하는 방법은 오직 회개하며 하나님께 돌아오는 것뿐이다. 이스라엘이 마땅히 행할 길을 버렸을 때 온갖 종류의 무신론과 불경건과 불신앙과 불법의 홍수가 그들을 엄몰했으며(3절), 그들은 내부적인 불화와 외부적인 전쟁으로 계속해서 고통을 겪었다(5, 6절). 그러나 그들이 고난 가운데 하나님을 찾았을 때, 그들은 그것이 결코 헛되지 않았음을 알게 되었다(4절). 여기에서 이것이 어느 때를 가리키는 것인가 하는 문제가 남는다.

1. 어떤 이들은 이것이 사사시대를 회상하는 것이라고 생각한다. 오래 전에 이스라엘에 참 신이 없었는데, 그것은 그들이 거짓 신들을 섬겼기 때문이었다. 그 때는 무지한 때였다. 왜냐하면 백성들 가운데 제사장들이 있었다 할지라도 그들은 가르치는 제사장이 아니었으며 또한 장로들이 있었다 할지라도 율법이 아무 효력도 갖지 못했기 때문이었다(3절). 그 때는 슬픈 시대로서 이스라엘은 모압 족속과 미디안 족속과 암몬 족속과 다른 이방 나라들로부터 끊임없이 압제와 괴로움을 당했다. 그들은 여러 가지 고난으로 고통을 겪었다(6절). 그러나 그러한 고통 속에서 그들이 회개와 기도와 개혁으로 하나님께 돌이켰을 때, 하나님은 그들을 위해 구원자들을 세워 주셨다. 이렇게 하여 우리가 하나님과 함께 하는 동안 하나님이 우리와 함께 하신다는 교훈이 계속해서 실증되었다. 이와 같이 앞서 기록된 것은 오늘날 우리를 위한 경계로서 기록된 것이다.

2. 어떤 이들은 이것이 아사 시대의 이스라엘 열 지파의 상황을 언급하는 것이라고 생각한다. 그들은 지금 여기에서 이스라엘로 불리고 있다. "여로보암이

금송아지를 만듦으로써 그의 우상 숭배로 인해 이스라엘은 명백한 반역의 길로 치닫고 말았도다. 그리하여 그들에게 참 신이 없도다." 그 때 그들에게 가르치는 제사장이 없었다는 것은 조금도 놀랄 일이 아니다. 여로보암이 세운 제사장들은 가르치는 자가 아니었으며 그리하여 그들은 율법 없는 자들이 되었다. 말씀을 가르치며 선포하는 사역이 없이 종교가 유지되기는 거의 불가능에 가깝다. 그러한 때에 그들에게 평안이 없었다(5절). 유다와의 전쟁은 그들을 극도의 두려움에 빠뜨렸으며, 여기에 언급되지 않는 바아사의 반란 등의 사건들도 그러했다. 그들은 온갖 악행으로 하나님을 격노케 함으로써 하나님은 여러 가지 고난으로 그들을 요란하게 하셨다(6절). 그러나 그들이 하나님께 돌이키자, 하나님은 그들의 간구를 들으셨다. 유다로 이것을 보고 경계로 삼도록 하라. 새긴 형상들을 좋아하며 가까이하지 말지니라. 너희는 그것들이 가져다준 재앙을 보았느니라.

3. 어떤 이들은 전체 구절을 미래 시제를 읽을 수 있다고 생각한다. 그렇다면 이것은 장차 일어날 일을 예견하는 것일 것이다. 이후에 이스라엘에 참 신도 없고 가르치는 제사장도 없게 될 것이라. 그들은 계속되는 심판으로 멸망을 당할 것이니 돌이켜 하나님을 찾을 때까지 그러하리라. 호세아 3장 4절을 보라.

Ⅲ. 선지자는 개혁 작업을 더욱 힘있게 추진할 것을 촉구한다. 너희는 강하게 하라 너희의 손이 약하지 않게 하라 너희 행위에는 상급이 있음이라(7절). 여기에서 다음을 주목하라.

1. 하나님의 일은 즐거이 그리고 열심히 행해져야 하지만 그러나 굳은 결심이 없이는 행해지지 않을 것이다.

2. 우리에게 상급이 주어질 것이라는 사실은 우리로 하여금 하나님의 일에 더욱 매진하게 만든다. 하나님의 일에는 반드시 상급이 따르는 법이다.

[8]아사가 이 말 곧 선지자 오뎃의 예언을 듣고 마음을 강하게 하여 가증한 물건들을 유다와 베냐민 온 땅에서 없애고 또 에브라임 산지에서 빼앗은 성읍들에서도 없애고 또 여호와의 낭실 앞에 있는 여호와의 제단을 재건하고 [9]또 유다와 베냐민의 무리를 모으고 에브라임과 므낫세와 시므온 가운데에서 나와서 저희 중에 머물러 사는 자들을 모았으니 이는 이스라엘 사람들이 아사의 하나님 여호와께서 그와 함께 하심을 보고 아사에게로 돌아오는 자가 많았음이더라 [10]아사 왕 제십오년 셋째 달

에 그들이 예루살렘에 모이고 ¹¹그 날에 노략하여 온 물건 중에서 소 칠백 마리와 양 칠천 마리로 여호와께 제사를 지내고 ¹²또 마음을 다하고 목숨을 다하여 조상들의 하나님 여호와를 찾기로 언약하고 ¹³이스라엘 하나님 여호와를 찾지 아니하는 자는 대소 남녀를 막론하고 죽이는 것이 마땅하다 하고 ¹⁴무리가 큰 소리로 외치며 피리와 나팔을 불어 여호와께 맹세하매 ¹⁵온 유다가 이 맹세를 기뻐한지라 무리가 마음을 다하여 맹세하고 뜻을 다하여 여호와를 찾았으므로 여호와께서도 그들을 만나 주시고 그들의 사방에 평안을 주셨더라 ¹⁶아사 왕의 어머니 마아가가 아세라의 가증한 목상을 만들었으므로 아사가 그의 태후의 자리를 폐하고 그의 우상을 찍고 빻아 기드론 시냇가에서 불살랐으니 ¹⁷산당은 이스라엘 중에서 제하지 아니하였으나 아사의 마음이 일평생 온전하였더라 ¹⁸그가 또 그의 아버지가 구별한 물건과 자기가 구별한 물건 곧 은과 금과 그릇들을 하나님의 전에 드렸더니 ¹⁹이 때부터 아사 왕 제삼십오년까지 다시는 전쟁이 없으니라

우리는 여기에서 선지자의 메시지가 아사에게 끼친 선한 영향을 보게 된다.

I. 하나님을 위한 그의 마음이 이전보다 더욱 강해짐. 전쟁에서 얻은 승리를 통해서도 어느 정도 마음이 강해졌지만, 그러나 선지자를 통한 하나님의 메시지는 그의 마음을 더욱 강하게 했다. 이제 그는 용기를 얻었다. 그는 개혁 작업을 계속 진척시키는 일이 너무나 절실하다는 사실을 깨닫게 되면서 동시에 그 일에 하나님이 함께 하신다는 보증을 얻었다. 그로 인해 그의 마음은 더욱 강해졌으며, 전에 개혁 작업을 추진하는 과정에서 부닥쳤던 많은 난관들을 돌파할 수 있는 힘을 얻게 되었다. 이제 그는 모든 가증한 우상들을 파괴하는 작업에 착수한다. 또한 그는 여호와의 제단을 재건했다. 그 제단을 세운 솔로몬이 죽은 지 채 35년이 되지 않았지만 그러나 그것은 지금 수리를 해야만 할 상태에 있었던 것으로 보인다. 이러한 의식적(儀式的)인 규례들은 때가 되면 사라질 것들로서 이처럼 쉽게 쇠하고 낡아진다(히 8:13, 새 언약이라 말씀하셨으매 첫 것은 낡아지게 하신 것이니 낡아지고 쇠하는 것은 없어져 가는 것이니라).

II. 그의 영향력이 이전보다 더욱 증대됨(9절). 그는 성회를 소집하고 특별히 열 지파로부터 나아온 자들을 그 곳에 참석시켰다.

1. 그들이 온 것은 아사에게 큰 격려가 되었다. 왜냐하면 그들이 온 이유가

여호와께서 그와 함께 하심을 그들이 보았기 때문이었다. 하나님이 함께 하는 자와 함께 하며, 하나님을 경외하며 그의 은총 가운데 살아가는 자와 좋은 관계를 맺고 교제를 넓히는 것은 참으로 좋은 일이다. 하나님이 너희와 함께 하심을 들었나니 우리가 너희와 함께 가려 하노라(슥 8:23).

2. 아사가 그들을 인정하고 성회에 초청한 것은 그들에게 큰 위로가 되었다. 모든 외인(外人)들이 돌봄을 받아야 하지만, 특별히 선한 양심을 지키기 위해 스스로를 하나님의 선하신 섭리 속으로 던진 자들은 갑절의 돌봄을 받아야 한다. 아사는 그들에게 함께 모이라는 명령을 내린다(9절). 그러나 10절에 그들이 스스로 모였다고 언급되는데, 이를 통해 우리는 그들이 기꺼이 왕의 명령에 순복하여 자발적으로 모였음을 알 수 있다. 그 모임은 셋째 달에 열렸는데, 아마도 그 달에 있는 오순절 절기에 모였을 것이다.

III. 아사와 그의 백성들이 하나님께 제물을 드림.   그들은 노략한 물건 가운데 하나님의 몫을 제물로 드렸다(11절). 그들이 드린 제물은 솔로몬이 드렸던(7:5) 제물과 비교하면 아무것도 아니었다. 아마도 그것은 그들의 열정이 감소되었기 때문이든지 아니면 그들의 재물이 감소되었기 때문일 것이다(혹은 둘 다일는지도 모른다). 이러한 제물들은 자신들이 받은 모든 은총에 감사하는 의미로 그리고 이후에도 계속해서 은총을 베풀어주실 것을 간구하는 의미로 드려졌다. 오늘날에는 기도와 찬미가 우리가 드려야 할 영적 제물(혹은 영적 제사, spiritual sacrifices)이다. 아사는 제단에 제물이 드려지도록 했던 것처럼 또한 성전에 금이 드려지도록 했다: 자기가 구별한 모든 물건들을 하나님의 전에 드렸더니(18절). 하나님의 것은 마땅히 하나님께 돌려져야 한다. 여기의 구별한 물건들처럼 오래 전부터 하나님을 위해 계획된 것들은 마침내 그분 앞에 드려져야 한다. 사람이 하나님의 것을 도적질하겠느냐? 항상 우리에게 선을 베푸시는 하나님께 드리는 것을 왜 우리가 꺼리며 아까워해야 한단 말인가?

IV. 그들이 하나님과 언약을 맺음.   그들은 하나님께 약속을 어긴 것에 대해 회개하며 앞으로는 더 잘 할 것을 다짐했다. 참회자나 회심자에게 있어 하나님과의 언약을 새롭게 하는 것은 참으로 적절한 일이다. 본문을 통해 볼 때 이러한 움직임은 아사로부터가 아니라 백성들 자신으로부터 나온 것으로 보인다. 모든 사람들로 자원하여 하나님과 언약을 맺게 하라. 주의 백성이 즐거이 헌신하니(시 110:3).

1. 언약의 내용. 여기의 언약의 내용은 예전부터 지켜야만 했던 것과 하등 다를 것이 없었다. 하나님께 대한 새로운 맹세나 약속은 그들의 의무감을 고양시키고 유혹에 대항하여 무장하는데 도움이 될 것이었다. 그리고 이러한 언약에 모두가 동참함으로써 그들은 피차 더욱 강하게 결속되었다. 그들은 다음과 같은 두 가지를 약속했다.

(1) 우리는 하나님과 그분의 교훈과 그분의 은총을 부지런히 찾을 것이라. 신앙이란 것이 모든 상황 가운데 하나님을 찾으며 그에게 물으며 의뢰하는 것이 아니라면 무엇이란 말인가? 우리가 하나님과 온전히 함께 하는 것은 하늘나라에서나 이루어질 일이다. 이 땅에 있는 동안에는 우리는 계속해서 그분을 찾아야만 한다. 그들은 자기 조상들의 하나님으로서 하나님을 찾을 것이었다. 그들의 조상들이 하나님을 찾던 방법대로, 그리고 그들의 조상들에게 주신 약속에 의지하여 하나님을 찾을 것이었다. 그들은 마음을 다하고 목숨을 다하여 그렇게 할 것이었다. 하나님을 찾음에 있어 마음과 뜻을 다하여 찾는 자가 하나님을 올바로 찾게 될 것이다. 만일 우리가 우리의 신앙에 대해 마음을 다하지 않는다면 우리는 그것을 아무것도 아닌 것으로 만드는 것이다. 하나님은 마음 전체를 받으시든지 아니면 아무것도 받지 않으실 것이다. 하나님의 은총은 지극히 값진 보화와 같은 것으로서 목숨을 다하여 찾을 만한 가치가 있는 것이다.

(2) 우리는 힘 닿는 데까지 다른 사람들도 하나님을 찾도록 할 것이라(13절). 그들은 이스라엘의 하나님 여호와를 찾지 않는 자는(다시 말해서 다른 신들을 섬기든지 아니면 완악한 우상 숭배자든지 혹은 완악한 무신론자로서 참 하나님을 섬기는 일에 그들과 함께 하기를 거절하는 자는) 죽는 것이 마땅하다고 합의(合意)했다. 이것은 그들이 새 율법을 만든 것이 아니었다. 다만 이러한 취지의 율법을 그대로 실행할 것을 결의한 것이었다(신 17:2 이하). 만일 이러한 율법이 제대로 시행되었다면, 유다와 베냐민에서 이토록 많은 가증한 우상들이 발견되는 일은 결코 없었을 것이었다(8절). 오늘날 복음시대에도 사람들로 하여금 하나님을 찾도록 만들기 위해 이런 방법을 사용할 수 있는가 하는 문제에 대해서는 당연히 이의(異意)가 제기되어야 한다. 왜냐하면 우리들의 싸울 무기는 육체적인 것이 아니기 때문이다.

2. 언약을 맺는 태도.

(1) 그들은 큰 기쁨과 즐거움을 나타냈다. 그들은 자신들이 하는 일을 부끄

럽게 여기는 양 혹은 스스로를 하나님께 굳게 붙잡아 매는 것을 두렵게 여기는 양 비밀리에 맹세하지 않고 자신들의 열정을 나타내며 피차 격려하기 위해 큰 소리로 맹세했다(14, 15절). 또 그들은 마지못해 맹세하지 않고(마치 빚진 자가 채주에게 채무를 인정하듯이) 크게 기뻐하면서 맹세했다(마치 결혼식 때 신랑이 신부에게 사랑과 성실을 맹세하듯이). 모든 정직한 이스라엘 백성들은 하나님과의 언약을 기뻐하면서 동시에 서로간의 언약을 기뻐했다. 그들은 그것이 자신들의 배교를 막아주는 것을 바라보며 기뻐했으며, 또한 그것이 하나님이 자신들과 함께 하심을 나타내는 증표임을 생각하며 기뻐했다. 하나님과의 언약을 새롭게 하는 때는 복된 때이며 국가적인 개혁은 모든 선한 백성들에게 큰 기쁨이 된다는 사실을 주목하라. 하나님과 멍에를 함께 하는 것은 복된 일이요 영광스러운 일이다.

(2) 그들은 진지함과 열정과 마음의 결단으로 언약을 맺었다. 무리가 마음을 다하여 맹세하고 뜻을 다하여 여호와를 찾았으므로(15절). 지금 이스라엘 백성들의 마음 상태는 너무나 선하고 아름다웠다. 그들이 항상 이와 같은 마음 상태라면! 그들이 지금 자신들이 하고 있는 일에 대해 그토록 즐거워하는 이유는 무엇인가? 그것은 그들이 지금 마음을 다해 그 일을 하고 있었기 때문이었다. 신앙에 있어 참되며 진실한 자들만이 신앙으로부터 위로와 즐거움을 경험하게 된다는 사실을 주목하라. 위선 가운데 행해지는 것은 단지 고역에 불과하다. 그러나 하나님이 우리 마음을 받으실 때 우리에게는 기쁨이 임한다.

V. 하나님과 언약을 맺은 결과.

1. 하나님이 그들에게 선을 베푸심: 여호와께서도 그들을 만나 주시고 그들의 사방에 평안을 주셨더라(15절). 그리하여 오랫동안 그 땅에 전쟁이 없었다(19절). 물론 유다와 이스라엘 간의 접경지역에서 계속적인 분쟁이 있기는 했지만(왕상 15:16), 그러나 전면적인 전쟁은 없었다. 국가적인 경건은 국가적인 축복을 가져오는 법이다.

2. 그들도 하나님에게 전반적으로 선하게 행함. 그들은 개혁을 계속해서 추진했다. 심지어 태후인 마아가도 우상 숭배로 인해 폐위되고 그녀의 우상도 파괴되었다(16절). 아사 자신이 이 일을 주도했는데, 그는 가장 가까운 친족의 우상 숭배까지도 묵인하지 않았다(자기 부모에게 대하여 내가 그들을 보지 못하였다고 말한 레위처럼, 신 33:9). 아사는 자기 할머니를 존귀케 하는 것보다 하나

님을 존귀케 하는 것이 더 중요하다는 사실을 잘 알고 있었다. 또한 방방곡곡에 산재해 있는 우상들을 파괴하면서 정작 자기 왕궁의 한 처소에 있는 우상을 그대로 내버려둘 수는 없었다. 우리는 마아가가 자신의 죄를 깊이 깨닫고 성회에서 결의한 것을 기꺼이 받아들임으로써 그것을 거절할 자들과 함께 죽음에 처하여지지는 않았을 것이라고 추측할 수 있다(12, 13절). 어쩌면 13절에서 여자가 특정하게 언급된 것은(대소 남녀, 즉 큰 자와 작은 자와 남자와 여자) 그녀와 관련된 것이었는지도 모른다. 그녀가 우상을 숭배하였으므로 아사는 그녀로부터 태후의 위를 폐하는 것이 합당하다고 생각했다. 그리고 아마도 그녀를 왕궁에서 쫓아낸 후 은밀한 곳에 거하게 함으로써 다른 사람들에게 악한 영향을 끼치지 못하도록 했을 것이다. 그러나 개혁은 완성되지 못했다. 왜냐하면 여러 산당들은 제하였음에도 불구하고(14:3, 5) 여전히 많은 산당들이 제하여지지 않은 채 남아 있었기 때문이었다. 성읍에 있는 산당들은 제하여졌으나 시골에 있는 산당들은 제하여지지 않았든지, 혹은 유다의 성읍들에 있는 산당들은 제하여졌으나 다윗의 집으로 내려온 이스라엘의 성읍들의 산당들은 제하여지지 않았을 것이다. 혹은 거짓 신들을 예배하는 산당들은 제하여졌으나 이스라엘의 하나님을 예배하는 산당들은 제하여지지 않았을 것이다. 아사는 이러한 산당들을 묵인하기는 했지만 그러나 그의 마음은 온전했다. 그 마음이 하나님 앞에 온전할지라도 어떤 일에 있어 흠이 있는 경우는 결코 드문 일이 아니다. 정직함은 죄 없는 완전함에는 못 미친다.

제
— 16 —
장

개요

여기에서 우리는 아사의 통치역사가 종결되는 것을 보게 되는데, 그의 말년의 모습은 초창기의 모습과 많이 달랐다. I. 아사가 어리석게도 아람 왕 벤하닷과 동맹을 맺음(1-6절). II. 하나님이 선지자를 보내 아사를 책망하심(7-9절). III. 아사가 선지자의 책망을 불쾌하게 받아들임(10절). IV. 아사가 병들어 죽고 장사됨(11-14절).

¹아사 왕 제삼십육년에 이스라엘 왕 바아사가 유다를 치러 올라와서 라마를 건축하여 사람을 유다 왕 아사에게 왕래하지 못하게 하려 한지라 ²아사가 여호와의 전 곳간과 왕궁 곳간의 은금을 내어다가 다메섹에 사는 아람 왕 벤하닷에게 보내며 이르되 ³내 아버지와 당신의 아버지 사이에와 같이 나와 당신 사이에 약조하자 내가 당신에게 은금을 보내노니 와서 이스라엘 왕 바아사와 세운 약조를 깨뜨려 그가 나를 떠나게 하라 하매 ⁴벤하닷이 아사 왕의 말을 듣고 그의 군대 지휘관들을 보내어 이스라엘 성읍들을 치되 이욘과 단과 아벨마임과 납달리의 모든 국고성들을 쳤더니 ⁵바아사가 듣고 라마 건축하는 일을 포기하고 그 공사를 그친지라 ⁶아사 왕이 온 유다 무리를 거느리고 바아사가 라마를 건축하던 돌과 재목을 운반하여다가 게바와 미스바를 건축하였더라

이 사건의 연대를 열왕기상의 역사와 조화시킴에 있어 우리는 상당한 난관에 봉착하지 않을 수 없게 된다. 바아사는 아사 26년에 죽었다(왕상 16:8). 그런데 어떻게 이 일이 아사 36년에 일어날 수 있단 말인가? 그 때는 바아사의 집은 이미 완전히 진멸되고 오므리가 왕위에 앉아 있을 때가 아니었는가? 그러므로 1절의 아사 왕 36년이라는 언급은 통상 아사 왕국 36년 즉 르호보암으로부터 시작되는 유다 왕국 36년을 의미하는 것으로 이해된다(그렇다면 그 해는 아사 16년에 해당될 것이다). 그렇다면 15장 19절의 아사 왕 35년도 그와 같이 이해해야 할 것이며, 그렇게 되면 그 해는 아사 15년이 될 것이다. 그렇다면 아

사 15년까지 전쟁이 없었다는 것이 되는데, 이것은 바로 앞에 나오는 구절(10절)과 잘 조화되지 못한다. 이러한 점을 감안하여 요세푸스는 본 사건을 아사 왕 26년에 있었던 사건으로 이해한다. 그렇다면 우리는 본 장 1절과 앞 장 19절에 필사(筆寫) 상의 오류가 있음을 상정해야 하는데, 만일 그렇게 한다면 여기에 나타난 연대 문제는 어렵지 않게 해결된다.

1. 아사는 어리석게도 이방 왕 벤하닷과 동맹을 맺었다(3절). 만일 그가 하나님과 맺은 언약을 의지했다면 아람 왕실과의 동맹을 그토록 의지하지는 않았을 것이다.

2. 만일 아사가 이스라엘의 영광을 생각했다면 바아사의 군대를 되돌리기 위해 다른 방책을 찾아냈을 것이다. 그러나 그렇게 하는 대신 그는 유다와 이스라엘의 공동의 적인 이방 군대를 끌어들였는데, 그들은 때가 되면 유다에게도 재앙이 될 자들이었다.

3. 벤하닷에게 있어 단지 돈 때문에 바아사와의 동맹을 파기한 것은 의심의 여지 없는 죄였다. 그렇다면 그를 충동한 것 역시 아사에게 있어 죄가 아닐 수 없었다. 왕들과 나라들 사이의 공적 신뢰가 이렇게 싸구려 물건 같이 치부되어서는 결코 안 된다.

4. 이런 일을 위해 여호와의 전으로부터 은금을 취한 것은 그러한 죄를 더욱 가중시키는 것이었다(2절). 그의 육신적인 정략을 위해 성전이 약탈을 당해야 한단 말인가? 차라리 그는 여호와의 전에 예물을 바치며 기도와 간구를 드리는 것이 훨씬 나았을 것이다. 그랬더라면 그는 하나님을 자기편으로 삼을 수 있었을 것이며, 벤하닷과의 동맹을 위해 그토록 많은 비용을 치를 필요도 없었을 것이다.

5. 벤하닷의 군대가 이스라엘의 성읍들에 행한 모든 재앙 즉 그들이 흘린 피와 약탈에 대해 아사는 아무 책임도 없는가?(4절). 아마도 아사는 그들이 그렇게까지 하리라고는 생각지 못했을 것이다. 그러나 다른 사람들을 죄 속으로 끌어들이는 자들은 지금 자신들이 무슨 일을 하고 있는지 알지 못하는 법이다. 또 그 일이 어디에서 끝나게 될지도 알지 못한다. 죄의 시작은 방축에서 물이 새는 것과 같다. 그렇지만 아사의 계획은 어쨌든 성공을 거두었다. 벤하닷의 공격으로 인해 바아사는 라마 건축하는 일을 포기하고 자기 나라를 수비하는 일에 전력을 기울이지 않을 수 없게 되었다. 그리하여 아사는 라마를 허물어뜨

리고 거기에 사용된 각종 건축 재료를 다른 용도로 사용할 수 있게 되었다.

[7]그 때에 선견자 하나니가 유다 왕 아사에게 나와서 그에게 이르되 왕이 아람 왕을 의지하고 왕의 하나님 여호와를 의지하지 아니하였으므로 아람 왕의 군대가 왕의 손에서 벗어났나이다 [8]구스 사람과 룹 사람의 군대가 크지 아니하며 말과 병거가 심히 많지 아니하더이까 그러나 왕이 여호와를 의지하였으므로 여호와께서 왕의 손에 넘기셨나이다 [9]여호와의 눈은 온 땅을 두루 감찰하사 전심으로 자기에게 향하는 자들을 위하여 능력을 베푸시나니 이 일은 왕이 망령되이 행하였은즉 이 후부터는 왕에게 전쟁이 있으리이다 하매 [10]아사가 노하여 선견자를 옥에 가두었으니 이는 그의 말에 크게 노하였음이며 그 때에 아사가 또 백성 중에서 몇 사람을 학대하였더라 [11]아사의 처음부터 끝까지의 행적은 유다와 이스라엘 열왕기에 기록되니라 [12]아사가 왕이 된 지 삼십구 년에 그의 발이 병들어 매우 위독했으나 병이 있을 때에 그가 여호와께 구하지 아니하고 의원들에게 구하였더라 [13]아사가 왕위에 있은 지 사십일 년 후에 죽어 그의 조상들과 함께 누우매 [14]다윗 성에 자기를 위하여 파 두었던 묘실에 무리가 장사하되 그의 시체를 법대로 만든 각양 향 재료를 가득히 채운 상에 두고 또 그것을 위하여 많이 분향하였더라

I. 여호와의 선지자가 바아사와 동맹을 맺은 것으로 인해 아사를 책망함. 그는 선견자 하나니였는데, 또 다른 선지자인 예후의 아버지였다(왕상 16:1; 대하 19:2). 우리는 앞에서 아사가 벤하닷과 동맹을 맺는 가운데 잘못된 점 몇 가지를 살펴보았다. 그러나 선지자가 여기에서 가장 큰 잘못으로 지적하고 있는 것은 그가 자기 하나님 여호와가 아니라 아람 왕을 의지했다는 것이었다(7절). 그는 설령 하나님이 자신의 편이라 할지라도 그것만 가지고는 부족하다고 생각했다. 벤하닷까지 자신의 편이 되어야만 하나님도 자신을 도울 수 있을 것이었다. 벤하닷이 자신의 편이 되지 않는다면 하나님도 자신을 도울 수 없든지 혹은 돕지 않으실 것이므로 그는 스스로를 돕기 위해 이와 같은 간접적인 방책을 사용해야만 했다. 사람들이 자신을 불신할 때 그리고 자신의 권능과 선하심보다 육신적인 힘을 더 의지할 때, 하나님은 그것을 크게 불쾌하게 여기신다. 우리는 하나님을 신뢰하며 의지함으로써 그분을 존귀케 한다. 그러므로 우리가 그러한 존귀를 다른 것에게 돌리면 하나님은 스스로 모독을 당한 것으로 여기

신다. 선지자는 왕이 이 일에 망령되이 행했다고 분명하게 지적한다(9절). 영원히 의지할 만세반석이 있음에도 불구하고 부러진 갈대를 의지하는 것은 참으로 어리석은 일이다. 그의 어리석음을 깨닫게 하기 위해 선지자는 다음과 같은 사실들을 지적한다.

1. 왕이 과거의 경험과 상반되게 행동했다(8절). 다른 사람은 몰라도 아사만은 하나님을 불신할 아무런 이유가 없었다. 그는 자기 하나님 여호와를 의지함으로 강력한 적들로부터 승리를 거두었으며, 수 차례에 걸쳐 하나님의 특별한 능력을 체험했다(13:18; 14:11). 선지자는 말한다. "구스 사람과 룹 사람의 군대가 온 나라를 집어삼킬 만큼 크지 아니하더이까? 그렇지만 왕이 여호와를 의지하였으므로 여호와께서 그들을 왕의 손에 넘기셨나이다. 하물며 하나님께 바아사의 공격으로부터 도울 만한 충분한 힘이 없겠나이까?" 우리가 하나님의 선하심을 많이 체험했을 때, 그것이 도리어 우리의 불신의 죄를 더욱 가중시키는 사실을 주목하라. 하나님이 여섯 가지 환난에서 우리를 도우셨는가? 그런데 왜 일곱째 환난에서 그의 도우심을 의심한단 말인가? 우리의 마음이 얼마나 거짓된지 보라. 우리는 꼭 필요할 때만 그리고 다른 아무것도 의지할 것이 없을 때에만 하나님을 의지한다. 그러다가 의지할 만한 다른 것이 생기면 우리는 너무나 쉽게 그런 것에게로 달려가곤 한다. 그러나 세상이 미소로 우리를 유혹할 때에도 우리의 믿음과 신뢰의 대상은 오직 하나님 한 분뿐이다.

2. 왕이 하나님과 하나님의 섭리에 대한 왕의 지식과 상반되게 행동했다(9절). 아사는 여호와의 눈이 온 땅을 두루 감찰하사 전심으로 자기에게 향하는 자들을 위하여 능력을 베푸시는 사실을 모를 수 없었다. 다시 말해서,

(1) 하나님이 무한하신 지혜로 세상을 다스리시므로 모든 피조물들과 그들의 모든 행동이 하나님의 눈 아래 있다. 여호와의 눈은 온 땅을 두루 감찰하사(9절), 즉 신적 섭리의 눈은 매우 빠르며 광범위하다. 땅의 어떤 구석진 곳도 심지어 가장 어둡고 먼 곳도 그의 눈에서 벗어나지 못한다. 하나님의 눈은 당신의 손과 권능의 팔에게 명령을 내린다. 사탄이 땅의 여기저기를 걸어 다니는가? 하나님의 눈은 땅의 여기저기를 달리신다. 하나님의 눈은 결코 길을 잃어버리는 일도 없으며 결코 찾지 못하는 일도 없다.

(2) 하나님은 자기 백성들의 선을 위해 세상을 다스리신다. 또한 하나님은 자기 백성들의 구원과 관련한 당신의 사랑의 계획에 따라 그리고 당신의 종 야

곱 당신이 택한 자 이스라엘을 위해 모든 일을 행하신다(사 45:4). 그리스도는 만물 위에 교회의 머리가 되신다(엡 1:22).

(3) 그 마음이 하나님께 온전한 자들은 그분의 보호하심을 확신할 수 있으며 또한 세상에서 그분을 의지할 충분한 이유를 가지고 있다. 하나님은 모든 길에서 그들을 보호하실 수 있으시며(지혜와 능력이 그의 것이므로), 실제로 그렇게 하시기를 기뻐하신다. 우리가 하나님으로부터 떠나며 두 마음을 품는 모든 기저(基底)에 실제적 불신앙(practical disbelief)이 있다. 아사가 벤하닷과 동맹을 맺고자 한 것은 요컨대 하나님을 신뢰할 수 없었기 때문이었다.

3. 왕이 스스로에게 유익되지 못하게 행동했다.

(1) 왕은 아람 왕의 세력이 점점 커지는 것을 막을 기회를 잃어버렸다(7절): 아람 왕의 군대가 왕의 손에서 벗어났나이다. 그렇게 하지 않았다면 아람 왕의 군대는 바아사와 연합한 상태에서 그들과 함께 멸망을 당하게 되었을 것이었다.

(2) 왕은 하나님의 노여움을 자초하였으므로 이제부터 평화가 아니라 전쟁을 각오해야만 하게 되었다(9절). 마음속에 하나님을 신뢰하는 것이 없는 자들은 하나님의 보호하심을 잃어버림과 함께 스스로를 그러한 보호권 밖으로 내던져 버린다.

Ⅱ. 이러한 책망을 아사가 불쾌하게 받아들임. 그와 같은 책망은 하나님의 사자를 통하여 다시 말해서 하나님 그 자신으로부터 온 것이었으며, 매우 정당하고 합리적일 뿐만 아니라 왕 자신의 유익을 위한 것이었다. 그럼에도 불구하고 왕은 자신의 어리석음을 지적하는 선견자로 인해 크게 격노했다: 아사가 노하여(10절). 이 사람이 정말 아사인가? 이 사람이 일평생 그 마음이 여호와께 온전했던 바로 그 사람인가? 스스로 선 줄 생각하는 자는 넘어질까 조심하라. 지혜로운 자가 그와 같이 격노하다니! 이스라엘 백성이 선지자에게 격노하다니! 선한 자가 책망을 참지 못하고 자신의 어리석음을 지적하는 말을 들을 줄 모르다니! 주여 사람이 무엇이나이까? 하나님이 그대로 내버려 두시면 사람은 아무것도 아니나이다. 자신의 행동을 우상화하는 자들은 남의 비판을 감당하지 못한다. 성미가 급하고 다혈질적인 자들은 결국 어리석은 행동과 불경건에 떨어지고 마침내는 하나님의 얼굴 앞에서 도망치게 될 것이다. 이런 쓴 뿌리가 결국 어떤 쑥과 쓸개를 맺는지 보라.

1. 격노 가운데 아사는 선지자를 옥에 가두었다. 하나님의 선지자들은 책망을

받아들일 줄 모르는 많은 사람들을 만나게 되지만, 그러나 그들은 자신들의 사명을 감당해야만 한다.

　2. 이에 더하여 아사는 백성 중에서 몇 사람을 학대하였다. 아마도 그들은 선지자를 옹호하는 자들이었든지 아니면 그와 가까운 자들이었을 것이다. 그는 자신에게 주어진 권력을 남용하여 하나님의 선지자를 핍박하였을 뿐만 아니라 한 걸음 더 나아가 그것을 자신의 백성을 짓밟는데 사용하는 잘못을 저질렀다. 그럼으로써 그는 스스로를 약화시켰을 뿐만 아니라 스스로의 이득에 반하게 행동했다. 핍박자들은 대부분 폭군이었다.

　Ⅲ. 아사가 병에 걸림.　　죽기 두 해 전에 그는 발에 병이 들었다(12절). 그것은 중증의 통풍으로 그에게 큰 고통을 가져다주었다. 그는 선지자에게 차꼬를 채웠는데, 이제는 하나님이 그에게 차꼬를 채웠다. 이와 같이 그에게 임한 징벌은 그가 행한 죄와 상응했다. 그의 병은 매우 위독했다. (어떤 이들이 해석하는 것처럼) 그의 병은 꼭대기까지 다다랐으며, (또 어떤 이들이 해석하는 것처럼) 그의 병은 그의 머리까지 찼다. 그의 병은 죽음에 이르게 하는 치명적인 병이었다. 그러나 그의 죄는 병 나음을 위해 여호와께 구하지 아니하고 의원에게 구했다는 사실이었다(12절). 의원에게 도움을 구하는 것은 당연한 일이다. 그러나 의원을 의지하는 가운데 오직 하나님께로부터 얻어야 할 것을 의원으로부터 얻고자 한 것이 그의 죄요 어리석음이었다. 피조물로부터 도움을 구할 때 우리는 항상 창조주를 바라보며 그분을 의지하는 가운데 그렇게 해야만 한다. 하나님이 없이는 가장 숙련된 의원이라 할지라도 아무 소용이 없는 법이다. 어떤 이들은 여기의 의원들이 이스라엘 공동체에서는 낯선 존재들로서 일종의 마술을 행하는 자들이었으며 아사는 마치 이스라엘에 하나님이 없는 것처럼 그들을 의지했다고 생각한다.

　Ⅳ. 아사의 죽음과 장사.　　그의 장례는 매우 장대하고 특별하게 행해졌다(14절). 나는 그 자신이 이와 같이 장대한 장례를 명했다고는 생각하고 싶지 않다. 이것은 유대인들의 방식을 따른 것이라기보다는 이방인들의 방식을 따른 것이었다. 그가 자신을 위해 묘실을 파 두었다고 언급된 것은 사실이지만, 그러나 나는 이러한 장대한 장례가 그의 말년의 실수와 허물에도 불구하고 백성들이 그에게 품고 있던 큰 존경심을 표현한 것으로 믿고 싶다. 비록 어느 정도의 오점이 있다 할지라도 어떤 선한 인물의 뛰어난 경건과 치적은 마땅히 칭송되

고 기념되어야 한다. 그들이 행한 선한 일들은 무덤 위에서 기념되는 반면 그들의 허물은 무덤 속에서 묻혀지게 하라. 선을 행하고 죄를 짓지 않는 의인은 없다고 말씀하신 분은 또한 의인을 기념하는 것은 복된 일이라고 말씀하셨다.

제 17 장

개요

우리는 여기에서 여호사밧의 생애와 통치의 이야기가 시작되는 것을 보게 되는데, 그는 다윗 이래 유다의 홀을 잡았던 가장 뛰어난 왕 중 한 사람이었다. 그는 선한 아버지로부터 태어난 선한 아들이었다. 그러므로 그의 경우에는 은혜가 혈통을 따라 흘렀다. 이와 같이 선한 아버지를 가진 아들은 복이 있다. 왜냐하면 아버지가 아들을 위해 선한 기초를 놓아 두었기 때문이다. 또 이와 같이 선한 아들을 둔 아버지 역시 복이 있다. 왜냐하면 자신이 놓은 기초 위에 자기 아들이 잘 건축할 것이기 때문이다. 또한 이와 같이 선한 왕들이 연속해서 일어나는 나라는 복이 있다. 본 장의 내용은 다음과 같다. I. 여호사밧이 왕위에 오르고 왕권을 굳게 세움(1, 2, 5절). II. 여호사밧의 개인적인 경건(3, 4, 6절). III. 여호사밧이 신앙을 증진시키기 위해 취한 조치(7-9절). IV. 여호사밧이 이웃 나라들에 대해 가졌던 강력한 영향력(10, 11절). V. 여호사밧의 강력한 군사력(12-19절). 이와 같이 그의 형통은 그의 경건에 대한 상급이었으며, 그의 경건은 그의 형통에 박힌 가장 빛나는 보석이었다.

[1]아사의 아들 여호사밧이 대신하여 왕이 되어 스스로 강하게 하여 이스라엘을 방어하되 [2]유다 모든 견고한 성읍에 군대를 주둔시키고 또 유다 땅과 그의 아버지 아사가 정복한 에브라임 성읍들에 영문을 두었더라 [3]여호와께서 여호사밧과 함께 하셨으니 이는 그가 그의 조상 다윗의 처음 길로 행하여 바알들에게 구하지 아니하고 [4]오직 그의 아버지의 하나님께 구하며 그의 계명을 행하고 이스라엘의 행위를 따르지 아니하였음이라 [5]그러므로 여호와께서 나라를 그의 손에서 견고하게 하시매 유다 무리가 여호사밧에게 예물을 드렸으므로 그가 부귀와 영광을 크게 떨쳤더라 [6]그가 전심으로 여호와의 길을 걸어 산당들과 아세라 목상들도 유다에서 제거하였더라 [7]그가 왕위에 있은 지 삼 년에 그의 방백들 벤하일과 오바댜와 스가랴와 느다넬과 미가야를 보내어 유다 여러 성읍에 가서 가르치게 하고 [8]또 그들과 함께 레위 사람 스마야와 느다냐와 스바댜와 아사헬과 스미라못과 여호나단과 아도니야와 도

비야와 도바도니야 등 레위 사람들을 보내고 또 저희와 함께 제사장 엘리사마와 여호람을 보내었더니 ⁹그들이 여호와의 율법책을 가지고 유다에서 가르치되 그 모든 유다 성읍들로 두루 다니며 백성들을 가르쳤더라

여호사밧과 관련하여 우리는 여기에서 다음과 같은 사실들을 발견할 수 있다.

I. 그가 매우 지혜로운 자였다는 사실. 왕위에 오르자마자 그는 이스라엘에 대하여 스스로를 강하게 했다(1절). 매우 활달하며 호전적인 군주였던 아합은 지금 이스라엘 왕위에 오른지 3년이 되었다. 최근 이스라엘 왕국은 무서운 속도로 성장하여 유다 왕국에게 상당히 위협적인 존재가 되었던 것으로 보인다. 그리하여 여호사밧이 첫 번째로 대처해야 할 일은 이스라엘 왕국의 점증(漸增)하는 세력을 억제함으로써 자신의 왕국을 굳게 방비하는 일이었다. 여호사밧은 그러한 일을 매우 효과적으로 그리고 아무런 피도 흘리지 않고 잘 수행했다. 따라서 아합은 여호사밧과 더불어 동맹을 맺고자 했는데, 나중에 여호사밧에게 있어 아합과 친구가 되는 것은 차라리 적이 되는 것보다 더 위험한 일이었음이 드러났다. 여호사밧은 스스로를 강하게 하되 이스라엘에 대해 공격적으로 행동하지는 않았다. 다만 자신의 왕국을 든든하게 방비하는 쪽으로만 그렇게 했을 뿐이었다. 그는 변경지역에 있는 성읍들에 군대를 주둔시키고 에브라임 성읍들에 영문을 두었다(2절). 그는 스스로를 강하게 하되, 자기 아버지가 했던 것처럼 아람 왕과 동맹을 맺음으로써 그렇게 하지 않고 정상적인 방법으로 그렇게 했다. 그렇게 함으로써 그는 하나님의 축복을 기대할 수 있었으며 또한 그 일에 하나님을 의지했다.

II. 그가 매우 선한 자였다는 사실. 바로 이 점이 그의 가장 탁월한 특성이었다.

1. 그는 그의 조상 다윗의 처음 길로 행했다(3절). 왕들의 특성을 평가함에 있어 종종 다윗의 길이 표준이 되곤 했다(왕상 15:3, 11; 왕하 14:3; 16:2; 18:3). 그러나 그(다윗)의 처음 길과 나중 길 사이의 구별이 여기만큼 분명하게 구분지어진 곳도 없다. 그의 나중 길은 처음 길만큼 선하지 못했다. 그의 길은 우리아와 관련한 죄에 떨어지기 전까지는 선한 길이었다(우리아와 관련한 죄는 나중에 그의 이름을 더럽히는 오점으로 언급된다, 왕상 15:5). 설령 그러한 추락으

로부터 회복되기는 했다 할지라도, 그러나 그는 살아 있는 동안 그 일로 잃은 영적인 힘과 위로를 완전히 만회하지는 못했던 것으로 보인다. 여호사밧은 다윗의 길을 따르되 오직 그가 하나님을 따라 행했던 측면으로만 그렇게 했다. 이와 같이 바울도 자신을 본받는 것에 대해 분명한 경계선을 그었다(고전 11:1): 내가 그리스도를 본받는 자가 된 것 같이 너희가 나를 본받는 자가 되라. 그리스도를 본받는 것이 아닌 측면에서는 그를 본받을 필요가 없었다. 많은 사람들이 많은 경우 자신들의 처음 길이 최선의 길이었으며 자신들의 처음 사랑이 최고의 사랑이었음을 깨닫곤 한다. 어떤 글을 옮겨 쓰고자 할 때 우리는 가능한 한 가장 좋은 글을 선택한다. 또한 우리는 이 구절을 다음과 같이 다른 방식으로도 읽을 수 있다. 그는 그의 조상 다윗의 길 즉 처음 길 혹은 옛적 길로 행했다 (Hareshonim). 다시 말해서 그는 근자의 타락한 통치 이전의 가장 순전했던 옛 시대의 모범을 따르고자 했다는 것이다. 예레미야 6장 16절을 보라(너희는 길에 서서 보며 옛적 길 곧 선한 길이 어디인지 알아보고 그리로 가라 너희 심령이 평강을 얻으리라). 한편 70인역에는 다윗이란 단어가 빠져 있다. 그러므로 여호사밧이 따른 것은 그의 아버지인 아사의 길이 된다: 그가 그의 아버지의 처음 길로 행하였으며, 아버지의 말년의 잘못된 행동은 본받지 않았더라. 선한 자를 본받으며 따름에 있어서도 혹 길을 잘못 들까 하여 조심하는 것은 좋은 일이다.

2. 그는 바알들에게 구하지 아니하고 오직 그의 아버지의 하나님께 구했다(3, 4절). 당시 이웃 나라들은 각자 자신들의 바알을 가지고 있었다. 이 나라는 이 바알을 그리고 저 나라는 저 바알을 가지고 있었다. 그러나 여호사밧은 모든 바알을 미워하며 어떤 것과도 상관하지 않았다. 그는 오직 그의 아버지의 하나님 여호와만을 경배했으며, 오직 그에게만 물으며 기도했다.

3. 그는 하나님의 계명을 행하며 이스라엘의 행위를 따르지 않았다(4절). 그는 참 하나님을 경배했을 뿐만 아니라 그 모든 것을 하나님의 규례에 따라 행했다. 비록 이스라엘 왕과 동맹을 맺고 있기는 했지만 그러나 그의 길은 따르지 않았다. 국가적인 문제에 있어서는 이스라엘 왕과 관계를 맺었지만 그러나 종교적인 문제에 있어서는 아무런 관계도 맺지 않았다. 이 일에 있어 그는 하나님의 법도를 따랐다.

4. 그는 전심으로 여호와의 길을 걸었다(6절). 그는 하나님의 일에 자기 마음을 쏟으며 고양(高揚)시켰다. 다시 말해서 그는 진지하게 하나님을 주목했다.

여호와여 내가 주께 나의 영혼을 높이 드나이다. 그의 마음은 선한 일에 넓혀졌다(시 119:32, 주께서 내 마음을 넓히시면 내가 주의 계명들의 길로 달려가리이다). 그는 자신이 하나님을 위해 충분하게 행할 수 있다고는 결코 생각하지 않았다. 그는 자신의 신앙에 적극적이며 열정적이었다. 열심을 품고 주를 섬기라. 기쁨과 즐거움으로 주를 섬기라. 그는 야곱이 벧엘에서 하나님의 이상을 본 후 즉시 길을 떠났던 것처럼 주저 없이 하나님의 일을 행했다(창 29:1). 그는 담대하고 굳은 마음으로 그리고 용기 있게 여호와의 길을 걸었다. 자신에게 주어진 사명을 수행하는 과정에 예상되는 온갖 난관에도 불구하고 그의 마음은 높이 고양(高揚)되었다. 그는 그 모든 난관들을 쉽게 극복했으며, 파종할 때 바람을 두려워하지 않았으며 추수할 때 구름을 두려워하지 않았다(전 11:4, 풍세를 살펴보는 자는 파종하지 못할 것이요 구름만 바라보는 자는 거두지 못하리라). 우리도 그와 같은 마음으로 걸어가자.

Ⅲ. 그가 매우 유용한 사람이었다는 사실. 그는 선한 사람이었을 뿐만 아니라 또한 선한 왕이었다. 그는 스스로 선했을 뿐만 아니라 자신의 세대에 많은 선을 행했다.

1. 그는 거짓 스승들 곧 새겨 만든 신상들과(각종 신상들은 종종 거짓 스승으로 일컬어진다, 합 2:18) 산당들과 아세라 목상들을 제거했다(6절). 여기에서 제거된 산당들은 우상을 숭배하는 산당들이었다. 그러나 참 하나님을 섬기는 산당은 제거되지 않았다(20:33). 그가 철폐한 것은 오직 우상 숭배였다. 그가 제거한 신상들과 아세라 목상들보다 당시 유다 나라를 더 타락케 하는 것은 아무것도 없었다.

2. 그는 진리의 스승들을 보냈다. 여호사밧은 자기 백성들의 신앙 상태를 조사함으로써 그들이 전반적으로 매우 무지하다는 사실을 알게 되었다. 당시 백성들은 자신들이 악을 행하고 있다는 사실조차도 알지 못했다. 선왕(先王) 시대의 선한 통치시절에조차도 그들을 참된 믿음의 길로 가르치는 일에 별다른 주의가 기울여지지 않았다. 그리하여 여호사밧은 그들을 이성적인 피조물로 대하는 가운데 맹목적인 개혁으로 인도하지 않고 먼저 그들을 잘 가르치기로 마음을 먹었다. 그는 이와 같은 방법이야말로 그들의 신앙 상태를 가장 잘 바로잡는 길이라고 믿었다. 이 일에 있어 그는

(1) 자신의 방백들을 사용했다. 여호사밧은 자기 주위에 있는 방백들을 보

내어 유다 여러 성읍에 가서 가르치도록 했다(7절). 여호사밧은 그들에게 공의를 시행하여 백성들의 악행을 바로잡을 뿐만 아니라 백성들로 하여금 선과 악의 차이를 알고 선하게 행동하도록 가르치게 하였다. 방백이나 재판관은 백성들로 하여금 하나님과 사람에게 대한 마땅한 의무를 가르칠 많은 기회를 갖는다. 또한 그것은 결코 그들의 영역 밖의 일이 아니다. 왜냐하면 하나님의 법은 또한 국가의 법으로도 간주되어야만 하기 때문이다.

(2) 레위인들과 제사장들을 사용했다. 레위인들과 제사장들은 방백들과 함께 가서 백성들을 가르쳐야 했다(8, 9절). 그들은 가르치는 것을 직무로 하는 자들이었다(신 33:10). 가르치는 것은 그들의 생업의 일부였다. 그들에게 있어 이 일 외에 다른 일은 별로 없었다. 그러나 그들은 아마도 백성들을 청종케 할 수 없다는 핑계로 가르치는 일을 게을리했던 것으로 보인다. 이에 여호사밧은 말한다. "너희들은 방백들과 함께 갈 것이니라. 그들이 자신들의 권세로 백성들을 너희에게 나아오게 하고 또 청종하게 할 것이라. 그럼에도 불구하고 백성들이 선한 교훈으로 가르침받지 못한다면, 그것은 너희들의 책임이니라." 이와 같이 모세와 아론이 함께 연합하여 백성들을 가르치는 것, 다시 말해서 권력을 가진 방백들과 성경 지식을 가진 레위인과 제사장들이 연합하여 백성들에게 하나님에 관한 선한 지식과 그들이 마땅히 행할 바를 가르치는 것은 얼마나 선하고 아름다운 일인가! 이러한 순회 재판관들과 순회 설교자들은 함께 유다의 성읍들을 다니며 복된 빛을 퍼뜨리는 선한 동역자가 되었다. 그들은 여호와의 율법책을 가지고 갔는데,

[1] 그것은 그들의 모든 가르침의 근원이 될 것이었다. 여호와의 율법책으로부터 그들은 백성들에게 줄 모든 가르침을 끌어올 것이었다. 그렇게 함으로써 그들은 사람의 계명으로 교훈을 삼아 가르치지 않을 수 있을 것이었다.

[2] 그것은 백성들에게 확신을 주기 위함이었다. 이로써 백성들은 그들이 가르치며 전하는 것에는 신적 보증이 있으며 하나님으로부터 받은 것이라는 사실을 알 수 있었다. 사역자들이 백성들을 가르치기 위해 갈 때에는 반드시 성경을 가지고 가야 한다는 사실을 주목하라.

IV. 그가 매우 복된 사람이었다는 사실.

1. 하나님의 은총이 그와 함께 했으니 그는 얼마나 복되었던가? 하나님은 그를 특별하게 인정하시고 축복하셨다. 여호와께서 그와 함께 하셨으니(3절, 갈

대아 역본에는 "여호와께서 그의 돕는 자가 되셨으니"라고 되어 있다). 또 여호와께서 나라를 그의 손에서 견고하게 하시매(5절). 하나님이 함께 하시는 자들은 범사에 견고하게 될 것이다. 만일 우리 하나님 여호와의 아름다움이 우리 위에 임하면, 그것은 우리 손으로 하는 모든 일들을 견고케 할 것이며 또한 우리로 정직 가운데 견고히 서게 할 것이다.

2. 백성들의 마음이 그와 함께 있었으니 그는 얼마나 복되었던가? 유다 무리가 여호사밧에게 예물을 드렸으므로(5절). 그들이 예물을 드린 것은 아마도 자신들에게 설교자를 보내준 것에 대한 감사의 표시였을 것이다. 백성들 가운데 신앙이 굳건해질수록 자발적인 충성심 또한 더욱 많아지게 될 것이다. 정부의 목적에 부합하는 정부는 폭넓은 지지를 받게 될 것이다 ― 하나님의 은총이 함께 하며 또한 백성들의 마음이 함께 함으로써. 여호사밧의 부귀와 영광이 크게 떨쳐졌다. 믿음과 경건이 외적 형통의 가장 가까운 친구라는 사실은 의심의 여지 없는 사실이다. 그리고 바로 뒤에 이어지는 언급을 주목하라: 그가 전심으로 여호와의 길을 걸어(6절). 많은 사람들에게 풍성한 부귀와 영광은 그들이 여호와의 길을 걷는데 장애물이 되곤 했다. 그로 인해 도리어 교만과 안일과 육체의 정욕에 떨어진 자들이 얼마나 많았던가? 그러나 여호사밧의 경우는 달랐다. 그의 풍성한 부귀와 영광은 그의 순종의 수레바퀴에 부어진 기름과 같았다. 세상의 재물을 더 많이 가질수록 그는 더욱 전심으로 여호와의 길을 걸었다.

[10]여호와께서 유다 사방의 모든 나라에 두려움을 주사 여호사밧과 싸우지 못하게 하시매 [11]블레셋 사람들 중에서는 여호사밧에게 예물을 드리며 은으로 조공을 바쳤고 아라비아 사람들도 짐승 떼 곧 숫양 칠천칠백 마리와 숫염소 칠천칠백 마리를 드렸더라 [12]여호사밧이 점점 강대하여 유다에 견고한 요새와 국고성을 건축하고 [13]유다 여러 성에 공사를 많이 하고 또 예루살렘에 크게 용맹스러운 군사를 두었으니 [14]군사의 수효가 그들의 족속대로 이러하니라 유다에 속한 천부장 중에는 아드나가 으뜸이 되어 큰 용사 삼십만 명을 거느렸고 [15]그 다음은 지휘관 여호하난이니 이십팔만 명을 거느렸고 [16]그 다음은 시그리의 아들 아마시야니 그는 자기를 여호와께 즐거이 드린 자라 큰 용사 이십만 명을 거느렸고 [17]베냐민에 속한 자 중에 큰 용사 엘리아다는 활과 방패를 잡은 자 이십만 명을 거느렸고 [18]그 다음은 여호사밧이라 싸움을 준비한 자 십팔만 명을 거느렸으니 [19]이는 다 왕을 모시는 자요 이 외

에 또 온 유다 견고한 성읍들에 왕이 군사를 두었더라

여호사밧과 그의 나라가 점점 더 강성해져 간다.

I. 여호사밧은 주변 나라의 왕들에게 상당한 세력을 떨쳤다. 그는 다윗처럼 뛰어난 무인(武人)도 아니었고, 솔로몬처럼 탁월한 학자도 아니었다. 그럼에도 불구하고 여호와의 두려움이 그들에게 임함으로(다시 말해서 하나님이 그들의 심령에 강력한 영향을 끼침으로) 그들은 여호사밧에게 굴복하지 않을 수 없었다(10절).

1. 그들 중 어느 누구도 여호사밧과 싸울 생각을 하지 못했다. 이것은 하나님의 선하신 섭리로 말미암은 것이었다. 방백들과 제사장들이 온 유다 성읍을 다니면서 백성들을 가르치며 나라를 개혁하는 동안, 주변의 어떤 나라도 그 일을 가로막거나 훼방하지 못했다. 이와 같이 야곱과 그의 아들들이 하나님께 예배하기 위해 벧엘로 갈 때, 하나님의 두려움이 주변 성읍들에 임하므로 아무도 그들을 추격할 수 없었다(창 35:5). 이와 관련하여 출애굽기 34장 24절을 보라(네가 매년 세 번씩 여호와 네 하나님을 뵈려고 올 때에 아무도 네 땅을 탐내지 못하리라).

2. 주변 나라의 여러 왕들이 여호사밧에게 예물을 바쳤다(11절). 그렇게 한 것은 그와 더불어 우호관계를 돈독히 하기 위함이었다. 아마도 이것은 아사가 그들에게 부과한 조공이었을 것인데, 그는 블레셋의 여러 성읍과 아라비아 사람들의 여러 장막을 점령한 바 있었다(14:14, 15). 아라비아 사람들은 숫양 7,700마리와 숫염소 7,700마리와 함께 그에 상응하는 정도의 암양과 새끼 양과 암염소와 새끼 염소를 가져왔을 것이다.

II. 여호사밧은 유다의 성읍들에 상당한 분량의 물품을 비축했다. 그는 국고성들을 건축하고 그 곳에 많은 무기와 식량을 비축했다(12절). 그는 모든 일에 있어 항상 공적 선을 염두에 두고 부지런히 일했다. 그것은 계속해서 평화를 유지하든지 아니면 전쟁에 대비하기 위한 것이었을 것이다.

III. 여호사밧은 자신의 군대를 체계적으로 조직했다. 다윗이 군대를 조직한 이래 그것이 지금보다 더 훌륭한 상태에 있었던 적은 없었다. 여기에 다섯 명의 장군의 이름과 함께 그들 휘하의 병사들의 숫자가 기록되어 있는데, 유다에 속한 자가 세 명이었고 베냐민에 속한 자가 두 명이었다. 이들 장군들 가운데 한 사람인 아마시야와 관련하여 그는 자신을 여호와께 즐거이 드린 자였다고 특별하게 언급된다(16절). 그는 왕에게 뿐만 아니라 하나님께 즐거이 자신을 드렸다. 그는 그들 가운데 신앙에 있어 가장 탁월한 자였다. 그가 장군의 직위를 받아들인 것은 자신의 영광이나 권세나 이득을 위해서가 아니라 하나님과 나라를 섬기기 위함이었다. 당시 장군들은 통상적으로 자신의 탈취물을 여호와께 드렸다(대상 26:26). 그러나 아마시야는 하나님께 먼저 자신을 드리고 그 다음에 자신의 탈취물을 드렸다. 이들 다섯 명의 장군들 휘하의 군대의 총 숫자는 116만 명이었는데, 이러한 숫자는 유다와 베냐민으로 이루어진 작은 나라가 감당하기에는 너무도 많은 숫자였다. 아비야가 전장(戰場)으로 데려갈 수 있는 군대는 고작 40만 명에 불과했다(13:3). 또 아사의 군대 역시 채 60만 명이 되지 못했다(14:8). 그러나 여호사밧의 군대는 거의 120만 명에 이르렀는데, 우리는 여기에서 다음의 사실들을 고려해야만 한다.

1. 하나님이 아브라함의 씨를 바다의 모래처럼 많게 하시겠다고 말씀하신 약속.

2. 오랫동안 평화가 계속되고 있었던 사실.

3. 우리는 그 때 예루살렘 도성이 크게 확장되었을 것으로 추측할 수 있다.

4. 이스라엘로부터 많은 사람들이 넘어와 백성들의 숫자가 크게 증가하였을 것이라는 사실.

5. 여호사밧이 하나님의 특별한 축복 아래 있었으므로 그의 범사가 크게 형통했다는 사실.

우리는 병사들이 전국에 퍼져 있었으며 대부분 자신의 집에 거주하고 있었을 것으로 추측할 수 있다. 그러다가 때때로 소집되어 훈련을 받다가 특별한 상황이 발생하면 즉각 동원될 준비를 갖추고 있었을 것이다. 반면 장군들은 국가의 관료로서 왕 옆에 상시적으로 시종(侍從)하고 있었다(19절). 그러나 우리는 여기에서 한 가지 잊지 말아야 할 것이 있다. 그것은 주변 나라들에게 두려움을 가져다주고 조공을 바치게 한 것이 이러한 강력한 군대가 아니라 하나님 자신이었다고 하는 사실이다. 여호사밧이 유다를 개혁하며 백성들을 가르치는 일에 착념하자, 하나님은 자신의 두려움을 주변 나라의 왕들에게 보내셨다(10절). 나라의 힘과 안위에 있어 군사력보다 더 중요한 것이 바로 하나님의 규례이다. 전쟁의 사람들보다 더 중요한 것이 하나님의 사람들이다

제 — 18 — 장

개요

　　본 장의 이야기와 관련하여 우리는 이스라엘 왕 아합의 통치를 다루는 열왕기상 22 장에서 이미 살펴보았다. 열왕기에서 아합과 관련하여, 그가 여호사밧과 같이 선한 인물과 동맹을 맺은 것은 매우 바람직한 일로 제시되었었다. 반면 여기에서 여호사밧과 관련하여, 그가 아합같이 악한 인물과 관련을 맺은 것은 너무도 잘못된 일이었음이 분명하게 부각된다. 본 장의 내용은 다음과 같다. I. 여호사밧이 아합과 동맹을 맺음(1절). II. 아람으로부터 길르앗 라못을 되찾고자 하는 아합의 전쟁에 여호사밧이 동참하기로 함(2, 3절). III. 이와 관련하여 선지자들에게 물음(4-27절). IV. 여호사밧이 가까스로 위험을 피함(28-32절), 그러나 아합은 치명적인 부상을 입음(33, 34절).

¹여호사밧이 부귀와 영광을 크게 떨쳤고 아합 가문과 혼인함으로 인척 관계를 맺었더라 ²이 년 후에 그가 사마리아의 아합에게 내려갔더니 아합이 그와 시종을 위하여 양과 소를 많이 잡고 함께 가서 길르앗 라못 치기를 권하였더라 ³이스라엘 왕 아합이 유다 왕 여호사밧에게 이르되 당신이 나와 함께 길르앗 라못으로 가시겠느냐 하니 여호사밧이 대답하되 나는 당신과 다름이 없고 내 백성은 당신의 백성과 다름이 없으니 당신과 함께 싸우리이다 하는지라

　　I. 여호사밧이 더욱 강성해짐. 　우리는 앞에서 여호사밧의 부귀와 영광이 크게 떨쳐졌다는 언급을 살펴보았다(17:5). 이어서 여기에서 그의 부귀와 영광이 경건과 선한 경영으로 인해 더욱 증가되었다고 다시금 언급된다.

　　II. 여호사밧이 어리석게도 아합 가문과 인척관계를 맺음. 　아합은 스스로를 악에 팔아버린 타락한 이스라엘인이었다. 그런데 여호사밧은 그토록 악한 자에게서 무슨 선한 것을 얻을 수 있었단 말인가? 또 그토록 완악한 악인에게 무슨 선한 일을 행할 수 있었단 말인가? 그는 우상 숭배자요 핍박자가 아니었던가? 여호사밧은 자기 아들 여호람을 아합의 딸 아달랴와 결혼시킴으로써 그

와 더불어 인척관계를 맺었다.

1. 이것은 다윗의 집에 있어 최악의 결혼이었다. 나는 여호사밧이 도대체 무슨 생각으로 이렇게 했는지 궁금하다.

(1) 어쩌면 자만심이 이러한 혼사를 성립시켰는지 모른다. 인생길이 순조롭게 풀려나가는 사람들 가운데 우리는 종종 이와 같은 경우를 발견한다. 율법에 따르면 그는 자기 아들을 이방 군주의 딸과 결혼시켜서는 안 되었다 ─ 너희는 너희 아들들을 위해 그들의 딸들을 데려오지 말 것이요. 그럼에도 불구하고 여호사밧은 풍성한 부귀와 영광을 가지고 있었으므로 자기 아들을 일반 백성과 결혼시키는 것은 격에 맞지 않는 일이라고 생각했다. 자기 아들과 결혼하려면 마땅히 왕의 딸이어야 했다. 그래서 그는 자기 아들을 아합의 딸과 결혼시켰다 (그녀의 어머니가 이세벨이라는 사실은 전혀 생각지 않고).

(2) 어쩌면 이것은 정략적인 결혼이었는지 모른다. 어떤 이들은 여호사밧이 아합의 원정(遠征)에 동참함으로써 그의 아들 대에 두 왕국이 하나로 통합되기를 바랐을 것이라고 생각한다. 어쩌면 이러한 정략 가운데 아합이 먼저 여호사밧에게 제안했을는지도 모른다.

2. 이러한 결혼으로 인해

(1) 여호사밧은 아합과 더불어 인척관계가 되었다. 그리하여 여호사밧은 아합을 예방(禮訪)하기 위해 사마리아로 갔고, 아합은 그에 답례(答禮)하여 당시의 관례에 따라 성대한 연회를 베풀었다: 아합이 그와 시종을 위하여 양과 소를 많이 잡고(2절). 이 점에 있어서 여호사밧은 그의 조상 다윗의 길로 행하지 않았다. 왜냐하면 다윗은 행악자의 집회를 미워하여 악한 자와 함께 앉지 않고(시 26:5) 그들의 진수성찬을 탐하지 않았기(시 141:4) 때문이었다.

(2) 여호사밧은 아람에 대항하여 아합과 동맹을 맺게 되었다. 아합은 여호사밧으로 하여금 요단 건너편 갓 지파의 성읍인 길르앗 라못을 되찾기 위한 원정에 함께 동참해 줄 것을 요청했다. 아합은 이스라엘의 모든 성읍들과 함께 길르앗 라못도 다윗의 집의 합법적인 상속자인 여호사밧에게 속한다는 사실을 알지 못했단 말인가? 그런데 도대체 무슨 얼굴로 그는 여호사밧으로 하여금 길르앗 라못을 되찾는 일에 협력해 줄 것을 요청할 수 있었단 말인가? 그러나 너그러운 여호사밧은 아합과 함께 가기로 동의한다: 나는 당신과 다름이 없고(3절). 어떤 사람과 교제하는 것이 도리어 해가 되고 그들의 친절이 도리어 재앙

이 되는 것은 결코 드문 일이 아니다. 아합이 여호사밧을 위해 베푼 연회는 단지 자신의 원정에 끌어들이기 위한 미끼에 불과했다. 원수의 입맞춤은 속이는 것이다.

4여호사밧이 또 이스라엘 왕에게 이르되 청하건대 먼저 여호와의 말씀이 어떠하신지 오늘 물어 보소서 하더라 5이스라엘 왕이 이에 선지자 사백 명을 모으고 그들에게 이르되 우리가 길르앗 라못에 가서 싸우랴 말랴 하니 그들이 이르되 올라가소서 하나님이 그 성읍을 왕의 손에 붙이시리이다 하더라 6여호사밧이 이르되 이 외에 우리가 물을 만한 여호와의 선지자가 여기 있지 아니하니이까 하니 7이스라엘 왕이 여호사밧에게 이르되 아직도 이믈라의 아들 미가야 한 사람이 있으니 그로 말미암아 여호와께 물을 수 있으나 그는 내게 대하여 좋은 일로는 예언하지 아니하고 항상 나쁜 일로만 예언하기로 내가 그를 미워하나이다 하더라 여호사밧이 이르되 왕은 그런 말씀을 마소서 하니 8이스라엘 왕이 한 내시를 불러 이르되 이믈라의 아들 미가야를 속히 오게 하라 하니라 9이스라엘 왕과 유다 왕 여호사밧이 왕복을 입고 사마리아 성문 어귀 광장에서 각기 보좌에 앉았고 여러 선지자들이 그 앞에서 예언을 하는데 10그나아나의 아들 시드기야는 철로 뿔들을 만들어 가지고 말하되 여호와께서 이같이 말씀하시기를 왕이 이것들로 아람 사람을 찔러 진멸하리라 하셨다 하고 11여러 선지자들도 그와 같이 예언하여 이르기를 길르앗 라못으로 올라가서 승리를 거두소서 여호와께서 그 성읍을 왕의 손에 넘기시리이다 하더라 12미가야를 부르러 간 사자가 그에게 말하여 이르되 선지자들의 말이 하나 같이 왕에게 좋게 말하니 청하건대 당신의 말도 그들 중 한 사람처럼 좋게 말하소서 하니 13미가야가 이르되 여호와께서 살아 계심을 두고 맹세하노니 내 하나님께서 말씀하시는 것 곧 그것을 내가 말하리라 하고 14이에 왕에게 이르니 왕이 그에게 이르되 미가야야 우리가 길르앗 라못으로 싸우러 가랴 말랴 하는지라 이르되 올라가서 승리를 거두소서 그들이 왕의 손에 넘긴 바 되리이다 하니 15왕이 그에게 이르되 여호와의 이름으로 진실한 것 이외에는 아무것도 말하지 말라고 내가 몇 번이나 네게 맹세하게 하여야 하겠느냐 하니 16그가 이르되 내가 보니 온 이스라엘이 목자 없는 양 같이 산에 흩어졌는데 여호와의 말씀이 이 무리가 주인이 없으니 각각 평안히 자기들의 집으로 돌아갈 것이니라 하셨나이다 하는지라 17이스라엘 왕이 여호사밧에게 이르되 저 사람이 내게 대하여 좋은 일로 예언하지 아니하고 나쁜 일로만 예언할 것이라고 당신에게 말씀하지 아니하였나이까 하더라 [18]미가야가 이르되 그런즉 왕은 여호와의 말씀을 들으소서 내가 보니 여호와께서 그의 보좌에 앉으셨고 하늘의 만군이 그의 좌우편에 모시고 섰는데 [19]여호와께서 말씀하시기를 누가 이스라엘 왕 아합을 꾀어 그에게 길르앗 라못에 올라가서 죽게 할까 하시니 하나는 이렇게 하겠다 하고 하나는 저렇게 하겠다 하였는데 [20]한 영이 나와서 여호와 앞에 서서 말하되 내가 그를 꾀겠나이다 하니 여호와께서 그에게 이르시되 어떻게 하겠느냐 하시니 [21]그가 이르되 내가 나가서 거짓말하는 영이 되어 그의 모든 선지자들의 입에 있겠나이다 하니 여호와께서 이르시되 너는 꾀겠고 또 이루리라 나가서 그리하라 하셨은즉 [22]이제 보소서 여호와께서 거짓말하는 영을 왕의 이 모든 선지자들의 입에 넣으셨고 또 여호와께서 왕에게 대하여 재앙을 말씀하셨나이다 하니 [23]그나아나의 아들 시드기야가 가까이 와서 미가야의 뺨을 치며 이르되 여호와의 영이 나를 떠나 어디로 가서 네게 말씀하더냐 하는지라 [24]미가야가 이르되 네가 골방에 들어가서 숨는 바로 그 날에 보리라 하더라 [25]이스라엘 왕이 이르되 미가야를 잡아 시장 아몬과 왕자 요아스에게로 끌고 돌아가서 [26]왕이 이같이 말하기를 이 놈을 옥에 가두고 내가 평안히 돌아올 때까지 고난의 떡과 고난의 물을 먹게 하라 하셨나이다 하니 [27]미가야가 이르되 왕이 참으로 평안히 돌아오시게 된다면 여호와께서 내게 말씀하지 아니하셨으리이다 하고 또 이르되 너희 백성들아 다 들을지어다 하니라

본 단락의 이야기는 열왕기상 22장과 거의 축자적으로 일치한다. 우리는 거기에서 살핀 이야기를 다시 반복하지 않을 것이며 또 덧붙일 내용도 별로 없다. 다만 다음과 같은 몇 가지 내용만 간단히 살펴보고자 한다.

1. 우리는 우리가 나아가는 모든 길에 하나님을 인정하며 그분의 뜻이 무엇인지 물어야만 한다. 여호사밧은 이와 같이 하지 않고서는 결코 원정에 나서지 않으려고 하였다(4절). 구체적인 믿음의 기도를 통해, 성경과 우리 자신의 양심에 편견 없이 물음을 통해, 신적 섭리의 징후를 세심하게 관찰함을 통해, 우리는 그렇게 할 수 있다.

2. 선한 백성에게 있어 악한 무리와 함께 하는 것은 매우 위험한 일이다. 설령 많은 지혜와 은혜와 굳은 마음을 가진 자라 할지라도 악인들과 친밀하게 교제하면서도 아무 해를 받지 않을 것이라고 누가 장담할 수 있겠는가? 여호사밧

도 여기에서 여호와의 이름으로 거짓말하는 거짓 선지자들의 말을 왕복을 입은 채 듣고 있지 않을 수 없었다(9절). 또 여호와의 선지자를 미워하는 아합에 대해 과도할 정도로 부드러운 책망밖에는 할 수 없었다(7절). 또한 그는 신실한 선견자를 모욕하는 거짓 선지자를 책망하지도 못했으며, 그를 옥에 가두는 아합에게 이의를 제기하지도 못했다. 악인들과 자리를 함께 한 자는 큰 지혜와 용기를 가지고 과감하게 행동하지 않는 한 최소한 마땅히 행할 일을 행하지 않는 잘못을 범하지 않은 채 그 자리를 빠져나올 수 없는 법이다.

3. 좋은 말로 부추기는 자들에게 둘러싸여 있는 자들은 불행하다. 특별히 입만 열면 평안을 말하며 부드러운 말밖에는 예언할 줄 모르는 거짓 선지자들에게 둘러싸여 있는 자들은 더욱 그러하다. 이와 같이 아합은 속임을 당해 멸망에 이르렀는데, 그것은 너무도 정당한 일이었다. 왜냐하면 그는 자신에게 분명한 경고의 메시지를 전하는 선한 선지자보다 거짓말로 비위를 맞추는 자들을 더 좋아했기 때문이었다. 동료들이나 특별히 사역자들의 책망을 달게 들을 줄 아는 자는 참으로 지혜로운 자이다. 우리의 마음을 최고로 즐겁게 해주는 충고가 항상 최선의 충고인 것은 아니다.

4. 여기에서 하나님의 허락하심 아래 불순종의 자녀들 가운데 나타나는 사탄의 능력을 살펴보자. 거짓말하는 영 하나가 400명의 거짓말하는 선지자를 만들어낼 수 있었으며, 그들을 이용하여 아합을 속일 수 있었다(21절). 마귀는 거짓말쟁이가 됨으로써 살인자가 되며, 속임으로써 사람들을 멸망시킨다.

5. 여기에서 거짓말을 믿고 미혹에 떨어지도록 내버려 두시는 하나님의 공의를 살펴보자(21절). 그들은 참된 사랑을 받아들이지 않고 도리어 그것을 대적하는 자들이다. 거짓말하는 영으로 하여금 진리를 배척하는 자들을 꾀어 멸망에 떨어지게 하도록 하라.

6. 여기에서 신실한 사역자들이 당하는 고난을 살펴보자. 하나님 앞에 진실하고 사람들의 영혼에 은혜를 베푼 대가가 미움과 핍박과 모욕을 당하는 것인 경우는 결코 드문 일이 아니다. 미가야가 자신의 선한 양심을 따른 대가는 뺨을 맞고, 옥에 갇히며, 고생의 떡을 먹고 물을 마시는 것이었다. 그러나 진리 때문에 핍박을 당하는 다른 모든 자들과 마찬가지로, 그는 확신을 갖고 결과에 호소할 수 있었다(27절). 그리스도께서 나타나시는 날에 누가 옳으며 누가 그른지 분명하게 드러날 것이다. 그 날에 그를 위해 핍박받은 백성들은 말할 수

없는 위로를 받을 것이며, 그들을 핍박한 핍박자들은 영원한 수치를 당하게 될 것이다. 그들은 지금은 믿지 못하는 것을 그 날에 보게 될 것이다(24절).

28이스라엘 왕과 유다 왕 여호사밧이 길르앗 라못으로 올라가니라 29이스라엘 왕이 여호사밧에게 이르되 나는 변장하고 전쟁터로 들어가려 하노니 당신은 왕복을 입으소서 하고 이스라엘 왕이 변장하고 둘이 전쟁터로 들어가니라 30아람 왕이 그의 병거 지휘관들에게 이미 명령하여 이르기를 너희는 작은 자나 큰 자나 더불어 싸우지 말고 오직 이스라엘 왕하고만 싸우라 한지라 31병거의 지휘관들이 여호사밧을 보고 이르되 이가 이스라엘 왕이라 하고 돌아서서 그와 싸우려 한즉 여호사밧이 소리를 지르매 여호와께서 그를 도우시며 하나님이 그들을 감동시키사 그를 떠나가게 하신지라 32병거의 지휘관들이 그가 이스라엘 왕이 아님을 보고 추격을 그치고 돌아갔더라 33한 사람이 무심코 활을 당겨 이스라엘 왕의 갑옷 솔기를 쏜지라 왕이 그의 병거 모는 자에게 이르되 내가 부상하였으니 네 손을 돌려 나를 진중에서 나가게 하라 하였으나 34이 날의 전쟁이 맹렬하였으므로 이스라엘 왕이 병거에서 겨우 지탱하며 저녁 때까지 아람 사람을 막다가 해가 질 즈음에 죽었더라

1. 선한 여호사밧은 왕복을 입은 채 스스로를 노출시켰지만 그럼에도 불구하고 구원을 받았다. 우리는 아합이 우의(友誼)를 가장하는 가운데 실제로는 여호사밧의 생명을 노렸을 것이라고 충분히 추측할 수 있다. 왜냐하면 만일 여호사밧이 죽는다면, 아합은 그의 후계자를 자기 마음대로 다룰 수 있을 것이었기 때문이었다(여호사밧의 후계자는 바로 자신의 사위였다). 만일 그렇지 않았다면 그로 하여금 왕복을 입고 전쟁터로 들어감으로써 적에게 손쉬운 표적이 되도록 조언하지는 않았을 것이다. 만일 아합이 실제로 이와 같이 의도했다면 이것은 유례를 찾을 수 없을 정도로 파렴치한 배신이 아닐 수 없으며, 또 그가 친구를 위해 파놓은 함정에 스스로 빠져 버린 것은 너무도 공의로운 일이 아닐 수 없었다. 아람 병사들은 곧 왕복을 입은 자를 발견하고 그 어리석은 군주를 맹렬하게 공격했다(아마도 이 때 여호사밧은 왕복을 입기보다 차라리 가장 낮은 병사의 복장을 하고 있었더라면 좋았을 것이라고 후회했을 것이다). 이에 여호사밧은 소리를 질렀는데, 그것은 자기 병사들에게 구원을 호소하기 위함이었든지 아니면 적들에게 자신이 이스라엘의 왕이 아님을 알리기 위함이었을

것이다. 그렇지 않으면 어쩌면 구원을 위해 하나님께 부르짖은 것이었는지도 모른다. 어쨌든 그의 부르짖음은 헛되지 않았다: 여호와께서 그를 도우시며 하나님이 그들을 감동시키사 그를 떠나가게 하신지라(31절). 하나님은 모든 사람들의 마음을 자신의 손에 갖고 계시며, 자신의 목적을 이루기 위해 그것을 자신이 기뻐하시는 대로 바꾸신다. 사람들은 종종 어떤 설명할 수 없는(스스로에게 그리고 다른 사람들에게) 이유로 마음이 바뀌곤 하는데, 그것은 보이지 않는 힘이 그들을 감동시켰기 때문이다.

2. 악한 아합은 자신을 변장시킨 채 스스로 안전하다고 생각했지만 그럼에도 불구하고 죽임을 당했다(33절). 어떤 계략과 무기도 하나님이 멸망시키기로 작정한 자를 구원할 수 없다. 하나님이 보호하시는 자를 무엇이 해할 수 있단 말인가? 또 하나님이 멸하시기로 작정한 자를 무엇이 보호해 줄 수 있단 말인가? 여호사밧은 왕복을 입고 있었어도 안전했지만, 아합은 갑옷을 입고 있으면서도 죽임을 당했다. 빠른 자라고 항상 경주에서 이기는 것도 아니며, 강한 자라고 항상 싸움에서 승리하는 것도 아니다.

제
— 19 —
장

개요

우리는 여기에서 여호사밧의 선한 통치가 계속해서 이어지는 것을 보게 된다. I. 그가 무사히 예루살렘에 돌아옴(1절). II. 그가 아합과 동맹을 맺은 것으로 인해 선지자로부터 책망을 받음(2, 3절). III. 그가 나라를 개혁하는 일에 크게 착념함(4절). IV. 그가 재판관들에게 여러 가지 말로 당부함. (1) 지방의 하급 재판정에서 시무하는 재판관들에게(5-7절). (2) 예루살렘의 상급 재판정에서 시무하는 재판관들에게(8-11절).

[1] 유다 왕 여호사밧이 평안히 예루살렘에 돌아와서 그의 궁으로 들어가니라 [2] 하나니의 아들 선견자 예후가 나가서 여호사밧 왕을 맞아 이르되 왕이 악한 자를 돕고 여호와를 미워하는 자들을 사랑하는 것이 옳으니이까 그러므로 여호와께로부터 진노하심이 왕에게 임하리이다 [3] 그러나 왕에게 선한 일도 있으니 이는 왕이 아세라 목상들을 이 땅에서 없애고 마음을 기울여 하나님을 찾음이니이다 하였더라 [4] 여호사밧이 예루살렘에 살더니 다시 나가서 브엘세바에서부터 에브라임 산지까지 민간에 두루 다니며 그들을 그들의 조상들의 하나님 여호와께로 돌아오게 하고

I. 하나님이 여호사밧에게 큰 은총을 베푸심.

1. 하나님의 은총은 그로 하여금 아합과 함께 한 위험한 원정으로부터 안전하게 돌아오게 하신 데서 온전히 나타났다(1절): 유다 왕 여호사밧이 평안히 예루살렘에 돌아와서. 자칫하면 그는 이 일로 값비싼 대가를 치를 뻔 했는데, 우리는 여기에서 다음과 같은 것들을 주목할 수 있다.

(1) 그는 자신이 기대한 것 이상의 은총을 받았다. 그는 절박한 위험 속에 빠져 있었지만 그러나 무사히 구원을 받고 평안히 집으로 돌아올 수 있었다. 평안히 집에 돌아올 때마다 우리는 우리의 나가고 들어옴을 돌보시는 하나님의 섭리를 인정해야 한다. 그러나 만일 특별한 위험으로부터 보호를 받았다면, 우리는 특별한 방법으로 감사를 드려야만 한다. 우리와 죽음 사이는 단지 한

발자국에 불과하다. 그럼에도 불구하고 이렇게 살아 있는 것은 얼마나 큰 은총인가!

(2) 그는 자신이 받아야 할 것 이상의 은총을 받았다. 그는 마땅히 가지 말았어야 할 길을 갔다. 그가 아합과 함께 원정(遠征)에 나선 것은 하나님께도 설명할 수 없는 것이었을 뿐만 아니라 자신의 양심에게도 설명할 수 없는 것이었다. 그럼에도 불구하고 그는 평안히 집에 돌아왔다. 그것은 하나님이 우리가 그릇된 일을 행한 것에 대해 지나치게 엄격하게 대하시지 않으며, 또한 우리가 잘못할 때마다 항상 당신의 보호하심을 거두시지는 않기 때문이다.

(3) 그는 아합과 구별되는 은총을 받았다. 왜냐하면 아합은 시신으로 돌아왔기 때문이다. 여호사밧은 아합에게 "나는 당신과 다름이 없다"고 말했지만, 하나님은 두 사람을 구별하셨다. 그것은 그가 의의 길을 알고 **따랐기** 때문이었다. 반면 악의 길을 **따라** 행하는 자는 결국 멸망을 당하게 될 것이다. 구별의 은혜는 매우 특별한 은혜이다. 여기에 함께 전쟁터에 나간 두 왕이 있었다. 그 중 한 사람은 취하여감을 입었지만 다른 한 사람은 그대로 남았다. 한 사람은 시신으로 돌아왔지만 다른 한 사람은 평안히 돌아왔다.

2. 하나님의 은총은 선지자를 통해 그가 아합과 인척관계를 맺은 것을 책망하는 데서 온전히 나타났다. 우리의 잘못을 적절한 때 지적하며 깨닫게 하는 것은 큰 은총이다. 왜냐하면 그럼으로써 우리가 너무 늦기 전에 회개하고 돌이켜 고침을 받을 수 있게 될 것이기 때문이다. 여호사밧을 책망하기 위해 보냄 받은 선지자는 하나니의 아들 예후였다. 그의 아버지 역시도 선왕(先王)인 아사 시대에 활동했던 훌륭한 선지자였다. 그는 아사의 잘못을 책망한 것으로 옥에 갇혔는데, 그의 아들 역시 또 다른 왕을 책망하는 일에 추호의 두려움도 갖지 않았다. 바울 역시도 자신의 고난을 통해 그의 아들 디모데를 더욱 굳건하게 했다(딤후 3:11-14).

(1) 선지자는 그가 아합과 연합함으로 크게 잘못했노라고 분명하게 지적한다. "왕이 악한 자를 도우며 교제의 손을 내미는 것이 옳으니이까?" 혹은 "왕이 여호와를 미워하는 자들을 사랑하는 것이 옳으니이까? 하나님이 멀리하시는 자를 왕이 가슴에 품으실 것이니이까?" 악인에게는 하나님을 미워하는 패역한 성품이 있다(롬 1:30). 우상 숭배자들은 둘째 계명에서 그와 같이 간주된다. 그러므로 하나님을 사랑하는 자들이 그들과 즐겁게 어울리며 친밀한 교제를 나누는 것

은 합당치 못한 일이다. 다윗은 말한다: 여호와여 내가 주를 미워하는 자들을 미워하지 아니하나이까(시 139:21, 11). 하나님의 은혜로 존귀함을 입은 자들은 스스로를 더럽혀서는 결코 안 된다. 하나님의 백성들은 하나님의 마음을 가져야 한다.

(2) 이로 인해 하나님이 그에게 진노하셨다. "그러므로 여호와께로부터 진노하심이 왕에게 임하리이다. 따라서 왕은 회개함으로 하나님과 더불어 화평을 회복해야만 하나이다. 그렇게 하지 않으면 왕에게 나쁜 일이 있을 것이나이다." 실제로 여호사밧은 회개하고 돌이켰으며, 따라서 하나님의 진노는 옮겨졌다. 그럼에도 불구하고 다음 장에 기록된 분란은 그가 아합과 연합하여 자신과 상관없는 전쟁에 끼어든 것에 대한 좋지 못한 결과였다. 그가 그토록 전쟁을 좋아하는가? 그렇다면 그로 하여금 많은 전쟁을 치르게 하라. 또한 그의 자손들이 아합의 집으로 말미암아 겪게 된 큰 재앙들은 그가 그와 더불어 인척관계를 맺은 것에 대한 정당한 징벌이었다.

(3) 그러나 하나님은 그가 행한 선한 일들도 주목하셨다(3절). 우리 역시도 다른 사람을 책망할 때 이와 같이 해야 한다. "그러나 왕에게 선한 일도 있으니 그러므로 설령 하나님이 왕에게 진노하셨다 할지라도 그러나 결코 왕을 버리지는 않을 것이니이다." 그가 전심으로 하나님을 찾는 가운데 굳은 마음으로 우상 숭배를 훼파한 것은 너무도 선한 일이었다. 하나님은 진노하심 가운데에도 그의 선행을 받으시고 그에게 새로운 기회를 주실 것이었다.

Ⅱ. 이러한 하나님의 은총에 대한 여호사밧의 응답. 그는 자신의 아버지와는 달리 선지자의 책망에 격노하지 않고 도리어 그것을 달게 받아들였다. 의인이 나를 칠지라도 은혜로 여기며 책망할지라도 머리의 기름 같이 여길 것이라(시 141:5). 선지자의 책망이 그에게 어떤 영향을 미쳤는지 보라.

1. 그는 예루살렘에서 거주했다(4절). 그는 자신의 본분에 최선을 다하는 가운데 아합을 예방하는 것 따위의 일에는 더 이상 마음을 두지 않았다. 지혜 있는 자를 책망하라 그가 너를 사랑하리라 지혜 있는 자에게 교훈을 더하라 그가 더욱 지혜로워질 것이요(잠 9:8, 9).

2. 아합을 방문했던 것에 대한 속죄로 그는 자기 나라를 두루 방문했다: 다시 나가서 브엘세바에서부터 에브라임 산지까지 민간에 두루 다니며 그들을 그들의 조상들의 하나님 여호와께로 돌아오게 하고. 그는 남쪽의 브엘세바로부터 북쪽의

에브라임 산지까지 두루 다니며 백성들을 하나님께로 돌이키는 일에 최선을
다했다.

(1) 선지자가 말한 것으로부터 그는 자신이 전에 행했던 개혁 작업이 하나
님을 크게 기쁘시게 했다는 사실을 깨닫게 되었다. 따라서 그는 그러한 개혁
작업을 다시금 되살리면서, 그 때 미처 하지 못했던 일을 하는데 전력을 기울
였다. 이와 같이 어떤 일에 칭찬을 받았을 때 우리는 그 일에 더욱 힘을 쏟게
되는 경향이 있으며, 그렇게 하는 것은 참으로 좋은 일이다. 더 많은 칭찬을 받
을수록 우리는 더 열심히 그 일을 행하게 될 것이다.

(2) 아마도 그는 아합의 집과 혈연관계를 맺은 것이 자신의 나라에 나쁜 영
향을 끼친 것을 발견했을 것이다. 그토록 열심히 개혁을 추진하던 왕이 우상
숭배자와 인척관계를 맺는 것을 보았을 때, 아마도 많은 백성들은 스스로 우상
을 숭배하는데 더욱 담대해졌을 것이다. 그리하여 그는 백성들을 하나님께로
돌이키는 일에 갑절의 노력을 기울여야만 한다고 생각했을 것이다. 만일 우리
가 진실로 우리의 죄를 회개한다면, 우리는 그러한 죄로 인해 야기된 해악을
되돌리는 일에 최선을 다하게 될 것이다. 특별히 우리는 우리의 잘못된 모범으
로 인해 죄에 떨어졌거나 마음이 완악해진 자들을 돌이키는 일에 최선을 다해
야 한다.

[5]또 유다 온 나라의 견고한 성읍에 재판관을 세우되 성읍마다 있게 하고 [6]재판관들
에게 이르되 너희가 재판하는 것이 사람을 위하여 할 것인지 여호와를 위하여 할
것인지를 잘 살피라 너희가 재판할 때에 여호와께서 너희와 함께 하심이니라 [7]그런
즉 너희는 여호와를 두려워하는 마음으로 삼가 행하라 우리의 하나님 여호와께서
는 불의함도 없으시고 치우침도 없으시고 뇌물을 받는 일도 없으시니라 하니라 [8]여
호사밧이 또 예루살렘에서 레위 사람들과 제사장들과 이스라엘 족장들 중에서 사
람을 세워 여호와께 속한 일과 예루살렘 주민의 모든 송사를 재판하게 하고 [9]그들
에게 명령하여 이르되 너희는 진실과 성심을 다하여 여호와를 경외하라 [10]어떤 성
읍에 사는 너희 형제가 혹 피를 흘림이나 혹 율법이나 계명이나 율례나 규례로 말
미암아 너희에게 와서 송사하거든 어떤 송사든지 그들에게 경고하여 여호와께 죄
를 범하지 않게 하여 너희와 너희 형제에게 진노하심이 임하지 말게 하라 너희가
이렇게 행하면 죄가 없으리라 [11]여호와께 속한 모든 일에는 대제사장 아마랴가 너

희를 다스리고 왕에게 속한 모든 일은 유다 지파의 어른 이스마엘의 아들 스바댜가 다스리고 레위 사람들은 너희 앞에 관리가 되리라 너희는 힘써 행하라 여호와께서 선한 자와 함께 하실지로다 하니라

백성들을 하나님께로 돌이키는 일에 최선을 다하는 가운데 여호사밧은 여기에서 그들을 더욱 견고케 하기 위해 재판관과 지도자들을 세우고 있다. 그는 백성들을 가르치기 위해 각 지역마다 설교자들을 보냈었다(12:7-9). 이제 그는 율법이 올바로 지켜지는지 감독하며 악을 행한 자들을 징벌하기 위해 재판관들을 보내는 것이 필요하다는 사실을 깨닫게 되었다. 아마도 이미 각지에 재판관들이 있었을 것이다. 그러나 그들이 자신들의 직무를 소홀히 했든지 아니면 백성들이 그들을 대수롭지 않게 여긴 것으로 보인다. 그리하여 그러한 제도는 아무런 효과도 거두지 못했던 것으로 보인다. 따라서 모든 것을 새롭게 체계화할 필요가 있었다. 그리하여 새로운 사람들이 임명되고, 그들에게 새로운 임무가 부여되었다. 본 단락은 바로 이것을 다룬다.

I. **여호사밧은 각 성읍들에 하급 법정을 세웠다**(5절). 이러한 법정의 재판관들은 백성들로 하여금 하나님을 섬기는 일에 굳게 서게 하고, 율법을 범하는 자를 징벌하며, 사람들 사이에 벌어진 분쟁을 해결해야 했다. 우리는 여기에서 여호사밧이 재판관들에게 내린 지시를 보게 된다(6절).

1. 여호사밧은 그들로 하여금 자신들에게 부여된 책무를 잘 감당하도록 하기 위해 다음과 같은 두 가지 지시를 내린다.

(1) 신중하며 주의 깊게 살필 것. 너희는 잘 살피라(6절), 너희는 삼가 행하라(7절). "너희의 책무에 착념하라. 실수를 저지르지 않도록 주의하라. 백성들 가운데 벌어지는 사건들의 본질이나 율법의 요지를 오해하지 않도록 주의하라." 모든 사람들 가운데 특별히 재판관들은 크게 조심하며 주의를 기울일 필요가 있다. 왜냐하면 너무나 많은 것들이 그들의 판결 여하에 달려 있기 때문이다.

(2) 믿음과 경건으로 행할 것. "너희는 여호와를 두려워하는 마음으로 행하라. 이것이 너희로 하여금 실수하지 않도록 지켜줄 것이며(느 5:15; 창 42:18), 또한 너희가 마땅히 감당할 책무를 성실히 수행하도록 도울 것이다." 욥이 말한 것처럼, 하나님의 재앙으로 하여금 그들에게 두려움이 되게 하라(욥 31:23). 그러면 그들은 악을 행하는 자 외에는 어느 누구에게도 두려움이 되지 않을 것이

다.

2. 여호사밧은 그들로 하여금 자신들의 책무를 충성되게 감당하도록 하기 위해 그들이 그렇게 해야 하는 세 가지 이유를 제시한다.

(1) 그들의 직무는 하나님으로부터 말미암은 것이다. 그들은 하나님의 일꾼들이었다. 그들에게 부여된 권세는 하나님으로부터 말미암은 것이었으며 또한 하나님을 위한 것이었다. "너희가 재판하는 것이 사람을 위하여 할 것인지 여호와를 위하여 할 것인지를 잘 살피라. 너희는 사람을 위하여 재판하는 것이 아니라 여호와를 위하여 재판하는 것이니라. 너희의 직무는 하나님을 영화롭게 하는 것이요 그의 나라의 유익을 위한 것이니라."

(2) 하나님의 눈이 그들 위에 있다. "너희가 재판할 때에 여호와께서 너희와 함께 하심이니라. 하나님은 너희가 행하는 것을 주목하고 계시며, 너희가 그릇 행할 때 그에 대해 설명을 요구할 것이니라."

(3) 하나님이 모든 재판관들에게 공의의 큰 모범이 되신다. "우리의 하나님 여호와께서는 불의함도 없으시고 치우침도 없으시고 뇌물을 받는 일도 없으시니라. 재판관들은 신(gods, 神)이라 일컬어지나니, 그러므로 마땅히 하나님을 닮도록 애써야 하느니라."

Ⅱ. 여호사밧은 예루살렘에 상급 법정을 세웠다. 상급 법정은 하급 법정에서 다루어지는 모든 어려운 사건들에 대해 조언을 하며 상소(上訴)를 받아야 했다. 그리고 상소 받은 사건들에 대해 판결을 내리며, 각종 과실에 대해 영장을 발부해야 했다. 이러한 상급 법정은 예루살렘에 설치되었는데, 그것은 그 곳이 심판(혹은 판결, judgement)의 보좌가 있는 곳이기 때문이었다. 거기에서 그들은 왕 자신의 감독 아래 있었다. 다음을 주목하라.

1. 상급 법정에서 심리(審理)되어야 할 사건들. 그것은 지금 우리들의 경우와 마찬가지로 다음과 같은 두 가지 종류였다.

(1) 왕에게 탄원한 사건들. 이것은 여기에서 여호와께 속한 재판으로 일컬어지는데, 그것은 하나님의 법은 또한 국가의 법이었기 때문이다. 모든 범죄자는 결국 국법의 일부를 위반함으로써 기소(起訴)되는 것이며, 그들은 왕의 평안과 통치권과 위엄을 깨뜨리는 자들이다.

(2) 일반적인 송사들. 우리는 여기에서 주민들 사이에서 벌어지는 송사(8절), 형제들끼리의 송사(10절), 살해당한 자의 피와 살해한 자의 피 사이의 피

와 피의 분쟁(신 17:8) 등의 언급을 보게 된다. 열 지파가 배반하고 떠난 이래 헤브론을 제외한 모든 도피성들은 이스라엘 왕국에 속해 있었다. 따라서 우리는 성전의 마당이나 제단의 뿔 등이 그와 같은 상황에서 도피처로 사용되었으며 살인자에 대한 재판이 예루살렘의 법정에서 시행되게 되었을 것이라고 추측할 수 있다. 또 하급 재판관들 사이에 어떤 율법이나 계명의 의미에 있어 서로 의견이 일치하지 않을 때 혹은 어떤 사건의 판결에 있어 서로 합의하지 못할 때, 상급 법정은 그러한 문제를 결정해 주어야 했다.

2. 상급 법정의 재판관은 율법에 대한 풍부한 지식과 뛰어난 지혜를 가진 레위인과 제사장들, 그리고 풍부한 연륜과 경험을 가진 이스라엘의 족장들 가운데 뽑힌 자들이었다. 레위인과 제사장들이 율법에 밝은 사람들이었던 것처럼, 이들 족장들은 실제적인 문제들을 해결하는 가장 유능한 재판관들이었다.

3. 이러한 상급 법정에는 두 명의 지도자가 있었다. 종교적인 사건들은 대제사장 아마랴가 주관한 반면 일반적인 사건들은 총리인 스바댜가 주관했다(11절). 이와 같이 은사와 직임은 달랐지만 그러나 모든 것은 몸의 유익을 위해 한 성령으로부터 나온 것이었다. 어떤 이들은 여호와께 속한 일을 가장 잘 이해하며, 다른 이들은 왕에게 속한 일을 가장 잘 이해한다. 어느 누구도 다른 사람에게 "너는 필요 없노라"라고 말할 수 없다. 왜냐하면 하나님의 이스라엘조차도 두 가지가 다 필요했기 때문이었다. 그리고 모든 사람은 각기 은사를 받은 대로 서로 봉사해야 한다. 교회를 위한 사역자도 세우시고 나라를 위한 방백도 세우신 하나님을 송축할지어다!

4. 또 그러한 상급 법정에 속한 하급 관리들도 있었다: 레위 사람들은 너희 앞에 관리가 되리라(11절). 아마도 그들은 재판관의 자질과 능력을 갖추지 못한 자들이었을 것이다. 그들은 각종 소송사건들을 법정으로 가져오며, 재판관들의 판결문을 살피는 역할을 맡았다. 눈과 머리가 그들의 자리에서 꼭 필요한 것처럼 이들 손과 발 역시 그들의 자리에서 꼭 필요했다.

5. 여호사밧이 그들에게 내린 지시.

(1) 그들은 자신들이 선한 원칙 위에서 행동하는지를 스스로 살펴야 한다. 그들은 모든 일을 여호와를 경외하는 가운데 그리고 하나님을 항상 자신들보다 앞세우는 가운데 행해야만 한다. 그러면 그들은 진실과 성심으로 그리고 온전하고 정직한 마음으로 행할 수 있게 될 것이다(9절).

(2) 그들은 백성들로 하여금 죄를 억제하고, 여호와께 범죄하지 말도록 경고하며, 죄의 두려움을 상기시키는 일에 최선을 다해야 한다. 죄는 자신과 나라의 평안에 해를 끼칠 뿐만 아니라 하나님을 거스르는 것으로서 하나님의 진노를 가져온다는 사실을 끊임없이 일깨워 주어야만 한다. 너희가 이렇게 행하면 죄가 없으리라. 이것은 권력을 가진 자들이 다른 사람들의 범죄를 저지하고 억제하는 일에 자신들의 권력을 사용하지 않는다면, 그것은 스스로 범죄를 조장하는 것이라는 사실을 함축한다. "만일 너희가 백성들의 범죄를 억제하지 않는다면 너희가 죄를 범하는 것이니라."

(3) 그들은 굳은 마음으로 행동해야 한다. "너희는 용기 있게 행동하라. 사람을 두려워하지 말라. 담대하게 너희의 직무를 행하라. 누가 너희를 대적할지라도 하나님이 너희를 지키실 것이라. 여호와께서 선한 자와 함께 하실지로다." 선한 자 그리고 선한 재판관이 있는 곳마다 하나님은 선하신 하나님으로 드러나게 될 것이다.

제
— 20 —
장

개요

　　본 장의 내용은 다음과 같다. I. 이방 나라들의 침략으로 인해 여호사밧과 그의 백성이 큰 위험과 두려움에 빠짐(1, 2절). II. 이러한 두려움 속에서 그들이 금식하고 기도하며 하나님을 찾음(3-13절). III. 하나님이 즉각 선지자를 통해 그들에게 승리의 확신을 주심(14-17절). IV. 그들이 하나님의 응답을 감사와 믿음으로 받아들임(18-21절). V. 하나님이 적들을 패주시킴(22-25절). VI. 백성들이 하나님께 감사의 예식을 행함, 그리고 유다에 평강이 임함(26-30절). VII. 여호사밧의 통치에 대한 총체적인 평가: 몇 가지 흠에도 불구하고 전반적으로 하나님 보시기에 정직하게 행함(31-37절).

[1]그 후에 모압 자손과 암몬 자손들이 마온 사람들과 함께 와서 여호사밧을 치고자 한지라 [2]어떤 사람이 와서 여호사밧에게 전하여 이르되 큰 무리가 바다 저쪽 아람에서 왕을 치러 오는데 이제 하사손다말 곧 엔게디에 있나이다 하니 [3]여호사밧이 두려워하여 여호와께로 낯을 향하여 간구하고 온 유다 백성에게 금식하라 공포하매 [4]유다 사람이 여호와께 도우심을 구하려 하여 유다 모든 성읍에서 모여와서 여호와께 간구하더라 [5]여호사밧이 여호와의 전 새 뜰 앞에서 유다와 예루살렘의 회중 가운데 서서 [6]이르되 우리 조상들의 하나님 여호와여 주는 하늘에서 하나님이 아니시니이까 이방 사람들의 모든 나라를 다스리지 아니하시나이까 주의 손에 권세와 능력이 있사오니 능히 주와 맞설 사람이 없나이다 [7]우리 하나님이시여 전에 이 땅 주민을 주의 백성 이스라엘 앞에서 쫓아내시고 그 땅을 주께서 사랑하시는 아브라함의 자손에게 영원히 주지 아니하셨나이까 [8]그들이 이 땅에 살면서 주의 이름을 위하여 한 성소를 주를 위해 건축하고 이르기를 [9]만일 재앙이나 난리나 견책이나 전염병이나 기근이 우리에게 임하면 주의 이름이 이 성전에 있으니 우리가 이 성전 앞과 주 앞에 서서 이 환난 가운데에서 주께 부르짖은즉 들으시고 구원하시리라 하였나이다 [10]옛적에 이스라엘이 애굽 땅에서 나올 때에 암몬 자손과 모압 자손과 세일 산 사람들을 침노하기를 주께서 용납하지 아니하시므로 이에 돌이켜 그들

을 떠나고 멸하지 아니하였거늘 [11]이제 그들이 우리에게 갚는 것을 보옵소서 그들이 와서 주께서 우리에게 주신 주의 기업에서 우리를 쫓아내고자 하나이다 [12]우리 하나님이여 그들을 징벌하지 아니하시나이까 우리를 치러 오는 이 큰 무리를 우리가 대적할 능력이 없고 어떻게 할 줄도 알지 못하옵고 오직 주만 바라보나이다 하고 [13]유다 모든 사람들이 그들의 아내와 자녀와 어린이와 더불어 여호와 앞에 섰더라

앞 장에서 우리는 여호사밧이 나라를 개혁하는 가운데 공의를 세우기 위해 법정을 세우는 등의 일을 추진한 것을 살펴보았다. 그렇다면 이제 우리는 그의 통치가 평강과 형통으로 나아갔다는 이야기를 듣게 될 것으로 기대할 것이다. 그러나 여기에서 우리는 그에게 큰 위기가 닥쳐오는 것을 보게 된다. 만일 우리가 하나님 앞에 올바로 서 있는 동안 어떤 고난을 만난다면, 우리는 그것을 하나님이 우리에게 당신의 놀라운 은총을 체험할 기회를 주시려는 것으로 받아들일 수 있다. 우리는 여기에서 다음과 같은 이야기를 듣게 된다.

I. 모압 사람들과 암몬 사람들과 마온 사람들이 유다를 침략함(1절). 여호사밧은 적들이 이미 자신의 영토에 들어왔다는 정보를 받고 크게 두려워했다(2절). 그들이 무슨 명분으로 여호사밧과 전쟁을 벌이려고 했는지는 나타나지 않는다. 그들은 바다 저쪽으로부터 왔다고 언급되고 있는데, 여기에서 바다는 과거 소돔이 있었던 사해(死海)를 의미한다. 그들은 요단 건너편에 있는 이스라엘 열 지파의 땅을 통과하여 행군해 왔다. 이스라엘 열 지파가 그들로 하여금 자신들의 영토를 통과해 지나가도록 허락해 준 것이다. 얼마 전 여호사밧은 길르앗 라못을 되찾는 그들의 전쟁에 도움의 손길을 베풀어 주었는데, 그럼에도 불구하고 그들은 이토록 배은망덕했다. 이 일에 몇 나라가 연합했는데, 특별히 롯의 후손들이 이 일을 주도했다(모압 자손과 암몬 자손은 롯의 후손이다). 우리는 앞에서 주변 나라들이 여호사밧을 두려워했다는 이야기를 들었다(17:10). 그러나 어쩌면 그들은 여호사밧이 아합과 인척관계를 맺은 것으로 그에 대한 존경심을 경멸로 바꾸고, 하나님이 그 일을 기뻐하지 않으시자 그것을 유다를 집어삼킬 좋은 기회로 받아들였는지 모른다.

II. 이에 대해 여호사밧이 그들을 막을 준비를 함. 그가 군대를 소집했다는 언급은 나타나지 않지만, 그러나 그는 분명히 그렇게 했을 것이다. 왜냐하면

우리는 하나님을 신뢰하며 의지하는 가운데서도 우리의 할 일을 해야만 하기 때문이다. 그러나 여호사밧의 주된 관심은 하나님의 은총을 얻고 하나님을 자기편으로 삼는 것이었다. 아마도 그는 지금 이것을 더욱 열망했을 것이다. 왜냐하면 얼마 전에 한 선지자를 통해 여호와께로부터 진노가 임할 것이라는 경고의 말을 들었기 때문이었다(19:2). 그러나 그는 비록 자신의 허물이 고침을 받아야만 한다 할지라도, 그러나 사람의 손에 떨어지지 않기를 열망했다. 이 점에서도 역시 그는 그의 조상 다윗과 같은 마음을 가지고 있었다.

1. 그는 두려워했다. 자신의 죄를 자각할 때 그는 두려워하지 않을 수 없었다. 죄를 조금 범하는 사람일수록 죄에 대해 더욱 민감한 법이다. 거기에다가 그들의 갑작스런 침략은 그의 두려움을 크게 더했다. 거룩한 두려움은 우리로 하여금 기도하는 일과 준비하는 일에 더욱 박차를 가하게 만든다(히 11:7, 믿음으로 노아는 아직 보이지 않는 일에 경고하심을 받아 경외함으로 방주를 준비하여).

2. 그는 여호와께로 낯을 향했다. 그는 먼저 하나님을 자기편으로 삼고자 했다. 하나님을 찾고 그로부터 은총을 구하고자 하는 자들은 먼저 그에게로 낯을 향해야 한다. 그리고 굳은 마음과 굳은 생각으로 계속해서 그를 찾아야 한다.

3. 그는 온 유다 백성에게 금식을 선포했다. 그는 범국가적인 기도와 겸비의 날을 지정함으로써 모든 백성으로 하여금 죄를 고백하며 하나님의 도움을 구하는 일에 모두 동참하도록 했다. 이와 같이 특별한 상황에서 금식하는 것은 자신들이 범한 죄에 대해 스스로 심판을 내리면서(우리는 떡을 먹을 자격이 없음을 인정하며 하나님이 떡을 우리로부터 거두시는 것은 너무도 정당하나이다) 동시에 앞으로도 계속해서 스스로를 부인할 것을 나타내는 것이었다. 또한 죄로 인해 금식하는 것은 이제부터 죄로부터 떠날 것을 다짐하는 것을 함축한다. 통치자들은 이와 같은 상황에서 모든 백성들을 금식과 기도로 이끌어야 한다. 그렇게 할 때 그것은 국가적인 행위가 될 것이고, 그럼으로써 국가적인 은총을 얻게 될 것이다.

4. 백성들은 유다의 모든 성읍으로부터 성전 뜰에 모여 기도에 동참했다(4절). 그리고 그들은 자신들의 아내 및 자녀들과 함께 마치 문전에서 구걸하는 걸인처럼 여호와 앞에 섰다. 그들과 그들의 가족들이 모두 위험에 처해 있었으므로 그들은 하나님을 찾음에 있어 가족들을 데리고 왔다. "여호와여 우리는 진실로 주를 진노케 하였으며 버림을 당하고 멸망을 당하기에 합당한 백성이

나이다. 그러나 여기에 무죄한 어린 아이들이 있사오니 이들은 폭풍 속에서 멸망을 당하지 않게 하옵소서.” 니느웨 역시도 어린 아이들 때문에 멸망을 당하지 않았다(욘 4:11). 지금 그들이 모여 있는 장소는 여호와의 전 새 뜰 앞이었다. 아마도 이것은 본래의 뜰에다가 최근에 새로 확장한 뜰이었을 것이다(어떤 이들은 이 뜰이 여인의 뜰이었을 것이라고 생각한다). 이와 같이 그들은 하나님이 솔로몬의 기도에 대해 주신 은혜로운 약속 곧 “이제 이 곳에서 하는 기도에 내가 눈을 들고 귀를 기울이리라”는 약속이 미치는 범위 내에 모였다(7:15).

5. 여호사밧 자신이 회중의 입이 되었다. 그는 이 일을 제사장들에게 맡기지 않았다. 왕에게 있어 분향하는 것은 금지되었지만 그러나 기도하며 설교하는 것은 금지되지 않았다. 예전에 솔로몬도 그랬고 지금 여호사밧도 그랬다. 이와 같은 상황에서 여호사밧이 한 기도가 여기에 기록되어 있는데, 그것은 참으로 탁월한 기도였다.

(1) 그는 신적 섭리의 주권적 통치를 인정하면서 그 모든 것의 영광을 하나님께 돌린다(6절). “주는 하늘에서 하나님이 아니시니이까? 그것을 누가 의심하겠나이까? 이방의 어떤 신도 그렇지 않나이다. 주의 통치권은 모든 열방 위에 뛰어나지 아니하며 또 모든 열방을 아우르지 아니하나이까? 심지어 주를 알지 못하는 이방 나라들에게까지 그러하지 아니하나이까? 그러므로 지금 우리를 치려고 하는 이들 이방 나라들을 억제하여 주옵소서. 그들의 위협과 모욕을 제한하여 주옵소서. 주의 손에 권세와 능력이 있사오니 누가 능히 주와 맞서겠나이까? 여호와여 우리를 위해 주의 권세를 사용하사 주의 전능하심을 영화롭게 하옵소서.”

(2) 그는 하나님과의 언약관계를 붙잡는다. “하늘에서 하나님이신 주는 우리 조상들의 하나님이시며(6절) 또한 우리 하나님이시나이다(7절). 우리가 지금까지 택하여 섬겨온 하나님이 아니면 우리가 누구를 찾으며 누구를 의지하겠나이까?”

(3) 그는 자신들이 지금 소유하고 있는 이 아름다운 땅에 대한 정당한 권리를 제시한다. 그것은 논박의 여지 없는 확실한 권리였다. “주께서 이 땅을 주의 친구(한글개역개정판에는 ‘사랑하시는’ 으로 되어 있음) 아브라함의 자손에게 영원히 주지 아니하셨나이까? 그는 주의 친구였나이다(약 2:23, 그는 하나님의 벗이라 칭함을 받았나니). 우리는 아브라함의 자손이니 그로 인해 하나님의 사랑하

시는 백성이 될 것이나이다"(롬 11:28; 신 7:8, 9). 우리는 주의 허락하심으로 지금 이 땅을 소유하고 있나이다. 그러므로 모든 부당한 요구로부터 이 사실을 분명하게 확증하옵소서. 우리로 하여금 주의 기업으로부터 쫓겨나지 말게 하옵소서. 우리는 소작인이요 주는 주인이나이다. 주께서 당신 자신의 것을 지키시지 않으실 것이나이까?"(11절). 자신이 가지고 있는 것을 하나님을 위해 사용하는 자들은 그분이 그것을 지켜 주실 것을 확실하게 바랄 수 있다.

(4) 그는 성소 곧 그들이 하나님의 이름을 위해 건축한 성전을 언급한다(8절). 그것은 하나님 앞에 어떤 것을 요구할 수 있는 공로의 증표가 아니었다. 왜냐하면 그들은 하나님의 것으로부터 하나님께 드렸기 때문이었다. 다만 그것은 하나님의 은혜로운 임재에 대한 증표, 곧 그들이 고통 가운데 이 전에서 부르짖을 때 하나님이 들으시고 도우실 것을 약속하는 증표였다(20:8, 9). "여호와여 이 전이 건축되었을 때 오늘과 같은 상황에서 우리의 믿음을 격려하는 것이 의도되었었나이다. 여기에 주의 이름이 있사옵고 또 우리가 여기에 있나이다. 여호와여 주의 이름의 영광을 위해 우리를 도우소서."

(5) 그는 적들의 배은망덕함과 부당함을 호소한다. "우리는 주의 영광을 위하는 자들이나 그들은 주의 영광을 대적하는 자들이나이다." 왜냐하면

[1] "그들은 우리가 예전에 베푼 은혜에 대해 악으로 갚고 있기 때문이나이다. 주께서는 이스라엘로 하여금 그들과 다투며 그들의 것을 취하는 것을 허락지 않으셨나이다." 너희는 에돔 자손과 다투지 말며, 모압을 괴롭히지 말며, 암몬 자손에게 가까이 다가가지 말라(신 2:5, 9, 19). 설령 그들이 나를 격노케 한 백성들이라 할지라도 그렇게 하지 말라. "그러나 보옵소서, 지금 그들은 우리를 치려하고 있나이다." 우리는 선을 악으로 갚는 자들에 대하여 하나님께 정당하게 호소할 수 있다.

[2] "그들은 우리가 예전부터 가지고 있는 정당한 권리를 침해하려고 하고 있기 때문이나이다. 그들은 지금 우리를 우리의 기업으로부터 쫓아내려고 오고 있나이다. 그리고 우리의 땅을 자신들의 소유로 탈취하려고 하고 있나이다. 우리 하나님이여 그들을 징벌하지 아니하시려나이까?"(12절). 그들에게 심판을 내리지 않으시려나이까?" 하나님의 공의는 부당함을 당한 자들의 피난처이다.

(6) 그는 구원을 위해 온전히 하나님께 의지함을 고백한다. 그는 잘 훈련된 큰 군대를 가지고 있었지만, 그럼에도 불구하고 이렇게 말한다. "우리를 치러

오는 이 큰 무리를 우리가 대적할 능력이 없나이다. 주가 없이는 우리는 아무 것도 아니며 주의 특별한 임재와 축복이 없이는 우리는 아무것도 기대할 수 없 나이다. 우리는 자랑할 것도 없고 의지할 것도 없나이다. 우리는 오직 주만 바라 보나이다. 우리는 주를 의지하오며, 우리의 모든 기대는 오직 주로 말미암나이 다. 지금은 너무도 절망적인 상황이나이다. 우리는 지금 큰 곤경 가운데 빠져 어찌할 줄을 알지 못하나이다. 그러나 우리를 구원할 최고의 방책이 있으니 그것 은 오직 주만 바라보는 것이나이다. 그것은 온전한 믿음과 신뢰의 눈이며, 진실 한 기도와 열망의 눈이며, 소망과 기대의 눈이나이다. 하나님이여 우리가 주를 의지하오며 우리 영혼이 주를 바라나이다."

[14]여호와의 영이 회중 가운데에서 레위 사람 야하시엘에게 임하셨으니 그는 아삽 자손 맛다냐의 현손이요 여이엘의 증손이요 브나야의 손자요 스가랴의 아들이더 라 [15]야하시엘이 이르되 온 유다와 예루살렘 주민과 여호사밧 왕이여 들을지어다 여호와께서 이같이 너희에게 말씀하시기를 너희는 이 큰 무리로 말미암아 두려워 하거나 놀라지 말라 이 전쟁은 너희에게 속한 것이 아니요 하나님께 속한 것이니 라 [16]내일 너희는 그들에게로 내려가라 그들이 시스 고개로 올라올 때에 너희가 골 짜기 어귀 여루엘 들 앞에서 그들을 만나려니와 [17]이 전쟁에는 너희가 싸울 것이 없 나니 대열을 이루고 서서 너희와 함께 한 여호와가 구원하는 것을 보라 유다와 예 루살렘아 너희는 두려워하지 말며 놀라지 말고 내일 그들을 맞서 나가라 여호와가 너희와 함께 하리라 하셨느니라 하매 [18]여호사밧이 몸을 굽혀 얼굴을 땅에 대니 온 유다와 예루살렘 주민들도 여호와 앞에 엎드려 여호와께 경배하고 [19]그핫 자손과 고라 자손에게 속한 레위 사람들은 서서 심히 큰 소리로 이스라엘 하나님 여호와 를 찬송하니라

우리는 여기에서 여호사밧의 기도에 대한 하나님의 은혜로운 응답을 보게 된다. 더욱이 그것은 즉각적인 응답이었다. 그가 아직 말하고 있을 때에 하 나님이 들으신지라. 그들은 기도를 마치고 채 흩어지기도 전에 전쟁에서 승리할 것이란 확증을 받았다. 하나님을 찾는 것은 결코 헛되지 않은 법이다.

1. 예언의 영은 회중 가운데 있던 한 레위 사람에게 임했다(14절). 성령은 마 치 바람이 임의로 불듯이 그렇게 임한다. 그는 아삽의 자손이었다. 따라서 그는

노래하는 자들 가운데 한 사람으로서, 하나님은 지금 그러한 직분을 크게 존귀케 하고 계셨다. 그가 이 일 이전에도 선지자였는지 여부는 확실치 않다. 아마도 그랬을 가능성이 높아 보인다. 만일 그랬다면, 그는 사람들의 이목을 더 많이 집중시켰을 것이다. 이 일에는 표적이 필요 없었다. 예언의 성취 여부는 바로 다음 날 판가름 날 것이었다.

2. 그는 그들에게 하나님을 의지하라고 격려했다(15절). "너희는 두려워하지 말라. 너희는 이미 충분한 두려움을 겪었고 그래서 지금 하나님 앞에 나아왔느니라. 이제 더는 두려워하지 말라. 이 전쟁은 너희에게 속한 것이 아니요 하나님께 속한 것이니라. 하나님은 지금 너희가 열망하는 대로 행하고 계시며 또 행하실 것이니라."

3. 그는 그들에게 적들의 움직임에 대한 정보를 준다. 그러면서 그들에게 특정한 위치를 지정하면서 그 쪽으로 나아가 적과 마주치도록 명령한다. 내일(즉 금식한 다음 날) 너희는 그들에게로 내려가라(16, 17절). 구원을 말하는 자가 구원받은 자들에게 시간과 장소와 관련하여 필요한 명령을 내리는 것은 지극히 마땅한 일이다.

4. 그는 그들이 적들의 완전한 패배를 목격하게 될 것이라고 확증한다. 그들은 승리의 도구조차도 될 필요가 없었다. 그냥 보기만 하면 될 것이었다. "너희는 공격을 할 필요조차 없을 것이니라. 그 일은 그대로 이루어질 것이니라. 너희는 가만히 서서 보기만 할지니라"(17절). 그는 모세가 홍해에서 이스라엘 백성들에게 말한 것처럼(출 14:13) 말한다. "하나님이 너희와 함께 하시나니, 그는 자신의 일을 스스로 하실 수 있으실 뿐만 아니라 또 하실 것이니라. 만일 전쟁이 그에게 속한 것이라면, 승리 또한 그의 것이 될 것이니라." 그리스도의 군병들은 영적인 원수들에 대하여 단지 앞으로 나아가기만 하면 된다. 그러면 평강의 하나님이 그들의 원수들을 그들의 발아래 밟으시고 그들로 승리자가 되게 하실 것이다.

5. 여호사밧과 백성들은 이러한 확증을 믿음과 감사로 그리고 경의를 표하며 받았다.

(1) 그들은 몸을 굽혀 얼굴을 땅에 대고 여호와 앞에 엎드려 경배했다. 여호사밧이 먼저 그렇게 하고 이어 모든 백성이 따라 했다. 그들은 이러한 하나님의 은총의 표징을 거룩한 두려움과 경외심으로 받으면서 믿음으로 다음과 같이 말

했다: 주의 말씀대로 이루어지이다.

  (2) 그들은 목소리를 높여 하나님을 찬송했다(19절). 능동적인 믿음을 가진 자들은 하나님의 약속에 대해 넘치는 감사를 드릴 수 있다. 왜냐하면 하나님의 약속은 비록 아직 이루어지지 않았다 할지라도 때가 되면 반드시 이루어지게 될 것이라는 사실을 알기 때문이다. 하나님이 그의 거룩하심 가운데 말씀하셨으니 내가 기뻐할 것이라(시 60:6).

[20]이에 백성들이 아침에 일찍이 일어나서 드고아 들로 나가니라 나갈 때에 여호사밧이 서서 이르되 유다와 예루살렘 주민들아 내 말을 들을지어다 너희는 너희 하나님 여호와를 신뢰하라 그리하면 견고히 서리라 그의 선지자들을 신뢰하라 그리하면 형통하리라 하고 [21]백성과 더불어 의논하고 노래하는 자들을 택하여 거룩한 예복을 입히고 군대 앞에서 행진하며 여호와를 찬송하여 이르기를 여호와께 감사하세 그의 인자하심이 영원하도다 하게 하였더니 [22]그 노래와 찬송이 시작될 때에 여호와께서 복병을 두어 유다를 치러 온 암몬 자손과 모압과 세일 산 주민들을 치게 하시므로 그들이 패하였으니 [23]곧 암몬과 모압 자손이 일어나 세일 산 주민들을 쳐서 진멸하고 세일 주민들을 멸한 후에는 그들이 서로 쳐죽였더라 [24]유다 사람이 들 망대에 이르러 그 무리를 본즉 땅에 엎드러진 시체들뿐이요 한 사람도 피한 자가 없는지라 [25]여호사밧과 그의 백성이 가서 적군의 물건을 탈취할새 본즉 그 가운데에 재물과 의복과 보물이 많이 있으므로 각기 탈취하는데 그 물건이 너무 많아 능히 가져갈 수 없을 만큼 많으므로 사흘 동안에 거두어들이고 [26]넷째 날에 무리가 브라가 골짜기에 모여서 거기서 여호와를 송축한지라 그러므로 오늘날까지 그 곳을 브라가 골짜기라 일컫더라 [27]유다와 예루살렘 모든 사람이 다시 여호사밧을 선두로 하여 즐겁게 예루살렘으로 돌아왔으니 이는 여호와께서 그들이 그 적군을 이김으로써 즐거워하게 하셨음이라 [28]그들이 비파와 수금과 나팔을 합주하고 예루살렘에 이르러 여호와의 전에 나아가니라 [29]이방 모든 나라가 여호와께서 이스라엘의 적군을 치셨다 함을 듣고 하나님을 두려워하므로 [30]여호사밧의 나라가 태평하였으니 이는 그의 하나님이 사방에서 그들에게 평강을 주셨음이더라

  우리는 여기에서 앞에서 제시된 약속이 온전히 성취되는 것을 보게 된다. 그리하여 적군은 완전한 패퇴를 당하고, 여호사밧의 군대는 승리의 기쁨

을 안고 돌아온다.

I. 여호사밧의 병사들처럼 전쟁터에 나온 군대는 일찍이 없었다. 그에게는 전쟁을 위해 준비된 병사들이 있었다(17:18). 그러나 여기에서 그들이 마땅히 갖추어야 할 무장(武裝) 곧 칼과 창과 방패와 활 등에 대해서는 아무런 주의도 기울여지지 않았다. 대신에 여호사밧이 주의를 기울인 것은 다음과 같은 것들이었다.

1. 그들이 갖추어야 할 무장(武裝)은 믿음이어야 한다. 병사들이 앞으로 나아갈 때, 여호사밧은 그들에게 무기를 들고 대오를 갖추어 명령에 따라 용감하게 싸우라고 말하는 대신 여호와 하나님을 신뢰하고 선지자를 통해 하신 말씀을 믿으라고 명하면서, 그렇게 하면 반드시 형통하며 견고히 서게 될 것이라고 확증했다(20절). 믿음으로부터 말미암는 용기가 참된 용기이다. 이와 같은 긴장된 순간에 사람의 마음을 견고케 하는데 있어 하나님의 권능과 은총과 약속에 대한 굳은 믿음보다 더 효과적인 것이 무엇이겠는가? 이와 같이 여호와를 신뢰하는 마음은 견고함과 온전한 평강을 누린다. 우리의 모든 영적 전쟁에서도 바로 이것이 우리의 승리이며 형통이며 또한 믿음이다.

2. 그들의 선봉대는 찬송과 감사여야 한다(21절). 여호사밧은 참모들과 의논한 후 노래하는 자들을 택하여 군대 앞에서 행진하도록 했다. 그들에게 맡겨진 일은 오직 하나님을 찬송하며 그분의 거룩하심을 찬미하는 일이었다. 그들은 마치 성전에서 영광송을 부르듯이 하나님을 찬미해야 했다: 여호와를 찬송하라 그의 인자하심이 영원함이로다. 이러한 기이한 행진을 통해 여호사밧은 하나님의 말씀에 대한 자신의 굳은 신뢰를 나타내고자 했다. 그러면서 자신의 병사들에게는 용기를 북돋움과 동시에 적들에게는 혼란을 가져다주고자 했다. 하나님은 번제와 제사보다 찬미를 더 기뻐하신다.

II. 이토록 많은 적들이 한꺼번에 죽임을 당한 전쟁은 일찍이 없었다. 이번의 경우는 우레나 우박이나 천사의 칼로 말미암지 않았다. 또 기드온이 미디안을 물리칠 때와 같은 칼의 침이나 불가사의한 놀람으로 말미암은 것도 아니었다. 이번에는 여호와께서 그들을 대적하여 복병을 두셨다. 아마도 이것은 천사들의 군대였든지 아니면 패트릭 주교가 생각하는 것처럼 그들 자신들이 둔 복병이었을 것이다. 어쨌든 하나님이 그들을 극도의 혼란 가운데 빠뜨리심으로써 그들은 마치 서로 적인 것처럼 자기들끼리 피차 칼을 휘두르며 살육을 벌였

다: 그들이 서로 쳐죽이고 한 사람도 피한 자가 없는지라(23, 24절). 하나님이 이 일을 행하신 것은 자기 백성들이 노래와 찬송을 시작할 때였다(22절). 하나님은 찬송하는 백성들을 돕기를 즐기신다. 우리는 하나님이 자기 백성들의 기도에 노하셨다는 말을 들은 적은 있어도(시 80:4), 백성들의 찬송에 노하셨다는 말은 한 번도 들은 적이 없다. 그들이 단지 찬송하기를 시작했을 때, 하나님은 이미 그들의 구원을 완전하게 이루어 놓으셨다. 무슨 이유로 그들이 서로 칼을 휘둘렀는지는 나타나지 않는다. 아마도 아무런 이유도 없었을 것이다. 어쨌든 암몬과 모압의 병사들이 갑자기 에돔 병사들을 쳐서 진멸하더니, 그 다음에는 자기들끼리 서로 쳐죽였다(23절). 이와 같이 하나님은 때때로 악한 백성들로 하여금 서로가 서로를 멸망시키는 도구로 삼으신다. 하나님이 서로 갈라지게 만들 때, 어떻게 그들의 동맹이 계속해서 굳건하게 유지될 수 있겠는가? 서로 분열하는 것이 가져오는 끔찍한 결과를 보라. 그들은 마치 무엇인가에 홀린 것처럼 동료를 향해 칼을 휘두르면서 피차 멸망을 향해 달려갔다.

Ⅲ. 이토록 즐겁게 탈취물을 나눈 적은 일찍이 없었다.   여호사밧의 군대는 탈취물을 나누는 것 외에는 아무것도 한 일이 없었다. 적의 대군 앞에 나아갔을 때, 그들이 발견한 것은 싸움을 앞두고 기세가 올라있는 살아 있는 병사들이 아니라 온통 죽은 시체들뿐이었다(24절). 그들의 시체는 마치 쓰레기더미처럼 온 지면에 널려 있었다. 하나님이 자신을 찾는 백성들에게 얼마나 큰 은총을 베풀어 주시는지 보라. 하나님은 종종 자기 백성들이 기도하며 기대한 것보다 더 큰 은총을 베풀어 주신다. 여호사밧과 병사들은 적에게 탈취를 당하는 것으로부터 구원해 달라고 기도했다. 이에 하나님은 그들을 구원해 주셨을 뿐만 아니라 적으로부터 취한 탈취물로 그들을 부요케 하셨다. 탈취물은 엄청난 분량이었다. 탈취물은 너무나 많아서 한 번에 가져갈 수 없었다. 그리하여 그것을 모두 거두어들이는데 사흘이 걸렸다(25절). 이제 이 큰 군대가 유다를 치러 오는 것을 그대로 내버려 두신 하나님의 뜻이 분명하게 드러났다. 그것은 하나님이 마침내 그들에게 선을 베푸신다는 사실을 증명함으로써 그들을 겸비케 하려는 것이었다. 처음에 그것은 그들의 개혁을 방해하는 것처럼 보였지만 그러나 종국에는 그들의 개혁에 대한 보상이라는 사실이 온전히 드러났다.

Ⅳ. 이토록 성대하고 장엄하게 승리를 기념한 적은 일찍이 없었다.

1. 그들은 전쟁터에서 철수하기에 앞서 진(陣)에서 찬미의 날을 지켰다. 의

심의 여지 없이 그들은 즉시로 하나님께 큰 감사를 드렸을 것이다. 그러나 그것이 전부가 아니었다. 그들은 넷째 날 한 골짜기에서 모여 뜨겁게 하나님을 송축했다. 이 날의 일로 인해 그 골짜기에 브라가 즉 축복의 골짜기라는 이름이 붙여지게 되었다(26절). 이렇게 하여 후손들로 하여금 영원히 하나님을 의지하도록 격려하기 위해 여기에서 벌어진 기사(奇事)를 영원히 기념했다.

2. 그러나 그들은 이것만으로는 충분치 않다고 생각했다. 그들은 여호사밧이 선두에 서고 모두가 한 무리가 되어 예루살렘으로 행진했다. 그리고 그들이 행진하는 동안 온 나라가 그들과 연합하여 하나님을 찬미했으며, 그들은 여호와의 전으로 가서 자신들의 기도에 응답해 주신 하나님의 은총에 감사를 올렸다(27, 28절). 하나님을 찬송하는 것은 단지 하루의 일로 그쳐서는 안 된다. 하나님의 은총을 구할 때 반복해서 기도하는 것처럼, 그의 은총을 받았을 때 역시도 반복적으로 찬송을 드려야 한다. 우리는 매일같이 하나님을 송축해야 한다. 우리는 살아 있는 한 계속해서 하나님을 찬미해야 하며, 그러는 가운데 장차 하늘에서 영원히 찬미할 것을 소망해야 한다. 또한 국가적인 은총은 마땅히 여호와의 전 뜰에서 드려지는 국가적인 감사를 요구한다(시 116:19, 예루살렘아 네 한가운데에서 곧 여호와의 성전 뜰에서 지키리로다 할렐루야).

V. 이것보다 더 바람직한 결과를 가져온 승리는 일찍이 없었다. 왜냐하면

1. 이로써 여호사밧의 나라가 결코 얕잡아 볼 수 없는 나라로 만방에 분명하게 인식되었기 때문이다(29절). 하나님이 이와 같이 이스라엘을 위해 싸우신 것을 들었을 때 그들은 이렇게 말하지 않을 수 없었다: 여수룬의 하나님 같은 이가 없도다 이스라엘이여 네가 복이 있도다. 이렇게 하여 주변의 이방 나라들은 하나님을 두려워하는 가운데 감히 그의 백성들을 위해(危害)하려는 마음을 갖지 못하게 되었다. 하나님을 자기편으로 삼고 있는 자들과 싸우는 것은 얼마나 무모한 일인가!

2. 이로써 온 나라가 평온하게 되었기 때문이다(30절).

(1) 그들은 대내적으로 태평했다. 여러 가지 우상과 신상들을 버리기를 꺼리던 자들도 이제는 이스라엘의 하나님만이 참된 구원자가 되시며 오직 그분만이 홀로 경배를 받으셔야 할 분이라는 사실을 인정하지 않을 수 없게 되었다.

(2) 그들은 외부로부터의 침략을 두려워할 필요가 없었다. 왜냐하면 하나님

이 그들에게 안식을 주셨기 때문이었다. 하나님이 안식을 준 자들을 누가 요동케 할 수 있겠는가?

³¹여호사밧이 유다의 왕이 되어 왕위에 오를 때에 나이가 삼십오 세라 예루살렘에서 이십오 년 동안 다스리니라 그의 어머니의 이름은 아수바라 실히의 딸이더라 ³²여호사밧이 그의 아버지 아사의 길로 행하여 돌이켜 떠나지 아니하고 여호와 보시기에 정직하게 행하였으나 ³³산당만은 철거하지 아니하였으므로 백성이 여전히 마음을 정하여 그들의 조상들의 하나님께로 돌아오지 아니하였더라 ³⁴이 외에 여호사밧의 시종 행적은 하나니의 아들 예후의 글에 다 기록되었고 그 글은 이스라엘 열왕기에 올랐더라 ³⁵유다 왕 여호사밧이 나중에 이스라엘 왕 아하시야와 교제하였는데 아하시야는 심히 악을 행하는 자였더라 ³⁶두 왕이 서로 연합하고 배를 만들어 다시스로 보내고자 하여 에시온게벨에서 배를 만들었더니 ³⁷마레사 사람 도다와후의 아들 엘리에셀이 여호사밧을 향하여 예언하여 이르되 왕이 아하시야와 교제하므로 여호와께서 왕이 지은 것들을 파하시리라 하더니 이에 그 배들이 부서져서 다시스로 가지 못하였더라

우리는 여기에서 여호사밧의 통치역사가 종결되는 이야기를 듣게 된다. 그의 통치와 관련한 좀 더 상세한 이야기들이 선지자 예후에 의해 당시에 현존해 있었던 권위 있는 역사책에 기록되었는데, 당시 살았던 백성들은 그 책을 참조할 수 있었을 것이다. 본 단락에서 우리는 그에 대한 전체적인 평가를 보게 되는데, 그는 여호와 보시기에 정직하게 행하였으며 스스로 하나님을 경외할 뿐만 아니라 또한 자기 백성들도 그렇게 하도록 만드는 일에 크게 힘을 기울였다. 그러나 우리는 여기에서 두 가지 안타까운 일을 보게 된다.

1. 백성들은 여전히 산당에 대한 애착을 버리지 못했다(33절). 이방 신들을 존귀케 하기 위해 세워진 산당들은 제거되었다(17:6). 그러나 참 하나님을 섬겼던 산당들은 비교적 덜 비난받을 만했으므로 용납될 수 있는 것으로 여겨졌다. 또 여호사밧은 그러한 산당들을 제거함으로써 백성들과 마찰을 빚는 것을 원치 않았다. 왜냐하면 아직까지 그들의 마음은 자기 조상들의 하나님을 섬기는데 온전히 준비되지 못했기 때문이었다. 그들이 여호사밧의 개혁에 순응한 것은 그렇게 하지 않을 수 없었기 때문이었다. 그들은 순전한 마음으로 순응한

것이 아니었다. 그들의 마음은 온전히 하나님께 향하여지지 않았으며, 선한 동기로 그리고 열정과 굳은 결심으로 그 일에 동참하지 않았다. 백성들의 마음이 이와 같이 냉랭한 상태에서는 아무리 훌륭한 통치자라도 개혁 작업을 계속해서 추진하기는 매우 어려운 법이다.

2. 여호사밧도 여전히 아합의 집에 대한 애착을 버리지 못했다. 그것은 자기 아들을 아합의 집의 딸과 결혼시켰기 때문이었다. 여호사밧은 아합의 아들 아하시야가 매우 악한 사람이며 따라서 결코 형통하지 못할 것이라는 사실을 잘 알고 있었다. 그럼에도 불구하고 그는 아하시야와 더불어 교역하는 일에 동업을 했다(35, 36절). 여기에서 우리는 '나중에'(혹은 '이 일 후에', after this)란 단어가 특별히 강조되고 있는 것을 발견한다. 여기에서 '나중'은 하나님이 그를 위해 큰 일을 행하신 이후를 말한다. 하나님은 아합의 집과의 명예롭지 못한 동맹이 없이도 그에게 승리와 함께 많은 재물을 주셨다. 그럼에도 불구하고 그는 이 일 후에 다시금 악한 왕과 더불어 교제를 했는데, 그것은 매우 어리석은 일이었다. 하나님이 그토록 큰 구원을 베푸셨음에도 불구하고 그는 또다시 하나님의 명령을 어기고 가증한 자들과 친밀한 관계를 맺어야만 했단 말인가? 그렇다면 그는 하나님의 진노 외에 무엇을 더 기대할 수 있단 말인가?(스 9:13, 14). 그러나 하나님은 그의 잘못을 일깨워주고 회개케 하기 위해

(1) 한 선지자를 보내시고 선지자로 하여금 그의 계획이 파하여질 것을 예언하도록 시켰다(37절).

(2) 폭풍을 보내시고 모든 배가 부서지도록 만드셨다. 이것은 그로 하여금 아하시야와의 모든 교제를 끊을 것을 경고하는 것이었다. 아마도 그는 이러한 경고를 잘 받아들인 것으로 보인다. 왜냐하면 나중에 아하시야가 다시금 동업을 제안했을 때 여호사밧은 그러한 제안을 분명하게 거절했기 때문이었다(왕상 22:49). 악을 행하는 자와 연합하여 교제를 나누는 것이 얼마나 유해한 일인지 보라. 그러한 교제를 끊는 것은 매우 어려운 일이다. 함정에서 빠져 나오는 것보다는 그냥 그 속에 앉아 있는 것이 더 편하고 쉬운 법이다.

제 21 장

개요

여호람이 여호사밧의 왕위를 계승했을 때 유다의 전반적인 상황은 너무도 급격하게 변했다. 그것은 여호사밧은 가장 선한 왕들 가운데 한 사람이었던 반면 여호람은 가장 악한 왕들 가운데 한 사람이었기 때문이었다. 이와 같이 그들은 여호사밧의 개혁과 선정(善政)의 성과를 잘 계승하지 못함으로 인해 큰 징계를 받게 되었다. 지금 선한 왕의 통치에 대해 감사할 줄 모르는 자들은 나중에 악한 왕에 의해 고통당하는 정당한 징계를 받게 될 것이다. 본 장의 내용은 다음과 같다. I. 여호람이 왕이 됨(1-3절). II. 여호람이 자신의 왕권을 공고히 하기 위해 자기 형제들을 죽임(4절). III. 여호람이 악을 행하며 또 산당을 세움(5-6, 11절). IV. 여호람에 대한 엘리야의 예언(12-15절). V. 여호람에 대한 하나님의 심판. 1. 그의 권세 아래 있던 나라들이 반란을 일으킴(8-10절). 2. 그들의 반란이 성공을 거둠(16-17절). VI. 여호람이 끔찍한 병에 걸리고 결국 비참하게 죽음(18-20절). VII. 그럼에도 불구하고 다윗의 집이 보존됨(7절).

¹여호사밧이 그의 조상들과 함께 누우매 그의 조상들과 함께 다윗 성에 장사되고 그의 아들 여호람이 대신하여 왕이 되니라 ²여호사밧의 아들 여호람의 아우들 아사랴와 여히엘과 스가랴와 아사랴와 미가엘과 스바댜는 다 유다 왕 여호사밧의 아들들이라 ³그의 아버지가 그들에게는 은금과 보물과 유다 견고한 성읍들을 선물로 후히 주었고 여호람은 장자이므로 왕위를 주었더니 ⁴여호람이 그의 아버지의 왕국을 다스리게 되어 세력을 얻은 후에 그의 모든 아우들과 이스라엘 방백들 중 몇 사람을 칼로 죽였더라 ⁵여호람이 왕위에 오를 때에 나이가 삼십이 세라 예루살렘에서 팔 년 동안 다스리니라 ⁶그가 이스라엘 왕들의 길로 행하여 아합의 집과 같이 하였으니 이는 아합의 딸이 그의 아내가 되었음이라 그가 여호와 보시기에 악을 행하였으나 ⁷여호와께서 다윗의 집을 멸하기를 즐겨하지 아니하셨음은 이전에 다윗과 더불어 언약을 세우시고 또 다윗과 그의 자손에게 항상 등불을 주겠다고 말씀하셨음이더라 ⁸여호람 때에 에돔이 배반하여 유다의 지배하에서 벗어나 자기 위에 왕을

세우므로 [9]여호람이 지휘관들과 모든 병거를 거느리고 출정하였더니 밤에 일어나서 자기를 에워싼 에돔 사람과 그 병거의 지휘관들을 쳤더라 [10]이와 같이 에돔이 배반하여 유다의 지배하에서 벗어났더니 오늘까지 그러하였으며 그 때에 립나도 배반하여 여호람의 지배 하에서 벗어났으니 이는 그가 그의 조상들의 하나님 여호와를 버렸음이더라 [11]여호람이 또 유다 여러 산에 산당을 세워 예루살렘 주민으로 음행하게 하고 또 유다를 미혹하게 하였으므로

우리는 여기에서 다음과 같은 내용을 보게 된다.

I. 여호사밧은 장자 여호람에게 특별한 호의를 베풀었다. 여호사밧에게는 여러 아들들이 있었다. 우리는 여기에서 그들의 이름을 보게 되는데(2절), 그들은 장자 여호람보다 훨씬 선한 자들이었다(13절). 그들은 여호람과는 달리 지혜와 덕을 갖춘 자들이었으며, 자신들이 받은 교육에 부끄럽지 않게 살아가는 자들이었다. 그들은 모두 매우 유망한 자들이었으며, 왕의 재목으로 볼 때 여호람보다 훨씬 나은 자들이었다. 그러나 여호사밧은 여호람이 장자였으므로 그에게 왕위를 물려주고, 다른 아들들에게는 많은 재물을 물려주어 편히 살 수 있도록 해주었다(3절). 아브라함도 이삭을 상속자로 삼으면서 다른 아들들에게는 많은 유산을 나누어 주었다. 이와 같이 여호사밧은 장자 여호람에게 특별한 호의를 베풀었다. 그렇다면 그는 마땅히 아버지를 더욱 존경하며 그토록 선한 아버지의 길을 따라 걸었어야 했다. 그러나 부모로부터 가장 많은 호의를 입은 자식이 도리어 부모의 길을 역행하는 것은 결코 드문 일이 아니다. 이 일에 있어 여호사밧이 백성들을 위해 정당하며 지혜롭게 행했는지 여부는 분명하게 말하기 어렵다. 여호람은 장자로서 아버지의 기업의 갑절의 분깃을 가질 권리가 있었다(신 21:17). 그러나 만일 그가 왕이 되기에 적절치 못한 것으로 보였다면(왕을 세우는 목적은 백성들의 선을 위한 것이다), 그리고 자신이 행했던 모든 선한 일들을 원래의 상태로 되돌릴 것으로 보였다면, 그를 제쳐두고 다른 유망한 아들을 택하여 왕으로 세웠더라면 더 좋았을 것이었다. 권력은 신성한 것이다. 그것으로 사람들은 선을 행할 수도 있고 해를 끼칠 수도 있다. 그러므로 권력은 가질 만한 자격이 있는 자에게 주어져야 한다. 왕을 세움에 있어 첫 번째로 고려해야 하는 것은 백성들의 안위와 평안이다.

II. 여호람은 자기 아우들을 잔인하게 죽였다. 왕위에 오르자마자 그는

자신의 모든 아우들을 칼로 죽였다. 거짓 참소에 의해서든지 율법을 빙자해서든지 아니면 암살에 의해서였을 것이다(아마도 마지막의 경우가 가장 가능성이 높아 보인다). 아마도 그는 자기 아우들이 모두 제거되지 않는 한 자신의 왕위가 결코 안전하지 못할 것이라고 생각하여 사람들을 시켜 그들을 살해하게 하였을 것이다. 스스로 악한 마음을 가지고 있는 자들은 통상적으로 특별한 이유도 없이 주변에 있는 사람들을 의심하기 마련이다. 악인은 두려워할 이유가 없을 때에도 두려워한다. 혹은 자신의 악의(惡意)를 감추기 위해 존재하지도 않는 이유를 억지로 꾸며내기도 한다. 여호람이 자기 아우들을 미워하고 죽인 이유는 아마도 가인이 아벨을 미워하고 죽인 이유와 똑같았을 것이다. 왜냐하면 그들의 경건으로 자신의 불경건이 더욱 부각되며, 자신이 잃은 백성들의 존경심을 아우들이 얻었기 때문이었을 것이다. 아우들과 더불어 여호람은 이스라엘의 방백 몇 사람을 죽였다. 그들은 자기 아우들을 따르는 자들이었든지, 아니면 아우들의 죽음에 반기를 들고 복수할 것으로 우려되는 자들이었을 것이다. 여호와의 선한 지식을 가르쳤던 자들이 앞에서는 이스라엘의 족장으로 불렸던 것처럼(19:8, 그들이 이와 같이 불린 것은 그들이 순전한 이스라엘 사람들이었기 때문이다) 여기에서는 이스라엘의 방백으로 불리고 있다. 선한 아버지는 칼을 그들의 손에 맡겼는데, 악한 아들은 그 칼을 그들의 배에 꽂았다. 피 위에 왕권을 세우는 자에게 화가 있도다(합 2:12). 결국 그러한 왕권은 머지않아 무너지게 될 것이다.

Ⅲ. 여호람은 가장 악한 왕이었다. 그는 자신의 나라를 더럽히고 타락시켰으며, 자신의 할아버지와 아버지가 이룩한 개혁을 원점으로 되돌려 놓았다. 그는 아합의 집과 같이 행했다(6절). 그는 유다 곳곳에 백성들이 그토록 세우고 싶어 하던 산당들을 세웠으며, 우상 숭배를 다시 일으켜 세우기 위해 최선을 다했다(11절).

1. 그는 예루살렘 주민들을 자신의 영적 음행에 손쉽게 끌어들였다(13절). 그는 그들을 음행으로 이끌었으며, 그들을 유혹하여 우상의 제물을 먹게 했다(계 2:20).

2. 반면 지방에 거하는 백성들을 끌어들이는 것은 좀 더 어려운 일이었던 것으로 보인다. 그러나 음행으로 더럽혀지고자 하지 않는 자들까지도 가증한 우상 숭배에 동참하도록 강요되었다: 또 유다를 강요하였으므로(11절, 한글개역개

정판에는 "또 유다를 미혹하게 하였으므로"로 되어 있음). 그는 백성들을 올바로 세우라고 준 권력을 가지고 교회를 파괴하는데 사용했다.

Ⅳ. 여호람이 하나님을 버렸을 때, 그의 지배 아래 있던 세력들도 그를 버렸다.

1. 조공을 바치던 몇몇 나라들이 그렇게 했다. 먼저 에돔이 여호람을 배반했다(8절). 여호람은 그들을 징벌하고자 했으나(9절) 성공하지 못했다(10절).

2. 그의 나라에 속한 성읍들 가운데 한 성읍도 그렇게 했다. 그와 같이 여호람을 배반한 성읍은 립나였다(10절). 그들은 예전처럼(수 12:15) 자신들의 왕을 옹립하고 자유도시국가를 세웠다. 그들이 왜 이렇게 했으며 또 하나님이 왜 그것을 허용하셨는지에 대한 이유가 여기에 제시된다. 그들이 여호람의 지배에서 벗어나고자 한 것은 그가 자기 조상들의 하나님 여호와를 버리고 거짓 신들을 섬기는 우상 숭배자가 됨으로써 만일 계속해서 그의 지배하에 있는다면 그들 역시도 참 하나님을 섬기는 길로부터 멀어질 위험이 있었기 때문이었다. 그가 하나님의 지배 아래 있는 동안에는 그들도 그의 지배 아래 있었다. 그러나 그가 하나님을 버리자 그들도 그를 버렸다. 이러한 이유가 그들의 반란을 정당화시켜 줄 것인지 여부는 불확실하지만 그러나 이와 같은 일을 허락하신 하나님의 섭리를 정당화시켜 줄 것임은 확실하다.

Ⅴ. 그럼에도 불구하고 하나님은 다윗의 집과 맺은 언약을 기억하셨다. 그리하여 지금 다윗의 집이 너무도 패역하고 타락하였음에도 불구하고, 하나님은 그 집을 멸하기를 원치 않으셨다(7절). 우리는 이에 대해 앞에서 살펴본 바 있다(왕하 8:19-22). 그 언약의 요지는 비록 다윗의 씨가 범죄한다 할지라도 그러나 언약 자체는 결코 폐하여지지 않는다는 것이었다(시 89:30 이하).

[12]선지자 엘리야가 여호람에게 글을 보내어 이르되 왕의 조상 다윗의 하나님 여호와께서 이같이 말씀하시기를 네가 네 아비 여호사밧의 길과 유다 왕 아사의 길로 행하지 아니하고 [13]오직 이스라엘 왕들의 길로 행하여 유다와 예루살렘 주민들이 음행하게 하기를 아합의 집이 음행하듯 하며 또 네 아비 집에서 너보다 착한 아우들을 죽였으니 [14]여호와가 네 백성과 네 자녀들과 네 아내들과 네 모든 재물을 큰 재앙으로 치시리라 [15]또 너는 창자에 중병이 들고 그 병이 날로 중하여 창자가 빠져 나오리라 하셨다 하였더라 [16]여호와께서 블레셋 사람들과 구스에서 가까운 아라비아 사람들의 마음을 격동시키사 여호람을 치게 하셨으므로 [17]그들이 올라와서 유다

를 침략하여 왕궁의 모든 재물과 그의 아들들과 아내들을 탈취하였으므로 막내 아들 여호아하스 외에는 한 아들도 남지 아니하였더라 [18]이 모든 일 후에 여호와께서 여호람을 치사 능히 고치지 못할 병이 그 창자에 들게 하셨으므로 [19]여러 날 후 이 년 만에 그의 창자가 그 병으로 말미암아 빠져나오매 그가 그 심한 병으로 죽으니 백성이 그들의 조상들에게 분향하던 것 같이 그에게 분향하지 아니하였으며 [20]여호람이 삼십이 세에 즉위하고 예루살렘에서 팔 년 동안 다스리다가 아끼는 자 없이 세상을 떠났으며 무리가 그를 다윗 성에 장사하였으나 열왕의 묘실에는 두지 아니하였더라

여기에서 우리는 다음과 같은 내용을 보게 된다.

I. 엘리야 선지자가 글을 통해 여호람에게 경고를 보냄. 이를 통해 우리는 여호람이 왕위에 올라 스스로 어떤 사람인지를 드러낸 것은 엘리야의 승천 이전의 일이었음을 알 수 있다. 우리는 열왕기에서 엘리야의 승천 이야기가 기록된 이후에 엘리사와 여호사밧이 대면하는 장면을 발견한다. 그 때 엘리사는 엘리야의 손에 물을 붓는 자로 묘사되었었다(왕하 3:11). 그렇다면 그 일 즉 엘리사와 여호사밧이 대면한 일은 엘리야가 아직 살아 있는 동안 있었던 일이어야만 한다(왜냐하면 여호사밧이 죽고 여호람이 왕이 되었을 때에도 여전히 엘리야가 살아 있었기 때문에). 이렇게 볼 때 우리는 성경의 모든 이야기가 꼭 연대순으로 기록된 것은 아니라는 사실을 알게 된다. 우리는 엘리야가 떠날 때가 가까웠으므로 자신이 직접 여호람에게 갈 수는 없었을 것이라고 추측할 수 있다. 그러나 여호람이 자기 아우들을 죽이는 악행을 행한 것을 듣고 엘리야는 글을 기록하여 속히 그에게 보내도록 아마도 엘리사에게 준 것으로 보인다. 그것은 그의 잘못을 바로잡기 위한 것이었든지, 아니면 그 일의 결과로 어떤 일이 벌어질 것인지를 확실하게 증거하기 위함이었을 것이다. 그 메시지는 그에게 그의 조상 다윗의 하나님 여호와의 이름으로 보내졌다(12절). 그가 다윗의 자손이라는 사실은 매우 영예로운 일이었음에도 불구하고 그의 죄를 더욱 가중시키는 것이었다.

1. 엘리야는 그의 죄를 열거한다. (1) 그는 하나님의 길을 떠났다(12절). 그 길은 그의 할아버지와 아버지가 걸었던 길이었으며, 그 역시도 그들의 모범을 따라 걷도록 교육받은 길이었다. (2) 그는 너무도 불경하며 악한 아합의 집의

길로 행했다(13절). (3) 그는 자기 나라에서 우상 숭배를 되살리며 더욱 강화시켰다. (4) 그는 자기 아우들을 죽였다. 그것은 그들이 자기보다 더 선했기 때문이었다. 바로 이것이 엘리야가 여호람을 참소한 죄목이었다.

2. 이러한 죄에 대한 판결이 내려졌다. 여호람은 자신의 죄가 필경 파괴(ruin)를 불러올 것이라는 사실을 분명하게 들었다. (1) 그의 나라와 가족이 파괴될 것이다(14절): 여호와가 네 백성과 네 자녀들을 큰 재앙으로 치시리라. 악인은 자신뿐만 아니라 자기 주변에 있는 사람들에게까지도 심판이 임하게 한다. 그의 백성들도 심판을 당할 것은 그들이 그의 우상 숭배에 순응했기 때문이었다. 또 그의 아내들도 심판을 당할 것은 그들이 그를 우상 숭배로 이끌었기 때문이었다. (2) 그의 건강과 생명이 파괴될 것이다. "네가 큰 병에 걸리게 될 것이요 많은 고통을 겪다가 마침내 죽을 것이다"(15절). 이것은 사전(事前)에 경고된 것으로서, 그리하여 그의 피는 그의 머리 위에 돌아가고 파수꾼은 자기 영혼을 구원하게 될 것이었다. 이러한 재앙들이 이렇게 구체적으로 예고되고 결국 그대로 이루어짐으로써 그것들은 우연히 임한 것이 아니라 그의 죄에 대한 징벌임이 분명하게 드러나게 될 것이었다. 아합으로부터 악을 행하는 것을 배운 것처럼 엘리야의 경고의 메시지를 받을 때 아합이 스스로 겸비케 했던 것까지도 배워 그가 했던 것처럼 자기 옷을 찢고 베옷을 입고 금식했더라면(왕상 21:27), 여호람 역시도 아합처럼 최소한 집행유예라도 받았을는지 누가 알겠는가? 그러나 그가 엘리야의 메시지를 진지하게 받아들인 것으로는 보이지 않는다. 그는 그 글을 휴지조각처럼 내던져 버렸다. 그에게 엘리야는 조롱하는 자로밖에는 보이지 않았던 것이다. 믿으려고 하지 않는 자는 결국 자기 생각에 빠져 버리게 될 것이다.

II. 여호람이 선지자의 경고를 무시함으로 그에게 심판이 예고됨. 완악한 죄인들이 다음 세상에서 있을 심판에 대해 들으면서도 회개하며 죄로부터 돌이키지 않는 것은 조금도 놀랄 일이 아니다. 뿐만 아니라 재산을 갑자기 잃는다든지 예기치 않은 큰 질병에 걸리는 등 현 세상에서의 확실한 재앙조차도 그들을 악의 길로부터 막지 못할 것이다.

1. 여기에서 여호람이 그의 기뻐하는 것들을 다 잃어버리는 것을 보라. 하나님은 주변 나라들의 마음을 격동시키사 여호람을 치게 하셨다(16절). 그들은 여호사밧은 사랑하고 두려워하였으나 여호람은 미워하고 경멸하였다. 그들이 여

호람을 미워하며 경멸한 것은 한 나라에서 신(神)을 바꾸는 것은 매우 수치스러운 일이라고 생각했기 때문이었다. 그들은 때때로 유다와 더불어 다투곤 했지만, 그러나 이번의 경우에는 오직 왕실(王室)만을 공격한 것으로 보인다. 그들은 곧장 왕궁으로 쳐들어와 왕궁의 모든 재물을 탈취하면서 또한 그의 아들들과 아내들을 포로로 끌고 갔다(17절, 다른 사람들까지 포로로 끌고 갔는지 여부는 언급되지 않는다). 이와 같이 하나님은 이번의 재앙이 오직 그와 그의 집에만 해당된 것이었음을 분명하게 나타내셨다. 여기에서는 단지 그들이 그의 아들들을 탈취했다고만, 즉 포로로 끌고 갔다고만 언급되어 있을 뿐이지만, 그러나 우리는 다음 장에서 그들이 그의 아들들을 모두 죽였다는 사실을 발견한다(22:1). 피는 피를 부르는 법이다. 그는 자신의 왕위를 견고케 하기 위해 자신의 모든 아우들을 죽였다. 그러나 이제 한 아들만 제외하고 모든 아들들이 죽임을 당함으로써 그는 크게 미약해졌다. 만일 그가 다윗의 집에 속한 자가 아니었다면, 한 아들도 남지 못했을 것이다. 여로보암의 집과 바아사의 집과 아합의 집이 진멸될 때에는 아무도 남지 못했다. 그러나 다윗의 집은 때로 타락과 패역의 구덩이로 떨어진다 할지라도 결코 완전히 진멸될 수 없었다. 왜냐하면 그 집에는 축복 곧 메시야의 축복이 담겨 있었기 때문이었다.

2. 그가 괴로운 병으로 오랫동안 고통을 당하는 것을 보라. 율법이 자신들의 하나님 여호와를 경외하지 않는 자들에게 경고한 것이 지금 그에게 임한 것이었다(신 28:58, 59). 그의 병은 너무나 고통스러운 것이었다. 그의 창자에 병이 들었는데, 그러한 병이 그를 너무도 고통스럽게 만들었을 뿐만 아니라 다른 합병증까지도 일으켰다. 뿐만 아니라 고통은 오랫동안 계속되었다. 2년 동안 계속해서 앓았음에도 불구하고 그의 병은 조금도 호전되지 않았다. 그는 40이 채 되지 못한 한창 나이였음에도 불구하고 병은 조금도 완화되지 않았다. 몇 가지 잘못된 일을 행했지만 그러나 그 마음이 하나님 앞에 온전했던 아사는 단지 발에 병이 들었을 뿐이었다. 그러나 그 마음이 악했던 여호람은 이와 같이 창자에 병이 들었다. 이와 같이 아우들의 창자에 칼을 꽂은 그는 자기 창자가 밖으로 빠져 나오는 고통을 겪게 되었다. 때로 하나님이 사랑하시는 선한 자들도 이러한 종류의 병으로 고통당할 수 있다. 그러나 그들에게 있어 이러한 고통은 아버지가 자녀에게 주는 징계일 뿐이다. 육체가 고통 가운데 있는 동안에도 그들의 영혼은 하나님이 베푸시는 특별한 위로로 평안 가운데 거할 수 있다. 이

러한 끔찍한 병이 그를 덮친 것은 그의 집이 탈취를 당하고 아내들과 자녀들이 포로로 끌려간 직후였다.

(1) 아마 아내와 자녀들을 빼앗김으로 말미암은 마음의 슬픔과 괴로움이 그와 같은 병을 일으켰든지, 아니면 적어도 그의 병을 크게 악화시켰을 것이다.

(2) 이러한 병 때문에 그는 그들을 되찾아오거나 혹은 그들이 당한 위해에 복수하기 위한 어떠한 행동도 취할 수가 없었다.

(3) 병석에 누워있는 가운데에서도 아내들과 자녀들의 돌봄을 받지 못하게 되고 거기에다가 왕궁의 모든 재물까지 빼앗긴 것은 그의 고통을 더욱 심화시켰을 것이다. 병들고 궁핍하게 되는 것, 아프고 외로운 것, 특별히 죄로 인해 병이 들고 하나님의 저주로 고통을 당하는 것, 거기에다가 그러한 고통을 감당할 수 있는 은혜와 위로까지도 잃어버린 것은 얼마나 끔찍한 일인가!

3. 그가 불명예스럽게 장사되는 것을 보라. 그는 8년 동안 다스리다가 아끼는 자 없이 세상을 떠났다(20절). 그가 살아 있는 동안에도 아무도 그를 귀히 여기지 않았다. 그가 죽었을 때에도 아무도 그를 위해 애곡하지 않고 다만 예루살렘에 큰 문제만 일어나지 않기를 바랐다. 그들은 그에 대해 아무런 애정도 존경심도 갖고 있지 않았으므로 그를 열왕의 묘실에 두지 않았다. 그들은 그와 같이 악한 왕은 왕들 중 하나로 계수되기에 합당치 않다고 생각했다. 그의 시신을 그의 조상들의 묘실로부터 배제시킨 것은 악인의 영혼이 사후 의인들의 영혼으로부터 영원히 분리되는 것을 암시하는 것으로서, 신적 섭리에 의해 이끌려진 것이었을 것이다. 또 백성들은 그의 조상들에게 분향하던 것 같이 그에게 분향하지 않았는데(19절), 이 또한 그를 더욱 불명예스럽게 만들었다. 백성들에게 있어 그에 대한 기억은 조금도 긍정적이지 않았다. 따라서 그들은 좋은 향이나 귀한 향료로 그의 시신을 존귀케 하려고 하지 않았다. 비록 우상 숭배의 경향이 있었음에도 불구하고 대부분의 백성들은 자신들의 우상 숭배적인 왕에 대해 추호의 호감도 갖고 있지 않았다. 약간의 믿음밖에는 갖고 있지 못한 자들의 눈에조차도 악하고 불경한 자는 결국 경멸의 대상으로 보일 뿐이다. 반면 인간 본연의 양심은 참되며 경건한 자들에 대해 경의를 표하게 되는 법이다. 하나님을 대수롭지 않게 여기는 자는 사람들로부터 대수롭지 않게 여김을 받게 될 것이다. 여호람이 그랬다.

제 — 22 — 장

개요

우리는 앞 장에서 여호람의 아들들과 아내들이 포로로 끌려간 사실을 읽었다. 그러나 우리는 여기에서 그의 아들들 가운데 한 아들과 그의 아내들 가운데 한 아내가 남은 것을 보게 된다. 그의 남은 아들은 아하시야였으며 남은 아내는 아달랴였는데, 그들은 모두 수치스러운 이름이 되었다. I. 아하시야는 첫째로, 아합의 집의 죄에 참여함으로써 둘째로, 아합의 집의 멸망에 참여함으로써 수치스러운 이름이 되었다(1-9절). II. 아달랴는 첫째로, 왕의 모든 씨를 죽임으로써, 둘째로, 보좌를 찬탈함으로써 수치스러운 이름이 되었다(10-12절).

[1]예루살렘 주민이 여호람의 막내 아들 아하시야에게 왕위를 계승하게 하였으니 이는 전에 아라비아 사람들과 함께 와서 진을 치던 부대가 그의 모든 형들을 죽였음이라 그러므로 유다 왕 여호람의 아들 아하시야가 왕이 되었더라 [2]아하시야가 왕이 될 때에 나이가 사십이 세라 예루살렘에서 일 년 동안 다스리니라 그의 어머니의 이름은 아달랴요 오므리의 손녀더라 [3]아하시야도 아합의 집 길로 행하였으니 이는 그의 어머니가 꾀어 악을 행하게 하였음이라 [4]그의 아버지가 죽은 후에 그가 패망하게 하는 아합의 집의 가르침을 따라 여호와 보시기에 아합의 집 같이 악을 행하였더라 [5]아하시야가 아합의 집의 가르침을 따라 이스라엘 왕 아합의 아들 요람과 함께 길르앗 라못으로 가서 아람 왕 하사엘과 더불어 싸우더니 아람 사람들이 요람을 상하게 한지라 [6]요람이 아람 왕 하사엘과 싸울 때에 라마에서 맞아 상한 것을 치료하려 하여 이스르엘로 돌아왔더라 아합의 아들 요람이 병이 있으므로 유다 왕 여호람의 아들 아사랴가 이스르엘에 내려가서 방문하였더라 [7]아하시야가 요람에게 가므로 해를 입었으니 이는 하나님께로 말미암은 것이라 아하시야가 갔다가 요람과 함께 나가서 님시의 아들 예후를 맞았으니 그는 여호와께서 기름을 부으시고 아합의 집을 멸하게 하신 자이더라 [8]예후로 하여금 아합의 집을 심판하게 하실 때에 유다 방백들과 아하시야의 형제들의 아들들 곧 아하시야를 섬기는 자들을 만나

서 죽었고 9아하시야는 사마리아에 숨었더니 예후가 찾으매 무리가 그를 예후에게로 잡아가서 죽이고 이르기를 그는 전심으로 여호와를 구하던 여호사밧의 아들이라 하고 장사하였더라 이에 아하시야의 집이 약하여 왕위를 힘으로 지키지 못하게 되니라

우리는 여기에서 아하시야의 통치 역사를 보게 된다. 그의 통치는 매우 짧아서 단지 1년에 불과했다. 그는 앞에서 여호-아하스(Jeho-ahaz)로 불렸지만(21:17), 여기에서는 아하스-야(아하시야, Ahaz-iah)로 불린다. 두 이름은 동일한 의미를 가진 같은 이름으로서 단지 철자만 바꿔놓은 것뿐이다. 여기에서 그는 42세에 왕이 되었다고 언급된다(2절). 선왕(先王)인 그의 아버지가 죽을 때의 나이가 40세였던 점을 생각하면 이것은 불가능하다. 반면 열왕기에서는 그가 왕이 될 때 22세였다고 기록되어 있다(왕하 8:26). 어떤 학자들은 여기의 42세를 그의 어머니 아달랴의 나이로 본다. 왜냐하면 원문에 "그는 42세의 아들이었다"라고 기록되어 있기 때문이다(그 구절은 "그는 42세 된 어머니의 아들이었다"라고 이해될 수 있다). 그는 범사에 자기 어머니가 시키는 대로 행했다. 그러므로 실제적인 통치자는 그의 어머니였고, 그는 단지 왕이라는 직함만 가지고 있을 뿐이었다. 따라서 그를 부끄럽게 만들기 위해 그 대신에 그의 어머니의 나이를 적어 넣은 것은 충분히 있음직한 일이었다. 오늘날 많은 주석가들은 몇몇 사본 필사자들이 22세 대신 42세로 적은 실수로부터 이러한 일이 발생했을 가능성을 열어둔다. 이와 관련하여 우리는 많은 고대 사본들이 2절의 42세를 22세로 읽는 것을 발견할 수 있다. 오늘날 인쇄되는 책들 가운데 정오표(正誤表)가 없는 책은 거의 없다. 그렇다고 해서 저자들이 그것을 자신의 책이 아니라고 하지도 않으며 또 인쇄에 있어서의 오류를 저자에게 돌리지도 않는다. 다만 지각 있는 독자라면 그러한 부분들을 상식적으로 판단해서 혹은 다른 부분들과 비교하여 적절하게 수정해서 읽는다.

아하시야의 통치 역사가 3절과 4절에 간략히 요약되어 있는데, 우리는 거기에서 그의 어머니와 어머니의 친척들이 그를 꾀어 악을 행하게 만드는 것과 그로 인해 그가 멸망을 당하는 것을 보게 된다.

I. 아하시야는 악하게 행했다. 그의 모든 형들이 죽임을 당할 때 그는 하나님의 특별한 섭리로 살아남았다. 그는 막내아들이었음에도 불구하고 왕위를

위해 목숨이 보존된 것이다. 또 예루살렘 주민들은 그의 아버지를 불명예스럽게 장사함으로써 그로 하여금 그것을 통해 경계를 삼고 자기 아버지의 길을 답습하지 말고 자신과 자기 나라를 위해 선한 일을 행하기를 바랐다. 그럼에도 불구하고 그는 하나님과 사람으로부터 받은 호의를 외면하고 아합의 집의 길을 따라 행하며 그들처럼 여호와 보시기에 악을 행했다(3, 4절). 즉 그는 그들처럼 바알들과 아스다롯을 섬겼다. 아마도 그는 — 패트릭 주교가 생각하는 것처럼 — 그러한 신들을 이를테면 중보자와 같은 존재로 여기면서 그들을 통해 최고의 신인 이스라엘의 하나님께 좀 더 쉽게 다가갈 수 있다고 생각했거나, 아니면 그러한 신들을 가까이 있는 존재로서 그리고 그렇게 높은 위엄을 갖지는 못한 존재로서 그리고 죽지 않으시는 하나님과 죽음 아래 있는 인간 사이에 있는 중간적인 존재로서 언제라도 쉽게 찾아가서 도움을 호소할 수 있다고 생각했을 것이다. 이와 같이 그들은 마치 로마교회가 성인들과 천사들을 섬긴 것처럼 바알들과 아스다롯을 섬겼다. 이것만으로도 충분히 악한 일이었다. 그러나 그것이 다가 아닐는지도 모른다. 나는 그들이 자기 조상들의 하나님 여호와를 이러한 바알들과 같은 존재로 여긴 것은 아닌지, 그리고 그것들을 여호와만큼 위대하고 선한 존재로 여긴 것은 아닌지, 아니 어떤 경우에는 그것들을 하나님보다 더 유용한 존재로 여긴 것은 아닌지 심히 우려한다(부디 이것이 공허한 우려이기를 바란다).

II. 그의 어머니와 어머니의 친척들이 그를 꾀어 악을 행하게 했다. 그의 어머니가 그를 훈도(訓導)하며 이끌었으며(3절), 아버지가 죽은 후에는 어머니의 친척들까지 그렇게 했다(4절). 그의 아버지가 살아 있는 동안에는 그의 아버지 자신이 그를 우상 숭배의 길로 이끌었다. 그러다가 그의 아버지가 죽자, 아합의 집은 그의 아버지의 비참한 죽음으로 인해 혹시 그가 우상 숭배의 길을 단념하지 않을까 우려했다. 그리하여 그들은 그로 하여금 우상 숭배에 더욱 착념하도록 함으로써 자신들보다 일곱 배나 더 지옥의 자식이 되게 하는 일에 더욱 열심을 냈다. 불경건한 자들의 훈도(訓導)는 이제 막 세상으로 나아가는 많은 젊은이들을 파멸로 이끈다. 만일 이 젊은 군주가 자신의 할아버지 시대에 하나님의 선한 지식을 가르쳤던 방백들과 재판관들과 제사장들과 레위인들의 교훈을 더 좋아했더라면, 그는 훨씬 더 나은 훈도를 받을 수 있었을 것이었다. 그러나 아합의 집이 온갖 달콤한 말로 그를 꾐으로써, 그는 그들의 훈도를 따라 행하며 스스로를 그들의 인도(引導)에 맡겼다. 그럼으로써 그는 그들의 뜻대로 움직이는 자가 되고 말았다. 이와 같이 하나님의 인도하심을 저버리는 자들은 스스로를 타락과 멸망의 구덩이로 던져버린다.

Ⅲ. 그들의 훈도는 결국 그를 파멸로 이끌었다. 결국 그렇게 되었다. 우리로 하여금 악을 행하도록 훈도(訓導)하는 자들은 결국 우리를 멸망으로 이끄는 것이다. 가장 달콤하고 듣기 좋은 말로 아첨하며 우의(友誼)를 가장한다 할지라도, 그들은 실상 가장 악한 원수들이다. 젊은이들을 타락으로 이끄는 자들은 결국 그들을 멸망으로 이끄는 것이다. 그를 이스라엘 왕 요람과 동행하여 길르앗 라못으로 가도록 이끎으로써 그로 하여금 아람 사람들의 칼에 노출되도록 만든 것은 그 자체만으로도 충분히 나쁜 일이었다. 그 원정(遠征)은 그의 존귀와는 아무 상관 없는 원정이었다. 신앙적인 문제에 있어 잘못된 조언을 해주는 자들은 결국 일반적인 문제들에 대해서도 역시 어리석은 조언을 해주게 될 것이다. 그러나 그것이 전부가 아니었다. 그들은 그를 이스라엘 왕 요람과 가까이 지내도록 이끎으로써 아합의 집이 완전하게 진멸을 당할 때 그도 그 속에서 함께 화를 입도록 만들었다. 그는 예후가 아합의 집에 대해 하나님의 심판을 시행하고 있었던 바로 그 순간에 요람을 방문했다(6절). 그리하여 그는 그들과 함께 멸망을 당했다(7-9절). 여기에서

1. 죄인의 무리와 함께하는 자가 당하는 재앙을 보고 두려워하라. 왜냐하면 그들이 멸망을 당할 때 그도 함께 멸망을 당하게 될 것이기 때문이다. 내 백성아, 거기서 나와 그의 죄에 참여하지 말고 그가 받을 재앙들을 받지 말라(계 18:4).

2. 하나님의 공의를 보고 인정하라. 하나님의 섭리는 아하시야로 하여금 이와 같은 치명적인 순간에 요람을 방문하도록 이끌었는데, 그것은 그로 하여금 요람과 함께 올무에 걸려 멸망을 당하도록 하기 위함이었다. 이에 대하여 우리는 앞에서 살펴보았다(왕하 9:27, 28). 그렇지만 우리는 여기에서 그가 요람과는 달리 품위 있게 장사되는 것을 보게 된다(요람의 시체는 나봇의 포도원에 던져졌다, 왕하 9:26). 여기에 그 이유가 제시되어 있는데, 그것은 그가 전심으로 여호와를 구하던 여호사밧의 아들(정확하게는 손자)이었기 때문이었다. 이와 같이 여호사밧은 죽은 지 오랜 후에도 존귀한 이름으로 기억되었으며, 그로 인해 그의 타락한 후손까지도 어느 정도 존귀히 여김을 받았다. 의인을 기념할 때에는 칭찬하거니와 악인의 이름은 썩게 되느니라(잠 10:7).

¹⁰아하시야의 어머니 아달랴가 자기의 아들이 죽은 것을 보고 일어나 유다 집의 왕국의 씨를 모두 진멸하였으나 ¹¹왕의 딸 여호사브앗이 아하시야의 아들 요아스를 왕자들이 죽임을 당하는 중에서 몰래 빼내어 그와 그의 유모를 침실에 숨겨 아달랴를 피하게 하였으므로 아달랴가 그를 죽이지 못하였더라 여호사브앗은 여호람 왕의 딸이요 아하시야의 누이요 제사장 여호야다의 아내이더라 ¹²요아스가 그들과 함께 하나님의 전에 육 년을 숨어 있는 동안에 아달랴가 나라를 다스렸더라

본 단락의 이야기와 관련하여 우리는 열왕기하 11:1 이하에서 살펴보았다.

1. 한 악한 여자가 다윗의 집을 진멸하고 그 위에 자신의 보좌를 세우려고 함. 그 여자의 이름은 아달랴였는데, 그녀는 왕국의 모든 씨를 잔인하게 진멸했다(10절). 어쩌면 그녀는 자기가 유다를 통치한 후에 유다의 왕권을 자신의 친척 곧 아합의 집으로 넘기려고 계획했는지 모른다. 만일 그녀의 계획대로 되었다면 아합의 집은 이스라엘에서 예후에 의해 진멸되었다가 어쩌면 유다에서 다시 재건되게 되었을는지도 모른다.

2. 한 선한 여자가 다윗의 집이 완전히 뿌리 뽑히는 것을 효과적으로 막음. 그 여자의 이름은 여호사브앗이었다. 그녀는 제사장 여호야다의 아내로서 아하시야의 아들들 가운데 한 아들을 아달랴로부터 피하여 건져 내었으며(11, 12절), 그럼으로써 하나님의 기름 부음 받은 자를 위하여 등이 준비될 수 있도록 하였다(시 132:17). 하나님의 말씀은 일점일획도 땅에 떨어지지 않는 법이다.

제23장

개요

피의 아달랴는 6년 동안 폭정을 행했다. 본 장에서 우리는 아달랴가 폐위되어 죽임을 당하고 합법적인 상속자인 요아스가 왕위에 오르는 것을 보게 된다. 우리는 이 이야기와 관련하여 열왕기하 11:4 이하에서 살펴보았다. I. 여호야다가 요아스를 왕으로 세울 준비를 함. 사람들에게 자신의 계획을 알리고, 그들을 무장시키며, 각자에게 임무를 부여함(1-10절). II. 여호야다가 백성들 앞에 요아스를 인도한 후 그에게 왕관을 씌우고 기름을 부음(11절). III. 찬탈자 아달랴가 죽임을 당함(12-15절). IV. 여호야다가 나라를 개혁하고, 종교를 재건하고, 왕권을 회복시킴(16-21절).

[1]제칠년에 여호야다가 용기를 내어 백부장 곧 여로함의 아들 아사랴와 여호하난의 아들 이스마엘과 오벳의 아들 아사랴와 아다야의 아들 마아세야와 시그리의 아들 엘리사밧 등과 더불어 언약을 세우매 [2]그들이 유다를 두루 다니며 유다 모든 고을에서 레위 사람들과 이스라엘 족장들을 모아 예루살렘에 이른지라 [3]온 회중이 하나님의 전에서 왕과 언약을 세우매 여호야다가 무리에게 이르되 여호와께서 다윗의 자손에게 대하여 말씀하신 대로 왕자가 즉위하여야 할지니 [4]이제 너희는 이와 같이 행하라 너희 제사장들과 레위 사람들 곧 안식일에 당번인 자들의 삼분의 일은 문을 지키고 [5]삼분의 일은 왕궁에 있고 삼분의 일은 기초문에 있고 백성들은 여호와의 전 뜰에 있을지라 [6]제사장들과 수종 드는 레위 사람들은 거룩한즉 여호와의 전에 들어오려니와 그 외의 다른 사람은 들어오지 못할 것이니 모든 백성은 여호와께 지켜야 할 바를 지킬지며 [7]레위 사람들은 각각 손에 무기를 잡고 왕을 호위하며 다른 사람이 성전에 들어오거든 죽이고 왕이 출입할 때에 경호할지니라 하니 [8]레위 사람들과 모든 유다 사람들이 제사장 여호야다가 명령한 모든 것을 준행하여 각기 수하에 안식일에 당번인 자와 안식일에 비번인 자들을 거느리고 있었으니 이는 제사장 여호야다가 비번인 자들을 보내지 아니함이더라 [9]제사장 여호야다가 하나님의 전 안에 있는 다윗 왕의 창과 큰 방패와 작은 방패를 백부장들에게 주고 [10]도 백

성들에게 각각 손에 무기를 잡고 왕을 호위하되 성전 오른쪽에서부터 성전 왼쪽까지 제단과 성전 곁에 서게 하고 [11]무리가 왕자를 인도해 내어 면류관을 씌우며 율법책을 주고 세워 왕으로 삼을새 여호야다와 그의 아들들이 그에게 기름을 붓고 이르기를 왕이여 만세 수를 누리소서 하니라

우리는 아달랴가 권력을 찬탈했던 6년 동안 예루살렘의 형편이 너무도 나빴을 것이라고 쉽게 추측할 수 있다. 그런 가운데 또 우리는 왜 하나님이 그런 일을 허락하셨으며 백성들이 왜 그렇게 오랫동안 그러한 기간을 견뎌야만 했는지 의아하게 생각할 수 있다. 그러나 그토록 어둡고 지루한 밤이 지나고 새벽이 밝아올 때, 그것은 더욱 찬란하고 반가운 법이다. 다윗의 왕권이 계속해서 이어지고 그의 후손이 끊어지지 않는 것은 하나님이 당신의 거룩하심으로 맹세하신 것이었다(시 89:35). 그러므로 어떤 것으로도 그것을 막을 수 없었다. 우리는 여기에서 다윗 왕권의 물줄기가 다시 제자리로 돌아오는 것을 보게 된다. 이 일에 주된 도구로 쓰임 받은 사람은 여호야다였는데, 그는 다음과 같은 사람으로 나타난다.

1. 매우 신중하며 주도면밀한 사람. 대중 앞에 드러낼 때가 될 때까지 그리고 온 나라가 아달랴의 폭정에 지칠 때까지, 그는 어린 왕자를 오랜 세월 숨겨 두었다. 또 그는 자신의 거사를 사전에 철저히 준비했다가 비밀리에 그리고 신속하게 그 일을 성공시켰다. 하나님에게 해야 할 일이 있을 때, 하나님은 그 일을 행할 자를 세우시고, 또 그에게 필요한 자질과 능력을 부어주신다.

2. 큰 영향력을 가진 사람. 여러 지휘관들이 그와 합세했다(1절). 또 그의 소환에 따라 레위인들과 이스라엘의 족장들이 예루살렘에 모여 그의 지시를 받을 준비를 했다(2절). 지혜와 덕을 갖춘 사람의 명령이 사람들에게 어떤 영향력을 끼치는지 보라. 레위 사람들과 모든 유다 사람들이 여호야다가 명령한 모든 것을 준행하여(8절). 더욱 놀랄 만한 것은 이 일에 부름 받은 모든 자들이 마지막 순간까지 비밀을 지켰다는 사실이다. 이와 같이 지혜자의 말은 조용하게 들리는 법이다(전 9:17).

3. 위대한 믿음의 사람. 그가 이 일에 착수하게 된 것은 일반적인 공의 때문만이 아니라 왕위계승에 대한 하나님의 말씀 때문이었다(그에게 있어 자기 아내와 요아스 사이의 혈연관계는 훨씬 작은 이유였다). 여호와께서 다윗의 자손

에게 대하여 말씀하신 대로 왕자가 즉위하여야 할지니(3절). 그가 하나님의 약속을 바라보며 그것을 의지한 것은 그 일의 영광을 더욱 높이는 것이 아닐 수 없었다.

4. 하나님의 규례를 중히 여긴 사람. 이 일은 성전에서 행해져야 했다. 그렇다면 어떤 규례들은 지켜지지 못하는 일이 발생할 수도 있었다. 그리고 사태의 급박성을 감안할 때 어느 정도의 그와 같은 일은 이해될 수 있는 것으로 생각될 수 있었다. 그럼에도 불구하고 그는 오직 제사장들과 레위인들만 여호와의 전에 들어오고 일반 백성들은 들어와서는 안 된다는 특별한 명령을 내렸다(6, 7절). 백성의 권리를 위한다는 명목으로 거룩한 것들이 더럽혀져서는 안 된다.

5. 굳은 마음을 가진 사람. 거사가 시작되자 그는 일사천리로 일을 진행시켰다: 왕자를 인도해 내어 면류관을 씌우며 율법책을 주고 세워 왕으로 삼을새(11절). 이것은 목숨이 걸린 일이었다. 그럼에도 불구하고 그에게 선한 명분이 있었으므로 그는 담대하게 일을 진행시켰다. 여기에 그의 아들들이 그와 함께 새 왕에게 기름을 부었다고 언급된다. 그들 가운데 나중에 왕을 책망했다는 죄목으로 죽임을 당한 스가랴도 있었을 것이다(24:20). 그렇다면 요아스는 자신에게 기름을 부은 자를 죽인 것인데, 그것은 너무도 은혜를 모르는 처사가 아닐 수 없었다.

[12]아달랴가 백성들이 뛰며 왕을 찬송하는 소리를 듣고 여호와의 전에 들어가서 백성에게 이르러 [13]보매 왕이 성전 문 기둥 곁에 섰고 지휘관들과 나팔수들이 왕의 곁에 모셔 서 있으며 그 땅의 모든 백성들이 즐거워하여 나팔을 불며 노래하는 자들은 주악하며 찬송을 인도하는지라 이에 아달랴가 그의 옷을 찢으며 외치되 반역이로다 반역이로다 하매 [14]제사장 여호야다가 군대를 거느린 백부장들을 불러내어 이르되 반열 밖으로 몰아내라 그를 따르는 자는 칼로 죽이라 하니 제사장의 이 말은 여호와의 전에서는 그를 죽이지 말라 함이라 [15]이에 무리가 그에게 길을 열어 주고 그가 왕궁 말문 어귀에 이를 때에 거기서 죽였더라 [16]여호야다가 자기와 모든 백성과 왕 사이에 언약을 세워 여호와의 백성이 되리라 한지라 [17]온 국민이 바알의 신당으로 가서 그 신당을 부수고 그의 제단들과 형상들을 깨뜨리고 그 제단 앞에서 바알의 제사장 맛단을 죽이니라 [18]여호야다가 여호와의 전의 직원들을 세워 레위 제사장의 수하에 맡기니 이들은 다윗이 전에 그들의 반열을 나누어서 여호와의 전에

서 모세의 율법에 기록한 대로 여호와께 번제를 드리며 자기들의 정한 규례대로 즐거이 부르고 노래하게 하였던 자들이더라 [19]또 문지기를 여호와의 전 여러 문에 두어 무슨 일에든지 부정한 모든 자는 들어오지 못하게 하고 [20]백부장들과 존귀한 자들과 백성의 방백들과 그 땅의 모든 백성을 거느리고 왕을 인도하여 여호와의 전에서 내려와 윗문으로부터 왕궁에 이르러 왕을 나라 보좌에 앉히매 [21]그 땅의 모든 백성이 즐거워하고 성중이 평온하더라 아달랴를 무리가 칼로 죽였었더라

우리는 여기에서 다음과 같은 내용을 보게 된다.

I. 백성들이 즐거워함(12, 13절).   왕이 성전 문 기둥에 섰을 때(요아스는 그곳에 설 합법적인 권리를 갖고 있었다), 그 땅의 모든 백성들은 이새의 줄기에서 나온 싹을 보며 크게 즐거워했다(사 11:1). 다윗의 왕권이 마치 마른 땅에 시들어버린 뿌리처럼 보였을 때 다시 거기에서 싹이 나 새 왕이 등극하는 것을 보는 것은 백성들에게 얼마나 놀랍고 즐거운 일이었겠는가! 그들은 이러한 광경을 보며 기뻐 뛰며, 왕을 찬미하며, 하나님을 찬미했다.

II. 아달랴가 죽임을 당함.   그녀는 공의의 칼을 향해 뛰어들었다. 그녀는 아직도 자신의 힘이 공의의 칼보다 더 강한 줄 여기는 가운데 반역이로다 반역이로다 외치면서 감히 여호와의 전으로 들어왔다. 그러나 아무도 그녀의 편에 서지 않았다. 그녀의 교만이 그녀를 속였다. 아무도 진심으로 그녀를 따르지 않았음에도 불구하고 그녀는 모든 사람이 자기편이라고 생각했다. 여호야다는 어린 왕의 후견인의 자격으로 그녀를 죽이라고 명령했으며(14절), 그러한 명령은 즉시 시행되었다(15절). 다만 그는 그녀를 여호와의 전 안에서는 죽이지 말라고 지시했다. 그것은 거룩한 성전이 그녀의 피로 더럽혀져서는 안 될 뿐만 아니라 또한 악한 아달랴가 성전에서 죽는 영광을 받아서도 안 되었기 때문이다.

III. 언약이 세워짐(16절).   열왕기에서는 여호야다가 여호와와 백성과 왕 사이에 언약을 세웠다고 언급되었었다(왕하 11:17). 반면 여기에서는 그가 자신과 백성과 왕 사이에 언약을 세웠다고 언급된다. 여기에서 이와 같이 언급된 것은 그가 하나님의 제사장으로서 이러한 언약에 있어 하나님을 대표하는 자 혹은 과거 모세가 그랬던 것처럼 일종의 중보자였기 때문이었다. 여기의 언약은 3자간에 맺어진 것이었지만, 그러나 참된 취지는 그들이 여호와의 백성이 되는 것이었다. 하나님은 여호야다를 통해 그들을 자기 백성으로 받으실 것을 언

약하셨으며, 왕과 백성들은 하나님을 자신들의 하나님으로 받을 것을 언약했다. 그러고 나서 왕은 백성들과 더불어 그들을 하나님의 백성으로서 다스릴 것을 언약하였으며, 백성들은 왕과 더불어 여호와의 백성으로서 왕에게 순복할 것을 언약했다. 우리도 우리 스스로에 대해 그리고 서로에 대해 여호와의 백성으로 바라보자. 이것이 우리로 하여금 하나님과 사람에 대한 의무를 행함에 있어 큰 힘이 되어줄 것이다.

IV. 바알이 파괴됨(17절). 만일 그들이 왕의 권리를 탈취한 자만 죽이고 하나님의 권리를 탈취한 자는 그대로 내버려 두었다면, 또 보좌의 존귀는 옹호하면서 제단의 존귀는 옹호하지 않았다면, 그들은 절반의 일밖에는 행하지 않은 것이 되었을 것이다. 아달랴의 통치가 가져온 가장 큰 문제는 바알 숭배가 도입되고 옹호된 것이었다. 그러므로 그것은 첫 번째로 허물어뜨려져야만 했다. 바알의 신당과 제단과 형상들을 허물어뜨려라. 그리고 그의 제사장들의 피로 하여금 그에게 바쳐진 제물들과 섞이게 하라. 왜냐하면 하나님이 우상 숭배로 유혹하는 자들을 죽이라고 명령하셨기 때문이다(신 13:5, 6).

V. 성전예배가 부흥됨(18, 19절). 아달랴가 통치하는 동안 성전예배는 방치되었으며, 제사장들과 백성들에게는 그것을 굳게 지키고자 하는 힘과 열정이 부족했다. 그러나 이제 여호야다는 여호와의 전의 직원들을 다시 세웠다.

1. 그는 반열대로 제사장들을 임명하고 모세의 율법에 따라 합당한 제물과 예물을 드리도록 했다.

2. 그는 또 다윗이 정한 규례에 따라 반열대로 노래하는 자들을 임명했다. 제물들은 즐거운 노래와 함께 바쳐진 것으로 보인다. 속죄함을 받은 백성은 하나님 안에서 즐거워하는 법이다(롬 5:11, 이제 우리로 화목하게 하신 우리 주 예수 그리스도로 말미암아 하나님 안에서 또한 즐거워하느니라).

3. 그는 또 다윗이 정한 규례대로 문지기들을 각자의 위치에 세웠다(19절). 그들의 임무는 의식(儀式)상 부정함을 입은 자들로 하여금 성전 뜰 안으로 들어오지 못하도록 지키는 것이었다.

VI. 합법적인 왕권이 재확립됨(20절). 그들은 새 왕을 왕궁으로 인도하여 나라 보좌에 앉게 했다. 그렇게 하여 왕 자신으로 하여금 혹은 왕의 후견인인 여호야다를 통해 율법을 시행하며 심판을 내리도록 했다. 이렇게 하여 위대한 혁명은 완수되었다. 대다수의 백성들은 이 일을 크게 즐거워하였으며, 그렇지 않은 소수의 사람들은 그냥 조용히 있었다(21절). 우리 영혼의 보좌에 다윗의 자손이 앉으실 때, 모든 것은 평온하며 기쁨의 샘이 열릴 것이다.

제
— 24 —
장

개요

우리는 여기에서 요아스의 통치역사를 보게 된다. 그런데 그의 통치는 뒤로 갈수록 점점 더 나빠졌으며 처음처럼 아름다운 광채로 빛나지 못했다. 우리는 앞 장에서 그가 놀라운 섭리 가운데 생명이 보존되고 또 때가 되어 왕위에 오르는 것을 살펴보았다. 그러나 우리는 여기에서 그가 성령으로 시작했다가 육체로 마치는 이야기를 듣게 된다. I. 요아스의 통치 초기. 여호야다가 살아 있는 동안 그는 선하게 행동했으며, 특별히 성전을 수리하는데 큰 관심을 기울였다(1-14절). II. 요아스의 통치 후기. 여호야다가 죽은 후 그는 하나님으로부터 떠났으며, 이것이 그의 멸망이 되었다. 1. 그가 선지자의 경고에도 불구하고 바알 숭배를 재건함(15-19절). 2. 그가 자신의 악행을 책망한 죄로 스가랴 선지자를 죽임(20-22절). 3. 그 일로 인해 그에게 하나님의 심판이 임함. (1) 아람 군대가 쳐들어옴(23, 24절). (2) 그가 큰 부상을 입음. (3) 그의 신하들이 그를 반역하여 쳐죽임. (4) 불명예의 표지로서 그가 열왕의 묘실에 장사되지 못함(25-27절).

¹요아스가 왕위에 오를 때에 나이가 칠 세라 예루살렘에서 사십 년 동안 다스리니라 그의 어머니의 이름은 시비아요 브엘세바 사람이더라 ²제사장 여호야다가 세상에 사는 모든 날에 요아스가 여호와 보시기에 정직하게 행하였으며 ³여호야다가 그를 두 아내에게 장가들게 하였더니 자녀를 낳았더라 ⁴그 후에 요아스가 여호와의 전을 보수할 뜻을 두고 ⁵제사장들과 레위 사람들을 모으고 그들에게 이르되 너희는 유다 여러 성읍에 가서 모든 이스라엘에게 해마다 너희의 하나님의 전을 수리할 돈을 거두되 그 일을 빨리 하라 하였으나 레위 사람이 빨리 하지 아니한지라 ⁶왕이 대제사장 여호야다를 불러 이르되 네가 어찌하여 레위 사람들을 시켜서 여호와의 종 모세와 이스라엘의 회중이 성막을 위하여 정한 세를 유다와 예루살렘에서 거두게 하지 아니하였느냐 하니 ⁷이는 그 악한 여인 아달랴의 아들들이 하나님의 전을 파괴하고 또 여호와의 전의 모든 성물들을 바알들을 위하여 사용하였음이었더라 ⁸이에 왕이 말하여 한 궤를 만들어 여호와의 전 문 밖에 두게 하고 ⁹유다와 예루살렘

에 공포하여 하나님의 종 모세가 광야에서 이스라엘에게 정한 세를 여호와께 드리라 하였더니 ¹⁰모든 방백들과 백성들이 기뻐하여 마치기까지 돈을 가져다가 궤에 던지니라 ¹¹레위 사람들이 언제든지 궤를 메고 왕의 관리에게 가지고 가서 돈이 많은 것을 보이면 왕의 서기관과 대제사장에게 속한 관원이 와서 그 궤를 쏟고 다시 그 곳에 가져다 두었더라 때때로 이렇게 하여 돈을 많이 거두매 ¹²왕과 여호야다가 그 돈을 여호와의 전 감독자에게 주어 석수와 목수를 고용하여 여호와의 전을 보수하며 또 철공과 놋쇠공을 고용하여 여호와의 전을 수리하게 하였더니 ¹³기술자들이 맡아서 수리하는 공사가 점점 진척되므로 하나님의 전을 이전 모양대로 견고하게 하니라 ¹⁴공사를 마친 후에 그 남은 돈을 왕과 여호야다 앞으로 가져왔으므로 그것으로 여호와의 전에 쓸 그릇을 만들었으니 곧 섬겨 제사 드리는 그릇이며 또 숟가락과 금은 그릇들이라 여호야다가 세상에 사는 모든 날에 여호와의 전에 항상 번제를 드렸더라

본 단락은 요아스 초기의 선한 통치에 관해 언급하는데, 우리는 이와 관련하여 열왕기하 12:1 이하에서 살펴보았다. 반면 본 장의 뒷부분에 나타나는 그의 배교에 대해서는 거기에서 거의 다루어지지 않았다. 사람의 선한 부분에 대해서는 기회 있는 대로 반복해서 이야기해야 하지만 그러나 악한 부분에 대해서는 꼭 필요할 때만 조심스럽게 이야기해야 한다. 우리는 여기에서 다음과 같은 내용만 살펴볼 것이다.

1. 젊은이들에게 있어 세상에 나올 때 지혜롭고 선하며 신실한 사람의 지도를 받는 것은 참으로 복된 일이다. 여기의 요아스가 그러했는데, 그는 제사장 여호야다가 살아 있는 동안 정직하게 행했다. 젊은이들은 자신들로 하여금 악한 길로 가지 않고 선한 길로 행하도록 훈계하며 이끌어 주는 사람이 옆에 있는 것을 부담스럽게 여기지 말고 도리어 축복으로 여겨야 한다. 또 그러한 훈계에 청종하는 것을 나약함과 굴종의 표지가 아니라 지혜롭고 분별 있는 일로 여겨야 한다. 훈계를 받아들일 줄 모르는 자는 어떤 사람으로부터도 도움을 받을 수 없다. 특별히 젊은이들에게 있어 결혼문제에 대해 선한 지도를 받는 것은 더더욱 중요한 일이다. 요아스가 그러했는데, 그는 아내들을 선택하는 문제를 전적으로 자신의 후견인에게 맡겼다(3절). 그렇게 한 것은 이세벨과 아달랴가 유다에 너무도 큰 재앙을 가져왔기 때문이었다. 젊은이들에게 있어 결혼은

인생의 분기점과도 같기 때문에 특별히 신중해야 한다.

2. 거룩한 것들에 대해 별 마음이 없는 자들도 선한 교육의 힘과 선한 친구들의 영향으로 신앙적인 일에 있어 어느 정도의 진척을 이룰 수 있다. 그 마음이 살아 있는 은혜의 법칙에 의해 움직여지지 않는 자들도 때로 외부적인 자극에 의해 어느 정도 움직일 수 있을 것이다.

3. 헌신을 외부적으로 표현함에 있어 때로 경건의 모양만 가지고 있는 자가 경건의 능력을 가지고 있는 자를 능가할 수 있다. 성전을 수리하는 일에 있어 여호야다 자신보다 요아스가 더 열정적이었다. 우리는 여기에서 요아스가 이 일을 신속히 추진하지 않는 여호야다를 책망하고 있는 것을 발견한다(6절). 스스로 하나님께 성전이 되는 것보다 성전을 건축하는 것이 더 쉬운 법이다.

4. 교회를 수리하는 것은 선한 일이다. 그럼으로써 종교적인 집회에서 모두가 각자 자기 자리에서 더 잘 섬길 수 있을 것이다. 많은 학자들은 과거에 기독 교회에서 십일조의 일부가 이 일에 충당되었다고 말한다.

5. 만일 몇 명의 적극적인 사람들이 앞장서서 이끈다면, 아직 완성되지 못한 많은 선한 일들이 곧 이루어지게 될 것이다. 요아스는 돈을 모으기 위해 어떤 방법을 사용했다. 그러나 기대한 만큼 많은 돈이 들어오지 않은 것을 발견했을 때 그는 즉시로 다른 방법을 시도했으며 그러자 그의 의도대로 많은 돈이 들어왔다. 선한 일에 앞장설 정도의 열정은 갖고 있지 못하다 할지라도 그러나 앞장선 자들을 잘 뒤따를 정도의 성실성을 갖고 있는 사람들은 많이 있는 법이다. 궤의 뚜껑에다 구멍을 내고 거기에다가 돈을 넣은 방법은 지금까지 한 번도 사용되지 않았던 방법이었다. 아마도 이와 같은 새로움으로 인해 성공적으로 많은 돈을 모을 수 있었을 것이다. 모든 사람들이 기뻐하며 궤에 돈을 던졌다(10절). 백성들의 마음을 기쁘게 만드는 새로운 방법이 때로 일을 성공으로 이끌기도 한다.

6. 공적인 재정을 맡은 자들이나 공적인 일에 고용된 자들에게 있어 가장 중요한 것은 신실함이다. 왕과 여호야다는 일꾼들에게 신실하게 돈을 주었으며, 일꾼들은 신실하게 맡은 작업을 수행했다(12, 13절).

[15]여호야다가 나이가 많고 늙어서 죽으니 죽을 때에 백삼십 세라 [16]무리가 다윗 성 여러 왕의 묘실 중에 장사하였으니 이는 그가 이스라엘과 하나님과 그의 성전에

대하여 선을 행하였음이더라 [17]여호야다가 죽은 후에 유다 방백들이 와서 왕에게 절하매 왕이 그들의 말을 듣고 [18]그의 조상들의 하나님 여호와의 전을 버리고 아세라 목상과 우상을 섬겼으므로 그 죄로 말미암아 진노가 유다와 예루살렘에 임하니라 [19]그러나 여호와께서 그들에게 선지자를 보내사 다시 여호와에게로 돌아오게 하려 하시매 선지자들이 그들에게 경고하였으나 듣지 아니하니라 [20]이에 하나님의 영이 제사장 여호야다의 아들 스가랴를 감동시키시매 그가 백성 앞에 높이 서서 그들에게 이르되 하나님이 이같이 말씀하시기를 너희가 어찌하여 여호와의 명령을 거역하여 스스로 형통하지 못하게 하느냐 하셨나니 너희가 여호와를 버렸으므로 여호와께서도 너희를 버리셨느니라 하나 [21]무리가 함께 꾀하고 왕의 명령을 따라 그를 여호와의 전 뜰 안에서 돌로 쳐죽였더라 [22]요아스 왕이 이와 같이 스가랴의 아버지 여호야다가 베푼 은혜를 기억하지 아니하고 그의 아들을 죽이니 그가 죽을 때에 이르되 여호와는 감찰하시고 신원하여 주옵소서 하니라 [23]일 주년 말에 아람 군대가 요아스를 치려고 올라와서 유다와 예루살렘에 이르러 백성 중에서 모든 방백들을 다 죽이고 노략한 물건을 다메섹 왕에게로 보내니라 [24]아람 군대가 적은 무리로 왔으나 여호와께서 심히 큰 군대를 그들의 손에 넘기셨으니 이는 유다 사람들이 그들의 조상들의 하나님 여호와를 버렸음이라 이와 같이 아람 사람들이 요아스를 징벌하였더라 [25]요아스가 크게 부상하매 적군이 그를 버리고 간 후에 그의 신하들이 제사장 여호야다의 아들들의 피로 말미암아 반역하여 그를 그의 침상에서 쳐죽인지라 다윗 성에 장사하였으나 왕들의 묘실에는 장사하지 아니하였더라 [26]반역한 자들은 암몬 여인 시므앗의 아들 사밧과 모압 여인 시므릿의 아들 여호사밧이더라 [27]요아스의 아들들의 사적과 요아스가 중대한 경책을 받은 것과 하나님의 전을 보수한 사적은 다 열왕기 주석에 기록되니라 그의 아들 아마샤가 대신하여 왕이 되니라

우리는 여기에서 요아스의 타락과 배교에 관한 슬픈 이야기를 듣게 된다. 하나님은 그를 위해 큰 일들을 행하셨으며, 그 역시도 하나님을 위해 선한 일들을 행했다. 그러나 이제 그는 자신의 하나님께 대해 감사를 잊어버리고 그분과 더불어 맺은 언약을 저버렸다. 슬프다 어찌 그리 금이 빛을 잃고 순금이 변질하였는고(애 4:1). 우리는 여기에서 다음과 같은 내용을 보게 된다.

I. **배교의 원인.** 그가 선한 일을 행할 때, 그것은 온전한 마음으로 한 것이

아니었다. 그는 순전한 마음으로 행하지도 않았으며 분명한 원칙에 따라 행한 것도 아니었다. 다만 자신을 도와 왕위에까지 앉게 해준 여호야다를 따라 그렇게 한 것뿐이었다. 또 어린 시절 성전에서 보호를 받았을 뿐만 아니라 우상 숭배의 폐허 위에 세움을 입었기 때문에 그렇게 한 것이었다. 그리하여 상황이 바뀌자 그와 함께 그도 바뀌었다.

1. 그의 선한 조언자였던 여호야다가 그를 남겨둔 채 죽음으로써 그의 곁을 떠나갔다. 여호야다가 130세까지 산 것은 그 자신과 유다 모두에 큰 축복이었다(15절). 이를 통해 우리는 그가 솔로몬 시대에 태어나 이전의 여섯 왕들의 통치시대를 모두 거쳐 왔음을 알 수 있다. 여호야다가 죽을 때 그에게 돌려진 경의를 통해 요아스는 마땅히 그가 걸었던 선한 길을 계속해서 준행했어야 했다. 백성들은 여호야다가 이스라엘에 선을 행했노라고 칭송하면서(어쩌면 이것은 그의 묘비명에 새겨진 글의 일부였을는지 모른다) 그를 열왕의 묘실에 장사했다. 여기에서 유다가 이스라엘로 일컬어지고 있는데, 그것은 다른 지파들이 하나님을 배반함으로써 오직 그들만이 참 이스라엘 백성으로 남아 있었기 때문이었다. 자기 세대에 선을 행하는 것은 가장 큰 존귀이며 선을 행하는 자는 그에 상응한 칭송을 받게 될 것이라는 사실을 주목하라. 여호야다는 하나님께 대해 선을 행했다. 그 세대의 어느 누구도 그가 행한 선에 미치지 못했다. 그는 하나님의 전에 선을 행했으며 성전예배를 부흥시켰다(23:8). 자신의 위치에서 신앙을 증진시키기 위해 헌신한 자들은 자기 나라에 가장 큰 선을 행하는 것이라는 사실을 주목하라. 여호야다는 자신의 길을 영예롭게 끝마쳤다. 그러나 요아스가 가진 작은 믿음은 그의 죽음과 함께 묻혀졌으며, 그가 죽자 왕과 나라는 처참한 타락의 길로 달려갔다. 한 사람의 지도자가 얼마나 큰 일을 행할 수 있는지, 그리고 한 사람의 경건하며 열정적인 자의 죽음이 왕과 백성에게 얼마나 큰 재앙이 될 수 있는지 보라. 우리 구주께서 말씀하신 것처럼 우리 가운데 소금을 가지고 있는 것이 얼마나 중요한 일인지 보라. 또 우리가 내적인 분명한 신앙원리에 따라 행동하는 것이 얼마나 중요한 일인지 보라. 그것이 모든 외적 변화 속에서 우리를 굳게 지켜줄 것이며, 설령 부모나 사역자나 친구를 잃는다 할지라도 우리의 믿음까지 잃어버리지는 않게 해 줄 것이다.

2. 그러자 악한 조언자들이 왕을 둘러싸게 되었다. 그들은 왕의 비위를 맞추며 아첨하며 절하면서, 후견인의 죽음에 대해 왕을 위로하는 대신 오랫동안 묶

여있던 족쇄로부터 풀려난 것을 축하했다. 그들은 왕에게 더 이상 제사장의 지배를 받아서는 안 된다고 말하면서, 이제 왕은 엄한 교훈과 규제로부터 자유로워졌으므로 자신이 원하는 대로 행할 수 있게 되었다고 말했다. 유다 방백들은 마치 왕을 타락시키기 위해 혈안이 된 것 같았다(17절). 그의 아버지(아하시야)와 할아버지(여호람)는 아합의 집으로 인해 타락했었다. 그런데 지금은 유다 방백들이 자신들의 왕을 타락시키려고 혈안이 되어 있으니, 이 얼마나 슬픈 일인가! 그러나 악인의 모략에 귀를 기울이는 자 곁에 악인들이 모이는 것은 얼마나 자연스러운 일인가? 그들은 왕에게 절하며 비위를 맞추면서 왕은 마땅히 절대적인 권세를 가져야 한다고 속삭였다. 그리고 자신들은 왕을 도와 왕의 뜻이 곧 법이 되게 하겠노라고 약속했다. 불행하게도 요아스는 그들의 말에 귀를 기울였다. 여호야다의 훈계보다 그들의 말이 그에게 훨씬 더 달콤하고 마음에 맞았다. 통치자나 일반 백성들이 이와 같이 자유와 위엄을 약속하는 자들에 의해 사탕발림을 당했다가 결국 파멸에 이른 경우는 얼마나 흔한 일이었나?

Ⅱ. 배교의 내용. 그들이 자기 조상들의 하나님 여호와의 전을 버리고 아세라 목상과 우상을 섬겼으므로(18절). 유다 방백들은 왕에게 한 가지 청원을 한 것으로 보인다. 그러한 청원은 여호야다가 살아 있는 동안에는 감히 생각조차 할 수 없는 것이었다. 그러나 이제는 장애물이 제거되었다. 그것은 요아스 왕의 통치 초기에 제거된 아세라 목상들과 우상들을 다시 세우는 것이었다. 그것은 그들이 지루하며 따분한 성전예배에 계속해서 제한되기를 싫어했기 때문이었다. 이에 요아스는 그들이 그렇게 하는 것을 허락했을 뿐만 아니라 자신도 그 일에 적극적으로 동참했다. 불과 얼마 전에 성전을 수리했던 왕과 방백들이 이제는 성전을 버렸다. 불과 얼마 전에 아세라 목상들과 우상들을 허물어뜨렸던 자들이 이제는 스스로 그것들을 섬겼다. 사람이란 얼마나 변하기 쉬우며 또 믿을 수 없는 존재인가!

Ⅲ. 하나님이 그들에게 선지자를 보내심(19절). 하나님은 그들의 악행을 꾸짖고 죄의 결과가 어떤 것인지를 선포하며 그럼으로써 그들을 다시 여호와께 돌아오도록 하기 위해 선지자를 보내셨다. 그럼에도 불구하고 그들은 듣지 않았는데, 이것은 그들의 죄책과 배교를 더욱 가중시키는 것이었다. 하나님을 떠나 음행한 백성들을 다시 하나님께 돌아오게 하는 것이 사역자들의 일이다. 대부분의 타락시대에 하나님은 증인을 보내셨다. 비록 백성들이 당신께 패역하게

행했다 할지라도, 하나님은 그들에게 선지자를 보내셔서 돌이켜 회개하면 긍휼을 입게 될 것임을 선포하도록 하셨다. 그렇게 하신 것은 죄인들이 계속해서 패역을 행하다가 죽는 것보다 돌이켜 사는 것을 원하셨기 때문이었다. 그리고 선지자들을 통해 미리 선포하심으로써 멸망을 당하는 자들로 하여금 핑계치 못하게 하고자 하셨다. 선지자들은 자신들의 사명을 수행했다: 선지자들이 그들에게 경고하였으나. 그러나 사람들은 그들의 말에 청종하지 않았다: 그들이 듣지 아니하니라.

1. 그들은 모든 선지자들을 무시했다. 그들은 귀를 막아버린 채 너무나 이상하게도 자신들의 우상에 계속해서 집착했다. 그리하여 선지자들의 책망과 경고와 위협에도 불구하고 그들은 자신들의 악행을 고치지 않았다. 그들의 말을 듣는 자는 적었으며, 그들의 말에 주의를 기울이는 자는 더욱 적었으며, 그들의 말을 믿고 따르려는 자는 더더욱 적었다.

2. 그들은 가장 뛰어난 선지자 가운데 한 사람인 여호야다의 아들 스가랴를 죽였다. 아마도 또 다른 선지자들도 죽였을 것이다. 이와 관련하여 다음을 주목하라.

(1) 그가 하나님의 이름으로 전한 메시지(20절). 그 때 백성들은 성전 뜰에 모여 있었다(이로 볼 때 우리는 그들이 성전을 완전히 버리지는 않았음을 알 수 있다). 그 때는 아마도 어떤 거룩한 절기 때였을 것으로 보인다. 이 때 스가랴가 예언의 영으로 충만하여 제사장의 뜰에 있는 한 상(床)에 올라가 단호하지만 그러나 온유한 말로 그들의 죄를 지적하면서 그 결과 어떤 일이 일어날 것인지를 말했다. 그는 어떤 특정한 개인을 탄핵한다든지 혹은 어떤 특정한 심판을 예언하지 않았다. 다만 가능한 거슬리지 않는 어조로 그들에게 율법에 기록된 것을 분명하게 일깨워주었다. 만일 그들이 성경을 들여다보기만 한다면, 그들은 거기에서 다음과 같은 사실들을 발견할 수 있었을 것이다.

[1] 그들이 하나님의 명령을 거역했다는 사실. "너희가 어찌하여 여호와의 명령을 거역하여. 너희가 그렇게 했음을 너희 스스로 알지라. 너희는 아세라 목상과 우상을 섬김으로써 하나님의 명령을 거역했느니라. 어째서 너희가 이같이 하여 스스로 형통치 못하게 하느냐?"

[2] 그들이 하나님의 징벌을 초래했다는 사실. "너희가 알거니와 만일 하나님의 말씀이 참되다면 너희가 이 같은 악한 길에서 결코 형통할 수 없으리라.

악을 행하고 어찌 선을 기대할 수 있단 말인가? 결코 그럴 수 없느니라. 너희가 여호와를 버렸으므로 여호와께서도 너희를 버리셨음을 너희가 이미 아느니라. 하나님은 당신이 말씀하신 대로 행하시느니라(신 29:25; 31:16-17)." 등과 빛인 하나님의 말씀에 따라 사람들의 죄를 드러내고 또 하나님의 섭리를 선포하는 것이 사역자들의 역할이다.

(2) 그들이 스가랴 선지자를 돌로 쳐 죽임(21절). 방백들이 혹은 그들 일부가 함께 꾀하여, 그리고 이와 같은 분명한 경고로 말미암아 스스로 모독을 당했다고 생각한 왕의 명령에 따라, 스가랴 선지자는 돌로 침을 받아 죽임을 당했다. 그를 죽인 것은 이를테면 그가 하나님을 훼방했다든지 혹은 반역을 행했다든지 혹은 거짓 선지자라든지 따위의 율법을 빙자해서도 아니고 단지 여호와의 전 뜰에서 벌어진 대중적인 소동에 의해서였다. 아마도 이 사건은 열왕의 모든 역사 가운데 일어난 가장 추악한 사건 가운데 하나일 것이다. 죽임을 당한 자는 거룩한 자(제사장)였으며, 이 사건이 벌어진 장소 역시 거룩한 장소(문과 제단 사이의 안뜰)였으며, 그가 전파한 메시지는 더더욱 거룩한 것이었다. 우리는 그들이 그 메시지가 예언의 영으로부터 나온 것임을 알았을 것으로 추측할 수 있다. 그의 책망은 정당했으며 그의 경고는 공평했다. 그것은 모두 성경의 뒷받침을 갖고 있으며, 매우 온유하고 부드럽게 전달되었다. 그럼에도 불구하고 그들은 너무도 파렴치하며 무모하게 하나님 자신에게 도전했다. 그들은 예언에 대해 분개했으며, 자신들의 분개를 만족시켜 줄 것은 오직 선지자의 피 밖에 없었다. 하늘이여 놀랄지어다 땅이여 두려워 떨지어다. 가장 공의로우며 존귀하며 거룩한 것을 경멸하며 도전하는 악행이 사람들에 의해, 그것도 이스라엘 백성에 의해 행해졌단 말인가! 하나님과 언약을 맺은 왕이 하나님의 선지자를 죽이라고 명령했단 말인가! 유대인들은 여기에 일곱 가지 범죄가 있다고 말한다. 그들은 제사장을 죽였으며, 선지자를 죽였으며, 재판관을 죽였으며, 무죄한 피를 흘렸으며, 성전 뜰을 더럽혔으며, 안식일을 더럽혔으며, 속죄일을 더럽혔다. 유대인들의 전승은 이 일이 바로 그 날 즉 속죄일에 일어났다고 말한다.

(3) 이러한 죄를 더욱 가중시키는 것이 있었는데, 그것은 순교를 당한 선지자가 다름 아닌 여호야다의 아들이었다는 사실이었다(22절). 그는 하나님과 나라를 위해 충성하다가 순교를 당했다. 그는 이스라엘에 큰 선을 행했을 뿐만

아니라 특별히 오랫동안 요아스에게 아버지와 같은 존재였던 여호야다의 아들이었다. 따라서 스가랴를 죽인 것은 하나님께 대한 모독이며 종교에 대한 경멸일 뿐만 아니라 여호야다에 대한 배은망덕이었다. 요아스는 아버지와 같았던 여호야다의 은혜를 기억하지 않았을 뿐만 아니라 자신의 의무를 수행하고 있었던 그의 아들을 죽였다. 만일 여호야다가 그 자리에 있었다면, 그는 어떻게 했을 것인가? 어떤 사람에게 대하여 배은망덕한 자라고 부르는 것보다 더 나쁜 호칭이 어디에 있겠는가?

(4) 스가랴는 죽어가면서 살인자들에게 보응이 임할 것을 기원했다(22절): 여호와는 감찰하시고 신원하여 주옵소서. 이것은 복수의 영으로부터 나온 말이 아니라 예언의 영으로부터 나온 말이었다: 그가 신원하실 것이라. 이것은 마치 아벨의 피가 가인을 향해 부르짖는 것처럼 그들이 흘린 피에 대한 계속적인 부르짖음이 될 것이었다. "복수하는 것이 주께 있사오니 주께서 피에 대해 피로 갚아 주옵소서. 주는 의로우시니 그리 하실 것이나이다." 이러한 피값은 머지 않아 배교한 왕 요아스에게 임할 심판으로 치러질 것이며, 또한 나중에 예루살렘이 갈대아 사람들에게 멸망을 당하는 것으로 계산될 것이었다. 그들에게 멸망이 임한 것은 그들이 선지자들을 핍박했기 때문이었다(36:16). 우리 구주께서도 자신과 복음을 핍박하는 자들에게 이 스가랴의 피가 그들의 머리 위로 돌아갈 것이라고 말씀하셨다(마 23:35). 순교자들의 피는 이처럼 크게 그리고 오랫동안 부르짖는다. 우리는 요한계시록에서 제단 아래 있는 영혼들이 이와 같이 부르짖는 것을 발견한다(6:10): 땅에 거하는 자들을 심판하여 우리 피를 갚아 주지 아니하시기를 어느 때까지 하시려 하나이까? 때가 되면 모든 피값이 보응되는 날이 올 것이다.

Ⅳ. 요아스의 이러한 악행에 대해 하나님의 심판이 임함.

1. 적은 수의 아람 군대가 예루살렘을 정복하고, 방백들을 죽이고, 성읍을 노략하고, 노략물을 다메섹으로 보냈다(23, 24절). 하나님의 백성들은 하나님과 함께 하는 동안에는 많은 수의 적도 능히 물리치고 승리를 거두었다. 그러나 지금은 거꾸로 얼마 되지도 않는 아람 군대가 이스라엘의 심히 큰 군대를 패퇴시켰는데, 그것은 그들이 자기 조상들의 하나님 여호와를 버렸기 때문이었다. 그들이 하나님을 버리자 하나님은 그들을 떠나셨을 뿐만 아니라 친히 그들의 적이 되셔서 그들과 더불어 싸우셨다. 아람 사람들은 스스로 전혀 알지 못하는 가

운데 요아스를 징벌하시는 하나님의 심판의 도구로 사용되었다(사 10:6-7과 신 32:30을 보라).

2. 하나님은 그를 큰 병으로 치셨다. 그것은 그의 할아버지 여호람에게 임했던 것과 같은 몸의 질병이든지(21:18), 아니면 악신으로 인해 큰 번뇌를 겪었던 사울처럼 정신의 질병이든지 아니면 둘 다였을 것이다. 그는 아람 사람들로부터 재난을 겪는 동안에는 그들만 물리치면 모든 것이 다 잘 될 것이라고 생각했다. 그러나 그들이 떠나가기도 전에 하나님이 그를 병으로 치셨다. 보응이 임할 때는 재난이 꼬리에 꼬리를 물고 이어지는 법이다.

3. 그의 신하들이 공모하여 그를 대적했다. 어쩌면 그는 자신의 병이 나을 것이라는 소망을 갖기 시작했을는지 모른다. 그는 아직 한창 나이로서 충분히 병을 극복할 수 있는 나이였다. 그러나 함정에서 빠져 나온 그에게 올무가 기다리고 있었다. 병에 의한 죽음을 피했다고 생각한 바로 그 순간 칼에 의한 죽음이 그를 기다리고 있었다. 그의 신하들이 제사장 여호야다의 아들들의 피로 말미암아 그를 그의 침상에서 쳐죽인지라. 이를 통해 우리는 그가 스가랴만 죽인 것이 아니라 그로 인해 여호야다의 다른 아들들까지 죽인 것을 알 수 있다. 그를 죽인 자들은 아마도 그에 의해 흘려진 피에 대해 보응할 계획으로 그렇게 했을 것이다. 그러나 그들이 그렇게 했든 그렇게 하지 않았든, 이것은 그들로 하여금 그를 죽이도록 허락하심에 있어 하나님이 계획하신 것이었다. 성도들의 피를 마시는 자는 결국 자신의 피를 마시게 될 것이다. 왜냐하면 그들의 피는 너무도 값진 것이기 때문이다. 여기에 왕을 시해한 자들의 이름이 나타나는데(26절), 그들의 어머니가 모두 이방여인으로서 한 사람은 암몬 여인이었으며, 또 한 사람은 모압 여인이었다는 사실은 참으로 주목할 만하다. 우상 숭배를 옹호한 왕들은 이방결혼을 장려한 것으로 보인다(그러나 이방결혼은 율법이 우상 숭배를 막기 위해 금한 것이었다). 그렇지만 그것이 결국 그들 자신의 멸망이 되고 말았다.

4. 유다 백성들은 그를 왕들의 묘실에 장사하지 않았다. 그것은 그가 잘못된 통치로 그의 왕위를 스스로 더럽혔기 때문이었다. 그들을 생명책에서 지우사 의인들과 함께 기록되지 말게 하소서(시 69:28). 여기에서 우리는 이러한 심판들이 무거운 짐(한글개역개정판에는 '중대한 경책' 으로 되어 있음)으로 일컬어지는 것을 보게 된다. 하나님이 주시는 심판들은 사람들이 감당하기에는 너무나 버

거운 무거운 짐이다. 하나님은 통상적으로 배교자들에게 이 세상에서 어떤 특별한 분노의 표지를 나타내시는데, 그것은 모든 사람으로 하여금 롯의 아내를 기억하도록 경고하기 위함이다.

제
— 25 —
장

개요

본 장에 기록된 아마샤의 통치는 아주 악한 것은 아니었다 할지라도 그러나 그렇게 선한 것도 아니었다. 본 장의 대부분의 내용과 관련하여 우리는 이미 열왕기에서 살펴보았다(왕하 14장). 여기에서 우리는 아마샤와 관련하여 다음과 같은 것들을 보게 된다. I. 그가 아버지의 죽음에 대해 복수함(1-4절). II. 그가 하나님의 명령을 잘 준행함(5-10절). III. 그가 에돔을 정복함(11-13절). IV. 그가 어리석게도 에돔의 신들에게 경배함(14-16절). V. 그가 이스라엘 왕에게 경솔하게 도전했다가 낭패를 당함(17-24절). VI. 그의 생애가 불명예스럽게 끝남(25-28절).

¹아마샤가 왕위에 오를 때에 나이가 이십오 세라 예루살렘에서 이십구 년 동안 다스리니라 그의 어머니의 이름은 여호앗단이요 예루살렘 사람이더라 ²아마샤가 여호와께서 보시기에 정직하게 행하기는 하였으나 온전한 마음으로 행하지 아니하였더라 ³그의 나라가 굳게 서매 그의 부왕을 죽인 신하들을 죽였으나 ⁴그들의 자녀들은 죽이지 아니하였으니 이는 모세의 율법책에 기록된 대로 함이라 곧 여호와께서 명령하여 이르시기를 자녀로 말미암아 아버지를 죽이지 말 것이요 아버지로 말미암아 자녀를 죽이지 말 것이라 오직 각 사람은 자기의 죄로 말미암아 죽을 것이니라 하셨더라 ⁵아마샤가 유다 사람들을 모으고 그 여러 족속을 따라 천부장들과 백부장들을 세우되 유다와 베냐민을 함께 그리하고 이십 세 이상으로 계수하여 창과 방패를 잡고 능히 전장에 나갈 만한 자 삼십만 명을 얻고 ⁶또 은 백 달란트로 이스라엘 나라에서 큰 용사 십만 명을 고용하였더니 ⁷어떤 하나님의 사람이 아마샤에게 나아와서 이르되 왕이여 이스라엘 군대를 왕과 함께 가게 하지 마옵소서 여호와께서는 이스라엘 곧 온 에브라임 자손과 함께 하지 아니하시나니 ⁸왕이 만일 가시거든 힘써 싸우소서 하나님이 왕을 적군 앞에 엎드러지게 하시리이다 하나님은 능히 돕기도 하시고 능히 패하게도 하시나이다 하니 ⁹아마샤가 하나님의 사람에게 이르되 내가 백 달란트를 이스라엘 군대에게 주었으니 어찌할까 하나님의 사람이

말하되 여호와께서 능히 이보다 많은 것을 왕에게 주실 수 있나이다 하니라 [10]아마 샤가 이에 에브라임에서 자기에게 온 군대를 나누어 그들의 고향으로 돌아가게 하였더니 그 무리가 유다 사람에게 심히 노하여 분연히 고향으로 돌아갔더라 [11]아마 샤가 담력을 내어 그의 백성을 거느리고 소금 골짜기에 이르러 세일 자손 만 명을 죽이고 [12]유다 자손이 또 만 명을 사로잡아 가지고 바위 꼭대기에 올라가서 거기서 밀쳐 내려뜨려서 그들의 온 몸이 부서지게 하였더라 [13]아마샤가 자기와 함께 전장에 나가지 못하게 하고 돌려보낸 군사들이 사마리아에서부터 벧호론까지 유다 성읍들을 약탈하고 사람 삼천 명을 죽이고 물건을 많이 노략하였더라

Ⅰ. **아마샤의 일반적인 성격.** 그는 여호와께서 보시기에 정직하게 행했다(2절). 그는 참 하나님을 경배하였으며, 성전예배를 계속해서 유지시켰으며, 자기 나라에서 종교를 더욱 장려했다. 그러나 그는 그것을 온전한 마음으로 행하지 않았다. 다시 말해서 그는 참된 경건과 헌신의 사람이 아니었을 뿐만 아니라 믿음으로 행하는데 큰 열심을 품고 있지도 않았다. 그는 종교에 대해 호의적이었지만, 그러나 냉담하며 무관심한 친구였다. 라오디게아 교회의 많은 사람들이 바로 이와 같은 믿음을 갖고 있었다. 그들은 선한 일을 행했지만 그러나 그 일을 온전한 마음으로 행하지는 않았다.

Ⅱ. **아마샤가 부왕을 죽인 자들을 죽임으로써 공의를 세움**(3절). 설령 그들이 선지자의 죽음에 대해 복수할 계획으로 왕을 죽였다 할지라도(24:25), 그러나 이것이 그들의 악함을 정당화시켜 주는 것은 결코 아니다. 왜냐하면 복수하는 것은 그들에게 있는 것이 아니었기 때문이었다. 그럼에도 불구하고 그들은 무모하게도 하나님의 일을 자신들이 떠맡았다. 그러므로 아마샤가 그들을 처벌한 것은 자신이 마땅히 해야 할 바를 한 것이었다. 그러나 그는 부모의 죄로 인해 자녀들까지 죽이지는 못하게 했다(4절).

Ⅲ. **아마샤의 에돔 원정**(遠征). 얼마 전 그들은 유다를 배반하고 유다의 지배로부터 벗어났는데, 이에 대해 아마샤는 지금 그들을 징벌하고자 했다. 여기에서 다음을 주목하라.

1. 이러한 원정을 위해 아마샤가 많은 준비를 함.

(1) 그는 군대를 소집했다(5절). 그러나 전쟁에 나갈 만한 자의 숫자가 유다와 베냐민을 합해 겨우 30만 명에 불과했다. 이러한 숫자는 지금으로부터 5-60

년 전인 여호사밧의 시대와 비교할 때 너무나 적은 숫자였다(그 때는 지금의 4배였다). 죄는 백성들을 약하고 무기력하게 만들 뿐만 아니라 그들의 숫자까지도 감소되게 만든다.

(2) 그는 이스라엘 왕국으로부터 지원군을 고용했다(6절). 자신의 군대가 미약하다는 사실을 깨닫자 그는 그 부족분을 돈으로 보충하고자 하였다. 그리하여 그는 10만 명의 이스라엘 군대를 고용했다. 이렇게 하기에 앞서 먼저 선지자의 조언을 들었더라면 혹은 자기 조상들이 이스라엘과 동맹을 맺음으로써 도대체 무슨 유익을 얻었는지 조금만이라도 생각했더라면, 그는 그와 같은 일을 또다시 되풀이하지는 않았을 것이다. 성급함은 후회를 부르는 법이다.

2. 하나님이 선지자를 통해 이스라엘 군대를 돌려보내도록 명하심(7, 8절). 아마샤는 하나님의 도우심을 전혀 구하려 하지 않았다. 그것은 사실상 하나님을 불신하는 것과 같았다. 만일 그가 하나님의 함께 하심을 확신했다면, 그가 가진 군대만으로도 적과 싸우기에 충분했다. 특별히 그는 이스라엘의 도움을 받아서는 안 되었다. 왜냐하면 하나님은 에브라임 자손들과 함께 하지 않으실 것이었기 때문이다. 그것은 그들이 하나님을 버리고 금송아지들을 섬겼기 때문이었다. 바로 이것이 그가 이스라엘 군대의 도움을 받아서는 안 되는 이유였다. 그는 그들이 어떤 도움을 줄 것이라고 결코 기대할 수 없었다. 하나님이 함께 하지 않는 자들로부터 무슨 선한 것을 기대할 수 있단 말인가? 하나님이 함께 하시는 자들과 연합하는 것은 참으로 좋은 일이지만 그러나 하나님이 떠나신 자들과 연합하는 것은 너무도 위험한 일이다. 선지자는 만일 그가 배교한 이스라엘 백성들과 계속해서 함께하기를 고집한다면 그것은 너무도 위험한 일이라는 사실을 분명하게 이야기한다. 그들은 결국 그의 군대에 무거운 짐이 될 것이며, 유다 병사들의 사기를 떨어뜨리고, 결국 배신하게 될 것이라고 하였다. "하나님이 왕을 적군 앞에 엎드러지게 하실 것이며 또 이들 이스라엘 병사들은 왕을 멸망케 하는 자들이 될 것이나이다. 하나님은 그들 없이도 얼마든지 왕을 도우실 수 있나이다. 반대로 설령 왕이 그들과 함께 한다 할지라도 하나님은 얼마든지 왕을 패하게 만드실 수도 있나이다."

3. 이러한 명령에 대해 아마샤가 이의를 제기함(9절). 그는 이미 이스라엘 군대에게 선금으로 100달란트를 주었다. 왕은 말한다. "만일 그들을 돌려보낸다면 나는 100달란트를 잃을 것이라. 내가 이미 주었으니 어떻게 하겠는가?"

이것이 종종 사람들이 자신의 의무에 대해 제기하는 이의(異意)이다. 그들은 그것으로 인해 무엇인가를 잃을까봐 두려워한다. 이에 선지자는 말한다. "개의치 마소서. 여호와께서 능히 이보다 많은 것을 왕에게 주실 수 있나이다. 하나님은 자신으로 인해 왕이 무엇인가를 잃어버리도록 내버려 두지 않으실 것이나이다. 왕과 하나님 사이에 100달란트가 무슨 문제이겠나이까? 하나님은 당신이 잃은 것을 보충해 줄 많은 방법들을 갖고 있나이다. 그와 같은 말은 왕답지 못한 말이나이다." 우리가 우리의 의무를 수행함에 있어 하나님의 충족성을 믿을 때, 그리고 우리가 하나님을 섬기는 가운데 입는 손실을 그분이 채워 주실 것이라고 믿을 때, 그의 멍에는 쉽고 그의 짐은 가벼워질 것이다. 하나님을 신뢰하는 것은 때로 그분을 위해 뭔가를 잃을 각오를 하는 것이다. 그러는 가운데 우리는 그분으로 인해 아무것도 잃지 않는다는 사실과 만일 그분 때문에 우리가 어떤 것을 잃는다면 그것은 하나님의 은총 가운데 다시 채워질 것임을 굳게 믿어야 한다. 하나님과 믿음으로 인해 뭔가를 잃는 것이 꺼려질 때, 우리는 하나님이 그것보다 훨씬 더 큰 것을 주실 수 있다는 사실을 기억해야 한다. 하나님은 공의로우시며 선하시며 풍성하게 갚아 주시는 분이시다. 아마샤 왕은 순종함으로 100달란트를 잃었다. 그런데 우리는 그와 똑같은 금액이 그의 손자 요담에게 예물로 드려진 것을 보게 된다(27:5). 그리고 원금뿐만 아니라, 이자로써 밀 일만 고르와 보리 일만 고르까지 함께 드려졌다.

4. 아마샤가 하나님의 명령에 순종함. 그는 하나님의 말씀에 불순종하는 것보다 차라리 돈을 잃고 동맹군을 불쾌하게 만들며 병력의 4분의 1을 돌려보내는 쪽을 선택했다: 아마샤가 이에 에브라임에서 자기에게 온 군대를 나누어 그들의 고향으로 돌아가게 하였더니(10절). 그들은 심히 노하여 분연히 고향으로 돌아갔다. 왜냐하면 유다 왕의 조치를 모욕으로 받아들였기 때문이었다. 그들은 자신들이 전쟁에 능하지 못한 자들로 여김을 받으면서 퇴짜를 맞는 것으로 받아들였다. 또 어쩌면 유다와 함께 에돔의 노략물을 취할 생각에 도취되어 있다가 크게 실망한 것이었는지도 모른다. 사람들은 자신들의 이익이나 자존심이 건드려질 때 비록 그것이 자신들을 재난으로부터 건져 주는 것이라 할지라도 분개하는 경향이 있다.

5. 아마샤가 에돔을 이김(11, 12절). 그는 전쟁터에서 만 명을 죽였으며, 또 만 명을 사로잡아 그들 모두를 잔인하게 절벽에서 떨어뜨려 죽였다. 무슨 이유

로 그가 이렇게 잔혹하게 행동했는지에 대해 우리는 아무 말도 듣지 못하지만, 어쨌든 그것은 너무나 잔인한 행동이었다.

6. 고향으로 돌아가도록 조치된 이스라엘 병사들이 유다 성읍들에 위해(危害)를 가함(13절). 그들은 고향으로 돌아가도록 조치된 것에 대해 크게 분노했다. 만일 유다와 함께 에돔의 노략물을 나눌 수 없다면, 그들은 유다를 먹이로 삼을 것이었다. 그들은 국경지역의 여러 성읍들을 약탈하고 저항하는 사람 3천 명을 죽였다. 그러면 도대체 왜 하나님은 이런 일이 자행되도록 그대로 내버려 두신단 말인가? 그들이 고향으로 돌아가도록 조치된 것은 하나님께 대한 순종의 결과가 아니었던가? 그런데 하나님께 대한 순종의 결과로 나라가 이와 같은 고통을 겪어야만 한단 말인가? 정말로 하나님의 길은 바다처럼 깊어서 쉽게 측량하기 어렵다. 선지자는 하나님이 에브라임 자손들과 함께 하시지 않는다고 말하지 않았던가? 그런데 왜 하나님은 그들이 유다를 이기는 것을 그냥 내버려 두시는가? 의심의 여지 없이 하나님은 이런 방법으로 이스라엘과 인접하여 그들의 우상 숭배를 따랐던 유다의 성읍들을 징벌하고자 뜻하셨을 것이다. 이스라엘 사람들은 그들을 타락시켰으며, 지금은 그들에게 재앙을 가져다 주었다. 이와 같이 사탄은 유혹도 하고 고통도 가져다준다.

[14]아마샤가 에돔 사람들을 죽이고 돌아올 때에 세일 자손의 신들을 가져와서 자기의 신으로 세우고 그것들 앞에 경배하며 분향한지라 [15]그러므로 여호와께서 아마샤에게 진노하사 한 선지자를 그에게 보내시니 그가 이르되 저 백성의 신들이 그들의 백성을 왕의 손에서 능히 구원하지 못하였거늘 왕은 어찌하여 그 신들에게 구하나이까 하며 [16]선지자가 아직 그에게 말할 때에 왕이 그에게 이르되 우리가 너를 왕의 모사로 삼았느냐 그치라 어찌하여 맞으려 하느냐 하니 선지자가 그치며 이르되 왕이 이 일을 행하고 나의 경고를 듣지 아니하니 하나님이 왕을 멸하시기로 작정하신 줄 아노라 하였더라

I. 아마샤가 이스라엘의 하나님을 배반하고 에돔의 신들에게 경배함. 이 얼마나 어처구니없는 일인가! 아하스 역시도 자기가 정복한 나라의 신들에게 경배했다(28:23). 그러나 자기가 정복한 나라의 신들, 다시 말해서 자기를 섬기는 자들조차 보호해 주지 못하는 신들에게 경배하는 것은 얼마나 어리석고 불

합리한 일인가? 아마샤는 세일 자손의 신들을 가져와서 자기의 신으로 세우고 그것들 앞에 경배했는데(14절), 그는 그들의 신들에게서 도대체 무엇을 보았단 말인가? 만일 그가 사로잡은 에돔 병사들을 절벽에서 떨어뜨리는 대신 그들의 우상들을 떨어뜨려 부숴버렸다면, 그는 이스라엘 사람으로서의 자비심과 함께 자신의 신앙을 훌륭하게 나타낼 수 있었을 것이다. 그러나 그렇게 하는 대신 그는 야만적인 잔혹행위를 행했는데, 어쩌면 그러한 잔혹행위를 행한 것으로 인해 이와 같은 어처구니없는 우상 숭배를 하게 된 것이었는지도 모른다.

II. 이러한 죄에 대해 하나님이 선지자를 통해 책망하심. 여호와께서 아마샤에게 진노하사. 그것은 지극히 정당한 진노였다. 하나님은 그에게 멸망을 보내기에 앞서 먼저 자신의 잘못을 깨닫고 고치도록 그래서 멸망을 피할 수 있도록 선지자를 보내셨다. 선지자는 왕에게 매우 분명하게 그러나 동시에 매우 부드럽게 견책한다(15절): 저 백성의 신들이 그들의 백성을 능히 구원하지 못하였거늘 왕은 어찌하여 그 신들에게 구하나이까? 사람들은 하나님을 버린 후에 종종 다른 것들을 의지하곤 한다. 그러나 그런 것들이 자신들을 도울 아무 능력도 없다는 사실을 조금만 생각한다면, 그처럼 어처구니없는 일은 결코 하지 않을 것이다.

III. 아마샤가 선지자를 제지함(16절). 아마샤는 자신의 어리석은 행동에 대해 어떤 핑계도 댈 수 없었다. 선지자의 책망은 너무도 정당하며 조금도 반박할 여지가 없는 것이었다. 그러나 아마샤는 선지자에 대해 분노를 터뜨렸다.

1. 아마샤는 그가 무례하고 건방지며 자기와 상관없는 일에 공연히 끼어든다고 힐책한다: 우리가 너를 왕의 모사로 삼았느냐? 왕의 모사로 세움 받지 않았다면 이처럼 온당한 말조차도 해서는 안 된다는 말인가? 그러나 그는 선지자로서 만왕의 왕에 의해 왕의 모사로 세워진 것이었다. 그것이 그의 임무이며, 왕은 그의 말에 귀를 기울여야 할 뿐만 아니라 그에게 조언을 구하며 물었어야 했다.

2. 아마샤는 그에게 그치라고 명령한다. 그들이 선견자들에게 이르기를 선견하지 말라(사 30:10). 종종 사람들은 이와 같이 선지자들의 입을 막으면서, 자신들이 원하는 때에 그리고 자신들이 원하는 말만을 해 주기를 원한다.

3. 아마샤는 그에게 위협을 가한다. "어찌하여 맞으려 하느냐? 이 문제와 관련하여 네가 한 마디만 더 하면 네게 해가 있으리라." 아마샤는 그에게 선왕(先王) 요아스 시대에 왕을 책망하다가 죽임을 당한 스가랴의 운명을 일깨워 주고

자 한 것으로 보인다. 스가랴가 당한 운명을 통해 경고를 받고 교훈을 배우라! 아마샤는 선지자에 대해 이와 같이 위협함으로써 요아스가 스가랴를 죽인 것을 정당화했으며, 그럼으로써 실제적으로 자신까지도 그의 피에 대해 죄책이 있게 만들었다. 아마샤는 100달란트의 손실을 감수하면서까지 그 선지자의 명령에 순종하여 이스라엘 병사들을 돌려보냈다(10절). 그런데 에돔의 신들에게 경배하지 말라고 설득하는 바로 그 선지자에게 그는 지금 이해할 수 없는 분노를 폭발시키고 있었다. 필경 그것은 우상 숭배의 미몽에 빠져 있는 탓이었을 것이다. 그는 은으로 만든 돈을 포기하라는 말에는 쉽게 설득되었지만 그러나 은으로 만든 우상을 포기하라는 말에는 결코 귀를 기울이지 않았다.

IV. 이에 대해 선지자가 아마샤에게 멸망을 선언함. 그에게는 왕에게 해 줄 말이 더 있었다. 그러나 왕의 심령이 완악해 있는 것을 발견하자 그는 더 이상 말하지 않았다. 그가 우상과 연합하였으니 그냥 내버려두라(호 4:17). 성령께서 사역자들이나 혹은 양심을 통해 더 이상 어떻게 해 보려고 하지 않는 자들은 얼마나 비참한가!(창 6:3, 나의 영이 영원히 사람과 함께 하지 아니하리니 이는 그들이 육신이 됨이라). 사역자들의 견책이나 마음속의 견책은, 만일 계속되는 견책에도 불구하고 아무런 변화가 없을 때는, 결국 멈추고 말 것이다. 그러므로 저들을 그 마음의 정욕대로 내버려 두사. 아마도 아마샤는 자신을 견책하는 선지자의 목소리를 잠잠케 한 것을 스스로 이룬 훌륭한 성과라고 자화자찬했을 것이다. 그러나 그로 인해 온 것은 무엇인가? "하나님이 왕을 멸하시기로 작정하신 줄 아노라. 왕이 이 일을 행하고 나의 경고를 듣지 않은 것은 왕이 멸망으로 작정되었음을 나타내는 분명한 표지이나이다." 책망을 듣고도 귀를 막아버리는 것은 지금 멸망을 향해 달려가고 있음을 보여주는 명백한 증표이다(잠 29:1, 자주 책망을 받으면서도 목이 곧은 사람은 갑자기 패망을 당하고 피하지 못하리라).

[17]유다 왕 아마샤가 상의하고 예후의 손자 여호아하스의 아들 이스라엘 왕 요아스에게 사신을 보내어 이르되 오라 서로 대면하자 한지라 [18]이스라엘 왕 요아스가 유다 왕 아마샤에게 사람을 보내어 이르되 레바논 가시나무가 레바논 백향목에게 전갈을 보내어 이르기를 네 딸을 내 아들에게 주어 아내로 삼게 하라 하였더니 레바논 들짐승이 지나가다가 그 가시나무를 짓밟았느니라 [19]네가 에돔 사람들을 쳤다고 네 마음이 교만하여 자긍하는도다 네 궁에나 있으라 어찌하여 화를 자초하여 너와

유다가 함께 망하고자 하느냐 하나 [20]아마샤가 듣지 아니하였으니 이는 하나님께로 말미암은 것이라 그들이 에돔 신들에게 구하였으므로 그 대적의 손에 넘기려 하심이더라 [21]이스라엘 왕 요아스가 올라와서 유다 왕 아마샤와 더불어 유다의 벧세메스에서 대면하였더니 [22]유다가 이스라엘 앞에서 패하여 각기 장막으로 도망한지라 [23]이스라엘 왕 요아스가 벧세메스에서 여호아하스의 손자 요아스의 아들 유다 왕 아마샤를 사로잡고 예루살렘에 이르러 예루살렘 성벽을 에브라임 문에서부터 성 모퉁이 문까지 사백 규빗을 헐고 [24]또 하나님의 전 안에서 오벧에돔이 지키는 모든 금은과 그릇과 왕궁의 재물을 빼앗고 또 사람들을 볼모로 잡아 가지고 사마리아로 돌아갔더라 [25]이스라엘 왕 요아하스의 아들 요아스가 죽은 후에도 유다 왕 요아스의 아들 아마샤가 십오 년 간 생존하였더라 [26]아마샤의 이 외의 처음부터 끝까지의 행적은 유다와 이스라엘 열왕기에 기록되지 아니하였느냐 [27]아마샤가 돌아서서 여호와를 버린 후로부터 예루살렘에서 무리가 그를 반역하였으므로 그가 라기스로 도망하였더니 반역한 무리가 사람을 라기스로 따라 보내어 그를 거기서 죽이게 하고 [28]그의 시체를 말에 실어다가 그의 조상들과 함께 유다 성읍에 장사하였더라

우리는 여기에서 타락한 왕 아마샤가 이스라엘 왕에게 굴욕을 당하고 또 자신의 신하들에게 살해당하는 이야기를 듣게 된다.

I. 오만 가운데 위세를 떨던 아마샤는 이스라엘 왕 요아스에게 철저히 굴욕을 당한다.

1. 여기의 이야기는 다음과 같다(우리는 여기의 이야기와 관련하여 왕하 14:8 이하에서 좀 더 자세하게 살펴볼 수 있다). 아마샤가 요아스에게 어리석은 도전을 함(17절) ─ 그에 대한 요아스의 냉소적인 반응과(18절) 충고(19절) ─ 아마샤가 듣지 않고 싸움을 벌였다가(20, 21절) 크게 패함(22절) ─ 이로 인해 아마샤와 예루살렘에 임한 재앙(23, 24절). 우리는 이러한 일련의 사건들 가운데 다음과 같은 솔로몬의 잠언 두 개가 실증되는 것을 보게 된다.

(1) 사람이 교만하면 낮아지게 될 것이라(잠 29:23). 교만은 패망의 선봉이며, 스스로 높이는 자는 낮아질 것이다.

(2) 서둘러 나가서 다투는 자는 이웃에게 욕을 보게 될 때에 어찌할 줄을 알지 못하게 될 것이다(잠 25:8). 다투기를 좋아하는 자는 계속해서 다툴 일이 생길 것이다.

2. 그러나 우리는 여기에서 열왕기에는 나타나지 않는 다음과 같은 두 가지 사실을 발견한다.

(1) 아마샤가 이스라엘 왕에게 도전하기에 앞서 먼저 상의했다는 사실(17절). 그렇지만 그는 누구와 상의했나? 그것은 선지자가 아니었다. 그는 선지자를 왕의 모사로 삼지 않았다. 그가 상의한 자들은 올라가면 승리하게 될 것이라고 듣기 좋은 말로 아첨하는 신하들이었다. 조언을 듣는 것은 좋은 일이지만, 그러나 그 조언은 조언하기에 합당한 자들에 의해 주어진 것이어야만 한다. 올바른 길로 이끄는 하나님의 말씀으로부터 조언을 취하지 않는 자들은 마침내 멸망으로 이끄는 자들의 악한 조언에 노출될 것이다. 지혜를 얻으려고 하지 않는 자들로 하여금 어리석은 자가 되도록 그냥 내버려 두라.

(2) 아마샤의 어리석음이 그의 악행에 대한 하나님의 징벌이었다는 사실(20절): 이는 하나님께로 말미암은 것이라. 그와 그의 백성이 하나님을 버리고 에돔의 신들에게 구하였으므로 하나님이 그들을 그 대적의 손에 넘기시려고 이와 같이 그를 어리석음 가운데 그대로 내버려 두셨다. 영혼의 유익을 위한 충고에 귀를 기울이지 않는 자는 이와 같이 자신의 꾀에 빠져 스스로 멸망을 향해 달려가게 될 것이다.

Ⅱ. 마침내 아마샤는 자신의 신하들의 손에 죽임을 당한다. 그가 돌아서서 여호와를 버린 후로부터 그의 신하들의 마음도 그로부터 돌아서서 그를 대적할 계획을 꾸미기 시작했다. 아마도 그들이 아마샤에 대해 격노한 이유는 그가 에돔의 신들에게 경배한 것이 아니라 경솔하게 이스라엘과 전쟁을 벌인 것이었을 것이다. 그들의 불만은 마침내 비등점을 넘어섰다. 이에 아마샤는 분위기가 심상치 않음을 깨닫고 왕도를 버리고 라기스로 피신했다(아마도 라기스는 반역자들의 눈을 피해 숨을 수 있는 은밀한 장소였든지 아니면 반역자들과 대항할 수 있는 강력한 요새였을 것이다). 그러나 그들은 그 곳으로 사람을 보내어 거기에서 아마샤를 죽였다. 이를 통해 우리는 그를 죽인 것이 불만을 품은 한 두 명의 신하들에 의해 행해진 일이 아니라 대다수의 신하들에 의해 계획적으로 이루어진 일이라는 사실을 알 수 있다. 여기에서 그들의 행위가 설령 불의한 것이었다 할지라도, 그러나 하나님은 의로우셨다.

제
— 26 —
장

개요

우리는 웃시야의 통치와 관련하여 열왕기에서도 살펴본 바 있지만(왕하 15장) 그러나 여기에서 좀 더 상세하게 살펴보게 될 것이다(열왕기에서 그는 아사랴로 일컬어졌다). 본 장의 내용은 다음과 같다. I. 웃시야의 일반적인 성격: 그가 여호와 앞에 정직하게 행함 (1-5절). II. 전쟁과 건축과 국정 전반에서 그가 큰 성공을 거둠(6-15절). III. 그가 제사장 직을 침범했다가 나병에 걸림(16-20절), 그리고 죽을 때까지 별궁에 거함(21-23절).

[1]유다 온 백성이 나이가 십육 세 된 웃시야를 세워 그의 아버지 아마샤를 대신하여 왕으로 삼으니 [2]아마샤 왕이 그의 열조들의 묘실에 누운 후에 웃시야가 엘롯을 건축하여 유다에 돌렸더라 [3]웃시야가 왕위에 오를 때에 나이가 십육 세라 예루살렘에서 오십이 년 간 다스리니라 그의 어머니의 이름은 여골리아요 예루살렘 사람이더라 [4]웃시야가 그의 아버지 아마샤의 모든 행위대로 여호와 보시기에 정직하게 행하며 [5]하나님의 묵시를 밝히 아는 스가랴가 사는 날에 하나님을 찾았고 그가 여호와를 찾을 동안에는 하나님이 형통하게 하셨더라 [6]웃시야가 나가서 블레셋 사람들과 싸우고 가드 성벽과 야브네 성벽과 아스돗 성벽을 헐고 아스돗 땅과 블레셋 사람들 가운데에 성읍들을 건축하매 [7]하나님이 그를 도우사 블레셋 사람들과 구르바알에 거주하는 아라비아 사람들과 마온 사람들을 치게 하신지라 [8]암몬 사람들이 웃시야에게 조공을 바치매 웃시야가 매우 강성하여 이름이 애굽 변방까지 퍼졌더라 [9]웃시야가 예루살렘에서 성 모퉁이 문과 골짜기 문과 성굽이에 망대를 세워 견고하게 하고 [10]또 광야에 망대를 세우고 물 웅덩이를 많이 파고 고원과 평지에 가축을 많이 길렀으며 또 여러 산과 좋은 밭에 농부와 포도원을 다스리는 자들을 두었으니 농사를 좋아함이었더라 [11]웃시야에게 또 싸우는 군사가 있으니 서기관 여이엘과 병영장 마아세야가 직접 조사한 수효대로 왕의 지휘관 하나냐의 휘하에 속하여 떼를 지어 나가서 싸우는 자라 [12]족장의 총수가 이천육백 명이니 모두 큰 용사요 [13]그의 휘하의 군대가 삼십만 칠천오백 명이라 건장하고 싸움에 능하여 왕을 도와 적을

치는 자이며 14웃시야가 그의 온 군대를 위하여 방패와 창과 투구와 갑옷과 활과 물매 돌을 준비하고 15또 예루살렘에서 재주 있는 사람들에게 무기를 고안하게 하여 망대와 성곽 위에 두어 화살과 큰 돌을 쏘고 던지게 하였으니 그의 이름이 멀리 퍼짐은 기이한 도우심을 얻어 강성하여짐이었더라

우리는 여기에서 웃시야와 관련하여 다음과 같은 두 가지 이야기를 듣게 된다.

I. 그의 경건. 그렇다고 해서 그가 특출나게 열정적이었던 것은 아니었다: 그럼에도 불구하고 그는 여호와 보시기에 정직하게 행했다(4절). 그는 자기 아버지처럼 참 하나님께 대한 예배를 순전하게 지켰다. 아니, 실제로 그는 그의 아버지보다 더 나았다. 왜냐하면 그가 그의 아버지처럼 우상에게 경배한 것을 우리는 어디에서도 듣지 못하기 때문이다. 심지어 그의 마음이 교만해졌던 때에도 우상을 숭배하지는 않았다. 우리는 5절에서 그가 스가랴가 사는 날에 하나님을 찾았다는 언급을 보게 되는데, 어떤 이들은 그가 웃시야의 할아버지 요아스가 죽인 스가랴의 아들이었을 것이라고 생각한다. 여기의 스가랴는 하나님의 묵시를 밝히 아는 자로 언급되는데, 아마도 그 묵시는 그 자신이 받은 것이거나 아니면 예전의 선지자들이 받은 것들이었을 것이다. 그는 예언에 정통한 자였으며, 하늘과 더불어 많이 교통하는 자였으며, 지식이 많고 경건하며 선한 사람이었다. 그는 웃시야에게 큰 영향을 끼친 것으로 보인다. 주변에 이런 사람을 두고 항상 그로부터 조언을 받는 왕은 얼마나 복된가! 그러나 그런 사람이 있을 때만 하나님을 찾고, 자신 안에는 확실한 믿음의 원칙을 갖고 있지 못한 왕은 결코 복되다고 할 수 없을 것이다.

II. 그의 형통.

1. 일반적으로 그가 여호와를 찾는 동안에는 하나님이 그를 형통하게 하셨다. 여기에서 다음의 사실들을 주목하라.

(1) 하나님이 형통하게 하는 자만이 형통하게 될 것이라는 사실. 왜냐하면 형통은 하나님의 선물이기 때문이다.

(2) 믿음과 경건이 외적인 형통의 지름길이라는 사실. 많은 사람들이 이 사실, 즉 자신들이 여호와를 찾고 가까이 하는 동안에는 형통했지만 그러나 하나님을 버렸을 때는 모든 일이 어긋났다는 사실을 발견했으며 또 인정했다.

2. 여기에 그의 형통에 관한 몇 가지 실례가 나타난다.

(1) 전쟁에서의 승리: 하나님이 그를 도우사(7절), 그는 블레셋 사람들과 싸워 이기고 그들의 성벽을 허물었으며 그들 가운데 주둔군을 두었다(6절). 또 그는 암몬 사람들에게 조공을 바치도록 했다(8절). 그는 주변의 제반 세력들을 평정했으며, 모두가 그를 두려워했다.

(2) 그의 이름이 크게 떨쳐짐. 그의 이름은 주변 나라들에 크게 떨쳐지고 애굽 변방까지 퍼졌다(8절). 그의 이름은 하나님과 하나님의 백성들에게 영광스러운 이름이 되었는데, 이것이야말로 사람을 참으로 존귀케 하는 참된 명예이다.

(3) 그의 건축사업. 그는 멀리 나가서 전쟁을 치르는 동안에도 자기 나라의 수비를 소홀히 하지 않고 예루살렘에 망대를 세워 견고하게 했다(9절). 그의 아버지 시대에 예루살렘의 많은 성벽들이 허물어졌으며 특별히 모퉁이 문에서 그러했다. 그러나 그가 예루살렘을 최고로 강하게 만든 것은 그 자신이 하나님께 대한 예배를 계속해서 고수했다는 사실이었다. 만일 그의 아버지가 이것을 버리지 않았다면, 예루살렘 성벽은 허물어지지 않았을 것이다. 그는 예루살렘을 강화(强化)시키는 동안에도 지방을 잊지 않고 광야에 망대들을 세웠다(10절). 그렇게 한 것은 때때로 불시에 습격하여 약탈을 자행하는 침략자들로부터 지방 사람들을 보호하기 위한 것이었다(21:16).

(4) 그의 농사. 그는 큰 농사와 함께 많은 가축을 길렀으며, 많은 일꾼들을 고용하여 큰 소득을 올렸다. 이것은 그가 농사를 좋아했기 때문이었다(10절). 아마도 그는 자신이 직접 농사하는 일을 감독했을 것이다. 그것은 그에게 조금도 수치스러운 일이 아니었으며 도리어 많은 유익을 가져다주었을 뿐만 아니라 자기 백성들에게도 근면을 장려하는 것이 되었다. 다윗의 집의 가장 뛰어난 왕들 가운데 한 사람이 농사를 좋아했다는 사실은 농부의 소명을 영예로운 것으로 만들어 준다. 웃시야는 전쟁을 즐기는 자도 아니었고, 유희와 쾌락에 탐닉하는 자도 아니었다. 다만 소박한 농부의 일을 즐기는 자였다.

(5) 그의 상비군. 그는 두 종류의 군사편제를 가지고 있었던 것으로 보인다.

[1] 싸우는 군사. 이들은 멀리 나가서 전쟁을 수행하는 자들이었다. 이들은 때를 지어 나가서 싸우는 자들이라(11절). 이들은 때때로 유다를 약탈한 것에 대한 보복으로 주변나라들로부터 노략물을 가져왔다.

[2] 수비를 위한 군사. 이들은 나라가 침략을 당할 때를 대비해 수비하기 위한 군대였다(12, 13절). 그들은 강한 힘으로 전쟁을 수행하는 자들이었다. 어떤 적도 감히 그들과 맞설 수 없었다. 또 전쟁에서는 무장하지 않은 병사는 아무 일도 할 수 없는 법이다. 따라서 웃시야는 자신만 무장한 것이 아니라 병사들에게도 방패와 창과 투구와 갑옷과 활과 물매 돌 등 공격 및 방어를 위한 각종 무기로 무장시켰다. 여기에 칼은 언급되지 않았는데, 아마도 그것은 모든 병사들이 각자 자신의 칼을 항상 휴대하고 다녔기 때문이었을 것이다. 또 그의 시대에 망대와 성곽 위에서 화살과 돌을 쏨으로써 성을 공격하는 적을 괴롭히는 무기도 만들어졌다(15절). 사람의 지혜와 기술이 사람을 죽이는 도구를 만드는 데 사용되는 것은 얼마나 딱한 일인가!

[16]그가 강성하여지매 그의 마음이 교만하여 악을 행하여 그의 하나님 여호와께 범죄하되 곧 여호와의 성전에 들어가서 향단에 분향하려 한지라 [17]제사장 아사랴가 여호와의 용맹한 제사장 팔십 명을 데리고 그의 뒤를 따라 들어가서 [18]웃시야 왕 곁에 서서 그에게 이르되 웃시야여 여호와께 분향하는 일은 왕이 할 바가 아니요 오직 분향하기 위하여 구별함을 받은 아론의 자손 제사장들이 할 바니 성소에서 나가소서 왕이 범죄하였으니 하나님 여호와에게서 영광을 얻지 못하리이다 [19]웃시야가 손으로 향로를 잡고 분향하려 하다가 화를 내니 그가 제사장에게 화를 낼 때에 여호와의 전 안 향단 곁 제사장들 앞에서 그의 이마에 나병이 생긴지라 [20]대제사장 아사랴와 모든 제사장이 왕의 이마에 나병이 생겼음을 보고 성전에서 급히 쫓아내고 여호와께서 치시므로 왕도 속히 나가니라 [21]웃시야 왕이 죽는 날까지 나병환자가 되었고 나병환자가 되매 여호와의 전에서 끊어져 별궁에 살았으므로 그의 아들 요담이 왕궁을 관리하며 백성을 다스렸더라 [22]웃시야의 남은 시종 행적은 아모스의 아들 선지자 이사야가 기록하였더라 [23]웃시야가 그의 조상들과 함께 누우매 그는 나병환자라 하여 왕들의 묘실에 접한 땅 곧 그의 조상들의 곁에 장사하니라 그의 아들 요담이 대신하여 왕이 되니라

우리는 여기에서 웃시야 왕의 이름에 찍힌 단 하나의 오점을 보게 된다. 그것은 다른 왕들의 오점과는 다른 것이었다. 대부분의 악한 왕들에게 찍힌 오점은 음행, 살인, 압제, 박해, 그리고 특별히 우상 숭배였다. 이런 것들 가

운데 일부는 때로 선한 왕들의 오점이기도 했는데, 심지어 다윗에게도 우리아의 일과 관련한 오점이 있었다. 그러나 우리는 웃시야가 그와 같은 죄를 범했다는 이야기는 듣지 못한다. 그럼에도 불구하고 그는 그의 하나님 여호와께 범죄하고 그 결과 하나님의 진노의 표적 아래 떨어져버리고 말았다. 그것은 다른 왕들의 경우처럼 전쟁이나 혹은 반란에 시달리는 것이 아니라 치유할 수 없는 병에 걸리는 것이었다.

I. 웃시야의 죄는 제사장의 직무를 침범한 것이었다. 정도(正道)는 하나지만 샛길은 많은 법이다. 그의 선조들의 범죄는 여호와의 전을 버리고(24:18) 우상의 제단에 분향한 것이었다(25:14). 반면 그의 범죄는 함부로 여호와의 전에 들어가 하나님의 제단에 분향하려고 한 것이었다. 아마도 그것은 하나님께 대한 자신의 특출난 열심과 애정을 과시하려고 한 것이었을 것이다. 양극단을 피하는 것이 얼마나 어려운 일인지 보라.

1. 그의 죄의 근저에 있었던 것은 마음의 교만이었다. 그것은 다른 어떤 죄보다도 우리를 더 많이 파멸시키는 마음의 욕구이다. 그가 강성하여지매 그의 마음이 교만하여져서(16절). 그가 강성해진 것은 하나님의 기이한 도우심으로 말미암은 것이었다(15절). 그럼에도 불구하고 그는 자신을 강성하게 만들어준 하나님께 감사하는 대신 마음이 교만해졌다. 이와 같이 어리석은 자의 형통은 스스로 교만에 도취됨으로써 스스로를 파멸시킨다. 많은 업적을 행하고 큰 존귀를 얻자 그는 그 정도의 업적과 존귀는 자신에게 아무것도 아니라고 생각하기 시작했다. 사람이 금단의 열매를 탐하고 자신에게 허락되지 않은 일을 하려고 나서는 것은 다름 아닌 마음의 교만 때문이다.

2. 그의 죄는 여호와의 전에 들어가 분향하려고 한 것이었다. 아마도 그것은 어떤 거룩한 절기 때였든지 아니면 스스로 하나님의 은총을 간구하기 위해 특별히 행한 일이었을 것이다. 무엇이 그를 충동하여 그와 같은 행동을 하게 만들었는지 혹은 무엇이 그의 머릿속에 그와 같은 생각을 넣었는지 나는 알지 못한다. 그의 선조들 가운데 어느 누구도 — 가장 선한 왕도 가장 악한 왕도 — 감히 이와 같이 하려고 하지 않았다. 그는 율법이 그 일을 금하고 있으며 또 그와 같은 전례도 없다는 사실을 알고 있었을 것이다. 또 그는 다윗이 진설병을 먹을 때와 같은 특별한 절박함을 가장할 수도 없었다.

(1) 어쩌면 그는 제사장들이 그들의 직무를 훌륭하고 품위 있게 수행하지

못하고 있으며 자신이 훨씬 더 잘 할 수 있다고 상상했는지 모른다.

(2) 그렇지 않으면 우상 숭배하는 왕들이 그들의 신들에게 분향하는 것을 그가 보았기 때문이었는지도 모른다. 그의 아버지(아마샤)도 그렇게 했으며, 여로보암도 그렇게 했었다(왕상 13:1). 어쩌면 제사장직의 존귀를 탐하는 마음이 그들로 하여금 하나님의 전을 버리도록 유혹한 한 가지 원인이었는지도 모른다(왜냐하면 하나님의 전에서는 그들이 분향하는 것이 허락되지 않았기 때문이다). 하나님의 제단을 가까이하고자 결심한 그는 그와 같은 제약을 깨뜨리고자 시도했다. 그리하여 그는 우상 숭배하는 왕들이 자신의 제단에 나아가는 것처럼 하나님의 제단에 가까이 나아갔다. 그러나 그것은 그의 하나님 여호와께 범죄하는 것이었다. 그는 하나님이 자신에게 주신 존귀로 만족하지 않고 마치 우리의 첫 조상들이 그렇게 했던 것처럼 자신에게 허락되지 않은 존귀를 침범했다.

3. 이에 대제사장과 그를 따르는 제사장들이 왕에게 이의를 제기했다(17, 18절). 그들은 각자의 위치에서 자신들의 직무에 따라 왕을 위해 분향할 준비가 되어 있었다. 그러나 왕이 스스로 분향하겠다고 나섰을 때, 그들은 그것이 왕에게 속하지 않은 일이며 그럼에도 불구하고 왕이 그 일을 행한다면 그것은 왕에게 위험한 일임을 분명하게 이야기했다. 그들은 왕의 행동을 막음에 있어 물리적인 힘을 사용하지 않고 다음과 같이 논리적으로 설득했다.

(1) 왕이 분향하는 것은 율법에 어긋나는 일이다. "웃시야여 여호와께 분향하는 일은 왕이 할 바가 아니나이다. 그것은 제사장들의 할 바니이다. 그것은 아론의 자손으로서 그 일을 위해 성별된 제사장의 일이나이다." 율법은 아론과 아론의 자손들을 분향하는 일에 임직(任職)했다(출 30:7). 또한 신명기 33장 10절과 역대상 23장 13절을 보라. 다윗은 백성들을 축복하였으며, 솔로몬과 여호사밧은 백성들을 위해 기도하며 말씀을 선포했다. 웃시야도 그와 같은 일을 할 수 있었으며, 그랬다면 칭송받을 일이 되었을 것이다. 그러나 분향하는 일만은 오직 제사장들에 의해서만 수행되어야 했다. 왕직과 제사장직은 모세 율법에 의해 분리되었으며, 장차 메시야에 의해 합쳐질 때까지는 어느 누구에 의해서도 합쳐져서는 안 되었다. 만일 웃시야가 하나님을 존귀케 하며 그의 열납하심을 구할 의도로 그렇게 했다면, 그는 자신의 의도와는 정반대의 행동을 하고 만 것이다. 왜냐하면 그것은 신적 규례로 정해진 일로서 하나님이 명하신 방법대

로 행해지지 않는 한 결코 받아들여질 수 없는 것이었기 때문이다.

(2) 그것은 매우 위험한 일이다. 왕이 하나님 여호와에게서 영광을 얻지 못하리이다. 여기에는 다음과 같은 내용이 함축되어 있다. "그것은 왕에게 수치스러운 일이 될 것이며 또 왕에게 위험한 일이 될 것이나이다." 율법은 제사장이 아닌 외인들은 결코 제단에 가까이 다가오지 말 것을 분명하게 경고한다(민 3:10; 18:7). 고라와 그의 무리들은 비록 레위인이었음에도 불구하고 분향하다가 값비싼 대가를 치렀다(민 16:35). 왜냐하면 그 일은 오직 제사장만이 할 수 있는 일이었기 때문이었다. 우리의 기도의 향은 믿음으로 우리의 영원한 대제사장이신 예수 그리스도의 손에 올려져야만 한다(계 8:3). 그렇지 않을 때 우리는 그것이 하나님께 열납될 것이라고 기대할 수 없다.

4. 웃시야는 자신을 책망하는 제사장들에게 화를 내며 분향을 강행하고자 했다(19절): 웃시야가 화를 내니. 그리고 그는 자신의 손으로 잡고 있던 향로를 놓으려고 하지 않았다. 자신이 하고자 하는 일이 저지당했을 때, 웃시야는 그것을 매우 불쾌하게 받아들였다. 우리는 금지된 것에 대해 더 하고 싶어 하는 경향이 있다.

Ⅱ. 그에게 임한 징벌은 나병이었다. 그가 제사장들과 다투는 동안 그의 이마에 나병이 생겼다. 만일 그가 제사장들의 훈계를 받아들이면서 자신의 잘못을 인정하고 돌아갔다면, 모든 일은 다 잘 되었을 것이었다. 그러나 그가 제사장들에게 화를 낼 때에, 하나님은 그에게 화를 내시면서 그를 나병의 재앙으로 치셨다. 요세푸스는 이렇게 말한다. 웃시야는 만일 제사장들이 계속해서 자신을 방해하면 그들을 죽이겠다고 위협했고, 그러자 그 때 땅이 흔들리며 성전의 천장이 깨어지면서 그 틈 사이로 햇빛이 그의 얼굴에 직접 꽂혔으며 바로 그 순간 그의 이마에 나병이 발했다는 것이다. 어떤 이들은 바로 이것이 우리가 암 1:1과 슥 14:5에서 읽을 수 있는 웃시야의 때에 일어났던 바로 그 지진이었을 것이라고 추측한다. 이러한 갑작스런 나병으로 인해

1. 웃시야와 제사장들 사이의 다툼이 종결되었다. 왜냐하면 나병이 발함으로써 제사장들은 웃시야를 성전 밖으로 나가게 할 정당한 명분을 얻었기 때문이었다. 아니 웃시야 자신이 화급하게 성전으로부터 나갈 수밖에 없었다. 왜냐하면 하나님이 특별한 방식으로 자신의 진노를 나타내는 표징으로 그를 치셨기 때문이었다. 그는 나병이 하나님의 제단으로부터는 말할 것도 없고 일반 백

성들과의 접촉까지도 금하는 것이라는 사실을 잘 알고 있었다. 제사장들의 말을 통해 깨닫지 못하자 하나님은 그를 깨닫게 하기 위해 다른 효과적인 방법을 사용하셨다. 만일 어떤 사람이 하나님의 입으로부터 나오는 심판의 말씀을 통해 자신의 잘못을 깨닫지 못한다면, 그들은 하나님의 손으로부터 나오는 심판을 통해 자신의 잘못을 깨닫게 될 것이다. 그가 하나님이 자신에게 진노하셨음을 깨닫자마자 즉시로 자신의 계획을 포기하고 그 자리에서 물러간 것은 비록 범죄한 중에서라도 그 마음속에 하나님께 대한 경외심이 있었던 사실을 보여준다. 그는 비록 제사장들과는 다툴지라도 그러나 자신의 창조주와는 다투려고 하지 않았다.

2. 그것은 그의 범죄에 대한 영원한 징벌로 남게 되었다. 왜냐하면 그는 죽는 날까지 나병환자가 되어 사람들로부터 격리되어 별궁에 거하면서 왕의 제반 직무를 자신의 아들에게 넘겨주지 않을 수 없게 되었기 때문이다(21절). 이와 같이 하나님은 당신이 교만한 자를 대적하시며 자신이 세운 규례들의 순전성과 존귀를 보호하고 계신다는 사실을 분명하게 보여주셨다. 또 이와 같이 하나님은 심지어 왕조차도 자신의 위치를 알고 자신에게 속하지 않은 일에 함부로 나서지 말 것을 분명하게 경고하셨다. 또 이와 같이 하나님은 웃시야로 하여금 교만의 죄를 회개하도록 큰 소리로 부르시며 충분한 시간을 주셨다. 우리는 그가 이러한 재앙을 선용(善用)했을 것이라고 충분히 추측할 수 있다. 그는 이 세상에서 매우 많은 일을 가진 사람이었다. 그러나 이 세상에서 격리되어 별궁에 거하게 됨으로써 그는 다른 세상에 대해 생각하며 그것을 위해 준비할 수 있는 여유를 갖게 되었다. 왕에게 대한 이와 같은 심판을 통해 하나님은 사람들로 하여금 성전과 제사장직과 다른 거룩한 것들에 대해 큰 존경심을 품도록 의도하셨다. 나병환자로 있는 동안 웃시야는 죽은 것과 일반이었다. 그는 살았으나 죽었으며, 산 채로 장사되었다. 외인이 제단에 가까이 나아오면 죽이라고 명령한 율법이 사실상 이루어진 것이었다. 그가 입은 수치는 그 자신보다 더 오랫동안 남았다. 왜냐하면 그가 죽자 사람들은 그가 나병환자였으므로 왕들의 묘실에 장사하지 않았기 때문이었다. 그의 나병은 그의 다른 모든 영광을 얼룩지게 만들었다.

3. 마치 거울에 비친 얼굴처럼 그것은 그의 죄에 상응한 징벌이었다.

(1) 그의 범죄의 기저에 있는 것은 교만이었다. 그리하여 하나님은 이와 같

은 방법으로 그에게 수치를 주셔서 그로 하여금 겸비케 하셨다.

(2) 그는 제사장들을 대수롭지 않게 여기면서 그들의 직무를 침범했다. 그러자 하나님은 그를 나병으로 치셔서 그로 하여금 제사장의 검사와 판정에 예속되도록 하셨다. 왜냐하면 나병을 판정하는 것은 제사장들에게 속한 직무였기 때문이다(신 24:8).

(3) 그는 오직 제사장만 들어갈 수 있는 하나님의 전으로 들어갔다. 그로 인해 그는 보통 백성들까지도 의식상 정결하기만 하면 자유롭게 들어갈 수 있었던 성전의 뜰에서조차 쫓겨났다.

(4) 그는 자신의 잘못된 행동에 이의를 제기하는 제사장들과 맞섰다. 이로 인해 그의 이마에 나병이 생겼는데, 이러한 나병은 미리암의 경우 그녀의 아버지가 그녀의 얼굴에 침을 뱉는 것에 비유되었다(민 12:14).

(5) 그는 자신의 권리가 아닌 제사장직의 위엄을 침범했다. 그로 인해 그는 자신의 권리인 왕직의 위엄을 박탈당했다. 허락되지 않은 영예를 탐하는 자는 허락된 영예마저 빼앗기게 될 것이다. 아담은 먹어서는 안 되는 선악과를 먹음으로써 먹을 수 있었던 생명나무로 나아가는 길이 차단되고 말았다. 이 이야기를 읽는 모든 자는 "주는 의로우시도다"라고 말하자.

제 27 장

개요

우리는 여기에서 요담의 통치와 관련한 짤막한 이야기를 듣게 된다. 그는 경건하며 형통한 군주였으며, 누구라도 그에 관해 좀 더 많이 알고 싶을 것이다. 그러나 이와 같은 짤막한 이야기로 만족하는 것이 더 나을 것이다. 왜냐하면 이전의 세 왕들의 이야기가 길어진 것은 그들의 통치 후반기의 타락 때문이었다. 그러나 요담의 통치역사 속에 그와 같은 우울한 이야기는 나오지 않는다. 본 장의 내용은 다음과 같다. I. 요담의 통치 연수 (1, 8절). II. 요담의 통치의 전반적인 성격(2, 6절). III. 요담의 형통(3-5절). IV. 요담의 통치의 종결(7, 9절).

[1]요담이 왕위에 오를 때에 나이가 이십오 세라 예루살렘에서 십육 년 동안 다스리니라 그의 어머니의 이름은 여루사요 사독의 딸이더라 [2]요담이 그의 아버지 웃시야의 모든 행위대로 여호와 보시기에 정직하게 행하였으나 여호와의 성전에는 들어가지 아니하였고 백성은 여전히 부패하였더라 [3]그가 여호와의 전 윗문을 건축하고 또 오벨 성벽을 많이 증축하고 [4]유다 산중에 성읍들을 건축하며 수풀 가운데에 견고한 진영들과 망대를 건축하고 [5]암몬 자손의 왕과 더불어 싸워 그들을 이겼더니 그 해에 암몬 자손이 은 백 달란트와 밀 만 고르와 보리 만 고르를 바쳤고 제이년과 제삼년에도 암몬 자손이 그와 같이 바쳤더라 [6]요담이 그의 하나님 여호와 앞에서 바른 길을 걸었으므로 점점 강하여졌더라 [7]요담의 남은 사적과 그의 모든 전쟁과 행위는 이스라엘과 유다 열왕기에 기록되니라 [8]요담이 왕위에 오를 때에 나이가 이십오 세요 예루살렘에서 다스린 지 십육 년이라 [9]그가 그의 조상들과 함께 누우매 다윗 성에 장사되고 그의 아들 아하스가 대신하여 왕이 되니라

본 장에 나타난 요담의 통치와 관련하여 우리는 열왕기하 15:32 이하에서도 살펴보았다. 본 장의 내용은 열왕기의 내용과 대동소이한데, 우리는 여기에서 다음과 같은 사실들을 듣게 된다.

I. 그는 선하게 통치했다. 그는 여호와 보시기에 정직하게 행했다(2절). 그의 통치방식은 선했으며 하나님을 기쁘시게 했다. 그는 하나님의 은총을 자신의 목적으로 삼고 하나님의 말씀을 자신의 규칙으로 삼았다. 그는 그의 하나님 여호와 앞에서 바른 길을 걸었다(6절, 이것은 그가 선한 원리를 따라 행동했음을 보여준다). 다시 말해서, 그는 신중하며 주의 깊게 행동했으며, 어떻게 하면 악한 일을 피하고 선한 일을 행할 것인지 항상 연구했다. 그는 항상 스스로를 살피면서 자신의 일을 가장 효율적으로 할 수 있는 방법을 연구했다. 또 그는 여호와 앞에서 자신의 길을 확고히 했다. 다시 말해서, 그는 한결같은 마음으로 그리고 굳은 마음으로 자신이 마땅히 걸어가야 할 길을 걸어갔다. 그는 처음에는 선했지만 그러나 끝까지 신실함을 지키지 못함으로 그 영예를 잃어버리고 말았던 몇몇 선왕(先王)들과 같지 않았다. 그러한 선왕들은 처음에는 잘 달려갔지만 나중에 예기치 못한 장애물에 걸리기도 했다. 그러나 요담은 그렇지 않았다. 우리는 그의 성격에서 다음과 같은 두 가지를 관찰할 수 있다.

1. 그는 자기 아버지가 잘못한 일을 바로잡았다(2절): 그는 자기 아버지 웃시야의 모든 행위대로 정직하게 행했지만 그러나 아버지가 잘못한 일은 따르지 않았다. 왜냐하면 자기 아버지와는 달리 분향하기 위해 여호와의 성전에는 들어가지 않았기 때문이었다. 그는 아버지가 당한 일로부터 경고를 받고 성전에 들어가는 것과 같은 무모한 행동은 결코 하지 않았다. 설령 가장 선하며 크게 존경하는 사람이라 할지라도 우리는 그들의 잘못한 일은 결코 본받아서는 안 된다. 반면 그들이 넘어진 것에 대해서는 우리는 그것으로부터 교훈을 받고 그들이 걸려 넘어진 돌에 또다시 걸려 넘어지지 않도록 조심해야 한다.

2. 그러나 그는 자기 백성들이 잘못한 것은 바로잡지 못했다: 백성들은 여전히 부패하였더라. 왕으로서 백성들의 부패를 개혁하지 못한 것은 영예롭지 못한 일임에 틀림없다. 스스로는 매우 선하면서도 다른 사람들을 개혁하는 일에는 별다른 용기와 열정을 갖고 있지 못한 사람들이 많이 있다. 그러나 더 큰 비난의 대상이 되어야 하는 것은 다름 아닌 백성들 자신이었다. 그들은 선한 왕의 통치의 이점을 충분히 선용(善用)할 수 있었음에도 불구하고 그렇게 하지 않았다. 그들은 선한 가르침을 받았으며, 그들 앞에는 선한 모범이 있었다. 그럼에도 불구하고 그들은 개혁되지 못하고 여전히 부패하였다. 악한 왕들이 다스릴 때와 마찬가지로 선한 왕들이 다스릴 때에도 그들은 진노의 날에 임할 진

노를 쌓고 있었다.

Ⅱ. 그는 형통했으며 크게 이름을 떨쳤다.

1. 그는 많은 건축 사업을 행했다. 그는 여호와의 전의 문으로부터 시작했는데, 그것을 수리하며 아름답게 꾸몄다. 그는 또 오벨의 성벽을 요새화하고 유다 산중에 성읍들을 건축했다(3, 4절). 그는 자기 나라를 굳게 하여 많은 사람들이 번성하도록 하기 위해 최선을 다했다.

2. 그는 전쟁에서 승리했다. 그는 암몬 자손들과 싸워 이겼는데, 그들은 여호사밧 시대에 유다를 침략했던 자들이었다(20:1). 그는 그들을 정복하고 그들로부터 막대한 조공을 받았다(5절). 그는 부와 권력에 있어 점점 강하여졌으며(6절), 주변 나라들에 강력한 영향을 끼쳤다. 그리하여 주변 나라들은 그와 더불어 불화하는 것을 두려워하면서 우호적인 관계를 맺고자 했다. 그와 같이 된 것은 그가 자기 하나님 여호와 앞에서 바른 길을 걸었기 때문이었다. 우리가 신앙적으로 확고할수록 우리는 악을 대적하고 선을 행하는데 더욱 강하게 될 것이다.

Ⅲ. 그는 자신의 길을 너무 일찍 끝마쳤지만 그러나 영예롭게 끝마쳤다.

그는 불행하게도 한창 나이에 죽었다. 그러나 앞의 세 왕들처럼 오래 사는 가운데 어떤 오점으로 영광스러운 이름이 얼룩지지 않은 것은 도리어 복된 일이었다. 그는 41세에 죽었지만(8절), 그러나 영예롭게도 그의 모든 사적과 전쟁과 행위가 유다 열왕기에 기록되었다(7절). 본 장의 마지막 구절 "그의 아들 아하스가 대신하여 왕이 되니라"는 우리를 가장 우울하게 만든다. 왜냐하면 아하스는 모든 면에서 그의 아버지와는 정반대였기 때문이었다. 지혜로운 자에게 주어졌던 부와 권세가 어리석은 자에게 넘어갈 때, 그것은 얼마나 애통한 일인가!

제
— 28 —
장

개요

본 장에서 우리는 요담의 아들 아하스의 통치역사를 보게 된다. 그의 통치는 매우 악했으며, 하나님의 진노를 불러일으키기에 충분했다. 본 장의 내용은 다음과 같다. I. 아하스의 악함(1-4절). II. 그의 악함으로 인해 임한 재앙들(5-8절). III. 하나님이 선지자를 통해 형제 유다를 짓밟은 이스라엘을 책망하심 그리고 그들이 하나님의 책망을 순종하는 마음으로 청종함(9-15절). IV. 아하스와 그의 백성에게 임한 많은 재앙들(16-21절). V. 그럼에도 불구하고 그가 우상 숭배를 계속함(22-25절). VI. 아하스의 통치의 종결(26-27절).

¹아하스가 왕위에 오를 때에 나이가 이십 세라 예루살렘에서 십육 년 동안 다스렸으나 그의 조상 다윗과 같지 아니하여 여호와 보시기에 정직하게 행하지 아니하고 ²이스라엘 왕들의 길로 행하여 바알들의 우상을 부어 만들고 ³또 힌놈의 아들 골짜기에서 분향하고 여호와께서 이스라엘 자손 앞에서 쫓아내신 이방 사람들의 가증한 일을 본받아 그의 자녀들을 불사르고 ⁴또 산당과 작은 산 위와 모든 푸른 나무 아래에서 제사를 드리며 분향하니라 ⁵그러므로 그의 하나님 여호와께서 그를 아람 왕의 손에 넘기시매 그들이 쳐서 심히 많은 무리를 사로잡아 다메섹으로 갔으며 또 이스라엘 왕의 손에 넘기시매 그가 쳐서 크게 살륙하였으니

선한 왕이 됨에 있어 아하스보다 더 유리한 위치에 있었던 자는 결코 없었다. 유다의 전반적인 상황은 매우 좋은 상태였다. 나라는 부유하고 강성했으며 종교는 매우 융성했다. 그러나 우리는 여기에서 아하스와 관련하여 다음과 같은 몇 가지 사실들을 보게 된다.

1. 그가 너무도 부패하고 타락했다는 사실. 그는 좋은 교육을 받았으며 또 그에게는 그의 아버지의 선한 모범이 있었다. 그러나 부모가 자녀에게 은총을 물려줄 수는 없는 법이다. 그는 자신이 배운 모든 선한 가르침을 저버리고 말

았다: 그는 여호와 보시기에 정직하게 행하지 아니하고(1절). 아니 그 정도가 아니었다. 그는 하나님께도 자신의 영혼에게도 그리고 자기 백성들에게도 큰 악을 행했다. 그는 하나님을 배반한 이스라엘의 길과 저주받은 가나안 사람들의 길을 따라 행하면서 우상들을 부어 만들고 그것들에게 경배함으로써 둘째 계명을 깨뜨렸다. 뿐만 아니라 그는 바알들을 위해 우상을 만듦으로써 첫째 계명까지도 깨뜨렸다. 또 그는 여호와의 성전을 버리고 산 위와(마치 그 곳이 하늘과 가까운 장소라는 듯이) 모든 푸른 나무 아래에서(마치 그것이 제공하는 그늘이 하늘의 보호와 도움을 상징한다는 듯이) 제사를 드리며 분향했다. 또 그는 하나님께 대한 믿음뿐만 아니라 부모로서의 자연적인 애정까지도 완전히 빼앗기고 마귀를 섬기는데 온전히 헌신한 자처럼, 자신의 악을 완성하기 위해 자기 자녀를 몰렉에게 불살랐다(3절). 그는 자녀를 불로 통과케 함으로써 그들을 지옥의 마귀에게 봉헌하는 것만으로는 충분치 않다고 생각했다. 불순종의 자녀들 가운데 나타나는 공중권세 잡은 자의 절대적인 영향력을 보라.

2. 그가 원수들에게 처참하게 약탈당하고 먹이가 된 사실. 그가 하나님을 버리고 막대한 비용을 치르면서 스스로를 거짓 신들의 보호 아래 놓았을 때, 하나님은 그를 그의 원수들의 손에 붙이셨다(5절).

(1) 아람 사람들이 그를 쳐서 넘어뜨리고 수다한 백성을 포로로 끌고 갔다.

(2) 또 이스라엘 왕이 — 그 역시 우상 숭배자였음에도 불구하고 — 그를 치는 채찍이 되었다. 이스라엘 왕의 손에 넘기시매 그가 쳐서 크게 살육하였으니. 그의 백성들은 이러한 심판들로 큰 고통을 겪었다. 그들의 피가 흘려졌으며, 그들의 나라가 황폐하여졌으며, 그들의 가족들이 멸망을 당했다. 그들이 선한 왕의 통치 아래 있었을 때에는 설령 그들이 부패하였을지라도(27:2) 왕의 선함이 그들을 보호해 주었다. 그러나 이제 악한 왕이 다스리자 그들을 보호해 주는 것이 모두 떠나버리고 말았으며 그러자 심판의 홍수가 그들에게 밀어닥쳤다. 지난 시대의 축복을 알지 못하는 자들은 현재의 고난을 통해 그 때가 얼마나 복된 시대였나 하는 것을 배우게 된다.

[6]이는 그의 조상들의 하나님 여호와를 버렸음이라 르말랴의 아들 베가가 유다에서 하루 동안에 용사 십이만 명을 죽였으며 [7]에브라임의 용사 시그리는 왕의 아들 마아세야와 궁내대신 아스리감과 총리대신 엘가나를 죽였더라 [8]이스라엘 자손이 그

들의 형제 중에서 그들의 아내와 자녀를 합하여 이십만 명을 사로잡고 그들의 재물을 많이 노략하여 사마리아로 가져가니 ⁹그 곳에 여호와의 선지자가 있는데 이름은 오뎃이라 그가 사마리아로 돌아오는 군대를 영접하고 그들에게 이르되 너희 조상의 하나님 여호와께서 유다에게 진노하셨으므로 너희 손에 넘기셨거늘 너희의 노기가 충천하여 살륙하고 ¹⁰이제 너희가 또 유다와 예루살렘 백성들을 압제하여 노예로 삼고자 생각하는도다 그러나 너희는 너희의 하나님 여호와께 범죄함이 없느냐 ¹¹그런즉 너희는 내 말을 듣고 너희의 형제들 중에서 사로잡아 온 포로를 놓아 돌아가게 하라 여호와의 진노가 너희에게 임박하였느니라 한지라 ¹²에브라임 자손의 우두머리 몇 사람 곧 요하난의 아들 아사랴와 무실레못의 아들 베레갸와 살룸의 아들 여히스기야와 하들래의 아들 아마사가 일어나서 전장에서 돌아오는 자들을 막으며 ¹³그들에게 이르되 너희는 이 포로를 이리로 끌어들이지 못하리라 너희가 행하는 일이 우리를 여호와께 허물이 있게 함이니 우리의 죄와 허물을 더하게 함이로다 우리의 허물이 이미 커서 진노하심이 이스라엘에게 임박하였느니라 하매 ¹⁴이에 무기를 가진 사람들이 포로와 노략한 물건을 방백들과 온 회중 앞에 둔지라 ¹⁵이 위에 이름이 기록된 자들이 일어나서 포로를 맞고 노략하여 온 것 중에서 옷을 가져다가 벗은 자들에게 입히며 신을 신기며 먹이고 마시게 하며 기름을 바르고 그 약한 자들은 모두 나귀에 태워 데리고 종려나무 성 여리고에 이르러 그의 형제에게 돌려준 후에 사마리아로 돌아갔더라

우리는 여기에서 다음과 같은 이야기를 듣게 된다.

I. 유다가 하나님의 징벌의 섭리 아래 떨어짐. 그들에게 대한 하나님의 징벌은 너무도 맹렬했다. 이처럼 참혹한 징벌은 유다 왕국에서 일찍이 없었다(더욱이 이스라엘 사람들의 손에 의해). 하나님은 이스라엘 열왕의 길로 행한 아하스를 징벌하기 위해 이스라엘 왕을 도구로 삼으셨다. 우리가 어떤 사람의 악행을 본받거나 혹은 그의 죄에 동참할 때, 하나님이 그를 우리를 징벌하는 도구로 사용하시는 것은 공의로운 일이다. 유다와 이스라엘 간에 전쟁이 벌어졌는데, 결과는 유다의 패배로 끝났다.

1. 전쟁터에서 유다 병사들이 큰 살육을 당했다. 12만 명이라는 엄청난 숫자의 용사들이 죽임을 당했다(6절). 여기에는 가장 높은 신분의 사람들도 포함되어 있었으며, 심지어 왕의 아들도 한 명 있었다. 아하스는 자기 아들들 가운데

일부를 몰록에게 희생제물로 드렸었다. 그러므로 여기에서 한 아들이 신적 보응의 희생제물로 죽임을 당한 것은 지극히 공의로운 일이었다. 또 죽임을 당한 자 중에는 왕 다음가는 자도 있었다. 그는 총리대신으로서 아마도 왕의 친구였을 것이다(7절). 그는 전쟁터에서 왕 다음 가는 존재였으며, 이를 통해 우리는 이 전쟁에서 아하스 자신도 겨우 목숨을 건졌을 것으로 추측할 수 있다. 이 때 이스라엘 왕국은 그렇게 강하지 못했음에도 불구하고 패역한 유다에게 이렇게 큰 파멸을 가져다주었다. 이렇게 많은 용사들이 단 하루에 이처럼 몰살당하는 것은 하나님의 의로운 손과 그들 자신의 죄책감에 의해 사기를 잃어버리지 않는 한 결코 불가능한 일이었다. 그토록 많은 용사들이 마치 도수장에 끌려가는 어린양들처럼 계수되었다. 그리고 그들은 적에게 손쉬운 먹잇감이 되었는데, 그것은 그들이 그들의 조상들의 하나님 여호와를 버림으로써 하나님도 그들을 버렸기 때문이었다.

2. 또 많은 여자들과 아이들이 포로로 끌려갔다(8절). 전쟁터에서 군대가 패배를 당하자 성읍과 마을과 촌락들은 모두 무방비 상태가 되었으며 주민들은 포로로 잡히고 그들의 모든 재물은 탈취를 당하게 되었다.

Ⅱ. 승리를 거둔 이스라엘도 하나님의 책망을 받음. 그것은 그들이 악한 원리를 따라 전쟁을 벌였을 뿐만 아니라 승리를 올바로 선용(善用)하지 않았기 때문이었다. 이러한 책망은 그들에게 좋은 효과가 있었다.

1. 하나님이 선지자를 통해 주신 메시지. 승리하고 돌아오는 이스라엘 군대를 한 선지자가 맞이했는데, 그것은 그들의 용맹을 치하하며 승리를 축하하기 위함이 아니라 하나님의 이름으로 그들의 잘못을 지적하며 심판을 경고하기 위함이었다.

(1) 선지자는 그들에게 이토록 의기양양하게 돌아오는 것이 어찜이냐고 꾸짖는다. 그들이 승리를 거둔 것은 하나님이 그들에게 은총을 베푸셨거나 혹은 그들에게 승리를 거둘 만한 어떤 특별한 공로가 있었기 때문이 아니었다. 그것은 다만 하나님이 유다에게 진노하시고 이스라엘을 하나님의 진노의 채찍으로 삼으셨기 때문이었다. "그들이 패배를 당한 것은 너희의 의로움 때문이 아니라 그들의 악함 때문이니라(신 9:5). 그러므로 높은 마음을 품지 말고 도리어 두려워하라(롬 11:21). 그렇지 않으면 하나님이 그들을 아끼지 아니하신 것처럼 너희도 아끼지 아니하시리라."

(2) 선지자는 그들이 하나님이 주신 힘을 남용했노라고 비난한다. 승리가 자신들에게 무슨 일이든 행할 수 있는 권리를 부여한다고 생각하면서 힘이 곧 정의라고 떠벌이는 자들은 승리의 의미가 무엇인지 알지 못하는 자들이다. 승리를 남용하는 것은 악한 일이다. 이스라엘 군대는 다음과 같은 이유로 책망을 받는다.

[1] 전쟁터에서 유다 병사들을 지나치게 잔혹하게 살육했다. 그들이 피를 흘린 것은 실제로 전쟁터에서였다. 그러므로 우리는 그것이 합법적인 것이라고 생각할 수 있다. 그러나 그들에게는 죄가 되었는데, 그것은 그들이 형제들에 대한 증오심이라는 악한 원리와 과도한 분노라는 악한 방식으로 형제들을 살육했기 때문이었다. 너희가 노기가 충천하여. 그들은 노기가 충천하여 형제들의 피를 흘리는 것을 기뻐했는데, 그와 같은 과도한 분노는 스스로에 대해 하나님의 보응을 부르는 것이었다. 하나님의 공의의 도구로 쓰임받는 자들이, 만일 그 일을 과도한 분노와 복수의 정신으로 행한다면, 스스로를 가증한 자로 만들면서 하나님의 공의의 도구라는 존귀를 잃어버리게 될 것이다. 왜냐하면 사람의 노하는 것이 하나님의 의를 이루지 못하기 때문이다.

[2] 유다의 포로들을 오만하게 대했다. "이제 너희가 그들을 압제하여 노예로 삼고자 생각하는도다. 너희는 형제요 자유한 이스라엘 사람들인 그들을 노예로 부려먹든지 혹은 노예로 팔아버리려고 생각한단 말이냐?" 하나님은 사람이 말하고 행동하는 것뿐만 아니라 마음으로 계획하는 것까지 알고 계신다.

(3) 선지자는 그들의 죄를 일깨워 준다. 그들 역시도 하나님의 진노를 받을 만한 자들이었다(10절): 너희는 너희의 하나님 여호와께 범죄함이 없느냐? 선지자는 그들의 양심에 호소한다. "지금 너희가 유다의 죄를 징벌하는 도구가 되었다고 해서 너희 자신은 죄가 없다고 생각하지 말라. 결코 그렇지 않으니라. 너희 역시도 하나님 앞에 죄가 있느니라." 선지자가 이와 같이 말한 것은

[1] 그들의 의기양양한 귀환을 막기 위한 것이었다. "너희는 죄인들이니라. 죄인들이 이와 같이 의기양양하게 귀환하는 것은 어울리지 않는 일이니라. 지금 승리를 거두었다고 해서 의기양양해하지 말라. 머지않아 심판의 수레바퀴가 너희 자신들에게 돌아올 것이니라. 자신들 안에 하나님의 전을 가지고 있는 자들에게 임한 심판이 이와 같았다면 금송아지를 숭배하는 자들에게 임할 심판은 어떠하겠느냐?"

[2] 형제들에게 가혹하게 대하는 것을 막기 위한 것이었다. "너희가 지금 그들을 포로로 끌고 왔지만 그러나 그들에게 자비를 베풀어야 할 것이니라. 왜냐하면 만일 너희가 하나님의 자비를 얻지 못한다면 너희 역시도 이와 같이 될 것이기 때문이니라. 죄인들이 잔인하게 행하는 것은 어울리지 않는 일이니라. 너희는 이미 이 같은 심판을 받을 만큼의 충분한 죄를 범했으며, 거기에 또 다른 것을 더할 필요가 없느니라."

(4) 선지자는 포로들을 놓아 집으로 돌아가게 할 것을 명령한다(11절). "너희가 범죄하였으므로 너희에게 여호와의 진노가 임박하였느니라. 그것을 피함에 있어 포로들에게 자비를 베푸는 것 외에 다른 방법이 없느니라."

2. 이에 이스라엘의 방백들이 포로들을 놓아줄 것을 결심함. 그들은 전장에서 돌아오는 자들을 막으며 포로들을 사마리아로 끌고 가지 못한다고 말했다(12, 13절). 그들의 죄의 분량은 이미 하나님의 보응을 부르기에 충분했으며, 거기에 또 다른 죄를 더할 필요가 없었다. 여기에서 그들은 선지자를 통해 주신 하나님의 말씀에 대한 존중과 형제에 대한 긍휼을 나타냈다. 그들이 이와 같이 형제들에 대해 불쌍히 여기는 마음을 갖게 된 것은 하나님의 긍휼하심에 의해 충동된 것이었다. 하나님은 자신의 가련한 백성들의 고통과 그들의 부르짖음을 돌아보시고 그들을 사로잡은 자들로부터 긍휼히 여김을 받게 하셨다(시 106:44, 46).

3. 이스라엘 병사들이 방백들의 결정에 순응하여 포로들을 돌려보냄.

(1) 승리하고 돌아온 병사들은 포로들에 대한 자신들의 권리를 주장할 수 있었음에도 불구하고 방백들의 결정에 따라 모든 포로들과 노략한 물건들을 그들 앞에 놓았다(14절). 이러한 행동은 전쟁에서 승리를 거두고 그들을 포로로 붙잡은 것보다 훨씬 더 영웅적이며 용맹한 행동이었다. 사람에게 있어 자신의 이익보다 이성과 신앙의 권위에 순복하는 것은 참으로 존귀하며 영예로운 일이다.

(2) 방백들은 가련한 포로들을 크게 선대(善待)하면서 집으로 돌려보냈다(15절). 하나님의 긍휼을 바라는 자들은 이와 같이 자신의 처분 아래 있는 자들에게 온유하게 대하는 법을 배워야 한다. 이처럼 하나님의 말씀을 존중하는 방백들이 이스라엘에서 우상 숭배를 근절하라는 선지자들의 외침에 순종하지 않음으로써 얼마 후 나라가 파멸로 치닫고 말았던 것은 참으로 이상한 일이다.

[16]그 때에 아하스 왕이 앗수르 왕에게 사람을 보내어 도와주기를 구하였으니 [17]이는 에돔 사람들이 다시 와서 유다를 치고 그의 백성을 사로잡았음이며 [18]블레셋 사람들도 유다의 평지와 남방 성읍들을 침노하여 벧세메스와 아얄론과 그데롯과 소고 및 그 주변 마을들과 딤나 및 그 주변 마을들과 김소 및 그 주변 마을들을 점령하고 거기에 살았으니 [19]이는 이스라엘 왕 아하스가 유다에서 망령되이 행하여 여호와께 크게 범죄하였으므로 여호와께서 유다를 낮추심이라 [20]앗수르 왕 디글랏빌레셀이 그에게 이르렀으나 돕지 아니하고 도리어 그를 공격하였더라 [21]아하스가 여호와의 전과 왕궁과 방백들의 집에서 재물을 가져다가 앗수르 왕에게 주었으나 그에게 유익이 없었더라 [22]이 아하스 왕이 곤고할 때에 더욱 여호와께 범죄하여 [23]자기를 친 다메섹 신들에게 제사하여 이르되 아람 왕들의 신들이 그들을 도왔으니 나도 그 신에게 제사하여 나를 돕게 하리라 하였으나 그 신이 아하스와 온 이스라엘을 망하게 하였더라 [24]아하스가 하나님의 전의 기구들을 모아 하나님의 전의 기구들을 부수고 또 여호와의 전 문들을 닫고 예루살렘 구석마다 제단을 쌓고 [25]유다 각 성읍에 산당을 세워 다른 신에게 분향하여 그의 조상들의 하나님 여호와를 진노하게 하였더라 [26]아하스의 남은 시종 사적과 모든 행위는 유다와 이스라엘 열왕기에 기록되니라 [27]아하스가 그의 조상들과 함께 누우매 이스라엘 왕들의 묘실에 들이지 아니하고 예루살렘 성에 장사하였더라 그의 아들 히스기야가 대신하여 왕이 되니라

I. 아하스의 죄로 인해 유다에 임한 고통.

1. 하나님이 유다를 낮추심. 여호와께서 유다를 낮추시매(19절). 그들이 많은 부와 강력한 힘을 가졌던 것이 불과 얼마 전의 일이었다. 그러나 이제 하나님은 그들을 낮추시고 보잘것없는 존재로 만드셨다. 하나님의 말씀 아래 스스로를 겸비케 하지 않는 자들은 결국 그의 심판으로 겸비케 될 것이다. 죄는 사람을 비천하게 만든다(시 106:43, 자기 죄악으로 말미암아 낮아짐을 당하였도다).

2. 아하스가 유다를 벌거벗게 만듦. 아하스의 죄는 유다를 타락케 했을 뿐만 아니라 또한 벌거벗게 만들었다. 결국 유다는 아하스의 죄로 인해 마치 옷을 입지 않은 사람처럼 부끄러움과 수치를 당하게 되었다. 또 아하스의 죄는 유다를 위험에 벌거벗게 만들었다. 왜냐하면 그들은 마치 무장하지 않은 자들처럼 적의 공격 앞에 그대로 노출되었기 때문이었다(출 32:25). 죄가 사람들을 벌거

벗게 만드는 것을 주목하라. 그리하여 전에 아마샤에게 잔혹행위를 당했던 (25:12) 에돔 사람들이 유다를 치고 많은 포로들을 잡아갔다(17절). 이어 블레셋 사람들이 침노하여 몇몇 성읍과 촌락들을 탈취했는데(18절), 이것은 과거 웃시야로부터 당했던 일에 대해 복수한 것이었다(26:6). 이러한 블레셋 사람들의 침노가 순전히 아하스의 죄 때문이었음을 증거하는 가운데, 그가 죽던 해에 이사야 선지자는 블레셋이 그의 아들에 의해 멸망을 당할 것을 예언했다(사 14:28, 29).

Ⅱ. 아하스가 유다에 고통과 죄를 더함.

1. 아하스는 이방 왕들에게 구원을 애걸함으로써 유다에 고통을 더했다. 에돔 사람들과 블레셋 사람들로부터 고통을 당하자 아하스는 앗수르 왕에게 사람을 보내어 도와주기를 구했다(16절). 그것은 자신의 나라는 약하고 벌거벗었으며 거기에다가 하나님께 대한 믿음은 전혀 갖지 못했기 때문이었다. 그리하여 그는 막대한 값을 치르면서 앗수르 왕의 힘을 빌리지 않을 수 없었다. 아하스는 이방 군대를 끌어들이기 위해 하나님의 전과 왕궁과 방백들의 집으로부터 재물을 끌어냈다(21절). 그가 이웃 나라들의 우상 숭배를 따랐음에도 불구하고, 그들은 그를 조금도 귀하게 여겨주지 않았으며 특별한 호의를 베풀어 주지도 않았다. 그는 하나님을 배반하면서까지 그들의 우상 숭배를 따랐지만 그들로부터 아무런 유익도 얻지 못했다. 악인들이 자신과 한 패가 된 자들에게 진정한 애정이나 호의를 베풀지 않는 것은 흔히 있는 일이다. 타락한 나뭇가지는 모든 면에서 가증한 나뭇가지로 간주된다(사 14:19). 그러면 아하스는 앗수르 왕으로부터 무엇을 얻었던가? 그는 아하스에게 이르렀으나 돕지 아니하고 도리어 그를 공격하였으며(20절), 아하스는 그에게 많은 재물을 가져다주었지만 아무런 유익도 얻지 못했다(21절). 앗수르 군대가 그의 나라에 진을 침으로써 그의 나라는 더욱 곤궁하며 미약하게 되었다. 그들은 점점 더 오만방자해졌으며 마치 부러진 갈대처럼 그에게 큰 괴로움을 가져다주었다(부러진 갈대는 아무 짝에도 쓸모 없을 뿐만 아니라 그의 손을 찌르는 것이 되었다).

2. 아하스는 이방 신들에게 구원을 애걸함으로써 유다에 죄를 더했다. 고통 속에서 그는 우상 숭배의 어리석음을 깨닫고 회개하는 대신 더욱 여호와께 범죄했다(22절). 그는 예전보다 더욱 우상 숭배에 몰두함으로써 그에게 다음과 같은 불명예의 낙인이 찍혔다: 다윗의 집에 거치는 돌이 되고 그 세대의 저주와

재앙이 된 자가 바로 이 아하스 왕이었더라. 고통으로 인해 더 나아지기는커녕 도리어 더 악해지는 자들은 정말로 악하고 비열한 자들이라는 사실을 주목하라. 그들은 고통 속에서 더욱 범죄하며, 겸손케 하는 섭리 속에서 도리어 더 패역하고 완악해지며, 그의 마음이 악을 행하는 것으로 더욱 충만해진다. 이제 그의 범죄가 무엇이었는지 살펴보자.

(1) 그는 하나님의 전을 함부로 대했다. 그는 하나님의 전의 기구들을 부숨으로써 제사장들로 하여금 성전예배를 집전하지 못하도록 했으며, 마침내 여호와의 전의 문들을 닫아버림으로써 백성들로 하여금 그 곳에 참례하지 못하도록 했다(24절). 이것은 이전의 가장 악한 왕들이 행했던 일보다 더 악한 일이었다.

(2) 그는 예루살렘 구석마다 제단들을 쌓음으로써 하나님의 제단과 맞섰다. 그리하여 호세아 선지자가 말한 것처럼 그것들은 마치 밭이랑에 쌓인 돌무더기 같았다(호 12:11). 또 그는 유다의 각 성읍에 산당들을 세우고 백성들로 하여금 각자 자신들이 좋아하는 우상에게 분향하도록 했다. 그는 마치 자기 조상들의 하나님 여호와를 진노하게 하려고 작정한 것 같았다(25절).

(3) 그는 하나님을 버리고 다메섹의 신들에게 제사했다(23절). 그렇게 한 것은 그러한 신들을 사랑했기 때문이 아니라 두려워했기 때문이었다. 그는 다메섹의 신들이 다메섹 사람들을 도왔으므로 만일 자신이 그들에게 제사를 드리면 그들이 자신을 도와줄 것으로 생각했다. 이 얼마나 어리석은 자인가! 아람 사람들을 강하게 하여 그를 치게 한 것은 다메섹의 신들이 아니라 바로 그 자신의 하나님이었다. 만일 그가 하나님 한 분께만 제사를 드렸다면, 그는 하나님의 도우심을 얻을 수 있었을 것이다. 자신들의 고통과 도움의 근원을 알지 못하는 자들이 엉뚱한 곳에 자신들의 애정과 헌신을 바치는 것은 조금도 놀랄 일이 아니다. 그러면 아하스가 다메섹의 신들에게 제사 드린 결과가 무엇이었는가? 아람의 신들 역시 앗수르 왕처럼 그에게 아무 도움도 주지 않았다: 도리어 그 신이 아하스와 온 이스라엘을 망하게 하였다. 이 죄로 인해 하나님이 진노하심으로써 그들에게 심판이 임했으며, 그는 36세의 한창 나이에 죽임을 당하게 되었다. 또 이러한 죄로 인해 유다 백성들은 다음 왕인 히스기야의 개혁으로도 그들의 우상 숭배의 성향이 완전히 치유되지 못할 정도로 크게 타락되었다. 그들의 이러한 쓴 뿌리는 바벨론 포로로 뿌리가 뽑힐 때까지 계속 유지되었다.

본 장은 아하스의 통치가 종결됨과 함께 끝난다(26, 27절). 나타난 바대로 볼 때 그는 회개하지 않고 죽었으며, 그럼으로써 그의 죽음은 영예롭지 못한 죽음이 되었다. 그것은 그가 왕들의 묘실에 장사되지 못했기 때문이었다. 그가 왕들의 묘실에 장사될 자격이 없다고 여겨진 것은 너무도 당연한 일이었다. 왜냐하면 그는 자신의 왕권을 교회를 보호하며 육성하는 일에 사용하는 대신 교회를 파괴하는데 사용했기 때문이었다.

제
— 29 —
장

개요

우리는 비로소 여기에서 히스기야의 선하고 영광스러운 통치 속으로 들어가게 된다. 우리는 하나님과 종교에 관하여 지금까지 만나본 다른 어느 왕들에게서보다도 여기에서 더 많은 것을 발견하게 될 것이다. 왜냐하면 그는 매우 선하고 경건하며 열심이 있는 사람이었기 때문이었다. 그와 같은 사람은 아무도 없었다. 본 장에서 우리는 히스기야가 왕위에 오르자마자 강력하게 추진한 개혁에 관한 이야기를 듣게 된다. 본 장의 내용은 다음과 같다. I. 제사장들과 레위인들에 대한 히스기야의 훈계(1-11절). II. 레위인들이 성전을 정결케 하기 위해 많은 수고를 함(12-19절). III. 이제껏 방치되었던 하나님의 규례들이 새롭게 회복되고 선왕(先王) 통치시대의 죄에 대해 속죄가 이루어짐(20-36절).

¹히스기야가 왕위에 오를 때에 나이가 이십오 세라 예루살렘에서 이십구 년 동안 다스리니라 그의 어머니의 이름은 아비야요 스가랴의 딸이더라 ²히스기야가 그의 조상 다윗의 모든 행실과 같이 여호와 보시기에 정직하게 행하여 ³첫째 해 첫째 달에 여호와의 전 문들을 열고 수리하고 ⁴제사장들과 레위 사람들을 동쪽 광장에 모으고 ⁵그들에게 이르되 레위 사람들아 내 말을 들으라 이제 너희는 성결하게 하고 또 너희 조상들의 하나님 여호와의 전을 성결하게 하여 그 더러운 것을 성소에서 없애라 ⁶우리 조상들이 범죄하여 우리 하나님 여호와 보시기에 악을 행하여 하나님을 버리고 얼굴을 돌려 여호와의 성소를 등지고 ⁷또 낭실 문을 닫으며 등불을 끄고 성소에서 분향하지 아니하며 이스라엘의 하나님께 번제를 드리지 아니하므로 ⁸여호와께서 유다와 예루살렘에 진노하시고 내버리사 두려움과 놀람과 비웃음거리가 되게 하신 것을 너희가 똑똑히 보는 바라 ⁹이로 말미암아 우리의 조상들이 칼에 엎드러지며 우리의 자녀와 아내들이 사로잡혔느니라 ¹⁰이제 이스라엘의 하나님 여호와와 더불어 언약을 세워 그 맹렬한 노를 우리에게서 떠나게 할 마음이 내게 있노니 ¹¹내 아들들아 이제는 게으르지 말라 여호와께서 이미 너희를 택하사 그 앞에 서서 수종들어 그를 섬기며 분향하게 하셨느니라

I. 히스기야가 왕위에 오를 때의 나이.   그 때 그의 나이는 25세였다. 2대에 걸친 악한 통치 이후에 왕이 된 요아스는 왕위에 오를 때 고작 7살에 불과했다. 똑같이 2대에 걸친 악한 통치 이후에 왕이 된 요시야도 왕위에 오를 때 8살이었다. 이로 인해 그들의 개혁은 상당히 지연될 수밖에 없었다. 그러나 히스기야는 이미 성년이 된 후 왕위에 올랐으며, 따라서 왕위에 오르자마자 즉시로 개혁에 착수할 수 있었다. 우리는 그가 얼마나 큰 슬픔을 안고 아버지의 우상 숭배와 타락을 지켜봤을지 그리고 성전 문이 닫히는 것을 보면서 얼마나 괴로워했을지 충분히 짐작할 수 있다. 이로 인해 그의 영혼은 틀림없이 은밀히 많은 눈물을 흘렸을 것이며, 훗날 왕위에 오르면 이러한 문제들을 필히 척결할 것을 굳게 다짐했을 것이다. 그리고 이로 인해 그는 즉시로 그리고 더욱 굳은 마음으로 개혁을 추진하게 되었을 것이다.

II. 히스기야의 일반적인 성격.   그는 그의 조상 다윗의 모든 행실과 같이 여호와 보시기에 정직하게 행했다(2절). 몇몇 전임(前任) 왕들이 여호와 보시기에 정직하게 행했다고 언급된 바 있었다. 그러나 다윗 같은 사람은 없었다. 아무도 다윗의 열심과 순전함에는 이르지 못했다. 그러나 여기에 다윗만큼 하나님의 율법과 언약궤를 진심으로 사랑했던 한 사람이 있었다.

III. **히스기야가 즉시로 개혁 작업에 착수함.**   그가 행한 첫 번째 일은 여호와의 전의 문들을 여는 것이었다(3절). 우리는 그의 아버지 아하스가 성전예배를 완전히 억압했을 것으로는 생각지 않는다. 왜냐하면 만일 그렇게 했다면 제단의 거룩한 불이 완전히 꺼졌을 것인데, 우리는 어디에서도 그 불을 다시 붙였다는 이야기를 듣지 못하기 때문이다. 다만 그는 백성들이 성전에 참례하는 것만을 막았을 뿐이며, 제사장의 경우에는 자신을 따르지 않는 자들만 성전에서 수종들지 못하게 했다(왕하 16:15). 그러나 히스기야는 즉시로 성전의 문을 열고 제사장들과 레위인들을 모았다. 그는 유다가 미약하고 벌거벗은 상태가 되었음을 알고 있었다. 그러나 그가 첫 번째 과제로 삼은 것은 국가의 외적인 힘을 회복시키는 것이 아니라 신앙을 본래의 선한 상태로 되돌리는 것이었다. 무슨 일을 하든지 하나님과 함께 시작하는 자는 첫 단추를 올바로 꿰는 것이며, 그 일은 필경 형통하게 될 것이다.

IV. 히스기야가 제사장들과 레위인들에게 훈계함.   히스기야가 열심 있는 믿음을 갖고 있었으며 선왕 통치시대의 타락에 물들지 않았었다고 하는 것은 의심의 여지 없는 사실이었다. 우리는 제사장들과 레위인들이 히스기야에게 성전예배의 회복을 청원하는 이야기를 듣지 못한다. 다만 그가 그들을 소집하는 이야기만을 들을 수 있을 뿐이다. 이를 통해 나는 히스기야는 신앙에 매우 열정적이었던 반면 그들은 냉담했었던 것이 아닌가 추측한다. 만일 그들이 열정적으로 자신들의 역할을 행했다면, 어쩌면 유다가 이토록 악한 상황까지는 가지 않았을는지 모른다. 그들에 대한 히스기야의 훈계는 매우 감동적이었다.

1. 히스기야는 그들 앞에 종교적인 황폐와 그것으로 인해 야기된 처참한 상황을 제시한다(6, 7절): 우리 조상들이 범죄하여. 히스기야는 '나의 아버지가 범죄하여'라고 말하지 않는데, 그것은 아들로서 가능하면 아버지의 이름을 불명예스럽게 만들지 않고자 한 것이었다. 또 만일 그들의 조상들이 자신들의 의무를 게을리하지 않았다면 그의 아버지가 그렇게까지 되지는 않았을 것이었기 때문이다. 우상의 제단을 세운 것은 그의 아버지가 단독적으로 행한 일이 아니었다. 그 일에 제사장 우리아도 함께 했었다. 히스기야는 다음과 같이 한탄한다.

(1) 하나님의 전이 버려짐을 당하였도다: 그들이 하나님을 버리고 얼굴을 돌려 여호와의 성소를 등지고. 하나님의 규례를 등지는 것은 실제로 하나님 자신을 버리는 것과 일반이라는 사실을 주목하라.

(2) 그 곳에서 하나님을 예배하는 것이 끊겨졌도다. 등불은 꺼졌으며 향은 살라지지 않았다. 오늘날에도 이와 같은 일은 종종 벌어진다. 등불이 켜지는 것은 말씀이 합당하게 읽혀지며 선포되는 것과 같으며, 분향하는 것은 기도와 찬미가 합당하게 올려지는 것과 같다. 그러므로 오늘날 말씀이 합당하게 선포되지 않고 기도와 찬미가 합당하게 올려지지 않는 것은 등불이 꺼지고 향이 살라지지 않는 것과 같다.

2. 히스기야는 그들 앞에 그 결과로 야기된 종교적인 부패를 제시한다(8, 9절). 지난 세대의 모든 재앙들의 원인이 바로 이것이었다. 하나님은 진노 가운데 그들을 고통 속에 넘겨 주셨으며, 그들은 칼로 죽임을 당하고 포로로 끌려가는 수모를 겪었다. 신적 섭리의 책망 아래 있을 때, 우리는 우리가 하나님의 규례들을 소홀히 하지는 않았는지 그리고 그 결과로 이와 같이 하나님이 우리와 더불어 다투시는 것은 아닌지 심각하게 물어야만 한다.

3. 히스기야는 종교를 부흥시키고자 하는 자신의 계획과 결심을 밝힌다(10

절). "이제 이스라엘의 하나님 여호와와 더불어 언약을 세울 마음이 내게 있노니. 만일 그렇게 하지 않으면 하나님의 맹렬한 진노가 우리를 떠나지 않을 것이라." 이 언약을 그는 자기 혼자만 세우는 것이 아니라 모든 백성들까지 끌어들이고자 하였다.

4. 히스기야는 레위인들과 제사장들에게 그들의 의무를 수행할 것을 촉구한다. 그는 그와 같은 말로 시작했다가(5절), 그와 같은 말로 끝맺는다(11절). 그는 그들을 '레위사람들아'라고 부르는데(5절), 그것은 그들에게 하나님께 대한 의무를 일깨워주기 위함이었다. 또 그는 그들을 '내 아들들아'라고 부르는데 (11절), 그것은 그들에게 자신과 그들 사이의 관계를 일깨워주기 위함이었다. 히스기야는 그들이 마치 아들이 아버지를 돕는 것처럼 자신의 개혁 작업에 협조해 줄 것을 바랐다.

(1) 히스기야는 그들이 해야 할 일을 이야기한다. 그것은 먼저 그들 자신을 성결케 하는 것이며, 그러고 나서 하나님의 전을 성결케 하는 것이었다. 그들은 먼저 자신들이 소홀히 한 것을 회개하고, 마음을 새롭게 하며, 하나님과의 언약을 새롭게 해야 했다. 그러고 나서 하나님의 종으로서 그의 전을 모든 합당치 못한 것들로부터 정결케 해야 했다.

(2) 히스기야는 그들을 각성시키며 재촉한다(11절). "이제는 게으르지 말라. 너희의 직무를 소홀히 하지 말라. 이 선한 일이 너희의 무관심으로 인해 지체되지 않도록 하라." 난외주(欄外註, KJV)에는 "스스로 속지 말라"로 되어 있다. 하나님을 섬기는데 게으름으로써 하나님을 경홀히 여기며 속이려고 생각하는 자는 다만 스스로 속는 것이며, 또한 자신들의 영혼을 영원한 저주로 속이는 것일 뿐이라는 사실을 주목하라. 또 어떤 이들은 이것을 "안일하지 말라"로 읽는다. 그들은 어떤 급박한 부름도 없을 것처럼 혹은 그 일을 행하지 않아도 아무 일 없다는 듯이 안일하게 있어서는 결코 안 되었다. 사람이 신앙생활을 소홀히 하는 것은 그들의 육신적인 안일함 때문임을 주목하라. 히스기야가 그들에게 촉구한 것은 그들의 직무와 관련한 것이었다. 하나님은 그들을 존귀한 위치에 세우셨다: 여호와께서 너희를 택하사 그 앞에 서서 수종들어 그를 섬기며 분향하게 하셨느니라. 그러므로 하나님이 기대하시는 것은 그들이 일하는 것이었다. 그들은 게으르거나 자신의 위엄을 즐기거나 자신들의 직무를 다른 사람에게 맡기기 위해 택함 받은 것이 아니라 하나님을 위해 봉사하며 섬기기 위해 택함

받았다. 그러므로 그들은 지난날의 게으름을 부끄럽게 여겨야 한다. 이제 성전의 문들이 다시 열렸으므로 그들은 갑절의 부지런함으로 자신들의 직무를 수행해야 한다.

[12]이에 레위 사람들이 일어나니 곧 그핫의 자손 중 아마새의 아들 마핫과 아사랴의 아들 요엘과 므라리의 자손 중 압디의 아들 기스와 여할렐렐의 아들 아사랴와 게르손 사람 중 심마의 아들 요아와 요아의 아들 에덴과 [13]엘리사반의 자손 중 시므리와 여우엘과 아삽의 자손 중 스가랴와 맛다냐와 [14]헤만의 자손 중 여후엘과 시므이와 여두둔의 자손 중 스마야와 웃시엘이라 [15]그들이 그들의 형제들을 모아 성결하게 하고 들어가서 왕이 여호와의 말씀대로 명령한 것을 따라 여호와의 전을 깨끗하게 할새 [16]제사장들도 여호와의 전 안에 들어가서 깨끗하게 하여 여호와의 전에 있는 모든 더러운 것을 끌어내어 여호와의 전 뜰에 이르매 레위 사람들이 받아 바깥 기드론 시내로 가져갔더라 [17]첫째 달 초하루에 성결하게 하기를 시작하여 그 달 초팔일에 여호와의 낭실에 이르고 또 팔 일 동안 여호와의 전을 성결하게 하여 첫째 달 십육 일에 이르러 마치고 [18]안으로 들어가서 히스기야 왕을 보고 이르되 우리가 여호와의 온 전과 번제단과 그 모든 그릇들과 떡을 진설하는 상과 그 모든 그릇들을 깨끗하게 하였고 [19]또 아하스 왕이 왕위에 있어 범죄할 때에 버린 모든 그릇들도 우리가 정돈하고 성결하게 하여 여호와의 제단 앞에 두었나이다 하니라

우리는 여기에서 여호와의 전을 정결케 하는 것을 보게 된다.

I. 그 일을 맡은 자들은 제사장들과 레위인들이었다. 그들은 성전을 정결하게 유지했어야 했지만 지금까지 그렇게 하지 않고 있었다. 여기에 몇 사람의 레위인의 이름이 거명되고 있는데, 이들은 고핫과 게르손과 므라리 등 레위 지파의 주요 세 가문에서 각각 두 명씩과(12절) 아삽과 헤만과 여두둔 등 노래하는 세 가문에서 각각 두 명씩이었다(13, 14절). 우리는 이들이 단순히 각각의 위치에서 우두머리의 역할을 맡았기 때문에 여기에 거명되었을 것이라고는 생각할 수 없다(왜냐하면 만일 그랬다면 분명히 대제사장이나 혹은 각 반차의 우두머리들의 이름이 언급되었을 것이기 때문이다). 다만 이들의 이름이 거명된 것은 이들이 다른 사람들보다 더욱 열정적이며 적극적으로 정결케 하는 일을 수행했기 때문이었을 것이다. 하나님께 어떤 일이 있을 때, 하나님은 그 일을

주관할 지도자를 세우실 것이다. 직위와 계급이 높다고 해서 항상 어떤 일을 더 잘 하는 것도 아니며 일을 더 적극적으로 수행하는 것도 아니다. 이들 레위인들은 자신들만 열심을 낸 것이 아니라, 형제들을 모아 그들도 함께 그 일에 동참하도록 이끌었다. 그들은 형제들과 함께 왕이 여호와의 말씀대로 명령한 것을 따라 여호와의 전을 깨끗하게 했다. 그들이 왕의 명령에 따라 행하는 가운데에서도 하나님의 말씀을 바라보았던 사실을 주목하라. 왕은 하나님의 말씀에 의해 주어진 일을 그들에게 명령했으며, 그들은 그 일을 수행함에 있어 하나님의 말씀을 규칙으로 삼고 왕의 명령을 박차로 삼았다.

II. 그 일은 하나님의 전을 깨끗하게 하는 것이었다.

1. 그들은 하나님의 전이 닫혀 있는 동안 쌓였던 먼지와 거미줄과 그릇의 녹 등을 제거했다.

2. 그들은 하나님의 전에 세워져 있었던 우상들과 우상의 제단들을 제거했다. 이런 것들은 하수구보다도 하나님의 전을 더 더럽게 하는 것이었다. 이 일을 이끌었던 자들 가운데 제사장의 이름은 거명되지 않았었다. 그러나 여호와의 전 안에 들어가서 깨끗하게 한 자들은 제사장들이었다. 그리고 지성소를 깨끗하게 한 사람은 아마도 대제사장이었을 것이다. 설령 하나님의 전을 깨끗하게 한 일을 주도한 영광이 레위인들에게 돌아갔다 할지라도, 그들은 직무 상 제사장의 수종자가 되는 것을 조금도 부끄럽게 여기지 않았다. 그리하여 제사장들이 모든 더러운 것들을 뜰로 끌어냈을 때, 레위인들은 그것을 기드론 시내로 가져갔다. 이와 같이 사람들은 각자 자신들의 위치를 잊어서는 안 된다.

III. 그 일은 매우 신속하게 진행되었다. 그들은 새해가 시작되는 첫째 달 첫째 날에 그 일을 시작했다. 이것은 실로 좋은 한 해가 시작됨을 알리는 좋은 징조였다. 이와 같이 우리는 한 해를 참된 회개로써 잘못된 것을 바로잡고 지난해의 모든 더러운 것들을 청소하는 것으로 시작해야 한다. 그들은 8일 동안 성전을 깨끗하게 하였으며, 또다시 8일 동안 성전의 뜰을 깨끗하게 했다(17절). 선한 일을 행하는 자들은 그 일을 속히 진행하고 완성시키는 법을 배워야 한다. 그리고 잘못된 일은 속히 바로잡아야 한다.

IV. 그들은 자신들이 수행한 모든 작업을 왕에게 보고했다(18, 19절). 그들이 이와 같이 보고한 것은 그 일을 지시한 자가 바로 왕이었기 때문이었다. 그들이 보고한 것은 자신들의 수고와 노력을 자랑하거나 혹은 어떤 보상을 바라고 그렇게 한 것이 아니었다. 다만 그동안 더럽혀졌던 모든 것들이 이제 율법에 따라 거룩하여졌으며 언제든지 사용할 수 있게 되었음을 알리기 위한 것이었다. 그들은 왕의 마음이 하나님의 제단에 있으며 그 곳에 참례하기를 갈망하고 있다는 사실을 알고 있었다. 그리하여 그들은 제단의 모든 그릇들이 깨끗하게 되었으며 따라서 모든 준비가 완료되었음을 가장 힘주어 강조했다. 그 그릇들은 아하스가 범죄하는 가운데 내팽개친 것들이었다. 그들은 그러한 그릇들을 다시 모아 거룩하게 하고 제단 앞 본래의 자리에 놓았다. 성소의 그릇들은 비록 잠시는 더럽혀질 수 있을지라도 그러나 때가 되면 하나님이 다시 거룩하게 하실 것이다. 하나님의 백성뿐만 아니라 하나님의 규례들도 ─ 성소의 그릇들도 하나님의 규례들 가운데 하나이다 ─ 영원히 버려지지는 않을 것이다.

[20]히스기야 왕이 일찍이 일어나 성읍의 귀인들을 모아 여호와의 전에 올라가서 [21]수송아지 일곱 마리와 숫양 일곱 마리와 어린 양 일곱 마리와 숫염소 일곱 마리를 끌어다가 나라와 성소와 유다를 위하여 속죄제물로 삼고 아론의 자손 제사장들을 명령하여 여호와의 제단에 드리게 하니 [22]이에 수소를 잡으매 제사장들이 그 피를 받아 제단에 뿌리고 또 숫양들을 잡으매 그 피를 제단에 뿌리고 또 어린 양들을 잡으매 그 피를 제단에 뿌리고 [23]이에 속죄제물로 드릴 숫염소들을 왕과 회중 앞으로 끌어오매 그들이 그 위에 안수하고 [24]제사장들이 잡아 그 피를 속죄제로 삼아 제단에 드려 온 이스라엘을 위하여 속죄하니 이는 왕이 명령하여 온 이스라엘을 위하여 번제와 속죄제를 드리게 하였음이더라 [25]왕이 레위 사람들을 여호와의 전에 두어서 다윗과 왕의 선견자 갓과 선지자 나단이 명령한 대로 제금과 비파와 수금을 잡게 하니 이는 여호와께서 그의 선지자들로 이렇게 명령하셨음이라 [26]레위 사람은 다윗의 악기를 잡고 제사장은 나팔을 잡고 서매 [27]히스기야가 명령하여 번제를 제단에 드릴새 번제 드리기를 시작하는 동시에 여호와의 시로 노래하고 나팔을 불며 이스라엘 왕 다윗의 악기를 울리고 [28]온 회중이 경배하며 노래하는 자들은 노래하고 나팔 부는 자들은 나팔을 불어 번제를 마치기까지 이르니라 [29]제사 드리기를 마치매 왕과 그와 함께 있는 자들이 다 엎드려 경배하니라 [30]히스기야 왕이 귀인들과 더불어 레위 사람을 명령하여 다윗과 선견자 아삽의 시로 여호와를 찬송하게 하매 그들이 즐거움으로 찬송하고 몸을 굽혀 예배하니라 [31]이에 히스기야가 말하여 이르되 너희가 이제 스스로 몸을 깨끗하게 하여 여호와께 드렸으니 마땅히 나아와 제물과

감사제물을 여호와의 전으로 가져오라 하니 회중이 제물과 감사제물을 가져오되 무릇 마음에 원하는 자는 또한 번제물도 가져오니 [32]회중이 가져온 번제물의 수효는 수소가 칠십 마리요 숫양이 백 마리요 어린 양이 이백 마리이니 이는 다 여호와께 번제물로 드리는 것이며 [33]또 구별하여 드린 소가 육백 마리요 양이 삼천 마리라 [34]그런데 제사장이 부족하여 그 모든 번제 짐승들의 가죽을 능히 벗기지 못하는 고로 그의 형제 레위 사람들이 그 일을 마치기까지 돕고 다른 제사장들이 성결하게 하기까지 기다렸으니 이는 레위 사람들의 성결하게 함이 제사장들보다 성심이 있었음이라 [35]번제와 화목제의 기름과 각 번제에 속한 전제들이 많더라 이와 같이 여호와의 전에서 섬기는 일이 순서대로 갖추어지니라 [36]이 일이 갑자기 되었으나 하나님께서 백성을 위하여 예비하셨으므로 히스기야가 백성과 더불어 기뻐하였더라

성전이 깨끗하게 된 후 우리는 여기에서 그것이 즉시로 선하게 사용되는 것을 보게 된다. 왕은 바로 다음 날 성전에서 거룩한 성회를 소집했다(20절). 의심의 여지 없이 예루살렘의 모든 선한 백성들은 "여호와의 전으로 올라가자"라는 말을 들었을 때 크게 기뻐했을 것이다(시 122:1). 히스기야는 성전이 모두 준비되었다는 말을 듣자마자 지체하지 않고 자신도 역시 준비되었음을 나타냈다. 그는 일찍 일어나 여호와의 전으로 올라갔다. 그가 이 날 특별히 일찍 일어난 것은 그의 마음이 이 일에 집중되어 있었음을 보여주는 것이었다. 이 날에 행해진 일은 과거를 돌아봄과 동시에 미래를 바라보는 것이었다.

I. 이 날의 성회는 과거를 돌아보면서 지난 통치 때에 행해진 죄를 속죄하기 위한 것이었다. 그들은 애통해하며 죄를 떠나는 것만으로는 충분치 않다고 생각했다. 그들은 속죄제물을 드려야만 했다. 설령 우리가 애통해하며 회개한다 할지라도, 우리를 위해 죄(즉 속죄제물)가 되신 그리스도 안에서 그리고 그리스도를 통해서가 아니라면 우리는 결코 용서함을 얻지 못할 것이다. 그리스도의 피로 말미암지 않고는 누구도 화목을 얻지 못할 것이다. 다음을 주목하라.

1. 이 날의 속죄제물은 나라와 성소와 유다를 위한 것이었다(21절). 다시 말해서 통치자들과 제사장들과 백성들을 위한 것이었는데, 그것은 그들 모두가 패역을 행했기 때문이었다. 모세 율법은 전체 회중의 죄를 속죄하는 희생제물을 규정하고 있는데(레 4:13, 14; 민 15:24, 25), 그것은 국가적인 죄로 인한 국가적

인 심판을 막기 위한 것이었다. 오늘날의 우리 역시도 개인적인 용서와 구원뿐만 아니라 이러한 목적 즉 국가적인 속죄를 위해서도 우리의 위대한 속죄제물이신 그리스도를 바라보아야만 한다.

2. 율법은 속죄일이나(레 16:15) 지금과 같은 특별한 경우에(민 15:24) 속죄제물로서 숫염소 한 마리를 드릴 것을 규정한다. 그러나 그들은 여기에서 일곱 마리를 드렸는데(21절), 그것은 회중의 죄가 너무도 크고 또 오랫동안 계속되었기 때문이었다. 일곱은 '완전 수'이다. 우리의 위대한 속죄제물은 오직 한 분이지만, 그러나 그는 거룩하게 된 자들을 영원히 완전케 하신다.

3. 왕과 회중(다시 말해서 회중의 대표들)은 속죄제물로 드려질 숫염소의 머리에 안수했다(23절). 이렇게 함으로써 그들은 하나님 앞에서 자신들의 죄책(罪責)을 인정하며 자신들의 죄가 그 희생제물에게 전가되기를 바라는 마음을 표현했다. 우리가 믿음으로 주 예수 위에 우리의 손을 놓을 때(즉 안수할 때) 우리는 속죄함을 얻는다(롬 5:11).

4. 속죄제물과 함께 번제물로서 수송아지 7마리와 숫양 7마리와 어린 양 7마리가 드려졌다. 번제의 목적은 그들이 유일하신 참 하나님으로 인정하는 이스라엘의 하나님께 영광을 돌리기 위한 것이었다. 그러므로 속죄제를 통해 죄사함을 받음과 동시에 번제를 드린 것은 참으로 적절한 일이었다. 속죄제물의 피와 마찬가지로 번제물의 피 역시도 유다뿐 아니라 온 이스라엘의(24절) 속죄를 위해 제단에(22절) 뿌려졌다. 그리스도께서 화목제물이 되신 것은 이스라엘의 죄를 위해서가 아니라 온 세상의 죄를 위해서였다(요일 2:1, 2).

5. 번제물이 제단 위에서 불타고 있는 동안 레위인들은 여호와의 노래를 불렀다(27절). 그들은 악기의 연주에 따라 다윗과 아삽이 지은(30절) 시편들을 노래했는데, 이렇게 악기를 사용하는 것은 선지자들의 명령에 따른 것으로서 오랫동안 방치되어 왔던 일이었다. 죄로 인한 슬픔조차도 우리로 하여금 하나님을 찬미하는 것을 막지 못한다. 믿음으로 우리는 우리의 의가 되시는 예수 그리스도를 즐거워해야 한다. 그리고 우리의 기도와 찬미는 그리스도의 제물과 함께 올려져야만 하며 그러할 때 그의 공로로 온전히 열납될 것이다.

6. 왕과 모든 회중은 몸을 굽혀 예배함으로써 이 모든 일에 합심하며 동참함을 증거했다(28-30절). 이와 같은 자세는 신적 위엄에 대한 경외심과 숭앙심을 표현하는 것이었다. 우리 자신이 직접 예배하지 않는다면 우리가 하나님을 예

배하는 자리에 있다는 것만으로는 충분치 못하다. 또한 육체의 모양만으로는 충분치 않으며 마음까지 함께 드려져야 한다.

Ⅱ. 이 날의 성회는 또한 미래를 내다보는 것이었다. 성전예배가 다시 세워졌으며, 그럼으로써 그것이 계속해서 지켜질 수 있게 되었다. 지금 히스기야는 바로 이것을 그들에게 이야기한다(31절). "너희가 지금 스스로 몸을 깨끗하게 하여 여호와께 드렸으니 — 즉 너희가 속죄와 언약으로 하나님과 화해하였으니 — 이제 마땅히 나아와 제물을 여호와의 전으로 가져오라." 우리가 하나님과 더불어 언약을 맺었다면, 이제 우리는 그분과의 교제로 그것을 더욱 풍성케 해야 한다. 먼저 우리 스스로를 깨끗하게 한 후 우리는 기도와 찬미와 선행의 제물을 그의 전(展)에 드려야 한다. 여기에서 우리는 다음과 같은 사실들을 발견할 수 있다.

1. 백성들이 나름대로 성의껏 드린 사실. 왕의 요구에 그들은 비록 솔로몬 시대만큼 풍성하게는 아니었다 할지라도 자신들이 가진 것에 따라 나름대로 성의껏 제물을 가져왔다(지금 유다는 매우 미약하며 궁핍한 상태였다).

(1) 어떤 이들은 번제물을 가져왔다. 번제물은 하나님의 영광을 위해 완전히 태우는 제물로서 제물을 드리는 자에게는 아무런 몫도 주어지지 않는 제물이었다. 이러한 종류의 제물로서 그들은 수소 70마리와 숫양 100마리와 어린 양 200마리를 드렸다(32절).

(2) 또 어떤 이들은 화목제물과 감사제물을 가져왔다(35절). 그러한 제물들은 기름은 제단 위에서 불태우고, 고기는 제사장과 제물 드리는 자가 함께 나누었다. 이러한 종류의 제물로서 그들은 소 600마리와 양 3,000마리를 가져왔다(33절). 아마도 그들은 과거 산당에서 제물을 드렸던 죄를 기억하면서 지금 더욱 기꺼이 하나님의 제단에 이러한 제물들을 가져왔을 것이다.

2. 제사장이 부족했던 사실(34절). 아마도 많은 제사장들이 지난 통치기간 동안 우상에게 제물을 드린 것으로 인해 부정한 자로 간주되어 정직(停職)이나 면직(免職)을 당하고 나머지 제사장들도 별다른 열정을 갖고 있지 않았던 것으로 보인다. 그들은 왕이 지나치게 서두르고 있다고 여기면서, 이렇게 급하게 성전 문을 열 필요는 없었다고 생각했을 것이다. 따라서 그들은 스스로를 깨끗하게 하는 일에 별다른 관심도 갖지 않았으며 실제로 그렇게 하지도 않았다. 그리고 그것을 이 일에 동참하지 않는 핑계로 삼았을 것이다. 그들은 자신들의

허물이 마치 마땅히 해야 할 일을 기피하는 핑곗거리라도 되는 양 행동했다. 여호와께 드린 제물 가운데 많은 부분이 그들 자신의 몫이 됨에도 불구하고 그들은 자신들의 직무를 태만히 했다. 그리고 그것이 여기에 기록됨으로써 그들에게 영원한 부끄러움이 되었다. 해야 할 일이 있는데 일손이 부족했다.

3. 이에 레위인들이 부족한 부분을 보충한 사실. 그들은 스스로를 성결하게 함에 있어 제사장들보다 더 큰 열심을 품고 있었다(34절). 그들은 그 일에 있어 뜨거운 마음을 가지고 있었으며, 더 잘 준비되어 있었다. 이것은 그들에게 있어 칭찬받을 만한 일이었으며, 이로 인해 그들은 제사장의 직무를 수행하는 영예를 얻었다. 그들은 제사장을 도와 제물의 가죽을 벗겼다. 이것은 율법에 합한 일이 아니었다(레 1:5, 6). 그러나 이와 같이 특별한 경우 이와 같은 일이 예외적으로 허용되었다. 그럼으로써 이 일은 신실하고 열심있는 레위인들에게는 큰 격려가 된 반면 자신의 직무를 소홀히 한 제사장들에게는 큰 부끄러움이 되었다. 제사장과 비교하여 레위인으로서의 출생과 임직에 있어서의 부족함은 그들의 뜨거운 열정과 뛰어난 기술로 보충되었다.

4. 그리하여 모두가 기뻐한 사실. 왕과 모든 백성들은 이와 같이 나라가 종교적으로 새로운 국면으로 전환된 것으로 인해 크게 기뻐했다(36절). 특별히 다음과 같은 두 가지가 그들을 기쁘게 했다.

(1) 그 일이 속히 이루어졌기 때문에: 이 일이 갑자기 되었으나. 모든 일은 짧은 시간에 그리고 특별한 저항 없이 쉽게 이루어졌다. 믿음과 굳은 마음으로 하나님의 일을 추진하는 자는 결국 별 어려움 없이 그 일이 완성되는 것을 보게 될 것이다.

(2) 그 일에 하나님이 함께 하셨기 때문에: 하나님께서 백성을 위하여 예비하셨으므로. 하나님은 은혜의 감동으로 은밀히 백성들을 준비시키셨으며, 그럼으로써 선왕(先王)의 통치기간 동안 우상의 제단에 빠져 있었던 많은 자들이 이제 하나님의 제단을 기뻐하게 되었다. 하나님이 그들의 마음속에 이러한 변화를 일으키심으로써 모든 일은 더욱 쉽게 그리고 빠른 속도로 진척될 수 있었다. 통치자들과 사역자들은 나라를 개혁하는 일에 자신들의 역할을 다한 후, 되어진 일의 모든 영광을 하나님께 돌려야 한다. 특별히 속히 그리고 큰 기쁨으로 이루어진 일에 있어서는 더욱 그러하다. 이는 여호와께서 행하신 것이요 우리 눈에 기이한 바로다(시 118:23).

제 — 30 — 장

개요

　　본 장에서 우리는 히스기야가 자신의 통치 첫 해에 거룩한 유월절을 지키는 이야기를 듣게 된다. I. 왕과 백성들이 의논하여 유월절을 지키기로 결정함(2-5절). II. 히스기야가 온 유다와 이스라엘로 하여금 유월절을 지키도록 초청함(1, 6-12절). III. 백성들이 즐겁게 유월절을 지킴(13-27절). 이렇게 하여 앞 장에서 시작된 개혁은 크게 진척되고 확립되었으며, 하나님의 성소는 굳건하게 서게 되었다.

[1]히스기야가 온 이스라엘과 유다에 사람을 보내고 또 에브라임과 므낫세에 편지를 보내어 예루살렘 여호와의 전에 와서 이스라엘 하나님 여호와를 위하여 유월절을 지키라 하니라 [2]왕이 방백들과 예루살렘 온 회중과 더불어 의논하고 둘째 달에 유월절을 지키려 하였으니 [3]이는 성결하게 한 제사장들이 부족하고 백성도 예루살렘에 모이지 못하였으므로 그 정한 때에 지킬수 없었음이라 [4]왕과 온 회중이 이 일을 좋게 여기고 [5]드디어 왕이 명령을 내려 브엘세바에서부터 단까지 온 이스라엘에 공포하여 일제히 예루살렘으로 와서 이스라엘 하나님 여호와의 유월절을 지키라 하니 이는 기록한 규례대로 오랫동안 지키지 못하였음이더라 [6]보발꾼들이 왕과 방백들의 편지를 받아 가지고 왕의 명령을 따라 온 이스라엘과 유다에 두루 다니며 전하니 일렀으되 이스라엘 자손들아 너희는 아브라함과 이삭과 이스라엘의 하나님 여호와께로 돌아오라 그리하면 그가 너희 남은 자 곧 앗수르 왕의 손에서 벗어난 자에게로 돌아오시리라 [7]너희 조상들과 너희 형제 같이 하지 말라 그들은 그의 조상들의 하나님 여호와께 범죄하였으므로 여호와께서 멸망하도록 버려 두신 것을 너희가 똑똑히 보는 바니라 [8]그런즉 너희 조상들 같이 목을 곧게 하지 말고 여호와께 돌아와 영원히 거룩하게 하신 전에 들어가서 너희 하나님 여호와를 섬겨 그의 진노가 너희에게서 떠나게 하라 [9]너희가 만일 여호와께 돌아오면 너희 형제들과 너희 자녀가 사로잡은 자들에게서 자비를 입어 다시 이 땅으로 돌아오리라 너희 하나님 여호와는 은혜로우시고 자비하신지라 너희가 그에게로 돌아오면 그의 얼굴

을 너희에게서 돌이키지 아니하시리라 하였더라 [10]보발꾼이 에브라임과 므낫세 지방 각 성읍으로 두루 다녀서 스불론까지 이르렀으나 사람들이 그들을 조롱하며 비웃었더라 [11]그러나 아셀과 므낫세와 스불론 중에서 몇 사람이 스스로 겸손한 마음으로 예루살렘에 이르렀고 [12]하나님의 손이 또한 유다 사람들을 감동시키사 그들에게 왕과 방백들이 여호와의 말씀대로 전한 명령을 한 마음으로 준행하게 하셨더라

I. 유월절을 지키기로 결정함. 유월절은 이스라엘 자손들이 애굽으로부터 나온 것을 기념하기 위해 제정된 절기였다. 성전예배가 회복된 것은 첫째 달 17일로서, 이 날은 유월절을 기념하는 기간 중의 한 날이었다. 이러한 사실은 사람들로 하여금 오랫동안 잊혀졌던 절기를 일깨워 주었다. 히스기야는 말한다. "이제 우리가 유월절을 어떻게 할 것인가? 유월절은 너무도 복된 규례지만 그러나 오랫동안 방치되었도다. 우리가 어떻게 그것을 다시 회복시킬 것인가? 올해의 유월절은 이미 지났으며, 그렇다고 지금 당장 시작할 수도 없도다. 지금 모인 자들은 얼마 되지 않으며, 백성들에게는 아무런 통지도 전달되지 못했으며, 제사장들은 준비되지 못했도다(3절). 올해 유월절은 그냥 지나가고 내년을 기다릴 것인가?" 아마도 많은 사람들이 내년까지 기다리는 것이 좋겠다고 말했을 것이다. 그러나 히스기야는 열두 달이라는 시간이 경과하면 백성들의 뜨거운 마음이 식을 것이며, 또한 유월절 규례의 은택 없이 지내기에 열두 달은 너무 긴 시간이라고 생각했다. 그러는 가운데 그는 모세 율법 속에서 한 가지 유보조항을 발견했다. 그것은 첫째 달에 부정한 사람들은 둘째 달 14일에 유월절을 지킬 수 있다는 것이었다(민 9:11). 그는 이러한 유보조항이 회중 전체로 확장될 수 있다고 믿어 의심치 않았다. 이렇게 하여 그들은 둘째 달에 유월절을 지킬 것을 결정했다. 부차적인 것은 본질적인 것에 길을 내주어야 하며, 시간에 까다롭게 얽매이다가 유월절 자체를 잃어버려서는 안 될 것이었다. 쇠는 달궈졌을 때 쳐야 하며, 이와 같은 일은 백성들이 선한 마음을 갖고 있을 때 시행되어야 한다. 지체하는 것은 위험한 일이다.

II. 유월절과 관련한 왕의 명령이 공포됨.

1. 배반하고 떠난 열 지파도 이 일에 동참하도록 초대되었다. 히스기야는 에브라임과 므낫세에 편지를 보내 예루살렘에 와서 유월절을 지키도록 초대했다(1절). 이것은 그들을 다시 다윗의 집으로 돌아오게 하려는 정치적인 목적으로

행한 것이 아니라 그들을 다시 이스라엘의 하나님 여호와께 돌아오게 하려는 신앙적인 목적으로 한 것이었다. 히스기야는 말한다. "그들로 하여금 자신들이 원하는 왕을 선택하게 하라. 그러나 섬길 신으로는 오직 이스라엘의 하나님 여호와만이 되어야 할 것이라." 유다와 이스라엘 사이에는 여러 가지 면에서 많은 차이들이 있었다. 그러나 그러한 차이들로 인해 그들이 여호와께 전심으로 돌아오는 것이 방해받아서는 안 될 것이었다. 히스기야는 그들이 유월절을 지키기 위해 오는 것을 기꺼이 환영할 것이었다. 이렇게 하여 이스라엘 전 지역에 보발꾼들이 보내졌으며, 그들은 모든 백성들에게 하나님께 돌아올 수 있는 이 기회를 놓치지 말라고 촉구했다.

(1) 이러한 편지의 내용은 무엇이었나? 여기에서 히스기야는 하나님의 영광과 이스라엘의 유익에 대한 자신의 큰 관심을 나타낸다. 이스라엘이 종종 자신의 나라를 괴롭혀 왔음에도 불구하고 그는 그들로부터 어떤 조공이나 관세나 통행료도 받지 않았을 뿐만 아니라 그들의 번영을 진심으로 바랐는데, 이것은 악을 선으로 갚는 것이었다. 다음을 주목하라.

[1] 히스기야가 그들에게 촉구한 것은 무엇이었나? "그런즉 여호와께 돌아오라(8절). 하나님과의 교제 속으로 들어가기 전에 너희는 먼저 그분과의 언약 속으로 들어가야만 한다." (문자적으로) 여호와께 손을 드려라. 다시 말해서 "그분을 너희 하나님으로 받아들일 것을 동의하라." 계약은 손을 줌으로써 확정된다. "이 계약을 확정하라. 영원한 언약 가운데 그분과 연합하라. 그에게 속하였음을 손으로 서명하라(사 44:5). 너희 마음을 그분께 드리는 증표로 너희 손을 드려라. 그의 쟁기를 잡아라. 그를 위한 일에 헌신하라. 그에게 순복하라. 그분의 통치 아래 들어오며 더 이상 그와 맞서지 말라.""그에게 순복하라. 절대적으로 그리고 보편적으로 그의 명령과 처분대로 그리고 그분이 기뻐하시는 대로 따르며 행하라. 이를 위해 너희 조상들처럼 목을 곧게 하지 말라. 너희의 악하고 타락한 의지로 하여금 하나님의 뜻을 대적하며 반항하지 못하게 하라. 너희가 기뻐하는 대로 행하지 말고 그분이 기뻐하시는 대로 행할 것을 결심하라." 우리에게는 완악하며 하나님께 순복하지 않으려고 하는 육신적인 마음이 있다. 우리는 그러한 마음을 조상들로부터 받았으며, 그러한 마음은 우리의 뼈 속에서 자라고 있다. 그러나 그러한 마음은 정복되어야만 한다. 그 안에 대적의 영을 가지고 있는 이러한 의지는 하나님의 의지 속에서 녹아져야 한다. 그

리고 쇠 힘줄 같은 목도 그의 멍에에 결박되어야 한다. 이와 같이 하나님께 순복할 것을 촉구하는 가운데 히스기야는 그들에게 하나님의 성소에 들어올 것을 권면한다. 다시 말해서, 그분이 당신의 이름을 두시려고 택하신 곳에 들어와 그가 정하신 규례로써 그분을 섬겨라. "이제 성소의 문이 열렸으니 너희는 그곳에 들어갈 수 있느니라. 이제 성전예배가 회복되었으니 너희가 동참하기를 원하노라." 왕은 말한다. "오라." 방백들과 제사장들은 말한다. "오라. 누구든지 오고자 하는 자는 올지어다." 이와 같이 히스기야는 여호와 하나님께로 돌아오라고 촉구한다(6절). 왜냐하면 그들이 그분을 버리고 다른 신들을 경배했기 때문이었다. 이제 회개하고 돌이키라. 이와 같이 은혜로 하나님께 돌이킨 자들은 다른 사람들을 돌이키게 하는데 자신이 할 수 있는 모든 일을 해야만 한다.

[2] 히스기야가 그들을 설득하기 위해 사용한 논증은 무엇이었나? 그것은 이것이었다. 첫째로, "너희는 이스라엘 자손이므로 비록 너희가 이스라엘의 하나님을 배반했다 할지라도 어쩔 수 없이 너희는 그분과 연결되어 있느니라." 둘째로, "너희로 하여금 돌아오라고 부르시는 자는 아브라함과 이삭과 야곱의 하나님이시니라. 그분은 너희의 첫 조상들과 언약을 세우신 하나님이며, 그들은 스스로 순복하며 그분을 섬겼으며 바로 그것이 그들의 복이요 영광이었느니라." 셋째로, "그분을 버리고 그분께 범죄한 너희의 최근의 조상들은 처참한 상황 속에 떨어져 버리고 말았느니라. 너희가 아는 대로 그들의 배교와 우상 숭배가 그들의 파멸이 되었느니라(7절). 그들에게 임한 재앙으로 경고를 삼을 것이니라." 넷째로, "너희는 앗수르 왕의 손으로부터 겨우 벗어난 남은 자들이니라(6절). 그러므로 너희가 완전히 삼켜지지 않도록 너희 조상들의 하나님의 보호 속으로 들어올지니라." 다섯째로, "바로 이것이 너희로부터 하나님의 진노를 떠나게 하는 유일한 방법이니라(8절). 너희가 계속해서 목을 곧게 하면 필경 하나님의 진노가 너희를 사를 것이니라." 마지막으로, "만일 너희가 하나님께 돌이키면 하나님도 자비하심 가운데 너희에게 돌이키시리라." 히스기야는 이와 같은 말로 시작해서(6절) 이와 같은 말로 끝맺는다(9절). 일반적으로 말하면, "너희는 그분이 은혜로우시며 긍휼이 많은 분이라는 사실을 발견하게 될 것이다. 만일 너희가 그를 찾으면, 그는 너희의 패역과 악함에도 불구하고 너희로부터 자기 얼굴을 돌이키지 아니하실 것이니라." 구체적으로 말하면, "너희는 그가 포로로 잡혀간 너희 형제들을 돌아오게 하실 것을 바랄 수 있을 것이라." 이보다

더 감동적이며 심금을 울리는 표현이 어디에 있겠는가? 이보다 더 뛰어난 변론과 논증이 어디에 있겠는가?

(2) 이스라엘은 이러한 메시지를 어떻게 받아들였나? 당시 이스라엘 왕이었던 호세아가 온 나라에 이런 메시지를 퍼뜨리는 것에 대해 불쾌하게 여겼다든지 혹은 그렇게 하는 것을 막았다는 이야기는 나타나지 않는다. 호세아는 이것을 전적으로 그들의 자유에 맡긴 것으로 보인다. 백성들은 원한다면 하나님을 경배하기 위해 예루살렘에 갈 수 있었다. 왜냐하면 그가 비록 악하기는 했다 할지라도 그러나 그 앞의 이스라엘의 왕들과는 같지 않았기 때문이었다(왕하 17:2). 그는 자기 나라에 멸망이 다가오고 있는 것을 보고 있었다. 만일 자기 백성들이 다가오는 멸망을 막기 위해 그러한 방법을 사용하고자 한다면, 그는 기꺼이 허락할 것이었다.

[1] 그러나 대부분의 백성들은 그러한 부름을 경멸하면서 귀를 막아버렸다. 보발꾼들은 이 성읍에서 저 성읍으로 두루 다니면서 백성들에게 예루살렘에 올라와 유월절을 지킬 것을 촉구했다. 그러나 백성들은 보발꾼들의 메시지를 청종하기는커녕 그들을 조롱하며 비웃었다(10절). 백성들은 그들의 메시지를 거부했을 뿐만 아니라 경멸했다. 그들에게 아브라함의 하나님을 말한단 말인가! 그들은 아브라함의 하나님을 알지 못하며, 오직 바알과 아스다롯만을 섬길 뿐이었다. 그들에게 성소(聖所)에 대해 말한단 말인가! 그들은 산당으로 족한 자들이었다. 그들에게 하나님의 자비와 진노에 대해 말한단 말인가! 그들은 하나님의 자비도 바라지 않으며 하나님의 진노도 두려워하지 않을 자들이었다. 하나님의 사역자인 선지자들이 이같이 패역한 종족들에 의해 경멸을 당했을 때, 왕의 보발꾼들이 그와 같은 대접을 받는 것은 조금도 놀랄 일이 아니다. 열 지파 왕국의 멸망은 이제 임박했다. 앗수르 왕이 사마리아를 포위한 것은 이 때로부터 불과 2, 3년 뒤의 일이었다(앗수르 왕의 사마리아 포위는 결국 열 지파가 포로로 끌려가는 것으로 끝났다). 그러한 일이 있기 직전에 그들 자신의 왕이 그들로 하여금 하나님의 성소로 돌아가는 것을 허락했을 뿐만 아니라 유다의 왕도 그들에게 그렇게 할 것을 진심으로 촉구했다. 만일 그들이 대대적으로 이러한 부름에 응했다면, 그들은 멸망을 피할 수 있었을 것이다. 그러나 그들은 이러한 초대를 경멸하며 거절함으로써 멸망을 더욱 재촉했으며, 그들에게는 아무런 핑계의 여지도 남지 않게 되었다.

[2] 그러나 이러한 초대에 응한 소수의 사람들도 있었다(11절). 그 메시지가 어떤 사람들에게는 죽음에 이르는 죽음의 향기였지만 또 어떤 사람들에게는 생명에 이르는 생명의 향기였다. 가장 악한 시대에도 하나님은 남은 자들을 두셨다. 여기에서도 마찬가지로 아셀과 므낫세와 스불론으로부터 일부의 사람들이 스스로를 겸비케 하면서 예루살렘으로 왔다(에브라임 사람 몇몇이 예루살렘에 갔음에도 불구하고 여기에서 에브라임은 언급되지 않는다, 18절). 그들은 자신들의 죄를 슬퍼하면서 하나님께 순복했다. 교만은 사람으로 하여금 스스로를 여호와께 순복시키는 것을 가로막는다. 그러나 그러한 교만이 무너질 때, 역사는 이루어진다.

2. 히스기야는 유다 사람들에게도 성회에 동참하도록 명령을 내렸다. 유다 사람들은 열 지파와는 달리 대대적으로 유월절에 참례했다(12절). 하나님의 손이 그들을 한 마음이 되게 하였으며, 그리하여 그들은 모두 한 마음으로 유월절에 참례했다. 주의 권능의 날에 그리스도의 백성들은 즐거이 나아오는 법이다. 마음을 정하게 하시는 분도 하나님이시며 행하게 하시는 분도 하나님이시다. 어느 때든지 백성들이 예기치 않게 선한 일에 적극성을 띨 때, 우리는 그 안에 하나님의 손이 있다는 사실을 인정해야 한다.

[13]둘째 달에 백성이 무교절을 지키려 하여 예루살렘에 많이 모이니 매우 큰 모임이라 [14]무리가 일어나 예루살렘에 있는 제단과 향단들을 모두 제거하여 기드론 시내에 던지고 [15]둘째 달 열넷째 날에 유월절 양을 잡으니 제사장과 레위 사람이 부끄러워하여 성결하게 하고 번제물을 가지고 여호와의 전에 이르러 [16]규례대로 각각 자기들의 처소에 서고 하나님의 사람 모세의 율법을 따라 제사장들이 레위 사람의 손에서 피를 받아 뿌리니라 [17]회중 가운데 많은 사람이 자신들을 성결하게 하지 못하였으므로 레위 사람들이 모든 부정한 사람을 위하여 유월절 양을 잡아 그들로 여호와 앞에서 성결하게 하였으나 [18]에브라임과 므낫세와 잇사갈과 스불론의 많은 무리는 자기들을 깨끗하게 하지 아니하고 유월절 양을 먹어 기록한 규례를 어긴지라 히스기야가 그들을 위하여 기도하여 이르되 선하신 여호와여 사하옵소서 [19]결심하고 하나님 곧 그의 조상들의 하나님 여호와를 구하는 사람은 누구든지 비록 성소의 결례대로 스스로 깨끗하게 못하였을지라도 사하옵소서 하였더니 [20]여호와께서 히스기야의 기도를 들으시고 백성을 고치셨더라

유월절을 지키기로 정한 날이 오자 매우 많은 무리가 예루살렘에 모였다(13절). 이제 우리는 여기에서 다음과 같은 내용을 보게 된다.

I. 유월절을 위한 준비. 그들은 유월절을 지키기 위한 준비를 매우 훌륭하게 했다. 그들은 성전 안에서 뿐만 아니라 예루살렘 내에서 발견되는 모든 우상의 제단들을 제거했다(14절). 우리가 복음의 유월절을 위해 할 수 있는 최고의 준비는 우리의 죄와 영적 우상들을 제거하는 것이다.

II. 유월절 잔치. 이 일에 백성들이 너무도 적극적이며 열성적이었기 때문에 제사장들과 레위인들은 그들이 자신들보다 더 열심을 품는 것을 보면서 스스로 부끄러워했다. 일반 백성들이 자신들보다 더 열심히 제물을 가져왔던 것이다. 이로 인해 그들은 스스로를 성결케 하는 일에 더욱 힘쓰게 되었으며(15절), 그리하여 일손은 부족하지 않게 되었다. 다른 사람들의 열심을 볼 때 우리는 우리의 미지근함을 부끄럽게 여기게 될 것이며, 우리의 의무를 행하는데 있어서나 스스로를 성결케 하는데 있어 더욱 각성하게 될 것이다. 그들은 각자 자신의 위치와 직무에 따라 제단에 피를 뿌렸는데(16절), 그것은 우리를 위해 유월절 양이 되신 그리스도의 피의 모형이었다.

III. 여기에서 행해진 불법적인 일들. 유월절은 훌륭하게 기념되었다. 그러나 한 달 정도 늦은 것 외에도 여기에 몇 가지 불법적인 일들이 있었다.

1. 레위인들이 유월절 양을 잡았다(17절). 이 일은 오직 제사장만이 할 수 있는 일이었다. 또 그들은 다른 제물들을 드리는 데에도 율법이 통상적으로 허용하는 범위 이상을 관여했다. 반면 제물을 죽이는 일 곧 지금 여기에서 레위인들이 담당하고 있었던 일은 제사장들의 일이 아니라 제물을 드리는 자들의 일이었을 것이라고 생각하는 이들도 있다. 그들은 생각하기를, 통상적으로 모든 사람이 각자 자신의 양을 잡았지만 여기에서는 의식상 부정한 자들을 위해 레위인들이 그 일을 담당했다는 것이다. 만일 그렇다면 이 일은 불법적인 일이 아닌 것이 될 것이다.

2. 많은 사람들이 스스로 깨끗하게 하지 않은 상태에서 유월절 양을 먹었다(18절). 만일 지금이 첫째 달이었다면, 그들은 율법에 따라 둘째 달에 유월절 양을 먹을 수 있었다. 그러나 지금은 둘째 달이었으며, 셋째 달까지 연기할 근거는 없었다. 그렇지만 사람들은 그들로 하여금 유월절 양을 먹는 것을 금하고 그럼으로써 새로운 회심자들을 낙망시키고 싶지 않았다. 이것으로부터 그로티

우스는 의식적(儀式的)인 규례들은 공적 필요뿐만 아니라 공적 유익을 위해서도 길을 내주어야 함을 유추한다.

Ⅳ. 히스기야가 하나님께 이러한 불법적인 일들을 용서해 주실 것을 기도함. 백성 모두를 급히 부른 것은 그의 열정으로 말미암은 것이었다. 그러나 그는 시간의 촉박함과 준비 부족으로 인해 나쁜 결과가 발생하는 것은 바라지 않았다. 그리하여 그는 자신을 깨끗하게 하지 않고 유월절 양을 먹은 자들을 위해 스스로 중보자의 역할을 떠맡았다. 그렇게 함으로써 그들로 하여금 여호와의 진노 아래 떨어지지 않게 하고자 함이었다.

1. 히스기야의 기도는 짧지만 그러나 매우 적절한 기도였다: 비록 의식적(儀式的)인 준비는 부족할지라도 그 마음이 하나님을 섬기는데 고정되어 있는 모든 자들을, 선하신 여호와여 사하옵소서. 다음을 주목하라.

(1) 하나님의 거룩한 규례에 참례함에 있어 가장 크게 요구되는 것은 우리의 마음을 굳게 준비시켜 그분을 찾는 것이다. 다시 말해서 정직하고 진실하며 굳은 마음으로 참례함으로써 그 일이 마음으로 행하는 일이 되게 해야 한다. 이것이 없이는 다른 것은 아무것도 아니다. 보소서 주께서는 중심이 진실함을 원하시오니(시 51:6). 히스기야는 그들에게 이러한 마음이 없을지라도 무조건 그들의 불법적인 일을 용서해 달라고 기도하지 않는다. 왜냐하면 가장 중요한 것이 바로 이것 즉 우리가 진실한 마음으로 하나님을 찾는 것이었기 때문이다.

(2) 이러한 진실하며 굳은 마음이 있는 곳에도 여전히 많은 결함과 허물이 있을 수 있으며, 올바른 마음으로 예배드릴지라도 정결함에 이르지 못할 수 있다. 타락은 그렇게 쉽게 정복되지 않으며, 생각은 그렇게 굳지 못하며, 마음은 언제까지나 뜨겁지 못하며, 믿음은 언제까지나 생생하지 못할 수 있기 때문이다. 해 아래 완전한 것은 아무것도 없으며, 선을 행하고 죄를 범치 않는 의인은 아무도 없다.

(3) 이러한 결함은 용서하며 치유하는 은총을 필요로 한다. 왜냐하면 선한 일을 행하는 가운데 행해진 결함 역시도 그런(선한) 일을 행하지 않는 것과 마찬가지로 죄이기 때문이다. 설령 우리가 어떤 일을 매우 잘 행했다 할지라도 만일 하나님이 그 일을 엄격한 공의로 판단하신다면, 우리는 결코 그 앞에 서지 못할 것이다.

(4) 우리의 결함을 용서받는 길은 기도로써 하나님의 은총을 찾는 것이다.

그것은 물론 그리스도의 피를 통한 간구로 얻어지는 용서이다.

(5) 이러한 기도 속에서 우리는 하나님의 선하심으로부터 격려를 받아야만 한다: 선하신 여호와여 사하시옵소서. 왜냐하면 당신의 선하심을 선포하셨을 때, 하나님은 선하심에 대한 이러한 측면 즉 죄와 불법과 범죄를 용서하는 것을 가장 크게 강조하셨기 때문이다.

(6) 스스로를 돌아볼 뿐만 아니라 자기가 맡은 자들을 돌아보아 그들의 부족한 부분을 살피며 위하여 기도하는 것은 맡은 자들의 마땅한 의무이다. 여기의 히스기야가 그러했다. 욥기 1장 5절을 보라.

2. 히스기야의 기도는 성공적인 기도였다: 여호와께서 히스기야의 기도를 들으시고 백성을 고치셨더라(20절). 하나님은 회중에 대한 그의 경건한 관심을 크게 기뻐하시고 그의 기도에 응답하사 그들의 죄를 묻지 아니하시고 그들의 예배를 은혜롭게 받아주셨다. 왜냐하면 고친다는 것은 용서뿐만 아니라(사 6:10; 시 103:3) 위로와 평강까지도 의미하는 것이기 때문이다(사 57:18; 말 4:2).

[21]예루살렘에 모인 이스라엘 자손이 크게 즐거워하며 칠 일 동안 무교절을 지켰고 레위 사람들과 제사장들은 날마다 여호와를 칭송하며 큰 소리 나는 악기를 울려 여호와를 찬양하였으며 [22]히스기야는 여호와를 섬기는 일에 능숙한 모든 레위 사람들을 위로하였더라 이와 같이 절기 칠 일 동안에 무리가 먹으며 화목제를 드리고 그의 조상들의 하나님 여호와께 감사하였더라 [23]온 회중이 다시 칠 일을 지키기로 결의하고 이에 또 칠 일을 즐겁게 지켰더라 [24]유다 왕 히스기야가 수송아지 천 마리와 양 칠천 마리를 회중에게 주었고 방백들은 수송아지 천 마리와 양 만 마리를 회중에게 주었으며 자신들을 성결하게 한 제사장들도 많았더라 [25]유다 온 회중과 제사장들과 레위 사람들과 이스라엘에서 온 모든 회중과 이스라엘 땅에서 나온 나그네들과 유다에 사는 나그네들이 다 즐거워하였으므로 [26]예루살렘에 큰 기쁨이 있었으니 이스라엘 왕 다윗의 아들 솔로몬 때로부터 이러한 기쁨이 예루살렘에 없었더라 [27]그 때에 제사장들과 레위 사람들이 일어나서 백성을 위하여 축복하였으니 그 소리가 하늘에 들리고 그 기도가 여호와의 거룩한 처소 하늘에 이르렀더라

유월절에 이어 7일 동안 계속되는 무교절 절기가 이어졌다. 우리는 여기에서 그들이 어떻게 무교절을 지켰는지에 대해 듣게 된다. 한 마디로 그들

은 모두 큰 기쁨과 즐거움으로 무교절 절기를 지켰다.

1. 많은 제물들이 하나님께 화목제로 드려졌나. 이것으로 그들은 하나님의 은총을 고백하며 또 간구했다. 화목제를 드린 자는 7일의 절기 기간 동안 그 제물을 동료들과 함께 나누어 먹었는데(22절), 그것은 이제 그들이 하나님과 화해하고 교제가 회복되었음을 보여주는 표징이었다. 이를 위해, 즉 하나님의 제단이 피와 기름으로 풍성하게 채워지고 제사장들과 백성들이 화목제의 고기로 배부름을 얻도록 하기 위해, 히스기야가 수송아지 1,000마리와 양 7,000마리를 주었다. 그리고 이러한 경건한 모범에 감동받은 방백들이 동일한 수의 수송아지와 양 10,000마리를 화목제물로 주었다(24절). 이렇게 하여 하나님은 영광을 받으시고 백성들은 크게 기뻐하였으며, 이스라엘로부터 온 자들은 다시 예루살렘에 오도록 격려되고 고무되었다. 이와 같이 왕과 방백들이 온 회중에게 풍성하게 베푼 것은 참으로 관대한 일이었다. 이와 같이 선을 행하기 위함이 아니라면 많은 재산이 도대체 무슨 의미가 있단 말인가? 그리스도께서도 자신을 따르는 자들을 먹이셨다. 나는 히스기야와 방백들이 이렇게 풍성히 베푼 것으로 인해 더 가난해졌을 것이라고는 결코 믿지 않는다.

2. 많은 선한 기도들이 화목제와 함께 하나님께 드려졌다(22절). 그들은 그들의 조상들의 하나님 여호와께 감사했는데, 바로 이것이 화목제의 의미요 목적이었다. 제사장들이 감사하면서 피를 뿌리고 기름을 태울 때, 백성들도 역시 감사하며 그 고기를 먹었다. 그들은 자신들이 하나님과 특별한 관계를 맺고 있는 백성이라는 사실과 자신들이 하나님을 의지한다는 사실을 믿음으로 고백했으며, 자신들의 죄와 연약함을 회개하며 고백했으며, 하나님의 은총을 감사함으로 고백했으며, 자신들이 바라는 것을 간청하며 고백했다. 그리고 이 모든 일에 있어 그들은 하나님을 그들의 조상들의 하나님으로 그리고 그들과 언약을 맺으신 하나님으로 바라보았다.

3. 또 거기에서 선한 말씀이 풍성하게 선포되었다. 레위인들은 백성들에게 여호와의 선한 지식을 가르쳤다(이것은 그들의 본래적인 직무였다, 신 33:10). 그들은 성경을 펴 읽으면서, 회중들에게 하나님에 관해 그리고 그분에 대한 그들의 의무에 관해 가르쳤다. 지난 통치기간 내내 오랜 말씀의 기근이 있었으므로 이러한 일은 너무도 필요한 일이었다. 히스기야 자신이 직접 말씀을 선포하지는 않았다. 대신에 그는 그 일을 행하는 레위인들을 위로하며, 그들이 말씀

을 가르치는 자리에 참석하여 노고를 칭찬하며, 그들에 대한 자신의 지지와 협력을 약속해 주었다. 이렇게 함으로써 그는 그들로 하여금 더욱 열심히 연구하며 노력하도록 격려하면서 백성들로부터 더 큰 존경을 받도록 했다. 방백들과 통치자들은 충성된 설교자들을 격려하며 인정해 줌으로써 하나님 나라의 유익을 위해 크게 봉사하게 된다.

4. 그들은 매일 하나님을 찬미했다(21절): 레위 사람들과 제사장들은 날마다 여호와를 칭송하며, 그들은 하나님께 감사하는 가운데 날마다 노래와 악기로 자신들의 기쁨을 표현하면서 서로의 기쁨을 함께 나누었다. 하나님을 찬미하는 것은 종교적인 집회 가운데 매우 중요한 위치를 차지한다.

5. 이와 같이 7일 동안 유월절을 지킨 후 그들은 또다시 7일을 즐겁게 지켰다(23절). 여기에서 그들이 지금 새로운 예배 규례를 세우고 있는 것은 결코 아니었다. 그들은 지금 옛 규례를 반복하며 지키고 있었다. 지금은 매우 특별한 상황이었다. 그들은 오랫동안 유월절 규례를 지키지 못했으며, 그것은 그들의 죄책(罪責)이었다. 그러다가 지금 그들은 큰 회중으로 모였으며, 신앙적으로 매우 고양(高揚)된 상태에 있었다. 그들은 언제 또다시 이런 기회를 가질 수 있을는지 알지 못했으며, 따라서 지금의 유월절을 갑절로 기념하고 싶었다. 그들 중 많은 사람들이 먼 곳으로부터 왔으며, 집에 가서 해야 할 일들이 많았다. 왜냐하면 지금은 둘째 달로서 한창 추수해야 할 때였기 때문이었다. 그러나 그들은 서둘러 돌아가려고 하지 않았다. 하나님의 집에 대한 열정이 그들로 하여금 세속적인 일들을 잊게 만들었다. 이들은, 하나님께 예배드리는 것을 대수롭지 않게 여기면서 "이 일이 얼마나 번거로운고" 하며 코웃음치는 자들과 얼마나 다른가! 또 "안식일이 언제나 지나갈꼬" 하며 세속적인 일에만 매여 있는 자들과 얼마나 다른가!

6. 이 모든 일을 그들은 즐겁게 행했다(23절). 그들은 모두 즐거워했는데, 특별히 이스라엘에서 온 자들이 그러했다(25절). 이렇게 하여 예루살렘에 큰 기쁨이 있었다(26절). 솔로몬 시대에 성전을 봉헌한 이후 이와 같이 큰 기쁨은 결코 없었다. 이와 같이 거룩한 일은 거룩한 기쁨으로 행해져야 한다. 우리는 거룩한 일에 적극적이어야 하며, 거룩한 일을 행하는 것을 기쁨으로 삼고, 그것을 통해 하나님과의 달콤한 교제를 즐겨야 한다. 또 우리는 이와 같이 은총을 입고 영원한 기쁨의 보증을 받는 것을 말할 수 없는 위로와 즐거움으로 여겨야

한다.

7. 마침내 회중은 장엄한 축복과 함께 흩어졌다(27절).

(1) 제사장들이 축복을 선포했다. 백성들을 축복하는 것은 그들의 본래적인 직무였다(민 6:22, 23). 그들은 기도를 통해 하나님께 백성들의 입이 되었으며, 약속을 통해 백성들에게 하나님의 입이 되었다. 그것은 축복이 기도와 약속 두 가지를 모두 포함하는 것이었기 때문이다. 이러한 축복을 통해 그들은 백성의 유익에 대한 자신들의 열망을 나타내면서 동시에 그러한 모든 축복이 오직 하나님께로 말미암는다는 사실을 분명하게 선포했다. 또 그들은 은혜의 말씀으로 백성들을 권면했는데, 이와 같이 회중으로 하여금 축복의 면류관을 쓰고 집으로 돌아가도록 한 것은 얼마나 복된 일인가!

(2) 그들의 축복에 하나님이 '아멘' 하셨다. 제사장들이 백성을 위하여 축복하자, 그 소리가 하늘에 들리고 하나님의 거룩한 처소에 이르렀다. 그들이 축복을 선포하자 하나님이 축복을 명하셨으며, 아마도 이에 대해 하나님은 어떤 가시적인 표징을 그들에게 보여주셨을 것이다. 분향의 연기로 하늘로 올라간 기도는 축복의 소나기가 되어 다시 땅에 떨어질 것이다.

제 31 장

개요

우리는 여기에서 히스기야가 계속해서 개혁을 추진하는 이야기를 듣게 된다. 본 장의 내용은 다음과 같다. I. 모든 우상 숭배의 잔재들이 파괴되고 제거됨(1절). II. 제사장들과 레위인들의 직무가 반열대로 다시 재개됨(2절). III. 그들의 생계에 대한 여러 가지 대책. 1. 왕의 재산 가운데 일부가 성전예배를 유지하기 위해 쓰여짐(3절). 2. 백성들에게 제사장들과 레위인들의 몫을 주도록 명령이 내려짐(4절). 3. 이에 백성들이 풍성하게 드림(5-10절). 4. 드려진 것들을 적절하게 분배하는 일을 맡은 책임자들이 임명됨(11-19절). IV. 히스기야에 대한 칭송(20, 21절).

¹이 모든 일이 끝나매 거기에 있는 이스라엘 무리가 나가서 유다 여러 성읍에 이르러 주상들을 깨뜨리며 아세라 목상들을 찍으며 유다와 베냐민과 에브라임과 므낫세 온 땅에서 산당들과 제단들을 제거하여 없애고 이스라엘 모든 자손이 각각 자기들의 본성 기업으로 돌아갔더라 ²히스기야가 제사장들과 레위 사람들의 반열을 정하고 그들의 반열에 따라 각각 그들의 직임을 행하게 하되 곧 제사장들과 레위 사람들에게 번제와 화목제를 드리며 여호와의 휘장 문에서 섬기며 감사하며 찬송하게 하고 ³또 왕의 재산 중에서 얼마를 정하여 여호와의 율법에 기록된 대로 번제 곧 아침과 저녁의 번제와 안식일과 초하루와 절기의 번제에 쓰게 하고 ⁴또 예루살렘에 사는 백성을 명령하여 제사장들과 레위 사람들 몫의 음식을 주어 그들에게 여호와의 율법을 힘쓰게 하라 하니라 ⁵왕의 명령이 내리자 곧 이스라엘 자손이 곡식과 포도주와 기름과 꿀과 밭의 모든 소산의 첫 열매들을 풍성히 드렸고 또 모든 것의 십일조를 많이 가져왔으며 ⁶유다 여러 성읍에 사는 이스라엘과 유다 자손들도 소와 양의 십일조를 가져왔고 또 그들의 하나님 여호와께 구별하여 드릴 성물의 십일조를 가져왔으며 그것을 쌓아 여러 더미를 이루었는데 ⁷셋째 달에 그 더미들을 쌓기 시작하여 일곱째 달에 마친지라 ⁸히스기야와 방백들이 와서 쌓인 더미들을 보고 여호와를 송축하고 그의 백성 이스라엘을 위하여 축복하니라 ⁹히스기야가 그 더

미들에 대하여 제사장들과 레위 사람들에게 물으니 [10]사독의 족속 대제사장 아사랴가 그에게 대답하여 이르되 백성이 예물을 여호와의 전에 드리기 시작함으로부터 우리가 만족하게 먹었으나 남은 것이 많으니 이는 여호와께서 그의 백성에게 복을 주셨음이라 그 남은 것이 이렇게 많이 쌓였나이다

본 단락은 유월절 이후에 행해진 일에 대한 이야기이다. 그들은 유월절을 준비하며 기념함에 있어 다소 부족한 점들이 있었다. 그러나 그러한 부족한 점들은 여기에서 더 나은 것으로 보충되고 상쇄된다. 우리는 여호와의 날의 종교적인 행사가 다 끝났다고 해서 이제 모든 것이 다 끝났다고 생각해서는 안 된다. 결코 그렇지 않다. 도리어 이제부터 더 어려운 일 즉 성회로부터 얻은 감동을 실제로 구현하는 일이 시작되어야 한다. 여기에서도 마찬가지였다. 모든 성회가 끝났을 때 그들은 더 중요한 일을 하기 시작했다.

I. 그들은 모든 우상 숭배의 기념비들을 파괴하는 일에 착수했다(1절). 앞에서 히스기야가 이와 같은 일을 행했지만(18:4), 그럼에도 불구하고 왕의 사자들의 눈을 피했던 우상 숭배의 잔재들이 아직도 많이 남아있었다. 이제 유월절 잔치를 마친 자들이 그러한 것들을 제거하기 위해 나섰다(1절). 이 일은 유월절이 끝난 후 즉시 행해졌다. 만일 하나님과의 거룩한 교제로 은혜를 체험했다면, 이제 우리는 하나님을 대적하는 모든 것들에 대한 거룩한 분노로 불붙어야 한다. 만일 우리의 마음이 성회(聖會)를 통해 불붙었다면, 그러한 불은 각종 타락의 찌꺼기들을 사르게 될 것이다. 이제 내가 우상과 더 이상 무슨 상관이 있으리요? 그들은 주상들과 아세라 목상들과 산당들과 제단들을 파괴했는데, 우리는 여기에서 다음과 같은 것들을 발견할 수 있다.

1. 그들은 이 일을 유다와 베냐민의 성읍들에서 뿐만 아니라 에브라임과 므낫세의 성읍들에서도 행했다. 어떤 이들은 여기에 언급된 에브라임과 므낫세의 성읍들이 유다 왕의 관할 하에 있었던 성읍들을 의미하는 것으로 생각한다. 반면 다른 이들은 이스라엘 왕인 호세아가 금하지 않음으로 그들이 이스라엘 전역의 우상들을 파괴하는 데까지 나아갔을 것으로 생각하기도 한다. 적어도 유월절을 지키기 위해 에브라임과 므낫세로부터 온 자들은(대하 30:18은 이런 자들이 많았다고 언급한다) 자신의 주상들과 아세라 목상들을 파괴했으며, 그들로부터 선한 영향을 받은 많은 사람들도 그와 같이 했을 것이다. 우리는 우

리 자신을 새롭게 해야 할 뿐만 아니라 다른 사람들을 새롭게 하는 일에도 최
선을 다해야 한다.

2. 그들은 모든 것들을 파괴했다. 그들은 모든 것들을 완전히 파괴했다(they
utterly destroyed all, KJV에는 1절 중간에 "until they had utterly destroyed
them all"이라는 구절이 있다). 그들은 우상을 숭배하는 자들에 대한 개인적인
친분이나 애정 때문에 어떤 것들을 남겨두지 않았다. 설령 그것들이 오래되고
아름다우며 비용이 많이 든 것이었다 할지라도, 그것들은 모두 파괴되어야만
했다. 진지하게 죄와 맞서는 자는 모든 죄와 맞서게 될 것이라는 사실을 관찰
하라.

3. 그들은 이 일을 다 행하기 전에는 결코 집에 돌아가지 않으려고 했다. 오
랫동안 집을 떠나 있었음에도 불구하고 그들은 이와 같이 굳은 마음을 가졌다.
그들은 자신들의 성읍에 주상들과 아세라 목상들이 계속해서 서 있는 한 결코
평안할 수도 없고 또 스스로 안전하다고 생각할 수도 없었다. 이 일 직전에 이
사야 선지자가 사람들이 자기가 만든 우상들을 버리게 될 날에 대해 말했는데,
어쩌면 그것은 지금을 가리키는 것인지도 모른다. 이러한 축복된 변화는 너무
도 놀라운 것이었다(사 2:20; 31:6-7).

**Ⅱ. 히스기야는 제사장들과 레위인들로 하여금 반열대로 섬기도록 하는 제
도를 다시 회복시켰다**(2절).   이와 같이 제사장들과 레위인들을 반열로 나누
어 시무하게 한 것은 다윗에 의해 세워진 규례였지만 오랫동안 시행되지 않았
다. 이제 성전예배가 원래의 모습으로 회복되었으므로, 모든 사역자들은 자신
의 직무와 위치와 시간을 알아야만 하였다. 선한 사역을 이루어감에 있어 선한
질서가 매우 중요한 역할을 한다는 사실을 주목하라. 이에 따라 제사장들도 반
열에 따라 번제와 화목제를 드리도록 정해졌으며, 레위인들 역시도 반열에 따
라 어떤 이들은 제사장들을 수종들고, 어떤 이들은 감사와 찬미를 드리도록 정
해졌다. 역대상 23:4-5을 보라. 그들은 이 모든 일들을 여호와의 장막 문에서 행
해야 했다. 여기에서 성전이 장막(tent)으로 불리는 것을 주목하라. 그것은 성
전의 특전은 변하는 것이며 이 성전은 곧 무너질 것이었기 때문이었다.

**Ⅲ. 히스기야는 왕실 재산의 일부를 제단을 유지하는데 사용하도록 내주었
다**(3절).   매일 드리는 제물과 안식일에 드리는 제물과 월삭에 드리는 제물과
절기의 제물들은 모두 백성들이 자기 부담으로 드리도록 되어 있었다. 그럼에

도 불구하고 히스기야는 그러한 부담을 백성들에게 지우지 않고 그 모든 것을 자기 재산으로 혹은 왕실 재정으로 충당하도록 했다. 그렇게 한 것은 하나님의 영광과 백성들의 편의를 동시에 고려한 것으로서, 참으로 관대한 행동이었다 (그는 하나님에 대해서는 충성된 종이면서 백성들에게는 자애로운 아버지였다). 이와 같이 통치자가 자기 나라의 종교를 후원하며 진흥시키기 위해 자신의 재산을 사용하는 것은 너무도 선한 일이며, 그것이 또한 그들 자신에게 가장 큰 이득이 된다는 사실을 주목하라.

IV. 히스기야는 백성들에게 율법에 따라 제사장들과 레위인들의 몫을 줄 것을 명령했다. 그는 먼저 예루살렘 주민들에게 명령을 내렸다(4절, 성전에서 가장 가까이 있는 자들이 다른 사람들에게 선한 모범을 보이는 것이 마땅했다). 그러고 나서 유다 성읍들에도 이러한 명령이 하달되었다. 이와 같이 제사장들과 레위인들에게 몫을 주는 것은 율법에 규정되어 있는 일이었음에도 불구하고 오랫동안 방치되었으며, 이로 인해 그들의 직무 역시 방치될 수밖에 없었다. 생계가 해결되지 않으면 사역 역시도 올바로 이루어지지 못하는 법이다. 히스기야는 먼저 자신이 모범을 보였으므로 백성들에게도 정당하게 요구할 수 있었다. 그가 제사장들과 레위인들에게 몫을 주도록 한 목적은 그들로 하여금 여호와의 율법을 연구하고 율법에 따라 직무를 수행하도록 격려하기 위함이었다. 여기에서 다음을 주목하라.

1. 사역자들의 생계를 보살피는 것은 매우 중요한 일이다. 그럼으로써 그들은 자신들의 직무를 계속해서 수행할 수 있게 될 것이다. 만일 생계가 유지되지 못한다면 그들은 자신들의 직무를 즐거이 수행할 수 없게 될 것이다.

2. 그들의 생계가 보살핌을 받는 것은 그들로 하여금 게으르고 거드름을 피우며 사치스러운 삶을 살도록 하기 위함이 아니라 스스로 여호와의 율법을 힘쓰는 가운데 다른 사람들에게 그에 관한 선한 지식을 가르치도록 하기 위함이다.

V. 이에 백성들은 즐거이 십일조를 가져왔다. 왕의 명령이 내려지자 그들은 모든 소산의 십일조와 여호와께 구별하여 드릴 성물의 십일조를 가져왔다(5, 6절). 그리하여 제사장들과 그 가족들의 쓸 것을 채우고도 남은 것이 여러 더미를 이루었다(6절). 추수기간 내내 땅의 열매들이 거두어짐과 함께 이러한 더미들은 점점 커졌다. 그것은 그 모든 것들로부터 하나님의 몫이 드려졌기 때문이었다. 그리하여 추수가 끝났을 때에야 비로소 더미 쌓는 것이 마쳐지게 되었다

(7절).

1. 이러한 더미들에 대한 히스기야의 질문과 이에 대한 답변. 히스기야는 제사장들과 레위인들에게 그러한 더미들과 관련하여 왜 그것들을 사용하지 않고 쌓아 두느냐고 묻는다(9절). 이에 그들은 자신들과 가족들을 위해 필요한 것들을 충분히 충당했음에도 불구하고 이렇게 남은 것이 많다고 대답한다(10절). 그들은 탐욕 때문에 이러한 더미들을 쌓아 놓은 것이 아니었다. 그들이 그렇게 한 것은 하나님이 율법을 통해 자신들에게 얼마나 풍성하게 공급하셨는가 하는 것과 자신들의 소산으로부터 하나님의 몫을 구별하여 드린 자들이 얼마나 풍성한 축복을 받았는가 하는 것을 나타내기 위함이었다. 백성이 예물을 여호와의 전에 드리기 시작함으로부터 여호와께서 그의 백성에게 복을 주셨음이라. 이와 관련하여 학개 2장 19절을 보라. 또 하나님은 말씀하신다. 너희의 온전한 십일조를 창고에 들여 그것으로 나를 시험하여 내가 너희에게 복을 쌓을 곳이 없도록 붓지 아니하나 보라(말 3:10-11; 겔 44:30).

2. 이에 왕과 방백들이 하나님을 송축하며 백성들을 축복함(8절). 그들은 백성들에게 바칠 수 있는 재물과 그렇게 할 마음을 주신 하나님께 감사를 올렸다. 또한 그들은 백성들을 축복했는데, 다시 말해서 예전에 행하지 않은 것에 대해서는 불문에 부치면서 지금의 선한 행동에 대해 아낌없이 칭찬했다. 그들이 하나님의 유월절 규례의 달콤함을 맛본 후 이와 같이 성전예배를 유지하기 위해 아낌없이 바친 것은 참으로 주목할 만하다. 영적인 은택을 경험한 자들은 그것을 위해 비용을 지불하는 것을 결코 아까워하지 않을 것이다.

[11]그 때에 히스기야가 명령하여 여호와의 전 안에 방들을 준비하라 하므로 그렇게 준비하고 [12]성심으로 그 예물과 십일조와 구별한 물건들을 갖다 두고 레위 사람 고나냐가 그 일의 책임자가 되고 그의 아우 시므이는 부책임자가 되며 [13]여히엘과 아사시야와 나핫과 아사헬과 여리못과 요사밧과 엘리엘과 이스마갸와 마핫과 브나야는 고나냐와 그의 아우 시므이의 수하에서 보살피는 자가 되니 이는 히스기야 왕과 하나님의 전을 관리하는 아사랴가 명령한 바이며 [14]동문지기 레위 사람 임나의 아들 고레는 즐거이 하나님께 드리는 예물을 맡아 여호와께 드리는 것과 모든 지성물을 나눠 주며 [15]그의 수하의 에덴과 미냐민과 예수아와 스마야와 아마랴와 스가냐는 제사장들의 성읍들에 있어서 직임을 맡아 그의 형제들에게 반열대로 대

소를 막론하고 나눠 주되 [16]삼 세 이상으로 족보에 기록된 남자 외에 날마다 여호와의 전에 들어가서 그 반열대로 직무에 수종드는 자들에게 다 나눠 주며 [17]또 그들의 족속대로 족보에 기록된 제사장들에게 나눠 주며 이십 세 이상에서 그 반열대로 직무를 맡은 레위 사람들에게 나눠 주며 [18]또 그 족보에 기록된 온 회중의 어린 아이들 아내들 자녀들에게 나눠 주었으니 이 회중은 성결하고 충실히 그 직분을 다하는 자며 [19]각 성읍에서 등록된 사람이 있어 성읍 가까운 들에 사는 아론 자손 제사장들에게도 나눠 주되 제사장들의 모든 남자와 족보에 기록된 레위 사람들에게 나눠 주었더라 [20]히스기야가 온 유다에 이같이 행하되 그의 하나님 여호와 보시기에 선과 정의와 진실함으로 행하였으니 [21]그가 행하는 모든 일 곧 하나님의 전에 수종드는 일에나 율법에나 계명에나 그의 하나님을 찾고 한 마음으로 행하여 형통하였더라

여기에서 우리는 다음과 같은 내용을 보게 된다.

I. 교회 일과 관련한 히스기야의 관심. 십일조와 다른 성물들을 가져왔을 때, 그는

1. 그것들이 세심하게 관리되도록 했다. 그것들은 허술하게 관리되어서는 안 되었다. 왜냐하면 그렇게 할 때 자칫 허비되거나 혹은 횡령이나 유용의 우려가 있었기 때문이었다. 그는 성전 뜰에 방을 준비하도록 명령을 내리면서(11절), 각종 예물들을 그 곳에 들여놓고 관리하도록 했다(12, 13절). 그리고 관리자를 임명하여 좀과 동록이 해하지 못하며 도둑이 뚫고 들어와 훔쳐가지 못하도록 지키게 했다. 이와 같이 풍족할 때 양식을 비축하는 지혜를 우리는 여름에 양식을 비축하는 개미로부터 배울 수 있다. 자신들이 바친 예물이 이와 같이 잘 비축되고 관리될 때, 사람들은 더욱 즐거이 예물을 드리게 될 것이다.

2. 그것들이 본래의 목적대로 올바로 사용되도록 했다. 교회의 재정은 마땅히 사용되어야 함에도 불구하고 과도하게 쌓여있기만 해서는 안 된다. 그렇게 하면 결국 녹이 슬어 버리고 말 것이다. 이렇게 하여 제사장들에게 여호와의 예물과 지성물을 나눠주고 또 그들과 그들의 가족의 생계가 잘 유지되고 있는지 보살피는 일을 맡은 관리자들이 임명되었다(14절, 의심의 여지 없이 그들은 매우 지혜롭고 신실한 자들이었을 것이다). 율법은 그들 모두에게 풍족하게 공급했다. 따라서 만일 어떤 사람이 너무 적게 가졌다면, 그것은 누군가가 너무 많이 가

졌기 때문일 것이었다. 이와 같은 불공평을 막기 위해 관리자들은 성전의 수입을 배분함에 있어 올바른 분배의 법칙에 따라 행해야 했다. 여기에서 제사장들은 성결하며 충실히 그 직분을 다하는 자들로 언급된다(18절). 이것은 문자적으로 그들이 믿음으로 스스로를 성결케 했음을 의미한다. 다시 말해서 패트릭 주교가 설명하는 것처럼 그들은 자신들의 필요가 공급될 것을 믿으면서 안정된 마음으로 하나님의 선에서 사역을 수행했다. 그들이 그와 같은 확신을 갖고 하나님을 섬겼기 때문에, 그들의 소망이 부끄럽게 되지 않도록 특별한 주의가 기울여졌다. 하나님이 자신들의 모든 필요를 풍성하게 채우실 것임을 믿으면서 스스로를 성결케 하는 자들은 필경 그와 같이 풍성하게 채워질 것이다. 그들은 여호와께 드린 예물을

(1) 각 성읍에 있는 제사장들에게 나누어 주었다(15절). 이들은 형제 제사장들이 예루살렘에서 사역하고 있는 동안 집에 머물며 사람들에게 여호와의 선한 지식을 가르쳤던 자들이었다. 제사를 드리는 제사장들과 마찬가지로 말씀을 가르치는 제사장들도 부양되어야 했으며, 전쟁터에서 싸우는 자들과 마찬가지로 집에 남아 있는 자들도 부양되어야 했다.

(2) 3세 이상의 남자로서 여호와의 전에 들어오는 자들에게 주었다(16절). 사내아이들은 부모와 함께 성전에 들어오는 것이 허용됨과 함께 자신의 몫을 받은 것으로 보인다.

(3) 20세 이상 된 레위인들에게도 주었다(17절).

(4) 제사장과 레위인의 아내와 자녀들에게도 나누어 주어 그들로 하여금 안락한 삶을 살 수 있게 해 주었다(18절). 사역자의 생계를 돌봄에 있어 그들의 가족들도 배려되어야 한다. 그렇게 하여 그들뿐만 아니라 그들의 가족까지도 풍족한 양식을 먹도록 해야 한다. 국가가 목회자의 급여를 책임지는 어떤 나라에서는 자녀가 태어날 때마다 자녀수당이 더해진다.

(5) 성읍 가까운 들 즉 시골에 거주하는 제사장들에게도 주었다(19절). 촌락에 거주하는 자들도 비록 생활비는 적게 든다 할지라도 빠짐없이 자신들의 몫을 받아야 했다.

Ⅱ. 히스기야의 사역에 대한 전반적인 평가(20, 21절).

1. 그의 경건한 열심은 나라 전체로 확장되었다: 히스기야가 온 유다에 이같이 행하되. 인근 지역뿐만 아니라 나라 전체가 그의 통치의 선한 열매를 함께 나

누었다.

2. 그는 범사에 하나님을 기쁘시고 하고자 했다: 그가 하나님 여호와 보시기에 선과 정의와 진실함으로 행하였으니. 그의 모든 관심은 여호와 보시기에 정직하고 진실함으로써 그분께 열납되도록 행하는 것이었다. 그것은 거룩하고 공의로우며 선한 율법에 따라 행하는 것이었다.

3. 그는 한 마음으로 행했다. 그는 자신이 시작한 일을 용기를 갖고 계속해서 진행시켰다.

4. 그리하여 그의 모든 일이 형통했다. 그는 하나님의 전과 관련한 일에서나 나라를 통치하는 일에서나 크게 형통했다. 하나님의 영광을 위해 시작한 일은 마침내 우리 자신의 존귀와 위로로 귀착된다는 사실을 주목하라.

제 32 장

개요

본 장은 히스기야의 통치역사를 계속해서 다룬다. I. 산헤립이 유다를 침공하자 이에 히스기야가 자신과 유다와 백성들을 굳게 함(1-8절). II. 산헤립이 히스기야에게 오만방자하며 신성모독적인 편지를 보냄(9-19절). III. 하나님이 히스기야의 기도에 응답하여 앗수르 군대를 멸하심, 이로써 산헤립은 수치를 당하고 히스기야는 존귀를 얻음(20-23절). IV. 히스기야가 병들었다가 낫고, 범죄했다가 회복됨. 그가 살았을 때도 존귀케 되고 죽었을 때도 존귀케 됨(24-33절).

¹이 모든 충성된 일을 한 후에 앗수르 왕 산헤립이 유다에 들어와서 견고한 성읍들을 향하여 진을 치고 쳐서 점령하고자 한지라 ²히스기야가 산헤립이 예루살렘을 치러 온 것을 보고 ³그의 방백들과 용사들과 더불어 의논하고 성 밖의 모든 물 근원을 막고자 하매 그들이 돕더라 ⁴이에 백성이 많이 모여 모든 물 근원과 땅으로 흘러가는 시내를 막고 이르되 어찌 앗수르 왕들이 와서 많은 물을 얻게 하리요 하고 ⁵히스기야가 힘을 내어 무너진 모든 성벽을 보수하되 망대까지 높이 쌓고 또 외성을 쌓고 다윗 성의 밀로를 견고하게 하고 무기와 방패를 많이 만들고 ⁶군대 지휘관들을 세워 백성을 거느리게 하고 성문 광장에서 자기 앞에 무리를 모으고 말로 위로하여 이르되 ⁷너희는 마음을 강하게 하며 담대히 하고 앗수르 왕과 그를 따르는 온 무리로 말미암아 두려워하지 말며 놀라지 말라 우리와 함께 하시는 이가 그와 함께 하는 자보다 크니 ⁸그와 함께 하는 자는 육신의 팔이요 우리와 함께 하시는 이는 우리의 하나님 여호와시라 반드시 우리를 도우시고 우리를 대신하여 싸우시리라 하매 백성이 유다 왕 히스기야의 말로 말미암아 안심하니라

I. 산헤립이 유다를 점령하고자 함. 이 산헤립은 훗날의 느부갓네살처럼 당시 근동(近東) 지역을 두려워 떨게 한 큰 압제자였다. 그는 주변의 모든 나라들을 정복함으로써 광대한 제국을 건설할 야망을 품었다. 그의 전임(前任) 왕

인 살만에셀은 얼마 전에 이스라엘 왕국을 정복하고 열 지파를 포로로 끌고 갔다. 이와 같이 산헤립도 유다를 정복하고자 생각했다. 교만하며 권력의 탐욕에 사로잡힌 자들은 전 세계를 자기 손아귀에 넣고자 생각한다. 훗날 대제국을 건설한 로마가 바로 이 시기에 로물루스에 의해 세워진 것은 매우 주목할 만하다. 산헤립이 유다를 침략한 것은 히스기야에 의한 대대적인 개혁 직후의 일이었다: 이 모든 충성된 일을 한 후에 앗수르 왕 산헤립이 유다에 들어와서(1절).

1. 산헤립의 침략이 히스기야의 개혁이 완료되기 전에 일어나지 않은 것은 신적 섭리로 말미암은 일이었다. 만일 그랬다면, 그의 개혁작업은 큰 난관에 부딪쳤을 것이었다.

2. 어쩌면 산헤립은 히스기야가 자신이 섬기는 우상을 파괴한 것에 대해 응징하고자 한 것이었는지도 모른다. 그는 히스기야가 행한 일을 매우 신성모독적인 일로 생각하면서, 그렇게 함으로써 그가 이제 더 이상 신적 보호를 받을 수 없는 상태가 되었다고 여겼다. 그리하여 그는 신적 보호를 상실한 히스기야 따위는 쉽게 집어삼킬 수 있게 되었다고 생각했을 것이다.

3. 하나님이 이 때 이 일이 일어나도록 섭리하신 것은 회개하고 돌아온 백성들에게 당신의 강함을 나타내기 위함이었다. 하나님은 유다 백성들에게 이와 같은 고난을 허락하심으로써 자신도 존귀를 받으시고 그들로 존귀케 되도록 하셨다. 지금 유다는 대대적으로 개혁되었다. 그렇다면 사람들은 이제 그 땅에 완전한 평화가 임하는 이야기를 들을 것을 기대할 것이다. 누가 감히 하나님의 은총을 이토록 크게 입은 백성을 괴롭힐 수 있단 말인가! 그러나 우리가 듣게 되는 다음 소식은 무시무시한 군대가 들어와 온 나라를 황폐화시키려고 하고 있다는 소식이다. 우리는 올바른 길을 행하고 있는 동안에도 예기치 않은 고난과 위험을 만날 수 있다. 하나님이 그러한 일들을 허락하시는 것은 우리가 그분을 신뢰하는지 여부를 시험하시면서 동시에 그분이 우리를 돌보고 계시다는 사실을 나타내기 위함이다. 산헤립은 유다로 들어가는 과정에서 별다른 저항을 받지 않았으며 이로 인해 유다 전체를 점령하는 것을 추호도 의심치 않았다. 그는 유다의 모든 견고한 성읍들을 점령하고(1절) 또 예루살렘을 치려고 생각했다(2절). 왕하 18:7, 13을 보라.

II. 이러한 폭풍에 대한 히스기야의 준비. 히스기야는 이러한 위기를 어떻게 대처해야 할지에 대해 먼저 방백들과 의논했다(3절). 그리고 그는 다음과 같이 대처했다.

1. 산헤립의 군대로 하여금 물을 찾지 못하도록 함. 그렇게 하면 그의 군대는 갈증으로 멸망을 당하든지 아니면 최소한 극심한 물 부족 사태에 시달리게 될 것이었다. 그러면 그의 전력(戰力)은 크게 약화될 수밖에 없을 것이었다. 아무리 강한 군대라 할지라도 단 며칠만 물이 부족하게 되면 한 무더기의 마른 티끌밖에는 되지 못할 것이다. 이렇게 하여 그들은 즉시로 성 밖의 모든 물 근원과 땅 가운데로 흘러가는 시내를 막았다. 아마도 이것은 시내의 물줄기를 지하 수로를 통해 예루살렘 도성으로 돌린 것이었을 것이다. 이것은 오늘날에도 흔히 사용되는 전략이다.

2. 성읍의 방비(防備)를 크게 강화함. 이 일을 위해 히스기야는 성벽을 보수하고, 망대를 높이 쌓으며, 창과 방패를 많이 만들고(5절), 지휘관들을 세웠다(6절). 하나님이 자신들을 안전하게 지켜 주실 것을 믿는 자들은 동시에 자신들의 안전을 위해 적절한 수단을 사용해야 한다는 사실을 주목하라. 그렇게 하지 않는 것은 하나님을 시험하는 것이며, 그것은 올바른 믿음이 아니다. 하나님이 준비하실 것이다. 그렇지만 또 그렇기 때문에 우리 역시도 준비해야 한다.

Ⅲ. 히스기야가 백성들에게 하나님을 의지할 것을 격려함. 그는 백성들을 광장에 모으고 그들에게 위로의 말을 했다(6절). 그는 이러한 위기가 잘 해결될 것을 굳게 믿어 의심치 않았다. 히스기야는 그의 아버지인 아하스와는 달랐다. 아하스는 많은 범죄로 인해 마음에 큰 두려움이 있었다. 그리고 그에게는 마음을 굳게 해 줄 믿음이라곤 티끌만큼도 없었다. 그리하여 국가적인 위기의 때에 그의 마음은 마치 숲이 바람에 흔들리는 것처럼 흔들렸으며, 그와 함께 그의 백성들의 마음 역시 그러했다(사 7:2). 그러나 히스기야의 마음은 담대했다. 그는 믿음의 말로 백성들과 특별히 지휘관들의 마음에 생기를 불어넣어 주었다.

1. 히스기야는 그들의 두려움을 가라앉히고자 했다. "너희는 마음을 강하게 하며 담대히 하라. 도성을 내어주거나 항복할 생각을 하지 말고 마지막 한 사람까지 싸우도록 마음을 굳게 하라. 도성을 빼앗기지나 않을까 도성이 적의 수중에 떨어지지나 않을까 염려하지 말라. 우리에게는 아무런 위험도 없느니라. 병사들은 담대하고 용맹할 것이며, 각자 무기를 잡고 자기 위치에서 사내답게 싸울 것이니라. 그리고 모든 백성들은 병사들로 하여금 용감하게 싸울 수 있도록 격려할지니라. 앗수르 왕과 그를 따르는 온 무리로 말미암아 두려워하지 말며 놀라

지 말라." 이사야 선지자도 이와 같이 하나님의 말씀으로 그들을 격려했다(사 10:24): 내 백성아 앗수르를 두려워하지 말라.

2. 히스기야는 그들의 믿음을 북돋우고자 했다. 그렇게 하면 그들의 두려움을 가라앉힐 수 있을 것이었다. "산헤립은 대군을 거느리고 있지만, 그러나 우리와 함께 하시는 이가 그와 함께 하는 자보다 크니라. 하나님이 우리와 함께 하시나니 우리의 힘이 얼마나 더하리요? 산헤립과 함께 하는 자는 육신의 팔이요 그것이 그가 의지하는 것의 전부지만 그러나 우리와 함께 하시는 이는 우리의 하나님 여호와시라. 그의 권능은 불가항력적인 것이며, 그의 약속은 변치 않으며, 그는 우리와 언약을 맺으신 우리 하나님이시라. 그는 우리를 도우시며 우리의 싸움을 싸우시는 자라. 하나님은 그들과 싸우는 우리를 도우실 뿐만 아니라 우리를 위해 그들과 싸우실 것이라." 실제로 하나님은 여기에서 그와 같이 행하셨다. 사람의 두려움을 이기는 것은 하나님께 대한 믿음이라는 사실을 주목하라. 학대자의 분노를 두려워하는 자는 자신의 창조주이신 여호와를 잊어버린 자이다(사 51:12, 13). 아마도 히스기야는 이러한 취지의 말을 더 많이 했을 것이다. 그리고 백성들은 그의 말에 모든 두려움을 떨쳐버리고 평온을 되찾았다. 즉 백성들은 하나님의 임재가 그들과 함께 하며 하나님의 권능이 그들을 구원할 것이라는 히스기야의 말을 믿음으로써 마음의 평안을 회복했다. 예수 그리스도의 선한 군사들과 백성들도 이와 같이 그분의 말씀을 의지하여 다음과 같이 담대하게 외치자: 하나님이 우리 편이시니 누가 우리를 대적하리요.

[9]그 후에 앗수르 왕 산헤립이 그의 온 군대를 거느리고 라기스를 치며 그의 신하들을 예루살렘에 보내어 유다 왕 히스기야와 예루살렘에 있는 유다 무리에게 말하여 이르기를 [10]앗수르 왕 산헤립은 이같이 말하노라 너희가 예루살렘에 에워싸여 있으면서 무엇을 의뢰하느냐 [11]히스기야가 너희를 꾀어 이르기를 우리 하나님 여호와께서 우리를 앗수르 왕의 손에서 건져내시리라 하거니와 이 어찌 너희를 주림과 목마름으로 죽게 함이 아니냐 [12]이 히스기야가 여호와의 산당들과 제단들을 제거하여 버리고 유다와 예루살렘에 명령하여 이르기를 너희는 다만 한 제단 앞에서 예배하고 그 위에 분향하라 하지 아니하였느냐 [13]나와 내 조상들이 이방 모든 백성들에게 행한 것을 너희가 알지 못하느냐 모든 나라의 신들이 능히 그들의 땅을 내 손에서 건져낼 수 있었느냐 [14]내 조상들이 진멸한 모든 나라의 그 모든 신들 중에 누가 능

히 그의 백성을 내 손에서 건져내었기에 너희 하나님이 능히 너희를 내 손에서 건지겠느냐 [15]그런즉 이와 같이 너희는 히스기야에게 속지 말라 꾀임을 받지 말라 그를 믿지도 말라 어떤 백성이나 어떤 나라의 신도 능히 자기의 백성을 나의 손과 나의 조상들의 손에서 건져내지 못하였나니 하물며 너희 하나님이 너희를 내 손에서 건져내겠느냐 하였더라 [16]산헤립의 신하들도 더욱 여호와 하나님과 그의 종 히스기야를 비방하였으며 [17]산헤립이 또 편지를 써 보내어 이스라엘 하나님 여호와를 욕하고 비방하여 이르기를 모든 나라의 신들이 그들의 백성을 내 손에서 구원하여 내지 못한 것 같이 히스기야의 신들도 그의 백성을 내 손에서 구원하여 내지 못하리라 하고 [18]산헤립의 신하가 유다 방언으로 크게 소리 질러 예루살렘 성 위에 있는 백성을 놀라게 하고 괴롭게 하여 그 성을 점령하려 하였는데 [19]그들이 예루살렘의 하나님을 비방하기를 사람의 손으로 지은 세상 사람의 신들을 비방하듯 하였더라 [20]이러므로 히스기야 왕이 아모스의 아들 선지자 이사야와 더불어 하늘을 향하여 부르짖어 기도하였더니 [21]여호와께서 한 천사를 보내어 앗수르 왕의 진영에서 모든 큰 용사와 대장과 지휘관들을 멸하신지라 앗수르 왕이 낯이 뜨거워 그의 고국으로 돌아갔더니 그의 신의 전에 들어갔을 때에 그의 몸에서 난 자들이 거기서 칼로 죽였더라 [22]이와 같이 여호와께서 히스기야와 예루살렘 주민을 앗수르 왕 산헤립의 손과 모든 적국의 손에서 구원하여 내사 사면으로 보호하시매 [23]여러 사람이 예물을 가지고 예루살렘에 와서 여호와께 드리고 또 보물을 유다 왕 히스기야에게 드린지라 이 후부터 히스기야가 모든 나라의 눈에 존귀하게 되었더라

여기에서 우리는 산헤립의 오만방자한 불경(不敬)과 히스기야의 기도, 그리고 앗수르 군대의 파멸과 이로 인한 예루살렘의 구원 등의 이야기를 듣게 되는데, 이에 대해 우리는 열왕기에서 좀 더 상세하게 살펴보았다(왕하 18, 19장). 여기의 이야기는 좀 더 압축된 것이지만, 그러나 다음과 같은 세 가지 내용을 나타내기에는 충분한 분량이다.

I. 교회의 원수들의 불경과 악의. 산헤립은 라기스를 포위하고 있는 중에(9절) 히스기야가 예루살렘의 방비(防備)를 강화하며 백성들로 끝까지 저항하도록 격려하고 있다는 소식을 들었다. 이에 그는 자신이 직접 예루살렘으로 진격해 오기에 앞서 먼저 사자들을 보냈다. 그리고 사자들과 자신이 직접 쓴 편지를 통한 협박으로 그는 히스기야와 예루살렘 백성들로 두려움 가운데 스스로

항복하도록 만들고자 했다. 여기에서 다음을 보라.

1. 유다 왕에 대한 큰 악의(惡意). 그는 히스기야의 백성들로 하여금 왕에 대한 충성심을 저버리도록 만들고자 했다. 여기에서 그는 제국의 왕임에도 불구하고 명예를 아는 자답게 행동하지 않았다. 명예를 아는 자라면 히스기야와 직접 협상하면서 적절한 조건을 제시하는 등의 행동을 했을 것이다. 그러나 그는 그렇게 하는 대신 비열하고 야비한 책략을 사용했는데, 그것은 참으로 왕답지 못한 행동이었다. 그는 일반 백성들을 협박하고 회유하여 자신들의 왕을 배반하도록 만들고자 했다. 그는 히스기야를, 자기 백성들을 속여 파멸에 이르게 하며 주림과 목마름으로 죽게 만들려고 작정한 자로(11절) 또 산당들과 제단들을 제거함으로써 백성들에게 큰 악을 행했을 뿐만 아니라 나아가 백성들을 신적 진노 앞에 노출되도록 만든 자로(12절) 또 자기 백성들의 생명은 아랑곳하지 않고 헛되이 저항하다가 모두를 멸망으로 이끄는 자로(15절) 폄훼한다.

2. 이스라엘의 하나님께 대한 큰 불경(不敬). 여기에서 이스라엘의 하나님은 예루살렘의 하나님으로 일컬어지는데(19절), 그것은 그 곳이 하나님이 당신의 이름을 두시기로 택하신 장소이면서 지금 원수로부터 위협을 당하고 있는 장소였기 때문이었다. 만일 하나님이 예루살렘의 하나님이라면, 예루살렘은 신적 섭리의 특별한 보호 아래 있게 될 것이었다. 이 교만한 신성모독자는 천지의 창조주이신 위대한 여호와를 인간의 수공물과 비교하면서, 그분을 우상들보다 하등 나을 것이 없는 존재로 여겼다(19절). 그것은 마치 무한하시며 영원하신 성령을 지혜와 권능에 있어 나무나 돌보다 나을 것이 없는 것으로 여기는 것과 마찬가지였다. 산헤립은 자신이 열방의 신들을 이겼으며 어느 신도 자기 백성을 자신의 손에서 구원하지 못했음을 자랑하면서(13-15절), 예루살렘 백성들에게 "너희 하나님이 능히 너희를 내 손에서 건지겠느냐?"라고 물으면서(14절) 거기에서 한 걸음 더 나아가 마치 이스라엘의 하나님이 열방의 신들만도 못하다는 듯이 "하물며 너희 하나님이 너희를 내 손에서 건져내겠느냐?"라고 되묻기까지 했다(15절). 이와 같이 그는 마치 이스라엘의 하나님 여호와가 다른 모든 우상들처럼 하찮고 공허한 이름이라는 듯이 그분을 욕하며 비방했다(17절). 특별히 편지를 통해 그렇게 한 것은 그의 악함을 더욱 가중시키는 것이었다(왜냐하면 편지는 즉흥적인 말이 아니라 신중하게 생각하고 쓴 것이기 때문이다). 산헤립의 이러한 오만방자한 말은 너무도 악한 것이었다. 그러나 이것으로도 부

족하다는 듯이 그의 신하들은 더욱 여호와 하나님과 그의 종 히스기야를 비방했다 (16절). 하나님은 자신을 대적하여 말한 것뿐만 아니라 자신의 종들을 대적하여 말한 것에 대하여까지도 분개하시며, 결국 그 값을 치르게 하실 것이다. 이 모든 것은 백성들을 두렵게 하며 나아가 하나님에 대한 그들의 소망을 끊어버리기 위한 것이었다. 다윗의 원수들도 그와 같이 말하면서 그의 소망을 끊어버리고자 하였다. 많은 사람이 나를 대적하여 말하기를 그는 하나님께 구원을 받지 못한다 하나이다(시 3:2; 11:1; 42:10; 71:11). 이와 같이 그들은 예루살렘을 지키는 자들의 손을 약하게 만듦으로써 그 도성을 빼앗고자 하였다. 사탄도 우리를 유혹할 때 하나님에 대한 우리의 믿음을 파괴시키려고 한다. 그는 그렇게만 할 수 있다면 결국 자신의 목적을 이룰 수 있음을 알고 있는 것이다. 그러나 우리의 믿음이 떨어지지 않는 한 우리는 결코 넘어지지 않을 것이다(눅 22:32, 그러나 내가 너를 위하여 네 믿음이 떨어지지 않기를 기도하였노니).

II. 교회의 친구들의 의무. 그것은 고통의 날에 하늘을 향해 기도하며 부르짖는 것이다. 히스기야도 그렇게 했고, 이사야 선지자도 그렇게 했다(20절). 왕과 선지자가 이와 같이 합심하여 기도하는 때는 참으로 복된 때이다. 고통과 두려움이 있는가? 그 때는 기도할 때이다. 그럴 때 우리는 하나님을 우리 편으로 삼고, 그분 안에서 스스로를 격려하게 될 것이다. 하나님께 기도하는 것이 여기에서 하늘을 향해 부르짖는 것으로 언급되고 있는데, 그것은 기도하는 가운데 우리는 하늘에 계신 우리 아버지를 바라보며 하나님은 하늘로부터 자기 자녀들을 바라보시기 때문이다.

III. 교회의 하나님의 권능과 선하심. 하나님은 당신의 원수들을 — 비록 가장 강한 자라 할지라도 — 통제하실 수 있으시며, 또한 당신의 친구들을 — 비록 가장 약한 자라 할지라도 — 구원하실 수 있으시다.

1. 하나님은 원수들의 불경(不敬)에 대해 징벌하시는 것처럼(신 32:27) 또한 자기 백성들의 기도에 응답하신다. 여기에서도 그러했다.

(1) 앗수르 군대가 한 천사의 칼에 의해 진멸됨. 특별히 큰 용사와 대장과 지휘관들이 진멸을 당했는데(21절), 그들은 어느 누구의 칼도 두려워하지 않는 자들이었다. 하나님은 교만하며 안일 가운데 있는 자들을 낮추시기를 기뻐하신다. 탈굼(구약성경의 아람어 역본)은 여호와의 말씀(영원한 말씀)이 가브리엘을 보내 이 일을 행하도록 하셨으며 이 일이 유월절 밤에 우레와 함께 이루

어졌다고 말한다(유월절 밤은 죽음의 천사가 애굽의 장자들을 멸하는 바로 그 밤이었다). 그러나 이것이 전부가 아니었다.

(2) 앗수르 왕이 자기 아들들의 칼에 의해 죽임을 당함. 그의 몸에서 난 자들이 그를 칼로 죽였더라(21절). 이와 같이 그는 먼저 수치를 당하고, 그 다음에 죽임을 당했다. 죄인에게는 악이 따르는 법이다. 한 가지 재앙을 피했다면 다른 재앙이 그 앞을 가로막을 것이다.

2. 이러한 기사(奇事)를 통해

(1) 하나님이 영광을 받으셨다. 하나님은 자기 백성을 보호하시는 자로서 스스로를 드러내셨다. 이와 같이 하나님은 예루살렘을 구원하셨는데, 산혜립의 손에서 뿐만 아니라 모든 적국의 손에서 그렇게 하셨다(22절). 왜냐하면 이와 같은 구원은 그분께 풍성한 자비가 비축(備蓄)되어 있음을 확증하는 것이었기 때문이었다. 또한 하나님은 자기 백성들을 사면으로 보호하셨다. 하나님은 그들을 인도하심으로써 보호하시며, 그들로 하여금 무엇을 해야 할지를 알려 주심으로써 모든 악으로부터 지키신다. 이로 인해 많은 사람이 여호와께 예물을 드렸는데, 그것은 자기 백성을 보호하시는 하나님의 큰 능력을 보았기 때문이었다. 이방인들은 하나님의 은총을 간구하면서 성전에 예물을 드렸으며, 하나님의 원수들은 화를 면하게 해 달라는 뜻으로 예물을 드렸다.

(2) 히스기야가 존귀케 되었다. 그는 하늘의 특별한 돌봄을 받는 자로서 만방에 드러났다. 여러 사람이 보물을 유다 왕 히스기야에게 드린지라(23절). 그것은 그들이 그를 존귀케 하는 증표였으며 또한 거기에는 그의 호의를 입고자 하는 뜻이 담겨 있었다. 하나님의 은총에 의해 하나님의 원수들은 패배를 당하며, 하나님의 친구들은 승리를 얻는다.

[24]그 때에 히스기야가 병들어 죽게 되었으므로 여호와께 기도하매 여호와께서 그에게 대답하시고 또 이적을 보이셨으나 [25]히스기야가 마음이 교만하여 그 받은 은혜를 보답하지 아니하므로 진노가 그와 유다와 예루살렘에 내리게 되었더니 [26]히스기야가 마음의 교만함을 뉘우치고 예루살렘 주민들도 그와 같이 하였으므로 여호와의 진노가 히스기야의 생전에는 그들에게 내리지 아니하니라 [27]히스기야가 부와 영광이 지극한지라 이에 은금과 보석과 향품과 방패와 온갖 보배로운 그릇들을 위하여 창고를 세우며 [28]곡식과 새 포도주와 기름의 산물을 위하여 창고를 세우며 온갖

짐승의 외양간을 세우며 양 떼의 우리를 갖추며 ²⁹양 떼와 많은 소 떼를 위하여 성읍들을 세웠으니 이는 하나님이 그에게 재산을 심히 많이 주셨음이며 ³⁰이 히스기야가 또 기혼의 윗샘물을 막아 그 아래로부터 다윗 성 서쪽으로 곧게 끌어들였으니 히스기야가 그의 모든 일에 형통하였더라 ³¹그러나 바벨론 방백들이 히스기야에게 사신을 보내어 그 땅에서 나타난 이적을 물을 때에 하나님이 히스기야를 떠나시고 그의 심중에 있는 것을 다 알고자 하사 시험하셨더라 ³²히스기야의 남은 행적과 그의 모든 선한 일은 아모스의 아들 선지자 이사야의 묵시 책과 유다와 이스라엘 열왕기에 기록되니라 ³³히스기야가 그의 조상들과 함께 누우매 온 유다와 예루살렘 주민이 그를 다윗 자손의 묘실 중 높은 곳에 장사하여 그의 죽음에 그에게 경의를 표하였더라 그의 아들 므낫세가 대신하여 왕이 되니라

우리는 여기에서 히스기야와 관련하여 세 가지 이야기를 하면서 그에 관한 모든 이야기를 끝맺고자 한다.

I. 히스기야가 병들어 죽게 되었다가 다시 회복됨(24절).　그의 병에 관한 이야기는 여기에서는 단지 간단하게만 언급되어 있을 뿐이지만, 그에 대해 우리는 열왕기하 20장에서 상세하게 살펴보았다. 그의 병은 죽을 병이었던 것으로 보인다. 그는 병이 극심할 때 하나님께 기도했으며, 하나님은 그의 기도에 응답하사 그가 나을 것이라는 표적으로 해시계의 그림자가 10도 뒤로 물러가는 이적을 베풀어 주셨다.

II. 히스기야가 범죄했다가 회개함.　이것 역시 열왕기하 20:12 이하에서 상세히 언급되었었다. 그러나 우리는 그의 죄와 관련하여 열왕기에는 나오지 않는 몇 가지 사실들을 여기에서 살펴볼 수 있다.

1. 그의 죄는 바벨론 왕이 그의 회복을 축하하기 위해 사신을 보낸 상황에서 발생했다. 우리는 여기에서 그들이 이 땅에서 나타난 이적을 물었다는 언급이 특별히 덧붙여지는 것을 보게 되는데(31절), 아마도 그것은 앗수르 군대가 파멸을 당한 것이거나 아니면 해가 십도 뒤로 물러난 일이었을 것이다. 앗수르는 그들의 적이었다. 그들이 앗수르의 파멸에 대해 물은 것은 그것으로부터 교훈을 배워 자신들은 그와 같은 잘못을 범하지 않고자 함이었다. 또 태양은 그들의 신이었다. 따라서 그들은 자신들의 신이 히스기야에게 베푼 은총에 관해 물은 것이었다. 그것은 자신들의 신이 존귀케 한 자에게 경의를 표하기 위함이었

다(31절). 이러한 이적들이 행해진 것은 어리석고 우둔한 세상으로 하여금 깨어 각성케 하고 그리하여 말도 못하는 무능한 우상들로부터 살아계신 하나님께로 돌이키도록 하기 위한 것이었다. 사람들은 그러한 이적들을 보며 크게 놀라기는 했지만 그러나 자신들의 발걸음을 돌이키지는 않았다. 그러한 어리석음은 예수 그리스도의 오심이라는 위대한 이적이 나타날 때까지 계속되었다 (마 2:1, 2).

2. 하나님은 히스기야를 시험하기 위해 그를 그냥 내버려 두셨다(31절). 하나님은 당신의 전능하신 은혜의 능력으로 그의 죄를 막으실 수도 있었다. 그러나 하나님은 지혜로우시며 거룩하신 목적을 위해 그것을 허용하셨다. 이러한 시험으로 그는 자기 심중에 있는 것 곧 자신이 스스로 생각하는 것처럼 그렇게 완전한 은혜의 사람이 아니라 다른 사람들처럼 어리석음과 결점들을 가지고 있는 자에 불과하다는 사실을 알 수 있었다. 하나님은 그의 거룩함을 자랑치 못하도록 하기 위해 그로 하여금 자신의 재물을 자랑하도록 그냥 내버려 두셨다. 우리가 우리 자신의 연약함과 죄성을 알고 자만심에 빠지지 않으면서 항상 스스로 겸손하면서 신적 은혜를 의지하여 살아가는 것은 얼마나 선한 일인가! 우리는 우리 자신의 마음이 얼마나 부패했는지를 잘 알지 못하며, 또한 하나님이 우리를 그냥 내버려 두실 때 우리가 어떻게 행하게 될 것인지도 잘 알지 못한다. 주여 우리로 시험에 들게 하지 마옵소서.

3. 히스기야의 죄는 그 마음이 교만해진 것이었다(25절). 그는 하나님이 여러 차례에 걸쳐 자신을 존귀케 한 것과 이웃 나라의 왕들이 예물을 가져온 것으로 인해 교만해졌다. 특별히 지금 바벨론 왕이 자신의 환심을 사기 위해 사신을 보낸 것으로 인해 더욱 그러했다. 히스기야는 여러 우상들을 파괴하고 난 후 자신을 우상화하기 시작했다. 특별히 큰 자들과 선한 자들과 유능한 자들은 자신들의 결점과 어리석음을 잘 분별할 줄 알아야 하며, 또한 자신들이 값없이 주신 은혜에 빚지고 있다는 사실을 한순간도 잊지 말아야 한다. 그리고 스스로를 지나치게 높이 생각하지 않는 가운데 하나님께 교만에 떨어지지 않고 항상 겸손하도록 진지하게 간구해야 한다.

4. 그의 죄를 더욱 가중시킨 것은 하나님이 베푸신 은총에 대해 보답하지 않고 도리어 그것을 교만의 소재로 삼았다는 사실이었다(25절): 히스기야가 마음이 교만하여 그 받은 은혜를 보답하지 아니하므로. 하나님의 은총을 입은 자들은

마땅히 그 받은 은총에 대해 어떻게 보답할 것인지를 생각해야 한다. 만일 그렇게 하지 않는다면 그들은 감사할 줄 모르는 자들이 될 것이다. 설령 받은 은총에 상응하는 보답을 하지는 못한다 할지라도, 최소한 그 은총을 시인하며 감사를 돌리는 일만은 결코 잊어서는 안 된다. 내게 주신 모든 은혜를 내가 여호와께 무엇으로 보답할까(시 116:12).

5. 이러한 교만의 죄로 인해 그에게 신적 진노가 임했다. 비록 그것이 마음의 죄에 불과하며 겉으로는 아무 문제 없는 것처럼 보인다 할지라도, 그로 인해 그와 그의 나라에 하나님의 진노가 임했다(25절). 교만은 다른 어떤 죄보다도 하나님이 더 미워하시는 죄이다(특별히 자기 백성들에게 있어서는 더욱 그러하다). 스스로 높이는 자는 낮아질 것이다. 다윗이 백성을 계수한 것도 교만으로 말미암은 것이었으며, 그로 인해 그 역시 하나님의 진노 아래 떨어지고 말았다.

6. 그는 교만의 죄를 회개했다(26절): 히스기야가 마음의 교만함을 뉘우치고. 여기에서 다음을 주목하라.

(1) 설령 하나님이 거룩한 목적 가운데 자기 백성이 죄에 떨어지는 것을 허락하신다 할지라도, 그러나 계속해서 그 가운데 넘어져 있도록 내버려두지는 않을 것이다. 비록 잠시는 넘어질지라도 그러나 완전히 쓰러지지는 않을 것이다.

(2) 우리는 마음의 죄까지도 회개해야 한다.

(3) 스스로를 겸비케 하는 것은 회개에 있어 꼭 필요한 한 부분이다.

(4) 스스로를 높이는 마음의 교만은 우리가 특별한 방식으로 스스로를 겸비케 해야만 하는 죄이다.

(5) 백성들은 통치자의 죄에 대해 애통해해야 한다. 예루살렘 주민들은 히스기야와 함께 스스로를 겸비케 했는데, 그것은 자신들도 같은 죄책을 지고 있음을 알았든지 아니면 최소한 자신들도 함께 신적 징벌을 받게 될 것을 두려워했기 때문이었다. 다윗이 교만 가운데 백성들을 계수했을 때, 그의 죄로 인해 모든 백성이 큰 고통을 겪었다.

7. 이로 인해 형벌이 유예되었다. 그가 살아 있는 동안에는 유다가 평화를 누리며 진리가 편만할 것이었다. 이와 같이 회개에는 하나님의 진노의 표징을 제거하거나 혹은 최소한 유예시키는 효과가 있다.

Ⅲ. 히스기야에게 존귀가 돌려짐.

1. 그가 살아 있는 동안 하나님의 섭리가 그를 존귀케 함. 히스기야가 부와 영광이 지극한지라(27절). 그는 자신의 곳간을 가득 채우며 나라에 양식을 풍성케 하며 예루살렘을 굳건하게 하며 원하는 일은 무엇이든지 할 수 있었는데, 그것은 하나님이 그에게 재산을 심히 많이 주셨기 때문이었다(29절). 그가 이룬 많은 업적들 가운데 특별히 기혼의 물줄기를 돌린 것이 언급되고 있는데(30절), 이 일은 산헤립이 침략했을 때 행한 일이었다(3, 4절). 물은 옛 못(사 22:11)과 윗 못(사 7:3)이라 불리는 곳으로 모였었다. 그러나 히스기야는 좀 더 효과적인 사용을 위해 아랫 못(사 22:9)이라 불리는 새로운 장소로 물줄기를 돌렸다. 히스기야는 대체로 모든 일에 형통했는데, 그것은 그러한 일들이 선했기 때문이었다.

2. 그가 죽었을 때 백성들이 그에게 경의를 표함.

(1) 그의 행적과 그가 행한 모든 선한 일이 이사야의 묵시 책과 유다와 이스라엘의 열왕기에 기록되었는데, 그것은 모든 사람을 위한 모범으로 남기기 위함이었다(32절).

(2) 백성들이 그의 죽음에 경의를 표했다(33절). 사람들은 그를 다윗 자손의 묘실 중 높은 곳에 장사했다. 백성들은 아사에게 했던 것처럼 그에게 많이 분향했으며, 요시야에게 했던 것처럼 그를 위해 많이 애곡했다. 참된 경건이 인간의 양심 속에서 어떻게 존귀케 되는지 보라. 대부분의 백성들이 개혁을 추진하는 왕들에게 진심으로 동조하지 않았던 것은 우려스러운 일이었다. 그럼에도 불구하고 그들은 개혁을 추진했던 선한 왕들의 진지한 노력을 칭송하지 않을 수 없었으며, 그러한 왕들에게 큰 경의를 표했다. 살아 있는 동안 위대한 업적을 남긴 자들이 죽었을 때, 그들에게 경의를 표하는 것은 우리들의 마땅한 의무이다. 우리가 그렇게 할 때 다른 사람들도 격려를 받아 그와 같이 하게 될 것이다.

제 33 장

개요

본 장에서 우리는 므낫세와 아몬의 통치 역사를 보게 된다. I. 므낫세의 통치 역사. 1. 그의 배교와 타락(1-10절). 2. 그가 고난 가운데 하나님께 돌이킴. (1) 그의 회개(11-13절). (2) 그가 행한 대대적인 개혁(15-17절). (3) 그의 형통(14절). (4) 그의 통치의 종결(18-20절). II. 아몬의 통치 역사. 그는 매우 악하게 통치했으며(21-23절), 그의 날은 불행하게도 갑자기 종결되었다(24-25절).

¹므낫세가 왕위에 오를 때에 나이가 십이 세라 예루살렘에서 오십오 년 동안 다스리며 ²여호와 보시기에 악을 행하여 여호와께서 이스라엘 자손 앞에서 쫓아내신 이방 사람들의 가증한 일을 본받아 ³그의 아버지 히스기야가 헐어 버린 산당을 다시 세우며 바알들을 위하여 제단을 쌓으며 아세라 목상을 만들며 하늘의 모든 일월성신을 경배하여 섬기며 ⁴여호와께서 전에 이르시기를 내가 내 이름을 예루살렘에 영원히 두리라 하신 여호와의 전에 제단들을 쌓고 ⁵또 여호와의 전 두 마당에 하늘의 일월성신을 위하여 제단들을 쌓고 ⁶또 힌놈의 아들 골짜기에서 그의 아들들을 불 가운데로 지나가게 하며 또 점치며 사술과 요술을 행하며 신접한 자와 박수를 신임하여 여호와 보시기에 악을 많이 행하여 여호와를 진노하게 하였으며 ⁷또 자기가 만든 아로새긴 목상을 하나님의 전에 세웠더라 옛적에 하나님이 이 성전에 대하여 다윗과 그의 아들 솔로몬에게 이르시기를 내가 이스라엘 모든 지파 중에서 택한 이 성전과 예루살렘에 내 이름을 영원히 둘지라 ⁸만일 이스라엘 사람이 내가 명령한 일들 곧 모세를 통하여 전한 모든 율법과 율례와 규례를 지켜 행하면 내가 그들의 발로 다시는 그의 조상들에게 정하여 준 땅에서 옮기지 않게 하리라 하셨으나 ⁹유다와 예루살렘 주민이 므낫세의 꾀임을 받고 악을 행한 것이 여호와께서 이스라엘 자손 앞에서 멸하신 모든 나라보다 더욱 심하였더라 ¹⁰여호와께서 므낫세와 그의 백성에게 이르셨으나 그들이 듣지 아니하므로

우리는 여기에서 므낫세가 행한 많은 악행들에 대한 이야기를 듣게 된다. 여기의 이야기는 왕하 21:1-9의 이야기와 거의 축자적으로 일치한다. 이 어리석은 소년 왕은(그는 12살에 왕이 되었다) 자기 아버지의 선한 모범과 가르침을 역행하는 가운데 불경(不敬)의 길로 치달으면서 이방 사람들의 가증한 일을 본받으며(2절), 유다 종교를 파괴하며, 자기 아버지가 이룩한 영광스러운 개혁을 망쳐 놓으며(3절), 하나님의 전을 우상 숭배로 더럽히며(4, 5절), 자기 자녀를 몰록에게 바치며, 마귀의 거짓 신탁(神託)을 자신의 인도자와 모사로 삼았다(6절). 하나님이 시온을 당신의 영원한 안식처로 삼으시며 이스라엘을 당신의 언약 백성으로 삼으신(8절) 사실을 경멸하면서, 므낫세는 다른 신들을 좇으며 하나님이 택하신 성전을 더럽히며 그의 택하신 백성들을 타락시켰다. 그는 이스라엘 백성들을 꾀어 이방 백성들보다 더 큰 악을 행하도록 만들었다(9절). 그것은 귀신이 쫓겨났다가 다시 돌아올 때 자기보다 더 악한 귀신 일곱을 데려온 격이었다. 그의 죄를 더욱 가중시키는 것은 하나님이 선지자를 통해 그와 그의 백성에게 말씀하셨어도 그들이 듣지 않았다는 사실이었다(10절). 여기에서 우리는 완악한 마음으로 귀를 막고 있는 그들에게 그럼에도 불구하고 계속해서 말씀하시는 하나님의 은혜를 발견할 수 있다. 그들의 악함조차도 하나님의 선하심을 완전히 막아버리지는 못했다. 그러나 이러한 하나님의 선하심에도 불구하고 그들은 계속해서 악을 행하는 가운데 패역한 길로부터 돌이키기를 싫어했다. 이제 우리는 여기에서 다음과 같은 사실들을 배워야 한다.

1. 경건한 부모로부터 태어난 자녀들이 하나님의 선한 길로부터 떠나는 것은 결코 새로운 일이 아니라는 사실. 그렇지만 이것은 얼마나 슬픈 일인가! 부모가 자녀에게 온갖 좋은 것들을 줄 수 있지만, 그러나 은혜를 물려줄 수는 없다.

2. 교회의 타락은 재발하기 쉬운 고질병이라는 사실.

3. 이 세상의 신이 교묘하게 인간의 심령을 어둡게 하고 있으며 특별히 자기에게 종노릇 하는 자들을 강력하게 지배하고 있다는 사실. 그렇지 않고야 어떻게 인간들을 하나님으로부터 끊어내어 그들의 철천지원수를 따르도록 만들 수 있단 말인가?

11여호와께서 앗수르 왕의 군대 지휘관들이 와서 치게 하시매 그들이 므낫세를 사로잡고 쇠사슬로 결박하여 바벨론으로 끌고 간지라 [12]그가 환난을 당하여 그의 하나님 여호와께 간구하고 그의 조상들의 하나님 앞에 크게 겸손하여 [13]기도하였으므로 하나님이 그의 기도를 받으시며 그의 간구를 들으시사 그가 예루살렘에 돌아와서 다시 왕위에 앉게 하시매 므낫세가 그제서야 여호와께서 하나님이신 줄을 알았더라 [14]그 후에 다윗 성 밖 기혼 서쪽 골짜기 안에 외성을 쌓되 어문 어귀까지 이르러 오벨을 둘러 매우 높이 쌓고 또 유다 모든 견고한 성읍에 군대 지휘관을 두며 [15]이방 신들과 여호와의 전의 우상을 제거하며 여호와의 전을 건축한 산에와 예루살렘에 쌓은 모든 제단들을 다 성 밖에 던지고 [16]여호와의 제단을 보수하고 화목제와 감사제를 그 제단 위에 드리고 유다를 명령하여 이스라엘 하나님 여호와를 섬기라 하매 [17]백성이 그의 하나님 여호와께만 제사를 드렸으나 아직도 산당에서 제사를 드렸더라 [18]므낫세의 남은 사적과 그가 하나님께 한 기도와 선견자가 이스라엘 하나님 여호와의 이름으로 권한 말씀은 모두 이스라엘 왕들의 행장에 기록되었고 [19]또 그의 기도와 그의 기도를 들으신 것과 그의 모든 죄와 허물과 겸손하기 전에 산당을 세운 곳과 아세라 목상과 우상을 세운 곳들이 다 호새의 사기에 기록되니라 [20]므낫세가 그의 열조와 함께 누우매 그의 궁에 장사되고 그의 아들 아몬이 대신하여 왕이 되니라

우리는 앞에서 므낫세가 악을 행하는 가운데 자기 아버지가 이루어 놓았던 선한 일들을 되돌려 놓은 것을 살펴보았다. 이제 우리는 여기에서 그가 회개함으로써 자신이 행했던 악한 일들을 또다시 되돌려 놓는 것을 보게 된다. 그의 회개와 관련한 이러한 내용은 열왕기에서는 거의 언급되지 않는다. 뿐만 아니라 열왕기에서는 그가 계속해서 악을 행하다가 멸망을 당하는 것으로 나타나는데(왕하 21장을 참조하라), 그것은 참으로 이상한 일이 아닐 수 없다. 아마도 그 이유는 열왕기의 목적이 유다의 악함을 — 결국 이로 인해 그들이 멸망으로 치달았기 때문에 — 강조하기 위한 것이었기 때문이었을 것이다. 므낫세의 회개와 그로 인한 은택이 열왕기에서 간과된 것은 그것이 국가적인 것이 아니라 개인적인 것이었기 때문이었을 것이다. 그렇지만 역대기에서는 하나님의 용서하시는 자비의 부요하심과 새롭게 하시는 은혜의 권능을 나타내기 위해 그것이 자세히 언급되었다.

I. 므낫세가 회개하게 된 정황. 그가 회개하게 된 것은 환난으로 말미암은

것이었다. 환난 가운데 므낫세는 아하스처럼 계속해서 하나님께 범죄하지 않고 스스로 겸비케 하면서 하나님께 돌이켰다. 환난은 종종 축복된 회심(回心)의 통로가 된다. 우리는 11절에서 그에게 임한 환난을 보게 되는데, 그것은 하나님이 이방 군대를 들어 그를 치게 하신 것이었다. 신실하게 하나님을 섬겼던 그의 아버지(즉 히스기야)의 환심을 사려고 사신까지 보냈던 바벨론 왕이 이제는 패역을 행하며 하나님을 떠난 그를 침략하였다. 여기에서 바벨론 왕은 앗수르 왕으로 일컬어지는데, 그것은 그가 앗수르를 정복하고 그 나라를 속국으로 삼았기 때문이었다. 그가 앗수르를 어렵지 않게 정복할 수 있었던 것은 산헤립의 군대가 예루살렘 앞에서 파멸을 당했기 때문이었다. 바벨론 왕은 자기 사신들이 보았던 모든 보물과 값진 물건들을 노리고 유다를 침략했지만, 그러나 그것은 범죄한 백성들을 징벌하고 패역할 길로 행하는 왕을 굴복시키기 위해 하나님이 보내신 것이었다. 바벨론 군대의 지휘관들은 가시 가운데 므낫세를 사로잡았다(KJV에는 'among the thorns'라는 구절이 있음). 아마도 이것은 그의 정원에서 그가 몸을 숨긴 가시덤불을 의미하는 것일 것이다. 그렇지 않으면, 어쩌면 그것은 그가 빠져 있었던 혼돈과 곤경의 상황을 나타내는 상징적인 표현인지도 모른다. 이를테면 그는 어디로 도망쳐야 좋을지 알지 못하는 가운데 가시덤불(즉 진퇴유곡의 상황)에 빠져 있다가 바벨론 군대의 지휘관들의 손쉬운 먹잇감이 되었다. 의심의 여지 없이 그들은 이사야가 예언한 대로 그의 왕궁을 약탈하고 자기들이 기뻐하는 것들을 탈취해 갔을 것이다(왕하 20:17, 18). 히스기야가 자랑했던 것이 이제 그들의 먹이가 되었다. 그들은 므낫세를 결박하여 바벨론으로 포로로 끌고 갔다(므낫세는 그들에게 결박당하기 전에 이미 그 자신의 죄에 결박당한 상태였다). 이 일이 그의 통치 몇째 해에 일어났는지에 대해 우리는 아무 말도 듣지 못하지만, 유대인들은 이 일이 그의 통치 22년에 일어났다고 말한다.

II. 그의 회개의 표현(12, 13절).   환난을 당함으로써 그는 깊이 생각하며 숙고할 만한 충분한 시간을 갖게 되었다. 그는 이 모든 일이 자신의 죄로 말미암아 일어났음을 알게 되었으며, 또한 자신이 섬겼던 신들이 아무런 도움도 베풀어 줄 수 없다는 사실도 깨닫게 되었다. 뿐만 아니라 그는 오직 회개만이 자신의 형편을 회복시킬 수 있는 유일한 길이라는 사실도 깨닫게 되었다. 그리하여 그는 자신이 배반했던 분에게로 다시 돌아왔다.

1. 그는 여호와만이 홀로 살아 계시며 참되신 하나님이라는 사실을 깨달았다: 므낫세가 그제서야 여호와께서 하나님이신 줄을 알았더라(13절). 만일 그가 하나님의 말씀에 조금만 관심을 기울였더라도 이렇게 큰 대가를 치르지 않고서도 그 사실을 알 수 있었을 것이다. 그러나 무지와 불신앙 가운데 멸망을 당하는 것보다는 이와 같이 비싼 값을 치르고서라도 하나님을 올바로 알게 된 것이 훨씬 더 나은 일이었다. 만일 그가 바벨론 왕궁의 통치자였다면 아마도 그는 자신의 우상 숭배를 더욱 강고히 했을 것이다. 그러나 바벨론의 포로로 끌려감으로써 그는 참된 진리를 깨닫고 마음을 새롭게 할 수 있었다.

2. 이제 그는 그분을 자신의 하나님으로 의뢰했다. 그는 이제 다른 모든 신들을 버리고 오직 자기 조상들의 하나님 그리고 자신과 더불어 언약을 맺으신 하나님만 의뢰하기로 작정했다.

3. 그는 하나님 앞에 스스로를 크게 겸손케 했다. 그는 진심으로 죄를 뉘우치며, 부끄럽게 여기며, 그로 인한 하나님의 진노를 두려워했다. 죄인에게 있어 하나님의 얼굴 앞에서 스스로를 겸손케 하는 것은 참으로 온당한 일이다. 또 징벌을 당하는 자에게 있어 하나님의 손 앞에 스스로를 겸손케 하면서 죄에 대한 징벌을 기꺼이 받아들이는 것 역시 참으로 온당한 일이다. 우리의 심령은 겸손케 하는 섭리 아래 겸손케 되어야 한다. 그렇게 할 때 우리는 그러한 섭리에 순응하여 그 안에 담긴 하나님의 목적에 부응하게 될 것이다.

4. 그는 하나님께 자신의 죄를 용서해 주시고 은총을 회복시켜 달라고 간구했다. 환난 가운데 회개하며 기도하는 자는 하늘의 위로와 안위를 얻는다. 외경(外經) 가운데 '바벨론에 포로로 끌려갔을 때 드린 유다 왕 므낫세의 기도'란 이름의 책이 있는데, 그것은 이러한 상황에서 드린 참으로 아름다운 기도였다. 그 책이 정말로 그의 것인지 여부는 확실치 않다. 만일 그것이 정말로 그의 것이라면, 그는 거기에서 자기 조상들과 의로운 씨의 하나님 그리고 세상의 창조주이신 하나님께 영광을 돌린다. 그리고 거기에서 그는 하나님의 진노는 견딜 수 없지만 그러나 그의 긍휼의 약속은 측량할 수 없음을 고백한다. 그는 거기에서 이렇게 탄원한다. "하나님은 범죄한 자들에게 회개와 용서를 약속하셨나이다. 하나님은 죄인들에게 회개를 명하셨나니 이는 그들로 구원을 얻게 하려 하심이니이다. 또 하나님은 아브라함과 이삭과 야곱 같은 의인에게가 아니라 나 같은 죄인에게 회개를 명하셨나이다. 왜냐하면 나는 바다의 모래보다도 더 많은

죄를 지었기 때문이나이다." 계속해서 그는 이렇게 기도한다. "여호와여 나를 용서하소서. 용서하시고 멸하지 마소서. 주는 회개하는 자들의 하나님이시니이다." 그리고 다음과 같이 끝마친다. "그러므로 내가 주를 영원히 찬송하리이다."

III. 하나님이 므낫세의 회개를 은혜 가운데 받으심. 하나님이 그의 기도를 받으시며 그의 간구를 들으시사(13절). 설령 환난으로 인해서라 할지라도 우리가 진정으로 하나님께 나아가면 하나님은 우리를 거절하지 않으실 것이다. 왜냐하면 하나님이 우리에게 환난을 보내신 것은 바로 이런 목적 때문이었기 때문이다. 하나님은 은총의 표징으로서 그에게 피할 길을 주셨다. 환난은 그 목적이 달성된 후에는 더 이상 계속될 필요가 없다. 므낫세가 하나님과 자신의 올바른 자리로 돌이키자 하나님은 그를 다시 왕위에 앉게 하셨다. 이와 같이 하나님은 회개하며 돌아오는 죄인들을 기꺼이 영접하며 긍휼을 베푸실 준비가 되어 있으시다. 아무리 큰 죄를 지은 자라 할지라도 결코 절망해서는 안 된다. 므낫세조차도 회개하자 하나님의 은총을 덧입지 않았는가! 하나님은 므낫세를 통해 오래 참으심의 모범을 보여주셨다(딤전 1:16; 사 1:18).

IV. 므낫세가 회개에 합당한 열매를 맺음. 그는 예루살렘으로 돌아온 후 대대적인 개혁을 시작했다(15, 16절).

1. 그는 자신의 죄로부터 돌이켰다. 그는 이방 신들과 자신이 여호와의 전에 세워 놓은 우상을 제거했다. 그 우상은 마치 자기가 성전의 주인인 것처럼 웅장한 모습으로 서 있었다. 또 그는 여호와의 전을 건축한 산에와 예루살렘에 쌓은 모든 제단들을 가증한 것으로 여기며 던져 버렸다. 그는 예전에는 그것들을 사랑하였다가 지금은 미워하면서 그것들에게 "나가라"고 말하고 있었다(사 30:22). "이제 내가 더 이상 우상과 무슨 상관이 있으리요? 이제까지 행한 것으로 족하도다."

2. 그는 본래의 자신의 직무로 되돌아왔다. 므낫세는 본래의 위치로 되돌아와 여호와의 제단을 보수했다(16절). 그것은 우상의 제사장들에 의해 능욕을 당하고 허물어졌든지 아니면 최소한 오랫동안 돌봄 받지 못한 채 방치되어 있었다. 므낫세는 제단을 보수한 후 그 위에 화목제를 드리며 하나님의 은총을 탄원했으며, 감사제를 드리며 그의 구원에 감사를 올렸다. 그는 전에는 자신에게 주어진 권력을 오용(誤用)하여 백성들을 타락의 길로 이끌었지만, 그러나 이제

는 백성들을 개혁하는 일에 그것을 올바로 사용했다: 유다를 명령하여 이스라엘 하나님 여호와를 섬기라 하매. 진심으로 회개한 자들은 자신만 하나님께 돌이킬 뿐만 아니라 자신으로 인해 하나님을 떠난 자들까지도 돌이키기 위해 최선을 다할 것이란 사실을 주목하라. 만일 그렇게 하지 않는다면 그들은 자신들이 행한 잘못을 완전히 돌이키지 않는 것이다. 므낫세는 백성들을 거짓 신들로부터는 떠나게 했지만 그러나 산당으로부터는 떠나게 하지 못했다(17절). 그들은 오직 여호와께만 제사를 드렸지만, 그러나 여전히 산당에서 그렇게 했다. 그는 자신이 잘못한 일을 개혁했지만, 그러나 원래의 자리까지 되돌릴 수는 없었다. 사람을 타락시키는 것은 쉽지만 그러나 다시 제자리로 되돌리는 것은 쉽지 않다.

V. 그가 회개한 후 어느 정도 형통함. 그는 자신에게 재앙을 가져다준 것이 다름 아닌 자신의 죄였다는 사실을 분명히 알 수 있었다. 왜냐하면 그가 하나님께 돌이켜 올바른 길로 돌아왔을 때 하나님 역시도 그에게 돌이켜 은총을 베풀어 주셨기 때문이었다. 그 후에 그는 다윗 성 밖에 외성을 쌓았다(14절). 예전에는 죄 가운데 빠져 성벽을 쌓을 생각은 하지 않고 도성을 무방비 상태로 적에게 노출시켰었다. 또 그는 유다 모든 성읍에 군대 지휘관을 두어 나라를 든든하게 지키도록 했다. 요세푸스는 그가 바벨론에 포로로 끌려간 일을 계기로 새 사람으로 변화되어 이후 생애는 매우 행복하게 살았다고 말한다.

VI. 므낫세의 통치역사의 종결. 우리는 여기에서 그에 관해 기록된 책이 다른 어느 왕들보다도 많았던 사실을 보게 된다(18, 19절). 그와 관련하여 기록된 책에는 다음과 같은 내용들이 포함되어 있었다.

1. 그의 모든 죄와 허물과 겸손하기 전에 그가 세운 모든 산당들과 아세라 목상과 우상들. 아마도 이것은 그가 회개할 때 그 자신이 고백한 것으로부터 취한 것이었을 것이다. 그리고 그것이 '선견자들의 말씀'(The words of the seers)이라 일컬어지는 책에 기록되어 남겨졌다. 자신의 죄를 책망하면서 회개하도록 이끌어 준 선견자들에게 그는 감사의 표시로 그러한 내용을 보내 그들의 책에 포함되도록 했을 것이다. 이와 같이 참회자에게 있어 자신을 책망해 준 자들에게 감사를 표하며, 다른 사람들에게 경계가 되도록 하기 위해 스스로 부끄러움을 짊어지는 것은 참으로 온당한 일이다.

2. 여호와의 이름으로 그에게 말한 선견자들의 말씀(10, 18절). 그들은 그의

죄를 책망하면서 회개하도록 권면했다. 우리는 우리의 죄를 깨우쳐 주며 그 위험성을 경고하며 올바른 자리로 돌아오도록 촉구하는 선견자들의 말씀을 마땅히 경청해야만 한다.

3. 그가 하나님께 기도한 것과 하나님이 그의 기도를 들으신 것. 이것이 오는 세대들을 위해 여기에 기록된 것은 사람들로 하여금 회개하며 돌아온 탕자를 기꺼이 영접하신 하나님을 찬미케 하기 위함이었다. 그는 열왕의 묘실이 아니라 자기 궁에 장사되었다(20절). 그는 웅장하게 장사되지 못했으며, 자기 아버지처럼 백성들로부터 큰 존귀를 받지는 못했다. 그는 회개함으로 은총은 회복했지만 그러나 영광스러운 이름까지는 되지 못했다.

[21]아몬이 왕위에 오를 때에 나이가 이십이 세라 예루살렘에서 이 년 동안 다스리며 [22]그의 아버지 므낫세의 행함 같이 여호와 보시기에 악을 행하여 아몬이 그의 아버지 므낫세가 만든 아로새긴 모든 우상에게 제사하여 섬겼으며 [23]이 아몬이 그의 아버지 므낫세가 스스로 겸손함 같이 여호와 앞에서 스스로 겸손하지 아니하고 더욱 범죄하더니 [24]그의 신하가 반역하여 왕을 궁중에서 죽이매 [25]백성들이 아몬 왕을 반역한 사람들을 다 죽이고 그의 아들 요시야를 대신하여 왕으로 삼으니라

본 단락은 아몬과 관련한 짤막한 기록인데, 우리는 여기에서 다음과 같은 내용을 보게 된다.

I. 그의 악함. 그는 배교시절의 므낫세처럼 악을 행했다(22절). 이것을 므낫세가 참으로 회개하지 않은 증거라고 생각하는 자들은 선한 왕들에게서 악한 아들들이 태어나는 것은 결코 드문 일이 아니었다는 사실을 잊고 있는 것이다. 다만 므낫세는 우상들을 던질 때 그것들을 완전히 훼파시키지는 않았던 것으로 보인다. 그것은 그의 불완전함이었다. 왜냐하면 율법은 우상들을 불사르라고 요구했기 때문이었다(신 7:5). 이번의 경우는 그러한 율법이 얼마나 중요했는지를 분명하게 보여준다. 므낫세는 우상들을 던지기만 했을 뿐 불사르지는 않았다. 그러자 아몬이 그것들을 둔 곳을 찾아내서 다시 세우고 그것들에게 제사를 드렸다. 다음과 같은 사실들은 하나님이 왜 그를 그렇게 빨리 죽게 하셨는지를 잘 설명해 준다.

1. 그는 자기 아버지의 죄를 훨씬 능가했다: 이 아몬이 더욱 범죄하더니(23절).

그의 아버지도 악을 행했지만, 그러나 그는 훨씬 더 심했다. 우상과 연합한 자는 점점 더 깊이 그것에 빠지게 될 것이다.

2. 그는 자기 아버지처럼 회개하지 않았다: 이 아몬이 그의 아버지 므낫세가 스스로 겸손함 같이 여호와 앞에서 스스로 겸손하지 아니하고. 그는 자기 아버지처럼 넘어졌지만, 그러나 아버지와는 달리 다시 일어나지 못했다. 사람으로 멸망에 이르게 하는 것은 죄라기보다는 그 죄를 회개하지 않는 것이며, 악을 행한 것이라기보다는 그것으로 인해 스스로를 겸비케 하지 않는 것이다. 결국 사람을 멸망케 하는 것은 병이 아니라 그 병을 치료하지 않는 것이다.

Ⅱ. 그의 조속한 멸망.   왕이 되고 난 2년 후, 그의 신하들이 반역하여 그를 죽였다(24절). 어쩌면 아몬은 여러 가지 죄를 행하는 가운데 나중에 회개하리라고 스스로 다짐했는지도 모른다(아버지도 나중에 회개하고 새 사람이 되었으니 나도 그렇게 하리라). 그러나 그의 경우는 이러한 생각이 얼마나 어리석은 것인지를 잘 보여준다. 그에게 있어 늙어서 회개하겠다는 생각은 얼마나 부질없는 생각이었던가! 왜냐하면 그는 젊은 나이에 갑자기 죽임을 당했기 때문이었다. 그가 하나님을 배반하자, 그의 신하들이 그를 배반했다. 여기에서 하나님은 의로우셨지만, 그러나 그들은 악했다. 따라서 백성들이 그들을 반역자로 규정하고 죽인 것은 정당한 일이었다. 왕의 생명은 특별히 신적 섭리의 보호와, 하나님과 사람의 법 아래 놓여 있다.

제
— 34 —
장

개요

유다와 예루살렘의 멸망에 앞서 우리는 얼마 동안의 영광스러운 기간을 보게 되는데, 그것은 요시야가 왕위에 앉아 있던 동안이었다. 개혁을 위한 그의 경건한 노력으로 인해 하나님은 다시 한 번 그들에게 기회를 주셨다. 만일 그들이 이를 통해 재앙의 날을 알고 그것을 잘 선용(善用)했다면, 아마도 그들은 자신들의 멸망을 피할 수 있었을 것이다. 그러나 요시야의 통치 이후 그들은 멸망을 향해 걷잡을 수 없이 치닫고 말았다. 본 장의 내용은 다음과 같다. I. 요시야의 전반적인 성격(1, 2절). II. 우상 숭배를 뿌리 뽑고자 하는 요시야의 열심(3-7절). III. 요시야가 여호와의 전을 수리하고자 함(8-13절). IV. 율법책을 발견하고 그것을 올바로 사용함(14-28절). V. 왕이 백성들에게 율법을 읽어주고 이로 인해 그들이 하나님과 더불어 언약을 새롭게 함(29-33절). 우리는 여기의 내용 가운데 많은 부분을 열왕기하 22장에서 이미 살펴보았다.

[1]요시야가 왕위에 오를 때에 나이가 팔 세라 예루살렘에서 삼십일 년 동안 다스리며 [2]여호와 보시기에 정직하게 행하여 그의 조상 다윗의 길로 걸으며 좌우로 치우치지 아니하고 [3]아직도 어렸을 때 곧 왕위에 있은 지 팔 년에 그의 조상 다윗의 하나님을 비로소 찾고 제십이년에 유다와 예루살렘을 비로소 정결하게 하여 그 산당들과 아세라 목상들과 아로새긴 우상들과 부어 만든 우상들을 제거하여 버리매 [4]무리가 왕 앞에서 바알의 제단들을 헐었으며 왕이 또 그 제단 위에 높이 달린 태양상들을 찍고 또 아세라 목상들과 아로새긴 우상들과 부어 만든 우상들을 빻아 가루를 만들어 제사하던 자들의 무덤에 뿌리고 [5]제사장들의 뼈를 제단 위에서 불살라 유다와 예루살렘을 정결하게 하였으며 [6]또 므낫세와 에브라임과 시므온과 납달리까지 사면 황폐한 성읍들에도 그렇게 행하여 [7]제단들을 허물며 아세라 목상들과 아로새긴 우상들을 빻아 가루를 만들며 온 이스라엘 땅에 있는 모든 태양상을 찍고 예루살렘으로 돌아왔더라

　　　요시야와 관련하여 우리는 여기에서 다음과 같은 이야기들을 듣게 된다.

　1. 그는 8살에 왕이 되고 31년을 통치했다(1절). 그는 매우 어린 나이에 왕이 되었으며(그러나 어리다는 사실이 왕위 계승에 장애가 되지는 않았다), 31년이라는 상당한 기간을 왕으로서 통치했다. 그렇지만 그의 통치 초기는 그의 아버지 때와 비슷하지 않았을까 추측된다(그의 아버지 아몬이 통치할 때처럼 악했을 것이라는 의미). 왜냐하면 그는 아직 어린아이였기 때문에 모든 일을 다른 사람들에게 맡길 수밖에 없었기 때문이었다. 그랬기 때문에 왕이 되고 난 후 12년이 지나고 나서야 비로소 개혁이 시작될 수 있었다(3절). 그는 히스기야처럼 즉시로 개혁을 시작할 수 없었다.

　2. 그의 통치는 매우 선했다(2절). 그는 하나님 보시기에 정직하게 행하며, 다윗의 길로 걸으며, 좌우로 치우치지 않았다. 양극단에는 항상 오류가 있게 마련이다.

　3. 그는 16살 무렵부터 하나님을 찾기 시작했다(3절). 우리는 그가 므낫세가 받았던 것 같은 선한 가르침은 받지 못했을 것으로 추측할 수 있다. 그럼에도 불구하고 이와 같이 아직 어린 나이에 그는 하나님을 찾기 시작했다. 사람이 이와 같이 지각(知覺)하기 시작하는 나이에 하나님을 찾기 시작하는 것은 너무도 복되고 아름다운 일이다(그것은 그들 자신에게 가장 큰 유익과 존귀가 된다). 일찍부터 하나님을 찾는 자들은 반드시 그분을 발견하게 될 것이다.

　4. 그의 통치 12년에 ― 아마도 이때부터 그의 친정(親政)이 시작되었을 것이다 ― 그는 모든 우상 숭배의 잔재로부터 자기 나라를 정결케 하기 시작했다(3절). 그는 산당들과 아세라 목상들과 우상들과 제단들과 모든 우상 숭배의 도구들을 제거했다(3, 4절). 그는 므낫세처럼 그것들을 던졌을 뿐만 아니라 빻아 가루를 만들었다. 여기에서는 그가 우상 숭배를 파괴한 것이 그의 통치 12년의 일로서 언급되지만, 열왕기에서는 그것이 18년의 일로서 언급된다(왕하 23:23). 아마도 그는 통치 12년부터 그러한 일을 시작했을 것이다. 그 때부터 정결케 하는 일을 시작했지만, 아마도 많은 저항과 반발에 부딪혔을 것이다. 그러다가 그 일은 그로부터 6년 후 성전에서 율법책이 발견되고서야 비로소 완전하게 이루어진 것으로 보인다. 그의 개혁에 관해 열왕기에서는 상세하고 구체적으로 기록되어 있지만, 그러나 여기에서는 간략하게만 서술되어 있을

뿐이다. 어쨌든 그는 열정적으로 개혁을 추진했으며, 유다와 예루살렘에서 뿐만 아니라 자신의 영향력이 미치는 이스라엘의 성읍들에서도 그렇게 했다.

[8]요시야가 왕위에 있은 지 열여덟째 해에 그 땅과 성전을 정결하게 하기를 마치고 그의 하나님 여호와의 전을 수리하려 하여 아살랴의 아들 사반과 시장 마아세야와 서기관 요아하스의 아들 요아를 보낸지라 [9]그들이 대제사장 힐기야에게 나아가 전에 하나님의 전에 헌금한 돈을 그에게 주니 이 돈은 문을 지키는 레위 사람들이 므낫세와 에브라임과 남아 있는 모든 이스라엘 사람과 온 유다와 베냐민과 예루살렘 주민들에게서 거둔 것이라 [10]그 돈을 여호와의 전 공사를 감독하는 자들의 손에 넘기니 그들이 여호와의 전에 있는 일꾼들에게 주어 그 전을 수리하게 하되 [11]곧 목수들과 건축하는 자들에게 주어 다듬은 돌과 연접하는 나무를 사며 유다 왕들이 헐어버린 성전들을 위하여 들보를 만들게 하매 [12]그 사람들이 성실하게 그 일을 하니라 그의 감독들은 레위 사람들 곧 므라리 자손 중 야핫과 오바댜요 그핫 자손들 중 스가랴와 무술람이라 다 그 일을 감독하고 또 악기에 익숙한 레위 사람들이 함께 하였으며 [13]그들은 또 목도꾼을 감독하며 모든 공사 담당자를 감독하고 어떤 레위 사람은 서기와 관리와 문지기가 되었더라

여기에서 우리는 다음과 같은 이야기를 듣게 된다.

1. 왕이 성전을 수리하라는 명령을 내림(8절). 더럽혀진 성전을 정결케 한 후에, 요시야는 성전을 예배드리기에 적합한 처소로 만들어 나가기 시작했다. 이와 같이 우리도 마음의 영적 성전을 모든 죄의 더러운 것들로부터 정결케 하고, 하나님의 형상으로 변화되도록 새롭게 수리해야 한다. 성전을 수리하라는 명령을 내리는 가운데 요시야는 하나님을 '나의 하나님 여호와' 로 부른다. 참으로 하나님을 사랑하는 자들은 하나님이 거하시는 전을 사랑할 것이다.

2. 성전을 수리하기 위해 여러 조치가 취하여짐. 성전을 수리하는 일을 위해 레위인들이 나라 곳곳을 다니며 기금을 모금했으며, 그렇게 모금한 돈을 8절에 언급된 세 사람에게 가져왔다. 그들은 그 돈을 대제사장 힐기야에게 주었으며(9절), 그는 그것을 감독자들의 손에 넘겨주었다. 그렇게 하여 성전을 수리하는 일이 대대적으로 시작되게 되었다(10, 11절). 일꾼들은 부지런하며 정직했다고 특별히 언급된다: 그 사람들이 성실하게 그 일을 하니라(12절). 그들은 부지

런하며 정직하게 일함으로써 신실하며 믿을 만한 일꾼으로 인정받았다. 또 감독자들도 매우 재능이 많은 자들로 나타난다. 왜냐하면 그 일을 감독하는 모든 자들이 악기에 익숙한 자들이었기 때문이다. 음악에 재능이 많다고 해서 꼭 건축을 잘 하는 것은 아닐 것이다. 그러나 그것은 그들이 뛰어난 감각과 독창력을 가진 자들이었음을 보여주는 증거였다. 대체로 음악적 재능은 꼼꼼하며 정밀한 특성이 있다. 그러므로 그들의 꼼꼼하며 정밀한 재능은 성전을 보수하는 일을 감독하기에 매우 적합했다. 이러한 일에서 하나님이 어떻게 자신의 은사를 다양하게 나누어 주시는지 주목하라. 무거운 짐을 나르는 자들이 있었는가 하면, 음악적 재능을 갖고 일꾼들을 감독하는 자들도 있었다. 전자가 손이라면 후자는 머리였다. 그들은 서로를 필요로 하며, 그들이 서로 연합함으로써 일이 성취된다. 감독자들은 일꾼들을 경멸해서는 안 되며, 일꾼들은 감독자들을 시기하지 말아야 한다. 각자 서로 존중하며 사랑 가운데 피차 섬겨야 한다. 그럼으로써 하나님은 영광을 받으시고, 교회는 다양한 은사의 유익을 얻게 될 것이다.

¹⁴무리가 여호와의 전에 헌금한 돈을 꺼낼 때에 제사장 힐기야가 모세가 전한 여호와의 율법책을 발견하고 ¹⁵힐기야가 서기관 사반에게 말하여 이르되 내가 여호와의 전에서 율법책을 발견하였노라 하고 힐기야가 그 책을 사반에게 주매 ¹⁶사반이 책을 가지고 왕에게 나아가서 복명하여 이르되 왕께서 종들에게 명령하신 것을 종들이 다 준행하였나이다 ¹⁷또 여호와의 전에서 발견한 돈을 쏟아서 감독자들과 일꾼들에게 주었나이다 하고 ¹⁸서기관 사반이 또 왕에게 아뢰어 이르되 제사장 힐기야가 내게 책을 주더이다 하고 사반이 왕 앞에서 그것을 읽으매 ¹⁹왕이 율법의 말씀을 듣자 곧 자기 옷을 찢더라 ²⁰왕이 힐기야와 사반의 아들 아히감과 미가의 아들 압돈과 서기관 사반과 왕의 시종 아사야에게 명령하여 이르되 ²¹너희는 가서 나와 및 이스라엘과 유다의 남은 자들을 위하여 이 발견한 책의 말씀에 대하여 여호와께 물으라 우리 조상들이 여호와의 말씀을 지키지 아니하고 이 책에 기록된 모든 것을 준행하지 아니하였으므로 여호와께서 우리에게 쏟으신 진노가 크도다 하니라 ²²이에 힐기야와 왕이 보낸 사람들이 여선지자 훌다에게로 나아가니 그는 하스라의 손자 독핫의 아들로서 예복을 관리하는 살룸의 아내라 예루살렘 둘째 구역에 살았더라 그들이 그에게 이 뜻을 전하매 ²³훌다가 그들에게 이르되 이스라엘의 하나님 여

호와께서 이같이 말씀하시기를 너희는 너희를 내게 보낸 사람에게 말하라 하시니라 ²⁴여호와께서 이같이 말씀하시기를 내가 이 곳과 그 주민에게 재앙을 내리되 곧 유다 왕 앞에서 읽은 책에 기록된 모든 저주대로 하리니 ²⁵이는 이 백성들이 나를 버리고 다른 신들에게 분향하며 그의 손의 모든 행위로 나의 노여움을 샀음이라 그러므로 나의 노여움을 이 곳에 쏟으매 꺼지지 아니하리라 하라 하셨느니라 ²⁶너희를 보내어 여호와께 묻게 한 유다 왕에게는 너희가 이렇게 전하라 이스라엘의 하나님 여호와께서 이같이 말씀하시기를 네가 들은 말을 의논하건대 ²⁷내가 이 곳과 그 주민을 가리켜 말한 것을 네가 듣고 마음이 연약하여 하나님 앞 곧 내 앞에서 겸손하여 옷을 찢고 통곡하였으므로 나도 네 말을 들었노라 여호와가 말하였느니라 ²⁸그러므로 내가 네게 너의 조상들에게 돌아가서 평안히 묘실로 들어가게 하리니 내가 이 곳과 그 주민에게 내리는 모든 재앙을 네가 눈으로 보지 못하리라 하셨느니라 이에 사신들이 왕에게 복명하니라

본 단락의 이야기와 관련하여 우리는 열왕기하 22:8-20에서 상세하게 살펴보았는데, 여기에 특별히 더해진 내용은 없다. 그러나 우리는 여기에서 다음과 같은 사실들을 배울 수 있다.

1. 오늘날 우리가 온전한 성경을 갖게 된 것에 대해 우리는 하나님께 감사해야 한다. 오늘날 율법과 복음의 책이 잃어지지 않았으며 여호와의 말씀이 희귀하지 않고 우리 모두의 손에 놓여 있는 것은 얼마나 감사한 일인가! 성경은 보석과 같지만, 그러나 너무나 감사하게도 그것은 희귀하지 않다. 생명 샘의 근원은 막히거나 봉해진 샘이 아니다. 도리어 그 물줄기가 사방으로 흘러 우리 하나님의 도성을 기쁘게 하는 그러한 샘이다. 이 물은 모두의 유익을 위해 흐른다. 만일 성경이 어떤 특별한 사람만 가질 수 있는 매우 희귀한 것이었다면, 그것을 얻기 위해 우리는 얼마나 큰 대가를 치러야만 했을 것인가!

2. 하나님의 말씀을 읽거나 들을 때, 우리는 모든 불경건한 자들과 불의한 자들에게 나타나는 하나님의 진노에 대한 거룩한 두려움을 갖고 그렇게 해야 한다. 여기에서 요시야도 그렇게 했다. 그는 율법의 말씀을 들었을 때 자신의 옷을 찢었으며(19절), 하나님은 그의 그와 같은 행동을 기뻐하셨다(27절). 만일 성경에 담긴 내용이 우리에게 새로운 것이라면(요시야의 경우처럼), 틀림없이 그것은 통상적인 말씀보다 우리에게 더 큰 감동을 가져다줄 것이다. 그렇지만

잘 알려진 말씀이라고 해서 별로 중요하지 않게 여겨진다거나 소홀히 여겨져서는 결코 안 된다. 말씀을 들었을 때 요시야는 옷을 찢었지만, 우리는 옷이 아니라 마음을 찢어야 한다.

3. 죄와 그로 인한 신적 진노를 자각할 때, 우리는 요시야처럼 여호와께 물어야 한다(21절). 그럴 때 우리는 "형제들아 우리가 어찌할꼬"(행 2:37) 하며, 또 "내가 어떻게 하여야 구원을 얻으리이까"(행 16:30) 하고 묻게 될 것이다. 네가 물으려거든 물으라(사 21:12). 그러면 그러한 물음에 대해 하나님이 생생한 응답을 주실 것이다.

4. 우리는 여기에서 죄가 나라를 멸망으로 이끈다는 사실을 배워야 한다. 하나님을 버리는 것은 스스로에게 재앙을 불러들이는 것이며(24, 25절), 영원히 꺼지지 않는 불을 붙이는 것이다. 회개치 않는 완악한 마음으로 계속해서 악한 길을 고집하는 자들에게 그것은 하나님의 진노의 불이 될 것이다.

5. 우리는 여기에서 요시야처럼 스스로를 겸비케 하면서 하나님을 찾아야 한다는 사실을 배워야 한다. 이렇게 할 때 — 설령 하나님의 진노는 돌리지 못한다 할지라도 — 최소한 우리의 영혼은 구원을 받게 될 것이다(27, 28절). 또 우리는 여기에서 죽음은 두려운 것이 아니라 도리어 우리로 하여금 다가올 재앙을 피하게 해주는 것임을 배울 수 있다. "네가 평안히 네 묘실에 들어가게 되리라"라는 하나님의 약속 속에서 죽음의 성격이 어떻게 바뀌는지 보라. 그것은 마치 홍수가 다가올 때 방주에 들어가는 것과 같은 것이다.

[29]왕이 사람을 보내어 유다와 예루살렘의 모든 장로를 불러 모으고 [30]여호와의 전에 올라가매 유다 모든 사람과 예루살렘 주민들과 제사장들과 레위 사람들과 모든 백성이 노소를 막론하고 다 함께 한지라 왕이 여호와의 전 안에서 발견한 언약책의 모든 말씀을 읽어 무리의 귀에 들려 주고 [31]왕이 자기 처소에 서서 여호와 앞에서 언약을 세우되 마음을 다하고 목숨을 다하여 여호와를 순종하고 그의 계명과 법도와 율례를 지켜 이 책에 기록된 언약의 말씀을 이루리라 하고 [32]예루살렘과 베냐민에 있는 자들이 다 여기에 참여하게 하매 예루살렘 주민이 하나님 곧 그의 조상들의 하나님의 언약을 따르니라 [33]이와 같이 요시야가 이스라엘 자손에게 속한 모든 땅에서 가증한 것들을 다 제거하여 버리고 이스라엘의 모든 사람으로 그들의 하나님 여호와를 섬기게 하였으므로 요시야가 사는 날에 백성이 그들의 조상들의 하나

님 여호와께 복종하고 떠나지 아니하였더라

우리는 여기에서 요시야가 계속해서 개혁을 진행시키는 이야기를 듣게 된다. 이와 같은 왕을 가진 백성은 얼마나 복된가! 우리는 여기에서 다음과 같은 내용을 보게 된다.

1. 백성들은 먼저 선한 가르침을 받았다. 요시야는 백성들에게 마땅히 행할 일을 요구하기 전에 먼저 그에 대해 충분하게 가르쳤다. 그는 큰 자와 작은 자, 젊은이와 늙은이, 부한 자와 가난한 자, 높은 자와 낮은 자를 막론하고 모든 백성을 불러 모았다. 귀 있는 자는 그 책의 말씀을 들을지니라. 이와 같이 모든 사람이 부름을 받은 것은 그들 모두가 언약의 말씀을 들어야만 했기 때문이었다. 비록 그 자리에 제사장들과 레위인들이 있었음에도 불구하고 왕 자신이 직접 백성들에게 언약책을 읽어 주었는데(30절), 그것은 그 일의 중요성을 더욱 부각시키면서 모든 이들로 하여금 좀 더 집중할 수 있도록 하기 위함이었다. 그리고 의심의 여지 없이 그 자신이 말씀에 깊이 감동되면서 그와 함께 모든 청중 들이 깊은 감동을 받았을 것이다.

2. 백성들은 굳은 마음으로 하나님과 언약했다. 하나님과 이스라엘 간의 언약의 조항들이 읽혀질 때, 왕과 백성들은 마치 그러한 조항에 서명하듯이 엄숙한 마음으로 하나님과 언약했다. 왕은 자기 처소에 서서 마음을 다하고 목숨을 다하여 언약책에 기록된 모든 계명들을 지키기로 언약했으며(31절), 백성들에게 이러한 언약에 동의를 표하면서 그들에게 요구되는 모든 의무를 신실하게 지킬 것을 촉구했다. 그러자 그들은 모두 그렇게 했다. 그들은 부끄러움 때문에라도 그렇게 하지 않을 수 없었다. 그는 참여한 모든 자로 하여금 그렇게 하게 했으며(32절), 그들 모두로 하여금 그들의 하나님 여호와를 섬기며 섬기게(KJV에는 "to serve even to serve"로 되어 있음) 하였다(33절). 그는 백성들을 하나님을 섬기며 섬기는 길로 이끌기 위해 자신이 할 수 있는 모든 일을 다했다. 이와 같은 반복적인 표현은 바로 이것이 그의 마음에 있었던 유일한 것이었음을 나타낸다. 그는 백성들이 하나님과 그들의 의무에 착념하는 것 외에는 아무것도 바라지 않았다.

3. 백성들은 굳은 마음으로 하나님을 섬겼다. 요시야가 사는 날에 백성이 여호와를 떠나지 아니하였더라. 그는 백성들이 다시 우상 숭배로 달려가지 못하도록

많은 애를 썼다. '그가 사는 날'은 곧 그가 살아 있으면서 백성들의 타락을 억제했던 동안을 의미한다. 우리는 그러한 표현을 통해 그들 안에 우상 숭배의 강한 성향이 있었음을 알 수 있다. 많은 사람들이 왕이 다른 길로 가기를 바랐다. 그리고 그런 낌새가 조금만 보였더라도 그들은 즉시로 산당으로 달려가 다시 자신의 우상들을 세웠을 것이었다. 우리가 요시야 왕 때에(렘 3:6) 유다가 진심으로 하나님께 돌아오지 않고 거짓으로 돌아왔으며(10절), 행음했을 뿐만 아니라(8절), 차라리 배역한 이스라엘만도 못했다는(11절) 하나님의 견책의 말씀을 보게 되는 것도 바로 이런 이유 때문이다. 요시야 23년 그러니까 지금으로부터 4, 5년 후 그들은 그들 손으로 만든 것으로써 하나님의 노여움을 일으켰다(렘 25:3-7). 유다 집의 죄가 기산(起算)되기 시작한 것이 요시야의 개혁이 시작된 때로부터였다는 사실은 참으로 주목할 만하다(이로 인해 에스겔 선지자가 오른쪽으로 누워 유다 족속의 죄악을 담당해야 했다, 겔 4:6). 이 때부터 예루살렘이 멸망을 당한 때까지는 고작 40년에 불과했다. 요시야는 진심으로 개혁을 추진했지만, 그러나 대다수 백성들은 그것을 꺼리면서 계속해서 자신들의 우상을 좇았다. 따라서 그의 개혁은 백성들에게 거의 (혹은 전혀) 효과가 없었다. 그들이 우상을 버린 것은 마지못해 한 일이었다. 여전히 그들은 자신들의 우상과 연합되어 있었으며 다시 그것들을 섬기기를 바랐다. 하나님은 이것을 보시고, 바로 이 때부터 멸망을 향한 운명의 시간을 계산하기 시작하셨다. 멸망을 재촉함에 있어 개혁을 좌절시키며 하나님께 거짓으로 돌아오는 것보다 더 강력한 것은 아무것도 없다. 스스로 속이지 말라 하나님은 만홀히 여김을 받지 아니하시나니.

제 35 장

개요

우리는 여기에서 요시야의 몇 가지 행적을 보게 된다. I. 성전에서의 행적. 그가 율법에 따라 유월절 규례를 합당하게 지킴(1-19절). II. 전쟁터에서의 행적. 그가 경솔하게 애굽 왕과 싸우다가 큰 부상을 당함(20-23절). III. 무덤으로 들어가는 요시야. 백성들이 그의 죽음을 크게 애곡함(24-27절).

[1]요시야가 예루살렘에서 여호와께 유월절을 지켜 첫째 달 열넷째 날에 유월절 어린 양을 잡으니라 [2]왕이 제사장들에게 그들의 직분을 맡기고 격려하여 여호와의 전에서 직무를 수행하게 하고 [3]또 여호와 앞에 구별되어서 온 이스라엘을 가르치는 레위 사람에게 이르되 거룩한 궤를 이스라엘 왕 다윗의 아들 솔로몬이 건축한 전 가운데 두고 다시는 너희 어깨에 메지 말고 마땅히 너희의 하나님 여호와와 그의 백성 이스라엘을 섬길 것이라 [4]너희는 이스라엘 왕 다윗의 글과 다윗의 아들 솔로몬의 글을 준행하여 너희 족속대로 반열을 따라 스스로 준비하고 [5]너희 형제 모든 백성의 족속의 서열대로 또는 레위 족속의 서열대로 성소에 서서 [6]스스로 성결하게 하고 유월절 어린 양을 잡아 너희 형제들을 위하여 준비하되 여호와께서 모세를 통하여 전하신 말씀을 따라 행할지니라 [7]요시야가 그 모인 모든 이를 위하여 백성들에게 자기의 소유 양 떼 중에서 어린 양과 어린 염소 삼만 마리와 수소 삼천 마리를 내어 유월절 제물로 주매 [8]방백들도 즐거이 희생을 드려 백성과 제사장들과 레위 사람들에게 주었고 하나님의 전을 주장하는 자 힐기야와 스가랴와 여히엘은 제사장들에게 양 이천육백 마리와 수소 삼백 마리를 유월절 제물로 주었고 [9]또 레위 사람들의 우두머리들 곧 고나냐와 그의 형제 스마야와 느다넬과 또 하사뱌와 여이엘과 요사밧은 양 오천 마리와 수소 오백 마리를 레위 사람들에게 유월절 제물로 주었더라 [10]이와 같이 섬길 일이 구비되매 왕의 명령을 따라 제사장들은 그들의 처소에 서고 레위 사람들은 그들의 반열대로 서고 [11]유월절 양을 잡으니 제사장들은 그들의 손에서 피를 받아 뿌리고 또 레위 사람들은 잡은 짐승의 가죽을 벗기

고 ¹²그 번제물을 옮겨 족속의 서열대로 모든 백성에게 나누어 모세의 책에 기록된 대로 여호와께 드리게 하고 소도 그와 같이 하고 ¹³이에 규례대로 유월절 양을 불에 굽고 그 나머지 성물은 솥과 가마와 냄비에 삶아 모든 백성들에게 속히 분배하고 ¹⁴그 후에 자기와 제사장들을 위하여 준비하니 이는 아론의 자손 제사장들이 번제와 기름을 저녁까지 드리므로 레위 사람들이 자기와 아론의 자손 제사장들을 위하여 준비함이더라 ¹⁵아삽의 자손 노래하는 자들은 다윗과 아삽과 헤만과 왕의 선견자 여두둔이 명령한 대로 자기 처소에 있고 문지기들은 각 문에 있고 그 직무에서 떠날 것이 없었으니 이는 그의 형제 레위 사람들이 그들을 위하여 준비하였음이더라 ¹⁶이와 같이 당일에 여호와를 섬길 일이 다 준비되매 요시야 왕의 명령대로 유월절을 지키며 번제를 여호와의 제단에 드렸으며 ¹⁷그 때에 모인 이스라엘 자손이 유월절을 지키고 이어서 무교절을 칠 일 동안 지켰으니 ¹⁸선지자 사무엘 이후로 이스라엘 가운데서 유월절을 이같이 지키지 못하였고 이스라엘 모든 왕들도 요시야가 제사장들과 레위 사람들과 모인 온 유다와 이스라엘 무리와 예루살렘 주민과 함께 지킨 것처럼은 유월절을 지키지 못하였더라 ¹⁹요시야가 왕위에 있은 지 열여덟째 해에 이 유월절을 지켰더라

요시야가 우상들과 우상 숭배를 파괴한 것은 열왕기에서는 상세하게 언급된 반면, 역대기에서는 간략하게만 언급되었다(34:33). 한편 유월절을 지킨 것은 열왕기에서는 간략하게 언급된 반면(왕하 23:21), 역대기에서는 매우 상세하게 서술된다. 의식법(儀式法)이 규정한 절기들이 많이 있었지만, 그 중에서도 가장 중요한 것이 유월절이었다. 모든 절기들은 이스라엘이 애굽으로부터 나온 유월절로부터 시작되었으며, 유월절은 그리스도께서 배반당하시던 밤에 종결되었다. 위대한 두 개혁자 히스기야와 요시야는 유월절을 지키는 가운데 각자 자신들의 시대에 나라를 종교적으로 개혁했다. 주의 만찬의 규례(성찬의 규례)는 다른 어떤 유대 절기보다도 유월절과 가장 유사하다. 주의 만찬의 규례가 합당하게 지켜질 때, 교회의 순수성과 아름다움이 더욱 증진될 뿐만 아니라 또한 개개 그리스도인들의 경건과 헌신이 더욱 함양되고 고양된다. 유월절이 완전히 무시되거나 합당하게 지켜지지 않을 때, 유다 종교는 결코 번성할 수 없었다. 유월절이 회복되어 합당하게 지켜지고 나서야 비로소 다른 영역에서도 개혁이 이루어질 수 있었다.

히스기야 시대에 유월절을 지킨 이야기 속에서 우리는 그 때 백성들이 그 일에 큰 열심을 갖고 동참했었으며 또한 그 가운데 큰 기쁨이 있었음을 발견한다. 그런데 여기에서는 그런 모습이 거의 나타나지 않는다. 아마도 그것은 지금 그들이 스스로의 마음으로 유월절을 지킨 것이라기보다는 왕이 하는 일에 그냥 순응하고 있었기 때문이었을 것이다(17, 18). 그들은 이러한 경건의 모양을 통해 약간의 자부심은 가질 수 있었을지 모르지만 그러나 경건의 능력 속에서 얻어지는 기쁨은 거의 갖지 못했다. 그러나 백성들에게 이와 같은 부족함이 있었을지라도, 통치자들과 사역자들은 유월절을 합당하게 지킴에 있어 성심을 다해 자신들의 역할을 수행했다.

I. 요시야는 제사장들과 레위인들에게 이 일에 있어 그들의 직무를 행하도록 권고하며 지시하며 촉구하며 격려했다. 아마도 왕은 그들이 이 일에 큰 열심을 품지 않고 있다고 생각한 것으로 보인다. 사역자들이 이와 같을 때 통치자들이 그들을 일깨워 직무에 충실하도록 촉구하는 것은 참으로 적절한 일이다. 아킵보에게 이르기를 주 안에서 받은 직분을 삼가 이루라고 하라(골 4:17). 이와 같은 상황에서 요시야가 그들을 어떻게 다루었는지 살펴보자.

1. 요시야는 그들에게 모세 율법이 부여한 직무와(6절) 다윗과 솔로몬이 정한 규례를(4절) 행할 것을 촉구했다. 왕이 제사장들에게 그들의 직분을 맡기고 격려하여 여호와의 전에서 직무를 수행하게 하고(2절). 요시야는 그들에게 새로운 일을 맡기거나 혹은 새로운 방식으로 직무를 수행하도록 요구한 것이 아니라 본래의 규례대로 행하도록 촉구했다. 그들의 반열은 이미 성문화(成文化)되어 있었다. 그들은 다만 성문화된 대로 그리고 족속의 서열에 따라(5절) 자신들의 직무를 수행하면 되었다. 우리가 지킬 규칙은 이미 성문화되고 확립되었다. 통치자들은 사역자들로 하여금 그러한 규칙에 따라 행하며 직무를 행하도록 격려해야 한다.

2. 요시야는 언약궤를 본래의 자리에 두도록 명령했다. 아마도 언약궤는 어떤 악한 왕에 의해 우상에게 자리를 내어주도록 하기 위해서나 혹은 히스기야 때에 성전을 수리하는 과정에서 옮겨진 것으로 보인다. 어떤 경위로 그렇게 되었든지 간에, 요시야는 레위인들에게 거룩한 궤를 성전에 두고(3절) 다시는 이리저리 옮기지 말 것을 명했다. 아마도 그들은 성전이 건축되기 전에 종종 언약궤를 옮겼던 것을 핑계로 가끔 그것을 이리저리 옮겼던 것으로 보인다. 이제

제사장들은 언약궤를 옮길 필요가 없게 됨으로써 다른 직무에 좀 더 집중할 수 있게 되었다.

3. 요시야는 그들에게 하나님과 그의 백성 이스라엘을 섬길 것을 당부했다(3절). 사역자들은 스스로를 그리스도와 그의 교회의 종으로 여겨야 한다(고후 4:5, 우리는 오직 그리스도 예수의 주 되신 것과 또 예수를 위하여 우리가 너희의 종 된 것을 전파함이라). 그들은 다음과 같은 것들을 위해 수고하며 최선을 다해야 한다.

(1) 하나님의 영광과 존귀를 위해 그리고 그의 나라의 유익을 위해.

(2) 하나님의 백성들의 유익을 위해. 사역자들은 그들의 믿음을 주관하는 자로서가 아니라 그들의 거룩함과 기쁨을 돕는 자로서 그렇게 해야 한다. 이와 같이 정직한 마음으로 두 주인(즉 하나님과 그의 백성)을 섬길 때, 하나님의 능력 안에서 어떤 어려움도 없게 될 것이다.

4. 요시야는 그들에게 스스로 성결하게 하고 형제들을 위해 준비하도록 당부했다(6절). 사역자들의 일은 자신으로부터 시작되어야 한다. 그들은 먼저 스스로를 죄로부터 성결하게 하며, 스스로를 세상으로부터 구별시켜 하나님께 드려야 한다. 그러나 여기에서 멈춰서는 안 된다. 그들은 형제들을 훈계하며 가르치며 경계하며 촉구하며 위로하는 등 그들을 준비시키는 일에 최선을 다해야 한다. 마음을 준비시키는 것은 물론 여호와께로부터 말미암는 것이다. 그러나 사역자들은 그 일에 도구가 되어야 한다.

5. 요시야는 그들을 격려하여 직무를 수행하게 했다(2절). 그는 히스기야가 그랬던 것처럼(30:22) 그들을 위로했다. 그는 그들을 후원할 것을 약속했다. 우리는 일을 맡긴 자들에게 격려를 해주어야 한다. 대부분의 사람들은 칭찬받기를 좋아하므로, 책망보다는 격려로써 더 잘 일하게 될 것이다.

Ⅱ. 왕과 방백들은 유월절 제물로 많은 짐승들을 내어주었다. 각종 의식을 치르는 데는 많은 비용이 들었으며, 아마도 이것이 그들이 그 일을 게을리하게 된 한 가지 이유였을 것이다. 백성들은 그러한 비용을 부담할 만한 열정도 없었으며, 지금 유월절을 지키는 것을 크게 반기지도 않았다. 그리하여

1. 요시야는 백성들에게 자기 비용으로 유월절 양과 다른 제물들을 내어주었다. 그는 자기 소유로부터 유월절 제물로서 어린 양 3만 마리와 계속해서 7일 동안 드려질 제물로서 3천 마리의 소를 내어주었다(7절). 믿음이 강한 자들

은 연약한 자들을 선한 일로 이끌 때 가능한 그들의 부담을 가볍게 해 주어야 한다. 하나님은 많이 심으신 곳에서 많이 거두시기를 기대하신다. 회중이 제물을 가지고 오지 않은 것은 우려스러운 일이었다. 만일 요시야가 짐승들을 내어 주지 않았다면 결국 하나님의 일은 이루어지지 못했을 것이다.

2. 요시야가 백성들의 부담을 담당했던 것처럼 제사장의 우두머리들이 제사장들의 부담을 담당했다. 방백들(8절) 즉 제사장의 우두머리이며 하나님의 전을 주관하는 레위 지파의 방백들이 제사장들의 부담을 담당했다. 또 몇몇 부유한 레위인들도 제물로써 많은 짐승들을 내주었다(9절). 이와 같이 성심으로 선한 일을 행하고자 하는 자는 신적 섭리가 돕는 자들을 일으켜 주신다는 사실을 발견하게 될 것이다.

Ⅲ. 제사장들과 레위인들은 손쉽게 그들의 직무를 수행했다(10절). 그들은 성전 뜰에서 유월절 양들을 잡았다. 제사장들은 제단 위에 피를 뿌렸으며, 레위인들은 가죽을 벗기고 그 고기를 족속의 서열대로 모든 백성에게 나누어 주었다(11, 12절). 열 명에서 스무 명의 사람에게 한 마리의 양이 할당되었다. 그들은 그것을 여러 조각으로 나누어 규례대로 불에 구워 먹었다(13절). 그리고 다른 성물들은 화목제의 율법에 따라 삶아 백성들에게 속히 분배했다. 그리하여 백성들은 속죄와 화해의 증표로 그것을 즐겁게 먹었다. 그리고 마지막으로 제사장들과 레위인들이 유월절 양을 먹음으로써 하나님을 존귀케 했다(14절). 사역자들은 다른 사람들의 영혼을 돌본다는 핑계로 자기 영혼을 소홀히 해서는 안 되며, 공예배를 많이 주관한다는 핑계로 골방과 가정에서의 개인적인 경건 훈련을 소홀히 해서는 결코 안 된다. 레위인들은 여기에서 자신들과 제사장들을 위해 준비했다. 그것은 제사장들이 하루 종일 제단 일에 붙잡혀 있었기 때문이었다. 이와 같이 사역자들은 피차 형제로서 그리고 같은 주를 섬기는 같은 종으로서 서로 돕고 협력해야 한다.

Ⅳ. 노래하는 자들과 문지기들도 각자의 위치에서 그들의 직무를 수행했다(15절). 노래하는 자들은 거룩한 노래와 음악으로 회중의 기쁨을 표현하고 고양시켰으며, 그들로 하여금 유월절을 지키는 일을 즐겁게 행하도록 이끌어 주었다. 또 문지기들은 문에 서서 부정한 자들이 들어오는 것을 막고 또 회중 가운데 소란한 일이 생기는 것을 방지하는 역할을 수행했다. 또 그들은 성회가 끝날 때까지 아무도 그 곳으로부터 나가지 못하도록 막음으로써 어느 누구도

남의 물건을 훔쳐 도망치지 못하도록 했다. 이와 같이 그들이 이런 임무를 수행하는 동안 그들의 형제인 레위인들은 그들을 위해 유월절 양을 준비했다.

V. 전체 의식은 율법에 따라 정확하게 시행되었다(16, 17절). 사무엘 이후로 유월절이 이같이 지켜진 적이 없었다고 언급된 것은 바로 이런 이유 때문이었다(18절). 히스기야 때의 유월절에도 몇몇 불법적인 요소들이 있었다. 패트릭 주교는 이와 관련하여 요시야가 지킨 유월절이 이전 왕들이 지킨 유월절을 훨씬 능가한다고 생각한다. 요시야는 다윗이나 솔로몬이나 여호사밧만큼 부요하지 않았지만 자신의 소유로부터 전체 회중을 위한 제물로서 짐승들을 내어주었다. 이 점에 있어 그는 이전의 어느 왕보다도 더 훌륭했다.

[20]이 모든 일 후 곧 요시야가 성전을 정돈하기를 마친 후에 애굽 왕 느고가 유브라데 강 가의 갈그미스를 치러 올라왔으므로 요시야가 나가서 방비하였더니 [21]느고가 요시야에게 사신을 보내어 이르되 유다 왕이여 내가 그대와 무슨 관계가 있느냐 내가 오늘 그대를 치려는 것이 아니요 나와 더불어 싸우는 족속을 치려는 것이라 하나님이 나에게 명령하사 속히 하라 하셨은즉 하나님이 나와 함께 계시니 그대는 하나님을 거스르지 말라 그대를 멸하실까 하노라 하나 [22]요시야가 몸을 돌이켜 떠나기를 싫어하고 오히려 변장하고 그와 싸우고자 하여 하나님의 입에서 나온 느고의 말을 듣지 아니하고 므깃도 골짜기에 이르러 싸울 때에 [23]활 쏘는 자가 요시야 왕을 쏜지라 왕이 그의 신하들에게 이르되 내가 중상을 입었으니 나를 도와 나가게 하라 [24]그 부하들이 그를 병거에서 내리게 하고 그의 버금 병거에 태워 예루살렘에 이른 후에 그가 죽으니 그의 조상들의 묘실에 장사되니라 온 유다와 예루살렘 사람들이 요시야를 슬퍼하고 [25]예레미야는 그를 위하여 애가를 지었으며 모든 노래하는 남자들과 여자들은 요시야를 슬피 노래하니 이스라엘에 규례가 되어 오늘까지 이르렀으며 그 가사는 애가 중에 기록되었더라 [26]요시야의 남은 사적과 여호와의 율법에 기록된 대로 행한 모든 선한 일과 [27]그의 처음부터 끝까지의 행적은 이스라엘과 유다 열왕기에 기록되니라

요시야가 그토록 훌륭하게 유월절을 지킨 것과 그의 죽음 사이에는 13년의 기간이 있었다. 이 기간 동안 그의 나라는 모든 면에서 축복된 상태에 있었을 것이고 그도 형통하며 종교적으로도 융성했을 것이라고 우리는 희망적

으로 상상할 수 있다. 그러나 우리는 이 기간 동안의 이야기에 대해 아무것도 듣지 못하며, 다만 그 기간은 침묵 속에 지나갈 뿐이다. 그것은 이 모든 일에도 불구하고 백성들이 죄에 대한 집착으로부터 돌이키지 않았으며 따라서 하나님도 격심한 진노로부터 돌이키지 않으셨기 때문이었다. 그러므로 우리가 요시야와 관련하여 듣게 되는 다음 소식은 그가 40이 채 되지 못한 한창 일할 나이에 갑자기 죽임을 당하는 소식이다. 우리는 이러한 슬픈 이야기에 대해 왕하 23:29-30에서 살펴보았다. 다만 여기에서는 좀 더 상세하게 서술되어 있을 뿐이다.

I. 요시야는 매우 선한 통치자였음에도 불구하고 지나치게 경솔하게 애굽 왕과 싸우러 나가는 실수를 범했다. 그가 자신과 상관없는 싸움에 끼어든 것은 열왕기에서도 나타나 있듯이 참으로 어리석은 일이었다. 그러나 여기에서는 그의 어리석음이 더욱 크게 부각된다. 왜냐하면 애굽 왕이 그에게 사신을 보내 이 일에 끼어들지 말도록 여러 말로 경고했기 때문이었다(21절).

1. 애굽 왕이 요시야에게 논증한 것은

(1) 공의의 원리로부터였다. 그는 요시야에게 어떤 해도 끼칠 마음이 없음을 공언(公言)했다. 따라서 요시야가 그를 대항해 무기를 든 것은 국가 간의 법으로 보더라도 부당한 일이었다. 설령 의인이라도 의롭지 못하게 행동한다면 결코 형통하기를 기대할 수 없을 것이다. 하나님은 사람들 간에 차별대우를 하지 않으신다. 사람이 네게 악을 행하지 아니하였거든 까닭 없이 더불어 다투지 말라(잠 3:30). 너는 서둘러 나가서 다투지 말라 마침내 네가 이웃에게서 욕을 보게 될 때에 네가 어찌할 줄을 알지 못할까 두려우니라(잠 25:8).

(2) 신앙의 원리로부터였다. "하나님이 나와 함께 하시느니라. 아니, 하나님이 나에게 명령하사 속히 하라 하셨느니라. 그러므로 만일 그대가 나를 막으면 그것은 곧 하나님을 막는 것이라." 우리는 이것이 애굽 왕이 요시야를 단념시키기 위해 공연히 꾸민 말이라고 생각할 수 없다(비슷한 상황에서 산헤립이 그랬던 것처럼, 왕하 18:25). 왜냐하면 여기에서 느고의 말은 하나님의 입으로부터 나온 것이라고 분명하게 언급되고 있기 때문이다(22절). 그러므로 우리는 (하나님으로부터 말미암은 것이라고 생각될 만한) 어떤 특별한 꿈이나 강한 충동에 의해 혹은 예레미야나 다른 어떤 선지자에 의해 하나님이 그에게 앗수르 왕과 전쟁을 벌일 것을 명령하셨다고 생각해야만 한다.

(3) 실제성의 원리로부터였다. "하나님이 그대를 멸하실까 하노라. 만일 그대가 강력한 군대와 정당한 명분을 가지고 있는 자와 그리고 하나님이 함께 하는 자와 싸운다면, 그것은 그대의 위험이 될 것이라."

2. 하나님의 진노는 그 마음이 온전했던 요시야에게 향한 것이 아니라 그토록 선한 왕을 가질 만한 자격이 없었던 유다를 향한 것이었다. 요시야는 느고의 정당한 논증을 듣고도 자신의 계획을 돌이키지 않을 정도로 지금 판단력이 혼미해진 상태에 있었다. 그는 몸을 돌이켜 떠나기를 싫어하고 므깃도 골짜기에 가서 애굽 군대와 싸웠다(22절). 만일 하나님의 명령을 받았다는 애굽 왕의 말을 믿을 수 없었다면, 요시야는 그와 싸우러 나가기 전에 먼저 하나님의 신탁(神託)을 물었어야 했다. 그렇게 하지 않은 것은 큰 실수였으며, 그 결과는 치명적이었다. 이 일에 있어서만큼은 그는 자기 조상 다윗의 길로 행하지 않았다. 만일 다윗이 이 같은 상황에 처해 있었다면 그는 틀림없이 여호와께 이렇게 물었을 것이다: 내가 올라가리이까? 주께서 그들을 내 손에 붙이시리이까? 우리의 행하는 모든 길에 하나님을 인정하지 않을 때, 우리는 결코 형통할 것을 기대할 수 없다.

II. 백성들은 매우 악했음에도 불구하고 요시야의 죽음을 크게 슬퍼했는데, 그것은 매우 칭찬할 만한 일이었다. 예레미야가 그의 죽음을 애곡한 것은 조금도 놀랄 일이 아니다. 그는 눈물의 선지자였으며, 요시야의 죽음 이후 닥쳐올 유다의 완전한 멸망을 분명하게 내다보고 있었다. 그러나 그토록 어리석고 지각 없는 유다와 예루살렘 백성들이 그의 죽음을 슬퍼하는 가운데(24절), 노래하는 남자들과 여자들을 통해 자신들의 슬픔을 고양(高揚)시키며 애가를 지어 이 일을 영원히 기억되게 하고자 한 것은 참으로 놀랄 만한 일이다(이와 같이 슬픈 상황에서 애가를 지어 온 나라로 하여금 그것을 배워 부르도록 한 것은 이스라엘의 통상적인 규례였다). 이러한 애가들은 '국가 시 모음집'(the collections of state poems)에 삽입되었다. 우리는 여기에서 다음과 같은 사실들을 발견할 수 있다.

1. 그들이 요시야에게 어느 정도 존경심을 품고 있었던 사실. 비록 그의 개혁에 진심으로 순응하며 따르지는 않았다 할지라도, 그들은 그에 대해 큰 존경심을 갖지 않을 수 없었다. 경건하며 크게 쓰임받은 인물들은 그들의 모범에 영향을 받지 않은 자들의 양심에조차도 큰 족적을 남기는 법이다. 그리고 스스

로는 경건의 원리를 따라 살지 않은 자들이라도 그렇게 산 다른 사람들을 크게 존경하며 칭송하는 것은 매우 흔한 일이다. 요시야가 살아 있는 동안 그렇게 선한 왕을 주신 것으로 인해 하나님께 감사하지 않았던 자들도 아마도 그가 죽었을 때에는 함께 슬퍼했을 것이다. 이스라엘 백성들은 모세와 아론이 자신들과 함께 있을 때는 그들에게 불평을 하며 때로 돌을 던지기까지 했지만 그러나 그들이 죽었을 때는 여러 날 동안 슬퍼하며 애곡했다. 은총에 대하여 그것을 향유(享有)하고 있는 동안에는 그 가치를 알지 못하다가 잃어버리고 난 후에야 비로소 그 가치를 알게 되는 것은 너무도 흔한 일이다.

2. 그들이 위기가 다가오고 있는 것을 어느 정도 감지한 사실. 아마도 예레미야는 그들에게 요시야가 취하여감을 입은 후에 그들이 직면하게 될 재앙에 대해 말했을 것이다. 따라서 예레미야의 말을 신뢰하는 한 그들은 자신들의 멸망을 막아 주는 장벽이었던 요시야의 죽음을 슬퍼하지 않을 수 없었다. 대부분의 사람들은 사전에 대대적으로 스스로를 개혁함으로써 재앙을 막기보다는 가만히 있다가 재앙이 다가오는 것을 보면서 뒤늦게 비탄의 눈물을 흘리곤 한다 (또한 그러면서도 죄를 버리지 않는다). 반면 경건한 슬픔은 회개를 가져오며 회개는 구원을 가져온다.

제
— 36 —
장

개요

본 장의 내용은 다음과 같다. I. 요시야의 죽음 이후 불과 수년 만에 유다와 예루살렘이 완전한 멸망을 당하는 슬픈 이야기. 1. 이후 왕들의 짤막한 통치 역사. (1) 여호아하스의 3개월 통치(1-4절). (2) 여호야김의 11년 통치(5-8절). (3) 여호야긴의 3개월 통치(9-10절). (4) 시드기야의 11년 통치(11절). 2. 유다에 임한 끔찍한 재앙들. (1) 수많은 사람들이 살육을 당함(17절). (2) 성전과 모든 궁실이 약탈을 당하고 불태워짐(18-19절). (3) 남은 자들이 포로로 끌려감(20절). 3. 왕과 백성들의 악행. (1) 시드기야의 악함(12-13절). (2) 백성들의 우상 숭배(14절). (3) 그들이 하나님의 선지자들을 핍박함(15-16절). (4) 이와 같이 하나님의 말씀이 이루어짐(21절). II. 고레스의 칙령으로 구원의 날이 동터오기 시작함(22-23절).

[1]그 땅의 백성이 요시야의 아들 여호아하스를 세워 그의 아버지를 대신하여 예루살렘에서 왕으로 삼으니 [2]여호아하스가 왕위에 오를 때에 나이가 이십삼 세더라 그가 예루살렘에서 다스린 지 석 달에 [3]애굽 왕이 예루살렘에서 그의 왕위를 폐하고 또 그 나라에 은 백 달란트와 금 한 달란트를 벌금으로 내게 하며 [4]애굽 왕 느고가 또 그의 형제 엘리아김을 세워 유다와 예루살렘 왕으로 삼고 그의 이름을 고쳐 여호야김이라 하고 그의 형제 여호아하스를 애굽으로 잡아갔더라 [5]여호야김이 왕위에 오를 때에 나이가 이십오 세라 예루살렘에서 십일 년 동안 다스리며 그의 하나님 여호와 보시기에 악을 행하였더라 [6]바벨론 왕 느부갓네살이 올라와서 그를 치고 그를 쇠사슬로 결박하여 바벨론으로 잡아가고 [7]느부갓네살이 또 여호와의 전 기구들을 바벨론으로 가져다가 바벨론에 있는 자기 신당에 두었더라 [8]여호야김의 남은 사적과 그가 행한 모든 가증한 일들과 그에게 발견된 악행이 이스라엘과 유다 열왕기에 기록되니라 그의 아들 여호야긴이 대신하여 왕이 되니라 [9]여호야긴이 왕위에 오를 때에 나이가 팔 세라 예루살렘에서 석달 열흘 동안 다스리며 여호와 보시기에 악을 행하였더라 [10]그 해에 느부갓네살 왕이 사람을 보내어 여호야긴을 바벨론

으로 잡아가고 여호와의 전의 귀한 그릇들도 함께 가져가고 그의 숙부 시드기야를 세워 유다와 예루살렘 왕으로 삼았더라

우리는 여기에서 유다와 예루살렘의 멸망이 점차적으로 다가오고 있는 것을 보게 된다. 이를 통해 우리는 하나님이 원하시는 것은 죄인들이 멸망을 당하는 것이 아니라 돌이켜 사는 것임을 알 수 있다. 그리하여 하나님은 그들에게 회개할 기회와 시간을 주시면서 은혜 가운데 기다리셨다. 이들 왕들의 역사는 열왕기하의 마지막 세 장에서 더 상세하게 서술되었다.

1. 백성들이 여호아하스를 왕으로 세움(1절). 그러나 그는 불과 3개월 만에 애굽 왕 느고에 의해 폐위되고 애굽 땅으로 포로로 끌려갔다(2-4절). 이 젊은 통치자에 대해 우리는 더 이상 듣지 못한다. 만일 그가 자기 아버지의 경건의 길을 따랐다면, 그는 오랫동안 통치하며 형통할 수 있었을 것이다. 그러나 우리는 열왕기에서 그가 여호와 보시기에 악을 행했다는 이야기를 듣는다. 그리하여 그의 기쁨과 환호는 잠시에 불과했다.

2. 애굽 왕 느고가 여호야김을 왕으로 세움(4절). 이스라엘의 오랜 원수였던 애굽 왕이 자기가 좋아하는 자로 유다의 왕을 삼고 왕의 이름을 자기 마음대로 바꾸었다. 애굽 왕 느고가 엘리아김을 세워 유다와 예루살렘 왕으로 삼고 그의 이름을 고쳐 여호야김이라 하고. 그렇게 한 것은 유다 왕이 자신의 꼭두각시에 불과함을 분명하게 나타내기 위한 것이었다. 여호야김은 하나님 여호와 보시기에 악을 행했다(5절). 우리는 8절에서 그가 가증한 일과 악행을 많이 행했다는 이야기를 듣는다. 그는 매우 난폭하며 악했다. 여기에서 '가증한 일'이라고 언급된 것은 통상적으로 우상 숭배를 일컫는 표현이다. 여기에서 애굽 왕에 대한 이야기는 더 이상 나오지 않는다. 다만 갑자기 바벨론 왕이 나타나는데, 그는 예루살렘에 올라와 여호야김을 사로잡고 바벨론으로 잡아갈 생각으로 그를 쇠사슬로 결박했다(6절). 그러나 바벨론 왕이 마음을 바꾸어 여호야김을 자신의 꼭두각시로 통치하도록 했든지 아니면 그가 포로로 끌려가기 전에 갑자기 죽은 것으로 보인다. 그리고 성전의 최고의 기물(器物)들은 바벨론에 있는 느부갓네살의 신전으로 옮겨져 그 곳에서 사용되게 되었다. 그것은 당시 세상의 어느 신전도 예루살렘 성전만큼 풍성한 기물들로 잘 구비(具備)되어 있지 못했을 것으로 추측되기 때문이다. 유다의 죄는 이방 나라들의 우상들을 하나님의 성전으로 가

져온 것이었다. 그리고 이제 그들에게 임한 징벌은 성전의 기물들이 이방 나라의 신들을 예배하기 위한 곳으로 옮겨지게 된 것이었다. 사람들이 죄로 하나님의 규례를 더럽힐 때 하나님이 그들을 원수들에게 더럽힘을 당하도록 그냥 내버려 두시는 것은 참으로 공의로운 일이다. 이들 기물들에 대하여 거짓 선지자들은 그것들이 다시 돌아올 것이라고 백성들에게 듣기 좋은 거짓말로 예언했다(렘 27:16). 그러나 예레미야는 남아 있는 것들까지도 바벨론으로 옮겨지게 될 것이라고 말했으며(21, 22절), 실제로 그렇게 되었다. 그러나 이러한 기물들이 옮겨진 것이 예루살렘의 멸망의 시작이었던 것처럼, 벨사살이 그러한 기물들을 모독하며 더럽힌 것은 바벨론의 죄의 분량을 채우는 일이었다. 왜냐하면 그가 자기 신들에게 영광을 돌리며 성전의 기물에다가 포도주를 부어 마셨을 때, 벽에 손가락이 나타나 그의 멸망을 예고하는 글을 썼기 때문이었다(단 5:3 이하). 이 여호야김과 관련하여 열왕기를 언급하는 가운데 '그에게 발견된 악행'이란 언급이 나오는데(8절), 아마도 그것은 그가 바벨론 왕에게 반역을 꾀하다가 '발각'된 것을 의미하는 것으로 보인다. 그러나 몇몇 유대 학자들은 이것을 그의 시신에서 '발견'된 (자신의 우상들을 존귀케 하기 위한) 어떤 은밀한 문신이나 표시를 의미하는 것으로 이해하기도 한다. 하나님은 이런 종류의 문신을 엄하게 금하셨다(레 19:28, 너희의 살에 문신을 하지 말며 무늬를 놓지 말라).

3. 여호야김의 아들 여호야긴(혹은 여고냐)이 왕이 됨(9절). 그러나 불과 석 달 열흘 만에 바벨론 왕이 올라와 성전의 귀한 기물들과 함께 그를 포로로 끌고 갔다. 그가 왕이 된 때와 관련하여 여기에서는 8살이라고 언급되어 있지만 그러나 열왕기에서는 18살로 나와 있다. 따라서 이것은 — 어떤 이들이 추측하는 것처럼 그가 8살 되던 때부터 그의 아버지와 함께 다스렸다고 상정하지 않는 한 — 사본 필사자의 실수로 보인다.

¹¹시드기야가 왕위에 오를 때에 나이가 이십일 세라 예루살렘에서 십일 년 동안 다스리며 ¹²그의 하나님 여호와 보시기에 악을 행하고 선지자 예레미야가 여호와의 말씀으로 일러도 그 앞에서 겸손하지 아니하였으며 ¹³또한 느부갓네살 왕이 그를 그의 하나님을 가리켜 맹세하게 하였으나 그가 왕을 배반하고 목을 곧게 하며 마음을 완악하게 하여 이스라엘 하나님 여호와께로 돌아오지 아니하였고 ¹⁴모든 제사

장들의 우두머리들과 백성도 크게 범죄하여 이방 모든 가증한 일을 따라서 여호와께서 예루살렘에 거룩하게 두신 그의 전을 더럽게 하였으며 15그 조상들의 하나님 여호와께서 그의 백성과 그 거하시는 곳을 아끼사 부지런히 그의 사신들을 그 백성에게 보내어 이르셨으나 16그의 백성이 하나님의 사신들을 비웃고 그의 말씀을 멸시하며 그의 선지자를 욕하여 여호와의 진노를 그의 백성에게 미치게 하여 회복할 수 없게 하였으므로 17하나님이 갈대아 왕의 손에 그들을 다 넘기시매 그가 와서 그들의 성전에서 칼로 청년들을 죽이며 청년 남녀와 노인과 병약한 사람을 긍휼히 여기지 아니하였으며 18또 하나님의 전의 대소 그릇들과 여호와의 전의 보물과 왕과 방백들의 보물을 다 바벨론으로 가져가고 19또 하나님의 전을 불사르며 예루살렘 성벽을 헐며 그들의 모든 궁실을 불사르며 그들의 모든 귀한 그릇들을 부수고 20칼에서 살아 남은 자를 그가 바벨론으로 사로잡아가매 무리가 거기서 갈대아 왕과 그의 자손의 노예가 되어 바사국이 통치할 때까지 이르니라 21이에 토지가 황폐하여 땅이 안식년을 누림 같이 안식하여 칠십 년을 지냈으니 여호와께서 예레미야의 입으로 하신 말씀이 이루어졌더라

우리는 여기에서 갈대아 사람들에 의해 유다와 예루살렘이 멸망을 당하는 이야기를 듣게 된다. 하나님의 친구 아브라함은 하나님과의 언약과 교제를 위해 그 지역 곧 갈대아 땅 우르로부터 불러냄을 받았다. 그러나 그의 타락한 후손들은 지금 다시 그 땅으로 끌려갔는데, 그것은 그들이 그들의 조상 아브라함으로 인해 받은 모든 특전(特典)을 상실했음을 의미하는 것이었다. 이렇게 하여 모든 것이 제자리로 돌아가 버리고 말았다. 우리는 여기에서 다음과 같은 내용을 보게 된다.

I. 이러한 멸망을 가져온 죄들.

1. 당시 왕이었던 시드기야 자신의 어리석음으로 인해 멸망이 초래되었다. 그는 하나님과 바벨론 왕에 대해 매우 그릇되게 행동했다.

(1) 만일 시드기야가 하나님을 자기편으로 삼기만 했더라도 멸망은 피할 수 있었을 것이다. 만일 그가 예레미야의 메시지를 귀담아 들었으면, 그는 자신의 평온한 통치기간을 훨씬 연장시킬 수 있었을 것이다. 그러나 그는 여기에서 예레미야 앞에 겸손하지 않았다고 언급된다(12절). 비록 강력한 군주라 하더라도 선지자가 여호와의 입으로부터 말씀을 선포할 때 마땅히 그 앞에 스스로를 겸손

하게 해야 한다. 시드기야는 예레미야의 훈계에 순복하여 스스로의 잘못을 바로잡고, 그의 조언에 따르며, 그의 입에서 나오는 하나님의 말씀의 권세 아래 스스로를 낮추었어야 했다. 그러나 그는 이와 같이 스스로를 하나님의 종으로 낮추지 않음으로써 결국 자기 대적의 노예가 되고 말았다. 하나님은 스스로를 겸비케 하지 않는 자를 겸비케 만드는 방법을 결국 찾아내실 것이다. 예레미야는 선지자로서 여러 나라들과 여러 왕국들 위에 세움을 받았다(렘 1:10). 설령 겉모양은 비천하게 보였을지라도 누구라도 그 앞에 스스로를 겸손하게 하지 않는다면, 그것은 결국 그 자신의 위험이 될 것이었다.

(2) 만일 시드기야가 바벨론 왕과의 언약에 진실하기만 했더라도 멸망은 피할 수 있었을 것이다. 시드기야는 신실하게 조공을 바치기로 맹세했음에도 불구하고 바벨론 왕을 배반하고 그와의 약속을 파기해 버렸다(13절). 바벨론 왕을 격노케 하여 그로 하여금 이토록 가혹한 징벌을 하도록 만든 것은 바로 이것이었다. 모든 나라는 맹세를 가장 신성한 것으로 여기면서 약속을 함부로 깨뜨리는 자를 가장 악한 자요, 신(神)을 배반한 자요, 가증한 자로 간주했다. 그러므로 시드기야는 자신이 맹세한 것을 마땅히 지켰어야 했다(겔 17:18, 그가 이미 손을 내밀어 언약하였거늘 맹세를 업신여겨 언약을 배반하고 이 모든 일을 행하였으니 피하지 못하리라). 설령 느부갓네살이 이방인이요 적이라 할지라도 그와 더불어 맹세하고 지키지 않는다면, 시드기야는 그 보응이 하나님께 있다는 사실을 알게 될 것이었다. 시드기야를 멸망에 이르게 만든 것은 이스라엘의 하나님 여호와께 돌아오지 않은 것뿐만 아니라 하나님께 대해 목을 곧게 하며 마음을 완악하게 한 것 때문이었다. 다시 말해서, 그는 하나님께 돌이키지 않기로 굳게 결심했으며, 자신의 목을 하나님의 멍에 아래 두지도 않고 자신의 마음을 하나님의 말씀 아래 두지도 않았다. 그 결과 그는 고침을 받지도 못하고 목숨을 보전하지도 못했다.

2. 이와 같은 멸망을 초래한 큰 죄는 우상 숭배였다. 제사장들과 백성들은 이방의 가증한 일들을 따랐으며, 이교도들의 음란하고 추잡한 의식을 위해 하나님의 순전한 예배를 버렸으며, 그렇게 하여 여호와의 전을 더럽혔다(14절). 우상 숭배를 배격해야 할 제사장들과 제사장들의 우두머리들이 앞장서서 그 일을 주도했다. 신앙이 이미 파괴된 곳에 멸망인들 멀겠는가?

3. 그들의 죄를 더욱 가중시키고 그 분량을 채운 것은 회개하도록 보냄받은

선지자들을 그들이 핍박한 사실이었다(15, 16절). 여기에서 우리는 다음과 같은 것들을 발견할 수 있다.

(1) 하나님의 긍휼. 그들에게 선지자들을 보낸 것은 하나님의 긍휼로 말미암은 것이었다. 왜냐하면 하나님은 그들과 더불어 언약을 맺은 그들의 조상들의 하나님이시며 또한 그들이 예배하는 하나님이시기 때문이었다. 따라서 하나님은 그들에게 사신(使臣)들을 보내서서, 그들에게 죄에 대해 그리고 그로 인해 초래되는 멸망에 대해 경고하도록 하셨다. 여기에서 부지런히(혹은 **때에 맞게**) 보내셨다는 언급은 그들에 대한 하나님의 큰 관심과 배려를 나타낼 뿐만 아니라 그들이 하나님을 떠나 우상에게로 가는 첫 발자국만 뗄지라도 하나님이 즉시로 그들을 책망하고 돌이키기 위해 그러한 사신들을 보내셨음을 보여준다. 하나님은 때에 맞게 그들에게 그들의 의무와 위험에 대해 알려 주셨다. 이와 같이 하나님이 때에 맞게 말씀을 주시고, 또 때에 맞게 사신(使臣)들을 보내신 것은 우리로 하여금 때에 맞게 하나님을 찾도록 촉구하기 위함이었다. 보냄받은 선지자들은 때에 맞게 일어나 그들에게 말했으며, 시간과 기회를 놓치지 않고 자신들의 직분에 충성되게 사역했다. 이와 같이 하나님은 때에 맞게 사신들을 보내셨다. 사역자들이 그들의 직분을 수행함에 있어 받은 고통만큼 백성들은 그에 대해 책임을 지게 될 것이다. 하나님이 이와 같이 선지자들을 통해 백성들과 다투시는 이유는 그의 백성과 그 거하시는 곳을 아끼시고 그것을 통해 그들의 멸망을 막으시고자 하셨기 때문이었다. 하나님의 말씀, 사역자들, 양심, 신적 섭리 등 하나님이 죄인들을 고치기 위해 사용하는 방법들은 모두 그들을 향한 하나님의 긍휼과 아무도 멸망치 않기를 바라는 그의 마음을 나타내는 실례들이다.

(2) 하나님께 대한 백성들의 야비하고 불성실한 태도(16절): 그의 백성이 하나님의 사신들을 비웃고 그의 말씀을 멸시하며 그의 선지자를 욕하여. 하나님의 사신들을 모욕하는 것은 그들을 보내신 자를 모욕하는 것이었다. 그리고 그들은 선지자들을 마치 원수를 대하는 것처럼 욕하며 핍박했다. 그들이 예레미야에게 행한 악행들은 이에 대한 분명한 실례(實例)였으며(우리는 그에 대해 그의 예언서에서 잘 볼 수 있다), 이것은 하나님께 대한 끝없는 적의(敵意)와 계속해서 죄의 길을 고집하는 완악한 심령의 증거였다. 바로 이것이 돌이킬 수 없는 진노를 불러들였다. 이제 그들에게는 어떤 구제방법도 없었다. 왜냐하면 그들

이 구제방법(즉 선지자들)에 대해 악을 행했기 때문이었다. 하나님을 격노케 함에 있어 그의 충성된 사역자들을 핍박하는 것보다 더 큰 것은 아무것도 없다. 왜냐하면 하나님은 그들에게 행한 것을 당신 자신에게 행한 것으로 간주하시기 때문이다. 사울아 사울아 네가 어찌하여 나를 핍박하느냐? 로마인들에 의한 예루살렘의 최후의 멸망도 바로 이와 같은 핍박의 죄로 말미암은 것이었다. 마 23:34-37을 보라. 하나님의 충성된 사역자들을 조롱하며 그들을 가증스러운 자들로 만들기 위해 자신들이 할 수 있는 모든 일을 행하며 그들을 핍박하고 학대하여 낙망케 하고 그럼으로써 다른 사람들로 하여금 그들의 말을 듣지 못하게 하는 자들은 사신(使臣)들에게 행한 악행은 그들을 보낸 왕에게 행한 것으로 간주된다는 사실을 깨달아야 한다. 그리고 차라리 자신들의 목에 연자맷돌을 매고 스스로를 바다에 던지는 것이 나았을 것이란 사실을 알게 될 날이 다가오고 있음을 깨달아야 한다. 왜냐하면 지옥은 바다보다 훨씬 더 깊고 두려운 곳이기 때문이다.

Ⅱ. 멸망 그 자체.　이에 대해서는 왕하 25장에서 좀 더 상세하게 언급되었다.

1. 많은 사람들이 칼로 살육을 당함. 갈대아 사람들은 심지어 성전에서조차 사람들을 무차별 살육했다(17절). 아마도 사람들은 성소(聖所)가 자신들을 보호해 줄 것이라 여기면서 그 곳으로 피신했다가 살육을 당했을 것이다. 그러나 그들 자신이 온갖 가증한 일로 성소를 더럽힌 마당에(14절), 어떻게 그 곳이 자신들을 보호해 줄 것으로 기대할 수 있었단 말인가? 자신들의 종교를 저버린 자들은 그 종교가 가져다주는 모든 은택과 위로를 잃어버린다. 갈대아 사람들은 성소(聖所)에 대해 어떤 존경심도 품지 않았을 뿐만 아니라 여자와 노인들에 대해서조차 인간적인 동정심을 나타내지 않았다. 유다 백성들에게 있어 자신들을 불쌍히 여겨주신 하나님을 버렸다가(15절) 잔혹무도한 자들의 손에 떨어지고 만 것은 공의로운 일이었다.

2. 성전의 남은 기물들이 탈취를 당함. 성전의 크고 작은 기물들과 성전과 왕궁의 보화들이 탈취를 당해 바벨론으로 옮겨졌다(18절).

3. 성전이 불타고 예루살렘 성벽이 파괴됨. 그리고 여기에서 궁실로 일컬어지는 값비싼 집들이 불태워지고 모든 귀한 그릇들이 파괴되었다(19절). 죄가 얼마나 두려운 재앙을 가져오는지 보라. 우리의 생명과 재산은 얼마나 귀한 것인

가! 그러므로 우리는 벌레가 뿌리를 갉아 먹음으로 나무 전체가 쓰러지지 않도록 항상 주의를 기울여야 한다.

4. 칼에서 살아 남은 자들이 바벨론에 포로로 끌려감(20절). 그들은 거기에서 노예가 되어 곤궁하며 모욕을 당하는 등 참으로 비참한 신세가 되었다. 그곳은 그들에게 낯선 땅이었을 뿐만 아니라 원수의 땅이었다. 거기에서 그들을 미워하는 자들이 그들을 다스리며 억압했다. 그들은 그 땅의 통치자들에게 종이 되었으며, 바벨론이 멸망을 당할 때까지 가혹한 압제를 당했다. 이제 그들은 바벨론 강변에 앉아 그 강물에 자신들의 눈물을 섞었다(시 137:1, 우리가 바벨론의 여러 강변 거기에 앉아서 시온을 기억하며 울었도다). 이 곳에서 그들의 우상 숭배는 고쳐진 것으로 보이지만 그러나 에스겔 선지자의 경우에서 나타나는 것처럼 선지자를 조롱하는 태도는 고쳐지지 않았다.

5. 토지가 황폐하게 됨(21절). 그들이 바벨론에 포로로 끌려가 있는 동안 그 땅이 황폐하게 되었다. 그토록 풍성했던 땅, 모든 땅들의 영광이었던 그 땅이 이제 광야로 바뀌어 갈아지지도 경작되지도 않게 되었다. 목초지는 가축들로 덮이지 않고, 골짜기는 곡식으로 덮이지 않게 되었으며, 모든 땅은 방치된 채 내버려졌다. 이러한 황폐는

(1) 그들이 그 땅을 오용(誤用)한 것에 대한 정당한 징벌이었다. 그들은 그 땅의 열매로 바알을 섬겼다. 그러므로 그들로 인해 그 땅이 저주를 받았느니라. 이제 그 땅은 안식을 누리게 되었으며, 그렇게 하여 하나님이 모세를 통해 경고하신 것이 이루어졌다(레 36:34, 너희가 원수의 땅에 살 동안에 너희의 본토가 황무할 것이므로 땅이 안식을 누릴 것이라). 그 이유가 35절에 나와 있다. "그것은 너희가 안식할 때에 땅은 쉬지 못했기 때문이니라. 다시 말해서 너희가 안식일을 더럽히며 안식년을 지키지 않았기 때문이니라." 그들은 그 땅이 쉬어야 하는 일곱째 해에도 쟁기질을 하며 씨를 뿌렸다. 그 땅이 쉬어야만 했음에도 불구하고 쉬지 못했을 때, 이제 하나님은 7년의 열 배를 쉬게 만드셨다. 인간의 불순종에도 불구하고 모든 것은 결국 하나님의 뜻대로 된다는 사실을 주목하라. 만일 하나님께 드려져야 할 것이 드려지지 않으면, 하나님은 호세아를 통해 말씀하신 것처럼 그것을 도로 찾으실 것이다(호 2:9). 만일 그들이 그 땅을 쉬게 하지 않는다면, 하나님이 강제로라도 쉬게 만드실 것이다. 어떤 이들은 그들이 모두 합쳐 70번의 안식년을 지키지 않음으로 그에 대한 보응으로 그만큼 그 땅이 안

식하게 된 것이라고 생각한다. 만일 지키지 않은 안식년이 70번보다 적었다면, 하나님은 이자까지 계산해서 받으신 것이 될 것이다. 하나님이 이 때 그들과 더불어 다투신 또 한 가지는 7년과 관련된 또 다른 율법을 그들이 지키지 않은 것이었는데, 그것은 종을 놓아 주는 것이었다(렘 34:13 이하를 보라).

(2) 때가 되면 다시 돌아올 것이라는 그들의 희망을 격려하는 것이었다. 만일 다른 사람들이 그 땅에 들어와 정착하게 된다면, 그들은 영원히 돌아오지 못하게 될 수도 있을 것이었다. 그러나 그 땅은 황폐하게 된 가운데 다른 소유자를 받아들이지 않으면서 이를테면 그들이 다시 돌아오기만을 기다리고 있었다.

22바사의 고레스 왕 원년에 여호와께서 예레미야의 입으로 하신 말씀을 이루시려고 여호와께서 바사의 고레스 왕의 마음을 감동시키시매 그가 온 나라에 공포도 하고 조서도 내려 이르되 23바사 왕 고레스가 이같이 말하노니 하늘의 신 여호와께서 세상 만국을 내게 주셨고 나에게 명령하여 유다 예루살렘에 성전을 건축하라 하셨나니 너희 중에 그의 백성된 자는 다 올라갈지어다 너희 하나님 여호와께서 함께 하시기를 원하노라 하였더라

역대하의 마지막 두 구절은 과거와 미래 양면을 모두 바라본다.

1. 그것은 과거적으로 예레미야의 예언을 돌아보면서 그 예언이 어떻게 성취되었는지를 보여준다(22절). 하나님은 예레미야를 통해 70년이 마치면 포로들이 돌아와 예루살렘을 재건하게 될 것을 약속하셨다. 그리고 마침내 그 시간 즉 시온에 은총을 베푸시기로 정하신 시간이 도래했다. 길고 어두운 밤이 지나고 마침내 여명이 밝아오기 시작했으며, 이렇게 하여 하나님의 모든 말씀이 참되다는 사실이 분명하게 드러났다.

2. 그것은 미래적으로 에스라의 역사를 내다본다. 우리는 에스라의 역사가 여기의 두 구절이 다시 반복되는 것으로 시작되는 것을 보게 될 것이다. 따라서 본 단락은 여기에서 예루살렘이 멸망당하는 매우 우울한 이야기의 종결이면서 동시에 거기에서 예루살렘이 회복되는 복된 이야기의 시작이다. 그러므로 이로부터 우리는 설령 하나님의 교회가 잠시 던져지기는 할지라도 아주 버려지지는 않으며, 하나님의 백성들이 잠시 징계는 받을지언정 완전히 포기되

지는 않는다는 사실을 배울 수 있다. 그들은 잠시 풀무에 던져진다 할지라도 그러나 거기에서 완전히 잃어지지는 않는다. 찌끼가 제거되면 하나님은 그들을 더 이상 그 곳에 두지 않으실 것이다. 하나님은 오랫동안 다투시기는 하시지만 그러나 항상 다투시지는 않는다. 하나님의 이스라엘은 때가 되면 바벨론에서 끌어냄을 받을 것이며, 하나님은 심지어 마른 뼈조차도 다시 살아나게 하실 것이다. 그것은 처음에는 긴 시간일 수 있지만, 그러나 이상(異像, vision)은 정해진 때가 있는 법이다. 그리고 마침내 하나님의 말씀이 이루어지는 날이 올 것이다. 그러므로 설령 지체될지라도 우리는 그 날을 기다려야만 한다.

에스라

서론

본서에서 유대 교회는 이제까지 우리가 보아 온 모습과는 매우 다른 모습을 나타낸다. 이제 유대 교회의 상태는 예전보다 훨씬 더 선하고 복된 모습으로 바뀌었다. 여기에서 마른 뼈들이 다시 살아난다 ─ 그러나 아직까지는 종의 형상으로서. 그리고 포로의 멍에가 벗겨진다 ─ 그러나 아직 그들의 목에 찢겨진 상처가 남아있는 상태로. 이제 우리는 여기에서 더 이상 왕들의 이야기는 듣지 못한다. 그들의 머리 위에 있었던 왕관은 이제 벗겨졌다. 선지자들도 잠시 동안은 그들과 함께 있으면서 이스라엘을 재건하는 작업을 이끌겠지만, 그러나 얼마 후면 그들은 더 이상 나타나지 않을 것이며 예언은 끊어질 것이다 ─ 우리의 위대한 선지자와 그의 선구자가 나타날 때까지.

본서의 역사는 70년이 마친 후 유대인들이 바벨론으로부터 돌아올 것과 관련한 예레미야의 예언이 성취되는 이야기이다(또한 그것은 복음 교회가 영적 바벨론으로부터 구원받을 것과 관련한 계시록의 예언들이 성취되는 것의 모형이기도 하다). 에스라는 이와 같은 거대한 변혁의 기록들을 보존하고 그것을 교회에 남겼다. 그의 이름의 의미는 '돕는 자'(helper)이다. 실제로 그는 당시 백성들에게 '돕는 자'였다. 우리는 그가 무대에 등장하는 7장에서 그에 대한 구체적인 이야기를 듣게 될 것이다. 본서는 우리에게 다음과 같은 이야기들을 들려준다.

I. 유대인들이 포로로부터 돌아오는 이야기(1-2장). II. 성전 건축의 이야기(3-6장). III. 에스라가 예루살렘에 옴(7-8장). IV. 에스라가 예루살렘에서 행한 선한 사역(9-10장). 유대 나라의 이와 같은 새 출발은 처음에는 미약했지만, 그러나 그 끝은 심히 창대했다.

제 1 장

개요

　본 장의 내용은 다음과 같다. I. 바사 왕 고레스가 바벨론에 포로로 끌려온 모든 유대인들을 해방하고 그들로 하여금 예루살렘에 돌아가 성전을 건축하도록 허락하는 조서를 내림(1-4절). II. 이에 따라 많은 유대인들이 돌아옴(5, 6절). III. 고레스가 성전의 그릇들을 돌려줌(7-11절). 이제 그들의 구원의 날이 밝아오고 있었다.

[1]바사 왕 고레스 원년에 여호와께서 예레미야의 입을 통하여 하신 말씀을 이루게 하시려고 바사 왕 고레스의 마음을 감동시키시매 그가 온 나라에 공포도 하고 조서도 내려 이르되 [2]바사 왕 고레스는 말하노니 하늘의 하나님 여호와께서 세상 모든 나라를 내게 주셨고 나에게 명령하사 유다 예루살렘에 성전을 건축하라 하셨나니 [3]이스라엘의 하나님은 참 신이시라 너희 중에 그의 백성 된 자는 다 유다 예루살렘으로 올라가서 이스라엘의 하나님 여호와의 성전을 건축하라 그는 예루살렘에 계신 하나님이시라 [4]그 남아 있는 백성이 어느 곳에 머물러 살든지 그 곳 사람들이 마땅히 은과 금과 그 밖의 물건과 짐승으로 도와 주고 그 외에도 예루살렘에 세울 하나님의 성전을 위하여 예물을 기쁘게 드릴지니라 하였더라

　우리는 여기에서 먼저 다음과 같은 것들을 고려할 필요가 있다.

　1. 바벨론에서 유대인 포로들의 형편은 어떠했나? 그들은 여러 가지 면에서 참으로 처참한 상태에 있었다. 그들은 자신들을 미워하는 자들의 권세 아래 있었으며, 자기 소유라고 주장할 수 있는 것은 아무것도 갖지 못했다. 그들에게는 성전도 없었으며 제단도 없었다. 만일 그들이 시편을 노래하면, 원수들이 그들을 비웃으며 조롱했다. 다만 그들에게 선지자는 있었다. 당시에 활동했던 선지자로는 에스겔과 다니엘이 있었는데, 그들은 이방종교로부터 자신들을 분명하게 구별시켰다. 당시 포로로 끌려갔던 자들 가운데 궁중에서 높은 직위를 얻은 자들도 있었으며, 그 곳에서 어느 정도 안락하게 정착한 자들도 많이 있

었다. 그럼에도 불구하고 그들은 때가 되면 다시 옛 땅으로 돌아갈 것이란 희망을 품고 있었으며, 그와 같은 희망 속에서 자신들의 가문을 보존하는 가운데 우상 숭배를 혐오하며 하나님에 관한 지식을 굳게 붙잡고 있었다.

2. 당시 그들을 둘러싼 정치적 상황은 어떠했나? 느부갓네살은 그의 통치 원년 즉 여호야김 4년에 많은 유대인들을 포로로 끌고 갔다. 그는 45년 동안 통치했으며 그의 아들 에윌므로닥은 23년 동안 그리고 그의 손자 벨사살은 3년 동안 통치했는데, 이들 기간을 모두 합하면 70년이 된다. 라이트푸트 박사가 지적한 것처럼, 느부갓네살에게는 '사로잡힌 자들을 집으로 놓아 보내지 아니한 자' 라는 별칭이 붙여졌다(사 14:17). 다니엘은 만일 그가 가련한 유대인들에게 긍휼을 베풀었다면 그의 평안함이 더욱 연장되었을 것이라고 말했다(단 4:27). 그러나 마침내 바벨론의 죄의 분량이 채워졌을 때, 메대 사람 다리오와 바사 사람 고레스에 의해 멸망이 그들에게 임하게 되었다(우리는 이에 대해 단 5장에서 읽게 된다). 다리오는 늙어서 정권을 고레스에게 넘겨주었는데, 바로 이 고레스가 유대인들을 구원하는 도구로 사용되었다. 그는 바벨론 왕국을 정복하자마자 유대인들에게 옛 땅으로 돌아가 하나님의 성전을 건축하라는 칙령을 내렸는데, 이것은 느부갓네살이 한 일을 원점으로 되돌리는 일이었다(그는 느부갓네살 가문을 완전히 진멸했다). 그가 이와 같은 칙령을 내린 것은 느부갓네살이 행한 일은 어떤 것이든 원점으로 되돌리기를 즐거워했기 때문이든지, 아니면 자신의 통치가 자비와 온유함으로 이루어질 것임을 과시하기 위함이었든지, 아니면 (어떤 이들이 생각하는 것처럼) 150여 년 전에 이사야 선지자에 의해 선포된 그 유명한 예언 즉 고레스의 이름이 직설적으로 거명되면서 그가 하나님을 위해 이 일을 행할 것이며 하나님이 그를 위해 큰 일들을 이루실 것이라는 예언에(사 44:28; 45:1 이하) 큰 관심을 가지고 있었기 때문이었을 것이다(아마도 그는 주위 사람들로부터 이러한 예언에 대해 알게 되었을 것이다). 어떤 이들은 그의 이름이 바사 어로 태양을 의미한다고 말한다. 그는 하나님의 교회에 빛과 구원을 가져다준 자로서 의의 태양이신 예수 그리스도의 특별한 모형이었다. 또 어떤 이들은 그의 이름이 아버지를 의미한다고 생각한다(그와 같이 그리스도는 영존하시는 아버지이시다). 이제 우리는 여기에서 다음과 같은 사실들을 듣게 된다.

I. 그 칙령은 여호와로부터 말미암은 것이었다. 여호와께서 바사 왕 고레스

의 마음을 감동시키시매(1절). 왕들의 마음도 여호와의 손 안에 있으며 마치 시냇물의 물길처럼 하나님은 그들의 마음을 당신이 원하는 쪽으로 돌리실 수 있다는 사실을 주목하라. 고레스는 하나님을 알지 못했으며 또 하나님을 섬기는 방법도 알지 못했다고 언급된다. 그럼에도 불구하고 하나님은 그를 아셨으며 또 그를 통해 당신의 뜻을 이루는 방법도 알고 계셨다(사 45:4). 하나님은 인간들의 영에 역사하는 그분의 능력으로 세상을 통치하신다. 어느 때든지 어떤 선한 일이 이루어질 때, 사람의 영을 감동하사 그 일을 행하게 하시고 그 마음속에 그러한 생각을 불어넣으시며 그 의지를 이끄시는 분은 하나님이시다. 그러므로 어느 때든지 하나님의 교회를 위해 어떤 선한 일이 행해질 때, 그 모든 일의 영광은 하나님께 돌려져야 한다.

II. 그 칙령은 예레미야의 예언과 관련된 것이었다. 하나님은 예레미야를 통해 그들이 돌아올 것을 약속했을 뿐만 아니라 그 때를 분명하게 정하셨다. 정해진 시간은 70년이었다(렘 25:12; 29:10). 이스라엘을 애굽으로부터 구원하실 것과 관련한 약속을 정확하게 지키신(출 12:41) 하나님은 이번에도 약속한 때가 차매 정확하게 그렇게 하셨다. 지금 고레스가 행하고 있는 일은 오래 전에 선포된 하나님의 종들의 말을 확증하는 것이었다(사 44:26). 예레미야는 살아 있는 동안에는 미움과 경멸을 당했다. 그러나 신적 섭리가 이와 같이 한 강력한 군주를 감동시켜 그의 입을 통해 선포된 여호와의 말씀을 응하게 만듦으로써 그를 크게 존귀케 했다.

III. 칙령이 선포된 때. 이 때는 그의 통치 원년 즉 그가 바사 왕이 된 첫 해가 아니라, 그가 바벨론을 정복하고 그 나라의 통치자가 된 첫 해였다. 이와 같이 그 영혼이 초창기부터 하나님의 영에 감동되어 그분의 일을 행하도록 쓰임받는 자는 얼마나 복된가!

IV. 칙령은 공포와 조서로 즉 말과 글로 선포되었다. 고레스는 온 나라에 마치 희년의 나팔소리처럼 포로들에게 자유를 선포하는 자신의 목소리를 울렸으며, 또한 그것을 글로 반포함으로써 그 메시지가 열 지파가 흩어진 앗수르와 메대의 먼 지역까지 전달되도록 했다(왕하 17:6).

V. 칙령의 요지.

1. 고레스는 자신이 누구로부터 감동받았는지를 분명하게 밝힌다(2절). 그는 여호와에 관해 알고 있었던 것으로 나타난다. 왜냐하면 그는 그분을 이스라

엘의 하나님(즉 살아 계시며 참되신 유일하신 하나님)과 하늘의 하나님(즉 땅의 열국을 자신의 뜻대로 움직이는 주권자)으로 부르고 있기 때문이다. 또 그는 여호와를 '참 신' 즉 만유 위에 계신 유일하신 하나님으로 부른다(3절). 그는 이스라엘의 하나님에 대해 체계적으로 배우지는 못했을 것이다. 그럼에도 불구하고 하나님은 그에게 당신을 알게 하사 그로 하여금 이와 같은 큰 일을 행하도록 만드셨다. 그는 자신이 이 일을 행하는 것이 다음과 같은 두 가지 이유 때문이라고 고백한다.

(1) 하나님이 자신에게 베풀어 주신 은총에 대한 감사. 하늘의 하나님이 세상 모든 나라를 내게 주셨고. 이것은 다소 과장된 자랑처럼 들린다. 왜냐하면 당시 세상에는 그의 통치권이 미치지 않는 많은 나라들이 있었기 때문이었다. 그러나 이러한 언급이 의미하는 바는 하나님이 과거에 느부갓네살에게 주셨던 모든 것을 이제 자신에게 주셨다는 것이었다(다니엘이 말한 대로, 느부갓네살의 통치권은 땅 끝까지 미치는 것이었다, 단 4:22; 5:19). 하나님이 모든 권세의 근원이시며 세상의 모든 나라들이 하나님의 장중에 있다는 사실을 주목하라. 그러므로 만일 누가 어떤 지역을 통치하는 권세를 가졌다면, 그것은 하나님으로부터 말미암은 것이다. 그러므로 하나님으로부터 큰 권세를 위임 받은 자들은 그것으로써 하나님을 위해 많은 일을 해야 한다는 사실을 잊어서는 안 된다.

(2) 하나님께 대한 순종. 그가 나에게 명령하사 유다 예루살렘에 성전을 건축하라 하셨나니. 아마도 이것은 밤에 꿈이나 이상을 통한 것이었을 것이다. 이스라엘은 오랫동안 하나님의 명령을 불순종하곤 했는데, 이러한 이방 왕의 순종으로 인해 그들의 불순종은 더욱 부끄러운 것이 될 수밖에 없었다.

2. 고레스는 자신의 통치 아래 있는 모든 유대인들에게 예루살렘으로 올라가 거기에서 여호와의 성전을 건축하도록 허락한다(3절). 그는 하나님을 존중하는 가운데 다음과 같은 것들은 그냥 무시해 버렸다.

(1) 자기 나라의 세속적인 이익. 그로서는 엄청난 숫자의 노동력을 자신의 통치영역 속에 그대로 묶어 두는 것이 이익이었을 것이다. 또 그들로 하여금 옛 땅에 돌아가 다시 그 곳에 정착하도록 하는 것은 큰 손실이 아닐 수 없었을 것이다. 그러나 가장 큰 이익은 경건하게 하나님의 명령에 순종하는 것이다.

(2) 자기 나라의 종교적인 영예. 왜 그는 그들에게 바벨론이나 바사의 신들을 위한 전을 세우라고 명령하지 않았는가? 그는 이스라엘의 하나님이 하늘의

하나님이라는 사실을 믿었으므로 이스라엘에게 은혜를 베풀어 하나님만을 섬기도록 배려해 주었다. 그들로 하여금 그들의 하나님 여호와의 이름으로 행하게 하라.

3. 고레스는 필요한 자금을 충당하는 일과 관련한 훈령을 덧붙인다(4절). "남아 있는 자들은 예루살렘에서 자신의 몫을 부담할 방편이 없으므로 자기 자리에 있는 자들로 하여금 그들을 돕게 하라." 어떤 이들은 이것을 왕이 관리들에게 왕의 세입(歲入)으로부터 그들에게 필요한 재정을 충당해 주라고 명령하는 것으로 생각한다(스 6:8처럼). 그러나 이것은 유다 포로들로 하여금 왕의 백성들에게 필요한 재정을 요청할 수 있는 권리를 부여하는 것으로 보인다. 우리는 유대인들이 주변 사람들에게 선하게 행동하므로 이웃 사람들이 기꺼이 그들의 필요를 채워주고자 했을 것이라고 추측할 수 있다. 적어도 자신들의 정부가 그들을 선대(善待)하는 것을 보고 많은 사람들이 그들에게 기꺼이 은혜를 베풀고자 했을 것이다. 고레스는 떠나는 자들에게 선한 말로 축복해 주었을 뿐만 아니라(그들의 하나님이 그들과 함께 하실 것이라, 3절) 그들에게 필요한 것들을 공급해 주었다. 그는 백성들 가운데 능력 있는 자들이 하나님의 전을 위해 자원하는 예물을 드리는 것이 마땅하다고 생각했다. 뿐만 아니라 그는 국고(國庫)로부터도 필요한 재정을 충당해 주었다. 성전을 사랑하며 존귀하게 여기는 자는 마땅히 성전을 위해 선한 행동을 해야만 한다.

[5]이에 유다와 베냐민 족장들과 제사장들과 레위 사람들과 그 마음이 하나님께 감동을 받고 올라가서 예루살렘에 여호와의 성전을 건축하고자 하는 자가 다 일어나니 [6]그 사면 사람들이 은 그릇과 금과 물품들과 짐승과 보물로 돕고 그 외에도 예물을 기쁘게 드렸더라 [7]고레스 왕이 또 여호와의 성전 그릇을 꺼내니 옛적에 느부갓네살이 예루살렘에서 옮겨다가 자기 신들의 신당에 두었던 것이라 [8]바사 왕 고레스가 창고지기 미드르닷에게 명령하여 그 그릇들을 꺼내어 세어서 유다 총독 세스바살에게 넘겨주니 [9]그 수는 금 접시가 서른 개요 은 접시가 천 개요 칼이 스물아홉 개요 [10]금 대접이 서른 개요 그보다 못한 은 대접이 사백열 개요 그밖의 그릇이 천 개이니 [11]금, 은 그릇이 모두 오천사백 개라 사로잡힌 자를 바벨론에서 예루살렘으로 데리고 갈 때에 세스바살이 그 그릇들을 다 가지고 갔더라

우리는 여기에서 다음과 같은 이야기를 듣게 된다.

I. 고레스의 칙령으로 어떤 결과가 야기되었나.

1. 많은 유대인들이 예루살렘으로 올라감(5절). 고레스의 허락에 따라 많은 유대인들이 예루살렘으로 올라갈 마음을 갖게 되었다. 이 일을 이끈 지도자들은 유다와 베냐민의 족장들로서, 경험도 많고 신분도 높은 자들이었다. 높은 신분을 가진 자들은 의무를 수행함에 있어서도 다른 사람들보다 앞장서야 한다. 또 그들과 함께 앞장선 사람들은 제사장들과 레위인들이었다(이것은 너무도 마땅한 일이었다). 어떤 선한 일이 행해져야 할 때, 사역자들이 앞장서지 않는다면 누가 앞장서겠는가? 그리고 그 마음이 하나님께 감동된 자들이 그들을 따랐다. 고레스의 마음을 움직여 자유를 선포하게 하신 동일한 하나님이 또한 그들의 마음을 감동하셔서 그 은택을 취하도록 하셨다. 이는 힘으로 되지 아니하며 능력으로 되지 아니하고 오직 나의 영으로 되느니라(슥 4:6). 아마도 그들 가운데 어떤 사람들에게는 계속해서 바벨론에 머물고자 하는 유혹이 매우 컸을 것이다. 그들은 거기에서 어느 정도 안락하게 뿌리를 내리고 주변 사람들과 더불어 친분관계도 맺음으로써 "여기 있는 것이 좋사오니"라고 말할 수도 있었다. 뿐만 아니라 그들의 귀환을 주저하게 만드는 것들도 많이 있었다. 돌아가는 길은 멀었으며, 아내와 자식들은 긴 여행에 충분히 준비되지 못했다. 그들의 옛 땅은 이제 도리어 낯선 땅이 되었으며, 가야 하는 길도 잘 알지 못했다. 예루살렘으로 올라간다면 거기에서 무엇을 어떻게 해야 한단 말인가? 그 곳은 모두 폐허가 되었으며, 그들을 손쉬운 먹잇감으로 만들 원수들이 그 곳에 있었다. 많은 사람들이 이런 생각으로 바벨론에 그냥 머물러 있고자 했든지, 최소한 앞장서서 가지는 않으려고 했을 것이다. 그러나 이러한 난관들에도 불구하고 길에 사자(獅子)를 두려워하지 않으면서 기꺼이 앞장서는 모험을 감행하고자 하는 자들이 있었다. 바로 그들이 하나님에 의해 마음이 감동된 자들이었다. 하나님은 성령과 은혜로써 그들에게 자유에 대한 뜨거운 열망을 불어넣어 주셨다. 그들은 자신들의 옛 땅에 대한 뜨거운 사랑과 자유와 공적 예배에 대한 뜨거운 열망으로 끓어 넘쳤다. 만일 하나님이 그들을 육신적인 생각 속에 그대로 두셨다면, 그들은 그대로 바벨론에 머물렀을 것이었다. 그러나 하나님은 그들의 심령 속에 그 얼굴을 시온으로 향하는 마음을 두셨다(렘 50:5). 그들은 새로운 세대로서 마치 그들의 조상 아브라함처럼 갈 바를 알지 못한 채 이 곳 갈대아 땅으로부

터 나왔다(히 11:8). 우리가 어떤 선한 일을 행하든지 그것은 순전히 하나님의 은혜로 말미암은 것임을 주목하라. 그것은 하나님이 우리를 감동하셔서 우리로 하여금 그 일을 행하도록 이끄셨기 때문이다. 하나님은 우리 안에서 역사하사 우리로 하여금 어떤 일을 하고자 하는 뜻을 갖게도 하시고 또 실제로 그 일을 행하게도 하신다. 우리의 마음은 본성적으로 이 땅과 땅의 것들로 향하는 경향이 있다. 만일 우리의 마음이 위로 향한다면, 그렇게 이끄신 분은 하나님이시다. 복음의 초청도 고레스의 선포와 동일하다. 주의 성령이 내게 임하셨으니 이는 나를 보내사 포로 된 자에게 자유를 전파하며(눅 4:18). 죄의 불의한 통치와 하나님의 의로운 심판 아래 떨어진 자들이 예수 그리스도로 말미암아 자유케 된다. 누구든지 회개와 믿음으로 하나님께 돌아와 그분 안에서 참된 복을 누리게 될 것이며, 예수 그리스도께서 그들을 위해 길을 여셨다. 죄의 속박으로부터 올라와 하나님의 자녀의 영광스러운 자유 속으로 들어갈지니라. 이러한 복음의 초청은 만인에게 선포되었다. 그리스도는 아버지가 주신 하늘과 땅의 모든 권세를 가지고 이와 같이 선포하셨으며(그리스도께 주어진 권세는 고레스에게 주어진 권세보다 훨씬 더 큰 것이다, 2절), 아버지는 아들에게 하나님의 전 곧 세상 속에 교회를 세우는 일을 맡기셨다. 이러한 기쁜 소식을 듣고도 계속해서 바벨론에 머물러 있기를 선택하는 자들은 자신들의 죄를 사랑하는 자들이며, 영원한 생명을 위해 기꺼이 모험을 하려고 하지 않는 자들이다. 그러나 이러한 모든 난관을 돌파하면서 어떤 대가를 치르더라도 하나님의 전을 건축하고 거룩한 나라를 재건하려고 결심한 자들이 있었는데, 그들이 바로 그 마음이 하나님에 의해 감동된 자들이었다. 그들은 주의 권능의 날에 즐거이 주께 나오는 자들이었다(시 110:3). 이와 같이 설령 많은 사람들이 바벨론에서 그대로 멸망을 당한다 할지라도 하늘의 가나안은 다시 사람들로 번성하게 될 것이다. 그리고 복음의 초청은 결코 헛되지 않을 것이다.

　2. 많은 사람들이 예루살렘으로 올라가는 유대인들을 도움(6절). 그들 주변에 있던 자들이 그들의 여행길에 필요한 각종 물품과 함께 예루살렘에서 하나님의 성전과 그들 자신들의 집을 건축할 때 필요한 것들을 공급해 주었다. 성막이 애굽의 노략물로 세워지고 첫 번째 성전이 이방인 일꾼들에 의해 건축된 것처럼 둘째 성전은 갈대아 사람들의 헌물로 세워졌는데, 이 모든 것은 때가 되면 이방인들도 하나님의 교회에 받아들여질 것을 암시하는 것이었다. 하나

님은 이방인들의 마음을 움직여 자기 백성들을 돕도록 이끄실 수 있으며, 그들을 통해 자기 백성들의 손을 강하게 만드실 수 있으시다. 땅이 그 여인(즉 이스라엘)을 도왔도다. 뒤에 남은 유대인들이 하나님과 하나님의 성전을 사모하면서 드린 예물들 외에도 하나님의 권능에 의해 감동된 많은 바벨론 사람들이 각종 예물을 드렸다.

Ⅱ. 고레스 자신도 그 일에 적극 협력했다. 하나님의 성전에 대한 자신의 애정의 진실성을 입증하기 위해, 그는 하나님의 백성들을 풀어 주었을 뿐만 아니라 성전의 그릇들을 되돌려 주었다(7, 8절). 여기에서 다음을 주목하라.

1. 신적 섭리는 성전의 그릇들이 훼손되지 않고 잘 보존되도록 이끌었다. 그럼으로써 그것들은 분실되지도 않고 녹여지지도 않았을 뿐만 아니라 다른 그릇들과 뒤섞여 어느 것이 하나님의 성전의 그릇인지 구별할 수 없도록 되지도 않았다. 하나님은 살아 있는 '긍휼의 그릇들' 과 '존귀의 그릇들' 에 대해서도 그와 같이 돌보신다. 하나님은 자신의 그릇들을 알고 계시며, 따라서 그러한 그릇들은 결코 훼손되거나 멸망을 당하지 않을 것이다.

2. 그러한 그릇들은 설령 우상의 전에 놓여졌을 뿐만 아니라 어쩌면 우상을 섬기는 일에 사용되었을지 모르지만 그럼에도 불구하고 하나님을 섬기는 일에 사용되기 위해 되돌려졌다. 하나님은 자신의 것을 되찾으실 것이다.

3. 유대인들에게는 포로 동안에도 총독이 있었다. 여기에서 세스바살이 유다 총독으로 불리는데, 그는 스룹바벨과 동일 인물로 추측된다. 갈대아 사람들은 그를 '고난 중의 기쁨' 을 의미하는 세스바살로 불렀다. 그러나 그는 자기 백성들 중에서 스룹바벨이란 이름으로 불렀는데, 그것은 '바벨론의 나그네' 를 의미한다. 요세푸스에 따르면, 그는 바벨론 왕의 시위대장이었다. 그럼에도 불구하고 그는 스스로를 **바벨론의 나그네**로 여기면서 예루살렘을 자신의 고향으로 생각했다. 그는 어느 정도 유대인들을 주관하는 권세를 가지고 그들의 제반 문제를 보살폈는데, 아마도 여호야긴 혹은 여고냐가 죽은 때부터 그렇게 했을 것으로 추측된다(아마도 여호야긴은 다윗의 후손인 그를 자신의 후계자로 지명했을 것이다).

4. 거룩한 그릇들은 세스바살에게 넘겨졌으며(8절), 그는 그것들을 예루살렘으로 가져갔다(11절). 성전을 채울 많은 그릇들을 갖게 되자 그들은 성전 건축에 크게 고무되었다. 비록 하나님의 규례들이 영적 바벨론에 의해 더럽혀지

고 타락될 수 있다 할지라도(여기의 성소의 그릇들처럼), 그러나 그러한 규례들은 때가 되면 다시 본래의 용도와 목적으로 회복될 것이다. 하나님의 규례와 섭리의 일점일획도 땅에 떨어지지 않을 것이다.

제
2
장

개요

우리는 앞 장에서 고레스의 칙령에 따라 많은 사람들이 바벨론으로부터 귀환하는 이야기를 들었다. 이제 우리는 여기에서 돌아온 자들의 가문 별 통계를 보게 된다(1절). I. 지도자들(2절). II. 백성들(3-35절). III. 제사장들과 레위인들과 성전에서 수종드는 자들(36-63절). IV. 돌아온 자들과 가축들의 총계(64-67절). V. 성전 재건을 위해 예물을 드림(68-70절).

[1]옛적에 바벨론 왕 느부갓네살에게 사로잡혀 바벨론으로 갔던 자들의 자손들 중에서 놓임을 받고 예루살렘과 유다 도로 돌아와 각기 각자의 성읍으로 돌아간 자 [2]곧 스룹바벨과 예수아와 느헤미야와 스라야와 르엘라야와 모르드개와 빌산과 미스발과 비그왜와 르훔과 바아나 등과 함께 나온 이스라엘 백성의 명수가 이러하니 [3]바로스 자손이 이천백칠십이 명이요 [4]스바댜 자손이 삼백칠십이 명이요 [5]아라 자손이 칠백칠십오 명이요 [6]바핫모압 자손 곧 예수아와 요압 자손이 이천팔백십이 명이요 [7]엘람 자손이 천이백오십사 명이요 [8]삿두 자손이 구백사십오 명이요 [9]삭개 자손이 칠백육십 명이요 [10]바니 자손이 육백사십이 명이요 [11]브배 자손이 육백이십삼 명이요 [12]아스갓 자손이 천이백이십이 명이요 [13]아도니감 자손이 육백육십육 명이요 [14]비그왜 자손이 이천오십육 명이요 [15]아딘 자손이 사백오십사 명이요 [16]아델 자손 곧 히스기야 자손이 구십팔 명이요 [17]베새 자손이 삼백이십삼 명이요 [18]요라 자손이 백십이 명이요 [19]하숨 자손이 이백이십삼 명이요 [20]깁발 자손이 구십오 명이요 [21]베들레헴 사람이 백이십삼 명이요 [22]느도바 사람이 오십육 명이요 [23]아나돗 사람이 백이십팔 명이요 [24]아스마 자손이 사십이 명이요 [25]기랴다림과 그비라와 브에롯 자손이 칠백사십삼 명이요 [26]라마와 게바 자손이 육백이십일 명이요 [27]믹마스 사람이 백이십이 명이요 [28]벧엘과 아이 사람이 이백이십삼 명이요 [29]느보 자손이 오십이 명이요 [30]막비스 자손이 백오십육 명이요 [31]다른 엘람 자손이 천이백오십사 명이요 [32]하림 자손이 삼백이십 명이요 [33]로드와 하딧과 오노 자손이 칠백이십오 명이요 [34]여리고

자손이 삼백사십오 명이요 ³⁵스나아 자손이 삼천육백삼십 명이었더라

1. 우리는 여기에서 포로로부터 나온 가문들과 각 가문에서 나온 자들의 숫자가 기록으로 보존된 것을 보게 된다. 이것은 그들의 믿음과 용기와 하나님을 신뢰하며 자신의 땅을 사랑한 것에 대한 보답으로서 그들을 존귀케 하고 나아가 다른 사람들로 하여금 그들의 선한 모범을 따르도록 격려하기 위한 것이었다. 이와 같이 하나님은 자신을 존귀케 하는 자들을 존귀케 하실 것이다. 그리스도의 구원의 초청을 받아들인 모든 믿음의 백성들은 이것보다 더 거룩한 기록인 어린 양의 생명책에 그 이름이 기록될 것이다. 포로로부터 돌아온 가문들의 기록이 보존된 것은 또한 후손들의 유익을 위한 것이기도 했다. 그렇게 함으로써 그들은 자신들이 어느 가문의 후손인지 알 수 있었다.

2. 우리는 여기에서 유다가 '유다 도'(the province of Judah)로 불리는 것을 보게 된다(1절). 유다는 과거 화려하고 강력한 왕국으로서 다른 왕국들을 도(provinces)로 삼고 지배했었다. 그러나 지금은 유다가 도가 되어 바사 왕의 통치를 받고 있었다. 죄가 나라를 얼마나 비천하고 미약하게 만드는지 보라. 그러나 그들은 이와 같이 종이 됨으로써 더 나은 나라 다시 말해서 결코 요동치 않고 도(province)로 전락할 수 없는 영원한 하늘나라를 바라보도록 일깨워졌다(히 11:16, 그들이 이제는 더 나은 본향을 사모하니 곧 하늘에 있는 것이라).

3. 그들은 각기 각자의 성읍으로 돌아갔다. 그것은 의심의 여지 없이 그들이 처음 그 땅에 정착했던 때, 즉 여호수아 때에 지정받은 성읍이었다. 그들은 각자 바로 그 곳으로 (그리고 가능한 그 곳에서 가장 가까운 곳으로) 돌아갔다. 우리는 여기에서 그들이 없는 동안 아무도 그 곳에 정착하지 않았음을 보게 된다.

4. 제일 먼저 지도자들이 언급되었다(2절). 스룹바벨과 예수아는 그들에게 있어 모세와 아론이었다. 스룹바벨은 그들의 지도자였으며 예수아는 제사장이었다. 또 우리는 여기에서 느헤미야와 모르드개의 이름을 보게 되는데, 어떤 이들은 이들이 우리가 나중에 만나게 되는 그 유명한 자들과 동일 인물이 아니라고 생각한다. 그러나 나는 이들이 그들과 동일 인물이었으며 지금 예루살렘에 왔다가 나중에 다시 바벨론 궁중으로 돌아갔을 것으로 추측한다.

5. 이들 가문들 가운데 어떤 가문들은 그들의 조상의 이름으로 불리고 있는

반면 또 어떤 가문들은 그들이 예전에 거주하던 장소의 이름으로 불린다. 그것은 오늘날 많은 영국인들의 성(姓)이 어떤 경우에는 조상의 이름으로 또 어떤 경우에는 지명으로 된 것과 마찬가지이다.

6. 어떤 가문의 숫자에 있어 여기의 기록과 느헤미야 7장의 기록 사이에 약간의 차이가 나타나는 경우가 있다. 아마도 그것은 다음과 같은 이유 때문이었을 것이다. 즉 처음에는 가겠다고 명단을 제출했다가 나중에 취소하면서 가지 않은 사람들도 있을 것이고, 그런가 하면 처음에는 가지 않겠다고 했다가 나중에 마음이 바뀌어 간 사람들도 있었을 것이다. 전자의 경우에는 숫자가 줄었을 것이고 후자의 경우에는 늘었을 것이다.

7. 여기에 엘람 자손으로 불리는 가문이 둘 나오는데(7절과 31절), 특이하게도 두 가문의 숫자가 동일하게 1,254명이다.

8. '높으신 주'라는 뜻의 아도니감 자손은 666명이었는데, 이것은 요한계시록의 짐승의 수와 동일한 수이다(계 13:18). 계시록에서 그 수는 사람의 수로 언급되는데, 휴 브로턴(Mr. Hugh Broughton)은 그것을 여기의 이 사람 즉 아도니감과 연결되는 것으로 생각한다.

9. 베들레헴 자손은 고작 123명뿐이었다(21절). 베들레헴은 다윗의 성읍이었음에도 불구하고 유다 중에 작은 성읍이었는데, 바로 이 곳으로부터 메시야가 나올 것이었다(미 5:2).

10. 아나돗은 베냐민 지파에서 유명한 성읍이었지만 그 숫자는 고작 128명에 불과했다(23절). 그것은 아나돗 사람들이 자기 성읍 출신인 예레미야를 핍박함으로써 스스로 하나님의 저주를 초래했기 때문이었다. 보라 내가 그들을 벌하리니 남는 자가 없으리라 내가 아나돗 사람에게 재앙을 내리리라(렘 11:21, 23). 또 이사야 10장 30절을 보라. 선지자를 핍박하는 것이야말로 멸망을 가져오는 가장 빠르고 확실한 길이다.

³⁶제사장들은 예수아의 집 여다야 자손이 구백칠십삼 명이요 ³⁷임멜 자손이 천오십이 명이요 ³⁸바스훌 자손이 천이백사십칠 명이요 ³⁹하림 자손이 천십칠 명이었더라 ⁴⁰레위 사람은 호다위야 자손 곧 예수아와 갓미엘 자손이 칠십사 명이요 ⁴¹노래하는 자들은 아삽 자손이 백이십팔 명이요 ⁴²문지기의 자손들은 살룸과 아델과 달문과 악굽과 하디다와 소배 자손이 모두 백삼십구 명이었더라 ⁴³느디님 사람들은 시하

자손과 하수바 자손과 답바옷 자손과 [44]베로스 자손과 시아하 자손과 바돈 자손과 [45]르바나 자손과 하가바 자손과 악굽 자손과 [46]하갑 자손과 사믈래 자손과 하난 자손과 [47]깃델 자손과 가할 자손과 르아야 자손과 [48]르신 자손과 느고다 자손과 갓삼 자손과 [49]웃사 자손과 바세아 자손과 베새 자손과 [50]아스나 자손과 므우님 자손과 느부심 자손과 [51]박북 자손과 하그바 자손과 할훌 자손과 [52]바슬룻 자손과 므히다 자손과 하르사 자손과 [53]바르고스 자손과 시스라 자손과 데마 자손과 [54]느시야 자손과 하디바 자손이었더라 [55]솔로몬의 신하의 자손은 소대 자손과 하소베렛 자손과 브루다 자손과 [56]야알라 자손과 다르곤 자손과 깃델 자손과 [57]스바댜 자손과 하딜 자손과 보게렛하스바임 자손과 아미 자손이니 [58]모든 느디님 사람과 솔로몬의 신하의 자손이 삼백구십이 명이었더라 [59]델멜라와 델하르사와 그룹과 앗단과 임멜에서 올라온 자가 있으나 그들의 조상의 가문과 선조가 이스라엘에 속하였는지 밝힐 수 없었더라 [60]그들은 들라야 자손과 도비야 자손과 느고다 자손이라 모두 육백오십이 명이요 [61]제사장 중에는 하바야 자손과 학고스 자손과 바르실래 자손이니 바르실래는 길르앗 사람 바르실래의 딸 중의 한 사람을 아내로 삼고 바르실래의 이름을 따른 자라 [62]이 사람들은 계보 중에서 자기 이름을 찾아도 얻지 못하므로 그들을 부정하게 여겨 제사장의 직분을 행하지 못하게 하고 [63]방백이 그들에게 명령하여 우림과 둠밈을 가진 제사장이 일어나기 전에는 지성물을 먹지 말라 하였느니라

우리는 여기에서 다음과 같은 내용을 보게 된다.

I. 돌아온 제사장들에 대한 설명. 그들은 전체 무리의 10분의 1에 달할 정도로 매우 많은 숫자였다. 바벨론에서 돌아온 전체 백성의 수는 42,360명이었는데(64절), 그 중에 제사장 네 가문 출신이 4,200명이 넘었다(36-39절). 이와 같이 하나님의 몫이 10분의 1이 되는 것은 매우 축복된 비율이었다. 여기에 제사장의 조상으로 거명된 세 사람은 각 반차의 우두머리였다(대상 24:7-8; 24:14). 그리고 네 번째로 언급된 사람은 바스훌이었다(38절). 만일 이들이 예레미야를 핍박했던 그 바스훌의 후손이었다면(렘 20:1), 그토록 악한 사람에게서 이토록 선한 후손이 많이 나온 것은 참으로 이상한 일이 아닐 수 없다.

II. 돌아온 레위인들에 대한 설명. 나는 이들의 숫자가 매우 적은 것에 대해 참으로 의아하게 생각하지 않을 수 없다. 왜냐하면 그들은 노래하는 자와 문지기까지 포함해서 채 350명이 되지 않기 때문이다(40-42절). 이들은 예전

에 제사장들보다 더 열정적인 적도 있었지만(대하 29:34), 그러나 지금은 그렇지 않았다. 이와 같이 모든 것은 바뀌는 법이다. 바람은 임의로 불며 방향을 바꾼다.

Ⅲ. 돌아온 느디님에 대한 설명. 이들은 기브온 사람들이었던 것으로 추측된다. 이들은 처음에 여호수아로부터 레위인의 감독 아래 하나님의 성전에서 나무를 패며 물을 긷는 등의 일을 부여받았다(수 9:27). 그러다가 사울에 의해 쫓겨났다가 다윗에 의해 다시 회복되었다(스 8:20). 이들은 여기에서 솔로몬의 신하의 자손들과 함께 성전에서 수종드는 자로서 함께 계수되었다(55, 58절). 하나님의 전에 속한 것은 너무도 축복된 일이라는 사실을 주목하라 ― 비록 그곳에서 가장 비천한 일을 맡았다 할지라도.

Ⅳ. 또 신분을 분명하게 확인할 수 없는 자들도 있었다.

1. 스스로 이스라엘 백성임을 입증할 수 없는 자들이 상당수 있었다(59, 60절). 그들은 스스로 야곱의 후손이라고 주장했지만 그러나 자신들의 족보를 제시할 수 없었다. 그럼에도 불구하고 그들은 하나님의 성전과 백성들을 사랑하여 기꺼이 예루살렘으로 올라왔다. 이들은, 혈통으로는 이스라엘 사람으로 태어났지만 그러나 유다의 허리에서 나온(사 48:1) 참 이스라엘 사람으로는 불려질 수 없는 자들을 부끄럽게 만들었다.

2. 아론의 자손으로 추측되기는 하지만 그러나 그것을 입증할 수는 없었던 자들도 있었다. 기록으로 보존되지 않은 것은 곧 잊혀지고 마는 법이다.

(1) 어떻게 그들은 자신들의 증거물을 잃어버렸나? 그들의 조상들 가운데 한 사람이 바르실래의 딸과 결혼했다(바르실래는 다윗 시대에 큰 세력을 가진 사람이었다). 그는 바르실래 가문과 결혼하게 된 것을 크게 자랑했으며, 제사장 가문의 일원이 되는 것보다 바르실래 가문의 일원이 되는 것을 더 좋아했다. 그리하여 그는 자기 자녀들을 바르실래의 이름으로 일컬어지도록 했으며, 자녀들의 계보를 아론 가문이 아니라 바르실래 가문의 계보에 기록하여 보존시켰다. 그렇게 하여 그들은 아론 혈통의 계보를 잃어버리고 말았다. 바벨론에서는 제사장직으로서 특별히 얻을 것이 없었으므로 그들은 그것을 크게 개의치 않았다. 거룩한 직분을 대수롭지 않게 여기는 자들은 "내가 나의 직분을 존귀케 하노라"라고 말씀하신 자를 잊고 있는 것이다.

(2) 이들은 그것과 함께 무엇을 잃어버렸나? 이들은 자신들의 신분을 입증

해줄 수 있는 증거물을 제시할 수 없었다. 그렇다면 어떻게 이들을 무작정 제사장으로 받아들여 줄 수 있단 말인가? 이들은 제사장으로 받아들여지기는커녕 도리어 부정하게 여겨져 제사장직을 행할 수 없게 되었다. 지금 제사장들은 자신들의 권리를 회복했으며, 예전처럼 다시 제단에 의지해 생활할 수 있게 되었다. 그리고 그들은 제사장으로 기꺼이 받아들여졌다. 그러나 이들은 세상적인 영광을 위해 자신들의 권리를 팔아 버렸으며 따라서 제사장으로 임직되지 못하고 지성물을 먹는 것이 금지되었다. 이와 같이 그리스도는 자신과 자신을 섬기는 일을 부끄럽게 여기는 자들을 부끄럽게 여기실 것이다. 이들로 하여금 제사장의 직분을 취하지 못하게 한 사람은 **방백**(혹은 총독)이었다(63절). 어떤 이들은 이 사람이 지금 총독인 스룹바벨이었다고 생각하는 반면 또 어떤 이들은 느헤미야로 생각한다. 느헤미야 역시도 총독이라는 칭호를 불렸으며(느 8:9; 10:1), 그는 몇 년 후 예루살렘에 와서 이러한 명령을 내렸다. 그러나 이러한 금지는 절대적인 것이 아니었다. 그것은 일종의 직무정지와 같은 것이었다. 그들의 제사장 직무가 금지되는 것은 우림과 둠밈을 가진 대제사장이 일어날 때까지였다. 그들은 우림과 둠밈을 가진 대제사장을 통해 이 문제에 대한 하나님의 뜻을 알 수 있을 것이었다. 아마도 당시 유다 백성들은 우림과 둠밈을 가진 대제사장이 세워지기를 기대하며 열망했던 것으로 보인다. 그러나 그들이 제2성전 하에서 그러한 축복에 참예한 것으로는 나타나지 않는다. 그러나 그들은 우림보다 더 나은 구약 정경을 갖고 있었다. 그리고 우림과 둠밈의 신탁이 없는 것을 통해 그들은 가장 위대한 신탁이신 메시야를 대망하도록 가르침을 받았다(우림과 둠밈은 메시야의 한 모형에 불과했다). 또 제2성전에 언약궤가 있었는지 있었다면 옛 것인지 아니면 새로 만든 것인지 등도 역시 나타나지 않는다. 실체가 가까이 다가옴과 함께 그러한 그림자들은 점차로 사라져 갔다. 그리고 하나님은 예레미야 선지자를 통해 자기 백성들에게 언약궤가 없는 것으로 어떤 손해도 입지 않을 것임을 암시하셨다(렘 3:16, 17). 예루살렘이 그들에게 여호와의 보좌라 일컬음이 되며 모든 열방이 그리로 모일 때, 사람들이 여호와의 언약궤를 다시는 말하지 아니할 것이요 생각하지 아니할 것이요 기억하지 아니할 것이요 찾지 아니할 것이요 다시는 만들지 아니할 것이며. 왜냐하면 언약궤가 없어도 아무 문제 없을 것이기 때문이다.

⁶⁴온 회중의 합계가 사만 이천삼백육십 명이요 ⁶⁵그 외에 남종과 여종이 칠천삼백삼십칠 명이요 노래하는 남녀가 이백 명이요 ⁶⁶말이 칠백삼십육이요 노새가 이백사십오요 ⁶⁷낙타가 사백삼십오요 나귀가 육천칠백이십이었더라 ⁶⁸어떤 족장들이 예루살렘에 있는 여호와의 성전 터에 이르러 하나님의 전을 그 곳에 다시 건축하려고 예물을 기쁘게 드리되 ⁶⁹힘 자라는 대로 공사하는 금고에 들이니 금이 육만 천 다릭이요 은이 오천 마네요 제사장의 옷이 백 벌이었더라 ⁷⁰이에 제사장들과 레위 사람들과 백성 몇과 노래하는 자들과 문지기들과 느디님 사람들이 각자의 성읍에 살았고 이스라엘 무리도 각자의 성읍에 살았더라

I. 바벨론으로부터 돌아온 무리의 총계.　앞에 언급된 숫자를 모두 더 해도 채 3만 명이 되지 않는다(실제로 29,818명이다). 그러므로 앞에 언급된 사람들 외에도 12,000명 이상의 사람들이 더 있었다. 아마도 그들은 유다와 베냐민 외에 다른 지파 사람들이었을 것이다. 그들은 이스라엘 사람이었지만 자신들이 어느 지파에 속했는지 어느 가문 사람인지 그리고 어느 성읍 출신인지 등에 대해서는 분명하게 말할 수 없었던 사람들이었을 것이다.

1. 이러한 숫자는 느부갓네살에 의해 바벨론에 포로로 끌려간 사람들의 두 배를 넘는 숫자이다. 마치 애굽에서와 같이 고난 속에서 그들은 더욱 번성했다.

2. 한 나라로 새 출발함에 있어 이러한 숫자는 매우 적은 숫자였다. 그렇지만 그들의 조상들에게 주어진 옛 약속의 덕으로 그들은 또다시 크게 번성하여 500년 후 로마 사람들에 의해 마지막으로 멸망을 당할 때 그들은 매우 많은 백성이 되었다. 하나님이 "생육하고 번성하라"고 말씀하시면 작은 자 하나가 천을 이루게 될 것이다.

II. 그들을 따라온 사람들.　유대인 자신이 종보다 별로 나을 것 없는 사람들이었다. 따라서 그들의 종들이 비교적 소수로서(65절) 가축의 숫자 정도밖에 되지 않았던 것은 별로 놀랄 일이 아니다(66, 67절). 그들의 지금의 모습은 예전의 모습과는 너무도 달랐다. 그러나 우리는 여기에서 노래하는 남녀가 200명이었다는 언급이 특별히 덧붙여지는 것을 보게 된다. 아마도 이들은 그들의 애곡(哀哭)을 더욱 고조시키기 위한 자들이었을 것이다(대하 35:25). 예레미야는 이스라엘과 유다가 돌아올 때 애가를 부르며 울면서 돌아올 것이라고 예언

한 바 있다(렘 50:4, 그 날 그 때에 이스라엘 자손이 돌아오며 유다 자손도 함께 돌아오되 그들이 울면서 그 길을 가며).

Ⅲ. 그들이 성전 건축을 위해 예물을 드림.　68절과 69절에서 우리는 다음과 같은 이야기를 듣게 된다.

1. 그들은 예루살렘의 여호와의 전으로 올라왔다. 그러나 그토록 거룩하고 아름답던 성전이 지금은 폐허와 돌무더기가 되었다. 제단은 이미 사라지고 없었다. 그러나 그들은 아브라함처럼 본래 제단이 있던 자리로 나아왔다(창 13:4, 그가 처음으로 제단을 쌓은 곳이라 그가 거기서 여호와의 이름을 불렀더라). 이와 같이 시온의 티끌까지 사랑하는 태도야말로 시온의 참 아들들의 특성이다(시 102:14).

2. 그들은 그 곳에 성전을 세우기 위해 예물을 드렸다. 그들이 먼저 하나님의 전을 세우고자 서로 의논했던 것으로 보인다. 그들은 이제 막 긴 여행을 마쳤으며, 새로운 삶을 시작하는 출발점에 서 있었다. 그럼에도 불구하고 그들은 성전을 건축하기 위해 자원해서 예물을 바쳤다. 신앙을 위해 지불해야 하는 비용을 아깝게 생각해서는 결코 안 된다. 우리는 그렇게 할 때 훨씬 더 큰 이익이 따를 것이란 사실을 굳게 믿어야 한다. 그들이 드린 예물은 다윗 시대의 방백들이 드린 예물과 비교하면 아무것도 아니었다. 그 때는 달란트 단위로 드렸지만(대상 29:7), 지금은 적은 단위로밖에는 드릴 수 없었다. 그러나 이러한 적은 예물도 마치 과부의 두 렙돈처럼 달란트 단위의 예물 못지않게 하나님이 받으심직한 것이었다. 컴버랜드(Cumberland)의 계산에 따르면, 금 61,000다릭은 지금의 영국 화폐단위로 상당한 액수에 달한다. 그는 1마네를 60세겔(즉 30온스)로 환산한다. 그렇다면 1마네는 7파운드가 조금 넘을 것이며, 5000마네는 37,000파운드 정도가 될 것이다. 하나님은 바벨론에서 그들의 숫자만 증가시킨 것이 아니라 그들의 재물도 증가시킨 것으로 보인다. 그리고 하나님이 그들을 번성케 하신 것처럼 그들도 하나님의 전을 다시 건축하는 일에 즐거이 드렸다.

3. 그들은 각자의 성읍에서 살았다(70절). 그들의 성읍은 아직 수리되지 못했다. 그렇지만 그것이 하나님이 정해주신 자신들의 성읍이었기 때문에 그들은 각자 자신들의 성읍에서 사는 것을 만족하게 여겼다. 그들은 외적인 화려함이나 풍성함이나 권세는 갖지 못했지만 그러나 자신들에게 주어진 소유와 자

유로 인해 크게 감사했다. 그들은 매우 가난했지만 그러나 한 마음으로 그러한 어려움을 선용하며 잘 극복해 나갔다. 지금 여기에는 그들 모두를 위한 충분한 공간이 있었다. 따라서 그늘 사이에 이떤 다툼도 없었으며 모두가 한 마음을 가졌는데, 이것은 그들이 이 곳에 잘 정착할 것을 보여주는 복된 전조(前兆)였다.

제
— 3 —
장

개요

앞 장 말미에서 우리는 이스라엘이 각자 자신들의 성읍으로 가 그 곳에서 살았다는 이야기를 들었다. 그렇지만 우리는 당시의 사정이 매우 열악했을 것임을 충분히 짐작할 수 있다. 땅은 경작되지 않았으며, 성읍들은 폐허가 되어 있었을 것이다. 그러나 우리는 여기에서 그들이 유다 종교를 다시 재건하는 일에 크게 착념하는 것을 보게 된다. 이와 같이 그들은 기초를 올바로 놓았으며 선한 방향으로 달려가고 있었다. I. 그들이 제단을 세우고 제사를 드리고 절기를 지키며 성전 재건을 위해 예물을 드림(1-7절). II. 성전의 기초를 놓으며 큰 기쁨과 슬픔이 뒤섞임(8-13절). 이 날은 작은 일의 날이라고 멸시를 당해서는 결코 안 되는 날이었다(슥 4:10, 작은 일의 날이라고 멸시하는 자가 누구냐 사람들이 스룹바벨의 손에 다림줄이 있음을 보고 기뻐하리라).

¹이스라엘 자손이 각자의 성읍에 살았더니 일곱째 달에 이르러 일제히 예루살렘에 모인지라 ²요사닥의 아들 예수아와 그의 형제 제사장들과 스알디엘의 아들 스룹바벨과 그의 형제들이 다 일어나 이스라엘 하나님의 제단을 만들고 하나님의 사람 모세의 율법에 기록한 대로 번제를 그 위에서 드리려 할새 ³무리가 모든 나라 백성을 두려워하여 제단을 그 터에 세우고 그 위에서 아침 저녁으로 여호와께 번제를 드리며 ⁴기록된 규례대로 초막절을 지켜 번제를 매일 정수대로 날마다 드리고 ⁵그 후에는 항상 드리는 번제와 초하루와 여호와의 모든 거룩한 절기의 번제와 사람이 여호와께 기쁘게 드리는 예물을 드리되 ⁶일곱째 달 초하루부터 비로소 여호와께 번제를 드렸으나 그 때에 여호와의 성전 지대는 미처 놓지 못한지라 ⁷이에 석수와 목수에게 돈을 주고 또 시돈 사람과 두로 사람에게 먹을 것과 마실 것과 기름을 주고 바사 왕 고레스의 명령대로 백향목을 레바논에서 욥바 해변까지 운송하게 하였더라

I. 예루살렘에 돌아온 이스라엘 백성들이 일곱째 달에 일제히 모임(1절).

우리는 그들이 봄에 바벨론을 떠났을 것이며 또 예루살렘에 도착하기까지 적어도 4개월 정도는 걸렸을 것으로 추측할 수 있다. 왜냐하면 에스라와 그의 무리가 돌아올 때도 그만한 시간이 걸렸기 때문이다(7:9). 그러므로 일곱째 달은 곧 다가왔다(일곱째 달은 여호와의 절기들이 많이 포함된 달이었다). 그리하여 그들은 어떤 권세자의 명령에 의해서라기보다 자발적으로 예루살렘에 모였다. 그들은 최근에 각자의 성읍들로 흩어졌으며 그 곳에서 해야 할 일들이 너무도 많았다. 따라서 화급한 일이 어느 정도 정리될 때까지 하나님의 제단에 참례하는 일이 미루어질 수도 있었다(많은 사람들이 어리석게도 세상에서 어느 정도 자리를 잡을 때까지 하나님 앞에 나오는 것을 미루는 것처럼). 그러나 그들은 신앙에 대한 뜨거운 열심을 품고 바벨론을 떠나 왔으므로 자신들의 모든 일을 그대로 내버려 두고 하나님의 제단으로 모였다. 그들은 지금 경건한 열심 가운데 모두 한 마음을 품고 일제히 예루살렘으로 나아왔다. 신앙적인 일을 위해 세상적인 일을 미루어 두라. 그러면 세상적인 일도 더 잘 될 것이다.

II. 지도자들이 백성들이 참례할 제단을 만듦.

1. 예수아와 그의 제사장 형제들 그리고 스룹바벨과 그의 형제들은 이스라엘의 하나님의 제단을 만들었다(2절). 새 제단은 예전의 제단이 있던 그 자리에 그리고 그 기초 위에 세워진 것으로 보인다(3절). 그러나 패트릭 주교는 다윗 시대에 성전이 건축되기 전에 하나님께 제사 드리기 위해 모리아 산이 아니라 시온 산에 장막이 세워져 있었던(대상 9:23) 사실을 생각하면서 새 성전이 건축되는 동안 사용되도록 하기 위해 이 제단이 시온 산에 세워졌을 것으로 추측한다. 어쨌든 우리는 여기에서 다음과 같은 사실들을 배울 수 있다.

(1) 범사에 하나님과 함께 시작해야 한다는 사실. 형편이 힘들고 곤궁할수록 우리는 모든 행로에 더욱 하나님과 함께 하기를 힘써야 한다. 그리고 만일 우리가 그의 신탁(神託)으로 인도함 받기를 기대한다면, 우리는 제물을 드려 그를 존귀케 해야 한다.

(2) 하나님을 예배함에 있어 마땅히 있어야 할 것이 없을 때 당장 할 수 있는 것으로 해야 한다는 사실. 그들은 지금 당장 성전을 건축할 수는 없었지만 그러나 제단을 마련할 수는 있었다. 아브라함은 어디로 가든지 제단을 쌓았다. 어떤 특별한 상황에서 설교라는 촛대와 성찬이라는 진설병의 은택을 가질 수 없는 때가 있을 수 있다. 그러나 그럴 때 만일 우리가 기도와 찬미의 제사조차

드리지 않는다면, 우리는 우리의 의무를 다하지 않은 것이다. 왜냐하면 우리에게 기도와 찬미의 제사를 드릴 수 있는 제단은 항상 준비되어 있기 때문이다.

2. 여기에서 그들이 그렇게 급하게 제단을 만든 이유를 주목하라. 그것은 그들이 모든 나라 백성을 두려워했기 때문이었다(3절). 그들 주변에는 그들과 그들의 종교에 대해 악의를 품고 있는 원수들이 둘러싸고 있었으며, 지금 그들에게는 이러한 원수들과 더불어 싸워 이길 힘이 없었다.

(1) 그럼에도 불구하고 그들은 제단을 만들었다. 그들은 부딪히게 될 것으로 예상되는 어떤 난관들로 인해 자신들의 선한 사업을 포기하려고 하지 않았다. 사람을 두려워하는 것이 우리의 올무가 되지 않게 하라.

(2) 그랬기 때문에 그들은 제단을 만들었다. 어떤 위험을 인식할 때 우리는 더욱 우리의 의무에 착념해야 한다. 지금 많은 원수들이 우리 앞을 가로막고 있는가? 지금이야말로 하나님을 우리 편으로 삼고 더욱 그분과 활발한 교통을 이루어야 할 때이다. 이와 같이 우리는 두려움까지도 선용(善用)할 줄 알아야 한다. 두려움이 덮칠 때는 무릎을 꿇어야 할 때이다. 심지어 사울조차도 하나님께 제사를 드리기 전에 적이 오면 자신이 패배를 당할 것으로 생각했다(삼상 13:12).

Ⅲ. 그들이 제단 위에서 제물을 드림. 그들이 제단을 만든 것은 그것을 사용하기 위한 것이었다. 따라서 그들은 그 제단을 사용했다. 제단을 가진 자들은 그것을 그대로 방치해 두기만 해서는 안 된다.

1. 그들은 일곱째 달 초하루부터 제물을 드리기 시작했다(6절). 모세와 솔로몬의 경우처럼 그들이 처음 제물을 드릴 때 하늘로부터 불이 떨어진 것으로는 나타나지 않는다. 그들은 족장들처럼 보통 불로 제물을 태워 드렸다.

2. 그렇게 시작된 이후로 그들은 아침 저녁으로 번제를 드리며(3절) 또 항상 드리는 번제를(5절) 드렸다. 그들은 매일 드리는 제사를 잃어버리는 것이 어떤 것인지 쓰라린 경험을 통해 깨달았다. 그리하여 이제 매일 드리는 제사가 회복되었으므로 그들은 그것을 다시 잃어버리지 않도록 굳게 결심했다. 매일 드리는 양은 우리가 그의 의를 의지하여 하나님 앞에 나아가는 하나님의 어린 양을 상징하는 것이었다.

3. 그들은 여호와의 모든 거룩한 절기들을 지켰으며, 각 절기 때마다 특별히 초막절에 정해진 대로 번제를 드렸다(4, 5절). 지금 그들은 하나님으로부터 특

별한 은총을 받았으므로 이제 다가온 초막절은 특별한 의미에서 매우 시의적 절한 것이었다. 지금 그들은 각자 자신들의 성읍에 다시 정착하기 시작하고 있었으므로 자기 소상들이 광야에서 장막에 거했던 것을 보다 생생하게 되새길 수 있었다. 스가랴 14장 18절에 나타나는 것처럼, 초막절은 복음 시대와 특별한 연관성을 갖고 있었다. 그러므로 지금 복음 시대가 가까워 오고 있었으므로 그 절기는 특별한 의미를 갖고 있었다. 초막절은 7일 동안 계속되었으며, 매일 지정된 대로 번제와 예물이 드려졌다. 그들은 매일 정수대로 즉 원어(原語)대로 각 날마다 그 날의 정해진 제물을 드렸다(민 29장 13절과 17절 이하를 보라). 만일 초막절이 하나님 안에서 기쁨을 누리는 복음적인 교제의 모형이라면, 우리는 그것이 우리로 하여금 매일같이 요구되는 의무를 따라 그날의 일을 행하도록 가르치는 것임을 추론할 수 있다. 다시 말해서

(1) 우리는 매일 같이 행할 그 날의 선한 일을 찾음으로써 시간을 선용(善用)해야 한다.

(2) 우리는 그 날의 적절한 일에 힘씀으로써 기회를 선용해야 한다. 모든 것은 때에 맞을 때 아름다운 법이다. 이 달 10일은 속죄일로서 매우 거룩한 날이었다. 그러므로 그것은 지금 매우 **때에 맞는** 절기였다. 아마도 그들은 지금 속죄일을 지켰을 것이다. 그러나 그 사실이 여기에 언급되지는 않는다. 사실 내가 기억하기에 속죄일을 지키는 이야기는 구약성경 전반에 걸쳐 별로 언급된 적이 없다.

4. 그들은 기쁘게 드리는 예물(free-will offering, 즉 자원하여 드리는 예물)을 드렸다(5절). 율법은 많은 것을 요구했지만, 그러나 그들은 그 이상을 드렸다. 그것은 지금 그들의 열심이 너무도 뜨겁게 넘쳐흘렀기 때문이었다. 그들은 희생제물의 비용을 부담할 만한 넉넉한 재물을 갖고 있지 못했지만 그럼에도 불구하고 정해진 제물을 드리는 데 조금도 인색하지 않았다. 우리는 그들이 하나님의 제단을 풍성하게 하기 위해 자신들의 식탁은 최대한 간소하게 했을 것이라고 추측할 수 있다. 고난의 풀무로부터 이러한 거룩한 뜨거움을 가져오는 자는 얼마나 복된가!

IV. 그들이 성전 건축을 준비함(7절). 그들은 즉시로 이 일에 착수했다. 우리는 지금 할 수 있는 일을 하는 동안에도 더 나은 일을 생각하며 계획을 세우고 그 일을 추진해 나가야 한다. 고레스의 명령에 따라 두로와 시돈은 일꾼을

그리고 레바논은 목재를 그들에게 공급해 주어야 했다(이들은 첫 성전을 건축할 때에도 이렇게 했다). 하나님이 우리에게 어떤 일을 맡기실 때, 우리는 하나님이 그 일에 필요한 것들까지도 채우실 것을 굳게 믿어야 한다.

[8]예루살렘에 있는 하나님의 성전에 이른 지 이 년 둘째 달에 스알디엘의 아들 스룹바벨과 요사닥의 아들 예수아와 다른 형제 제사장들과 레위 사람들과 무릇 사로잡혔다가 예루살렘에 돌아온 자들이 공사를 시작하고 이십 세 이상의 레위 사람들을 세워 여호와의 성전 공사를 감독하게 하매 [9]이에 예수아와 그의 아들들과 그의 형제들과 갓미엘과 그의 아들들과 유다 자손과 헤나닷 자손과 그의 형제 레위 사람들이 일제히 일어나 하나님의 성전 일꾼들을 감독하니라 [10]건축자가 여호와의 성전의 기초를 놓을 때에 제사장들은 예복을 입고 나팔을 들고 아삽 자손 레위 사람들은 제금을 들고 서서 이스라엘 왕 다윗의 규례대로 여호와를 찬송하되 [11]찬양으로 화답하며 여호와께 감사하여 이르되 주는 지극히 선하시므로 그의 인자하심이 이스라엘에게 영원하시도다 하니 모든 백성이 여호와의 성전 기초가 놓임을 보고 여호와를 찬송하며 큰 소리로 즐거이 부르며 [12]제사장들과 레위 사람들과 나이 많은 족장들은 첫 성전을 보았으므로 이제 이 성전의 기초가 놓임을 보고 대성통곡하였으나 여러 사람은 기쁨으로 크게 함성을 지르니 [13]백성이 크게 외치는 소리가 멀리 들리므로 즐거이 부르는 소리와 통곡하는 소리를 백성들이 분간하지 못하였더라

돌아온 유대인들 사이에서 성전을 다시 건축하는 것은 전혀 논란의 여지가 없는 문제였다. 모든 사람들이 한마음으로 최대한 빨리 성전을 건축해야 한다고 생각했다. 만일 그들이 하나님의 임재의 증표인 성전을 갖지 못한다면, 옛 땅에 다시 돌아왔다는 것이 그들에게 무슨 의미가 있었겠는가? 그러므로 이제 우리는 여기에서 성전이 다시 건축되기 시작하는 이야기를 듣게 된다.

I. 그 일은 언제 시작되었나. 그것은 바벨론에서 돌아온 다음 해 둘째 달이었다(8절). 그 때는 유월절 잔치가 끝난 후로서 계절적으로 가능한 가장 빠른 때였다. 그들은 성전의 기초를 닦고 각종 자재들을 준비하는데 불과 반년 남짓 밖에 걸리지 않았다. 성전을 건축하고자 하는 그들의 염원은 이처럼 뜨거웠다. 어떤 선한 일이 행해져야 할 때, 여러 가지 반대와 난관이 예상된다 할지라도 때를 놓치지 않고 가능한 빨리 시작하는 것이 지혜이다. 우리가 그렇게 할 때,

하나님도 우리를 도우실 것이다. 시작이 반이라는 말이 있지 않은가?

II. 누가 그 일을 시작했나. 스룹바벨과 예수아와 그들의 형제들이었다. 이와 같이 통치자들과 사역자들과 백성들이 한마음으로 합심협력할 때, 하나님의 일은 잘 성취될 것이다. 그들에게 이와 같이 한마음을 주신 분은 하나님이셨으며, 이것은 참으로 좋은 징조였다.

III. 누가 이 일을 감독하도록 세워졌나. 그들은 레위인들을 세워 성전 공사를 감독하게 했다(8절). 그리하여 그들은 일꾼들을 감독했으며(9절), 여러 가지 위로와 격려의 말로 일꾼들의 손을 강하게 했다. 직접 일하지 않는 자들도 일꾼들을 격려하는 등의 일로써 그 일에 동참할 수 있음을 주목하라.

IV. 성전의 기초가 놓일 때 그들은 어떻게 하나님을 찬미했나. 모세의 규례에 따라 나팔을 든 제사장들과 다윗의 규례에 따라 제금을 든 레위인들이 음악을 연주하면서 시편 136편의 후렴구로 하나님을 찬미했다(주는 지극히 선하시므로 그의 인자하심이 이스라엘에게 영원하시도다). 하나님이 모든 인자하심의 근원이심을 주목하라. 우리가 지금 어떤 형편 가운데 있든지 간에 그리고 우리가 지금 얼마나 큰 두려움과 슬픔 가운데 있든지 간에, 우리는 하나님이 선하시다는 사실을 인정해야 한다. 모든 것은 떨어질지라도 하나님의 인자하심은 결코 떨어지지 않을 것이다. 그들은 이러한 찬미의 노래를 목소리를 높여 열정적으로 불렀다. 하나님의 인자하심이 이스라엘에게 영원하시도다. 이스라엘이 이방 땅에서 포로가 되었을 때나 자기 땅에서 나그네가 되었을 때에도 하나님의 인자하심은 영원하시다. 그들의 형편이 어떠하든지 간에 하나님은 이스라엘에게 선하시고(시 73:1) 또 우리에게도 그러하시다. 교회가 죽은 것처럼 보일 때 그것이 다시 살아나는 것은 전적으로 하나님의 인자하심으로 말미암는 것이다.

V. 백성들은 어떤 감정을 나타냈나. 이와 같은 상황에서 그들의 감정은 매우 다양하게 나타났다. 그들은 서로 다른 감정을 가지고 각자 다양하게 자신들의 감정을 표출시켰지만, 그럼에도 불구하고 그들 사이에 어떤 불일치도 없었다. 그들은 서로 다른 감정에도 불구하고 불화하거나 반목하지 않았으며 그로 인해 그들의 공동의 관심사 즉 성전을 건축하는 일이 지체되지도 않았다.

1. 단지 성전을 갖지 못한 슬픔만을 알고 있었던 자들은 성전의 기초가 세워질 때 여호와를 찬송하며 큰 소리로 즐거이 부르짖었다(11절). 그들에게는

이러한 기초만으로도 너무나 대단한 것이었으며, 마치 죽음에서 다시 살아난 것 같은 기분이었다. 그들의 굶주린 영혼에는 최소한의 음식조차도 분에 넘치는 진수성찬이었다. 그들의 외치는 소리는 멀리에서도 들릴 정도로 크고 우렁찼다. 아직 완성까지는 보지 못했다 할지라도 하나님의 은혜의 역사가 시작된 것만으로도 우리는 마땅히 감사를 드려야 한다. 오랜 동안의 황폐 이후 세워진 성전의 기초는 모든 신실한 이스라엘 백성들에게 큰 기쁨의 기초였다.

2. 반면 솔로몬이 건축한 첫 성전의 영광을 기억하고 있었던 자들은 대성통곡했다(12절). 왜냐하면 첫 성전과 비교할 때 이것은 크기나 위용이나 화려함에 있어 너무나 보잘것없었기 때문이었다. 성전이 불태워진 것을 여호야김 4년의 첫 번째 포로 때로 잡는다면, 지금은 그 때로부터 52년이 지난 때였다. 또 그것을 여고냐가 포로로 끌려온 때로 잡는다면, 지금은 그 때로부터 59년이 지난 때였다. 따라서 첫 성전이 서 있었던 것을 기억하고 있는 자들이 아직도 많이 살아 있었다. 백성들에게 있어 많은 제사장들과 레위인들의 생명이 연장됨으로써 그들에게 예루살렘의 영광에 대해 말해주고 그럼으로써 그들의 귀환을 촉진할 수 있었던 것은 실로 큰 은총이 아닐 수 없었다. 이와 같이 옛 성전의 영광을 기억하고 있었던 자들은 새 성전의 초라함을 보며 크게 통곡했다.

(1) 여기에는 어느 정도 타당성이 있었다. 만일 그들이 이러한 애통의 눈물을 올바른 방향으로 돌려 이러한 슬픈 변화를 초래한 죄를 슬퍼했다면, 그것은 참으로 선한 일이었다. 교회와 백성들의 영광을 망쳐 놓는 것은 바로 죄이다. 교회와 백성들의 영광이 가려지고 흐려질 때 그것은 다름 아닌 죄 때문이다.

(2) 그러나 모두의 기쁨 속에 자신들의 눈물을 섞음으로써 전체적인 분위기를 침울하게 만드는 것은 그들의 연약함이었다. 그들은 작은 일의 날을 대수롭지 않게 여겼으며, 지금 자신들에게 베풀어진 선에 대해 감사할 줄 몰랐다. 새 성전은 옛 성전보다는 초라했지만 그러나 그들에게는 분에 넘치는 것이었다. 모두가 기뻐할 때 우리는 우는 소리를 내어서는 안 된다. 제사장과 레위인으로서 그들은 백성들에게 이러한 신적 섭리 아래 어떤 마음을 품어야 하는지를 가르치면서 자신들이 앞장서서 더 크게 기뻐했어야 했다. 그럼에도 불구하고 그렇게 하지 않고 대성통곡한 것은 백성들을 더욱 낙담시키는 것이었다. 이와 같이 슬픔과 기쁨이 뒤섞이는 것은 이 세상의 특징이다. 어떤 이들은 기쁨의 강에서 목욕을 하고 있는 동안 또 어떤 이들은 눈물의 홍수에 빠져 있다. 그러나

하늘에서는 모두가 노래하는 가운데 아무도 탄식하지 않는다. 또 지옥에서는 모두가 눈물을 흘리며 울부짖는 가운데 아무도 기뻐하지 않는다. 그렇지만 이 세상에서 우리는 즐거이 부르는 소리와 통곡하는 소리를 거의 분산하지 못한다. 그러므로 우리는 기뻐하는 자들과 함께 기뻐하고 우는 자들과 함께 우는 것을 배우자. 또 기뻐하지 않는 것처럼 기뻐하고 울지 않는 것처럼 우는 것을 배우자.

제
— 4 —
장

개요

성전을 재건하는 일은 시작하자마자 곧바로 그 일에 악의를 품고 있는 자들로부터의 방해에 부딪혔다. 사마리아 사람들은 유대인들과 유대 종교에 적대감을 품고 있었으므로 즉시로 그 일을 방해하고 나섰다. I. 그들이 성전 재건 작업을 방해하고자 자신들도 함께 동역하겠다고 제안했다가 거절을 당함(1-3절). II. 그들이 건축을 방해함(4-5절). III. 그들이 바사 왕에게 글을 올려 유대인들을 거짓으로 참소함(6-16절). IV. 바사 왕은 건축을 중단하라는 명령을 내리고(17-22절), 이러한 명령은 즉시 시행됨(23-24절).

[1]사로잡혔던 자들의 자손이 이스라엘의 하나님 여호와의 성전을 건축한다 함을 유다와 베냐민의 대적이 듣고 [2]스룹바벨과 족장들에게 나아와 이르되 우리도 너희와 함께 건축하게 하라 우리도 너희 같이 너희 하나님을 찾노라 앗수르 왕 에살핫돈이 우리를 이리로 오게 한 날부터 우리가 하나님께 제사를 드리노라 하니 [3]스룹바벨과 예수아와 기타 이스라엘 족장들이 이르되 우리 하나님의 성전을 건축하는 데 너희는 우리와 상관이 없느니라 바사 왕 고레스가 우리에게 명령하신 대로 우리가 이스라엘의 하나님 여호와를 위하여 홀로 건축하리라 하였더니 [4]이로부터 그 땅 백성이 유다 백성의 손을 약하게 하여 그 건축을 방해하되 [5]바사 왕 고레스의 시대부터 바사 왕 다리오가 즉위할 때까지 관리들에게 뇌물을 주어 그 계획을 막았으며

우리는 여기에서 여자의 후손과 뱀의 후손 사이의 오랜 적대감의 한 예를 보게 된다. 하나님의 성전이 건축되는 것에 대해 사탄은 격분하며, 지옥의 문은 그것과 더불어 훼방하며 싸울 것이다. 이와 마찬가지로 복음의 나라도 많은 다툼과 싸움 위에 세워졌다. 이런 측면에서 둘째 성전의 영광은 첫째 성전의 영광보다 더 컸으며, 둘째 성전은 첫째 성전보다 신약의 성전에 대한 좀 더 선명한 모형이었다. 왜냐하면 솔로몬의 성전은 원수도 없고 재앙도 없을 때 건축된 반면(왕상 5:4), 둘째 성전은 큰 방해 속에서 그리고 그러한 방해를 극복

해 나가면서 세워지고 마침내 그러한 방해에도 불구하고 완성되었기 때문이다. 그럼으로써 하나님의 지혜와 권능과 선하심이 크게 영광을 받았으며, 교회로 하여금 더욱 그분을 신뢰하도록 격려하는 결과가 되었다.

I. 성전 건축에 착수한 자들이 여기에서 '사로잡혔던 자들의 자손'(children of captivity, 포로의 자손)으로 일컬어진다(1절).   이것은 그들이 너무나 미약한 존재들이라는 사실을 잘 보여준다. 그들은 이제 막 포로로부터 나온 자들이었으며, 포로 중에 태어났고 여전히 포로의 흔적을 가지고 있는 자들이었다. 비록 이제는 포로가 아니라 할지라도, 그들은 여전히 자신들을 포로로 붙잡고 있었던 자들의 통치 아래 있었다. 이스라엘은 하나님의 아들이요 하나님의 장자였다. 그러나 그들은 죄로 인해 스스로 팔려 노예가 되었으며, 그로 인해 포로의 자손이 되었다. 그러나 그들의 이와 같은 형편이 도리어 그들로 하여금 성전을 재건하는 작업에 더욱 매진하도록 만들었다. 왜냐하면 그들이 자유를 잃어버린 것은 과거 그들이 성전을 대수롭지 않게 여기며 방치했던 것의 결과였기 때문이었다.

II. 성전 건축을 방해하는 자들이 여기에서 '유다와 베냐민의 대적'으로 일컬어진다.   이들은 갈대아 사람들이나 바사 사람들이 아니었다(갈대아 사람들이나 바사 사람들은 성전 건축을 방해하지 않고 도리어 그렇게 하도록 허락해 주었다). 이들은 열 지파의 남은 자들과 또 그들과 연합한 이방인들이었다. 이들은 우리가 왕하 17:33에서 보게 되는 것과 같은 혼합종교를 만들었다(이와 같이 그들이 여호와도 경외하고 또한 어디서부터 옮겨왔든지 그 민족의 풍속대로 자기의 신들도 섬겼더라). 이들은 또한 '그 땅의 백성'으로도 일컬어지는데(스 4:4), 이와 같이 유다와 베냐민의 최대의 원수는 자칭 유대인이라 하나 실상은 그렇지 않은 자들이었다(계 3:9).

III. 그들의 방해 속에 옛 뱀의 간교함이 많이 들어 있었다.   성전이 건축되고 있다는 소식을 들었을 때 그들은 그것이 자신들의 종교에 치명적인 타격이 될 것이란 사실을 즉시 알아차렸으며, 그리하여 곧바로 그 일을 방해하고 나섰다. 그들은 그 일을 강제로 막을 권세는 갖고 있지 못했다. 그리하여 그들은 그 일을 효과적으로 방해할 수 있는 모든 방법을 동원했다.

1. 그들은 자신들도 성전을 건축하는 일에 동참하겠다고 제안했다. 그러나 그것은 단지 그 일을 지연시키기 위한 것일 따름이었다.

(1) 그들의 제안은 충분히 그럴듯하며 호의적인 것으로 보일 수 있었다. "우리도 너희와 함께 건축하게 하라. 우리는 너희를 도울 것이요 어느 정도 비용도 분담할 것이니, 이는 우리도 너희 같이 너희 하나님을 찾는 자들이기 때문이라(2절)." 이것은 거짓이었다. 왜냐하면 설령 같은 하나님을 찾았다 할지라도, 그들은 하나님 한 분만을 찾지도 않았을 뿐만 아니라 또 하나님을 찾되 그분이 정하신 방법대로 찾지도 않았기 때문이었다. 따라서 그들은 지금 성전을 건축하고 있는 자들 같이 하나님을 찾는 자들이 아니었다. 여기에서 그들은 가능하면 성전 건축을 저지하고자 했으며, 그럴 수 없다면 최소한 아무 훼방 없이 편안하게 작업하지는 못하게 하고자 했다. 이와 같이 원수의 입맞춤은 속이는 것이다. 그 말은 버터보다 부드럽지만 그러나 그 속에는 적의(敵意)가 숨어 있다.

(2) 그러나 유대인들은 이들의 제안을 거절했으며 그것은 매우 정당한 것이었다(3절). 이스라엘의 족장들은 그들의 진짜 속셈이 성전 건축 작업을 방해하려는 것임을 즉시로 알아차렸다. 따라서 그들은 분명하게 말했다. "너희는 우리와 상관이 없느니라. 너희는 참 이스라엘 사람도 아니요 하나님을 신실하게 예배하는 자도 아니며 이 일에 아무 분깃도 가지고 있지 않느니라. 너희는 알지 못하는 것을 예배하며(요 4:22), 따라서 우리는 너희와 함께 예배할 수 없느니라. 그러므로 우리가 이스라엘의 하나님 여호와를 위하여 홀로 건축하리라." 유대인들은 그들과 더불어 이방인들과 혼합되지 말라는 하나님의 율법으로 변론하지 않고 다만 바사 왕의 명령만을 제시한다. "바사 왕이 우리에게 이 전을 건축할 것을 명령하였느니라. 그러므로 만일 우리가 다른 사람들의 도움을 요청한다면 그것은 그를 불신하며 모독하는 것이 될 것이라." 선한 일을 행함에 있어 비둘기의 순전함뿐만 아니라 뱀의 지혜도 필요하다는 사실과, 이어지는 말씀처럼 사람들을 삼가는 것 역시도 매우 필요한 일임을 주목하라(마 10:16, 17). 우리는 누구와 연합할 것인지 또 누구의 손을 의지할 것인지에 대해 경솔하게 판단해서는 안 된다. 우리는 경건한 신뢰로써 하나님을 의지하면서 동시에 신중한 주의와 경계로써 사람들을 의뢰해야 한다.

2. 이러한 계략이 실패하자 그들은 성전 건축을 저지하기 위해 자신들이 할 수 있는 모든 일을 행했다. 그들은 성전을 건축하는 자들을 어리석은 건축자 즉 결코 완성할 수 없는 일을 시작한 자들이라고 비방했다. 그러므로 그 일은 결국 헛된 일이 될 것이라고 말함으로써 그들의 손을 약하게 만들었으며, 그 외

에도 여러 가지 방법으로 그들의 일을 곤란케 하며 어렵게 만들었다. 성전을 건축하는 일에 있어 모든 사람들이 똑같이 열심이었던 것은 아니었다. 다소 냉담하며 무관심했던 자들 가운데 이러한 비방과 험담으로 인해 마음이 낙담되어 그 일을 떠난 자들도 있었다(4절). 그러나 대부분의 유대인들은 그러한 말에 아무런 영향도 받지 않았다. 그러자 그들은 관리들에게 뇌물을 주어 그들을 통해 그 계획을 막으려고 하고(5절), 또 두로와 시돈 사람들을 설득하여 약속한 목재를 공급해 주지 말도록 부추기기도 했다(3:7). 이와 같이 교회의 원수들이 쉬임없이 성전 건축을 훼방하는 것에 대해 우리는 조금도 놀랄 필요가 없다. 그들이 섬기는 자(즉 사탄)는 계속해서 악을 행하기 위해 조금도 지치지 않고 땅을 두루 돌아 여기저기 다니고 있다(욥 1:7). 선한 일을 훼방하며 그 일을 행하는 자들의 손을 약하게 만드는 자들은 자신들이 지금 누구의 모범을 따르고 있는지 분명히 알아야만 한다.

[6]또 아하수에로가 즉위할 때에 그들이 글을 올려 유다와 예루살렘 주민을 고발하니라 [7]아닥사스다 때에 비슬람과 미드르닷과 다브엘과 그의 동료들이 바사 왕 아닥사스다에게 글을 올렸으니 그 글은 아람 문자와 아람 방언으로 써서 진술하였더라 [8]방백 르훔과 서기관 심새가 아닥사스다 왕에게 올려 예루살렘 백성을 고발한 그 글에 [9]방백 르훔과 서기관 심새와 그의 동료 디나 사람과 아바삿 사람과 다블래 사람과 아바새 사람과 아렉 사람과 바벨론 사람과 수산 사람과 데해 사람과 엘람 사람과 [10]그 밖에 백성 곧 존귀한 오스납발이 사마리아 성과 유브라데 강 건너편 다른 땅에 옮겨 둔 자들과 함께 고발한다 하였더라 [11]아닥사스다 왕에게 올린 그 글의 초본은 이러하니 강 건너편에 있는 신하들은 [12]왕에게 아뢰나이다 당신에게서 우리에게로 올라온 유다 사람들이 예루살렘에 이르러 이 패역하고 악한 성읍을 건축하는데 이미 그 기초를 수축하고 성곽을 건축하오니 [13]이제 왕은 아시옵소서 만일 이 성읍을 건축하고 그 성곽을 완공하면 저 무리가 다시는 조공과 관세와 통행세를 바치지 아니하리니 결국 왕들에게 손해가 되리이다 [14]우리가 이제 왕궁의 소금을 먹으므로 왕이 수치 당함을 차마 보지 못하여 사람을 보내어 왕에게 아뢰오니 [15]왕은 조상들의 사기를 살펴보시면 그 사기에서 이 성읍은 패역한 성읍이라 예로부터 그 중에서 항상 반역하는 일을 행하여 왕들과 각 도에 손해가 된 것을 보시고 아실지라 이 성읍이 무너짐도 이 때문이니이다 [16]이제 감히 왕에게 아뢰오니 이 성읍이 중

건되어 성곽이 준공되면 이로 말미암아 왕의 강 건너편 영지가 없어지리이다 하였
더라

고레스는 변함없이 유대인들의 유익을 도모하며 필요할 때는 특별한
금품을 제공해 주기도 했다. 그에게 유대인들을 대적하는 어떤 상소문을 올리
는 것은 아무 소용없는 일이었다. 그는 선한 원칙에 따라 그리고 하나님을 경
외하는 가운데 행동했으므로 항상 유대인들을 지지해 주었다. 그의 전체 통치
기간은 30년에 달했다. 그러나 바벨론을 정복하고 유대인들을 해방시켜 준 이
후의 통치기간과 관련하여, 어떤 이들은 그 기간이 3년 정도 되었을 것으로 생
각하기도 하고 또 어떤 이들은 7년 정도 되었을 것으로 생각하기도 한다. 그
이후 그는 죽었든지 아니면 통치권을 자신의 후계자인 아하수에로(6절, 그는 아
닥사스다로도 불렸다, 7절)에게 넘겨주었다. 아마도 이 사람은 이교 문헌에서
캄비세스로 불리는 사람과 동일인이었을 것으로 추측되는데, 그는 유대인들에
대해 잘 알지도 못했을 뿐만 아니라 이스라엘의 하나님에 대해서도 전임자(즉
고레스)만큼의 지식을 갖고 있지 못했다. 이러한 상황에서 이들 사마리아 사람
들은 그에게 편지를 보내 성전 건축을 중단하라는 명령을 내려줄 것을 요청했
다. 자신들의 목적에 부합하는 왕이 즉위하자 그들은 때를 놓치지 않고 즉시로
그와 같은 행동을 개시했던 것이다. 교회의 원수들이 교회에 해악을 끼치기 위
해 얼마나 민첩하게 움직이는지 보라. 교회의 친구들이 교회를 위해 일할 때
이들보다 덜 민첩하다면 되겠는가?

Ⅰ. 그들이 왕에게 보낸 편지의 전반적인 취지.　그것은 유다와 예루살렘의
주민을 고발하는 것으로 일컬어진다(6절). 마귀는 형제들을 참소하는 자이다(계
12:10). 그는 자신의 악의적인 계획을 수행할 때 욥의 경우처럼 자신이 하나님
앞에 직접 참소할 뿐만 아니라 자신이 사용하는 도구들을 통해 왕이나 방백들
앞에 참소하도록 함으로써 그렇게 한다. 참되며 경건한 사람들을 헐뜯기 위해
지금도 그러한 계교가 사용되는 것에 대해 우리는 조금도 놀랄 필요가 없다.

Ⅱ. 이 일에 관여한 사람들.　우리는 여기에서 이러한 음모를 꾸민 자들(7절)
과 실제로 편지를 쓴 자들(8절)과 그들과 합세한 서기관들(9절)의 이름을 보게
된다. 이것은 완전한 거짓이었다. 이제 여기에서 다음을 보라.

1. 그들은 어떻게 하나님과 하나님의 성전을 대적하는 계교를 함께 꾸몄나?

성전 건축이 그들에게 무슨 해를 끼치는 것은 아니었다. 그럼에도 불구하고 그들은 극도의 악의를 품고 그 일을 대적하며 훼방했다. 어쩌면 그것은 이스라엘의 하나님의 선지자들이 세상의 모든 신들이 쇠약하게 되고 망할 것이라고 예언한 것 때문이었는지도 모른다(습 2:11; 렘 10:11).

2. 백성들은 어떻게 그들을 따라 이 헛된 일에 동참했나? 그들은 내용을 잘 알지도 못하면서 부화뇌동했다. 앗수르와 갈대아와 바사의 성읍들로부터 이름을 딴 모든 성읍들(즉 이주민들의 식민성읍들)이 이 편지에 서명함으로써 이 일에 함께 동참했다(여기에 그러한 성읍들 아홉 곳의 이름이 열거된다, 9절). 그들 가운데 열 지파 출신의 사람들이 많이 있었다. 그랬기 때문에 그들은 돌아온 유대인들에 대해 크게 격앙하고 있었다. 왜냐하면 그들 가운데 많은 사람들이 유대인들의 소유를 차지하고 있었는데, 이제 그들이 돌아왔으므로 옛 소유를 되찾으려고 하지 않을까 우려했기 때문이었다.

Ⅲ. 편지의 초본. 에스라는 바사 왕의 서고(書庫)로부터 그 편지의 초본을 취하여 그것을 여기에 삽입했다. 그것이 여기에 기록됨으로써 우리가 볼 수 있게 된 것은 참으로 잘 된 일이다. 왜냐하면 우리는 이를 통해 악인들이 선한 백성들을 비방하며 선한 계획을 좌절시키기 위해 사용하는 방법들을 볼 수 있기 때문이다.

1. 그들은 스스로를 가장 충성스러운 백성으로 그리고 왕의 영광과 이익에 가장 큰 관심을 가진 자들로 표현한다. 마치 제국 전체를 통해 자신들보다 더 충성스럽고 왕의 은혜를 잘 아는 백성은 어디에도 없다는 듯이 말한다(14절). 우리가 이제 왕궁의 소금을 먹으므로. 이것은 "우리는 왕궁으로부터 녹을 먹는 바, 육체가 소금 없이는 보존될 수 없는 것처럼 우리는 왕궁의 녹이 없이는 살 수 없나이다"를 의미하는 것이든지, 아니면 어떤 이들이 생각하는 것처럼 그들의 급여(給與)가 소금으로 주어졌음을 의미하는 것일 것이다. 그렇지 않으면 단 1:5에서 보게 되는 것처럼, 그들이 왕궁에서 교육을 받고 왕의 식탁에서 부양되었음을 의미하는 것인지도 모른다. 그렇다면 이들은 왕이 등용하고자 계획한 자들로서 왕의 음식을 먹는 자들이었을 것이다. 그러므로 우리가 왕의 수치 당함을 차마 보지 못하겠나이다. 그리하여 그들은 왕에게 성전 건축을 중단하라는 명령을 내려줄 것을 촉구했는데, 이것이야말로 다른 어떤 것보다도 왕을 더욱 수치스럽게 만들 일이었다. 그리스도와 그의 복음에 대한 은밀한 적대감이

종종 가이사와 그의 권력에 대한 애정으로 위장되는 것을 주목하라. 그랬기 때문에 유대인들은 로마 정부를 미워했음에도 불구하고 갑자기 태도를 돌변하여 "우리에게는 가이사 외에 왕이 없나이라"라고 외칠 수 있었다. 그러나 왕에 의지해 살아가는 자들이 이와 같이 왕의 이익을 옹호하는데 열심이라면, 하물며 우리는 하나님의 영광을 위한 경건한 열정을 나타내는데 얼마나 더 열심이어야 하겠는가? 우리는 하늘의 하나님으로부터 모든 양식을 먹으며 하늘의 소금을 먹나이다. 우리는 하나님의 급여와 그의 섭리의 돌봄으로 살아간다. 그럼에도 불구하고 하나님이 수치 당하는 것에 대해 분개할 줄 모르고 그것을 막기 위해 아무 일도 하지 않는 것은 얼마나 부끄러운 일인가? 우리는 하나님이 수치 당하는 것을 차마 보지 못하겠나이다.

2. 그들은 유대인들을 가장 충성되지 못하며 위험한 자들로 표현한다. 그리고 예루살렘을 패역하고 악한 성읍으로(12절) 그리고 왕들과 각 도에 손해가 되는 성읍으로 표현한다. 온 세계의 즐거움인(시 48:2) 예루살렘이 여기에서 온 세계의 거치는 돌로 비난받는 것을 보라. 교회의 원수들은 교회를 대적하는 악한 행동을 시작하기 전에 먼저 교회에다가 악한 이름을 갖다 붙인다. 예루살렘은 의로운 왕들에게는 충성된 성읍이었으며, 그 곳의 거주민들은 다른 어느 지역의 거주민보다도 왕과 나라에 더 호의적이었다. 유대인이었던 다니엘은 그의 원수들조차도 그로부터 아무 허물도 찾아내지 못할 정도로 최근 왕 앞에 가장 충성된 자였다(단 6:4). 그러나 엘리야도 이와 같이 이스라엘을 괴롭게 하는 자라는 터무니없는 비방을 받았으며, 사도들도 세상을 소동케 하는 자로, 그리고 그리스도 자신도 나라를 전복하고 가이사에게 세금 바치는 것을 금하는 자로 비방을 받았다. 이러한 계교와 비방이 오늘날에도 동일하게 되풀이되는 것에 대해 우리는 조금도 이상하게 생각할 필요가 없다.

(1) 그들은 유대인들의 지난 역사가 항상 반역으로 얼룩졌다고 참소한다. 이 성읍은 패역한 성읍이라 예로부터 그 중에서 항상 반역하는 일을 행하였으며 이 성읍이 무너짐도 이 때문이니이다(15절). 여호야김과 시드기야가 바벨론 왕의 멍에를 벗어버리고자 시도하는 가운데 그와 같은 일이 있었던 것은 부인할 수 없는 사실이었다(만일 그들이 자신들의 종교와 성전을 좀 더 가까이 했다면 그와 같은 처지가 되지는 않았을 것이다). 그러나 우리는 다음과 같은 사실들을 고려해야만 한다.

[1] 그들이 주권자들이었다는 사실. 그러므로 자신들의 권리를 되찾기 위한 그들의 노력은 만일 그 가운데 맹세를 위반한 것만 없었다면 충분히 정당화될 수 있었다. 그리고 만일 그들이 정당한 방법을 취하고 또 하나님과 화목했다면 그 일은 성공할 수 있었을 것이다.

[2] 설령 이들 유대인들과 그들의 통치자들이 반역의 죄책을 가지고 있었다 할지라도, 예루살렘에 대해 반역과 패역의 성읍이란 낙인을 찍는 것은 부당한 일이라는 사실. 유대인들은 포로로 있는 동안 어떤 비난도 받지 않을 정도로 범사에 선한 행실의 모범을 보였다. 그것은 그들이 사로잡혀간 성읍의 평안을 구하고 그 성읍을 위하여 여호와께 기도하도록 가르침을 받았기 때문이었다(렘 29:7). 우리는 그들이 이러한 가르침을 잘 준수했을 것으로 충분히 추측할 수 있다. 따라서 이와 같이 조상들의 잘못을 자손들에게 전가하는 것은 비록 드문 일은 아니라 할지라도 매우 불공정한 처사이다.

(2) 지금 진행되고 있는 일과 관련한 그들의 정보는 사실관계에 있어 매우 그릇된 것이었다. 그들은 바사 왕에게 유대인들이 성곽을 건축하고(KJV의 난외주에는 성곽을 필역했다고 되어 있다) 기초를 수축했다고 보고했는데(12절), 이것은 사실과는 너무나 거리가 먼 것이었다. 지금 유대인들은 고레스의 명령에 따라 성전을 건축하기 시작하고 있었을 뿐이며, 성곽(혹은 성벽)과 관련해서는 아무 일도 하지 않았다. 실제로 그들은 지금 성벽을 수리할 계획조차도 갖고 있지 않았다. 성벽이 수년 후에도 여전히 훼파된 상태로 있었던(느 1:3) 사실이 이것을 분명히 보여준다. 너 속이는 혀여 무엇을 네게 주며 무엇을 네게 더 할꼬 장사의 날카로운 화살과 로뎀 나무 숯불이리로다(시 120:3, 4). 만일 그들에게 덕과 명예심이 조금이라도 남아 있었다면, 그들은 결코 왕에게 이와 같은 거짓된 내용을 써 보내지는 않았을 것이다. 그리고 만일 그들이 왕이 동조할 것을 확신하지 못했다면, 역시 이와 같은 편지를 보내지는 않았을 것이다. 잠언 29장 12절을 보라(관원이 거짓말을 들으면 그의 하인들은 다 악하게 되느니라).

(3) 예루살렘 중건의 결과에 대한 그들의 예측은 아무 근거 없는 것이었다. 그들은 왕에게 예루살렘 성읍이 건축되면 유대인들이 조공과 관세와 통행세를 바치지 않을 뿐만 아니라(13절) 유브라데 강 이쪽 편의 모든 나라들이 유대인들의 모범을 따라 계속해서 반역을 일으켜 결국 왕의 강 건너편 영지가 없어지게 될 것이라고(16절) 확신 있게 말했다. 그리고 만일 왕이 이러한 일을 그대로 묵

인하면 왕은 왕 자신에게 뿐만 아니라 왕의 후계자들에게도 해를 끼치는 결과가 될 것이라고 말했다. 결국 왕들에게 손해가 되리이다(13절). 이 편지의 모든 행간(行間) 속에 옛 뱀의 교활함과 악의가 숨쉬고 있는 것을 주목하라.

[17]왕이 방백 르훔과 서기관 심새와 사마리아에 거주하는 그들 동관들과 강 건너편 다른 땅 백성에게 조서를 내리니 일렀으되 너희는 평안할지어다 [18]너희가 올린 글을 내 앞에서 낭독시키고 [19]명령하여 살펴보니 과연 이 성읍이 예로부터 왕들을 거역하며 그 중에서 항상 패역하고 반역하는 일을 행하였으며 [20]옛적에는 예루살렘을 다스리는 큰 군왕들이 있어서 강 건너편 모든 땅이 그들에게 조공과 관세와 통행세를 다 바쳤도다 [21]이제 너희는 명령을 전하여 그 사람들에게 공사를 그치게 하여 그 성을 건축하지 못하게 하고 내가 다시 조서 내리기를 기다리라 [22]너희는 삼가서 이 일에 게으르지 말라 어찌하여 화를 더하여 왕들에게 손해가 되게 하랴 하였더라 [23]아닥사스다 왕의 조서 초본이 르훔과 서기관 심새와 그의 동료 앞에서 낭독되매 그들이 예루살렘으로 급히 가서 유다 사람들을 보고 권력으로 억제하여 그 공사를 그치게 하니 [24]이에 예루살렘에서 하나님의 성전 공사가 바사 왕 다리오 제이년까지 중단되니라

여기에서 우리는 다음과 같은 내용을 보게 된다.

I. 사마리아 사람들이 보낸 편지에 대한 바사 왕의 응답. 그는 사마리아 사람들의 거짓과 모함에 속아 지금 유대인들이 하고 있는 일과 관련한 그들의 탄원의 진위여부를 검토해 볼 생각도 하지 않고 즉시 그 일을 중단할 것을 명령했다.

1. 왕은 예루살렘과 관련한 기록들을 살펴본 후 그 성읍이 정말로 과거에 바벨론 왕에 대해 반역을 행했다는 사실을 알게 되었다. 그러므로 예루살렘은 그들이 표현한 대로 패역한 성읍이었다(19절). 거기에 더하여 그는 예전에 여러 왕들이 거기에서 다스리면서 주변 나라들로 하여금 조공과 관세와 통행세를 바치도록 했던 사실도 알게 되었다(20절). 따라서 만일 그럴만한 상황만 된다면 그들이 또다시 자신들의 권리를 주장하게 될 위험이 있었다. 이와 같이 바사 왕은 사마리아 사람들과 똑같이 말하면서 그들의 모함에 따라 공사를 중단하라는 명령을 내렸다. 다른 사람들의 눈과 귀를 통해 보고 들을 수밖에 없으며

그들의 말을 통해 판단을 내려야만 하는 통치자들의 가혹한 운명을 보라. 그러나 하나님은 있는 그대로 보고 아시기 때문에 하나님의 판단은 항상 올바르다.

2. 왕은 추후 조서가 있을 때까지 성읍을 건축하는 공사를 중단하도록 지시했다(21, 22절). 사마리아 사람들도 그랬고 왕도 마찬가지였지만, 그들은 모두 성전 건축에 대해서는 아무 언급도 하지 않았다. 그것은 그들 모두가 유대인들이 고레스의 허락과 명령에 따라 성전을 재건하고 있었음을 잘 알고 있었기 때문이었다. 따라서 그들은 오직 성읍에 대해서만 말했다. "예루살렘 성읍으로 하여금 건축되지 못하게 하라," 다시 말해서 예루살렘이 성벽과 성문을 가진 견고한 성읍이 되지 못하게 하라는 것이었다. "너희가 어떻게 하든 그것을 막아서 왕들에게 손해가 되지 않게 하라."

II. 사마리아 사람들이 즉시 이 명령을 시행함. 그들은 이와 같은 명령을 받자마자 예루살렘으로 급히 달려갔다(23절). 그들의 발은 악으로 달려가는데 빨랐다(잠 1:16). 그들은 성전을 건축하고 있는 자들에게 당장 왕의 명령을 전달하고 싶어 참을 수가 없었다. 왕의 명령은 권력으로 억제하여 그 공사를 그치게 할 것이었다. 그들은 이러한 명령을 얻기 위해 거짓 정보로 왕을 오용(誤用)했던 것처럼 그 명령을 시행함에 있어서도 또다시 왕을 오용했다. 왜냐하면 그 명령은 단지 성읍을 건축하는 것을 금지하는 것이었음에도 불구하고 그들은 그것을 성전과 관련되는 것으로 바꾸어 버렸기 때문이었다. 이렇게 한 것은 그들이 큰 악의를 품고 어떻게 하든 저지하려고 했던 것이 바로 성전 건축이었기 때문이었다. 실제로 왕의 명령은 일반적인 표현으로 되어 있었다: 그 사람들에게 공사를 그치게 하여. 사마리아 사람들은 왕에게 유대인들이 성곽(성벽)을 건축하고 있노라고 참소했으므로, 왕의 명령은 성곽 건축과 관련되는 것이었다. 그러나 그들은 그 말을 성전을 건축하는 것에 적용시켰다. 우리는 왕들과 그들이 보낸 방백들을 위해 계속해서 기도해야 할 필요가 있다. 왜냐하면 우리의 평온하고 안정된 삶의 많은 부분이 그들의 지혜와 정직에 달려 있기 때문이다. 어쨌든 그 결과 교회의 원수들의 힘과 오만에 의해 그리고 교회의 친구들의 냉랭함과 무관심에 의해 하나님의 성전 공사는 다리오 2년까지 중단되게 되었다(24절, 여기의 다리오는 다리오 히스타스페스를 의미한다). 설령 지금 성전 건축이 중단된 것이 사마리아 사람들의 악의로 말미암은 것이었다 할지라도, 만일 그들이 그 일에 더 큰 열정을 품었더라면 잠시 후 곧바로 다시 시작할 수 있었을 것이다. 그들은 왕으로부터 명시적인 허락을 받기(6장) 전에 선지자들로부터 성전 건축을 재개하지 않는 것에 대해 책망을 받았는데(5:1), 이로부터 우리는 그러한 사실을 쉽게 추측할 수 있다. 또 학개 1:1 이하를 참조하라. 또 만일 그들이 이 일의 진상을 성심을 다해 캄비세스(아닥사스다)에게 알렸다면, 어쩌면 그는 자신의 명령을 철회했을는지도 모른다. 그러나 추측컨대 성전을 건축하던 자들 가운데에도 대적들과 마찬가지로 은근히 그 일이 중단되기를 바랐던 자들도 있었을 것으로 여겨진다. 어떤 경우 교회는 원수들의 적의(敵意)에 의해서보다도 친구들의 냉랭함에 의해 더 큰 고통을 당하기도 했다. 그러나 대부분의 경우 두 가지가 합하여 교회의 일을 지연시킨다.

제 5 장

개요

우리는 앞 장에서 성전 공사가 중단된 것을 살펴보았다. 그러나 우리는 여기에서 그 일이 하나님의 역사 가운데 다시 재개되는 것을 보게 된다. 그 일은 힘과 권력으로 저지되었으나, 이제 만군의 여호와의 영으로 다시 재개되기 시작했다. 이제 우리는 여기에서 여호와의 영이 어떻게 역사했는지에 대해 듣게 된다. I. 여호와의 영이 교회의 친구들의 냉랭한 마음을 뜨겁게 만들고 그들에게 성전 건축을 재개할 마음을 불어넣음(1, 2절). II. 여호와의 영이 교회의 원수들의 광분한 마음을 가라앉게 만듦. 그들은 앞 장에 나온 자들만큼이나 성전 건축을 싫어했지만 그러나 1. 성전을 건축하는 자들에 대해 훨씬 온유하게 대함(3-5절). 2. 이 일에 대해 왕에게 훨씬 더 공정하게 보고함(6-17절).

¹선지자들 곧 선지자 학개와 잇도의 손자 스가랴가 이스라엘의 하나님의 이름으로 유다와 예루살렘에 거주하는 유다 사람들에게 예언하였더니 ²이에 스알디엘의 아들 스룹바벨과 요사닥의 아들 예수아가 일어나 예루살렘에 있던 하나님의 성전을 다시 건축하기 시작하매 하나님의 선지자들이 함께 있어 그들을 돕더니

어떤 이들은 성전 건축이 중단된 기간을 9년으로 계산하기도 하지만, 나는 최대 15년 정도 되었을 것으로 추측한다. 이 기간 동안 그들은 의심의 여지 없이 제단과 성막을 이용했을 것이다. 하나님께 예배함에 있어 마땅히 해야 할 것으로 할 수 없을 때 우리는 지금 할 수 있는 것으로 예배하면서 더 나은 것으로 할 수 없는 것을 안타까워해야 한다. 그러나 성전 건축을 방해할 목적으로 고용된(4:5) 자들은 ― 어쩌면 성령의 감동을 받아 말하는 것처럼 꾸미면서 ― 솔로몬 성전을 건축하기 전에도 많은 기간이 소요되었노라고 주장하는 가운데 아직 건축을 재개할 때가 이르지 않았다고 말했다(학 1:2). 이러는 가운데 백성들은 하나님의 전이 황폐해 있는 동안 자신들은 판벽한 집에 편안히 거주하고 있었다(학 1:4). 이제 우리는 여기에서 죽은 것처럼 보였던 이 일에 어

떻게 다시 생기가 들어가게 되었는지에 대해 듣게 된다.

I. 백성 가운데 두 명의 선한 사역자가 있었는데, 그들은 하나님의 이름으로 백성들에게 건축의 바퀴를 다시 돌리도록 성심으로 촉구했다. 다음을 주목하라.

1. 그들은 누구였나? 그들은 선지자 학개와 스가랴로서 학 1:1과 슥 1:1에 나타나는 것처럼 다리오 2년에 예언하기 시작했다. 여기에서 다음의 사실들을 관찰하라.

(1) 하나님의 성전은 예언에 의해, 다시 말해서 세속적인 권력에 의해서가 아니라 하나님의 말씀에 의해 건축되어야 한다는 사실(세속적인 권력은 대부분의 경우 성전 건축을 촉진하기는커녕 도리어 방해한다). 우리의 싸우는 무기와 마찬가지로, 건축의 도구 역시 육체적인 것이 아니라 영적인 것이다. 성전을 건축하는 자들 역시 복음의 사역자들이다.

(2) 하나님의 백성들로 하여금 선한 일을 행하도록 촉구하며, 도우며, 격려하며, 하나님의 말씀으로 그들의 손을 강하게 하는 것은 하나님의 선지자들의 책무라는 사실.

(3) 하나님이 선지자들을 일으키셔서 백성들의 돕는 자와 인도자와 감독자로 삼으시는 것은 하나님이 지금 긍휼을 베풀고 계심을 보여주는 표적이라는 사실.

2. 그들은 누구에게 보내졌나? 그들은 유다 사람들에게 예언했다. 하나님은 유다 사람들을 율법과 예언으로 인도하셨다. 그들은 선지자들의 교훈과 훈계로 가르침을 받았기 때문에 종종 선지자들의 자손이라 불렀다(행 3:25). 학개와 스가랴는 마치 마른 뼈들에게 예언하여 생기를 불어넣은 에스겔처럼 유다 사람들에게 예언했다(겔 37:4). 그들은 (패트릭 주교가 생각한 것처럼) 유다 사람들을 대적하여(against) 예언했는데, 그것은 그들이 성전을 건축하지 않는 것을 책망했기 때문이었다. 만일 하나님의 말씀이 지금 우리에게 증거로(testimony to us) 받아들여지지 않는다면, 그것은 훗날 우리를 대적하는 증거로(testimony against us) 받아들여지고 결국 우리를 심판하는 것이 될 것이다.

3. 누가 그들을 보냈나? 그들은 이스라엘의 하나님의 이름으로 혹은 (어떤 이들이 읽는 것처럼) 이스라엘의 하나님을 위해 예언했다. 그들은 하나님으로부터 위임을 받아 그리고 하나님의 권세로써 말했으며, 백성들 가운데 하나님의

영광과 그분의 권리를 설파했다.

II. 그들에게는 두 명의 선한 지도자가 있었는데, 그들은 중단된 성전 공사를 다시 재개하는데 매우 적극적이었다. 그들은 총독 스룹바벨과 대제사장 예수아였다(2절). 위엄과 권력의 자리에 있는 자들은 선한 일을 행하는데 자신들의 위엄과 권력을 기꺼이 사용해야 한다. 이와 같이 지도자들이 큰 관심과 열심을 품고 의롭고 선한 일을 앞장서서 이루어 나가는 것은 참으로 아름다운 일이다. 여기의 지도자들은 여호와의 선지자들로부터 지시와 가르침을 받는 것을 조금도 부끄럽게 여기지 않고 도리어 복으로 생각했다. 그리고 선지자들이 성전 건축 공사를 재개하는 일에 앞장서서 돕는 것을 매우 기쁘게 여겼다. 여기에서 학개 1장을 읽고(왜냐하면 이것이야말로 여기의 두 구절에 대한 최고의 주석이 되기 때문이다), 하나님이 당신의 말씀으로 어떤 큰 일을 행하셨는지 보라.

³그 때에 유브라데 강 건너편 총독 닷드내와 스달보스내와 그들의 동관들이 다 나아와 그들에게 이르되 누가 너희에게 명령하여 이 성전을 건축하고 이 성곽을 마치게 하였느냐 하기로 ⁴우리가 이 건축하는 자의 이름을 아뢰었으나 ⁵하나님이 유다 장로들을 돌보셨으므로 그들이 능히 공사를 막지 못하고 이 일을 다리오에게 아뢰고 그 답장이 오기를 기다렸더라 ⁶유브라데 강 건너편 총독 닷드내와 스달보스내와 그들의 동관인 유브라데 강 건너편 아바삭 사람이 다리오 왕에게 올린 글의 초본은 이러하니라 ⁷그 글에 일렀으되 다리오 왕은 평안하옵소서 ⁸왕께 아뢰옵나이다 우리가 유다 도에 가서 지극히 크신 하나님의 성전에 나아가 본즉 성전을 큰 돌로 세우며 벽에 나무를 얹고 부지런히 일하므로 공사가 그 손에서 형통하옵기에 ⁹우리가 그 장로들에게 물어보기를 누가 너희에게 명령하여 이 성전을 건축하고 이 성곽을 마치라고 하였느냐 하고 ¹⁰우리가 또 그 우두머리들의 이름을 적어 왕에게 아뢰고자 하여 그들의 이름을 물은즉 ¹¹그들이 우리에게 대답하여 이르기를 우리는 천지의 하나님의 종이라 예전에 건축되었던 성전을 우리가 다시 건축하노라 이는 본래 이스라엘의 큰 왕이 건축하여 완공한 것이었으나 ¹²우리 조상들이 하늘에 계신 하나님을 노엽게 하였으므로 하나님이 그들을 갈대아 사람 바벨론 왕 느부갓네살의 손에 넘기시매 그가 이 성전을 헐며 이 백성을 사로잡아 바벨론으로 옮겼더니 ¹³바벨론 왕 고레스 원년에 고레스 왕이 조서를 내려 하나님의 이 성전을 다시

건축하게 하고 [14]또 느부갓네살이 예루살렘 하나님의 성전 안에서 금, 은 그릇을 옮겨다가 바벨론 신당에 두었던 것을 고레스 왕이 그 신당에서 꺼내어 그가 세운 총독 세스바살이라고 부르는 자에게 내주고 [15]일러 말하되 너는 이 그릇들을 가지고 가서 예루살렘 성전에 두고 하나님의 전을 제자리에 건축하라 하매 [16]이에 이 세스바살이 이르러 예루살렘 하나님의 성전 지대를 놓았고 그 때로부터 지금까지 건축하여 오나 아직도 마치지 못하였다 하였사오니 [17]이제 왕께서 좋게 여기시거든 바벨론에서 왕의 보물전각에서 조사하사 과연 고레스 왕이 조서를 내려 하나님의 이 성전을 예루살렘에 다시 건축하라 하셨는지 보시고 왕은 이 일에 대하여 왕의 기쁘신 뜻을 우리에게 보이소서 하였더라

여기에서 우리는 다음과 같은 내용을 보게 된다.

I. 성전 건축 공사가 재개된 것을 주변사람들이 즉시 알아챔. 그들은 유다 사람들의 성전 건축 공사를 경계의 눈으로 주시했다. 하나님의 영이 성전의 친구들을 각성(覺醒)시켜 중단된 성전 공사를 재개토록 하자마자 악한 영도 성전의 원수들을 각성시켜 그 일을 대적하게 했다. 유다 백성들이 각자의 집을 짓고 그것을 아름답게 꾸밀(학 1:4) 때는, 그들은 그에 대해 아무 상관도 하지 않았었다(왕이 성읍을 건축하는 것을 중단하라고 명령했음에도 불구하고, 4:21). 그러나 유다 사람들이 성전 건축 공사를 재개하자, 그들은 즉시로 경계심을 품고 그 일을 방해하기 위해 분주하게 움직이기 시작했다(5:3, 4). 우리는 여기에서 이 일을 주도한 자들의 이름을 보게 된다: 닷드내와 스달보스네. 우리가 4장에서 보았던 총독(혹은 방백)들은 통상적인 관례대로 새 왕이 즉위할 때 교체되었던 것으로 보인다. 총독들과 각 도의 치리자들을 때때로 교체하는 것은 통치자들의 통상적인 정책이다. 이들은 성전 건축을 싫어하기는 했지만 그러나 앞의 총독들보다는 훨씬 나은 성품을 가지고 있는 자들이었으며 또한 어느 정도 양심적으로 진실을 말할 줄 아는 사람들이었다. 모든 사람이 믿음을 갖고 있는 것은 아니다(살후 3:2). 그렇게 볼 때 어떤 사람이 믿음과 명예심을 갖고 있다면, 그것은 참으로 선한 일이다. 교회의 원수들이 모두 똑같이 악하고 비이성적인 것은 아니다. 역사가(즉 에스라 저자)는 유다 사람들과 사마리아 사람들 사이의 대화를 언급하다가(3, 4절), 돌연 이야기를 중단시키고 사마리아 사람들이 왕에게 보낸 편지의 초본을 본문 속에 삽입시킨다.

Ⅱ. 신적 섭리가 성전 건축과 그 일을 행하는 자들을 돌보심(5절). 하나님이 유다 장로들을 돌보셨으므로. 유다 장로들은 성전을 재건하는 일에 매우 적극적이었다. 따라서 대적자들은 이 일을 다리오에게 보고하고 답장을 받을 때까지 그들의 공사를 중단시킬 수 없었다. 그들은 가능하면 유다 장로들로 하여금 왕으로부터 지시가 내려올 때까지 공사를 중단하게 하고자 했다. 그러나 하나님이 그들을 돌보심으로써 그들은 달리 어떻게 할 수 없었다.

1. 이로 인해 대적자들은 힘을 잃고, 유다 사람들은 그들의 악한 계략으로부터 보호받았다. 하나님의 사역에 종사하는 동안 우리는 그분의 특별한 보호 아래 있게 된다. 그분의 눈이 항상 우리를 돌보실 것이며, 성전의 돌 하나마다 일곱 개의 눈이 지켜볼 것이다. 스가랴 3장 9절과 4장 10절을 보라.

2. 하나님의 돌보심은 성전 건축 공사를 더욱 북돋우며 촉진시켰다. 유다 장로들은 하나님이 자신들을 돌보셨음을 분명하게 보았다. 하나님은 그들이 하는 일을 지켜보시고 그들이 하고 있는 일이 참으로 선한 일임을 분명하게 확증해 주셨다. 그리하여 그들은 모든 방해에도 불구하고 대적자들과 직면하여 계속해서 그 일을 추진해 나갈 수 있는 큰 용기를 얻었다. 여러 가지 어려움으로 인해 낙망될 때 우리의 눈이 하나님을 향하고 또 하나님이 우리를 돌보심을 바라보는 것은 우리에게 큰 힘과 용기를 가져다줄 것이다.

Ⅲ. 그들이 이 일과 관련하여 왕에게 보낸 보고. 여기에서 우리는 다음과 같은 사실들을 관찰할 수 있다.

1. 유다 장로들이 사마리아 사람들에게 이 일에 관해 충분히 설명해 준 사실. 사마리아 사람들은 유다 사람들이 합심협력하여 성전 건축 공사를 신속하게 진행시켜 나가는 것을 보고 다음과 같이 물었다. "무슨 권세로 너희가 이 일을 행하며 누가 너희에게 이러한 권세를 주었느냐? 누가 너희에게 이 일을 시켰느냐? 누가 너희를 지원해 주고 있느냐?" 이러한 질문에 유대 장로들은 자신들은 이 일을 행할 수 있는 충분한 자격과 근거를 가지고 있노라고 분명하게 대답했다. 그들이 제시하는 근거는 다음과 같은 것들이었다.

(1) 우리는 천지의 하나님의 종이기 때문이라. "우리가 섬기는 하나님은 지역 신이 아니로다. 그러므로 하나님의 영광을 위해 이 성전을 건축하는 것은 결코 분열과 파당을 조장하는 일이 될 수 없도다. 우리는 만물이 의존하는 하나님의 성전을 건축하는 것이므로, 이 일은 누구에 의해서도 방해되어서는 안 될 뿐만

아니라 모두가 이 일에 협력해야 마땅할 것이라." 하늘의 하나님의 종들을 후원하며 지지하는 것은 왕들에게 있어 마땅히 하여야 할 일일 뿐만 아니라 지혜이기도 하다.

(2) 우리는 이 전에 대한 권리를 갖고 있기 때문이라. "이 전은 하나님의 영광을 위해 오래 전에 솔로몬에 의해 건축된 것이라. 이 전은 우리가 새롭게 만드는 것이 결코 아니라. 우리는 지금 단지 오랜 세대의 기초 위에 쌓고 있는 것일 뿐이라(사 58:12),"

(3) 우리가 잠시 이 전을 잃어버렸던 것은 우리의 죄에 대한 징벌로 인한 것이었기 때문이라. "그것은 열방의 신들이 우리 하나님을 이겼기 때문이 아니라 우리가 그분을 격노게 했기 때문이라(12절). 이로 인해 하나님이 우리와 우리의 성전을 바벨론 왕의 손에 붙이신 것이지, 우리의 종교를 영원히 종식시킬 목적으로 그렇게 하신 것은 결코 아니라. 우리의 종교는 잠시 정지되었을 뿐 영원히 소멸된 것은 결코 아니라."

(4) 우리에게는 이 일을 정당화해 줄 고레스의 칙령이 있기 때문이라. "고레스는 성전을 건축하도록 허락하는 것에 멈추지 않았느니라. 그는 하나님의 성전을 본래 있던 제자리에 다시 건축하도록 우리에게 명령을 내렸느니라(13, 15절)." 고레스가 이러한 명령을 내린 것은 유대인들을 긍휼히 여겼기 때문만이 아니라 이스라엘의 하나님이 참 하나님이라고 말하면서 그들의 하나님을 크게 경모(敬慕)했기 때문이었다. 또 그는 성전의 각종 그릇들을 돌려주면서 그것들을 원래 있던 장소에 두고 다시 사용하도록 했다(14절). 그리하여 유다 장로들은 자신들의 주장을 확증하기 위해 그러한 그릇들을 그들에게 보여주었다.

(5) 성전 건축 공사는 이러한 명령에 따라 우리가 돌아오자마자 시작했던 것이기 때문이라. "그러므로 이 일은 왕의 명령을 이행하는 일이요 우리가 마땅히 행해야 하는 일이라. 그러나 수많은 방해에 부딪힘으로 이 일이 아직까지 완성되지 못하였도다(16절)." 우리는 여기에서 그들이 이전 총독들의 거짓과 악의에 대해서는 전혀 언급하지 않고 있는 사실을 보게 된다. 그들은 그렇게 할 만한 충분한 이유가 있었음에도 불구하고 그들에 대해 어떤 불평도 하지 않았다. 이러한 사실은 우리에게 악을 악으로 갚지 말 것을 가르치면서 동시에 만일 우리가 앞으로 공정한 취급을 받을 수 있다면 지난 일은 간과하고 그것으로 족하게 여길 것을 가르친다.

이와 같이 유다 장로들은 사마리아 사람들에게 자신들의 성전 건축 공사에 대해 충분하게 설명해 주었다. 그들은 사마리아 사람들에게 무슨 권세로 자신들을 심문하느냐고 따지지 않았으며, 그들의 우상 숭배적이며 미신적인 혼합 종교를 비난하지도 않았다. 우리는 여기에서 온유와 두려움으로 우리 안에 있는 소망의 이유를 대답해야 함을 배워야 한다(벧전 3:15).

2. 사마리아 사람들이 이 일을 왕에게 공정하게 진술한 사실.

(1) 그들은 예루살렘 성전을 지극히 크신 하나님의 성전이라 불렀다(8절). 사마리아 사람들은 많은 신과 많은 주를 가지고 있었던 것으로 보인다. 그럼에도 불구하고 그들은 이스라엘의 하나님이 모든 신들 위에 계신 지극히 크신 하나님이란 사실을 인정했다. "그것은 지극히 크신 하나님의 전이므로 우리는 왕의 명령이 없이는 감히 그 일을 막을 수 없나이다."

(2) 그들은 왕에게 이루진 일 그대로 보고했다. 그들은 전임자들과는 달리 유대인들이 전쟁을 준비할 목적으로 성읍을 요새화하고 있다고 거짓으로 보고하지 않았다. 그들은 다만 유대인들이 예배를 위해 성전을 건축하고 있다고 보고했다(8절).

(3) 그들은 유대인들이 진술하는 바를 충분하게 전달함으로써 이 일이 올바르게 판단되도록 하고자 했다.

(4) 그들은 왕에게 정말로 고레스가 그러한 칙령을 내렸는지 조사해 보도록 건의하면서 그 후에 왕의 뜻이 어떠한지 지시를 내려 달라고 간청했다(17절). 만일 전에 유대인들이 아닥사스다에게 이와 같은 분명한 내용을 진술했다면, 어쩌면 아닥사스다는 공사를 중단하라는 명령을 내리지 않았을는지도 모른다(우리는 충분히 그렇게 추측할 수 있다). 하나님의 백성들에게 핍박을 가할 때는 먼저 그들에게 거짓 오명을 뒤집어씌우는 법이다. 공정하게 진술하고 공정하게 듣는다면, 그들에게 무슨 핍박을 가할 수 있겠는가?

제 6 장

개요

　　성전의 기초가 엄숙하게 놓인 것에 대해 우리는 3장에서 살펴보았다. 그리고 4장과 5장에서 우리는 건축 공사가 많은 어려움과 함께 매우 느리게 진행되는 것을 보았다. 그러나 본 장에서 우리는 성전 건축이 큰 환호와 함께 마침내 영광스럽게 완성되는 것을 보게 된다. 오랜 시간이 지난 후에 사는 우리 역시도 이 글을 읽으며 함께 환호하지 않을 수 없다: 하나님의 성전에 은혜, 은혜가 넘치도다. 하나님께 있어 하나님의 일은 이미 완성된 것이나 마찬가지이다. 그것은 느리게 진행될 수는 있지만 그러나 결국 완성될 것이다. 본 장의 내용은 다음과 같다. I. 성전 건축과 관련한 고레스의 칙령이 다시 상술됨(1-5절). II. 다리오가 새로운 명령을 내림으로써 고레스의 칙령을 더욱 강화시킴(6-12절). III. 성전 건축이 완성됨(13-15절). IV. 성전이 봉헌되고(16-18절), 유월절을 지킴(19-22절).

[1]이에 다리오 왕이 조서를 내려 문서창고 곧 바벨론의 보물을 쌓아둔 보물전각에서 조사하게 하여 [2]메대도 악메다 궁성에서 한 두루마리를 찾았으니 거기에 기록하였으되 [3]고레스 왕 원년에 조서를 내려 이르기를 예루살렘에 있는 하나님의 성전에 대하여 이르노니 이 성전 곧 제사 드리는 처소를 건축하되 지대를 견고히 쌓고 그 성전의 높이는 육십 규빗으로, 너비도 육십 규빗으로 하고 [4]큰 돌 세 켜에 새 나무 한 켜를 놓으라 그 경비는 다 왕실에서 내리라 [5]또 느부갓네살이 예루살렘 성전에서 탈취하여 바벨론으로 옮겼던 하나님의 성전 금, 은 그릇들을 돌려보내어 예루살렘 성전에 가져다가 하나님의 성전 안 각기 제자리에 둘지니라 하였더라 [6]이제 유브라데 강 건너편 총독 닷드내와 스달보스내와 너희 동관 유브라데 강 건너편 아바삭 사람들은 그 곳을 멀리하여 [7]하나님의 성전 공사를 막지 말고 유다 총독과 장로들이 하나님의 이 성전을 제자리에 건축하게 하라 [8]내가 또 조서를 내려서 하나님의 이 성전을 건축함에 대하여 너희가 유다 사람의 장로들에게 행할 것을 알리노니 왕의 재산 곧 유브라데 강 건너편에서 거둔 세금 중에서 그 경비를 이 사람

들에게 끊임없이 주어 그들로 멈추지 않게 하라 ⁹또 그들이 필요로 하는 것 곧 하늘의 하나님께 드릴 번제의 수송아지와 숫양과 어린 양과 또 밀과 소금과 포도주와 기름을 예루살렘 제사장의 요구대로 어김없이 날마다 주어 ¹⁰그들이 하늘의 하나님께 향기로운 제물을 드려 왕과 왕자들의 생명을 위하여 기도하게 하라 ¹¹내가 또 명령을 내리노니 누구를 막론하고 이 명령을 변조하면 그의 집에서 들보를 빼내고 그를 그 위에 매어달게 하고 그의 집은 이로 말미암아 거름더미가 되게 하라 ¹²만일 왕들이나 백성이 이 명령을 변조하고 손을 들어 예루살렘 하나님의 성전을 헐진대 그 곳에 이름을 두신 하나님이 그들을 멸하시기를 원하노라 나 다리오가 조서를 내렸노니 신속히 행할지어다 하였더라

본 단락의 내용은 다음과 같다.

I. 성전 건축과 관련한 고레스의 칙령이 반복됨. 우리는 앞 장에서 사마리아 사람들이 다리오에게 고레스의 칙령을 조사해 보도록 건의한 사실을 살펴보았다. 그들이 그렇게 한 것은 유대인들이 그것을 근거로 자신들의 성전 건축을 정당화했기 때문이었다. 아마도 그들은 그 칙령이 발견되지 않기를 바랐을 것이다. 그렇게 되면 유대인들의 변론은 근거 없는 것이 되고, 성전 건축 공사는 중단될 수밖에 없을 것이었다. 어쨌든 이렇게 하여 다리오는 문서창고로부터 고레스의 칙령을 조사하라는 명령을 내렸다. 당시 유대인들은 그 조서의 사본을 갖고 있지 않았던 것으로 보인다(만일 그것이 있었더라면 그들에게 매우 유리했을 것이다). 그리하여 그들은 원본에 호소할 수밖에 없었다. 이렇게 하여 고레스가 서명한 장소인 바벨론에서 그 조서를 찾는 작업이 시작되었다(1절). 그렇지만 그 조서는 바벨론에서 발견되지 않았다. 그러나 다리오는 그것을 빌미로 그러한 칙령이 내려진 적이 없다고 결론내리면서 유대인들에게 불리한 판결을 내리지 않았다. 어쩌면 그는 과거 실제로 그러한 칙령이 내려졌었다는 사실을 들었을는지 모른다. 어쨌든 그는 다른 장소에서 찾아볼 것을 명령했고 그리하여 마침내 그 조서는 메대 도의 악메다 궁성에서 발견되었다(2절). 아마도 어떤 사람들이 유대인들에게 악의를 품고 그 조서를 감히 없애지는 못하고 그 곳에 감추어 두었던 것 같다. 그러나 신적 섭리는 그것을 빛 가운데 드러내셨고, 그리하여 그것은 여기에 삽입되어 오늘날 우리도 읽을 수 있게 되었다(3-5절).

1. 여기에 성전 건축을 허락하는 분명한 증거가 있었다. 예루살렘에 있는 하나님의 성전을 건축하되 이러이러한 크기로 그리고 이러이러한 재료로 건축하라.

2. 건축을 위한 비용은 왕실 경비로 충당하도록 되어 있었다(4절). 그러나 우리는 유대인들이 왕실 경비를 받았다는 이야기를 듣지 못한다. 어쩌면 그것은 당시의 정치적 상황이 곧 바뀌었기 때문이었는지 모른다.

3. 또 느부갓네살이 탈취하여 바벨론으로 옮겨간 성전의 각종 그릇들을 돌려보내라는 명령이 첨부되었다(5절). 그와 함께 고레스는 제사장들에게 그러한 그릇들을 하나님의 성전 안 제자리에 다시 갖다 놓도록 명령했다.

II. 고레스의 칙령이 다리오의 새로운 칙령에 의해 재확인됨.

1. 다리오의 칙령은 더할 나위 없이 명쾌하고 분명했다.

(1) 그는 자신의 신하들에게 성전 건축을 막지 말라고 명령했다. 다리오의 어투(語套)는 그가 그들이 성전 건축을 방해할 마음을 갖고 있었다는 사실을 알고 있었음을 암시한다. 너희는 그 곳을 멀리하여(6절). 하나님의 성전 공사를 막지 말고(7절). 이와 같이 원수의 분노로 인해 도리어 하나님의 영광이 드러나게 되었으며, 이를 통해 하나님이 그러한 분노를 제한하신다는 사실이 분명하게 나타났다.

(2) 그는 자신의 세입(稅入)으로 제반 경비를 충당하도록 명령했다.

[1] 건축공사를 위한 제반 비용(8절). 여기에서 그는 고레스의 모범을 따랐다(4절).

[2] 완성 후 이 곳에서 제사를 드리기 위한 제반 비용(9절). 그는 유대인들에게 번제와 소제를 위해 필요한 것들을 공급해 주도록 명령했다. 그는 자신의 세입(稅入)으로 이러한 비용을 충당하는 것을 만족스럽게 여기면서 그들에게 끊임없이 경비를 지급하도록 명령했다. 그렇게 하여 그들로 하여금 그 곳에서 제사를 드리면서 겸하여 왕과 왕자들의 생명을 위해 기도하도록 했다(10절). 첫째로, 여기에서 그가 어떻게 이스라엘의 하나님을 존귀케 했는지 보라. 그는 두 번에 걸쳐 이스라엘의 하나님을 하늘의 하나님으로 불렀다. 둘째로, 여기에서 그가 어떻게 하나님의 사역자들을 존귀케 했는지 보라. 그는 자신의 신하들에게 제사장들의 지시에 따라 성전 예배에 필요한 제반 물품을 공급해 주도록 명령했다. 제사장들을 자기들 마음대로 억제하려고 했던 자들이 이제 도리어 그들의 지시를 들어야만 하게 되었다. 하나님의 제사장들에게 있어 이와 같이

공적 자금을 공급받는 것은 이제까지 없던 새로운 일이었다. 셋째로, 여기에서 그가 어떻게 기도를 존귀케 했는지 보라. 그들로 하여금 왕과 왕자들의 생명을 위하여 기도하게 하라. 그는 그들이 기도하는 백성이라는 사실과 하나님이 그들의 기도를 가까이서 들으신다는 사실을 알고 있었다. 또 그는 자신이 그들의 기도를 필요로 한다는 사실과 자신이 그러한 기도의 은택(恩澤)을 받을 수 있다는 사실을 인식하고 있었다. 권세자들을 위해 기도하는 것은 하나님의 백성들의 의무이다. 우리는 선하고 온유한 자들뿐만 아니라 오만하며 괴악한 자들을 위해서도 기도해야 한다. 하물며 은인(恩人)이며 보호자인 권세자를 위해서는 얼마나 더 감사하며 기도해야 마땅하겠는가? 또한 통치자들에게 있어 하나님의 백성들의 기도를 열망하며 자신들을 위해 기도해 줄 것을 부탁하는 것은 참으로 지혜로운 일이다. 가장 큰 권세를 가진 통치자라 할지라도 가장 비천한 성도들의 기도를 멸시해서는 안 된다. 기도하는 자들과 한 편이 되는 것은 바랄 만한 일이지만, 그들과 적대관계가 되는 것은 두려운 일이다.

(3) 그는 자신의 명령을 거스르는 자에게 형벌을 경고했다(11절). "아무도 성전 건축과 성전 예배를 방해하지 못하게 하라. 그리고 왕의 명령을 거슬러 그들에게 필요한 것을 공급하지 않는 자에겐 죽음의 고통이 따를 것이라. 누구든 이 명령을 변조하면, 그는 그의 집 들보에 매어달고 그의 집은 거름더미가 되게 하라."

(4) 그는 이 전을 헐고자 손을 드는 왕과 백성들에게 하나님의 저주가 임할 것을 기원했다(12절). 성전을 보호하기 위해 자기가 할 수 없는 일에 대하여 그는 보응하시는 하나님이 갚으실 것을 바랐다. 이것은 그가 성전을 보호하는 일에 큰 열심을 품고 있었음을 보여준다. 이 성전은 마침내 하나님의 의로운 손에 의해 허물어지고 말았다. 그럼에도 불구하고 이 일에 도구가 된 로마 사람들은 이러한 저주의 멍에로부터 결코 자유로울 수 없었다. 왜냐하면 로마제국은 하나님의 성전을 헐어버리고 난 후부터 현저하게 쇠퇴하기 시작했기 때문이다.

2. 이 모든 것들로부터 우리는 다음과 같은 사실들을 배울 수 있다.

(1) 왕들의 마음이 하나님의 손 안에 있으며 하나님은 그들의 마음을 당신이 기뻐하시는 방향으로 돌리신다. 그들이 왕이 된 것도 하나님으로부터 말미암은 것이다. 그것은 하나님이 만왕의 왕이시기 때문이다.

(2) 당신의 계획이 성취될 때가 오면 하나님은 전혀 예기치 못한 자까지도 세우셔서 그 일을 이룰 도구가 되게 하신다. 때때로 땅이 여자를 돕는다(계 12:16, 여기에서 땅은 세상을, 여자는 이스라엘을 은유하는 표현이다). 스스로는 신앙을 거의 가지고 있지 않은 자들이 어떤 때는 종교를 수호하는 일에 도구로 사용되기도 한다.

(3) 교회에 위해(危害)를 끼치려고 계획한 것이 때로 하나님의 강력한 섭리에 의해 도리어 교회에 큰 유익을 가져다주는 결과가 되기도 한다(빌 1:12, 형제들아 내가 당한 일이 도리어 복음 전파에 진전이 된 줄을 너희가 알기를 원하노라). 유대인들의 원수들은 다리오에게 호소하는 가운데 성전 건축 공사를 중단하라는 명령이 내려지기를 바랐지만 도리어 다리오는 그 일에 적극 협력하라는 명령을 내렸다. 이와 같이 먹는 자에게서 먹는 것이 나온다. 외경(外經)인 에스드라 1서 3장과 4장에는 이러한 칙령에 대한 또 다른 설명이 나와 있다. 즉 다리오는 만일 자신이 왕이 된다면 예루살렘 성전을 건축하겠다고 맹세했다는 것이다. 그러는 가운데 그의 시종 가운데 한 사람인 스룹바벨이 그 앞에서 "진리는 위대하며 승리할 것이다"라는 주제로 특별한 강연을 했으며, 그러한 강연에 다리오는 큰 감명을 받았다. 이에 다리오가 무슨 상을 주면 좋겠는가고 묻자 스룹바벨이 왕의 맹세에 따라 여기의 명령을 내려 달라고 요청했다는 것이다.

[13]다리오 왕의 조서가 내리매 유브라데 강 건너편 총독 닷드내와 스달보스내와 그들의 동관들이 신속히 준행하니라 [14]유다 사람의 장로들이 선지자 학개와 잇도의 손자 스가랴의 권면을 따랐으므로 성전 건축하는 일이 형통한지라 이스라엘 하나님의 명령과 바사 왕 고레스와 다리오와 아닥사스다의 조서를 따라 성전을 건축하며 일을 끝내되 [15]다리오 왕 제육년 아달월 삼일에 성전 일을 끝내니라 [16]이스라엘 자손과 제사장들과 레위 사람들과 기타 사로잡혔던 자의 자손이 즐거이 하나님의 성전 봉헌식을 행하니 [17]하나님의 성전 봉헌식을 행할 때에 수소 백 마리와 숫양 이백 마리와 어린 양 사백 마리를 드리고 또 이스라엘 지파의 수를 따라 숫염소 열두 마리로 이스라엘 전체를 위하여 속죄제를 드리고 [18]제사장을 그 분반대로, 레위 사람을 그 순차대로 세워 예루살렘에서 하나님을 섬기게 하되 모세의 책에 기록된 대로 하게 하니라 [19]사로잡혔던 자의 자손이 첫째 달 십사일에 유월절을 지키되 [20]제사장들과 레위 사람들이 일제히 몸을 정결하게 하여 다 정결하매 사로잡혔던 자

들의 모든 자손과 자기 형제 제사장들과 자기를 위하여 유월절 양을 잡으니 [21]사로 잡혔다가 돌아온 이스라엘 자손과 자기 땅에 사는 이방 사람의 더러운 것으로부터 스스로를 구별한 모든 이스라엘 사람들에게 속하여 이스라엘의 하나님 여호와를 찾는 자들이 다 먹고 [22]즐거움으로 이레 동안 무교절을 지켰으니 이는 여호와께서 그들을 즐겁게 하시고 또 앗수르 왕의 마음을 그들에게로 돌려 이스라엘의 하나님 이신 하나님의 성전 건축하는 손을 힘 있게 하도록 하셨음이었더라

우리는 여기에서 다음과 같은 내용을 보게 된다.

I. 지금까지 유대인들을 훼방하던 원수들이 이제 그들의 친구가 됨. 그들은 성전 건축을 도우라는 왕의 명령을 신속히 준행했다(13절). 그들의 선임자들은 그 일을 방해하는데 신속했지만(4:23), 그러나 그들은 그 일을 돕는데 신속했다. 그들이 신속하게 준행한 것은 왕의 명령을 마지못해 준행하는 것처럼 보이지 않기 위해서였다. 그들은 본시 온건한 자들이 아니었다. 그러나 왕의 온건함은 그들까지도 온건하게 만들었다.

II. 잠시 후 성전 건축이 완성됨(14, 15절). 이제 유다 장로들은 활기차게 성전 건축을 진행시킬 수 있게 되었다. 추측컨대 장로들은 스스로의 손으로 직접 건축하는 일에 동참했을 것이다. 그렇다고 해서 그것이 장로의 위상에 걸맞지 않는 것은 결코 아니었다. 도리어 그것은 다른 일꾼들에게 큰 격려가 되었을 것이다.

1. 그들은 이스라엘의 하나님의 명령에 따라 성전을 건축했는데, 이것은 그들에게 있어 지극히 당연한 일이었다. 하나님은 그들에게 그렇게 할 수 있는 힘을 주셨다.

2. 그들은 이방 왕들의 명령에 따라 성전을 건축했는데, 이것은 그들에게 있어 부끄러운 일이었다. 이와 같이 이방 왕들이 열렬한 마음으로 성전 건축을 돕고 있는 마당에 어떻게 유다 장로들이 그 일에 태만할 수 있겠는가? 또 이방인들이 성전 건축에 들어가는 비용을 아끼지 않는 마당에 어떻게 본토 이스라엘인들이 거기에 들어가는 수고와 노고를 아까워할 수 있겠는가?

3. 그들은 학개와 스가랴의 예언으로 격려를 받았다. 아마도 그 선지자들은 백성들에게 (패트릭 주교가 추측한 것처럼) 바사 왕의 마음을 움직이셔서 유대인들에게 은총을 베풀게 하신 하나님의 놀라운 섭리를 설파(說破)했을 것이다.

어쨌든 이와 같이 성전건축 공사는 형통하게 진행되었으며 그리하여 그 일은 불과 4년 만에 완공되었다. 하나님에게 있어 하나님의 일은 이미 완성된 것이나 마찬가지이다. 복음 교회 곧 영적 성전은 계속해서 지어져 가는 가운데, 그리스도의 신비한 몸이 완성될 때 마침내 완성될 것이다. 모든 신자는 거룩한 믿음으로 계속해서 지어져가는 살아 있는 성전이다. 그 일은 사탄과 우리 자신의 타락에 의해 종종 방해를 받으며 어떤 때는 중단되기도 하고 또 어떤 때는 우리 자신의 태만으로 지연되기도 하면서 진행된다. 그러나 선한 일을 시작하신 자는 마침내 완성시킬 것이며, 그리하여 의인들의 영은 완전해질 것이다.

Ⅲ. 성전 봉헌 거룩한 목적을 위해 사용되도록 의도된 성전이 완공되자, 그들은 그것이 어떻게 사용되어야 하는지를 실증(實證)으로 나타냈다. 패트릭 주교는 이것이 봉헌이란 단어의 본래적인 의미라고 말한다. 그들은 장엄한 의식을 거행하는 가운데 아마도 이 전은 일반적인 용도로는 사용할 수 없으며 오로지 하나님께 예배하며 영광 돌리는 일에만 사용할 것을 공적으로 선포했을 것이다.

1. 성전 봉헌에는 예식을 집전하는 제사장들과 레위인들뿐만 아니라 열두 지파로부터 나아온 이스라엘 자손들도 참례했다. 비록 대부분의 사람들이 유다 지파와 베냐민 지파 출신이었다 할지라도 다른 사로잡혔던 자의 자손들도 있었다. 또 우리는 여기에 이스라엘 자손 외에도 그들과 함께 이주하여 그들의 종교로 개종한 이방인의 자손들도 있었을 것으로 추측할 수 있다. 그들은 매우 비천하며 고통받는 형편에 처해 있었지만, 그러나 바로 그런 형편이 그들로 하여금 이와 같은 신앙적인 행사에 더욱 열심을 내게 만들었다. 이 얼마나 슬픈 변화인가! 이스라엘 자손이 사로잡힌 자의 자손 즉 포로의 자손이 되었다. 그리고 스알야숩(Shear-jashub: 남은 자가 돌아오리라, 사 7:3)의 예언처럼 그들 가운데 남은 자들만 돌아왔다.

2. 이 때 드려진 제물은 번제와 화목제를 위한 수소와 숫양과 어린 양이었다 (17절). 지금 드려진 제물은 숫자에 있어 솔로몬 성전이 봉헌될 때 드려진 제물과는 비교가 되지 않았다. 그러나 그들은 힘이 닿도록 드렸으며 따라서 하나님께 열납되었다. 환난의 많은 시련 가운데서 그들의 넘치는 기쁨과 극심한 가난이 그들의 풍성한 연보를 넘치도록 하게 하였느니라(고후 8:2). 그들의 수백은 솔로몬의 수천보다 결코 적은 것이 아니었다. 그렇지만 이것들 외에도 그들은 자신

들의 죄를 속죄하기 위한 속죄제물로 각 지파마다 한 마리씩 열두 마리의 숫염소를 드렸다. 그들은 자신들의 예배가 열납되기 위해 이와 같은 속죄제가 꼭 필요하다고 여겼다. 이와 같이 죄가 씻어짐으로써 그들은 고통의 쏘는 것으로부터 자유롭게 될 것이었다. 그러나 죄가 씻어지지 않는다면 그 죄는 지금의 즐거움의 뿌리를 갉아먹는 벌레가 될 것이었다.

3. 봉헌식은 큰 기쁨으로 거행되었다. 그들은 모두 성전이 아름다운 모양으로 건축된 것을 보면서 크게 기뻐했다. 우리도 거룩한 규례들에 대해 기쁨으로 환영하며 즐거움으로 참례하는 것을 배우자. 그리고 하나님께 예배할 때 기쁨으로 그렇게 하자. 우리가 하나님께 무엇을 드리든지 기쁨으로 하면 하나님도 그것을 기쁘게 받으실 것이다.

4. 그들은 성전을 봉헌한 후 사역자들의 봉사 체제를 새롭게 확립했다. 만일 성전 예배가 드려지지 않는다면 그들이 받을 위로는 지극히 작을 것이었다. 그리하여 그들은 제사장을 그 분반대로 그리고 레위 사람을 그 순차대로 세웠다(18절). 성전 봉헌이 끝났으므로 이제 그들은 모세의 책을 기초로 성전 예배가 계속해서 드려지도록 모든 준비를 갖추어야만 했다. 비록 지금의 궁핍한 형편으로 인해 성전 예배가 예전처럼 풍성하고 위용 있게 거행될 수는 없었다 할지라도, 그러나 어느 때보다도 신적 규례에 더 합당하고 순전하게 거행될 수는 있었다(아마도 그들은 이와 같이 예배 드렸을 것이다). 예배의 참된 영광은 바로 여기에 있다. 왜냐하면 거룩함보다 더 아름다운 것은 아무것도 없기 때문이다.

IV. 그들은 새로 세워진 성전에서 유월절을 기념했다. 지금 그들은 바벨론의 멍에로부터 새롭게 건짐을 받았다. 그러므로 지금 유월절을 통해 애굽의 멍에로부터 구원받은 것을 기념하는 것은 참으로 시의적절한 일이 아닐 수 없었다. 새로운 은총을 통해 옛 은총을 다시 한 번 되새기는 것은 참으로 마땅한 일이다. 우리는 그들이 포로에서 돌아온 이후 매년 그럭저럭 유월절을 지켜왔을 것으로 추측할 수 있다. 왜냐하면 성전이 건축되기 전에도 그들에게는 성막과 제단이 있었기 때문이었다. 그러나 성전이 완공될 때까지는 원수들의 훼방이나 비좁은 장소로 인한 불편 등으로 합당한 절차와 규례에 따라 온전히 유월절을 지키기 어려웠을 것이다. 그러나 이제 성전이 완공되었으므로 그들은 즐겁게 유월절을 지킬 수 있게 되었다(19절). 여기에서 다음을 주목하라.

1. 유월절 양을 잡을 제사장들과 레위인들은 자신들의 몸을 정결하게 했다

(20절). 히스기야의 때에 많은 제사장들은 자신들의 몸을 정결하게 하지 않은 것으로 인해 비난을 받았다. 그러나 지금은 그들이 일제히 몸을 정결하게 했다는 언급이 특별히 강조된다. 그들은 유월절을 위해 스스로를 의식적(儀式的)으로 정결하게 하고자 일제히 결심하고 또 일제히 노력했다. 그들은 유월절을 준비하는 일에 함께 연합함으로써 피차 도울 수 있었으며 그럼으로써 모두가 한 사람처럼 정결하게 되었다. 사역자들의 정결함과 연합은 그들의 사역에 아름다움을 크게 더한다.

2. 개종자들도 유월절을 기념하는데 함께 동참했다. 그들은 자신의 나라와 그 곳의 미신들로부터 스스로를 분리시키고 이스라엘의 하나님께로 돌아온 자들이었다. 다시 말해서 그들은 이스라엘의 하나님 여호와를 찾고 유월절을 먹기 위해 우상 숭배와 음행 등 이방 사람의 더러운 것들로부터 돌이킨 자들이었다. 여기에서 개종자들이 어떻게 묘사되고 있는지 보라. 그들은 죄의 더러운 것과 죄인들과의 교제를 버리고 이스라엘의 하나님과 연합하고자 이스라엘의 하나님을 찾은 자들이었다. 이와 같이 이방인이요 외인이라 할지라도 전심으로 구하고 찾으면 성도들과 동일한 시민이요 하나님의 권속으로서 복음의 잔치에 초대된다.

3. 그들은 무교절 잔치를 지키면서 크게 기뻐하며 즐거워했다(22절): 이는 여호와께서 그들을 즐겁게 하시고. 하나님은 기뻐해야 할 이유와 기뻐할 마음을 주셨다. 지금은 이 성전의 기초가 놓인 이후 20년이 지난 때였다. 그러므로 우리는 그 때 첫 성전을 기억하며 울었던 노인들이 지금은 모두 죽었을 것이라고 추측할 수 있다. 그리하여 지금은 기쁨과 눈물이 뒤섞이지 않았다. 이와 같이 기뻐할 이유를 갖고 있는 자들은 마땅히 감사해야 한다. 왜냐하면 그들로 하여금 기뻐하도록 만드신 분이 하나님이기 때문이다. 그는 우리 기쁨의 모든 물줄기가 발원(發源)하는 원천이시다. 하나님은 그의 언약을 굳게 붙잡고 있는 자들에게 그의 전에서 기뻐하게 하실 것이라고 약속하셨다. 지금 그들이 기뻐한 특별한 이유는 하나님이 왕의 마음을 그들에게 돌이키셔서 그들의 손을 힘 있게 하셨기 때문이었다. 우리를 대적하던 자들이 (혹은 우리가 두려워하던 자들이) 우리의 편이 될 때, 우리는 그것을 우리가 하나님을 기쁘시게 하고(잠 16:7) 또 하나님이 그것을 통해 영광을 받으셨음을 나타내는 증표로 여기면서 기뻐할 수 있다.

제 7 장

개요

우리는 본서의 제목에서 에스라라는 아름다운 이름을 보았지만 그러나 지금까지 그를 만나지 못했다. 이제 본 장에서 비로소 우리는 그가 공적인 활동을 시작하는 것을 보게 된다. 스룹바벨과 예수아는 추측컨대 이때 이미 죽었거나 아니면 매우 늙었을 것이다. 또한 우리는 학개와 스가랴에 대해서도 더 이상 듣지 못한다. 그들의 예언 사역은 끝났다. 그동안 귀하게 사용되었던 이러한 도구들이 모두 뒤로 물러났을 때, 그러면 하나님의 일은 어떻게 되겠는가? 하나님을 신뢰할지니, 하나님은 그들의 자리에 다른 자들을 세우신다. 그렇게 세워진 자들이 바로 여기의 에스라와 다음 책의 느헤미야였다. 앞의 사람들이 앞 세대에 유용하게 사용되었던 것처럼 이들 역시 이들 세대에 유용하게 사용되었다. 본 장의 내용은 다음과 같다. I. 에스라에 대한 그리고 그가 예루살렘에 오게 된 경위에 대한 전반적인 설명(1-10절). II. 아닥사스다 왕이 에스라에게 내린 조서의 초본(11-26절). III. 이에 대해 에스라가 하나님께 감사를 드림(27-28절). 우리는 다음 장에서 그의 동료들과 그의 여행과 예루살렘 도착에 대한 좀 더 상세한 이야기를 듣게 될 것이다.

[1]이 일 후에 바사 왕 아닥사스다가 왕위에 있을 때에 에스라라 하는 자가 있으니라 그는 스라야의 아들이요 아사랴의 손자요 힐기야의 증손이요 [2]살룸의 현손이요 사독의 오대 손이요 아히둡의 육대 손이요 [3]아마랴의 칠대 손이요 아사랴의 팔대 손이요 므라욧의 구대 손이요 [4]스라히야의 십대 손이요 웃시엘의 십일대 손이요 북기의 십이대 손이요 [5]아비수아의 십삼대 손이요 비느하스의 십사대 손이요 엘르아살의 십오대 손이요 대제사장 아론의 십육대 손이라 [6]이 에스라가 바벨론에서 올라왔으니 그는 이스라엘의 하나님 여호와께서 주신 모세의 율법에 익숙한 학자로서 그의 하나님 여호와의 도우심을 입음으로 왕에게 구하는 것은 다 받는 자이더니 [7]아닥사스다 왕 제칠년에 이스라엘 자손과 제사장들과 레위 사람들과 노래하는 자들과 문지기들과 느디님 사람들 중에 몇 사람이 예루살렘으로 올라올 때에 [8]이 에스라가 올라왔으니 왕의 제칠년 다섯째 달이라 [9]첫째 달 초하루에 바벨론에서 길을

떠났고 하나님의 선한 손의 도우심을 입어 다섯째 달 초하루에 예루살렘에 이르니라 ¹⁰에스라가 여호와의 율법을 연구하여 준행하며 율례와 규례를 이스라엘에게 가르치기로 결심하였었더라

I. 에스라의 족보. 그는 아론의 자손 가운데 한 사람으로서 제사장이었다. 하나님은 그를 선택하사 이스라엘에게 선을 베푸는 도구가 되게 하심으로써 제사장직을 존귀케 하셨다(제사장직의 영광은 포로로 인해 많이 어두워졌었다). 여기에서 그는 스라야의 아들로 언급된다(1절). 여기의 스라야는 바벨론 왕이 예루살렘을 탈취할 때 죽었던 바로 그 스라야로 추측된다(왕하 25:18, 21). 가장 짧게 계산해도 스라야가 죽은 것은 75년 전이었다. 많은 학자들은 이 기간을 더 길게 계산한다. 따라서 대부분의 사람들은 에스라가 부름받은 것을 한창 나이 때의 일로 추측하면서 따라서 여기의 스라야는 그의 직계 아버지가 아니라 할아버지거나 혹은 증조 할아버지였을 것으로 생각한다. 그럼에도 불구하고 그가 스라야의 아들로 언급된 것은 그의 최근 조상 가운데 가장 뛰어난 인물이 스라야였기 때문이었다(여기에서 그의 족보는 아론까지 올라가고 있는데 간결하게 기록하기 위해 여러 이름이 빠져 있다, 대상 6:4 이하와 비교하라). 그는 장자(長子)가 아니었다. 아마도 그는 예수아의 아버지 요사닥의 아들이었을 것이다. 그러므로 그는 대제사장은 아니고 다만 대제사장과 가까운 근친이었다.

II. 에스라는 어떤 인물이었나. 비록 장자는 아니었다 할지라도 그의 개인적인 자질은 매우 탁월했다.

1. 그는 모세의 율법에 익숙한 학자로서 매우 풍부한 학식을 가진 자였다(7절). 그는 성경 특별히 모세의 글에 정통한 자로서 율법의 의미와 개념에 매우 익숙했다. 바벨론에 있는 유대인들 가운데 점점 더 학문이 저하(低下)되어 간 것은 참으로 우려스러운 일이었다. 그러나 에스라는 학문을 부흥시키는 도구였다. 유대인들은 그가 당시의 모든 율법 사본들을 모으고 정리하여 율법의 완전한 판본을 만들었으며, 또한 그와 함께 모든 선지서들과 역사서들과 시가서들과 자기 시대의 예언과 역사를 모아 구약 정경을 구성했다고 말한다. 만일 그가 하나님으로부터 세움을 받아 이 일을 할 자격과 마음을 갖게 되었다면, 모든 세대는 그를 복된 자로 부르며 또 그로 인해 하나님을 송축할 충분한 이

유를 갖는다. 하나님은 유대인들에게 선지자들과 서기관들을 보내셨으며(마 23:34), 에스라는 이와 같은 서기관의 이름으로 활동했다. 이제 예언이 끊어질 때가 가까워 오고 있었으므로 지금은 성경에 대한 지식을 증진해야 할 때였다(말 4:4, 모세의 율법을 기억하라). 또 복음의 일꾼들은 천국의 제자 된 서기관 즉 신약의 서기관으로 불린다(마 13:52). 이와 같은 아름다운 이름이, 율법의 문자에만 집착하면서 그것의 정신을 잃어버린 가운데 스스로를 그리스도와 복음의 원수로 자처한 자들에 의해 수치스러운 이름으로 변질된 것은 참으로 안타까운 일이다(화 있을진저 서기관들과 바리새인들이여).

2. 그는 매우 경건하며 거룩한 열심을 품은 사람이었다(10절): 에스라가 여호와의 율법을 연구하여 준행하며 율례와 규례를 이스라엘에게 가르치기로 결심하였었더라.

(1) 그가 연구하고자 결심한 것은 여호와의 율법이었다. 그는 갈대아 사람들 가운데 태어나 자랐는데, 갈대아 사람들은 학문으로 유명했다(그 가운데서도 그들은 특별히 별을 연구하는 것으로 유명했다). 우리는 에스라가 학문을 좋아하는 자로서 점성술 연구의 유혹을 받았을 것으로 추측할 수 있다. 그러나 그는 그러한 유혹을 극복했다. 그에게 있어 그의 하나님의 율법이 갈대아의 마술사와 점성가들의 모든 저작물보다 훨씬 더 컸다. 그는 그것들을 대수롭지 않게 여길 만한 충분한 이유들을 알고 있었다.

(2) 그는 여호와의 율법을 연구했다. 그는 여호와의 율법을 탐구하며 성경을 조사하며 하나님에 관한 지식을 찾는 것을 자신의 과업으로 여겼다. 그리고 그는 성경을 열심히 연구하는 가운데 그 속에서 하나님의 마음과 뜻을 찾고자 애썼다.

(3) 그는 여호와의 율법을 준행하기로 결심했다. 그는 여호와의 율법을 자신의 규칙으로 삼고 자신의 모든 행동양식을 그것에 맞추었다. 우리도 성경지식을 이와 같이 선용(善用)해야 한다. 하나님의 뜻을 알고 행하는 자는 복이 있다.

(4) 그는 이스라엘에게 율법의 율례와 규례를 가르치기로 결심했다. 그는 다른 사람들의 유익을 위해 자신이 알고 있는 것을 기꺼이 나누어 주고자 했다. 성령의 직임과 은사는 모든 사람을 유익케 하기 위해 주어지는 법이다. 그렇지만 그 순서를 주목하라. 그는 먼저 배우고 그 후에 가르쳤으며, 먼저 여호와의 율

법을 연구하여 많은 보화를 쌓고 난 후에 다른 사람들을 가르치며 쌓은 보화를 나누어 주었다. 또한 그는 먼저 자신이 행하고 난 후에 가르쳤으며, 자신이 직접 계명들을 준행하고 난 연후에 다른 사람들에게 그것을 행하도록 가르쳤다. 이와 같이 그의 교훈은 그의 모범으로 인해 더욱 견고해졌다.

(5) 그는 이 모든 것을 행하기로 스스로의 마음을 굳게 확정했다. 그는 많은 수고를 들여 연구하는 가운데 자신이 목표한 것을 완전히 구비했으며, 그것을 계속해서 준행하기로 굳게 결심했다. 이렇게 하여 그는 뛰어난 서기관이 되었다. 모세는 애굽에서 그리고 에스라는 바벨론에서, 두 사람은 각각 하나님의 교회를 위한 탁월한 도구가 되도록 훌륭하게 준비되었다.

Ⅲ. 에스라가 예루살렘으로 옴. 그가 바벨론에서 올라왔으니(6절). 그는 바벨론을 출발하여 네 달 만에 예루살렘으로 왔다(8절). 에스라 같은 믿음의 사람이 형제들이 예루살렘으로 돌아간 후에도 이렇게 오랫동안 바벨론에 머물러 있었던 것은 참으로 이상한 일이었다. 그러나 하나님은 그가 예루살렘에서 해야 할 일을 갖게 될 때까지는 그를 그 곳으로 보내지 않으셨다. 그리고 하나님이 마음을 움직여 올라가도록 하신 자들 외에는 아무도 예루살렘으로 올라가지 않았다. 어떤 이들은 여기에 나오는 아닥사스다가 앞 장에서 성전을 건축하도록 조서를 내린 다리오와 동일 인물이었으며, 따라서 에스라가 예루살렘에 온 것은 성전이 완공된 바로 다음 해였다고 생각한다. 왜냐하면 성전이 완공된 것은 다리오 6년이었으며(6:15) 에스라가 예루살렘에 온 것은 아닥사스다 7년이었기 때문이다(8절, 그러므로 다리오와 아닥사스다를 동일 인물로 본다면 에스라가 예루살렘에 온 것은 성전이 완공된 바로 다음 해가 될 것이다). 반면 최근 작고한 나의 절친한 친구 탈렌츠(Talents)는 그의 연대표에서 에스라가 예루살렘에 온 것을 성전이 완공되고 나서 57년이 지난 후의 일로서 계산한다. 어떤 사람들은 이것보다 더 길게 잡기도 한다. 그러나 나는 여기에서 다음과 같은 사실들만 관찰하고자 한다.

1. 그가 왕으로부터 큰 은총을 받았던 사실. 그는 왕에게 구하는 것은 다 받는 자이더니(6절).

2. 그의 백성들이 그를 잘 따랐던 사실. 그가 예루살렘으로 떠날 때 많은 사람들이 그를 따라 그와 함께 떠났다. 그가 바벨론을 떠났을 때, 그들은 더 이상 바벨론에 남아 있기를 원치 않았다. 또 그가 예루살렘으로 갔을 때, 그들은 자

신들도 그와 함께 위험을 무릅쓰고 예루살렘에 가서 그 곳에 정착하고자 했다.

3. 하나님이 그에게 큰 은총을 베푸신 사실. 그가 이와 같이 왕과 자기 백성들로부터 큰 호의를 입은 것은 하나님의 선한 손의 도우심을 입었기 때문이었다(9절). 여기에서 사람들이 우리에게 호의를 베푸는 것은 하나님이 그렇게 이끄셨기 때문이라는 사실을 주목하라. 우리가 하나님의 손에서 앞으로 일어나게 될 일들을 보아야 하는 것처럼, 또한 우리는 지금 일어나고 있는 일들 속에서 하나님의 손을 보아야 한다. 그리고 그 손이 선한 손으로 나타날 때 우리는 마땅히 하나님께 감사를 드려야만 한다.

[11]여호와의 계명의 말씀과 이스라엘에게 주신 율례 학자요 학자 겸 제사장인 에스라에게 아닥사스다 왕이 내린 조서의 초본은 아래와 같으니라 [12]모든 왕의 왕 아닥사스다는 하늘의 하나님의 율법에 완전한 학자 겸 제사장 에스라에게 [13]조서를 내리노니 우리 나라에 있는 이스라엘 백성과 그들 제사장들과 레위 사람들 중에 예루살렘으로 올라갈 뜻이 있는 자는 누구든지 너와 함께 갈지어다 [14]너는 네 손에 있는 네 하나님의 율법을 따라 유다와 예루살렘의 형편을 살피기 위하여 왕과 일곱 자문관의 보냄을 받았으니 [15]왕과 자문관들이 예루살렘에 거하시는 이스라엘 하나님께 성심으로 드리는 은금을 가져가고 [16]또 네가 바벨론 온 도에서 얻을 모든 은금과 및 백성과 제사장들이 예루살렘에 있는 그들의 하나님의 성전을 위하여 기쁘게 드릴 예물을 가져다가 [17]그들의 돈으로 수송아지와 숫양과 어린 양과 그 소제와 그 전제의 물품을 신속히 사서 예루살렘 네 하나님의 성전 제단 위에 드리고 [18]그 나머지 은금은 너와 너의 형제가 좋게 여기는 일에 너희 하나님의 뜻을 따라 쓸지며 [19]네 하나님의 성전에서 섬기는 일을 위하여 네게 준 그릇은 예루살렘 하나님 앞에 드리고 [20]그 외에도 네 하나님의 성전에 쓰일 것이 있어서 네가 드리고자 하거든 무엇이든지 궁중창고에서 내다가 드릴지니라 [21]나 곧 아닥사스다 왕이 유브라데 강 건너편 모든 창고지기에게 조서를 내려 이르기를 하늘의 하나님의 율법 학자 겸 제사장 에스라가 무릇 너희에게 구하는 것을 신속히 시행하되 [22]은은 백 달란트까지, 밀은 백 고르까지, 포도주는 백 밧까지, 기름도 백 밧까지 하고 소금은 정량 없이 하라 [23]무릇 하늘의 하나님의 전을 위하여 하늘의 하나님이 명령하신 것은 삼가 행하라 어찌하여 진노가 왕과 왕자의 나라에 임하게 하랴 [24]내가 너희에게 이르노니 제사장들이나 레위 사람들이나 노래하는 자들이나 문지기들이나 느디님 사람

들이나 혹 하나님의 성전에서 일하는 자들에게 조공과 관세와 통행세를 받는 것이 옳지 않으니라 하였노라 ²⁵에스라여 너는 네 손에 있는 네 하나님의 지혜를 따라 네 하나님의 율법을 아는 자를 법관과 재판관을 삼아 강 건너편 모든 백성을 재판하게 하고 그 중 알지 못하는 자는 너희가 가르치라 ²⁶무릇 네 하나님의 명령과 왕의 명령을 준행하지 아니하는 자는 속히 그 죄를 정하여 혹 죽이거나 귀양 보내거나 가산을 몰수하거나 옥에 가둘지니라 하였더라

우리는 여기에서 바사 왕이 에스라에게 권력을 위임하는 것을 보게 된다. 그것은 매우 광범위하며 충분하며 기대 이상의 것이었다. 이러한 명령은 다음과 같은 통례적인 형식으로 시작된다(12절): 모든 왕의 왕 아닥사스다는. 그러나 이것은 죽음 아래 있는 인간이 취하기에는 지나치게 높은 칭호였다. 그가 여러 왕들의 왕(king of some kings)인 것은 사실이었지만, 그러나 스스로를 모든 왕들의 왕(king of all kings, 즉 만왕의 왕)으로 칭하는 것은 하늘과 땅의 모든 권세를 가진 자 곧 예수 그리스도의 특권을 찬탈하는 것이다. 여기에서 아닥사스다는 자신이 신뢰하며 사랑하는 에스라를 하늘의 하나님의 율법의 서기관으로 부른다(12절, 한글개역개정판에는 하나님의 율법에 완전한 서기관으로 되어 있음). 실제로 이러한 칭호(즉 서기관이란 칭호)는 에스라 자신이 스스로를 부르는 칭호였던 것으로 보인다. 그는 심지어 총독의 직위를 부여받았을 때에조차도 이 같은 칭호 외에 다른 칭호로 불리기를 원치 않았다. 그는 제국의 귀족이나 방백이 되는 것보다도 하나님의 율법의 서기관이 되는 것을 더 큰 존귀로 여겼다. 여기에서 그의 조서의 내용을 살펴보자.

Ⅰ. 아닥사스다는 에스라에게 원하는 백성들과 함께 예루살렘으로 올라가는 것을 허락한다(13절).   그와 그의 백성들은 포로였으므로 왕의 허락 없이는 고국으로 돌아갈 수 없었다.

Ⅱ. 아닥사스다는 에스라에게 유다와 예루살렘의 제반 일을 살피는 권세를 부여한다(14절).   백성들을 살핌에 있어 그가 따를 법칙은 그의 손에 있는 하나님의 율법이었다. 그는 유대인들이 율법에 따라 행하고 있는지, 다시 말해서 성전이 건축되었는지, 제사장직이 확립되었는지, 하나님이 지시한 대로 제물이 올바로 드려지고 있는지 등을 살펴야 했다. 이렇게 살피는 가운데 잘못된 일이 발견되면 그는 즉시로 그것을 바로잡아야 했다. 이와 같이 하나님의 율법이 다

시 존귀케 되었으며 유대인들은 하나님의 율법에 의해 통치되는 옛 특권을 다시 회복했다. 이제 그들은 더 이상 선치 못한 율례 곧 압제자들의 율례 아래 있지 않게 되었다(겔 20:25).

Ⅲ. 아닥사스다는 에스라에게 많은 은금을 맡긴다(15, 16절).   그러한 돈은 하나님의 전에서 예물을 드리도록 왕과 자문관들이 하사하고 백성들이 모은 것이었다.

1. 우리는 이것으로부터 다음과 같은 사실들을 관찰할 수 있다.

(1) 이것은 홀로 살아 계시며 참되신 하나님을 존귀케 하는 것이었다. 왜냐하면 심지어 다른 신들을 섬기는 자들조차도 이스라엘의 하나님의 주권을 인정하는 가운데 그분의 은총을 얻기 위해 기꺼이 비용을 지불하고자 했기 때문이었다. 시편 45편 12절과 68편 26절을 보라.

(2) 이것은 이방 왕 아닥사스다에게 있어 매우 칭찬할 만한 일이었다. 지금 이스라엘 백성들은 포로의 신분으로서 자신들의 종교적 의무조차도 수행할 수 없을 정도로 매우 초라하며 보잘것없는 형편 가운데 있었다. 그럼에도 불구하고 그는 이스라엘의 하나님을 크게 존귀케 했다. 비록 자신의 우상 숭배를 버리고자 노력하지는 않았지만 그러나 그는 유대인들의 종교를 보호하며 장려했다. 또한 그는 "따뜻하게 하라 배부르게 하라"고만 말하지 않고 그들의 필요를 채워주었다.

(3) 이것은 유다의 악한 왕들을 더욱 부끄럽게 만드는 일이었다. 이스라엘의 하나님에 대한 예배와 지식으로 교육받고 율법과 선지자를 가지고 있었던 자들이 성전을 약탈하며 피폐하게 만든 일이 얼마나 자주 있었던가! 그러나 여기의 이방 왕은 도리어 성전을 부요하게 했다. 이와 같이 나중에 복음은 유대인들에게 거부되고 이방인들에게 환영을 받았다. 로마서 11장 11절을 보라: 그들이 넘어짐으로 구원이 이방인에게 이르러. 또 사도행전 13장 46절을 보라.

2. 우리는 여기에서 에스라에게 다음과 같은 일들이 맡겨진 것을 듣게 된다.

(1) 이 돈을 예루살렘으로 가져가는 일. 그는 정직한 사람이었으므로 그들은 그가 이와 같은 공적인 돈을 단 한 푼도 개인적으로 착복하지 않을 것이라고 굳게 믿었다. 우리는 바울 역시도 이와 비슷한 용무로 예루살렘에 올라간 적이 있었음을 발견한다(행 24:17).

(2) 이 돈을 가장 합당하게 사용하는 일. 이 돈은 하나님의 제단에 제물을

드리는 일과(17절) 그와 그의 형제들이 합당하게 여기는 일에(18절) 사용되어야 했다. 다만 후자의 경우에는 '너희 하나님의 뜻을 따라' 란 조건이 덧붙여졌는데, 이것은 왕보다도 그들 자신이 훨씬 더 익숙한 것이었다. 우리가 돈을 쓸 때 특별히 하나님을 섬기는 일에 사용할 때는 항상 하나님의 뜻이 규칙이 되어야 한다. 하나님의 일은 항상 하나님의 뜻을 따라 행해져야 한다. 또한 왕은 돈 외에도 성전 예배에 사용하도록 그에게 그릇들을 주었다(19절). 성전에 속한 그릇들은 전에 고레스가 돌려주었다. 그러므로 이것은 그 이상의 것이었다. 이처럼 하나님의 성전은 과거에 탈취당했던 것을 이제 그 이자까지 돌려받았다. 에스라는 이러한 그릇들을 예루살렘으로 가져가야 했는데, 그 곳은 하나님이 당신의 이름을 두신 곳이었다.

Ⅳ. 아닥사스다는 에스라에게 일정 한도 안에서 왕의 재정을 마음껏 사용할 수 있는 권한을 부여한다(20-22절). 에스라는 강 건너편의 모든 창고지기들에게 자신이 필요로 하는 것을 왕의 재정으로부터 요구할 수 있었다. 이것은 참으로 사려 깊은 일이었다. 왜냐하면 에스라는 아직 자신이 해야 할 일들을 살피지 못했기 때문에 무엇을 요구해야 할지 알지 못했기 때문이었다. 또한 이것은 왕의 큰 은총으로서 성전에 대한 큰 애정과 에스라에 대한 큰 신뢰를 나타내는 것이었다. 왕이나 방백들에게 있어 종교를 지원하며 격려하는 일에 자신들의 재물과 권력을 사용하는 것은 무엇보다도 그들 자신에게 큰 이익이 된다. 이와 같이 선한 일에 사용되지 않는다면 많은 재물이 무슨 소용이 있겠는가?

Ⅴ. 아닥사스다는 에스라에게 이스라엘의 하나님의 영광을 위해 성전에서 행해져야 할 일은 아무것도 빠뜨리지 말라고 당부한다(23절). 여기에서 다음을 관찰하라.

1. 그가 하나님을 얼마나 존귀하게 부르고 있는지. 그는 앞에서 하나님을 예루살렘의 하나님이라고 불렀다. 그러나 여기에서 그는 그와 같은 호칭이 지역신(local deity)을 의미하는 것이 아님을 나타내기 위해 두 번에 걸쳐 하나님을 하늘의 하나님이라고 부른다.

2. 그가 하나님의 말씀과 율법을 얼마나 존귀하게 여기고 있는지. 아마도 그는 하나님의 말씀과 율법을 읽고 큰 감동을 받은 것으로 보인다. "너희 하나님이 명령하신 것은 정성껏 그리고 신속하고 부지런히 행하라." 그는 비록 스스로를 모든 왕의 왕이라고 칭하기는 했지만 그러나 하나님의 말씀과 율법의 일

점일획도 더하거나 빼려고 하지 않았다.

3. 그가 하나님의 진노가 임하지 않기를 얼마나 간절히 바랐는지. 어찌하여 진노가 왕과 왕자의 나라에 임하게 하랴. 종교를 경멸하며 무시하는 것은 왕과 나라에 하나님의 심판을 가져오게 만든다. 하나님의 진노가 임하려고 할 때 그것을 돌리는 최선의 방법은 종교를 장려하며 지원하는 것이다. 평화와 번영이 지속되기를 원하는가? 그렇다면 우리는 하나님을 기쁘시게 하는 일에 더욱 힘써야 한다.

VI. 아닥사스다는 성전의 사역자들에게 세금을 면제한다. 가장 높은 제사장으로부터 가장 낮은 느디님 사람에 이르기까지 조공과 관세와 통행세를 내는 것이 합당치 못한 것으로 여겨졌다(24절). 이것은 그들을 제국의 자유 시민으로 대우하는 것으로서 그들을 크게 존귀케 하는 것이었다. 그리고 이와 같은 조치로 인해 그들은 아무 근심 없이 자신들의 사역에 더욱 착념할 수 있게 되었다. 우리는 이와 같이 각종 세금을 면제받는 것이 그들과 그들 가족을 위해 그리고 그들의 사역이 계속해서 유지되는데 매우 긴요한 일이었을 것이라고 추측할 수 있다. 그러나 만일 그들 가운데 어떤 사람이 이러한 특권을 남용하여 상업이나 교역하는 일에 사용했다면, 그들은 당연히 이러한 특권을 상실하게 되었을 것이다.

VII. 아닥사스다는 에스라에게 강 건너편의 모든 유대인들을 위한 법관들과 재판관들을 임명하는 권한을 부여한다(25, 26절). 이와 같이 유대인들에게 있어 에스라와 같은 훌륭한 인물을 지도자로 갖게 된 것은 큰 은총이 아닐 수 없었다.

1. 에스라의 하나님의 율법을 아는 모든 자들은(다시 말해서 유대 종교를 믿고 고백하는 모든 자들은) 이들 재판관들의 관할 하에 있게 될 것이었으며, 이것은 그들이 이교도 재판관들의 관할 하에 있지 않게 되는 것을 의미하는 것이었다.

2. 이들 재판관들에게는 이교도를 유대교로 인도하는 것이 허락되었다. 그들 가운데 하나님의 율법을 알지 못하는 자는 너희가 가르치라. 비록 자신은 유대인이 되고자 하지 않았지만, 왕은 자기 백성들이 유대인이 되는 것을 조금도 개의치 않았다.

3. 그들은 형벌을 내릴 수 있는 권세를 부여받았다. 그들은 죽이거나 귀양 보

내거나 가산을 몰수하거나 옥에 가두는 등의 형벌을 통해 자신들이 내린 명령이나 판결을 강제할 수 있게 되었다. 그들에게 새로운 율법을 만드는 것은 허락되지 않았다. 다만 그들의 임무는 하나님의 율법들이 올바로 시행되고 있는지 살피는 것이었다. 이와 같이 그들은 악을 행하는 자들에게 두려움이 되도록 칼의 권세를 위임받았다. 여호사밧이나 히스기야나 다윗 같은 왕들에게 하나님의 영광과 신앙을 증진시키는 것보다 더 큰 일이 무엇이었겠는가?

²⁷우리 조상들의 하나님 여호와를 송축할지로다 그가 왕의 마음에 예루살렘 여호와의 성전을 아름답게 할 뜻을 두시고 ²⁸또 나로 왕과 그의 보좌관들 앞과 왕의 권세 있는 모든 방백의 앞에서 은혜를 얻게 하셨도다 내 하나님 여호와의 손이 내 위에 있으므로 내가 힘을 얻어 이스라엘 중에 우두머리들을 모아 나와 함께 올라오게 하였노라

에스라는 자신과 자기 백성들에 대한 하나님의 선하심을 송축하는 말을 끼워 넣지 않고는 자신의 이야기를 진행시켜 나갈 수 없었다. 왕의 조서를 모두 언급하고 난 후 그는 하나님이여 왕을 구원하소서(God save the king)라는 상투적인 말을 덧붙이는 대신 여호와를 송축할지로다라는 고백을 덧붙인다. 어떤 즐거운 일이 있을 때, 우리는 그 안에서 하나님의 손을 인정하며 먼저 그분 앞에 감사를 드려야 한다. 여기에서 에스라가 하나님을 송축한 것은 다음과 같은 두 가지 때문이었다.

1. 왕의 위임으로 인해.   우리는 그가 이 일로 인해 왕의 손에 입을 맞추었을 것이라고 추측할 수 있지만 그러나 그것이 전부는 아니었다. 그는 이렇게 말한다: 왕의 마음에 이와 같은 것을 두신 하나님을 송축할지로다. 하나님은 그분이 원하는 것을 사람의 마음과 머리에 두실 수 있는데, 그 모든 것은 그의 섭리와 은혜로 말미암는 것이다. 만일 우리 마음속에 어떤 선한 것이 떠오른다면, 우리는 그것이 하나님으로부터 말미암은 것임을 인정하면서 그로 인해 하나님을 송축해야 한다. 왜냐하면 우리 안에서 역사하시면서 선한 것을 마음에 품게 하시고 또 행하게 하시는 자는 바로 그분이기 때문이다. 통치자들과 방백들이 악을 억제하며 신앙을 장려할 때 우리는 그들의 마음속에 그러한 것을 두신 하나님께 감사해야 하며, 특별히 우리에게 어떤 호의를 베풀 때는 더욱 그러해야

한다. 하나님의 전이 건축되었을 때 에스라는 그 전을 아름답게 꾸미기 위해 할 일을 생각하며 기뻐했다. 우리는 하나님의 전을 칠하라든지 혹은 금박을 입히라든지 혹은 각종 보석으로 장식하라는 등의 명령이 내려진 것을 읽지 못한다. 그러나 거기에서 하나님의 각종 규례들이 율법에 따라 올바로 그리고 계속적으로 거행되었을 것만은 분명하다. 성전을 정말로 아름답게 하는 것은 바로 이것이다.

2. 하나님의 격려로 인해(28절): 내 하나님 여호와의 손이 내 위에 있으므로 내가 힘을 얻어. 왕이 에스라를 총애하고 높이 등용한 것은 그의 능력과 품성과 재주 때문이었을 것이다. 그러나 그 자신은 자기가 그러한 호의를 입은 것은 전적으로 하나님의 자비로 말미암은 것이라고 고백한다. 그로 하여금 왕의 호의를 입게 만든 것은 바로 이것 즉 하나님의 자비였다. 그는 매우 용기 있는 사람이었지만 그러나 자신이 힘을 얻은 것은 여호와의 손으로 말미암은 것임을 인정한다. "내 하나님 여호와의 손이 내 위에 있어 나를 인도하며 도우시므로 내가 힘을 얻었도다." 하나님의 손이 우리 위에 임할 때, 우리는 범사에 담대하며 활기차게 될 것이다. 그러나 그 손이 거두어질 때, 우리는 물처럼 연약해지게 될 것이다. 우리가 하나님과 우리 세대를 위해 일할 수 있는 힘을 얻을 때, 그 모든 영광은 하나님께 돌려져야 한다. 그것을 위한 힘은 그분으로부터 나오는 것이므로 그로 인한 찬미 역시 그분께 돌려져야 한다.

제
— 8 —
장

개요

앞 장에서 우리는 에스라의 예루살렘 여행에 대한 개략적인 이야기만을 들었는데 이제 본 장에서 그에 대한 좀 더 상세한 이야기를 듣게 된다. I. 에스라와 함께 간 무리(1-20절). II. 예루살렘 여행에 하나님의 함께 하심을 간구하기 위해 에스라와 무리가 금식을 함(21-23절). III. 에스라가 보화를 제사장들에게 맡김(24-30절). IV. 하나님이 에스라와 무리를 도우심(31절). V. 그들이 안전하게 예루살렘에 도착함. 1. 거기에서 보화를 제사장들에게 넘겨줌(32-34절). 2. 왕의 조서를 총독들에게 줌(36절). 3. 하나님께 제물을 드림(35절).

[1]아닥사스다 왕이 왕위에 있을 때에 나와 함께 바벨론에서 올라온 족장들과 그들의 계보는 이러하니라 [2]비느하스 자손 중에서는 게르솜이요 이다말 자손 중에서는 다니엘이요 다윗 자손 중에서는 핫두스요 [3]스가냐 자손 곧 바로스 자손 중에서는 스가랴니 그와 함께 족보에 기록된 남자가 백오십 명이요 [4]바핫모압 자손 중에서는 스라히야의 아들 엘여호에내니 그와 함께 있는 남자가 이백 명이요 [5]스가냐 자손 중에서는 야하시엘의 아들이니 그와 함께 있는 남자가 삼백 명이요 [6]아딘 자손 중에서는 요나단의 아들 에벳이니 그와 함께 있는 남자가 오십 명이요 [7]엘람 자손 중에서는 아달리야의 아들 여사야니 그와 함께 있는 남자가 칠십 명이요 [8]스바댜 자손 중에서는 미가엘의 아들 스바댜니 그와 함께 있는 남자가 팔십 명이요 [9]요압 자손 중에서는 여히엘의 아들 오바댜니 그와 함께 있는 남자가 이백십팔 명이요 [10]슬로밋 자손 중에서는 요시뱌의 아들이니 그와 함께 있는 남자가 백육십 명이요 [11]베배 자손 중에서는 베배의 아들 스가랴니 그와 함께 있는 남자가 이십팔 명이요 [12]아스갓 자손 중에서는 학가단의 아들 요하난이니 그와 함께 있는 남자가 백십 명이요 [13]아도니감 자손 중에 나중된 자의 이름은 엘리벨렛과 여우엘과 스마야니 그와 함께 있는 남자가 육십 명이요 [14]비그왜 자손 중에서는 우대와 사붓이니 그와 함께 있는 남자가 칠십 명이었느니라 [15]내가 무리를 아하와로 흐르는 강 가에 모으고 거

기서 삼 일 동안 장막에 머물며 백성과 제사장들을 살핀즉 그 중에 레위 자손이 한 사람도 없는지라 ¹⁶이에 모든 족장 곧 엘리에셀과 아리엘과 스마야와 엘라단과 야립과 엘라단과 나단과 스가랴와 므술람을 부르고 또 명철한 사람 요야립과 엘라단을 불러 ¹⁷가시뱌 지방으로 보내어 그 곳 족장 잇도에게 나아가게 하고 잇도와 그의 형제 곧 가시뱌 지방에 사는 느디님 사람들에게 할 말을 일러 주고 우리 하나님의 성전을 위하여 섬길 자를 데리고 오라 하였더니 ¹⁸우리 하나님의 선한 손의 도우심을 입고 그들이 이스라엘의 손자 레위의 아들 말리의 자손 중에서 한 명철한 사람을 데려오고 또 세레뱌와 그의 아들들과 형제 십팔 명과 ¹⁹하사뱌와 므라리 자손 중 여사야와 그의 형제와 그의 아들들 이십 명을 데려오고 ²⁰다윗과 방백들이 레위 사람들을 섬기라고 준 느디님 사람 중 성전 일꾼은 이백이십 명이었는데 그들은 모두 지명 받은 이들이었더라

왕의 위임을 받은 후 에스라는 자신과 함께 갈 자들을 찾아다녔다. 이를테면 그는 이스라엘의 쫓긴 자들과 유다의 흩어진 자들을 모으기 위해 깃발을 세운 것이었다(사 11:12). "바벨론의 딸들 가운데 거하는 시온의 아들들아 예루살렘으로 돌아갈 때가 되었도다. 이제 성전이 완성되었으며 성전 예배가 시작되었도다. 이제 우리의 때가 되었도다." 이제 사람들은 에스라와 같은 탁월한 지도자의 부름에 따라 모든 유대인들이 마침내 티끌을 털어버리고 목의 줄을 풀어버렸을 것이라고 생각할 것이다(사 52:1, 2). 그러나 그렇지 않았다. 그와 함께 예루살렘으로 돌아가고자 하지 않고 그냥 뒤에 남고자 했던 자들이 많이 있었다. 나는 어떻게 많은 사람들이 이러한 부름을 듣고도 그냥 뒤에 남아 있을 수 있었는지 의아하게 생각하지 않을 수 없다. 그들은 신앙보다도 육체적인 안일을 더 사랑하는 가운데 지금 있는 곳에서 그냥 편안히 거하고자 생각했다. 그들은 예루살렘이 자신들의 형편을 훨씬 더 낮게 만들어 줄 것이라는 사실을 믿지 않았다. 그랬기 때문에 어려움에도 불구하고 그 곳으로 가려고 하지 않았다. 우리는 여기에서 다음과 같은 내용을 보게 된다.

I. 많은 사람들이 기꺼이 에스라를 따라 나섬. 우리는 여기에서 몇몇 가문의 우두머리들의 이름이 나열되는 것을 보게 된다. 그리고 그들을 중심으로 각 가문에서 나온 남자들의 숫자는 모두 1,496명에 이르렀다. 그리고 두 명의 제사장과 다윗의 자손 가운데 한 사람의 이름이 거명된다(2절). 그러나 이들은

가족들과 함께 오지 않은 것으로 보인다. 아마도 그것은 그들이 먼저 예루살렘에 가서 그 곳의 형편을 살핀 후에 가족들을 데려오든지 아니면 자신들이 다시 돌아가든지 하고자 했기 때문이었을 것이다. 여기에 나열된 몇몇 가문의 이름은 우리가 2장에서 살펴본 이름과 동일하다. 그것은 그런 가문 가운데 일부 사람은 그 때 올라갔고 나머지는 이번에 올라가기 때문일 것이다. 어떤 사람은 3시에 포도원으로 들어갔고 또 어떤 사람은 11시에 들어갔다. 그러나 나중에 들어간 사람도 거절당하지 않았다. 또 우리는 여기에서 '아도니감의 자손 중에 나중된 자'란 표현을 보게 된다(13절). 어떤 이들은 이것을 그들이 에스라의 부름에 마지막으로 응했음을 의미하는 것으로 이해한다(그렇다면 이것은 그들의 수치를 드러내는 표현이 될 것이다). 그렇지만 나는 도리어 이것이 그들의 영광을 나타내는 표현이라고 생각한다. 왜냐하면 이제 그들 가운데 나중된 자들까지 모두 돌아감으로써 아무도 남지 않게 되었기 때문이다.

II. 그러나 레위인들은 오지 않음. 에스라는 새해 첫날 모든 무리를 한 곳에 모이도록 지시했다(7:9). 그리고 그 곳에서 무리를 살핀즉 (이상하게도) 그 중에 레위 자손은 한 사람도 없었다(15절). 제사장은 있었지만 그러나 레위인은 없었다. 레위지파의 정신과 열정은 도대체 어디로 갔는가? 에스라는 그 자신 한 사람의 제사장으로서 마치 모세처럼 "여호와의 편에 설 자가 누구인가"라고 외쳤다. 그러나 그들은 레위지파답지 못하게 움츠리면서 양의 우리 가운데 앉아 양들의 떠드는 소리만 듣고자 했다. 우리는 그들이 바벨론에서 회당을 갖고 있었을 것으로 추측할 수 있다. 그 곳에서 그들은 기도하며 설교하며 안식일을 지켰을 것이다(그들이 더 나은 것을 가질 수 없었을 때 회당이 있는 것만으로도 그들로서는 충분히 감사할 이유가 있었다). 그러나 이제 예루살렘 성전이 열리고 그 곳에서 섬길 수 있게 되었으므로 그들은 마땅히 회당보다 시온의 문들을 더 좋아하여 선택했어야 했다. 이와 같이 여기에 오지 않은 것은 그들의 수치였다 ─ 그러나 그것을 가드에는 말하지 말라. 무리 가운데 레위인이 없다는 사실을 알았을 때, 에스라는 크게 당황했다. 그에게 성전예배를 위한 충분한 돈이 있었지만 그러나 일꾼이 모자랐다. 왕과 방백들은 그들의 몫 이상을 행했지만, 레위의 자손들은 그들 몫의 절반도 행하지 못했다. 에스라는 빈자리를 채우기 위해 무리로부터 열한 명의 사람을 선택했는데, 그들은 족장이거나 명철한 자였다. 그리고 우리는 그들과 관련하여 여기에서 다음과 같은 이야기를 듣게 된다.

1. 그들이 보냄을 받음. 에스라는 그들을 **가시뱌** 지방으로 보냈는데(17절), 아마도 그 곳은 레위인 학교가 있었던 바벨론의 어떤 거리나 혹은 광장이었을 것이다. 어떤 이들은 가시뱌(Casiphia)를 은 **거리**(Silver Street)로 부르는데, 그것은 게셉(ceseph)이 은(銀)을 의미하는 것이었기 때문이다. 에스라는 그들을 레위인 학교의 지도자인 잇도에게 보냈는데, 그것은 그 자신을 데려오도록 하기 위함이 아니라(아마도 그는 나이가 너무 많아 먼 거리를 여행하기에 적합하지 않았을 것이다) 그의 지도 아래 있는 젊은이들 즉 하나님의 성전을 위해 섬길 자들을 데려오도록 하기 위함이었다. 하나님의 성전을 선한 사역자들로 채우는 것은 참으로 좋은 일이며, 그것은 그 곳에서 섬기는 모든 자들에게 큰 위로와 도움이 될 것이다.

2. 그들이 소기의 성과를 갖고 돌아옴. 그들의 수고는 결코 헛되지 않았다. 그들은 약 40명의 레위인들을 데리고 왔다. 그들과 함께 온 레위인들은 명철함으로 유명한 세레뱌와 그와 함께 한 18명과(18절) 하사뱌 및 여사야와 그들과 함께 한 20명이었다(19절). 이를 통해 우리는 이들이 예루살렘으로 가기를 싫어했던 것이 아니라 다만 자신들을 불러주기를 기다리고 있는 가운데 무심코 있다가 그만 때를 놓친 것이었음을 알 수 있다. 이와 같은 일로 선한 자들이 선한 일에 빠지는 것은 얼마나 안타까운 일인가! 그들이 자신들을 불러주기를 기다리며 가만히 있었던 것도 안타까운 일이지만, 그렇다고 해서 그들을 내버려 두고 그냥 가는 것은 더 안타까운 일이 될 것이다. 예루살렘으로 가는 일과 관련하여 레위인 자신보다도 레위인 학교의 종복(從僕)인 느디님 즉 성전 사역자들 가운데 가장 낮은 계급의 사람들이 더 적극적이었다. 그들 가운데 220명의 사람들이 이와 같은 갑작스런 부름을 받고 나아왔으며, 그들은 에스라와 함께 돌아온 사람들의 명부에 이름이 기록되는 영예를 얻었다(20절). 이에 에스라는 말한다. "이와 같이 우리 하나님의 선한 손이 우리 위에 임하사 레위인들도 함께 가게 되었도다." 사역자들이 부족할 때 그 부족한 부분이 채워지면, 이로 인해 우리는 하나님께 영광을 돌리며 그의 선한 손을 인정해야 한다. 왜냐하면 하나님이 그들의 마음을 움직이시고 그들을 위해 기회의 문을 열어 주셨기 때문이다.

[21]그 때에 내가 아하와 강 가에서 금식을 선포하고 우리 하나님 앞에서 스스로 겸비하여 우리와 우리 어린 아이와 모든 소유를 위하여 평탄한 길을 그에게 간구하였으니 [22]이는 우리가 전에 왕에게 아뢰기를 우리 하나님의 손은 자기를 찾는 모든 자에게 선을 베푸시고 자기를 배반하는 모든 자에게는 권능과 진노를 내리신다 하였으므로 길에서 적군을 막고 우리를 도울 보병과 마병을 왕에게 구하기를 부끄러워하였음이라 [23]그러므로 우리가 이를 위하여 금식하며 우리 하나님께 간구하였더니 그의 응낙하심을 입었느니라

에스라는 레위인들과 함께 갈 수 있게 되었지만 그러나 하나님이 함께 하시지 않는다면 그 모든 것이 다 무슨 소용이 있겠는가? 에스라의 주된 관심은 바로 이것이었다. 우리는 우리의 모든 행로에 하나님을 인정해야 한다. 특별히 하나님 나라의 유익을 위해 일하고자 애쓸 때에는 더욱 그러하다. 여기에서 에스라가 바로 그러했다. 다음을 관찰하라.

I. 에스라는 하나님과 하나님의 은혜로운 보호를 계속적으로 신뢰했다. 그는 왕에게 자신의 행동원칙을 말했는데(22절), 그것은 하나님을 찾는 자는 큰 위험 속에서도 그분의 날개 그늘 아래 안전한 반면 하나님을 버리는 자는 가장 안전한 때조차도 큰 위험에 노출된다는 것이었다. 하나님의 종들은 그분의 권능을 힘입지만 그러나 하나님을 대적하는 자들은 그분의 권능으로부터 대적함을 당한다. 에스라는 이 사실을 진심으로 믿었으며 그것을 왕 앞에서 입술로 고백했다. 그러므로 그는 왕에게 호위대를 요청하는 것을 부끄럽게 여겼다. 왜냐하면 그렇게 함으로써 왕으로 하여금 하나님이 자기 백성들을 보호할 수 있다는 사실과 그에 대한 에스라의 믿음에 대해 의구심을 불러일으키게 만들 소지가 있었기 때문이었다. 하나님을 신뢰하며 자랑하는 자들은 사람에게 보호를 구한다든지 특별히 안전을 위해 유치한 편법을 사용하는 따위의 일을 부끄럽게 여길 것이다. 왜냐하면 그러한 행동은 그들의 믿음과 모순되기 때문이다. 하나님을 신뢰하는 자들도 스스로를 보호하며 보존하기 위해 마땅히 합당한 수단을 사용해야 한다. 그리고 그렇게 하는 것을 조금도 부끄러워할 필요가 없다. 그러나 하나님의 영광과 관련될 때, 그들은 하나님의 영광이 손상되는 행동을 하기보다는 차라리 스스로 위험에 노출되는 편을 선택할 것이다. 왜냐하면 그들에게 있어 하나님의 영광은 자신들의 생명보다도 더 소중하기 때문이

다.

II. 에스라는 그러한 신뢰 가운데 하나님께 장엄한 기도를 드렸다. 그는 금식을 선포했다(21절). 의심의 여지 없이 그는 처음부터 이 일에 관한 하나님의 인도하심을 구했을 것이다. 그러나 공적인 은총을 위해서는 공적인 기도가 드려져야 한다. 왜냐하면 공적 은총의 축복에 동참할 자들은 또한 그것을 간구하는 데에도 동참해야 하기 때문이다.

1. 금식은 그들의 겸비를 나타내기 위한 것이었다. 바로 이것이 금식의 목적이었다. "우리가 우리 죄로 인해 하나님 앞에 스스로를 괴롭게 함으로써 사죄의 은총을 받고자 하나이다." 새로운 삶의 상황 속으로 들어갈 때, 우리는 그곳으로 예전에 행했던 죄의 죄책까지 가지고 가지 않도록 마음을 써야 한다. 그리고 어떤 절박한 위험 속에 있을 때, 우리는 먼저 하나님과 화목하는 것에 마음을 써야 한다. 그러면 우리는 안전하게 될 것이요 어떤 것도 우리에게 실제적인 해를 끼치지 못할 것이다.

2. 금식은 그들의 기도를 고양(高揚)시키기 위한 것이었다. 종교적 금식은 항상 기도와 관련되는 것이다. 지금 그들이 은혜의 보좌로 나아가는 목적은 하나님께 평탄한 길을 구하는 것, 즉 스스로를 하나님의 섭리의 인도에 맡기는 것이었다. 다시 말해서, 이 모든 여행길에서 하나님의 인도와 보호 가운데 목적지에 도착할 때까지 안전하게 지켜 주시기를 간구한 것이다. 그들에게 이 여행길은 낯선 길이었으며, 적의 나라들을 통과하여 지나가야만 하는 길이었으며, 조상들의 경우와는 달리 구름 기둥과 불 기둥도 없을 것이었다. 그러나 그들은 그 대신에 하나님의 권능과 은총, 그리고 천사들의 역사가 있을 것을 믿었으며, 또한 기도로 하나님의 도우심을 얻고자 소망했다. 우리 자신과 가족과 재산에 대한 모든 염려를 기도로써 하나님께 맡기는 것은 우리의 지혜이면서 동시에 의무이다(빌 4:6, 아무것도 염려하지 말고 다만 모든 일에 기도와 간구로, 너희 구할 것을 감사함으로 하나님께 아뢰라).

III. 그 결과. 우리가 이를 위하여 금식하며 간구하였더니 그의 응낙하심을 입었느니라(23절). 그들은 마음속에 자신들의 기도가 응답되었다는 분명한 확신을 갖게 되었으며, 실제로 그렇게 되었다. 진심으로 하나님을 찾는 것은 결코 헛수고가 되지 않을 것이다.

²⁴그 때에 내가 제사장의 우두머리들 중 열두 명 곧 세레뱌와 하사뱌와 그의 형제 열 명을 따로 세우고 ²⁵그들에게 왕과 모사들과 방백들과 또 그 곳에 있는 이스라엘 무리가 우리 하나님의 성전을 위하여 드린 은과 금과 그릇들을 달아서 주었으니 ²⁶내가 달아서 그들 손에 준 것은 은이 육백오십 달란트요 은 그릇이 백 달란트요 금이 백 달란트며 ²⁷또 금잔이 스무 개라 그 무게는 천 다릭이요 또 아름답고 빛나 금 같이 보배로운 놋 그릇이 두 개라 ²⁸내가 그들에게 이르되 너희는 여호와께 거룩한 자요 이 그릇들도 거룩하고 그 은과 금은 너희 조상들의 하나님 여호와께 즐거이 드린 예물이니 ²⁹너희는 예루살렘 여호와의 성전 골방에 이르러 제사장들과 레위 사람의 우두머리들과 이스라엘의 족장들 앞에서 이 그릇을 달기까지 삼가 지키라 ³⁰이에 제사장들과 레위 사람들이 은과 금과 그릇을 예루살렘 우리 하나님의 성전으로 가져가려 하여 그 무게대로 받으니라

우리는 여기에서 에스라가 하나님의 성소에 드려진 보화에 대해 특별한 관심을 기울이는 것을 보게 된다. 다음을 관찰하라.

1. 하나님의 보호에 맡기는 가운데 에스라는 그것을 그 일을 수행하기에 적합한 자들에게 위임한다. 하나님이 지켜 주시지 않는다면 모든 것은 헛된 일이 될 것이다. 그러면서도 그는 그것을 합당한 자들에게 맡겼다. 여기에서 기도와 노력은 항상 병행되어야 한다는 사실을 관찰하라. 이와 같이 그리스도의 복음과 교회와 그의 규례들 역시도 그분께만 맡겨져서는 안 된다. 그것들은 또한 충성된 사람들에게 맡겨져야 한다(딤후 2:2).

2. 자신들의 모든 것을 지켜 주시기를 하나님께 기도한 후 에스라는 그 가운데에서도 특별히 하나님의 전에 속한 것에 더 큰 관심을 기울인다. 하나님께서 자신의 섭리 가운데 우리에게 속한 것들을 지켜 주시기를 기대하는가? 그렇다면 우리는 그에게 속한 것들을 지키는데 더욱 마음을 기울이자. 하나님의 영광과 유익이 우리의 관심이 되게 하자. 그러면 우리는 우리의 생명과 평안이 하나님의 관심이 될 것을 기대할 수 있을 것이다. 다음을 관찰하라.

(1) 에스라가 성물을 맡긴 사람들. 그는 이 일을 제사장의 우두머리 두 사람과 여러 레위 사람들에게 맡겼다(24, 30절). 그들은 하나님께 속한 물건들을 돌볼 직분을 맡은 자들로서 특별한 의미에서 이러한 성물들의 은택을 입은 자들이었다. 에스라는 그들에게 이러한 물건들을 그들의 손에 맡기는 이유를 말

해준다(28절): 너희는 여호와께 거룩한 자요 이 그릇들도 거룩하고. 거룩한 것들을 돌봄에 있어 거룩한 자들보다 더 적합한 자들이 누구이겠는가? 제사장직의 위엄과 존귀를 가진 자들은 그에 따른 책임과 의무도 함께 가져야 한다. 이사야 선지자는 하나님의 백성들과 사역자들이 바벨론으로부터 돌아올 것을 예언하면서 다음과 같이 당부한다(사 52:11): 여호와의 기구를 메는 자들이여 스스로 정결하게 할지어다.

(2) 에스라는 그것들을 정확하게 달아서 맡긴다. 그는 그들에게 은과 금과 그릇들을 달아서 주었다(25절). 그렇게 한 것은 돌려받을 때에도 정확하게 돌려받고자 했기 때문이었다. 어떤 것을 맡김에 있어 우리는 그 정확한 내용에 대해 양 당사자가 분명하게 이해하도록 해야 한다(특별히 성물의 경우에는 더욱 그러하다). 스룹바벨의 때에는 그릇들이 숫자로 전달되었지만 여기에서는 무게로 전달되었다. 두 경우 모두 그렇게 함으로써 어떤 것이 분실된 경우 그러한 사실이 곧바로 드러나도록 하고, 또한 성물을 맡은 자들로 하여금 그것을 맡을 때나 돌려줄 때나 명확하게 하도록 하게 함이었다.

(3) 에스라는 그들에게 성물을 맡기면서 다음과 같이 당부한다(29절). "너희는 이것들이 분실된다든지 함부로 사용된다든지 혹은 다른 물건들과 섞이지 않도록 삼가 지키라. 그리고 성전에서 다시 달 때까지 그것들을 안전하게 지키라." 우리는 이를 통해 이 일이 얼마나 많은 주의를 요하는 일인가 하는 것과 이 일을 맡은 것이 그들에게 있어 얼마나 영예로운 일인가 하는 것을 알 수 있다. 이와 같이 바울도 디모데에게 복음의 보화를 맡기면서 예수 그리스도의 나타나실 때까지 그것을 잘 지키라고 명령했다.

[31]첫째 달 십이 일에 우리가 아하와 강을 떠나 예루살렘으로 갈새 우리 하나님의 손이 우리를 도우사 대적과 길에 매복한 자의 손에서 건지신지라 [32]이에 예루살렘에 이르러 거기서 삼 일 간 머물고 [33]제사일에 우리 하나님의 성전에서 은과 금과 그릇을 달아서 제사장 우리아의 아들 므레못의 손에 넘기니 비느하스의 아들 엘르아살과 레위 사람 예수아의 아들 요사밧과 빈누이의 아들 노아댜가 함께 있어 [34]모든 것을 다 세고 달아 보고 그 무게의 총량을 그 때에 기록하였느니라 [35]사로잡혔던 자의 자손 곧 이방에서 돌아온 자들이 이스라엘의 하나님께 번제를 드렸는데 이스라엘 전체를 위한 수송아지가 열두 마리요 또 숫양이 아흔여섯 마리요 어린 양이 일흔

일곱 마리요 또 속죄제의 숫염소가 열두 마리니 모두 여호와께 드린 번제물이라 [36]
무리가 또 왕의 조서를 왕의 총독들과 유브라데 강 건너편 총독들에게 넘겨 주매
그들이 백성과 하나님의 성전을 도왔느니라

에스라와 유다 백성들은 4달간의 여행을 통해 예루살렘에 도착했다. 그들은 숫자가 많았으므로 행군속도가 느릴 수밖에 없었다. 이제 우리는 여기에서 다음과 같은 이야기를 듣게 된다.

I. 하나님의 선하심. 하나님은 에스라와 무리에게 선을 베푸셨으며, 그는 하나님의 선하심을 인정했다: 하나님의 손이 우리를 도우사 형통케 하셨도다.

1. 그들은 여행길에서 진멸되지 않고 보존된 것을 하나님의 은혜로 돌렸다. 왜냐하면 그들을 해하기 위해 길에 매복한 적들이 있었음에도 불구하고 하나님이 그들을 보호해 주셨기 때문이었다(31절). 여행길에 따르는 일반적인 위험들로 인해서도 우리는 마땅히 기도로써 출발하고 또 안전하게 도착했을 때 찬미와 감사를 드려야 한다. 하물며 이와 같이 위험한 여행길에서야 얼마나 더 그래야 하겠는가?

2. 그들은 안전하게 여행을 마친 것을 하나님의 은혜로 돌렸다(32절). 새 예루살렘을 향해 나아가는 자들은 시온에 있는 하나님 앞에 설 때까지 계속해서 전진해야 한다. 그러면 그들은 선한 일을 시작하신 자가 그것을 완성시키는 것을 발견하게 될 것이다.

II. 성물을 맡은 자들의 신실함. 예루살렘에 도착하자 그들은 자신들이 맡은 성물을 즉시로 성전의 우두머리들에게 내어주었다(33, 34절). 맡은 것을 잘 관리했다가 예정대로 돌려 주는 것은 얼마나 선하고 영예로운 일인가!

III. 돌아온 무리의 믿음. 예루살렘 제단이 가까워오자 그들은 하나님께 제물을 드릴 마음을 품었다(35절). 바벨론에서는 제단이 없었으므로 하나님께 제물을 드리는 것이 면제되었다 할지라도, 이제 제물을 드릴 수 있는 문이 열렸다면 마땅히 그들은 그렇게 해야만 했다. 다음의 사실들을 관찰하라.

1. 그들의 제물 가운데 속죄제가 있었던 사실. 참된 은총은 속죄의 기초 위에 세워지는 것이다. 죄가 제거되고 하나님과 화목되지 않는 한 참된 위로는 없는 법이다.

2. 그들이 드린 제물의 숫자가 지파의 숫자와 관련된 사실. 그들은 수송아

지 12마리와 숫염소 12마리와 숫양 96마리(즉 열둘의 여덟 배)를 드렸는데, 이 것은 예언에 따라 두 왕국이 하나로 합쳐지는 것을 암시하는 것이었다(겔 37:22, 그 땅 이스라엘 모든 산에서 그들이 한 나라를 이루어서 한 임금이 모두 다스 리게 하리니 그들이 다시는 두 민족이 되지 아니하며 두 나라로 나누이지 아니할지 라). 그들은 더 이상 두 지파와 열 지파로 나누이지 않고, 열두 지파 전체가 한 제단에 모였다.

IV. 유대인들의 적들이 그들의 친구가 됨. 전에 하나님의 백성들을 훼방하 던 자들이 이제 왕의 명령에 따라 에스라의 위임에 순복하며 그들을 돕는 자가 되었다. 왕이 온건한 태도를 취하자 그들도 달리 어떻게 할 수 없었다. 그리하 여 교회가 평안하여진지라(행 9:31).

제
— 9 —
장

개요

이제 사람들은 유다 교회가 에스라의 지도 아래 매우 훌륭한 공동체를 이루어 나가게 되었을 것이라고 쉽게 추측할 것이다. 외적인 상황을 살펴보자. 바사 정권은 그들에게 매우 우호적이었다. 우리는 그들이 유대 사람들을 압제하며 핍박했다는 이야기를 듣지 못한다. 또 지금까지 그들을 훼방하던 원수들도 우호적인 태도로 바뀌었다(자의적이든 타의적이든). 주변 사람들은 온건해졌으며 아무런 전쟁의 소문도 들리지 않는다. 이제 그들을 두렵게 하는 것은 아무것도 없었다. 그들이 적은 수의 보잘것없는 백성으로서 여전히 이방 왕의 통치 아래 있었음을 감안할 때, 지금 그들의 상황은 상상할 수 있는 최선의 상황이었다. 또 내적인 상황을 살펴보자. 우리는 바알과 아스다롯과 몰록과 각종 우상들과 금송아지와 산당들에 대한 이야기를 더 이상 듣지 못한다. 이제 성전이 재건되어 성전 예배가 규례대로 드려지고 있었다. 그러나 모든 것이 다 온전했던 것은 아니었다. 교회 역사 가운데 가장 순수한 시대에조차도 어느 정도의 타락과 부패는 있는 법이다. 하나님의 교회가 '영광스러운 교회' 즉 '승리의 교회'가 될 때까지는, 티나 주름 잡힌 것이 어느 정도는 있을 것이다(엡 5:27). 본 장의 내용은 다음과 같다. I. 많은 유대인들이 이방 여자들과 결혼했다는 보고가 에스라에게 전달됨(1, 2절). II. 이러한 보고를 받고 에스라가 크게 괴로워함(3, 4절). III. 에스라가 이러한 죄를 하나님 앞에 고백함(5-15절).

[1]이 일 후에 방백들이 내게 나아와 이르되 이스라엘 백성과 제사장들과 레위 사람들이 이 땅 백성들에게서 떠나지 아니하고 가나안 사람들과 헷 사람들과 브리스 사람들과 여부스 사람들과 암몬 사람들과 모압 사람들과 애굽 사람들과 아모리 사람들의 가증한 일을 행하여 [2]그들의 딸을 맞이하여 아내와 며느리로 삼아 거룩한 자손이 그 지방 사람들과 서로 섞이게 하는데 방백들과 고관들이 이 죄에 더욱 으뜸이 되었다 하는지라 [3]내가 이 일을 듣고 속옷과 겉옷을 찢고 머리털과 수염을 뜯으며 기가 막혀 앉으니 [4]이에 이스라엘의 하나님의 말씀으로 말미암아 떠는 자가 사로잡혔던 이 사람들의 죄 때문에 다 내게로 모여오더라 내가 저녁 제사 드릴 때

까지 기가 막혀 앉았더니

바나바가 그랬던 것처럼, 에스라는 예루살렘에 도착하여 하나님이 그곳에서 형제들에게 은혜 베푸신 것을 보면서 크게 기뻐하며 모든 사람에게 굳건한 마음으로 주와 함께 머물러 있으라고 강력하게 권면했을 것이다(행 11:23). 그는 잘못된 것들은 아무것도 보지 못했다(대부분의 타락은 대체로 눈에 잘 띄지 않는 법이다). 그러나 드디어 그의 기쁨에 찬물을 끼얹는 일이 일어났다. 많은 백성들이(특별히 지도자들 가운데 그런 사람들이 더 많았다) 이방 여자들을 아내로 맞아들여 이방인들과 인척관계가 되었다는 보고가 전달된 것이다. 다음을 관찰하라.

I. 그들이 범한 죄는 무엇이었나. 그것은 그 땅의 백성들과 혼합된 것이었다(2절). 그들은 가나안 백성들과 더불어 교역과 교제를 하며 친밀하게 지냈을 뿐만 아니라 그들의 딸들을 취하여 자기 아들들과 혼인하게 함으로써 그들과 인척관계를 맺었다. 우리는 그들이 가나안 백성들의 신들을 섬기지 않았으며, 포로의 쓰라린 경험을 통해 우상 숭배의 악습을 고쳤을 것이라고 희망적으로 생각할 수 있다. 여기에서 이스라엘 백성들이 그들의 가증한 일을 행했다고 언급되는 것은 사실이다(1절). 그러나 패트릭 주교가 말하는 것처럼, 여기에서 그것은 단지 이방인들처럼 아무 나라 사람들하고나 함부로 혼인하는 것을 의미하는 것일 뿐이었다. 이렇게 함으로써,

1. 그들은 이방인들과 혼합되지 말 것을 명하는 하나님의 단호한 명령을 불순종했다(신 7:3, 또 그들과 혼인하지도 말지니 네 딸을 그들의 아들에게 주지 말 것이요 그들의 딸도 네 며느리로 삼지 말 것은).

2. 그들은 자신들의 독특성의 면류관을 더럽히고 스스로를 이방인들과 같은 수준으로 떨어뜨렸다.

3. 그들은 자신들을 보호하시고 인도하시는 하나님의 권능을 불신하고 자신들의 힘과 유익을 위해 이방인들과 연합하는 육신적인 방법을 사용했다. 우리가 스스로를 돕기 위해 유치한 편법을 사용할 때, 그 기저(基底)에 하나님의 충족성에 대한 실제적인 불신앙이 깔려 있다.

4. 그들은 그들과 그들의 자손들을 또다시 우상 숭배의 위험 속에 노출시키고 말았다. 그것은 그들의 교회와 나라를 파멸로 이끌었던 바로 그 죄가 아닌

가!

Ⅱ. 이러한 죄를 범한 자들은 누구였나. 이러한 죄를 범한 자는 하나님의 율법을 잘 알지 못하는 일부 몰지각한 백성들만이 아니었다. 제사장들과 레위 사람들도 그와 같은 죄를 범했다. 그들은 백성들에게 율법을 가르치는 직분을 맡은 자들이었다. 그런 자들이 그와 같은 율법을 불순종한 것은 더 큰 죄가 아닐 수 없었다. 다른 지파와 결혼하는 것도 자기 지파의 수를 줄게 만드는 것이므로 특별한 경우를 제외하고는 거의 행해지지 않았다. 하물며 가나안 사람들이나 헷 사람들이나 여타 이방인들과 혼인하는 것은 그들에게 있어 스스로를 욕되게 하는 일이었다. 그들에게 이스라엘 백성으로서의 최소한의 자긍심만 있었더라도 이와 같은 죄는 결코 범하지 않았을 것이다. 그러나 그것이 전부가 아니었다. 누구보다도 앞장서서 이러한 악행을 막아야 할 방백들과 고관들이 이 죄에 더욱 으뜸이 되었다(2절). 만일 방백들이 어떤 죄를 범하면, 그는 가장 으뜸이 되는 범죄자로 처벌을 받게 될 것이다. 왜냐하면 많은 사람들이 그들의 본을 따를 것이기 때문이다. 많은 사람들이 그들의 악한 길을 따른지라. 이와 같이 타락한 지도자들을 갖고 있는 백성은 얼마나 불쌍한가!

Ⅲ. 이러한 보고를 전달한 자들은 누구였나. 그 일은 가장 적합한 사람들에 의해 보고되었다. 그들은 자신들의 순전함과 위엄을 지키고 있던 방백들이었다. 만일 그들이 이러한 죄책으로부터 자유롭지 못했다면, 그들은 이러한 보고를 결코 할 수 없었을 것이다. 또 그 일은 그 문제를 바로잡을 수 있는 능력을 가진 자에게 보고되었다. 에스라는 하나님의 율법에 능숙한 서기관으로서 그들과 더불어 쟁론할 수 있었으며, 또한 왕의 전권을 위임받은 자로서 그들에게 실제적인 힘을 행사할 수 있었다. 아마도 이들 방백들은 수 차례 이러한 악행을 바로잡고자 노력했을 것이다. 그러다가 이제 에스라의 지혜와 권세와 영향력으로 인해 문제를 바로잡을 수 있을 것으로 기대하면서 그에게 나아왔을 것이다. 스스로의 힘으로는 대중적인 폐해를 바로잡을 수 없는 자들이라도 그 일을 할 수 있는 사람에게 보고함으로써 그러한 일을 할 수 있다.

Ⅳ. 이러한 보고에 대한 에스라의 반응은 어떠했나. 그는 옷을 찢고 머리털과 수염을 뜯으며 기가 막혀 앉아 있었다(3절).

　1. 에스라에게 있어 그것은 하나님께 대한 큰 모독이었다. 하나님의 이름으로 일컫는 백성들이 이와 같이 하나님의 율법을 전면적으로 위반하고 하나님

의 은총에 대해 이토록 배은망덕한 보답을 하는 것은 그에게 있어 너무도 슬프고 괴로운 일이었다.

2. 에스라에게 있어 그것은 백성들이 스스로 재앙을 자초하는 일이었다. 그가 보기에 그들은 지금 하나님의 진노가 격발될 위험 아래 놓여 있었다. 여기에서 다음의 사실들을 관찰하라.

(1) 우리는 다른 사람들의 죄에 대해서도 슬퍼해야 한다는 사실. 또 사람들에 의해 하나님의 영광이 침해당할 때에도 우리는 마땅히 슬퍼해야 한다.

(2) 죄로 인한 슬픔은 마땅히 큰 슬픔이어야 한다는 사실. 에스라도 이와 같이 독자나 장자를 잃은 것처럼 크게 슬퍼했다.

(3) 이런 악행을 들을 때 우리는 놀랄 수밖에 없다는 사실. 사람들이 스스로에 대해 모순된 행동을 하며 스스로에게 수치를 가하며 파멸에 이르는 것을 볼 때, 우리가 어떻게 놀라지 않을 수 있겠는가? 사람들이 스스로 이토록 모순되고 분별 없이 행동하는 것은 참으로 놀랄 일이다. 정직한 자들은 이런 것을 보면서 놀라지 않을 수 없다.

V. 에스라의 슬픔이 다른 사람들에게 어떤 영향을 끼쳤나. 우리는 그가 여호와의 전에 올라가 스스로를 겸비케 했을 것이라고 추측할 수 있다. 그것은 그곳이야말로 하나님의 진노를 거두어 달라고 간구하기에 가장 적합한 곳이었기 때문이다. 그러자 많은 사람들이 그 사실을 알게 되었고, 가까이 있던 모든 경건한 자들이 그에게로 모여들었다. 그들에게 모이라는 지시가 내려지지 않은 것으로 미루어 그들은 자발적으로 모인 것으로 보인다(4절). 여기에서 다음의 사실들을 관찰하라.

1. 하나님의 말씀으로 말미암아 떠는 것은 선한 자들의 특성이라는 사실. 그들은 하나님의 훈계의 권위와 경고의 준엄함 앞에 두려워 떤다. 그리고 하나님은 그런 사람들을 돌보실 것이다(사 66:2, 무릇 마음이 가난하고 심령에 통회하며 내 말을 듣고 떠는 자 그 사람은 내가 돌보려니와).

2. 하나님의 말씀으로 말미암아 떠는 자들은 사람들의 죄로 인해 떨지 않을 수 없다는 사실. 왜냐하면 사람들의 죄로 인해 하나님의 율법이 깨어지고 그와 함께 하나님의 진노와 저주가 초래되기 때문이다.

3. 의인 한 사람의 경건한 열정으로 인해 많은 사람들이 자극을 받고 각성하게 될 것이라는 사실. 바울 사도도 다른 경우에서 이와 비슷한 말을 했다(고

후 9:2, 과연 너희의 열심이 퍽 많은 사람들을 분발하게 하였느니라). 스스로 선한 일을 주도할 용기와 재능과 열정은 가지고 있지 못하지만 그러나 다른 사람이 이끌 때 기꺼이 따라갈 수 있는 사람은 많이 있는 법이다.

4. 모든 선한 백성은 하나님의 편에 서서 악을 대적하는 자들을 따라야 한다는 사실. 우리는 그러한 자들의 편에 서서 그들의 손을 강하게 하기 위해 우리가 할 수 있는 모든 일을 해야 한다.

5저녁 제사를 드릴 때에 내가 근심 중에 일어나서 속옷과 겉옷을 찢은 채 무릎을 꿇고 나의 하나님 여호와를 향하여 손을 들고 6말하기를 나의 하나님이여 내가 부끄럽고 낯이 뜨거워서 감히 나의 하나님을 향하여 얼굴을 들지 못하오니 이는 우리 죄악이 많아 정수리에 넘치고 우리 허물이 커서 하늘에 미침이니이다 7우리 조상들의 때로부터 오늘까지 우리의 죄가 심하매 우리의 죄악으로 말미암아 우리와 우리 왕들과 우리 제사장들을 여러 나라 왕들의 손에 넘기사 칼에 죽으며 사로잡히며 노략을 당하며 얼굴을 부끄럽게 하심이 오늘날과 같으니이다 8이제 우리 하나님 여호와께서 우리에게 잠시 동안 은혜를 베푸사 얼마를 남겨 두어 피하게 하신 우리를 그 거룩한 처소에 박힌 못과 같게 하시고 우리 하나님이 우리 눈을 밝히사 우리가 종노릇 하는 중에서 조금 소생하게 하셨나이다 9우리가 비록 노예가 되었사오나 우리 하나님이 우리를 그 종살이하는 중에 버려 두지 아니하시고 바사 왕들 앞에서 우리가 불쌍히 여김을 입고 소생하여 우리 하나님의 성전을 세우게 하시며 그 무너진 것을 수리하게 하시며 유다와 예루살렘에서 우리에게 울타리를 주셨나이다 10우리 하나님이여 이렇게 하신 후에도 우리가 주의 계명을 저버렸사오니 이제 무슨 말씀을 하오리이까 11전에 주께서 주의 종 선지자들에게 명령하여 이르시되 너희가 가서 얻으려 하는 땅은 더러운 땅이니 이는 이방 백성들이 더럽고 가증한 일을 행하여 이 끝에서 저 끝까지 그 더러움으로 채웠음이라 12그런즉 너희 여자들을 그들의 아들들에게 주지 말고 그들의 딸들을 너희 아들들을 위하여 데려오지 말며 그들을 위하여 평화와 행복을 영원히 구하지 말라 그리하면 너희가 왕성하여 그 땅의 아름다운 것을 먹으며 그 땅을 자손에게 물려 주어 영원한 유산으로 물려 주게 되리라 하셨나이다 13우리의 악한 행실과 큰 죄로 말미암아 이 모든 일을 당하였사오나 우리 하나님이 우리 죄악보다 형벌을 가볍게 하시고 이만큼 백성을 남겨 주셨사오니 14우리가 어찌 다시 주의 계명을 거역하고 이 가증한 백성들과 통혼하오리이까 그리하면 주께서 어찌 우리를 멸하시고 남아 피할 자가 없도록 진노하시지 아니하시리이까 ¹⁵이스라엘의 하나님 여호와여 주는 의로우시니 우리가 남아 피한 것이 오늘날과 같사옵거늘 도리어 주께 범죄하였사오니 이로 말미암아 주 앞에 한 사람도 감히 서지 못하겠나이다 하니라

에스라가 기가 막혀 앉아 있는 동안 무슨 생각을 했을지에 대해 우리는 그가 입을 열었을 때 나온 말로부터 어느 정도 추측할 수 있다. 이와 같은 상황에서 그는 하늘을 향해 매우 애처롭게 토로한다. 다음을 관찰하라.

I. **그가 이와 같은 기도를 드린 시간.** 그 때는 저녁 제사 드릴 때였다(5절). 이 시간은 경건한 백성들이 성전 뜰에 와서 제사를 드리면서 그와 함께 하나님께 기도를 드리곤 하던 시간이었다. 에스라가 이 시간을 택한 것은 거기에 있는 사람들로 하여금 백성들의 죄를 깨닫도록 하기 위함이었다. 그들은 지금까지 그러한 죄를 잘 알지 못하고 있었거나 아니면 크게 개의치 않고 있었을 것이다. 이와 같이 기도가 설교가 될 수 있다. 그리고 제사 특별히 저녁 제사는 우리의 위대한 대속제물이신 하나님의 어린 양의 모형이었다. 왜냐하면 그는 죄를 도말하기 위해 세상의 저녁(밤)에 자신을 제물로 드렸기 때문이었다. 우리는 에스라가 믿음의 눈으로 이것을 바라보며 하나님 앞에 참회의 기도를 올렸을 것이라고 추측할 수 있다. 이를테면 그는 그 위대한 희생제물을 바라보며 기도한 것이었다. 그리고 필경 에스라는 얼마 전 가브리엘 천사가 저녁 제사 때에 다니엘에게 전해준 메시야와 관련한 메시지를 알고 있었을 것이다(단 9:21, 24). 어쩌면 그가 이 시간을 택한 것은 그것 때문이었는지도 모른다.

II. **이러한 기도를 드리기 위한 준비.**

1. 그는 근심 중에 일어나 모든 슬픔의 짐을 떨어버렸다. 그렇게 하는 것은 하나님께 자신의 마음을 올려드림에 있어 꼭 필요한 일이었다. 그는 기가 막힌 상태에서 돌이켜 마음의 모든 동요를 잠잠케 한 후 하나님과 교제를 나눌 준비를 갖췄다.

2. 그는 무릎을 꿇었다. 그것은 참회자로서 긍휼을 구하는 겸비한 태도이면서 동시에 스스로를 백성들을 위한 중보자로 나타내는 것이었다.

3. 그는 손을 들었다. 이렇게 함으로써 에스라는 하나님께 드리는 기도의 간절성을 나타내면서 동시에 긍휼의 응답을 받기를 간절히 소원하는 마음을 나

타냈다. 여기에서 그는 하나님을 여호와로서, 자신의 하나님으로서, 그리고 권능과 은혜의 하나님으로서 바라보았다.

Ⅲ. 그가 고한 언사(言辭)의 내용. 이것은 기도로 일컬어지기에 적합하지 않아 보인다. 왜냐하면 여기에 무엇을 구하는 내용은 전혀 나오지 않기 때문이다. 그렇지만 넓은 의미로 말할 때 기도는 우리의 신앙적이며 경건한 감정을 하나님께 올려드리는 것이다. 그리고 지금 에스라가 나타내고 있는 감정은 매우 신앙적이며 경건한 것이었다. 그는 지금 자신의 죄가 아니라 백성들의 죄를 고백하고 있는데, 그것은 하나님의 영광과 이스라엘의 선을 위한 진지한 열망으로부터 나온 것이었다. 우리는 여기에서 참된 회개에 대한 생생한 그림을 보게 된다. 다음을 주목하라.

1. 죄에 대한 고백. 에스라는 스스로를 겸비케 하면서 지금 백성들 가운데 만연한 죄가 얼마나 크고 악한 것인지를 고백한다. 그 자신은 이러한 죄로부터 완전히 깨끗했다. 그럼에도 불구하고 그는 스스로를 범죄자 가운데 한 사람으로 간주했는데(6절, 우리 죄악이 많고 우리 허물이 커서), 그것은 그가 공동체의 한 지체였기 때문이었다. 어쩌면 그는 지금 예전에 형제들이 바벨론을 떠날 때 함께 동참하지 않고 오랫동안 그 곳에 그냥 머물러 있었던 것을 자신의 잘못으로 회상하고 있는지도 모른다. 다른 사람들이 행한 범죄로 인해 애통해하는 가운데 그것을 계기로 우리 자신을 돌아볼 때, 설령 비슷한 수준은 아니라 할지라도 우리 역시도 어떤 잘못을 범한 것이 있음을 발견하게 될 수도 있다. 어쨌든 에스라는 자신을 포함한 모든 공동체가 하나님 앞에 범죄했노라고 고백한다.

(1) 에스라는 자신들의 죄가 너무나 크다는 사실을 시인한다. "우리 죄악이 많아 정수리에 넘치나이다(6절). 마치 깊은 물처럼 우리가 그 안에서 멸망을 당하려 하나이다." 그 죄는 많은 사람들에 의해 행해진 편만한 죄였으며, 그 결과는 너무도 파괴적이며 두려운 것이었다. "또 우리의 허물은 너무나 커서 하늘까지 닿았으며, 마치 소돔의 죄처럼 너무도 파렴치하며 하나님을 격노케 할 만한 것이나이다. 그것이 하늘에 보응을 부르짖나이다." 그러나 설령 그들의 죄가 하늘까지 이른다 할지라도 하나님의 인자하심이 하늘에 있다는 사실이 그들에게 큰 위로가 될 것이다(시 36:5). 죄가 많은 곳에 은혜가 더욱 넘치리라.

(2) 그들의 죄는 오랫동안 계속되었다(7절): 우리 조상들의 때로부터 오늘까지

우리의 죄가 심하매. 에스라는 조상들의 악한 모범이 자신들의 허물을 가려주는 변명거리가 되는 것이 아니라 도리어 자신들의 허물을 더욱 가중시키는 것이라고 생각했다. "우리는 조상들의 허물을 통해 경고를 받고 똑같은 돌에 걸려 넘어지지 말았어야 했나이다. 타락의 정도는 점점 더 심해지고 그 뿌리는 점점 더 깊어졌나이다. 이제 우리는 죄의 분량이 거의 채워지지 않았는지 우려하지 않을 수 없나이다."

(3) 그들은 죄에 대한 하나님의 준엄한 심판으로 큰 고통을 겪었다. "우리의 죄악으로 말미암아 우리가 칼에 넘겨지며 포로로 끌려가게 되었나이다(7절). 그럼에도 불구하고 새로워지지도 않고 고쳐지지도 않았나이다. 우리가 절구에 넣고 공이로 찧음을 받았을지라도 우리의 미련은 벗겨지지 않았나이다(잠 27:22)."

(4) 하나님이 최근에 그들에게 베푸신 은혜가 그들의 죄를 더욱 가중시켰다. 에스라는 특별히 이것을 크게 강조한다(8, 9절). 다음을 관찰하라.

[1] 은혜를 입은 기간. 그것은 잠시 동안이었다. 다시 말해서 지금은 자유를 얻고 난 후 얼마 안 된 때였다. 이러한 사실을 감안할 때 그들의 죄는 더욱 가중될 수밖에 없었다. 왜냐하면 그들은 얼마 전까지만 해도 풀무불 속에 있었으며 언제 또다시 그런 상태로 되돌아갈는지 알 수 없었기 때문이었다. 그런데 어떻게 그들이 방심할 수 있었단 말인가?

[2] 은혜의 근원. 여호와께서 우리에게 은혜를 베푸사. 바사 왕들은 단지 도구에 불과했다. 에스라는 이 모든 것을 아무 공로 없음에도 불구하고 베푸신 하나님의 값없이 주신 은혜로 돌린다.

[3] 하나님이 그들에게 연속적으로 은혜를 베푸심. 그들은 종의 굴레 속에서 버려짐을 당하지 않았을 뿐만 아니라 심지어 바벨론에서조차 하나님의 함께 하심의 증표를 받았다. 그들은 이스라엘의 남은 자들이었으며, 많은 무리 가운데 소수였으며, 원수들의 손에서 겨우 빠져나온 자들이었다. 그리고 특별히 하나님은 그들을 거룩한 처소에 박힌 못 같게 하셨다. 다시 말해서 하나님은 그들에게 하나님의 성전을 건축할 수 있도록 인도하셨다(9절). 그들은 자신들의 종교를 굳건하게 세웠으며 정해진 규례대로 성전예배를 드릴 수 있게 되었다. 하나님을 예배할 수 있게 되었을 때, 우리는 그것을 큰 위로와 축복으로 여겨야 한다. 성전을 떠나지 않았던 안나처럼, 하나님의 전에 거하는 자는 복이 있도다. 은혜 가운데 거하는 백성은 성전을 바라보며 이렇게 말한다: 이 곳은 나의 영원

한 안식처라.

[4] 이 모든 것의 결과. 하나님이 그들에게 베푸신 은혜는 그들의 눈을 밝게 했으며 그들의 마음을 소생시켰다. 다시 말해서 그것은 그들에게 너무도 큰 위로였다. 더욱 그러했던 것은 특별히 그것이 멍에 가운데 빠져 있을 때 베풀어졌기 때문이었다. 그것은 그들에게 죽었다가 다시 살아나는 것과 같은 것이었다. 비록 조금 소생하는 것이었다 할지라도(8절) 그들이 그러한 은혜를 입을 아무 자격도 없었음과 이것이 더 큰 일의 보증이었음을 생각할 때, 그것은 너무도 큰 은총이었다. 에스라는 말한다. "우리에게 이토록 큰 은총을 베풀어 주신 하나님께 또다시 범죄하는 것은 얼마나 배은망덕한 일인가! 우리가 이제 막 특별한 은총으로 이방나라들로부터 건짐을 받았는데 또다시 죄 가운데 그들과 혼합되는 것은 얼마나 악한 일인가! 이제는 선한 행실로 그러한 은총을 지속시켜야 할 마당에 또다시 하나님의 진노를 자초하는 것은 얼마나 어리석은 일인가!"

(5) 그것이 하나님의 분명한 명령을 거스르는 것이라는 사실이 그들의 죄를 더욱 가중시켰다: 우리가 주의 계명을 저버렸사오니(10절). 할례받지 않은 자들과 혼인하지 않는 것은 야곱의 집의 오랜 율법이었다(창 34:14). 그러나 그것 외에도 하나님은 그것을 엄히 금하셨다. 에스라는 그러한 명령을 여기에서 다시 술회한다(11, 12절). 죄는 그것을 금하는 율법과 비교할 때 그 죄됨이 더욱 분명하게 드러나는 법이다. 어떻게 이보다 더 분명할 수 있겠는가: 너희 여자들을 그들의 아들들에게 주지 말고 그들의 딸들을 너희 아들들을 위하여 데려오지 말라. 이어 그 이유가 나타나는데, 만일 이방나라들과 혼합되면 그들 자신이 더러워질 것이었기 때문이다. 이방은 부정한 땅이요 그들은 거룩한 백성이었다. 반면 그들이 스스로를 이방나라들과 구별시키면, 그것이 그들의 존귀와 안전이 될 것이며 그들의 형통을 영속화시킬 것이었다. 이와 같이 그 명령은 그들에게 있어 가장 근본적인 것이며 또 분명한 이유를 갖고 있는 명령이었다. 그럼에도 불구하고 그러한 분명한 명령을 위반할 때, 그것이 어떻게 하나님을 격노케 하는 것이 되지 않을 수 있었겠는가?

(6) 하나님은 그들이 범한 죄악보다 형벌을 가볍게 하셨다(13절). 따라서 에스라는 여전히 자신들이 빚진 상태에 있다고 여겼다. "우리가 또 다시 빚을 더한단 말인가? 하나님이 그토록 우리를 온유하게 다루셨거늘 우리가 이와 같이

그분의 은총을 배반하고 그분의 은혜를 쓸모없는 것으로 만들 것이란 말인가?" 하나님은 시온의 포로와 관련하여 이렇게 말씀하셨다: 그의 모든 죄로 말미암아 여호와의 손에서 벌을 배나 받았느니라(사 40:2). 그러나 에스라는 회개하는 마음으로 비록 형벌이 컸을지라도 그것은 자신들이 마땅히 받았어야 할 분량보다 훨씬 적었다고 고백했다.

2. 죄를 고백함에 있어서의 그의 감정.

(1) 죄에 대해 말하면서 에스라는 크게 부끄러워한다. 나의 하나님이여 내가 부끄럽고 낯이 뜨거워서 감히 나의 하나님을 향하여 얼굴을 들지 못하오니(6절). 다음을 관찰하라.

[1] 죄는 부끄러운 것이다. 우리의 첫 조상들이 금지된 열매를 먹었을 때 그들은 스스로 부끄러워했다.

[2] 거룩한 슬픔처럼, 거룩한 부끄러움 역시 참되며 정직한 회개에 있어 꼭 필요한 요소이다.

[3] 우리는 다른 사람들의 죄를 우리의 부끄러움으로 여기며, 스스로 부끄러워할 줄 모르는 자들을 위해 부끄러워해야 한다. 우리는 우리와 관련을 맺고 있는 자들이 하나님께 감사할 줄 모르며 스스로 어리석음 가운데 있을 때 마땅히 부끄러워해야 한다. 이렇게 함으로써 우리는 스스로를 깨끗하게 하는 것이다(고후 7:11).

[4] 회개하는 죄인들이 하나님을 향해 얼굴을 들 때 부끄러워하며 낯이 뜨거워지는 것은 너무도 당연한 일이다. 우리가 어떤 악을 행하면 이로 인해 우리 자신의 자긍심이 손상을 입게 되는데, 이런 상태에서 사람의 얼굴을 대할 때 우리는 부끄러움을 느끼게 된다. 하물며 이런 상태에서 하나님의 얼굴을 대하면 얼마나 더 부끄럽게 되겠는가? 세리는 기도하기 위해 성전에 갔을 때 훨씬 더 부끄러워하며 고개를 들지 못했다(눅 18:13).

[5] 하나님을 우리 하나님으로 바라보는 것은 우리의 회개를 더욱 효과적으로 만든다. 에스라는 계속해서 하나님을 '나의 하나님'으로 부른다. 우리가 하나님과 언약관계에 있음을 기억할 때, 우리는 더욱 겸비하며 죄에 대해 더욱 애통해하게 될 것이다. 왜냐하면 죄는 그분의 계명뿐만 아니라 언약까지도 깨뜨리는 것이기 때문이다. 또 우리가 하나님과 언약관계에 있음을 기억할 때, 우리는 회개하면 용서받을 것이라는 소망을 갖게 될 것이다. "이 모든 죄에도

불구하고 여기에 나의 하나님이 계시도다." 하나님의 언약 안에 있는 백성들은 모든 죄에도 불구하고 언약 밖으로 쫓겨나지 않는다.

(2) 죄에 대해 말하면서 에스라는 어찌할 바를 알지 못한다(10절): 이제 우리가 무슨 말씀을 하오리이까. "나는 무슨 말을 해야 할지 알지 못하나이다. 만일 하나님이 우리를 돕지 아니하시면 우리는 멸망을 당할 것이나이다." 자신의 죄책을 발견할 때 우리는 어찌할 바를 알지 못하게 될 것이다. 우리가 죄에 대해 더 많이 생각하면 할수록 우리는 그것이 얼마나 악한 것인가 하는 것을 더 깊이 깨닫게 될 것이다. 뿐만 아니라 지금 처한 상황이 너무나 어려운 때였기 때문에 에스라는 더욱 어찌할 바를 알지 못했다. 우리가 어떻게 우리 스스로를 회복시킬 것인가? 우리는 어떻게 하나님과 화목해야 하는가?

[1] 참된 회개자는 무슨 말을 해야 할지 알지 못한다. "우리가 죄를 범하지 않았노라"거나 혹은 "하나님이 회개를 요구하지 않을 것이라"고 말할 것인가? 만일 그렇게 말한다면, 우리는 스스로 속이며 진리가 우리 안에 있지 않은 것이 될 것이다. 그렇지 않으면 "우리에게 참으소서 우리가 우리 죄를 위하여 천천의 수양과 만 아들로 갚겠나이다"라고 말할 것인가? 하나님은 이와 같이 경홀히 여김을 받지 않으실 것이다. 왜냐하면 우리는 아무것도 갚을 능력이 없기 때문이다. 그러면 "어쩔 수 없으니 될 대로 되라"고 말할 것인가? 이것은 우리를 더 큰 악으로 이끌 뿐이다.

[2] 참된 회개자는 무슨 말을 해야 할지 숙고하며 하나님께 가르쳐 달라고 간구할 것이다. 우리는 어떻게 말해야 하는가? 다음과 같이 말하라. "내가 범죄하였나이다. 내가 어리석었나이다. 하나님이여 죄인에게 긍휼을 베푸소서." 호세아 14장 2절을 보라(너는 말씀을 가지고 여호와께로 돌아와서 아뢰기를 모든 불의를 제거하시고 선한 바를 받으소서 우리가 수송아지를 대신하여 입술의 열매를 주께 드리리이다).

(3) 죄에 대해 말하면서 에스라는 크게 두려워한다(13, 14절). "하나님이 우리를 돌이키기 위해 보내신 모든 심판들과 우리를 위해 행하신 모든 구원 후에 만일 우리가 또다시 하나님의 계명을 어기고 불순종의 자녀들과 통혼하며 그들의 악한 길을 따른다면, 우리가 하나님의 진노 외에 달리 무엇을 기대할 수 있겠나이까? 그러면 우리가 멸망을 당하고 남아 피할 자가 없게 되지 않겠나이까?" 어떤 백성이 멸망에 떨어지는 징조에 있어 큰 심판과 큰 구원을 받고 난 후 똑같

은 죄에 다시 빠지는 것보다 더 확실한 것이 어디에 있겠는가? 그들은 마치 풀무불에 살라진 납처럼 아무 쓸데 없어 버려지기에 합당하게 될 것이다(렘 6:29, 풀무불이 맹렬히 불면 그 불에 납이 살라져서 단련하는 자의 일이 헛되게 되느니라).

(4) 죄에 대해 말하면서 에스라는 하나님의 의를 직시한다. 그러면서 그는 하나님의 의를 받아들이면서 모든 일을 진리대로 판단하시는 하나님께 맡기기로 결심한다(15절). "주는 의로우시며 지혜로우시며 공정하시며 선하시나이다. 주는 우리에게 악을 행하지도 않으실 뿐만 아니라 지나치게 가혹하지도 않으실 것이나이다. 그러므로 보소서 우리가 주 앞에 있사오며 주의 발 아래 엎드려 주의 심판을 기다리나이다. 우리는 우리의 의를 주장하며 주 앞에 설 수 없사오며, 아무 변명도 할 수 없나이다. 그러므로 우리가 죄 가운데 주 앞에 엎드리며 주의 긍휼 위에 우리 스스로를 던지나이다. 주께서 보시기에 선하신 대로 우리에게 행하소서(삿 10:15)." 우리가 하나님 앞에서 무엇을 말하며 행할 것이 있겠는가? 다만 심판하실 자 앞에 겸손히 간구할 뿐이다(욥 9:15, 가령 내가 의로울지라도 대답하지 못하겠고 나를 심판하실 그에게 간구할 뿐이며). 이와 같이 에스라는 자신의 슬픔을 하나님 앞에 내려놓고 모든 것을 그분께 맡겼다.

제 10 장

개요

    본 장에서 우리는 앞 장에서 에스라가 애통하며 부르짖었던 문제가 해결되는 것을 보게 된다. 다음을 주목하라. I. 어떻게 백성들이 그 죄를 버릴 마음을 갖게 되었는지(1절). II. 그와 관련하여 스가냐가 에스라에게 어떤 제안을 했는지(2-4절). III. 그 제안이 어떻게 실행되었는지. 1. 지도자들이 맹세함(5절). 2. 에스라가 금식함(6절). 3. 에스라가 모든 백성들을 소집함(7-9절). 4. 에스라의 간곡한 권고에 따라 모든 회중이 잘못된 것을 고치기로 동의함(10-14절). 5. 누가 이방 여인과 결혼했는지를 조사하기 위해 몇몇 족장들이 선임됨(15-17절). 6. 이방 여인과 결혼한 자들의 명단(18-44절).

¹에스라가 하나님의 성전 앞에 엎드려 울며 기도하여 죄를 자복할 때에 많은 백성이 크게 통곡하매 이스라엘 중에서 백성의 남녀와 어린 아이의 큰 무리가 그 앞에 모인지라 ²엘람 자손 중 여히엘의 아들 스가냐가 에스라에게 이르되 우리가 우리 하나님께 범죄하여 이 땅 이방 여자를 맞이하여 아내로 삼았으나 이스라엘에게 아직도 소망이 있나니 ³곧 내 주의 교훈을 따르며 우리 하나님의 명령을 떨며 준행하는 자의 가르침을 따라 이 모든 아내와 그들의 소생을 다 내보내기로 우리 하나님과 언약을 세우고 율법대로 행할 것이라 ⁴이는 당신이 주장할 일이니 일어나소서 우리가 도우리니 힘써 행하소서 하니라 ⁵이에 에스라가 일어나 제사장들과 레위 사람들과 온 이스라엘에게 이 말대로 행하기를 맹세하게 하매 무리가 맹세하는지라

    우리는 여기에서 다음과 같은 이야기를 듣게 된다.

    I. 에스라가 스스로 겸비하여 죄를 고백한 것이 백성들에게 어떤 영향을 미쳤나. 새 총독이 자신들의 죄로 인해 큰 슬픔에 빠져 있다는 소문을 듣자 큰 무리가 그 앞에 모였다(1절). 자신들의 죄를 잘 깨닫지도 못하고 뉘우치지도 않던 자들이 어떤 사람이 자신들의 죄 때문에 우는 것을 보면서 스스로 죄를 깨닫고 같이 우는 것은 종종 있는 일이다. 위대한 지도자의 선한 모범이 일반 백

성들에게 얼마나 큰 영향을 끼치는지 보라. 서기관이며 학자이며 왕으로부터 권세를 위임받은 자인 에스라가 공적 타락으로 인해 깊이 애통해할 때, 그들은 자신들이 정말로 큰 잘못을 행한 것이 틀림없다고 결론지었다. 왜냐하면 만일 그렇지 않다면 그가 자신들 때문에 이토록 큰 슬픔에 빠지지는 않았을 것이기 때문이었다. 그리고 그로 인해 모든 사람이 함께 울었다. 이스라엘 중에서 백성의 남녀와 어린 아이의 큰 무리가 크게 통곡하매.

II. 이러한 상황에서 스가냐가 어떤 제안을 했나. 그 곳은 보김(Bochim) 즉 우는 자들의 장소였다. 그렇지만 스가냐가 일어나 말할 때까지(그는 에스라와 함께 바벨론에서 돌아온 무리 중 한 사람이었다, 8:3-5), 아마도 그 곳에 깊은 침묵이 흘렀던 것으로 보인다(마치 욥의 고통이 너무나 크므로 아무 말도 하지 못하고 가만히 앉아 있기만 했던 그의 친구들처럼).

1. 스가냐는 국가적인 죄를 인정한다. 그리고 에스라가 하나님 앞에 통회한 모든 것을 다음과 같은 한 문장으로 요약하면서 그것이 사실임을 확인한다(2절): 우리가 우리 하나님께 범죄하여 이 땅 이방 여자를 맞이하여 아내로 삼았나이다. 그는 이 일이 너무나 명명백백하여 부인할 수 없으며, 너무도 악한 일이어서 차마 변명조차 할 수 없음을 솔직하게 인정한다. 스가냐 자신도 이와 같은 죄에 동참한 것으로는 보이지 않는다(만일 그가 자기 눈에 들보를 가지고 있었다면 형제들의 죄를 그토록 분명하게 볼 수는 없었을 것이다). 그러나 26절에 나타나는 바와 같이 그의 아버지를 포함하여 그의 가문 가운데 몇몇 사람들도 범죄하였으므로 그는 스스로를 범죄자 가운데 한 사람으로 여겼다. 뿐만 아니라 그는 몇몇 가까운 친척들이 범죄하였음에도 불구하고 그 죄를 변명하거나 회피하려고 하지도 않았다. 그렇게 하는 대신 그는 마치 레위처럼 하나님의 편에 서서 자기 아버지에 대해 "내가 그를 알지 못하노라"라고 말한다(신 33:9). 어쩌면 그의 아버지가 결혼한 이방 여인은 그에게 매우 고약하고 몰인정하며 그의 가정을 크게 분란케 한 계모였는지도 모른다. 그리하여 그는 다른 이방 여인들도 비슷할 것이라고 추측하면서 이와 같은 잘못된 일을 앞장서서 척결하려고 한 것이었는지도 모른다. 만일 그렇다면, 이 일은 개인적인 원한이 신적 섭리로 말미암아 공적 선을 이루는 도구로 선용(善用)되는 한 가지 분명한 실례가 될 것이다.

2. 스가냐는 이 문제가 비록 매우 위중하기는 하지만 그러나 반드시 바로잡

혀질 수 있다고 생각한다. 그러나 이스라엘에게 아직도 소망이 있나니(이스라엘에 소망이 없다면 어디에 소망이 있겠는가? 엡 2:12은 이스라엘 나라 밖에 있는 자들에게는 아무 소망이 없다고 말한다). 지금 상황은 매우 나쁘기는 하지만 그러나 절망적인 것은 아니었다. 이 병은 매우 위중하기는 하지만 그러나 치료할 수 없는 것은 아니었다. 아직까지 백성들의 죄가 척결되고 죄의 오염이 번지는 것을 막을 소망이 있었다. 그러면 죄가 불러오는 심판도 방지할 수 있을 것이요 모든 일은 잘 될 것이다. 그러니 이스라엘에게 아직도 소망이 있었다. 이제 병이 드러났으니 절반은 치료된 것이었다. 이제 백성들은 각성하여 잘못된 일을 인식하면서 애통해하기 시작했으며, 그들에게 회개의 영이 부어지려고 하고 있었다. 이와 같은 그들은 모두 하나님 앞에 스스로를 겸비케 했으며, 따라서 그들에게 하나님이 용서하시고 긍휼을 베푸실 소망이 있었다. 아골(즉 고통) 골짜기는 소망의 문이다(호 2:15, 내가 아골 골짜기로 소망의 문을 삼아 주리니). 왜냐하면 참으로 우리를 괴롭게 만드는 죄는 우리를 멸망시키지 않을 것이기 때문이다. 또 에스라와 같이 열정적이며 경건하며 분별 있는 총독이 있음을 생각할 때, 지금 이스라엘에게는 소망이 있었다. 다음을 관찰하라.

(1) 우울한 시대에 우리는 어두운 측면뿐만 아니라 밝은 측면도 보아야만 한다.

(2) 하나님 앞에 큰 죄책감을 가질 때조차도 은혜로 말미암은 선한 소망이 있을 수 있다.

(3) 높은 위치에 있는 사람이라 할지라도 아랫사람으로부터의 지혜롭고 합당한 권면에 대해서는 감사하는 마음으로 기꺼이 받아들여야 한다. 여기에서 에스라가 스가냐에게 그렇게 했다.

3. 스가냐는 이방인 아내들을 내보내기 위해 신속하고 효과적인 방편을 사용해야 한다고 조언한다. 이 문제는 너무도 명백한 것이었다. 잘못된 일은 가능한 한 원상태로 되돌려져야 한다. 바로 이것이 참된 회개이다. 이 모든 아내와 그들의 소생을 다 내보내기로 우리 하나님과 언약을 세우고 율법대로 행할 것이라. 에스라 역시도 이것만이 잘못된 일을 바로잡는 유일한 방법이라는 사실을 알고 있었을 것이다. 그렇지만 아마도 그는 이 일이 가능하다고는 생각지 않은 것으로 보인다. 그는 백성들을 원상태로 되돌리는 것에 절망하면서 앞 장에 나타난 바대로 깊은 슬픔에 빠져 있었던 것으로 보인다. 그러나 백성들의 제반

형편을 더 잘 알고 있었던 스가냐는 이 문제를 지혜롭게 처리하기만 한다면 이 일이 결코 불가능한 것이 아님을 에스라에게 확신시켜 주었다. 지금 이스라엘 백성들에게 있어 이방인 아내들에게 이혼증서를 줌으로써 이 죄를 제거하는 것 외에는 다른 방법이 없었다(그들이 오른손과 오른쪽 눈처럼 너무나 소중하다 할지라도). 죄 사함과 화평을 회복하기 위해서는 다른 방법이 없었다. 정당하지 못하게 얻은 것은 계속해서 가지고 있을 수 없으며 반드시 되돌려져야 한다. 그러나 믿지 않는 자와 멍에를 함께 하는 것과 관련한 스가냐의 조언이 오늘날에도 똑같이 강요되어서는 안 된다. 그러한 결혼이 잘못된 것임은 분명한 사실이며, 우리는 결코 그렇게 해서는 안 된다. 그러나 그렇다고 해서 그 결혼이 무효인 것은 아니다. 행해지지 말았어야 할 일이 행해졌다면 그것은 그냥 내버려 두어져야 한다. 이에 대한 오늘날의 규칙 즉 복음 아래서의 규칙은 다음과 같은 것이다. 만일 어떤 형제에게 믿지 아니하는 아내가 있어 남편과 함께 살기를 좋아하거든 그를 버리지 말며 어떤 여자에게 믿지 아니하는 남편이 있어 아내와 함께 살기를 좋아하거든 그 남편을 버리지 말라(고전 7:12, 13).

4. 스가냐는 그들에게 좋은 방법을 제시한다. 이렇게 하여 그는 그들에게 이 문제를 바로잡아야 한다는 당위성뿐만 아니라 그 일을 실행하는 방법까지도 제시했다.

(1) "에스라와 여기 모인 모든 회중이 이 일을 행하기로 서로 합의합시다(만장일치로 가결합시다). 우리 하나님의 명령 앞에 떠는 자들이 만장일치로 우리 주의 뜻에 순복하기로 합의함으로써 이것이 여기에 모인 모든 회중의 결정사항이 되게 합시다(9:4). 그리고 이러한 결정사항을 모든 백성에게 선포하도록 합시다."

(2) "모든 백성 앞에 이 문제에 대한 하나님의 명령을 분명하게 제시합시다. 그리고 백성들에게 이것이 율법에 따라 시행되는 것임을 알게 합시다. 우리는 이러한 조치의 근거로서 율법을 가지고 있으며, 율법은 우리에게 그 일을 행하도록 촉구하고 있습니다. 또한 이것은 하나님의 율법에 덧붙여진 부수적인 교훈에 불과한 것이 아니라 율법의 핵심적인 명령 가운데 하나입니다."

(3) "우리가 선한 마음을 갖고 있는 동안 이 일을 행하기로 맹세하며 언약을 세웁시다. 왜냐하면 지금의 뜨거운 마음이 식어지면 이 문제는 호지부지되고 말 것이기 때문입니다. 만일 우리가 이방인 아내를 데려왔다면 그들을 내어보

내고, 만일 데려오지 않았다면 다른 사람들로 하여금 그렇게 하도록 하는 일에 우리가 할 수 있는 일을 행하도록 우리가 언약합시다."

(4) "에스라로 하여금 이 일을 주관하도록 합시다. 그는 왕으로부터 유다와 예루살렘에서 하나님의 율법이 올바로 준행되고 있는지 살피는 일을 위임받은 자이기 때문입니다(7:14). 그리고 우리 모두 그의 편이 되어 그와 함께 하기로 결정합시다. 일어나소서 우리가 도우리니 힘써 행하소서(4절). 지금 우는 것도 좋지만 더 중요한 것은 잘못된 것을 바로잡는 것이나이다." 이와 비슷한 상황에서 하나님이 여호수아에게 하신 말씀을 보라(수 7:10-11, 여호와께서 여호수아에게 이르시되 일어나라 어찌하여 이렇게 엎드렸느냐).

Ⅲ. 스가냐의 제안에 대해 그들은 어떻게 반응했나. 그들은 그렇게 하겠다고 동의했을 뿐만 아니라 그 말에 따라 행하기로 굳게 맹세했다(5절). 선한 결정은 빠르면 빠를수록 좋다.

[6]이에 에스라가 하나님의 성전 앞에서 일어나 엘리아십의 아들 여호하난의 방으로 들어가니라 그가 들어가서 사로잡혔던 자들의 죄를 근심하여 음식도 먹지 아니하며 물도 마시지 아니하더니 [7]유다와 예루살렘에 사로잡혔던 자들의 자손들에게 공포하기를 너희는 예루살렘으로 모이라 [8]누구든지 방백들과 장로들의 훈시를 따라 삼일 내에 오지 아니하면 그의 재산을 적몰하고 사로잡혔던 자의 모임에서 쫓아내리라 하매 [9]유다와 베냐민 모든 사람들이 삼 일 내에 예루살렘에 모이니 때는 아홉째 달 이십일이라 무리가 하나님의 성전 앞 광장에 앉아서 이 일과 큰 비 때문에 떨고 있더니 [10]제사장 에스라가 일어나 그들에게 이르되 너희가 범죄하여 이방 여자를 아내로 삼아 이스라엘의 죄를 더하게 하였으니 [11]이제 너희 조상들의 하나님 앞에서 죄를 자복하고 그의 뜻대로 행하여 그 지방 사람들과 이방 여인을 끊어 버리라 하니 [12]모든 회중이 큰 소리로 대답하여 이르되 당신의 말씀대로 우리가 마땅히 행할 것이니이다 [13]그러나 백성이 많고 또 큰 비가 내리는 때니 능히 밖에 서지 못할 것이요 우리가 이 일로 크게 범죄하였은즉 하루 이틀에 할 일이 아니오니 [14]이제 온 회중을 위하여 우리의 방백들을 세우고 우리 모든 성읍에 이방 여자에게 장가든 자는 다 기한에 각 고을의 장로들과 재판장과 함께 오게 하여 이 일로 인한 우리 하나님의 진노가 우리에게서 떠나게 하소서 하나

우리는 여기에서 이방인 아내들과 관련하여 결정된 일이 곧바로 실행되는 것을 보게 된다. 그들은 시간을 지체하지 않았다. 쇠는 달구어졌을 때 쳐야 하는 법이다. 그러자 개혁의 수레바퀴는 힘차게 돌아가기 시작했다.

1. 에스라는 여호하난의 방으로 들어갔다. 아마도 이 곳은 제사장들이 공적인 일로 모이곤 했던 장소였던 것으로 보인다. 그가 그쪽으로 올 때까지(한글개역개정판에는 '그가 들어가서'로 되어 있음, 6절) 다시 말해서 (패트릭 주교가 생각하는 것처럼) 그가 이 일이 개혁되는 것을 볼 때까지, 그는 음식도 먹지 아니하며 물도 마시지 않는 가운데 계속해서 울며 기도했다. 죄로 인한 슬픔은 그 죄가 제거될 때까지 계속될 것이다.

2. 에스라는 모든 사로잡혔던 자들의 자손들에게 3일 내에 예루살렘에 모이도록 명령을 내렸다(7, 8절). 그는 왕으로부터 형벌을 내리는 권세를 부여받았으므로(7:26) 지금 자신의 명령에 순종하기를 거부하는 자들에게 재산을 적몰하고 공동체에서 쫓아낼 것을 경고함으로써 자신의 명령에 강제력을 부여했다. 이 일에 동참하기를 거부하는 자들의 운명은 그들을 대신하여 그들의 재산이 성전 예배를 위해 충당될 것이며, 그들 자신은 유다 종교의 영광과 특권으로부터 영원히 배제되는 것이었다.

3. 대부분의 사람들이 정한 기간 내에 예루살렘에 모여 여호와의 성전 앞 광장에 앉았다(9절). 이 일에 열심을 품고 있지 않았던 자들이나 스스로 이 일에 연루되어 있음으로 오고 싶지 않았던 자들까지도 에스라의 권세와 그가 경고한 형벌을 두려워하지 않을 수 없었다. 그리하여 그들은 감히 오지 않을 수 없었다.

4. 하나님은 이 때 큰 비를 내리셔서 당신의 진노를 나타내셨다(9, 13절). 큰 비로 인해 광장에 모여 있는 자들은 매우 곤고했을 것이다. 그들이 울 때 하늘도 울었는데, 그것은 하나님이 그들의 죄로 인해 진노하신 가운데에도 그들이 회개하는 것을 기뻐하셨으며 이스라엘의 곤고로 말미암아 마음에 근심하시는 것을 나타냈다(삿 10:16). 또한 그것은 그들의 회개로 인해 선한 열매가 맺힐 것을 보여주는 좋은 징조였다. 왜냐하면 비는 땅으로 하여금 열매를 맺도록 만들어 주기 때문이다.

5. 이러한 자리에서 에스라는 백성들에게 명령을 내렸다. 그는 그들에게 이 자리에 모이도록 한 이유를 말해 주었다. 그것은 그들이 포로에서 돌아온 후

이방인 아내들과 결혼함으로써 이스라엘의 죄를 더했기 때문이었다. 그들은 예전의 죄에다가 이 새로운 죄를 더했는데, 그 죄는 필경 또다시 그들 가운데 우상 숭배를 끌어들이는 계기가 될 것이었다. 또한 그 죄는 그들로 하여금 그토록 쓰라린 고통을 겪게 만들었던 바로 그 죄였다. 에스라는 그들이 포로를 통해 그러한 죄를 완전히 탈피했을 것으로 기대했지만, 그러나 그들은 또다시 그 죄에 넘어진 것이었다. 에스라가 그들을 소집한 것은 그들로 하여금 하나님 앞에서 죄를 자복하게 하고, 그러고 나서 기꺼이 하나님이 기뻐하시는 일을 행할 것을 선언하도록, 특별히 이방인 아내들을 내어보냄으로써 모든 우상 숭배자들과 단절하도록 만들고자 함이었다(10, 11절). 이 일에 있어 우리는 그가 9장에서처럼 또다시 하나님 앞에 죄를 고백하고 모든 백성들로 하여금 '아멘' 하도록 요구했을 것이라고 추측할 수 있다.

6. 백성들은 에스라의 통치권뿐 아니라 이 일과 관련한 그의 모든 결정사항까지 기꺼이 순복했다. "당신의 말씀대로 우리가 마땅히 행할 것이니이다(12절). 우리는 이방 사람들과 혼합되는 죄를 범했으며 그로 인해 우리가 타락할 뿐만 아니라 아예 소멸될(왜냐하면 우리는 소수에 불과하므로) 위험까지 갖게 되었나이다. 그러므로 우리는 지금 그들과 분리되는 것이 절대적으로 필요한 일임을 분명하게 확신하나이다." 죄를 떠나는 것이 선한 일일 뿐만 아니라 절대적으로 필요한 일임을 확신하는 백성들에게 어찌 소망이 없겠는가? 우리 역시도 단호한 마음으로 죄를 떠나야 한다. 그렇지 않으면 죄는 우리를 파멸로 이끌 것이다.

7. 이 일은 지금 이 자리에서 당장 시행할 것이 아니라 방백들을 세워 신중하게 추진하도록 결정되었다. 그 일은 지금 이 자리에서 당장 시행할 수 있는 일이 아니었다. 왜냐하면 아직 어떤 방법으로 시행할 것인지도 결정되지 않았을 뿐만 아니라 지금 큰 비가 내리고 있으므로 백성들은 자리에 서 있을 수도 없었기 때문이었다. 많은 사람이 이 일에 연루되었으며, 따라서 그들을 찾아내고 조사하는 데에는 시간이 필요했다. 뿐만 아니라 여러 가지 민감한 문제들로 인해 많은 논의와 심의를 거쳐야만 할 사건들도 많이 있을 것이었다(13절). "그러므로 무리를 해산하시고 이 일을 담당할 방백들을 세우소서. 그리고 방백들로 하여금 성읍 별로 일을 진행시키게 하시고 범죄자는 각 성읍의 장로들과 재판장들 앞에서 판결을 받게 하소서(14절). 그리고 방백들에게 이 일을 감

독할 권한을 부여하소서. 이와 같이 시간을 갖고 행하면 우리는 그 일을 더 빨리 진행시킬 수 있게 될 것이나이다. 그러나 조급하게 행하면 일은 제대로 진행되지 못할 것이나이다. 우리가 이와 같이 잘못된 일을 철저하게 바로잡으면, 하나님의 진노가 우리에게서 떠날 것이나이다." 에스라는 백성들의 권고를 기꺼이 받아들여 그와 같은 방식으로 일을 진행시키기로 결정했다. 그는 백성들의 의견을 듣고 따르는 것을 조금도 부끄럽게 여기지 않았다.

[15]오직 아사헬의 아들 요나단과 디과의 아들 야스야가 일어나 그 일을 반대하고 므술람과 레위 사람 삽브대가 그들을 돕더라 [16]사로잡혔던 자들의 자손이 그대로 한지라 제사장 에스라가 그 종족을 따라 각각 지명된 족장들 몇 사람을 선임하고 열째 달 초하루에 앉아 그 일을 조사하여 [17]첫째 달 초하루에 이르러 이방 여인을 아내로 맞이한 자의 일 조사하기를 마치니라 [18]제사장의 무리 중에 이방 여인을 아내로 맞이한 자는 예수아 자손 중 요사닥의 아들과 그의 형제 마아세야와 엘리에셀과 야립과 그달랴라 [19]그들이 다 손을 잡아 맹세하여 그들의 아내를 내보내기로 하고 또 그 죄로 말미암아 숫양 한 마리를 속건제로 드렸으며 [20]또 임멜 자손 중에서는 하나니와 스바댜요 [21]하림 자손 중에서는 마아세야와 엘리야와 스마야와 여히엘과 웃시야요 [22]바스훌 자손 중에서는 엘료에내와 마아세야와 이스마엘과 느다넬과 요사밧과 엘라사였더라 [23]레위 사람 중에서는 요사밧과 시므이와 글라야라 하는 글리다와 브다히야와 유다와 엘리에셀이었더라 [24]노래하는 자 중에서는 엘리아십이요 문지기 중에서는 살룸과 델렘과 우리였더라 [25]이스라엘 중에서는 바로스 자손 중에서는 라먀와 잇시야와 말기야와 미야민과 엘르아살과 말기야와 브나야요 [26]엘람 자손 중에서는 맛다냐와 스가랴와 여히엘과 압디와 여레못과 엘리야요 [27]삿두 자손 중에서는 엘료에내와 엘리아십과 맛다냐와 여레못과 사밧과 아시사요 [28]베배 자손 중에서는 여호하난과 하나냐와 삽배와 아들래요 [29]바니 자손 중에서는 므술람과 말룩과 아다야와 야숩과 스알과 여레못이요 [30]바핫모압 자손 중에서는 앗나와 글랄과 브나야와 마아세야와 맛다냐와 브살렐과 빈누이와 므낫세요 [31]하림 자손 중에서는 엘리에셀과 잇시야와 말기야와 스마야와 시므온과 [32]베냐민과 말룩과 스마랴요 [33]하숨 자손 중에서는 맛드내와 맛닷다와 사밧과 엘리벨렛과 여레매와 므낫세와 시므이요 [34]바니 자손 중에서는 마아대와 아므람과 우엘과 [35]브나야와 베드야와 글루히와 [36]와냐와 므레못과 에랴십과 [37]맛다냐와 맛드내와 야아수와 [38]바니와 빈누

이와 시므이와 [39]셀레먀와 나단과 아다야와 [40]막나드배와 사새와 사래와 [41]아사렐과 셀레먀와 스마랴와 [42]살룸과 아마랴와 요셉이요 [43]느보 자손 중에서는 여이엘과 맛디디야와 사밧과 스비내와 잇도와 요엘과 브나야더라 [44]이상은 모두 이방 여인을 아내로 맞이한 자라 그 중에는 자녀를 낳은 여인도 있었더라

이제 이방인 아내와 관련한 문제를 해결하기 위한 방법이 결정되었으며 그와 함께 회중들은 해산되었다. 이제 우리는 여기에서 이 일이 구체적으로 추진되는 것을 보게 된다.

1. 이 일을 담당하여 감독관들 앞에 송사를 제기할 자는 누구였나? 그들은 요나단과 야스야였다(15절). 그들이 제사장이었는지 일반 백성이었는지 여부는 나타나지 않는다. 아마도 그들은 앞의 제안을 한 자들이었을 것이다(13, 14절). 그리하여 그 일을 맡기에 가장 적합하게 여겨졌을 것이다. 그리고 그들을 돕기 위해 두 명의 레위 사람이 선임되었다. 반면 라이트푸트 박사는 15절을 다음과 같이 정반대의 의미로 이해한다: 오직 (혹은 그럼에도 불구하고) 요나단과 야스야는 그 일을 반대하고 두 명의 레위 사람이 그들을 돕더라(한글개역개정판도 이와 같이 읽는다). 이런 종류의 일에 아무런 반대가 없다면, 그것도 이상한 일이다.

2. 이 일을 판결할 감독관들은 누구였나? 이 일을 판결할 최고 감독관은 에스라였으며, 그와 함께 몇 명의 족장들이 이 일을 위해 선임되었다(16절). 그들에게 있어 에스라와 같은 자의 지도를 받는 것은 참으로 복된 일이었다. 그들은 에스라의 지도 없이는 그 일을 훌륭하게 수행할 수 없었을 것이며, 에스라 역시도 그들의 협력이 없이는 그 일을 올바로 처결할 수 없었을 것이다.

3. 그들은 얼마 동안 이 일을 시행했나? 그들이 이 일을 조사하기 시작한 것은 열째 달 초하루였는데(16절), 그것은 이와 같은 방식이 제안되고 난지 열흘만의 일이었다(9절). 그리고 그들은 석 달 만에 모든 일을 끝마쳤다(17일). 그들은 석 달 동안 오직 이 일에만 전념했을 것이다. 그렇지 않았다면 그토록 많은 수의 송사를 이렇게 짧은 시간에 끝마칠 수는 없었을 것이다. 우리는 송사를 당한 모든 자들에게 그들의 이방인 아내를 내어보내지 않아도 될 만한 사유를 제시할 기회가 주어졌을 것으로 추측할 수 있다. 왜냐하면 다른 경우를 통해 판단할 때, 만일 어떤 이방인 아내가 유대 종교로 개종했다면 그런 아내는

내어보냄을 당하지 않았을 것으로 추측할 수 있기 때문이다.

　4. 이 일에 연루된 것으로 드러난 자들은 누구였나? 율법은 제사장들로 하여금 부정한 자들과 결혼하지 말 것을 특별히 규정했다(레 21:7). 그럼에도 불구하고 많은 제사장들 심지어 대제사장 예수아의 가문에 속한 제사장들까지 이 일에 연루되었다(18절). 다른 사람들에게 그 율법을 가르쳤어야 할 자들이 스스로 그것을 깨뜨림으로써 나쁜 본을 보였으며, 그로 인해 많은 사람들이 담대하게 그들을 따라 행했다. 그러나 이 일에 나쁜 본을 보인 자들이 먼저 회개의 본을 보인 것은 그나마 다행스런 일이었다. 왜냐하면 그들이 이방인 아내들을 내보내기로 손을 잡아 맹세했기 때문이었다(어떤 이들은 이것을 그들이 그렇게 하기로 손을 들어 맹세한 것으로 생각한다). 또 그들은 속건제로서 율법에 규정된 대로 숫양 한 마리를 드림으로써(레 6:6), 자신들의 죄책을 인정하면서 겸손하게 사죄의 은총을 구했다. 여기에 이방인 아내와 결혼한 사람 113명의 이름이 나열되어 있다. 그러나 그 가운데 자녀를 낳은 여자는 그렇게 많지 않았던 것으로 보이는데(44절). 그것은 하나님이 그러한 결혼을 축복하지 않으셨음을 암시한다. 스가냐가 제안한 대로(3절) 자녀들까지 내보내졌는지 여부는 나타나지 않는다. 아마도 그렇지는 않은 것으로 보인다. 그렇지만 그들은 이방인 아내들을 내보내는 가운데서도 각 가정의 형편에 따라 필요한 물품을 충분히 주어 내보냈을 것으로 보인다. 이제 누구라도 이스라엘 가운데 이러한 문제가 완전히 해결되었을 것으로 생각할 것이다. 그러나 나중에 우리는 또다시 그러한 문제와 마주치게 된다(느 13:23; 말 2:11). 이를 통해 우리는 이러한 타락이 들어오기는 쉬워도 나가기는 여간 어려운 것이 아님을 알게 된다. 최고의 개혁자라 할지라도 다만 그렇게 하도록 노력할 수 있을 뿐이다. 그러나 구속자가 시온에 오실 때, 그는 야곱으로부터 모든 경건치 않은 것들을 실제적으로 제거하실 것이다.

느헤미야

서론

본서에서 우리는 사로잡힌 자들의 자손들 곧 얼마 전에 바벨론에서 돌아온 가련한 유대인들의 역사가 계속되는 것을 보게 된다. 이 때 대제국으로서 큰 위용과 힘을 자랑했던 것은 바사만이 아니었다. 헬라와 로마 역시도 강성한 제국으로 성장하기 시작하고 있었다. 그러한 제국들의 역사와 관련하여 우리는 일반 역사 속에서 많은 신빙성 있는 문서들을 가지고 있다. 그러나 성령으로 감동된 거룩한 역사서는 오로지 유대 나라만을 주목할 뿐이며 다른 나라들에 대해서는 전혀 언급하지 않는다(다만 이스라엘과 관련해서만 언급할 뿐이다). 그것은 하나님의 기업이 바로 그의 백성이기 때문이다. 그들은 하나님의 특별한 보화이며, 그들과 비교할 때 세상의 다른 나라들은 잡동사니에 불과하다. 서기관 에스라와 총독 느헤미야는 왕도 아니었으며 큰 군대를 거느리거나 다른 나라들을 정복한 적도 없었다. 뿐만 아니라 철학이나 웅변으로 유명한 것도 아니었다. 그럼에도 불구하고 내가 보기에 그들은 경건과 기도의 사람으로서 그리고 그들 시대에 하나님의 교회를 위해 크게 충성한 사람으로서 로마제국의 집정관이나 독재관보다도 그리고 동 시대 헬라의 크세노폰이나 데모스테네스나 플라톤보다도 훨씬 더 위대하며 영광스러운 자들이었다.

우리는 본서에서 이스라엘을 더욱 공고하게 확립시켜 나가는 느헤미야의 활동을 보게 되는데, 여기에서 그는 자신의 손으로 한 일뿐만 아니라 자신의 마음의 일까지도 기록한다. 다시 말해서 공적인 일을 이야기하는 가운데에도 그는 때때로 자신의 깊은 경건심을 나타내는 신앙적인 탄성이나 고백 같은 것을 삽입시킨다. 그는 바사 왕 아닥사스다 20년부터(1:1) 32년까지(13:6) 12년 동안 유다의 총독으로 있었다. 여기의 아닥사스다와 관련하여 라이트푸트 박사는 그를 에스라를 보냈던 아닥사스다와 동일한 인물로 추정한다. 본서의 내용은 다음과 같다.

Ⅰ. 예루살렘을 위한 느헤미야의 근심, 그리고 그가 왕으로부터 예루살렘으로 가도록 허락을 받음(1, 2장). Ⅱ. 많은 반대에도 불구하고 그가 예루살렘 성벽을 건축함(3, 4장). Ⅲ. 그가 백성들의 폐해를 바로잡음(5장). Ⅳ. 성벽 공사

가 완성됨(6장). V. 느헤미야가 백성들을 계수하여 기록함(7장). VI. 느헤미야가 백성들을 불러 율법을 읽고 금식하며 기도하며 언약을 새롭게 함(8-10장). VII. 느헤미야가 예루살렘을 다시 번성케 하고 레위지파를 견고하게 세우고자 많은 애를 씀(11, 12장). VIII. 느헤미야가 여러 가지 악습을 바로잡고자 많은 애를 씀(13장).

어떤 이들은 본서를 에스라 2서(에스라 두 번째 책, the second book of Ezra)로 부른다. 그것은 에스라가 이 책을 기록했기 때문이 아니라 이 책에서 에스라의 역사가 이어지고 있기 때문이다(느 1:1). 말라기가 선지서 가운데 마지막 책인 것처럼 본서는 구약의 역사서 가운데 마지막 책이다.

제 1 장

개요

우리는 여기에서 먼저 바사 왕궁에 있는 느헤미야를 만나게 된다. 본 장의 내용은 다음과 같다. I. 그가 예루살렘과 유대인들의 형편에 대해 몹시 궁금해함(1, 2절). II. 그가 그들의 애처로운 형편에 대해 들음(3절). III. 이에 그가 금식하며 기도함(4-11절). 여기에 한 위대한 인물이 떠오르고 있는데, 그것은 인간적인 책략으로서가 아니라 경건으로서였다.

¹하가랴의 아들 느헤미야의 말이라 아닥사스다 왕 제이십년 기슬르월에 내가 수산 궁에 있는데 ²내 형제들 가운데 하나인 하나니가 두어 사람과 함께 유다에서 내게 이르렀기로 내가 그 사로잡힘을 면하고 남아 있는 유다와 예루살렘 사람들의 형편을 물은즉 ³그들이 내게 이르되 사로잡힘을 면하고 남아 있는 자들이 그 지방 거기에서 큰 환난을 당하고 능욕을 받으며 예루살렘 성은 허물어지고 성문들은 불탔다 하는지라 ⁴내가 이 말을 듣고 앉아서 울고 수일 동안 슬퍼하며 하늘의 하나님 앞에 금식하며 기도하여

느헤미야가 어느 지파 출신이었는지는 어디에도 나타나지 않는다. 그러나 만일 그가 제사를 드린 것이 사실이라면(마카베오후서 1:18), 우리는 그가 제사장이었다고 결론을 내려야만 한다. 다음을 관찰하라.

I. 바사 왕궁에서의 느헤미야의 위치.   우리는 여기에서 그가 수산 궁 즉 바사 왕의 왕도(王都)에 있었으며(1절), 왕의 술 관원이었다는(11절) 이야기를 듣는다(1절). 왕들과 고관들은 아마도 다른 나라 출신의 사람들의 시중을 받는 것을 스스로의 위엄을 나타내는 것으로 여겼던 것으로 보인다. 이와 같이 왕궁에 있었던 것으로 인해 느헤미야는 유다에 대한 하나님의 계획을 이룰 도구로서 좀 더 잘 쓰여질 수 있는 위치에 있게 되었다(이것은 바로의 왕궁에서 자란 모세나 사울의 왕궁에 있었던 다윗의 경우와 비슷했다). 뿐만 아니라 그는 왕

궁에 있음으로 해서 왕이나 주변 인물들과의 관계를 통해 자기 나라 즉 유다의 유익을 도모할 좋은 기회를 가질 수 있었다. 여기에서 느헤미야가 왕궁에서의 자신의 높은 지위를 자랑하는 데에는 거의 관심을 기울이지 않는 사실을 주목하라. 그는 본 장의 끝에 가서야 비로소 자신이 왕의 술 관원이었다는 사실을 말한다(그것은 상당한 영예와 재물이 따르는 자리였을 뿐만 아니라 또한 왕의 큰 신임을 받는 자리였다). 이어지는 이야기 때문에 더 이상 자신의 신분을 밝히지 않을 수 없을 때에야 비로소 그는 그 사실을 밝힌 것이다. 처음에는 그는 다만 "나는 수산 궁에 있었다"라고만 말했을 뿐이었다. 여기에서 우리는 겸손과 겸양의 태도를 배울 수 있다. 그러나 그와 관련한 하나님의 섭리 가운데 우리는 다음과 같은 사실들을 주목할 수 있다.

1. 하나님이 어떤 일을 하고자 하실 때, 그 일에 사용될 도구가 부족한 경우는 결코 없다는 사실.

2. 하나님이 어떤 사람을 사용하고자 하실 때, 적합한 방법으로 준비시키시고 부르신다는 사실.

3. 어느 곳에든지 하나님은 당신의 남은 자들을 두신다는 사실. 아합 왕궁에 오바댜가 있었으며 가이사의 집에도 성도들이 있었던 것처럼, 수산 궁에는 느헤미야가 있었다.

4. 하나님이 때로 왕궁을 교회를 위한 큰 일꾼을 기르는 요람과 성소가 되게 하시기도 한다는 사실.

II. 느헤미야가 본국에 있는 유대인들의 형편에 대해 물음(2절).   그의 형제 가운데 한 사람이 몇몇 사람들과 함께 수산 궁에 오게 되었는데, 이 일로 인해 느헤미야는 그들에게 지금 예루살렘의 상황은 어떠한지, 그리고 사로잡힌 자들의 자손들의 형편은 어떠한지 등을 물을 수 있는 기회를 갖게 되었다. 느헤미야 자신은 왕궁에서 영예롭고 풍족하며 편안하게 살고 있었다. 그러나 그는 자신이 이스라엘 사람이라는 사실을 결코 잊을 수 없었으며, 고통 속에 빠져 있는 형제들에 대한 생각을 결코 떨쳐버릴 수 없었다. 애굽 왕궁에 있던 모세가 그랬던 것처럼(행 7:23), 그 역시도 그 형제 이스라엘 자손의 무거운 짐을 돌아볼 마음을 가졌다. 멀리 떨어진 거리가 그의 마음을 형제들로부터 떠나게 만들지 못했던 것처럼,

1. 그의 높은 지위도 그렇게 할 수 없었다. 비록 높은 지위에 있었음에도 불

구하고 그는 낮고 비천한 형제들을 돌아보는 것을 자신의 격에 맞지 않는 일로 여기지 않았다. 뿐만 아니라 그는 자신이 그들과 동족으로서 그들에 대해 큰 관심을 갖는 것을 조금도 부끄럽게 여기지 않았다.

2. 생각과 그에 따른 행동의 차이도 그렇게 할 수 없었다. 그는 예루살렘으로 돌아가지 않고 그대로 바사 왕궁에 남아 있었다. 그렇지만 그렇다고 해서 돌아간 자들을 판단하거나 경멸하지 않았으며, 어리석은 자들이라고 비난하지도 않았다. 도리어 그들에 대해 따뜻한 마음을 품으면서 그들을 위해 무엇을 할 수 있을지 생각하며 그들의 형편을 물었다. 형제들의 소식을 묻는 것은 얼마나 합당하며 선한 일인가! 우리는 특별히 교회와 믿음의 형편에 대해, 그리고 하나님의 백성들이 어떻게 살아가고 있는지에 대해 물어야 한다. 그리고 그러한 물음의 목적은 마치 아덴 사람들처럼 단지 이야깃거리를 위해서가 아니라 기도와 찬미를 위해서여야 한다.

Ⅲ. 느헤미야가 예루살렘과 유대인들에 대한 우울한 소식을 들음(3절). 느헤미야에게 우울한 소식을 전한 하나니는 하나님을 경외함이 무리 중에서 뛰어난 자였다(7:2). 따라서 그는 있는 그대로 진실하게 말했을 뿐만 아니라 또한 예루살렘이 황폐화된 것에 대해 말할 때 애절한 마음으로 말했을 것이다. 어쩌면 그가 지금 수산 궁에 온 용무는 어떤 도움이나 호의를 구하기 위함이었는지도 모른다. 그가 지금 느헤미야에게 들려준 이야기는 다음과 같은 것이었다.

1. 거룩한 씨(즉 아브라함의 자손)는 큰 환난 가운데 비참하게 짓밟히며 능욕을 당하고 있다.

2. 거룩한 성읍 예루살렘은 폐허가 되어 무방비 상태로 노출되었다. 예루살렘 성은 허물어지고 성문들은 불탔는지라(다시 말해서, 갈대아 사람들이 허물어뜨린 모습 그대로 있는지라). 이로 인해 지금 그들의 형편은 매우 업신여김을 당할 만한 상태가 되었을 뿐만 아니라(왜냐하면 그것이 그들의 궁핍과 예속상태를 보여주는 표적이었기 때문에) 또한 매우 위험한 상태가 되었다(왜냐하면 적들이 언제라도 그들을 손쉬운 먹잇감으로 삼을 수 있었기 때문에). 성전이 건축되고 통치체제가 확립되었으며 개혁이 어느 정도 성과를 이루기도 했지만 그러나 아직까지 행해지지 않은 일이 있었다. 그것은 지금도 마찬가지이다. 이 땅의 모든 예루살렘에는 항상 어느 정도의 부족함이 있게 마련이다. 따라서 그러한 부족함을 채우고 보충하기 위해 예루살렘을 사랑하는 자들의 도움과 봉

사가 요구되는 것이다.

Ⅳ. 이로 인해 느헤미야가 큰 슬픔에 빠짐(4절).

1. 그는 울며 애곡했다. 그가 큰 슬픔에 빠져 애곡한 것은 단지 그 소식을 들은 순간만이 아니었다. 그의 슬픔은 수일 동안 계속되었다. 설령 우리 자신은 편안히 살고 있다 할지라도 교회가 황폐화되고 고통을 당할 때 우리는 마땅히 슬퍼해야 한다.

2. 그는 금식하며 기도했다. 그가 금식하며 기도한 것은 대중 앞에서가 아니라 은밀한 가운데 보시는 하늘의 하나님 앞에서였다. 금식과 기도를 통해,

(1) 그는 자신의 슬픔을 성별하며 자신의 눈물을 올바른 방향으로 돌렸다. 그의 슬픔은 하나님을 바라보는 가운데 터져 나오는 신앙적인 슬픔이었다. 왜냐하면 하나님의 백성들이 능욕을 당하는 것은 곧 그 가운데 하나님의 이름이 수욕을 당하는 것이었기 때문이다.

(2) 그는 모든 슬픔을 하나님 앞에 쏟아놓고 맡김으로써 모든 마음의 짐을 내려놓았다.

(3) 그는 자신이 어떻게 하나님의 백성들을 도울 수 있는지를 찾았다. 나라를 위해 선한 뜻을 품고 있는 자들은 먼저 하나님께 나아와 그분 앞에 모든 계획을 아뢰어야 한다. 바로 이것이 형통의 길이다.

[5]이르되 하늘의 하나님 여호와 크고 두려우신 하나님이여 주를 사랑하고 주의 계명을 지키는 자에게 언약을 지키시며 긍휼을 베푸시는 주여 간구하나이다 [6]이제 종이 주의 종들인 이스라엘 자손을 위하여 주야로 기도하오며 우리 이스라엘 자손이 주께 범죄한 죄들을 자복하오니 주는 귀를 기울이시며 눈을 여시사 종의 기도를 들으시옵소서 나와 내 아버지의 집이 범죄하여 [7]주를 향하여 크게 악을 행하여 주께서 주의 종 모세에게 명령하신 계명과 율례와 규례를 지키지 아니하였나이다 [8]옛적에 주께서 주의 종 모세에게 명령하여 이르시되 만일 너희가 범죄하면 내가 너희를 여러 나라 가운데에 흩을 것이요 [9]만일 내게로 돌아와 내 계명을 지켜 행하면 너희 쫓긴 자가 하늘 끝에 있을지라도 내가 거기서부터 그들을 모아 내 이름을 두려고 택한 곳에 돌아오게 하리라 하신 말씀을 이제 청하건대 기억하옵소서 [10]이들은 주께서 일찍이 큰 권능과 강한 손으로 구속하신 주의 종들이요 주의 백성이니이다 [11]주여 구하오니 귀를 기울이사 종의 기도와 주의 이름을 경외하기를 기뻐하는 종

들의 기도를 들으시고 오늘 종이 형통하여 이 사람들 앞에서 은혜를 입게 하옵소서 하였나니 그 때에 내가 왕의 술 관원이 되었느니라

우리는 여기에서 느헤미야의 기도를 보게 된다. 이 기도는 그가 얼마 전부터 예루살렘의 황폐로 인한 슬픔 가운데 계속해서 주야로 기도한 모든 기도와 관계되는 기도이다. 그는 지금 하나님께 기도하는 가운데 자신의 주인인 왕에게 예루살렘에 은총을 베풀어 줄 것을 간청할 마음을 품고 있었다. 우리는 이러한 기도에서 다음을 관찰할 수 있다.

I. 하나님께 대한 느헤미야의 겸비하며 공손한 언사(言辭). 여기에서 느헤미야는 하나님 앞에 스스로를 순복시키면서 하나님께 그 이름에 합당한 영광을 돌린다(5절). 이러한 느헤미야의 언사는 다니엘의 언사와 매우 유사하다(단 9:4).

1. 이것은 우리로 하여금 하나님의 위엄과 영광에 대한 거룩한 두려움을 가지고 그분께 나아가야 함을 가르쳐 준다. 우리는 그가 하늘의 하나님이시며, 우리 위에 무한히 높으신 분이시며, 우리를 다스리는 주권자이시며, 크고 두려우신 하나님이시며, 하늘과 땅의 모든 정사와 권세와 천사들과 왕들보다 무한히 뛰어나신 분이라는 사실을 기억해야 한다. 그는 그의 모든 백성들이 두려움으로 예배해야 할 하나님이시며, 또한 그의 모든 원수들이 그의 엄위한 진노를 두려워해야 마땅한 하나님이시다. 그렇지만 하나님을 의지하는 자들에게는 이러한 두려움조차도 위로와 격려로 선용(善用)될 것이다.

2. 이것은 우리로 하여금 하나님의 은혜와 진리에 대한 거룩한 신뢰를 가지고 그분께 나아가야 함을 가르쳐 준다. 왜냐하면 그는 자신을 사랑하는 자에게 언약을 지키시며 긍휼을 베푸시는 분이시기 때문이다. 그는 약속된 긍휼뿐만 아니라 그 이상의 긍휼까지도 베푸신다. 하나님을 사랑하며 그의 계명을 지키는 자에게 베풀어지는 긍휼은 너무도 풍성한 긍휼이다.

II. 느헤미야가 하나님께 자신의 모든 기도와 자복을 들으시고 받아 주실 것을 간구함(6절). "종이 주 앞에 기도하는 것에 주는 귀를 기울이소서. 또 주는 눈을 여시사 기도하는 심령과 모든 형편을 보소서." 눈을 만드시고 귀를 빚으신 분은 하나님이시다. 그런 하나님이 밝히 보지 않으시며 귀 기울여 들으시지 않으시겠는가?

Ⅲ. 느헤미야가 죄를 자복함.   이스라엘만 범죄한 것이 아니라(그에게 있어 이것을 인정하는 것은 크게 부끄러울 일이 아니었다), 나와 내 아버지의 집이 범죄하였나이다(6절). 느헤미야는 이와 같이 자복하면서 스스로를 겸비케 하며 수치를 자취(自取)했다. 우리가 (특별히 나와 내 아버지의 집이) 주를 향하여 크게 악을 행하였나이다(7절). 죄를 자복함에 있어 우리는 반드시 다음과 같은 두 가지, 즉 죄는 첫째로 우리 자신을 더럽히는 것이며, 둘째로 하나님을 모독하는 것이라는 사실을 인정해야만 한다. 범죄하는 것은 주를 향하여 크게 악을 행하는 것이며 동시에 우리의 마음을 하나님의 명령과 상반되게 타락시키는 것이다.

Ⅳ. 느헤미야가 하나님의 백성 이스라엘에게 긍휼을 베풀어 주시기를 탄원함.

1. 느헤미야는 하나님이 옛적부터 말씀하시고 행하신 법칙을 기억해 달라고 탄원한다(8, 9절). 하나님은 만일 그들이 언약을 깨뜨리면 그들을 여러 나라 가운데 흩을 것이라고 실제로 말씀하셨으며, 그러한 경고는 그들이 포로로 끌려가는 것에서 성취되었다. 이 때의 이스라엘처럼 천지사방으로 흩어진 민족은 일찍이 없었다. 그러나 하나님은 그러한 경고의 말씀에 덧붙여, 만일 그들이 돌아오면 그들을 다시 모을 것이라고 분명하게 말씀하셨다(지금 그들은 우상 숭배를 버리고 성전 예배를 지키면서 그렇게 하기 시작하고 있었다). 느헤미야는 신 30:1-5을 인용하면서 그 약속을 부디 잊지 말아 달라고 하나님께 간청한다. "이제 청하건대 그 말씀을 기억하옵소서. 이는 주께서 '나로 기억하게 하라' 고 말씀하셨기 때문이나이다." 또 느헤미야는 자신들이 주의 종 모세에게 명령하신 계명과 율례와 규례를 지키지 아니하였음을 고백한다(7절). 그러면서 그는 하나님께 그의 종 모세에게 명령하신 것을 기억해 달라고 간청한다(8절). 그가 여기에서 이와 같이 말한 것은 언약이 종종 하나님이 명령하신 것으로 일컬어지기 때문이다. 만일 하나님이 우리가 그분의 계명을 기억하는 것 이상으로 당신의 약속을 기억하지 않는다면, 우리는 파멸을 당할 수밖에 없을 것이다. 그러므로 우리의 최선의 탄원은 하나님의 약속 곧 우리로 하여금 소망을 갖게 하신 바로 그 말씀을 붙잡는 것이다(시 119:49).

2. 느헤미야는 그들과 하나님 사이의 오랜 관계를 기억해 달라고 탄원한다. "이들은 주께서 구별하시고 언약을 맺으신 주의 종들이요 주의 백성이니이다(10

절). 주께서는 주의 철천지원수들이 주의 사랑하는 종들을 짓밟고 압제하는 것을 그냥 내버려 두실 것이나이까? 주께서 주의 백성을 위해 나서지 않는다면 도대체 누구를 위해 나서실 것이나이까?" 이사야 63장 19절을 보라(우리는 주의 다스림을 받지 못하는 자 같으며 주의 이름으로 일컬음을 받지 못하는 자 같이 되었나이다). 느헤미야는 이스라엘이 하나님의 종이라는 증거를 다음과 같이 묘사한다(11절). "그들은 주의 이름을 경외하기를 기뻐하는 자들이나이다. 그들은 주의 이름으로 일컬어지는 자들일 뿐만 아니라 실제로 주의 이름을 경외하는 자들이나이다. 그들은 지금 주의 뜻에 따라 오직 주만을 섬기며 참 마음으로 주를 경외하나이다. 그들은 이와 같이 주를 경외하는 가운데 모든 일을 행하기를 열망하는 자들이나이다." 이것은 다음과 같은 사실들을 나타낸다.

(1) 그들이 하나님을 경외하는 것에 대한 선한 의지를 갖고 있다는 사실. "그들은 항상 하나님 앞에 자신들의 의무를 행하고자 하는 마음을 가지고 있으며 또 그렇게 노력하고 있나이다. 비록 많은 경우에 부족한 점이 많다 할지라도 그들은 그것을 목표로 삼고 있나이다."

(2) 그들이 하나님 경외하기를 즐거워한다는 사실. "그들은 주의 이름을 경외하는 것으로 즐거움을 취하나이다. 그들은 자신들의 의무를 행할 뿐만 아니라 그것을 즐거이 순복하나이다." 참으로 하나님의 이름을 경외하기를 열망하는 자들은 하나님께 온전히 열납될 것이다. 왜냐하면 그러한 열망이야말로 하나님 자신의 일이기 때문이다.

3. 느헤미야는 하나님이 전에 그들을 위해 행하셨던 큰 일들을 기억해 달라고 탄원한다(10절). "이들은 옛적에 주께서 구속하신 자들이니이다. 주의 권능은 지금도 동일하나이다. 그러므로 다시 한 번 그들을 구원하사 그들의 구원을 완전케 하시지 않으시려나이까? 무한한 권능의 하나님을 자기편으로 삼고 있는 자들이 원수들에 의해 수치를 당하지 말게 하옵소서."

V. 느헤미야가 하나님께 자신의 일을 형통케 하시고 특별히 왕에게 은혜를 입게 해 달라고 간청함. 그는 바사 왕을 이 사람이라고 부른다. 그것은 가장 큰 자라 할지라도 하나님 앞에서는 사람에 불과하기 때문이다. 왕이라 할지라도 스스로가 사람일 뿐이라는 사실을 알아야만 하며(시 9:20), 다른 사람들 역시도 그러한 사실을 알아야 한다. 네가 뉘기에 사람을 두려워하느뇨? 느헤미야는 이 사람 앞에서 은혜를 입게 해 달라고 간구했는데, 그것은 왕의 은혜를 의미하

는 것이 아니라 왕 앞에 나아갈 때 하나님의 은혜가 임하게 해 달라는 것이었다. 우리는 사람의 호의 역시도 하나님의 은혜로부터 말미암는다는 사실을 기억해야 한다. 그럴 때 사람의 호의는 우리에게 더 큰 위로와 기쁨이 될 것이다.

제
— 2 —
장

개요

느헤미야가 어떻게 하나님과 씨름하여 이겼는지에 대해 우리는 앞 장에서 살펴보았다. 이제 우리는 여기에서 그가 또 어떻게 사람들과 씨름하여 이김으로써 그의 기도가 들으심을 받고 응답을 받았는지에 대해 듣게 된다. I. 느헤미야가 왕을 설득하여 예루살렘에 가서 성벽을 건축하는 것을 허락 받음(1-8절). II. 느헤미야가 여행을 방해하며(9-11절) 성벽공사를 조롱하는(19-20절) 원수들을 극복함. III. 느헤미야가 황폐화된 성벽을 돌아보고 난 후(12-16절) 백성들에게 성벽 재건에 동참할 것을 설득함(17-18절). 이와 같이 하나님은 느헤미야의 일을 형통케 하셨다.

[1]아닥사스다 왕 제이십년 니산월에 왕 앞에 포도주가 있기로 내가 그 포도주를 왕에게 드렸는데 이전에는 내가 왕 앞에서 수심이 없었더니 [2]왕이 내게 이르시되 네가 병이 없거늘 어찌하여 얼굴에 수심이 있느냐 이는 필연 네 마음에 근심이 있음이로다 하더라 그 때에 내가 크게 두려워하여 [3]왕께 대답하되 왕은 만세수를 하옵소서 내 조상들의 묘실이 있는 성읍이 이제까지 황폐하고 성문이 불탔사오니 내가 어찌 얼굴에 수심이 없사오리이까 하니 [4]왕이 내게 이르시되 그러면 네가 무엇을 원하느냐 하시기로 내가 곧 하늘의 하나님께 묵도하고 [5]왕에게 아뢰되 왕이 만일 좋게 여기시고 종이 왕의 목전에서 은혜를 얻었사오면 나를 유다 땅 나의 조상들의 묘실이 있는 성읍에 보내어 그 성을 건축하게 하옵소서 하였는데 [6]그 때에 왕후도 왕 곁에 앉아 있었더라 왕이 내게 이르시되 네가 몇 날에 다녀올 길이며 어느 때에 돌아오겠느냐 하고 왕이 나를 보내기를 좋게 여기시기로 내가 기한을 정하고 [7]내가 또 왕에게 아뢰되 왕이 만일 좋게 여기시거든 강 서쪽 총독들에게 내리시는 조서를 내게 주사 그들이 나를 용납하여 유다에 들어가기까지 통과하게 하시고 [8]또 왕의 삼림 감독 아삽에게 조서를 내리사 그가 성전에 속한 영문의 문과 성곽과 내가 들어갈 집을 위하여 들보로 쓸 재목을 내게 주게 하옵소서 하매 내 하나님의 선한 손이 나를 도우시므로 왕이 허락하고

자기 백성들의 안위를 위해 기도할 때(어쩌면 그는 시 51:8의 다윗의 말을 인용하여 기도했을는지도 모른다: 주의 은택으로 시온에 선을 행하시고 예루살렘 성을 쌓으소서), 느헤미야는 "나는 더 이상 할 수 있는 일이 없사오니 이제 하나님께서 행하소서"라고 기도하지 않고 그 일을 위해 자신이 할 수 있는 일을 찾았다. 우리의 기도는 진지한 노력으로 뒷받침되어야 한다. 그렇게 하지 않는 것은 하나님을 조롱하는 것이다. 느헤미야가 왕에게 예루살렘에 가는 것을 허락해 달라고 청원하기까지는 거의 4개월이 흘렀다(기슬루월에서 니산월까지, 즉 11월에서 3월까지). 이와 같이 많은 시일이 걸린 것은 겨울철은 여행하기에 적합하지 않으므로 실제로 예루살렘으로 여행할 수 있을 때까지 기다렸기 때문이든지 아니면 왕의 부름을 받기 전에는 결코 왕 앞에 나아갈 수 없었기 때문이었을 것이다(에 4:11). 어쨌든 지금 그는 왕의 식탁에서 시중을 드는 가운데 왕에게 자신의 소원을 말할 기회를 얻게 되었다. 우리가 만왕의 왕 앞에 나아가 아룀에 있어 이와 같은 제한이 없다는 사실은 얼마나 감사한 일인가! 우리는 언제든지 그 앞에 나아갈 자유를 갖고 있다. 은혜의 보좌로 나아가기에 적합하지 않은 때는 없다. 이제 우리는 여기에서 다음과 같은 내용을 보게 된다.

I. 느헤미야의 얼굴에 수심이 있음. 그의 얼굴에 나타난 수심은 왕으로 하여금 그 이유를 묻도록 만드는 계기가 되었다. 왕이나 높은 지위에 있는 사람들에게 말하고자 할 때는 갑자기 용무를 꺼내지 말고 이와 같이 우회하는 방법을 사용해야 한다. 느헤미야는 자신의 용무를 말하기에 앞서 먼저 왕의 기분이 어떠한지 시험하고자 했다. 그리하여 그는 포도주를 취하여 왕의 잔에 따라주면서 왕으로 하여금 자신의 얼굴을 보도록 만들었다. 지금까지 그는 왕 앞에 한 번도 슬픈 기색을 보인 적이 없었다. 왜냐하면 왕궁에 있는 자들은 결코 슬픈 기색을 띠어서는 안 되는 것이 왕궁의 법도였기 때문이었다(에 4:2). 그는 포로요 이방인이었음에도 불구하고 매우 편안하며 쾌활하게 생활했다. 믿음의 백성들은 세상으로 하여금 신앙적인 생활이 즐거운 길임을 알게 하며 그들에게 덧씌워진 '신앙적인 사람은 우울한 표정을 짓는 사람'이라는 편견을 깨뜨리기 위해 가능한 한 쾌활하며 즐겁게 살아야 한다. 그러나 만사에 다 때가 있는 법이다(전 3:4, 울 때가 있고 웃을 때가 있으며 슬퍼할 때가 있고 춤출 때가 있으며). 지금 느헤미야에게는 슬퍼하고 또 슬픔을 나타낼 만한 충분한 이유가 있

었다. 예루살렘의 처참한 상태는 그로 하여금 슬퍼하지 않을 수 없게 만들었으며, 그의 슬픈 표정은 왕으로 하여금 그 이유를 묻지 않을 수 없도록 만들었다. 그가 거짓으로 슬퍼하는 척 꾸민 것은 결코 아니었다. 그는 요셉의 환난으로 인해 정말로 슬퍼하였으며, 고의로 자기 얼굴을 흉하게 하는 위선자들과 같지 않았다. 그러나 그는 필요한 상황에서는 자신의 슬픔을 감출 수도 있었다(마음은 스스로의 괴로움을 알며, 웃음 가운데에도 종종 슬픔이 있는 법이다). 그렇지만 지금은 자신의 슬픔을 나타내는 것이 필요했다. 왜냐하면 그렇게 하는 것이 자신의 목적을 이루는데 도움이 될 것이었기 때문이었다. 아마도 그는 술 관원의 직책에 따라 왕에게 포도주를 따라주기 전에 먼저 자신이 그것을 맛보았을 것이다. 그럼에도 불구하고 하나님의 이스라엘이 고통 가운데 있는 한, 왕의 포도주조차도 그의 마음을 기쁘게 만들 수 없었다.

II. 왕이 느헤미야의 얼굴에 수심이 있는 것을 보고 그 이유를 물음(2절). 네가 병이 없거늘 어찌하여 얼굴에 수심이 있느냐. 다음을 주목하라.

1. 우리는 기독교적 사랑의 원리로부터 다른 사람들의 슬픔이나 괴로움에 관심을 가져야만 한다. 심지어 아랫사람들에게도 그렇게 하는 것이 마땅하며, "그것이 나와 무슨 상관이란 말인가?"라고 말해서는 안 된다. 주인은 종들의 슬픔을 대수롭지 않게 여기지 말고 그들을 편안하게 해주기를 바라야 한다. 크신 하나님은 자기 백성들이 낙담과 괴로움 가운데 있는 것을 기뻐하지 않으시고 그들이 즐거움으로 하나님을 섬기며 기쁨으로 자기 양식을 먹는 것을 기뻐하신다.

2. 병든 사람이 슬픈 기색을 띠는 것은 이상한 일이 아니다. 왜냐하면 병은 명랑하고 쾌활하던 자들까지도 금방 괴로운 표정을 짓게 만들기 때문이다. 그러나 믿음의 백성은 심지어 병에 걸렸을 때조차도 자신의 모든 죄가 사하여졌음을 기억할 때 즐거워할 수 있다.

3. 병으로부터 자유한 것은 큰 은총이다. 그러므로 특별한 병이 없이 지낸다면, 설령 다른 어떤 외적인 짐이 있다 할지라도 우리는 그것으로 인해 과도하게 낙담해서는 안 된다. 그러나 우리와 다른 사람들의 죄로 인해서는, 특별히 하나님의 교회가 고통을 당하는 것으로 인해서는, 설령 우리에게 어떤 병이 없다 할지라도 우리는 마땅히 슬퍼해야 한다.

III. 느헤미야가 왕에게 자신의 슬픔의 이유를 설명함. 왕에게 이야기함에

있어,

1. 그는 두려움으로 말했다. 느헤미야는 지금 자신이 크게 두려워하고 있음을 고백한다. 그가 두려워한 것은 왕의 진노였든지(당시 동방의 군주들은 사람을 죽이기도 하고 살리기도 하는 절대적인 권력을 소유하고 있었다, 단 2:12-13; 5:19), 아니면 혹시라도 말을 잘못하여 자신의 청원이 허락되지 않는 것이었을 것이다. 그는 매우 지혜로운 사람이었음에도 불구하고 혹시라도 잘못 말하지 않을까 매우 조심했다. 우리 역시도 마땅히 그래야 한다. 어떤 일에 확신을 갖는 것은 그 일을 이루는데 매우 중요하다. 그러면서도 동시에 스스로 겸비하며 조심하는 것은 결코 부끄러운 일이 아니다.

2. 그는 온유함으로 말했다. 느헤미야는 자신의 주인인 왕에게 모든 존경과 경의와 선한 뜻을 가지고 "왕은 만세수를 하옵소서. 왕은 지혜롭고 선하신 분이시며 이 세상에서 통치자로서 가장 합당하신 분이로소이다"라고 말했다. 그러면서 그는 다음과 같이 겸손하게 반문한다. "내 조상들의 묘실이 있는 성읍이 이제까지 황폐하오니 내가 어찌 얼굴에 수심이 없사오리이까?" 슬픔과 우울함 가운데 있으면서도 자기가 왜 슬퍼하는지 그 이유를 알지 못하는 사람들이 얼마나 많은가? 그것은 부당하며 불합리한 슬픔으로서, 그런 사람들은 스스로를 꾸짖어야 한다. 그러나 느헤미야는 왕에게 자신의 슬픔의 이유를 분명하게 말할 수 있었다. 다음을 관찰하라.

(1) 그는 예루살렘을 내 조상들의 묘실이 있는 곳 즉 그의 조상들이 묻힌 곳이라고 부른다. 우리가 때때로 우리 조상들의 묘실을 생각하는 것은 좋은 일이다. 조상들을 생각할 때 우리는 흔히 그들의 명성이나 직함 혹은 집이나 재산 따위를 생각하는 경향이 있다. 그러나 그와 함께 우리는 그들의 묘실에 대해서도 생각하면서 먼저 온 자는 먼저 간다는 사실을 되새겨야 한다. 또한 우리는 우리 조상들의 기념물에 대해서도 소홀히 여기지 않으면서 그것이 훼손되지 않도록 잘 보존해야 한다. 대부분의 나라는 (죽은 자의 부활을 전혀 기대하지 않는 나라들까지도) 조상들의 묘실을 어느 정도 신성시하며 침범되어서는 안 되는 곳으로 여긴다.

(2) 그는 자신의 슬픔을 정당화한다. "지금 종이 슬퍼하는 것은 너무도 당연하나이다. 어떻게 지금 종이 슬퍼하지 않을 수 있겠나이까?" 아무리 경건하며 형통한 사람이라 할지라도 슬프거나 혹은 슬픔을 나타내야 할 때가 있는 법이

다. 아무리 선한 자라 할지라도 모든 슬픈 생각을 쫓아냄으로써 천국을 앞당길 수 있다고 생각해서는 안 된다. 우리가 지나가는 세상은 눈물 골짜기이며, 우리는 일기(日氣)뿐만 아니라 우리의 감정에도 순응해야 한다.

(3) 그는 자신이 슬퍼하는 이유가 다름 아닌 예루살렘의 황폐 때문이라고 말한다. 교회의 모든 고통, 특별히 교회의 황폐가 모든 선한 백성들과 하나님의 영광을 구하는 모든 자들과 그리스도의 신비한 몸의 지체인 자들에게 큰 슬픔과 비통의 원인이 되는 사실을 주목하라. 그들은 시온의 티끌까지도 소중히 여긴다(시 102:14).

Ⅳ. 왕이 느헤미야에게 원하는 것을 말하라고 함(4절).   왕은 그에게 매우 호의적이었으며 그가 슬퍼하는 것을 안타깝게 생각했다. 아마도 그는 유대 종교에 대해서도 호의적이었던 것으로 여겨진다. 우리는 그러한 사실을 전에 에스라를 등용한 것에서나 지금 느헤미야를 등용한 것에서 어느 정도 추측할 수 있다(특별히 에스라는 익숙한 서기관으로서 유대 율법에 정통한 자였다). 그리하여 그는 자신이 어떻게 예루살렘을 도울 수 있을지 알고자 하여 느헤미야에게 이렇게 물었다. "그러면 네가 무엇을 원하느냐? 지금 네가 하고자 하는 것 그것이 무엇이냐?" 느헤미야는 크게 두려워했었지만(2절), 왕의 이러한 질문으로 담대한 마음을 갖게 되었다. 느헤미야가 바사 왕의 격려로 담대한 마음을 가질 수 있었다면, 하물며 응답의 약속과 함께 무엇이든지 원하는 대로 구하라는 그리스도의 초청은 우리로 하여금 얼마나 담대하게 은혜의 보좌 앞에 나아가게 만드는가? 이에 느헤미야는 즉시 하늘의 하나님께 묵도하면서, 자신에게 지혜를 주사 합당한 것을 구하게 하시며 또 왕의 마음을 움직이사 자신이 구하는 것을 허락하게 해 달라고 기도했다. 왕의 은총을 얻고자 하는 자는 먼저 만왕의 왕의 은총을 얻어야 한다. 그는 하늘의 하나님, 즉 이 큰 바사 제국보다도 무한히 높으신 하나님께 기도했다. 그것은 '격식을 갖춘 기도'(solemn prayer)가 아니라(지금은 그렇게 할 만한 여유가 없었다), 은밀한 가운데 드린 '순간적인 기도'(ejaculation)였다. 그는 마음의 언어를 아시는 하나님께 자신의 마음을 올려드렸다. "여호와여 종에게 구변과 지혜를 주소서. 여호와여 이 사람 앞에서 종에게 은혜를 베푸소서." 때때로 이와 같은 '순간적인 기도'를 드리는 것은 너무도 좋은 일이다. 특별히 지금과 같은 특별한 상황에서는 더욱 그러하다. 그러면 우리는 어디에 있든지 하늘을 향해 열려 있는 길을 발견하게 될 것이다. 이와

같은 '순간적인 기도' 는 아무 일도 방해하지 않는다. 도리어 우리의 일을 더욱 촉진시킨다. 그러므로 우리는 순간순간 이와 같이 기도해야 하며, 아무것도 그것을 방해하지 못하도록 해야 한다. 느헤미야는 얼마 전에 이러한 상황을 예상하면서 기도했었다(1:11). 그 때의 기도는 '격식을 갖춘 기도'(solemn prayer)였다. 그리고 이제 그 순간이 다가왔으며, 그리하여 그는 또다시 기도했다. 지금의 기도는 '순간적인 기도'(ejaculation)였다. 이와 같이 '격식을 갖춘 기도' 와 '순간적인 기도' 는 서로 충돌하는 것이 아니라 피차 각자의 위치를 갖고 있는 것이다.

V. 느헤미야가 왕에게 겸손하게 청원함. 느헤미야는 왕의 말에 격려를 받아 겸손하게 그러나 매우 분명하게 청원을 올렸다(5절). 그는 예루살렘 성벽을 건축하기 위해 유다 총독으로 보내줄 것을 요청하면서, 그와 함께 어느 정도 기간 동안 그 곳에 머무는 것을 허락해 달라고 청원했다(우리는 그 기간이 수개월 정도 되었을 것으로 추측할 수 있다). 그러나 그는 최소한 12년 동안 총독으로 있었는데(5:14), 아마도 추후 왕의 허락을 다시 받았든지 아니면 수산 성에 돌아왔다가 다시 예루살렘으로 보내졌을 것이다. 또한 느헤미야는 주변 총독들에게 내리는 조서를 요청했다(7절). 그렇게 한 것은 그들로 하여금 그가 그들 지역을 통과하는 것을 방해하지 못하게 할 뿐만 아니라 그에게 필요한 물품을 공급해 주도록 하기 위한 것이었다. 그리고 그는 레바논의 삼림 감독으로 하여금 성벽 건축에 필요한 재목을 공급해 줄 것을 명령하는 조서도 요청했다.

VI. 왕이 느헤미야에게 언제 돌아올 것인지 물음(6절). 왕은 그 없이 오랜 시간 있기를 원치 않음을 내비쳤지만, 그러나 그를 기쁘게 하고 또 그의 백성에게 실질적인 은총을 베풀기 위해 그의 요청을 쾌히 허락했다(8절). 이것은 느헤미야의 기도에 대한 즉각적인 응답이었다. 야곱의 씨(곧 이스라엘 백성)가 야곱의 하나님을 찾을 때, 그것은 결코 헛된 일이 되지 않을 것이다. 이 일을 이야기하면서 그는 다음과 같은 사실들을 특별히 적시(摘示)한다.

1. 그 곳에 왕후도 함께 있었던 사실(6절): 그 때에 왕후도 왕 곁에 앉아 있었더라. 바사 왕궁에서 왕후가 왕 곁에 앉아 있는 것은 통상적인 일이 아니었다(에 1:11). 그가 이 사실을 특별히 적시한 것이 왕후가 그의 일을 훼방하는 자였음에도 불구하고 이 일을 이루게 하신 하나님의 강력한 섭리를 찬미하기 위한 것인지 아니면 그녀가 자신의 후원자였으므로 그녀를 통해 이 일을 이루게 하신

하나님의 은혜로운 섭리를 찬미하기 위한 것인지 여부는 확실치 않다.

2. 하나님의 도우심(8절): 내 하나님의 선한 손이 나를 도우시므로 왕이 허락하고. 느헤미야가 그 일을 성공시킨 것은 그 자신의 공로나 왕과의 특별한 관계나 혹은 그가 모든 일을 용의주도하게 처리한 것 때문이 아니었다. 그것은 오직 하나님의 선한 손이 그를 도우셨기 때문이었다. 은혜를 입은 자들은 어떤 일이 잘 이루어질 때 그 곳에서 하나님의 선한 손을 발견한다. 이것은 여호와께서 행하신 일이라. 그러므로 그들의 기쁨은 갑절이 된다.

[9]군대 장관과 마병을 보내어 나와 함께 하게 하시기로 내가 강 서쪽에 있는 총독들에게 이르러 왕의 조서를 전하였더니 [10]호론 사람 산발랏과 종이었던 암몬 사람 도비야가 이스라엘 자손을 흥왕하게 하려는 사람이 왔다 함을 듣고 심히 근심하더라 [11]내가 예루살렘에 이르러 머무른 지 사흘 만에 [12]내 하나님께서 예루살렘을 위해 무엇을 할 것인지 내 마음에 주신 것을 내가 아무에게도 말하지 아니하고 밤에 일어나 몇몇 사람과 함께 나갈새 내가 탄 짐승 외에는 다른 짐승이 없더라 [13]그 밤에 골짜기 문으로 나가서 용정으로 분문에 이르는 동안에 보니 예루살렘 성벽이 다 무너졌고 성문은 불탔더라 [14]앞으로 나아가 샘문과 왕의 못에 이르러서는 탄 짐승이 지나갈 곳이 없는지라 [15]그 밤에 시내를 따라 올라가서 성벽을 살펴본 후에 돌아서 골짜기 문으로 들어와 돌아왔으나 [16]방백들은 내가 어디 갔었으며 무엇을 하였는지 알지 못하였고 나도 그 일을 유다 사람들에게나 제사장들에게나 귀족들에게나 방백들에게나 그 외에 일하는 자들에게 알리지 아니하다가 [17]후에 그들에게 이르기를 우리가 당한 곤경은 너희도 보고 있는 바라 예루살렘이 황폐하고 성문이 불탔으니 자, 예루살렘 성을 건축하여 다시 수치를 당하지 말자 하고 [18]또 그들에게 하나님의 선한 손이 나를 도우신 일과 왕이 내게 이른 말씀을 전하였더니 그들의 말이 일어나 건축하자 하고 모두 힘을 내어 이 선한 일을 하려 하매 [19]호론 사람 산발랏과 종이었던 암몬 사람 도비야와 아라비아 사람 게셈이 이 말을 듣고 우리를 업신여기고 우리를 비웃어 이르되 너희가 하는 일이 무엇이냐 너희가 왕을 배반하고자 하느냐 하기로 [20]내가 그들에게 대답하여 이르되 하늘의 하나님이 우리를 형통하게 하시리니 그의 종들인 우리가 일어나 건축하려니와 오직 너희에게는 예루살렘에서 아무 기업도 없고 권리도 없고 기억되는 바도 없다 하였느니라

우리는 여기에서 다음과 같은 이야기를 듣는다.

I. 느헤미야는 어떻게 보냄을 받았나. 왕은 군대 장관과 마병으로 하여금 느헤미야와 함께 가도록 지시했다(9절). 왕이 이와 같이 한 것은 그들로 하여금 느헤미야를 호위하도록 함과 함께 그가 왕이 존귀케 하기를 기뻐하는 자임을 나타냄으로써 모든 백성들로 하여금 그에게 경의를 표하도록 하게 함이었다. 만왕의 왕께서도 당신이 보내시는 자들을 이와 같이 보호하시며 천사들로 옹위하게 하심으로써 존귀케 하신다.

II. 느헤미야는 각 지역으로부터 어떻게 받아들여졌나.

1. 유대와 예루살렘의 동족들로부터.

(1) 느헤미야가 자신의 용무를 숨기고 있는 동안 그들은 그를 거의 주목하지 않았다. 예루살렘에 사흘 동안 머물렀음에도 불구하고(11절), 우리는 그가 예루살렘의 어떤 방백이나 지도자로부터 특별한 영접을 받았다는 이야기를 듣지 못한다. 도리어 아무도 그가 온 것을 알지 못했다. 바사 왕은 그를 위해 마병을 보내주었지만 유대인들은 그를 영접하기 위해 아무도 보내지 않았다. 그에게는 자신이 탄 짐승 외에 아무것도 없었다(12절). 정말로 지혜로우며 존귀를 받을 자격이 있는 사람은 자신의 존재를 과시하기 위해 요란을 떨지 않는다(큰 복을 가지고 오는 경우에도 그러하다). 이제 곧 왕권을 받을 자들을 세상은 알지 못한다(요일 3:1). 그들은 아직 감취어져 있다.

(2) 백성들은 그를 주목하지 않았지만 그는 그들과 그들의 형편에 큰 주의를 기울였다. 그는 밤에 일어나 달빛에 의지하여 폐허된 성벽을 유심히 살폈다(12, 13절). 그렇게 함으로써 그는 무슨 일을 해야 하는지 또 어떻게 해야 하는지 그리고 옛 성벽의 기초는 다시 사용될 수 있는지 등을 알 수 있었다. 다음을 관찰하라.

[1] 어떤 일이든 먼저 충분히 검토한 후 행해져야 한다.

[2] 가능한 한 자신의 눈으로 직접 살피는 것이 공적인 일을 맡은 자들의 지혜이다. 그리고 이런 일은 조용히 그리고 가능한 한 아무 사람의 눈에도 띄지 않게 행하는 것이 좋다.

[3] 교회의 성벽을 재건하고자 하는 자들은 먼저 무너진 곳이 어디인지부터 살펴야 한다. 그리하여 지금 부족한 것이 무엇이며, 어떤 개혁이 필요하며, 어떻게 그 일을 할 수 있는지 등을 물어야 한다.

　(3) 느헤미야가 예루살렘에 온 목적을 밝히자 방백들과 백성들은 기꺼이 그를 따랐다. 느헤미야는 처음에는 자신이 온 목적을 알리지 않았다(16절). 그렇게 한 것은 스스로를 과시하지 않기 위함이었든지 아니면 만에 하나 그 일이 불가능한 것으로 드러날 때 좀 더 명예롭게 돌아갈 수 있도록 하고자 함이었을 것이다. 정직하며 겸손한 사람은 자선이나 여타 선행을 베풀기 전에 나팔을 불지 않는다. 이와 같이 느헤미야는 모든 일을 사전에 검토하고 난 후 하나님이 자기 마음에 주신 것(12절) 즉 예루살렘 성을 건축할 것을 방백들과 백성들에게 촉구했다(17절). 다음을 관찰하라.

　[1] 그는 매우 적절한 말로 제안했다. "우리가 당한 곤경은 너희도 보고 있는 바라. 우리는 주위의 적들에게 완전히 노출되어 있도다. 그렇게 볼 때 그들이 우리를 어리석은 자라고 얕보며 조롱하는 것은 얼마나 당연한 일인가! 그들은 마음만 먹으면 언제든지 우리를 손쉬운 먹잇감으로 삼을 수 있도다. 그러므로 성벽을 건축하여 다시 수치를 당하지 말자." 느헤미야는 그들 없이는 결코 그 일을 시작하지 않으려고 했다(그 일은 한 사람이 할 수 있는 일이 아니었다). 뿐만 아니라 그는 왕의 위임을 받고 왔음에도 불구하고 결코 그들을 꾸짖거나 위압적인 태도로 명령하려고 하지 않았다. 다만 친구와 형제 같은 태도로 그 일에 동참할 것을 격려하며 호소했다. 그들을 격려하기 위해,

　첫째로, 느헤미야는 자신의 계획이 하나님의 특별한 은혜로부터 나온 것임을 분명하게 말한다. 그는 그 일이 자신의 선한 생각으로부터 말미암은 것이라고 말하면서 스스로 영광을 취하지 않았다. 그렇게 하는 대신 하나님이 그 일을 자신의 마음에 넣어 주셨음을 분명하게 밝혔다. 그러므로 그들은 모두 그 일에 동참해야만 하며 또 그 일이 형통하게 이루어질 것을 소망할 수 있었다. 왜냐하면 하나님은 자신이 사람의 마음에 두신 것을 반드시 이루실 것이기 때문이다.

　둘째로, 느헤미야는 자신의 계획이 지금까지 하나님의 특별한 섭리에 의해 인도되었음을 분명하게 말한다. 그는 왕의 위임에 대해 말하면서 그 일이 얼마나 쉽게 이루어졌는지 그리고 왕이 자신의 계획에 얼마나 큰 호의를 보였는지 등을 밝혔다(그는 이러한 과정 속에서 하나님의 손이 자신을 돕는 것을 분명하게 보았다). 그 일이 하나님이 그토록 기뻐하신 일이라는 사실은 그와 그들에게 얼마나 큰 격려가 되었을 것인가?

[2] 그들은 한마음으로 느헤미야를 따랐다: 일어나 건축하자(18절). 그들은 이토록 중요한 일을 지금까지 시도조차 하지 않고 있었던 것을 부끄럽게 여겼다. 그리고 이제 모든 나태함을 떨쳐버리고 일어나고자 결심했으며 스스로 그리고 서로서로 격려했다: 일어나 건축하자. 다시 말해서 "우리가 힘을 내어 그리고 부지런히 그 일을 행하자." 이와 같이 그들은 그 선한 일을 위해 그들 자신의 손과 서로의 손을 굳게 했다. 여기에서 다음의 사실들을 관찰하라.

첫째로, 어떤 선한 일에 있어 한 사람의 위대한 지도자가 열정적으로 이끌면 많은 사람들이 따를 것이라는 사실. 그들은 모두 예루살렘이 황폐화된 것을 보았지만, 아무도 그것을 재건할 것을 제안하지 않았다. 그러다가 느헤미야가 제안하자 그들은 모두 한마음으로 동의했다. 어떤 선한 일이 한 사람의 열정적인 헌신자가 없음으로 이루어지지 못하는 것은 얼마나 안타까운 일인가!

둘째로, 우리는 선한 일에 서로 격려함으로써 우리 스스로를 강하게 만들 수 있다는 사실. 우리가 마땅히 행해야 할 일을 게을리하는 가장 큰 이유는 우리가 그 일에 냉담하며 무관심하며 두 마음을 품기 때문이다.

2. 유대인들에게 악의를 품은 자들로부터. 하나님과 이스라엘이 축복한 자를 그들은 저주했다.

(1) 느헤미야가 나타난 것만으로 그들은 분격했다(10절). 두 명의 사마리아 사람 산발랏과 도비야는(도비야는 태생으로는 모압 사람이었다) 왕의 위임을 받고 예루살렘 성벽을 건축하기 위해 오는 자를 보았을 때 심히 근심했다. 그것은 그로 인해 이제껏 이스라엘을 억압했던 자신들의 보잘것없는 위세가 약화되는 것을 우려했기 때문이었다. 선한 자를 불온하며 반란을 획책하는 자로서 결코 살려 두어서는 안 된다고 거짓으로 비방하던 자들에게 있어 그가 통치자 앞에 크게 인정받고 신임받는 것을 보는 것보다 더 화나는 일이 어디 있겠는가? 이와 같이 이스라엘을 흥왕케 할 자가 왔다는 이야기를 들었을 때, 그들은 크게 당황하며 분격했다. 악인들이 그것을 보고 탄식할 것이라.

(2) 느헤미야가 일을 시작하자 그들은 즉시 훼방하려 했지만 그러나 아무 소용 없었다(19, 20절).

[1] 여기에서 원수들이 얼마나 보잘것없는 이유를 제시하며 유대인들을 훼방하는지 보라. 그들은 그 일에 착수하는 것을 어리석은 일이라고 비웃었다: 그들이 우리를 업신여기고 우리를 비웃어. 그들은 성벽 건축에 착수한 자들을 시

작한 일을 끝내지 못하는 어리석은 건축자라고 비웃었다. 뿐만 아니라 그들은 그 일을 왕을 배반하는 악한 일이라고 표현했다: 너희가 왕을 배반하고자 하느냐? 그들에게 있어 유대인들이 예루살렘 성벽을 건축하는 것은 몹시 눈에 거슬리는 일이었다. 따라서 그 일이 왕의 위임과 보호 아래 시행되고 있음에도 불구하고, 그들은 그 일을 왕을 배반하는 일로 불렀다.

[2] 이에 유대인들이 얼마나 훌륭한 이유를 제시하며 그들의 비방을 무시해 버리는지 보라. 그들은 자신들이 하늘의 하나님, 즉 살아 계시며 참되고 유일하신 하나님의 종들로서 지금 그분을 위해 일하고 있으므로 비록 열방이 분노할지라도(시 2:1) 하나님이 자신들을 견고케 하며 형통케 하실 것이라는 믿음으로 스스로를 굳게 했다. 또한 그들은 원수들이 자신들을 비방하는 이유가 그들이 예루살렘에 아무 기업도 없고 권리도 없으므로 자신들을 시기하는 것이라고 생각했다. 이와 같이 그들은 교회의 원수들의 헛된 공갈을 일고의 가치도 없는 것으로 여기며 무시해 버렸다.

제
— 3 —
장

개요

말하는 것과 행하는 것은 종종 별개의 문제이다. "일어나 건축하자"고 큰소리쳤다가 가만히 앉아 아무 일도 하지 않는 것은 결코 드문 일이 아니다. 그것은 마치 "가겠나이다" 하고 큰소리쳤다가 가지 않은 큰 아들과 마찬가지이다. 그러나 지금 유대인들은 그렇지 않았다. 예루살렘 성벽을 건축하기로 결정하자마자 그들은 시간을 지체하지 않고 즉시로 그 일에 착수했다. 우리는 오늘 할 수 있는 일을 내일로 미루어서는 안 된다. 본 장은 우리에게 다음과 같은 두 가지를 이야기해 준다. I. 성벽을 건축한 자들의 이름. 그들의 이름이 여기 기록된 것은 그들을 존귀케 하기 위한 것이었다. 그들은 하나님과 이스라엘을 위해 큰 열심을 나타냈으며, 경건한 마음과 공적인 정신을 가지고 부지런히 그리고 용기 있게 성벽 건축을 수행했다. 그리고 이와 같이 그들의 이름이 여기에서 자세하게 기록된 것은 그들 자신을 칭송함과 함께 다른 사람들로 하여금 그들의 본을 따르도록 격려하기 위한 것이었다. II. 성벽을 건축한 순서. 그들은 순서대로 건축하여 처음 시작한 장소에서 끝마쳤다. 그들이 중수한 순서는 다음과 같았다. 1. 양문에서 어문까지(1, 2절). 2. 어문에서 옛 문까지(3-5절). 3. 옛 문에서 골짜기 문까지(6-12절). 4. 골짜기 문에서 분문까지(13, 14절). 5. 분문에서 샘문까지(15절). 6. 샘문에서 수문까지(16-26절). 7. 수문에서 마문을 거쳐 처음 공사를 시작했던 양문까지(27-32절). 이와 같이 그들은 예루살렘 성읍을 한 바퀴 돌아 모든 공사를 마쳤다.

¹그 때에 대제사장 엘리아십이 그의 형제 제사장들과 함께 일어나 양문을 건축하여 성별하고 문짝을 달고 또 성벽을 건축하여 함메아 망대에서부터 하나넬 망대까지 성별하였고 ²그 다음은 여리고 사람들이 건축하였고 또 그 다음은 이므리의 아들 삭굴이 건축하였으며 ³어문은 하스나아의 자손들이 건축하여 그 들보를 얹고 문짝을 달고 자물쇠와 빗장을 갖추었고 ⁴그 다음은 학고스의 손자 우리아의 아들 므레못이 중수하였고 그 다음은 므세사벨의 손자 베레갸의 아들 므술람이 중수하였고 그 다음은 바아나의 아들 사독이 중수하였고 ⁵그 다음은 드고아 사람들이 중수하였

으나 그 귀족들은 그들의 주인들의 공사를 분담하지 아니하였으며 ⁶옛 문은 바세아의 아들 요야다와 브소드야의 아들 므술람이 중수하여 그 들보를 얹고 문짝을 달고 자물쇠와 빗장을 갖추었고 ⁷그 다음은 기브온 사람 믈라댜와 메로놋 사람 야돈이 강 서쪽 총독의 관할에 속한 기브온 사람들 및 미스바 사람들과 더불어 중수하였고 ⁸그 다음은 금장색 할해야의 아들 웃시엘 등이 중수하였고 그 다음은 향품 장사 하나냐 등이 중수하되 그들이 예루살렘의 넓은 성벽까지 하였고 ⁹그 다음은 예루살렘 지방의 절반을 다스리는 후르의 아들 르바야가 중수하였고 ¹⁰그 다음은 하루맙의 아들 여다야가 자기 집과 마주 대한 곳을 중수하였고 그 다음은 하삽느야의 아들 핫두스가 중수하였고 ¹¹하림의 아들 말기야와 바핫모압의 아들 핫숩이 한 부분과 화덕 망대를 중수하였고 ¹²그 다음은 예루살렘 지방 절반을 다스리는 할로헤스의 아들 살룸과 그의 딸들이 중수하였고 ¹³골짜기 문은 하눈과 사노아 주민이 중수하여 문을 세우며 문짝을 달고 자물쇠와 빗장을 갖추고 또 분문까지 성벽 천 규빗을 중수하였고 ¹⁴분문은 벧학게렘 지방을 다스리는 레갑의 아들 말기야가 중수하여 문을 세우며 문짝을 달고 자물쇠와 빗장을 갖추었고 ¹⁵샘문은 미스바 지방을 다스리는 골호세의 아들 살룬이 중수하여 문을 세우고 덮었으며 문짝을 달고 자물쇠와 빗장을 갖추고 또 왕의 동산 근처 셀라 못 가의 성벽을 중수하여 다윗 성에서 내려오는 층계까지 이르렀고 ¹⁶그 다음은 벧술 지방 절반을 다스리는 아스북의 아들 느헤미야가 중수하여 다윗의 묘실과 마주 대한 곳에 이르고 또 파서 만든 못을 지나 용사의 집까지 이르렀고 ¹⁷그 다음은 레위 사람 바니의 아들 르훔이 중수하였고 그 다음은 그일라 지방 절반을 다스리는 하사뱌가 그 지방을 대표하여 중수하였고 ¹⁸그 다음은 그들의 형제들 가운데 그일라 지방 절반을 다스리는 헤나닷의 아들 바왜가 중수하였고 ¹⁹그 다음은 미스바를 다스리는 예수아의 아들 에셀이 한 부분을 중수하여 성 굽이에 있는 군기고 맞은편까지 이르렀고 ²⁰그 다음은 삽배의 아들 바룩이 한 부분을 힘써 중수하여 성 굽이에서부터 대제사장 엘리아십의 집 문에 이르렀고 ²¹그 다음은 학고스의 손자 우리야의 아들 므레못이 한 부분을 중수하여 엘리아십의 집 문에서부터 엘리아십의 집 모퉁이에 이르렀고 ²²그 다음은 평지에 사는 제사장들이 중수하였고 ²³그 다음은 베냐민과 핫숩이 자기 집 맞은편 부분을 중수하였고 그 다음은 아나냐의 손자 마아세야의 아들 아사랴가 자기 집에서 가까운 부분을 중수하였고 ²⁴그 다음은 헤나닷의 아들 빈누이가 한 부분을 중수하되 아사랴의 집에서부터 성 굽이를 지나 성 모퉁이에 이르렀고 ²⁵우새의 아들 발랄은 성 굽이 맞은편과 왕의 윗 궁에서 내민 망대 맞은편 곧 시위청에서 가까운 부분을 중수하였고 그 다음은 바로스의 아들 브다야가 중수하였고 [26](그 때에 느디님 사람은 오벨에 거주하여 동쪽 수문과 마주 대한 곳에서부터 내민 망대까지 이르렀느니라) [27]그 다음은 드고아 사람들이 한 부분을 중수하여 내민 큰 망대와 마주 대한 곳에서부터 오벨 성벽까지 이르렀느니라 [28]마문 위로부터는 제사장들이 각각 자기 집과 마주 대한 부분을 중수하였고 [29]그 다음은 임멜의 아들 사독이 자기 집과 마주 대한 부분을 중수하였고 그 다음은 동문지기 스가냐의 아들 스마야가 중수하였고 [30]그 다음은 셀레먀의 아들 하나냐와 살랍의 여섯째 아들 하눈이 한 부분을 중수하였고 그 다음은 베레갸의 아들 므술람이 자기의 방과 마주 대한 부분을 중수하였고 [31]그 다음은 금장색 말기야가 함밉갓 문과 마주 대한 부분을 중수하여 느디님 사람과 상인들의 집에서부터 성 모퉁이 성루에 이르렀고 [32]성 모퉁이 성루에서 양문까지는 금장색과 상인들이 중수하였느니라

본 장을 구분하는 가장 좋은 방법은 건축자들 가운데 성벽 공사가 어떻게 나누어졌는지를 관찰하는 것이다. 이와 같이 공사를 나눈 것은 그들로 하여금 서로 분쟁하며 다투게 하려는 것이 아니라 각자 자신이 해야 할 일이 무엇인지 알고 서로 간에 더 잘 하려고 경쟁하도록 하기 위한 것이었다. 우리는 여기에서 그들 사이에 아무런 분쟁도 생기지 않고 도리어 모두가 공적 선을 위해 열심히 자신들의 몫을 감당한 것을 보게 된다. 예루살렘 성벽을 중수(重修)하는 이야기에서 우리는 다음과 같은 몇 가지 사실을 관찰할 수 있다.

I. 대제사장 엘리아십이 형제 제사장들과 함께 이 일에 앞장섰다(1절). 사역자는 모든 선한 일에 앞장서야 한다. 왜냐하면 그들은 백성들을 교화하고 인도함에 있어 가르치는 일로만 아니라 스스로의 선한 모범으로 그렇게 해야 하기 때문이다. 만일 그 일이 힘든 일이라면 그 일을 하기에 그들보다 더 적합한 자들이 누구란 말인가? 만일 그 일이 위험한 일이라면 그러한 위험을 무릅쓰기에 그들보다 더 적합한 자들이 누구란 말인가? 대제사장의 위엄은 너무도 큰 것이었으므로 그는 누구보다도 이 일에 앞장서야 했다. 제사장들은 양문(羊門)을 중수했다. 그것이 그와 같은 이름으로 불린 것은 성전에서 희생제물로 드려질 양들이 바로 이 문으로 들어왔기 때문이었다. 번제로 드려지는 여호와의 제물은 제사장들의 몫이었다. 따라서 양문을 중수하는 일은 그들에게 맡겨졌다. 우

리는 여기에서 그들이 양문을 성별했다는 언급을 발견하게 되는데, 그것은 말씀과 기도로 그리고 아마도 희생제물로 그렇게 했을 것이다. 그들이 그 문을 성별한 것은

1. 그것이 성전으로 통하는 문이었기 때문이었는지 모른다.

2. 혹은 그 문으로부터 성벽 건축 공사가 시작되었기 때문이었는지도 모른다. 어쩌면 양문 공사가 처음 완성됨으로서(성벽의 여러 부분에서 동시에 공사를 시행했다 할지라도), 그들이 여기에서 예루살렘 성읍과 모든 성벽을 하나님의 보호에 맡기는 거룩한 의식을 거행했는지도 모른다.

3. 혹은 제사장들이 그 문을 건축했기 때문이었는지도 모른다. 제사장은 하나님께 특별하게 성별된 자들로서 그들이 행하는 모든 일 심지어 일반적인 일들까지도 거룩한 본을 따라 행하는 것이 마땅했다.

II. 이 일에 매우 많은 사람들이 동참했다. 그들은 각자 능력에 따라 몫을 나누었다. 공적 선을 위해 모든 사람은 각자의 위치와 힘에 따라 최선을 다해 협력하며 동참해야 한다는 사실을 주목하라. 개별적으로는 할 수 없는 일이라도 서로 힘을 합치면 능히 할 수 있다. 어떤 일이라도 여러 명이 협력하면 쉽게 이루어질 것이다.

III. 예루살렘에 거주하지 않는 많은 사람들도 이 일에 적극 동참했다. 그들은 자신들의 이익이나 사적인 이해관계를 따지지 않고 순전히 공적 선을 구했다. 여기에 여리고 주민과(2절) 기브온과 미스바 주민(7절) 그리고 사노아 주민이(13절) 동참했다. 모든 이스라엘 백성은 예루살렘 성벽을 건축하는데 동참해야 한다.

IV. 예루살렘과 다른 성읍들의 몇몇 방백들도 이 일에 동참했다. 그들은 이 일이 진척되는데 마땅히 자신들의 재물과 힘이 사용되어야만 한다고 생각했다. 우리는 여기에서 그들이 각 성읍의 일부 혹은 절반을 다스리는 자들이었다는 언급을 볼 수 있다. 어떤 이는 예루살렘의 절반을 다스리는 자였으며(12절), 어떤 이는 벧학게렘의 일부를(14절), 어떤 이는 미스바의 일부를(15절), 어떤 이는 벧술의 일부를(16절) 다스리는 자였다. 그런가 하면 그일라의 경우에는 하사뱌가 절반을 다스리고(17절) 바왜가 나머지 절반을 다스렸다(18절). 아마도 바사 정부는 큰 성읍의 경우 한 사람에게만 맡기지 않고 두 사람에게 맡겨 서로 견제하게 했던 것으로 보인다. 로마제국에도 두 명의 집정관이 있었다.

V. 드고아의 귀족들이 비난의 대상이 됨. 그들은 자신들의 주의 공사를 분담하지 않았다(5절). 다시 말해서 그들은 성벽을 건축하는 일을 분담하기 위해 오지 않았다는 것이다. 그들은 귀족으로서의 위엄과 자유가 하나님을 섬기며 선한 일을 행하는 것을 면제시켜 주는 것으로 여겼다(실상은 하나님을 섬기며 선한 일을 행하는 것이야말로 최고의 위엄이며 최고의 자유가 아닌가?). 귀족들이 자기 나라의 유익을 증진시키는 일을 자신들과 무관한 일로 여겨서는 결코 안 된다.

VI. 옛 문을 중수하는 일은 두 사람이 맡음(6절). 그들은 서로 협력하여 동역함으로써 성벽 건축의 영광을 함께 나누었다. 어떤 일을 혼자 할 수 없을 때 우리는 다른 사람과 연합하는 것을 꺼려서는 안 된다. 어떤 이들은 이 문이 옛 문으로 불린 것은 그것이 멜기세덱에 의해 처음 건축된 옛 살렘(ancient Salem)에 속한 문이었기 때문이라고 생각한다.

VII. 제사장들과 방백들뿐만 아니라 몇몇 선하고 정직한 상인들도 이 일에 동참함. 그들은 금장색과 향품 장사와 상인들이었다(8, 32절). 그들은 자신들의 직업이 자신들을 면제시켜 준다고 생각하지 않았을 뿐만 아니라 공적인 일에 동참하기 위해 자신들의 상점을 떠날 수 없노라고 핑계대지도 않았다. 그들은 성벽공사에 동참하는 것으로 인한 손실이 하나님의 축복으로 보충될 것을 믿었다.

VIII. 몇몇 여자들도 이 일에 동참함. 우리는 12절에서 살룸과 그의 딸들이라는 언급을 보게 된다. 그녀들은 비록 힘으로 하는 일은 할 수 없었을지라도 자신들이 할 수 있는 일을 하든지, 아니면 부유한 과부로서 건축에 필요한 돈을 기부했을 것이다. 사도 바울도 자신과 함께 복음에 힘썼던 여인들에 대해 이야기한다(빌 4:3).

IX. 어떤 이들은 자기 집과 마주 대한 곳을 중수했으며(10, 23, 28, 29절), **또 어떤 이는 자기 방과 마주 대한 곳을 중수했다**(30절). 많은 사람이 참여하는 대대적인 일에 있어 각자에게 가능한 가장 가까운 곳의 일을 맡기는 것은 매우 지혜로운 일이다. 모든 사람이 각자 자신의 집 앞을 청소한다면, 거리는 깨끗해질 것이다. 그리고 모든 사람이 하나씩 중수(重修)한다면, 우리는 모든 것이 중수되어 있는 것을 보게 될 것이다. 방 하나만을 가지고 있는 자가 그 주위를 중수한다면, 그는 자신의 몫을 행한 것이다.

X. 자신의 몫을 힘써 중수했다고 언급된 자도 있었다(20절).　그는 불타는 열정으로 자신의 몫을 행했다. 그렇다고 해서 다른 사람들은 냉랭하며 무관심하게 일했다는 뜻은 아니다. 다만 그가 누구보다도 가장 열심히 일함으로써 그 결과 모든 사람의 주목을 받게 되었다는 뜻이다. 이와 같이 선한 일에 열심을 품는 것은 좋은 일이다. 그리고 그의 열심으로 인해 많은 사람들이 자극을 받고 각자 자신들의 몫을 더욱 열심히 감당했을 것이다.

XI. 이 일에 동참한 자들 가운데 여섯째 아들도 있었다(30절).　우리는 그가 여섯째 아들이라고 특별히 언급된 것에 주목할 필요가 있다. 아마도 그의 다섯 형들은 이 일에 동참하지 않은 것으로 보인다. 선한 일을 행함에 있어 우리는 연장자들이 나설 때까지 기다릴 필요가 없다. 그들이 그 일에 동참하기를 싫어한다고 해서 우리까지도 그렇게 해야 하는 것은 아니다. 그러므로 설령 아우라 할지라도 만일 그가 더 선하며 하나님과 자기 세대에게 더 나은 봉사를 한다면 실상 더 나은 사람은 바로 그가 아니겠는가? 가장 유용하게 쓰임받는 자가 가장 존귀한 자이다.

XII. 먼저 자신의 몫을 중수하고 나중에 다른 사람의 몫까지 떠맡은 자들도 있었다.　므레못은 한 부분을 중수하고(4절) 후에 또 한 부분을 중수했다(21절).　마찬가지로 드고아 사람들 역시도 한 부분을 중수하고(5절) 후에 또 한 부분을 중수했다(27절). 특별히 드고아 사람들의 헌신이 더욱 돋보이는 것은 그들의 귀족들의 나쁜 본보기에도 불구하고 그렇게 헌신적으로 수고했기 때문이었다. 그들은 귀족들의 나쁜 본보기를 핑계 삼아 자신들도 동참하지 않는 대신 도리어 갑절의 수고를 감당했다. 그들의 이와 같은 열심은 그들의 귀족들의 게으름을 부끄럽게 하기에 충분했다.

XIII. 느헤미야 역시도 어떤 특별한 부분을 중수했는지 여부는 전혀 나타나지 않는다.　그와 같은 이름의 사람이 나타나기는 하지만(16절), 그러나 그는 다른 사람이었다. 그렇다면 느헤미야는 아무 일도 하지 않았단 말인가? 결코 그렇지 않다. 비록 성벽의 어떤 특정한 부분을 중수하지는 않았다 할지라도, 그는 어느 누구보다도 더 많은 일을 감당했다. 왜냐하면 그들 모두를 감독하는 일을 맡았기 때문이었다. 우리가 나중에 보게 되는 것처럼(4:16) 일꾼 가운데 절반은 각각의 처소에서 일하고 나머지 절반은 파수를 섰다. 그러는 동안 느헤미야는 성벽을 돌면서 일꾼들을 지시하고 격려하며, 일손이 필요한 곳에서는 직접 거들기도 하며, 그러면서 동시에 다음 장에서 보게 될 것처럼 적의 동태에 대해 잠시도 주의를 게을리하지 않았다. 항해사가 닻줄을 당길 필요는 없다. 그는 키를 잡고 있는 것으로 충분하다.

제 4 장

개요

우리는 앞 장에서 많은 백성들이 예루살렘 성벽 공사에 동참한 것을 살펴보았다. 그러나 이러한 일이 아무 훼방 없이 이루어지는 것은 너무도 드문 법이다. 이제 우리는 여기에서 원수들이 어떻게 훼방했으며 또 그러한 훼방에 대해 느헤미야가 어떻게 대처했는지에 대해 듣게 된다. I. 원수들이 그들의 성벽 건축 공사를 비난하며 조롱함. 그러나 그러한 조롱에 그들은 기도로 응답하면서 계속해서 공사를 진행시킴(1-6절). II. 원수들이 그들의 일을 무력으로 막고자 유혈(流血)의 궤계를 꾸밈(7, 8, 10-12절). 이를 막기 위해 느헤미야는 기도하며(9절) 수비병을 세우며(13절) 그들로 하여금 싸울 것을 격려함(14절). 이로써 그들의 궤계는 깨어지고(15절) 그 일은 계속해서 진행됨(16-23절). 이 모든 일을 통해 느헤미야는 경건의 사람이었을 뿐만 아니라 지혜와 용기의 사람이었다는 사실이 온전히 드러나게 되었다.

[1]산발랏이 우리가 성을 건축한다 함을 듣고 크게 분노하여 유다 사람들을 비웃으며 [2]자기 형제들과 사마리아 군대 앞에서 일러 말하되 이 미약한 유다 사람들이 하는 일이 무엇인가, 스스로 견고하게 하려는가, 제사를 드리려는가, 하루에 일을 마치려는가 불탄 돌을 흙 무더기에서 다시 일으키려는가 하고 [3]암몬 사람 도비야는 곁에 있다가 이르되 그들이 건축하는 돌 성벽은 여우가 올라가도 곧 무너지리라 하더라 [4]우리 하나님이여 들으시옵소서 우리가 업신여김을 당하나이다 원하건대 그들이 욕하는 것을 자기들의 머리에 돌리사 노략거리가 되어 이방에 사로잡히게 하시고 [5]주 앞에서 그들의 악을 덮어 두지 마시며 그들의 죄를 도말하지 마옵소서 그들이 건축하는 자 앞에서 주를 노하시게 하였음이니이다 하고 [6]이에 우리가 성을 건축하여 전부가 연결되고 높이가 절반에 이르렀으니 이는 백성이 마음 들여 일을 하였음이니라

I. 유대인들이 예루살렘 성벽을 건축하고자 시도하는 것에 대해 산발랏과

도비야가 악의적인 조롱과 비난을 퍼부음. 유대인들이 예루살렘 성벽을 건축한다는 소식이 온 지역에 퍼지는 가운데 특별히 그들을 적대하는 세력의 본거지인 사마리아에도 전해졌다. 우리는 여기에서 그들이 그러한 소식을 어떻게 받아들였는지에 대해 듣게 된다.

1. 그들의 마음의 태도. 그들은 그 소식을 듣고 크게 분노했다(1절). 그들은 이스라엘 자손을 흥왕하게 하려는 자가 왔다는 소식을 듣고 크게 근심했었다(2:10). 거기에다가 유대인들이 이 큰 역사를 시작했다는 소식을 듣자 그들은 더 이상 참을 수가 없었다. 지금까지 그들은 예루살렘의 성벽이 허물어져 있는 한 자신들이 마음만 먹으면 언제든지 그 성읍을 집어삼킬 수 있다는 생각으로 스스로 즐거워하고 있었다. 그렇지만 만일 성벽이 중수(重修)된다면, 예루살렘은 스스로 방비할 수 있는 힘을 갖게 될 뿐만 아니라 점차로 그들에게 상당한 위협이 될 것이었다. 이와 같이 교회의 힘과 안전은 교회를 대적하는 원수들에게 상당한 근심과 두려움을 가져다줄 것이다.

2. 그들의 말. 그들은 유대인들의 성벽 건축 공사를 비방하며 조롱했다. 이와 같이 함에 있어 그들은 온갖 악의를 나타냈지만, 그러나 도리어 그것이 유대인들에게 전화위복이 되었다. 왜냐하면 그 일을 스스로 허물어지고 말 어리석은 일로 여기며 조롱하느라 적극적으로 방해할 적절한 때를 놓쳐버리고 말았기 때문이었다. 나중에 문제의 심각성을 깨닫고 적극적으로 방해하려고 했을 때에는 이미 너무 늦고 말았다. 여기에서 그들이 어떤 오만과 악의로써 그 일을 노골적으로 조롱했는지 살펴보자.

(1) 산발랏은 일꾼들을 비웃으며 그들을 미약한 유다 사람들이라고 부른다(2절). "이들이 하는 일이 무엇인가? 불탄 돌을 흙무더기에서 다시 일으키려는가? 이토록 조급하게 구는 이유가 무엇인가? 하루 만에 성벽을 쌓고 다음 날 제물을 드리며 봉헌예식을 행하려는가? 가련하고 어리석은 백성들이로다! 저들이 스스로를 얼마나 우스꽝스럽게 만드는지 보라!"

(2) 도비야는 성벽 건축 공사 자체에 대해서도 그에 못지않은 조롱을 퍼붓는다. 그 역시도 자신의 말재주를 과시하며 성벽 건축 공사를 조롱하고 있는데(3절), 이와 같이 악인들은 서로 장단을 맞추며 악을 더한다. 그는 이렇게 말한다. "어리석은 일이로다. 그 일로 인해 그들 자신이 부끄러움을 당하게 될 것이로다. 그들이 건축하는 돌 성벽은 여우가 올라가도 곧 무너지리라." 선한 일이

이와 같이 오만하며 악의에 찬 사람들에 의해 비방과 경멸을 당하는 것은 너무도 흔한 일이다.

II. 느헤미야가 이러한 조롱을 듣고 하나님 앞에 겸손하게 아룀. 그는 그들이 말한 이야기를 전해 들었다. 아마도 그들 자신이 느헤미야의 기를 꺾기 위해 이러한 취지의 메시지를 그에게 보냈을 것으로 보인다. 그러나 느헤미야는 어리석은 자들에 대해 일체 대응하지 않았다. 그는 그들의 악한 말에 맞대응하지 않고 기도로써 하나님 앞에 나아갔다.

1. 느헤미야는 하나님께 자신들이 업신여김을 당하는 것을 보시라고 호소한다(4절). 우리는 그의 이러한 면을 본받아야 한다: 우리 하나님이여 들으시옵소서 우리가 업신여김을 당하나이다. 다음의 사실들을 주목하라.

(1) 하나님의 백성들이 종종 조롱과 경멸을 당해왔다는 사실.

(2) 하나님은 자기 백성들이 받는 모든 조롱과 경멸을 들으셨고 또 들으실 것이라는 사실. 하나님의 백성들이 조롱과 경멸 가운데 마치 못 듣는 자처럼 잠잠히 있었던 것은 바로 이런 이유 때문이었다(시 38:13, 15). "주는 우리의 호소를 들으시는 우리 하나님이시나이다. 주께서 들으시고 아시므로 우리는 더 이상 아무것도 필요치 않나이다."

2. 느헤미야는 하나님께 자신들의 부당함을 갚아 주시고 그 모든 경멸을 그들 자신에게 돌려 주실 것을 간구한다(4, 5절). 이것은 기도의 영으로라기보다는 예언의 영으로 말한 것이었다. 그러므로 그리스도에 의해 핍박하는 원수까지도 위해 기도하라는 가르침을 받은 우리는 이와 같은 기도를 모방해서는 안 된다. 그리스도 자신도 자신을 모독하는 자들을 위해 기도하셨다: 아버지여 저들의 죄를 사하여 주옵소서. 느헤미야는 여기에서 그들의 악을 덮어 두지 말아 달라고 기도한다. 다음의 사실들을 주목하라.

(1) 하나님의 백성을 경멸하는 것은 스스로 영원한 수치를 자취(自取)하는 것일 뿐이라는 사실.

(2) 하나님의 백성을 경멸하는 자들은 대부분의 경우 그러한 죄를 거의 회개하거나 돌이키지 않는다는 사실. 여기에서 느헤미야는 그들의 심령이 극도로 완악해져 있으며 따라서 그들이 결코 회개하지 않으리라고 생각할 만한 충분한 근거를 갖고 있었다. 만일 그렇지 않았다면, 그들의 악을 덮어 두지 말라고까지는 기도하지 않았을 것이다. 그가 이와 같이 기도한 것은 그들이 자신들을

모욕했기 때문이 아니라 자신들을 통해 하나님을 모욕했기 때문이었다. 우리가 핍박자들에 대해 분노하는 것은 우리가 핍박을 당했기 때문이 아니라 그것이 하나님을 모독하는 것이기 때문이어야 한다. 오직 이와 같은 기초 위에서만 우리는 하나님이 그들을 대적할 것을 기대할 수 있다(시 74:18, 22).

III. 이러한 모욕에도 불구하고 건축자들이 계속해서 일에 매진함(6절).   그들은 공사에 더욱 박차를 가하여 짧은 시간에 성벽의 높이를 절반까지 쌓았다. 그것은 그들 모두가 마음을 들여 일했기 때문이었다. 그들의 마음은 오로지 성벽을 쌓는 데 집중되어 있었다. 다음의 사실들을 주목하라.

1. 선한 일은 백성들의 마음이 하나로 모아질 때 잘 진행될 것이란 사실.

2. 원수들의 모욕과 비방은 우리로 하여금 우리가 마땅히 행해야 할 일을 못하게 막기보다는 도리어 그것을 더욱 촉진시킬 것이라는 사실.

[7]산발랏과 도비야와 아라비아 사람들과 암몬 사람들과 아스돗 사람들이 예루살렘 성이 중수되어 그 허물어진 틈이 메꾸어져 간다 함을 듣고 심히 분노하여 [8]다 함께 꾀하기를 예루살렘으로 가서 치고 그 곳을 요란하게 하자 하기로 [9]우리가 우리 하나님께 기도하며 그들로 말미암아 파수꾼을 두어 주야로 방비하는데 [10]유다 사람들은 이르기를 흙 무더기가 아직도 많거늘 짐을 나르는 자의 힘이 다 빠졌으니 우리가 성을 건축하지 못하리라 하고 [11]우리의 원수들은 이르기를 그들이 알지 못하고 보지 못하는 사이에 우리가 그들 가운데 달려 들어가서 살륙하여 역사를 그치게 하리라 하고 [12]그 원수들의 근처에 거주하는 유다 사람들도 그 각처에서 와서 열 번이나 우리에게 말하기를 너희가 우리에게로 와야 하리라 하기로 [13]내가 성벽 뒤의 낮고 넓은 곳에 백성이 그들의 종족을 따라 칼과 창과 활을 가지고 서 있게 하고 [14]내가 돌아본 후에 일어나서 귀족들과 민장들과 남은 백성에게 말하기를 너희는 그들을 두려워하지 말고 지극히 크시고 두려우신 주를 기억하고 너희 형제와 자녀와 아내와 집을 위하여 싸우라 하였느니라 [15]우리의 대적이 우리가 그들의 의도를 눈치챘다 함을 들으니라 하나님이 그들의 꾀를 폐하셨으므로 우리가 다 성에 돌아와서 각각 일하였는데

여기에서 우리는 다음과 같은 내용을 보게 된다.

I. 원수들이 유대 사람들을 살해함으로써 성벽 건축 공사를 중단시키려는

음모를 꾸밈. 이러한 음모에 산발랏과 도비야뿐 아니라 주변 백성들도 가담했다. 그들은 그 일이 곧 중단될 것이라고 생각했었다. 그러나 그 일이 순조롭게 진행되고 있다는 소식을 듣자, 그들은 그 일을 신속하게 진행시켜나가는 유다 사람들에 대해 분노하는 동시에 신속하게 저지하지 못한 자신들에 대해서도 역시 분노했다(7절): 그들이 심히 분노하여. 그 노여움이 혹독하니 저주를 받을 것이요 분기가 맹렬하니 저주를 받을 것이라(창 49:7). 이렇게 하여 그들은 예루살렘을 치기로 결의했다(8절). 어째서 그들은 유다 사람들과 더불어 다투는가? 유다 사람들이 그들에게 무슨 해악을 끼쳤는가? 아니면 무슨 나쁜 음모라도 꾸몄는가? 결코 그렇지 않다. 유다 사람들은 단지 그들 옆에서 조용히 살고 있었을 뿐이었다. 그것은 단지 그들의 시기심과 악의로부터 나온 것이었다. 그들은 유다 사람들의 경건을 미워했다. 그랬기 때문에 그들이 형통할 때 참을 수 없었으며 그들이 멸망을 당하기만을 간절히 바랐다. 다음을 주목하라.

1. 그들은 모두 한마음이었다. 그들은 다 함께 꾀했다(8절). 그들은 피차 이해관계가 서로 달랐음에도 불구하고 하나님의 일을 대적하는 데에는 하나였다.

2. 그들은 매우 치밀했다. 그들은 이렇게 말했다: 그들이 알지 못하고 보지 못하는 사이에 우리가 그들 가운데 달려 들어가서 살륙하여(11절). 이와 같이 그들은 간교한 음모를 꾸몄으며, 그러한 음모를 하나님조차도 눈치채지 못하게 깊이 숨겼으며, 자신들의 성공을 굳게 확신했다.

3. 그들은 매우 잔인했다. 우리가 가서 그들을 죽이리라. 그들은 단지 건축 공사를 중단시키는 것으로 끝내고자 하지 않았다. 그들이 목말랐던 것은 유다 사람들의 피였다.

4. 그들은 성공을 확신했다. 우리가 그들의 역사를 그치게 하리라. 그들은 이렇게 되는 것을 조금도 의심치 않았다. 악인들이 목표로 삼는 것은 선한 일을 훼방하는 것이며, 그들은 그 일이 필경 성공할 것으로 여긴다. 그러나 선한 일은 하나님의 일이며 따라서 하나님이 그 일을 형통케 하실 것이다.

II. 건축자들이 낙망에 빠짐. 원수들이 "우리가 그 일을 그치게 하자"라고 외치던 바로 그 순간 유다 사람들은 "이제 그만 두자 우리가 성을 건축하지 못하리라"라고 말하고 있었다(10절). 그들은 일꾼들이 지치고 흙무더기 치우는 일조차도 버거울 정도로 어려움이 많은 마당에 당분간 작업을 중단하는 것이 현명할 것이라고 생각했다. 그토록 용맹스럽던 유다가 어떻게 이토록 나약해질 수 있었단 말인가? 지도자는 외부로부터 오는 위협뿐 아니라 내부적인 문제까지도 해결하기 위해 많은 노고를 기울여야 한다.

Ⅲ. 원수들의 음모가 느헤미야에게 전달됨(12절).   그러한 원수들 주변에 거주하는 유다 사람들이 있었다. 그들은 성벽 건축 공사에 동참할 만큼의 열정은 가지고 있지 못했지만 그러나 주변에 있는 원수들의 동태를 파악하고 그 정보를 전달해 줄 정도의 선한 양심은 가지고 있었다. 많은 증인들에 의해 그것도 열 번이나 반복적으로 전달된 사실은 그 정보가 신뢰할 만한 것임을 나타내는 증표였다. 그들은 숨이 끊어질 듯이 헐레벌떡 달려와서 그 정보를 전해 주었을 것이며, 그러한 모습은 그들의 말의 신뢰성을 더욱 높여 주었을 것이다. "그들이 사방에서 당신들을 대적하나니 당신들은 곳곳에 파수를 세워야 할 것이나이다." 하나님은 여러 가지 방법으로 교회의 원수들의 계교를 드러나게 하신다. 원수들 곁에서 그럭저럭 거주하는 미약한 유다 사람들조차도 그들의 동태를 탐지하는 정탐꾼으로 사용될 수 있다. 그들이 잠잠하면, 공중의 새가 전해 줄 것이다.

Ⅳ. 이에 느헤미야가 그들의 음모를 좌절시키기 위해 적절하게 대처함.

1. 그는 돌아보았다(14절).

(1) 그는 하나님을 돌아보았다. 그는 하나님으로 자기편을 삼고, 모든 일을 하나님의 보호 아래 놓았다(9절): 우리가 우리 하나님께 기도하며. 바로 이것이 느헤미야가 대처한 방법이었으며, 우리 역시도 그러해야 한다. 그는 자신의 모든 근심과 염려와 두려움을 하나님 앞에 펼쳐 놓았으며, 그 모든 짐을 자신이 짊어지려고 하지 않았다. 이것이 그가 행한 첫 번째 일이었다. 그는 어떤 수단을 사용하기 전에 먼저 하나님께 기도했다. 이와 같이 우리는 범사에 하나님과 함께 시작해야 한다.

(2) 그는 자기 주위를 돌아보았다. 그는 기도하고 난 후 파수꾼을 두어 방비했다. 우리의 영적 전쟁과 관련하여 그리스도께서 주신 교훈 역시도 이와 일치한다(마 26:41): 깨어 기도하라(Watch and pray, 경계하며 기도하라). 만일 우리가 스스로를 보호함에 있어 기도만으로 충분하다고 생각한다면, 우리는 나태한 것이요 하나님을 시험하는 것이다. 반대로 경계만으로 충분하다고 생각한다면, 우리는 교만하며 하나님을 대수롭지 않게 여기는 것이다. 두 경우 모두

우리는 하나님의 보호를 상실하게 될 것이다.

2. 다음을 주목하라.

(1) 그가 파수꾼들을 어떻게 배치했는지(13절). 느헤미야는 파수꾼들을 성벽 뒤의 낮은 곳에 배치함으로써 적들로 하여금 함부로 접근하지 못하게 했다. 그리고 성벽의 높은 곳에도 배치하여 위에서부터 적의 머리를 향해 돌과 창을 던지도록 했다. 그리고 느헤미야는 가문 별로 배치함으로써 파수꾼들 간의 유대관계가 더욱 공고해지도록 했다.

(2) 그가 백성들을 어떻게 격려했는지(14절). 귀족들과 민장들과 모든 백성들은 자신들에게 전해진 보고를 듣고 크게 당황하며 두려워했다. 이로써 그들의 손은 성벽 건축에서나 싸우는 일에서나 크게 약화되었다. 이에 느헤미야는 그들의 두려움을 제거하고자 다음과 같이 말한다. "너희는 그들을 두려워하지 말고 다음과 같은 두 가지를 기억하고 용감히 싸우라."

[1] "너희가 누구 아래에서 싸우고 있는지 기억하라. 너희는 가장 위대한 대장이신 하나님 아래 싸우고 있지 않느냐? 크고 두려우신 주를 기억하라. 너희는 지금 적들이 크고 두렵다고 생각하고 있지만 그러나 하나님과 비교할 때 그들이 무엇이란 말인가? 특별히 지금은 그들이 하나님을 대적하고 있지 않은가? 하나님은 그들보다 무한히 크시며 그들을 자기 마음대로 다루실 수 있느니라. 하나님이 그들을 대적하실 것이요 그들에게 큰 두려움이 되실 것이라." 믿음의 눈으로 교회의 하나님이 크고 두려우신 분임을 보는 자들은 또한 교회의 원수들이 얼마나 하잘것없는 존재인가 하는 것을 보게 될 것이다. 하나님을 두려워하는 마음이야말로 사람을 두려워하는 올무에 빠지는 것을 막아주는 최고의 울타리이다. 죽음 아래 있는 인생을 두려워하는 자는 자기를 창조하신 하나님을 잊어버린 것이다(사 51:12, 13).

[2] "너희가 누구를 위해 싸우고 있는지 기억하라. 너희는 지금 싸워야 할 분명한 이유를 갖고 있느니라. 너희는 너희 형제와 자녀와 아내와 집을 위하여 싸우고 있느니라. 세상에서 너희에게 가장 소중한 것들이 지금 위험 가운데 처해 있느니라. 그러므로 용감히 싸우라."

V. 이로 인해 원수들의 계획이 좌절됨(15절). 자신들의 계획이 발각되고 유다 사람들이 이에 적극적으로 대처하고 있음을 알게 되자 그들은 이제 다 틀렸다고 결론을 내리지 않을 수 없게 되었다. 이와 같이 하나님이 그들의 꾀를 폐

하셨다. 그들은 유다 사람들을 급습해야만 소기의 성과를 기대할 수 있음을 알고 있었다. 그러므로 계획이 발각되었다면 이미 그 일은 실패로 끝난 것이었다. 이렇게 하여 유다 사람들은 다시 각자의 일로 돌아갔다. 하나님은 지금 성벽을 건축하는 일과 그 일을 수행하는 그들을 인정해 주셨다. 그리하여 그들은 더 큰 기쁨과 즐거움으로 그 일로 돌아가게 되었다. 하나님의 돌보심이 우리를 격려하여 더욱 열심히 의무를 수행하도록 이끄는 것을 보라. 위기가 지나가면 우리는 마땅히 각자의 일로 돌아가야 한다. 그리고 또 다른 위기가 오면 또다시 하나님을 의지하자.

[16]그 때로부터 내 수하 사람들의 절반은 일하고 절반은 갑옷을 입고 창과 방패와 활을 가졌고 민장은 유다 온 족속의 뒤에 있었으며 [17]성을 건축하는 자와 짐을 나르는 자는 다 각각 한 손으로 일을 하며 한 손에는 병기를 잡았는데 [18]건축하는 자는 각각 허리에 칼을 차고 건축하며 나팔 부는 자는 내 곁에 섰었느니라 [19]내가 귀족들과 민장들과 남은 백성에게 이르기를 이 공사는 크고 넓으므로 우리가 성에서 떨어져 거리가 먼즉 [20]너희는 어디서든지 나팔 소리를 듣거든 그리로 모여서 우리에게로 나아오라 우리 하나님이 우리를 위하여 싸우시리라 하였느니라 [21]우리가 이같이 공사하는데 무리의 절반은 동틀 때부터 별이 나기까지 창을 잡았으며 [22]그 때에 내가 또 백성에게 말하기를 사람마다 그 종자와 함께 예루살렘 안에서 잘지니 밤에는 우리를 위하여 파수하겠고 낮에는 일하리라 하고 [23]나나 내 형제들이나 종자들이나 나를 따라 파수하는 사람들이나 우리가 다 우리의 옷을 벗지 아니하였으며 물을 길으러 갈 때에도 각각 병기를 잡았느니라

유다 사람들에게 있어 비록 각자의 일로 돌아갈 수 있을 정도로 상황이 호전되기는 했다 할지라도 그러나 여전히 무기를 완전히 놓을 정도로 안전해진 것은 결코 아니었다. 왜냐하면 원수들은 계속해서 성벽 건축을 훼방할 방도를 찾고 있었기 때문이었다. 하나의 음모가 실패로 끝나면 그들은 또 다른 음모를 꾸밀 것이었다. 우리는 이와 같이 항상 우리의 영적 원수들을 경계해야 한다. 우리의 일이 끝날 때까지 우리의 영적 전쟁은 결코 끝나지 않을 것이다. 느헤미야가 원수들의 공격에 대비해 어떻게 스스로를 방비하려고 했는지 살펴보라.

1. 느헤미야는 일꾼들을 절반씩 나누었다. 그리하여 절반이 일하고 있는 동안 나머지 절반은 창과 방패와 활을 가지고 자신과 일꾼들을 지키도록 했다(16절). 그러다가 긴박한 상황이 되면 일하고 있던 자들도 즉시 무기를 잡고 싸우도록 조치했다. 아마도 그들은 일정한 시간마다 임무를 교대했을 것이다. 그럼으로써 일꾼들로 하여금 노동의 피로를 풀게 하고 특별히 짐을 나르는 자들로 하여금 새롭게 힘을 재충전하도록 하게 했다(10절). 이와 같이 절반은 일하고 나머지 절반은 병기를 든 것과 관련하여 17절은 그들이 다 각각 한 손으로 일을 하며 한 손에는 병기를 잡았다고 언급한다. 우리는 이러한 표현을 문자적으로 이해할 필요가 없다. 왜냐하면 일은 두 손을 모두 필요로 하기 때문이다. 다만 이러한 표현은 그들이 두 가지 일을 똑같이 감당했음을 의미하는 것일 뿐이다. 이와 같이 우리는 영적 전쟁의 무기를 들고 우리의 구원을 위해 일해야 한다. 왜냐하면 우리가 행하는 모든 일에 있어 우리는 영적 원수들의 훼방에 부딪힐 것을 예상해야만 하기 때문이다. 그들과 대항하여 우리는 계속해서 **믿음의 선한 싸움을 싸워야** 한다.

2. 느헤미야는 모든 건축자들로 하여금 허리에 칼을 차도록 지시했다(18절). 하나님의 말씀은 성령의 검이다. 우리는 그리스도인으로서 일을 할 때나 영적 전쟁을 수행할 때나 항상 하나님의 말씀 곧 성령의 검을 가까이 두어야 한다.

3. 느헤미야는 적이 가까이 접근할 때 즉시 보고하도록 조치했다. 그리고 나팔 부는 자를 항상 곁에 두고 있다가 위험의 징후가 있을 때 즉시 나팔을 불도록 했다. 성벽을 건축하는 일은 큰 공사였으므로 일꾼들은 널리 퍼져 일하고 있었다. 왜냐하면 그들은 성벽의 모든 곳에서 동시에 일하고 있었기 때문이었다. 느헤미야는 계속해서 돌아다녔는데, 그것은 공사를 감독하며 일꾼들을 격려할 뿐만 아니라 적이 갑작스럽게 공격할 때 그 정보를 신속하게 받기 위함이었다. 그리고 그럴 때 즉시 나팔을 불게 함으로써 그러한 정보를 모든 사람에게 알리게 했다. 그러면 그들은 하나님이 그들을 위해 싸우실 것이란 확신을 갖고 즉시로 그에게 모여야 했다(18-20절). 그들이 일꾼으로서 일을 할 때는 해야 할 일이 있는 곳으로 퍼져야 했다. 그러다가 병사로서 부름을 받으면 즉시 한 곳으로 집결하여 한 덩어리를 이루어야 했다. 이와 같이 그리스도의 몸을 세우는 일꾼들은 항상 공동의 적에 대항하여 연합할 준비가 되어 있어야 한다.

4. 느헤미야는 교외(郊外)에 거주하는 자들에게 종자들과 함께 예루살렘 안에서 자도록 명령했다(22절). 그렇게 한 것은 아침에는 좀 더 신속하게 작업장에 가도록 하고, 밤에 원수들이 갑자기 기습할 경우 즉시 싸울 수 있도록 하기 위함이었다. 성읍의 힘은 성벽보다도 사람들의 손에 달려 있는 법이다. 그러므로 그들을 안전하게 지켜주면 성읍은 더욱 안전해지게 될 것이다.

5. 느헤미야를 포함해 모든 백성들은 각자 자신의 직무에 최선을 다했다. 그는 적들로 하여금 자신들이 밤이나 낮이나 창을 잡고 지키는 모습을 보도록 했다(21절). 이와 같이 우리는 밤이나 낮이나 영적인 원수들을 경계해야 한다. 특별히 밤에도 경계를 게을리해서는 안 되는 것은 그들이 이 세상의 어둠의 주관자들이기 때문이다. 느헤미야와 백성들은 이 일에 최선을 다하는 가운데 이따금씩 옷을 갈아입을 때나 혹은 의식적으로 부정한 때를 제외하고는 심지어 밤에 잘 때도 옷을 벗지 않았다(23절). 이와 같이 그들이 옷을 입고 벗을 시간조차 없었다는 사실은 그들의 마음이 이 일에 집중되어 있었음을 보여주는 분명한 표적이었다. 선한 일은 그 일에 수고하는 자들이 이와 같이 최선을 다할 때 성공적으로 진행될 것이다.

제 5 장

개요

지혜롭고 신실한 총독 느헤미야가 외부의 적들의 공격에 대항해 얼마나 용감하게 맞섰는지에 대해 우리는 앞 장에서 살펴보았다. 이제 우리는 여기에서 그가 내부적인 문제를 개혁하는 데도 그에 못지않게 용감하고 적극적으로 대처했음을 보게 된다. 그는 유다를 외부의 원수들에 의해 멸망당하지 않도록 지켰을 뿐만 아니라 피차의 싸움에 의해서도 멸망당하지 않도록 지켰다. 본 장의 내용은 다음과 같다. I. 가난한 자들이 느헤미야에게 자신들이 처한 곤경을 호소함(1-5절). II. 이 문제를 해결하기 위해 느헤미야가 취한 조치(6-13절). III. 총독으로서 느헤미야 자신의 모범(14-19절).

[1]그 때에 백성들이 그들의 아내와 함께 크게 부르짖어 그들의 형제인 유다 사람들을 원망하는데 [2]어떤 사람은 말하기를 우리와 우리 자녀가 많으니 양식을 얻어 먹고 살아야 하겠다 하고 [3]어떤 사람은 말하기를 우리가 밭과 포도원과 집이라도 저당 잡히고 이 흉년에 곡식을 얻자 하고 [4]어떤 사람은 말하기를 우리는 밭과 포도원으로 돈을 빚내서 왕에게 세금을 바쳤도다 [5]우리 육체도 우리 형제의 육체와 같고 우리 자녀도 그들의 자녀와 같거늘 이제 우리 자녀를 종으로 파는도다 우리 딸 중에 벌써 종된 자가 있고 우리의 밭과 포도원이 이미 남의 것이 되었으나 우리에게는 아무런 힘이 없도다 하더라

우리는 여기에서 압제당하는 자의 눈물을 보게 되는데, 이에 대하여는 솔로몬도 살펴본 적이 있었다(전 4:1). 이제 그들이 느헤미야 앞에 호소하는 것을 살펴보자. 그는 총독으로서 가난한 자와 궁핍한 자를 구원하며 그들을 악인들의 손에서 건질 책임을 맡은 자였다(시 82:4). 그들은 곤궁한 시대에 그리고 탐욕의 마음을 가진 자들에 의해 더욱 비참한 상태가 되었다.

I. 지금은 매우 곤궁한 때였다. 지금은 흉년이 든 때였다(3절). 흉년이 든 것은 아마도 비가 오지 않았기 때문이었을 것인데, 어쩌면 그것은 그들이 하나님

의 전을 방치하고(학 1:9-11) 십일조를 드리지 않은(말 3:9-10) 것에 대한 하나님의 징벌이었는지도 모른다. 이와 같이 어리석은 죄인들은 스스로 하나님의 심판을 자초하고는 그로 인해 괴로워하며 투덜거린다. 양식이 부족해지고 가격이 오르면 특별히 가난한 자들이 더 큰 고통을 느끼는 법이다. 우리를 죄로부터 구원하시고 풍족한 양식으로 먹이시는 하나님을 송축하리로다(겔 16:49). 그들로 하여금 흉년을 더욱 고통스럽게 만든 것은 그들의 자녀가 많은 사실이었다(2절). 가장 큰 고통을 호소한 가정은 가족의 숫자가 많은 가정이었다. 입은 있는데 먹을 양식은 없었다. 재산은 있으나 그것을 상속할 자녀들이 없는 가정이 있는가 하면, 자녀는 있어도 그들에게 상속해 줄 재산은 없는 가정도 있다. 둘을 모두 가진 자는 얼마나 감사할 이유가 많은가? 또 둘 모두를 갖지 못한 자는 그런 가운데 자족하며 살아야 한다. 반면 자녀는 많지만 가진 것이 없는 자는 믿음으로 하나님의 공급하심과 약속에 의지하여 살아가는 법을 배워야 하며, 자녀는 없으면서 많은 재산을 가진 자는 그것으로 궁핍한 자들을 도와야 한다. 그러나 이것이 전부가 아니었다. 흉년으로 먹을 것은 없는데 왕에게 바쳐야 할 세금은 많았다(4절). 그들에겐 아직까지 포로의 흔적이 남아 있었다. 아마도 그것은 인두세(人頭稅)였던 것으로 보인다. 그것은 사람에 대한 세금으로서 자녀가 많으면 더 많이 내야 했다. 더 많은 양식을 필요로 하는 자들이 더 많은 세금을 바쳐야 하니 이 얼마나 가혹한 일인가! 더구나 그들은 곡식을 사고 세금을 낼 돈이 없어 다른 사람들로부터 빌려야만 했던 것으로 보인다. 그들은 바벨론으로부터 빈손으로 돌아왔다. 그들에게 있어 자기 집을 마련하는 것만도 벅찬 문제였다. 하물며 그들에게 이와 같이 무거운 짐을 질 만한 여유가 어디에 있었겠는가? 재물과 권력을 가진 자들은 이와 같이 곤궁한 자들을 기꺼이 도와주어야 한다.

Ⅱ. 그들에게 돈을 빌려준 자들은 매우 가혹했다. 그들은 돈이 꼭 필요했으므로 빌리지 않을 수 없었다. 그러나 그들에게 돈을 빌려준 자들은 그들의 궁핍을 이용해 이득을 취하는 가운데 그들을 먹잇감으로 삼았다.

1. 그들은 돈을 빌린 자들로부터 매달 1%씩 연간 12%의 이자를 요구했다(11절). 만일 장사를 하거나 가축이나 땅을 사기 위해 돈을 빌렸다면, 돈을 빌려준 자가 빌린 자로부터 약간의 이자를 취하지 못할 이유가 무엇이겠는가? 또 정욕을 위해 쓰고자 빌렸든지 혹은 그렇게 쓰고 난 빈 자리를 메우기 위해 빌

렸다면, 그러한 낭비에 대한 정당한 비용을 지불하는 것은 지극히 마땅한 일이다. 그러나 가난한 자가 가족을 먹이기 위해 빌린다면, 이자 없이 빌려주든지 아니면 (그나마도 능력이 안 되면) 값없이 어떤 도움을 베푸는 것이 마땅하지 않겠는가?

2. 그러나 그들은 돈을 빌린 자들의 땅과 집을 저당 잡았다(3절). 뿐만 아니라 그 땅의 소산을 이자로서 취했으며(5절과 11절을 보라), 점차로 그 모든 것을 자신들이 차지했다. 그러나 그것이 전부가 아니었다.

3. 그들은 돈을 빌린 자들의 자녀를 취하여 종으로 삼거나 아니면 팔아버렸다(5절). 바로 이것이 그들을 가장 괴롭게 만들었으며, 그들은 다음과 같이 호소하지 않을 수 없었다. "우리 자녀도 그들의 자녀와 같지 않나이까? 그들에게 그들의 자녀가 사랑스러운 것처럼 우리에게 우리 자녀가 사랑스럽지 않겠나이까? 우리도 그들과 같은 인간으로서 자유와 존엄성을 가지고 있지 않나이까?(말 2:10; 욥 31:15). 뿐만 아니라 우리도 그들처럼 거룩한 나라요 자유자로 태어난 이스라엘인이요 동일한 특권을 받은 자들이 아니나이까? 우리의 육체도 우리 형제들의 육체처럼 할례의 언약의 거룩한 증표를 가지고 있지 않나이까? 그러나 우리의 자녀가 그들의 종이 되었으니 그들을 속량할 힘이 없나이다." 그들은 느헤미야에게 이와 같이 호소했다. 그들이 느헤미야에게 호소한 것은 그가 자신들의 고통을 가볍게 해 줄 수 있는 권세를 가진 자였기 때문이었을 뿐만 아니라 그가 선한 자로서 기꺼이 그렇게 해 줄 것으로 굳게 믿었기 때문이었다. 가난하며 도탄 가운데 빠진 가련한 자들이 구원을 요청하기 위해 땅의 방패들에게 가지 않으면 어디로 가겠는가?

Ⅲ. 이에 느헤미야는 일의 진상을 조사한다.　왜냐하면 가난한 자들의 아우성이라고 해서 항상 정당한 것은 아니기 때문이다. 여기에서 우리는 다음과 같은 교훈을 배워야 한다.

1. 우리는 압제당하는 자들에 대해 깊은 동정심을 가져야 한다. 그리고 세상에서 많은 사람들이 신음하는 고통을 생각하며 애통해야 한다. 그리고 입장을 바꾸어 놓고 생각하면서, 기도하는 가운데 그들의 고통을 기억하고 그들의 무거운 짐을 가볍게 해주어야 한다.

2. 우리는 압제자들에 대해 분개하며 자기 발아래 있는 자들의 피와 눈물을 마시는 자들의 오만과 잔인함을 미워해야 한다. 또한 긍휼을 베풀 줄 모르는

자들은 긍휼 없는 심판을 각오해야 한다. 여기의 압제하는 자들 역시도 얼마 전까지 멍에 아래 매여 있었으며 최근에 멍에의 집으로부터 해방된 자들이었다. 그렇다면 그들 역시도 감사하는 마음으로 형제들의 무거운 짐을 가볍게 해주어야 마땅했다(사 58:6). 그럼에도 불구하고 그렇게 하지 않은 것은 그들의 죄를 더욱 가중시키는 것이었다.

⁶내가 백성의 부르짖음과 이런 말을 듣고 크게 노하였으나 ⁷깊이 생각하고 귀족들과 민장들을 꾸짖어 그들에게 이르기를 너희가 각기 형제에게 높은 이자를 취하는도다 하고 대회를 열고 그들을 쳐서 ⁸그들에게 이르기를 우리는 이방인의 손에 팔린 우리 형제 유다 사람들을 우리의 힘을 다하여 도로 찾았거늘 너희는 너희 형제를 팔고자 하느냐 더구나 우리의 손에 팔리게 하겠느냐 하매 그들이 잠잠하여 말이 없기로 ⁹내가 또 이르기를 너희의 소행이 좋지 못하도다 우리의 대적 이방 사람의 비방을 생각하고 우리 하나님을 경외하는 가운데 행할 것이 아니냐 ¹⁰나와 내 형제와 종자들도 역시 돈과 양식을 백성에게 꾸어 주었거니와 우리가 그 이자 받기를 그치자 ¹¹그런즉 너희는 그들에게 오늘이라도 그들의 밭과 포도원과 감람원과 집이며 너희가 꾸어 준 돈이나 양식이나 새 포도주나 기름의 백분의 일을 돌려보내라 하였더니 ¹²그들이 말하기를 우리가 당신의 말씀대로 행하여 돌려보내고 그들에게서 아무것도 요구하지 아니하리이다 하기로 내가 제사장들을 불러 그들에게 그 말대로 행하겠다고 맹세하게 하고 ¹³내가 옷자락을 털며 이르기를 이 말대로 행하지 아니하는 자는 모두 하나님이 또한 이와 같이 그 집과 산업에서 털어 버리실지니 그는 곧 이렇게 털려서 빈손이 될지로다 하매 회중이 다 아멘 하고 여호와를 찬송하고 백성들이 그 말한 대로 행하였느니라

도탄에 빠진 백성들이 느헤미야에게 호소한 것은 그가 성벽 건축에 여념이 없는 동안 있었던 일이었던 것으로 보인다. 그렇지만 느헤미야는 그러한 호소를 배척하지 않고 기꺼이 받아들였다. 그는 자신에게 호소하는 자들을 너무나 바쁘게 일하고 있는 자신을 번거롭게 한다는 이유로 꾸짖거나 역정을 내지 않았다(많은 일을 맡은 사람은 종종 이런 잘못을 범하곤 한다). 뿐만 아니라 그는 호소를 듣고 문제에 대처하는 것을 한가해질 때까지 늦추지도 않았다. 이 일은 신속한 처결을 요구하는 문제였으므로 느헤미야는 즉각 그 일에

착수했다. 설령 예루살렘 성벽을 높고 두텁고 튼튼하게 쌓는다 할지라도 이와 같은 잘못된 일이 방치된다면 성읍은 결코 안전할 수 없었다. 그러면 느헤미야가 이와 같은 잘못된 일을 바로잡기 위해 어떤 방법을 취했는지 살펴보자.

I. 그는 크게 노했다(6절).   느헤미야는 그 일을 매우 잘못된 일로 받아들이면서 큰 분노를 표했다. 지도자로서 죄에 대해 분노를 나타내는 것은 지극히 마땅한 일이다. 그러한 분노 자체만으로도 백성들로 하여금 악을 멀리하고 선을 행하도록 장려하는 효과를 기대할 수 있다.

II. 그는 깊이 생각했다(7절).   이를 통해 우리는 그가 과도한 격정에 사로잡히지 않고 어느 정도 스스로를 통제하고 있었음을 알 수 있다. 다시 말해서 그는 비록 크게 노하기는 했지만 그러나 생각 없이 즉흥적으로 말하거나 행동하지는 않았다. 귀족들을 꾸짖기에 앞서 그는 무슨 말을 할 것이며, 언제 어떻게 말할 것인가를 깊이 생각했다. 책망을 할 때는 먼저 깊이 생각하고 난 후 해야 한다는 사실을 주목하라. 왜냐하면 좋은 의도와 목적을 가진 것이라 할지라도 과정이 지혜롭지 못하면 원하는 결과를 얻지 못할 수도 있기 때문이다. 이와 같이 지혜로운 책망이 생명을 가져다주는 법이다. 지혜로운 자들도 때로 깊이 숙고하지 않음으로 인해 지혜의 열매를 잃어버리곤 한다.

III. 그는 귀족들과 민장들을 꾸짖었다.   이들은 부유한 자들로서 아마도 그들이 가진 권력으로 더욱 담대하게 압제했을 것이다. 귀족들과 민장들도 악을 행하면 이와 같이 꾸짖음을 받는다는 사실을 주목하라. 어느 누구도 자신은 너무나 높은 위치에 있으므로 모든 사람의 책망의 범주 밖에 있다고 생각해서는 안 된다.

IV. 그는 대회를 열어 그들을 쳤다.   느헤미야는 백성들을 불러 자신이 말하는 것의 증인이 되게 하고 또 귀족들과 민장들의 압제와 수탈을 증언하게 했다(12절). 에스라와 느헤미야는 모두 매우 지혜롭고 선하며 유능한 인물이었지만, 문제를 해결하는 과정에서는 매우 다른 면이 있었다. 민장들이 이방인 아내를 취하는 죄를 범했다는 이야기를 들었을 때 에스라는 자신의 옷을 찢고 울며 기도했지만 그러나 그 문제를 바로잡는 것은 도저히 가능성 없는 일로 여기면서 즉각 그 문제를 바로잡고자 시도하지는 않았다. 그것은 에스라가 온유하고 부드러운 심령을 가진 자였기 때문이었다. 반면 비슷한 상황에서 느헤미야는 즉각 분노하며 수탈자들을 책망하는 가운데 잘못된 일을 바로잡기 위해 자신이 사용할 수 있는 모든 방법을 동원했다. 그것은 그가 강렬하며 열정적인 심령을 가진 자였기 때문이었다. 다음의 사실들을 주목하라.

1. 경건하며 거룩한 사람들이라 할지라도 자연적인 성품과 기질에 있어서는 서로 다를 수 있다는 사실.

2. 하나님의 일은 서로 다른 방법들을 통해서도 성공적으로 행해질 수 있다는 사실. 그렇기 때문에 우리는 다른 사람들의 방법을 비난해서는 안 되며, 또 우리의 방법만을 표준이라고 주장해서도 안 된다. 서로 다른 방법이라 할지라도 동일한 영에 의한 것일 수 있다.

V. 느헤미야는 합당한 변론과 설득으로 그들의 잘못을 깨우쳐 주었다. 인간의 삶을 개혁하는 일반적인 방법은 먼저 그들의 양심을 일깨우는 것이다. 느헤미야는 그들에게 다음과 같은 몇 가지 사실들을 깊이 생각해보라고 제시한다.

1. 그들이 압제한 자들은 다름 아닌 그들의 형제들이라는 사실: 너희가 각기 형제에게 높은 이자를 취하는도다(7절). 이방인들을 압제하는 것도 악한 일이지만 그러나 가난한 형제들을 압제하는 것은 더욱 악한 일이었다. 하나님의 율법은 형제들에게 이자 받는 것을 허락하지 않았다(신 23:19-20, 타국인에게 네가 꾸어주면 이자를 받아도 되거니와 네 형제에게 꾸어주거든 이자를 받지 말라).

2. 그들이 얼마 전 이방인의 손으로부터 구속 받았다는 사실. 다수의 이스라엘 백성은 하나님의 특별한 섭리에 의해 구속을 받았으며, 그 외의 일부 사람들은 느헤미야를 비롯한 몇몇 뜻있는 유대인들이 대신 값을 치르므로 구속받기도 했다. 느헤미야는 말한다. "우리가 이와 같이 힘을 다해 건져낸 형제들을 너희가 다시 종으로 삼는단 말인가? 이 얼마나 터무니없는 일이란 말인가? 그들을 바벨론으로부터 구속할 때 치렀던 수고와 비용을 또다시 너희로부터 구속하기 위해 치러야 한단 말인가?"(8절). 하나님이 은혜 가운데 자유케 한 자들을 다시 종의 멍에로 씌워서는 안 된다(갈 5:1; 고전 7:23).

3. 가난한 자들을 이 같이 압제하는 것은 큰 죄라는 사실(9절). "너희의 소행이 좋지 못하도다. 너희가 그렇게 해서 돈을 벌었으나 그것은 도리어 너희의 죄가 될 뿐이라. 너희가 하나님을 경외하는 가운데 행할 것이 아니냐? 너희가 신앙을 고백하는 하나님의 백성이라면 마땅히 그렇게 해야 하지 않겠느냐? 만일 너희가 하나님을 경외하는 가운데 행한다면, 너희는 세상적인 이득을 탐낼 것도 아

니요 형제들에게 가혹하게 행해서도 안 되느니라." 하나님을 경외하는 가운데 행하는 자들은 악한 일을 행하지 않을 것이다(욥 31:13, 14, 23).

4. 그것은 그들의 신앙에 큰 걸림돌이요 수치라는 사실. "우리의 대적 이방 사람의 비방을 생각하라. 그들은 우리와 우리 하나님의 대적이요 우리의 거룩한 신앙의 대적이 아닌가? 만일 우리가 그들에게 비방거리를 준다면 그들이 얼마나 기뻐하겠느냐? 이 일이 그러하도다. 그들이 '하나님을 자랑하는 저들이 자기들끼리 행하는 가혹한 행태를 보라'고 말하지 않겠느냐?" 다음을 주목하라.

(1) 신앙을 고백하는 모든 자들은 불신자들에게 비방거리를 제공하지 않도록 항상 조심해야 한다. 그렇게 하지 않으면 그로 인해 자칫 신앙이 상처를 받게 되기 때문이다.

(2) 불신자들이 신앙을 비방하며 공격함에 있어 신앙을 고백하는 자들의 세속적이며 가혹한 심령보다 더 좋은 것은 없다.

5. 그 자신이 더 나은 본을 보인 사실(10절). 느헤미야는 이에 관해 뒤에 좀 더 상세하게 이야기한다(14절 이하). 느헤미야는 총독으로서 백성들에게 값없이 은혜를 베풀었다. 그러면 그들 역시도 백성의 지도자로서 그와 같이 해야 마땅하지 않겠는가?

VI. 느헤미야는 가난한 형제들에게 더 이상 가혹하게 대하지 말 뿐만 아니라 그동안 취한 것을 다시 돌려주라고 성심으로 촉구했다(11절). 느헤미야가 그들에게 얼마나 부드럽게 말하는지 보라: 우리가 그 이자 받기를 그치자. 비록 자신은 그러한 죄와 무관했을지라도 그는 자신까지도 포함시켜 말한다. 또 그가 얼마나 진지하고 겸손하게 그들을 설득하는지 보라: 내가 청하노니 이자 받기를 그치고 그들에게 되돌려주자. 그는 명령할 권세를 가지고 있었음에도 불구하고 사랑으로 간곡히 권면한다. 또 느헤미야가 얼마나 구체적으로 그들에게 촉구하는지 보라. 느헤미야는 가난한 자들에게 은혜를 베풀며, 저당 잡은 것을 풀어주며, 재산을 돌려주며, 이자를 돌려보내며, 원금을 상환할 수 있도록 시간을 줄 것을 당부했다. 느헤미야는 당장은 손실이 있을지라도 결국은 그것이 그들에게 이득이 될 것이라고 그들을 설득했다. 우리가 가난한 자들에게 자비를 베풀 때, 그것은 결코 잊혀지지 않고 때가 되면 반드시 보상될 것이다.

VII. 느헤미야는 그들로 하여금 자신이 촉구한 것을 확실히 이행하도록 조치했다.

1. 느헤미야는 그들로부터 약속을 받았다(12절): 우리가 당신의 말씀대로 행하여 돌려보내고 그들에게서 아무것도 요구하지 아니하리이다.

2. 느헤미야는 그들로 하여금 제사장 앞에서 맹세하도록 했다. 지금 그들은 자신들의 잘못을 통렬하게 느끼고 있었다. 이에 느헤미야는 그들의 마음을 더욱 확고하게 하기 위해 제사장들 앞에서 맹세하도록 했다.

3. 느헤미야는 만일 그들이 맹세를 지키지 않으면 신적 저주가 임할 것을 엄숙히 경고했다. 이 말대로 행하지 아니하는 자는 모두 하나님이 이와 같이 털어 버리실지니(13절). 느헤미야는 이와 같이 분명하게 경고하였으며, 이에 백성들은 아멘 하며 화답했다(마치 에발 산에서 그랬던 것처럼, 신 27장). 이와 같은 저주의 경고는 그들로 하여금 자신들의 맹세를 굳게 지키도록 도와줄 것이었다. 아멘으로 화답함과 함께 백성들은 여호와께 찬송을 올렸다. 이와 같이 그들은 마지못해 맹세한 것이 아니라 큰 기쁨과 감사를 나타내며 맹세했다. 이와 같이 다윗도 하나님께 맹세할 때 노래하며 찬미를 올려드렸다(시 56:12). 즐거운 마음으로 맹세하는 것은 참으로 선한 일이다. 그러나 더욱 선한 것은 그들이 그 말한 대로 행했다는 사실이었다(13절). 그들은 얼마 전에 자유를 주었던 자들을 다시 종으로 삼은 그들의 조상들과 같지 않았다(렘 34:10, 11). 좋은 것을 약속하는 것도 선한 일이지만, 그러나 그것을 지키는 것은 더욱 선한 일이다.

[14]또한 유다 땅 총독으로 세움을 받은 때 곧 아닥사스다 왕 제이십년부터 제삼십이 년까지 십이 년 동안은 나와 내 형제들이 총독의 녹을 먹지 아니하였느니라 [15]나보다 먼저 있었던 총독들은 백성에게서, 양식과 포도주와 또 은 사십 세겔을 그들에게서 빼앗았고 또한 그들의 종자들도 백성을 압제하였으나 나는 하나님을 경외하므로 이같이 행하지 아니하고 [16]도리어 이 성벽 공사에 힘을 다하며 땅을 사지 아니하였고 내 모든 종자들도 모여서 일을 하였으며 [17]또 내 상에는 유다 사람들과 민장들 백오십 명이 있고 그 외에도 우리 주위에 있는 이방 족속들 중에서 우리에게 나아온 자들이 있었는데 [18]매일 나를 위하여 소 한 마리와 살진 양 여섯 마리를 준비하며 닭도 많이 준비하고 열흘에 한 번씩은 각종 포도주를 갖추었나니 비록 이같이 하였을지라도 내가 총독의 녹을 요구하지 아니하였음은 이 백성의 부역이 중함이었더라 [19]내 하나님이여 내가 이 백성을 위하여 행한 모든 일을 기억하사 내게 은혜를 베푸시옵소서

느헤미야는 귀족들로 하여금 가난한 자들에게 무거운 짐을 지우지 말도록 유도하기 위해 자신이 행한 일을 언급한다. 여기에서 그가 자신이 행한 일을 상세하게 이야기하는 것은 교만이나 헛된 영광이나 자신을 자랑하기 위한 것이 아니었다. 그것은 다만 자신의 후계자들과 지도자들로 하여금 백성들에게 최대한 부드럽게 대하고 편하게 해 주도록 유도하기 위함이었다.

I. 느헤미야는 자신의 선임자들이 행한 일을 언급한다(5절). 그는 그들의 이름을 직접 거명하지는 않는데, 그것은 자기가 말하려고 하는 것이 그들에게 영예롭지 못한 것이었기 때문이었다. 우리도 이와 같은 경우에 직접 이름을 거명하지 않는 것이 좋다. 정부는 그들에게 은 40세겔을 허락했다(아마도 그것은 하루치 삯이었을 것이다). 그러나 그것 외에도 그들은 백성들에게 떡과 포도주를 바치도록 했다. 뿐만 아니라 그들은 자기 종자(從者)들이 백성들을 쥐어짜며 압제하는 것을 그냥 내버려 두었다. 다음의 사실들을 주목하라.

1. 공적인 직무를 수행하는 자들이 공익보다 사욕을 좇는 것은 결코 새로운 일이 아니라는 사실.

2. 주인은 종자들이 행한 모든 부정과 부패와 폭압과 압제의 행위에 대해 책임을 져야 한다는 사실. 특별히 그러한 것을 묵인한 경우에는 더욱 그러하다.

II. 느헤미야는 자신이 어떻게 행했는지를 이야기한다.

1. 일반적으로 말하면 그는 이전 총독들처럼 행하지 않았다. 그는 하나님을 경외하였으므로 그렇게 하지도 않았으며 또 그렇게 할 수도 없었다. 그는 하나님의 위엄을 경외하며 그의 진노를 두려워했다.

(1) 하나님을 경외하는 마음이 그로 하여금 백성들을 압제하지 못하게 했다. 진실로 하나님을 두려워하는 자들은 가혹한 행동이나 부당한 행동을 하지 못할 것이다.

(2) 그 자신의 양심이 그로 하여금 백성들을 압제하지 못하게 했다. 그가 그토록 관대하게 행동한 것은 사람의 영광을 구하거나 혹은 백성들 가운데 자신의 영향력을 확대하려고 한 것이 아니라 순전히 양심으로 인한 것이었다. 왜냐하면 그의 양심은 하나님을 경외하는 양심이었기 때문이다. 이것은 공의와 사랑 양면에 있어 공히 강력하며 바람직한 원칙이 될 것이다. 그의 전임자들이 얼마나 공정하게 직무를 수행했는지 여부는 그들이 축적한 재산에 나타났다.

그러나 느헤미야는 선을 행한다는 자부심 외에는 아무것도 취하지 않았다: 내가 땅을 사지 아니하였고(16절). 그렇다고 해서, 그는 훌륭한 총독일지는 모르나 좋은 남편은 아니라고 말하지는 말라. 주 예수께서 친히 말씀하신 바 주는 것이 받는 것보다 복이 있다 하심을 기억하자(행 20:35).

2. 구체적으로 말하면 다음과 같다.

(1) 그는 당연히 받을 권리가 있는 것도 거의 받지 않았다. 그는 총독의 직무를 수행했지만 그러나 총독의 녹을 먹지도 않고(14절) 그것을 요구하지도 않았다(18절). 정당한 것조차 요구하지 않은 그가 하물며 그 이상의 것을 얻기 위해 백성들에게 무거운 짐을 지웠겠는가? 그는 바사 왕의 궁중에서 얻은 것과 유다에 있는 자신의 기업에 의지하여 생활했다. 그가 이와 같은 자기 부인(self-denial)의 태도를 취한 것은 백성들의 부역이 중했기 때문이었다(18절). 그의 이러한 태도는 그의 후계자들도 자신들의 정당한 몫을 요구하지 못하도록 만드는 가혹한 일이 될 수도 있었을 것이다. 그러나 그들의 일은 그들에게 맡겨 두자. 어쨌든 느헤미야는 유다 사람들의 고통스러운 형편을 돌아보았다. 그리고 그들이 무거운 짐 아래 신음하고 있는 한, 그는 그들의 짐을 더 무겁게 할 수 없었고, 그렇게 하느니 차라리 자신이 손해 보는 것을 기꺼이 선택했다. 어떤 것을 요구할 때 우리는 그것이 정당한가 하는 것뿐만 아니라 그것을 부담할 자들의 능력까지도 고려해야 한다. 취할 것이 없는 곳에는 권리도 없는 법이다.

(2) 그는 하지 않아도 되는 일을 했다.

[1] 그는 자기 종자들도 일하도록 했다(16절). 통상적으로 총독의 종자(從者)들은 당연히 노역에서 면제될 것으로 기대될 것이다. 그러나 느헤미야의 종자들은 (의심의 여지 없이 그의 명령에 따라) 모두 모여 일을 했다. 많은 종자를 거느린 자는 그들과 함께 무슨 선한 일을 할 수 있는지 생각해야 한다.

[2] 그는 자신의 양식을 풍성하게 베풀었다(17, 18절). 꼭 특별한 날이 아니더라도 그의 식탁은 항상 풍성했다. 총독인 그에게 많은 귀빈들이 찾아오는 것은 너무도 당연한 일이었다. 최소한 150명의 상류계층의 유다 사람들 외에도 이방인 가운데 업무상 그에게 온 자들이 많이 있었다. 이러한 손님들에게 그는 소와 양과 닭과 포도주 등 풍성한 양식을 베풀었다. 공적인 직무를 수행하는 자들은 그러한 위치에 세워진 것이 스스로를 부유케 하기 위함이 아니라 선을

행하기 위함이라는 사실을 기억해야 한다. 그리고 좀 더 낮은 지위에 있는 사람들도 원망 없이 서로 대접하는 것을 배워야 한다(벧전 4:9).

Ⅲ. 느헤미야는 기도로 끝마친다(19절). 내 하나님이여 내가 이 백성을 위하여 행한 모든 일을 기억하사 내게 은혜를 베푸시옵소서.

1. 그는 여기에서 자신이 백성들을 위해 행한 일을 언급한다. 그것은 교만 가운데 자기를 자랑하거나 혹은 격정 가운데 백성들을 비난하기 위한 것이 아니었다. 또한 바울이 고린도 사람들에게 이와 유사한 자기 부인을 이야기할 때처럼, 스스로를 변론하며 옹호해야 할 특별한 사정이 있었기 때문도 아니었다. 다만 그것은 귀족들과 민장들로 하여금 가난한 형제들을 압제한 것을 부끄럽게 여기도록 만들기 위함이었다. 그들 역시도 느헤미야의 본을 따라 자신의 몫을 과도하게 요구하지 않으며 후하게 베푸는 법을 배워야 했다. 그러면 그들도 느헤미야처럼 큰 신망과 위로를 얻게 될 것이다.

2. 그는 그것을 기도로써 하나님께 아뢴다. 그렇다고 해서 그가 여기에서 하나님의 은총을 입을 만한 특별한 공로를 세웠음을 주장하는 것은 결코 아니다. 다만 그러는 과정에서 잃은 것을 하나님이 채워 주실 것을 믿는 믿음을 나타내는 것일 뿐이었다. 그는 하나님의 은총을 충분한 보상으로 여겼다. "하나님이 내가 행한 선을 기억해 주신다면 그것으로 족하나이다." 하나님의 생각이 우리를 향한다면, 바로 그것이 우리의 복이다(시 40:5). "사람들은 나를 잊을지라도 하나님이 기억(생각)하시니 내가 무엇을 더 바라리요."

제
— 6 —
장

개요

이제 우리는 여기에서 성벽 건축 공사가 어떻게 진행되고 있는지 다시 돌아봐야만 한다. 본 장은 성벽 건축이 지옥의 문의 끊임없는 훼방에도 불구하고 힘차게 진행되다가 결국 큰 기쁨과 함께 완성되는 것을 보여준다. 우리는 원수들이 성벽 건축 공사를 강제로 중단시키고자 했던 음모가 어떻게 좌절되었나 하는 것을 앞에서 살펴보았다(4장). 이제 우리는 여기에서 느헤미야를 그 일로부터 떼어 놓으려는 그들의 노력이 또다시 좌절되는 것을 보게 된다. I. 그들이 느헤미야에게 위해를 가할 목적으로 만나자고 했으나 느헤미야가 거절함(1-4절). II. 그들이 느헤미야가 마치 모반을 획책하고 있는 것처럼 꾸몄으나 느헤미야가 무시함(5-9절). III. 그들이 선지자를 고용하여 느헤미야에게 성전에 숨을 것을 조언하도록 했지만 느헤미야는 자신의 자리를 계속해서 지킴(10-14절). IV. 그들과 일부 유다 지도자들 사이의 은밀한 교류에도 불구하고 성벽 건축은 짧은 시간에 끝남(15-19절). 교회와 교회의 원수들 사이의 싸움 역시 이와 같다. 원수들의 훼방에도 불구하고 하나님의 일은 결코 중단되지 않고 결국 완성에 이르게 될 것이다.

¹산발랏과 도비야와 아라비아 사람 게셈과 그 나머지 우리의 원수들이 내가 성벽을 건축하여 허물어진 틈을 남기지 아니하였다 함을 들었는데 그 때는 내가 아직 성문에 문짝을 달지 못한 때였더라 ²산발랏과 게셈이 내게 사람을 보내어 이르기를 오라 우리가 오노 평지 한 촌에서 서로 만나자 하니 실상은 나를 해하고자 함이었더라 ³내가 곧 그들에게 사자들을 보내어 이르기를 내가 이제 큰 역사를 하니 내려가지 못하겠노라 어찌하여 역사를 중지하게 하고 너희에게로 내려가겠느냐 하매 ⁴그들이 네 번이나 이같이 내게 사람을 보내되 나는 꼭 같이 대답하였더니 ⁵산발랏이 다섯 번째는 그 종자의 손에 봉하지 않은 편지를 들려 내게 보냈는데 ⁶그 글에 이르기를 이방 중에도 소문이 있고 가스무도 말하기를 너와 유다 사람들이 모반하려 하여 성벽을 건축한다 하나니 네가 그 말과 같이 왕이 되려 하는도다 ⁷또 네가 선지자를 세워 예루살렘에서 너를 들어 선전하기를 유다에 왕이 있다 하게 하였으

니 지금 이 말이 왕에게 들릴지라 그런즉 너는 이제 오라 함께 의논하자 하였기로 [8] 내가 사람을 보내어 그에게 이르기를 네가 말한 바 이런 일은 없는 일이요 네 마음에서 지어낸 것이라 하였나니 [9] 이는 그들이 다 우리를 두렵게 하고자 하여 말하기를 그들의 손이 피곤하여 역사를 중지하고 이루지 못하리라 함이라 이제 내 손을 힘있게 하옵소서 하였노라

우리는 여기에서 느헤미야를 제거하려는 두 가지 음모를 보게 된다. 원수들은 교묘하게 음모를 꾸몄지만, 그러한 음모들은 하나님의 선하신 섭리와 그의 뛰어난 분별력으로 또 다시 좌절되고 말았다.

I. 한 가지는 그를 올무 속으로 끌어들이고자 하는 음모였다. 원수들은 성벽 건축 공사가 순조롭게 진행되고 있는 가운데 모든 허물어진 틈들이 메워졌다는 소식을 들었다. 따라서 아직 성문에 문짝을 달지 않았음에도 불구하고 그들은 그 일이 완성된 것이나 마찬가지로 생각했다(1절). 따라서 그들은 지금 한 방의 결정적인 타격으로 느헤미야를 제거해야만 했다(그렇게 하지 않으면 더 이상 기회가 없게 될 것이었다). 느헤미야는 사방을 철저하게 방비하고 있었으므로 그들은 어느 위치에서든 정면으로 공격할 수는 없었다. 그리하여 그들은 느헤미야를 유인하여 백성들로부터 끌어낼 계교를 꾸몄다. 다음을 주목하라.

1. 그들은 마귀적인 간교함으로 느헤미야에게 만나자고 제안했다. 그들은 베냐민 지파에 속한 한 촌락에서 만나자고 제안했는데, 그것은 혹시 그를 붙잡으려고 하는 것이 아닌가 하는 의심을 피하기 위함이었다. "오라 우리가 서로 만나 상호간의 이익을 위해 의논하자." 아마도 그들은 느헤미야와 더불어 우의를 돈독히 하며 향후 좀 더 활발한 교류를 원하는 것처럼 꾸몄을 것이다. 그러나 실상은 그를 해하고자 함이었다. 어쩌면 느헤미야는 그들이 자신을 붙잡거나 죽이려고 계획하고 있다는 은밀한 정보를 입수했는지도 모른다. 설령 그렇지 않다 할지라도 느헤미야는 그들을 너무나 잘 알고 있었으므로 그들이 자신의 목숨을 노리고 있을 것으로 여기면서 그들의 말을 믿지 않았을 것이다.

2. 느헤미야는 하늘의 지혜로 그들의 제안을 거절했다. 그의 하나님이 그를 인도하사 그로 하여금 그들에게 적절한 답변을 하도록 이끄셨다. "내가 지금 큰 역사를 하고 있으며 너무 바쁘도다. 내가 너희에게로 내려감으로써 잠시 동안이

라도 이 일이 중단되는 것을 원치 않노라(3절)." 느헤미야는 어찌하든지 공사가 중단되지 않도록 하고자 했다. 그리고 그는 자신이 잠시라도 자리를 비우면 공사가 곧 중단되리라는 것을 잘 알고 있었다. 내가 어찌하여 역사를 중지하게 하고 너희에게로 내려가겠느냐? 느헤미야는 자신의 의심에 대해서나 그들의 야비한 음모에 대해서는 일체 언급하지 않고 다만 자신이 갈 수 없는 합당한 이유만을 제시했다. 이와 같이 개별적인 만남보다 공적인 일이 우선되어야 한다. 놀기 좋아하는 동료들로부터 시끌벅적한 모임에 초대받았을 때는 다음과 같이 대답하라. "나는 해야 할 일이 있으므로 그 일을 해야만 하느니라." 그들은 똑같은 제안을 네 번이나 반복했고, 이에 느헤미야는 그 때마다 똑같이 대답했다. 이로 인해 우리는 그들이 크게 낙망했을 것으로 추측할 수 있다. 왜냐하면 실제로 그들이 노린 것은 성벽 건축 공사를 중단시키는 것이었기 때문이다. 그들은 느헤미야를 유인하여 올무에 빠뜨리려고 했지만, 결과적으로 성벽 건축에 대한 그의 굳은 의지만을 확인하고 말았을 뿐이었다. 그들이 네 번이나 이같이 내게 사람을 보내되 나는 꼭 같이 대답하였더니(4절). 어떤 사람이 우리에게 악한 행동이나 혹은 분별없는 행동을 하라고 끈덕지게 종용할 때, 우리는 그에 굴복하지 말고 그러한 유혹에 굳은 마음으로 끝까지 맞서야 한다.

Ⅱ. 또 한 가지는 그를 협박하여 그 일로부터 떠나도록 하는 것이었다. 느헤미야를 성벽 건축의 일로부터 떠나게만 할 수 있다면, 그 일은 곧 중단될 것이었다. 따라서 산발랏은 그렇게 하고자 음모를 꾸몄으나 이것도 실패로 끝나고 말았다.

1. 산발랏은 그의 성벽 건축 작업은 모반을 획책하는 일로 보일 수 있으며 자칫 잘못하면 바사 왕궁의 분노를 사게 될 수도 있다고 은근히 협박한다(5-7절). 가장 정직한 사람이 가장 선한 일을 할 때도 때로 이와 같은 누명이 덧씌워지기도 한다. 산발랏은 이번에는 봉하지 않은 편지를 보냈다. 그것은 그 일이 이제는 더 이상 비밀이 아니며 모든 사람이 알고 모든 입에 의해 회자되는 일이라는 의미였다. 그리고 느헤미야가 바사 제국의 멍에를 벗어버리고 스스로 왕이 될 마음을 품고 있다고 가스무가 증언했다는 말도 덧붙였다. 자기들끼리 품고 있는 거짓되고 악의적인 생각을 마치 모든 사람의 생각인 것처럼 꾸미는 것은 결코 새로운 일이 아니다. 지금 산발랏은 느헤미야에게 마치 호의를 가지고 이와 같은 정보를 알려 주는 것처럼 꾸민다. 그럼으로써 느헤미야로 하여금

결백을 입증하기 위해 서둘러 바사 왕궁으로 떠나게 하든지 아니면 그와 같이 오해받는 것을 두려워하여 즉시 성벽 건축을 중단하게 하고자 했다. 그러면서 산발랏은 만나서 함께 의논하자고 다시 한 번 제안한다: 그런즉 너는 이제 오라 함께 의논하자(7절). 그렇게 한 것은 그와 같은 방법을 통해 그를 죽이든지 아니면 최소한 성벽 건축으로부터 완전히 손을 떼도록 만들고자 함이었다. 이와 같이 산발랏의 말은 우유 기름보다 미끄러우나 그의 마음속엔 전쟁이 있었다(시 55:21). 그리고 그는 마치 유다처럼 앞으로는 입을 맞추는 척 하면서 뒤로는 죽이려고 했다. 그러나 새가 보는 데서 그물을 치는 것은 헛된 일이다. 느헤미야는 그들이 노리는 것이 자신들의 손을 약하게 하여 성벽 건축을 포기하게 만들려고 하는 것임을 즉시 알아챘다(9절). 따라서 느헤미야는 그 모든 것을 부인했을 뿐만 아니라 그와 같은 소문이 회자된다는 말도 믿지 않았다. 실상은 거의 대부분의 사람이 그가 선한 자임을 알고 있었다.

2. 이와 같이 느헤미야는 그들의 올무를 피하고 자신의 자리를 굳게 지켰다. 뿐만 아니라 그는 바람과 구름이 두려워 씨도 뿌리지 않고 추수도 하지 않는 어리석음을 범하지도 않았다. 우리도 이와 비슷한 상황에서 오해받는 것이 두려워 분명한 의무를 포기해서는 결코 안 된다. 우리가 선한 양심을 굳게 지키고 있다면, 아무것도 두려워하지 말고 하나님을 신뢰하자. 그리고 실제로 그와 같은 소문이 있었던 것도 아니었다. 때로 비방과 모독을 당한다 할지라도 그러나 하나님의 백성들이 실제로 어떤 사람들이 생각하는 것처럼 그렇게 나쁜 평판을 받고 있는 것은 아니다.

느헤미야는 그들에게 단호히 대처하는 가운데 하늘을 향해 하나님께 기도한다(9절): 이제 내 손을 힘있게 하옵소서. 선한 백성들에게 있어 극심한 곤경과 난관 속에서도 믿음과 기도로 하나님께 나아가 모든 두려움을 내려놓고 손을 힘있게 할 수 있는 것은 얼마나 큰 은혜이며 위로인가? 우리의 모든 일과 영적 싸움의 현장에서 우리는 이렇게 기도할 수 있다. "내가 지금 이 일을 하려고 심히 애쓰고 있나이다. 그러므로 이제 내 손을 힘있게 하옵소서." 어떤 이들은 이것을 기도가 아니라 거룩한 결심으로 읽는다: 그러므로 이제 내가 내 손을 힘있게 할 것이라. 그리스도인의 불굴의 정신은 반대에 부딪힐 때 더 강해질 것이다. 원수들이 우리의 의무를 훼방하며 가로막을 때, 도리어 그것은 우리로 하여금 더욱 의무에 착념하도록 만드는 자극제가 되어야 한다.

[10]이 후에 므헤다벨의 손자 들라야의 아들 스마야가 두문불출 하기로 내가 그 집에 가니 그가 이르기를 그들이 너를 죽이러 올 터이니 우리가 하나님의 전으로 가서 외소 안에 머물고 그 문을 닫자 저들이 반드시 밤에 와서 너를 죽이리라 하기로 [11]내가 이르기를 나 같은 자가 어찌 도망하며 나 같은 몸이면 누가 외소에 들어가서 생명을 보존하겠느냐 나는 들어가지 않겠노라 하고 [12]깨달은즉 그는 하나님께서 보내신 바가 아니라 도비야와 산발랏에게 뇌물을 받고 내게 이런 예언을 함이라 [13]그들이 뇌물을 준 까닭은 나를 두렵게 하고 이렇게 함으로 범죄하게 하고 악한 말을 지어 나를 비방하려 함이었느니라 [14]내 하나님이여 도비야와 산발랏과 여선지 노아댜와 그 남은 선지자들 곧 나를 두렵게 하고자 한 자들의 소행을 기억하옵소서 하였노라

원수들은 느헤미야를 예루살렘 성벽 건축으로부터 떼어 놓기 위해 아직도 포기하지 않고 안간힘을 쓰고 있었다. 앞에서 그들은 그를 자신들이 머물고 있는 지역으로 붙잡아 오려고 시도했으나 실패하고 말았다. 그러자 이번에는 안전을 구실로 그를 성전 안으로 몰아넣으려고 시도한다. 여하튼 그들은 느헤미야를 건축 현장으로부터 떼어 놓으려고 갖은 애를 썼다. 그가 매우 조심성 많은 사람이라는 사실을 깨달은 그들은 이번에는 그를 겁쟁이로 만듦으로써 자신들의 목적을 이루고자 했다. 다음을 주목하라.

I. 원수들이 너무도 야비한 음모를 꾸밈.

1. 그들은 느헤미야로 하여금 어리석은 행동을 하도록 유도한 후 그것을 빌미로 그를 조롱하고 모욕함으로써 그의 영향력을 약화시킬 음모를 꾸몄다(13절): 그렇게 한 까닭은 나를 두렵게 하고 이렇게 함으로 범죄하게 하고 악한 말을 지어 나를 비방하려 함이었느니라. 정말로 이것은 유혹자요 참소자인 마귀의 행태를 그대로 빼닮은 것이었다. 마귀는 사람을 유혹하여 죄에 떨어지게 하고 그 다음에 그 죄를 빌미로 그를 참소한다. 우리의 원수들이 우리에게 끼칠 수 있는 가장 큰 해악은 우리를 두렵게 함으로써 마땅히 행할 의무로부터 떠나게 하고 더 나아가 악한 일을 행하도록 만드는 것이다.

2. 그들이 사용한 도구는 선지자를 자칭하는 자들이었다. 그들이 자칭 선지자들을 고용한 것은 그들로 하여금 느헤미야에게 성벽 건축 현장을 떠나 성전에 숨으라고 설득하게 하기 위함이었다. 이 일에 고용된 자칭 선지자는 스마야

였다. 그는 자기 집에서 두문불출했는데, 그것은 묵상하며 하나님의 뜻을 묻기 위해 은거하는 것처럼 꾸미기 위한 것이었든지 아니면 느헤미야도 이러한 방식으로 은거할 것을 나타내는 표증으로 삼고자 함이었을 것이다. 느헤미야가 스마야의 집에 간 것으로 미루어 우리는 그가 스마야를 매우 높이 평가했음을 알 수 있다(10절). 여기에 또 다른 선지자들과 노아댜란 이름의 여선지자가 나타나는데(14절), 이들은 유다의 원수들의 편에 서서 그들로부터 돈을 받고 나라를 배반한 자들이었다. 여기에서 그들이 영감을 받은 것처럼 꾸몄는지 여부는 나타나지 않는다. 그들은 예전의 거짓 선지자들처럼 "여호와께서 이같이 말씀하셨느니라"라고는 말하지 않았다. 설령 그와 같이 말하지는 않았다 할지라도 그들은 탁월한 신적 지식과 비범한 통찰력과 예지력을 가진 자들로 여겨졌기 때문에 사람들은 어려운 문제에 부딪혔을 때 그들에게 찾아가 묻곤 하였다. 원수들은 느헤미야를 넘어뜨리기 위해 바로 이들을 매수했다. 우리는 다음을 생각할 때 애통한 마음을 갖지 않을 수 없다.

(1) 이들 자칭 선지자들 같이 패역한 자들의 사악함. 이들은 하나님과 교통하며 나라를 위하는 척 꾸미면서 실제로는 두 마음을 품고 하나님과 나라에 큰 위해를 끼치는 자들이다.

(2) 느헤미야 같이 선한 자들이 당하는 불행. 이들은 신앙과 계시와 경건을 빙자하여 그리고 특별히 선지자의 입을 통해 오는 온갖 유혹과 시험으로 위험에 처하곤 한다.

3. 그들은 그럴듯하게 꾸몄다. 이들 선지자들은 느헤미야에게 원수들이 밤에 와서 죽일 것이라고 말했다. 이것은 느헤미야가 사실로 믿을 만한 정말로 그럴듯한 거짓말이었다. 그들은 할 수만 있다면 그렇게 할 것이었다. 이들 자칭 선지자들은 느헤미야의 안전을 크게 염려하는 것처럼 꾸몄다. 만일 그에게 어떤 위해(危害)가 닥친다면, 백성 전체가 예전의 모습으로 돌아가게 될 것이었다. 그리하여 그들은 느헤미야에게 위험이 지나갈 때까지 성전에 숨어 있을 것을 간곡히 조언했다. 그 곳은 거룩하고 성별된 장소로서, 하늘의 특별한 보호 아래 있을 수 있는 곳이었다(시 27:5). 만일 느헤미야가 그들에게 설득을 당하여 그와 같이 행동했다면, 백성들도 즉시로 모든 작업도구와 무기를 내던져 버리고 각자 자기 목숨을 보존하기 위해 뿔뿔이 흩어졌을 것이다. 그랬다면 원수들은 손쉽게 성벽 건축 작업을 중단시키고 지금까지 힘들여 쌓은 모든 성벽

을 다시 허물어뜨렸을 것이다. 바로 이것이 그들이 노린 것이었다. 자기 보존 (self-preservation) 즉 스스로의 생명을 보호하는 것은 가장 기본적인 자연법 칙이다. 그렇지만 그것을 위하는 것처럼 보이는 조언이 항상 선하고 지혜로운 것은 아니다.

Ⅱ. 느헤미야가 굳은 심령으로 이러한 유혹을 물리침.

1. 느헤미야는 즉시로 그에 굴복하지 않기로 결심했다(11절). 여기에서 다음을 보라.

(1) 그의 논거(論據)는 다음과 같은 것이었다. "나 같은 자가 어찌 도망하겠느냐? 내가 어찌 하나님의 일을 버려두며 일꾼들을 실망시키겠느냐? 내가 어찌 목숨에 연연하면서 그와 같은 말에 경거망동하겠느냐? 총독으로서 아군이든 적군이든 많은 사람의 주목을 받고 있는 내가 어찌 그렇게 하겠느냐? 다른 사람들은 도망칠지라도 나는 그럴 수 없노라. 나처럼 존귀와 권세의 자리에 있으며 또 많은 사람의 신뢰를 받고 있는 자가 자기 목숨 하나 구하자고 이렇게 할 일이 많은 때에 성전에 들어가 숨겠느냐?" 죄의 길로 유혹을 당할 때 우리는 우리가 누구인지를 기억하고 우리와 어울리지 않는 일은 행하지 않도록 힘써야 한다. 르무엘아 그 일이 왕들에게 마땅치 않도다(잠 31:4).

(2) 그러한 논거의 결론은 다음과 같은 것이었다. "나는 성전에 들어가지 않겠노라. 나는 살기 위해 불명예스럽게 나의 일에서 물러나는 것보다 차라리 일하다가 죽겠노라." 거룩한 용기와 배짱은 우리로 하여금 선한 일을 포기하지 않도록 그리고 악한 일을 행하지 않도록 만들어줄 것이다.

2. 느헤미야는 즉시로 이 일이 누구로부터 말미암은 것인지를 깨달았다(12절). "나는 하나님이 그를 보내신 바가 아님을 깨달았도다. 그가 이와 같이 조언한 것은 하나님의 지시에 따른 것이 아니라 나를 대적하기 위함이었도다." 이와 같이 돈에 매수된 가련한 자들의 악은 조만간 빛 가운데 드러날 것이다. 느헤미야는 그들의 목적이 다음과 같은 두 가지였다고 말한다.

(1) 자신으로 하나님을 거스르게 만드는 것(13절): 나를 두렵게 하고 이렇게 함으로 범죄하게 하고. 범죄하는 것이야말로 가장 두려운 일이라는 사실을 주목하라. 죄를 두려워하는 것이 죄를 방지하는 가장 좋은 예방법이다.

(2) 자신으로 수치스럽게 만드는 것: 악한 말을 지어 나를 비방하려 함이었느니라. 죄 다음으로 두려워해야 할 것은 그에 따르는 수치이다.

3. 느헤미야는 그들의 야비한 음모를 헤아려 달라고 하나님께 겸손히 간구한다(14절): 내 하나님이여 도비야와 기타 사람들의 소행을 기억하옵소서. 느헤미야는 자신이 행한 선행을 고할 때에도 그에 합당한 보상을 구하지 않고 다만 "내 하나님이여 내가 이 백성을 위하여 행한 일을 기억하소서"라고 겸손하게 기도했을 뿐이었다(5:19). 그와 마찬가지로 그는 여기에서도 원수들에게 특별한 심판을 내려줄 것을 구하지 않고 다만 일의 전말만을 하나님께 고할 뿐이었다. "거짓과 악에 대해 복수하시는 주께서 그들의 마음과 모든 일의 전말을 알고 계시나이다. 그러므로 종과 그들 사이를 감찰하시고 주께서 원하시는 때에 그리고 원하시는 방법으로 이 일을 갚아 주옵소서." 우리에게 어떤 위해(危害)가 가해졌든지 간에, 우리는 우리 자신이 복수할 것이 아니라 의로 심판하시는 그 분께 맡겨야 한다.

[15]성벽 역사가 오십이 일 만인 엘룰월 이십오일에 끝나매 [16]우리의 모든 대적과 주위에 있는 이방 족속들이 이를 듣고 다 두려워하여 크게 낙담하였으니 그들이 우리 하나님께서 이 역사를 이루신 것을 앎이니라 [17]또한 그 때에 유다의 귀족들이 여러 번 도비야에게 편지하였고 도비야의 편지도 그들에게 이르렀으니 [18]도비야는 아라의 아들 스가냐의 사위가 되었고 도비야의 아들 여호하난도 베레갸의 아들 므술람의 딸을 아내로 맞이하였으므로 유다에서 그와 동맹한 자가 많음이라 [19]그들이 도비야의 선행을 내 앞에 말하고 또 내 말도 그에게 전하매 도비야가 내게 편지하여 나를 두렵게 하고자 하였느니라

우리는 여기에서 느헤미야가 예루살렘 성벽건축을 마쳤음에도 불구하고 원수들에 의해 계속해서 괴롭힘을 당하는 것을 보게 된다.

I. 도비야를 비롯한 원수들은 예루살렘 성벽이 수많은 훼방에도 불구하고 완성된 것을 보고 더욱 분격했다. 성벽 건축은 52일 만에 완성되었다(15절, 아마도 그들은 공사하는 가운데에도 안식일에는 쉬었을 것으로 여겨진다). 많은 사람들이 이 일에 동참하였으며, 각자에게 적합한 일이 할당되었다. 그들에게 있어 성벽 건축은 너무도 소중하고 중요한 일이었다. 따라서 그들은 모두 즐거운 마음으로 그 일에 전념했으며, 원수들의 위협은 도리어 그들의 작업속도를 더욱 빠르게 촉진시킨 결과가 된 것으로 보인다. 그럼으로써 그들은 원수

들이 오기 전에 모든 작업을 마칠 수 있었다. 이와 같이 먹는 자에게서 먹는 것이 나왔다. 성실한 마음으로 최선을 다하면 큰 일도 속히 이루어지는 법이다. 원수들은 그 일을 능히 막을 수 있음을 조금도 의심치 않았다. 그러나 그러한 확신 가운데 그들은 느닷없이 모든 작업이 끝났다는 소식을 들어야만 했다. 그러자 그들은 두려워하며 크게 낙담하지 않을 수 없었다(16절).

1. "우리가 그 일을 그치게 하리라"는 그들의 호언장담이 허언으로 끝나자, 그들은 낙담하지 않을 수 없었다. 그리하여 그들은 실망 가운데 고개를 숙였다.

2. 그들은 유다 사람들의 형통과 성공을 시기하는 가운데 예루살렘 성벽이 세워진 것을 보며 좌절하지 않을 수 없었다. 바사의 왕들은 유다 사람들에게는 호의를 베푼 반면 자신들에 대하여는 그와 같은 호의를 베풀어 주지 않았던 것으로 보인다. 가인이 동생을 시기할 때 그의 안색이 변했다(창 4:5).

3. 그들은 향후 유다에게 아무런 위해도 끼칠 수 없게 된 것으로 인해 절망하지 않을 수 없었다. 다만 그들에게 한 가지 칭찬할 만한 것이 있었다면, 그것은 그들이 이 모든 역사가 하나님으로부터 말미암은 것이란 사실을 알았다는 사실이었다. 이들 이방인들조차도 다음과 같은 사실을 인식할 수 있는 지각이 있었다.

[1] 교회가 형통할 때 그 속에 하나님의 특별한 섭리가 있다는 사실. 그 때에 뭇 나라 가운데에서 말하기를 여호와께서 그들을 위하여 큰 일을 행하셨다 하였도다(시 126:2). 이것은 그가 하신 일이라. 하나님은 이스라엘을 위해 싸우시며 이스라엘과 함께 일하신다.

[2] 하나님의 일은 마침내 이루어질 것이란 사실. 그 일이 하나님으로부터 말미암은 것임을 인식했을 때, 그들은 그 일이 마침내 이루어질 것을 예상할 수밖에 없었다.

[3] 이 일이 하나님으로부터 말미암은 것이라면, 그것을 대적하는 것은 아무 소용 없는 것이라는 사실. 하나님의 일은 모든 방해에도 불구하고 마침내 완성될 것이다.

Ⅱ. 이 모든 일에도 불구하고 느헤미야는 자기 백성들 가운데 일부 지도자들이 계속해서 도비야와 교통하며 그를 편드는 것을 보면서 애통해하지 않을 수 없었다. 그러한 사실은 느헤미야에게 얼마나 큰 비애감과 허탈함을 가져다주었겠는가?

1. 유다의 귀족들 가운데 도비야와 편지를 주고받을 정도로 자기 나라의 유익과 영예에 무관심한 자들이 있었다(17절). 그들은 아무 거리낌 없이 그리고 친구로서의 친밀감을 가지고 그에게 편지를 썼으며 또 즐거운 마음으로 그로부터 편지를 받았다. 어떻게 귀족들이 이처럼 품위 없는 일을 행할 수 있단 말인가? 유다의 귀족들이 이렇게 악한 자들이었단 말인가? 높은 신분의 사람들이라고 해서 항상 지혜롭고 정직한 것은 아니다.

2. 적지 않은 유다 사람들이 도비야와 내밀하게 연합되어 있었다. 그리고 그들은 그의 나라의 유익을 증진시키는 일을 아무 거리낌 없이 행했다(그것이 자기 나라의 파멸을 의미하는 것임에도 불구하고). 도비야와 그의 아들이 이스라엘의 딸들과 결혼하였으므로 이스라엘에는 그와 동맹관계에 있는 자들이 많이 있었다(18절). 이방인과 결혼함으로 야기되는 재앙을 보라. 이방인과 결혼함으로 한 사람의 이방인이 유대 종교로 개종한다면 열 사람의 유대인이 타락의 길로 가고 만다. 일단 혈연관계를 맺으면 곧바로 동맹관계가 되는 법이다. 잘못된 사랑이 잘못된 동맹을 낳는다.

3. 그들은 뻔뻔스럽게도 느헤미야에게 도비야와 우의(友誼)를 맺을 것을 권면했다: 그들이 도비야의 선행을 내 앞에 말하고. 그들은 도비야를 명망 높은 귀인이요 신뢰할 만하며 친분을 맺을 만한 사람이라고 표현했다. 우리는 아무도 나쁘게 말해서는 안 되지만 그렇다고 악인을 선한 자라고 말해서도 안 된다. 율법을 버린 자는 악인을 칭찬하나 율법을 지키는 자는 악인을 대적하느니라(잠 28:4).

4. 그들은 느헤미야의 계획을 도비야에게 알려줄 정도로 패역했다. 그들은 도비야에게 느헤미야의 말을 전했다. 그것도 틀림없이 자신들의 잘못된 추론을 덧붙여 왜곡시켜 전했을 것이다. 그럼으로써 도비야는 더욱 분격하여 느헤미야를 두렵게 만드는 편지를 쓰며 그의 일을 더욱 훼방하려고 하였다. 이와 같이 그들의 모든 생각은 매사 느헤미야를 대적하는 것이었다.

제
— 7 —
장

개요

우리가 하나님과 우리 세대를 위한 어떤 한 가지 작업을 성공시킬 때, 그러한 성공은 우리로 하여금 또 다른 작업으로 나아가도록 고무한다. 느헤미야도 그러했다. 느헤미야는 예루살렘 성벽을 건축하고 성문을 다는 등 성읍을 굳게 한 후 다음과 같은 일에 계속해서 관심을 기울였다. I. 예루살렘 성읍이 잘 지켜지도록 함(1-4절). II. 예루살렘 성읍이 다시금 사람으로 번성되도록 관심을 기울임. 그렇게 하기 위해 그는 여기에서 사로잡힌 자의 자손들의 명부를 다시 검토하고 처음에 돌아온 가족들을 기록한다(5-73절). 이것은 사실상 우리가 앞에서 살펴본 에스라 2장과 동일하다. 느헤미야가 무슨 목적으로 이러한 명부를 만들었는지에 대하여, 우리는 나중에 즉 그가 열 명 가운데 한 명을 뽑아 예루살렘에 거주하도록 할 때 발견하게 될 것이다(11:1).

[1]성벽이 건축되매 문짝을 달고 문지기와 노래하는 자들과 레위 사람들을 세운 후에 [2]내 아우 하나니와 영문의 관원 하나냐가 함께 예루살렘을 다스리게 하였는데 하나냐는 충성스러운 사람이요 하나님을 경외함이 무리 중에서 뛰어난 자라 [3]내가 그들에게 이르기를 해가 높이 뜨기 전에는 예루살렘 성문을 열지 말고 아직 파수할 때에 곧 문을 닫고 빗장을 지르며 또 예루살렘 주민이 각각 자기가 지키는 곳에서 파수하되 자기 집 맞은편을 지키게 하라 하였노니 [4]그 성읍은 광대하고 그 주민은 적으며 가옥은 미처 건축하지 못하였음이니라

하나님은 자신의 교회를 향해 "예루살렘이여 내가 너의 성벽 위에 파수꾼을 세웠도다"라고 말씀하셨다(사 62:6). 바로 이것이 여기에서의 느헤미야의 관심이었다. 왜냐하면 살아 있는 파수꾼 없이 죽은 성벽만으로는 성읍을 온전히 지킬 수 없기 때문이다.

I. 느헤미야는 문지기와 노래하는 자와 레위 사람들을 세워 각자의 위치에서 임무를 수행하도록 했다(1절). 일반적인 의미로, 이것은 그들에게 성전예

배에 수종들도록 명령한 것이었다. 이 일은 지금까지 상당 부분 방치되어 왔으나 지금 다시 새롭게 회복되었다. 하나님을 예배하는 것은 곧 우리의 처소를 방비하는 것이며, 하나님의 사역자들은 성벽을 지키는 파수꾼들이다. 혹은 구체적인 의미로, 이것은 그들에게 성벽 봉헌을 위해 준비하도록(다시 말해서 그들로 하여금 성벽 봉헌 예식을 장엄하게 거행하도록) 명령한 것이었는지도 모른다. 성벽을 하나님께 봉헌하는 것이 예루살렘을 지키는 힘이었다. 하나님께 봉헌된 것들이야말로 우리를 참으로 유익하게 한다.

Ⅱ. 느헤미야는 두 명의 통치자를 세워 예루살렘을 다스리도록 했다(2절). 그들에게 맡겨진 책임은 공적인 질서와 안전을 확립하는 것이었다. 그 가운데 한 사람은 느헤미야의 아우 하나니였는데, 그는 전에 느헤미야에게 예루살렘이 황폐되었다는 소식을 전한 자로서 뛰어난 인품과 강한 애국심을 가진 자였다. 또 한 사람은 하나냐로서 바사 왕궁에서 높은 관직에 있던 사람이었다. 우리는 여기에서 그가 충성스러운 사람이요 하나님을 경외함이 무리 중에서 뛰어난 자였다는 이야기를 듣게 된다. 다음을 주목하라.

1. 하나님을 경외함에 있어 특별히 다른 사람들보다 크게 뛰어난 자들이 있다. 그들은 여호와를 경외하는 자들에게 주어지는 존귀를 갑절로 받을 자격이 있는 사람들이다(시 15:4). 예루살렘에는 하나님을 경외하는 사람들이 많이 있었지만, 그러나 하나냐는 신앙과 경건에 있어 다른 사람들보다 훨씬 뛰어났다.

2. 하나님을 경외하는 자들은 모든 사람에게 신실하며 범사에 양심적으로 행동함으로써 자신들의 믿음을 증명해야 한다.

3. 뛰어난 덕과 경건한 믿음과 정직한 마음을 가진 사람들이 다스릴 때, 하나님의 예루살렘은 더욱 번성할 것이다. 어떤 이들은 느헤미야가 지금 새롭게 위임을 받기 위해 바사 왕궁으로 돌아가려고 하고 있으며 따라서 자신이 없는 동안 자신을 대신해서 예루살렘을 다스리도록 그러한 두 사람을 임명한 것이었을 것이라고 추측한다. 선한 지도자는 자신이 직접 다스릴 수 없을 때 자신을 대리하여 올바로 다스릴 자를 세워야 한다.

Ⅲ. 느헤미야는 성벽 문을 여닫는 일과 성벽을 지키는 일에 대해 명령을 내렸다(3, 4절).   여기에서 다음을 보라.

1. 예루살렘의 현재 상태는 어떠했나? 예루살렘 성읍의 둘레는 광대했으며, 성벽은 예전과 똑같이 성읍을 둘러싸고 있었다. 그러나 아직 집들이 많이 건축

되지 못했으므로 성읍의 많은 부분은 황폐된 상태로 있었다. 그러나 느헤미야는 최근에 하나님이 스가랴 선지자를 통해 주신 예루살렘을 다시 번성케 하시겠다는 약속을 바라보면서 믿음으로 성벽을 쌓았다(슥 8:3 이하). 비록 지금은 그 수가 매우 적을지라도 머지않아 크게 번성하게 될 것을 느헤미야는 믿었고 따라서 그는 그러한 믿음에 부합하게 성벽을 건축했다. 만일 그가 이러한 사실을 믿지 않았다면, 그는 이렇게 크고 넓은 성벽을 쌓지는 않았을 것이다. 성벽 없는 성읍이 수치스러운 것인 것처럼 성읍 없는 성벽 또한 우스꽝스러운 것이 아니겠는가?

2. 이를 위해 느헤미야는 어떤 조치를 취했나? 그는 두 명의 통치자에게 다음과 같이 명했다.

(1) 매일 밤 성문을 닫고 빗장을 지르는 것을 철저하게 감독할 것. 성문을 열고 닫는 일을 철저히 하지 않는다면 성벽이 무슨 소용이 있겠는가?

(2) 아침에 아무 일 없음을 확인하기 전까지는 결코 성문을 열지 말 것.

(3) 성벽 위나 기타 필요한 곳에 파수꾼들을 세우고 적이 다가올 때 즉시 그 사실을 성읍에 알리게 할 것. 그리고 그들은 모두 자기 집 맞은편을 지켜야만 했는데, 그것은 그들로 하여금 특별히 깨어 있을 것을 당부하기 위함이었던 것으로 추측된다. 공적인 안전은 모든 사람 각자가 공동의 적인 죄에 대해 경계하며 스스로 조심하는 것에 달려 있다. 파수하며 경계하는 것은 모두의 유익이 됨에도 불구하고 많은 사람들은 그것이 자신에게 유익이 되는 것을 깨닫지 못한다. 그러므로 파수꾼을 지명하고 세우는 것은 통치자들의 의무이다. 그들은 얼마 전 하나님이 성벽 건축하는 일에 함께 하셨음을 보았다(만일 하나님이 함께 하시지 않았다면 그들의 수고는 헛된 것이 되고 말았을 것이다). 마찬가지로 이제 그들은 의심의 여지 없이 여호와께서 성을 지키지 아니하시면 파수꾼의 경성함이 허사라는 사실을 깨닫게 되었을 것이다(시 127:1).

⁵내 하나님이 내 마음을 감동하사 귀족들과 민장들과 백성을 모아 그 계보대로 등록하게 하시므로 내가 처음으로 돌아온 자의 계보를 얻었는데 거기에 기록된 것을 보면 ⁶옛적에 바벨론 왕 느부갓네살에게 사로잡혀 갔던 자들 중에서 놓임을 받고 예루살렘과 유다에 돌아와 각기 자기들의 성읍에 이른 자들 곧 ⁷스룹바벨과 예수아와 느헤미야와 아사랴와 라아먀와 나하마니와 모르드개와 빌산과 미스베렛과 비

그왜와 느훔과 바아나와 함께 나온 이스라엘 백성의 명수가 이러하니라 [8]바로스 자손이 이천 백칠십이 명이요 [9]스바댜 자손이 삼백칠십이 명이요 [10]아라 자손이 육백오십이 명이요 [11]바핫모압 자손 곧 예수아와 요압 자손이 이천팔백십팔 명이요 [12]엘람 자손이 천이백오십사 명이요 [13]삿두 자손이 팔백사십오 명이요 [14]삭개 자손이 칠백육십 명이요 [15]빈누이 자손이 육백사십팔 명이요 [16]브배 자손이 육백이십팔 명이요 [17]아스갓 자손이 이천삼백이십이 명이요 [18]아도니감 자손이 육백육십칠 명이요 [19]비그왜 자손이 이천육십칠 명이요 [20]아딘 자손이 육백오십오 명이요 [21]아델 자손 곧 히스기야 자손이 구십팔 명이요 [22]하숨 자손이 삼백이십팔 명이요 [23]베새 자손이 삼백이십사 명이요 [24]하립 자손이 백십이 명이요 [25]기브온 사람이 구십오 명이요 [26]베들레헴과 느도바 사람이 백팔십팔 명이요 [27]아나돗 사람이 백이십팔 명이요 [28]벧아스마 사람이 사십이 명이요 [29]기럇여아림과 그비라와 브에롯 사람이 칠백사십삼 명이요 [30]라마와 게바 사람이 육백이십일 명이요 [31]믹마스 사람이 백이십이 명이요 [32]벧엘과 아이 사람이 백이십삼 명이요 [33]기타 느보 사람이 오십이 명이요 [34]기타 엘람 자손이 천이백오십사 명이요 [35]하림 자손이 삼백이십 명이요 [36]여리고 자손이 삼백사십오 명이요 [37]로드와 하딧과 오노 자손이 칠백이십일 명이요 [38]스나아 자손이 삼천 구백삼십 명이었느니라 [39]제사장들은 예수아의 집 여다야 자손이 구백칠십삼 명이요 [40]임멜 자손이 천오십이 명이요 [41]바스훌 자손이 천이백사십칠 명이요 [42]하림 자손이 천십칠 명이었느니라 [43]레위 사람들은 호드야 자손 곧 예수아와 갓미엘 자손이 칠십사 명이요 [44]노래하는 자들은 아삽 자손이 백사십팔 명이요 [45]문지기들은 살룸 자손과 아델 자손과 달문 자손과 악굽 자손과 하디다 자손과 소배 자손이 모두 백삼십팔 명이었느니라 [46]느디님 사람들은 시하 자손과 하수바 자손과 답바옷 자손과 [47]게로스 자손과 시아 자손과 바돈 자손과 [48]르바나 자손과 하가바 자손과 살매 자손과 [49]하난 자손과 깃델 자손과 가할 자손과 [50]르아야 자손과 르신 자손과 느고다 자손과 [51]갓삼 자손과 웃사 자손과 바세아 자손과 [52]베새 자손과 므우님 자손과 느비스심 자손과 [53]박북 자손과 하그바 자손과 할훌 자손과 [54]바슬릿 자손과 므히다 자손과 하르사 자손과 [55]바르고스 자손과 시스라 자손과 데마 자손과 [56]느시야 자손과 하디바 자손이었느니라 [57]솔로몬의 신하의 자손은 소대 자손과 소베렛 자손과 브리다 자손과 [58]야알라 자손과 다르곤 자손과 깃델 자손과 [59]스바댜 자손과 핫딜 자손과 보게렛하스바임 자손과 아몬 자손이니 [60]모든 느디님 사람과 솔로몬의 신하의 자손이 삼백구십이 명이었느니라 [61]델멜라와 델하르사와 그룹과 앗돈과 임멜로부터 올라온 자가 있으나 그들의 종족이나 계보가 이스라엘에 속하였는지는 증거할 수 없으니 ⁶²그들은 들라야 자손과 도비야 자손과 느고다 자손이라 모두가 육백사십이 명이요 ⁶³제사장 중에는 호바야 자손과 학고스 자손과 바르실래 자손이니 바르실래는 길르앗 사람 바르실래의 딸 중의 하나로 아내를 삼고 바르실래의 이름으로 불린 자라 ⁶⁴이 사람들은 계보 중에서 자기 이름을 찾아도 찾지 못하였으므로 그들을 부정하게 여겨 제사장의 직분을 행하지 못하게 하고 ⁶⁵총독이 그들에게 명령하여 우림과 둠밈을 가진 제사장이 일어나기 전에는 지성물을 먹지 말라 하였느니라 ⁶⁶온 회중의 합계는 사만 이천삼백육십 명이요 ⁶⁷그 외에 노비가 칠천삼백삼십칠 명이요 그들에게 노래하는 남녀가 이백사십오 명이 있었고 ⁶⁸말이 칠백삼십육 마리요 노새가 이백사십오 마리요 ⁶⁹낙타가 사백삼십오 마리요 나귀가 육천칠백이십 마리였느니라 ⁷⁰어떤 족장들은 역사를 위하여 보조하였고 총독은 금 천 드라크마와 대접 오십과 제사장의 의복 오백삼십 벌을 보물 곳간에 드렸고 ⁷¹또 어떤 족장들은 금 이만 드라크마와 은 이천이백 마네를 역사 곳간에 드렸고 ⁷²그 나머지 백성은 금 이만 드라크마와 은 이천 마네와 제사장의 의복 육십칠 벌을 드렸느니라 ⁷³이와 같이 제사장들과 레위 사람들과 문지기들과 노래하는 자들과 백성 몇 명과 느디님 사람들과 온 이스라엘 자손이 다 자기들의 성읍에 거주하였느니라

우리는 여기에서 느헤미야의 또 다른 선한 계획을 보게 된다. 지혜로우며 열정적인 사람은 항상 하나님의 영광과 교회의 유익을 위해 뭔가를 계속해서 궁구(窮究)하기 마련이다. 느헤미야는 성읍(도시, city)의 안전이 성벽의 높이와 견고함보다 주민들의 숫자와 용맹성에 더 많이 달려 있다는 사실을 잘 알고 있었다(물론 하나님 아래에서). 따라서 예루살렘에 거주하는 주민의 수가 너무나 적다는 사실을 생각하면서, 그는 백성들을 계수해야겠다고 생각했다. 그렇게 함으로써 전에 예루살렘에 거주하다가 지금은 다른 지역으로 이주한 사람들을 다시 예루살렘으로 돌아오도록 하고, 또 여러 사람들에게 권면하여 예루살렘에 집을 짓도록(신앙적인 이유로든 아니면 사업적인 이유로든) 유도할 수 있을 것이었다. 우리는 우리만 예루살렘에 거주하기를 바라서는 안 된다. 왜냐하면 우리의 안전과 안위는 많은 부분 우리의 이웃들과 친구들에 의존하기 때문이다. 이웃과 친구들이 더 많을수록 우리의 성읍은 더욱 견고해지며 우리는 더 즐거워질 것이다. 도시(성읍, city)와 시골 사이의 균형을 유지하는

것은 통치자들의 지혜이다. 도시가 시골을 완전히 황폐화시킬 정도로 지나치게 비대해져서도 안 되며, 반대로 스스로 보호할 수 없을 정도로 지나치게 위축되어서도 안 된다. 다음을 주목하라.

I. 느헤미야의 이와 같은 선한 계획은 어디로부터 말미암았나. 그는 하나님이 자기 마음을 감동하셨다고 고백한다(5절). 우리 마음속에 어떤 선한 생각이나 충동이 솟아오를 때, 우리는 그것이 하나님으로부터 말미암은 것임을 인정해야 한다. 그것을 우리 마음속에 넣으신 분은 하나님이셨다. 왜냐하면 모든 선한 은사와 역사는 위로부터 말미암기 때문이다. 하나님은 지혜를 주시며 은혜를 베푸신다. 모든 것은 하나님으로부터 말미암으며 따라서 모든 것은 그분께 돌려져야 한다. 인간의 지혜로 되어진 일도 신적 섭리의 인도하심으로 돌려져야 한다. 농부들에게 지혜를 가르치시는(사 28:26) 하나님은 또한 통치자들에게도 그렇게 하신다.

II. 느헤미야는 그 계획을 실행하기 위해 어떤 방법을 사용했나.

1. 느헤미야는 귀족들과 민장들과 백성들을 불러 그들 가족들의 현재 상태를 조사했다(그들의 숫자는 몇 명이며 지금 어디에 거주하는지 등). 아마도 느헤미야는 그들을 부를 때 그들과 더불어 주변 지역 사람들의 현황까지도 함께 보고하도록 명령했을 것이다. 그들의 숫자가 그리 많지 않았음에도 그 일이 속히 이루어진 것으로 보아 우리는 그렇게 추측할 수 있다.

2. 느헤미야는 처음에 돌아온 자들의 계보를 조사하고 그것을 지금의 현황과 비교했다. 그리고 여기의 목록은 에스라 2장의 목록을 반복한 것이다. 그와 관련하여 우리는 여기의 제목과(6, 7절) 에스라 2장의 제목이(1절) 똑같은 것을 발견한다. 또한 여기에서 두 가지, 즉 각 가문의 이름 및 숫자와 그들이 성전예배에서 맡은 직무가 에스라 2장의 내용을 거의 축자적으로 반복한다. 그것이 여기에서 다시금 반복되는 것은 하나님이 영적 이스라엘에 속한 개인들과 가문들과 그들의 예배를 기쁘시게 받으시며, 그들을 특별히 주목하고 계심을 암시한다. 하나님은 자기에게 속한 자들을 아시며, 그들 모두를 아시며, 그들의 이름을 아시며, 사로잡힌 자들의 자손들의 목록을 주목하시며, 그들과 관련한 옛 계획에 따라 모든 일을 행하신다.

(1) 여기에 처음 돌아온 가문들의 우두머리들의 목록이 나와 있다(6-69절).

[1] 이러한 목록은 지금의 우리에게는 별다른 의미를 갖지 못하는 것으로 보

일 수 있지만 그러나 당시에는 매우 중요한 것으로서 예전의 현황과 지금의 현황을 비교하기 위한 것이었다. 우리는 이 기간 동안 그들의 숫자가 크게 증가하였을 것이라고 추측할 수 있다. 그렇지만 그들은 자신들의 미미한 시작을 기억할 필요가 있었다. 그럼으로써 자신들을 번성케 하시고 든든하게 세워 주신 하나님의 은혜를 더욱 깊이 깨닫게 될 것이었다. 마찬가지로 이와 같이 그들의 계보가 보존됨으로써 모든 가문이 메시야가 올 때까지 계속 유지되게 되었다. 그리고 그리스도를 위해 보존된 이러한 계보들은 마침내 그의 오심과 함께 끝나게 되었다.

[2] 그러나 여기의 목록과 에스라의 목록 사이에는 어느 정도 차이가 존재한다. 대부분의 경우 정확하게 일치하지만, 그러나 어떤 경우에는 한두 명 많기도 하고 적기도 하다. 이와 관련하여 나는 어떤 이들이 주장하는 것처럼 하나는 첫 귀환 때의 숫자이고 다른 하나는 최소한 40년이 지난 후인(어떤 이들은 40년보다 훨씬 더 길게 잡기도 한다) 지금의 숫자이기 때문에 그와 같은 차이가 생겼다는 생각에는 도저히 동의할 수 없다. 왜냐하면 최소한 40년이 지났음에도 불구하고 각 가문의 숫자가 완전히 똑같든지 혹은 극히 적은 차이만 나는 것은 거의 생각할 수 없는 일이기 때문이다. 따라서 우리는 전사자(轉寫者)들의 실수나(숫자를 옮길 때 이런 실수는 흔히 일어난다) 혹은 그들이 취한 사본의 다양성 때문에 그와 같은 차이가 생긴 것이라고 추측할 수 있다. 그렇지 않으면 어쩌면 하나는 스룹바벨과 함께 바벨론을 떠날 때 계수한 것이고 다른 하나는 예루살렘에 도착할 때 계수한 것이었는지도 모른다. 총계는 노래하는 남녀를 제외하고는 양쪽이 정확하게 일치한다(노래하는 남녀의 경우 에스라에는 200명으로 되어 있는 반면 여기에서는 245명으로 되어 있다). 그러나 이와 같은 숫자와 관련하여 양쪽이 정확하게 일치해야만 할 필연적인 중요성이 있는 것은 아니다.

(2) 여기에 하나님의 일을 위해 드려진 헌물들이 언급되어 있다(70절 이하). 그러나 여기에 언급된 헌물들은 에스라 2:68-69에 언급된 것과 상당 부분 다르다. 따라서 양자가 동일한 헌물을 언급하고 있는 것인지 여부는 다소 의문의 여지가 있다. 여기에서는 제일 먼저 총독이 헌물을 드린 것으로 되어 있지만, 에스라에서 총독은 언급되지 않는다. 그리고 각 품목들에 있어 에스라에 언급된 합계가 여기에 나타난 합계보다 많다. 아마도 이것은 다른 사본으로부터 옮

겼기 때문에 나타난 차이일 뿐 양자(兩者)는 동일한 것을 언급한 것으로 여겨진다. 왜냐하면 그 이후의 구절들이 또다시 똑같이 나타나기 때문이다(즉 느 7:73과 스 2:70이 똑같고 또 느 8:1과 스 3:1이 똑같다). 우리의 믿음과 소망이 이름과 숫자와 족보와 연대의 정확성에 기초하지 않고 오직 율법과 복음의 큰 사실 위에 기초한 것으로 인해 하나님을 송축하자. 하나님의 일을 위해 무엇을 드렸든지 간에 하나님은 그것을 결코 잊어버리지 않으신다. 하나님의 영광을 위해 냉수 한 그릇을 드릴지라도 우리는 결코 그 상을 잃지 않을 것이다.

제
— 8 —
장

개요

에스라가 바벨론으로부터 예루살렘에 온 것은 느헤미야가 오기 13년 전이었는데, 이제 우리는 여기에서 에스라가 위대한 역사를 행하는 것을 보게 된다. 그는 이러한 역사를 좀 더 일찍 행할 수도 있었지만, 그러나 그러한 역사는 느헤미야가 오기 전까지는 행해지지 않았다. 느헤미야는 에스라처럼 뛰어난 학자도 아니고 또 하나님의 율법에 익숙한 서기관도 아니었지만 그러나 좀 더 역동적이며 능동적인 정신을 가진 자였다. 이러한 느헤미야의 열정으로 인해 에스라의 학식은 우리가 여기에서 보게 되는 것처럼 구체적인 실천의 열매를 맺게 되었다. 본 장의 내용은 다음과 같다. I. 에스라가 대중들 앞에서 율법을 읽고 해석함(1-8절). II. 율법을 듣고 우는 백성들에게 지도자들이 울지 말고 기뻐하며 즐거워하도록 권면함(9-12절). III. 율법에 따라 초막절을 지킴(13-18절).

¹이스라엘 자손이 자기들의 성읍에 거주하였더니 일곱째 달에 이르러 모든 백성이 일제히 수문 앞 광장에 모여 학사 에스라에게 여호와께서 이스라엘에게 명령하신 모세의 율법책을 가져오기를 청하매 ²일곱째 달 초하루에 제사장 에스라가 율법책을 가지고 회중 앞 곧 남자나 여자나 알아들을 만한 모든 사람 앞에 이르러 ³수문 앞 광장에서 새벽부터 정오까지 남자나 여자나 알아들을 만한 모든 사람 앞에서 읽으매 뭇 백성이 그 율법책에 귀를 기울였는데 ⁴그 때에 학사 에스라가 특별히 지은 나무 강단에 서고 그의 곁 오른쪽에 선 자는 맛디댜와 스마와 아나야와 우리야와 힐기야와 마아세야요 그의 왼쪽에 선 자는 브다야와 미사엘과 말기야와 하숨과 하스밧다나와 스가랴와 므술람이라 ⁵에스라가 모든 백성 위에 서서 그들 목전에 책을 펴니 책을 펼 때에 모든 백성이 일어서니라 ⁶에스라가 위대하신 하나님 여호와를 송축하매 모든 백성이 손을 들고 아멘 아멘 하고 응답하고 몸을 굽혀 얼굴을 땅에 대고 여호와께 경배하니라 ⁷예수아와 바니와 세레뱌와 야민과 악굽과 사브대와 호디야와 마아세야와 그리다와 아사랴와 요사밧과 하난과 블라야와 레위 사람들은 백성이 제자리에 서 있는 동안 그들에게 율법을 깨닫게 하였는데 ⁸하나님의 율

법책을 낭독하고 그 뜻을 해석하여 백성에게 그 낭독하는 것을 다 깨닫게 하니

　　　우리는 여기에서 하나님의 영광과 교회의 유익을 위해 모인 장엄한 종교적 집회와 거기에서 이루어진 선한 역사에 대해 듣게 된다.

　I. 그 때는 일곱째 달 초하루였다(2절).　이 날은 나팔을 불어 기념하는 날로서 쉬는 날이었는데(레 23:24; 민 29:1), 그들은 바로 이 날 성회로 모였다. 그러나 그것이 전부가 아니었다. 이 날은 포로에서 돌아온 후 제단을 세우고 번제를 드리기 시작한 날로서, 근자에 하나님이 베푸신 은총을 기념하는 날이었다. 아마도 그들은 그 사실을 기억하며 이 날을 더 성대하게 지켰을 것이다. 우리는 하나님의 은총을 결코 잊어서는 안 된다.

　II. 장소는 수문 앞 광장이었다(1절).　이 곳은 성전 뜰로는 감당할 수 없는 많은 무리를 수용할 수 있을 만한 넓은 광장이었다. 아마도 지금의 성전 뜰은 솔로몬 시대만큼 넓지 못했을 것으로 여겨진다. 제물은 오직 성전 문 앞에서만 드려져야 했지만, 그러나 기도와 찬미와 말씀 전파는 다른 곳에서도 행해질 수 있었다. 회중이 이와 같이 광장에 모였을 때, 하나님은 의심의 여지 없이 그들과 함께 하셨다.

　III. 모든 백성이 그 곳에 모였다.　그들은 강제로 모인 것이 아니라 하나같이 자발적으로 모였다. 그리고 남자들만 모인 것이 아니라 말귀를 알아들을 만한 사람이면 여자들과 아이들까지 모였다. 가장들은 하나님께 드리는 공적 예배에 가족들을 데려가야 한다. 여자들과 아이들도 구원받아야 하므로 하나님의 말씀을 듣는 것과 같은 은혜의 수단에 접촉되도록 세심하게 배려되어야 한다. 어린아이들은 이성적인 훈련을 받는 것처럼 신앙적인 훈련도 받아야 한다.

　IV. 성회를 주관한 자는 제사장이면서 율법에 익숙한 서기관(혹은 학사, scribe)**이었던 에스라였다.**　따라서 율법을 해석하고 말씀을 전파함에 있어 그보다 더 적합한 자는 없었다.

　1. 그는 백성들로부터 부름을 받았다. 그는 제사장의 직분을 가진 자요 율법에 정통한 자로서, 백성들은 그에게 율법책을 가져와 자신들에게 읽어 주기를 청했다(1절). 하나님은 그에게 능력과 권위를 주셨으며, 백성들은 그에게 기회를 주었다. 지식은 그것을 필요로 하는 자에게 베풀 수 있는 영적 자선(慈善)이다.

2. 그는 말씀을 전파하기 위해 특별히 지은 나무 강단 위에 섰다(4절). 그리하여 그의 말은 좀 더 잘 들려지고 전달될 수 있었으며, 회중들은 그를 좀 더 잘 바라보며 집중할 수 있었다(마치 눅 4:20의 경우처럼).

3. 여러 명의 지도자들이 그의 곁에 섰다. 여섯 명의 지도자가 그의 오른쪽에 섰으며 일곱 명의 지도자가 그의 왼쪽에 섰다. 아마도 강단은 그들 모두가 한 줄로 서도록 되어 있었든지 아니면 그들이 한 계단 아래 위치하도록 되어 있었을 것이다. 어떤 이들은 에스라가 읽다가 지치면 그들에게 읽도록 지시했을 것이라고 추측한다. 어쨌든 에스라는 그들을 자기 곁에 서도록 하여 그들을 존귀케 했다. 한편 7절에 언급된 자들은 에스라의 육성을 직접 들을 수 있는 위치에 있지 못한 자들에게 율법을 읽고 설명해 주는 일을 맡은 것으로 보인다. 이들 가운데 그 입술에 지식을 가지고 있는 13명의 제사장들이 있었다(말 2:7). 백성들에게 있어 이와 같이 말씀을 가르치는 사역자들이 있다는 것은 너무도 큰 축복이다. 이와 같은 보조사역자들을 갖고 있는 에스라와, 에스라와 같은 인도자를 갖고 있는 그들은 얼마나 행복한가!

V. 성회는 의식적(儀式的)인 것이 아니라 기도하며 말씀이 전파되는 등 도덕적인 것이었다. 성회를 주관한 에스라는

1. 하나님에게 백성들의 입이었다. 그가 하나님을 송축하자 백성들은 아멘 하며 마음을 다해 그와 연합했다(6절). 에스라가 여호와를 위대하신 하나님으로 송축하면서 그의 완전하심을 찬미하며 은총을 간구하자 백성들은 그의 기도와 찬미에 동의함을 나타내는 증표로서 아멘 아멘 했다. 또 그들은 손을 높이 듦으로써 하나님을 향한 열망을 표현하면서 동시에 고개를 숙임으로써 하나님께 대한 순복을 나타냈다. 이와 같이 우리는 하나님의 말씀을 읽고 들을 때 그 말씀 속에서 하나님을 보는 것처럼 우리의 믿음의 태도를 나타내야 한다.

2. 백성들에게 하나님의 입이었다. 그리하여 백성들은 그의 말에 귀를 기울였다. 이것이 성회에 있어 가장 중요한 부분이었다. 다음을 주목하라.

(1) 에스라는 회중들 앞에 율법책을 가져왔다(2절). 그는 가장 훌륭하며 가장 정확한 사본을 가지고 있다가 이제 교회의 유익을 위해 그것을 가져왔다. 다음을 관찰하라.

[1] 율법책은 서기관들의 연구를 위해서만 사용될 것이 아니라 회중들 앞에 가져와 그들의 언어로 읽혀져야 한다.

[2] 사역자들은 강단에 올라갈 때 성경을 가져가야 한다. 여기에서 에스라가 그렇게 했다. 그리고 그들은 성경으로부터 참된 지식을 끌어내고 그에 따라 말하며 행동해야 한다. 역대하 17장 9절을 보라(그들이 여호와의 율법책을 가지고 유다에서 가르치되 그 모든 유다 성읍들로 두루 다니며 백성들을 가르쳤더라).

(2) 에스라는 모든 백성 앞에서 엄숙하게 책을 폈다(5절). 그는 책을 펴는 가운데 그 책을 주시고 또 읽게 하신 하나님의 크신 은총을 되새겼다. 그것은 막히고 인봉된 샘이 아니었다. 우리는 요한계시록에서 책을 들어 인봉을 뗄 때 기쁨과 찬미의 함성이 울려 퍼지는 것을 보게 된다(계 5:9). 우리도 에스라처럼 이와 같은 종교적인 행동을 할 때 너무 급하게 시작하지 말고 약간의 거룩한 휴지시간(休止時間)을 가질 필요가 있다. 그리고 손에 하나님의 말씀을 들고 있을 때나 무릎을 꿇고 기도할 때 우리가 지금 무엇을 하고 있는지 되새길 필요가 있다. 그러면 우리는 무엇을 하든지 경솔하지 않게 될 것이다(전 5:1, 너는 하나님의 집에 들어갈 때에 네 발을 삼갈지어다).

(3) 에스라는 새벽부터 정오까지 율법책을 읽어주었다(3절). 그리고 보조사역자들 역시도 율법책을 명확하게 읽어주었다(8절, 한글개역개정판에는 '낭독했다'로 되어 있음). 종교적인 집회에서 성경을 읽는 것은 하나님의 규례이며, 이를 통해 하나님은 영광을 받으시고 교회는 큰 유익을 얻는다. 그리고 이와 같이 특별한 경우에는 하나님의 말씀을 읽고 설명하는 일에 결코 시간을 아껴서는 안 된다. 여기에서 그들은 무려 6시간 동안 말씀을 읽고 들었다. 하나님의 말씀을 읽고 전파하는 자들은 또한 그 말씀을 명확하게 전달하는 법을 배워야 한다. 거룩한 것을 삼키는 것은 그 사람에게 덫이 되느니라.

(4) 그들은 읽은 것을 해석하여 그 말씀의 의미와 취지를 설명해 주었다. 그렇게 함으로써 그들은 백성들로 하여금 읽는 것을 깨닫게 해주었다(7, 8절). 다음을 주목하라.

[1] 말씀을 듣는 자는 필히 그것을 깨달아야 한다. 그렇지 않으면 그것은 단지 공허한 소음에 지나지 않는다(마 24:15, 읽는 자는 깨달은진저).

[2] 그러므로 가르치는 직분을 맡은 자들은 말씀을 설명해 줌으로써 듣는 자들로 하여금 그 의미를 깨닫도록 해주어야 한다. 말씀을 가르치는 자들은 듣는 자들에게 다음과 같이 물어야 한다: 네가 읽는 것을 깨닫느뇨? 혹은 너희가 이 모든 것을 깨달았느냐? 반면 말씀을 듣는 자들은 가르치는 자들에게 다음과 같이

반문해야 한다: 지도해 주는 사람이 없으니 어찌 깨달을 수 있느냐(행 8:30, 31). 말씀을 읽는 것도 좋은 일이며 전파하는 것도 좋은 일이다. 그러나 말씀을 해석하며 설명하는 것은 읽는 것과 전파하는 것을 하나로 결합하여 읽는 것을 더 잘 이해하게 하고 전파하는 것을 더욱 설득력 있게 만들어 준다.

(5) 백성들은 율법책이 펴지고 말씀이 읽혀질 때 매우 적절한 태도를 취했다.

[1] 그들은 큰 경의를 표했다. 에스라가 율법책을 폈을 때, 그들은 모두 일어섰다(5절). 그렇게 함으로써 그들은 에스라와 그가 읽으려고 하는 말씀에 경의를 표했다. 종들에게 있어 주인이 말할 때 자리에서 일어서는 것은 지극히 합당한 일이다. 그렇게 하는 것은 주인에게 경의를 표함과 동시에 주인이 명령하는 바를 즉시 행할 준비가 되어 있음을 나타내는 것이다.

[2] 그들은 움직이지 않고 차분하게 서 있었다. 백성들은 각기 제자리에 서 있었다(7절). 여러 명의 사역자들이 서로 어느 정도 떨어진 거리에서 말씀을 읽고 해석해 줄 때, 백성들은 여기저기 다니면서 이러쿵저러쿵 떠드는 대신 제자리에 굳게 서 있었다. 그렇게 함으로써 그들은 피차 방해하지 않고 모두가 말씀의 유익을 얻을 수 있었다.

[3] 그들은 마음을 집중하여 말씀을 들었다. 뭇 백성이 그 율법책에 귀를 기울였는데(3절). 그들의 귀는 말씀에 고정되었으며, 그들의 마음은 말씀에 집중되었다. 우리는 하나님의 말씀 앞에 우리의 마음과 정신을 온전히 집중시켜야 한다. 만일 부주의하게 듣는다면 결국 우리는 하나도 기억하지 못한 채 들은 것을 모두 잃어버리게 될 것이다.

[9]백성이 율법의 말씀을 듣고 다 우는지라 총독 느헤미야와 제사장 겸 학사 에스라와 백성을 가르치는 레위 사람들이 모든 백성에게 이르기를 오늘은 너희 하나님 여호와의 성일이니 슬퍼하지 말며 울지 말라 하고 [10]느헤미야가 또 그들에게 이르기를 너희는 가서 살진 것을 먹고 단 것을 마시되 준비하지 못한 자에게는 나누어 주라 이 날은 우리 주의 성일이니 근심하지 말라 여호와로 인하여 기뻐하는 것이 너희의 힘이니라 하고 [11]레위 사람들도 모든 백성을 정숙하게 하여 이르기를 오늘은 성일이니 마땅히 조용하고 근심하지 말라 하니 [12]모든 백성이 곧 가서 먹고 마시며 나누어 주고 크게 즐거워하니 이는 그들이 그 읽어 들려 준 말을 밝히 앎이라

우리는 여기에서 다음과 같은 내용을 보게 된다.

I. 백성들은 율법의 말씀을 듣고 어떻게 반응했나. 율법은 사망을 가져오며, 사람들에게 죄를 보여주며, 죄로 말미암은 고통과 형벌을 보여주며, 계속해서 모든 의무를 행하지 않는 모든 자들에게 저주를 선언한다. 따라서 백성들은 율법의 말씀을 들었을 때 다 울었다(9절). 그것은 ― 요시야가 율법의 말씀을 들었을 때 그랬던 것처럼 ― 그들의 심령이 지금 매우 부드러워져 있었음을 보여주는 분명한 표적이었다. 그들은 하나님을 배반하며 율법을 수없이 불순종한 것을 생각하며 울었다. 몇몇 사람이 울기 시작하자 모두가 따라 울었는데, 그것은 자신들이 하나님 앞에 크게 범죄했음을 깨달았기 때문이었다.

II. 백성들은 자신들에게 전해진 화평의 말씀으로 어떻게 위로를 받았나. 그들이 하나님의 말씀으로 큰 감동과 충격을 받은 것은 좋은 일이었다. 그러나 그들은 지금 과도한 슬픔에 사로잡혀서는 안 되었다. 왜냐하면 이 날은 여호와의 성일이었기 때문이었다. 지금은 거룩한 절기의 때였으므로 그들은 마땅히 기뻐해야 했다. 심지어 죄로 인한 슬픔조차도 하나님 안에서의 기쁨을 가로막아서는 안 된다. 도리어 죄로 인한 슬픔은 우리를 하나님 안에서의 기쁨으로 인도하며 그것을 위해 준비시킨다.

1. 지도자들은 백성들을 진정시키고자 애썼다. 이 자리에 느헤미야가 있었다. 에스라는 백성들이 말씀에 큰 충격과 감동을 받은 것을 만족스럽게 여기고 있었다. 그러나 느헤미야는 지금 백성들이 우는 것은 합당치 않은 일이라고 여기면서 자신의 생각을 에스라에게 전했으며, 에스라도 기꺼이 그 말에 수긍했다. 이 날은 성일이었다(레 23:24에서 이 날은 쉬는 날로 불린다). 따라서 이 날은 기쁨과 찬미로 잔치를 베풀 날이었지 괴로움 가운데 슬퍼하며 울어서는 안 되는 날이었다.

(1) 그들은 백성들이 슬퍼하며 우는 것을 금지했다(9절). 근심하지 말라(10절). 조용하고 근심하지 말라(11절). 만사는 때에 맞을 때 아름다운 법이다. 하나님이 애곡하게 하실 때 즐거워해서는 안 되는 것처럼, 하나님이 기뻐하게 하실 때 울며 슬퍼해서도 안 된다. 죄로 인한 슬픔조차도 하나님 안에서의 기쁨과 예배의 즐거움을 방해할 정도로 지나치게 과도해서는 안 된다.

(2) 그들은 백성들에게 기뻐할 것을 명했다. 너희는 화관으로 재를 대신하며 기쁨의 기름으로 슬픔을 대신하며 찬송의 옷으로 근심을 대신할지니라(사 61:3).

그들은 백성들에게 살진 것을 먹고 단 것을 마시라고 명했는데, 이것은 기쁨으로 잔치를 벌일 것을 의미하는 것이었다. 그러나 그들은 잔치를 벌이는 가운데에서도

[1] 가난한 자들을 잊지 말아야 했다. "준비하지 못한 자들에게 나누어 주라. 그렇게 하여 너희의 부요함으로 그들의 부족을 채우고 그럼으로써 그들로 하여금 기뻐하며 너희를 축복하게 하도록 하라." 그리스도께서도 잔치를 베푸는 자들에게 가난한 이웃들을 청하라고 말씀하셨다(눅 14:13). 더욱이 특별히 종교적인 절기 때에 주린 자에게 양식을 나누어 주는 것은 그들의 각별한 의무였다(사 58:7, 10). 우리는 하나님으로부터 후히 받은 것을 가난한 이웃들에게 후히 베풀어야 한다. 스스로를 위해서는 과도하게까지 살진 것을 먹고 단 것을 마시면서 가난한 자들에게는 부스러기조차 주려고 하지 않는 자들이 얼마나 많은가? 그런 자들은 부자와 나사로의 이야기 속에서 자신들의 운명을 읽을 수 있을 것이다(눅 16:19 이하). 그들은 하나님이 왜 그들에게 많은 재물을 주셨는지에 대해 알지도 못하며 생각하려고도 하지 않는다. 우리는 눈앞에서 구걸하는 자들에게 뿐만 아니라 보이지 않는 자들에게까지도 자비를 베풀어야 한다. 후한 마음을 가진 자는 항상 후하게 베풀 일을 생각하는 법이다.

[2] 경건과 헌신의 마음을 잊지 말아야 했다: 여호와로 인하여 기뻐하는 것이 너희의 힘이니라(10절). 그것은 육신적이고 감각적인 기쁨이 아니라 거룩하며 영적인 기쁨이어야 했다. 또 그것은 여호와 안에서 그리고 하나님의 선하심 안에서 기뻐하는 것이어야 했다. 또한 그것은 하나님의 은총과 사랑 안에서 솟아나는 기쁨이며, 하나님의 은혜의 표증으로 나타나는 기쁨이어야 했다. "이 기쁨이 너희의 힘이 될 것이라. 그러므로 울지 말고 그와 같이 기뻐하라." 그러한 기쁨은

첫째로, 그들에게 또 다른 의무들을 이행하도록 이끌어 주는 힘이 될 것이었다. 종교적인 행사에서 더 많은 기쁨과 즐거움을 체험할수록 우리는 더 많은 종교적인 의무들을 기꺼이 감당하게 될 것이다.

둘째로, 그들에게 하나님의 율법을 따라 행하도록 이끌어 주는 힘이 될 것이었다. 거룩한 기쁨은 순종의 수레바퀴를 더욱 잘 돌아가게 만들어 주는 기름이 될 것이다.

셋째로, 그들에게 원수들을 대적하는 힘이 될 것이었다. 여호와의 기쁨은 우

리로 하여금 영적인 원수들의 공격을 막도록 무장시켜 줄 것이며 또한 우리의 입으로 하여금 시험하는 자가 던지는 미끼를 물지 않도록 지켜줄 것이다.

2. 백성들은 지도자들의 지시에 순종했다. 그들은 울음을 그치고(11절) 크게 즐거워했다(12절). 어떤 감정이든 그것이 불합리하거나 혹은 때에 맞지 않음을 깨달았다면, 우리는 즉시로 그러한 감정을 억제해야 한다. 자기 마음을 다스리는 자는 용사보다 나으니라. 다음을 주목하라.

(1) 그들은 울고 난 후 크게 기뻐했다. 거룩한 슬픔은 거룩한 기쁨을 위한 길을 예비한다. 울며 씨를 뿌리는 자는 기쁨으로 거두리로다. 말씀을 들음으로 죄를 깨닫고 두려워 떠는 자들은 또한 말씀의 위로를 통해 기쁨의 환호를 울리게 될 것이다.

(2) 그들은 올바른 근거 위에서 기뻐했다. 그들이 크게 기뻐한 것은 큰 무리와 함께 살진 것을 먹고 단 것을 마셨기 때문이 아니라 자신들에게 선포된 말씀을 깨달았기 때문이었다. 다음의 사실들을 관찰하라.

[1] 우리에게 거룩한 성경과 함께 그것을 깨달을 수 있도록 도와주는 자들이 있는 것은 큰 축복이라는 사실. 성경과 사역자는 이스라엘에게 있어 큰 기쁨의 원천이다.

[2] 하나님의 말씀을 더 잘 깨달을수록 우리의 위로는 더 커질 것이라는 사실. 왜냐하면 괴로움의 어둠은 무지와 오류의 어둠으로부터 나오기 때문이다. 말씀이 처음 선포되었을 때 그들은 울었다. 그러나 그 말씀을 깨달았을 때, 그들은 그 속에서 회개하고 돌이킨 자들에게 주어진 약속을 발견하고 크게 기뻐했다.

[13]그 이튿날 뭇 백성의 족장들과 제사장들과 레위 사람들이 율법의 말씀을 밝히 알고자 하여 학사 에스라에게 모여서 [14]율법에 기록된 바를 본즉 여호와께서 모세를 통하여 명령하시기를 이스라엘 자손은 일곱째 달 절기에 초막에서 거할지니라 하였고 [15]또 일렀으되 모든 성읍과 예루살렘에 공포하여 이르기를 너희는 산에 가서 감람나무 가지와 들감람나무 가지와 화석류나무 가지와 종려나무 가지와 기타 무성한 나무 가지를 가져다가 기록한 바를 따라 초막을 지으라 하라 한지라 [16]백성이 이에 나가서 나뭇가지를 가져다가 혹은 지붕 위에, 혹은 뜰 안에, 혹은 하나님의 전 뜰에, 혹은 수문 광장에, 혹은 에브라임 문 광장에 초막을 짓되 [17]사로잡혔다가

돌아온 회중이 다 초막을 짓고 그 안에서 거하니 눈의 아들 여호수아 때로부터 그 날까지 이스라엘 자손이 이같이 행한 일이 없었으므로 이에 크게 기뻐하며 [18]에스라는 첫날부터 끝날까지 날마다 하나님의 율법책을 낭독하고 무리가 이레 동안 절기를 지키고 여덟째 날에 규례를 따라 성회를 열었느니라

우리는 여기에서 다음과 같은 내용을 보게 된다.

I. 지도자들이 율법의 말씀을 더 풍성히 알고자 사모함. 그들은 하루의 대부분을 기도와 말씀 듣는 일로 보냈다. 그럼에도 불구하고 그들은 조금도 지루해 하지 않고 다음날 또다시 말씀을 듣고자 에스라에게 갔다(13절). 그것은 다른 어떤 세속적인 즐거움이나 유익보다도 말씀을 듣는 것이 더 큰 즐거움과 유익을 가져다준다는 사실을 깨달았기 때문이었다. 하나님의 말씀과 더 많이 접촉할수록 우리는 "주의 말씀이 내 입에 어찌 그리 단지요"라고 말하면서 그렇게 하는 시간을 더욱 늘리려고 애쓰게 될 것이다. 왜냐하면 성경을 깨달은 자는 계속해서 더 잘 깨닫고자 애쓰게 될 것이기 때문이다. 지금 제사장들과 레위 사람들은 백성의 족장들과 함께 율법의 말씀을 깨닫기 위해— 혹은 난외(欄外)처럼 율법의 말씀을 더 잘 가르치기 위해 율법 해석의 대가인 에스라에게 나아왔다. 그들은 다른 사람들을 가르치기에 앞서 먼저 자신들이 배워야 했다. 다음을 주목하라.

1. 그들은 어제는 에스라의 좌우편에 서도록 배려되었지만(4, 7절), 오늘은 자신들의 부족함과 에스라의 뛰어난 실력을 깨닫고 겸손하게 그의 발 앞에 자리를 잡았다. 어제는 그와 함께 선생의 자리에 있었지만 오늘은 그에게 배우는 자의 자리를 취했다.

2. 다른 사람을 가르치는 자들은 먼저 자신이 가르침을 받아야 한다. 제사장들과 레위 사람들은 가르치기 전에 먼저 배워야 했다.

II. 그들이 말씀에 기꺼이 순종할 준비가 되어 있음. 칠월 둘째 날 그들이 율법의 가르침을 듣고자 나아왔을 때, 아마도 에스라는 자기 손에 있는 하나님의 지혜를 따라(스 7:25) 그들에게 그 달 즉 칠월의 절기와 관련한 율법인 초막절에 대해 읽어 주었을 것이다(레 23:34; 신 16:13). 사역자들은 참되며 선한 것뿐만 아니라 때에 맞는 것을 가르쳐야 한다.

1. 그들은 함께 초막절에 관한 율법을 읽었다(14, 15절): 율법에 기록된 바를

본즉 일곱째 달 절기에 초막에서 거할지니라 하였고, 부지런히 성경을 찾는 자들은 거기에 오랫동안 잊고 있었던 것들이 기록되어 있는 것을 발견하게 될 것이다. 여기의 초막절은 광야에서 장막에 거한 것을 기념하는 것으로서 이 세상에서의 우리의 장막 상태를 표상하는 것이며 동시에 복음 교회의 거룩한 기쁨을 예표하는 것이었다. 우리는 스가랴에서 열방이 그리스도께로 돌아오는 것이 초막절을 지키는 것으로 예표되는 것을 보게 된다(슥 14:16, 이방 나라들 중에 남은 자가 그 왕 만군의 여호와께 경배하며 초막절을 지킬 것이라). 그들은 이 땅에 영구한 도성을 갖고 있지 않은 자들처럼 초막절을 지키기 위해 올 것이다. 어쨌든 이렇게 하여 모든 성읍에 초막절이 선포되었으며, 백성들은 나뭇가지를 가져다가 초막을 짓고 그 곳에서 유숙하며 절기 기간 동안 크게 기뻐했다.

2. 그들은 초막절을 거룩하게 지켰다(16, 17절). 우리가 성경에 기록된 것을 행하며 오랫동안 방치되어 왔던 것을 다시 회복시킨다면 우리는 말씀을 올바로 읽은 것이다.

(1) 그들은 외적인 의식(儀式)을 잘 준수했다. 회중이 다 초막을 짓고 그 안에서 거하니(17절). 제사장들과 레위 사람들은 성전 뜰에 초막을 지었으며, 자기 집이 있는 사람들은 지붕 위에나 마당에 초막을 지었다. 그런가 하면 어떤 사람들은 광장에 초막을 짓기도 했다. 이러한 초막절 절기는 때때로 지켜지기는 했지만(대하 5:3; 스 3:4), 그러나 여호수아의 시대 이래로 지금처럼 성대하게 지켜진 적은 없었다. 여호수아의 시대에 처음 가나안 땅에 정착했던 것처럼 지금 그들은 다시금 새롭게 그 땅에 정착하고 있었다. 하나님의 규례와 섭리에도 불구하고 잠시도 자기 집을 떠날 줄 모르는 자는 자기 집을 지나치게 사랑하는 것이다.

(2) 그들은 내적인 알맹이를 소홀히 하지 않았다. 내적인 알맹이가 소홀히 여겨진다면 외적인 의식이 무슨 의미가 있겠는가?

[1] 그들은 큰 기쁨으로 초막절을 지켰다. 그들은 하나님 안에서 기뻐했으며, 자신들에게 베풀어진 하나님의 선하심으로 인해 기뻐했다. 이스라엘의 모든 절기들은 기쁨으로 지켜져야 했다. 그렇게 할 때 하나님의 영광이 크게 드러나며 그들의 경건한 심령은 더욱 고양(高揚)될 것이었다.

[2] 그들은 초막절 기간 동안 계속해서 하나님의 말씀을 낭독했다(18절). 그들은 한가한 시간을 이와 같이 선한 일에 활용했다. 우리는 성경을 읽고 연구

하는 시간을 아껴서는 안 된다. 이러한 초막절에 하나님은 7년에 한 번씩 율법을 읽으라고 지시하셨다(신 31:10, 11). 지금이 바로 그 해였는지 여부는 나타나지 않는다. 어쨌든 그들은 초막절의 모든 날을 선한 일로 보냈으며, 여덟째 날에는 하나님이 지시하신 대로 성회를 열었다. 그리고 그 달 22일에 성회가 끝났지만 흩어지지 않았는데, 그것은 24일이 금식과 기도의 날로 지정되어 있었기 때문이었다. 경건한 슬픔이 거룩한 기쁨을 방해해서는 안 되는 것처럼, 거룩한 기쁨 역시 경건한 슬픔을 방해하지 말아야 한다.

제
— 9 —
장

개요

나팔절(8:2)과 초막절(9:14) 사이에 있는 7월 10일은 속죄일로 지정된 날이었다. 속죄일에 대해 아무 언급도 나와 있지 않음에도 불구하고 우리는 그 날이 지켜지지 않았다고 생각할 아무런 근거도 갖지 못한다. 다만 우리는 여기에서 그들이 금식을 했다는 이야기를 듣는데, 그것은 속죄일로부터 두 주일이 지난 후였다(속죄일은 10일이었으며 그들이 금식한 것은 24일이었다). 속죄일과 마찬가지로 지금도 스스로를 겸비케 하는 날이었다. 웃을 때가 있는 것처럼 울 때도 있는 법이다. 우리는 여기에서 다음과 같은 내용을 보게 된다. I. 그들이 어떻게 금식했는지(1-3절). II. 그들이 하나님께 기도한 내용. 그들은 하나님의 은총에 감사를 올렸으며, 자신들의 죄를 자백했으며, 자신들에게 임한 심판들 속에 하나님의 의로운 손이 있었음을 겸손하게 받아들였으며, 새로운 마음으로 하나님께 순복할 것을 엄숙하게 결의했다(4-38절).

¹그 달 스무나흘 날에 이스라엘 자손이 다 모여 금식하며 굵은 베 옷을 입고 티끌을 무릅쓰며 ²모든 이방 사람들과 절교하고 서서 자기의 죄와 조상들의 허물을 자복하고 ³이 날에 낮 사분의 일은 그 제자리에 서서 그들의 하나님 여호와의 율법책을 낭독하고 낮 사분의 일은 죄를 자복하며 그들의 하나님 여호와께 경배하는데

우리는 여기에서 이스라엘 자손들이 행한 대중적인 금식에 대한 이야기를 듣게 된다. 아마도 이러한 금식은 느헤미야의 명령에 따라 그리고 족장들의 조언과 동의로 시행되었을 것이다. 그것은 사람들의 지시에 따라 시행된 금식이었지만 그러나 동시에 하나님이 기뻐하는 금식이었다. 왜냐하면

1. 그 날은 마음을 괴롭게 한 날이었기 때문이다(사 58:5). 그들은 아마도 성전 뜰에 모여, 굵은 베옷을 입고 티끌을 무릅쓰는 등 애곡하는 자의 모양을 취했다(1절). 이와 같이 슬픔과 겸비를 나타내는 외적인 표현을 통해 그들은 하나님께 영광을 돌리며 스스로 수치를 짊어짐과 함께 서로 회개하도록 피차 일깨

워 주었다. 전에는 울어서는 안 되는 때였지만(8:9), 그러나 지금은 울어야 할 때였다. 금식의 때가 오면 거룩한 절기의 기쁨은 금식의 슬픔에 자리를 내주어야 한다. 모든 것은 때에 맞을 때 아름다운 법이다.

2. 그 날은 흉악의 결박을 푼 날이었기 때문이다(사 58:6). 이것이 없이 베옷을 입고 티끌을 무릅쓰는 것이 무슨 의미가 있겠는가? 이스라엘 자손은 거룩한 자손이요 하나님의 택하신 백성이었기 때문에 이방 사람들과 맺었던 모든 관계를 끊고 그들로부터 스스로를 구별시켰다(2절). 얼마 전에 에스라가 그들로 하여금 이방인 아내들을 내어보내도록 조치했지만 그러나 얼마 후 그들은 또다시 똑같은 죄로 되돌아 왔다. 그리하여 다시금 이방 여자들을 아내로 삼는 등 또다시 이방인과 혼합되는 올무에 빠지고 말았다. 그러나 이제 그들은 모든 이방인들로부터 스스로를 구별시켰다. 기도와 언약으로 하나님과 연합하고자 하는 자들은 죄와 죄인들로부터 스스로를 구별시켜야 한다. 빛과 어둠이 어찌 사귀리요?

3. 그 날은 하나님과 교제하는 날이었기 때문이다. 그 금식은 하나님에게 한 것이었다(슥 7:5). 왜냐하면

(1) 그들은 하나님에게 마음을 쏟으며 기도했기 때문이었다. 그들은 그분을 여호와와 그들의 하나님으로 앙모하며 그 앞에 모든 죄를 고백했다. 기도 없는 금식은 영혼 없는 몸처럼 아무 쓸모 없는 시체에 불과하다.

(2) 그들은 하나님이 자신들에게 말씀하시는 것을 들었기 때문이었다. 그들은 금식하면서 율법책을 읽었는데, 이것은 금식하는 날에 너무도 적절한 일이었다. 왜냐하면 우리는 율법의 거울을 통해 우리의 허물과 연약함을 보면서 무엇을 고칠 것인지를 알 수 있기 때문이다. 말씀은 우리로 하여금 더욱 힘써 기도하도록 격려하며 촉진한다. 여기에서 그들이 이 두 가지를 위해 얼마나 공평하게 시간을 배분했는지 주목하라. 그들은 말씀을 읽고 해석하며 적용하는데 3시간을 사용했으며, 또한 죄를 고백하고 기도하는 데에도 똑같이 3시간을 사용했다(낮의 사분의 일은 대략 3시간 정도 될 것이다). 이와 같이 그들은 6시간을 꼼짝하지 않고 말씀을 읽고 기도하는 일에 보냈다(그들은 "보라 이 얼마나 지루한 일인가"라고 말하지 않았다). 그들이 읽은 말씀이 그들에게 무엇을 기도해야 할지를 알려주었을 것이며, 또 그들의 기도가 방금 읽은 말씀을 더욱 유익되게 만들어 주었을 것이다. 한편 패트릭 주교는 그들이 그 날 전체를(즉 낮

에 해당하는 12시간을) 예배하는 일로 보내는 가운데, 아침 6시부터 9시까지 성경을 읽고, 9시부터 12시까지 기도하고, 다시 12시부터 오후 3시까지 성경을 읽고, 3시부터 6시까지 기도했을 것이라고 생각한다. 금식하는 날 말씀을 읽는 것은 너무도 선한 일이다.

[4]레위 사람 예수아와 바니와 갓미엘과 스바냐와 분니와 세레뱌와 바니와 그나니는 단에 올라서서 큰 소리로 그들의 하나님 여호와께 부르짖고 [5]또 레위 사람 예수아와 갓미엘과 바니와 하삽느야와 세레뱌와 호디야와 스바냐와 브다히야는 이르기를 너희 무리는 마땅히 일어나 영원부터 영원까지 계신 너희 하나님 여호와를 송축할지어다 주여 주의 영화로운 이름을 송축하올 것은 주의 이름이 존귀하여 모든 송축이나 찬양에서 뛰어남이니이다 [6]오직 주는 여호와시라 하늘과 하늘들의 하늘과 일월 성신과 땅과 땅 위의 만물과 바다와 그 가운데 모든 것을 지으시고 다 보존하시오니 모든 천군이 주께 경배하나이다 [7]주는 하나님 여호와시라 옛적에 아브람을 택하시고 갈대아 우르에서 인도하여 내시고 아브라함이라는 이름을 주시고 [8]그의 마음이 주 앞에서 충성됨을 보시고 그와 더불어 언약을 세우사 가나안 족속과 헷 족속과 아모리 족속과 브리스 족속과 여부스 족속과 기르가스 족속의 땅을 그의 씨에게 주리라 하시더니 그 말씀대로 이루셨사오매 주는 의로우심이로소이다 [9]주께서 우리 조상들이 애굽에서 고난 받는 것을 감찰하시며 홍해에서 그들의 부르짖음을 들으시고 [10]이적과 기사를 베푸사 바로와 그의 모든 신하와 그의 나라 온 백성을 치셨사오니 이는 그들이 우리의 조상들에게 교만하게 행함을 아셨음이라 주께서 오늘과 같이 명예를 얻으셨나이다 [11]또 주께서 우리 조상들 앞에서 바다를 갈라지게 하사 그들이 바다 가운데를 육지 같이 통과하게 하시고 쫓아오는 자들을 돌을 큰 물에 던짐 같이 깊은 물에 던지시고 [12]낮에는 구름 기둥으로 인도하시고 밤에는 불 기둥으로 그들이 행할 길을 그들에게 비추셨사오며 [13]또 시내 산에 강림하시고 하늘에서부터 그들과 말씀하사 정직한 규례와 진정한 율법과 선한 율례와 계명을 그들에게 주시고 [14]거룩한 안식일을 그들에게 알리시며 주의 종 모세를 통하여 계명과 율례와 율법을 그들에게 명령하시고 [15]그들의 굶주림 때문에 그들에게 양식을 주시며 그들의 목마름 때문에 그들에게 반석에서 물을 내시고 또 주께서 옛적에 손을 들어 맹세하시고 주겠다고 하신 땅을 들어가서 차지하라 말씀하셨사오나 [16]그들과 우리 조상들이 교만하고 목을 굳게 하여 주의 명령을 듣지 아니하

고 ¹⁷거역하며 주께서 그들 가운데에서 행하신 기사를 기억하지 아니하고 목을 굳게 하며 패역하여 스스로 한 우두머리를 세우고 종 되었던 땅으로 돌아가고자 하였나이다 그러나 주께서는 용서하시는 하나님이시라 은혜로우시며 긍휼히 여기시며 더디 노하시며 인자가 풍부하시므로 그들을 버리지 아니하셨나이다 ¹⁸또 그들이 자기들을 위하여 송아지를 부어 만들고 이르기를 이는 곧 너희를 인도하여 애굽에서 나오게 한 신이라 하여 하나님을 크게 모독하였사오나 ¹⁹주께서는 주의 크신 긍휼로 그들을 광야에 버리지 아니하시고 낮에는 구름 기둥이 그들에게서 떠나지 아니하고 길을 인도하며 밤에는 불 기둥이 그들이 갈 길을 비추게 하셨사오며 ²⁰또 주의 선한 영을 주사 그들을 가르치시며 주의 만나가 그들의 입에서 끊어지지 않게 하시고 그들의 목마름을 인하여 그들에게 물을 주어 ²¹사십 년 동안 들에서 기르시되 부족함이 없게 하시므로 그 옷이 해어지지 아니하였고 발이 부르트지 아니하였사오며 ²²또 나라들과 족속들을 그들에게 각각 나누어 주시매 그들이 시혼의 땅 곧 헤스본 왕의 땅과 바산 왕 옥의 땅을 차지하였나이다 ²³주께서 그들의 자손을 하늘의 별같이 많게 하시고 전에 그들의 열조에게 들어가서 차지하라고 말씀하신 땅으로 인도하여 이르게 하셨으므로 ²⁴그 자손이 들어가서 땅을 차지하되 주께서 그 땅 가나안 주민들이 그들 앞에 복종하게 하실 때에 가나안 사람들과 그들의 왕들과 본토 여러 족속들을 그들의 손에 넘겨 임의로 행하게 하시매 ²⁵그들이 견고한 성읍들과 기름진 땅을 점령하고 모든 아름다운 물건이 가득한 집과 판 우물과 포도원과 감람원과 허다한 과목을 차지하여 배불리 먹어 살찌고 주의 큰 복을 즐겼사오나 ²⁶그들은 순종하지 아니하고 주를 거역하며 주의 율법을 등지고 주께로 돌아오기를 권면하는 선지자들을 죽여 주를 심히 모독하였나이다 ²⁷그러므로 주께서 그들을 대적의 손에 넘기사 그들이 곤고를 당하게 하시매 그들이 환난을 당하여 주께 부르짖을 때에 주께서 하늘에서 들으시고 주의 크신 긍휼로 그들에게 구원자들을 주어 그들을 대적의 손에서 구원하셨거늘 ²⁸그들이 평강을 얻은 후에 다시 주 앞에서 악을 행하므로 주께서 그들을 원수들의 손에 버려 두사 원수들에게 지배를 당하게 하시다가 그들이 돌이켜 주께 부르짖으매 주께서 하늘에서 들으시고 여러 번 주의 긍휼로 건져내시고 ²⁹다시 주의 율법을 복종하게 하시려고 그들에게 경계하셨으나 그들이 교만하여 사람이 준행하면 그 가운데에서 삶을 얻는 주의 계명을 듣지 아니하며 주의 규례를 범하여 고집하는 어깨를 내밀며 목을 굳게 하여 듣지 아니하였나이다 ³⁰그러나 주께서 그들을 여러 해 동안 참으시고 또 주의 선지자들을 통하여 주의 영으로 그들을 경계하시되 그들이 듣지 아니하므로 열방 사람들의 손에 넘기시고도 ³¹주의 크신 긍휼로 그들을 아주 멸하지 아니하시며 버리지도 아니하셨사오니 주는 은혜로우시고 불쌍히 여기시는 하나님이심이니이다 ³²우리 하나님이여 광대하시고 능하시고 두려우시며 언약과 인자하심을 지키시는 하나님이여 우리와 우리 왕들과 방백들과 제사장들과 선지자들과 조상들과 주의 모든 백성이 앗수르 왕들의 때로부터 오늘까지 당한 모든 환난을 이제 작게 여기지 마옵소서 ³³그러나 우리가 당한 모든 일에 주는 공의로우시니 우리는 악을 행하였사오나 주께서는 진실하게 행하셨음이니이다 ³⁴우리 왕들과 방백들과 제사장들과 조상들이 주의 율법을 지키지 아니하며 주의 명령과 주께서 그들에게 경계하신 말씀을 순종하지 아니하고 ³⁵그들이 그 나라와 주께서 그들에게 베푸신 큰 복과 자기 앞에 주신 넓고 기름진 땅을 누리면서도 주를 섬기지 아니하며 악행을 그치지 아니하였으므로 ³⁶우리가 오늘날 종이 되었는데 곧 주께서 우리 조상들에게 주사 그것의 열매를 먹고 그것의 아름다운 소산을 누리게 하신 땅에서 우리가 종이 되었나이다 ³⁷우리의 죄로 말미암아 주께서 우리 위에 세우신 이방 왕들이 이 땅의 많은 소산을 얻고 그들이 우리의 몸과 가축을 임의로 관할하오니 우리의 곤란이 심하오며 ³⁸우리가 이 모든 일로 말미암아 이제 견고한 언약을 세워 기록하고 우리의 방백들과 레위 사람들과 제사장들이 다 인봉하나이다 하였느니라

우리는 여기에서 이러한 금식의 날이 어떻게 시행되었는지에 대해 읽게 된다.

1. 이 일을 맡은 사역자들의 이름. 여기에서 그들의 이름이 두 번 반복되어 나타나는데(4절과 5절), 둘 사이에는 약간의 차이만이 있을 뿐이다. 아마도 그들은 바울 사도가 언급한 방식대로(고전 14:31, 너희는 하나씩 하나씩 예언할 수 있느니라) 연속적으로 기도했든지 아니면 어떤 이들이 생각하는 것처럼 회중을 여덟 무리로 나누고 이들이 각각 한 무리씩 맡아 인도했을 것이다.

2. 그들이 맡은 일.

(1) 그들은 하나님께 큰 소리로 부르짖었다(4절). 그들은 이스라엘의 죄를 용서해 주실 것과 자신들에게 은총을 베풀어 주실 것을 간구했다. 그들이 큰 소리로 부르짖은 것은 바알 숭배자들처럼 하나님으로 하여금 더 잘 듣도록 하기 위함이 아니라 백성들의 열정과 뜨거움을 더욱 고양(高揚)시키기 위함이었

다.

(2) 그들은 하나님을 찬미했다. 하나님을 찬미하는 것은 금식의 날에 너무도 합당한 일이다. 왜냐하면 모든 예배행위의 궁극적인 목적은 하나님께 그 이름에 합당한 영광을 돌리는 것이기 때문이다. 여기의 본문은 그들의 기도의 내용이 요약된 것이다. 이것이 사전에 미리 기록한 것인지 아니면 나중에 회상하여 기록한 것인지 여부는 확실치 않다. 의심의 여지 없이 그들은 여기에 기록된 것보다 훨씬 더 많은 말을 했을 것이다. 그렇지 않고야 여기에 기록된 말로 죄를 고백하며 기도하는데 어떻게 낮의 사분의 일(즉 3시간)이 소요될 수 있었단 말인가?(더욱이 패트릭 주교에 따르면 3시간씩 두 번이다).

하나님께 드리는 이와 같은 장엄한 언사(言辭) 속에서 우리는 다음과 같은 것들을 발견할 수 있다.

I. 완전하며 영광스러운 존재로서 그리고 만유의 근원으로서 하나님께 대한 큰 경외심(5, 6절).   그들은 회중들에게 모두 일어나 하나님께 경의를 표할 것을 명했다: 너희 무리는 마땅히 일어나 영원부터 영원까지 계신 너희 하나님 여호와를 송축할지어다. 여기에서 하나님은 다음과 같은 분으로 찬미 받으신다.

1. 살아 계시며 참되신 유일하신 하나님: 오직 주는 여호와시라. 주는 스스로 존재하시며 무엇에도 매이지 않으신 하나님이시며, 주 외에 다른 신이 없나이다.

2. 만물을 지으신 창조주: 하늘과 하늘들의 하늘과 일월성신과 땅과 땅 위의 만물과 바다와 그 가운데 모든 것을 지으시고. 사도행전의 첫 항목은 우리의 찬미의 첫 항목이 되기에 합당하다(전능하사 천지를 만드신 하나님 아버지를 내가 믿사오며).

3. 모든 창조세계를 보존하시는 자. "주는 주께서 지으신 모든 것을 보존하시나이다." 하나님의 섭리는 가장 높은 것으로부터 가장 낮은 것에 이르기까지 모든 것을 망라한다. 왜냐하면 가장 높은 것도 하나님의 섭리를 필요로 하며 또한 가장 낮은 것이라 할지라도 하나님의 섭리에 의해 결코 배제되지 않기 때문이다. 하나님은 당신이 만드신 것을 보존하실 것이며, 그가 행하시는 것은 결코 헛되지 않을 것이다(전 3:14, 하나님께서 행하시는 모든 것은 영원히 있을 것이라).

4. 모든 피조물이 경배할 대상. "모든 천군이 주께 경배하나이다(6절). 그러나 주의 이름은 모든 송축이나 찬양에서 뛰어나나이다. 주의 이름은 피조물의 찬미를 필요로 하지 않으며, 그러한 찬미로 그 영광을 더할 수도 없나이다." 하나님의 이름에 대한 최고의 찬미조차도 그리고 천사들의 찬미조차도 그 이름에 합당한 영광을 돌리기에 무한히 부족하다. 하나님의 이름은 우리의 송축 위에 뛰어날 뿐만 아니라 모든 송축 위에 뛰어나다. 하늘과 땅의 모든 찬미를 다 합쳐도 하나님의 영광에 천분의 일에도 미치지 못한다. 우리의 선한 것이 주께 미치지 못하나이다.

Ⅱ. 이스라엘에게 베푸신 하나님의 은총에 대한 감사.

1. 우리는 여기에서 이러한 감사가 연속적으로 고백되는 것을 보게 되는데, 이를 통해 우리는 다음과 같은 사실들을 배울 수 있다.

(1) 우리는 기회 있을 때마다 여호와의 사랑과 은총을 고백하며, 모든 기도 가운데 감사를 올려야 한다.

(2) 우리는 죄를 고백하는 가운데에서도 하나님의 긍휼을 바라봐야 한다. 그렇게 함으로써 우리는 더욱 겸비하게 될 것이다.

(3) 고통 속에서 하나님의 자비와 구원을 찾을 때 우리와 우리 조상들의 경험을 되돌아보는 것은 우리의 믿음과 소망에 큰 격려가 된다. "여호와여 예전에 주께서 우리를 위해 선한 일들을 행하셨나이다. 그런데 그 모든 일들이 헛되이 돌아갈 것이나이까? 주는 그 때나 지금이나 동일한 하나님이 아니시나이까?"

2. 이스라엘에게 베푸신 하나님의 선하심에 대한 구체적인 사례들을 간단히 살펴보자.

(1) 아브라함을 부르심(7절). 하나님은 그에게 특별한 은총을 베푸셨다: 옛적에 그를 택하시고. 하나님은 그에게 큰 은혜를 베푸사 갈대아 우르에서 불러내셨으며 그에게 아브라함이라는 이름을 주셨다. 그리고 그를 당신의 소유로 삼으시고 열국의 아비가 될 것이라고 확약해 주셨다. 너희의 조상 아브라함을 생각하여 보라(사 51:2). 그리고 그 안에서 빛나고 있는 하나님의 값없이 주시는 은혜를 바라보라.

(2) 아브라함과 그의 씨에게 가나안 땅을 주실 것을 언약하심(8절). 가나안은 더 좋은 나라에 대한 모형이었으며, 하나님은 아브라함과 그의 씨에게 약속

대로 그 땅을 주셨다. 그것은 그의 마음이 당신 앞에 충성됨을 보시고 당신의 말씀대로 이루어 주셨기 때문이었다. 하나님은 정직한 자에게 당신의 정직함을 나타내시는 것처럼 또한 신실한(충성된, faithful) 마음을 가진 자들에게는 스스로를 신실하신 하나님으로 나타내신다.

(3) 이스라엘을 애굽으로부터 구원하심(9-11절). 지금은 바벨론으로부터 예루살렘으로 돌아온 지 얼마 안 된 때였으므로 예전에 하나님이 그들의 조상들을 애굽으로부터 구원하신 것을 되돌아보는 것은 참으로 시의적절한 일이 아닐 수 없었다. 그 때 하나님이 그들을 고통으로부터 구원하신 것은 그들의 부르짖음 때문이기도 했지만 동시에 압제자들의 교만과 완악함 때문이기도 했다. 그들이 교만하게 행할 때 하나님은 자신이 그들보다 크심을 나타내셨고(출 18:11) 그렇게 하심으로써 당신의 이름을 드러내셨다. 내가 바로로 말미암아 영광을 얻어 애굽 사람들이 나를 여호와인 줄 알게 하리라(출 14:4). 지금까지도 그 일로 인해 하나님의 이름에 영광이 돌려진다. 그 일은 기적으로 이루어졌다. 다시 말해서 그 일이 이루어지기 위해 표적과 기사들이 나타났다. 그리고 그들의 구원은 곧 원수들의 멸망이었다. 그들은 돌을 큰 물에 던짐 같이 깊은 물에 던져졌다(11절).

(4) 광야에서 인도하심. 하나님은 구름 기둥과 불 기둥으로 그들의 모든 발걸음을 인도하사 그들로 하여금 어디로 갈지 그리고 어디에서 쉬어야 할지 등을 알게 하셨다(12절). 그것은 또한 하나님이 그들과 함께 하사 그들을 지키시고 인도하신다는 사실을 보여주는 가시적인 증표였다. 그들은 19절에서 이것을 다시 반복하는데, 그것은 죄로 인해 하나님을 격노케 하여 떠나시게 하고 그럼으로써 광야 길에서 멸망을 당할 수 있었음에도 불구하고 하나님이 계속해서 그들에게 은혜를 베푸사 구름 기둥과 불 기둥을 없애버리지 않으셨기 때문이었다. 하나님의 은총이 거두어져야 마땅함에도 불구하고 계속될 때, 우리는 갑절로 감사하는 마음을 가지게 될 것이다.

(5) 광야에서 풍성한 양식을 내리심. 이렇게 하심으로써 하나님은 그들로 하여금 굶주림 가운데 죽지 않도록 하셨다: 굶주림 때문에 그들에게 양식을 주시며 목마름 때문에 그들에게 반석에서 물을 내시고(15절). 또한 하나님은 그들이 가나안 땅에 들어가 그 땅을 차지할 것이라는 약속으로 그들의 마음을 굳게 하셨다. 그들의 광야여행 길에는 양식과 물이 있었으며, 광야여행의 끝에는 약속

의 땅이 있었다. 그들에게 무엇이 더 필요했단 말인가? 그들은 하나님의 은혜를 되돌아보며 다시 한 번 그 사실을 반복한다(20, 21절): 주께서 그들을 40년 동안 광야에서 기르셨나이다. 이토록 오랫동안 그리고 자상하게 돌봄 받은 백성은 어디에도 없었다. 뿐만 아니라 광야 길이 거칠고 험했음에도 불구하고, 그들의 옷이 해어지지 않았고 발이 부르트지 않았다. 그것은 하나님이 그들을 독수리 날개로 업어 인도하셨기 때문이었다.

(6) 시내 산에서 율법을 주심. 이것은 그들에게 베풀어진 모든 은총 가운데 가장 큰 은총이었으며 동시에 그들에게 주어진 가장 큰 영광이었다. 율법을 주신 자는 매우 영광스러운 분이셨다(13절). "주께서는 말씀을 보내주셨을 뿐만 아니라 직접 오셔서 말씀하셨나이다(신 4:33)." 또 그들에게 주어진 율법 역시 매우 선한 것이었다. 해 아래 있는 어떤 나라도 이토록 공의로운 규례와 법도를 갖지 못했다(신 4:8). 도덕적인 훈계들은 선과 악의 영원한 이치에 근거하였으며, 진실로 참되고 공의로우며 공평했다. 뿐만 아니라 의식적(儀式的)인 규례들조차도 그들에게 대한 하나님의 선하심의 증표요 복음의 은혜에 대한 모형으로서 너무도 선한 것이었다. 특별히 우리는 여기에서 네 번째 계명이 특별하게 언급되는 것을 보게 된다(14절): 거룩한 안식일을 그들에게 알리시며. 이것은 그들에게 대한 하나님의 특별한 은총의 표징이었다. 하나님은 그들을 열방으로부터 구별하사 안식일을 알려주시고 이를 통해 그들과 지속적인 교제를 나누고자 하셨다. 또한 율법과 안식일에 더하여 하나님은 선한 영을 주사 그들을 가르치셨다(20절). 시내 산에서 주신 율법 외에도 모세가 성령의 감동으로 기록한 오경(五經)이 있었는데, 모세 오경 그 중에서도 특별히 신명기는 그들에게 항구적인 교훈이 되었다. 또한 하나님의 영은 모세를 통해 백성들을 가르치고 인도했는데, 백성들 가운데 특별히 브살렐이나 여호수아나 갈렙 등은 하나님의 영으로 충만했다(출 31:3; 민 27:18).

(7) 가나안 땅을 차지하게 하심(22절): 또 나라들과 족속들을 그들에게 각각 나누어 주시매. 그들은 그 땅에 가득 차도록 크게 번성했으며(23절), 그 땅을 차지하여 그 곳의 주인이 되었다(24절). 하나님은 그 땅의 원주민들을 그들의 손에 넘겨 임의로 행하게 하셨으며, 필요하다면 왕들까지도 마음대로 다루도록 만들어 주셨다. 이와 같이 그들은 그 땅에 온전히 뿌리를 내렸다(25절). 그들의 성읍은 강하고 견고했으며, 그들의 집은 아름다우며 온갖 종류의 비싼 물건들로

채워졌다. 또 그들의 땅은 기름진 땅이었으며, 처처에 포도원과 감람원이 있었다. 그들은 이 모든 것들을 차지한 가운데 하나님의 큰 복을 향유했다. 그들은 가나안 땅에서 더 이상 바랄 수 없을 만큼 평안과 복을 누렸다.

(8) 그들의 죄를 용서하심. 그들은 번번이 하나님을 격노케 하며 심판을 자초했지만, 그럼에도 불구하고 하나님은 기꺼이 그들의 죄를 용서하실 준비가 되어 있으셨으며 그들을 위해 구원을 베푸셨다. 그들은 광야를 여행하는 동안 그분이 용서하시는 하나님이라는 사실을 알게 되었으며(17절), 하나님은 자신의 이름을 죄를 용서하는 하나님으로 선포하셨다. 하나님은 죄를 사하는 권세를 가지고 계시며, 기꺼이 죄를 용서하시며, 죄를 용서하는 가운데 자신의 영광을 나타내신다. 그들이 하나님을 버렸을지라도 하나님은 그들을 버리지 않으시고 계속해서 그들을 돌보시며 은총을 베푸셨다. 나중에 가나안에 들어가 스스로 죄에 팔려 원수들의 손에 곤고를 당할 때에도 하나님은 그들이 스스로를 겸비케 하며 부르짖을 때 그들에게 구원자 곧 사사들을 보내셨다(27절). 그리고 하나님은 그들을 통해 멸망 아래 있는 자기 백성들을 위해 구원을 베푸셨다. 이 모든 일은 그들의 공로로 말미암은 것이 아니었다. 왜냐하면 그들은 다만 멸망을 당하기에 합당한 백성들일 뿐이었기 때문이다. 그것은 오직 하나님의 긍휼로 말미암은 것이었다.

(9) 선지자들을 통해 훈계하시고 경계하심. 그들을 고통으로부터 구원하셨을 때 하나님은 그들의 죄에 대해 경계하심으로써(28, 29절) 그들로 하여금 그러한 구원이 그들의 죄를 묵과하는 것으로 오해하지 않도록 하셨다. 그들에 대한 선지자들의 경계의 목적은 그들로 하여금 다시금 하나님의 율법으로 돌이키게 하고, 그들의 목을 율법의 멍에 아래 두게 하며, 율법의 규례와 법도를 따라 행하도록 하는 것이었다. 우리의 사역의 목적은 사람들을 하나님의 율법으로 데려감으로써 그들을 하나님께 데려가는 것이지, 그들을 우리의 어떤 율법으로 데려옴으로써 우리에게로 데려오는 것이 아니다. 우리는 30절에서 하나님이 그들을 경계하셨다는 말씀이 다시 반복되는 것을 보게 된다: 또 주의 선지자들을 통하여 주의 영으로 그들을 경계하시되. 선지자들의 증거는 그들 안에 계신 성령의 증거였으며, 또한 그 영은 그들 안에 계신 그리스도의 영이었다(벧전 1:10-11). 그들은 성령의 감동을 받아 말했으며, 받은 것을 전했다. 또 하나님은 자신의 영을 주셔서 그들을 가르치셨다(20절). 그러나 그들이 그러한 가르침

을 받지 아니하므로 하나님은 자신의 영으로 그들을 쳐서 증거하셨다. 만일 우리가 하나님의 말씀의 가르침과 다스림을 받아들이지 않는다면, 그 말씀이 도리어 우리를 고소하고 심판하는 것이 될 것이다. 이와 같이 하나님은 자기 백성들을 불쌍히 여기사 그들이 심판에 떨어지지 않도록 선지자들을 보내셨다(대하 36:15).

(10) 즉시 징벌하지 않으시고 오래 참으심. 그러나 주께서 그들을 여러 해 동안 참으시고(30절). 그렇게 하신 것은 그들을 징벌하기를 즐겨하지 않으시고 회개하고 돌이키기를 바라셨기 때문이었다. 하나님은 그들을 징벌하는 가운데서도 아주 멸하지도 아니하시고 버리지도 아니하셨다(31절). 만일 하나님이 그들을 버리셨다면, 그들은 완전하게 멸망을 당했을 것이다. 그러나 하나님은 당신의 진노를 모두 발하시지 않으셨다. 그것은 하나님이 원하신 것이 그들의 멸망이 아니라 돌이켜 고치는 것이었기 때문이었다. 이와 같이 그들은 다시금 번성하고 흥왕케 되었는데, 그것은 이스라엘에게 베푸신 하나님의 선하심의 분명한 실례(實例)였다. 이와 같이 우리 역시도 비슷한 방식으로 우리에게 베풀어진 하나님의 선하심을 생각하면서 회개하며 우리의 악함을 돌이켜야 한다. 하나님의 은총에 대해 감사하는 마음을 더 크게 가질수록 우리는 우리 스스로의 죄에 대해 더 겸손케 될 것이다.

Ⅲ. 그들과 그들의 조상들의 죄에 대한 겸손한 고백. 우리는 여기에서 하나님의 은총에 대한 고백과 죄에 대한 고백이 서로 뒤엉켜 있는 것을 보게 된다. 그들의 죄에도 불구하고 하나님의 선하심이 더욱 선명하게 나타난 것처럼, 하나님의 은총에도 불구하고 그들의 죄가 더욱 분명하게 나타났다. 죄와 은총에 대한 이와 같은 고백 속에 나타나는 많은 구절들은 에스겔 20:5-26로부터 취한 것이다. 이와 같이 하나님의 말씀은 우리의 기도에 있어 중요한 길잡이가 되며, 하나님이 우리에게 어떻게 말씀하셨는지를 통해 우리는 하나님께 어떻게 말해야 하는지를 배울 수 있다.

1. 그들은 자기 조상들이 광야에서 범한 죄로부터 시작한다: 우리 조상들이 교만하고 목을 굳게 하여(16절). 불과 얼마 전까지 노예상태에 있었음을 생각할 때, 그들은 교만할 이유가 전혀 없었다. 그럼에도 불구하고 그들은 교만하며 마음을 완악케 했다. 사람의 완악함과 불순종의 기저에 있는 것이 바로 교만이다. 그들은 하나님의 멍에에 순복하기를 싫어하면서 하나님의 뜻보다 자신들

의 뜻을 앞세웠다.

(1) 그들은 다음과 같은 두 가지에 주의를 기울이지 않았다. 즉 하나님의 말씀을 들으면서도 그의 계명들을 청종치 않았으며, 하나님의 역사를 보면서도 그의 기사(奇事)에 마음을 두지 않았다. 만일 그들이 그것들(즉 하나님의 말씀과 역사)을 이적으로 받아들였다면, 그들은 믿음과 거룩한 두려움의 원리로부터 필경 하나님께 순복했을 것이었다. 또한 만일 그들이 그것들을 하나님의 자비로 받아들였다면, 그들은 감사와 거룩한 사랑의 원리로부터 필경 하나님께 순복했을 것이었다. 그러나 그들은 하나님의 말씀과 행하시는 역사를 올바로 활용하지 못했다. 사람이 하나님의 규례와 섭리를 올바로 활용하지 못할 때, 그들로부터 무엇을 기대할 수 있겠는가?

(2) 여기에서 특별히 다음과 같은 두 가지 죄가 언급된다.

[1] 애굽의 노예상태로 돌아가려고 한 죄. 그들은 약간의 고난과 어려움 속에서 어리석게도 이스라엘의 영광스러운 자유보다 마늘과 파를 더 좋아했다. 그들은 하나님께 패역을 행하는 가운데 스스로 한 우두머리를 세우고 종 되었던 땅으로 돌아가고자 했다(17절). 그것은 하나님의 권능을 불신하며 그의 거룩한 약속을 경멸하는 것이었다.

[2] 애굽의 우상 숭배로 돌아가려고 한 죄. 그들이 송아지를 부어 만들고 이르기를 이는 너희 하나님이라 하였나이다(18절).

2. 그들은 이어 자기 조상들이 가나안 땅에 들어간 후 행한 악행들을 언급하며 애통해한다. 그들은 큰 은총을 입었음에도 불구하고 계속해서 하나님을 가까이하지 못했다. 도리어 그들은 순종하지 아니하고 하나님을 심히 모독했다(26절). 왜냐하면

(1) 하나님의 선지자들을 능욕했기 때문이었다. 그들은 주께로 돌아오기를 권면하는 선지자들을 죽임으로써(26절) 가장 큰 선을 가장 큰 악으로 갚았다.

(2) 하나님의 긍휼을 멸시했기 때문이었다. 그들은 평강을 얻은 후에 다시 주 앞에서 악을 행했다(28절). 예전에 빠져 있었던 끔찍한 고통뿐만 아니라 그러한 고통으로부터 구원받은 것조차도 그들을 참으로 온전케 하지 못했다.

3. 그들은 마침내 자신들을 지금의 형편으로 이끈 죄를 생각하며 애통해한다. 우리가 악을 행하였으며(33절), 우리 왕들과 방백들과 제사장들과 조상들이 범죄하였나이다(34절). 그들은 자신들과 자신들의 조상들의 다음과 같은 두 가

지 죄를 이와 같은 고통의 원인으로 꼽는다.

(1) 하나님이 주신 율법을 경멸한 죄. 그들은 하나님의 명령과 신적 지혜의 훈계와 신적 주권의 요구를 거슬러 범죄했다. 사람이 주의 계명을 준행하면 그 가운데 삶을 얻게 될 것이었다(29절). 그럼에도 불구하고 그들은 주의 계명을 준행하지 않았다. 따라서 그들은 사실상 "우리는 살지 않겠노라"라고 말한 것이나 다름없었다. 또한 그들은 하나님의 긍휼을 저버렸다. "이것을 행하면 살리라"란 표현은 에스겔 20:13로부터 취한 것으로서 율법은 믿음에서 난 것이 아님을 증명하기 위해 바울 사도에 의해 갈라디아 3:12에서 다시 인용되었다(율법은 믿음에서 난 것이 아니니 율법을 행하는 자는 그 가운데서 살리라 하였느니라). 어쨌든 그들은 주의 계명을 준행했어야 했지만, 그러나 그들은 어깨를 움츠렸다. 그들은 하나님의 율법의 짐을 기꺼이 지겠다고 큰 소리로 약속했지만 그러나 결국 어깨를 움츠리고 말았다. 그들은 하나님의 율법으로부터 도망치면서 그것을 지키려고도 하지 않고 가까이 하려고도 하지 않았다. 율법이 왔을 때, 그들은 스스로 움츠리면서 그것을 들으려고 하지 않았다. 이와 같이 그들은 패역한 마음을 가지고 있었다. 그리고 하나님이 선지자들을 통해 돌아오라고 부르셨음에도 불구하고 그들은 듣지 않았다(30절). 다시 말해서, 하나님이 손을 펼치셨으나 그들은 그것을 무시해 버리고 만 것이었다.

(2) 하나님이 주신 땅을 경멸한 죄. "우리 왕들은 자기들이 다스리는 나라에서 주를 섬기지 않았으며 신앙을 증진하는데 그들의 권력을 사용하지 않았나이다. 또 우리 백성들은 주께서 주신 크고 기름진 땅에서 주를 섬기지 않았나이다." 자신의 땅에서 하나님을 섬기려고 하지 않는 자들은 이방 땅에서 원수들을 섬기게 될 것이었다(신 28:47, 48). 좋은 땅에 악한 자들이 거주하는 것은 참으로 안타까운 일이다. 그것은 소돔의 경우와 무엇이 다르겠는가? 물질적인 풍요는 종종 사람들을 교만과 육욕으로 이끌곤 한다.

IV. 하나님의 심판에 대한 겸손한 태도

1. 그들은 하나님의 경고에도 불구하고 마음을 완악하게 하다가 받은 예전의 심판들을 되돌아본다. 사사들의 시대에 그들은 종종 원수들로부터 많은 괴로움을 받았다(27절). 그러고도 다시 악을 행하면 하나님은 그들을 다시 원수들의 손에 넘기셨다. 만일 하나님이 넘겨주시지 않았다면 원수들은 결코 그들을 건드리지 못했을 것이다. 그러나 하나님이 그들을 넘기시자 원수들은 그들

을 수중에 넣고 마음대로 압제했다.

2. 그들은 지금 자신들이 처한 처참한 형편을 하나님 앞에 토설한다(36, 37절): 우리가 오늘날 종이 되었나이다. 이스라엘의 자유자들은 종이 되었으며, 하나님이 주신 땅은 잃어버린 바 되었다. 그들은 모든 민족 위에 뛰어난 민족이었지만, 이제는 바사 왕의 소작인이요 농노(農奴)가 되었다. 이 얼마나 슬픈 변화인가! 여기에서 죄가 어떤 결과를 가져오는지 보라. 그들은 자유를 잃어버렸다. 그들이 우리의 몸을 임의로 관할하나이다(37절). 또 그들은 언제 쫓겨날지 모르는 소작인이 되었으며, 엄청난 소작료를 지불해야만 하는 처지가 되었다. 따라서 그 땅에서 나는 모든 소산은 사실상 바사 왕에게 돌아갔으며, 그들은 겨우 생계만 유지할 수 있을 뿐이었다. 그들은 이 모든 것이 자신들의 죄 때문임을 겸손하게 인정한다. 가난하게 되며 종이 되는 것은 죄의 결과이다. 우리를 온갖 고통으로 인도하는 것은 다름 아닌 죄이다.

V. 이와 같은 곤고한 상태에서 그들이 하나님께 기도함.

1. 이제까지 당한 모든 환난을 작게 여기지 마옵소서(32절). 바로 이것이 모든 기도 가운데 그들이 유일하게 간청한 것이었다. 그들의 환난은 보편적이었다. 왕들과 방백들과 제사장들과 선지자들과 족장들과 모든 백성들이 환난 가운데 처참한 상태에 빠졌다. 모두가 죄에 동참했으므로(34절) 모두가 징벌 아래 떨어졌다. 징벌은 오래도록 계속되었다. 열 지파를 포로로 끌고 간 앗수르 왕들의 때로부터 오늘날에 이르기까지 계속되었다. "여호와여 부디 이것을 작게 여기지 마옵소서. 부디 이것을 돌아볼 가치조차 없는 것으로 그리고 감경(減輕)시켜 줄 필요조차 없는 것으로 여기지 마옵소서." 그들은 하나님이 애굽에서 고통당하는 자기 백성들을 보시고 구원해 주시기 위해 내려오신 것을 생각하면서(출 3:7, 8) 지금 하나님께 무엇을 해 달라고 요구하지 않고 다만 자신들의 환난을 돌아보아 주기만을 바라면서 모든 것을 그분께 맡겼다. 이와 같이 간청하는 가운데 그들은 하나님을 마땅히 두려워할 자로서(왜냐하면 그는 크고 강하며 두려운 하나님이기 때문이다) 그리고 마땅히 의지할 자로서(왜냐하면 그는 우리와 언약하신 우리의 하나님이시며 자신의 언약을 지키시는 하나님이기 때문이다) 바라보았다.

2. 그럼에도 불구하고 이것은 우리가 마땅히 받아야 할 것보다 작은 것이나이다(33절). 그들은 이 모든 환난 속에 하나님의 공의가 있음을 시인한다. 다

시 말해서 그들은 하나님은 결코 잘못을 행하지 않았음을 겸손하게 인정한 것이다. "우리는 주의 율법을 깨뜨림으로써 악을 행하였나이다. 그러므로 주께서 우리에게 이 모든 재앙을 내리신 것은 지극히 마땅한 일이나이다." 비록 우리를 향한 신적 섭리의 견책이 너무나 쓰리고 고통스럽다 할지라도 우리가 그것을 당연한 것으로 받아들이면서 하나님의 공의를 인정하는 것은 너무도 마땅한 일이다. 왜냐하면 하나님의 심판은 순전한 것이기 때문이다(시 51:4).

VI. 이 모든 일의 결말. 이와 같은 긴 토설(吐說) 후, 그들은 마침내 다음과 같이 결심했다: 이제 우리는 하나님과 우리의 의무로 돌아와 다시는 하나님을 버리지 않고 계속해서 의무에 충실하겠나이다. "이 모든 일로 인해 이제 우리는 하나님과 확실한 언약을 세울 것이나이다. 예전에 종종 하나님을 떠난 것을 감안하여 이제 우리는 더욱 굳게 스스로를 하나님께 묶을 것이나이다. 죄로 인해 너무나 큰 쓰라림을 겪었으므로 이제 우리는 쉬지 않고 죄를 대적하며 더 이상 어깨를 움츠리지 않을 것을 굳게 결심할 것이나이다." 다음을 주목하라.

1. 이 언약은 깊은 숙고(熟考)와 함께 맺어졌다. 깊이 숙고하고 내린 결정은 즉흥적인 결정보다 훨씬 더 나은 법이다.

2. 이 언약은 매우 엄숙하게 맺어졌다. 그것은 글로 기록되어 모든 세대를 위한 기록물로 남겨졌다. 또 그들은 그것을 기록하고 인봉함으로써 그것을 거스르는 자에게 영원한 증거가 되게 했다.

3. 이 언약은 모두의 동의로 맺어졌다. "우리는 피차의 손을 굳게 하기 위해 만장일치로 언약을 세우나이다."

4. 이 언약은 굳은 결의로 맺어졌다. "이것은 결코 취소될 수 없는 확실한 언약이나이다. 우리는 이 언약으로 인해 살기도 하고 죽기도 할 것이며 결코 되돌아갈 수 없나이다." 몇 명의 방백들과 제사장들과 레위 사람들이 회중의 대표로 뽑혀 전체 회중의 이름으로 그 언약에 서명하고 인을 쳤다. 이렇게 하여 유다 사람들과 관련한 약속이 이루어졌다. 즉 포로에서 돌아온 후 영원한 언약으로 여호와와 연합하게 될 것이며(렘 50:5) 그것을 손으로 기록할(서명할) 것이라는(사 44:5) 약속이 이루어진 것이다. 정직한 마음을 가진 자는 확실하게 말하는 것을 꺼리지 않을 것이다. 또한 자기 마음의 연약함을 아는 자들은 그렇게 하는 것이 불필요하다고 생각하지 않을 것이다.

제
— 10 —
장

개요

본 장에서 우리는 앞 장 말미에 언급된 언약의 구체적인 내용을 보게 된다. 그들은 쇠가 식기 전에 쳤다. 지금 그들의 마음은 불처럼 뜨겁게 타오르고 있었다. 따라서 그들은 지체하지 않고 하나님과의 언약을 실행에 옮기기로 결의했다. 만일 이렇게 하지 않고 지체했다면, 어쩌면 그 일은 흐지부지되고 말았을는지도 모른다. 본 장의 내용은 다음과 같다. I. 그러한 언약에 인봉한 자들의 이름이 열거됨(1-27절). II. 나머지 사람들이 그에 동의를 표함(28, 29절). III. 언약의 내용. 1. 언약의 일반적인 표현: 우리가 하나님의 계명을 지켜 행하겠나이다(29절). 2. 언약의 구체적인 항목들. (1) 이방인과 혼인하지 않겠나이다(30절). (2) 안식일을 더럽히지 않고 안식년을 지키겠나이다(31절). (3) 성전예배를 유지하기 위한 각종 헌물을 드리겠나이다(32-39절).

[1]그 인봉한 자는 하가랴의 아들 총독 느헤미야와 시드기야, [2]스라야, 아사랴, 예레미야, [3]바스훌, 아마랴, 말기야, [4]핫두스, 스바냐, 말룩, [5]하림, 므레못, 오바댜, [6]다니엘, 긴느돈, 바룩, [7]므술람, 아비야, 미야민, [8]마아시야, 빌개, 스마야이니 이는 제사장들이요 [9]또 레위 사람 곧 아사냐의 아들 예수아, 헤나닷의 자손 중 빈누이, 갓미엘과 [10]그의 형제 스바냐, 호디야, 그리다, 블라야, 하난, [11]미가, 르홉, 하사뱌, [12]삭굴, 세레뱌, 스바냐, [13]호디야, 바니, 브니누요 [14]또 백성의 우두머리들 곧 바로스, 바핫모압, 엘람, 삿두, 바니, [15]분니, 아스갓, 베배, [16]아도니야, 비그왜, 아딘, [17]아델, 히스기야, 앗술, [18]호디야, 하숨, 베새, [19]하립, 아나돗, 노배, [20]막비아스, 므술람, 헤실, [21]므세사벨, 사독, 얏두아, [22]블라댜, 하난, 아나야, [23]호세아, 하나냐, 핫숩, [24]할르헤스, 빌하, 소벡, [25]르훔, 하삽나, 마아세야, [26]아히야, 하난, 아난, [27]말룩, 하림, 바아나이니라 [28]그 남은 백성과 제사장들과 레위 사람들과 문지기들과 노래하는 자들과 느디님 사람들과 및 이방 사람과 절교하고 하나님의 율법을 준행하는 모든 자와 그들의 아내와 그들의 자녀들 곧 지식과 총명이 있는 자들은 [29]다 그들의 형제 귀족들을 따라 저주로 맹세하기를 우리가 하나님의 종 모세를 통하여

주신 하나님의 율법을 따라 우리 주 여호와의 모든 계명과 규례와 율례를 지켜 행하여 ³⁰우리의 딸들을 이 땅 백성에게 주지 아니하고 우리의 아들들을 위하여 그들의 딸들을 데려오지 아니하며 ³¹혹시 이 땅 백성이 안식일에 물품이나 온갖 곡물을 가져다가 팔려고 할지라도 우리가 안식일이나 성일에는 그들에게서 사지 않겠고 일곱째 해마다 땅을 쉬게 하고 모든 빚을 탕감하리라 하였고

이스라엘이 처음 하나님과 언약을 맺을 때, 그 언약은 희생제물을 드리며 피를 뿌림으로써 세워졌다(출 24장). 그러나 여기에서는 언약서에 서명하고 인을 치는 한층 자연스럽고 일반적인 방식으로 세워졌다. 이제 우리는 여기에서 다음과 같은 내용을 보게 된다.

I. 회중을 대표하는 지도자들이 언약서에 인을 침.   이 언약은 모든 백성이 반드시 지켜 행해야만 하는 것이었다. 그리고 이들 지도자들이 언약의 요구를 충실히 이행할 때, 그들의 선한 모범은 모든 백성들에게 좋은 영향을 끼칠 것이었다. 다음을 주목하라.

1. 총독인 느헤미야가 제일 먼저 서명했다(1절). 그럼으로써 그는 자신이 이 일에 얼마나 적극적인지를 나타냄과 함께 다른 사람들에게 좋은 본을 보였다. 높은 위엄과 권세를 가진 자들은 하나님의 일을 행하는 데도 앞장서야 한다.

2. 다음으로 22명의 제사장들이 서명했다. 우리는 여기에서 에스라의 이름을 발견하지 못하는데, 이것은 분명 의외의 일이 아닐 수 없다. 왜냐하면 그 달 첫 날에 모인 집회를 주도한 사람이 바로 그였기 때문이다(8:2). 그러므로 우리는 이 일에 그가 동참하지 않았다고는 결코 생각할 수 없다. 아마도 그는 서기관으로서의 역할을 다한 후에 이 일은 다른 사람들에게 맡겼던 것으로 보인다.

3. 다음으로 17명의 레위 사람들이 서명했다. 이들 속에서 우리는 앞에서 회중을 대표해 부르짖었던 사람들 모두를 (혹은 대부분을) 보게 된다(9:4, 5). 이를 통해 우리는 그들이 백성들에게는 무거운 짐을 지우면서 스스로는 손 하나 까딱하지 않으려는 자들이 결코 아니었음을 알 수 있다. 기도에 있어 앞장서는 자는 다른 선한 일에 있어서도 마찬가지로 앞장서는 자가 되어야 한다.

4. 다음으로 44명의 우두머리들이 서명했다. 이들은 이스라엘의 신앙을 부흥시키고 영속화시키는 일에 매우 적극적인 사람들로서 영예롭게도 여기에 그

이름이 기록되었다. 이러한 이름들이 기억되고 칭송되는 것은 지극히 마땅한 일이다. 느헤미야 7:8 이하에 각 가문 혹은 종족의 우두머리로 언급된 대부분의 사람들이 여기에서 언약에 서명한 자들로서 다시 언급되는 것은 참으로 주목할 만하다. 이들은 바벨론에서 돌아올 당시의 우두머리들의 이름을 그대로 갖고 있는 오늘날의 우두머리들로서, 이들이 각 가문을 대표해서 서명한 것은 너무도 적절한 일이었다. 여기에 바로스, 바핫모압, 엘람, 삿두, 바니(14절) 그리고 이어지는 구절들에서 아스갓, 베배, 비그왜, 아딘, 아델, 하숨, 베새, 하립, 아나돗 등의 이름이 나타나는데, 이러한 이름들은 앞의 목록(즉 느 7:8 이하의 목록)에서도 나와 있던 이름들이었다. 다른 사람들에게 영향력을 가진 자들은 그러한 영향력을 하나님을 위해 사용해야 한다.

II. 나머지 백성들과 제사장들과 레위 사람들이 동의를 표함. 그들과 더불어

1. 그들의 아내와 자녀들도 동참했다. 그것은 그들 역시도 범죄했으며 따라서 고침받아야 했기 때문이었다. 지식과 총명이 있는 자들은 모두 하나님과 언약을 맺어야 한다(28절). 어린아이들 역시도 선악을 분별할 수 있을 만큼 자라면 스스로의 의지와 행동으로 하나님과 언약을 맺어야 한다.

2. 열방으로부터 개종한 자들도 동참했다. 그들은 자기 땅의 백성들과 그들의 신들과 그것을 섬기는 것으로부터 스스로를 구별하고 하나님의 율법을 준행하고자 개종한 자들이었다. 여기에서 개종(혹은 회심, conversion)이 무엇인지 주목하라. 그것은 이 땅의 풍조와 풍속으로부터 스스로를 구별시키면서 이제부터 하나님의 말씀을 따라 행하기로 마음을 정하는 것이다. 이방인들을 위해서도 오직 하나의 율법과 하나의 언약과 하나의 세례가 있을 뿐이다. 여기에서 그들이 어떻게 동의를 표했는지 주목하라(29절).

(1) 그들은 모두 자신들의 형제 귀족들을 따랐다. 이와 같이 지도자들이 축복된 길을 선택할 때, 그 축복이 일반 백성들에게도 미치는 법이다. 일반 백성들은 이 선한 일에 있어 자신의 귀족들이 선택한 대로 따랐다. 이와 같이 지도자들에게 있어 신앙을 옹호하고 그 일에 앞장설 때보다 더 지도자다운 면모가 드러날 때가 언제이겠는가? 또 그렇게 함으로써 그들은 백성들 가운데 자신들의 신망과 영향력을 더욱 증진할 수 있게 될 것이다. 귀족들로 하여금 성심으로 신앙을 옹호하게 하라. 그러면 그들은 백성들이 더욱 진실한 마음으로 자신들

을 따르는 것을 보게 될 것이다. 또 여기에서 귀족들이 형제로 불리는 것을 주목하라. 그것은 하나님의 일에 있어 부한 자와 가난한 자 그리고 높은 자와 낮은 자가 일반이기 때문이다.

(2) 그들은 저주로 맹세했다. 귀족들이 인침으로 언약을 확증한 것처럼 백성들은 저주와 맹세로 그렇게 했다. 그들은 만일 자신들이 언약을 배반하면 하나님께서 공의로 보수(報酬)해 주실 것을 탄원하는 방식으로 자신들의 진정성을 호소했다. 모든 맹세는 그 속에 조건부 저주를 담고 있으며 따라서 강한 구속력을 갖는다. 만일 우리 혀가 거짓을 말하면, 바로 그 혀가 우리 위에 무겁게 떨어질 것이다.

Ⅲ. 이 언약의 전반적인 취지. 사실 이러한 언약 즉 하나님의 율법을 따라 그의 모든 계명을 지켜 행하는 것(29절)은 이미 오래 전부터 그들이 지켜야만 했던 것이었다. 이와 같이 다윗도 하나님의 의로운 규례들을 지키기로 맹세했다(시 119:106). 우리의 언약 역시도 그와 같이 준행하도록 요구한다. 따라서 우리는 그와 같이 하는 것이 필요치 않다고 생각해서는 안 된다. 하나님의 계명들을 따름에 있어, 우리는 그를 여호와 우리의 주로 바라보면서 그의 모든 계명들을 준행해야 한다.

Ⅳ. 이 언약의 몇 가지 구체적인 항목들.

1. 이방인들과 통혼하지 않겠나이다(30절). 그들 가운데 많은 사람들이 이러한 죄를 범했다(스 9:1). 하나님과 언약을 맺음에 있어 우리는 우리가 종종 저지르곤 했던 죄를 그 속에 포함시켜야 한다. 하나님의 계명을 지키기로 결심한 자는 너희 행악자들이여 나를 떠날지어다라고 말해야 한다(시 119:115).

2. 안식일이나 혹은 일하지 말라고 명한 다른 성일(聖日)에는 물건을 매매하지 않겠나이다(31절). 그들은 그러한 날에는 이익을 남기기 위해 물건을 팔지 않을 뿐만 아니라 이방인들로부터도 물건을 사지 않을 것을 맹세했다(만일 이방인들로부터 물건을 산다면 그들로 하여금 물건을 팔도록 부추기는 결과가 될 것이었다). 심지어 양식조차도 매매하지 않을 것이었다. 대신에 전날 모든 필요한 것들을 미리 준비할 것이었다. 하나님의 모든 계명들을 지키기로 언약한 자들은 특별히 안식일을 잘 지킬 것을 언약해야 한다. 왜냐하면 안식일을 더럽히는 것은 또 다른 더럽힘을 초래하는 입구가 되기 때문이다. 안식일은 영혼을 위한 장날이지 육신을 위한 장날이 아니다.

3. 율법에 따라 안식년을 지키겠나이다(31절). 특별히 그 해에는 면제년으로서 모든 빚을 탕감하겠다고 맹세했다. 이 문제에 있어 그들은 너무도 무자비하고 가혹했으므로(5장) 여기에서 그러한 잘못을 고치겠다고 약속한 것이었다. 이것 즉 흉악의 결박을 풀어 주며 압제당하는 자를 자유하게 하는 것이야말로 하나님을 기쁘시게 하는 금식이었다(사 58:6). 하나님이 70년간 그들을 포로로 끌려가게 하심으로써 그 땅을 쉬도록 만드신 것은 그들이 7년마다 안식년을 지키지 않았기 때문이었다. 따라서 그들은 지금 그 율법을 지키겠다고 약속했다. 어떤 특정한 율법을 지키지 않으므로 쓰라린 징벌을 받았음에도 불구하고 그러한 잘못을 고치지 않으려고 한다면, 그것은 얼마나 완고하고 완악한 심령인가?

[32]우리가 또 스스로 규례를 정하기를 해마다 각기 세겔의 삼분의 일을 수납하여 하나님의 전을 위하여 쓰게 하되 [33]곧 진설병과 항상 드리는 소제와 항상 드리는 번제와 안식일과 초하루와 정한 절기에 쓸 것과 성물과 이스라엘을 위하는 속죄제와 우리 하나님의 전의 모든 일을 위하여 쓰게 하였고 [34]또 우리 제사장들과 레위 사람들과 백성들이 제비 뽑아 각기 종족대로 해마다 정한 시기에 나무를 우리 하나님의 전에 바쳐 율법에 기록한 대로 우리 하나님 여호와의 제단에 사르게 하였고 [35]해마다 우리 토지 소산의 맏물과 각종 과목의 첫 열매를 여호와의 전에 드리기로 하였고 [36]또 우리의 맏아들들과 가축의 처음 난 것과 소와 양의 처음 난 것을 율법에 기록된 대로 우리 하나님의 전으로 가져다가 우리 하나님의 전에서 섬기는 제사장들에게 주고 [37]또 처음 익은 밀의 가루와 거제물과 각종 과목의 열매와 새 포도주와 기름을 제사장들에게로 가져다가 우리 하나님의 전의 여러 방에 두고 또 우리 산물의 십일조를 레위 사람들에게 주리라 하였나니 이 레위 사람들은 우리의 모든 성읍에서 산물의 십일조를 받는 자임이며 [38]레위 사람들이 십일조를 받을 때에는 아론의 자손 제사장 한 사람이 함께 있을 것이요 레위 사람들은 그 십일조의 십분의 일을 가져다가 우리 하나님의 전 곳간의 여러 방에 두되 [39]곧 이스라엘 자손과 레위 자손이 거제로 드린 곡식과 새 포도주와 기름을 가져다가 성소의 그릇들을 두는 골방 곧 섬기는 제사장들과 문지기들과 노래하는 자들이 있는 골방에 둘 것이라 그리하여 우리가 우리 하나님의 전을 버려 두지 아니하리라

그들은 죄를 버리기로 언약한 후 계속해서 지금까지 소홀히 했던 의무들을 새로운 마음으로 준수할 것을 맹세한다. 우리는 악을 행하는 것을 그칠 뿐만 아니라 선을 행하기를 배워야 한다.

I. 그들은 성전예배를 지키며 하나님의 전의 일을 율법의 규례에 따라 준행할 것을 결의했다(33절). 하나님께 대한 공적 예배를 소홀히 하면서 어떻게 그의 축복을 기대할 수 있겠는가? 또한 우리가 하나님의 전의 일이 올바로 진행되고 있는지 관심을 기울일 때, 우리의 집의 일 역시 올바로 진행될 것이다. 또한 그들은 그들과 그들의 조상들이 종종 그랬던 것과는 달리 하나님의 전을 버리지 않기로 결의했다(39절). 그들은 우상 숭배자들처럼 다른 신들의 전각이나 산당을 위해 하나님의 전을 버리지 않을 것이며 또한 무신론자들처럼 자신들의 사사로운 일 때문에(예컨대 가축을 돌본다든지 장사하는 등의 일 때문에) 그것을 버리지 않을 것이었다. 하나님께 대한 예배를 버리는 자는 하나님 자신을 버리는 것이다.

II. 이에 따라 그들은 성전예배를 물질적으로 뒷받침하기로 결의했다. 만일 백성들이 하나님의 전을 위해 각자의 몫을 행한다면, 제사장들도 그들의 몫을 행할 준비가 되어 있었다. 이제 다음과 같은 일이 합의되었다.

1. 하나님의 식탁과 제단에 올리기 위해 정해진 대로 짐승과 헌물을 드릴 것. 이러한 목적으로 여호와의 전에 곳간들이 있었지만 지금은 모두 없어졌다. 따라서 지금 그들에게는 필요할 때 가져다 쓰기 위해 비축된 것들이 전혀 없었다. 하나님의 식탁에 진설병을 배설하는 일과 매일의 제사에 양 두 마리를 드리는 일과 안식일에 양 네 마리를 드리는 일과 각종 절기 때 제물을 드리는 일과 때때로 속죄제와 소제와 관제를 드리는 일 등은 그들의 지속적인 의무였다. 지금 그들에게는 히스기야처럼 이런 일을 책임져 줄 만한 부유한 왕이 없었다. 제사장들은 더 말할 것도 없었다. 그들은 적은 생계만으로 생활을 꾸려나가고 있었다. 그리하여 백성들은 이러한 비용에 충당하기 위해 해마다 세겔의 삼분의 일을 드리기로 결의했다. 선한 일을 위해 모두가 한 마음으로 드릴 때, 비록 개개인으로는 적은 것이라 할지라도 모두 합치면 매우 큰 금액이 될 것이다. 이것은 총독이 부과한 것이 아니라 백성들이 스스로 규례를 정해 부과한 것이었다 (32, 33절).

2. 여호와의 제단에 나무를 드려 계속해서 불이 타오르게 할 것. 모든 사람

다시 말해서 백성뿐만 아니라 제사장들과 레위 사람들까지 자신들의 몫을 가져오기로 합의했다. 그들은 제비를 뽑아 순서를 정함으로써 모자라거나 남음이 없이 계속해서 일정하게 나무가 충당되도록 했다(34절). 이와 같이 그들은 번제를 위한 어린 양뿐 아니라 나무와 불까지 공급했다.

3. 제사장들과 레위인들의 생계를 위해 율법이 정한 것을 그 때그 때 합당하게 드릴 것. 그것은 그들로 하여금 자신들의 직무에 충실하도록 격려하고 혹시라도 가족을 위한 생계 때문에 본래의 직무를 소홀히 하고 다른 일에 관심을 기울이는 일이 없도록 하기 위한 것이었다. 하나님의 전의 일은 그 곳에서 수종드는 자들이 제단으로 말미암아 어려움 없이 생활할 때 잘 이루어질 것이다. 당시에는 첫 열매와 십일조가 사역자들의 수입의 주된 근원이었다. 여기에서 그들은 다음과 같은 것들을 결의했다.

(1) 첫 열매를 온전히 드릴 것. 그들은 토지소산의 맏물과 각종 과목의 첫 열매와(출 23:19; 레 19:23) 자녀의 첫 열매와(민 18:15,16) 가축의 첫 열매와 (출 13:2, 11, 12) 떡 반죽의 첫 열매를(민 15:21) 드리기로 결의했다. 우리는 둘째 성전과 관련한 예언에서 특별히 이러한 명령이 주어지는 것을 보게 된다(겔 44:30, 또 각종 처음 익은 열매와 너희 모든 예물 중에 각종 거제 제물을 다 제사장에게 돌리고 너희가 또 첫 밀가루를 제사장에게 주어 그들에게 네 집에 복이 내리도록 하게 하라).

(2) 십일조를 드릴 것. 십일조는 레위 사람들의 몫이었으며(37절), 그러한 십일조 가운데 십분의 일은 제사장들의 몫이었다(38절). 이것은 율법이었다 (민 18:21-28). 따라서 이것이 드려지지 않았을 때, 하나님은 선지자를 통해 그들이 자신의 것을 도적질했다고 꾸짖으시면서(말 3:8, 9) 동시에 십일조를 창고에 들이면 그들에게 복을 부어 주겠다고 약속해 주셨다(말 3:10). 따라서 그들은 하나님의 전에 양식이 있게 하고 성소의 그릇들을 두는 골방들이 각종 물품으로 가득 차도록 십일조를 드리기로 결의했다(39절). 그들은 말한다. "우리의 모든 성읍에서 우리가 십일조를 드리겠나이다"(37절). 한편 70인역은 우리가 종으로 섬기는 모든 성읍에서로 읽는데, 그것은 그들이 자기 땅에서 종이 되었기 때문이었다(9:36). 푸울(Mr. Poole)이 관찰한 것처럼, 당시 유다 백성들은 매우 궁핍한 가운데 바사 왕에게 무거운 세금을 바치고 있었음에도 불구하고 그것을 핑계로 십일조를 바치지 않으려고 하지 않았다. 도리어 그들은 하나님의 것을

기꺼이 하나님께 바치려고 하였다(가이사의 것을 가이사에게 바치는 것처럼). 이와 같이 우리는 정부에 세금을 내는 가운데서도 하나님께 드려야 할 것은 마땅히 드려야 한다. 하나님 앞에 즐거이 우리의 의무를 이행하는 것이야말로 하나님의 때에 자유와 평안을 누리는 가장 확실한 길이 될 것이다.

제
— 11 —
장

개요

비록 성벽이 완공되었다 할지라도 아직 예루살렘은 충분한 수의 주민이 거주하지 못하고 있었으므로 그 곳은 여전히 미약하고 보잘것없는 성읍의 모습을 띠고 있었다. 느헤미야의 다음 계획은 예루살렘을 백성들로 번성한 성읍으로 만드는 것이었는데, 우리가 본 장에서 보게 되는 내용이 바로 그것이다. I. 예루살렘을 사람들로 번성케 하기 위해 취해진 방법(1, 2절). II. 예루살렘에 거주한 사람들. 1. 유다와 베냐민으로부터(3-9절). 2. 제사장들과 레위 사람들로부터(10-19절). III. 나머지 사람들이 거주한 유다와 베냐민의 성읍들과 촌락들(20-36절).

¹백성의 지도자들은 예루살렘에 거주하였고 그 남은 백성은 제비 뽑아 십분의 일은 거룩한 성 예루살렘에서 거주하게 하고 그 십분의 구는 다른 성읍에 거주하게 하였으며 ²예루살렘에 거주하기를 자원하는 모든 자를 위하여 백성들이 복을 빌었느니라 ³이스라엘과 제사장들과 레위 사람들과 느디님 사람들과 솔로몬의 신하들의 자손은 유다 여러 성읍에서 각각 자기 성읍 자기 기업에 거주하였느니라 예루살렘에 거주한 그 지방의 지도자들은 이러하니 ⁴예루살렘에 거주한 자는 유다 자손과 베냐민 자손 몇 명이라 유다 자손 중에는 베레스 자손 아다야이니 그는 웃시야의 아들이요 스가랴의 손자요 아마랴의 증손이요 스바댜의 현손이요 마할랄렐의 오대 손이며 ⁵또 마아세야니 그는 바룩의 아들이요 골호세의 손자요 하사야의 증손이요 아다야의 현손이요 요야립의 오대 손이요 스가랴의 육대 손이요 실로 사람의 칠대 손이라 ⁶예루살렘에 거주한 베레스 자손은 모두 사백육십팔 명이니 다 용사였느니라 ⁷베냐민 자손은 살루이니 그는 므술람의 아들이요 요엣의 손자요 브다야의 증손이요 골라야의 현손이요 마아세야의 오대 손이요 이디엘의 육대 손이요 여사야의 칠대 손이며 ⁸그 다음은 갑배와 살래 등이니 모두 구백이십팔 명이라 ⁹시그리의 아들 요엘이 그들의 감독이 되었고 핫스누아의 아들 유다는 버금이 되어 성읍을 다스렸느니라 ¹⁰제사장 중에는 요야립의 아들 여다야와 야긴이며 ¹¹또 하나님의

전을 맡은 자 스라야이니 그는 힐기야의 아들이요 므술람의 손자요 사독의 증손이요 므라욧의 현손이요 아히둡의 오대 손이며 [12]또 전에서 일하는 그들의 형제니 모두 팔백이십이 명이요 또 아다야이니 그는 여로함의 아들이요 블라야의 손자요 암시의 증손이요 스가랴의 현손이요 바스훌의 오대 손이요 말기야의 육대 손이며 [13]또 그 형제의 족장된 자이니 모두 이백사십이 명이요 또 아맛새이니 그는 아사렐의 아들이요 아흐새의 손자요 므실레못의 증손이요 임멜의 현손이며 [14]또 그들의 형제의 큰 용사들이니 모두 백이십팔 명이라 하그돌림의 아들 삽디엘이 그들의 감독이 되었느니라 [15]레위 사람 중에는 스마야이니 그는 핫숩의 아들이요 아스리감의 손자요 하사뱌의 증손이요 분니의 현손이며 [16]또 레위 사람의 족장 삽브대와 요사밧이니 그들은 하나님의 전 바깥 일을 맡았고 [17]또 아삽의 증손 삽디의 손자 미가의 아들 맛다냐이니 그는 기도할 때에 감사하는 말씀을 인도하는 자가 되었고 형제 중에 박부갸가 버금이 되었으며 또 여두둔의 증손 갈랄의 손자 삼무아의 아들 압다니 [18]거룩한 성에 레위 사람은 모두 이백팔십사 명이었느니라 [19]성 문지기는 악굽과 달몬과 그 형제이니 모두 백칠십이 명이며

우리는 여기에서 예루살렘이 거룩한 성으로 불리는 것을 볼 수 있는데 (1절), 그것은 그 곳에 성전이 있었고 또 그 곳이 하나님이 자기 이름을 두기로 선택한 장소였기 때문이었다. 이러한 사실을 감안할 때 사람들은 대부분의 하나님의 백성들이 예루살렘에 살기를 원했을 것이라고 생각할 것이다. 그러나 그와는 반대로 대부분의 사람들은 그 곳에 살기를 꺼렸던 것으로 보인다. 아마도 그것은

1. 예루살렘의 거주민에게는 더 엄격한 생활이 요구되었기 때문이었을 것이다. 스스로를 거룩하게 하는데 무관심한 자들은 거룩한 성에 거주하는 것을 꺼리는 법이다. 똑같은 이유로 그들은 새 예루살렘에 거주하는 것보다 이 땅의 도성에 거주하기를 더 바란다.

2. 예루살렘이 가장 위험한 장소였기 때문이었을 것이다. 왜냐하면 예루살렘은 이방인들이 가장 미워하며 기회만 있으면 대적하려고 했던 곳이었기 때문이다. 핍박을 두려워하며 고난으로부터 뒷걸음치는 자들은 거룩한 성으로부터 뒷걸음치며 하나님과 신앙을 멀리한다. 그들은 예루살렘이 원수들의 특별한 악의에 노출되어 있는 것처럼 동시에 하나님의 특별한 돌봄과 보호 아래 있

으므로 어느 곳보다도 안정된 처소라는 사실을 깨닫지 못한다(사 33:20; 시 46:4-5).

3. 지방에 거하는 것이 세상적인 이익에 더욱 부합했기 때문이었을 것이다. 지방에서는 농사나 목축 등을 통해 돈을 벌 수 있었지만, 그러나 예루살렘은 상업도시가 아니었으므로 그들은 그 곳에서 상업을 통해 돈을 벌 수 없었다. 요컨대 그들은 그리스도 예수의 일을 구하지 않고 자기들의 일을 구했다(빌 2:21). 이와 같이 대부분의 사람들은 하나님의 영광과 공적인 선보다도 개인적인 부와 명예와 쾌락과 안일과 안전을 더 좋아한다. 이처럼 사람들이 예루살렘에 거주하기를 주저하므로 그 곳은 초라한 도성이 되고 말았는데, 이제 우리는 여기에서 다음과 같은 이야기를 듣게 된다.

I. 어떤 방법으로 예루살렘이 다시 사람들로 가득한 성읍이 되었나.

1. 백성의 지도자들이 그 곳에 거주했다(1절). 예루살렘은 그들이 거주하기에 적절한 장소였다. 왜냐하면 그 곳에 판단의 보좌가 놓여 있었기 때문이었다(시 122:5). 이스라엘 백성들은 어려운 문제가 생겼을 때 그 문제를 호소하기 위해 그 곳으로 왔다. 만일 그 때 예루살렘에 거주하는 것이 하나님의 전에 대한 특별한 사랑과 공적 선에 대한 열정과 믿음과 거룩한 용기와 자기 부인의 증거였다면, 이들 지도자들은 일반 백성들에게 매우 훌륭한 모범을 보인 것이었다. 왜냐하면 그들의 예루살렘 거주는 다른 많은 사람들에게도 그렇게 하도록 초청하고 격려하는 것이 되었을 것이기 때문이다. 이와 같이 높은 위치에 있는 사람들은 많은 사람들에게 큰 영향력을 끼치는 법이다. 지도자들이 자신의 거주지로서 거룩한 성을 선택할 때, 많은 사람들이 기꺼이 그들의 모범과 열정을 따를 것이다.

2. 또 예루살렘에 거주하기를 자원한 자들이 있었다(2절). 이들은 자신들의 세속적인 이익보다 공적인 선을 먼저 구한 자들이었다. 다른 사람들이 위험과 고난과 손실을 감수하기를 주저하고 있을 때, 이들은 자기 하나님 여호와로 인해 예루살렘에 거주하기를 기꺼이 선택했다. 이와 같이 시온을 사랑하는 자는 형통할 것이다(시 122:6, 9). 우리는 2절에서 백성들이 그들을 위해 복을 빌었다는 이야기를 듣는다. 백성들은 그들을 칭송하며 축복하면서 그들을 위해 기도했으며 또 그들로 인해 하나님을 찬미했다. 공적 선을 위해 스스로 앞장서지는 못하지만 그러나 그렇게 하는 자들에게 선한 말로 축복하며 격려해 주는 자들이

많이 있다. 하나님과 사람은 다른 사람들에게 축복이 되는 자들을 축복할 것이다. 그리고 이러한 사실은 우리로 하여금 선을 행하는데 열심을 내도록 격려한다.

3. 또 백성들의 십분의 일을 예루살렘에 거주하도록 했다. 누구를 선택할 것인가 하는 것은 제비뽑기에 의해 결정되었다. 이러한 방법은 모든 처분을 하나님께 맡기는 것으로서 다툼을 방지할 수 있는 좋은 방법이었다. 뿐만 아니라 제비가 떨어진 자들은 큰 기쁨과 만족으로 기꺼이 결과를 받아들이게 될 것이었다. 왜냐하면 그와 같은 방법을 통해 그들은 하나님이 자신들의 거주의 경계를 정해 주셨다는 사실을 분명하게 알 수 있었기 때문이다. 우리는 그들이 계속해서 시골과 도시 간의 비율을 10 대 1로 유지함으로써 둘 사이의 균형을 도모했을 것이라고 추측할 수 있다. 또한 이것은 하나님께 십분의 일을 드리는 규례와도 관련된 것으로 보인다. 거룩한 성에 드려진 것을 하나님은 자신에게 드려진 것으로 간주하신다.

II. 예루살렘은 어떤 사람들로 채워졌나. 우리는 여기에서 예루살렘 주민들에 대한 전반적인 이야기를 듣게 된다. 이와 관련하여 우리는 유다의 우두머리들이 예루살렘 주민들을 만군의 여호와로 말미암아 힘을 얻은 자들로서 간주했음을 듣게 된다(슥 12:5).

1. 유다와 베냐민의 많은 자손들이 예루살렘에 거주했다. 본래 예루살렘의 일부는 유다의 기업이었고 나머지는 베냐민의 기업이었다. 그렇지만 더 큰 부분이 베냐민의 기업이었으므로 우리는 여기에서 유다 자손은 468명이었던 반면 베냐민 자손은 928명이었음을 보게 된다(6-8절). 이와 같이 예루살렘은 시작은 미약하였지만 나중에 우리 구주께서 오실 때 매우 큰 도성이 되었다. 유다에 속한 자들은 모두 베레스의 자손이었는데, 베레스는 유다의 아들로서 육신으로 하면 그리스도도 베레스를 따라 나셨다. 숫자로는 베냐민 자손이 더 많았음에도 불구하고 특별히 유다 자손과 관련하여 그들은 모두 용사로서 적의 공격으로부터 성읍을 지킬 만한 자들이었다고 언급된다(6절). 유다는 사자새끼로서의 특성 곧 담대함과 용맹함을 잃지 않고 있었다. 예루살렘에 거주한 베냐민 자손들 가운데 우리는 감독의 직책을 맡았던 자와 버금의 직책을 맡았던 자가 있었음을 보게 된다(9절). 백성들에게 있어 외부의 공격을 막기 위해 성을 쌓는 것 못지않게 내부적으로 체계적인 질서를 잘 유지하는 것 또한 매우

중요하다.

2. 많은 제사장들과 레위 사람들도 예루살렘에 정착했다. 하나님께 거룩한 자들이 거룩한 성 외에 어디에서 거주하겠는가?

(1) 우리는 대부분의 제사장들이 예루살렘에 정착했을 것이라고 추측할 수 있다. 왜냐하면 성전이 있는 곳에 그들의 직무도 있었기 때문이다. 그들은 가문의 반차를 따라 직무를 수행했는데, 우리는 여기에서 어떤 가문은 822명, 어떤 가문은 242명, 또 어떤 가문은 128명이 있었음을 듣게 된다(12-14절). 이와 같이 적지 않은 일꾼이 있었던 것은 참으로 좋은 일이었다. 이들 가운데 어떤 자들은 큰 용사로 일컬어졌다(14절). 제사장들은 용사일 필요가 있었다. 왜냐하면 제사장의 직무 자체가 힘을 필요로 하는 일이었을 뿐만 아니라 특별히 지금과 같은 어려운 시절에는 특별한 용기가 필요했기 때문이었다.

(2) 레위 사람들도 예루살렘에 거주했다. 그러나 그들은 비교적 소수로서 고작 284명에 불과했다(18절). 그것은 그들의 일이 하나님에 관한 선한 지식을 가르치는 것이었으므로 그들은 이스라엘 전역에 흩어져 있어야 했기 때문이다.

[1] 레위 사람 가운데 한 사람은 하나님의 전 바깥 일을 맡았다고 언급된다(16절). 성전 내의 제반 일을 주관하는 것은 제사장들의 몫이었다. 반면 이 레위인은 하나님의 전에 있어서의 외적인 일(바깥 일), 이를테면 드려진 헌물들을 수거한다든지 성전 예배를 위해 필요한 물자들을 조달하는 등의 일을 맡았다. 이러한 일 역시 꼭 필요한 일이었다. 왜냐하면 외적인 일이 제대로 이루어지지 못한다면 내적인 일 역시 제대로 될 수 없기 때문이다. 기도하며 말씀을 전하는 등 교회에서 내적인 일을 맡은 자들이 필요한 것처럼 외적인 일을 맡은 자역시 그에 못지않게 필요하다.

[2] 또 어떤 사람은 기도할 때에 감사하는 말씀을 인도했다고 언급된다(17절). 아마도 그는 좋은 음성과 좋은 귀를 가지고 노래를 매우 잘 하는 자로서 시편(psalm, 혹은 시편으로 부르는 찬송)을 인도하도록 뽑힌 자였을 것이다. 다시 말해서 그는 성전의 선창자(先唱者)였다. 감사는 기도에 있어 꼭 필요한 것임을 주목하라. 감사와 기도는 함께 가야 한다. 예전에 베풀어진 은총에 대해 감사하는 것은 새로운 은총을 간구하는 좋은 방법이 된다. 공적 예배에서 모든 순서는 가장 품위 있는 형식과 질서 가운데 이루어져야 한다. 특별히 기도에

있어 한 사람이 이끌고 다른 사람들이 따르는 것은 참으로 적절한 방식이다.

[20]그 나머지 이스라엘 백성과 제사장과 레위 사람은 유다 모든 성읍에 흩어져 각각 자기 기업에 살았고 [21]느디님 사람은 오벨에 거주하니 시하와 기스바가 그들의 책임자가 되었느니라 [22]노래하는 자들인 아삽 자손 중 미가의 현손 맛다냐의 증손 하사뱌의 손자 바니의 아들 웃시는 예루살렘에 거주하는 레위 사람의 감독이 되어 하나님의 전 일을 맡아 다스렸으니 [23]이는 왕의 명령대로 노래하는 자들에게 날마다 할 일을 정해 주었기 때문이며 [24]유다의 아들 세라의 자손 곧 므세사벨의 아들 브다히야는 왕의 수하에서 백성의 일을 다스렸느니라 [25]마을과 들로 말하면 유다 자손의 일부는 기럇 아르바와 그 주변 동네들과 디본과 그 주변 동네들과 여갑스엘과 그 마을들에 거주하며 [26]또 예수아와 몰라다와 벧벨렛과 [27]하살수알과 브엘세바와 그 주변 동네들에 거주하며 [28]또 시글락과 므고나와 그 주변 동네들에 거주하며 [29]또 에느림몬과 소라와 야르뭇에 거주하며 [30]또 사노아와 아둘람과 그 마을들과 라기스와 그 들판과 아세가와 그 주변 동네들에 살았으니 그들은 브엘세바에서부터 힌놈의 골짜기까지 장막을 쳤으며 [31]또 베냐민 자손은 게바에서부터 믹마스와 아야와 벧엘과 그 주변 동네들에 거주하며 [32]아나돗과 놉과 아나냐와 [33]하솔과 라마와 깃다임과 [34]하딧과 스보임과 느발랏과 [35]로드와 오노와 장인들의 골짜기에 거주하였으며 [36]유다에 있던 레위 사람의 일부는 베냐민과 합하였느니라

예루살렘에 거주한 사람들에게 대해 이야기하고 난 후(이에 관한 좀 더 상세한 이야기는 대상 9:2 이하에 나와 있다) 느헤미야는 계속해서 다른 성읍들에 정착한 나머지 이스라엘 백성들에 대해 이야기한다(20절). 예루살렘이 많은 사람들로 채워지는 것도 중요한 일이었지만 그렇다고 해서 촌락들이 비어서는 안 되었다. 왕조차도 들에서 나는 것을 먹고 사는 법이다. 그런데 촌락에서 농사짓는 사람들이 없다면 왕인들 어떻게 살 수 있겠는가? 그러므로 도시에 거주하는 자들과 촌락에 거주하는 자들 사이에 어떤 다툼이나 시기나 경멸이나 악의가 있어서는 안 된다. 양쪽 다 필요하고 유용하며 어느 쪽도 무시되어서는 안 된다.

1. 기브온 사람들의 자손인 느디님 사람들은 오벨에 거주했다(21절). 오벨은 예루살렘 성벽 인근에 위치한 지역이었는데(3:26), 그것은 그들이 성전의

허드렛일을 맡았으므로 언제라도 맡겨진 일을 수행할 수 있도록 성전 가까이 있어야 했기 때문이었다.

2. 예루살렘에 거주하면서 각지에 분산되어 있는 전체 레위 사람들을 감독하는 자가 있었다(22절). 그는 모든 레위 사람들의 일을 보살피는 가운데 그들이 직무를 올바로 수행하는지 감독했다. 그리고 모든 레위 사람들은 그의 지시를 따라야만 했다.

3. 노래하는 자 가운데 어떤 사람들은 성전을 수리하는 일을 맡았다. 이들은 손재주가 많은 자들로서 노래하는 직무를 수행하는 가운데 한가한 시간이 있으면 성전의 필요한 곳을 수리하곤 했다. 그들은 하나님의 전의 일을 보살폈다(22절). 그리고 바사 왕은 그들의 직무에 특별한 관심을 가지면서 그들에게 레위인으로서의 급여 외에도 특별한 수당을 더 지급해 주었던 것으로 보인다(23절).

4. 예루살렘에서 왕의 수하에 있으면서 백성의 일을 다스린 자도 있었다(24절). 그는 세라의 자손이었다. 이와 같이 당시 예루살렘에는 역대상 9:6에도 나타나는 것처럼 유다 지파 가운데 세라를 따라 난 자도 있었다. 모든 유다 지파 사람이 다 베레스의 자손은 아니었다. 그는 왕의 수하에 있으면서 혹은 왕의 편에 서서 백성의 모든 일을 보살폈다. 즉 그는 왕의 관리들과 백성들 사이에 일어난 분쟁을 조정하고, 왕에게 드려져야 할 것들이 올바로 드려지고 있는지 감독하며, 왕이 허락한 성전 예배가 제대로 시행되고 있는지 등을 보살피는 직무를 맡았다.

5. 또 여기에 나머지 이스라엘 백성들이 거주한 촌락들이 언급되어 있다. 우리는 여기에서 유다 자손들이 거주한 촌락들과(25-30절) 베냐민 자손들이 거주한 촌락들과(31-35절) 레위 사람들의 구역에(36절) 관한 언급을 보게 된다. 우리는 이제 그들이 안전하고 평안하게 되었을 것이라고 추측할 수 있다. 비록 수도 적고 궁핍했지만 그러나 하나님의 축복으로 그들은 점점 더 부요해지고 강력해져 갔을 것이다. 만일 그들이 말라기 선지자가 하나님의 이름으로 견책한 대로 영적 타락과 미지근한 신앙으로 떨어지지 않았다면, 그들은 더욱 부요해지고 강력해졌을 것이다. 아마도 말라기는 이즈음 예언활동을 한 것으로 추측되는데, 그와 함께 예언은 우리의 위대한 선지자와 그 앞서 오는 자 안에서 회복될 때까지 오랜 동안 그쳐졌다.

제 — 12 — 장

개요

본 장에 다음과 같은 기록들이 보존되어 있다. I. 스룹바벨과 함께 올라온 주요한 제사장들과 레위 사람들의 명단(1-9절). II. 대제사장직의 계승(10-11절). III. 다음 세대의 주요한 제사장들의 명단(12-21절). IV. 느헤미야 시대의 주요한 레위인들(22-26절). V. 예루살렘 성벽 봉헌예식(27-43절). VI. 성전에서 제사장들과 레위 사람들의 직무를 확립함(44-47절).

¹스알디엘의 아들 스룹바벨과 예수아와 함께 돌아온 제사장들과 레위 사람들은 이러하니라 제사장들은 스라야와 예레미야와 에스라와 ²아마랴와 말룩과 핫두스와 ³스가냐와 르훔과 므레못과 ⁴잇도와 긴느도이와 아비야와 ⁵미야민과 마아댜와 빌가와 ⁶스마야와 요야립과 여다야와 ⁷살루와 아목과 힐기야와 여다야니 이상은 예수아 때에 제사장들과 그들의 형제의 지도자들이었느니라 ⁸레위 사람들은 예수아와 빈누이와 갓미엘과 세레뱌와 유다와 맛다냐니 이 맛다냐는 그의 형제와 함께 찬송하는 일을 맡았고 ⁹또 그들의 형제 박부갸와 운노는 직무를 따라 그들의 맞은편에 있으며 ¹⁰예수아는 요야김을 낳고 요야김은 엘리아십을 낳고 엘리아십은 요야다를 낳고 ¹¹요야다는 요나단을 낳고 요나단은 얏두아를 낳았느니라 ¹²요야김 때에 제사장, 족장 된 자는 스라야 족속에는 므라야요 예레미야 족속에는 하나냐요 ¹³에스라 족속에는 므술람이요 아마랴 족속에는 여호하난이요 ¹⁴말루기 족속에는 요나단이요 스바냐 족속에는 요셉이요 ¹⁵하림 족속에는 아드나요 므라욧 족속에는 헬개요 ¹⁶잇도 족속에는 스가랴요 긴느돈 족속에는 므술람이요 ¹⁷아비야 족속에는 시그리요 미냐민 곧 모아댜 족속에는 빌대요 ¹⁸빌가 족속에는 삼무아요 스마야 족속에는 여호나단이요 ¹⁹요야립 족속에는 맛드내요 여다야 족속에는 웃시요 ²⁰살래 족속에는 갈래요 아목 족속에는 에벨이요 ²¹힐기야 족속에는 하사뱌요 여다야 족속에는 느다넬이었느니라 ²²엘리아십과 요야다와 요하난과 얏두아 때에 레위 사람의 족장이 모두 책에 기록되었고 바사 왕 다리오 때에 제사장도 책에 기록되었고 ²³레위 자손의 족

장들은 엘리아십의 아들 요하난 때까지 역대지략에 기록되었으며 [24]레위 족속의 지도자들은 하사뱌와 세레뱌와 갓미엘의 아들 예수아라 그들은 그들의 형제의 맞은 편에 있어 하나님의 사람 다윗의 명령대로 순서를 따라 주를 찬양하며 감사하고 [25]맛다냐와 박부갸와 오바댜와 므술람과 달몬과 악굽은 다 문지기로서 순서대로 문 안의 곳간을 파수하였나니 [26]이상의 모든 사람들은 요사닥의 손자 예수아의 아들 요야김과 총독 느헤미야와 제사장 겸 학사 에스라 때에 있었느니라

우리는 여기에서 돌아온 유대인들 가운데 당시에 주요한 역할을 맡았던 많은 제사장들과 레위 사람들의 이름을 보게 된다. 왜 느헤미야가 이러한 명단을 여기에 적어 놓았는지 여부는 분명치 않다. 아마도 그것은 후손들로 하여금 이스라엘 종교를 새롭게 회복시킨 자들이 누구인지 알고 기억하도록 하기 위함이었을 것이다. 이와 같이 의인은 영원히 기억될 것이다(시 112:6). 의인에 대한 기억은 축복된 기억이며 영속되어야만 하는 기억이다. 우리는 우리에게 하나님의 말씀을 일러 주고 인도하던 충성된 사역자들에게 여전히 큰 빚을 지고 있다(히 13:7). 뿐만 아니라 그것은 또한 이들에 이어 제사장직을 계승한 이들의 자손들로 하여금 이들의 믿음과 용기와 충성을 본받도록 격려하기 위한 것이었을 것이다. 경건한 조상들과 선배들의 선한 행실을 통해 오늘날 우리가 어떻게 행해야 마땅한지를 배우는 것은 참으로 좋은 일이다. 우리는 여기에서 다음과 같은 것들을 보게 된다.

1. 예수아가 대제사장이었을 때(1절) 즉 바벨론에서 처음 돌아왔을 당시 제사장들과 레위 사람들의 명단. 우리는 여기에서 예레미야와 에스라의 이름을 보게 되는데, 이들은 선지자 예레미야나 서기관 에스라가 아니었을 것으로 추측된다. 물론 두 사람 다 제사장이기는 했지만, 그러나 선지자 예레미야는 오래 전에 활동했던 자였고 서기관 에스라는 어느 정도 후에 활동하게 될 자였다. 또 우리는 8절에서 찬송하는 일을 맡은 레위인에 대해 듣게 되는데, 그는 성전에서 정해진 때에 그리고 올바른 형식으로 시편이 계속해서 불려지는지 감독하는 직분을 맡은 자였다. 레위 사람들은 형제로서 그리고 동료 일꾼으로서 그리고 동료 병사로서 피차 격려하며 순서에 따라 성전 일을 수행했다.

2. 바사 제국 하에서의 즉 귀환시대의 대제사장이었던 예수아(혹은 예수)로부터 알렉산더 대왕 때의 대제사장이었던 얏두아(혹은 얏두스)까지의 대제사

장직의 계승. 알렉산더 대왕은 두로를 정복한 후 예루살렘에 와서 이 얏두아에게 큰 경의를 표했는데, 이 때 얏두아는 대제사장의 예로써 그를 영접하며 그에게 그의 정복을 예언한 다니엘의 예언을 보여주었다.

3. 다음 세대의 제사장들. 이들은 앞에 거명된 제사장들의 아들들로서 예수아의 아들 요아김 시대에 활동했던 자들이었다. 한 세대의 사역자들이 사라지고 다음 세대의 사역자들이 그 자리를 채울 때, 우리는 그 곳에서 자기 교회를 향한 하나님의 은총과 돌봄의 손길을 보게 된다. 1절 이하에 언급되었던 모든 제사장들의 이름이 단지 두 명만 제외하고 12절 이하에서 다시 반복되어 언급된다(다시 말해서 1절 이하에 언급되었던 22명의 이름 가운데 20명의 이름이 12절 이하에서 다시 반복된다). 이와 같이 20명의 선한 아버지들로부터 낳은 20명의 선한 아들들이 자기 아버지들의 자리를 채우는 것은 참으로 드문 경우라 아니할 수 없다.

4. 다음 세대의 레위 사람들. 이들에 대하여 다음 세대라기보다는 이후 세대라고 부르는 것이 좀 더 타당할 것이다. 왜냐하면 앞에 언급된 제사장들은 요아김 시대에 활동했던 자들이었지만 여기의 레위 사람들은 엘리아십의 시대에 활동한 자들이었기 때문이다(22절). 아마도 그 때 앞에 언급된 제사장 가문들은 타락하기 시작했고 세 번째 세대의 제사장들은 앞의 두 세대에 미치지 못했던 것으로 보인다. 그러나 하나님의 일이 일꾼의 없음으로 좌절되지는 않을 것이다. 그 때 그들을 대신하여 한 세대의 레위 사람들이 일으킴을 받아 하나님 앞에 귀하게 쓰임받은 것으로 보인다(22절). 그들은 하나님의 교회에 큰 유익을 끼쳤으며, 레위인이라는 비교적 낮은 계급의 사역자들이었음에도 불구하고 그들의 사역은 하나님과 백성들에게 매우 유용했다. 그 때 대제사장 엘리아십이 도비야와 한편이 되는 등(13:4) 많은 제사장들이 점점 더 그릇된 길로 가고 있었다. 반면 그 때 레위 사람들은 하나님 앞에 자신들의 위치를 지키며 더 큰 열심을 품고 있었던 것으로 보인다. 왜냐하면 그 때 백성들에게 율법을 깨닫게 해주며(8:7) 기도하는(9:4-5) 등의 일을 한 자들은 모두 제사장들이 아니라 레위 사람들이었기 때문이다. 이들 레위 사람들 가운데 어떤 이들은 노래하는 자로서 찬양하며 감사하는 직무를 맡았으며(24절), 또 어떤 이들은 문지기로서 다윗이 정한 규례에 따라 문안의 곳간을 파수했다(25절).

[27]예루살렘 성벽을 봉헌하게 되니 각처에서 레위 사람들을 찾아 예루살렘으로 데려 다가 감사하며 노래하며 제금을 치며 비파와 수금을 타며 즐거이 봉헌식을 행하려 하매 [28]이에 노래하는 자들이 예루살렘 사방 들과 느도바 사람의 마을에서 모여들고 [29]또 벧길갈과 게바와 아스마웻 들에서 모여들었으니 이 노래하는 자들은 자기들을 위하여 예루살렘 사방에 마을들을 이루었음이라 [30]제사장들과 레위 사람들이 몸을 정결하게 하고 또 백성과 성문과 성벽을 정결하게 하니라 [31]이에 내가 유다의 방백들을 성벽 위에 오르게 하고 또 감사 찬송하는 자의 큰 무리를 둘로 나누어 성벽 위로 대오를 지어 가게 하였는데 한 무리는 오른쪽으로 분문을 향하여 가게 하니 [32]그들의 뒤를 따르는 자는 호세야와 유다 지도자의 절반이요 [33]또 아사랴와 에스라와 므술람과 [34]유다와 베냐민과 스마야와 예레미야이며 [35]또 제사장들의 자손 몇 사람이 나팔을 잡았으니 요나단의 아들 스마야의 손자 맛다냐의 증손 미가야의 현손 삭굴의 오대 손 아삽의 육대 손 스가랴와 [36]그의 형제들인 스마야와 아사렐과 밀랄래와 길랄래와 마애와 느다넬과 유다와 하나니라 다 하나님의 사람 다윗의 악기를 잡았고 학사 에스라가 앞서서 [37]샘문으로 전진하여 성벽으로 올라가는 곳에 이르러 다윗 성의 층계로 올라가서 다윗의 궁 윗 길에서 동쪽으로 향하여 수문에 이르렀고 [38]감사 찬송하는 다른 무리는 왼쪽으로 행진하는데 내가 백성의 절반과 더불어 그 뒤를 따라 성벽 위로 가서 화덕 망대 윗 길로 성벽 넓은 곳에 이르고 [39]에브라임 문 위로 옛문과 어문과 하나넬 망대와 함메아 망대를 지나 양문에 이르러 감옥 문에 멈추매 [40]이에 감사 찬송하는 두 무리가 하나님의 전에 섰고 또 나와 민장의 절반도 함께 하였고 [41]제사장 엘리아김과 마아세야와 미냐민과 미가야와 엘료에내와 스가랴와 하나냐는 다 나팔을 잡았고 [42]또 마아세야와 스마야와 엘르아살과 웃시와 여호하난과 말기야와 엘람과 에셀이 함께 있으며 노래하는 자는 크게 찬송하였는데 그 감독은 예스라히야라 [43]이 날에 무리가 큰 제사를 드리고 심히 즐거워하였으니 이는 하나님이 크게 즐거워하게 하셨음이라 부녀와 어린 아이도 즐거워하였으므로 예루살렘이 즐거워하는 소리가 멀리 들렸느니라

우리는 앞에서 예루살렘 성벽이 많은 난관 가운데 완공된 이야기를 살펴보았다. 이제 우리는 여기에서 그것이 큰 기쁨의 환호성 가운데 봉헌되는 것을 보게 된다. 눈물로 씨를 뿌리는 자는 이와 같이 거둘 것이다.

I. 우리는 이러한 성벽 봉헌의 의미가 무엇인지 물어야 한다. 의심의 여지

없이 성벽 봉헌 속에는 성읍 자체를 봉헌하는 것이 포함되어 있었다. 따라서 예루살렘 성읍이 많은 사람들로 채워지고 나서야 비로소 성벽봉헌이 이루어질 수 있었다(11:1).

1. 성벽 봉헌은 그 모든 공사를 완성하게 해주신 하나님의 은총에 감사를 표하는 것이었다. 그들은 성벽을 건축하는 가운데 수많은 시련과 난관에 봉착했었다. 그런데 바로 그 사실로 인해 그들은 하나님의 은총을 더욱 생생하게 체험할 수 있었다.

2. 예루살렘 성벽 봉헌을 통해 그들은 예루살렘 성읍 자체를 하나님께 봉헌했다. 우리의 모든 성읍과 집 역시도 하나님께 거룩한 것이 되어야 하지만, 그러나 예루살렘은 다른 모든 성읍과는 완전히 다른 의미에서 거룩한 성이요 큰 왕의 성이었다(시 48:2; 마 5:35). 그 곳은 하나님이 자기 이름을 두기 위해 택한 이래로 항상 그러했다. 따라서 지금 예루살렘은 새롭게 건축되었으므로 건축자들과 주민들에 의해 새롭게 봉헌되어야 했다. 그것은 그들이 하나님의 청지기임을 시인하는 증표였으며, 또한 그 소유권이 영원히 바뀌지 않기를 바라는 그들의 열망을 나타내는 것이었다. 그들의 안전과 평안과 위로를 위해 행해지는 것은 무엇이든지 하나님의 영광과 존귀를 위해 계획되어야 한다.

3. 성벽 봉헌을 통해 그들은 성벽뿐만 아니라 성읍 전체를 하나님의 보호 아래 맡겼다. 그들은 여호와께서 성을 지키지 아니하시면 성벽을 건축한 것이 허사라는 사실을 인정했다. 여부스 사람들이 예루살렘 성읍을 차지하고 있었을 때, 그들은 자기의 신들이 성읍을 지켜주므로 맹인과 절뚝발이라도 능히 성을 지킬 수 있다고 생각했다(삼하 5:6). 헛된 신들에 대하여조차 그렇게 했다면, 하물며 전능하시고 지혜로우신 하나님께 우리의 성읍을 지켜 주시도록 맡기지 못할 이유가 무엇이겠는가? 미신에 사로잡힌 자들은 도시를 건축할 때 천체의 운행과 궤도를 염두에 두었다. 그러나 여기의 경건한 건축자들은 오직 하나님 한분만 바라보았을 뿐 그와 같은 것들은 전혀 상관하지 않았다.

II. 우리는 성벽 봉헌식이 느헤미야의 인도 아래 어떻게 진행되었는지 살펴보아야 한다.

1. 모든 지역의 레위 사람들을 불러 참석하도록 했다. 이제 성벽 봉헌을 통해 예루살렘 성읍 전체가 하나님께 봉헌될 것이었다. 따라서 이 일에 하나님의 사역자들이 참여하고 그들의 손을 통해 하나님께 드려지는 것은 너무도 마땅

한 일이었다. 8장과 9장에 언급된 절기가 끝난 후 그들은 각자 고향으로 돌아가 그 곳에서 자신들에게 맡겨진 직무를 수행하는 가운데 다시 부름을 받았다.

2. 이러한 부름에 따라 많은 레위 사람들이 모였다(28, 29절). 여기에서 그들이 어떤 방법으로 일을 진행시켰는지 주목하라.

(1) 그들은 스스로를 정결하게 했다(30절). 우리는 하나님을 위해 어떤 일을 할 때 먼저 손을 씻고 마음을 정결하게 해야 한다. 그들이 스스로를 정결하게 하자 백성들도 그렇게 했다. 다른 사람들을 거룩하게 하는 일에 도구로 부름받은 자들은 먼저 하나님을 위해 스스로를 정결하게 하며 구별시켜야 한다(마음과 생각을 정결하게 함으로써). 그러고 나서 그들은 성문과 성벽을 정결케 했다. 우리가 어떤 위로를 기대한다면, 우리는 먼저 그것을 받을 만한 준비를 갖추어야 한다. 깨끗한 자들에게는 모든 것이 깨끗한 법이다(딛 1:15). 이와 같이 거룩하게 된 자들에게는 그들의 집과 식탁과 모든 위로와 즐거움까지 거룩하여진다(딤전 4:4-5. 하나님께서 지으신 모든 것이 선하매 감사함으로 받으면 버릴 것이 없나니 하나님의 말씀과 기도로 거룩하여짐이라). 아마도 정결케 하는 일은 정결케 하는 물(혹은 부정을 씻는 물, 민 19:9)을 자신과 백성들과 성벽과 성문에 뿌림으로써 시행되었을 것이다. 이것은 우리의 양심을 죽은 행실에서 깨끗하게 하고 살아 계신 하나님을 섬기게 하는 그리스도의 피를 상징하는 것이었다(히 9:14).

(2) 방백들과 제사장들과 레위 사람들은 두 무리로 나뉘어 악기를 연주하며 성벽 위를 돌았다(36절). 이것은 그 모든 것을 하나님께 봉헌하는 것을 의미하는 것이었다. 아마도 그들은 성벽 위로 걸으면서 하나님의 영광을 찬미하며 시편의 노래를 불렀을 것이다. 본문은 이러한 행사를 매우 상세하게 언급한다. 그들은 어떤 특정한 장소에 집결해서 그 곳에서 두 무리로 나뉘었다. 그리고 절반의 방백과 제사장과 레위 사람이 오른쪽으로 돌았는데, 이 무리를 인도한 사람은 에스라였다(36절). 그리고 나머지 절반의 방백들과 제사장들이 왼쪽으로 돌았는데, 여기에서는 느헤미야가 그 뒤를 따랐다(38절). 그리고 마침내 두 무리는 성전에서 만나 함께 감사와 찬송을 올렸다(40절). 일반 백성들도 성벽 주위를 돈 것으로 보인다. 이들은 성벽을 따라 맨땅 위를 걸었는데, 일부는 성벽 안쪽으로 또 일부는 성벽 바깥쪽으로 걸었다. 이러한 행사의 목적은 하나님의 은총을 깨닫고 감사하는 가운데 이 일이 영원히 기억되도록 하기 위한 것이었다.

(3) 이에 백성들은 심히 즐거워했다(43절). 방백들과 제사장들과 레위 사람들이 큰 제사와 나팔소리와 악기를 연주하는 것으로 그들의 기쁨을 나타내는 동안 일반 백성들은 큰 소리로 그렇게 했다. 이러한 백성들의 큰 외침은 악기와 노래로 어우러진 음악보다도 더 멀리까지 들렸다. 우리는 여기에서 일반 백성들이 큰 기쁨으로 부르짖는 정직한 외침이 특별하게 언급되는 것을 보게 된다. 이것은 하나님이 그러한 외침을 기쁘시게 열납하셨음을 의미한다. 비록 기교나 예술성의 측면에서는 보잘것없는 것이라 할지라도, 하나님은 비천한 백성들의 뜨거운 마음을 기꺼이 받으셨다. 또 여기에 부녀와 어린아이도 즐거워한 사실이 특기(特記)된다. 하나님은 그들이 부르는 호산나 찬미도 외면하지 않으시고, 이 곳에 기록하여 그들의 영원한 존귀가 되게 하셨다. 이와 같이 공적인 은총에 동참한 자들은 마땅히 공적인 감사에도 동참해야 한다. 그리고 여기에서 그들이 심히 즐거워한 이유가 특별히 제시되어 있는데, 그것은 하나님이 그들로 크게 즐거워하게 하셨기 때문이었다. 하나님은 그들에게 기뻐할 일뿐만 아니라 즐거워할 마음까지도 주셨다. 하나님의 섭리는 그들을 안전하고 편안하게 만들어 주었으며, 하나님의 은혜는 그들을 기뻐하며 감사하게 만들어 주었다. 원수들의 계속적인 적대행위는 마침내 완전히 좌절되고 말았는데, 이러한 사실은 의심의 여지 없이 그들의 기쁨을 더욱 크게 해 주었을 것이다. 하나님의 은총을 경험한 자들은 마땅히 찬미와 감사로 보답해야 한다.

⁴⁴그 날에 사람을 세워 곳간을 맡기고 제사장들과 레위 사람들에게 돌릴 것 곧 율법에 정한 대로 거제물과 처음 익은 것과 십일조를 모든 성읍 밭에서 거두어 이 곳간에 쌓게 하였노니 이는 유다 사람이 섬기는 제사장들과 레위 사람들로 말미암아 즐거워하기 때문이라 ⁴⁵그들은 하나님을 섬기는 일과 결례의 일을 힘썼으며 노래하는 자들과 문지기들도 그러하여 모두 다윗과 그의 아들 솔로몬의 명령을 따라 행하였으니 ⁴⁶옛적 다윗과 아삽의 때에는 노래하는 자의 지도자가 있어서 하나님께 찬송하는 노래와 감사하는 노래를 하였음이며 ⁴⁷스룹바벨 때와 느헤미야 때에는 온 이스라엘이 노래하는 자들과 문지기들에게 날마다 쓸 몫을 주되 그들이 성별한 것을 레위 사람들에게 주고 레위 사람들은 그것을 또 성별하여 아론 자손에게 주었느니라

우리는 여기에서 백성들이 성벽을 봉헌한 후 계속해서 어떤 일에 착념했는지에 대해 듣게 된다. 큰 감사와 찬송으로 성벽 봉헌식을 거행했을 때, 사역자들과 백성들의 마음은 큰 기쁨과 즐거움으로 넘쳐흘렀다. 그리하여 그들은 계속해서 자신들의 의무를 행하는데 더욱 착념했으며, 그것은 하나님 앞에 참으로 받으심직한 것이었다.

1. 사역자들은 자신에게 주어진 사역에 더욱 힘을 기울였다(45절). 노래하는 자들은 규례대로 하나님을 섬기는 일에 힘썼으며, 문지기들도 결례의 일에 더욱 힘썼다. 여기에서 문지기들이 결례의 일에 힘썼다는 것은 부정한 자들을 성전 안으로 들어오지 못하도록 함으로써 성전의 정결을 유지했다는 뜻이다. 이와 같이 우리가 하나님의 기쁨 가운데 더욱 의무에 착념할 때, 그러한 기쁨은 장차 누리게 될 영원한 기쁨의 보증이 될 것이다.

2. 백성들은 사역자들의 생계를 돌보는 일에 더욱 힘을 기울였다. 백성들은 성벽을 봉헌하는 가운데 다른 어떤 즐거움보다도 섬기는 제사장들과 레위 사람들로 말미암아 더욱 즐거워했다(44절). 그들은 사역자들로 인해 큰 위로를 얻고 크게 기뻐했다. 그들이 부지런히 섬기며 수고를 다해 애쓰는 것을 보았을 때, 백성들은 그들로 인해 크게 기뻐했다. 사역자들에게 있어 백성들의 존경과 신뢰를 얻는 가장 확실한 방법은 겸손과 부지런함으로 섬김의 일을 하며(롬 12:7) 자신들에게 주어진 책무에 진력하는 것이란 사실을 주목하라. 그들이 이와 같이 할 때, 백성들은 그들을 격려하며 원조하는 일에 어떤 일도 마다하지 않을 것이다. 율법은 그들이 받을 몫을 규정해 놓았지만(44절), 그러나 그것이 제대로 거두어지고 지급되지 않는다면 그러한 규정이 무슨 소용이 있겠는가?

(1) 이 일을 담당할 사람을 세움. 사역자들은 온유한 자들이었다. 따라서 그들은 자신들의 권리를 스스로 요구하기보다는 차라리 포기할 것이었다. 반면 많은 백성들은 이 일에 무관심하였다. 특별한 요구를 받지 않음에도 불구하고 자원하여 자신의 몫을 드릴 자는 그리 많지 않을 것이었다. 따라서 그들은 이 일을 맡을 자를 세워 그로 하여금 제사장들과 레위 사람들을 위해 율법이 규정한 몫을 거두어 곳간에 들이도록 했다(44절). 그리고 그렇게 모은 것으로부터 사역자들에게 때에 맞춰 몫을 지급하도록 했다. 이것은 사역자들에게게나 백성들에게나 모두에게 좋은 일이었다. 왜냐하면 이렇게 함으로써 사역자들에게는 생계유지에 모자람이 없게 하고 백성들에게는 의무를 이행하는데 모자람이 없게

했기 때문이었다.

(2) 사역자들이 정당하게 몫을 지급받음(47절). 노래하는 자들과 문지기들에게는 날마다 쓸 몫이 주어졌는데, 이것은 레위인을 위한 몫과는 별개의 것으로부터 지급되었다. 다윗과 솔로몬이 이와 같은 직무를 부여할 때(노래하는 것이나 문지기의 일은 레위인으로서의 통상적인 직무 이상의 것이었다), 우리는 그들이 그러한 자들을 부양하기 위한 기금도 함께 마련했을 것이라고 추측할 수 있다. 이와 같이 하나님을 위해 크게 수고하는 자들은 갑절의 존귀를 받을 자격이 있다. 다른 레위 사람들에게는 십일조가 주어졌으며, 그들은 율법에 따라 그러한 십일조 가운데 십분의 일을 제사장들에게 주었다. 우리는 47절에서 이것들(즉 십일조와 십일조의 십일조)이 '성별된 것'으로 불리는 것을 보게 된다. 자원하여 드린 것이든 율법에 따라 드린 것이든 종교를 유지하고 사역자들을 부양하기 위해 드려진 것은 하나님께 성별된 것이다. 따라서 그것은 하나님께 드려질 것이며 그 집과 그 안에 있는 모든 자들에게 복을 가져다줄 것이다(겔 44:30).

제
— 13 —
장

개요

느헤미야는 예루살렘 성벽을 건축하고 도성을 많은 사람들로 채운 후 바사 왕에게 돌아갔다(사실 2:6에 나타나는 것처럼 바사 왕은 그와 오랜 시간 떨어져 있기를 원치 않았다). 그러나 얼마 후 느헤미야는 왕으로부터 다시 예루살렘으로 돌아갈 허락을 얻었는데, 그가 다시 예루살렘으로 돌아오고자 한 것은 자신이 없는 동안 일어난 몇 가지 문제를 바로잡기 위함이었다. 그는 잘못된 일을 바로잡는데 크게 힘을 기울였는데, 우리는 여기에서 그에 대한 이야기를 듣게 된다. I. 섞인 무리 특별히 모압 사람과 암몬 사람을 이스라엘로부터 분리함(1-3절). 그리고 도비야를 성전 뜰에 있는 방으로부터 쫓아냄(4-9절). II. 제사장들과 레위 사람들의 급여를 확실하게 지급하도록 조치함(10-14절). III. 안식일을 더럽히는 것을 금지함(15-22절). IV. 이방인 아내를 취하지 못하도록 단호한 명령을 내림(23-31절).

¹그 날 모세의 책을 낭독하여 백성에게 들렸는데 그 책에 기록하기를 암몬 사람과 모압 사람은 영원히 하나님의 총회에 들어오지 못하리니 ²이는 그들이 양식과 물로 이스라엘 자손을 영접하지 아니하고 도리어 발람에게 뇌물을 주어 저주하게 하였음이라 그러나 우리 하나님이 그 저주를 돌이켜 복이 되게 하셨다 하였는지라 ³백성이 이 율법을 듣고 곧 섞인 무리를 이스라엘 가운데에서 모두 분리하였느니라 ⁴이전에 우리 하나님의 전의 방을 맡은 제사장 엘리아십이 도비야와 연락이 있었으므로 ⁵도비야를 위하여 한 큰 방을 만들었으니 그 방은 원래 소제물과 유향과 그릇과 또 레위 사람들과 노래하는 자들과 문지기들에게 십일조로 주는 곡물과 새 포도주와 기름과 또 제사장들에게 주는 거제물을 두는 곳이라 ⁶그 때에는 내가 예루살렘에 있지 아니하였느니라 바벨론 왕 아닥사스다 삼십이년에 내가 왕에게 나아갔다가 며칠 후에 왕에게 말미를 청하고 ⁷예루살렘에 이르러서야 엘리아십이 도비야를 위하여 하나님의 전 뜰에 방을 만든 악한 일을 안지라 ⁸내가 심히 근심하여 도비야의 세간을 그 방 밖으로 다 내어 던지고 ⁹명령하여 그 방을 정결하게 하고 하나

님의 전의 그릇과 소제물과 유향을 다시 그리로 들여놓았느니라

이스라엘에게 있어 특별한 백성으로 스스로를 지키며 이방 나라들과 혼합되지 않은 것은 그들의 거룩성을 계속해서 유지하기 위한 것이었다. 이제 우리는 여기에서 다음과 같은 이야기를 듣게 된다.

Ⅰ. **그 날 이러한 취지의 율법을 낭독하여 백성에게 들림**(1절). 어쩌면 여기의 그 날은 성벽을 봉헌하는 날이었는지 모른다. 왜냐하면 그들은 성벽을 봉헌하는 날 기도와 찬미와 함께 말씀을 읽었기 때문이었다. 여기에 언급된 다른 문제들은 나중에 느헤미야의 권력에 의해 고쳐진 반면 이 일 즉 섞인 무리와 관련한 문제는 백성들 스스로의 힘으로 고쳐질 수 있었다(3절). 혹은 여기에서 그날(on that day)로 언급된 것은 지금이 수년 후 성벽 봉헌을 기념하는 날이었기 때문이었는지도 모른다. 어쨌든 그 때 그들은 모압 사람과 암몬 사람은 영원히 하나님의 총회에 들어올 수 없다는 율법을 발견했다(1절). 여기에 그 이유가 제시되어 있는데, 그것은 그들이 하나님의 이스라엘에게 호의를 베풀기는커녕 악의를 품고 위해를 가하며 멸망시키려고 도모했기 때문이었다(2절). 이러한 율법을 우리는 신명기 23:3-5에서 보게 된다.

Ⅱ. **백성들이 즉각 그 율법을 준행함**(3절). 회중이 모여 함께 하나님의 말씀을 읽는 것이 얼마나 큰 유익을 가져다주는지 보라. 그렇게 할 때 죄와 의무, 선과 악, 그리고 우리가 어디에서부터 잘못되었는지 등이 드러난다. 그럼으로써 우리는 그러한 것들로부터 우리 스스로를 분리시킬 기회를 얻게 될 것이다. 이와 같이 그들은 섞인 무리를 이스라엘 가운데에서 모두 분리하였다. 그들은 오랫동안 이스라엘에게 큰 올무였다. 왜냐하면 섞인 무리들이 종종 탐욕에 떨어졌기 때문이었다(민 11:4, 그들 중에 섞여 사는 다른 인종들이 탐욕을 품으매 이스라엘 자손도 다시 울며 이르되 누가 우리에게 고기를 주어 먹게 하랴).

Ⅲ. **여기에 특별히 도비야에 대한 조치가 언급됨.** 그는 암몬 사람이었다. 여기에서 느헤미야가 율법이 낭독된 것과(1절) 그러한 율법의 이유를 기록할 때(2절), 아마도 그는 이 사람을 염두에 두고 있었던 것으로 보인다. 도비야는 이스라엘에 대해 자기 조상들이 가졌던 것과 동일한 적대감을 가지고 있었으며, 느헤미야에 대해(2:10) 그리고 그의 성벽 건축계획에 대해(4:7-8) 큰 반감을 품고 있었다.

1. 대제사장 엘리아십이 도비야를 위해 성전 뜰에 숙소를 마련해 줌.

(1) 엘리아십은 처음에는 혼인으로 그리고 나중에는 우의(友誼)로 도비야와 연합되었다(4절). 우리는 28절에서 그의 손자가 산발랏의 딸과 결혼했다는 이야기를 듣는다. 그 외에도 도비야 가문과 혼인한 사람이 또 있었을 것으로 여겨진다. 이스라엘의 대제사장으로서 이방인의 집과 혼인하는 것은 가장 불명예스럽고 수치스러운 일이었으며 마땅히 그는 그렇게 생각했어야 했다. 그럼에도 불구하고 그는 도리어 그것을 자기 가문의 영예로 여기면서 매우 자랑스럽게 여겼다. 율법은 대제사장에게 반드시 자기 백성 중에서 처녀를 취하여 아내를 삼도록 명하면서 그렇게 하지 않으면 그의 자손이 그의 백성 중에서 속되게 될 것이라고 분명하게 경고한다(레 21:14, 15). 엘리아십은 도비야를 학식과 덕망을 갖춘 훌륭한 신사로 생각하며(6:19) 그의 집과 혼인관계를 맺었지만, 그러나 그에게 있어 암몬 사람과 연합하는 것은 대제사장직의 면류관을 경멸하는 것이었다.

(2) 그로 인해 엘리아십과 도비야는 매우 친밀한 관계가 되었다. 도비야는 매우 활동적이며 많은 일을 하는 사람으로서 종종 예루살렘을 방문하곤 했다. 엘리아십은 그와 교류하는 것을 좋아했으며 가능한 그와 가까이 하고자 했다. 그러나 성전 뜰에는 그가 거처할 만한 마땅한 처소가 없었다. 그리하여 엘리아십은 곳간으로 사용하던 골방 몇 개를 합쳐서 도비야를 위해 큰 방을 마련해 주었다(5절). 다음의 사실들을 감안할 때, 이것은 이스라엘의 대제사장으로서 너무도 파렴치한 행동이 아닐 수 없었다.

[1] 이스라엘로 하여금 암몬 사람 도비야에게 큰 경의를 표하며 영접하도록 한 사실.

[2] 백성들에게 율법을 가르치며 직접 본을 보여야 할 대제사장이 율법과 반대로 그를 환대하며 성전을 감독하는 권세를 그와 같은 일에 사용한 사실.

[3] 도비야로 하여금 감히 하나님의 전 뜰에 유숙하도록 한 사실. 이것은 예전에 악한 왕들이 이 곳에 우상을 세운 것과 별로 다를 것 없는 행동이었다. 암몬 사람은 하나님의 총회에 들어올 수 없었다. 그런데 어떻게 암몬 사람 중에서도 가장 악한 자가 그것도 성전 뜰에 처소를 가질 수 있단 말인가?

[4] 도비야를 위한 처소를 예비하기 위해 성전의 물품들을 치워버린 사실. 그렇게 함으로써 엘리아십은 그러한 물품들이 잃어지고 허비되며 유용되도록

만들었다. 그것들은 제사장들의 몫이었다. 그럼에도 불구하고 엘리아십은 단지 도비야를 즐겁게 해주기 위해 그것들을 치워버렸다. 이와 같이 그는 이 때 말라기가 견책한 것처럼 레위의 언약을 더럽혔다(말 2:8). 우리는 여기에서 느헤미야가 "그 때 내가 예루살렘에 있지 아니하였느니라"고 덧붙이는 것을 보게 된다(6절). 정말로 그랬다. 만일 그가 그 때 예루살렘에 있었다면, 엘리아십은 감히 그와 같이 행할 수 없었을 것이다. 악한 자는 언제 하나님의 밭에 가라지를 뿌릴 수 있는지를 알고 있다. 그 때는 종들이 잘 때 혹은 지금의 경우처럼 출타하여 자리에 없을 때이다(마 13:25). 금송아지도 모세가 산에 있을 때 만들어졌다.

2. 느헤미야가 도비야를 쫓아내고 골방들을 본래의 용도로 되돌림. 예루살렘에 돌아와 대제사장 엘리아십과 대적 도비야 사이에 벌어진 모든 일에 대해 들었을 때, 느헤미야는 심히 근심했다(7, 8절). 왜냐하면 그로 인해 하나님의 전이 더럽혀지고, 그를 대적한 원수들이 마치 귀빈처럼 환대를 받으며, 그가 행한 모든 일이 누구보다도 그를 옹호하며 후원해 주어야 할 대제사장 자신에 의해 배신당했기 때문이었다. 선한 통치자를 근심케 함에 있어 하나님의 전의 사역자들이 악을 행하는 것보다 더 큰 것은 없다. 느헤미야는 권력을 가지고 있었으며, 그 권력을 하나님을 위해 사용할 것이었다.

(1) 느헤미야는 도비야를 쫓아냈다. 그는 도비야와 엘리아십이 분개하는 것을 두려워하지 않았다. 또한 대제사장의 직권에 속한 일이라는 핑계로 그 일에 개입하지 않으려고 하지도 않았다. 도리어 느헤미야는 그의 모든 세간을 방 밖으로 내어던짐으로써 침입자를 쫓아냈다. 느헤미야는 그 모든 세간을 달리 쓰려고 따로 두지 않고 모두 다 내던져 버림으로써 도비야로 하여금 (아마도 이 때 도비야는 출타하여 자리에 없었던 것으로 보인다) 다시 그 곳에 들어올 수 없도록 만들었다. 이와 같이 우리 구주께서도 성전을 깨끗하게 하심으로써 만민의 기도하는 집이 도둑의 소굴이 되지 않게 하셨다. 이와 같이 마음 곧 살아 있는 성전으로부터 죄를 쫓아내려는 자들은 그 모든 세간과 비품을 내던져 버려야 한다. 그것은 육체의 정욕을 부추기는 모든 것들을 치워 버리는 것을 의미한다.

(2) 느헤미야는 그 방을 정결하게 하고 하나님의 전의 그릇들을 다시 그리로 들여놓았다(9절). 골방들은 더러워졌으므로 먼저 정결케 하는 물로 뿌림을 받아 정결케 되어야만 했다. 이와 같이 회개로써 죄가 우리의 마음으로부터 쫓겨날

때, 우리의 마음은 먼저 그리스도의 피로 뿌려지고 그러고 나서 성령의 은혜들로 채워지게 될 것이다.

[10]내가 또 알아본즉 레위 사람들이 받을 몫을 주지 아니하였으므로 그 직무를 행하는 레위 사람들과 노래하는 자들이 각각 자기 밭으로 도망하였기로 [11]내가 모든 민장들을 꾸짖어 이르기를 하나님의 전이 어찌하여 버린 바 되었느냐 하고 곧 레위 사람을 불러 모아 다시 제자리에 세웠더니 [12]이에 온 유다가 곡식과 새 포도주와 기름의 십일조를 가져다가 곳간에 들이므로 [13]내가 제사장 셀레먀와 서기관 사독과 레위 사람 브다야를 창고지기로 삼고 맛다냐의 손자 삭굴의 아들 하난을 버금으로 삼았나니 이는 그들이 충직한 자로 인정됨이라 그 직분은 형제들에게 분배하는 일이었느니라 [14]내 하나님이여 이 일로 말미암아 나를 기억하옵소서 내 하나님의 전과 그 모든 직무를 위하여 내가 행한 선한 일을 도말하지 마옵소서

우리는 여기에서 느헤미야가 또 하나의 잘못된 문제를 바로잡는 것을 보게 된다.

I. 레위 사람들이 제대로 처우를 받지 못함. 레위 사람들이 받을 몫을 주지 아니하였으므로(10절). 곳간 골방들을 차지하고 있는 동안 아마도 도비야는 엘리아십의 묵인 하에 그 곳의 물품들을 자기 마음대로 전용(轉用)했을 것으로 여겨진다. 문제는 백성들로부터 거두지 않은 것이 아니라 그것이 레위 사람들에게 전달되지 않은 것이었다. 반면 레위 사람들은 적극적으로 자신의 권리를 주장하며 요구할 정도로 악착스럽지 못했다: 그 직무를 행하는 레위 사람들과 노래하는 자들이 각각 자기 밭으로 도망하였기로.

(1) 이것은 그들에게 마땅히 주어져야 할 몫이 주어지지 않은 결과였다. 레위 사람들은 예루살렘에 상주(常住)하는 자들이 아니었다. 성전 주변에서 어떤 일을 수행해야만 할 때에도 그들은 향리(鄕里)에 있는 자기 집에 거주하면서 그렇게 했다. 그리하여 백성들은 그들의 몫을 지급하는데 큰 관심을 기울이지 않았다. 만일 사역자들에게 정당한 급여가 지급되지 않는다면, 사역자들은 그것이 스스로 직무를 게을리하므로 자초한 것이 아닌지 돌아봐야 한다.

(2) 느헤미야는 그들에게 정당한 급여가 지급되지 않은 사실을 즉시 알아차렸다. 느헤미야는 말한다. "노래하는 자들은 어디 있는가? 어째서 그들이 하나

님을 찬미하는 직무를 수행하지 않는가? 어째서 그들은 모두 향리로 돌아가 버렸는가? 밭의 소출로 자신과 가족을 부양하기 위함이니, 이는 그들이 정당한 급여를 지급받지 못했기 때문이로다." 초라한 급여는 초라한 사역자를 만든다. 일꾼들이 소홀히 여김을 받을 때, 그들의 일 역시도 소홀히 되어질 것이다. 노래하는 자들에게 급여가 지급되도록 결정된 것은 그리 오래 전의 일이 아니었다(12:47). 그러나 사람들이 그 일에 관심을 기울이지 않으므로 그 일은 곧 유야무야되고 말았다.

Ⅱ. **이에 느헤미야가 민장들을 꾸짖음.** 그들은 레위 사람들로 하여금 직무에 더욱 충실할 수 있도록 모든 필요한 조치를 취해 주었어야 했다. 그리스도인 통치자들은 사역자들과 백성들이 각각 자신의 의무를 다하도록 이끌어야 한다. 느헤미야는 먼저 민장들에게 이렇게 힐문한다. "하나님의 전이 어찌하여 버린 바 되었느냐?(13절). 어찌하여 레위 사람들의 생계를 돌보지 않았느냐? 어찌하여 이런 일을 미리 예방하지 못했느냐?" 백성들은 레위 사람들을 저버렸는데, 이것은 율법이 금한 것이었다(신 12:19; 14:27). 그러자 레위 사람들도 하나님의 전의 직무를 저버렸다. 자신들의 책무를 저버린 사역자들과 백성들 그리고 그 일을 방치한 통치자들은 때가 되면 반드시 힐문을 당하게 될 것이다.

Ⅲ. **느헤미야가 즉시로 레위 사람들을 다시 불러 모아 제자리에 세움**(11절). 밭에 있는 레위인은 제자리를 떠난 자이다. 그의 자리는 하나님의 전이며, 따라서 그는 그 곳에 있어야 한다. 직무에 게으르고 있다가 새롭게 부름을 받음으로써 심기일전하여 새로운 마음으로 직무에 충실하게 되는 것은 결코 드문 일이 아니다. 아킵보에게 이르기를 주 안에서 받은 직분을 삼가 이루라고 하라(골 4:17).

Ⅳ. **느헤미야가 백성들에게 십일조를 가져오도록 함**(12절). 느헤미야의 열심을 보고 백성들도 열심을 내었다. 그들은 레위 사람들에게 몫을 지급하는 일을 더 이상 게을리할 수 없었다. 그리하여 그들은 즐거이 그리고 정직하게 십일조를 가져왔다. 더 잘 일하면 더 나은 급여를 받게 될 것이다.

Ⅴ. **느헤미야가 레위 사람들의 급여를 신속하게 지급하도록 조치함.** 이 일을 맡을 자로서 충직한 자로 인정된 자들이 임명되었다(13절). 그들은 다른 일들도 충직하게 행함으로써 이와 같은 아름다운 지위를 얻은 자들이었다(딤전 3:13). 우리는 먼저 시험해 보고 그 다음에 신뢰해야 한다. 작은 일로 시험해

보고 그 후에 큰 일을 맡기는 것이 합당하다. 그들의 직분은 십일조를 받아서 그것으로 형제들에게 때에 맞게 급여를 분배해 주는 것이었다.

Ⅵ. 이 일로 느헤미야가 하늘의 하나님을 바라봄. 내 하나님이여 이 일로 말미암아 나를 기억하옵소서(14절). 느헤미야는 순간순간 기도하는 사람이었다. 어떤 상황에서든 그는 순간순간 하나님을 바라보며 자신과 자신의 모든 일을 하나님께 맡기곤 했다. 그와 같은 순간적인 기도에서 우리는 다음과 같은 사실들을 발견하게 된다.

1. 하나님의 전을 위해 행한 모든 일에 대해 그가 크게 만족하며 기뻐한 사실. 그는 이스라엘의 종교를 회복시키며 잘못된 일들을 바로잡는데 귀한 밑거름이 되었는데, 이러한 사실을 생각할 때 그는 크게 만족하며 기뻐하지 않을 수 없었다. 하나님의 사역자들에게 은총을 베푼 자들의 가슴은 이와 같이 은밀한 기쁨과 만족으로 가득 차게 될 것이다.

2. 이 모든 일로 인해 자신을 기억해 달라고 하나님께 청한 사실. 이것은 교만에서나 혹은 자신이 행한 것을 자랑하고자 하는 마음으로부터 말미암은 것이 아니었다. 하물며 자기 의를 의뢰한다든지 혹은 하나님이 자기에게 빚진 것처럼 생각하는 것은 더더욱 아니었다. 다만 정직하고 순전한 마음으로 그 모든 일을 행했음을 겸손하게 고하면서, 하나님이 불의하지 아니하사 그의 행위와 사랑으로 섬긴 것을 결코 잊어버리지 않을 것을 믿는 믿음을 나타낸 것이었다(히 6:10). 여기에서 그가 얼마나 겸손하게 하나님께 기도하는지 주목하라. 그는 "내게 상을 주소서"라고 기도하지 않고 "나를 기억하소서"라고 기도했다. 그는 "나의 선행을 지우지 마옵소서"라고 기도했을 뿐 "그것을 기록하고 널리 알리소서"라고 기도하지 않았다. 그러나 그는 큰 상을 받았으며 그의 선행은 온전히 기록되었다. 이와 같이 하나님은 우리가 구한 것 이상으로 주시기를 기뻐하신다. 하나님의 전을 위해 그리고 신앙을 증진하며 장려하기 위해 행해진 일들은 선한 일이라는 사실을 주목하라. 그러한 일들 속에는 의와 경건이 있으며, 하나님은 그러한 일들을 결코 잊거나 지우지 않으실 것이다. 그것들은 결코 상을 잃지 않을 것이다.

¹⁵그 때에 내가 본즉 유다에서 어떤 사람이 안식일에 술틀을 밟고 곡식단을 나귀에 실어 운반하며 포도주와 포도와 무화과와 여러 가지 짐을 지고 안식일에 예루살렘

에 들어와서 음식물을 팔기로 그 날에 내가 경계하였고 [16]또 두로 사람이 예루살렘에 살며 물고기와 각양 물건을 가져다가 안식일에 예루살렘에서도 유다 자손에게 팔기로 [17]내가 유다의 모든 귀인들을 꾸짖어 그들에게 이르기를 너희가 어찌 이 악을 행하여 안식일을 범하느냐 [18]너희 조상들이 이같이 행하지 아니하였느냐 그래서 우리 하나님이 이 모든 재앙을 우리와 이 성읍에 내리신 것이 아니냐 그럼에도 불구하고 너희가 안식일을 범하여 진노가 이스라엘에게 더욱 심하게 임하도록 하는도다 하고 [19]안식일 전 예루살렘 성문이 어두워갈 때에 내가 성문을 닫고 안식일이 지나기 전에는 열지 말라 하고 나를 따르는 종자 몇을 성문마다 세워 안식일에는 아무 짐도 들어오지 못하게 하였으므로 [20]장사꾼들과 각양 물건 파는 자들이 한두 번 예루살렘 성 밖에서 자므로 [21]내가 그들에게 경계하여 이르기를 너희가 어찌하여 성 밑에서 자느냐 다시 이같이 하면 내가 잡으리라 하였더니 그후부터는 안식일에 그들이 다시 오지 아니하였느니라 [22]내가 또 레위 사람들에게 몸을 정결하게 하고 와서 성문을 지켜서 안식일을 거룩하게 하라 하였느니라 내 하나님이여 나를 위하여 이 일도 기억하시옵고 주의 크신 은혜대로 나를 아끼시옵소서

우리는 여기에서 느헤미야가 적극적으로 개혁한 또 한 가지 일을 보게 된다. 그는 안식일을 다시금 거룩하게 함으로써 넷째 계명의 권위를 되살렸다. 이것은 하나님의 전과 그 곳에서 행해지는 직무를 위해 마땅히 행해져야 할 일이었다. 성일(聖日)이 대수롭지 않게 여겨지는 곳에서 거룩한 의무 역시 그렇게 취급되는 것은 조금도 이상한 일이 아니다. 여기에서 우리는 다음과 같은 내용을 보게 된다.

I. 안식일을 더럽히는 것에 대한 견책. 안식일의 율법은 매우 엄격할 뿐만 아니라 지극히 합당한 이유를 가진 것이었다. 왜냐하면 안식일이 짓밟힐 때 종교 역시도 결코 찬란한 꽃을 피울 수 없기 때문이다. 느헤미야는 심지어 유다에서조차 안식일의 율법이 함부로 짓밟혀지고 있는 것을 발견했다(유다에게 안식일 율법은 언약의 표징으로 주어진 율법이었다). 그는 안식일 율법이 짓밟히는 것을 자신의 눈으로 직접 목격했다. 자신의 직무를 올바로 이행하고자 하는 통치자는 악한 것을 찾아내기 위해 자신의 눈으로 부지런히 살필 것이다. 느헤미야의 마음을 더욱 근심케 한 것은 얼마 전 하나님께 봉헌된 거룩한 성 예루살렘에서조차 안식일이 총체적으로 더럽혀지고 있었던 사실이었다.

1. 농부들은 술틀을 밟고 곡식단을 운반했다(15절). 안식일은 심지어 **밭 갈 때에나 거둘 때에도** 쉬어야 했다(출 34:21). 이러한 말씀이 특별히 명기(明記)된 것은 그런 때에는 사람들이 좀 더 자의적으로 행동하기 쉽고 또 하나님이 자신들의 그와 같은 행동을 눈감아 주실 것이라고 쉽게 생각할 수 있었기 때문이었다.

2. 짐꾼들은 여러 가지 짐을 나귀에 실었다. 안식일에는 짐을 져서는 안 되며(렘 17:21), 짐승까지도 쉬게 해야(신 5:14) 했다. 이와 같은 명백한 명령에도 불구하고, 그들은 그러한 말씀에 전혀 개의치 않았다.

3. 행상인들과 소상인들은(이들은 유명한 상업도시인 두로 사람들이었다) 안식일에 각양 물건을 팔았다(16절). 그리고 유다와 예루살렘의 자손들은 그러한 물건들을 구입함으로써 아버지의 날을 장사하는 날로 만드는데 일조했다. 이것은 아무 일도 해서는 안 된다는 넷째 계명을 깨뜨리는 것이었다. 이 백성이 성소를 버리고 안식일을 더럽힐 때가 바로 종교가 타락하고 행습이 부패한 때였던 사실은 조금도 이상한 일이 아니다.

II. 그에 대한 개혁. 하나님의 영광을 위한 열심을 가진 자들은 안식일이 더럽혀지는 것을 볼 때 참을 수 없을 것이다. 이제 우리는 여기에서 안식일을 위한 느헤미야의 열심이 어떻게 펼쳐지는지를 보게 된다.

1. 그는 안식일을 더럽히는 자들에게 경계했다(15, 21절). 느헤미야는 자기가 그것을 얼마나 싫어하는지를 나타냈을 뿐만 아니라 그들에게 그것이 큰 죄라는 사실을 납득시키고자 하나님의 말씀의 증거를 보여주었다. 그는 안식일을 더럽히는 것에 대해 징벌을 내리기 전에 먼저 그 일이 악한 일임을 분명하게 입증하고자 했다.

2. 그는 이 일과 관련하여 유다의 귀인들을 꾸짖었다(17절). 아무리 높은 지위에 있는 사람들이라 할지라도 잘못한 일이 있을 때는 마땅히 견책을 받아야 한다. 아니, 높은 지위에 있는 사람들일수록 먼저 그렇게 해야 한다. 왜냐하면 그들은 다른 사람들에게 많은 영향력을 끼치는 위치에 있기 때문이다.

(1) 느헤미야는 그들에게 힐문한다: 너희가 어찌 이 악을 행하여 안식일을 범하느냐(17절). 그들 즉 유다의 귀인들은 곡식을 운반하지도 않았으며 생선을 팔지도 않았다. 그러나

[1] 그들은 그렇게 하는 자들을 묵인했다. 자신들의 권력을 사용하여 사람들

의 악행을 막았어야 했음에도 불구하고 그들은 그렇게 하지 않았는데, 그것은 스스로를 그 일에 공범으로 만드는 것이나 마찬가지였다. 그들은 헛되이 칼을 가지고 있었다.

[2] 그들은 다른 일들에 있어 나쁜 모범을 보였다. 만일 귀인들이 안식일에 할 일 없이 모여 잡담이나 나누며 유희나 즐긴다면, 다른 사람들도 그들의 모범을 따라 세속적인 일에 종사하며 안식일을 더럽히지 않겠는가? 만일 우리의 어떤 그릇된 행동이 다른 사람들을 죄로 이끈다면, 우리는 그러한 행동에 대해 책임을 져야 한다.

(2) 느헤미야는 그러한 행동이 하나님과 우리 자신의 영혼을 대수롭지 않게 여기는 것으로부터 출발한 것임을 역설한다.

(3) 느헤미야는 그들과 더불어 이 문제에 대해 변론한다(18절). 안식일을 더럽힌 것은 하나님의 재앙을 불러들인 죄들 가운데 하나이며, 만일 그들이 그로부터 교훈을 받지 못하고 다시 같은 죄로 돌아간다면 필경 또다시 하나님의 진노를 불러들이게 될 것이었다: 그럼에도 불구하고 너희가 안식일을 범하여 진노가 이스라엘에게 더욱 심하게 임하도록 하는도다. 에스라 역시도 이와 비슷하게 기도했다: 우리가 다시 주의 계명을 거역하면 주께서 어찌 우리를 멸하시고 남아 피할 자가 없도록 진노하시지 아니하시리이까?(스 9:14).

3. 그는 안식일을 더럽히는 것을 어떻게 해서든 막고자 했다. 만일 처벌하지 않고도 개혁시킬 수 있다면, 그는 굳이 그들을 처벌하지 않으려고 했다. 만일 그가 그들을 처벌해야만 했다면, 그것은 오로지 그들을 개혁시키기 위한 것이었다. 이것은 통치자들에게 매우 중요한 통치원칙이 된다. 그들은 채찍과 회초리를 사용하되 그러나 가능한 최소한으로 사용하도록 노력해야 한다.

(1) 느헤미야는 안식일이 시작되는 저녁부터 다음 날 아침까지 예루살렘 성문을 닫도록 명령하고 자기 종자들을 세워 지키도록 했다(19절). 그렇게 하여 안식일 동안 어떤 짐도 들어오지 못하도록 하고 그럼으로써 안식일이 더럽혀지지 않도록 했다. 성전에 예배하러 오는 자들은 물론 들고나는 것이 허용되었지만 물건을 파는 자들은 결코 허용되지 않았다. 따라서 그들은 도성 밖에서 자야만 했다(20절). 의심의 여지 없이 그들은 그 곳에서 안식일이 빨리 지나 곡식을 팔 수 있게 되기를 바랐을 것이다.

(2) 느헤미야는 매매할 상품을 가지고 성문으로 들어오는 자들에게 강력하

게 경계했다(21절). 또다시 안식일에 들어오면 잡겠다고 위협함으로써 더 이상 들어오지 못하게 막았다. 이와 같이 개혁자들이 잘못된 폐습을 고치기 위해 마음을 굳게 하면, 때로 기대 이상의 성과를 거두기도 하는 법이다. 악이 오랫동안 묵인될 때 사람들은 담대해지게 되며, 그러한 악을 바로잡고자 할 때 많은 반발과 저항을 야기하게 된다. 그러나 통치자가 그러한 악과 맞싸우고자 나설 때, 악은 움츠리고 숨게 될 것이다. 심판 자리에 앉은 왕은 그의 눈으로 모든 악을 흩어지게 하느니라(잠 20:8).

(3) 느헤미야는 레위 사람들에게 몸을 정결하게 하고 성문을 지켜 안식일을 거룩하게 하라고 지시했다(22절). 그와 그의 종자들은 곧 궁으로 돌아가야 했다. 따라서 느헤미야는 그와 같이 조치함으로써 자신이 있을 때뿐만 아니라 없을 때에도 안식일이 거룩하게 지켜지도록 했다. 이와 같이 통치자들과 사역자들이 힘을 합치면 개혁은 훨씬 손쉽게 이루어질 수 있을 것이다. 우리는 여기에 나타나는 느헤미야의 용기와 열심과 신중함을 배워야 한다. 우리는 안식일과 관련한 느헤미야의 개혁이 곧 무위로 돌아갔다고는 결코 생각할 수 없다. 도리어 그의 개혁은 유대인들에게 오랫동안 큰 영향을 끼쳤다. 이와 관련하여 우리는 훗날 우리 구주께서 세상에 오셨을 때 유대인들이 안식일을 거룩하게 지키는 것과 관련하여 반대쪽 극단, 다시 말해서 지나치게 의식(儀式)에 집착하는 쪽으로 흐른 것을 보게 된다.

4. 느헤미야는 또다시 기도하는데(22절), 우리는 여기에서 다음을 관찰할 수 있다.

(1) 간구 : 나를 기억하소서. 느헤미야는 마치 십자가 위의 강도처럼 기도했다(예수여 당신의 나라에 임하실 때에 나를 기억하소서). 그는 하나님이 자신을 기억해 주는 것으로 족하게 여겼다. 우리를 향하신 하나님의 생각은 너무도 많고 풍부하다(시 40:5). 계속해서 느헤미야는 "나를 아끼시옵소서"라고 덧붙인다. 그가 이와 같이 기도한 것은 자신이 행한 일이 그렇게 할 만한 충분한 공로가 될 것이라고 생각했기 때문이 아니었다. 다만 예레미야의 다음과 같은 기도들처럼 자신의 생명을 아껴 달라고 간구한 것일 뿐이었다: 주의 오래 참으심으로 말미암아 나로 멸망하지 아니하게 하옵시며(렘 15:15), 여호와여 나를 징계하옵시되 진노로 하지 마옵소서(렘 10:24), 주는 내게 두려움이 되지 마옵소서(렘 17:17). 최고의 성자(聖者)가 최선(最善)의 일을 했을 때조차도 아끼시는 은혜를 필요로

하는 사실을 주목하라. 왜냐하면 선을 행하고 죄를 짓지 않는 의인은 없기 때문이다.

(2) 간구의 근거 : 주의 크신 은혜대로, 혹은 주의 크신 은혜를 따라. 우리가 하나님 앞에 호소할 때 의지할 것은 우리 자신의 어떤 공로가 아니라 하나님의 은혜와 긍휼이라는 사실을 주목하라.

[23]그 때에 내가 또 본즉 유다 사람이 아스돗과 암몬과 모압 여인을 맞아 아내로 삼았는데 [24]그들의 자녀가 아스돗 방언을 절반쯤은 하여도 유다 방언은 못하니 그 하는 말이 각 족속의 방언이므로 [25]내가 그들을 책망하고 저주하며 그들 중 몇 사람을 때리고 그들의 머리털을 뽑고 이르되 너희는 너희 딸들을 그들의 아들들에게 주지 말고 너희 아들들이나 너희를 위하여 그들의 딸을 데려오지 아니하겠다고 하나님을 가리켜 맹세하라 하고 [26]또 이르기를 옛적에 이스라엘 왕 솔로몬이 이 일로 범죄하지 아니하였느냐 그는 많은 나라 중에 비길 왕이 없이 하나님의 사랑을 입은 자라 하나님이 그를 왕으로 삼아 온 이스라엘을 다스리게 하셨으나 이방 여인이 그를 범죄하게 하였나니 [27]너희가 이방 여인을 아내로 맞아 이 모든 큰 악을 행하여 우리 하나님께 범죄하는 것을 우리가 어찌 용납하겠느냐 [28]대제사장 엘리아십의 손자 요야다의 아들 하나가 호론 사람 산발랏의 사위가 되었으므로 내가 쫓아내어 나를 떠나게 하였느니라 [29]내 하나님이여 그들이 제사장의 직분을 더럽히고 제사장의 직분과 레위 사람에 대한 언약을 어겼사오니 그들을 기억하옵소서 [30]내가 이와 같이 그들에게 이방 사람을 떠나게 하여 그들을 깨끗하게 하고 또 제사장과 레위 사람의 반열을 세워 각각 자기의 일을 맡게 하고 [31]또 정한 기한에 나무와 처음 익은 것을 드리게 하였사오니 내 하나님이여 나를 기억하사 복을 주옵소서

우리는 여기에서 느헤미야가 유다 백성들을 정결케 하기 위해 시행한 또 하나의 조치를 보게 된다. 그는 자신에게 주어진 권력을 스스로를 부요케 하기 위해서가 아니라 이와 같은 목적을 위해 사용했다.

I. 유다 백성들이 이방 여자들과 결혼함으로써 스스로를 타락시킴. 이 문제는 에스라 때에도 있었던 문제였다(스 9장, 10장). 이와 같이 더러운 영은 쫓겨났다가도 경계가 소홀해지면 다시 들어온다. 여기에서도 그랬다. 에스라 시대에 이방 여자들과 결혼한 자들은 아내를 내보내라는 지시를 받았으며, 그로

인해 많은 가정에서 큰 분란과 혼란이 일어났었다. 그럼에도 불구하고 사람들은 그것을 통해 교훈을 배우지 못했다. 우리에게는 금지된 것을 좇으려고 하는 성향이 있다. 느헤미야는 훌륭한 총독답게 자기가 다스리는 백성들의 형편을 세심하게 살폈다. 그렇게 함으로써 그는 잘못된 문제를 파악하고 그러한 문제를 시정할 수 있는 방책을 마련할 수 있었다.

1. 느헤미야는 그들이 어디로부터 아내들을 데려왔는지 세심히 살폈다. 그럼으로써 많은 유대인들이 아스돗과 암몬과 모압의 여자들을 아내로 삼았음을 알게 되었다(23절). 그들이 그렇게 한 것은 타국 여자들을 좋아했기 때문이었든지 아니면 이방인들과 연합함으로써 더욱 강하고 부요하게 되기를 바랐기 때문이었을 것이다. 하나님이 선지자를 통해 어떻게 이 일을 책망하셨는지 보라(말 2:11). 유다가 거짓을 행하였고 여호와께서 사랑하시는 그 성결을 욕되게 하여 이방 신의 딸과 결혼하였도다. 그렇게 함으로써 그들은 하나님과 맺은 언약을 깨뜨렸다(특별히 에스라 때에 이 문제와 관련하여 맺은 언약을 깨뜨렸다).

2. 느헤미야는 그들의 자녀들과 이야기해 보고는 그 아이들이 이방인의 자녀라는 사실을 발견했다. 왜냐하면 아이들이 각 족속의 방언을 말했기 때문이었다(24절). 그들은 그들의 어머니와 유모와 하녀들의 품에서 양육을 받고 말을 배웠다. 따라서 그들은 유다 방언을 제대로 말할 수 없었다. 그들이 말하는 유다 방언 속에는 아스돗과 암몬과 모압의 방언이 절반쯤 섞여 있었다. 다음의 사실들을 주목하라.

(1) 아이들은 유년시절에 대부분 어머니로부터 배운다는 사실. 아이들은 자기 어머니를 흉내 내며 닮는 경향이 있다.

(2) 부모 중 한 쪽이 악할 때 아이들은 그 쪽으로 향하게 되기 쉽다는 사실. 그리스도인들이 믿지 않는 자들과 멍에를 함께 하지 말아야 할 이유가 바로 여기에 있다.

(3) 아이들을 교육할 때 특별히 언어에 많은 신경을 써야 한다는 사실. 그럼으로써 아이들로 하여금 아스돗 방언 즉 경건치 못하고 추잡하며 더러운 말을 배우지 못하도록 해야 한다.

Ⅱ. 느헤미야가 이러한 타락을 척결함.

1. 느헤미야는 이 일이 악한 일이라는 사실과 이러한 악한 일을 척결할 책임이 자신에게 있다는 사실을 분명하게 나타냈다. 그는 가능하면 백성들과 다

투려고 하지 않았다. 그러나 이 일은 결코 묵인되어서는 안 되는, 그리고 반드시 징벌되어야만 하는 일이었다(27절). "너희가 이방 여인을 아내로 맞아 이 모든 큰 악을 행하여 우리 하나님께 범죄하는 것을 우리가 어찌 용납하겠느냐? 우리는 이 일을 저지하기 위해 우리가 할 수 있는 모든 일을 해야만 하느니라. 너희는 아내들을 내어보내지 않게 해 달라고 구하지만 그러나 우리는 너희의 요구를 들어줄 수 없노라. 왜냐하면 그와 같은 죄책을 씻고 더러워지는 것을 막기 위해서는 다른 방법이 없기 때문이니라."

(1) 느헤미야는 이방인과 결혼하는 것이 큰 죄임을 입증하기 위해 신명기의 한 구절을 인용하면서 그들에게 그 말씀대로 행할 것을 맹세하도록 했다: 또 그들과 혼인하지도 말지니 네 딸을 그들의 아들에게 주지 말 것이요 그들의 딸도 네 며느리로 삼지 말 것은(신 7:3). 사람들을 죄로부터 돌이키게 하고자 할 때 우리는 먼저 그들에게 하나님의 말씀의 거울을 통해 그것이 죄라는 사실을 분명하게 보여주어야 한다.

(2) 느헤미야는 이방인과 결혼하는 것이 치명적인 결과를 가져온다는 사실을 입증하기 위해 한 가지 선례를 인용한다(26절): 옛적에 이스라엘 왕 솔로몬이 이 일로 범죄하지 아니하였느냐? 위대하며 선한 자들의 실패가 기록된 것은 우리로 하여금 그들을 통해 교훈을 얻고 그와 같은 유혹을 피하도록 하기 위함이다. 솔로몬은 뛰어난 지혜를 가진 사람이었으며, 이 일에 있어 그와 비견할 자는 아무도 없었다. 그러나 그가 이방 여자들과 결혼했을 때, 그의 뛰어난 지혜조차도 그녀들의 올무로부터 그를 지켜줄 수 없었다. 도리어 그로 인해 지혜가 떠남으로써 그는 너무도 어리석게 행동하고 말았다. 그는 하나님으로부터 큰 사랑을 받은 자였다. 그러나 이방 여자들과 결혼함으로써 그는 하나님의 은총을 잃어버리고 말았으며 그의 영혼 속에 있는 거룩한 은혜의 불은 거의 꺼질 지경이 되었다. 그는 이스라엘 전체를 다스리는 왕이었지만, 그와 같은 어리석은 일로 인해 열두 지파 가운데 열 지파를 잃어버리고 말았다. "너희는 이방 여자들과 결혼하고서도 이스라엘 백성의 순전함을 지킬 수 있다고 변론한다마는 그러나 솔로몬조차도 그렇게 할 수 없었느니라. 그조차도 이 일로 범죄하지 아니하였느냐? 그러므로 선 줄로 생각하는 자는 넘어질까 조심하라."

2. 느헤미야는 자신이 이 일로 크게 분노하고 있음을 분명하게 나타냈다(25절) : 내가 그들을 책망하고 저주하며 그들 중 몇 사람을 때리고 그들의 머리털을 뽑

고. 그들은 자신들의 행동을 정당화하려고 했지만 그러나 느헤미야는 그것이 유치한 변명에 불과하다고 생각했다. 그들의 입을 잠잠케 하고 난 후 그는 그들을 저주했다. 다시 말해서 그들에게 하나님의 심판을 선언하면서 그와 같은 죄가 마땅히 가져오게 될 보응을 분명하게 이야기했다. 그러고 나서 느헤미야는 그들 가운데 가장 완악한 자 몇 명을 뽑아 때리고 머리털을 뽑았다. 여기에서 때렸다는 것은 율법에 따라 그 일을 맡은 관원에게 그들을 때릴 것을 명령했다는 의미다(신 25:2, 3). 그리고 머리털을 뽑은 것은 머리털을 자르거나 민 것을 의미하는데, 그것은 수치의 징표였다. 아마도 그들은 자신의 머리털을 자랑했을 것이다. 따라서 느헤미야는 그것을 뽑음으로써 흉하게 하고 부끄럽게 만들었다. 그것은 적어도 어느 정도 기간 동안 그들에게 수치의 낙인이 되었다. 비슷한 상황에서 에스라는 죄에 대한 거룩한 슬픔으로 자신의 머리털을 뽑은 반면 느헤미야는 죄인들에 대한 거룩한 분개로 그들의 머리털을 뽑았다. 여기에서 지혜롭고 선한 자들 가운데에도 서로 다른 기질이 있는 것을 주목하라. 은혜도 다양하고 은사도 다양하지만 그러나 같은 성령으로 말미암는다.

3. 느헤미야는 더 이상 이방인 아내를 취하지 말 것과 이미 취한 이방인 아내들은 내어보낼 것을 명령했다. 이와 같이 하여 느헤미야는 그들을 모든 이방인들로부터 깨끗하게 했으며(30절), 또다시 그와 같이 하지 않겠노라고 맹세하도록 했다(25절). 이처럼 느헤미야는 그 같은 폐습을 척결하고 그것이 또다시 재발되는 것을 예방하기 위해 모든 수단과 방법을 다 사용했다.

4. 느헤미야는 제사장 가문들로 하여금 이러한 흠과 죄책에 떨어지지 않도록 특별한 관심을 기울였다. 느헤미야는 대제사장의 손자 가운데 하나가 유대인의 원수인 산발랏의 딸과 결혼한 사실을 알게 되었다. 이스라엘의 대제사장의 가문에 있어 하나님과 이스라엘의 원수와 혼인하여 인척관계를 맺는 것은 얼마나 잘못된 일인가! 아마도 이 젊은 제사장(즉 대제사장의 손자로서 산발랏의 딸과 결혼한 자)은 자기 아내를 내보내지 않으려고 했던 것으로 보인다. 따라서 느헤미야는 그를 쫓아내어 떠나게 했다(28절). 다시 말해서, 그의 제사장직을 박탈하고 영원히 제사장직을 수행하지 못하도록 만들었다. 요세푸스는 여기의 제사장직을 박탈당한 자가 므낫세였다고 하면서 느헤미야가 그를 쫓아내자 그는 자기 장인인 산발랏에게 갔으며 산발랏은 그를 위해 그리심 산 위에다 성전을 지어 주었다고 말한다. 그리고 그로 하여금 그 곳에서 대제사장이

되게 함으로써 사마리아의 헛된 믿음(즉 사마리아 산에 있는 성전이 참된 성전이라는 믿음)의 기초가 놓이게 되었다는 것이다. 우리는 사마리아 사람들의 그와 같은 헛된 믿음이 우리 구주의 시대까지 계속된 것을 보게 된다(요 4:20): 우리 조상들은 이 산에서 예배하였거니와. 느헤미야는 이와 같이 제사장직의 명예를 실추시킨 자를 쫓아낸 후 다시금 제사장과 레위 사람의 반열을 세워 각각 자기의 일을 맡게 했다(30절). 제사장직의 명예를 실추시킨 자를 쫓아낸 것은 그들에게 있어 결코 손실이 아니었다. 그가 없음으로써 그들의 일은 더 잘 행해질 수 있었다. 유다가 자기 길로 갔을 때 우리 구주께서는 "이제 인자가 영광을 얻었도다"라고 말씀하셨다(요 13:30, 31). 우리는 여기에서 이와 같은 상황에서 드려진 느헤미야의 기도를 보게 된다.

(1) 그는 "내 하나님이여 그들을 기억하옵소서"라고 기도한다(29절). 아마도 이것은 "여호와여 그들을 깨닫게 하시고 돌이키소서. 그들로 하여금 마땅히 행해야 할 일을 깨닫게 하사 그들 본연의 자리로 돌아오게 하소서"라는 기도였든지, 아니면 "그들을 기억하사 그들의 죄를 헤아리소서"라는 기도였을 것이다. 후자의 해석을 취할 때, 이 기도는 하나님이 그들의 죄를 기억하실 것이라는 예언이 될 것이다. 제사장직을 더럽히는 것은 곧 하나님을 대수롭지 않게 여기는 것이다. 따라서 그들은 하나님으로부터 대수롭지 않게 여김을 받게 될 것이다. 어쩌면 그러한 자들이 그가 다 처리할 수 없을 정도로 너무나 많고 세력이 컸는지도 모른다. 그리하여 그는 기도한다. "여호와여 주께서 그들을 처리해 주소서. 주의 손으로 그 일을 처리해 주소서."

(2) 그는 "내 하나님이여 나를 기억하옵소서"라고 기도한다(31절). 백성들은 자신들을 위해 행해진 위대한 일들을 종종 잊곤 한다(전 9:15). 따라서 느헤미야는 상을 베푸는 일을 하나님께 돌리면서 하나님이 복을 주실 것을 믿어 의심치 않았다. 우리의 모든 간구의 요점은 바로 이것이 되어야 한다: 내 하나님이여 나를 영원히 기억하옵소서. 이것보다 우리를 더 복되게 하는 것이 무엇이겠는가?

에스더

서론

　우리는 앞의 두 책(즉 에스라와 느헤미야)에서 어떻게 하나님의 섭리가 자기 백성들을 돌보사 포로로부터 그들의 옛 땅으로 돌아가게 했는지, 그리고 그들을 위해 어떤 큰 일들이 행해졌는지에 대해 살펴보았다. 그렇지만 모든 유다인이 다 돌아간 것은 아니었다. 뒤에 남은 사람들도 많이 있었다. 이들은 옛 땅으로 돌아감에 있어 직면하게 될 많은 난관들을 극복할 만큼의 충분한 열정은 갖고 있지 못했다. 이와 같은 사실을 감안하여 어떤 이들은 이들이 이스라엘 백성의 이름을 갖기에 합당치 못한 자들로서 신적 섭리의 특별한 보호로부터 배제되었을 것이라고 생각할 것이다. 그러나 우리 하나님은 우리의 연약함과 어리석음대로 우리를 다루시지 않는다. 본서에서 우리는 유다 땅으로 돌아간 자들뿐만 아니라 이방 나라에 흩어져 있는 유다인들까지도 도살할 어린 양처럼 멸망의 절박한 상황에서조차도 놀랍게 보존되는 것을 보게 된다.

　이 이야기를 누가 기록했는지 여부는 확실치 않다. 그러나 여러 가지 정황을 감안할 때 모르드개가 기록했을 가능성이 매우 높아 보인다. 그는 은밀한 사건들까지 포함하여 여기에 나타난 제반 사건들을 알고 기록할 수 있는 위치에 있었다. 또한 우리는 그가 백성들에게 부림절을 지키는 근거를 알리기 위해 이 모든 일을 기록하여 각 지방에 있는 모든 유다인들에게 보냈다는 이야기를 듣는다(9:20, 모르드개가 이 일을 기록하고 왕의 각 지방에 있는 모든 유다인에게 글을 보내어). 따라서 우리는 이 책 전체를 기록한 자가 모르드개였다고 생각할 만한 충분한 이유를 갖는다.

　본서는 유다인들을 진멸하려는 음모와 관련한 이야기이다. 그리고 그러한 음모는 하나님의 오묘한 섭리로 말미암아 놀랍게 좌절되고 말았다. 본서를 이해하는 가장 쉬운 방법은 책 전체를 한꺼번에 정독하는 것이다. 왜냐하면 뒤의 사건들이 앞의 사건들을 설명해 주며, 그 속에 담긴 하나님의 섭리를 보여주기 때문이다. 본서에 하나님의 이름은 나타나지 않는다. 그러나 외경(外經)의 부록(이것은 총 여섯 장으로 되어 있으며, 유대인들에 의해 정경으로 받아들여지지 않았다)은 다음과 같이 시작된다: 모르드개가 이르기를 하나님이 이 일들을 행하셨느니라. 본서에 하나님의 이름은 나오지 않는다 할지라도, 그러나 하나님의 손가락은 자기 백성을 구원히기 위한 많은 사건들 속에 온전히 움직이고 있다. 본서의 이야기는 놀라울 뿐만 아니라 너무나 흥미진진하며, 가장 어렵고 고통스러운 때에 하나님의 백성들의 믿음과 소망을 격려하며 고무해 준다. 지금 우리는 이스라엘이 애굽으로부터 나올 때 일어났던 것과 같은 기적은 기대할 수 없다. 그러나 하나님이 여기에서 하만의 음모를 저지하기 위해 사용하신 방식으로 우리를 보호해 주실 것이라는 사실은 충분히 기대할 수 있다. 여기에서 우리는 다음과 같은 이야기를 듣게 된다.

I. 어떻게 에스더가 왕후가 되고 모르드개가 궁중에서 높은 자가 되었는지에 대해(1, 2장). II. 어떤 계교로 아말렉 사람 하만이 모든 유다인을 진멸하라는 명령을 받아냈는지에 대해(3장). III. 이로 인해 유다인들이 크게 고통하며 근심함(4장). IV. 모르드개를 죽이려는 하만의 음모가 좌절됨(5-7장). V. 모든 유다인을 죽이려는 하만의 음모가 좌절됨(8장). VI. 이 일을 영구히 기념하기 위한 조치(9, 10장).

본서의 전체 이야기는 다음과 같은 시편 구절이 결코 틀리지 않았음을 확증해 준다: 악인이 의인 치기를 꾀하고 그를 향하여 그의 이를 가는도다 그러나 주께서 그를 비웃으시리니 그의 날이 다가옴을 보심이로다(시 37:12, 13).

제 1 장

개요

본 장의 이야기는 그 자체로 매우 교훈적이다. 그러나 이것을 기록한 목적은 어떤 경로로 에스더가 왕후가 되었는지를 밝히기 위한 것이었다. 왜냐하면 그녀는 나중에 하만의 음모를 좌절시키는 도구가 될 것이었기 때문이다. 이와 같이 하만의 악한 음모가 있기 오래 전부터 미리 구원의 일이 준비되고 진행되는 것을 통해 우리는 신적 섭리의 넓은 예지력(豫知力)을 볼 수 있다. 본 장의 내용은 다음과 같다. I. 아하수에로 왕이 모든 대신들을 위해 큰 잔치를 베풂(1-9절). II. 왕후가 왕의 부름에 응하지 않음으로 왕이 왕후를 쫓아냄(10-22절). 이를 통해 우리는 하나님이 어떻게 인간들의 죄와 어리석음까지 자신의 목적을 이루는데 선용하시는지를 볼 수 있다.

[1]이 일은 아하수에로 왕 때에 있었던 일이니 아하수에로는 인도로부터 구스까지 백이십칠 지방을 다스리는 왕이라 [2]당시에 아하수에로 왕이 수산 궁에서 즉위하고 [3]왕위에 있은 지 제삼년에 그의 모든 지방관과 신하들을 위하여 잔치를 베푸니 바사와 메대의 장수와 각 지방의 귀족과 지방관들이 다 왕 앞에 있는지라 [4]왕이 여러 날 곧 백팔십 일 동안에 그의 영화로운 나라의 부함과 위엄의 혁혁함을 나타내니라 [5]이 날이 지나매 왕이 또 도성 수산에 있는 귀천간의 백성을 위하여 왕궁 후원 뜰에서 칠 일 동안 잔치를 베풀새 [6]백색, 녹색, 청색 휘장을 자색 가는 베 줄로 대리석 기둥 은고리에 매고 금과 은으로 만든 걸상을 화반석, 백석, 운모석, 흑석을 깐 땅에 진설하고 [7]금 잔으로 마시게 하니 잔의 모양이 각기 다르고 왕이 풍부하였으므로 어주가 한이 없으며 [8]마시는 것도 법도가 있어 사람으로 억지로 하지 않게 하니 이는 왕이 모든 궁내 관리에게 명령하여 각 사람이 마음대로 하게 함이더라 [9]왕후 와스디도 아하수에로 왕궁에서 여인들을 위하여 잔치를 베푸니라

여기에 등장하는 아하수에로가 바사 왕들 가운데 구체적으로 누구를 지칭하는 것인지에 대해 학자들 간에 의견이 일치되지 않는다. 다만 모르드개

가 예루살렘에서 포로로 사로잡혀온 자들 가운데 한 사람이었다는 언급을 통해(2:5, 6), 우리는 그가 바사 제국의 초기 왕들 가운데 한 사람이었을 것으로 추측할 수 있다. 라이트푸트 박사(Dr. Lightfoot)는 그가 성전 건축을 중단하라는 명령을 내렸던 아닥사스다였을 것으로 생각한다. 왜냐하면 아닥사스다 역시도 메대 족속의 위대한 조상 아하수에로의 이름을 따라(단 9:1) 그와 같은 이름으로 불렸기 때문이다(스 4:6, 7). 우리는 여기에서 다음과 같은 내용을 보게된다.

I. **그의 광대한 통치영역.** 다리오와 고레스의 시대에는 120 지방을 다스렸을 뿐이지만(단 6:1), 지금은 인도로부터 구스까지 127 지방을 다스렸다(1절). 지나치게 팽창된 제국은 대체로 그 무게에 의해 스스로 가라앉으며, 확장할 때와 마찬가지로 쇠퇴할 때로 급속하게 쇠퇴하는 경향이 있다. 만일 그러한 강대한 권력이 악한 자의 손에 쥐어져 있다면, 그것은 그만큼 더 큰 재앙을 일으키게 될 것이다. 반대로 선한 자의 손에 쥐어져 있다면, 그만큼 더 큰 선을 행할 수 있게 될 것이다. 세상의 나라들이 모두 그리스도의 것이 될 때, 그의 나라는 여기의 아하수에로의 나라보다 훨씬 더 큰 나라가 될 것이며 영원무궁한 나라가 될 것이다.

II. **그의 궁중의 큰 위용과 화려함.** 아하수에로는 자신의 보좌가 견고하게 확립되자 제국의 위용을 과시하며 자랑할 마음으로 큰 잔치를 베풀었다. 그것은 단지 그의 영화로운 나라의 부함과 위엄의 혁혁함을 나타내고자 함이었다(4절). 이것은 헛된 영광이며 쓸데없는 과시에 불과했다. 왜냐하면 아무도 그의 나라의 부함을 의심하지 않았으며 그와 더불어 존귀를 경쟁하려고 하지도 않았기 때문이었다. 만일 그가 그의 몇몇 후계자들처럼 성전을 건축하며 성전예배를 유지하는데 크게 기여하는 것으로 자기 나라의 부함과 위엄의 혁혁함을 나타내고자 했다면(스 6:8; 7:22), 그의 나라의 부함과 위험의 혁혁함은 훨씬 더 찬란하게 빛났을 것이었다. 우리는 여기에서 아하수에로가 두 가지 잔치를 베푼 것을 보게 된다.

1. 하나는 귀족과 지방관들을 위한 잔치로서 180일 동안 계속되었다(3, 4절). 같은 사람들을 위해 이러한 기간 동안 계속 잔치를 벌인 것은 아니었을 것이다. 아마도 그는 하루에 한 지방의 귀족과 지방관들을 초대하여 잔치를 베풀었을 것이다. 그리고 그러는 동안 그와 그의 측근 신하들은 매일같이 호화로운

잔치를 즐겼을 것이다. 갈대아 의역본(Chaldee paraphrase)은 이 잔치가 그의 신하들 가운데 벌어진 반란이 진압된 것을 축하하기 위한 것이었다고 말한다.

2. 또 하나는 귀천 간에 백성을 위한 잔치로서 7일 동안 계속되었다(5절). 여기에서도 역시 백성들을 나누어 초대했을 것이다. 이 잔치는 왕궁 후원 뜰에서 베풀어졌는데, 그것은 너무나 많은 사람들이 참여함으로 그들을 모두 수용할 만한 내전(內殿)이 없었기 때문이었다. 후원 뜰에 드리워진 각종 휘장들과 장막들은 너무도 화려하고 호화로웠다. 또 그들이 앉은 의자와 걸어 다니는 길도 역시 그러했다(6절). 이와 같이 온갖 소음과 떠들썩함이 가득한 가운데 벌어지는 포도주의 향연보다 비록 채소밖에 없다 할지라도 사랑하는 친구와 조용하게 나누는 식사가 훨씬 더 낫지 않은가?

Ⅲ. 그럼에도 불구하고 여기에는 훌륭한 질서가 있었다. 여기의 잔치는 잡신들을 찬미하며 성전의 그릇들을 더럽혔던 벨사살의 잔치와 같지 않았다(단 5:3, 4). 그렇지만 갈대아 의역본(Chaldee paraphrase)은 이 잔치에서 성전의 그릇들이 사용되었으며 이것이 경건한 유다인들에게 큰 근심이 되었다고 말한다. 또한 여기의 잔치는 선지자의 머리를 소반에 담아 내왔던 헤롯의 잔치와도 같지 않았다. 아하수에로의 잔치와 관련하여 다음과 같은 두 가지는 참으로 칭찬할 만했다.

1. 술을 억지로 마시게 하거나 건배를 강요하지 않은 사실. 여기에서 술을 마시는 데에는 법도가 있었다(아마도 이것은 최근에 만들어진 법도일 것이다). 요세푸스가 설명한 대로 아무도 계속해서 술을 마시도록 강요하지 않았다. 그들은 술잔을 돌리지 않았으며, 각 사람이 마음대로 마실 수 있었다(8절). 따라서 만일 어떤 사람이 과도하게 마셨다면, 그것은 그의 잘못이었다. 그러나 왕이 법도를 따라 마시도록, 다시 말해서 절제된 태도로 마시도록 했기 때문에 그와 같이 과도하게 마시는 사람은 거의 없었다. 이방인 군주가 정한 이와 같은 법도는 그리스도인이라 일컬으면서도 술 취하는 것 말고는 달리 친구를 접대할 줄 모르며 건강을 기원하며 축배를 들자는 미명하에 죄와 죽음의 잔을 드는 자들을 부끄럽게 만든다. 그와 같이 행하는 자들에게 화가 있도다(합 2:15, 16). 그들로 이것을 읽고 두려워하게 하라. 그렇게 하는 것은 사람으로 하여금 가장 값진 보배인 이성(理性)을 도둑질하는 것이며 그들을 바보로 만드는 것이다. 사람이 끼칠 수 있는 해악 가운데 이보다 더 큰 것이 무엇이겠는가?

2. 난잡한 춤이 없었던 사실. 우리는 여기에서 남자들을 위한 연회와 여자들을 위한 연회가 별도로 열린 것을 보게 된다. 벨사살의 연회에서와는 달리, 아하수에로의 연회에는 그의 왕후들과 후궁들이 참석하지 않았다(단 5:2). 또 헤롯의 연회에서처럼 자기 딸로 하여금 그 앞에서 춤을 추도록 하지도 않았다. 여자들을 위한 잔치는 왕후 와스디에 의해 개방된 왕궁 뜰이 아니라 그녀가 거하는 내전(內殿)에서 별도로 베풀어졌다(9절). 이와 같이 왕이 위엄 있게 행동할 때, 왕후와 귀부인들도 역시 정숙하게 행동했다(정숙함이야말로 여성의 진정한 미덕이다).

[10]제칠일에 왕이 주흥이 일어나서 어전 내시 므후만과 비스다와 하르보나와 빅다와 아박다와 세달과 가르가스 일곱 사람을 명령하여 [11]왕후 와스디를 청하여 왕후의 관을 정제하고 왕 앞으로 나아오게 하여 그의 아리따움을 뭇 백성과 지방관들에게 보이게 하라 하니 이는 왕후의 용모가 보기에 좋음이라 [12]그러나 왕후 와스디는 내시가 전하는 왕명을 따르기를 싫어하니 왕이 진노하여 마음속이 불 붙는 듯하더라 [13]왕이 사례를 아는 현자들에게 묻되 (왕이 규례와 법률을 아는 자에게 묻는 전례가 있는데 [14]그 때에 왕에게 가까이 하여 왕의 기색을 살피며 나라 첫 자리에 앉은 자는 바사와 메대의 일곱 지방관 곧 가르스나와 세달과 아드마다와 다시스와 메레스와 마르스나와 므무간이라) [15]왕후 와스디가 내시가 전하는 아하수에로 왕의 명령을 따르지 아니하니 규례대로 하면 어떻게 처치할까 [16]므무간이 왕과 지방관 앞에서 대답하여 이르되 왕후 와스디가 왕에게만 잘못했을 뿐 아니라 아하수에로 왕의 각 지방의 관리들과 뭇 백성에게도 잘못하였나이다 [17]아하수에로 왕이 명령하여 왕후 와스디를 청하여도 오지 아니하였다 하는 왕후의 행위의 소문이 모든 여인들에게 전파되면 그들도 그들의 남편을 멸시할 것인즉 [18]오늘이라도 바사와 메대의 귀부인들이 왕후의 행위를 듣고 왕의 모든 지방관들에게 그렇게 말하리니 멸시와 분노가 많이 일어나리이다 [19]왕이 만일 좋게 여기실진대 와스디가 다시는 왕 앞에 오지 못하게 하는 조서를 내리되 바사와 메대의 법률에 기록하여 변개함이 없게 하고 그 왕후의 자리를 그보다 나은 사람에게 주소서 [20]왕의 조서가 이 광대한 전국에 반포되면 귀천을 막론하고 모든 여인들이 그들의 남편을 존경하리이다 하니라 [21]왕과 지방관들이 그 말을 옳게 여긴지라 왕이 므무간의 말대로 행하여 [22]각 지방 각 백성의 문자와 언어로 모든 지방에 조서를 내려 이르기를 남편이 자기의 집을 주

관하게 하고 자기 민족의 언어로 말하게 하라 하였더라

우리는 여기에서 아하수에로의 잔치에 찬물을 끼얹은 사건을 보게 된다. 그것은 광야로부터 불어온 폭풍으로 말미암아 깨어진 욥의 자녀들의 잔치나 벽에 나타난 손가락으로 말미암아 깨어진 벨사살의 잔치와는 달리, 그 자신의 어리석음으로 인해 깨어지고 말았다. 잔치 말미에 왕과 왕후 사이에 갑작스럽게 불화가 생겼고, 그로 인해 잔치의 흥겨운 분위기는 한순간에 싸늘하게 식어버리고 말았다.

I. 왕이 취한 상태에서 왕후 와스디를 부른 것은 분명한 실책이었다. 주흥이 일어나자 왕은 왕후로 하여금 관을 정제하고 자기 앞으로 나아오게 하고자 했다. 그것은 그녀의 아리따움을 뭇 백성과 지방관들에게 보이고 싶어 견딜 수가 없었기 때문이었다(10, 11절). 여기에서

1. 그는 남편으로서 수치스럽게 행동했다. 그는 아내의 정숙함을 드러낼 것이 아니라 보호해 주었어야 했다(창 20:16).

2. 그는 왕으로서 스스로 체면을 손상시켰다. 왜냐하면 그것은 왕후에게 있어 덕행과 관련된 문제로서 경우에 따라서는 거절할 수도 있는 명령이었기 때문이다. 여자가 대중 앞에 나타나는 것은 바사 풍습에 반하는 것이었다. 더욱이 아내에게 부드러운 말로 부탁하지 않고 거친 말로 명령한 것은 설령 왕이라 할지라도 지나치게 가혹하며 무례한 처사였다. 만일 과도하게 취하지 않았다면, 그는 결코 그와 같이 행동하지 않았을 것이며 도리어 그같이 행동하는 자에게 화를 냈을 것이다. 포도주가 들어오면 지혜는 나가는 법이다. 그리고 그때 이성(理性)도 그와 함께 나갈 것이다.

II. 그렇지만 왕후가 왕의 명령을 거부한 것 역시 지혜로운 일은 아니었다. 그러나 왕후 와스디는 내시가 전하는 왕명을 따르기를 싫어하니(12절). 왕이 일곱 명의 내시를 통해 공개적으로 왕명을 전했음에도 불구하고(요세푸스는 왕이 내시들을 여러 번 보냈다고 말한다), 그녀는 계속해서 가지 않겠노라고 고집했다. 만일 그녀가 왕 앞에 나아왔다 할지라도 지금 이 일은 왕의 명령에 따른 것이었으므로 그녀의 정숙함은 조금도 훼손되지 않았을 것이며 또한 나쁜 선례(先例)가 되지도 않을 것이었다. 왕 앞에 나오는 일 자체가 죄는 아니었으므로 계속해서 고집을 부리는 것보다 차라리 왕의 명령에 순종하는 것이 더 합당했

을 것이었다. 그럼에도 불구하고 아마도 그녀는 오만한 태도로 거절했을 것이다. 그렇다면 그것은 필경 악한 일이었다. 그리고 그러한 태도는 왕에게 얼마나 치욕스러운 일이었겠는가! 그는 지금 제국의 영광을 자랑하고 있었다. 그런데 그 가운데 갑자기 자기 가정의 치부가 드러나고 만 것이었다. 제국을 호령하는 그였지만 정작 가정에서는 아내조차도 그의 말을 대수롭지 않게 여겼다. 부부간의 다툼은 언제든지 나쁜 일이다. 그러나 많은 사람들 앞에 드러날 때, 그것은 더욱 수치스럽고 부끄러운 일이 될 것이다.

Ⅲ. 이로 인해 왕은 격노했다. 그는 127 지방을 다스리는 왕이었지만 정작 자기 마음은 다스리지 못했다: 왕이 진노하여 마음속이 불붙는 듯하더라(12절). 만일 그가 마음의 분노를 억누르고 아내로부터 받은 모욕을 단순한 웃음거리로 넘겨 버렸다면, 그의 체면은 그렇게 크게 손상되지 않았을 것이다.

Ⅳ. 크게 화가 났음에도 불구하고 왕은 이 문제와 관련하여 먼저 대신들에게 자문을 구했다. 왕명을 전달하기 위해 일곱 명의 내시를 보냈던 것처럼(10절), 이제 그는 또 다시 이 일을 어떻게 처리할지와 관련하여 일곱 명의 대신들에게 물었다. 큰 권력을 가진 자일수록 권력을 남용하지 않도록 주변에 조언자들을 두어야 한다. 여기에 나오는 조언자들에 대하여 그들은 사례를 알며 또한 규례와 법률을 아는 자들로서 학식이 많은 현자들이었다고 언급된다(13절). 또한 그들은 왕의 기색을 살피며 나라 첫 자리에 앉은 자들이었다(14절). 따라서 왕은 그들을 크게 신뢰했다. 조언자가 많을 때 우리는 좀 더 지혜로운 결정을 내릴 수 있게 될 것이다.

1. 왕이 대신들에게 물음(15절): 왕후 와스디가 왕의 명령을 따르지 아니하니 규례대로 하면 어떻게 처치할까? 다음을 주목하라.

(1) 설령 왕후라 할지라도 규례대로 다루어져야 했다.

(2) 왕은 크게 화가 났음에도 불구하고 규례대로 처리하고자 했다.

2. 므무간의 조언. 므무간은 왕후가 왕의 명령에 순종치 않았으므로 마땅히 폐위되어야 한다고 조언했다. 어떤 이들은 므무간이 가혹한 조언을 하고 다른 대신들도 동의한 것은 그것이 지금 왕의 기분에 부응하는 것이었으므로 왕의 입맛을 만족시켜 주기 위한 것이었다고 주장한다. 그러나 요세푸스는 이와는 반대로 왕이 와스디에게 큰 애정을 품고 있었으며 따라서 이 일이 큰 불법이 아니라면 이 일을 크게 문제삼지 않으려고 했을 것이라고 생각한다. 그렇다면

우리는 므무간이 그와 같이 조언함에 있어 공의와 공적 선을 크게 고려했다고 생각해야만 한다.

(1) 므무간은 왕후의 불순종이 가져오게 될 나쁜 결과를 제시한다. 즉 만일 이 일이 그대로 묵과된다면, 모든 아내들이 담대함을 얻어 남편에게 순종하지 않고 자기 마음대로 행하게 될 것이라는 것이다. 그의 논지는 대체로 다음과 같았다(16-18절). 왕과 왕후 사이에 벌어진 이와 같은 불행한 일이 사적인 자리에서 생긴 것이라면 그것은 단지 그들만의 문제일 뿐이요 조용히 해결하면 될 일이었다. 그러나 그 일은 많은 사람들 앞에서 벌어진 일이었다. 또 왕후와 더불어 잔치에 참여하고 있었던 많은 귀부인들도 그녀의 거절을 기뻐했을는지 모른다. 왕후의 나쁜 본보기는 제국의 모든 가정에 나쁜 영향을 끼칠 것이다. 만일 왕후가 제멋대로 하고 왕이 마지못해 따라야만 한다면, (보통 사람들은 일반적으로 왕실의 관례를 따르므로) 일반 가정의 아내들은 오만하며 도도해 지게 될 것이며 남편에게 순종하는 것에 대해 코웃음을 치게 될 것이다. 그리고 가련한 남편들은 그러한 일에 대해 분개하면서도 어쩌지 못하게 될 것이다. 다투는 아내는 이어 떨어지는 물방울이니라(잠 19:13; 27:15). 또한 잠언 21:9과 25:24을 보라. 아내들이 남편을 경외해야 할 때(엡 5:33) 도리어 경멸하고, 순복해야 할 때(벧전 3:1) 도리어 지배하려고 한다면, 죄와 다툼과 혼란과 온갖 악행이 끊이지 않게 될 것이다. 따라서 높은 위치에 있는 자들은 이런 일에 있어 올바른 본을 보이도록 스스로 주의해야 한다.

(2) 므무간은 왕후의 폐위가 가져오게 될 선한 결과를 제시한다. 우리는 그들이 그와 같이 극단적으로 조언하기 전에 먼저 와스디가 "내가 잘못했나이다" 하면서 왕의 용서를 구할 마음을 가지고 있는지 여부를 알아보고자 했을 것이라고 추측할 수 있다. 만일 그렇게 했다면, 그녀는 폐위의 징벌을 피할 수 있었을 것이다. 그러나 아마도 그녀는 계속해서 마음을 완악하게 하면서 그것은 결코 자신의 잘못이 아니라고 항변했을 것으로 보인다. 따라서 그들은 왕후로 하여금 다시는 왕 앞에 오지 못하게 하는 조서를 내리고 결코 변개되지 못하도록 했다(19절). 이렇게 한 것은 귀천을 막론하고 모든 여인들이 그들의 남편을 존경하도록 하기 위함이었다(20절). 그리고 이렇게 할 때 모든 남편들은 각자 자기 가정에서 확고한 주도권을 갖게 될 것이며, 아내들은 남편에게 순복하고 자녀들과 종들도 그렇게 할 것이었다. 각 가정에서 선한 질서가 잘 지켜질 때, 그것은 나

라에도 큰 유익이 될 것이다.

3. 이러한 조언에 따라 왕후를 폐위시키는 조서가 내려졌다. 이렇게 하여 다른 아내들도 남편에게 순종하지 않으면 이와 같이 수치를 당하게 될 것을 예상해야만 하게 되었다(21, 22절). 왕후가 폐위를 당하는 마당에 하물며 일반 가정의 아내들이야 얼마나 더 그러하겠는가? 이 일이 왕의 기분을 맞추기 위한 것이었든 아니면 제국의 유익과 질서를 위한 것이었든 간에, 어쨌든 이로 인해 에스더를 왕후로 세우고자 하는 하나님의 섭리는 더욱 탄력을 받게 되었다.

제 — 2 — 장

개요

본 장에서 우리는 하만의 음모로부터 유대인들을 구원하기 위해 준비되고 있는 두 가지 사건을 보게 된다. I. 에스더가 와스디를 대신하여 왕후가 됨. 1. 왕의 측근 신하들이 왕에게 새 왕후를 맞이할 것을 조언함(1-4절). 2. 고아요 포로로 끌려온 유대인 에스더가 왕궁으로 들어감(5-7절). 3. 에스더가 궁내 내시의 은총을 입음(8-11절). 4. 에스더가 왕의 은총을 입고 왕후가 됨(12-20절). II. 모르드개가 왕을 암살하려는 음모를 알리는 큰 공을 세움(21-23절).

¹그 후에 아하수에로 왕의 노가 그치매 와스디와 그가 행한 일과 그에 대하여 내린 조서를 생각하거늘 ²왕의 측근 신하들이 아뢰되 왕은 왕을 위하여 아리따운 처녀들을 구하게 하시되 ³전국 각 지방에 관리를 명령하여 아리따운 처녀를 다 도성 수산으로 모아 후궁으로 들여 궁녀를 주관하는 내시 헤개의 손에 맡겨 그 몸을 정결하게 하는 물품을 주게 하시고 ⁴왕의 눈에 아름다운 처녀를 와스디 대신 왕후로 삼으소서 하니 왕이 그 말을 좋게 여겨 그대로 행하니라 ⁵도성 수산에 한 유다인이 있으니 이름은 모르드개라 그는 베냐민 자손이니 기스의 증손이요 시므이의 손자요 야일의 아들이라 ⁶전에 바벨론 왕 느부갓네살이 예루살렘에서 유다 왕 여고냐와 백성을 사로잡아 갈 때에 모르드개도 함께 사로잡혔더라 ⁷그의 삼촌의 딸 하닷사 곧 에스더는 부모가 없었으나 용모가 곱고 아리따운 처녀라 그의 부모가 죽은 후에 모르드개가 자기 딸 같이 양육하더라 ⁸왕의 조서와 명령이 반포되매 처녀들이 도성 수산에 많이 모여 헤개의 수하에 나아갈 때에 에스더도 왕궁으로 이끌려 가서 궁녀를 주관하는 헤개의 수하에 속하니 ⁹헤개가 이 처녀를 좋게 보고 은혜를 베풀어 몸을 정결하게 할 물품과 일용품을 곧 주며 또 왕궁에서 으레 주는 일곱 궁녀를 주고 에스더와 그 궁녀들을 후궁 아름다운 처소로 옮기더라 ¹⁰에스더가 자기의 민족과 종족을 말하지 아니하니 이는 모르드개가 명령하여 말하지 말라 하였음이라 ¹¹모르드개가 날마다 후궁 뜰 앞으로 왕래하며 에스더의 안부와 어떻게 될지를 알고

자 하였더라 [12]처녀마다 차례대로 아하수에로 왕에게 나아가기 전에 여자에 대하여 정한 규례대로 열두 달 동안을 행하되 여섯 달은 몰약 기름을 쓰고 여섯 달은 향품과 여자에게 쓰는 다른 물품을 써서 몸을 정결하게 하는 기한을 마치며 [13]처녀가 왕에게 나아갈 때에는 그가 구하는 것을 다 주어 후궁에서 왕궁으로 가지고 가게 하고 [14]저녁이면 갔다가 아침에는 둘째 후궁으로 돌아와서 비빈을 주관하는 내시 사아스가스의 수하에 속하고 왕이 그를 기뻐하여 그의 이름을 부르지 아니하면 다시 왕에게 나아가지 못하더라 [15]모르드개의 삼촌 아비하일의 딸 곧 모르드개가 자기의 딸 같이 양육하는 에스더가 차례대로 왕에게 나아갈 때에 궁녀를 주관하는 내시 헤개가 정한 것 외에는 다른 것을 구하지 아니하였으나 모든 보는 자에게 사랑을 받더라 [16]아하수에로 왕의 제칠년 시월 곧 데벳월에 에스더가 왕궁에 인도되어 들어가서 왕 앞에 나가니 [17]왕이 모든 여자보다 에스더를 더 사랑하므로 그가 모든 처녀보다 왕 앞에 더 은총을 얻은지라 왕이 그의 머리에 관을 씌우고 와스디를 대신하여 왕후로 삼은 후에 [18]왕이 크게 잔치를 베푸니 이는 에스더를 위한 잔치라 모든 지방관과 신하들을 위하여 잔치를 베풀고 또 각 지방의 세금을 면제하고 왕의 이름으로 큰 상을 주니라 [19]처녀들을 다시 모을 때에는 모르드개가 대궐 문에 앉았더라 [20]에스더는 모르드개가 명령한 대로 그 종족과 민족을 말하지 아니하니 그가 모르드개의 명령을 양육 받을 때와 같이 따름이더라

우리는 앞 장에서 어떻게 하나님이 높고 존귀한 자리에 앉아 있는 한 여인을 그 자리로부터 내려오게 하셨는지에 대해 읽었다. 이제 우리는 여기에서 어떻게 하나님이 낮고 비천한 자리에 있는 한 여인을 높고 존귀한 자리에 앉게 하셨는지에 대해 읽게 된다(우리는 이와 같은 일을 처녀 마리아의 노래와 한나의 노래 속에서도 볼 수 있다, 눅 1:52; 삼상 2:4-8). 와스디는 높은 자리에서 비천한 자리로 비하(卑下)된 반면 에스더는 비천한 자리에서 높은 자리로 승귀(昇貴)되었다. 다음을 주목하라.

I. 신하들이 왕에게 새 왕후를 맞이할 것을 조언함. 이와 관련하여 요세푸스는 다음과 같이 말한다. 즉 화가 풀리자 왕은 일이 이렇게까지 된 것을 매우 안타깝게 생각하면서 와스디와 화해하려고 했다. 그러나 왕후를 폐위하는 조서는 법적으로 결코 변개(變改)될 수 없는 것이었다. 그리하여 신하들은 왕에게 먼저 많은 후궁들로 위로를 받고 그 가운데 가장 마음에 드는 자로 와스디

를 대신하여 왕후로 삼도록 조언했다. 통치자들의 결혼은 일반적으로 통치영역을 확장하기 위함이든지 아니면 동맹관계를 공고히 하려는 등의 정략과 이해관계에 의해 이루어진다. 그러나 이번의 경우는 왕후가 될 사람에게 있어 신분의 높고 낮음이나 재산의 많고 적음은 아무 문제가 되지 않고 다만 왕의 마음에 합한 여부만이 중요할 뿐이었다. 이와 같이 오로지 왕의 기분을 맞추고 마음을 즐겁게 하기 위해 국가적인 대사(大事)가 계획되고 결정되었다. 마치 그의 모든 권력과 재물이 오로지 그의 육체적 쾌락과 즐거움만을 위해 존재하는 것처럼. 그러나 영적인 즐거움과 비교할 때 그런 것들은 기껏해야 찌끼에 지나지 않는 것이다. 그리하여

1. 전국 각 지방에 관리를 임명하여 아리따운 처녀들을 물색하도록 했다(3절).

2. 선택된 처녀들을 후궁으로 들이고 내시 헤개의 손에 맡겨 모든 준비를 갖추도록 했다.

3. 그녀들을 정결하게 하고 향품으로 치장하는데 무려 열두 달의 기간이 소요되었다(12절). 가만 두어도 자체로 아리따운 처녀들이 인간의 헛된 육욕을 충족시키기 위해 이와 같이 인위적인 치장을 해야만 했다.

4. 왕과 한 번 침소를 함께 하고 난 후 그녀들은 왕이 다시 부르기 전에는 다시 왕에게 나아갈 수 없었다(14절). 그녀들은 모두 왕의 첩으로 간주되었다. 따라서 왕에 의해 모든 부양(扶養)이 이루어지는 가운데 결코 결혼을 할 수 없었다. 이를 통해 우리는 하나님의 계시를 알지 못하며 육욕에 사로잡힌 자들이 얼마나 어리석은 행동을 하는지를 볼 수 있다. 선악과를 먹지 말라는 창조의 법칙을 깨뜨리고 난 후 인간들은 둘이(즉 한 남자와 한 여자가) 한 몸을 이루라는 또 하나의 법칙을 깨뜨렸다. 인간들을 육체의 정욕으로부터 깨끗하게 하고 본래의 모습으로 돌아가도록 함에 있어 그리스도의 복음이 절대적으로 필요하다는 사실을 주목하라. 그리스도를 아는 자들은 사람들에 의해 은밀히 혹은 공공연히 행해지는 일들에 대해 말하는 것조차 부끄럽게 여길 것이다(엡 5:12, 그들이 은밀히 행하는 것들은 말하기도 부끄러운 것들이라).

II. 하나님의 강력한 섭리가 에스더를 왕후의 자리에 앉게 함. 만일 에스더가 첫 번째로 왕에게 나아갔다면, 아마도 아하수에로는 그녀를 왕후로 삼지 않았을 것이다. 그렇지만 몇몇 다른 처녀들이 지나간 후에 자기 차례가 되어서 나

아감으로써 그녀의 아리따움은 더욱 두드러지게 되었다. 왕의 은총을 받는 길이 그녀의 경쟁자들에 의해 그녀 앞에 예비되었던 것이다. 어떤 이들은 에스더가 이와 같은 자리에 동참한 것은 큰 죄였다고 생각하는데, 패트릭 주교가 지적하는 바와 같이 그들은 그 시대의 관습을 충분히 고려하지 않은 것이다. 당시 왕과 동침한 여자는 왕과 결혼한 것이 되고 낮은 계급의 아내가 되었다(마치 하갈이 아브라함에 대해 그랬던 것처럼). 그러므로 설령 에스더가 왕후가 되지 못했다 할지라도, 야곱의 아들들은 "그가 우리 누이를 창녀처럼 대하였도다"라고 말할 필요가 없는 것이다.

1. 에스더는 어떤 사람이었나?

(1) 그녀는 포로의 자손들 가운데 한 사람이었다. 그녀는 유다 소녀로서 멍에 아래 있는 백성 가운데 하나였다. 다니엘과 그의 세 친구는 포로로 잡혀간 땅에서 고관(高官)으로 발탁되었는데, 그것은 그들이 하나님이 선(善)을 위해 그 곳으로 보낸 자들 가운데 있었기 때문이었다(렘 24:5).

(2) 그녀는 고아였다. 그녀의 부모는 모두 죽었다(7절). 그러나 부모는 그녀를 버렸을지라도 하나님은 그녀를 영접해 주셨다(시 27:10). 이와 같이 어린 시절에 부모를 잃은 아이들이 나중에 위대한 믿음의 사람이 되며 형통한 사람이 될 때, 우리는 거기에서 하나님의 영광과 은혜와 섭리를 발견해야 한다. 하나님은 자신이 고아의 아버지로 일컬음 받는 것을 기뻐하셨다.

(3) 그녀는 용모가 곱고 아리따운 처녀였다(7절). 거기에다가 그녀는 지혜와 덕을 갖춘 여자였다. 그러한 지혜와 덕이야말로 그녀가 가진 가장 큰 아름다움이었다.

(4) 그녀는 사촌 오라비인 모르드개로부터 딸처럼 양육을 받았다. 70인역은 모르드개가 에스더를 자기 아내로 삼고자 하는 마음을 가지고 있었다고 말한다. 정말로 그랬다면 그것은 그에게 있어 칭찬할 만한 일이 될 것이다. 왜냐하면 그녀가 더 존귀한 자리에 나아가는 것을 막지 않았기 때문이다. 우리는 부모가 없는 자들에게 친구를 세워 주시는 하나님께 감사와 찬미를 올려야 한다. 고아를 돌보며 양육한 자들이 살아서 그 열매를 보는 것은 얼마나 복된 일인가! 그것은 그들에게 큰 위로와 격려가 될 것이다. 라이트푸트 박사(Dr. Lightfoot)는 여기의 모르드개가 에스라 2:2에 나오는 모르드개와 동일 인물인 것으로 생각한다. 거기에 보면 그는 백성들과 함께 첫 번째로 예루살렘에 돌아

와 성전 건축이 중단될 때까지 백성들이 그 곳에 정착하는 것을 돕다가 그 후에 바사 왕궁으로 돌아온 것으로 되어 있다. 에스더의 양부(養父) 혹은 후견인인 모르드개에 대해 우리는 여기에서 다음과 같은 이야기를 듣는다.

[1] 그는 에스더를 마치 친딸처럼 보살폈다(11절). 그는 매일같이 에스더의 안부와 어떻게 될지를 알고자 하여 그녀의 방 앞에서 왕래했다. 하나님의 섭리 가운데 친척을 맡은 자들은 이와 같이 따뜻한 마음으로 돌보며 애정을 나타내야 한다.

[2] 에스더는 그를 크게 존경했다. 에스더는 그와 사촌지간으로서 같은 항렬이었다. 그렇지만 나이도 어리고 그의 보살핌을 받고 있었으므로 그녀는 그를 아버지처럼 존경하며 그의 명령에 따랐다(20절). 이것은 고아들이 따라야 할 훌륭한 모범이다. 다른 사람들의 사랑과 보호와 돌봄 아래 있는 자들은 마땅히 그들을 존경하며 감사하는 마음으로 순종해야 한다. 종족과 민족을 말하지 말라는 그의 당부를 그대로 따른 것에서, 우리는 모르드개에 대한 에스더의 순종의 한 실례(實例)를 보게 된다(10절). 모르드개는 에스더에게 자기 나라를 부인하라거나 혹은 혈통을 속이기 위해 거짓말을 하라고 말하지 않았다. 만일 그렇게 하라고 했다면, 그녀는 그대로 따라서는 안 될 것이었다. 모르드개는 다만 그녀의 나라를 말하지 말라고만 말했을 뿐이었다. 언제든지 거짓을 말해서는 안 되지만, 그러나 사실이라고 해서 항상 말해야만 하는 것은 아니다. 그녀는 수산에서 태어났으며 부모는 모두 죽었다. 그런 가운데 모든 사람들은 그녀를 바사 혈통으로 생각했는데, 그녀에게 그들의 그러한 잘못된 생각을 굳이 바로잡아 주어야 할 의무는 없었다.

2. 마침내 그녀가 왕후가 됨. 포로이며 고아인 유다 소녀가 왕후가 될 줄이야 누가 생각했겠는가? 그렇지만 실제로 그렇게 되었다. 신적 섭리는 때로 가난한 자를 진토에서 일으키셔서 귀족들과 함께 앉게 하신다(삼상 2:8).

(1) 왕의 내시가 그녀를 좋게 보고 은혜를 베풀었다(9절). 지혜와 덕을 갖춘 사람은 누구에게든지 귀중히 여김을 받게 될 것이다. 그리고 하나님의 은총을 받은 자들은 사람들로부터도 역시 은총을 받게 될 것이다. 에스더는 자기를 바라보는 모든 자들로부터 사랑을 받았다(15절). 그들은 그녀가 결국 왕후가 될 것이라고 생각했을 것이며, 마침내 그렇게 되었다.

(2) 왕 자신도 그녀를 사랑하게 되었다. 다른 처녀들과는 달리, 에스더는 자

신을 치장하며 꾸미는데 큰 관심을 기울이지 않았다. 그녀는 자신에게 정해진 것 외에는 아무것도 구하지 않았지만(15절), 그럼에도 불구하고 가장 아름답고 사랑스러웠다. 자연스런 아름다움이 가장 호감이 가는 법이다. 왕이 모든 여자보다 에스더를 더 사랑하므로(17절). 이제 왕은 더 생각해 보고 말고 할 것도 없었다. 그는 즉시 그녀의 머리에 관을 씌우고 왕후로 삼기로 결정했다(17절). 이것은 그의 통치 제7년의 일이었다. 한편 와스디가 폐위된 것은 그의 통치 제3년의 일이었다(1:3). 따라서 그가 왕후 없이 지낸 기간은 4년이었다. 여기에서 다음을 주목하라.

[1] 왕이 에스더를 존귀케 함. 왕은 그녀를 위해 큰 잔치를 베풀었다(18절). 아마도 이 자리에 에스더는 왕과 함께 대중들 앞에 나타난 것으로 보인다. 비슷한 상황에서 와스디는 왕의 명령에 순종하기를 거부함으로써 오점을 남겼지만 에스더는 기꺼이 순종했다. 또 왕은 각 지방의 세금을 면제해 주고 죄수들을 방면(放免)해 주었다(빌라도가 유월절에 죄수 한 명을 방면해 준 것처럼). 이것은 기쁨을 배가(倍加)하기 위한 것이었다.

[2] 에스더가 계속해서 모르드개에게 순종함. 그녀는 양육 받을 때와 같이 계속해서 모르드개의 명령을 따랐다(20절). 모르드개는 대궐 문에 앉아 있었다(21절). 다시 말해서 그는 고작해야 대궐의 문지기의 직위밖에는 갖고 있지 못했다. 그가 예전부터 이러한 직위를 가지고 있었는지 아니면 에스더가 그를 위해 이 같은 직위를 마련해 주었는지 여부는 확실치 않다. 어쨌든 모르드개는 자신의 직위에 만족하고 있었고 더 높은 자리를 탐하지 않았다. 한편 에스더는 왕후의 위에 올랐음에도 불구하고 계속해서 그를 존경하며 그의 명령에 순종했다. 이를 통해 우리는 에스더가 매우 겸손하며 감사할 줄 아는 성품을 가지고 있었음을 알 수 있다. 그녀는 왕후가 되고 난 후에도 모르드개의 은혜를 잊지 않았으며 그의 지혜를 높이 평가했다. 이와 같이 높은 자리에 올랐음에도 불구하고 과거에 은혜를 베풀어 준 자들을 잊지 않고 그들의 가르침을 기억하며 계속해서 기꺼이 그들의 훈계를 받고 감사할 줄 아는 것은 얼마나 아름다운 일인가!

[21]모르드개가 대궐 문에 앉았을 때에 문을 지키던 왕의 내시 빅단과 데레스 두 사람이 원한을 품고 아하수에로 왕을 암살하려는 음모를 꾸미는 것을 [22]모르드개가 알

고 왕후 에스더에게 알리니 에스더가 모르드개의 이름으로 왕에게 아뢴지라 ²³조사하여 실증을 얻었으므로 두 사람을 나무에 달고 그 일을 왕 앞에서 궁중 일기에 기록하니라

우리는 여기에서 모르드개가 왕을 암살하려는 음모를 고함으로 큰 공을 세운 이야기를 듣게 된다. 유다인을 진멸하려는 하만의 음모는 아직 시작되지 않았지만 그러나 그들을 구원하려는 하나님의 계획은 계속해서 진행되고 있었다. 그리고 여기의 사건 역시도 그 가운데 하나였다. 지금 하나님은 모르드개로 하여금 왕에게 큰 공을 세우도록 하심으로써 나중에 왕으로 하여금 유다인들에게 은혜를 베풀도록 준비하고 계셨다.

1. 왕의 신하 두 명이 왕을 암살할 음모를 꾸밈(21절). 아마도 그들은 왕이 자신들을 모욕했다든지 아니면 어떤 위해를 끼쳤다고 생각하며 분개했을 것이다. 이와 같이 분노와 악의의 대상이 되어야 한다면 누가 왕이 되려 할 것인가? 많은 통치자들 특별히 생존하는 사람들의 세상에서 두려움이 되었던 자들이 종종 죽임을 당해 구덩이에 내려가곤 했다(겔 32:25).

2. 모르드개가 그러한 음모를 알아채고 에스더를 통해 왕에게 알림. 그가 어떻게 알게 되었는지는 나타나지 않는다. 그들이 모의하는 것을 우연히 들었는지 아니면 그들이 그를 끌어들이려고 했는지는 확실치 않지만 어쨌든 그 일은 그에게 알려졌다. 이것은 모반이나 선동을 꾀하는 자들에게 분명한 경고가 되어야 한다. 비록 은밀하게 일을 진행시킨다 할지라도, 공중의 새가 그 소리를 전할 것이다. 모르드개는 그러한 음모를 알아채자마자 즉시로 왕에게 알렸는데, 이것은 선한 신하의 마땅한 태도가 아닐 수 없다.

3. 이 일이 조사되고 실증됨으로 두 사람이 나무에 달림(23절). 그리고 모든 일은 모르드개가 이러한 음모를 고했다는 특별한 언급과 함께 왕의 궁중일기에 기록되었다. 그는 그 자리에서 상급을 받지는 못했지만, 그러나 모든 일이 기록되어 남겨졌다. 이와 같이 그리스도를 섬긴 자들에 대하여도 비록 그들의 상급이 의인의 부활 때까지 연기된다 할지라도, 하나님은 불의하지 아니하사 그들의 믿음의 행위와 사랑의 수고를 잊지 않으실 것이다(히 6:10).

제 3 장

개요

우리는 여기에서 하나님의 백성이 진멸의 위기에 처하는 매우 끔찍하고 슬픈 장면을 보게 된다. 그들에게 이토록 어두운 밤은 일찍이 없었으며, 지금은 아침의 햇빛이 어느 때보다 절실한 때였다. I. 하만이 왕의 총애를 받음(1절). II. 모르드개가 하만에게 절하지 않음(2-4절). III. 그로 인해 하만이 모든 유다인을 멸하고자 결심함(5-6절). IV. 그가 왕으로부터 모든 유다인을 진멸하는 허락을 얻음(7-13절). V. 이 조서가 나라 전역에 반포됨(14-15절).

¹그 후에 아하수에로 왕이 아각 사람 함므다다의 아들 하만의 지위를 높이 올려 함께 있는 모든 대신 위에 두니 ²대궐 문에 있는 왕의 모든 신하들이 다 왕의 명령대로 하만에게 꿇어 절하되 모르드개는 꿇지도 아니하고 절하지도 아니하니 ³대궐 문에 있는 왕의 신하들이 모르드개에게 이르되 너는 어찌하여 왕의 명령을 거역하느냐 하고 ⁴날마다 권하되 모르드개가 듣지 아니하고 자기는 유다인임을 알렸더니 그들이 모르드개의 일이 어찌 되나 보고자 하여 하만에게 전하였더라 ⁵하만이 모르드개가 무릎을 꿇지도 아니하고 절하지도 아니함을 보고 매우 노하더니 ⁶그들이 모르드개의 민족을 하만에게 알리므로 하만이 모르드개만 죽이는 것이 부족하다고 생각하고 아하수에로의 온 나라에 있는 유다인 곧 모르드개의 민족을 다 멸하고자 하더라

I. 왕이 하만의 지위를 모든 대신 위에 높임. 에스더는 왕의 특별한 사랑을 받고 있었음에도 불구하고 유다인의 원수가 높은 자리에 등용되는 것을 막을 만큼의 힘은 갖고 있지 못했다. 왕후가 되었다고 해서 모든 일을 다 할 수 있는 것은 아니다. 여기의 하만은 아각 사람으로서(요세푸스는 그가 아말렉 사람이었다고 말한다), 아마도 아각의 후손이었을 것이다. 아각은 민수기 24:7에 나타나는 것처럼 아말렉의 통치자를 부르는 일반적인 호칭이었다. 어떤 이들은

그가 여호야김처럼 왕자(王子)였을 것이라고 생각한다. 여호야김의 지위가 포로로 끌려온 다른 왕들의 지위보다 높았던 것처럼(왕하 25:28), 여기의 하만 역시도 그러했다(1절). 왕은 하만을 특별히 총애하여 그를 자신의 최측근이자 나라의 총리로 삼으면서 모든 백성으로 그에게 경의를 표하도록 했다. 특별히 왕은 자기의 모든 신하들에게 그에게 꿇어 절하도록 명령을 내렸고(2절), 실제로 그들은 그렇게 했다. 나는 왕이 하만에게서 어떤 훌륭한 점을 보았는지 의아하게 생각하지 않을 수 없다. 그는 존경할 만한 사람도 아니었고, 공의로운 사람도 아니었으며, 진정한 용기를 가진 사람이거나 곧은 심령을 가진 사람도 아니었다. 도리어 그는 오만하며 다혈질적이며 복수심에 불타는 사람이었다. 그럼에도 불구하고 그는 왕의 총애를 받아 왕 다음 가는 자리에 세움을 받았다. 왕의 총애를 받는 자라고 해서 항상 그럴 만한 자격이 있는 사람은 아니다.

Ⅱ. 모르드개가 굳은 마음으로 자신의 원칙을 지킴. 모르드개는 다른 신하들과는 달리 하만에게 경의를 표하지 않았다(2절). 그리하여 그의 동료들은 그에게 왕의 명령을 일깨워 주면서 만일 계속해서 하만에게 경의를 표하지 않으면 위험한 일이 초래될 것이라고 상기시켜 주었다(3절). 특별히 하만의 포악한 성품을 감안할 때, 자칫 그의 목숨을 잃을 수도 있을 것이었다. 그들은 날마다 권했지만 그러나 아무 소용없었다. 모르드개는 그들의 말을 듣지 않고 다만 자신은 유다인으로서 양심상 결코 그렇게 할 수 없노라고 분명하게 말했다. 그의 태도가 알려지자 틀림없이 많은 사람들은 그가 하만에게 경의를 표하지 않는 것은 필시 오만과 시기심 때문일 것이라고 생각했을 것이다. 다시 말해서 왕후의 후견인임에도 불구하고 특별한 직위를 얻지 못한 것에 대해 불만을 품었기 때문일 것이라는 것이었다. 또 어떤 사람들은 그것을 그의 연약함이나 교양이 부족한 때문으로 여기면서 그를 별난 사람으로 생각했을 것이다. 하만에게 경의를 표하기를 거부한 것과 관련하여 모르드개 외에는 아무도 그렇게 한 사람이 없는 것으로 보인다. 그러나 모르드개의 태도는 믿음에 따른 양심적인 행동으로서 하나님을 기쁘시게 하는 것이었다. 왜냐하면 그는 자신의 신앙양심에 따라 다음과 같은 행동은 할 수 없었기 때문이었다.

1. 사망 아래 있는 인간에게 지나친 경의를 표하는 것. 특별히 하만 같이 악한 자에게는 더더욱 그렇게 할 수 없었다. 에스더의 외경(外經)에 해당하는 부분에서(13:12-14), 모르드개는 이 일과 관련하여 다음과 같이 하나님께 호소한

다. 여호와여 내가 오만한 하만에게 절하지 않는 것은 그를 경멸해서거나 나의 교만 때문이거나 혹은 어떤 영광을 구함 때문이 아님을 주께서 아시나이다. 이스라엘의 구원을 위해서라면 나는 기꺼이 그의 발바닥에도 입 맞출 수 있나이다. 다만 내가 그렇게 하는 것은 사람의 영광을 하나님의 영광보다 높이지 않고 오직 주 외에는 어느 누구에게도 절하지 않고자 함이나이다.

2. 특별히 아말렉 사람에게 그와 같은 경의를 표하는 것. 아말렉은 하나님이 그들과 영원히 싸우리라고 맹세한 저주받은 나라였다(출 17:16). 또한 하나님은 자기 백성들에게 그들과 관련하여 다음과 같이 엄중하게 명하셨다: 너희는 애굽에서 나오는 길에 아말렉이 네게 행한 일을 기억하라(신 25:17). 따라서 모르드개는 아말렉 사람인 하만에게 그와 같이 과도한 경의를 표하는 것은 자기의 신앙양심에 어긋나는 일이라고 생각했다. 우리의 신앙은 결코 선한 예절과 관습을 파괴하지 않으며, 우리로 하여금 존경할 자를 마땅히 존경하라고 가르친다. 그렇지만 하만처럼 망령된 자를 멸시하는 것은 시온의 백성들의 마땅한 특성이다(시 15:4). 여기의 모르드개처럼 비난과 위협을 당하는 가운데서도 선한 양심에 따라 굳은 마음으로 행동하는 것은 얼마나 아름다운 일인가!

Ⅲ. 하만이 복수할 궁리를 함. 하만에게 잘 보이려고 하는 자들은 모르드개가 어떻게 하는지 주의를 기울이며 지켜보고 있었다(4절). 그러는 가운데 하만 자신이 모르드개가 자신 앞에 꿇어 절하지 않는 것을 알게 되었고 이에 크게 노했다(5절). 겸손하며 온유한 사람이라면 이런 일에 대해 다음과 같이 말하며 가볍게 지나칠 것이다. "저건 저 사람의 기질일 뿐이야, 나는 뭐 다른 사람인가?" 그러나 그로 인해 하만은 분노로 치를 떨며 부글부글 끓었다. 그는 즉시로 모르드개를 죽이려고 결심했다. 자기에게 숙이지 않는 목은 잘려야만 하였다. 하만은 그의 경의를 받지 못한다면 그의 피라도 받아야만 하였다. 지금 바사 왕궁에서 하만에게 절하지 않는 것은 마치 느부갓네살 시대에 그가 세운 금 신상에 절하지 않는 것과 마찬가지였다. 지금 모르드개는 무가치한 시정잡배가 아니었다. 그는 왕후의 사촌으로서, 왕궁에서 영예로운 직책을 가지고 있는 자였다. 그럼에도 불구하고 하만은 그의 목숨을 고작 자신의 분풀이의 대상으로밖에는 여기지 않았다. 그리고 수많은 무죄한 목숨이 자기의 분풀이의 제물로 드려져야만 했다. 그리하여 하만은 그 한 사람으로 인해 그의 백성 전부를 죽이겠다고 맹세했다. 특별히 그렇게 결심한 것은 자기에게 꿇어 절하지

않는 이유가 그가 유다인이라는 사실이었기 때문이었다. 우리는 여기에서 하만의 극심한 교만과 극도의 잔인성 그리고 이스라엘에 대한 아말렉의 오랜 적대감을 보게 된다. 베냐민 사람 기스의 아들 사울은 아각을 살려 주었다. 그렇지만 베냐민 사람 기스의 자손(2:5) 모르드개는 이 아각 사람(하만)으로부터 어떤 긍휼도 기대할 수 없었다. 그는 모르드개뿐만 아니라 아하수에로의 온 나라에 있는 유다인 전부를 다 멸하고자 결심했다(6절). 추측컨대 여기에는 본토로 돌아간 유다인들까지도 모두 포함되었을 것이다. 왜냐하면 예루살렘과 유다역시도 지금 아하수에로가 통치하는 한 지방이었기 때문이다. 가서 그들을 멸하여 다시 나라가 되지 못하게 하여 이스라엘의 이름으로 다시는 기억되지 못하게 하자(시 83:4). 이와 같은 하만의 마음은 훗날 그리스도인들을 모두 죽이려고 했던 네로의 마음과 같은 것이었다.

[7]아하수에로 왕 제십이년 첫째 달 곧 니산월에 무리가 하만 앞에서 날과 달에 대하여 부르 곧 제비를 뽑아 열두째 달 곧 아달월을 얻은지라 [8]하만이 아하수에로 왕에게 아뢰되 한 민족이 왕의 나라 각 지방 백성 중에 흩어져 거하는데 그 법률이 만민의 것과 달라서 왕의 법률을 지키지 아니하오니 용납하는 것이 왕에게 무익하니이다 [9]왕이 옳게 여기시거든 조서를 내려 그들을 진멸하소서 내가 은 일만 달란트를 왕의 일을 맡은 자의 손에 맡겨 왕의 금고에 드리리이다 하니 [10]왕이 반지를 손에서 빼어 유다인의 대적 곧 아각 사람 함므다다의 아들 하만에게 주며 [11]이르되 그 은을 네게 주고 그 백성도 그리하노니 너의 소견에 좋을 대로 행하라 하더라 [12]첫째 달 십삼일에 왕의 서기관이 소집되어 하만의 명령을 따라 왕의 대신과 각 지방의 관리와 각 민족의 관원에게 아하수에로 왕의 이름으로 조서를 쓰되 곧 각 지방의 문자와 각 민족의 언어로 쓰고 왕의 반지로 인치니라 [13]이에 그 조서를 역졸에게 맡겨 왕의 각 지방에 보내니 열두째 달 곧 아달월 십삼일 하루 동안에 모든 유다인을 젊은이 늙은이 어린이 여인들을 막론하고 죽이고 도륙하고 진멸하고 또 그 재산을 탈취하라 하였고 [14]이 명령을 각 지방에 전하기 위하여 조서의 초본을 모든 민족에게 선포하여 그 날을 위하여 준비하게 하라 하였더라 [15]역졸이 왕의 명령을 받들어 급히 나가매 그 조서가 도성 수산에도 반포되니 왕은 하만과 함께 앉아 마시되 수산 성은 어지럽더라

하만은 모든 유다인을 진멸하려는 생각에 골몰하면서, 그 일은 자신의 가장 위대한 업적이 될 것이라는 망상에 빠졌다. 그는 왕이 허락해 주기만 한다면 어렵지 않게 그 일을 행할 수 있을 것으로 굳게 믿었다. 우리는 여기에서 그가 어떻게 왕으로부터 허락을 얻었는지에 대해 듣게 된다.

I. 하만이 왕에게 유다인의 특성에 대해 거짓되고 악의적인 보고를 함(8절). 원수들은 먼저 하나님의 백성들에 대해 악의적인 이름표를 붙여놓고 난 연후에 갖가지 악행을 가한다. 그는 왕으로 하여금 다음과 같이 믿도록 했다.

1. 유다인들은 무가치한 백성들로서 그들을 그대로 내버려 두는 것은 왕에게 아무런 이득이 되지 않는다. "한 민족이 있는데, 그들은 이름도 없는 민족이요 어디서 왔으며 무슨 일을 하는 자들인지도 모르는 쓸모없는 민족이나이다. 그들은 한 곳에 모여 있지 않고 부랑자들처럼 왕의 나라 각 지방 백성 중에 흩어져 거하나이다. 그들이 모든 지역에 스며 들어와서 모든 사람에게 무거운 짐과 거추장스러운 존재가 되었나이다."

2. 유대인들은 위험한 종족으로서 그들을 그대로 내버려 두는 것은 나라의 안전과 평안에 매우 위태롭다. "그들은 자기들의 율법과 풍속을 따르면서 제국의 법과 규례는 대수롭지 않게 여기나이다. 그들은 바사 제국을 못마땅하게 생각하면서 자기들의 종교를 다른 사람들에게 퍼뜨리고 있으며 결국에는 반란을 일으킬 것이나이다." 이와 같이 선한 자들이 터무니없는 모함을 당하는 것은 결코 새로운 일이 아니다. 그들을 죽이는 것조차 죄가 되지 않는 마당에 그들을 거짓으로 모함하는 것이야 무슨 대단한 일이겠는가?

II. 하만이 왕에게 모든 유다인을 진멸하는 것에 대한 허락을 구함(9절). 제국 전역에는 유다인들을 미워하는 자들이 많이 있었으며, 그들은 왕의 허락만 떨어지면 기꺼이 그들을 진멸할 것이었다. 조서를 내려 그들이 진멸당하도록 하소서(9절). 왕의 허락만 떨어지면 하만은 즉시 그 일을 실행할 것이요 그 일은 속히 이루어지게 될 것이었다. 왕이 이 일을 허락해 준다면, 그는 왕에게 일만 달란트를 바칠 것이었다. 하만은 이것이 왕의 허락을 받는데 강력한 미끼가 될 것이라고 생각했다. 한 종족을 진멸한다면 왕의 세입에 큰 손실이 있을 것이었다. 따라서 왕은 그의 제안에 난색을 표할 수 있었다. 그러므로 일만 달란트는 그러한 손실에 상응하는 충분한 액수가 될 것이며 왕의 난색을 피하는데 매우 요긴할 것이었다. 오만하며 악의에 찬 자들은 자신의 복수심을 만족시키기 위해서라면 어떤 비용도 아끼지 않을 것이다. 틀림없이 하만은 유다인들을 진멸하는 과정에서 그들의 재물을 탈취하여 그것으로 이 일에 들어간 모든 비용을 회수하려고 했을 것이다(13절). 이렇게 함으로써 그는 유다인들을 진멸함과 함께 개인적인 이득도 취할 수 있을 것이었다.

III. 하만이 왕으로부터 이 일에 대한 전권을 위임받음(10, 11절). 왕은 하만을 크게 총애하고 있었다. 따라서 그의 말의 진위를 충분히 검토해 보지도 않은 채 그의 말을 곧이곧대로 믿고 마치 어린 양들을 사자에게 넘겨주듯이 유다인들을 그의 손에 넘겨주었다: 그 백성도 네게 주노니 너의 소견에 좋을 대로 행하라(11절). 왕은 "그들을 죽이고 진멸하라"고 말하지 않고 다만 "너의 소견에 좋을 대로 행하라"고 말했다(어쩌면 왕은 그가 지나치게 가혹하게 행하기보다는 차라리 노예로 팔아버리는 정도로 징벌하기를 기대했을는지 모른다). 왕은 이 일로 인해 자신의 세입이 크게 주는 것과 하만이 많은 탈취물을 얻게 될 것은 거의 생각하지 못한 채 하만이 바치겠다는 일만 달란트를 도로 그에게 돌려주었다: 그 은을 네게 주고. 이와 같이 왕은 하만을 절대적으로 신뢰하는 가운데 국정에 대해서는 거의 간여하지 않았다. 그러면서 왕은 하만에게 자신의 반지를 주었다. 그것은 왕의 인장(印章)으로서, 그로 하여금 조서를 꾸미고 그 인장을 찍어 확정하도록 한 것이었다. 이와 같이 눈도 없고 생각도 없으며 한쪽 귀만 가지고 있는 왕을 가진 나라는 얼마나 불행한가!

IV. 하만이 점쟁이들과 의논하여 살육을 위한 길일(吉日)을 정함(7절). 그들은 아하수에로 왕 12년 첫째 달에 어느 날을 살육의 날로 정할지를 결정하기 위해 제비를 뽑았다(이 때는 에스더가 왕후가 된지 대략 5년이 지난 때였다). 하늘이 자신들의 계획에 호의를 베풀어 줄 것을 조금도 의심하지 않는다는 듯이, 하만은 살육의 날을 결정하는 것을 제비뽑기 즉 신적 섭리에 맡겼다. 그러나 제비는 그들 편이 아니라 유다인들 편이었다. 왜냐하면 열두째 달이 뽑혔기 때문이었다. 그리하여 모르드개와 에스더는 그러한 음모를 저지하기 위한 11개월의 시간적 여유를 가질 수 있게 되었다. 또 만일 그의 음모를 저지하지 못한다 하더라도 유다인들은 하만의 손을 피해 도망칠 수 있는 시간을 벌 수 있었다. 하만은 유다인들을 어떡하든 속히 진멸하고 싶었음에도 불구하고 자신의 미신의 법에 순복하지 않을 수 없었다. 어쩌면 하만이 제비뽑기를 통해 길일(吉日)을 정하고자 한 것은 유다인들이 완강하게 저항할 것을 두려워했기 때문이었는지도 모른다. 하만의 이러한 모습은 우리를 부끄럽게 만든다. 왜냐하면 하나님의 섭리와 우리의 생각이 다를 때, 우리는 종종 하나님의 섭리를 따르기를 머뭇거리기 때문이다. 제비뽑기(즉 신적 섭리)를 믿는 자는 결코 서두르지 않을 것이다. 그러나 여기에서 하나님이 인간의 어리석음까지도 사용하셔서 당신의 목적을 이루시는 것을 보라. 하만은 제비뽑기에 호소하면서 그것이 이끄는 대로 나아갔지만, 그것을 통해 살육의 날은 뒤로 늦춰진 채 그의 음모는 좌절되고 도리어 그가 멸망을 당하게 되고 말았다.

V. 이렇게 하여 모든 유다인을 진멸하라는 조서가 작성되고 인쳐지고 포고됨. 조서에 따르면 모든 지방의 군사들은 12월 13일 그 날에 남녀노소를 불문하고 모든 유다인들을 죽이고 그들의 재산을 탈취해야만 했다(12-14절). 모든 유다인을 제국에서 추방하라는 조서만으로도 충분히 가혹한 것이었을 것이다. 그러나 지금의 조서는 모든 유다인을 젊은이 늙은이 어린이 여인들을 막론하고 죽이고 도륙하고 진멸하라는 것이었다. 이렇게 잔인하고 악독한 조서가 도대체 어디에 있단 말인가? 조서에는 어떤 죄목도 제시되지 않았다. 그들이 나라의 평화를 어지럽혔다는 말도 없었고, 어떠어떠한 경우에는 목숨을 살려 주어도 좋다는 단서조항도 없었다. 불문곡직 무조건 죽여야만 하였다. 이와 같이 교회의 원수들은 성도들의 피와 예수의 증인들의 피에 갈급해하면서 완전히 취할 때까지 그 피를 마신다(계 17:6). 그러면서도 족한 줄 알지 못하고 거머리처럼 다오 다오 한다(잠 30:15). 이러한 끔찍한 조서는 왕의 반지로 인침으로써 확정되었다. 그것은 왕의 이름으로 작성되었지만 그러나 정작 왕은 자신이 무슨 일을 하고 있는지 알지 못했다. 이제 조서의 초본은 각 지방에 전달되도록 역졸들에게 맡겨졌다(15절). 교회의 원수들의 악의가 쉬지 않고 계속해서 진행되는 것을 보라. 그들은 결코 지체하지 않을 것이며 어떤 수고도 마다하지 않을 것이다.

VI. 이로 인한 왕궁과 도성의 분위기. 이 일과 관련하여 우리는 왕궁의 분위기와 도성의 분위기가 완전히 달랐음을 보게 된다.

1. 왕궁에는 즐거움이 있었다: 왕은 하만과 함께 앉아 마시되(15절). 그들은 모든 유다인들의 혼돈을 마시고 있었다. 하만은 왕의 양심이 깨어나 지금까지 순조롭게 진행되어 온 일이 한순간에 물거품이 되지 않을까 두려워하면서 계속해서 왕이 술에 취한 상태로 있기를 바랐다. 많은 사람들은 자신의 양심의 소

리를 억누르며 자신과 다른 사람들의 마음을 계속해서 죄 가운데 완악케 하기 위해 이와 같은 저주받은 방법(즉 술에 취하는 것)을 사용하곤 한다.

2. 도성에는 어지러움이 있었다: 수산 성은 어지럽더라. 어찌 수산 성뿐이었겠는가? 이 소식을 들은 모든 성읍들이 그러했을 것이다. 유다인뿐 아니라 공의와 긍휼을 사랑하는 모든 사람들이 슬퍼하며 애통해했을 것이다. 자기들의 왕이 이토록 터무니없이 기만당하는 것을 볼 때, 그리고 재판하는 곳에 악이 있는 것을 볼 때(전 3:16), 그리고 평화로이 거하던 백성들이 이토록 끔찍한 환난을 당하게 된 것을 볼 때, 그들은 슬퍼하지 않을 수 없었다. 또한 그들은 자신들도 언제 어떤 일을 당할 지 알 수 없었다. 그러나 왕과 하만은 이런 일에 전혀 개의치 않은 채 술만 마시고 있었다. 교회가 환난 가운데 있고 대중이 슬픔 가운데 있는 동안 자신들은 환락과 쾌락에 빠져 있다면, 그것은 얼마나 악하며 잘못된 일인가!

제 4 장

개요

우리는 앞 장에서 하나님의 이삭(God's Isaac)이 제단 위에 묶여 제물로 드려질 준비가 된 것과 원수들이 그 광경을 바라보며 환호성을 지르는 것을 살펴보았다. 그러나 우리는 여기에서 그 일의 물꼬가 구원 쪽으로 방향을 틀기 시작하는 것을 보게 된다. I. 많은 유다인들이 크게 애통해하며 부르짖음(1-4절). II. 이 일이 에스더에게 알려지고 해결책이 논의됨. 1. 에스더가 모든 일의 진상을 상세히 알게 됨(5-7절). 2. 모르드개가 에스더에게 왕 앞에 나아가 조서를 철회해 주도록 간구할 것을 부탁함(8, 9절). III. 에스더가 모르드개에게 부름을 받지 않고 왕에게 나아가는 것은 매우 위험한 일임을 이야기함(10-12절). IV. 모르드개가 에스더에게 위험을 무릅쓸 것을 촉구함(13, 14절). V. 에스더가 3일 간의 금식 후 왕 앞에 나아갈 것을 약속함(15-17절).

¹모르드개가 이 모든 일을 알고 자기의 옷을 찢고 굵은 베 옷을 입고 재를 뒤집어쓰고 성중에 나가서 대성 통곡하며 ²대궐 문 앞까지 이르렀으니 굵은 베 옷을 입은 자는 대궐 문에 들어가지 못함이라 ³왕의 명령과 조서가 각 지방에 이르매 유다인이 크게 애통하여 금식하며 울며 부르짖고 굵은 베 옷을 입고 재에 누운 자가 무수하더라 ⁴에스더의 시녀와 내시가 나아와 전하니 왕후가 매우 근심하여 입을 의복을 모르드개에게 보내어 그 굵은 베 옷을 벗기고자 하나 모르드개가 받지 아니하는지라

우리는 여기에서 하만의 피비린내 나는 조서로 인해 모든 유다인이 애곡하는 이야기를 듣게 된다. 지금은 교회의 슬픔의 때였다.

1. 모르드개는 옷을 찢고 굵은 베 옷을 입은 채 대성통곡했다(1, 2절). 이렇게 함으로써 그는 자신의 슬픔을 표출함과 함께 자신이 유다인의 한 사람이며 환난에 빠진 형제들과 함께 고난을 당할 자라는 사실을 모든 사람들에게 나타냈다. 모르드개는 하만의 적의(敵意)가 일차적으로 자신을 향한 것이며, 모든 유

다인이 위험에 처한 것은 다름 아닌 자신 때문임을 알고 있었기 때문에 다른 사람들보다 더 애통해하지 않을 수 없었다. 그는 자신의 행동에 추호의 후회나 거리낌도 없었다(5:9). 그러나 자신으로 인해 자기 백성들이 큰 환난을 당하는 것은 그에게 있어 너무나 큰 고통이 아닐 수 없었다. 이 일로 인해 아마도 많은 유다인들이 그를 향해 너무나 고집스럽고 꽉 막힌 사람이라고 비난을 가했을 것이다. 그러나 모르드개는 자신의 선한 양심에 따라 행동했기 때문에 이 모든 일을 의로 심판하시는 하나님께 맡길 수 있었다. 하나님은 양심에 따라 행동하다가 위험에 처한 자들을 지키실 것이다. 우리는 여기에서 굵은 베 옷을 입은 자는 대궐 문에 들어가지 못했다는 언급을 볼 수 있다(2절). 왕들의 전횡적인 권력으로 많은 사람들이 애곡하는 자리에 떨어지곤 했음에도 불구하고 누구도 애곡하는 복장으로는 왕 가까이 나아갈 수 없었다. 그것은 왕들이 백성들의 애곡하는 소리를 듣고 싶어 하지 않았기 때문이었다. 오직 유쾌하고 즐거운 소리만 들려져야 할 뿐 우울한 소리는 결코 들려져서는 안 되었다. 왕궁에서는 모든 사람들이 부드러운 옷을 입어야만 했다(마 11:8). 그러나 이처럼 슬픔의 원인은 그대로 방치한 채 다만 슬픔의 표지만을 막고 굵은 베옷으로 하여금 들어오지 못하게 하는 것은 얼마나 한심스러운 일인가? 이와 같이 모르드개는 대궐 문 앞까지는 이르렀지만 그러나 문 안으로는 들어갈 수 없었다.

2. 각 지방의 모든 유다인들도 크게 애통해하며 부르짖었다(3절). 그들은 금식함으로써 식탁의 즐거움을 부인하고, 베옷을 입고 재에 누움으로써 편안한 잠을 부인했다. 고레스가 옛 땅으로 돌아갈 수 있는 자유를 주었을 때 그들은 그냥 포로의 땅에 남아 있었는데, 그것은 하나님에 대한 믿음과 자기 땅에 대한 애정이 부족했기 때문이었다. 아마도 지금 그들은 자신들의 어리석음을 한탄하며 그 때 하나님의 부르심에 순복했더라면 얼마나 좋았을까 하며 후회했을 것이다.

3. 에스더는 모르드개가 베옷을 입고 대성통곡하고 있다는 소식을 듣고 크게 근심했다(4절). 그녀는 여전히 그를 존경하고 있었으며, 그의 근심은 곧 그녀의 근심이었다. 또 유다인들의 위험은 곧 그녀의 고통이었다. 그것은 비록 왕후라 할지라도 자신이 그들과 한 핏줄이라는 사실을 잊지 않았기 때문이었다. 가장 높은 지위에 있는 자, 다시 말해서 귀한 기름을 몸에 바른 자라 할지라도 요셉의 환난에 대하여 근심하는 것을 결코 격에 맞지 않는 일로 여겨서는 안

된다(암 6:6). 에스더는 모르드개에게 갈아입을 옷을 갖다 주었다. 즉 기쁨의 기름으로 그 슬픔을 대신하며 찬송의 옷으로 그 근심을 대신하게 했다(사 61:3). 그러나 모르드개는 에스더로 하여금 모든 일의 전말을 알게 하기 위해 마치 위로받기를 거절한 자처럼 그 옷을 받지 않았다.

[5]에스더가 왕의 어명으로 자기에게 가까이 있는 내시 하닥을 불러 명령하여 모르드개에게 가서 이것이 무슨 일이며 무엇 때문인가 알아보라 하매 [6]하닥이 대궐 문 앞 성 중 광장에 있는 모르드개에게 이르니 [7]모르드개가 자기가 당한 모든 일과 하만이 유다인을 멸하려고 왕의 금고에 바치기로 한 은의 정확한 액수를 하닥에게 말하고 [8]또 유다인을 진멸하라고 수산 궁에서 내린 조서 초본을 하닥에게 주어 에스더에게 보여 알게 하고 또 그에게 부탁하여 왕에게 나아가서 그 앞에서 자기 민족을 위하여 간절히 구하라 하니 [9]하닥이 돌아와 모르드개의 말을 에스더에게 알리매 [10]에스더가 하닥에게 이르되 너는 모르드개에게 전하기를 [11]왕의 신하들과 왕의 각 지방 백성이 다 알거니와 남녀를 막론하고 부름을 받지 아니하고 안뜰에 들어가서 왕에게 나가면 오직 죽이는 법이요 왕이 그 자에게 금 규를 내밀어야 살 것이라 이제 내가 부름을 입어 왕에게 나가지 못한 지가 이미 삼십 일이라 하라 하니라 [12]그가 에스더의 말을 모르드개에게 전하매 [13]모르드개가 그를 시켜 에스더에게 회답하되 너는 왕궁에 있으니 모든 유다인 중에 홀로 목숨을 건지리라 생각하지 말라 [14]이때에 네가 만일 잠잠하여 말이 없으면 유다인은 다른 데로 말미암아 놓임과 구원을 얻으려니와 너와 네 아버지 집은 멸망하리라 네가 왕후의 자리를 얻은 것이 이때를 위함이 아닌지 누가 알겠느냐 하니 [15]에스더가 모르드개에게 회답하여 이르되 [16]당신은 가서 수산에 있는 유다인을 다 모으고 나를 위하여 금식하되 밤낮 삼 일을 먹지도 말고 마시지도 마소서 나도 나의 시녀와 더불어 이렇게 금식한 후에 규례를 어기고 왕에게 나아가리니 죽으면 죽으리이다 하니라 [17]모르드개가 가서 에스더가 명령한 대로 다 행하니라

바사의 법률은 부인들에 대해 (특별히 왕의 부인들에 대해) 매우 엄격하게 집(혹은 궁중)에 틀어박혀 있도록 강요했다. 따라서 모르드개에게 있어 이토록 중요한 문제와 관련하여 에스더와 직접 면대(面對)하여 의논하는 것은 불가능한 일이었다. 따라서 둘은 궁중 내시 하닥을 매개로 하여 서로 대화를

나눌 수밖에 없었다. 그는 왕후를 보살피도록 왕이 임명한 자로서, 에스더는 그를 크게 신뢰했던 것으로 보인다.

I. 에스더는 내시 하닥을 모르드개에게 보내 그가 왜 그토록 애통해하며 베옷을 벗지 않는지 알아오도록 했다(5절). 이와 같이 무엇을 슬퍼하며 기뻐해야 할지, 그리고 무엇을 기도하며 찬미해야 할지를 알기 위해 형제들의 소식을 묻는 것은 시온의 백성들에게 있어 너무도 합당한 일이다. 만일 우리가 우는 자들과 함께 울어야 한다면, 우리는 먼저 그들이 왜 우는지를 알아야 한다.

II. 모르드개는 하닥을 통해 에스더에게 일의 전말을 설명하면서 이 문제와 관련하여 왕에게 중재(仲裁)해 줄 것을 부탁했다. 모르드개가 자기가 당한 모든 일을 하닥에게 말하고(7절). 이와 같이 모르드개는 하만이 자신에게 적의(敵意)를 품고 있는 사실과 어떤 계교로 조서를 받아냈는지를 에스더에게 알렸다. 또한 모르드개는 에스더에게 그 조서의 초본을 보내어 그녀로 하여금 그녀와 그녀의 백성이 직면한 큰 위험을 알게 했다. 그리고 정말로 자신을 존경하거나 유다 백성을 사랑한다면, 지금 왕 앞에 나아가 유다인들에 대한 그릇된 편견을 바로잡고 속히 조서를 취소해 달라고 간청해 줄 것을 간곡히 부탁했다.

III. 에스더는 죽음을 무릅쓰지 않고는 왕에게 나아갈 수 없는 사정을 모르드개에게 알렸다. 그녀는 유다인들을 위해서라면 수치를 무릅쓰는 일이라도 결코 마다하지 않을 것이었다. 그러나 범법자로서 죽임을 당해야만 하는 일이라면, 그녀는 이렇게 말할 수밖에 없었다: 청컨대 나를 용서하시고 다른 사람을 찾으소서.

1. 당시 바사 법에 따르면 부름을 받지 않고 왕에게 나아가면 왕이 금 규를 내밀지 않는 한 반드시 사형에 처하도록 되어 있었다(11절). 이러한 법은 단순히 왕의 안전을 위해 만들어진 것이라기보다는 왕으로 하여금 마치 작은 신처럼 숭앙(崇仰)을 받도록 하기 위해 만들어진 것이었다. 이것은 너무도 어리석은 법이었다. 왜냐하면

(1) 그것이 왕 자신을 더욱 불행하게 만들기 때문이다. 그러한 엄격한 법에 따라 사람들은 왕에게 나아가는 것을 더욱 두려워하게 될 것이며 그럼으로써 왕은 점점 더 고립되게 될 것이기 때문이다. 그 법은 왕궁을 감옥보다 별로 나을 것 없는 장소로 만들었으며, 왕을 더욱 쓸쓸하고 격리된 존재로 만들었다. 따라서 그 법은 다른 사람들에게는 두려움이 된 반면 왕 자신에게는 무거운 짐

이 되고 말았다. 이와 같이 많은 사람들이 교만과 어리석음으로 스스로를 불행하게 만든다.

(2) 그것이 백성들에게 매우 나쁜 법이었기 때문이다. 백성들이 어떤 문제를 가지고 왕 앞에 나아올 수 있는 자유를 갖지 못한다면, 그들에게 있어 왕이 무슨 소용이 있단 말인가? 그러나 만왕의 왕에게는 결코 이와 같지 않다. 우리는 언제든지 은혜의 보좌 앞에 담대하게 나아갈 수 있으며, 믿음의 기도에 대해 평안의 응답을 주실 것을 확신할 수 있다. 우리는 예수의 피로 말미암아 성전의 안뜰뿐 아니라 지성소까지도 능히 들어갈 수 있다.

(3) 그것이 특별히 왕의 아내들에게 너무도 큰 제약을 가하는 법이었기 때문이다. 그 같은 엄격한 법률은 왕의 **뼈** 중의 **뼈**요 살 중의 살인 그의 아내들에게조차 예외가 아니었다. 어쩌면 그 법의 진짜 목적은 왕으로 하여금 자유롭게 여러 후궁들과 더불어 즐기도록 만들기 위한 것이었는지도 모른다. 왕이 자신의 육체의 정욕을 만족시키기 위해 마음대로 법을 만드는 나라는 얼마나 불행한가!

2. 지금 그녀의 상황은 결코 희망적이지 못했다. 에스더는 지금 매우 암울한 상황 아래 놓여 있었으며, 그녀를 향한 왕의 애정은 예전 같지 않았다. 왜냐하면 지금 그녀는 부름을 받아 왕 앞에 나가지 못한 지가 이미 30일이나 되었기 때문이다(11절). 따라서 지금 그녀의 믿음과 용기는 큰 시험대에 올라 있는 것이나 마찬가지였다. 이러한 상황에도 불구하고 만일 그녀가 왕의 은총을 얻는다면, 하나님의 선하심은 더욱 밝히 빛날 것이었다. 아마도 하만은 술뿐만 아니라 여자들을 통해서까지 왕의 관심을 다른 데로 돌리려고 노력했을 것이다. 그리고 왕후에 대하여까지도 아마도 자신의 일을 훼방할지도 모른다고 생각하면서 가능한 한 왕과 떼어 놓으려고 노력했을 것이다.

IV. 모르드개는 어떤 위험이 있더라도 이 문제를 왕에게 고해야만 한다고 말했다(13, 14절). 어떤 변명도 소용없었다. 그녀는 이 문제를 가지고 왕에게 나아가야만 했다. 모르드개는 에스더에게 다음과 같은 사실들을 일깨워 주었다.

1. 이 일은 그녀 자신을 위한 일이기도 하다. 왜냐하면 모든 유다인을 진멸하라는 조서와 관련하여 그녀 역시도 예외가 아니기 때문이었다. "너는 왕궁에 있으니 모든 유다인 중에 홀로 목숨을 건지리라 생각하지 말라. 왕궁이 너를 보호해

줄 것이라거나 왕후의 면류관이 네 목숨을 구원해 줄 것이라고 생각하지 말라. 결코 그렇지 않으니라. 너 역시도 유다인이니라. 모든 유다인이 진멸을 당하고 난 후에 너 역시도 그렇게 될 것이니라." 그녀에게 있어 원수의 손에 의해 필연적인 죽음을 당하는 것보다는 차라리 남편으로부터의 조건부 죽음(conditional death, 즉 왕이 금 규를 내어밀지 않는 조건 위에서의 죽음)에 노출되는 것이 훨씬 더 지혜로운 일이 될 것이다.

2. 이 일은 어떻게든 해결될 일로서 그녀가 안심하고 모험할 수 있는 일이다. "설령 네가 이 일을 거절한다 할지라도, 유다인은 다른 데로 말미암아 놓임과 구원을 얻을 것이라." 이것은 큰 위기의 때에 믿음이 없어 하나님의 약속을 의심하지 않고 도리어 소망 가운데 믿음으로 바라는 강한 믿음의 언어이다(롬 4:20). 하나님의 도구들은 때로 실패할 수 있지만, 그러나 하나님의 약속은 결코 실패하지 않는다.

3. 만일 불신앙과 비겁함으로 동족을 버린다면 그녀는 자기와 자기 집이 하나님의 심판 아래 떨어질 것을 각오해야 한다. "다른 유다 가정들이 구원을 받을 때, 너와 네 아버지 집은 멸망하리라. 비겁한 술책으로 자기 목숨을 구하며 그 마음에 하나님을 의지하는 것이 없는 자는 결국 죄의 길을 행하는 가운데 멸망을 당하게 될 것이다."

4. 신적 섭리는 바로 이 때를 내다보고 그녀를 왕후의 자리로 이끌었다. "네가 왕후의 자리를 얻은 것이 이 때를 위함이 아닌지 누가 알겠느냐?" 그러므로

(1) "너는 지금 하나님과 하나님의 교회를 위해 이 일을 할 수 있게 된 것을 마땅히 감사해야 하느니라. 만일 그렇게 하지 않는다면, 너는 너로 하여금 왕후가 되도록 이끈 신적 섭리의 뜻을 거부하는 것이 될 것이니라."

(2) "너는 이 일에 실패할까 두려워할 필요가 없느니라. 만일 하나님이 이 일을 위해 너를 세우셨다면, 필경 너를 지키시고 너로 형통케 할 것이니라."

[1] 결과를 통해 볼 때, 그녀가 왕후가 된 것은 정말로 유다인들을 구원하기 위한 도구가 되게 하기 위함인 것이 분명하게 드러났다. 따라서 모르드개의 추측은 틀리지 않았다. 여호와께서 에스더로 왕후가 되게 하신 것은 자기 백성을 사랑하셨기 때문이었다. 하나님의 모든 섭리 속에는 지혜로운 계획과 목적이 들어 있다. 다만 그것이 이루어질 때까지 우리가 알지 못할 뿐이다. 그러나 결국에는 그 모든 것이 교회의 선과 유익을 위한 것이었음이 온전히 드러나게 된

다.

[2] 그와 같은 개연성 즉 그녀가 왕후가 된 것은 바로 이 때를 위함일지도 모른다는 개연성이 그녀로 하여금 자기 백성을 위해 모험을 감행하도록 했다. 우리는 하나님이 어떤 목적으로 우리를 지금 이 자리에 두셨는지를 생각하면서 어떻게 그 목적에 부응할 것인가를 생각해야 한다. 그리고 하나님과 우리 세대를 위해 봉사할 수 있는 어떤 특별한 기회가 주어졌을 때, 우리는 그 기회를 놓치지 않도록 주의해야 한다. 왜냐하면 그러한 기회를 활용할 것인지 아닌지 여부는 다름 아닌 우리 자신에게 맡겨져 있기 때문이다. 상상력이 풍부한 어떤 유대인 작가는 모르드개가 자기가 당한 모든 일을(7절) 에스더에게 이야기하는 장면에서 다음과 같은 요지의 말을 덧붙인다. "하만의 음모를 알고 무거운 마음으로 집에 돌아오는 중에 모르드개는 학교에서 집으로 돌아오고 있는 세 명의 유대 아이들을 만났다. 이에 모르드개는 아이들에게 오늘 학교에서 무엇을 배웠느냐고 물었다. 그러자 한 아이는 잠언 3:25-26의 갑작스러운 두려움을 두려워하지 말라는 말씀을 배웠다고 했고, 또 한 아이는 이사야 8:10의 너희는 함께 계획하라 그러면 그것이 헛일이 되리라라는 말씀을 배웠다고 했고, 마지막 아이는 이사야 46:4의 내가 지었은즉 내가 업을 것이요 내가 품고 구하여 내리라라는 말씀을 배웠다고 대답했다. 이에 모르드개는 어린 아이들과 젖먹이들의 입으로 권능을 세우시는 하나님의 선하심이여(시 8:2) 하면서 하나님께 찬미를 올렸다."

V. 그리하여 에스더는 어떤 위험이 있더라도 왕 앞에 나아갈 것을 결심했다. 그러나 그렇게 하기 전에 먼저 그녀와 그녀의 동족들이 하나님 앞에 간절히 기도해야 했다. 그들로 먼저 금식과 기도로 하나님의 은총을 얻게 하라. 그러면 그녀는 왕의 은총을 얻을 것을 바랄 수 있을 것이었다(15, 16절).

1. 그녀는 이제 이스라엘인다운 믿음과 헌신으로 말한다. 그녀는 이제 왕들의 마음을 그 손에 붙잡고 계시는 하나님, 그리고 아하수에로의 마음을 자신에게로 돌리실 수 있는 하나님을 바라보며 의지한다. 그녀는 생명의 위협을 무릅쓰고 왕 앞에 나아갈 것이지만 그러나 자기의 생명과 모든 되어지는 일들을 하나님께 맡기는 한 결코 두려워할 필요는 없을 것이었다. 그녀는 기도로써 하나님의 은총을 얻을 수 있을 것을 굳게 믿었다. 왜냐하면 하나님의 백성은 기도하는 백성이며, 하나님은 기도를 들으시는 하나님이시기 때문이다. 그녀는 이와 같은 특별한 위기상황에서 모두가 기도와 금식에 동참하는 것은 선한 백성

들의 마땅한 도리라고 생각했다.

(1) 그리하여 그녀는 수산 성에 있는 모든 유다인들에게 자신을 위해 3일 동안 금식하며 기도해 줄 것을 부탁했다. 그들은 에스더를 위해 각각 자신들이 속한 회당에 모여 금식하며 기도해야 했는데, 그것은 죄에 대해 스스로를 겸비케 하면서 하나님의 은총을 받을 자격이 없음을 인정하는 증표였다. 이와 같이 기도와 금식의 수고와 자기부인을 하기 싫어하는 자들은 하나님의 은총의 가치를 알지 못하는 자들이다.

(2) 에스더는 자신도 시녀들과 더불어 왕궁에서 함께 금식할 것을 약속했다. 시녀들은 유다인이었든지 아니면 유다 종교로 개종한 자들로서 왕후와 함께 기도와 금식에 동참할 것이었다. 우리는 여기에서 여종들과 함께 기도하는 여주인의 아름다운 실례(實例)를 보게 되는데, 이것은 참으로 본받을 만한 일이다. 또한 우리는 여기에서 구중궁궐에 속박되어 있는 사람도 회당에 모여 있는 회중들과 함께 기도에 동참할 수 있다는 사실을 알 수 있다. 육체로는 떨어져 있어도 영으로는 함께 할 수 있다. 다른 사람들로 하여금 자기를 위해 기도해 줄 것을 부탁했다면, 그 자신도 마땅히 스스로를 위해 기도해야 한다.

2. 그녀는 이제 왕후다운 용기와 결단으로 말한다. "우리가 이 일에 관해 하나님께 구하고 난 후에 내가 백성을 위해 왕에게 나아가리이다. 이것은 왕의 규례를 어기는 일이지만, 그러나 하나님의 규례에는 합당한 일이나이다. 그러므로 무슨 일이 일어나든지 내가 기꺼이 감당할 것이며, 내 생명을 조금도 귀한 것으로 여기지 않을 것이나이다. 이와 같이 내가 하나님과 하나님의 교회를 위해 봉사할 것이요, 죽으면 죽으리이다. 내 어찌 이보다 더 나은 일을 위해 목숨을 잃을 수 있으리이까? 내가 마땅히 해야 할 일을 저버리고 백성들과 함께 죽는 것보다 차라리 마땅히 해야 할 일을 행하는 가운데 백성들을 위해 죽는 것이 훨씬 낫지 않겠나이까?" 그녀는 열왕기하 7장의 네 명의 나병환자들처럼 추론한다(왕하 7:4). "만일 내가 가만히 있으면 여기서 죽을 것이요, 위험을 무릅쓰고 나아가면 나와 나의 백성들이 살게 되는지 모를 것이라. 최악의 경우에도 죽기밖에 더하겠는가?" 모험하지 않고는 아무것도 얻지 못하는 법이다. 에스더가 그와 같이 말한 것은 절망과 분노 가운데가 아니었다. 다만 모든 결과를 하나님께 맡기는 믿음과, 자신의 의무를 다하려고 하는 거룩한 결심으로부터였다. 에스더의 외경 부분에서(13, 14장), 우리는 이와 같은 상황에서 모르드개

와 에스더가 드린 매우 구체적이며 적절한 기도를 보게 된다. 그리고 본서 후
반부에서 우리는 하나님이 이들 야곱의 자손들의 기도에 온전히 응답하셨음을
보게 될 것이다.

제
— 5 —
장

개요

우리가 하만에 대해 마지막으로 본 장면은 그가 왕과 함께 술을 마시는 장면이었다 (3:15). 그리고 에스더에 대해 마지막으로 본 장면은 그녀가 유다 백성들에게 자신을 위해 금식하며 기도해 줄 것을 부탁하면서 자신도 그렇게 할 것을 약속하는 장면이었다. 이제 우리는 여기에서 다음과 같은 장면들을 보게 된다. I. 기쁨 가운데 있는 에스더. 왕은 그녀를 웃음으로 맞이하면서 크게 존귀케 한다(1-8절). II. 불쾌함 가운데 있는 하만. 하만은 자신에게 경의를 표하지 않는 모르드개에게 크게 분개하며 그를 매달 나무를 세운다(9-14절). 이와 같이 눈물로 씨를 뿌리는 자는 기쁨으로 거둘 것이며, 악인의 환호성은 길지 못할 것이다.

¹제삼일에 에스더가 왕후의 예복을 입고 왕궁 안 뜰 곧 어전 맞은편에 서니 왕이 어전에서 전 문을 대하여 왕좌에 앉았다가 ²왕후 에스더가 뜰에 선 것을 본즉 매우 사랑스러우므로 손에 잡았던 금 규를 그에게 내미니 에스더가 가까이 가서 금 규 끝을 만진지라 ³왕이 이르되 왕후 에스더여 그대의 소원이 무엇이며 요구가 무엇이냐 나라의 절반이라도 그대에게 주겠노라 하니 ⁴에스더가 이르되 오늘 내가 왕을 위하여 잔치를 베풀었사오니 왕이 좋게 여기시거든 하만과 함께 오소서 하니 ⁵왕이 이르되 에스더가 말한 대로 하도록 하만을 급히 부르라 하고 이에 왕이 하만과 함께 에스더가 베푼 잔치에 가니라 ⁶잔치의 술을 마실 때에 왕이 에스더에게 이르되 그대의 소청이 무엇이뇨 곧 허락하겠노라 그대의 요구가 무엇이뇨 나라의 절반이라 할지라도 시행하겠노라 하니 ⁷에스더가 대답하여 이르되 나의 소청, 나의 요구가 이러하니이다 ⁸내가 만일 왕의 목전에서 은혜를 입었고 왕이 내 소청을 허락하시며 내 요구를 시행하시기를 좋게 여기시면 내가 왕과 하만을 위하여 베푸는 잔치에 또 오소서 내일은 왕의 말씀대로 하리이다 하니라

I. 에스더가 왕에게 담대히 나아감(1절).   3일간의 금식기간이 끝나자 그녀

는 지체하지 않고 왕에게 나아갔다. 지금 그녀의 마음속에는 죽으면 죽으리라는 믿음의 결단이 아직 생생하게 살아 있었다. 우리의 심령이 믿음으로 충만해질 때, 우리는 하나님을 위해 행동하는 것이나 혹은 고난받는 것에 담대해질 것이다. 어떤 이들은 3일간의 금식기간을 그리스도께서 무덤에 누워 계셨던 시간과 똑같이 첫 날 밤과 둘째 날 전체와 셋째 날 아침까지로 생각하면서 그들 모두가 이러한 시간 동안 아무것도 입에 대지 않았다고 생각한다. 이러한 설명은 제삼일에 에스더가 왕궁 안뜰에 나타난 것과 잘 조화된다. 어떤 어려운 일과 부닥치기로 굳게 결심했을 때, 그러한 결심은 지체 없이 실행되어야 한다. 왜냐하면 그렇게 하지 않으면 자칫 마음이 식어지고 시들해질 수 있기 때문이다. 네가 하려는 일을 속히 하라. 에스더는 금식의 날에 입은 옷을 벗고 왕에게 좀 더 아름답게 보이도록 하기 위해 왕후의 예복을 입었다. 지금 그녀가 화려한 예복을 입은 것은 자기를 기쁘게 하기 위해서가 아니라 남편을 기쁘게 하기 위해서였다. 에스더의 외경 부분에서(14:16) 우리는 그녀가 하나님께 이렇게 호소하는 것을 보게 된다: 여호와여 내가 내 머리 위에 빛나는 왕후의 면류관을 좋아하지 않는다는 것을 주께서 아시나이다. 그녀는 희망과 두려움 사이에서 왕궁 안뜰 곧 어전 맞은편에 섰다.

II. 왕이 에스더를 따뜻하게 맞이함. 왕후 에스더가 뜰에 선 것을 본즉 매우 사랑스러우므로(2절). 본서(에스더)의 외경 부분의 저자와 요세푸스는 다음과 같이 말한다. "에스더는 두 명의 시녀와 함께 왔는데, 그 중 한 명은 옆에서 왕후를 시종하고 있었고 또 한 명은 왕후의 예복을 잡고 있었다. 그녀의 용모는 너무도 아름답고 사랑스러웠지만 그러나 그녀의 마음속에는 번민이 있었다. 왕이 사나운 표정으로 바라보자 그녀는 얼굴이 창백해지고 정신이 혼미해져 옆에 서 있는 시녀 쪽으로 쓰러졌다. 그 때 하나님이 왕의 심령을 변화시키셨다. 왕은 깜짝 놀라 즉시 보좌에서 일어나 그녀에게로 달려왔으며, 정신이 돌아올 때까지 그녀를 품에 안고 있었다. 그리고 정신이 돌아오자 왕은 다정한 말로 그녀를 위로했다." 이제 우리는 여기에서 다음과 같은 이야기를 듣게 된다.

1. 왕은 금 규를 내밀음으로써 바사 법률로부터 그녀를 보호해 주었다(2절). 그리고 그녀는 금 규 끝을 만짐으로써 스스로를 '겸비한 탄원자'로 나타냈다. 이와 같이 에스더는 야곱처럼 하나님과 겨루어 이김과 함께 사람과도 겨루어 이겼다. 하나님을 위해 자기 목숨을 잃고자 하는 자는 그것을 구하게 될 것이요

더 나은 생명을 얻게 될 것이다.

2. 왕은 에스더에게 원하는 것이 무엇이냐고 물었다(3절): 왕후 에스더여 그 대의 소원이 무엇이며 요구가 무엇이냐? 왕은 그녀가 법률을 어긴 것에 대해 불쾌하게 생각하기는 고사하고 그녀가 온 것을 크게 기쁘게 여기면서 그녀가 원하는 것이면 무엇이든 들어줄 마음을 가졌다. 그는 전에 자기 아내가 부름을 받았음에도 불구하고 오지 않았다고 하여 왕후의 위를 폐했었다. 그런 그가 이번에는 또 한 사람의 아내가 부름을 받지 않고 나온 것에 대해 가혹하게 대하기는커녕 도리어 큰 은혜를 베풀고자 했다. 하나님은 모든 인생의 마음을, 심지어 왕들의 마음까지도 당신이 기뻐하시는 방향으로 바꾸실 수 있으시다. 에스더는 죽임을 당할 것을 두려워했지만, 그러나 원하기만 하면 **나라의 절반이라도 주겠다는 약속을 받았다.** 하나님은 자기 백성들이 하나님을 위해 모험을 할 때 종종 그들이 두려워하는 것을 피하게 해 주실 뿐만 아니라 그들이 바라는 것 이상을 허락해 주시곤 한다. 우리는 이 이야기로부터 우리 구주께서 불의한 재판장의 비유를 통해 말씀하신 것처럼 하나님께 항상 기도하고 낙심치 말 것을 배워야 한다(눅 18:6-8). 이 거만한 왕의 말하는 것을 들으라(그대의 소원이 무엇이며 요구가 무엇이냐 나라의 절반이라도 그대에게 주겠노라). 하물며 하나님께서 그 밤낮 부르짖는 택하신 자들의 기도를 들으시고 응답해 주시지 않겠느냐? 에스더는 거만한 군주에게 나아갔지만, 우리는 사랑과 은혜의 하나님께 나아간다. 그녀는 부름을 받지 않았지만, 우리는 부름을 받았다. 성령께서 말하기를 오라(come) 하시며, 신부도 말하기를 오라(come) 하더라. 그녀는 바사의 법률을 어기며 나아갔지만, 우리는 하나님의 은총의 약속을 가지고 나아간다. 구하라 그러면 주실 것이요. 그녀에게는 중보자가 없었다. 왕의 사랑을 받는 자는 오히려 그녀의 원수였다. 그러나 우리에게는 하나님이 기뻐하시는 중보자가 계시다. 그러므로 우리가 은혜의 보좌 앞에 담대히 나아가자.

3. 이 때 그녀가 왕에게 구한 것은 자신이 준비한 잔치에 하만과 함께 와 달라는 것이 전부였다(4, 5절). 이것으로써

(1) 그녀는 자신이 왕의 호의를 입고 또 왕과 더불어 친교 나누기를 얼마나 열망하는지를 나타냈다. 그녀는 무엇보다도 왕의 호의를 입기를 바랐으며 어떤 값을 치르더라도 그것을 얻고자 했다.

(2) 그녀는 왕이 자신에게 얼마나 큰 애정을 갖고 있는지를 시험했다. 만일

왕이 이것을 거절한다면, 그녀로서는 다른 청을 해봐야 아무 소용없을 것이었다.

(3) 그녀는 왕의 기분을 즐겁게 하고 그럼으로써 자신이 요청하는 것을 좀 더 부드러운 마음으로 받아들이도록 만들고자 했다.

(4) 그녀는 왕의 마음을 기쁘게 하고자 했다. 왜냐하면 왕은 특별히 하만을 총애함으로써 틀림없이 그와 함께 하는 잔치를 좋아할 것이었기 때문이다. 그리고 그녀는 하만이 있는 자리에서 왕에게 자신이 원하는 것을 말하고자 했다.

(5) 그녀는 왕에게 자신이 원하는 것을 말할 좀 더 유리한 환경을 만들고자 했다. 왜냐하면 포도주의 연회는 왕에게 어떤 요청을 하기에 좀 더 화기애애한 자리가 될 것이었기 때문이다. 상대방에게 어떤 요청을 하거나 영향력을 끼치기 위해서는 지혜가 필요한 법이다.

4. 왕은 기꺼이 에스더의 요청을 받아주었다(5절). 이것은 그가 여전히 그녀에게 애정을 갖고 있음을 나타내는 표시였다. 만일 왕이 정말로 그녀와 그녀의 백성의 멸망을 계획했다면, 그는 그녀의 요청을 받아들이지 않았을 것이었다. 그리고 술을 마시면서 왕은 그녀에게 다시 한 번 약속한다(6절): 그대의 소청이 무엇이뇨 곧 허락하겠노라. 왕은 나라의 절반이라 할지라도 시행하겠다고 약속하는데, 이것은 어떤 경우에도 결코 거부하지 않겠다는 뜻을 담은 속담적인 표현이다. 헤롯 역시도 그와 같은 표현을 사용했다(막 6:23).

5. 그러자 에스더는 왕이 하만과 함께 다음 날 한 번 더 잔치에 참석해 달라고 요청했다(7, 8절). 그러면서 그 때 자신이 무엇을 원하는지 밝힐 것을 암시했다. 이와 같이 중요한 요구사항을 즉시 말하지 않고 뒤로 미룬 것은

(1) 에스더의 신중함에 기인한 것이었다. 이러한 방법으로 그녀는 왕의 마음을 더욱 강력하게 사로잡고자 했다. 어쩌면 아직까지 마음이 덜 준비되었기 때문에 하나님께 말의 지혜를 달라고 기도할 시간을 갖기 위해 그렇게 한 것인지도 모른다. 혹은 이와 같이 미룸으로써 자신이 왕을 얼마나 어렵게 생각하는지 그리고 왕에게 어떤 부탁을 하는 것을 얼마나 꺼려하는지를 나타내고자 한 것이었는지도 모른다. 성급하게 요청한 것은 종종 성급하게 거절되는 경향이 있다. 그러나 깊은 숙고 끝에 요청한 것은 쉽게 거절하기 어려운 법이다.

(2) 하나님의 섭리에 기인한 것이었다. 하나님은 그녀의 마음을 움직이셔서 그녀로 하여금 하루 더 미루도록 하셨다. 그녀는 그 이유를 알지 못했지만, 그

러나 하나님은 그렇게 하심으로써 그 날 밤 일어날 일을 통해 그녀의 계획이 좀 더 확실하게 성공되도록 이끄셨다. 그리고 그럼으로써 하만은 모르드개에 대한 악의가 최고점까지 이르렀다가 그 앞에서 추락하기 시작할 것이었다. 아마도 유다인들은 에스더가 지나치게 꾸물거린다고 비난했을 것이다. 그리고 어떤 이들은 그녀의 진정성과 열정을 의심하기 시작했을 것이다. 그러나 결과는 그들의 의심이 틀렸음을 입증했고, 모든 일은 최선으로 끝났다.

⁹그 날 하만이 마음이 기뻐 즐거이 나오더니 모르드개가 대궐 문에 있어 일어나지도 아니하고 몸을 움직이지도 아니하는 것을 보고 매우 노하나 ¹⁰참고 집에 돌아와서 사람을 보내어 그의 친구들과 그의 아내 세레스를 청하여 ¹¹자기의 큰 영광과 자녀가 많은 것과 왕이 자기를 들어 왕의 모든 지방관이나 신하들보다 높인 것을 다 말하고 ¹²또 하만이 이르되 왕후 에스더가 그 베푼 잔치에 왕과 함께 오기를 허락받은 자는 나밖에 없었고 내일도 왕과 함께 청함을 받았느니라 ¹³그러나 유다 사람 모르드개가 대궐 문에 앉은 것을 보는 동안에는 이 모든 일이 만족하지 아니하도다 하니 ¹⁴그의 아내 세레스와 모든 친구들이 이르되 높이가 오십 규빗 되는 나무를 세우고 내일 왕에게 모르드개를 그 나무에 매달기를 구하고 왕과 함께 즐거이 잔치에 가소서 하니 하만이 그 말을 좋게 여기고 명령하여 나무를 세우니라

우리는 여기에 나타난 하만의 모습 속에서 잠언의 한 구절을 떠올리게 된다: 무례하고 교만한 자를 이름하여 망령된 자라 하나니 이는 넘치는 교만으로 행함이니라(잠 21:24). 이와 같은 말씀에 부응하는 인물로서 교만과 혈기로 가득 찬 하만보다 더 적합한 자가 누구겠는가?

I. 하만이 왕후의 잔치에 초대받은 것으로 인하여 크게 우쭐댐. 그 날 하만이 마음이 기뻐 즐거이 나오더니(9절). 그가 왕후의 잔치에 초대받은 것을 얼마나 자랑스럽게 말하고 있는지 주목하라(12절). 왕후가 오직 왕과 자신만을 초대한 것으로 그는 크게 우쭐대며 그것을 더없는 영광으로 생각한다. 그는 왕후가 다음 날 또다시 자신을 초대한 것은 그녀가 자신과의 대화와 친교를 크게 즐거워했기 때문이라고 생각했다. 왕과 동석할 만한 자는 자기 외에 아무도 없었다. 스스로에 대해 탄복하며 자기 망상에 빠져 있는 자는 스스로를 속이는 자라는 사실을 주목하라. 그는 왕후가 이와 같이 거듭 자신을 초청한 것은 자

신을 존귀케 할 목적으로 그렇게 한 것이라고 상상했다. 그러나 그것은 그를 참소하기 위한 것이었으며, 잔치로 초청한 것은 실상 법정으로 초청한 것이었다. 교만한 자들은 통상 확대경으로 스스로를 바라본다. 너의 마음의 교만이 너를 속였도다(옵 1:3).

Ⅱ. 하만이 모르드개가 자신에게 경의를 표하지 않는 것으로 인해 크게 노함.

1. 모르드개는 여전히 단호했다. 그는 하만을 보고 일어나지도 않고 몸을 움직이지도 않았다(9절). 그의 행동은 양심의 원리에 따른 것이었다. 따라서 그는 계속해서 그와 같은 태도를 견지하면서 하만 앞에서 꿇어 절하지 않았다. 그로서는 하만을 두려워할 충분한 이유가 있었다. 그럼에도 불구하고 모르드개는 그 앞에 꿇어 절하지 않았다. 그는 하만의 교만한 마음에 영합하기 위해 비굴한 방법을 사용하지 않아도 하나님이 자신과 자기 백성을 그의 악의로부터 구원해 주실 수 있으며 또 그렇게 하실 것이라고 굳게 믿었다. 거룩한 믿음으로 행하는 자들은 하나님의 지켜주심 가운데 행하게 될 것이며, 사람을 두려워하지 않고 계속해서 자신의 길을 갈 수 있을 것이다. 정직하게 행하는 자는 확고하게 자기 길을 가리라.

2. 하만은 그와 같은 모르드개의 태도를 도저히 참을 수가 없었다. 스스로에 대해 더 큰 망상에 빠질수록 그는 더 참을 수가 없었으며 더욱 화가 났다.

(1) 그로 인해 그의 심령은 분노로 들끓었다. 그는 매우 노했으나(9절) 꾹 참았다(10절). 그는 자신을 모욕한 모르드개를 당장 칼로 찔러 죽이고 싶었다. 그러나 머지않아 모든 유다인들과 함께 죽는 것을 보아야 했기 때문에 당장 죽이고 싶은 마음을 꾹 참았다. 그의 가슴속에서는 모르드개를 당장 죽일 것을 요구하는 분노(憤怒)와 유다인 전체를 학살할 때까지 기다릴 것을 명하는 악의(惡意) 사이에 큰 갈등이 있었다. 이와 같이 패역한 자의 길에는 가시와 올무가 있다(잠 22:5).

(2) 그로 인해 그의 즐거움은 곧 시들해졌다. 그에게 있어 모르드개로부터 받은 작은 모욕은 값비싼 향료 항아리 전체를 못쓰게 만드는 죽은 파리와 같았다. 그는 모르드개가 살아서 대궐 문 앞에 앉아 있는 한 그의 모든 재산과 높은 지위와 많은 자녀까지도 결코 즐거움이 되지 못한다고 아내와 친구들 앞에서 불평을 늘어놓았다(10-13절). 그는 자신의 부와 영예와 많은 가족과 높은 지위와 왕의 총애를 받는 것과 궁중의 우상이 된 것을 자랑했지만, 그러나 모르드

개가 목매달려 죽지 않는 한 이 모든 것으로도 결코 만족할 수 없었다. 불평하기를 좋아하는 자들에게는 계속해서 불평할 거리가 생기는 법이다. 그리고 교만한 자들은 설령 많이 가졌다 할지라도 모두 갖지 못한다면 결코 만족하지 못한다. 겸손한 자들에게는 하만이 가진 것의 천분의 일만으로도 큰 만족과 행복을 얻기에 충분하고도 넘친다. 그러나 하만은 마치 가장 큰 궁핍과 수치의 자리에 떨어진 것처럼 격렬하게 불평을 늘어놓는다.

Ⅲ. 하만의 아내와 친구들이 다음 날 모르드개를 나무에 매달 것을 조언하고 하만은 그러한 조언을 기꺼이 받아들임(14절).　그들은 하만이 모르드개에 대해서만은 제비뽑기에 의해 정해진 살육의 날까지 기다리지 않고 곧바로 죽이고 싶어 한다는 사실을 알았다. 그리하여 그들은 하만으로 하여금 속히 모르드개를 죽임으로써 마음의 즐거움과 위로를 얻으라고 조언했다. "지금은 모르드개만을 죽임으로써 마음의 위로를 얻으시고 그것으로 제비뽑기로 정한 살육의 날에 모든 유다인들을 진멸시키는 것에 대한 확증으로 삼으소서." 그들은 그가 지금은 모르드개만을 죽이는 것을 싫어하지 않을 것이라고 생각했다.

1. 그들은 문 앞에 높은 나무를 세우고 왕의 허락이 떨어지는 즉시 모르드개를 달자고 조언했다. 이러한 조언은 하만의 마음에 크게 부합했으므로 그는 즉시 나무를 세우도록 명령을 내렸다. 나무의 높이는 50규빗(약 23m)이 되어야 했다. 그렇게 함으로써 그를 더욱 수치스럽게 만들고 지나가는 모든 행인들로 하여금 구경거리가 되도록 했다. 또 그 나무는 자기 집 문 앞에 세워져야 했다. 그리하여 그를 자신의 복수의 우상 앞에 희생제물로 바치고, 직접 그 광경을 봄으로써 자신의 눈을 즐겁게 하고자 했다.

2. 그들은 아침 일찍 왕에게 나아가 왕의 허락을 받을 것을 조언했다. 그는 왕의 총애를 받는 신하요, 모든 유다인을 진멸하라는 조서까지도 어렵지 않게 받아낸 자였다. 그런 그가 모르드개 한 사람을 나무에 매다는 정도의 허락이야 얼마나 쉽게 받을 수 있겠는가? 그들은 그가 왕의 허락을 받아낼 것을 추호도 의심하지 않았다. 거짓을 꾸며낼 필요도 없었다. 모르드개가 왕의 명령을 무시하고 그에게 경의를 표하지 않았다는 사실을 왕에게 알리는 것만으로 충분할 것이었다. 이렇게 하여 하만은 다음 날 나무에 달린 모르드개를 만족스러운 마음으로 바라본 후 왕후의 잔치에 참여할 생각으로 즐거워하면서 잠자리에 들었다(그 나무에 다름 아닌 바로 그 자신이 달릴 줄은 꿈에도 생각하지 못한 채).

제
— 6 —
장

개요

본 장에서 우리는 매우 놀라운 장면을 보게 된다. 하만은 모르드개에 대하여 심판자가 되고자 했으나 도리어 시종(侍從)이 되었다. 이것은 그에게 있어 큰 굴욕이었으며, 이로 인해 그는 큰 혼란에 빠지고 말았다. 그리고 이와 같은 방식으로 하만의 음모는 좌절되고 유다인은 구원을 받게 되었다. I, 신적 섭리가 왕으로 하여금 모르드개의 공로를 알게 함(1-3절). II. 모르드개를 죽일 것에 대한 허락을 구하려고 왔던 하만이 도리어 그를 존귀케 하는 도구가 됨(4-11절). III. 이로부터 그의 친구들이 그에게 다가올 운명을 감지함(12-14절). 그리고 우리는 다음 장에서 그들의 예감이 적중하는 것을 보게 된다. 이로써 우리는 에스더가 탄원을 하루 늦춘 것이 얼마나 복된 결과를 가져왔는지를 알게 된다.

[1]그 날 밤에 왕이 잠이 오지 아니하므로 명령하여 역대 일기를 가져다가 자기 앞에서 읽히더니 [2]그 속에 기록하기를 문을 지키던 왕의 두 내시 빅다나와 데레스가 아하수에로 왕을 암살하려는 음모를 모르드개가 고발하였다 하였는지라 [3]왕이 이르되 이 일에 대하여 무슨 존귀와 관작을 모르드개에게 베풀었느냐 하니 측근 신하들이 대답하되 아무것도 베풀지 아니하였나이다 하니라

우리는 앞 장에서 사탄이 어떻게 하만의 마음에 모르드개를 죽이려는 마음을 집어넣었는지 살펴보았다. 이제 우리는 여기에서 하나님이 어떻게 왕의 마음에 모르드개를 존귀케 하려는 마음을 집어넣었는지에 대해 듣게 된다. 왕의 말이 하만의 말을 이긴다면, 하물며 사람이 무슨 궤계를 품든지 하나님의 계획이 서지 않겠는가? 그러므로 하나님과 왕이 모르드개를 존귀케 하고자 할 때, 하만이 어떻게 그것을 막을 수 있겠는가? 그리고 이와 같은 절체절명의 때에 모르드개가 존귀케 되고 하만이 혼돈에 빠지는 것은 다음 날 에스더가 유다인의 구원을 위해 행하고자 하는 일에 큰 도움이 될 것이었다. 때로 일을 늦추는 것이 도리어 더 좋은 결과를 가져오기도 하며, 잠시 늦춤으로써 도리어 더 빨

리 이루어지기도 한다. 그는 기다림으로써 정복했다. 이제 신적 섭리가 어떻게 모르드개를 존귀케 하는지 그 과정을 따라가 보자.

I. 왕이 그 날 밤 잠을 이루지 못함. 그 날 밤에 왕이 잠이 오지 아니하므로(1절). 문자 그대로, 그의 잠이 달아나 버렸다. 그림자를 좇아가면 달아나는 것처럼, 왕이 잠을 자고자 하면 할수록 잠은 왕으로부터 달아났다. 때로 우리가 너무나 잠을 자려고 애쓰는 바람에 더욱 잠을 자지 못하는 경우도 있다. 포도주 연회에도 불구하고 신적 섭리가 그를 잠들지 못하게 하자 그는 잠을 잘 수 없었다. 우리는 그가 잠들 수 없을 정도로 어떤 큰 번민이 있었는지에 대해 아무것도 읽지 못한다. 다만 지금 그가 잠들지 못하는 것은 하나님이 그로부터 잠을 거두셨기 때문이었다(잠은 하나님의 선물이다). 사람이 근심을 버리려고 결심한다고 해서 항상 근심이 없어지는 것은 아니다. 전혀 예상치도 못하고 원치도 않은 가운데 베개 속에서 온갖 근심을 발견하기도 한다. 127 지방을 다스리는 왕이 한 시간의 잠은 다스릴 수 없었다. 어쩌면 그는 에스더 왕후의 매력에 푹 빠져 그토록 사랑스런 아내임에도 불구하고 지난 30일 동안 그녀를 소홀히한 것에 대해 자책하고 있었는지도 모른다. 그리고 어쩌면 그것 때문에 잠이 오지 않은 것이었는지도 모른다.

II. 왕이 잠이 오지 않자 역대 일기를 가져와 읽게 함. 역대 일기를 가져와 읽게 한 것은 필경 잠을 청하기 위한 것이 아니었을 것이다. 그것은 도리어 그의 잠을 더 쫓아버리고 그의 머리를 각종 생각으로 가득 차게 만들 것이었다. 바사 왕들은 이러한 경우 통상적으로 음악과 노래를 청하곤 했다(단 6:18). 그렇게 함으로써 마음을 고요하게 하고 좀 더 쉽게 잠을 청할 수 있을 것이었다. 그러나 하나님은 그렇게 하는 대신 그로 하여금 역대 일기를 가져와 읽도록 지시할 마음을 갖게 하셨다. 사람들이 갑자기 예기치 못한 일을 행할 때, 우리는 하나님이 그것을 통해 의도하는 바를 알지 못한다. 어쩌면 왕이 역대 일기를 읽고자 하는 마음을 가진 것은 잠이 오지 않는 밤 시간을 활용하여 뭔가 중요한 사업을 구상하려고 했던 것이었는지도 모른다. 만일 다윗 왕이 지금의 아하수에로처럼 잠을 이루지 못하는 상황에 있었다면, 아마도 그는 하나님을 기억하며 그분을 묵상했을 것이다(시 63:6, 내가 나의 침상에서 주를 기억하며). 그리고 만일 그가 지금 어떤 책이 자기 앞에서 읽혀지길 원했다면, 필경 그것은 성경이었을 것이다. 내가 그의 율법을 주야로 묵상하리로다.

Ⅲ. 신하가 왕에게 모르드개와 관련한 부분을 읽어줌. 그 신하는 무심코 그 부분을 펼쳐서 읽었든지 아니면 오랫동안 읽어나기는 가운데 그 부분에 이르렀을 것이다. 어쨌든 이렇게 하여 왕을 암살하려는 음모가 모르드개로 인해 저지된 사실이 왕에게 알려지게 되었다(2절). 모르드개는 그 신하가 의도적으로 그 부분을 뽑아 읽을 만큼 궁중에서 큰 영향력을 가진 사람이 아니었다. 다만 신적 섭리가 그를 그와 같이 이끌었다. 유대인의 전승에 따르면, 책을 펼쳐 그 부분이 나왔을 때 신하는 다른 부분을 읽으려고 했지만 또다시 책장이 그쪽으로 펼쳐짐으로 어쩔 수 없이 그것을 읽을 수밖에 없었다고 한다. 모르드개의 선행이 어떻게 기록되었는지에 대해 우리는 앞에서 읽었다(2:23). 그리고 마침내 그 기록은 빛 가운데 온전히 드러났다.

Ⅳ. 이에 왕이 모르드개에게 무슨 존귀와 관작을 베풀었느냐고 물음(3절). 왕은 마치 바로의 술 맡은 관원장처럼 오늘 자기 허물을 기억하면서(창 41:9) 혹시 이 일이 유야무야 지나간 것이 아닌가 생각하며 물었다. 감사할 줄 아는 것은 지극히 당연한 자연의 도리임을 주목하라. 우리는 특별히 아랫사람들에게 감사할 줄 알아야 한다. 그리고 그들의 봉사를 당연한 것으로 받아들이지 말고 우리에게 빚을 준 것으로 생각해야 한다. 여기의 왕의 물음으로부터 우리는 감사에 대한 다음과 같은 두 가지 법칙을 배울 수 있다.

1. 존귀케 하는 것이 아무것도 하지 않는 것보다 훨씬 더 낫다. 때로 우리에게 은혜 베푼 자들에 대해 보답할 수 없거나 혹은 보답할 필요가 없는 경우도 있다. 그렇다 할지라도 그들의 은혜와 은택을 인정하며 감사를 표함으로써 그들을 존귀케 하는 것이 마땅하다.

2. 늦게라도 감사를 표하는 것이 아무것도 하지 않는 것보다 훨씬 더 낫다. 우리에게 베풀어진 은혜를 오랫동안 잊고 보답을 하지 않았다면, 이제라도 기억하고 그 빚을 갚도록 하자.

Ⅴ. 이에 신하들이 모르드개의 선행에 대해 아무 보상도 베풀어지지 않았다고 대답함. 그 때 모르드개는 대궐 문 앞에 앉아 있었는데, 지금도 여전히 그 자리에 앉아 있었다. 여기에서 다음의 사실들을 주목하라.

1. 높은 자리에 앉은 자들이 아랫사람들에게 별다른 주의를 기울이지 않는 것은 흔히 있는 일이라는 사실. 왕은 신하들이 알려줄 때까지 모르드개가 마땅한 보상을 받았는지 여부를 알지 못했다. 높은 자들은 일반적으로 아랫사람들

에게 무관심하며 그들의 형편을 알지 못하는 것을 자랑스럽게 여기는 경향이 있다. 그러나 가장 높으신 하나님은 가장 미천한 자들까지도 살피신다.

2. 겸손과 겸양과 자기 부인이 비록 하나님 앞에서는 값진 것이라 할지라도 그러나 이 세상에서 출세하는 데에는 종종 방해가 되곤 한다는 사실. 교만한 야심가 하만이 왕의 귀와 마음을 얻는 동안, 겸손한 모르드개는 고작 대궐 문 앞에 앉아 있었을 뿐이었다. 그렇지만 설령 야심가가 빨리 솟아오른다 할지라도, 그러나 견고하게 서는 것은 겸손한 자이다. 그러므로 사람이 교만하면 낮아지게 되겠고 마음이 겸손하면 영예를 얻으리라(잠 29:23).

3. 왕궁에서 존귀(honor)와 위엄(dignity, 한글 개역개정판에는 '관작'으로 되어 있음)이 높이 평가되는 사실. 왕은 모르드개에게 "무슨 상급을 베풀었느냐? 얼마를 주었느냐? 얼마 만큼의 토지를 주었느냐?"라고 묻지 않고 단지 "무슨 존귀와 위엄을 베풀었느냐?"라고 물었다. 존귀와 위엄이라는 것은 얼마나 허망한 것인가? 만일 그것을 뒷받침할 수 있는 것들을 갖지 못한다면, 그것은 다만 무거운 짐에 불과할 뿐이다.

4. 큰 공로와 선행이 종종 간과되고 보답을 받지 못하는 사실. 존귀를 받기에 가장 합당하며 그럴 만한 자격이 있으며 그것을 최고로 선용(善用)할 수 있는 사람에게 별다른 존귀가 주어지지 않는 것은 너무도 흔한 일이다. 전도서 9:14-16을 보라. 부와 존귀를 얻는 것은 통상적으로 운에 좌우된다.

5. 사람의 선행과 공로가 때로 큰 보상은 고사하고 그를 보호해 주는 것조차 되지 못하는 사실. 모르드개는 누구보다도 존귀와 위엄을 받을 자격이 있었다. 그럼에도 불구하고 그는 지금 모든 유다인들과 함께 진멸을 당할 운명에 처해 있었다. 그러나 충성스럽게 하나님을 섬기는 자들은 결코 이와 같은 염려를 할 필요가 없다.

⁴왕이 이르되 누가 뜰에 있느냐 하매 마침 하만이 자기가 세운 나무에 모르드개 달기를 왕께 구하고자 하여 왕궁 바깥뜰에 이른지라 ⁵측근 신하들이 아뢰되 하만이 뜰에 섰나이다 하니 왕이 이르되 들어오게 하라 하니 ⁶하만이 들어오거늘 왕이 묻되 왕이 존귀하게 하기를 원하는 사람에게 어떻게 하여야 하겠느냐 하만이 심중에 이르되 왕이 존귀하게 하기를 원하시는 자는 나 외에 누구리요 하고 ⁷왕께 아뢰되 왕께서 사람을 존귀하게 하시려면 ⁸왕께서 입으시는 왕복과 왕께서 타시는 말과 머

리에 쓰시는 왕관을 가져다가 ⁹그 왕복과 말을 왕의 신하 중 가장 존귀한 자의 손에 맡겨서 왕이 존귀하게 하시기를 원하시는 사람에게 옷을 입히고 말을 태워서 성 중 거리로 다니며 그 앞에서 반포하여 이르기를 왕이 존귀하게 하기를 원하시는 사람에게는 이같이 할 것이라 하게 하소서 하니라 ¹⁰이에 왕이 하만에게 이르되 너는 네 말대로 속히 왕복과 말을 가져다가 대궐 문에 앉은 유다 사람 모르드개에게 행하되 무릇 네가 말한 것에서 조금도 빠짐이 없이 하라 ¹¹하만이 왕복과 말을 가져다가 모르드개에게 옷을 입히고 말을 태워 성 중 거리로 다니며 그 앞에서 반포하되 왕이 존귀하게 하시기를 원하시는 사람에게는 이같이 할 것이라 하니라

이제 아침이 되고 사람들이 활동하기 시작한다.

I. 하만은 모르드개를 목매다는 일에 너무나 마음이 조급하여 일찌감치 왕궁에 와서 왕을 접견할 준비를 하고 있었다(4절). 그는 자기가 말을 한 마디만 해도 왕이 즉시로 허락해 줄 것을 조금도 의심치 않았다. 그것보다 훨씬 더 큰 일을 요청해도 왕은 기꺼이 자신의 청을 들어줄 것이었다. 그는 모르드개를 목매다는 일이 지극히 합법적인 일임을 확신하고 있었기 때문에 일찌감치 그를 매달 나무를 준비해 두었다. 이제 왕의 입으로부터 나오는 한 마디 말이 그의 마음에 완전한 만족을 줄 것이었다.

II. 왕은 모르드개를 존귀케 하는 일에 너무나 마음이 조급하여 지금 그 일을 수행하기에 적합한 자가 뜰에 있는지 물었다. 이에 신하들은 지금 하만이 뜰에 서 있다고 대답했다(5절). 그러자 왕은 그를 들어오게 하라고 말했다. 그는 왕이 존귀케 하기를 원하는 자를 시종(侍從)하기에 가장 적합한 자였다. 지금 왕은 그와 모르드개 사이의 불화를 전혀 알지 못하고 있었다. 하만은 왕의 침소로 들어오도록 부름받은 것에 대해 의기양양해하면서 즉시 그 곳으로 들어갔다. 아마도 지금 왕은 아직 침소에서 일어나지 않은 것으로 보인다. 그는 모르드개를 존귀케 하라는 명령을 내린 후 편한 마음으로 다시 잠자리에 들려고 하고 있었을 것이다. 하만은 지금이야말로 왕의 허락을 구할 가장 좋은 기회라고 생각했을 것이다. 그러나 왕이 먼저 자신을 불렀으므로, 우선은 왕이 말하는 것을 들어야만 했다.

III. 왕은 하만에게 왕이 은총을 베풀기를 원하는 자에게 그 은총을 어떻게 표현하면 좋겠느냐고 묻는다(6절). 왕이 존귀하게 하기를 원하는 사람에게 어떻

게 하여야 하겠느냐? 왕이나 상전들에게 있어 상을 주기를 좋아하고 징벌하기를 좋아하지 않는 것은 선한 성품이라는 사실을 주목하라. 부모나 상전들은 자신들이 맡고 있는 자 즉 자기 자녀나 하인들 안에 있는 선한 것을 칭찬하고 격려하기를 좋아해야 한다.

IV. 하만은 왕이 은총을 베풀려고 하는 자가 바로 자신일 것이라고 확신한다. 그러면서 신하에게 주어질 수 있는 최고의 영광을 간언한다. 그의 교만한 심령은 지금 이렇게 속삭이고 있었다. "왕이 존귀케 하기를 원하는 자가 나 외에 누가 있겠는가? 그러한 존귀를 받기에 합당한 자가 도대체 나 외에 누구란 말인가?" 사람의 교만이 어떻게 스스로를 속이는지 주목하라.

1. 하만은 자신의 공로를 과대평가했다. 그리하여 존귀를 받을 자가 자기 외에는 아무도 없다고 생각했다. 이와 같이 상을 받음에 있어 자기밖에 합당한 자가 없다고 생각한다든지 혹은 어느 누구보다도 자기가 더 합당하다고 생각하는 것은 참으로 어리석은 일이다. 우리가 스스로를 속이는 것은 이와 같이 자신에 대한 과대망상으로 나타난다. 그러므로 우리는 이 같은 것에 대해 끊임없이 경계하며 기도해야 한다.

2. 하만은 자신의 영향력을 과대평가했다. 그는 왕이 오직 자신만을 총애하며 높이 평가한다고 생각했지만, 그러나 그것은 스스로 속은 것이었다. 다른 사람들이 우리에게 어떤 경의를 표하며 고백할 때, 우리는 그러한 경의가 실제로는 겉으로 표현되는 것만큼 그렇게 큰 것이 아닐 수도 있다는 사실을 항상 기억해야 한다. 우리는 종종 그러한 말을 액면 그대로 믿고 싶어 하는 경향이 있다. 그러나 우리는 다른 사람들의 말을 액면 그대로 믿으며 스스로를 과대평가하지 않도록 항상 조심해야 한다. 지금 하만은 자신이 간언하는 대로 그 모든 존귀가 자신에게 돌아온다고 생각하고 있었다. 따라서 그는 최고 수준의 존귀를 간언했다(8, 9절). 아니, 최고 수준의 존귀라기보다는 차라리 신하로서 지나친 존귀라고 말하는 것이 더욱 적절할 것이었다. 왜냐하면 왕복을 입고 왕관을 쓰고 왕의 말을 타는 것은 신하에게 있어 지나친 존귀가 아닐 수 없기 때문이다. 간단히 말해서 그는 왕 자신의 위엄과 위용을 갖추고 성 중 거리를 다녀야만 했다. 또 왕의 신하 중 가장 존귀한 자의 시중을 받아야만 했다. 그럼으로써 가장 존귀한 신하는 자신의 종복(從僕)이 될 것이며, 모든 백성들은 그러한 광경을 보며 자신에게 큰 경의를 표하게 될 것이었다. 그리고 그와 같은 위엄과

위용으로 성 중 거리를 다니는 가운데, 종복은 그의 영광을 위해 "왕이 존귀하게 하기를 원하시는 사람에게는 이같이 할 것이라"고 반포해야 했다. 우리는 예전에 바로가 요셉에게 이와 같이 했던 것을 보게 된다(창 41:41 이하). 모든 선한 백성들은 왕이 존귀케 하기를 원하는 자에게 기꺼이 경의를 표할 것이다. 그렇다면 모든 선한 그리스도인들은 만왕의 왕이 존귀케 하기를 기뻐하며 성도(聖徒)로 부르신 자들에게 얼마나 더 그렇게 하겠는가?

V. 왕은 하만에게, 즉시 가서 이 모든 것을 유다인 모르드개에게 시행할 것을 지시한다(10절).   만일 왕이 하만이 기대한 대로 "네가 바로 그 사람이라"고 말했다면, 지금 이 순간이 그가 왕궁에 온 용무를 고할 얼마나 좋은 기회였겠는가? 그랬다면 자신의 영광을 온 성 중 거리에 휘날리면서 동시에 눈엣가시와도 같은 모르드개를 목매달 수 있었을 것이었다. 그러나 왕이 자신으로 하여금 눈엣가시와도 같으며 그토록 죽이고 싶어 했던 유다인 모르드개를 시종(侍從)하며 존귀케 하라고 지시했을 때, 하만에게 그것은 얼마나 청천벽력 같은 말이었겠는가! 왕이 존귀케 하기를 원하는 자가 모르드개임이 드러난 이상, 지금 하만에게 있어 왕의 마음을 돌리려고 생각하는 것은 아무 소용 없는 일이었다. 솔로몬은 왕의 마음은 헤아릴 수 없다고 말하지만(잠 25:3), 그러나 그것이 결코 변하지 않는 것은 아니다.

VI. 하만은 왕의 지시에 감히 반박하거나 싫은 내색을 보일 수 없었다.   대신에 그는 우리가 상상할 수 있는 최고의 마지못한 마음으로 모르드개에게 왕의 지시를 전달했다. 이렇게 하여 모르드개는 왕복을 입고 말에 탄 채 성 중 거리를 다니며 왕이 존귀케 하기를 원하는 자로 반포되었다(11절). 모르드개를 존귀케 한 교만한 하만과 그것을 받아들인 겸손한 모르드개 가운데 누구의 꺼림(혹은 마지못함)이 더 컸을지는 참으로 말하기 어렵다. 그러나 왕이 그렇게 명령했으므로, 두 사람 다 그대로 순복해야 했다. 이 일을 토대로 이제 우리는 유다인의 구원과 관련한 에스더의 계획이 성공을 거둘 것을 충분히 예상할 수 있게 되었다.

[12]모르드개는 다시 대궐 문으로 돌아오고 하만은 번뇌하여 머리를 싸고 급히 집으로 돌아가서 [13]자기가 당한 모든 일을 그의 아내 세레스와 모든 친구에게 말하매 그 중 지혜로운 자와 그의 아내 세레스가 이르되 모르드개가 과연 유다 사람의 후손

이면 당신이 그 앞에서 굴욕을 당하기 시작하였으니 능히 그를 이기지 못하고 분명히 그 앞에 엎드러지리이다 14아직 말이 그치지 아니하여서 왕의 내시들이 이르러 하만을 데리고 에스더가 베푼 잔치에 빨리 나아가니라

우리는 여기에서 다음과 같은 내용을 볼 수 있다.

I. 모르드개가 왕으로부터 큰 존귀를 입은 것으로 의기양양해하지 않음. 도리어 그는 겸손하게 자기 자리로 다시 돌아왔다: 모르드개는 다시 대궐 문으로 돌아오고(12절). 그는 곧바로 본래의 자리와 임무로 돌아와 전처럼 자신의 직무에 착념했다. 존귀가 주어졌을 때 그것으로 인해 교만해지지도 않고 태만해지지도 않으며 예전의 직무를 대수롭지 않게 생각하지 않는 자들은 그러한 존귀를 받기에 합당한 자들이다.

II. 하만이 큰 낙망과 번뇌에 빠짐. 그는 도저히 참을 수가 없었다. 어떤 사람의 시중을 든다는 것, 특별히 목매달아 죽일 작정이었던 모르드개의 시중을 든다는 것은 그의 교만한 심령을 뒤집어 놓기에 충분했다. 하만은 번뇌하여 머리를 싸고 급히 집으로 돌아가서(12절). 그의 모습은 마치 저주를 받아 처참한 상태가 된 자의 모습 같았다. 모르드개에게 시중을 든 것이 도대체 그에게 무슨 해악을 끼쳤단 말인가? 그 일로 인해 그의 지위가 낮아지기라도 했단 말인가? 왕의 신하 중 가장 존귀한 자로 시중들게 하라는 것은 바로 그 자신이 간언한 바가 아니었던가? 그런데 그는 자신이 그 일을 하는 것을 어째서 그토록 싫어한단 말인가? 그 일은 겸손한 자의 잠자리조차도 방해하지 못할 일이었지만, 그러나 교만한 자의 심령을 뒤집어 놓기에는 조금도 부족하지 않았다.

III. 이 일로부터 하만의 아내와 친구들이 하만의 파멸을 예감함. 모르드개가 과연 유다 사람의 후손이면 당신이 그 앞에서 굴욕을 당하기 시작하였으니 능히 그를 이기지 못하고 분명히 그 앞에 엎드러지리이다(13절). 그들의 위로는 너무도 허망하며 무익한 것이었다. 그들은 그에게 잘못을 뉘우치고 모르드개에게 용서를 구할 것을 조언하지 않았다. 그렇게 하는 대신 처참한 파멸을 피할 수 없을 것이라고 예언했다. 그들은 다음과 같은 두 가지를 예견했다.

1. 모든 유다인을 진멸하고자 한 하만의 계획은 결국 실패로 끝나게 될 것이다. 당신이 그 앞에서 굴욕을 당하기 시작하였으니 능히 그를 이기지 못하고. "모든 유다인을 진멸하려는 당신의 계획은 성공하지 못할 것이나이다. 지금 하늘

은 명백히 당신의 편이 아니나이다."

2. 결국 하만 자신이 멸망을 당하게 될 것이다. 분명히 당신이 그 앞에 엎드러지리이다. 미가엘과 용의 싸움은 무승부로 끝나지 않을 것이다. 결코 그렇게 되지 않을 것이다. 하만은 필경 모르드개 앞에 엎드러질 것이다. 그들의 예언은 다음과 같은 두 가지 사실에 근거한 것이었다.

(1) 모르드개가 유다 사람의 후손이라는 사실. 때로 원수들은 유다인들을 '미약한 유다인' 이라고 불렀지만 그러나 나중에는 '강한 유다인' 임을 깨닫게 되곤 했다. 그들은 하나님과 언약을 맺은 거룩한 자손이요, 기도하는 자손이요, 여호와께서 축복하신 자들이다. 그런데 어떻게 원수들이 그들을 이길 것을 기대할 수 있겠는가?

(2) 하만이 이미 몰락하기 시작했다는 사실. 그러므로 그는 필경 완전히 허물어지게 될 것이었다. 우리는 역사를 통해 왕의 총애를 받던 자들이 한 번 외면을 받기 시작하면 순식간에 무너지고 마는 것을 흔히 관찰할 수 있다. 그들은 갑자기 일어난 것처럼 갑자기 엎드러진다. 이것은 교회의 원수들에게도 마찬가지이다. 하나님이 역사하기 시작할 때, 그들의 종말은 순식간에 이를 것이다.

IV. 하만이 에스더가 베푼 잔치로 부름을 받음(14절).   하만은 그러한 부름을 참으로 '시의적절한 부름' 이라고 생각했을 것이다. 왜냐하면 왕후의 잔치를 통해 낙망된 마음을 다시 회복시키고 추락한 위신을 다시 세울 수 있을 것이라고 기대했을 것이기 때문이다. 그러나 그것은 '정말로' 시의적절한 부름이었다. 왜냐하면 처참한 낙망으로 만신창이가 된 그의 심령은 에스더의 참소로 인해 한층 쉽게 허물어질 수 있을 것이었기 때문이다. 우리는 이와 같이 시의적절하게 이루어지는 신적 섭리의 과정 속에서 하나님의 지혜를 발견하게 된다.

제
— 7 —
장

개요

우리는 여기에서 에스더가 베푼 두 번째 잔치에서 벌어진 일을 보게 된다. 본 장의 내용은 다음과 같다. I. 에스더가 왕에게 자기 생명과 자기 백성의 생명을 살려줄 것을 청원함(1-4절). II. 에스더가 자신과 자기 백성을 멸망시키려고 계획하고 있는 자가 바로 하만이라고 분명하게 지적함(5, 6절). III. 하만이 모르드개를 달기 위해 나무를 세웠다는 보고를 듣고 왕이 그 나무 위에 하만을 달 것을 지시함(7-10절). 이와 같이 음모를 꾸민 자가 멸망을 당함으로써 그 음모 자체도 허물어지는 길로 접어들게 되었다.

¹왕이 하만과 함께 또 왕후 에스더의 잔치에 가니라 ²왕이 이 둘째 날 잔치에 술을 마실 때에 다시 에스더에게 물어 이르되 왕후 에스더여 그대의 소청이 무엇이냐 곧 허락하겠노라 그대의 요구가 무엇이냐 곧 나라의 절반이라 할지라도 시행하겠노라 ³왕후 에스더가 대답하여 이르되 왕이여 내가 만일 왕의 목전에서 은혜를 입었으며 왕이 좋게 여기시면 내 소청대로 내 생명을 내게 주시고 내 요구대로 내 민족을 내게 주소서 ⁴나와 내 민족이 팔려서 죽임과 도륙함과 진멸함을 당하게 되었나이다 만일 우리가 노비로 팔렸더라면 내가 잠잠하였으리이다 그래도 대적이 왕의 손해를 보충하지 못하였으리이다 하니 ⁵아하수에로 왕이 왕후 에스더에게 말하여 이르되 감히 이런 일을 심중에 품은 자가 누구며 그가 어디 있느냐 하니 ⁶에스더가 이르되 대적과 원수는 이 악한 하만이니이다 하니 하만이 왕과 왕후 앞에서 두려워하거늘

왕은 즐거운 마음으로 그리고 하만은 언짢은 마음으로 왕후가 준비한 잔치에 참석했다.

I. 왕이 에스더에게 소청이 무엇인지 말하라고 세 번째로 재촉함(2절). 왕은 그녀의 소청이 무엇인지 몹시 알고 싶어 하는 가운데 어떤 것이든 꼭 들어주겠다고 다시 한 번 반복해서 약속했다. 만일 왕이 지금 왕후에게 어떤 소청

이 있다는 사실을 잊어버린 채 그에 대해 묻지 않았다면, 그녀에게 있어 그것을 새롭게 일깨워주는 것은 참으로 어려운 일이었을 것이다. 그러나 왕은 그것을 마음에 두고 있었다. 그리하여 왕은 반드시 들어주겠다는 삼겹줄의 약속과 함께 세 번이나 반복해서 그것이 무엇이냐고 물었다.

Ⅱ. 마침내 에스더가 왕에게 소청을 올림. 그녀의 소청은 왕을 경악시키기에 충분했다. 왜냐하면 왕은 그녀가 재물이나 존귀나 아니면 어떤 측근 인물을 높은 자리에 등용해 달라는 따위의 요청을 할 것으로 예상했지만 그러나 그녀가 구한 것은 자신과 자기 백성의 생명을 보존해 달라는 것이었기 때문이다(3, 4절).

1. 심지어 이방인이나 죄수들에게조차도 목숨을 살려 달라고 탄원하는 것이 허용되어야 한다면 하물며 사랑하는 아내의 탄원이야 얼마나 더 그러하겠는가? 내 생명을 내게 주시고 내 요구대로 내 민족을 내게 주소서(3절). 여기에서 왕이 그녀와 그들의 생명을 보존해 주어야 하는 이유는 두 가지였다.

(1) 그것이 왕후의 생명이기 때문이었다. 만일 왕후의 생명이 위협을 당하고 있다면, 왕은 결코 가만히 있어서는 안 되었다. 에스더의 소청은 다음과 같은 것이었다. "내 생명을 내게 주소서. 만일 왕이 자기 아내에 대해 어떤 애정을 가지고 있다면, 지금이야말로 그것을 나타낼 때이나이다. 왜냐하면 지금 왕후의 생명이 위험에 처해 있기 때문이나이다."

(2) 그것이 수많은 사람들의 생명이기 때문이었다. 만일 수많은 목숨이 한 순간에 진멸을 당할 위험에 처해있다면, 왕은 그러한 재앙을 막기 위해 어떤 수고도 아껴서는 안 되었다. "지금 내가 살려 달라고 요청하는 것은 단지 한두 사람의 목숨이 아니라 내 민족 전체의 목숨이나이다."

2. 왕의 마음을 더욱 강력하게 움직이기 위해 그녀는 다음과 같은 사실을 제시한다.

(1) 그녀와 그녀의 민족이 팔려서 진멸함을 당하게 되었다. 그들이 팔린 것은 나라에 죄를 범했기 때문이 아니라 단지 한 사람의 교만한 마음과 복수심을 만족시키기 위한 것이었다.

(2) 팔린 것은 단지 그들의 자유가 아니라 그들의 목숨이었다. 그녀는 말한다. "만일 우리가 노비로 팔렸더라면 내가 잠잠하였으리이다. 왜냐하면 이로 인해 설령 왕은 큰 손해를 볼지라도 그러나 우리는 때가 되면 다시 자유를 얻게 될

것이기 때문이나이다. 우리를 판 대가로 얼마를 받든지 간에 이토록 많은 일손을 잃는 것은 왕에게 큰 손실이 될 것이나이다." 선한 백성을 핍박하는 것은 악한 일일 뿐만 아니라 왕과 나라에 큰 손실을 끼치는 어리석은 일이기도 하다. 그렇게 함으로써 왕과 나라는 힘이 약해지고 피폐하게 될 것이다. 그러나 이 일은 그 정도에 불과한 일이 결코 아니었다. 우리가 팔려서 죽임과 도륙함과 진멸함을 당하게 되었나이다. 따라서 지금은 가만히 있을 때가 아니라 일어서서 말해야 할 때이다. 에스더는 모든 유다인을 죽일 것을 명한(3:13) 조서를 언급한다. 만일 왕의 마음에 어떤 부드러운 부분이 있었다면, 이 말이 어떻게 그 부분을 건드리지 않을 수 있었겠는가?

Ⅲ. 왕이 이 같은 소청에 크게 경악함. 그러면서 왕은 묻는다(5절): 감히 이런 일을 심중에 품은 자가 누구며 그가 어디 있느냐? "무엇이라고? 왕후와 왕후의 백성을 진멸할 음모를 꾸몄다고? 그런 인간 아니 그런 괴물이 있었단 말인가? 그런 마음을 품은 자가 도대체 누구며 어디에 있느냐?"

1. 왕은 도대체 누가 그 같은 악한 생각을 할 수 있는지 경악을 금치 못했다. 필경 사탄이 그의 마음에 가득할 것이었다.

2. 왕은 도대체 누가 그토록 대담한 일을 꾸밀 수 있는지 경악을 금치 못했다. 도대체 누가 이토록 악한 일을 꾸밀 수 있으며, 이토록 무모한 일을 생각할 수 있었단 말인가? 다음을 주목하라.

(1) 세상에서 이와 같이 끔찍하고 악독한 일이 실제로 행해진다는 사실은 정말로 상상하기 힘들다. 감히 하나님의 존재와 섭리를 의심하며 그의 말씀을 조롱하며 그의 이름을 더럽히며 그의 백성을 핍박하며 그의 진노에 반항하는 자는 도대체 누구며 어디에 있단 말인가? 그러한 자들은 우리로 하여금 맹렬한 분노에 사로잡히도록 만들기에 충분한 자들이다(시 119:53).

(2) 때로 우리 자신에게 그 책임이 돌려져야 할 악도 있다는 사실을 우리는 기억해야 한다. 지금 아하수에로가 경악하고 있는 악은 실상 그 자신에게 책임이 돌려져야 할 악이었다. 왜냐하면 모든 유다인을 진멸하라는 조서를 묵인한 자는 다름 아닌 그 자신이었기 때문이었다. 에스더로서는 실제로 '당신이 바로 그 사람'이라고 말할 수도 있었다.

Ⅳ. 에스더가 면전에서 하만을 참소함. "여기에 그가 있으니 그 스스로 말하게 하소서. 대적과 원수는 이 악한 하만이니이다(6절). 그가 우리를 진멸하려는

음모를 꾸몄사오며, 더욱이 이 일에 왕을 공범으로 끌어들였나이다.”

V. 하만이 즉시로 사태의 심각성을 알아챔. 하만이 왕과 왕후 앞에서 두려워하거늘. 왕후가 참소자가 되고 왕이 재판장이 되며 그 자신의 양심이 스스로를 대적하는 증인이 되었을 때, 그는 두려워하지 않을 수 없었다. 더구나 아침에 벌어졌던 신적 섭리의 역사(즉 모르드개가 왕의 은총을 입고 존귀케 된 일)는 그의 두려움을 더욱 가중시킬 수밖에 없었다. 지금 포도주의 연회에 초청받았다고 하는 것이 그에게 무슨 기쁨이 되었겠는가? 그는 스스로 부요함과 풍족함 가운데 있다고 생각했다. 그러나 바로 그 때 그는 극도의 궁지 속에 빠진 자신의 모습을 발견하지 않을 수 없었다. 그는 자기 발로 올무에 빠지고 말았다.

⁷왕이 노하여 일어나서 잔치 자리를 떠나 왕궁 후원으로 들어가니라 하만이 일어서서 왕후 에스더에게 생명을 구하니 이는 왕이 자기에게 벌을 내리기로 결심한 줄 앎이더라 ⁸왕이 후원으로부터 잔치 자리에 돌아오니 하만이 에스더가 앉은 걸상 위에 엎드렸거늘 왕이 이르되 저가 궁중 내 앞에서 왕후를 강간까지 하고자 하는가 하니 이 말이 왕의 입에서 나오매 무리가 하만의 얼굴을 싸더라 ⁹왕을 모신 내시 중에 하르보나가 왕에게 아뢰되 왕을 위하여 충성된 말로 고발한 모르드개를 달고자 하여 하만이 높이가 오십 규빗 되는 나무를 준비하였는데 이제 그 나무가 하만의 집에 섰나이다 왕이 이르되 하만을 그 나무에 달라 하매 ¹⁰모르드개를 매달려고 한 나무에 하만을 다니 왕의 노가 그치니라

I. 왕이 노하여 잠시 자리를 떠남. 왕은 화가 난 상태로 잔치 자리에서 일어나 왕궁 후원으로 갔다(7절). 그렇게 한 것은 스스로 마음을 가다듬고 지금까지 벌어진 일을 곰곰이 되돌아보고자 한 것이었다. 그는 일곱 명의 사례를 아는 현자들을 부르지 않았다(1:13). 그것은 그들과 의논하지도 않고 성급하게 행한 일을 철회하기 위해 새삼스럽게 그들과 의논하는 것을 부끄럽게 생각했기 때문이었다. 그렇게 하는 대신 왕은 지금 왕후가 고한 사실과 예전에 자신과 하만 사이에 있었던 일을 비교하면서 잠시 후원을 거닐었다. 우리는 여기에서 왕이 다음과 같은 생각을 했을 것이라고 추측할 수 있다.

1. 하만 같이 자기중심적인 자의 일방적인 주장을 진위조차 살피지 않고 성급하게 허락함으로써 자칫 한 민족과 심지어 왕후까지도 죽게 만들 뻔한 자신

의 어리석음을 자책함. 신중하게 행하지 않은 일은 결국 자책을 부르게 될 것이다.

2. 그처럼 총애했던 하만이 그토록 악독한 계획에 자신까지 끌어들일 정도로 흉악한 자였다는 사실에 분개함. 자기가 가장 총애하던 자로부터 배신당했다고 생각했을 때, 왕은 심히 분개하지 않을 수 없었다. 그러나 왕은 새롭게 생각을 가다듬기 전까지는 아무 말도 하지 않으려고 했다. 화가 났을 때, 우리는 이성(理性)의 다스림을 받는 자답게 어떤 결론에 이를 때까지 잠시 시간을 갖고 천천히 생각해 보는 것이 좋다.

II. 하만이 초라한 탄원자가 되어 왕후에게 살려 달라고 애걸함. 왕이 급히 자리에서 일어나는 것을 보면서 그는 왕이 자기에게 벌을 내리기로 결심한 것을 쉽게 짐작할 수 있었다. 왜냐하면 왕의 진노는 사자의 부르짖음 같고(잠 19:12) 죽음의 사자 같기(잠 16:14) 때문이다. 다음을 보라.

1. 황급히 에스더의 발아래 엎드려 목숨을 살려 달라고 애걸하는 하만의 모습은 얼마나 초라한가! 권세를 쥐고 있을 때는 가장 오만하고 도도하며 자기 멋대로 행하던 자들이 상황이 바뀌면 즉시로 가장 비굴하고 비겁하게 돌변하는 것은 결코 드문 일이 아니다. 비겁한 자가 가장 잔인하게 행동하는 것은 너무도 흔한 일이다.

2. 최근까지 왕에게 소홀히 여김을 받으며 어린 양처럼 죽임을 당할 운명에 있다가 이제 철천지원수로 하여금 무릎 꿇고 살려 달라고 애걸하게 만든 에스더의 모습은 얼마나 위대한가! 이와 같이 하나님은 자기 여종의 비천함을 돌보시고 마음의 생각이 교만한 자를 흩으셨다(눅 1:48, 51). 이것을 빌라델비아 교회에 주신 약속과 비교해 보라. 보라 사탄의 회당에 속한 자들 중에서 몇을 네게 주어 그들로 와서 네 발 앞에 절하게 하고 내가 너를 사랑하는 줄을 알게 하리라(계 3:9). 하나님의 택하신 자들을 미워하며 핍박하는 자들이 도리어 그들에게 애걸할 날이 다가오고 있다. 우리 등불이 꺼져가니 너희 기름을 좀 나눠 달라(마 25:8). 아버지 아브라함이여 나를 긍휼히 여기사 나사로를 보내어 그 손가락 끝에 물을 찍어 내 혀를 서늘하게 하소서(눅 16:24). 정직한 자들이 아침에 그들을 다스리리니(시 49:14).

III. 왕이 하만에게 더욱 격노함. 왕은 생각하면 할수록 하만의 행위가 너무도 괘씸했다. 최근까지 하만이 말하고 행동한 것들은 실제로는 매우 악한 것들이었음에도 불구하고 왕에게 모두 좋게 받아들여졌다. 그러나 이제는 거꾸로 그리 나쁜 것이 아니며 실제로는 용서를 구하는 행동조차도 왕에게 극악한 행동으로 받아들여지게 되었다. 하만은 두려움 가운데 에스더의 발아래 엎드려 목숨을 살려 달라고 애걸했다. 그런데 그것을 보며 왕이 말한다: 저가 궁중 내 앞에서 왕후를 강간까지 하고자 하는가? 왕이 진짜로 하만이 왕후를 강간하려고 했다고 생각하지는 않았을 것이다. 다만 하만이 왕후와 왕후의 백성을 몰살시키려고 음모를 꾸민 것을 곰곰이 생각하는 중에 그가 그와 같은 자세를 취한 것을 보자 또다시 분노가 폭발한 것이었다. "저가 왕후를 죽이려고 하더니 이제는 궁중 내 앞에서 죽이려는가? 그리고 그것도 부족해서 강간까지 하려고 하는가? 먼저 겁탈하고 그 후에 죽일 작정인가? 왕후를 죽이려고 계획했던 자가 어찌 겁탈인들 못하겠는가?"

IV. 왕의 신하들이 하만의 얼굴을 쌈. 하만이 떠오르는 해였을 때는 그에게 잘 보이려고 했던 자들이 이제 떨어지는 별이 되자 금방 그로부터 등을 돌렸다. 우리는 여기에서 오만한 자의 세력이란 것이 얼마나 허물어지기 쉬운 것인가 하는 것을 보게 된다.

1. 왕의 입에서 진노의 말이 떨어지자마자 무리가 하만의 얼굴을 쌌다. 그는 더 이상 왕의 얼굴을 볼 자격도 없으며 왕도 그의 얼굴을 쳐다볼 가치가 없는 정죄 받은 자처럼 취급되었다. 교수형을 당하는 자들은 통상적으로 얼굴을 가리는 법이다. 신하들이 이 일과 관련하여 왕의 마음을 얼마나 빨리 간파했는지 보라. 사람들에게 있어 대세가 움직이는 쪽으로 속히 태도를 바꾸는 것은 결코 새로운 일이 아니다. 만일 하만이 몰락할 것이라면, 그들은 이렇게 소리지를 준비가 되어 있었다: 그를 죽여라!

2. 왕후의 잔치에 하만을 데려오도록 보냄 받은 내시 가운데 한 사람이 왕에게 하만이 모르드개를 달기 위해 높은 나무를 세운 사실을 보고했다(9절). 그 내시는 모르드개에 대해 그가 왕을 위하여 충성된 말로 고발했노라고 칭송한다. 이와 같이 모든 일이 드러남으로써 하만의 죄의 분량은 더욱 완전하게 채워지고 왕은 그에 대해 더욱 분개하게 되었다.

V. 왕이 그 나무에 하만을 달라고 명령함. 하만에게는 왕의 판결에 대해 항변할 기회조차 주어지지 않았다. 판결은 간단명료했다: 하만을 그 나무에 달라. 그리고 그러한 판결은 신속히 시행되었다: 그리하여 그 나무에 하만을 다니

라.

1. 여기에서 교만이 무너진 것을 보라. 하만은 모든 사람이 자신에게 경의를 표해야 한다고 생각했다. 그런 그가 세상의 가장 수치스러운 구경거리가 되었으며, 그 자신이 그의 복수심의 희생제물이 되었다. 하나님은 교만한 자들을 물리치시나니, 누가 감히 하나님을 대적하리요.

2. 여기에서 핍박자가 징벌을 당하는 것을 보라. 하만은 모든 면에서 악한 자였다. 그렇지만 그 가운데서도 하나님을 가장 격노케 한 것은 당신의 교회에 대한 그의 적대감이었다. 바로 그것 때문에 하나님은 그와 다투셨다. 그리고 그의 음모가 허물어졌음에도 불구하고 하나님은 그의 행위의 악한 대로 그에게 갚으셨다(시 28:4).

3. 여기에서 남을 해하려고 한 자에게 그 해가 돌아간 것을 보라. 그가 웅덩이를 파 만듦이여 제가 만든 함정에 빠졌도다(시 7:15-16; 9:15-16). 하만은 부당하게도 모르드개를 매달기 위해 나무를 세웠지만, 그러나 정당하게도 그 나무 위에 그 자신이 매달렸다. 만일 그가 그 나무를 세우지 않았다면, 어쩌면 왕은 그를 매달 생각까지는 하지 않았을는지도 모른다. 그러나 만일 그가 왕이 존귀케 하기를 원하는 자를 위해 나무를 세웠다면, 그가 먼저 그 나무에 달려 그것이 얼마나 잘 어울리는지 시험해 보는 것이 마땅했다. 이와 같이 하나님의 교회의 원수들은 종종 스스로 파놓은 올무 속에 스스로 걸려들곤 한다. 그 날 아침 하만은 자신을 위해서는 왕복을, 그리고 모르드개를 위해서는 나무를 계획하고 있었다. 그러나 결과는 정반대였다. 모르드개에게는 왕관이 씌워졌으며, 자신에게는 나무 형틀이 지워졌다. 하나님은 자신이 행하시는 심판을 통해 자신을 드러내신다. 잠언 11장 8절과 21장 18절을 보라.

VI. 이로 인해 왕의 노가 그침(10절).   하만을 나무에 매달고 나서야 비로소 왕의 노가 풀렸다. 그는 모르드개를 존귀케 하기를 기뻐했던 것처럼 또한 하만을 나무에 매다는 것을 기뻐했다. 왕이 보응하기를 기뻐하는 자는 결국 이와 같이 될 것이다. 하나님도 악인에 대해 이렇게 말씀하신다(겔 5:13): 이와 같이 내 노가 다한즉 그들을 향한 분이 풀려서 내 마음이 가라앉으리라.

제
— 8 —
장

개요

우리는 앞 장에서 하만이 매어달린 것을 살펴보았는데, 여기에서는 한 걸음 더 나아가 그의 음모가 어떻게 되었는지를 보게 된다. I. 그의 음모는 자신의 재산을 늘이기 위한 것이었다. 그러나 그는 범죄자로서 모든 재산을 몰수당하고 그것은 에스더와 모르드개에게 주어졌다(1, 2절). II. 그의 음모는 유다인들을 진멸시키는 것이었다. 그러나 1. 에스더가 그러한 조서를 철회해 줄 것을 간곡히 청함(3-6절). 2. 그리하여 유다인들을 보호하는 새로운 조서가 반포됨(7-14절). III. 이 일로 유다인들과 그들의 모든 친구들이 크게 즐거워함(15-17절).

¹그 날 아하수에로 왕이 유다인의 대적 하만의 집을 왕후 에스더에게 주니라 에스더가 모르드개는 자기에게 어떻게 관계됨을 왕께 아뢰었으므로 모르드개가 왕 앞에 나오니 ²왕이 하만에게서 거둔 반지를 빼어 모르드개에게 준지라 에스더가 모르드개에게 하만의 집을 관리하게 하니라

에스더와 모르드개가 눈물과 두려움 가운데 금식하며 기도하던 것이 불과 얼마 전의 일이었다. 이제 그들에게 어떻게 어둠이 지나고 빛이 비추었는지 살펴보자.

1. 에스더가 부요케 됨. 하만은 범죄자로서 교수형에 처해졌다. 따라서 그의 모든 재산은 왕에게 귀속되고, 왕은 그것을 에스더에게 주었다(1절). 그것은 그동안 하만으로부터 받은 모든 괴로움에 대한 보상이었다. 그의 집과 땅과 각종 물품들과 가재도구들과 총리로 있으면서 모아둔 모든 돈이 그녀에게 주어졌다. 이것들은 이제 모두 그녀의 것이 되었다. 이와 같이 죄인의 재물은 의인을 위하여 쌓이며(잠 13:22), 그의 은은 죄 없는 자가 차지할 것이다(욥 27:17, 18). 하만은 에스더에게 해를 끼치려고 했지만 도리어 선을 끼친 결과가 되었다.

2. 모르드개가 높이 등용됨. 그 날 아침 성 중 거리를 다녔던 화려한 행렬은

단지 그 날 하루 만의 영광으로 끝나지 않았다. 우리는 여기에서 그가 높은 위치에 등용되는 것을 보게 된다.

(1) 에스더는 모르드개가 자신의 사촌임을 밝혔다. 에스더가 왕후가 된 지 4년이나 되었음에도 불구하고 왕은 지금까지 그 사실을 알지 못하고 있었다. 이와 같이 모르드개는 겸손하며 스스로 삼갈 줄 아는 사람이었다. 궁중에서 높은 자리를 오르고자 하는 욕심 따위는 그에게 없었다. 그는 자신이 왕후의 사촌이며 후견인이라는 사실을 숨겼으며, 그러한 관계를 이용하여 개인적인 이득을 취하려고 하지 않았다. 이처럼 유리한 위치를 이용하려고 하지 않은 자가 모르드개 외에 누가 있었겠는가? 그러나 이제 그는 왕 앞에 인도되어 이를테면 왕의 손에 입을 맞추었다. 그것은 마침내 에스더가 그가 자기에게 어떻게 관계되는지를 왕에게 이야기했기 때문이었다. 그녀는 그가 자신의 가까운 친척이 될 뿐만 아니라 고아였던 자신을 돌봐준 자로서 지금도 아버지처럼 존경하는 자임을 밝혔다. 그리하여 왕은 왕후를 위해서라도 모르드개를 더욱 존귀케 할 마음을 가졌다. 실제로 왕과 왕후의 생명을 지켜준 것은 얼마나 큰 공로이겠는가! 모르드개는 아말렉 사람 하만에게는 결코 절하려고 하지 않았지만, 그러나 왕 앞에 인도되었을 때는 의심의 여지 없이 절하며 경의를 표했을 것이다.

(2) 왕은 하만을 대신하여 모르드개를 자신의 전권총리로 삼았다. 하만에게 주어졌던 모든 신임과 권력은 이제 모르드개에게로 옮겨졌다. 왕은 하만으로부터 빼앗은 반지를 모르드개에게 줌으로써 그를 총애하는 측근 신하요 왕의 대리자로 삼았다. 오만하며 악독한 하만이 차지하고 있던 자리가 겸손하며 신실한 모르드개에게로 옮겨진 것은 얼마나 복된 변화인가! 의심의 여지 없이 왕과 모든 백성들이 금방 그 사실을 깨닫게 되었을 것이다.

(3) 에스더는 모르드개에게 하만의 집을 관리하게 했다. 여기에서 보물을 땅에 쌓는 것이 얼마나 헛된 일인지 주목하라. 재물을 쌓는 자는 그것을 누가 거둘지 알지 못한다(시 39:6). 그가 지혜자일지 우매자일지도(전 2:19) 알지 못할 뿐만 아니라 그가 친구일지 원수일지도 알지 못한다. 만일 그토록 미워했던 모르드개가 자기가 수고한 모든 것을 맡아 주관할 것을 미리 알았다면, 하만은 자신의 모든 재산을 얼마나 분통 터지는 눈으로 바라보았겠는가! 그러므로 우리에게 있어 보물을 땅에 쌓아 두는 것보다 하늘에 쌓는 것이 얼마나 더 유익한 일인가!

³에스더가 다시 왕 앞에서 말씀하며 왕의 발 아래 엎드려 아각 사람 하만이 유다인을 해하려 한 악한 꾀를 제거하기를 울며 구하니 ⁴왕이 에스더를 향하여 금 규를 내미는지라 에스더가 일어나 왕 앞에 서서 ⁵이르되 왕이 만일 즐거워하시며 내가 왕의 목전에 은혜를 입었고 또 왕이 이 일을 좋게 여기시며 나를 좋게 보실진대 조서를 내리사 아각 사람 함므다다의 아들 하만이 왕의 각 지방에 있는 유다인을 진멸하려고 꾀하고 쓴 조서를 철회하소서 ⁶내가 어찌 내 민족이 화 당함을 차마 보며 내 친척의 멸망함을 차마 보리이까 하니 ⁷아하수에로 왕이 왕후 에스더와 유다인 모르드개에게 이르되 하만이 유다인을 살해하려 하므로 나무에 매달렸고 내가 그 집을 에스더에게 주었으니 ⁸너희는 왕의 명의로 유다인에게 조서를 뜻대로 쓰고 왕의 반지로 인을 칠지어다 왕의 이름을 쓰고 왕의 반지로 인친 조서는 누구든지 철회할 수 없음이니라 하니라 ⁹그 때 시완월 곧 삼월 이십삼일에 왕의 서기관이 소집되고 모르드개가 시키는 대로 조서를 써서 인도로부터 구스까지의 백이십칠 지방 유다인과 대신과 지방관과 관원에게 전할새 각 지방의 문자와 각 민족의 언어와 유다인의 문자와 언어로 쓰되 ¹⁰아하수에로 왕의 명의로 쓰고 왕의 반지로 인을 치고 그 조서를 역졸들에게 부쳐 전하게 하니 그들은 왕궁에서 길러서 왕의 일에 쓰는 준마를 타는 자들이라 ¹¹조서에는 왕이 여러 고을에 있는 유다인에게 허락하여 그들이 함께 모여 스스로 생명을 보호하여 각 지방의 백성 중 세력을 가지고 그들을 치려하는 자들과 그들의 처자를 죽이고 도륙하고 진멸하고 그 재산을 탈취하게 하되 ¹²아하수에로 왕의 각 지방에서 아달월 곧 십이월 십삼일 하루 동안에 하게 하였고 ¹³이 조서 초본을 각 지방에 전하고 각 민족에게 반포하고 유다인들에게 준비하였다가 그 날에 대적에게 원수를 갚게 한지라 ¹⁴왕의 어명이 매우 급하매 역졸이 왕의 일에 쓰는 준마를 타고 빨리 나가고 그 조서가 도성 수산에도 반포되니라

유다인의 주된 원수인 하만은 목매달려 죽었고, 그들의 주된 친구인 모르드개와 에스더는 크게 존귀케 되었다. 그러나 제국에는 유다인들을 미워하며 그들의 멸망을 바라는 자들이 많이 있었으며, 대부분의 유다인들은 그들의 악의와 광분에 노출되어 있었다. 왜냐하면 모든 유다인들을 진멸하라는 조서가 아직 철회되지 않았고 따라서 원수들은 그 조서가 지정한 날에 그 일을 행할 것이었기 때문이었다. 또한 만일 유다인들이 스스로를 보호하기 위해 저항한다든지 무기를 든다면, 필경 왕과 제국에 반란을 꾀하는 자로 간주될 것이

었다. 이것을 막기 위해,

I. 왕후는 이 문제를 간절히 왕에게 호소했다. 그녀는 두 번째로 부름을 받지 않고 왕 앞에 나왔으며(3절), 왕은 앞에서처럼 그녀에게 금 규를 내밂으로써 소청이 무엇인지 말하도록 격려했다(4절). 그녀의 소청은 이제 하만이 죽었으니 그가 유다인들을 진멸하기 위해 꾸민 장치까지 제거해 달라는 것이었다. 사람은 죽어도 그가 만들어 놓은 장치는 남아 있는 법이다. 사람이 계획한 일이나 기록해 놓은 어떤 조서는 그가 죽은 후에도 좋은 쪽으로든 나쁜 쪽으로는 효과를 발휘하게 된다. 따라서 지금의 상황에서 유다인들이 환난을 당하는 것을 막기 위해 왕이 새로운 조서를 내려 하만이 왕의 각 지방에 있는 유다인을 진멸하려고 꾀하고 쓴 조서를 철회시키는 것은 절대적으로 필요한 일이었다(5절, 여기에서 에스더는 왕이 그 조서를 승인했다든지 혹은 인을 침으로써 확정했다는 등의 말은 하지 않고 다만 왕의 양심에 맡겨 둔다). 이러한 상황에서 왕은 잘못된 조서를 철회하는 일을 결코 회피해서는 안 되었다. 우리가 어떤 잘못된 일을 행했을 때 힘을 다해 그것을 철회하지 않는다면, 회개가 도대체 무슨 소용이란 말인가?

1. 에스더는 너무도 간절한 마음으로 소청을 올린다: 왕의 발 아래 엎드려 울며 구하니(3절). 그녀의 눈물은 방울방울마다 그녀의 옷에 달린 진주만큼이나 값진 것이었다. 하나님의 교회가 위기에 처한 때는 정말로 진지하게 구해야 할 때이다. 어느 누구도 엎드려 울며 구하기를 꺼려해서는 안 된다. 이렇게 하는 것은 하나님의 교회와 백성들을 위해 큰 봉사를 하는 것이다. 에스더는 비록 자신은 안전하다 할지라도 그러나 자기 백성들의 구원을 위해 엎드려 눈물로 구했다.

2. 에스더는 매우 겸손한 표현으로 왕에게 소청을 고한다(5절): 왕이 만일 즐거워하시며 내가 왕의 목전에 은혜를 입었거든. 그리고 그녀는 또다시 말한다. "만일 이 일이 왕 앞에 합당하며 왕이 이 일을 청하는 나를 좋게 보신다면, 부디 그 조서를 철회해 주소서." 윗사람에게 어떤 일을 청함에 있어 설령 그것이 너무나 합당하며 분명한 사유를 가진 것이라 할지라도 무엇을 당당하게 요구하는 자처럼 말하지 않고 겸손하게 그리고 경의를 표하며 구하는 것은 참으로 합당한 일이다. 겸손과 예의를 통해 잃는 것은 아무것도 없다. 유순한 대답이 분노를 쉽게 하는 것처럼(잠 15:1), 유순한 청은 은총을 얻게 한다.

3. 에스더는 계속해서 애절하게 호소한다. "내가 어찌 내 민족이 화 당함을 차마 보리이까? 내가 그들의 생명을 구해주지 못한다면 나 혼자 산들 그것이 내게 무슨 위로가 되리이까? 그들에게 화가 임하는 것을 보는 것은 나 자신이 화를 당하는 것과 일반이나이다. 왜냐하면 내 소중한 친척의 멸망함을 내가 차마 볼 수 없기 때문이나이다." 에스더 왕후는 자신의 가련한 친척들에 대해 매우 부드러운 어조로 말한다. 그녀는 이러한 말 속에 자신의 눈물을 섞었다: 에스더가 왕의 발 아래 엎드려 울며 구하니(3절). 우리는 그녀가 자기 목숨을 살려 달라고 구할 때 눈물을 흘렸다는 이야기를 듣지 못한다. 그러나 자기 백성을 위해 구할 때는 눈물을 흘렸다. 동정과 연민의 눈물이야말로 그리스도의 눈물을 가장 많이 닮은 눈물이다. 진실로 백성을 염려하는 자들은 살아서 하나님의 교회가 황폐되고 자신의 나라가 멸망을 당하는 것을 보는 것보다 차라리 마지막 순간까지 싸우다 죽는 것을 더 좋아할 것이다. 또 부드러운 심령을 가진 자들은 자신의 백성과 친척이 멸망을 당하는 것을 결코 견디지 못하며 따라서 그들을 구원할 수 있는 기회가 있다면 결코 그러한 기회를 놓치려고 하지 않을 것이다.

Ⅱ. 왕은 즉시로 하만이 계획한 재앙을 막을 조치를 취했다.

1. 왕은 바사 법에 따라 그 조서가 결코 철회될 수 없음을 알린다(8절): 왕의 이름을 쓰고 왕의 반지로 인친 조서는 누구든지 철회할 수 없음이니라. 어떤 법이나 조서를 막론하고 일단 왕의 승인에 의해 통과된 후에는 결코 철회되거나 무효화될 수 없다는 것이 바사 법의 기본적인 원칙이었다(단 6:15). 이것은 메대와 바사 사람들의 지혜와 명철을 나타내기보다는 도리어 그들의 교만과 어리석음을 나타낸다. 어느 누구를 막론하고 자기가 결정한 것이 어떤 오류도 없이 완전무결할 것이라고 기대하는 것은 참으로 우스꽝스러운 일이다. 그러므로 자기가 내린 조서를 결코 취소할 수 없는 것으로 만들 정도로 절대적인 권력을 주장하는 것은 부당한 일일 뿐만 아니라 매우 위험한 일이기도 하다. 우리는 여기에서 우리 모두를 멸망으로 떨어지게 만든 옛 교만의 냄새가 풍기는 것을 알 수 있다: 우리가 하나님처럼 될 것이라. 이와 관련하여 어떤 경우에도 폐지될 수 없는 법률은 없다는 영국 헌법의 단서조항은 매우 타당한 것이다. 법을 제정할 수 있는 권리 속에는 법을 폐지할 수 있는 권리도 포함된다. 결코 철회되거나 무효화되지 않는 법을 만들 수 있는 분은 오직 하나님 한 분뿐이다.

2. 그러나 왕은 하만이 만들어 놓은 장치를 되돌릴 묘책을 발견한다. 그것

은 유다인들로 하여금 스스로를 보호할 수 있도록 권리를 부여해 주는 새로운 조서를 반포하는 것이었다. 이러한 조서는 그들을 효과적으로 안전케 해 줄 것이었다. 왕은 하만이 유다인을 살해하려 하므로 나무에 매달렸다고 말함으로써 자신이 유다 민족에게 큰 관심을 갖고 있다는 사실을 그들에게 알린다(7절). 따라서 그는 유다인들을 보호하기 위해 최선을 다할 것이었다. 이제 왕은 전에 그들의 멸망을 위해 자신의 이름과 권력을 사용할 수 있는 권세를 하만에게 부여했던 것처럼 이제 그들의 구원을 위해 자신의 이름과 권력을 사용할 수 있는 권세를 에스더와 모르드개에게 부여한다. "너희는 바사 법의 명예를 훼손하지 않는 한도 내에서 유다인을 위한 조서를 뜻대로 쓰라(8절). 그리하여 앞에 반포된 조서의 글자를 변개함이 없이 재앙이 효과적으로 제거되도록 하라." 그리하여 3월 23일 왕의 서기관들이 소집되어 새로운 조서를 작성하도록 지시가 내려졌다(9절). 이것은 앞의 조서가 반포된 후 두 달이 지난 때였지만, 그러나 살육을 위해 지정된 날로부터는 아홉 달 전이었다(왜냐하면 살육을 위해 지정된 날은 12월이었기 때문이다, 3:7). 그것은 각 지방의 문자와 언어로 작성되고 반포되어야 했다. 왜냐하면 모든 사람이 한 언어를 이해할 수 있는 때는 아직 오지 않았기 때문이다. 또한 그것은 모든 지방의 관원들에게 전달되어야 했으므로 역졸들에 의해 왕이 다스리는 제국 전역의 각 지방에 전파될 것이었다. 새 조서의 취지는 유다인들로 하여금 살육의 날에 스스로를 보호할 수 있도록 권리를 부여하는 것이었다.

(1) 그들은 스스로 생명을 보호할 수 있었다. 누구든지 그들을 죽이려 하면 도리어 그렇게 하려는 자들이 위험에 처할 것이었다.

(2) 그들은 방어적으로 뿐만 아니라 공격적으로도 행동할 수 있었다. 그들은 세력을 가지고 치려 하는 자들과 그들의 처자를 죽이고 도륙하고 진멸할 수 있었다(11절). 이와 같이 그들은 대적에게 원수를 갚을 수 있었다(13절). 또 그들은 원하기만 하면 원수들의 재산을 탈취할 수 있는 권세도 부여받았다. 이러한 조서를 통해 우리는

[1] 유다인들에게 왕이 큰 은총을 베풀었음을 보게 된다. 이 조서를 통해 그들의 안전은 충분히 확보될 것이었다. 비록 명시적인 언급은 없다 할지라도, 나중 조서는 처음 조서의 모든 내용을 암묵적으로 취소시키는 것이었다.

[2] 왕의 조서는 결코 취소될 수 없다는 그들 법의 불합리성을 보게 된다. 왜

냐하면 이로써 왕은 결과적으로 자기가 다스리는 나라 안에서 내전(內戰)이 일어나도록 만들고 말았기 때문이다. 그것은 유다인들과 그들의 원수들이 왕의 조서에 따라 피차 무기를 들게 되었기 때문이다. 인간이 마치 하나님이나 된 듯 절대적인 지혜를 자임할 때, 그것으로부터 무슨 선한 결과가 나오겠는가! 이 조서는 매우 급하게 전달되었는데, 그것은 이것이 미처 도달되기도 전에 앞의 조서로 인해 유다인들이 재앙을 당할 것을 왕 자신이 크게 우려했기 때문이었다. 그리하여 왕과 모르드개의 명령에 따라 역졸들은 준마를 타고 급히 조서를 전달했다(10, 14절). 수많은 목숨이 위급한 상황에서 우물쭈물할 시간이 어디 있겠는가?

¹⁵모르드개가 푸르고 흰 조복을 입고 큰 금관을 쓰고 자색 가는 베 겉옷을 입고 왕 앞에서 나오니 수산 성이 즐거이 부르며 기뻐하고 ¹⁶유다인에게는 영광과 즐거움과 기쁨과 존귀함이 있는지라 ¹⁷왕의 어명이 이르는 각 지방, 각 읍에서 유다인들이 즐기고 기뻐하여 잔치를 베풀고 그 날을 명절로 삼으니 본토 백성이 유다인을 두려워하여 유다인 되는 자가 많더라

모르드개가 굵은 베옷을 입고 모든 유다인들이 슬픔 가운데 빠져 있었던 것이 불과 며칠 전의 일이었다. 그러나 축복된 변화가 일어남으로써 모르드개는 자색 옷을 입고 모든 유다인들은 큰 기쁨 가운데 있게 되었다. 시편 30편 5절과 11-12절을 보라.

1. 모르드개가 자색 옷을 입음(15절). 모든 유다인을 구원하는 조서가 반포되자 모르드개는 편안한 마음으로 상복(喪服)을 벗고 조복(朝服)을 입었다. 이 조복은 그의 직위에 따른 것이었든지 아니면 왕이 자기의 총애하는 자에게 특별히 지정해 준 것이었을 것이다. 그의 조복은 푸르고 흰 색을 띤 매우 값진 것으로서 그 위에 자색의 가는 베 겉옷을 입었다. 그는 또 금으로 된 관을 썼다. 우리가 여기에서 주목해야 할 것은 이와 같은 화려한 외관이 아니라 그것들이 왕의 은총의 표증이라는 사실과 나아가 자기 교회에 대한 하나님의 은총의 열매라는 사실이다. 한 나라에서 작위(爵位)의 표장이 충성에 대한 훈장이 되는 것은 참으로 좋은 일이다. 수산 성은 모르드개가 총리가 된 것을 큰 유익으로 여기면서 즐거이 부르며 기뻐했다. 일반적인 의미에서 덕 있는 자가 높은 지위를

얻은 것에 대해 기뻐했을 뿐만 아니라 특별한 의미에서 그와 같이 선한 자가 권력을 위임 받음으로써 수산 성에 더 나은 시대가 열릴 것을 기대하며 기뻐했다. 하만은 목매달려 죽었으며, 모르드개는 큰 존귀를 얻었다. 이로 인해 온 성읍이 크게 즐거워하며 기뻐 외쳤다(잠 11:10, 의인이 형통하면 성읍이 즐거워하고 악인이 패망하면 기뻐 외치느니라).

2. 유다인들이 크게 즐거워함(16, 17절). 얼마 전까지 먹구름 아래 있으면서 슬픔과 두려움 가운데 있던 유다인들이 이제 영광과 즐거움과 기쁨과 존귀함을 얻게 되었으며, 잔치를 베풀면서 이 날을 명절로 삼았다. 만일 그들이 그처럼 극심한 두려움과 고통 아래 있지 않았었다면, 이와 같은 특별한 기쁨은 결코 맛보지 못했을 것이었다. 이와 같이 하나님의 백성들은 때로 눈물로 씨를 뿌림으로써 기쁨으로 더 많은 것을 거두기도 한다. 그들의 처한 상황이 이와 같이 갑작스럽게 돌변함으로써 그들의 기쁨은 더 크게 더하여졌다. 그들은 꿈꾸는 것 같았으며 그 때에 그들의 입에는 웃음이 가득하고 그들의 혀에는 찬양이 가득했다(시 126:1, 2). 이러한 구원이 가져온 한 가지 선한 결과는 많은 본토 백성이 유다인이 되고 유다 종교로 개종하여 우상 숭배를 버리고 참 하나님만을 섬기게 된 사실이었다. 하만은 유다인들을 멸절시키려고 생각했지만, 도리어 그들의 수효는 더욱 증가되고 많은 수가 교회에 더하여졌다. 유다인들이 즐거워하며 기뻐했을 때 많은 본토 백성이 유다인이 된 사실을 주목하라. 신앙을 고백하는 자들의 거룩한 즐거움은 그들의 신앙고백을 더욱 아름답게 꾸며 주며, 다른 사람들로 하여금 동일한 신앙으로 들어오도록 초청하고 고무할 것이다. 이 때 많은 사람들이 유다인이 된 이유가 여기에서 그들이 유다인들을 두려워했기 때문이라고 언급된다. 신적 섭리가 이 절체절명의 때에 얼마나 놀랍게 그들을 위해 역사했는지를 보았을 때,

(1) 그들은 유다인들을 참으로 위대하며 복된 백성이라고 생각했다. 그리하여 그들은 스가랴 선지자의 예언처럼 유다인들에게 나아왔다(슥 8:23, 그 날에는 말이 다른 이방 백성 열 명이 유다 사람 하나의 옷자락을 잡을 것이라 곧 잡고 말하기를 하나님이 너희와 함께 하심을 들었나니 우리가 너희와 함께 가려 하노라 하리라). 또 신명기 33장 29절을 보라(그는 너를 돕는 방패시요 네 영광의 칼이시로다 네 대적이 네게 복종하리니 네가 그들의 높은 곳을 밟으리로다). 교회가 고통 가운데 있을 때는 그 곳으로부터 뒷걸음치던 자들이 형통하며 즐거움 가운데 있을

때에는 그 곳으로 들어올 것이다.

　(2) 그들은 유다인들을 매우 두려운 자들로 생각하년서 그들을 대적하는 것을 너무도 무모한 일로 여겼다. 그들은 하만의 운명을 통해 유다인들에게 해악을 끼치려고 하는 자는 도리어 그 자신이 해를 입게 된다는 사실을 분명히 보았다. 따라서 그들은 스스로를 보호하기 위해 유다인들과 연합했다. 그들은 이스라엘의 하나님과 다투는 것을 어리석은 일로 여기면서 지혜롭게도 기꺼이 그분께 순복하고자 생각했다.

제
— 9 —
장

개요

우리는 앞에서 수산 궁에서 반포한 두 개의 조서를 살펴보았다. 첫 번째 조서는 1월 13일에 작성된 것으로서 12월 13일에 모든 유다인을 죽일 것을 명하는 조서였고, 두 번째 조서는 3월 23일에 작성된 것으로서 모든 유다인들로 하여금 살육의 날로 지정된 날에 스스로를 보호하기 위해 칼을 뽑을 수 있는 권한을 부여하는 조서였다. 그러므로 그 날 도대체 무슨 일이 벌어질지 그리고 그 결과가 어떻게 될지 틀림없이 사람들은 크게 궁금해했을 것이다. 유다인의 원수들은 첫 번째 조서가 부여한 권리를 잃어버리지 않고자 굳게 결심하면서 자신들이 수적으로 유다인들을 압도할 것으로 기대했다. 한편 유다인들은 하나님의 선하심과 자신들의 정당성을 신뢰하면서 원수들에 대항하여 마지막까지 싸울 것을 굳게 결심했다. 마침내 그 날이 왔으며, 우리는 여기에서 다음과 같은 이야기를 듣게 된다. I. 그 날은 수산 성과 나머지 모든 지방들에서 유다인들에게 큰 영광의 날이요 승리의 날이었다(1-19절). II. 그 날은 후손들에 의해 계속해서 기념되어야 할 날로서 부림일로 일컬어지는 큰 구원의 날이었다(20-32절).

[1]아달월 곧 열두째 달 십삼일은 왕의 어명을 시행하게 된 날이라 유다인의 대적들이 그들을 제거하기를 바랐더니 유다인이 도리어 자기들을 미워하는 자들을 제거하게 된 그 날에 [2]유다인들이 아하수에로 왕의 각 지방, 각 읍에 모여 자기들을 해하고자 한 자를 죽이려 하니 모든 민족이 그들을 두려워하여 능히 막을 자가 없고 [3]각 지방 모든 지방관과 대신들과 총독들과 왕의 사무를 보는 자들이 모르드개를 두려워하므로 다 유다인을 도우니 [4]모르드개가 왕궁에서 존귀하여 점점 창대하매 이 사람 모르드개의 명성이 각 지방에 퍼지더라 [5]유다인이 칼로 그 모든 대적들을 쳐서 도륙하고 진멸하고 자기를 미워하는 자에게 마음대로 행하고 [6]유다인이 또 도성 수산에서 오백 명을 죽이고 진멸하고 [7]또 바산다다와 달본과 아스바다와 [8]보라다와 아달리야와 아리다다와 [9]바마스다와 아리새와 아리대와 왜사다 [10]곧 함므다다의 손자요 유다인의 대적 하만의 열 아들을 죽였으나 그들의 재산에는 손을 대지

아니하였더라 [11]그 날에 도성 수산에서 도륙한 자의 수효를 왕께 아뢰니 [12]왕이 왕후 에스더에게 이르되 유다인이 도성 수산에서 이미 오백 명을 죽이고 멸하고 또 하만의 열 아들을 죽였으니 왕의 다른 지방에서는 어떠하였겠느냐 이제 그대의 소청이 무엇이냐 곧 허락하겠노라 그대의 요구가 무엇이냐 또한 시행하겠노라 하니 [13]에스더가 이르되 왕이 만일 좋게 여기시면 수산에 사는 유다인들이 내일도 오늘 조서대로 행하게 하시고 하만의 열 아들의 시체를 나무에 매달게 하소서 하니 [14]왕이 그대로 행하기를 허락하고 조서를 수산에 내리니 하만의 열 아들의 시체가 매달리니라 [15]아달월 십사일에도 수산에 있는 유다인이 모여 또 삼백 명을 수산에서 도륙하되 그들의 재산에는 손을 대지 아니하였고 [16]왕의 각 지방에 있는 다른 유다인들이 모여 스스로 생명을 보호하여 대적들에게서 벗어나며 자기들을 미워하는 자 칠만 오천 명을 도륙하되 그들의 재산에는 손을 대지 아니하였더라 [17]아달월 십삼일에 그 일을 행하였고 십사일에 쉬며 그 날에 잔치를 베풀어 즐겼고 [18]수산에 사는 유다인들은 십삼일과 십사일에 모였고 십오일에 쉬며 이 날에 잔치를 베풀어 즐긴지라 [19]그러므로 시골의 유다인 곧 성이 없는 고을고을에 사는 자들이 아달월 십사일을 명절로 삼아 잔치를 베풀고 즐기며 서로 예물을 주더라

우리는 여기에서 유다인들과 그들의 대적들 사이에서 벌어진 큰 싸움과 거기에서 유다인들이 승리를 거둔 사실을 읽게 된다. 이것은 어느 한 쪽이 불시에 기습하는 식으로 벌어진 싸움이 아니었다. 양쪽 모두 오래 전부터 이 싸움이 벌어질 것을 알고 있었다. 그러므로 그것은 서로간의 힘을 겨루는 공정한 싸움이었다. 또한 그들은 어느 쪽도 상대방을 반역자라고 부를 수 없었다. 왜냐하면 양쪽 모두 왕의 조서에 따른 정당성을 갖고 있었기 때문이었다.

I. 공격자의 위치에 있었던 것은 유다인의 대적들이었다. 두 번째 조서에도 불구하고 그들은 첫 번째 조서에 의지하여 유다인들을 제거하기를 바랐고(1절) 그에 따라 먼저 공격했다. 그들은 한 덩어리가 되어 유다인들을 해하고자 했다(2절). 갈대아 의역본(Chaldee paraphrase)은 이들이 모두 아말렉 사람들로서 마치 이스라엘을 대적했던 바로처럼 마음이 완악해져서 유다인들을 대적하여 무기를 들었다가 스스로 파멸에 이르고 말았다고 말한다. 그들은 유다인들에 대해 뿌리 깊은 적대감을 갖고 있었다. 그리고 하만이 몰락하고 그 자리에 모르드개가 등용된 것은 그들로서는 도저히 참을 수 없는 일이었다. 그리하

여 그들은 더욱 광분하는 가운데 모든 유다인들을 죽이려고 작정했다. 특별히 하만의 아들들은 아버지의 죽음에 대해 복수함과 함께 어떤 희생을 치르더라도 반드시 아버지가 하고자 했던 계획을 계속해서 준행할 것을 맹세했다. 그리고 그렇게 하기 위해 그들은 수산 성과 각 지방에 강력한 세력을 형성시켜 놓았다. 신적 섭리가 자신들을 대적하고 있는 것을 분명하게 보았음에도 불구하고 그들은 계속해서 그것과 다투고자 했다. 이와 같이 그들은 이성(理性)을 잃고 스스로의 파멸을 향해 돌진했다. 만일 그들이 가만히 앉아 있으면서 하나님의 백성들에게 대항하려고 하지 않았다면, 그들의 머리카락 하나도 땅에 떨어지지 않았을 것이었다. 그러나 그들은 그렇게 하도록 스스로를 설득할 수 없었다. 비록 그것이 자신들의 파멸이 되며 스스로의 목에 칼을 겨누는 일이 된다 할지라도, 그들은 무기를 들고 하나님의 백성들을 쳐야만 하였다.

II. 그러나 승리를 거둔 것은 유다인들이었다. 왕의 조서가 살육의 날로 지정한 바로 그 날 그리고 대적들이 자신들의 날이 될 것이라고 생각한 날은 결국 하나님의 날이 되었다(시 37:13, 그러나 주께서 그를 비웃으시리니 그의 날이 다가옴을 보심이로다). 실제로 이루어진 일은 그들이 기대했던 것과는 정반대였다. 유다인의 대적들이 그들을 제거하기를 바랐더니 유다인이 도리어 자기들을 미워하는 자들을 제거하게 된 그 날에(1절). 우리는 여기에서 다음과 같은 이야기를 듣게 된다.

　1. 유다인들은 스스로를 위해 어떻게 행동했나? 유다인들이 아하수에로 왕의 각 지방, 각 읍에 모여(2절). 유다인들은 각 성읍에 함께 모여 무리를 이루고 스스로를 보호하기 위해 일어섰다. 그들은 아무도 공격하지 않고 다만 스스로를 보호하려고만 했다. 만일 자신들로 하여금 이와 같이 행동할 수 있는 권리를 부여해 준 두 번째 조서가 없었다면, 그들은 감히 이와 같이 행동하려고 하지는 못했을 것이었다. 그러나 두 번째 조서에 힘입어 그들은 합법적으로 무기를 들었다. 또 만일 그들이 개별적으로 행동했다면, 필경 대적들에게 손쉬운 먹잇감이 되었을 것이다. 그러나 각 성읍에 함께 모여 무리를 이루어 행동함으로써, 그들은 강력한 힘을 갖추어 대적들과 직면할 수 있게 되었다. 힘은 합쳐졌을 때 강력해지는 법이다. 오늘날 유다인들은 그 숫자도 많고 부유함에도 불구하고 사람들 가운데 경멸을 당하며 대수롭지 않게 여겨지는데, 우리는 여기에서 그 이유를 찾을 수 있다(이것은 매튜 헨리 당시의 영국 사회에서의 유대인

들을 말하는 것임 — 역주). 그것은 대체로 그들이 매우 자기중심적이며 뿐만 아니리 열방에 흩어지는 저주를 받아서 서로 연합하지도 못하고 (여기에서처럼) 함께 모여 무리를 이루지도 못하기 때문이다. 만일 그들이 연합하여 무리를 이룰 수만 있다면, 그들은 자신들의 숫자와 부(富)를 가지고 가장 강력한 나라들까지도 능히 위협할 수 있을 것이다.

2. 모르드개의 세력 아래 있는 각 지방의 관원들은 스스로를 위해 어떻게 행동했나? 첫 번째 조서는 왕의 모든 관원들에게 유다인들을 진멸하는 일에 협력할 것을 명령했다(3:12, 13). 그러나 그들은 두 번째 조서에 순응하여 유다인들을 도움으로써 대세가 유다인 쪽으로 기울게 되었다(3절). 각 지방은 그 지방의 관원들이 기우는 쪽으로 기울었으므로 그들이 유다인을 지원한 것은 유다인들에게 큰 힘이 되지 않을 수 없었다. 그러면 그들이 유다인을 지원한 이유는 무엇이었나? 그것은 그들이 유다인들에게 어떤 호감을 가지고 있었기 때문이 아니었다. 다만 그것은 그들이 모르드개를 두려워했기 때문이었다. 그리고 그들이 모르드개를 두려워한 것은 그가 하나님과 왕의 후원을 받는 자였기 때문이었다. 그들은 모두 모르드개의 백성을 돕는 것이 자기들에게 이득이 된다는 사실을 깨달았다. 왜냐하면 모르드개는 왕과 대신들에게 지지를 받는 자였을 뿐만 아니라 지혜와 덕에 대한 명성이 각 지방에 퍼진 자였기 때문이었다. 모든 사람이 그를 마치 떠오르는 해처럼 점점 창대해 가는 사람으로 바라보았다(4절). 그러므로 왕의 모든 관원들은 그를 두려워하는 가운데 유다인을 돕지 않을 수 없었다. 높은 직위에 있는 자들은 자신들의 영향력으로 많은 선을 행할 수 있다. 하나님을 두려워하지 않는 자들조차도 그들을 두려워하게 될 것이다.

3. 하나님은 유다인들을 위해 어떻게 행하셨나? 하나님은 — 가나안 사람들로 이스라엘을 두려워하게 만든 것처럼(수 2:9; 5:1) — 모든 민족들로 그들을 두려워하게 만드셨다(2절). 그럼으로써 그들은 유다인들을 대적할 용기를 갖지 못했다.

4. 이에 유다인들은 어떻게 행동했나? 모든 민족이 그들을 두려워하여 능히 막을 자가 없었다(2절). 그리하여 그들은 자기를 미워하는 자에게 마음대로 행했다(5절). 이상하게도 유다인들은 점점 더 강해지고 사기가 불타올랐으며, 그들의 대적들은 점점 더 약해지고 위축되었다. 그리하여 유다인들은 칼로 그 모든 대적들을 쳤으며, 멸망으로 인침받은 자들은 아무도 그것을 피하지 못했다.

특별히,

(1) 아달 월 13일에 그들은 수산 성에서 500명을 죽였고(6절), 또한 하만의 열 아들을 죽였다(10절). 유다인들은 부림일에 에스더서를 읽는 가운데 하만의 열 아들을 읽을 때는 쉬지 않고 단숨에 읽도록 되어 있었는데, 그것은 그들 모두가 한자리에서 죽임을 당했기 때문이었다. 한편 갈대아 의역본은 이들 열 아들이 죽임을 당할 때 하만의 아내 세레스는 다른 70명의 자녀들과 함께 도망 갔다가 나중에 문전걸식하며 살았다고 말한다.

(2) 다음 날 14일에 그들은 수산 성에서 또다시 300명을 죽였다(15절). 에스더는 왕으로부터 이 일을 실행할 허락을 받고 대적의 무리를 완전히 진멸하고자 했다. 왕은 첫날 죽임을 당한 자들의 숫자를 보고받고 난 후(11절) 왕후에게 또 다른 소청이 있느냐고 물었다(12절). 이에 그녀는 대답한다. "없나이다. 다만 그 일을 하루만 더 실행하게 해 주소서." 의심의 여지 없이 에스더는 피에 굶주려 살육을 좋아하는 부류의 사람이 결코 아니었다. 그럼에도 불구하고 왕에게 그와 같은 소청을 올린 것은 그럴만한 충분한 이유가 있었기 때문이었다. 또한 그녀는 하만의 열 아들들의 시체가 하만이 달렸던 바로 그 나무에 달리기를 바랐는데(13절), 그것은 그렇게 함으로써 그의 가문을 더욱 수치스럽게 하고 그들 무리를 더욱 두렵게 만들기 위함이었다. 그리하여 이 일도 모두 그녀의 원대로 되었다(14절). 아마도 그들은 줄에 매여 한동안 매달려 있었을 것으로 추측된다.

(3) 각 지방에 있는 유다인들도 대적들을 도륙하되 그 수가 75,000명에 이르렀다(16절). (유다인들이 말하는 것처럼) 만일 이들 모두가 아말렉 사람들이었다면, 우리는 여기에서 내가 아말렉을 없이하여 천하에서 기억도 못하게 하리라고 하신 하나님의 맹세를 떠올려야만 한다(출 17:14). 그렇지만 그들의 이와 같은 살육을 정당화시켜 주는 것은 그들의 행위가 정당하고 필연적인 자기방어로부터 말미암은 것이었다는 사실이다. 그들은 스스로의 생명을 지키기 위해 일어섰으며, 왕의 조서뿐만 아니라 자기보존의 법칙에 따라 그렇게 행동할 수 있는 권리를 부여받았다.

(4) 이와 같이 살육을 행하는 가운데서도 그들은 대적들의 재산에는 손을 대지 않았다(10, 15, 16절). 그들에게 있어 대적들의 재산을 탈취하여 그것으로 스스로를 부요하게 하는 것은 왕의 조서에 의해 허락된 일이었다(8:11). 만일

하만 일당이 승리를 거두었다면, 그들은 의심의 여지 없이 유다인들의 모든 재산을 달취하는 권리를 절대로 포기하지 않았을 것이었다(3:13). 그러나 유다인들은 그렇게 하려고 하지 않았다.

[1] 그렇게 함으로써 그들은 소돔의 탈취물로 스스로를 부요케 하려고 하지 않았던 그들의 조상 아브라함의 본을 따라 세상 재물에 대한 거룩한 경멸을 나타낼 수 있었다.

[2] 그렇게 함으로써 그들은 그들의 목적이 자신들의 생명을 보존하고 재산을 지키는 것일 뿐 대적들의 재산을 탈취하려는 것이 아니라는 사실을 분명하게 나타낼 수 있었다.

[3] 왕의 조서는 그들에게 대적의 처자들까지 진멸할 수 있는 권리를 부여해 주었다(8:11). 그러나 그들은 인도적(人道的)으로 그렇게 하지 않았다. 그들은 오직 무장한 자들만 죽였다. 따라서 그들은 탈취물을 취하지 않고 그것을 그들의 처자들의 생활을 위해 남겨 주었다. 만일 그렇게 하지 않았다면, 그들의 처자들은 설령 칼에 죽지는 않았다 할지라도 결국 굶어죽게 되었을 것이었다. 생계를 빼앗는 것이 결국 생명을 빼앗는 것이 될 것이었다. 여기에서 우리는 그들의 동정심과 사려 깊은 마음을 보게 되는데, 그것은 참으로 본받을 만한 것이다.

5. 이러한 구원에 그들은 얼마나 기뻐하며 즐거워했나? 유다인들은 그 달 13일에 대적들을 척결하고, 다음 날 14일에 쉬면서(17절) 이 날을 감사의 날로 삼았다(19절). 한편 왕도(王都) 수산 성의 유다인들은 대적들을 척결하는데 이틀이 소요되었으므로 다음 날 즉 15일에 쉬면서 이 날을 감사의 날로 삼았다(18절). 그들은 모든 작업을 마치고 승리를 거둔 바로 다음 날 잔치를 베풀며 승리를 기념했다. 하나님으로부터 어떤 특별한 은총을 받았을 때, 우리는 지체하지 말고 그 은총의 감동이 아직 생생하게 남아 있는 동안 감사의 보답을 돌려드려야 한다.

[20]모르드개가 이 일을 기록하고 아하수에로 왕의 각 지방에 있는 모든 유다인에게 원근을 막론하고 글을 보내어 이르기를 [21]한 규례를 세워 해마다 아달월 십사일과 십오일을 지키라 [22]이 달 이 날에 유다인들이 대적에게서 벗어나서 평안함을 얻어 슬픔이 변하여 기쁨이 되고 애통이 변하여 길한 날이 되었으니 이 두 날을 지켜 잔

치를 베풀고 즐기며 서로 예물을 주며 가난한 자를 구제하라 하매 ²³유다인이 자기들이 이미 시작한 대로 또한 모르드개가 보낸 글대로 계속하여 행하였으니 ²⁴곧 아각 사람 함므다다의 아들 모든 유다인의 대적 하만이 유다인을 진멸하기를 꾀하고 부르 곧 제비를 뽑아 그들을 죽이고 멸하려 하였으나 ²⁵에스더가 왕 앞에 나아감으로 말미암아 왕이 조서를 내려 하만이 유다인을 해하려던 악한 꾀를 그의 머리에 돌려보내어 하만과 그의 여러 아들을 나무에 달게 하였으므로 ²⁶무리가 부르의 이름을 따라 이 두 날을 부림이라 하고 유다인이 이 글의 모든 말과 이 일에 보고 당한 것으로 말미암아 ²⁷뜻을 정하고 자기들과 자손과 자기들과 화합한 자들이 해마다 그 기록하고 정해 놓은 때 이 두 날을 이어서 지켜 폐하지 아니하기로 작정하고 ²⁸각 지방, 각 읍, 각 집에서 대대로 이 두 날을 기념하여 지키되 이 부림일을 유다인 중에서 폐하지 않게 하고 그들의 후손들이 계속해서 기념하게 하였더라 ²⁹아비하일의 딸 왕후 에스더와 유다인 모르드개가 전권으로 글을 쓰고 부림에 대한 이 둘째 편지를 굳게 지키게 하되 ³⁰화평하고 진실한 말로 편지를 써서 아하수에로의 나라 백이십칠 지방에 있는 유다 모든 사람에게 보내어 ³¹정한 기간에 이 부림일을 지키게 하였으니 이는 유다인 모르드개와 왕후 에스더가 명령한 바와 유다인이 금식하며 부르짖은 것으로 말미암아 자기와 자기 자손을 위하여 정한 바가 있음이더라 ³²에스더의 명령이 이 부림에 대한 일을 견고하게 하였고 그 일이 책에 기록되었더라

우리는 모르드개와 에스더의 마음이 유다인들이 대적을 물리치고 승리한 것으로 인해 얼마나 크게 감동되었을지 쉽게 상상할 수 있다. 또 그들은 그 날의 결말을 큰 기쁨과 감격으로 지켜보았을 것이다. 하나님이 베푸신 구원으로 인해 그들의 마음은 큰 기쁨으로 그리고 그들의 입은 새로운 찬미의 노래로 얼마나 가득 찼겠는가! 이제 우리는 여기에서 이 일이 모든 백성들에게 전파되고 또 후손들에게 영원히 기억되도록 하기 위해 그들이 어떤 조치를 취했는지에 대해 듣게 된다.

I. 이 일을 기록하고, 그 사본을 원근을 막론하고 제국의 모든 지방의 유다인들에게 보냄(20절).   그들은 모두 이 일에 대해 어느 정도는 알고 있었다. 즉 그들은 자신들이 첫 번째 조서로 인해 큰 위기에 빠졌다가 두 번째 조서로 인해 구원을 얻게 되었음은 알고 있었다. 그러나 그러한 극적인 전환이 어떻게

이루어지게 되었는지에 대해서는 잘 알지 못했다. 그래서 모르드개는 이 모든 일을 기록했다. 그리고 그가 기록한 것이 지금 우리가 읽고 있는 바로 이 책이라면(즉 에스더서, 실제로 많은 학자들이 그렇게 생각한다), 나는 모르드개의 문체와 느헤미야의 문체 사이의 분명한 차이점에 주목하지 않을 수 없다. 느헤미야는 글의 전환점에 이를 때마다 신적 섭리와 하나님의 선하신 손을 언급하는데, 이러한 형식의 글은 독자들의 마음속에 믿음의 감정을 불러일으키기에 매우 적합하다. 반면 모르드개는 그의 글 어디에서도 하나님의 이름을 전혀 언급하지 않는다. 느헤미야는 자신의 책을 예루살렘에서 기록했다. 그 곳은 종교적인 분위기가 매우 강한 곳으로서, 사람들의 언어 속에도 종교적인 표현이 흔히 나타나는 지역이었다. 반면 모르드개는 자신의 책을 수산 왕궁에서 기록했는데, 이 곳은 신앙보다 정치가 지배하는 곳이었으며 그는 이러한 장소의 특성에 따라 글을 썼다. 나는 느헤미야의 글 쓰는 방식을 추천하며 그의 문체를 본받고 싶다. 반면 우리는 모르드개의 문체를 통해 설령 어떤 사람이 겉으로 경건한 표현을 자주 사용하지 않더라도 그가 얼마든지 참된 믿음의 사람일 수 있다는 사실을 배워야만 한다. 그러므로 우리는 형제를 판단하거나 경멸해서는 안된다. 한편 어떤 이들은 본서에 가나안의 언어가 거의 나타나지 않는 사실로 미루어 이 책이 모르드개에 의해 기록된 것이 아니라 바사 왕궁의 궁중 일기에서 초록(抄錄)한 것일 것이라고 생각한다.

Ⅱ. 그 날을 특별한 날로 제정하여 이 일이 유다인들 가운데 대대로 계속해서 기념되도록 함. 이는 그들로 후대 곧 태어날 자손에게 이를 알게 하고 그들은 일어나 그들의 자손에게 일러서 그들로 그들의 소망을 하나님께 두며 하나님께서 행하신 일을 잊지 아니하게 하려 하심이로다(시 78:6, 7). 그렇게 한 것은 또한 자기 백성의 보호자이신 하나님의 영광과 하늘의 돌봄을 받는 이스라엘의 존귀를 위한 것이었으며, 나아가 하나님의 언약의 확실성을 확증하면서 동시에 이방인들까지도 하나님의 언약 속으로 들어오도록 초청하기 위한 것이었다. 그리고 하나님의 백성들로 하여금 가장 큰 곤경 속에서도 하나님의 지혜와 권능과 선하심을 즐거이 의지하도록 격려하기 위한 것이었다. 후손들은 이러한 구원의 은택을 거둘 것이므로 마땅히 이 날을 기념해야 했다. 이제 그 날과 관련하여 우리는 다음과 같은 이야기를 듣게 된다.

1. 그 날은 언제 지켜졌나? 그것은 매년 12월 14일과 15일로서, 유월절로부터

꼭 한 달 전이었다(21절). 이와 같이 한 해의 첫 달과 마지막 달에 그들은 하나님이 보호해 주시고 지켜 주신 모든 일들을 기념하며 절기를 지켰다. 특별히 이때 그들은 감사의 날로서 이틀을 지켰다. 하나님을 찬미하는 일로 이틀을 보내는 것을 그들은 결코 과한 것으로 생각하지 않았다. 우리는 우리에게 풍성한 은총을 내려주신 하나님께 찬미의 보답을 돌려드리는 일에 결코 인색해서는 안 된다. 여기에서 그들이 싸움을 벌인 날을 지키지 않고 싸움을 마치고 쉰 날을 지킨 사실을 주목하라. 14일은 지방에 거하는 유다인들이 쉬었고 15일은 수산 성의 유다인들이 쉬었으므로, 그들은 그 이틀을 절기로 지켰다. 안식일 역시도 하나님이 자신의 일을 마치신 날이 아니라 그 일로부터 쉬신 날로 정해졌다. 오늘날의 유다인들은 31절의 '유다인들이 금식하며 부르짖은' 사실에 근거하여 그들의 살육의 날로 정해졌던 13일을 금식일로 지키고 있다. 그러나 그 구절은 그들이 고통 가운데 있을 때를 언급하는 것으로서(4:3, 16), 하나님이 그들의 금식을 기쁨과 즐거움으로 바꾸셨을 때 그러한 금식은 더 이상 계속될 필요가 없었다(슥 8:19).

2. 그 날은 어떻게 불렀나? 그 날은 부림일이란 이름으로 불렸는데, 그러한 이름은 제비를 뜻하는 바사 어 부르로부터 나온 것이었다. 그것은 하만이 제비를 통해 유다인을 진멸하는 날로서 그 날을 정했지만 하나님이 그 날을 승리의 날로 바꾸셨기 때문이었다. 이러한 이름은 유다인들에게 이스라엘의 하나님의 주권을 일깨워 줄 것이었다. 하나님은 이방인들의 어리석은 미신까지도 사용하셔서 당신의 목적을 이루셨으며, 헛된 말을 하는 자들의 징표를 폐하며 점치는 자들을 미치게 하셨다(사 44:25, 26).

3. 그 날은 누구에 의해 제정되었나? 그 날은 하나님에 의해 제정되지 않고 사람에 의해 제정되었다. 따라서 그 날은 '거룩한 날'(holy day, 聖日)로 불리지 않고 '길한 날'(good day)로 불렸다(19, 22절).

(1) 그들은 뜻을 정하여 해마다 이 두 날을 이어서 지키기로 작정했으며(27절) 또한 자기들이 이미 시작한 대로 계속해서 시행했다(23절). 그들은 공동의 합의에 의해 그 날을 계속해서 지키기로 결정했다.

(2) 그러한 결정은 모르드개와 에스더에 의해 확증되고 추인됨으로써 후손들에게 더욱 강력한 구속력을 갖게 되었다.

[1] 그들은 전권으로 글을 썼다(29절). 왜냐하면 에스더는 왕후로서 그리고

모르드개는 총리로서 글을 썼기 때문이었다. 권세를 가진 자들이 자신에게 부여된 권세를 사용하여 선한 일을 도모하는 것은 참으로 좋은 일이다.

[2] 그들은 평안과 진실의 말로 글을 썼다. 비록 권세를 갖고 썼다 할지라도, 그들은 강압적이며 위압적인 말이 아니라 부드럽고 온유한 말로 썼다. 그것은 마치 예루살렘 공회에서 사용한 말과 같은 것이었다(행 15:29): 이에 스스로 삼가면 잘 되리라 평안함을 원하노라. 그들의 서신의 어투는 이런 것이었다: 평안과 진리가 너희 가운데 있을지어다.

4. 그 날은 누구에 의해 지켜질 것이었나? 그 날은 모든 유다인들과 그들의 후손들과 그들과 연합한 모든 자들에 의해 지켜질 것이었다(27절). 그 날을 지키는 것은 보편적이며 동시에 영구적이어야 했다. 유다 종교로 개종한 자들은 자신들이 유다 나라를 사랑하며 그들과 연합되었음을 나타내는 증표로 이 날을 지켜야 했다. 기쁨과 찬미에 함께 동참하는 것은 성도의 교제의 한 부분이다.

5. 그 날은 왜 지켜져야 했나? 그것은 하나님이 자기 교회를 위해 행하신 그 위대한 일이 그들의 후손들에게 영원히 잊혀지지 않도록 하기 위함이었다(28절). 하나님이 행하신 기사(奇事)는 단지 하루만이 아니라 영원히 기억되어야 한다. 하나님께서 행하시는 모든 것은 영원히 있을 것이므로 따라서 잊혀지지 말고 마음에 영원히 남아 있어야 한다(전 3:14). 그 날을 지키는 가운데 그들은 다음과 같은 것들을 기억할 것이었다.

(1) 교회에 대한 하만의 악행(24절): 유다인의 대적 하만이 유다인을 진멸하기를 꾀하고 그들을 죽이고 멸하려 하였으나. 하나님의 백성들은 시기 어린 눈으로 바라보는 악의적인 대적들이 있는 한 결코 안심할 수 없다는 사실을 항상 기억해야 한다. 그들의 대적들은 잠시도 쉬지 않고 그들의 멸망을 노린다. 그러므로 그들은 구원을 위해 항상 하나님을 의지해야 한다.

(2) 교회에 대한 에스더의 선한 봉사. 에스더가 죽음을 무릅쓰고 왕 앞에 나아감으로 말미암아 왕의 조서가 철회되었다(25절). 이 날이 기념될 때마다 이 일이 기억될 것이었으며, 이 말씀이 읽혀질 때마다 이 여자가 행한 일도 말하여 그녀를 기억하게 될 것이었다(마 26:13). 하나님의 이스라엘을 위해 행한 선행들은 다른 사람들도 그 같이 행하도록 격려하기 위해 마땅히 기억되어야 한다. 하나님은 그러한 선행들을 결코 잊지 않으실 것이다. 그러므로 우리도 잊지 말아야 한다.

(3) 그들의 기도가 응답된 사실(31절): 유다인이 금식하며 부르짖은 것으로 말미암아. 고난 가운데 더 많이 부르짖을수록 그리고 구원을 위해 더 많이 기도할수록 우리는 하나님의 구원을 더 많이 경험하고 더 많이 감사하게 될 것이다. 환난의 날에 내게 부르짖으라. 그리고 하나님께 감사를 올려드리라.

6. 그 날은 어떻게 지켜져야 했나? 이와 관련하여 다음을 살펴보자.

(1) 여기에 요구된 것은 매우 선한 것으로서 그들은 그 날을 다음과 같은 날로 지켜야 했다.

[1] 기쁨의 날. 그 날은 잔치를 베풀며 즐기는 날이 되어야 했다(19, 22절). 하나님이 우리에게 기뻐해야 할 이유를 주실 때, 왜 우리가 그 기쁨을 표현해서는 안 된단 말인가?

[2] 서로 예물을 주는 날. 그들은 큰 기쁨과 상호 존경의 증표로서 그리고 이와 같은 공동의 위기와 구원에 함께 했음과 서로 사랑으로 밀접하게 연합했음을 나타내기 위해 서로 예물을 주며 즐거워했다. 친구끼리 서로의 물건을 나누는 것은 참으로 선한 일이다.

[3] 가난한 자를 구제하는 날. 우리는 친척과 부한 이웃들에게만 예물을 줄 것이 아니라 가난한 자들과 몸 불편한 자들에게도 그렇게 해야 한다(눅 14:12, 13). 긍휼을 입은 자들은 그에 대한 감사의 표시로서 긍휼을 베풀어야 한다. 그리고 이 일에 있어 기회가 없어 못하는 일은 없을 것이다. 왜냐하면 가난한 자들은 항상 우리 곁에 있기 때문이다. 하나님께 대한 감사와 이웃에 대한 구제는 같이 가야 한다. 그럼으로써 우리가 기뻐하며 하나님을 송축할 때, 가난한 자들의 심령도 우리와 함께 기뻐할 수 있을 것이다.

(2) 여기에 덧붙여진 것은 더욱 선한 것이었다. 그 날을 기념할 때마다 그들은 항상 회당에서 이 이야기를 읽고 하나님께 세 가지 기도를 드렸다. 즉 그들은 첫째로 자신들에게 이와 같은 신적 은총의 역사를 베풀어 주신 것으로 인해 하나님을 찬미했으며, 둘째로 자신들의 조상들을 기적적으로 보존해 주신 것으로 인해 감사를 드렸으며, 셋째로 또다시 이 날을 기념할 수 있도록 생명을 주신 것으로 인해 하나님을 찬미했다.

(3) 그러나 그 날을 기념하는 것은 점점 더 변질되며 타락의 길로 가기 시작했다. 많은 유다인 작가들은 그 날을 기념하는 잔치가 먹고 마시고 떠드는 자리로 변질되었음을 인정한다. 탈무드는 부림일에 사람들이 하만이 저주를 받은

것과 모르드개가 축복을 받은 것 사이의 차이조차 구별하지 못할 정도로 먹고 마셨다고 말한다. 사람의 부패하고 악한 성품이 본래는 선하게 만들어진 것을 종종 어떻게 이끌어 가는지 주목하라. 여기에서 우리는 세속적인 축제와 요란한 술판으로 변질된 종교적인 기념일을 보게 된다. 거룩한 기쁨보다 우리의 마음을 더 정결케 하며 우리의 믿음을 더 아름답게 꾸며주는 것은 아무것도 없다. 마찬가지로 세속적인 환락과 육신적인 쾌락보다 우리의 마음을 더 더럽게 하며 우리의 믿음을 더 타락시키는 것 역시 아무것도 없다. 가장 선한 것이 타락하면 가장 악한 것이 된다.

제
— 10 —
장

개요

　　본문은 단지 한 장의 일부일 뿐이다. 4절 이하의 나머지와 이어지는 여섯 장은 외경(外經)으로 간주되어 정경(正經)에서 배제되었다. 우리는 여기의 세 절에서 다음과 같은 이야기를 듣게 된다. I. 아하수에로와 관련하여 그가 얼마나 강력한 군주였는지에 대해(1, 2절). II. 모르드개와 관련하여 그가 그의 백성들에게 얼마나 특별한 축복이었는지에 대해(2, 3절).

¹아하수에로 왕이 그의 본토와 바다 섬들로 하여금 조공을 바치게 하였더라 ²왕의 능력 있는 모든 행적과 모르드개를 높여 존귀하게 한 사적이 메대와 바사 왕들의 일기에 기록되지 아니하였느냐 ³유다인 모르드개가 아하수에로 왕의 다음이 되고 유다인 중에 크게 존경받고 그의 허다한 형제에게 사랑을 받고 그의 백성의 이익을 도모하며 그의 모든 종족을 안위하였더라

　　우리는 여기에서 다음과 같은 이야기를 듣게 된다.

I. 아하수에로는 얼마나 크고 강력한 왕이었나.　그는 본토로부터 바다 섬들에 이르기까지 광대한 지역을 통치했으며, 엄청난 세입을 거두어들였다. 그는 통상적인 관세 외에도(스 4:13) 자기 신민(臣民)들에게 조공을 바치게 하여 그것으로 많은 재정이 요구되는 큰 사업에 충당했다. 아하수에로 왕이 그의 본토와 바다 섬들로 하여금 조공을 바치게 하였더라(1절). 다른 나라들처럼 전횡적인 권력자들에 의해 수탈당하지 않고 스스로 선출한 대표자들의 동의 없이는 어떤 세금도 요구받지 않는 우리나라(영국)는 얼마나 복된 나라인가! 아하수에로의 영광과 관련한 그의 능력 있는 모든 행적이 바사 왕의 일기에 기록되었지만, 그러나 그것이 이 책 곧 거룩한 성경에 기록되는 것은 적절치 못한 것으로 여겨져 여기에는 기록되지 않았다. 왜냐하면 성경의 이야기는 유다인들과 관련한 이야기로만 한정되며 다른 나라들의 일은 다만 그들과 관련된 부분에서만 언급

되기 때문이다. 어쨌든 아하수에로의 모든 행적은 바사 왕의 일기에 기록되었지만(2절), 그러나 그것은 오래 전에 없어지고 말았다. 반면 성경의 이야기는 지금까지 온전히 보존되었으며 또 앞으로도 영원히 남아 있을 것이다. 인간의 모든 왕국과 제국이 멸망을 당하고 그 기억이 소멸될 때(시 9:6), 인간들 안에 있는 하나님의 나라와 그 나라에 대한 기억은 영구히 남을 것이다(단 2:44).

II. 모르드개는 얼마나 위대하며 선한 자였나.

1. 그는 위대한 자였다. 그는 존귀한 위치에 있으면서도 결코 덕과 경건을 잃지 않았다.

(1) 그는 왕 다음으로 큰 자였다. 또한 그는 왕의 모든 총애와 신뢰를 한 몸에 받는 자였다. 그는 오랫동안 대궐 문 앞에 앉아 있었지만, 그러나 그것을 불만으로 여기지 않고 족하게 여겼다. 그러다가 마침내 모든 대신(大臣)들의 으뜸이 되었다. 뛰어난 자질은 가진 자는 잠시 동안은 드러나지 않은 채 묻혀 있을 수 있지만 그러나 많은 경우 결국에는 드러나고 존귀하게 된다. 왕이 모르드개를 높여 존귀하게 한 일이 왕들의 일기에 기록됨으로써 그는 오랫동안 기억되게 되었다. 또 모르드개가 왕의 오른팔이 되었을 때, 왕은 더 이상 예전처럼 무분별하게 권력을 휘두르지 않았다.

(2) 그는 유다인들 가운데 큰 자였다. 그는 그들 가운데 어느 누구보다도 크고 존귀한 자였을 뿐만 아니라 그들과 함께 큰 자였으며 그들에게 사랑받는 자였으며 그들과 친밀한 자였으며 그들로부터 큰 존경을 받는 자였다. 그가 높은 자리에 등용되었을 때, 그들은 그를 시기하기는커녕 도리어 크게 기뻐했다. 뿐만 아니라 그들은 그의 명령에 순종하며 그가 지시하는 모든 일에 기꺼이 순복했다.

2. 그는 선한 자였다. 왜냐하면 범사에 선하게 행했기 때문이었다. 이러한 선함은 그를 참으로 위대한 자가 되게 했으며, 그러한 위대함은 그에게 더 많은 선을 행할 기회를 주었다. 왕이 그를 총리로 등용했을 때,

(1) 그는 자기 백성들을 부인하지 않았다. 그들이 이방인이요 포로요 흩어진 자들이요 대수롭지 않게 여김을 받는 자들이었음에도 불구하고, 그는 자기가 그들과 동족이라는 사실을 조금도 부끄럽게 여기지 않았다. 총리가 되고 나서도 그는 계속해서 스스로를 유다인 모르드개라고 적었다. 그러므로 그가 계속해서 유다 종교를 고수하며 지켰을 것은 너무도 명약관화한 일이다. 그러면

서도 그것은 그를 가로막는 어떤 걸림돌이나 그를 책잡는 어떤 결함이 되지 않았다.

(2) 그는 개인적인 부귀를 추구하지 않았다. 대부분의 사람들은 높은 직위에 등용되면 대체로 이런 것을 추구한다. 그러나 그는 백성들의 복리(福利)를 추구하면서 그것을 증진하는 것을 자신의 사명으로 여겼다. 왕과의 관계 그리고 왕후와의 관계로 말미암는 자신의 모든 권력과 재물과 영향력을 그는 공적 선을 위해 사용했다.

(3) 그는 범사에 선하며 겸손하게 행동했다. 그는 다가가기 쉬웠으며, 모든 행동에 있어 다정하며 부드러웠다. 그리고 자기에게 나아와 호소하는 모든 자들에게 평강과 위로의 말을 해주었다. 선한 일을 행하는 것은 재물과 권세를 가진 자들에게 기대되는 가장 중요한 일이다. 그렇지만 선한 말을 하는 것 역시 매우 중요한 일로서, 그들이 행하는 선한 일들을 더욱 아름답게 꾸며준다.

(4) 그는 편벽되게 행동하지 않았다. 그는 어느 한쪽을 편들고 다른 쪽은 배척하는 따위의 행동과는 너무나 거리가 멀었다. 빈부귀천의 모든 차이에도 불구하고 그는 그들 모두의 아버지였으며, 힘없는 대중이라 하여 대수롭지 않게 여기지 않고 차별 없이 모든 종족을 안위했다. 이와 같은 겸손과 선행으로 그는 모든 사람들로부터 크게 존경받고 허다한 형제들에게 사랑을 받았다. 우리에게 이와 같이 백성의 복리(福利)를 추구하며 모든 백성들에게 화평을 말하는 정부를 주신 하나님께 감사를 드리자! 하나님이여, 우리의 정부가 오래오래 계속되게 하시고 우리로 하여금 그러한 정부의 보호 아래 평온하고 안정된 삶을 오래도록 누리게 허락하옵소서.

● 독자 여러분들께 알립니다!

'CH북스'는 기존 '크리스천다이제스트'의 영문명 앞 2글자와
도서를 의미하는 '북스'를 결합한 출판사의 새로운 이름입니다.

매튜 헨리 주석전집 7

매튜 헨리 주석 역대상~에스더

1판 1쇄 발행 2009년 3월 30일
1판 중쇄 발행 2019년 12월 26일

발행인 박명곤
사업총괄 박지성
편집 신안나, 임여진, 이은빈
디자인 구경표, 한승주
마케팅 김민지, 유진선
재무 김영은
펴낸곳 CH북스
출판등록 제406-1999-000038호
전화 031-911-9864 **팩스** 031-944-9820
주소 경기도 파주시 회동길 37-20
홈페이지 www.chbooks.co.kr **이메일** ch@chbooks.co.kr
페이스북 | 인스타그램 @chbooks1984
네이버 밴드 @chbooks